石油的时代

叙事

从发现石油到21世纪
石油大博弈

THE
ERA OF OIL

上

王能全◎著

中信出版集团·北京

图书在版编目（CIP）数据

石油的时代：全两册 / 王能全著. -- 北京：中信出版社，2018.9
ISBN 978-7-5086-9439-9

I. ①石… II. ①王… III. ①石油工业－产业发展－研究－世界 IV. ①F416.22

中国版本图书馆CIP数据核字（2018）第199428号

石油的时代

著　　者：王能全
出版发行：中信出版集团股份有限公司
（北京市朝阳区惠新东街甲4号富盛大厦2座　邮编　100029）
承 印 者：北京盛通印刷股份有限公司

开　　本：787mm×1092mm　1/16　　印　　张：68　　字　　数：951千字
版　　次：2018年9月第1版　　印　　次：2018年9月第1次印刷
广告经营许可证：京朝工商广字第8087号
书　　号：ISBN 978-7-5086-9439-9
定　　价：198.00元（全两册）

总　目

上　册

下　册

目　录（上册）

第 5 章　1986 年的油价暴跌和 20 世纪 90 年代的低油价

第 6 章　2001—2017 年国际石油价格的轮回

第 7 章　2001—2017 年的石油与国际重大事件

第 8 章　中国成为国际石油市场至关重要的力量

自 序

从我1985年9月开始学习、研究国际石油问题以来，已历时33年。在这33年的时间里，我的个人身份历经从学生、研究人员、企业工作人员到准政府工作人员的多次转变，与石油有关的日常企业经营管理工作以及对石油、能源问题的观察、分析和研究一直是我的工作主线，其间还长时间深度参与政府部门有关能源问题的研究、政策的制定和重大能源项目的咨询评估等工作。33年来，不同类型和不同层面的工作经历，让我对世界和我国石油及能源问题的认识不断深入，相关思考也不断成熟和完善。

一、33年来持续从事石油问题的观察、实践和思考

1985年9月，我考入云南大学西南亚研究所攻读硕士学位，研究方向为世界石油问题。三年时间里，我系统地学习了世界石油问题的各相关课题，包括经济学、世界经济政治等学科，从一个以世界和中国通史知识为主的历史系本科学生转行成为以经济学为主的世界石油问题硕士研究生。我在这三年学习期间初步形成了本书的主体框架构想并基本完成了核心内容的撰写工作。

1988年8月毕业后，我到中国现代国际关系研究所（即现在的中国现代国际关系研究院）工作，从事世界石油问题的研究。在该所工作的6年间，除了完成大量日常的研究工作和任务外，我于1992年8月完成了《石油与当代国际经济政治》的写作，该书于1993年1月由时事出版社出版发行。其间发生了1990年8月的海湾危机和1991年1月的第一次海湾战争，我所在部门的研究方向和关注的地区就是中东、非洲地区，当时发生的很多事情至今让我记忆犹新。1993年1月—1994年1月，由单位派遣，我作为访问学者到美国加州大学洛杉矶分校政治学系和非洲研究中心从事一年的学习和研究工作，并到哈佛大学、美国国会图书馆等机构进行了访问。

1994年8月，我离开中国现代国际关系研究所，到中国化工进出口总公司（即现在的中国中化集团公司，以下简称“中化公司”）工作至今。在这24年间，我在中化公司从事了多岗位的工作，比如，参与了中化公司最早的与法国道达尔公司有关利比亚马布鲁克油田合作项目、青岛大炼油项目和高新技术投资项目等。2004—2016年的13年时间里，我一直负责中化石油中心的战略规划工作，并先后负责大连西太平洋炼厂、中化泉州1 200万吨/年大炼油、中化石油仓储业务等业务和组织绩效管理、科技管理、法律事务等职能工作，直接协调、组织了舟山国家石油储备基地的建设及相关经营管理工作。24年中化公司的工作经历，使我从一个单纯的研究人员转变为企业的实际工作者和管理者，对具体能源项目的建设和经营管理有了亲身及实际的工作经验。多年来，在我的组织和主持下，中化石油中心还承担了国家发展和改革委员会（以下简称“国家发改委”）等政府部门及外部机构委托课题的研究工作，这些研究课题为国家有关能源、石油天然气规划的制订和政策研究提供了非常有价值的参考，也为有关企业自身的经营管理和发展提供了有益的帮助。多年来的课题研究，获得了国家有关部门的高度认可，也让我和我的研究团队获得了很多奖项。在24年的工作期间，我还参加了大量与能源、石油有关的国际交流活动，如世界石油大会、中美石油天然气论坛、与国际能源署的交流等，这些国际交流活动开阔了我的眼界，使我对世界石油行业的认识更加深刻。

自1994年以来，我一直参与国家有关政府部门能源和石油问题的研究工作，特别是多年来参与了各个历史阶段的国家发改委有关能源及石油问题的研究工作。从2003年年中开始我还长期作为工作人员，被借调到原国家发改委能源局和国家能源局从事日常工作。其间，我承担了大量国家石油天然气规划、石油储备规划的撰写和大量文件的处理及日常工作，直接承担并亲身体验了国家行业主管部门是如何对我国能源、石油天然气行业进行管理及协调的。也是从1994年开始，我就一直参加原国家计划委员会、原国家发展计划委员会、现在的国家发改委有关国家石油储备问题的研究工作，并作为工作人员从2004年开始参与国家石油储备一期、二期项目的具体推进工作，大量有关国家石油储备的文件都是由我主笔撰写和起草的。参与政府部门的工作，对关于能源、石油问题的观察和研究非常有帮助，进一步提升了我对世界和我国能源、石油问题的理解，使我在作为一个能源企业工作人员的同时，还能从政府部门的角度来观察、了解行业主管部门是如何运作的，它们考虑问题的角度是什么，关注的能源、石油天然气行业的重点问题是什么。因此，这20多年参与政府部门的工作经历非常难得，也非常宝贵。

与此同时，从1994年开始，我一直作为中国国际工程咨询公司的外聘专家，参与大量国家重大能源工程项目的咨询、评估和研究及企业管理咨询工作，其中的很多项目都是我国能源、石油天然气行业建设的标志性工程，代表着我国能源、石油天然气行业的最高成就。参与国家这些重大能源项目的咨询、评估等工作，让我一方面为国家的经济建设贡献了知识和有价值的意见建议，另一方面使我了解、掌握了我国能源、石油天然气行业的最新动态，学到了大量的最新知识。20多年的咨询、评估工作，如同参与政府部门工作一样，也非常有价值，它特别有助于我进一步提升对我国乃至世界能源、石油天然气行业的认识及理解，让我能更多地从不同企业的层面去看待我国的能源、石油天然气建设工作。

出于方方面面的原因，关于我20多年来在中化公司、有关政府部门的大量具体工作无法一一详细地加以说明，但其中有几个具有代表性的事例给我留下了非常深刻的印象。例如，2008年年初的一次会议上，我较准确地预测了当年的国际石油价格变化趋势，当时会议上很多专家认为低油价时代一去不复返，同年中化石油完全避免了2008年下半年国际石油价格暴跌对业务带来的影响；在讨论2012年版的中国能源白皮书时，我提出了“能源普遍服务”的概念并被采纳；2013年12月，在参与一个交易金额巨大的海外油气资源并购项目评估时，我提出项目评价的国际石油价格设定过高，业主单位的领导很不高兴，认为按我的意见项目就无法获得通过；2014年11月5日的一次会议上，我指出2014年下半年以来的国际石油价格暴跌是长时间国际石油价格不断上涨的一次矫正，低油价会持续较长的时间，低油价不利于我国经济社会的发展，应通过增加税收的方式使我国成品油价格维持在较合理的水平，以有利于节约型社会的建设，国家应继续支持我国企业走出去开展海外油气资源的勘探开发活动，这次会议后不久，从2014年11月29日起，国家就连续三次调高了成品油价格中的税收比例。

早在2009年5月，在对中化石油中心近10年工作的总结报告中，我提出，我们这一代人非常幸运，是改革开放的受益者，也是改革开放的参与者，赶上了这个伟大的时代并作为一分子参与其中，为国家改革开放和我国经济社会的建设做了一些工作。自1994年8月以来的20多年较为丰富的工作经历，无论是在具体业务上还是在学术研究领域，都使我获得了很好的成长，取得了丰硕的工作成绩。一方面，在中化公司内部，我获得了“创业楷模”“劳动模范”等几乎全部荣誉称号，还少有地连续多年获得中化公司“年度突出贡献奖”；另一方面，在行业和学术研究领域，2004年，我是中化公司脱离对外经济贸易部后第一位获得国务院政府特殊津贴的专家；2010年7月，我获聘国家能源委员会专家咨询委员会委员。最值得纪念和让我骄傲的是，2015年5月25日下午3时许，在舟山国家石油储备基地，我和多年来一起工作的同事们、参加项目建设的外部单位，现场迎接了习近平总书记的检查，总书记对中化公司承担的国家石油储备建设工作给予了高度的肯定。

二、市场力量是国际石油价格大幅波动的内在最根本原因

从来没有任何一种原料和商品像石油一样，对当代人类的生活产生过如此重大的影响，对当代世界经济政治生活产生过如此重大的冲击。早在100多年前，就在石油刚刚大规模商业性开采不久的1865年，美国一位名叫博恩的记者在其《石油和油井》一书中写道：“石油照亮我们的住屋，润滑我们的机器，并在许许多多的艺术、工业部门和家庭生活中都成为不可或缺的了。目前如果失去

它，就无异使我们的文明倒退整整一个时代。怀疑它的越来越大的用途等于对世界的进步缺乏信心。”110年后的1975年，英国著名记者安东尼·桑普森在其名著《七姊妹：大石油公司及其创造的世界》中指出：“设想一个石油有穷尽的世界已经成为不可能的了。”美国著名的石油地缘政治专家威廉·恩道尔更是高度概括地总结道：“过去一百年的历史，是为攫取和控制世界石油储备而战斗的历史，任何其他因素都不能与此相提并论。”[1]正是因为石油如此重要和具有如此大的影响力，多年来，石油问题的研究一直是热门，它也是社会大众、各种媒体非常感兴趣并热衷于议论的一个话题。仔细研读大量的研究成果，包括一些严格意义上的学术研究成果，我们经常看到用诸如“垄断”“博弈”“阴谋”之类明显带有贬义的名词来给石油行业贴上标签和脸谱，一些影视作品和新闻报道中更是将石油行业描绘成充斥着大量“谋杀”“政变”“黑幕”等血淋淋的内容。社会舆论普遍认为，在这个行业中，某些人和组织通过不正当的、非法的或下流的手段控制石油价格，剥削社会大众和他国人民，牟取巨额利润，左右行业发展。对于一次正常的国际石油市场价格波动，媒体上就会出现“阴谋论”“对××下手”之类的耸人听闻的标题，舆论经常会夸大到“语不惊人誓不休”的地步！

当然，就一时一事来说，某些影视作品描写的也许是真实事件，新闻报道有其真实的来源，历史上因石油天然气资源发生过大规模的战争，现在因石油天然气等能源资源的争夺而导致的动乱仍时有发生，在可预见的将来仍有可能会发生同类事件，甚至会更加激烈、更加血腥。但是，冷静地回顾近160年以来的世界石油工业历史，我们可以发现两点。一是在近160年的世界石油工业历史中，不同时期确实有某一家企业、几家企业、石油生产国组织等试图控制国际石油市场，试图掌控石油价格的走势，但是历史事实告诉我们，除了洛克菲勒标准石油公司因美国政府的反垄断而强制解体外，其他不同时期的所谓对国际石油市场的“瓜分”或“控制”都是短命的，最终都被市场而非政府的力量打破。《红线协定》、《阿克纳卡里协议》、“七姊妹”和石油输出国组织等走马灯式的变化，都一再地说明了这一点，本书上册有7章内容回顾的就是近160年来国际石油市场动荡变迁的历史。历史告诉我们，在第二次石油危机中石油价格涨到历史最高位后接踵而来的，就是石油输出国组织不得不减产保价并进而发动价格战；进入21世纪，国际石油价格大涨后，也是石油输出国组织的减产保价和价格战。今天我们看到的，是石油输出国组织在石油价格和市场份额之间的两难选择，这也是整个世界石油工业面临的困境。二是我们可以将20世纪70年代以来的国际石油形势变化简单地归纳为石油价格的两次大轮回：第一次油价大轮回，是从20世纪70年代的油价不断上涨变为80年代的不断下跌，到90年代初油价又基本上涨回到70年代初油价暴涨前的水平；第二次油价大轮回，是进入21世纪，国际石油价格从2004年开始不断上涨，2008年年中到达顶点后出现暴跌，2009年—2014年年中又出现新一轮的不断上涨，2014年下半年开始又出现急剧下跌并在2016年2月跌回到21世纪初的水平。这两点历史事实说明，在近160年的世界石油工业历史中，谁也掌控不了国际石油市场，也没有人能掌控国际石油价格。

20世纪70年代以来的国际石油形势变化，在近160年来世界石油工业历史中具有典型意义和代表性。系统分析20世纪70年代以来的国际石油形势变化，我们可以总结出10年是国际石油价格波动周期的基本规律，虽然短期国际石油市场的需求和供给是没有弹性的，但由于世界油气资源是充足和丰富的，加上科学技术持续的进步，高涨的石油价格将在价格与消费、价格与供给基本规律的作用下，带来石油消费的下降和供给的增加，国际石油市场将出现新一轮的平衡，国际石油价格将由不断上涨转变为持续下跌。从长期看，国际石油市场的需求和供给又是有弹性的，周期约为10年。20世纪70年代以来国际石油形势的变化充分说明，价格是国际石油市场所有参与者的“指挥棒”。正如哈耶克所指出的，“价格体系实际上是一种工具，能使无数人协调其行动，以适应自己并不直接、具体了解的社会的种种变化、需求和状况”；“整个经济秩序都是建立在下述事实的基础之上的：价格充当了一种指南针、一种信号，它引导我们利用自己根本不相识的人的力量和天赋去满足我们一无所知的人的需求。价格是实现经济活动协调的信号”。[2]我们认为，从长期周期看，国际石油市场是一个近乎完全竞争的市场，基本符合完全竞争市场的4个假设条件。正是国际石油市场的这个长周期性特点，使得历史一再展示，无论是洛克菲勒还是国际大石油公司、石油输出国组织、石油输出国组织和非石油输出国组织联合，其对国际石油市场的“瓜分”和对国际石油价格的“控制”都是短命的，都不会长久，一段时间的高油价一定会带来下一轮的低油价。因此，从对石油行业内在的客观规律性探索的角度冷静客观地研究、分析近160年以来的世界石油工业历史，我们认为，市场力量是国际石油市场持续动荡的内在最根本原因，是国际石油价格大幅波动的内在最根本原因。

正是因为国际石油市场是一个近乎完全竞争的市场，我们认为，从目前至2050年的时间周期内，国际石油市场仍将持续动荡，国际石油价格仍有可能会发生1~2次轮回，每桶100美元乃至更高的高油价或每桶30美元乃至更低的低油价都是有可能再次出现的。人类社会虽然能够从历史中吸取经验教训并以其指导自己未来的行动，而且一直以来也在努力这样做，目前国际社会正在积极探讨全球能源治理以避免未来国际石油价格可能的波动，但人类的本质、不同的利益诉求和我们有限的认知水平决定了国际石油市场动荡的历史还会在未来重演。不过，正如20世纪70年代的两次石油危机和进入21世纪以来的国际石油价格大涨推动了人类社会的能源结构转型一样，我们相信，未来发生的国际石油价格轮回有可能会终止“石油时代”，人类社会可能在2050年前后迈入全新的可再生、低碳并且应该是分布式的能源时代，石油将在推动人类社会迈入第二次工业革命、第三次工业革命的历史功绩基础上，推动人类社会迈入第四次工业革命，并终结自己作为主导能源资源的历史。

三、市场化是实现我国能源革命的最有效选项

通过近70年来的努力，我国已经初步建成以煤炭为主体、以电力为中心、石油天然气和可再生能源全面发展的能源供应格局，建成了世界上最大的能源供应体系，支撑并推动了我国发展成世界第二大经济体。目前，我国已经是世界第一大能源消费国和第二大能源生产国，能源、石油天然气行业中的很多领域都处于世界先进或领先的水平，但其存在的问题也是非常明显和突出的。更为重要的是，要实现“中国梦”和“两个一百年”的奋斗目标，对我国的能源、石油天然气行业提出了更高的要求，能源、石油天然气行业都必须进行革命。

简要地总结，我们可以将我国能源、石油天然气行业当前存在

的突出问题和未来更高的要求归纳为以下三个方面：第一，为我国当前和未来经济社会发展提供“足够的、可获取的、支付得起的”能源供给，保障能源安全，并最终实现我国的能源独立；第二，从我国经济社会发展自身需要出发并兑现对国际社会的减排承诺，我们必须持续改变我国的能源消费和生产结构，逐步并最终完成从高度依赖以煤炭为主的化石能源向可再生的、低碳的能源形式过渡，能源行业必须支撑我国进入第四次工业革命和更高级的社会形态；第三，不断提升我国的能源普遍服务能力和水平，让社会大众从能源的普遍服务角度切身感受到我国经济社会的发展和进步，让社会大众能更多地、自主地选择能源服务，我国的能源必须尽快由供给者主导转变到消费者选择的时代。当然，当前我国能源、石油天然气行业存在的问题远不止这些，未来发展也将面临更大、更复杂的挑战。我们认为，很多问题和挑战都可以归纳到以上三个方面的某一方面，如我国能源、石油天然气行业面临复杂的外部环境、国内电网安全等，都可以归纳到能源安全方面；能源节约、提高能源效率等可以归纳到转变能源结构方面；新能源、可再生能源的发展，电动汽车，乃至核能发展等，也可以归纳到转变能源结构方面。

习近平总书记提出的“能源消费和生产革命”，为解决我国能源、石油天然气行业当前存在的问题和未来面临的挑战指明了方向，积极践行“四个革命一个合作”、大力推进“一带一路”倡议，是能源、石油天然气行业解决自身存在问题的根本出路和未来相当长时间内努力的方向。未来30年，我国必须进行能源革命，能源行业必须实现三级跳，即摆脱煤炭时代，跨越石油时代，进入可再生的能源多样化时代。就石油天然气行业来说，在做好“加速开放油气勘探开发利用领域，立足自身实现能源独立”“采取有力措施，尽快调整目前石油产业链各环节不合理的利益分配关系”“将成品油价格保持在较合理的水平，加快实现能源消费革命以利于建设节约型社会”“与时俱进改变固有观念，通过全球能源治理打造人类命运共同体”“从‘马六甲之困’式的杞人之忧，看客观冷静地分析我国石油安全形势的必要性”“简化立法程序，尝试建立快速通道，解决能源和石油天然气行业急需的法制建设问题”这6项工作的同时，我们认为，应该通过持续的市场化改革之路，解决能源安全保障、能源结构优化和普遍服务的难题，落实习近平总书记“能源消费和生产革命”的具体指示，完成党的十九大提出的构建“清洁低碳、安全高效的能源体系”。我们建议的市场化改革之路的核心内容是，国家可以从营造国内市场竞争格局和参与国际市场竞争出发，一方面，在培养多种所有制能源企业的同时，剥离能源行业大企业的国内业务，使其解体成众多能提供区域化能源服务的中小企业，满足能源服务需求差异化和市场竞争的需要，增强国内能源市场的活力；另一方面，保留并增强能源大企业的海外或专业化业务能力，参与国际竞争，重点从事海外、海上油气资源勘探开发和能源大项目、基础性项目的建设工作。尤为重要的是，为打破近年来我国国内油气生产停滞不前的局面，要进一步开放国内油气勘探开发活动，培养出众多拥有一定技术能力和经济实力的中小企业，让这些中小企业成为国内油气勘探开发市场主体，从而尽快使我国油气勘探开发领域出现像美国页岩油气生产那样繁荣的局面，通过立足开发国内油气资源实现并确保我国的“能源独立”。通过一段时间的努力，我国能源行业应形成大企业专注于对外和专业性要求高的能源项目建设及运营工作，而众多中小企业提供竞争性的能源业务，从而解决我国能源行业面临的三大内外挑战。我们认为，从美国近40年的努力和当前美国能源行业的现实看，大国实现能源独立不仅是可能的，而且是现实的，我们应该通过复制美国在石油天然气行业的成功实现我国的“能源独立”。

通过对国际石油市场的深入研究，我们认为，市场力量是20世纪70年代以来油价大幅波动的内在最根本原因。我们还认为，世界石油工业近160年的历史已经清楚地说明，一个国家只有依靠数量众多的、具有极强市场竞争力的多种所有制企业，才能在解决自身能源行业面临的一系列内外难题、使自身的能源行业健康发展的同时，支撑国家经济社会的稳定可持续发展，不断推动社会文明的进步，持续增进社会大众的福祉。因此，我们坚信，市场化是解决我国能源、石油天然气行业所面临的一系列难题和挑战并实现能源革命的最有效选项。

25年前拙作《石油与当代国际经济政治》出版发行时，笔者还是一个“青葱”青年。今天，我已过知非之年。25年的岁月沉淀和对国际石油问题的持续观察、实践和思考，笔者有信心本书应该是一个中国学者书写的丹尼尔·耶金的《奖赏：一部追求石油、金钱和权力的史诗》和其姐妹篇《能源重塑世界》“中文版+式”的著作，它既有对近160年来国际石油市场变迁历史的翔实和精准的描述，又有对20世纪70年代以来国际石油形势大动荡历史严谨的理论探索，更有对未来国际石油市场和世界能源形势的清晰分析与大胆判断，并站在世界石油工业近160年历史观察的角度较深入地讨论和分析了我国的能源、石油、经济及外交。2008年6月，我给中信出版社出版的《奖赏：一部追求石油、金钱和权力的史诗》中文版写了专家导读，所起的题目是“解历史之迷径，谋未来之对策”，事实上这也是本书和个人追求的目标。正是基于对这一崇高但艰难目标的追求，本书的谋篇布局就是要解释20世纪70年代以来国际石油市场发生的这些大动荡的迷径，探讨未来国际石油市场和世界能源形势可能的趋势，思考作为世界第二经济大国的中国如何更好地应对和解决能源、石油安全等问题。作为一个学者，希望本人33年来对国际石油问题持续的关注、探讨和思考，能为世界石油天然气行业、当前和未来我国能源及石油天然气行业的健康发展，为我国经济社会持续进步，为实现“中国梦”和“两个一百年”的奋斗目标，做出一点微薄的贡献。因此，“解历史之迷径，谋未来之对策”既是本书也是本人作为一个学者追求的终极目标。

第 1 章

吸引眼球的伤心话题

导　语

石油问题是当今国际社会高度关注的重大问题之一，无论是国际石油价格一定幅度范围内的上涨或下跌，还是与石油相关或在一定程度上相关的经济、政治、外交和军事事件，一定会成为一段时期国际社会热点之一。与石油相关的事项，既是一国国内重大经济政治政策可能会涉及的议题，更是某些国家在国际社会可能会使用的对外政策工具。大规模工业化生产至今约有160年的历史，石油与这约160年历史中的很多事件密切相关，从这160年的历史中可以看出石油这一商品具有其他商品或其他能源产品所不具有的特性和巨大的影响力。正是其有别于其他商品的特性，决定了石油成为上至政治家、战略家、军事家和商人，下至一般的庶民百姓关心的话题，当然更是学术界研究的重点领域。世界范围内，大到国际组织、国家政府、公司企业、大学和专业性的研究机构，小到个人，多年来投入了大量的人力和物力开展石油问题的研究。虽然研究成果丰硕，但石油问题的研究是实证性的科学，很多研究成果一俟发表或公布，已与现实相差甚远。因此，对很多研究机构和学者来说，石油问题的研究是一块伤心地。

一、石油过去和现在都是国际社会高度关注的话题

对比拙作《石油与当代国际经济政治》25年前出版时和25年后的今天，我们看到的没有改变的事实和现实是，石油在地区冲突和战争、大国间政治经济关系、大国自身的国内经济政策、国家间外交等诸多方面发挥着至关重要的作用。

（一）石油与海湾危机和第一次海湾战争

20世纪90年代初，国际上最重大的事件之一是海湾危机和由此引发的第一次海湾战争。1991年1月17日晨，以美国为首的28国联军发动了对伊拉克的进攻，历时5个多月，自1990年8月2日以来成为世界头条新闻的海湾危机终于演变为一场大战。在从危机演变为战争的这5个多月时间里，世界各国的各色人物，从政治家、战略家、外交家到学者，或发表谈话或撰文，对这一事件做了详尽的讨论。在谈到这场危机的原因时，全世界基本上惊人地一致认为海湾危机是因石油而发。如1990年8月13日，美国《纽约时报》通过电话采访亨利·基辛格、詹姆斯·施莱辛格和杰西·杰克逊等10位

名人，他们一致认为“海湾关系到美国的切身利益……首先是保卫石油”。这次被采访的另一个人、美国众议院军事委员会委员帕特里德·施罗德更直截了当地指出：“我们在沙特阿拉伯和科威特的主要利益基本上可以归结为两个字：石油。石油，石油，还是石油。”[1] 1990年8月16日，兹比格涅夫·布热津斯基在《华盛顿邮报》上发表一篇题为《美国在海湾的真正利益》的文章，认为“美国在科威特危机中的真正至关重要的利益是确保波斯湾是工业化西方定价合理的石油的安全而稳定的源泉”，“比较直率地说，保证石油运输的畅通无阻最终是美国必须履行的责任”。[2]美国前总统布什在1990年8月8日就向沙特阿拉伯出兵而向全国发表的讲话中说：“我国消费的石油中有一半来自进口，现在可能面临对我国经济独立的重大威胁。”[3]从这些著名人士的讲话中可以看出，令人瞩目的海湾危机和第一次海湾战争中，石油是一切问题的中心，是人们普遍关注的问题。石油成为这场被人们称为“冷战”后第一场危机的中心，是由其在世界经济中的作用、海湾石油在世界石油市场和能源供应中的地位，以及海湾危机和第一次海湾战争对国际石油市场的影响决定的。

25年后，美国现任总统特朗普在2016年竞选期间，多次发表讲话称，美国应该攫取伊拉克的石油资源，以弥补美军在战争中的损耗。2017年1月21日，在其上任后的第二天，特朗普在美国中央情报局发表讲话时宣称，美国“应该占有伊拉克的石油资源……战利品属于获胜者”，“不过没关系，或许还有机会”。2017年2月20日，曾指挥部队参与过第一次海湾战争和第二次海湾战争的美国国防部长詹姆斯·马蒂斯突访伊拉克时表示，美军来到伊拉克不是为了攫取石油资源，一直以来，美国都在为进口到国内的石油和天然气支付相应的费用，未来也会继续这样做。[4]马蒂斯的这番讲话，被媒体认为是为美国总统特朗普的相关言论“和稀泥”，也引来了美国是“活雷锋”的调侃。[5]

（二）石油在中国和沙特阿拉伯关系中的重要作用

2017年3月15—18日，沙特阿拉伯国王萨勒曼·本·阿卜杜勒–阿齐兹·阿勒沙特应中国国家主席习近平之邀，对中国进行国事访问。3月16日，中国国家主席习近平在人民大会堂同沙特阿拉伯国王萨勒曼举行会谈，两国元首一致同意保持双边关系发展势头，促进各领域务实合作，推动中沙全面战略伙伴关系不断取得新成果。在会谈中，习近平指出：“中国是沙特阿拉伯可靠稳定的原油出口市场，双方应共同打造能源领域一体化合作格局。”[6]会谈后，两国元首见证了经贸、能源、产能等领域双边合作文件的签署，这些协议的总价值为650亿美元。国际社会普遍认为，能源合作仍将是世界头号原油出口国沙特阿拉伯与世界头号进口国中国之间关系的基石，沙特阿拉伯国王访问中国的主要目的，是“深化世界最大石油出口国和世界第二大石油消费国之间的经济关系”，“沙特阿拉伯正在与中国最大的三家国有石油公司合作，寻求增加对华原油出口。中国目前是全球第二大原油市场，去年沙特阿拉伯在中国市场上的一些份额被俄罗斯抢走”。[7]在到访中国之前，沙特阿拉伯代表团先后访问了印度尼西亚和日本，这次亚洲巡访的时间为时约一个月，其主要目的就是“巩固沙特阿拉伯作为全球最大石油出口国的地位”。[8]

这是一次阵营超豪华并“挥金如土”式的外交访问。萨勒曼国王访华的阵营庞大，其皇家代表团的成员近1 500人，包括25位王子、10位部长，其中有150多名厨师，全团行李为506吨，还自带了两部镀金的自动扶梯和两台专用奔驰车。据称沙特阿拉伯代表团所到之地，就把到访地的全部豪华轿车租完，在北京访问期间，沙特阿拉伯代表团租完了北京几乎所有的奔驰S级和迈巴赫级轿车。看到这条新闻时，估计读者都会想，目前这个世界上恐怕只有沙特阿拉伯这样的石油出口国才会如此高调地“炫富”。

（三）石油在美国特朗普政府内政外交中的关键影响

2017年1月20日，美国第45任总统特朗普就任。就在其就任不久，白宫网站列出特朗普政府将要优先处理的六大“头号问题”，其中第一条就是“美国第一能源计划”。这个计划全文只有短短的7段，366个单词，开宗明义地提出美国本届政府的政策是“为辛勤工作的美国人降低能源价格，尽量开发本土能源，减少国外石油进口”，“继续页岩革命”。[9]由此我们可以看出石油和能源问题在美国经济社会与政府政策中的重要程度。为了履行自己在竞选期间的诺言和兑现美国第一能源计划，2017年1月24日，特朗普签署了拱心石（Keystone XL）和达科他（Dakota Access）输油管线工程的行政命令，显示了特朗普政府给美国石油行业更多自由，以扩大基础设施建设和缓解运输瓶颈，而拱心石工程是在前总统奥巴马统治下被阻止的；[10]3月28日，在20多名煤矿工人和一些政府官员的见证下，特朗普在美国环境保护局签署了一份名为《能源独立》的行政命令，解除对美国能源生产的限制，废除政府的干涉。特朗普说，这是“美国能源生产一个新时代的开始”。[11]2017年7月6日，特朗普在波兰参加“三海峰会”，向“三海倡议”国家领导人表示，“我想我们可以在15分钟以内启动一个液化天然气的合作协议，你们有没有人现在可以开始协商？这只需要15分钟。美国正在成为一个能源出口大国”，“如果你们要能源，只需来个电话”。[12]特朗普直接担任了美国能源的推销员。事实上，在中美经贸关系中，特朗普也积极向中国推销美国的油气资源。在2017年11月8—10日对中国的国事访问中，石油天然气合作是这次访问活动的重中之重，特朗普随行的29家企业中就有11家是能源和环保企业，其中还包括阿拉斯加等地方的油气开发企业和政府官员。在双方签订的2 535亿美元经贸大单中，能源项目几乎占了半壁江山，其中包括中国国家能源投资集团与美国西弗吉尼亚州的837亿美元页岩气和化学品生产项目，中国石化、中国银行和中投公司对美国阿拉斯加州液化天然气资源的430亿美元投资，中国石油与美国切尼尔能源公司签署的110亿美元液化天然气长约购销备忘录。[13]

在特朗普政府的内阁中，由出身埃克森美孚公司的董事长兼首席执行官雷克斯·蒂勒森担任国务卿。雷克斯·蒂勒森，在埃克森美孚公司工作41年，从工程师起步，自2004年起的12年间担任埃克森美孚公司首席执行官。埃克森美孚公司起源于洛克菲勒1882年创建的标准石油公司，现在是世界上最大的石油公司之一，在2016年《财富》世界500强排行榜中名列第6位。

（四）石油价格对军事行动高度敏感

2017年4月6日，美军向叙利亚沙伊拉特军用机场发射了59枚巡航导弹。特朗普发表讲话称，这是一次“有针对性的”军事打击，旨在回应近日叙利亚发生的化学武器袭击事件，“攸关国家安全利益”。[14]就在这次袭击发生后，4月7日，美国西得克萨斯中质原油期货价格攀升约每桶1美元，最高涨幅约为2%，达到每桶52.84

美元；伦敦布伦特原油期货价格涨幅约为2%，最高至每桶56.30美元。[15]

事实上，叙利亚不是世界主要石油生产国，多年的内乱已使其仅有的少量石油生产基本处于停产状态。根据美国能源部能源信息署的数据，2016年叙利亚原油日产量约为3.5万桶，在全球产油国中排名第66位，只占全球石油产量的0.04%，但是，国际社会担心，如冲突升级，考虑到叙利亚的地理位置，以及与该地区主要产油国之间的同盟关系，石油供应可能会受阻。[16]具体表现在：第一，从地理位置上来说，叙利亚与石油输出国组织中的第二大产油国伊拉克接壤，同时也相当接近沙特阿拉伯和伊朗；第二，由于冲突牵扯到美国与俄罗斯这两个在叙利亚问题上站对立面的产油大国，地缘政治风险自然上升，并已经在油价中体现了出来。[17]专家普遍认为，这一事件带来的国际石油价格短期暴涨，主要是市场上的投机行为。因此，从这一事件及其对国际石油市场的直接影响可以看出，战争或突发事件将直接影响国际石油市场和价格的短期走势。

（五）石油是国际关系中经常被使用的有效外交工具

一段时间以来，与朝鲜相关的新闻，尤其是与朝鲜核问题相关的新闻，是国际社会普遍关注的重大热点话题。其中重中之重是对朝鲜的制裁，特别是对朝鲜的能源制裁，而煤炭出口、石油进口成了大国外交政策的重要和最后选项。

2016年11月30日，联合国安理会一致通过涉朝鲜的第2321号决议，谴责朝鲜同年9月9日进行核试验，对朝鲜煤炭出口予以限制，禁止朝鲜出口铜、镍、银、锌。[18]2016年12月23日，中国商务部、海关总署发布2016年第81号公告，明确中国执行联合国安理会第2321号决议的具体措施。[19] 2017年2月18日，中国商务部、海关总署发布2017年第12号公告，自2月19日起暂停进口朝鲜原产的煤炭。[20]据中国海关总署发布的数据，2017年第1季度，中国自朝鲜进口煤炭267.8万吨，比2016年同期减少了51.6%，全部为公告实施之前进口。[21] 2017年9月26日，根据中国海关总署公布的数据，8月中国从朝鲜进口了约164万吨煤炭，约合1.381亿美元，前8个月从朝鲜进口煤炭总计约430万吨，同比下降71%，其中1月和2月从朝鲜进口煤炭的金额分别为1.225亿美元和9 810万美元。[22]据有关报道，中国是朝鲜煤炭的唯一进口国。2017年9月28日，针对记者有关8月从朝鲜进口煤炭问题的提问，商务部新闻发言人表示，中国的做法符合联合国安理会的有关决议和中国对外贸易、法律法规的要求，中方将根据国内法律和应承担的国际义务开展与朝鲜的贸易往来。[23] 2017年8月5日，联合国安理会一致通过第2371号决议，严厉谴责朝鲜在2017年7月进行的两次洲际弹道导弹试射，要求朝鲜放弃核武器和导弹计划，并决定对朝鲜实施更加严厉的制裁措施。决议规定，所有国家都不能以任何方式从朝鲜进口煤、铁、铁矿石等产品。[24] 2017年8月14日，中国商务部、海关总署发布公告，为执行联合国安理会第2371号决议，自8月15日起全面禁止自朝鲜进口煤、铁、铁矿石、铅、铅矿石、水海产品。[25] 2017年9月3日，朝鲜进行了氢弹实验。2017年9月11日，联合国安理会批准第2375号决议，对朝鲜进行新一轮的制裁，禁止朝鲜纺织品出口，逐步减少朝鲜劳务输出赚取的外汇收入，将朝鲜的煤气、柴油和重燃油进口减少大半，并全面禁止天然气和其他石油替代产品的进口。[26] 2017年9月22日，中国商务部、海关总署发布《关于执行联合国安理会2375号决议的公告》(2017年第52号)，宣布中国全面禁止自朝鲜进口纺织品，自2017年10月1日起，限制对朝鲜出口精炼石油产品。[27]

除煤炭外，早在2016年1月，联合国安理会就讨论了对朝鲜实施石油禁运的问题。据外媒报道，中国以“对普通国民造成影响”为由表示反对。[28] 2017年5月4日，美国众议院以419票赞成、1票反对通过了“对朝封锁与制裁现代化法”，核心内容为封锁朝鲜的原油和石油产品进口渠道。[29]据有关媒体报道，朝鲜90%的原油供应依赖中国。韩国贸易投资促进局的数据显示，2015年，朝鲜从中国进口的原油为52.5万吨；联合国的数据显示，2015年，中国向朝鲜出口了超过21.8万吨的成品油。[30]美国能源信息署估计，2016年，朝鲜每天从中国进口1.5万桶原油和6 000桶精炼石油产品，相当于全年进口550万桶原油和220万桶精炼石油产品。[31]近期中国《环球时报》发表社论，呼吁朝鲜在朝核问题上“刹车为安”，称若朝鲜再破底线，中国社会将愿意看到严格限制对朝鲜出口石油等空前严厉反应。[32]据报道，从2017年4月中旬开始，朝鲜平壤各大加油站开始限制供应汽油，只为外交牌照车辆供油，有的加油站已经全面停业，而且油价涨幅超过70%。[33]在联合国安理会通过的第2375号对朝鲜制裁决议中，规定从2017年10月1日起至年底，对朝鲜的原油供应限额为50万桶，而从2018年1月1日起每年的供应限额为200万桶。据外媒的有关报道，在讨论2375号决议时，为争取中国和俄罗斯的支持，美国放弃了对朝鲜实施全面石油禁运的计划。[34]因此，如果未来美国单方面或通过联合国对朝鲜实行更加严厉和全面的制裁，特别是如果实施全面的石油进口制裁，就有可能出现像因核问题而对伊朗实行的全面制裁一样的情况，使朝鲜本已困难的经济“雪上加霜”。

世界石油工业的历史说明，由于石油在一国经济社会中至关重要，长时间和严厉的石油制裁会给被制裁国的经济社会造成严重的负面影响，石油禁运确是一种较为有效的大国外交政策工具。

二、捉摸不透的国际石油市场

因为石油对世界经济政治形势有如此巨大的影响，所以石油问题多年来一直是世界各国普遍关心的重大热点问题之一。正因如此，国际上，尤其是西方国家对石油问题的研究极为重视，石油问题研究已基本上成为一门独立的学科，众多国际性组织、主权国家政府、咨询公司、石油公司和高等院校等纷纷设立自己专业的石油问题研究机构，以国际能源署这样的国际组织、世界石油大会这样的行业会议、石油输出国组织秘书处这样的石油生产国组织、美国能源部所属的能源信息署这样的石油消费国政府等为主，构建了庞大的官方和半官方的世界范围能源、石油问题研究网络。

（一）国外知名石油问题研究述评

就世界范围来说，特别是在以美国为首的西方工业化国家，作为一门独立的学科，经过超过一个半世纪的努力，国际石油经济学积累了相当多的著作，对这门学科的每一个具体问题都有所涉及，其中一些著作影响很大，大大超过了石油问题研究领域本身。如为石油经济学研究奠定了基础的保罗·弗兰克尔的《石油纲要》、被石油经济学界视为经典的M. A. 阿德尔曼的《世界石油市场》、对20世纪70年代以来国际石油市场的大事做了具体归纳的史蒂文·A. 施纳德尔的《油价革命》、在我国广为流传并出版了几种中文版的安东尼·桑普森的《七姊妹：大石油公司及其创造的世界》等。近年来影响力最大的著作是美国坎布里奇能源研究会主席丹尼尔·耶金的《奖赏：一部追求石油、金钱和权力的史诗》及其姐妹篇《能源重塑世界》，前一本书是1991年美国的畅销书，作者由此获得了1992年度美国普利策纪实文学奖，后一本书出版于2011年，续写了前一本书之后至2011年5月的世界石油工业历史，并将内容扩展到能源安全、新能源和气候变化等领域。

虽然世界上对石油问题的研究著述颇丰，但是客观地说，这些著作中的大部分是论述某一问题的，到目前为止还未见到一本系统地从理论上分析20世纪70年代以来国际石油形势变化的著作。更为重要的是，由于对国际石油形势的分析是一门实证性的科学，任何结论都必须与论文或著作出版后的国际石油市场走势进行对照，而历史已经证明，这些著作中的绝大部分和建筑在这些著作理论基础之上的各种各样的对未来国际石油价格走势的预测基本上都是错误的，其中有的错误之大，现在读起来令人不敢相信。更为突出的是，近年来在国内翻译出版的某些所谓国外石油专家的著作，除书名或书中的某些标题"吓人"外，通读这些书籍，既找不出具体的数据和资料来源，也看不到严谨的分析论证，很多观点都是作者的推测或直观感受，与严肃的学术著作要求相比，实在是差之千里。

世界著名石油经济学家、美国麻省理工学院经济学教授阿德尔曼在很有影响力的美国《外交政策》1972—1973年冬季号上发表题为《石油真是短缺吗？——石油公司是石油输出国组织的收税人》的文章，认为"在未来15年里，没有任何理由担心会产生真正的石油短缺"，"世界能源危机是一个神话"。在文章中，他指出，"（美国）国务院'稳定市场'的努力，使得石油公司和石油生产国有能力将油价维持在高于长期边际生产成本10~20倍的垄断价格水平上。……而如果对国际石油市场的垄断被削弱，供应将增加，油价将下降”[35]。就在这篇文章发表后不久，第一次石油危机爆发，阿德尔曼的文章一时成为人们的笑柄。

世界石油问题咨询界非常有名的美国费氏咨询公司的董事长F.费萨拉基在1983年出版的一本书中提出，到1985年国际石油价格将达每桶40.2美元，1990年将上升到每桶64.7美元（具体参见表1–1）。[36]就在他的这本大作发行之时，石油输出国组织已开始降低自己的油价了，1985年国际石油价格不但没有涨到每桶40.2美元，而且开始大幅下降，1990年的国际石油价格与每桶64.7美元更是相差千里。

表1–1　石油输出国组织平均官价预测

（美元/桶）

年份	1980	1981	1982	1983	1984	1985	1990
1980年不变价格	30.9	31.2	30.7	29.6	29.6	30.5	35.4
名义价格	30.9	34.5	33.0	34.2	36.5	40.2	64.7

资料来源：Fereidun Fesharaki, David T. Isaak. *OPEC, the Gulf, and the World Petroleum Market: A Study in Government Policy and Downstream Operations*. Westview Press, 1983: 27.

赫赫有名的美国中央情报局在20世纪70年代和80年代发表了几份极具影响力的报告，认为80年代世界将发生严重的能源危机。如1980年5月，美国中央情报局局长、海军上将斯坦斯菲尔德·特纳在美国参议院能源委员会发表“能源地缘政治学”的讲话，认为“世界石油产量大体上已达到或接近它的高峰期，并将在整个80年代逐渐下降”，“不论是尽力去发现更多的石油，还是提供燃料代用品，都无法补救今后10年的石油短缺”，在这种情况下，“西方、欠发达国家，不久后还有东欧集团都会争相抢购现成到手的石油供应量”，而且“80年代的经济增长看来比70年代还要低”。[37]事实正好与之相反。从1980年年底开始，国际石油价格就开始不断下跌，市场不是短缺而是充斥着越来越过剩的石油。

在海湾危机和第一次海湾战争期间，研究界和一些企业都认为，如果爆发战争，将出现严重的石油危机。1990年8月，英国牛津大学牛津能源研究所在世界著名的能源问题专家、该所所长并获得国际能源经济协会1990年度“能源经济杰出贡献奖”的罗伯特·马布罗的指导下，发表了一份长达50页的题为《第一次石油战争》的研究报告，认为1990年第4季度世界上可能出现石油危机，其原因是虽然西方国家拥有庞大的石油储备，但不可能对国际石油市场的动荡做出适当的反应。[38]当然，第一次海湾战争发生后，国际能源署非常有效地动用了石油储备，并没有出现石油危机，国际石油市场油价不升反降。

在油价预测方面错得最离谱的，应该也是最著名的，就是美国高盛公司的每桶200美元的预测。就在2008年国际石油价格上涨最疯狂的时期，2008年3月，高盛公司表示，“由于供应增长缓慢，而非经济合作与开发组织成员需求的油价较为封闭，这意味着美国经济增长或原油供应出现障碍，油价可能会上涨至每桶150~200美元的水平”[39]。从2005年开始，高盛公司为国际石油价格总结出“超级上涨”周期理论，认为充足供应增长匮乏以及非经济合作与发展组织成员的原油需求不受价格影响继续增长，将导致油价持续大幅上涨。据此，2008年5月6日，高盛公司又发布研究报告，声称原油价格在未来两年内可能升至每桶200美元的高位，“我们预期2008年和2009年的油价明显面临上行风险”，原因是其处于原油供应增长疲软所推动的“超级上涨”周期之中。[40]当时，对油价做出这种预测的机构当然不止高盛公司一家，在2010—2014年面对油价的再一次不断上涨时，又有机构做出油价每桶200美元的预测。如2014年8月，在红极一时的《21世纪资本论》中，托马斯·皮凯蒂引用的预测模型就推算，石油价格将从当时的每桶100美元（21世纪初约为每桶25美元）上涨到2020—2030年的每桶200美元。[41]

“石油峰值”理论是评述石油问题绕不开的话题。不过，自1949年美国著名石油地质学家金·哈伯特提出矿物资源“钟形曲线”规律以来，石油界和研究界对此进行了广泛的讨论和争论，20世纪70年代以来的国际石油形势和石油价格的大幅波动已从事实上证明了这一理论的是是非非，我们在本书第13章中将专门讨论这一话题。在此，我们仅点到为止，不再多费笔墨。

影响巨大的《奖赏：一部追求石油、金钱和权力的史诗》及其姐妹篇《能源重塑世界》虽然篇幅宏大，但这两本书仅是一部国际石油业发展的变迁史。这本书的作者虽有生花之笔，使石油这一复杂的问题读起来引人入胜，但实事求是地说，这两本书都只是历史书，对国际石油问题没有理论分析，更谈不上提出一套独到的见解或理论，而且对未来国际石油形势更无详细的分析。2008年9月，中信出版社为《奖赏：一部追求石油、金钱和权力的史诗》出版新一版中文版，我有幸应出版社之邀为这一版的中文版写专家导读，题目为“解历史之迷径，谋未来之对策”，指出这本书不是严格意义上的学术著作，其对130多年来世界石油工业大事小事的叙述用的是讲故事的方式。[42]这一版的中文译文组织者和主要译者、中共中央对外联络部副部长艾平先生在为其姐妹篇《能源重塑世界》中文版所写的跋中也指出：“20年前，我们是把耶金先生的著作当作历史书来看待和推荐的，现在看来更准确的说法应该是纪实类或国外所说的‘非虚构’类畅销书。”[43]

（二）从著名投资人的投资行为看其对石油形势的判断

面对进入21世纪后国际石油价格的两次大幅上涨，很多机构更是据此规划和指导自己的经营与投资行为，这些机构有石油生产国、从事石油业务和其他能源业务的公司，非能源类型的企业也在这个时期大量投资油气行业。这方面的例子太多，我们仅举一个较为著名的案例。从2013年年初开始，巴菲特的伯克希尔·哈撒韦公司就开始收购加拿大最大的石油公司森科能源的股票，后者是全球最大的油砂生产商，拥有北美地区大量油砂资产。截至2013年6月30日，伯克希尔·哈撒韦公司购买了1 776.945 7万股森科能源股票，价值5.24亿美元。早在2008年8月18日，巴菲特和微软创始人比尔·盖茨就突然造访加拿大艾伯塔省的油砂项目，对庞大的油砂储量规模惊叹不已，打探加拿大油砂储备分布情况，以及该产业在全球能源领域的地位。[44] 2014年第4季度，伯克希尔·哈撒韦公司减持价值40亿美元的美国埃克森美孚公司股票，但在2014年大量增购400万股森科能源股票，使得手中的森科能源股票总数达到2 200万股，森科能源成了伯克希尔·哈撒韦公司控股最多的石油公司。[45]有分析认为，巴菲特这一投资背后的一个目的，是扩大手中伯灵顿北方圣太菲铁路运输公司（BNSF Railways）的原油运输市场，目前石油约占到该公司总运输量的4%。

我们目前尚不知“股神”这一投资的收益如何，但是从这一投资的时间点把握和2014年下半年以来的国际石油价格走势分析，加之对比差不多同时间中国海油收购加拿大尼克森公司的后果看，似乎不会太乐观。当然，我们非常乐见“股神”的这一投资如同“华人投资超人”李嘉诚类似的投资一样，从更长的时间周期看会取得成功。1986年12月，李嘉诚斥资32亿港元收购了加拿大赫斯基石油公司52%的股权，后李嘉诚家族及旗下公司拥有赫斯基石油公司的股权增加到约71%，当时正值石油危机，油价暴跌至每桶11美元。通过20多年的经营和走向资本市场，李嘉诚通过此项投资获得了丰厚的回报，该案例被誉为李嘉诚一生中最伟大的投资之一。就在全世界都对电动汽车和新能源汽车趋之若鹜之时，2017年10月初，“股神”却在押注传统汽车不会衰落，购买领航旅行中心公司的股份，这是一家向卡车司机出售食品、咖啡和柴油的连锁卡车休息服务站运营商。[46]

（三）国内石油问题研究的进展和述评

25年前拙作《石油与当代国际经济政治》成书和出版时，我国国内对石油问题的研究起步还不久，研究人员也很少，尚未在国内经济学界尤其是世界经济的研究中占有多高的地位，除少数高校和研究单位外，还未能形成独立的学科，尤为重要的是，除在一些刊物上散见一些文章外，还未出版过一定数量和有分量的著作。25年后的今天，国际石油问题的研究已经成为热门学科之一，有大量的专业和综合性研究机构、高校与企业，国家、企业乃至私人机构等都投入较多的人力和物力研究这一问题，出版了大量的著作、论文和各种类型的报告，众多的研究成果为改革开放30多年来我国的经济发展，尤其是能源和石油工业的发展提供了非常有价值的政策建议及参考，构成了国家全方位经济、政治和外交政策的重要组成部分。近年来国内有关石油问题的研究成果众多，由于篇幅有限，这里仅举有代表性的三类加以介绍和说明。

国内石油问题研究历史较为悠久、研究队伍规模最大、研究成果较为丰富的专业研究机构，应该是中国石油天然气集团公司的经济技术研究院，其前身是成立于1964年的石油工业部科技情报研究所。从2008年开始，该研究院每年组织专家跟踪分析国内外油气行业发展，剖析重大事件和热点问题，分析世界和我国油气行业发展态势与未来趋势，编写出版《国内外油气行业发展报告》，目前已出版至2017年版。该研究院组织编写的行业发展报告，应该是目前国内最全面、最系统和最及时地汇总、分析年度国内外油气行业情况的编年体报告，是我国石油问题研究的标杆性报告，为深入分析和研究国际石油问题提供了较丰富的基础性材料。该研究院还主办《国际石油经济》月刊，这是目前国内唯一一本国际石油问题研究的专业刊物，它的前身源于笔者读研究生时的云南大学西南亚研究所主办的《世界石油问题》。

分别出版于2009年11月的《国际石油期货价格预测及风险度量研究》（温渤、李大伟、汪寿阳）、2010年11月的《国际石油价格动荡之谜：理论与实证》（马登科、张昕）、2015年1月的《基于金融因素的国际石油价格波动研究》（陈明华）、2015年4月的《石油卡特尔的行为逻辑：欧佩克石油政策及其对国际油价的影响》（刘冬）和2016年1月的《石油价格波动对经济的影响及其预警知识库系统研究》（鞠可一、周德群）等，在学术研究性的国际石油价格分析研究著作中较有代表性。这些著作中的大部分是研究国际石油问题某一领域的专业性著作，其系统性较强，研究较深入，成果具有较好的参考意义，其中很多是作者在硕士、博士学位论文基础上的提升和完善。需要特别指出的是，这些著作中很多都通过大量翔实的数据，使用了数量经济学的方法和工具，论证有关论点和结论，作者在数据的收集、整理和分析上花费了很大的精力。如《基于金融因素的国际石油价格波动研究》，在构建国际油价波动基本理论的基础上，作者提出了“内在机理—模型分析—计量检验”分析框架，从金融视角试图揭开国际油价波动之谜。[47]《石油价格波动对经济的影响及其预警知识库系统研究》是得到国家自然科学基金青年项目等资助的项目，作者试图在全新的预警理论基础之上，将数据挖掘技术和人工智能方法融入预警理论中，构建预警知识库系统，通过理论推导和系统分析，对石油价格波动及其对经济的影响展开实证分析和仿真研究。[48]这两本著作的共同特点，就是大量使用数量经济学的方法和工具来分析、论证国际石油价格波动的原因，并都构建了自己的模型。国内有关石油问题的研究著作中，作者都在国内外这一领域研究成果方面做了大量的文献检索工作，非常具有参考价值。从有的著作中也可以看出，作者虽然是某些领域如金融领域的专家，但对石油行业的认识还需进一步加强，某些著作中的研究结论还需进一步推敲。如在《国际石油价格动荡之谜：理论与实证》一书中，作者将该书第6章的标题定为“国际石油价格动荡的根源：美元本位制加上浮动汇率制”。作者认为，美元本位制下的浮动汇率制是国际石油价格动荡的根源，人类历史发展至今经历了三大货币体系：金本位制、布雷顿森林体系和《牙买加协定》下的浮动汇率制。石油价格只有在金本位制即固定汇率制下才走得十分平稳，而一旦以某种纸币计价或者在浮动汇率制下，国际石油价格就动荡加剧。[49]作者在该书中用了大量的具体数据和数量经济学的工具，对自己的观点进行了论证。仔细研读这本著作后，我们认为，作为金融领域的专家，作者可能不太了解和熟悉国际石油市场的历史，尤其不清楚国际石油价格的变迁历史，进而用看似科学的办法推论出了不能令人信服的结论。国内出版的一些石油问题研究著作的质量表明，部分非石油行业的学者和专家还需进一步普及和学习世界石油天然气工业的历史及常识，因此至少本书在这方面应该还具有一定的积极意义。

近年来，还有为数不少的个人积极介入国际石油领域的研究和国际石油价格的分析、预测等工作，过去十多年间笔者就遇到过好几位这样勇敢的探索者，他们以个体非常有限的力量，试图通过某一种、某几种数学工具或方法解开国际石油价格波动的历史之谜，预测当前和未来国际石油价格的走势。这些个人和机构中，给我留下深刻印象的是北京超思华科数量分析技术有限公司。这些个人或机构的努力，出于多种原因似乎结果都不太理想，但笔者还是为他们勇敢的精神所折服，希望国家能从政策、资金等多方面给予他们支持，希望未来我国能出现更多这样的探索者，我国的石油问题研究人才辈出、百花齐放，研究成果能走在世界的前列。

当然，国内外丰富的石油问题研究成果不可能在这么短的篇幅中就加以较全面的述评，挂一漏万是肯定的。上述提到的数个代表性的专家和机构，都是国际上石油问题研究的权威人物或知名机构，他们对石油问题的研究做出过重大的贡献，时至今日我们之所以能继续对石油问题加以研究，就是由于他们奠定下了坚实的基础。如前文提到的美国费氏咨询公司董事长F. 费萨拉基先生，自1987年5月在河北涿州原石油部物探局的一次培训中相识后，30年来我们一直保持着联系，多年来更是每年都要见一次面，讨论和交流对国际石油形势的看法。[50]因此，前述述评中指出他们研究存在的问题并不是揭他们的短，露他们的丑，而是想说明国际石油市场和石油价格波动的复杂性。从人类认识的规律来说，一时一地和一代人对某些事件及规律的认识，都具有时代性和阶段性，这是人类文明不断进步的内在逻辑，也是我们这一代人及未来几代人还需投入更多的人力、物力去研究国际石油问题的理由和动力。

三、本书的主题思想和核心内容

虽然自1859年大规模商业性开采以来，石油工业已有近160年的历史，是当今世界上最大的产业之一，但是应该说，石油问题真正成为国际上令人关注的一大问题，则起因于20世纪70年代以来的国际石油价格的大幅波动。因此，本书就是叙述20世纪70年代以来国际石油市场到底发生了什么样的变化，分析国际石油市场会发生这么大变化的内在原因，并进而探讨未来国际石油形势可能会发生什么样的变化。

我们认为，20世纪70年代以来国际石油价格发生大幅波动，其最根本的原因是当代世界经济政治形势发生了变化，世界经济政治形势的变化带来了国际石油市场的三大结构性变化，从而引起了国际石油形势的巨变，同时它决定了当前和未来的国际石油市场也会像过去一样从动荡走向下一次动荡。

当代世界经济政治形势决定20世纪70年代以来国际石油价格大幅波动有如下内在原因。第一，廉价的石油促成了世界经济在第二次世界大战后迅速恢复，并导致了20世纪五六十年代世界经济特别是西方经济的高速增长，整体世界经济水平迈上了一个新台阶。

反过来，世界经济的高速发展带来了石油消费大增长，石油渗透到人们生活的各个方面。到20世纪60年代中期，在世界范围内，石油成了我们人类最主要的能源来源，人类社会发展史上一次能源形态的转变到此完成。至此，人类社会生活离不开石油，20世纪成为“石油世纪”。正是“石油世纪”这一特点，决定了石油不再是一种普通商品，而是一种特殊商品，由此国际石油形势才可能发生震撼世界的大变化。目前，虽然世界能源形势已发展到由单一严重依赖石油走向能源多样化，“石油世纪”正在走向能源多样化的时代，但石油仍是当前和未来相当长时间内人类社会的主要能源来源，这一点又决定未来的国际石油形势仍将处于动荡—稳定—动荡的周期性波动过程中。第二，石油从一种普通商品变为一种特殊商品决定了石油已成为政治争夺的焦点。第二次世界大战前，英国垄断中东，中东的石油生产处于英国的控制之下，战后美国势力开始进入中东，其结果是美国的石油公司也挤入了英国的势力范围，中东石油生产逐渐由一家独霸变成多头竞争。进入20世纪60年代，随着民族解放运动的兴起，世界各国发起了从政治独立到经济自主的运动，产油国最终收回了石油资源的所有权。至此，20世纪70年代以后国际石油形势的大变化具备了政治条件。

当代世界经济政治形势变化促成了20世纪70年代以来国际石油价格大幅波动的具体表现是，当代世界经济政治形势变化带来了国际石油市场三大结构性变化，这些结构性变化直接导致了国际石油形势的大动荡。第一，供需结构变化为20世纪70年代以后的国际石油形势变化奠定了基础。从20世纪60年代中期开始，由于世界石油需求的迅速增长，到20世纪70年代初国际石油市场的需求已赶上了供应，国际石油价格势必上涨。进入20世纪80年代，国际石油市场的供应已大于需求，国际石油价格势必下跌。这一供需结构的变化，在21世纪再次重现，从而导致了我们看到的两次油价轮回。第二，市场参与结构变化决定了国际石油形势必将发生大变动。20世纪60年代末，由于石油生产国掌握了石油资源的主权，在这些国家参与国际石油市场目的的驱使下，利用国际石油市场的供需条件大幅提高油价。从20世纪80年代初开始，国际石油市场上出现了多重力量，石油输出国组织的力量受到了严重的削弱，对市场的控制减弱，从而使油价大幅下跌。进入21世纪，国际石油市场又出现了众多的参与者，特别是美国页岩油气革命的成功，使这个曾经世界上最大的石油进口国变成了具有强大市场竞争力的出口国，这些参与者出于不同目的的市场行为，带来了21世纪前17年的油价大幅波动。第三，市场交易方式结构变化促成了国际石油形势的大变动。在市场参与结构发生大变动的同时，过去的标价体系崩溃，现货市场和期货市场出现，现货价格、期货价格成了不同时期石油生产国、消费国决定价格和国际石油市场油价走势的标杆及引领，国际石油价格的大幅变动由此变得更加频繁和不可捉摸。

本书分上下两册共15章来论述这一主题。其中，上册8章，第2~8章计7章，叙述的是从洛克菲勒到当前的国际石油市场变迁历史，为主题的分析提供历史背景和具体材料。下册7章，第9~13章计5章，是本书的重点，讨论世界经济政治及由此引发的国际石油市场结构变化对20世纪70年代以来国际石油形势的影响。第9章讨论世界经济政治与石油形势变化的关系，该章首先总结了20世纪70年代以来国际石油形势的特点，为下面的分析奠定基础；其次分别从能源与人类社会发展、石油与经济增长、石油与军事活动和石油与世界政治等方面来论证20世纪70年代国际石油形势变化的根本原因是世界经济政治发生了变化。第10~12章分别从三个层面讨论因世界经济政治变化而导致的国际石油市场供需结构、市场参与结构和交易方式结构的变化如何造成了20世纪70年代以来国际石油形势的大动荡。第13章对前面3章的分析进行了总结，指出近160年的变迁历史说明国际石油市场是一个近乎完全竞争的市场，周期性波动是国际石油市场的常态。第14~15章以前面5章的分析结论为基础，分析并讨论未来国际石油形势可能发生的变化及石油与我国的经济、安全和外交的关系。本书最后一章讨论我国的石油、能源和经济、安全、外交等问题，出发点是借助对20世纪70年代以来国际石油问题的研究结论，借鉴对近50年来国际石油形势大变迁的系统总结，分析我国石油、能源生产消费所面临的内外部环境和存在的主要问题及其给我国经济、安全和外交带来的挑战，提出更好地发展我国的石油和能源工业的对策建议，希望从石油和能源领域为中华民族更好地实现“两个一百年”的奋斗目标做出微薄的贡献。

需要指出的是，作为一个整体，本书的各部分都是不可分割的，上册8章讲的是世界石油工业近160年的历史，为下册5章的理论分析做了铺垫；下册关于未来国际石油形势的分析和预测，既源于理论分析也源于世界石油工业的历史，关于石油与我国的经济、安全和外交的讨论当然要从世界石油工业近160年的历史中汲取经验教训。对一般的读者来说，读了本书的上册，就可以较为全面地了解20世纪70年代以来国际石油形势的变化和历史。对专业读者来说，下册中的第9~13章则是本书的精华所在，是笔者33年来对国际石油问题的观察和思考的结晶。在安排全书的篇幅和组织逻辑架构时，笔者力图在保持本书的专业特色的同时，将一个专业程度较深的问题尽可能写得通俗易懂，以求照顾一般读者，这就是本书分上下册的目的所在。不过，从笔者的本意来说，本书还是一本严格意义上的学术著作，笔者力图通过可能得到的、尽可能广泛的资料与数据分析和论证有关观点及结论，因此书中会有大量的数据和图表，请读者在阅读时给予理解。

“如果70年代对宏观经济学家来说不是好年份，那么对其他经济学家来说，同样不是好年份，专门研究世界石油市场的微观经济学家没有取得多大进展，他们的预测不如以往精确，传统的理论方法也被证明并不十分有用。”[51]较为幸运的是，25年前笔者的《石油与当代国际经济政治》出版后其结论大约在10年时间里是正确的，通过了国际石油市场的客观性验证，但是，2004年之后，国际石油形势的变化完全超出了这本书的结论。因此，25年来，在繁重的工作之余，笔者一直在反思和剖析这本书对在了什么地方、错在了什么地方，一直计划在续写20世纪90年代初以来国际石油市场历史变迁的同时，对造成20世纪70年代以来的国际石油价格大幅波动的原因进行一次系统性的再探索。笔者当然希望这一次再探索的结论还能保持10年或更长时间的正确，但是由于知识、能力、方法和掌握资料的有限，我们无法保证一定能实现这一目标。不过，需要特别说明的一点是，本书是建立在笔者33年来对国际石油问题的悉心观察基础之上的，试图从历史的角度来分析这一特定时期的有关事件，将这一时期国际石油市场上所有发生的大事小情放在系统性的人类社会发展历程大背景下加以梳理。笔者认为，本书发掘的20世纪70年代以来国际石油市场变迁的历史，是较为翔实和丰满的，它可能会有助于澄清社会上大量存在的有关石油问题的传说；本书构建的20世纪70年代以来国际石油价格大幅波动的分析框架和所得出的结论，是较为严谨和深入的，它可能会有助于匡正学术界某些对石油价格波动原因解释的谬误；本书对未来世界能源和石油形势可能变化的分析及给出的预测，是较为系统和条理清晰的，它可能会有助于社会各方面来判断未来社会能源形势的变化趋势。因此，虽然无法保证未来10年或更长时间内本书结论的准确性，但是，笔者最低的希望是，拙作的出版能为国际石油和能源问题的更深入研究提供更加丰富、坚实和可资参考的资料，为世界经济、外交和政治问题的研究提供一个较为深入的石油视角。

第 2 章

从洛克菲勒到“七姊妹”

导　语

中国是世界上最早发现和使用石油的国家，但石油的大规模商业性开发是从美国开始的。19世纪50年代末，美国开始大规模商业化生产石油。在高额利润和需求不断增长的驱使下，石油工业迅速从美国扩展到世界其他地区，形成一个规模庞大、竞争激烈的行业。石油工业在发展过程中，大批公司不断出现，但大部分很快被淘汰，最后留下了为数不多的富可敌国的几家大公司。自1859年至20世纪70年代初，国际石油市场是由西方国家的国际大石油公司控制的，这些跨国大石油公司控制了石油生产活动从上游勘探、开发到下游提炼、销售的一条龙业务；这些大公司相互竞争，同时相互勾结来瓜分庞大的国际石油市场。在这些大公司中，以洛克菲勒的标准石油公司和后来的“七姊妹”最为著名。标准石油公司和“七姊妹”产生与发展的历史，基本上就是现代石油工业的变迁史。从这些国际大石油公司的发展史中，一方面，我们可以很清晰地看到现代石油工业是如何兴起、发展和演变的；另一方面，我们可以基本上总结出现代石油工业的基本特点。同时，从这些国际大石油公司的发展史中，我们还可看出20世纪70年代以来国际石油形势发生剧变的原因。因此，1859年8月不仅是美国石油工业诞生之时，而且是20世纪70年代以来国际石油形势剧变的开始。

一、石油开发简史

我国是世界上最早发现和使用石油的国家之一。3 000多年前的我国古书《易经》中就记载了有关石油和天然气的情况，如该书下经咸传“睽”节中有“上火下泽”，下经丰传“未济”节中有“火在水上”，下经革传“象”节中有“泽中有火”之说。到东汉时期，我国已开始使用石油。据东汉班固所著的《汉书·地理志》记载，在今陕西北部延安、延长一带发现有石油，当地人民将其用作燃料和润滑剂。宋朝时期的我国著名科学家沈括在其名著《梦溪笔谈》中，在我国历史上第一次正式提出“石油”的名称。也就是在这一时期，我国已开始对石油进行加工使用，我国最早的石油加工工厂——“猛火油作”，就是在这一时期加工石油产品的，它已能炼制出所谓“猛火油”的石油产品，其间我国已能用沥青做控制火药燃烧速度的原料，并能用石油制作炭黑。明代，我国已能从石油中提炼灯油，在四川等地还发现了凝析油并对其进行有组织的开采和利用。

由于较早地发现了石油，我国古代的石油开采技术也很发达。

在秦朝，我国就开始钻井。1041年，我国创造了用人力顿钻，钻凿下有竹筒套管钻出的小眼井，开创了所谓“卓筒井”的钻井技术，并发明了一整套相应的钻井和打捞工具。这在世界石油开发史上是一大进步。到11世纪末，我国已在陕北的延安、延川和宜君等地钻了第一批采油井，这比1859年美国正式大规模开采石油要早700多年。

公元前3000年，居住在亚洲幼发拉底河与底格里斯河的巴比伦人也已经能利用沥青做建筑材料和治疗疾病了，如巴比伦城的城墙就是用沥青砌的。到650年左右，波斯人和阿拉伯人已能用石油制作“希腊火”，供作战之用，如拜占庭人就能用这种“希腊火”攻打船舰并能制造原始的手榴弹。13世纪，缅甸的仁安羌油田已在开采，18世纪时该国已有500个人工开掘的油井。此外，非洲古埃及人将沥青用作“木乃伊”的防腐剂，拉丁美洲的印第安人很早就利用石油照明、治病和做建筑材料。

虽然我们人类的祖先很早就已发现并开始使用石油，但是就世界范围来说，这些发现和使用只不过是一时一地的人们偶然所得，即使已进行有组织的开采使用也是很小规模的，尚未形成一种产业。到19世纪中叶，石油才进入大规模开发的时代，才慢慢渗透到我们生活的各个方面，并使我们日益离不开它。

二、洛克菲勒和标准石油公司

历数对世界石油工业产生过重大影响的人物，当首推美国的洛克菲勒。在19世纪50年代后期美国石油大规模开发后，洛克菲勒迅速建立了控制大部分美国和国际石油市场的庞大的标准石油公司。虽然在美国反托拉斯法的打击下，标准石油公司被迫解散，但该公司建立的模式奠定了此后国际石油大公司的运营标准和范式，并为后来著名的“七姊妹”留下了三大成员。

（一）美国石油开发的开始

美国和西方大部分国家在石油大规模开发之前，照明用油是靠动物脂肪和植物油，富人用的是抹香鲸油。随着工业革命的发展，大机器生产对润滑油的需求量越来越大，传统用作润滑油的猪油不能满足需求。19世纪四五十年代，人们开始从煤和碳氢化合物中提炼所需的油料。1854年，加拿大人阿伯尔哈曼·盖斯纳在美国申请了制造“蜡油”的专利。1869年，美国纽约的蜡油工厂日产量可达5 000加仑[①]，这一年美国34家公司生产的蜡油价值达500万美元。与此同时，美国纽约商人改造了一种维也纳人使用的用玻璃罩的蜡油灯，并转销世界各地。正是在这些技术进步的推动下，蜡油的需求量越来越大，油源日益成为问题。

1855年4月16日，美国耶鲁大学化学家小本杰明·苏莱曼发表了受纽约律师乔治·比塞尔等人委托的研究报告，题为《建立石油业的转折点》，在这篇报告中，他认为，在不同的沸点下石油可蒸馏出各种含碳与氢的成分，其中有一种是品质极高的照明油料。在这篇报告的刺激下，美国各地掀起了一股寻找石油的热潮。

1859年8月29日，美国一个名叫埃德温·德瑞克的人在美国宾夕法尼亚州的泰特斯维尔的村子钻到了石油，这是美国大规模商业性开采石油的开始，一般认为这也是世界范围内的大规模商业性

---

① 美制1加仑≈3.785升。——编者注

开采石油的开始。斯德哥尔摩国际和平研究所的博·黑恩贝克在其《石油与安全》一书中认为："1859年美国发现了石油这种新资源，它标志着人类新纪元的开始。"[1]

（二）标准石油公司的建立及解体

洛克菲勒生于1839年，16岁时便在克利夫兰一家农产品运销公司当记账员，20岁时与莫里斯·克拉克合伙开了一家农产品贸易公司，1862年这家公司开始经营石油业务，1865年2月洛克菲勒自己一人买下了这家公司，主要经营石油的炼制和贸易。此时，洛克菲勒的公司是克利夫兰30家炼油公司中最大的一家，而到19世纪60年代末时可能是世界上最大的炼油企业。[2]

洛克菲勒步入石油业时正是美国石油工业面临严重危机的时期。自从1859年8月29日发现石油以后，全美出现了寻找和开采石油的热潮。1862年，宾夕法尼亚西部的石油产量由1860年的45万桶上升到300万桶；而最早发现石油的所谓"石油区"的一个地区的石油产量，到1866年则上升到360万桶。由于产量的大幅上升，美国石油价格不断下跌，1861年油价为每桶10美元，同年6月跌至每桶0.5美元，1861年年底更跌至每桶0.1美元。虽然到1862年油价又开始回升，1863年9月上涨至每桶7.25美元，但是19世纪60年代末美国油价又大幅下跌，19世纪70年代初油价曾下跌至每桶0.48美元，比当时石油区的饮用水还便宜3美分；1865—1870年间蜡油的价格下跌了一半以上，估计当时的美国炼油量是国内需求量的3倍，美国石油业陷入全面萧条状态，1871年美国炼油业更是进入了大恐慌。

在石油业大萧条的冲击下，为了应付危机，1870年1月10日，洛克菲勒在原公司的基础上，与亨利·佛莱格勒等5人成立了标准石油公司，意在使消费者相信该公司的油品是“标准油品”。标准石油公司此时控制着美国炼油业的1/10，在这家公司中洛克菲勒拥有1/4的股份。标准石油公司成立后，洛克菲勒利用当时铁路运输业的不景气，迫使铁路公司不但给予折扣，而且给标准石油公司每桶一定数量的“退款”，从而使标准石油公司在与其他公司的竞争中拥有更大的优势。此外，标准石油公司还通过削价等方式压垮对手，在1872年短短40天的时间里，发动了世界石油工业历史上非常著名的所谓“克利夫兰大屠杀”，兼并了26家炼油竞争公司中的22 家，使自己的市场占有率上升到了25%。又通过几年的努力，在标准石油公司成立不到10年的1879年，在洛克菲勒38岁时，他已控制了美国炼油业的90%，基本上相当于控制了全球炼油业，并控制了石油区的输油管、购销系统，支配了石油运输。1882年1月2日，洛克菲勒等人签订《标准石油托拉斯协议》，组成托拉斯管理理事会来管理标准石油公司，标准石油公司完全控制了14家公司和部分控制了21家公司。在这个理事会下设国内贸易委员会、出口委员会、制造委员会、生产委员会和输油委员会等来管理该公司的生产。标准石油托拉斯共发行70万股股票，其中洛克菲勒一人拥有19.17万股。

从1885年开始，标准石油公司的战略发生了根本性的转变。在这之前，标准石油公司主要经营炼油和油品贸易，一直没有涉入石油业的上游，即石油的生产活动。1885年美国利马印第安纳油田投入开发，洛克菲勒抓住这一时机，大量购买石油生产权，到1891年，标准石油公司生产的原油已占美国原油总产量的1/4。与此同时，标准石油公司于1888年在英国成立了自己的第一家国外分公司

“英美石油公司”，并不断在欧洲大陆投资。通过国外的分公司，标准石油公司控制了美国90%以上的蜡油出口，当时蜡油出口占美国石油产量的一半以上，是美国出口的制成品中的第一位。到19世纪80年代中期，标准石油公司三处炼油厂生产了超过世界煤油供应总量1/4的煤油，控制了美国国内石油零售市场的84%，且有1/3的石油都由自己生产（有史以来最高的比例）。[3]这样，洛克菲勒的标准石油公司最终成为一个从原油生产、提炼到销售的一体化的国际大石油公司。

就在标准石油公司步入巅峰之时，该公司面临的国际和国内环境都发生了重大的变化，这些变化严重冲击了它在石油业的垄断地位。

首先，国际上出现了几家大的石油生产和贸易公司，这些公司纷纷抢占标准石油公司在国际石油市场上的份额。19世纪70年代，俄国的石油也投入开发。著名发明家诺贝尔之子罗伯特·诺贝尔和路德威·诺贝尔以2.5万卢布购买胡桃木的钱买下了巴库的一家小炼油厂，1883年法国罗斯柴尔德家族也在俄国成立了“里海黑海石油公司”。俄国的石油业从巴库诞生，石油产量不断增加。1874年，俄国的石油产量只有不到60万桶，而10年后则增至1 080万桶，1888年更是增至2 300万桶，为美国石油产量的4/5。到19世纪80年代初，由诺贝尔兄弟公司生产的煤油已占领俄国一半以上的市场，将美国煤油赶出了俄国。同时，俄国生产的照明油迅速进入世界市场并不断挤占美国的份额，1891年，俄国的照明油占世界市场的份额由1888年的22%上升到29%，美国的份额由78%下降到71%。

为了将迅速增加的俄国石油投入国际石油市场，罗斯柴尔德家族与伦敦经营贝壳的商人马可斯·塞缪尔取得联系，准备利用塞缪尔在远东的销售网出售俄国的石油。1891年，双方签订合同，塞缪尔在苏伊士运河以东出售罗斯柴尔德家族的里海黑海石油公司的煤油9年。1892年8月23日，塞缪尔公司的纪念其父经营贝壳生意的、以贝壳命名的满载里海黑海石油公司煤油的“骨螺号”船通过苏伊士运河，驶向远东。1901年，塞缪尔将其公司改名为“壳牌运输和贸易股份有限公司”。1902年，壳牌运输和贸易股份有限公司掌握了通过苏伊士运河90%的油品。1890年，原东苏门答腊烟草公司经理琼·凯斯勒创立了皇家荷兰公司，在苏门答腊生产石油。皇家荷兰公司的业务迅速发展，1895—1897年其产量增加了5倍。该公司在远东地区建立了销售网，出售自己生产的“王冠油”。

到19世纪90年代，国际石油市场上出现了标准石油公司、罗斯柴尔德家族的里海黑海石油公司、诺贝尔兄弟公司、壳牌运输和贸易股份有限公司和皇家荷兰公司多头并立的局面，标准石油公司垄断国际石油市场的时代已经过去。

其次，美国石油开发出现了一个新的高潮。1901年1月10日，在得克萨斯州东南部发现了著名的“纺锤顶”大油田，其中的“纺锤顶卢卡斯一号”井的产量为每天7.5万桶。此后，美国西南部的路易斯安那州和俄克拉何马州也相继发现了大量的石油。在石油大发现的浪潮下，美国出现了大批石油公司，如仅在纺锤顶地区就有100多家公司在经营。在这些公司中，以海湾石油公司、太阳石油公司和得克萨斯石油公司最为著名。20世纪初，石油的产品销售也发生了重大的变化。随着汽车的出现，汽油的消费量越来越大，1900—1911年汽油的消费量增加了两倍，并在1911年超过了蜡油的消费量。在其他公司的竞争下，标准石油公司在美国的地位受到了巨大的冲击，其炼油量从1880年占美国的90%下降到1911年的60%~65%。

在其国际国内地位不断下降的同时，标准石油公司受到国内舆论的压力越来越大。19世纪结束时，美国国内进步主义思潮逐渐风行，其主要目标是政治革新、消费保护、社会公正，以及对大企业的约束，尤其是后一项更为突出。19世纪90年代，美国出现了大企业合并的浪潮，大量托拉斯纷纷出现。1889年，美国有资金总额达12亿美元的28个托拉斯；1898—1904年又出现了资金总额达60亿美元的234个托拉斯。美国大众认为，托拉斯是资本主义的歪曲变形，是对工人农民的威胁，而且也对中产阶层构成了伤害。早在1871年，查尔斯·弗朗西斯·亚当斯就开始描绘大公司是怎样地“进行宣战，谈和，并把法院、立法机构和主权国家变成屈从它们的驯服的工具”。1881年美国《大西洋月刊》发表亨利·德马雷斯特·劳埃德的文章，猛烈抨击洛克菲勒。这样，在1900年美国总统选举中托拉斯成了最重要的话题。在美国国内反对大企业的浪潮中，标准石油公司是众矢之的。在一般民众的眼里，标准石油公司是威力、不正派、残酷和影响无所不在的象征。俄亥俄州和得克萨斯州首先对标准石油公司进行反垄断诉讼，得克萨斯州将标准石油公司赶出了该州，并对其财产实行了监管。1892年，为应付俄亥俄州的一项法律诉讼，标准石油托拉斯被迫解散，其股权被转给了20家公司，这些公司又组成了标准石油集团。1899年，标准石油集团转移到新泽西州成立了“新泽西标准石油公司”，其原因是该州容许控股公司的存在。新泽西标准石油公司资本为1.1亿美元，控制了其他41家公司，这41家公司又控制着其他众多的公司，从而形成了新的标准石油公司网。在内部事务和外部攻击的压力下，1897

年洛克菲勒退休，将公司行政权交给了约翰·D.阿奇博尔德。就在这种情况下，美国公众对标准石油公司的攻击还在继续。其中最主要的是，《麦克鲁》杂志主编埃迪·塔贝尔在美国著名作家马克·吐温的帮助下，与标准石油公司资深董事罗杰斯多次会面，深入了解了该公司的情况。从1902年11月起，塔贝尔的文章在杂志上连载，这些文章揭露了标准石油公司操纵生产和市场、折扣竞争等情况，引起了全国的注意。1904年，塔贝尔又将文章汇编成一本《标准石油公司史》出版。在这本书和后来的其他文章中，塔贝尔将洛克菲勒描绘成没有道德的强盗，洛克菲勒的外表和其秃顶的形象都成了道德败坏的象征。

在舆论界大肆讨伐大企业和洛克菲勒的同时，美国政界也开始行动。共和党参议员约翰·谢尔曼提出一个“把各种约束贸易和生产的托拉斯与联合企业宣布为非法”的法案。1890年夏天美国总统哈里森签署了这一提案，使之成为美国历史上著名的《谢尔曼反托拉斯法》。1901年麦金利被刺后继任总统的罗斯福发起了反托拉斯运动，以控制大财团的势力。1906年11月，罗斯福政府依据《谢尔曼反托拉斯法》，在圣路易联邦巡回法院控告标准石油公司，罪名是该公司阴谋垄断贸易。在历时两年的调查中，洛克菲勒本人被法庭传讯作证，法庭共传讯了444位证人，提出了1 371件证物，整个法庭记录为21册共达144 495页。1909年，联邦法院下令公司解散。标准石油公司在接到判决后上诉美国最高法院。1911年5月，美国最高法院在所有参众两院议员的出席下，最高法院院长宣读了两万字的判决书，宣判标准石油公司在6个月内解散。此时标准石油公司的炼油量是美国原油产量的3/4，销售美国国内蜡油量的4/5以上并负责4/5以上的蜡油出口，向铁路公司出售所需润滑油的9/10，拥有一半以上的全美运油车，并拥有78艘轮船和19艘帆船。此外，该公司还生产700多种其他商品，其中仅蜡烛的产量就达3亿支。1911年6月下旬，美国乃至世界上最大的公司宣布解散，标准石油公司由原来的一家分成38家，但是洛克菲勒一人仍拥有这38家公司所有股票的1/4。标准石油公司解散时，洛克菲勒已退休将近20年。

美国著名的石油问题专家迈克尔·伊科诺米迪斯认为，洛克菲勒的标准石油公司能够成为世界石油工业发展史中第一家垄断型企业，除了洛克菲勒本人和其合作伙伴的个人努力外，一个重要的原因是，在很长一段时间里，全球的石油生产都仅局限在宾夕法尼亚州一个很小的地区。随着得克萨斯州、俄克拉何马州、加利福尼亚州、中东地区、东南亚地区以及俄国油田的逐步开发，标准石油公司在整个石油工业的压制性地位已经无法再持续下去了，[4]世界石油工业将翻开新的一页。

三、“七姊妹”对国际石油市场的控制

自从石油在美国大规模商业性开采以来，除洛克菲勒的标准石油公司外，国际石油市场上还有大量的石油公司在活动，其中有不少与标准石油公司以及该公司解体后出现的几个公司实力不相上下，如被国际石油界称为“国际大石油公司”的八大石油公司。一般来说，人们常常提到的是这八大公司中不包括道达尔法国石油公司的其余七大石油公司，即声名远扬的“七姊妹”。所谓“七姊妹”，是指埃克森（或埃索）、壳牌、英国石油、海湾、德士古、飞马（莫比尔）和加利福尼亚标准石油（雪佛龙）七大石油公司。这

七大石油公司中，除壳牌是英国、荷兰共有和英国石油公司是英国的外，其余五大公司是美国的公司。“几十年来，这些公司对于产油国和消费国好像都有一股特殊的神秘力量。它们超国家的专业技术非各国政府所能及。它们的收入比它们经营所在的任何国家的收入还要多，它们的油船队比任何国家的海军队还要多，……在处理石油方面，它们实际上是唯我独尊的，不受供求规律的损害，不受变幻莫测的股票市场的影响，……它们是世界大公司的先驱。”[5]

（一）“七姊妹”的诞生

1.标准石油公司的后裔——埃克森、飞马和加利福尼亚标准石油公司（雪佛龙公司）

1911年6月标准石油公司解散后，共分解成38家公司，在这38家公司中，最大的是新泽西标准石油公司、纽约标准石油公司和加利福尼亚标准石油公司三家。

新泽西标准石油公司成立于1882年5月，是洛克菲勒于同年组建标准石油托拉斯后新成立的一批子公司中的一家。1911年标准石油公司解散后，该公司独立，并继承了原公司的大部分财产。新泽西标准石油公司成立后的主要活动是拥有美国东海岸两家大的炼油厂，并在美国国内和世界各地特别是拉丁美洲和欧洲大陆拥有庞大的销售网，但是没有原油生产。1928—1937年，新泽西标准石油公司掌握了当时美国之外最大石油生产国委内瑞拉一半以上的石油生产，从而弥补了自己没有上游业务的缺陷。1972年，新泽西标准石油公司改名为埃克森公司，但在世界其他市场，埃克森公司又因其产品名称而被称为“埃索石油公司”。

纽约标准石油公司成立于1882年2月，因它的电报挂号而简称

“索可尼”（Socony），是标准石油托拉斯的主要出口机构，负责销售业务，主要销售地区是远东。1894年该公司在我国注册成立“美孚火油公司”，首先在我国推广煤油灯的使用。1911年标准石油公司解散后，纽约标准石油公司成为独立的公司，当时该公司没有原油生产，只是在美国纽约拥有炼油厂，在纽约和新英格兰地区有销售网，还在远东和中东有自己的市场。1916年、1918年和1925年，纽约标准石油公司分别兼并和购买了加利福尼亚通用石油公司和得克萨斯州的马格诺利亚石油公司，成为上下游一体化的大公司。1931年7月30日，纽约标准石油公司与原标准石油公司的一家子公司即专门生产润滑油的真空石油公司联合组成索可尼–真空公司，1934年双方最终合并为索可尼–真空石油股份有限公司，简称“飞马公司”。由于真空石油公司所用的贸易名称为“莫比尔”，索可尼–真空公司从1955年起又称为索可尼–莫比尔石油公司，1966年起正式称为莫比尔石油公司。

加利福尼亚标准石油公司的前身是太平洋海岸石油公司，该公司于1879年在旧金山成立，1900年被标准石油公司收购，1906年改名为加利福尼亚标准石油公司，在1911年标准石油公司解散后独立活动。加利福尼亚标准石油公司主要从事石油生产活动，1919年它提供了美国原油产量的26%。1926年，该公司同太平洋石油公司合并。加利福尼亚标准石油公司的商标为雪佛龙。1984年，加利福尼亚标准石油公司合并了“七姊妹”的另一个成员海湾石油公司，改名为雪佛龙公司。

2.德士古

德士古成立于1902年，其前身是由外号为“鹿皮乔”的约瑟夫·卡利南于1901年以5万美元资本在得克萨斯州的纺锤顶创办的得克萨斯燃料公司。因该公司的商标“德士古”名声很大，1959年改名为德士古。德士古最初是一家石油生产公司，主要在美国西部活动，其生产区在得克萨斯州、加利福尼亚州和俄克拉何马州，1914年，其石油产量约占全美石油产量的5%。1907年，该公司的产品输往欧洲，1908年建造了横渡大西洋的“得克萨斯号”油轮。1928年，德士古兼并了加利福尼亚石油公司，其国内销售网遍布美国48个州。德士古是一家石油生产、提炼和销售一体化的公司。

3.海湾石油公司

海湾石油公司的前身是1901年的葛菲石油公司和海湾炼油公司。1901年1月10日，奥地利前海军军官安东尼·卢卡斯在纺锤顶发现了大油田，第一个支持卢卡斯的匹兹堡石油勘探者詹姆斯·葛菲在梅隆银行的资助下成立了葛菲石油公司。后由于葛菲不善经营和纺锤顶在出油后20个月就基本上枯竭，梅隆银行老板的侄子威廉·梅隆接管了公司。1906年，该公司在俄克拉何马州的塔尔萨发现了大油田。1907年，威廉·梅隆对葛菲石油公司和海湾炼油公司进行了改组，将这两家公司合并成海湾石油公司。海湾石油公司在美国西南部生产石油，其销售网在东部。1913年，海湾石油公司在匹兹堡建立了第一个汽车加油站。到20世纪初，海湾石油公司成为标准石油公司的劲敌，该公司有自己的油船队和销售市场，它生产的石油比埃克森公司多，其背后还有实力雄厚的梅隆银行。

4.皇家荷兰/壳牌集团

1901年塞缪尔成立“壳牌运输和贸易股份有限公司”，经营石油销售业务，但是该公司没有自已的油源。1901年美国得克萨斯州纺锤顶大油田开发后，壳牌和葛菲签订了为期20年、每年供油10

万吨的合同。在此基础上，壳牌在远东和欧洲大量销售石油，并在德国建立了子公司，壳牌由此成为国际性石油贸易公司，但是，纺锤顶在开发两年后就无油可卖，海湾石油公司解除了与壳牌的合同，壳牌庞大的油轮队只能运牲口，壳牌的地位日益下降。

就在壳牌面临重重困难的时候，1890年成立的皇家荷兰公司在亨利·德特丁的领导下日益壮大，该公司在苏门答腊有自己的原油生产地，并有自己的油船队和销售网。壳牌和皇家荷兰公司各占俄罗斯和远东石油出口的一半左右。为了避免在竞争中两败俱伤和在标准石油公司削价的压力下，从20世纪初开始，壳牌同皇家荷兰公司开始就合作问题进行谈判，1902年这两家公司同罗斯柴尔德家族一起组成了“亚细亚石油公司”，把各自在远东的销售网统一起来，但各公司的其他业务还是分开的。由于塞缪尔于1902年担任了伦敦市市长，无暇过问壳牌的业务，壳牌更加每况愈下，而皇家荷兰公司则有更大的发展。1905年，在壳牌连5%的红利都发不出的时候，皇家荷兰却发出了75%的红利。1906年4月，在面临更大竞争的压力下，壳牌被迫以4：6的比例与皇家荷兰公司合并，组成了皇家荷兰/壳牌集团，并让皇家荷兰公司的亨利·德特丁任新公司的总经理。1912年罗斯柴尔德家族将自己在俄国的石油企业全部卖给了皇家荷兰/壳牌集团。这样，1912年以后，皇家荷兰/壳牌集团成了一家庞大的国际性石油企业，其原油生产地分布在世界各地，其中，东印度群岛占53%，罗马尼亚占17%，俄国占29%。

5.英国石油公司

英国石油公司成立于1909年4月14日，其前身是英波石油公司，1935年改名为英伊石油公司，1954年12月改为现名。

1901年5月，英国人威廉·诺克西·达西在波斯取得了石油勘探和开采的租让权，租让面积达48万平方英里[①]，占目前伊朗全国面积的75%，相当于两个得克萨斯州那么大，合同期限为60年。达西所出的代价是两万英镑现款、两万张面值为一英镑的股票和未来可能获得纯利的16%。达西在伊朗勘探三年，花费了20万英镑而未获成果，造成资金枯竭。英国政府通过与英国海军有供货合同的缅甸石油公司给达西提供财政支持。1908年5月26日，达西在伊朗找到了马斯杰德–苏莱曼大油田。1909年4月，两家公司组成了英波石油公司。达西把租让权转给了英波石油公司，自己获得了100万股的公司股票。1914年6月17日，时任海军大臣丘吉尔在下议院提出议案，要求英国政府出资220万英镑买下英波公司股份的51%；政府在公司董事会中安排两名董事，他们在涉及外交、军事政策或直接有关海军部的合同时拥有否决权；海军部与公司签订了20份供油合同，海军还可从公司的盈利中获得退款。丘吉尔的提议以254票对18票获得通过。同年8月10日，英国国王正式批准了这一协议。从此，英国石油公司与“七姊妹”中的其他姊妹不同，背后有英国政府作后盾，并始终是一家独立的英国企业。

（二）“七姊妹”对国际石油市场的瓜分

在20世纪20年代之前，国际石油市场上还有其他大量石油公司，但这七大公司是国际石油市场上的主要力量，而且到20世纪70年代初它们一直统治着世界石油工业。这七大公司不但控制着自己的石油生产，而且控制着自己的石油运输、分配和销售系统，拥有自己的油船队，能够在世界范围内经营石油工业的每一部门。这七

① 1平方英里≈2.590平方公里。——编者注

大公司为了追求巨额利润，经常进行激烈的竞争，尤其是在销售业务上竞争非常激烈。同时，为了稳定动荡不定的市场、保持高额利润，它们又常常相互合作。这七大公司就像人世间的姊妹一样彼此间你争我夺，但一旦遇到局外人竞争时又像一家人一样联合起来，所以早在1913年美国新泽西州制定公司法时就将它们称为“七姊妹”。

早在“七姊妹”正式形成之前的19世纪90年代，标准石油公司、罗斯柴尔德家族和诺贝尔兄弟就曾尝试过进行合作以控制国际石油市场。1892年芝加哥博览会期间，罗斯柴尔德家族就以参观者的身份去美国，与标准石油公司谈判以求控制石油价格。1895年3月14日，标准石油公司、罗斯柴尔德家族和诺贝尔兄弟签订协议，试图控制世界石油贸易。这两次尝试皆因其他因素而未获成功。但是，通过一系列的争夺和妥协，“七姊妹”最终完成了对国际石油市场的控制和瓜分。

1.《红线协定》

1914年，美国人卡洛斯特·古尔本金成立了一家土耳其石油公司，该公司约一半的股份由英国所有，1/4由壳牌所有，出资修建巴格达铁路的德意志银行也拥有1/4的股份，其余的5%由古尔本金自己拥有，古尔本金由此获得了石油史上“5%先生”的称号。后由于第一次世界大战，该协定没有执行。第一次世界大战后的1919年12月，在与土耳其签订和约的圣雷莫会议上，这个协定做了修订，它把原来土耳其统治的国家分为英国和法国托管地，把原来德国在土耳其石油公司中1/4的股份给了法国。美国国务院在得知协定的内容后不断向英国施压，1922年8月，英国被迫将土耳其石油公司中20%的股份给了美国，由美国埃克森公司带头，包括海湾、德士古和飞马等7家美国公司进入中东。1925年新近获得独立的伊拉克政府与已改名为伊拉克石油公司的原土耳其石油公司签订了协定，让该公司拥有特许权到2000年。协定规定该公司必须是英国的，董事长必须是英国人，每开采一吨石油给伊拉克政府4个金先令的开采使用费。该公司最早的创办人古尔本金不但坚持要保留他5%的股份，而且坚持要保留原协定中的一句话，即该公司中的每一个合伙人，除了通过公司外，不得在从土耳其经过现在的约旦、叙利亚和伊拉克到沙特阿拉伯南端的前奥斯曼帝国的地区内谋求石油特许权。经过三年的谈判，到1928年7月，伊拉克石油公司的所有合伙人在比利时的奥斯坦达成了协议，但由于当时所有的人都不知道前奥斯曼帝国究竟有多大，古尔本金用一支红铅笔在除伊朗和科威特以外他认为包括一切后来生产了石油的巨大的中东地区划了一条红线，从而形成了世界石油发展史上的所谓《红线协定》。1927年4月，伊拉克石油公司发现了大量的石油。

《红线协定》是世界石油史上的第一次瓜分。伊拉克石油公司成了中东后来其他石油联合企业的母体和原型，该公司由两家英国大公司和两家美国大公司控制，美国公司在该公司中的股份由原来的20%增加到23.7%。

2.古堡会议

1917年，列宁领导的布尔什维克在俄国夺取了政权，十月革命成功。当时俄国的石油产量占世界石油产量的15%，诺贝尔兄弟控制了俄罗斯石油产量的1/3，壳牌也控制了俄国一部分石油产量。1920年7月，埃克森公司以1 150万美元买下了诺贝尔兄弟在俄国的石油股份。后由于俄国政府没收了石油公司的财产并大量生产石油，1922年7月，埃克森和壳牌与其他14家石油公司一起在伦敦开会试图要求俄国赔偿损失，但由于壳牌秘密买进俄国的石油在远东市场抛售和埃克森对俄国提出了很高的赔偿要价，石油公司与俄国的谈判破裂。到1927年，各大石油公司在全世界进行价格战。为了避免造成更大的损失，1928年，由埃克森公司总经理蒂格尔提议，埃克森、壳牌和英国石油公司开始进行秘密谈判，以求限制毁灭性的价格战。

1928年8月，壳牌的亨利·德特丁租了英国苏格兰高地原族长洛奇尔·卡梅伦的府邸、位于苏格兰高地因弗内斯郡的阿克纳卡里古堡，邀请英国石油公司的约翰·卡德曼、埃克森的沃尔特·蒂格尔与海湾石油公司的威·拉里默·梅隆来此打松鸡和钓棕色的鲑鱼，但事实上这些石油巨头到此是为了讨论石油界所面临的跌价问题。9月17日，埃克森、壳牌和英国石油公司就一项协议达成一致意见，这项协议的名称是《联营协议》，又称《维持现状协议》，但一般被称为《阿克纳卡里协议》。该协议认为，“过度的竞争造成今天极大的生产过剩”，它带来的削价是破坏性的，而不是建设性的。协议提出了7条在世界范围内指导各大石油公司进行协作的原则，其主要内容是：（1）各方接受它们目前的市场份额，未来供应量的增加应以维持这一份额为基础；（2）各方应精诚合作，将目前剩余的生产能力按成本提供给其他公司；（3）除非需求“明显增加”，否则不扩大新的生产能力；（4）各方以最低成本供应自己的市场，并按每个市场的最高价决定自己的石油价格；（5）向离市场最近处提供石油，使运输成本保持在最低的水平；（6）每个地区的生产者应建立各公司间的配额，并采取措施保证一个地区的市场配额不被其他地区石油的流入破坏；（7）各方应避免使用其他使石油业成本上升的任何办法或措施。[6]

《阿克纳卡里协议》包括除苏联和美国外的所有国家，但是

1929年，各大公司与苏联达成协议，将英国市场划分给了苏联。不过，由于美国国内的反托拉斯法，该协议无法延伸到美国。20世纪30年代，埃克森、壳牌和英国石油公司依据协议制定出一份“欧洲市场备忘录”，让分设在欧洲市场的各个公司自己去达成“地区安排”，与协议以外的公司分配市场。1932年12月，各大公司又根据《阿克纳卡里协议》拟定了《分配协议要点》，用作各公司外地代表草拟当地控制石油生产协议的参考。根据这个协议，分别组成了两个委员会，一个设在纽约管理供应，另一个设在伦敦管理分配；在伦敦还设立一个中央秘书处，统计各公司的生产并协调各公司的事务。

根据这份协议，首先，“海湾基价加运费制度”得到了最后的确认。在这之前，美国是世界上最大的石油生产国和出口国，油价是在美国的墨西哥湾定价，运往世界其他地区的石油需加上从墨西哥湾运送的标准运费。当协议签订时，伊朗和委内瑞拉的廉价石油已进入市场，美国石油已较昂贵，这样通过协议就能在国际石油市场维持一个较高的油价。如英国石油公司把伊朗的廉价石油运往意大利，其价格就等于从墨西哥湾运往意大利的石油，英国石油公司可从中得到一笔很大的利润。其次，协议使“虚拟运费”正规化。根据协议，如果两家公司为了减少运费而交换产品，它们可以分享所得到的利润。在协议签订之前，这种办法人们称之为“虚拟运费”，协议使其正规化。

由于当时世界石油生产活动基本上掌握在大公司手中，通过《阿克纳卡里协议》和其后的一系列其他协议，“七姊妹”控制了在每一个国家的竞争，把国际石油价格稳定在美国油价的水平，由此它们基本上瓜分了世界石油市场，组成了国际石油市场上的第一个基本上是全球性质的石油卡特尔。桑普森称：“这个协议，与其说是一套规则，不如说是一个宪章，……它给西方最大的石油公司带来了极大的好处”，“洛克菲勒开创的石油垄断，……已经发展成为一个全球性的卡特尔了”。[7]

3.合击摩萨台

《阿克纳卡里协议》签订后，虽然“七姊妹”之间不断进行竞争和相互拆台，但它们获得了丰厚的利润。如伊朗新国王礼萨上台后，英国石油公司1933年与他签订了一份新协定，使它的特许权可维持到1993年。在伊拉克石油公司国际财团中，大公司可以不顾协定中让伊拉克政府参与的条款，攫取巨额利润，1934—1939年，埃克森从伊拉克获得的利润为每桶25美分，比它们给伊拉克政府的石油税还高出两倍。

“七姊妹”不但获得了巨大的利润，而且在国际石油市场上的地位是非常稳固的，它们不用担心产油国的反对，还可联合起来对付石油生产国政府。首先尝到大石油公司力量的是墨西哥。1938年3月18日，墨西哥的拉萨罗·卡德纳斯将在墨西哥国内经营的18家石油公司收归国有。这一天被宣布为新的独立日，并在墨西哥城建立了一座纪念碑以示纪念。由于各大石油公司抵制墨西哥的国有化运动，而新成立的墨西哥国营石油公司没有足够的石油专家和工程师，国有化以后的墨西哥国营石油公司无法正常运营，使墨西哥石油生产受到严重的影响。第二次世界大战结束后，墨西哥政府分别给被国有化的石油公司以补偿，其中仅给被国有化的墨西哥之鹰公司的补偿金就达1.3亿美元，国际大石油公司才取消了对墨西哥国有化的抵制。桑普森对此评论说：“墨西哥的国有化似乎是自我毁灭，就好像证明石油生产国要生存，非依靠大石油公司不可。”[8]

“七姊妹”联手对付石油生产国政府最著名的例子是在伊朗。

在第二次世界大战中的1941年8月，英国和苏联的军队进入伊朗，放逐了伊朗前国王，将其年仅21岁的儿子穆罕默德·默萨·巴列维扶上了王位。战后，伊朗民族主义情绪高涨，巴列维的王位极其不稳，伊朗人普遍认为英伊石油公司是造成伊朗一切问题的根源。为了安抚伊朗人民的情绪，1949年英国石油公司提出了一个《补充协议》，增加了伊朗政府的石油收入。20世纪50年代初，穆罕默德·摩萨台被任命为伊朗石油政策委员会主席。1951年3月15日和20日，伊朗下议院和上议院先后通过石油国有化方案。4月28日，摩萨台被任命为首相，伊朗议会投票赞成立即接管英伊石油公司的油田和炼油厂。5月1日，伊朗国王签署石油国有化命令，宣布取消英伊石油公司的石油开采权，把该公司的财产以赔偿的方式收归国有，成立伊朗国家石油公司，掌管伊朗石油的勘探、开采、提炼和销售业务。1951年10月，所有英伊石油公司的雇员离开伊朗，伊朗政府取消了给英伊石油公司的特许权。“七姊妹”中的其他公司在伊朗国有化之初就向英伊石油公司保证，不买伊朗的石油，而且美国国务院还代表美国石油公司宣布，“面对伊朗对英国公司采取单方面行动的情况，它们不愿在那个国家从事经营”[9]。这样，伊朗虽然将石油生产权收归了自己，但一滴石油也无法进入国际石油市场。1953年5月，摩萨台给时任美国总统艾森豪威尔写信，指出英国正阴谋毁灭他的国家，请求美国给予帮助，但艾森豪威尔在一个月后回信要求伊朗政府信守国际义务。由于石油公司抵制给伊朗造成了巨大的困难，伊朗政局发生动荡，1953年8月摩萨台接管了伊朗军队，国王逃往国外，但三天后，伊朗国王在美国中央情报局的帮助下重返国内，并将摩萨台赶下了台。表2–1所示为1950年国际石油市场上石油公司市场份额。

表2–1　1950年国际石油市场上石油公司市场份额

公司名称	**市场份额（%）**
埃克森	30.4
英国石油公司	26.3
壳牌	13.8
海湾	12.1
加利福尼亚标准石油公司	6.1
德士古	5.7
莫比尔	3.9
“七姊妹”小计	98.3
其他公司	1.7
总计	100.0

资料来源：M. A. Adelman. *The World Petroleum Market.* Baltimore and London: The Johns Hopkins University Press, 1972: 80-81.

1953年12月，“七姊妹”和法国石油公司在伦敦开会，讨论伊朗石油问题，1954年9月19日，伊朗政府同由美国、英国、法国、荷兰石油公司组成的国际石油财团签订一项协议，协议规定石油资产原则上是伊朗国有的，伊朗石油资源和石油生产设备属伊朗国营石油公司所有，但由这些公司组成一个国际石油财团来管理伊朗的石油生产和销售，国际石油财团获得了伊朗西部和南部25.4万平方公里领土石油勘探、开采、提炼的专营权，期限为40年。在这个石油财团中，英国石油公司占40%的股份，“七姊妹”中的5家美国公司各占8%，壳牌占14%，法国石油公司占6%。此外，伊朗政府还给予英国石油公司以国有化损失的赔偿。1955年4月，5家美国公司将自己在伊朗国际石油财团中1/8的股份出让给9家美国独立石油公司。虽然此时由摩萨台创立的伊朗国家石油公司仍然掌握伊朗的油田和炼油厂，但是参与伊朗国际石油财团的石油公司秘密签订了一份《参与人协议》，规定了购买伊朗石油的条件和如何限制伊朗的石油生产以避免石油生产过剩。因此，国际石油财团仍然是伊朗石油生产的主人。

在由摩萨台国有化引发危机的三年时间里，伊朗人虽然在名义上成了自己石油资源的主人，但伊朗被淹没在自己的石油中。这三年危机表明，有伊朗石油也行，没有伊朗石油也行，伊朗石油的有无对国际石油市场并无多大的影响，以“七姊妹”为首的国际大石油公司牢牢控制了国际石油市场。“正如墨西哥人在13年前就已发觉的那样，伊朗人是少不了这些大公司的，他们只能淹没在自己的石油中。这些国际大石油公司的行动再一次证明，它们控制着世界市场。”[10]

伊朗国际石油财团的成立，标志着“七姊妹”的势力达到了顶点。到1950年，“七姊妹”基本上完全控制了社会主义国家和美国以外的世界石油市场，成了国际石油市场的主人。与此同时，“七姊妹”加上法国的道达尔石油公司，也基本上完全控制了世界上最大的石油生产地——中东的石油生产。表2–2所示为1972年中东联合生产的石油公司组成情况。

表2–2　1972年中东联合生产的石油公司组成情况

石油公司	组成
伊朗国际石油财团	英国石油公司40%，壳牌14%，埃克森7%，飞马7%，海湾7%，德士古7%，加利福尼亚标准石油公司7%，法国石油公司6%，其他5%

（续表）

石油公司	组成
伊拉克石油公司	英国石油公司23.75%，壳牌23.75%， 埃克森11.875%，飞马11.875%， 法国石油公司23.75%，其他5%
沙特阿拉伯 阿美石油公司	埃克森30%，飞马10%， 德士古30%，加利福尼亚标准石油公司30%
科威特石油公司	英国石油公司50%，海湾50%
阿布扎比商船公司	英国石油公司66.66%， 法国石油公司33.33%

资料来源：[英]安东尼·桑普森. 七姊妹：大石油公司及其所创造的世界. 上海：上海译文出版社，1976：177.

四、严格控制的美国石油市场

“七姊妹”虽然对国际石油市场实行了瓜分和垄断，但这一时期国际石油市场上最重要的一部分——美国石油市场没有被“七姊妹”控制。美国通过反托拉斯法严格控制了大石油公司在国内的运营，并通过得克萨斯铁路委员会等机构和政府法令，把国内的石油生产和经营活动严格置于政府的掌握之中，维持国内石油市场的稳定。在两次世界大战中，作为世界上最大的石油生产国，美国的石油为两次世界大战的胜利做出了重大的贡献。

（一）美国石油大发现

1926年春，在美国俄克拉何马州的斯美莱地区发现了大油田，到1927年7月底，这一地区的石油产量已达每天52.7万桶。与此同时，在得克萨斯州也发现了大油田。叶兹油田发现后，美国的得克萨斯州西部和新墨西哥州盆地成为世界上最大的含油区之一。1930年秋，在美国得克萨斯州东部又发现了一个“黑巨人”油田，该油田长72公里，宽8~16公里，总面积达14万亩[①]，1931年4—5月，该油田产量就达每天36万桶，同年6月产量上升到每天50万桶。仅这一个油田就可满足美国石油全部需求的一大部分。1931年8月，得克萨斯州东部的石油产量已达每天100万桶，为美国石油需求量的一半。

随着石油的大发现和石油产量的不断增加，美国国内石油价格不断下跌。1926年，得克萨斯州石油价格为每桶1.85美元，1930年为每桶1美元，1931年5月跌至每桶0.15美元，最低价只有每桶0.02美元，美国国内平均石油价格只有每桶0.80美元，低于石油生产成本。由于得克萨斯州东部石油生产者都是小公司，彼此互不合作，油价面临着进一步下跌的危险，美国石油业陷入了大恐慌。据到美国调查情况的一位壳牌董事称，印第安纳标准石油公司的董事长“很沮丧，近乎恐慌，显然十分神经质了”；而新泽西标准石油公司的总经理则“非常悲观，一筹莫展”。[11]更为严重的是，整个得克萨斯州的经济处于崩溃的边缘，“经济、法治和安定都濒于瓦解”[12]。

（二）得克萨斯铁路调查委员会

面对如此严重的石油泛滥，美国各石油生产州被迫采取行政措施并成立相应机构进行干预，如俄克拉何马州的“商务调查委员会”和得克萨斯州的“得克萨斯铁路调查委员会”。在这些机构中，以得克萨斯铁路调查委员会最为著名和影响力最大。

得克萨斯铁路调查委员会是该州州长于1891年创立的管理铁路公司的机构，到20世纪30年代初一直是州政府专供安排政治人

---

① 1亩≈666.667平方米。——编者注

情官缺的机构。得克萨斯铁路调查委员会最初只能管理石油生产的所谓“物理性浪费”，而对导致石油产量不断增加的“经济性浪费”却没有管理权。该委员会以“物理性浪费”会破坏潜在的石油产量和油价太低使大部分低产井没有经济效益为由，要求石油公司减少生产，但该委员会的这些行动一再被美国联邦法院驳回。面对石油业的一片混乱，1931年8月得克萨斯州州长宣布全州进入紧急状态，实施戒严，下令州国民卫队接管各大油田，但仍未能阻止石油业的混乱。8月17日，得克萨斯州州长罗斯·史特林宣布得克萨斯州处于“叛乱状态”，是“公开暴动”，派遣几千名州国民卫队和州骑警队士兵，强行制止了石油生产。1931年11月，史特林赋予得克萨斯铁路调查委员会处理石油生产“经济性浪费”的特殊权限，并在州议会上强行通过了石油生产按市场比例分配的法案。通过上述一系列行动，美国石油市场出现了暂时的稳定，到1932年油价已上升至每桶0.98美元。

（三）美国联邦政府干预石油生产

美国石油市场在有关州的干预下虽然暂时稳定，但由于得克萨斯铁路调查委员会规定的生产限额高于市场需求，再加上得克萨斯、俄克拉何马等州每天有多达50万桶非法生产的所谓“热油”[13]进入市场，石油生产州的石油生产控制失效，1933年春美国石油市场又出现了混乱，油价跌至每桶0.11美元，同年5月5日，得克萨斯州石油价格跌至每桶0.04美元，非法生产的所谓“热油”甚至低到每桶0.02美元。在这种情况下，得克萨斯州的一些石油公司向美国联邦政府请愿，要求政府控制石油生产，挽救美国石油业，而得克萨斯州州长也向联邦政府发电报，称“情况已非州政府所能控制”[14]。

1933年，正是美国总统罗斯福实施“新政”、拯救受大危机严重冲击的美国经济的时期。罗斯福任命芝加哥律师出身的哈罗德·伊克斯为内政部长并兼任石油署长和公共建设署长。1933年美国国会通过议案，明确赋予总统禁止“热油”进入州际贸易的权力。1933年7月14日，罗斯福签署行政命令，伊克斯具有了发布有关石油问题的规定和强制执行规定的权力。伊克斯派联邦调查人员去得克萨斯州检查炼油记录、测试石油度量用具、查看油车，甚至掘出油管核对记录，使运出得克萨斯州的石油都有完备的证书。此外，依据美国议院当时通过的《国家工业复兴法》制定的有关“石油法规”，伊克斯有权规定每州的每月生产配额。1933年9月2日，伊克斯向全国石油生产州州长发出指示，规定各州的生产份额，全国产量每天减少了30万桶。1935年，得克萨斯州参议员汤姆·康纳利发起并在国会通过了《康纳利热油法案》，控制非法生产的超额石油。同年，美国石油生产州又签订了《州际石油生产协定》，进一步控制石油产量。

为了配合控制石油产量，美国国会还通过法案，对进口的原油和燃料油每桶征收0.21美元和0.15美元的关税，使进口石油数量由20年代末、30年代初的占国内需求的9%~19%降至5%。受这项措施打击最大的是委内瑞拉。关税法案通过前，委内瑞拉石油占美国进口石油的一半以上，法案通过后委内瑞拉石油出口转向欧洲。

在美国石油生产州和联邦政府的联合干预下，美国的石油业恢复了稳定，1934—1940年，美国石油价格上升并稳定在每桶1~1.18美元。此外，在第二次世界大战中，为了支援和保证欧洲战争的用油，美国对国内石油市场实行了管制。这样，美国国内石油市场从此处于联邦和石油生产州政府的控制之下，各州一般能自觉协调石油生产，维持美国国内石油市场的稳定，美国国内石油市场成为脱离国际石油市场的一个独立的市场。

（四）两次世界大战的油源供应地

美国是现代石油工业的发源地，虽然世界其他地区石油开采在迅猛地进行，石油产量不断增加，但是直到第二次世界大战结束美国一直是世界上最大的石油生产国和主要供应国，满足世界上大部分的石油需求（具体情况见表2–3）。正因如此，这一时期的国际石油市场深深地打上了美国的烙印。美国石油生产对世界的最大贡献并不在此，而是在两次世界大战中给同盟国提供了所需的全部石油，为打败以德国为首的轴心国提供了源源不断的油源。

表2–3　1860—1950年世界石油生产情况

年份	世界石油产量（百万吨）	主要生产国和地区所占的比例（%）
1860	0.07	美国：98
1870	0.80	美国：91
1880	4.00	美国：88，俄国：11
1890	10.40	美国：60，俄国：38
1900	20.30	美国：43，俄国：51
1910	44.60	美国：64，俄国：21，东欧：6，亚洲：6
1920	93.70	美国：64，墨西哥：23，苏联：4，亚洲：4，中东：2
1930	199.40	美国：63，委内瑞拉：10，苏联：7，亚洲：4，墨西哥：3
1940	296.90	美国：64，苏联：11，委内瑞拉：9，中东：5，亚洲：4
1950	532.10	美国：52，中东：17，委内瑞拉：14，苏联：7，亚洲：2

资料来源：John Evans. *OPEC,Its Member States and the World Energy Market*. New York: Longman, 1986: 12.

在世界战争史上，第一次使用坦克和飞机作战的是第一次世界大战。这决定了石油在这场战争中的地位和作用。进入战争第二年的1916年元月，由于德国潜艇对运输线的袭击和对石油的需求大幅上升，英国出现了石油短缺现象。1917年5月，英国储备的石油只够用三个月，皇家海军的作战行动都受到了影响。在这种情况下，英国开始制定有关国家石油政策，成立了多个委员会，包括石油执行管理委员会来管理石油业务。与此同时，法国也成立了石油总理事会来应付日益严重的石油短缺。由于石油短缺不断加重，英法两国被迫向美国求援。1917年12月15日，法国总理克列孟梭向美国总统威尔逊紧急求救，要求美国立即提供10万吨石油，并称“汽油在‘未来战争中就像血液一样重要’，若接不上供应，法国可能‘被迫转向对盟军不利的和平’”[15]。1918年2月，美国、英国、法国和意大利组成了“同盟国石油协会”，统一管理向同盟国提供石油的问题。第一次世界大战结束后的第10天，即1918年11月21日，英国政府在伦敦设宴款待“同盟国石油协会”，宴会主席柯曾勋爵称：“同盟国是乘着石油的浪潮驶向胜利的。”[16]这一石油的浪潮的来源就是美国。一项对第一次世界大战主要战场的研究表明，确保石油供应已经成为军事计划的核心。战争开始时的1914年，法国军队只有110辆卡车、60辆牵引车和132架飞机，到4年之后的1918年，已经增至70 000辆卡车和12 000架飞机。同一时期，英国投入战争中的装备包括105 000辆卡车和4 000多架飞机。英国、法国、美国在最后的西线进攻中每天消耗的石油达到了超乎人们想象的12 000桶。[17]第一次世界大战开始的1914年，美国生产了世界石油的65%；而到1917年，美国生产的石油占世界石油总产量的67%，其中的1/4供出口，供应当时盟军所需石油的80%。[18]为了保证供应战争所需石油，1917年8月，美国总统威尔逊在进行战争经济动员时设立了燃料管理部，负责统一管理美国的石油供应、出售和配给事宜。由于大量石油用于战争，美国国内也出现了燃料短缺现象，1918年元月，美国燃料管理部下令密西西比河以东的工厂停产一周，以节约燃料供应战争需要。[19]

到第二次世界大战时，美国石油在战争中发挥的作用就更大了。第二次世界大战中，英国又重演了第一次世界大战中的石油危机现象。1941年7月，英国只剩下了5个星期的汽车用油、两个月的海军用油，大大低于战争期间石油储备可用7个月的标准。[20]为了应急，美国政府首先下令全国所有的运油火车向东海岸运送石油，并动员了50艘油轮将这些石油运往英国。与此同时，美国开足马力生产石油，石油产量由1940年的每天370万桶上升到1945年的每天470万桶。此外，美国为了满足战时需求，于1942年春还开始强行管制国内石油市场，首先禁止赛车使用汽油，并于同年5月在东海岸实行汽油配给。1942年8月，美国动工修建一条横贯美国的输油管线，从西海岸向东海岸输送石油，以解决石油运输问题。[21]在第二次世界大战的1941年12月—1945年8月，盟国共消耗了约70亿桶石油，其中60亿桶产自美国，这一数量是从1859年美国开始生产石油以来到1941年产量的1/4以上。[22]

在第二次世界大战中，美国的石油产品和对当时苏联石油工业的物资支持，对苏联卫国战争的胜利和最终战胜德国起到了十分重要的作用。据俄罗斯学者近年来研究，第二次世界大战期间，美国根据租借法案及有关商业合同，共向苏联提供了215.9万吨石油产品，其中包括26.8万吨车用汽油、1.7万吨煤油、28.7万吨重油、11.2万吨润滑油、5 769吨石蜡、4 788吨化学添加剂以及999吨其他产品。美国向苏联提供的石油产品中，包括高辛烷值的航空汽油119.8万吨，其中99A航空汽油55.8万吨，苏联还从美国、英国获得了83.4万吨辛烷值添加剂，解决了当时雅克–1、伊尔–2、米格–3、拉–5及其他新型作战飞机所需的B–78号航空汽油。除直接提供石油产品外，美国还向苏联提供了用于建设4座综合性石油加工厂的设备，以及钻机和其他油田设备、套管、压缩泵管、便捷式拆装导管、监控测量仪、油轮、铁路油罐车、加油车和许多其他产品。第二次世界大战结束后的1945年10月15日，美国还与苏联签订了《管道协定》，向苏联提供了2.2亿美元的援助用以恢复苏联在战争中被破坏的管道。因此，有俄罗斯学者认为，“租借法案是苏联、美国、英国和加拿大新型关系史上独一无二的现象。在第二次世界大战极为复杂的条件下，盟国之间能够达成相互理解，成功运用国际关系的有效机制，取得了反希特勒联盟对法西斯德国的全面胜利”。与此同时，对当时的苏联“促进国家石油和石油加工业的现代化，以及国家管道运输的发展都发挥了很大的作用”。[23]

在中国的抗日战争中，美国的石油对中国最终取得抗战的胜利也起到了非常关键的作用。抗日战争期间，中国使用的汽油、煤油、柴油、橡胶、汽车配件（100%），钢（95%），药品、棉纱、白糖、纸张（90%），武器弹药（80%）主要靠美方供给。除了大名鼎鼎的史迪威公路外，还有中印油管。如同对当时的英国、苏联一样，美国也通过租借方案向中国提供了大量的物资，但当时的运输主要通过汽车，包括石油产品的运输，平均每运进一加仑汽油要消耗两加仑汽油，成本高昂，当时有“一滴汽油一滴血”之说。为此，1943年8月，中美英三国在加拿大魁北克开会决定：美国出资，中印缅出力，铺设从印度加尔各答沿中印公路至中国昆明的输油管道。1943年10月输油管道动工建设，1945年5月5日全部完工。中印油管系统包括从印度的加尔各答、吉大港到缅甸丁加克的两条直径6英寸（152.4毫米）的油管，两条直径4英寸（101.6毫米）和一条直径6英寸（152.4毫米）的油管到达缅甸重镇密支那，两条直径4英寸的油管到八莫，一条直径4英寸的油管一直到达中国昆明的前进基地，全线共设置35个抽油站、50个储油池，总长超过3 218公里，还有数百英里①的油管支线分布在沿线的加油站、储油库，全线使用油管总重量超过50万吨，是当时世界上最长的成品油管道，堪称第二次世界大战中最伟大的军事工程之一。建设这条管线，美国工兵的工作量是100万个人工日，中国、缅甸、印度劳工的工作量也是100万个人工日。据战后国民政府行政院编纂的《十五年交通概况》统计：自1945年4月起，每月由中印油管输入中国的油料为18 000吨，每天平均约输入600吨。截至当年11月停止输油，7个月输入汽油、柴油、润滑油等油料约10万吨，相当于滇缅公路用汽车运油一年半的数量。[24]中印油管解决了能源供应难题，解放了运输能力，大量原来运输油料的汽车和飞机改为运送更为急需的物资，是盟军最终在亚洲打败日本的决定性因素之一。

（五）罗斯福和丘吉尔分别会见沙特阿拉伯国王伊本·沙特

1931年，美国正式承认伊本·沙特的沙特阿拉伯，但是直至1943年美国政府都没有向沙特阿拉伯派驻大使。1945年2月14日，雅尔塔会议之后，美国总统罗斯福在埃及苏伊士运河中大苦湖的“昆西号”船上会见了沙特阿拉伯国王伊本·沙特。这是美国总统

---

① 1英里≈1.609公里。——编者注

第一次会见沙特阿拉伯国王，会见历时三天，会谈长达5个小时。据随行人员称，罗斯福和伊本·沙特就石油问题进行了长谈，但官方记录中没有这方面的内容。1945年3月1日，在罗斯福就雅尔塔会议的有关情况向美国国会发表的讲话中，只是简单地提到与伊本·沙特的会谈中，就穆斯林问题和犹太人问题交换了意见。[25]从现在看到的有关材料看，会谈中，双方同意共同合作维护第二次世界大战后中东的稳定，美国承诺保证沙特阿拉伯的安全并取得达兰空军基地的使用权，沙特阿拉伯同意美国石油公司进入沙特阿拉伯，并在两周后向纳粹德国和日本宣战以取得联合国的席位。[26]《纽约时报》在大苦湖峰会结束后的有关评论中称，“仅仅是沙特阿拉伯的巨大石油储藏量这一点，就能使这个国家对美国外交起较大的作用，几乎任何其他小国都比不上”[27]。一般认为，美国和沙特阿拉伯之间70多年的“磐石般的联盟”关系，就是起自这次大苦湖峰会。

就在罗斯福离开埃及三天后，英国首相丘吉尔也紧接着赶往埃及，在开罗以南50英里法尤姆绿洲的格兰德酒店同沙特阿拉伯国王伊本·沙特进行了会见。据说，这次会谈中，双方主要谈到的是巴基斯坦问题，并没有对石油问题进行更多的交流。[28]

第 3 章

石油输出国组织登上国际石油舞台

导　语

20世纪60年代，国际石油市场或者可以说是世界经济政治生活中发生的重大事件之一，就是石油输出国组织的诞生。在当今的世界中，由于“冷战”结束，联合国能发挥其应有的作用，并由此成为世界舆论关注的重点对象。除了联合国外，在目前所有的国际性组织中，很少有其他组织比石油输出国组织更能引起世界舆论的关注，而且在20世纪七八十年代甚至连联合国也未必比该组织的影响力更大。石油输出国组织的诞生，不但直接改变了国际石油市场的发展进程，而且给自20世纪70年代以来的世界经济政治生活带来了巨大的影响。石油输出国组织诞生的大气候，是20世纪60年代的第三世界民族解放运动，其最直接的背景是第二次世界大战以后，国际石油市场生产重心的转移和以“七姊妹”为代表的国际大石油公司对国际石油市场的垄断。石油输出国组织成立初期的目标是维护石油生产国的利益，反对国际大石油公司降低国际石油价格。在整个20世纪60年代，石油输出国组织成员国从与国际大石油公司的斗争中不断总结经验，迫使这些公司一次又一次做出让步，产油国逐渐取得了更大的石油权益，使石油最终成了自己本民族的财产，为20世纪70年代两次石油危机的爆发做好了充分的准备。

一、拉丁美洲和中东石油力量的兴起

除美国外，20世纪初世界石油主要生产地就是拉丁美洲的墨西哥和委内瑞拉，到第二次世界大战前拉丁美洲成了继美国和苏联之后的重要石油产地。第二次世界大战后，中东的石油开发进入高潮，并逐渐取代美国、苏联和拉丁美洲而成为世界石油生产的主要地区。到20世纪60年代初，国际石油生产的重点已不再是美国，拉丁美洲和中东的石油成了国际石油市场的主角，国际石油力量地域发生了根本性的转变。

（一）拉丁美洲的石油开发

在世界石油开发史上，拉丁美洲是世界上石油开发最早的地区之一。从20世纪30年代到第二次世界大战，拉丁美洲成为仅次于美国的世界石油生产量第二大的地区。拉丁美洲的主要石油生产国是墨西哥和委内瑞拉。

墨西哥是世界上石油开发最早的国家之一，早在美国石油大规模开发10年之后的1869年，墨西哥就打出了第一口油井。1877年，波尔菲里奥·迪亚斯通过掌握军队成了墨西哥的独裁者。在他当政期间，执行引进外国资本以发展经济的政策，英美资本大量涌入墨西哥修建铁路、开采矿产，其中英国工程师伍德曼·皮尔逊应迪亚斯之邀到墨西哥修建一条流经墨西哥市的运河，建造墨西哥的维拉克鲁斯港等公共设施。当1901年美国“纺锤顶”发现大油田时，皮尔逊正在得克萨斯，于是他在墨西哥买下了与纺锤顶结构相似的大片地区的特许权进行石油勘探，并于1908年成立了墨西哥之鹰公司，1910年发现了大油田，其中的“拉诺石油4号井”日产石油11万桶，是当时全世界产量最大的油井。从此以后，墨西哥石油开发进入高潮，产量迅速增加。1913年，墨西哥石油进入俄国市场，1920年墨西哥生产的石油占美国国内石油消费量的两成，1921年石油产量达1.93亿桶，仅次于美国，位居世界第二。1926年，美国和英国签订了一份瓜分墨西哥石油资源的协定，美国取得了坦比哥以北地区的石油资源，英国取得了坦比哥以南地区的石油资源和墨西哥国内市场。1913年后，由于墨西哥政局动荡不定，加之英国、美国和墨西哥的关系急剧恶化，一直到20世纪30年代，墨西哥的石油生产受到了很大的影响，过去的世界石油大国地位一去不复返。1930年，墨西哥的石油日产量由1920年的49.9万桶下降至14万桶。1937年5月，石油工人举行大罢工，要求增加工资、改善生活，墨西哥总统拉萨罗·卡德纳斯组织了一个委员会来调查石油公司财务和行动，调查结果要求石油公司大幅增加工人工资，每年支出的总额为2 600万比索，一周工作40小时，并将公司的技术工人在两年内全部换成墨西哥人。由于谈判进展不大，1937年3月18日，卡德纳斯宣布将石油业收归国有，并成立国营的墨西哥石油公司，掌握国内所有的石油生产业务。虽然到第二次世界大战结束后，墨西哥之鹰公司和壳牌都得了墨西哥政府的补偿，其中墨西哥之鹰公司的补偿金为1.3亿美元，但墨西哥是世界石油开发史上第一个将石油资源收归自己所有并独立自主经营的国家。1938年，墨西哥石油产量为550万吨，1950年上升至1 000万吨。

委内瑞拉的石油开发历史也较悠久，在西班牙入侵前，当地的印第安人就用沥青治病。1499年，在委内瑞拉的英法殖民军中，就有人用沥青照明和涂抹船缝。1539年，西班牙国王从委内瑞拉运走一桶石油做药用。1878年，委内瑞拉人曼努埃尔·普多利在塔奇拉州钻出了第一口油井，建立了委内瑞拉第一家石油公司——塔奇拉石油公司，日产原油10桶。1883年，美国人霍拉西奥·R. 汗密尔顿同委内瑞拉安东尼奥·古斯曼·布兰科政府订立协议，获得了帕里亚半岛、苏克雷州及阿马库罗三角洲的大片土地，租期为47年，并建立了纽约与贝尔穆德斯沥青公司，1891年该公司将第一批沥青运到美国。1908年，胡安·维森特·戈麦斯夺取政权，成了委内瑞拉的独裁者，大力推行邀请外国石油公司到委内瑞拉开采石油的政策。1913年，委内瑞拉人安东尼奥·阿朗古伦将他在苏利亚州的马拉开波湖东岸及奥里诺科三角洲所租的100多万公顷[①]土地与另一委内瑞拉人希门尼斯在法尔孔州所租的50万公顷土地，转让给了皇家荷兰/壳牌集团。这样，从1913年开始，壳牌就在委内瑞拉的马拉开波湖一带勘探石油，并于1914年在马拉开波湖东岸发现了梅内格兰德油田。1919年，埃克森派出一支勘探队到委内瑞拉寻找石油。1922年，委内瑞拉制定了《石油法》，规定了在委内瑞拉开采石油的条件和税则。1922年12月14日，壳牌经营的拉罗萨油田中的“劳

① 1公顷=1万平方米。——编者注

斯巴罗索斯2号井”发生大井喷，每天喷出的石油达十多万桶。委内瑞拉由此出现了石油开发的热潮，大量国外公司涌入，委内瑞拉为此专门成立了一家委内瑞拉石油公司，办理外国石油公司在委内瑞拉的石油开发事项。1929年，在委内瑞拉的外国石油公司达73家，它们共租借了3 000万公顷的土地。1922年，委内瑞拉石油产量为140万桶；1929年达1.37亿桶，成为仅次于美国的第二大产油国；1960年为10.41亿桶，占世界石油产量的13.6%。

除墨西哥和委内瑞拉外，拉丁美洲其他国家的石油开发也在进行。如1889年，英国在秘鲁成立了伦敦太平洋石油公司；此后，又有几家石油公司成立，开发秘鲁的石油资源。1953年，共有秘鲁本国和外国的17家公司获得了石油开采租让权。1929年，秘鲁石油产量达190万吨；1955年上升至230万吨；1960年为255万吨。1919年，巴西也已开始勘探石油。1938年，“全国石油委员会”成立，负责巴西的石油和天然气勘探开发。1939年1月，巴西巴伊亚州首府萨尔瓦多城附近打成了第一口油井。1953年10月，巴西政府颁布法令，规定石油资源由国家垄断，并成立了国营的巴西石油公司，负责石油的勘探、开发、提炼和销售。1940年，巴西石油产量约为283吨，1960年上升至403.06万吨。

（二）中东石油的大规模开发

1908年，伊朗发现石油拉开了中东石油开发的序幕，但1928年7月的《红线协定》又使中东的石油开发仅限于伊拉克石油公司所属的范围内。到20世纪30年代，中东石油开发的规模一直不大。直到20世纪30年代尤其是第二次世界大战后，中东石油开发才真正进入了一个新的高潮。

第一次世界大战后，被称为中东“石油之父”的新西兰人弗兰克·霍姆斯组成了“远东大众辛迪加”，开展对中东地区的贸易，并对阿拉伯半岛蕴藏石油的可能性进行了调查。1925年，霍姆斯从巴林岛上的酋长手中买到了石油特许权，1927年11月他将特许权以5万美元的售价卖给了海湾石油公司，但由于《红线协定》的限制，海湾石油公司又将这项特许权卖给了不受《红线协定》限制的加利福尼亚标准石油公司。1932年5月31日，巴林发现了石油并开始向世界石油市场出口。1936年，加利福尼亚标准石油公司与德士古两家签订所谓的《蓝线协定》，合资组成了加利福尼亚–得克萨斯石油公司，加利福尼亚标准石油公司提供在巴林等地的石油开采权，德士古提供在亚非地区的销售网，两家公司共同开发巴林的石油资源。巴林虽然发现了石油，但产量一直不大，巴林发现石油的重要性在于，加利福尼亚标准石油公司通过巴林进入了沙特阿拉伯。

1933年8月，加利福尼亚标准石油公司以贷款3万英镑，18个月后再贷款2万英镑，每年租金5万英镑并都以黄金支付的代价，同沙特阿拉伯国王伊本·沙特签订了石油租让协定，沙特阿拉伯给该公司提供93.2万平方公里的石油租借地，期限为66年，加利福尼亚标准石油公司成立“加利福尼亚–阿拉伯标准石油公司”经营在沙特阿拉伯的业务。1936年，德士古买下了巴林和沙特阿拉伯特许权的一半股份，这样加利福尼亚标准石油公司和德士古一起联合经营巴林与沙特阿拉伯的石油。1938年，沙特阿拉伯达兰发现了石油并开始正式生产。1939年5月，沙特阿拉伯开始从腊斯塔努拉港出口石油。同年9月，沙特阿拉伯国王又将特许权面积扩大20.7万平方公里，租期为95年。这样，美国公司共在沙特阿拉伯取得了近114万平方公里的租借地，相当于美国得克萨斯、路易斯安那、俄克拉何马和新墨西哥4个州面积的总和，等于美国国土面积的1/6，占沙特阿拉伯国土的70%。此外，这两家公司还在沙特阿拉伯获得了44万平方公里领土上开发一切矿产的权利。与此同时，1934年12月23日，代表海湾石油公司的霍姆斯和代表英国石油公司的阿奇博德尔·奇泽姆与科威特国王签订了特许权协定，两家公司联合组成科威特石油公司开发科威特的石油资源，租借地面积为科威特全境，期限为75年。1938年，科威特发现并开始生产石油。由于受到第二次世界大战的影响，战后中东石油才正式进入大规模开发时期。1947年5月12日，埃克森和飞马公司分别以20%和10%的股份入股由原来加利福尼亚标准石油公司和德士古组成的阿拉伯–美国石油公司。因为这两家公司是《红线协定》的参加公司，此举标志着第一次瓜分国际石油市场的《红线协定》到此完结。1949年11月，第一批石油通过著名的“阿拉伯纵贯输油管”到达黎巴嫩的西顿，装上油轮送往欧洲。

（三）从“单一基点价格制”到“双重基点价格制”

第二次世界大战后，中东石油进入了大规模开发的阶段，而战后美国推出的复兴欧洲的所谓“马歇尔计划”，更加速了中东石油的开发进程并将中东石油最终推上了国际石油舞台。

第二次世界大战结束时，欧洲经济受到严重破坏，经济生活基本处于停滞状态。更为严重的是，到1946年冬，欧洲出现了能源危机。由于缺少煤炭，英国甚至关闭了发电厂，全国工业生产停滞了三个星期。为了挽救欧洲，1947年6月，美国国务卿马歇尔在哈佛大学的毕业典礼上提出了复兴和重建欧洲的“马歇尔计划”。在执行这一计划时，首先要解决的是欧洲能源危机。由于当时欧洲煤炭产量小，加上工人运动不断，石油成了解决欧洲能源危机的唯一能源来源。据当时美国政府的一份报告称，“没有石油的话，马歇尔计划根本无从执行”[1]。中东石油大量输入欧洲，石油开支也成为“马歇尔计划”支出的主要部分之一。据估计，在1948年后的4年里，石油开支占援助计划总开支的20%。

由于石油开支过大和1948年的石油价格上涨，再加上石油是以美元购买的，欧洲国家对美国石油公司日益不满，英国外交大臣贝文称，石油价格使美国援助欧洲的“好意大打折扣”[2]。在欧洲国家的压力下，按“马歇尔计划”建立的欧洲合作总署署长保罗·霍夫曼对美国石油公司提出了质询。根据埃克森公司的解释，当时从中东运往欧洲的油价，是“相等于加勒比海的原油价格加上美国海运委员会发布的从加勒比海到西欧的运费减去从东地中海或波斯湾到西欧的运费，根据运往西欧的供应点来决定”[3]的。也就是说，低成本的中东石油是按美国高成本的原油定价的。在欧洲国家的压力下，国际大石油公司被迫改“单一基点价格制”为“双重基点价格制”，即从中东运往欧洲的石油价格，等于从美国墨西哥湾出口的原油价格加上从中东运往欧洲的运费。

“双重基点价格制”标志着“单一基点价格制”的结束，更为重要的是，这一价格方式的出现，标志着中东石油已成为国际石油市场上一支重要的力量，国际石油市场的力量结构发生了根本性的变化。

（四）产油国与石油公司的石油权益之争

到20世纪40年代中期，国际石油市场上出现了几大力量：一是美国，二是苏联，三是拉丁美洲和中东。由于美国政府对国内石油业的控制十分严格，苏联实行社会主义政策，石油属国家所有，国际大石油公司在上述地区的活动受到严格的限制，所以这些大石油公司主要在拉丁美洲和中东地区活动。拉丁美洲和中东产油国为了获得更大的石油权益，不断地同这些公司进行斗争，其中以“利润对半分成”最为著名。

1938年，梅迪纳将军领导下的委内瑞拉政府要求与石油公司重新修订石油合约，提高开采权使用费和税收，作为延长合约40年的条件。1945年，委内瑞拉激进的民主行动党上台执政，精通石油业务的佩雷斯·阿方索任发展部长，提出委内瑞拉政府应获得石油收益的50%。1948年11月15日，委内瑞拉颁布税收立法，规定政府至少获得石油生产净收入的50%。同年年底，在委内瑞拉最大的石油公司埃克森同委内瑞拉政府签订了对半分成的协议。协议规定，在扣除石油生产费用之后的每桶原油收益中，委内瑞拉政府和石油公司各得一半。这是世界石油生产史上产油国政府同大石油公司签订的第一份“利润对半分成”协议。通过利润对半分成，委内瑞拉政府的石油收入大幅增加，1948年是1942年的7倍。此外，通过对半分成协议，委内瑞拉政府的地位也有了较大的提高，委内瑞拉取得了一半的石油业务经营权，与石油公司成了石油业务的合伙经营者。这是当时产油国取得的在石油权益上的最大收获。在取得成功后，委内瑞拉派代表团到中东，并将与埃克森公司签订的条约文本译成阿拉伯文发送给中东产油国。1950年12月30日，阿美石油公司与沙特阿拉伯政府签订了对半分成协议。随后，科威特政府同海湾石油公司和英国石油公司也签订了对半分成协议。1952年，伊拉克也签订了同样的协议。1954年伊朗在与国际石油财团签订协议时，规定了利润对半制。到20世纪50年代初，拉丁美洲和中东产油国基本上都与石油公司达成了相同的协议，产油国的收益都有较大的增加。

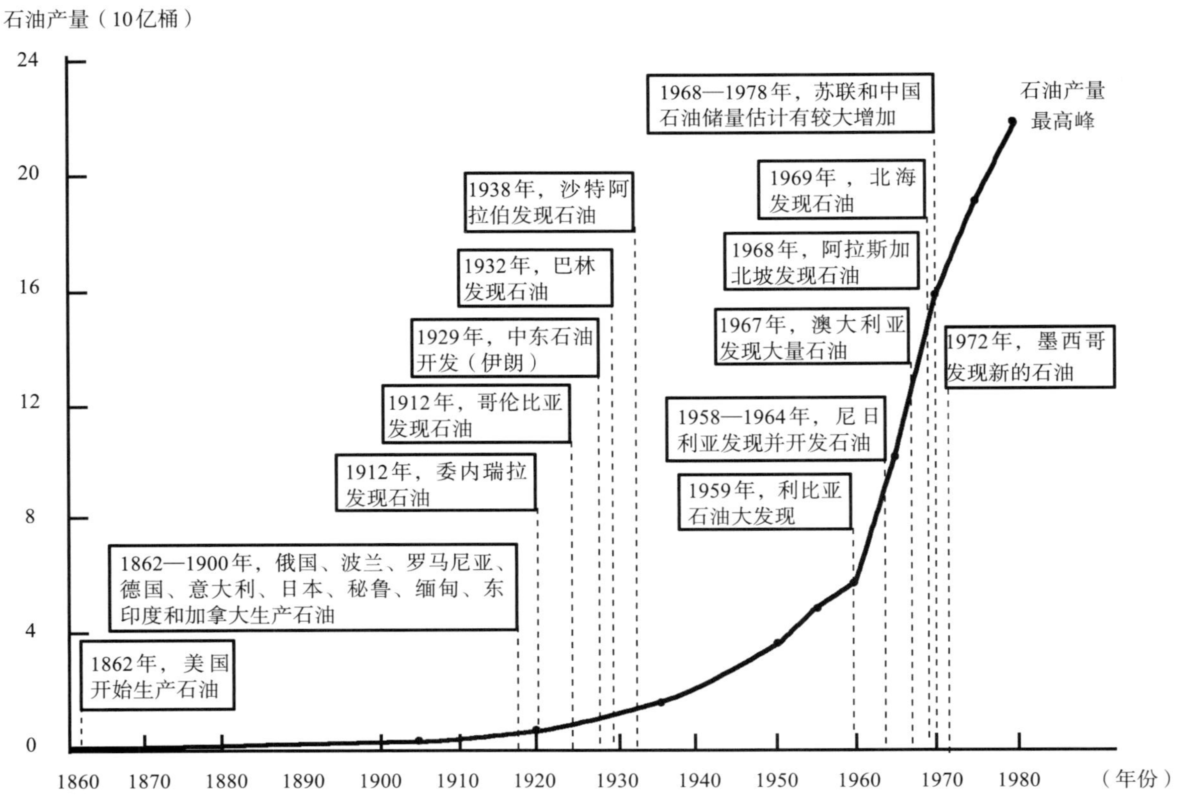

图3–1　世界石油生产的变迁

资料来源：Jae Edmonds and John M. Reilly. Global energy: Assessing the Future. New York: Oxford University Press, 1985: 83.

除了利润对半分成外，产油国在这一时期还取得了其他石油权益，其中最具代表性的是“合营制”石油开采形式的出现。第二次世界大战后，除“七姊妹”外，还有大量其他石油公司纷纷涌进中东，这些公司在美国被称为“独立石油公司”，而在欧洲则主要是有国家背景的石油公司。这些公司为了在中东取得石油开采权，提出了比“七姊妹”更优惠的条件，而中东石油生产国为了得到更大的石油权益，也把一部分土地作为租借地出租给这些公司勘探和开发石油，这样在中东石油开发合同中就出现了一种不同于过去租借地形式的新的方式，即“合营开采”。伊朗是最早实行合营开采的国家。1957年7月28日，伊朗议会通过石油法，规定在给国际石油财团的协议区之外可能生产石油的地区，除留1/3给国家开发外，其余部分给以伊朗占30%~50%股份的合营公司开采，协定期满后，一切财产归伊朗国家所有。1957年8月，伊朗政府同由恩里科·马太伊领导的意大利国家碳化氢公司签订协定，组成意伊联合公司，将面积为2.3万平方公里的地区交由该公司经营。在这次签订的协定中，伊朗政府可得到公司利润的75%。1957年12月16日，沙特阿拉伯也与日本石油贸易公司的子公司阿拉伯石油公司签订了类似的协定，规定沙特阿拉伯政府可得到公司利润的56%，该公司在同科威特政府签订的协议中规定科威特政府可得到公司利润的57%。

此外，中东产油国主要是沙特阿拉伯在争取更大的石油权益的斗争中，还迫使国际大石油公司制定了另一项对石油输出国组织的产生有很大作用的制度，即原油标价。1950年12月，在沙特阿拉伯政府同阿美石油公司签订利润对半分成协议后，为了使政府税收有一个价格可以计算，沙特阿拉伯政府迫使阿美石油公司给各种原油制定了固定价格，按这一价格来计算政府的石油税收，这一固定的价格即标价。

（五）阿拉伯产油国首次使用“石油武器”

随着中东阿拉伯石油力量的不断壮大，阿拉伯国家的政治家逐渐认识到，石油是阿拉伯民族可以利用的一种壮大政治力量的工具。1954年，埃及总统纳赛尔在其《革命哲学》中提出，石油是组成阿拉伯力量的三要素之一，“石油是现代文明的中枢神经，没有石油，维持这个文明的一切工具便告瘫痪”[4]。从这时起，阿拉伯政治家就在探索使用“石油武器”来达到政治目的。1948年第一次中东战争中，伊拉克就切断了通向以色列海法港的输油管线。首次大规模使用“石油武器”的战争是1956年的第二次中东战争。

第二次世界大战后，埃及人民不断要求收回苏伊士运河。1954年7月27日，埃及总统纳赛尔与英国陆军大臣安东尼·黑德就英军撤离苏伊士运河区达成原则协议。同年10月19日，埃及与英国在开罗签订《关于苏伊士运河区军事基地的协定》，规定英军在1956年6月18日以前全部撤出运河区。1956年7月26日，纳赛尔在亚历山大港解放广场向25万名群众发表演说时，宣布《共和国总统关于国际苏伊士运河公司国有化的命令》，将苏伊士运河收归国有。英国和法国在得知埃及将苏伊士运河收归国有后，强烈表示反对，从而引发了所谓的“苏伊士运河危机”。8月16—23日，以英国、法国、美国为首的23国在伦敦开会，讨论“苏伊士运河危机”。会后，以美国、澳大利亚、伊朗、埃塞俄比亚和瑞典组成的“五国委员会”去开罗向埃及提出国际共管运河方案。9月23日，英国和法国又将运河问题提交联合国安理会讨论。10月29日，以色列、英国和法国联合向埃及发动进攻，危机最终演变成战争，第二次中东战争爆发。

战争爆发后，埃及切断了运河。据1955年统计，当时苏伊士运河运输的货物中，有2/3是石油，其中欧洲所需石油的2/3也是通过运河运送的。与此同时，叙利亚工程人员破坏了伊拉克输油管沿线的抽油站，沙特阿拉伯对英国和法国实施石油禁运，科威特石油供应系统也被破坏。因此，欧洲面临严重的石油恐慌。西欧石油供应短缺70%，经济合作与发展组织的前身——欧洲经济合作组织成立了一个石油紧急事务组，依据苏伊士运河危机前的石油需要、储备标准和各国能源供需来分配石油；11月7日，英国宣布减少10%的石油消费，加征新的汽油税，政府鼓励发电站改用煤炭，伦敦出现了马拉汽车的奇观，同年12月英国不得不实行汽油配给；法国石油公司把销售量限制在危机前的七成；比利时政府禁止私人在星期日驾车外出。在此情况下，1956年12月，美国和欧洲的石油公司在美国政府的同意下，开始试验援助欧洲的“油援计划”，借用和动员了第二次世界大战中盟军太平洋石油供应系统和人员，向欧洲输送石油。1957年4月，苏伊士运河恢复了油轮通航，欧洲石油危机才开始缓解。

二、石油输出国组织的诞生

20世纪50年代末、60年代初，国际石油形势的主要特点如下。一是以美国、英国为首的国际大石油公司基本上完全控制了国际石油生产和销售。如1954年，美国控制了中东沙特阿拉伯、巴林和科威特沙特阿拉伯中立区的几乎全部石油生产，控制了科威特和卡塔尔石油生产的50%、伊拉克和埃及的23.75%、伊朗的40%。1956年，美国对中东石油生产的控制程度为57%，英国和荷兰为40%左右。在拉丁美洲，1956年，美国控制了委内瑞拉探明石油储量的80%、石油开采量的75.5%；英国和荷兰分别控制了17%和21%。二是拉丁美洲和中东的石油生产国虽然通过斗争获得了“利润对半分成”或“合营开采”等权益，提高了自己国家从石油生产中得到的收益，但是石油生产和销售的控制权仍掌握在国际大石油公司手中，自己仍然不是本国石油资源的主人。所以，在围绕石油资源的所有权、对石油生产的控制权和石油收益等问题上，石油生产国和国际大石油公司之间的矛盾十分尖锐，这些矛盾到50年代末、60年代初，由于石油价格下降，终于爆发并促成了石油输出国组织的成立。

（一）产油国的“君子协定”

在石油生产国中最先认识到应团结一致对付国际大石油公司，为产油国争取更大权益的人，是委内瑞拉的佩雷斯·阿方索。1948年，阿方索任发展部长时，迫使石油公司同委内瑞拉政府签订了著名的“利润对半分成”协议。协议刚签订不久，委内瑞拉就发生了军事政变，阿方索被捕，后被流放到美国。在美国期间，阿方索潜心研究石油问题，尤其对控制美国石油生产的“得克萨斯铁路委员会”深感兴趣，花大量时间研究了这个委员会的历史和该委员会30年代对美国石油生产的控制情况。1958年1月，委内瑞拉独裁政府垮台，以罗慕洛·贝当谷为首的民主行动党上台执政，阿方索回国担任矿物和碳化氢部长。阿方索主张，产油国政府不但要增加石油收入，而且应控制石油生产和销售大权，石油资源的生产和销售权力应属于政府而不是外国石油公司。考虑到当时的石油生产情况，阿方索认识到，仅委内瑞拉一国无法达到这一目的，只有参考美国得克萨斯铁路委员会的做法，成立一个类似该委员会的世界性组织，同其他产油国联合起来，才能同大石油公司进行斗争。1959年年初，阿方索首先到美国，参考美国的糖配额制，提出创建一个由各国政府控制的西半球石油组织来决定石油生产和销售，但美国没有对此做出反应。

1959年2月，英国石油公司宣布削减石油价格。同年4月16日，阿拉伯联盟常设石油委员会在开罗召开阿拉伯产油国会议，国际大石油公司也派代表参加，阿方索在受到美国冷遇后，率领代表团以“观察员”身份列席了这次会议。会议本来是讨论有关石油生产的技术问题的，但由于英国石油公司削减油价，会议转而寻求对付石油公司的对策。在当时的《石油情报周刊》主编万坦·亚伯隆斯卡的安排下，阿方索同沙特阿拉伯矿产与石油大臣阿卜杜拉·塔里基在开罗的希尔顿饭店会谈，为了避开参加会议的石油公司，双方商定同其他产油国代表在开罗市郊的游艇俱乐部秘密聚会，会上代表们达成了一个“君子协定”，主张各产油国政府成立石油咨询委员会，保护定价体系，建立国营石油公司；协议还主张各产油国政府应争取利润的六四分成，建立炼油厂，向石油业的下游扩展。此外，这次会议还建议，石油公司在未与产油国政府协商之前，不得降低标价。

1959年4月的阿拉伯石油会议上，由于伊拉克和伊朗代表没有授权，不敢签订有关会议文件，所以最后在阿方索的建议下，会议只达成了上述“君子协定”。“君子协定”虽然不是正式文件，会后也没有成立产油国组织，但这个协定是石油输出国组织的雏形，加上后来阿方索同塔里基发表的公报，石油输出国组织成立的组织基础已有了一定的条件。丹尼尔·耶金认为，“从各方面看，君子协定都是石油业转变的重要里程碑。由于亚伯隆斯卡的穿针引线，日后的‘石油输出国组织’有了雏形”[5]。

这次会议后，阿方索和塔里基又多次会面，1960年5月13日，两人发表一份公报，呼吁石油生产国遵循共同的石油政策以维护自己的合法权益，并提出建立石油输出国组织的主张。

（二）1960年8月的油价下跌

从20世纪50年代初开始，国际石油市场供大于求，1950年世界石油生产能力过剩2.6%，为每天380万桶，而到1960年又上升至3.2%，达每天590万桶[6]，国际石油价格不断下跌。正是这一油价下跌，促成了石油输出国组织的诞生。

从20世纪50年代初开始，苏联石油产量大幅增加，到50年代末苏联取代了委内瑞拉，成为仅次于美国的世界第二大产油国，产量等于中东石油产量的3/5。从1955年起，苏联恢复向国际石油市场出口石油，而且数量越来越大。为了争夺市场，苏联出口的石油比国际大石油公司便宜。1959年2月，为了应付苏联的竞争，英国石油公司就开始降低石油价格。1960年春，苏联以每桶低于中东原油0.6美元的价格将一大批原油出售给马太伊的意大利国家碳化氢公司。此外，苏联还将一批原油出售给日本和印度，印度政府要求“七姊妹”在印度开办三家炼油厂，迫使“七姊妹”削减油价。1960年8月8日，埃克森发表通告，将中东原油标价每桶削减10美分。几天之后，英国石油公司也将自己的原油标价每桶削减了4.5美分，其他几家大公司也相继削减了石油价格。最后，所有“七姊妹”的原油价格都处于同一水平。

（三）成立石油输出国组织

就在埃克森公司宣布削减石油标价后几小时，塔里基发电报给阿方索，两人在贝鲁特紧急会晤24小时，他们计划召开开罗会议“君子协定”参加国会议。大石油公司在发现产油国做出强烈反应后，马上采取补救行动，壳牌于9月8日将石油标价每桶提高2~4美分。1960年9月10日，在大石油公司宣布削减石油标价后一个月，在伊拉克政府的邀请下，沙特阿拉伯、委内瑞拉、科威特、伊朗和伊拉克5国代表在巴格达聚会。会议期间，代表们认为，为了反击国际大石油公司以维护石油收入，有必要建立一个长期的强有力的机构。9月14日，会议通过决议，“会议决定成立一个永久性的组织，命名为石油输出国组织，在它的成员国之间定期协商，以协调和统一成员国的政策”[7]。石油输出国组织因其英文缩写OPEC而简称欧佩克。这样，对世界经济政治生活产生重大影响的国际性组织就正式宣布成立了，成立之初石油输出国组织只有5个成员国。1961年卡塔尔、1962年利比亚和印度尼西亚、1967年阿布扎比（现为阿拉伯联合酋长国）、1969年阿尔及利亚、1971年尼日利亚、1973年厄瓜多尔、1975年加蓬加入了该组织。到1975年，石油输出国组织共有13个成员国。在此之后，石油输出国组织的成员国有退有进，2007年安哥拉和2017年赤道几内亚加入，而印度尼西亚于2016年年底中止了成员国资格，目前该组织计有14个成员国。

根据1961年1月15—21日在加拉加斯举行的第2届会议决议，石油输出国组织最初的组织机构有大会、理事会、秘书处；此外，还设有两个特别机构——咨询委员会和经济委员会。此后，石油输出国组织还陆续成立了一些其他机构。

大会是石油输出国组织的最高权力机构，由全体成员国的代表组成，决定该组织的全部政策及实施方法，批准参加国的申请、预算的审议和批准、批准和审议章程的修改，解决和处理该组织其他部门不管的所有事项。理事会的成员由成员国任命，大会批准，任期为两年，理事会主要负责该组织的日常事务，实施大会决议，召开特别会议，制定大会的议事日程。秘书处由秘书长和副秘书长及其他成员构成，根据理事会指令，管理石油输出国组织总部的行政事务。秘书长是该组织在法律上的代表，负责该组织的日常工作及组织、管理、保证秘书处各部的业务活动，向理事会提出报告等，秘书长还是理事会主席；副秘书长对秘书长负责，调整和监督秘书处的活动。石油输出国组织首任秘书长是伊朗的福阿德·鲁哈尼，任期为1961年1月—1964年4月。印度尼西亚的苏布罗托两次出任秘书长，任期分别为1984年10月—1985年12月和1988年7月—1994年6月。秘书处还下设秘书长办公室、行政部、经济部、法务部、情报部和技术部等。

在大会期间，应大会主席的邀请召集，咨询委员会在一定条件下有权决定和批准有关的决议与建议。经济委员会成立于1965年4月，是该组织的常设专门机构，根据大会的决议和秘书处的指示原则活动，其目的是尽可能地促进国际石油价格的稳定，其任务是与石油界接触，收集情报资料、讨论石油价格，向成员国提出每月报告，向大会提出建议等。

石油输出国组织一般通常在每年的6—7月和11—12月举行两次例会；此外，在理事会主席的请求下，还可召开特别会议。

石油输出国组织在成立之时，并未引起世界舆论的注意。其代表性的例子是，石油输出国组织成立之初，其总部设在瑞士的日内瓦，但是，由于瑞士政府对该组织的宗旨和性质有疑问，不肯给石油输出国组织以国际性组织应享有的外交地位，石油输出国组织不得不在奥地利政府的邀请下，于1965年9月迁到奥地利维也纳卡尔·杨格广场的“得克萨斯石油大楼”。石油输出国组织成员国对该组织的成立有极高的评价。该组织主要创始人佩雷斯·阿方索认为：“我们组成了一个排他性的俱乐部……我们之间控制了90%的输往世界市场的原油，我们现在联合起来了。我们正在创造历史。”[8]

当前石油输出国组织成员国的基本情况，参见表3–1。表3–1直观地说明了石油输出国组织14个成员国石油生产的基本数据、加入该组织的时间和成员国资格的变动情况，其中印度尼西亚曾经是石油输出国组织重要的成员国，但目前已中止了成员国资格。

三、20世纪60年代的石油输出国组织

1960年石油输出国组织成立后，在整个20世纪60年代，该组织通过各种方式同国际大石油公司进行斗争，逐渐引起了世界舆论的关注，为其成员国争取到大量的石油权益，但这10年仅是该组织的幼年时期，成员国之间的利益之争十分严重，团结协作不力，这种利益之争使该组织阿拉伯成员国试图使用“石油武器”的努力受到重大挫折。

（一）维持了石油标价的稳定

石油输出国组织成立的背景，是1960年的国际大石油公司削减标价，因而该组织在成立最初的主要目标，是在石油定价上同大石油公司做斗争。这一点在石油输出国组织成立大会通过的决议中有明确的反映，“对迄今为止石油公司在实现限价方面所采取的态度，成员国再也不能无动于衷了；成员国要求石油公司保持它们价格的稳定，避免不必要的变动；成员国将使用一切它们认为可行的办法，努力使价格恢复到降价前的水平”[9]。

为了维护石油标价，石油输出国组织成立后不久，就对石油价格和石油公司的情况进行了研究。1961年1月15—21日在加拉加斯举行的石油输出国组织第2届会议决定，成立一个石油输出国家理

表 3–1　石油输出国组织成员国基本情况

国家	人口（万）	国内生产总值（亿美元）	出口总值（亿美元）	石油出口值（亿美元）	探明储量（亿桶）	原油产量（万桶/天）	石油消费量（万桶/天）	原油出口量（万桶/天）	可生产年限（年）	成员国资格情况
委内瑞拉	3 013.30	2 872.74	264.73	251.42	3 022.50	237.25	56.62	183.5	349	创始成员国，1960年9月
沙特阿拉伯	3 213.90	6 396.17	1 795.75	1 343.73	2 662.08	1 046.02	320.98	746.34	70	创始成员国，1960年9月
伊朗	8 004.00	4 098.23	973.86	411.23	1 572.00	365.13	174.22	192.17	118	创始成员国，1960年9月
伊拉克	3 788.40	1 662.74	438.90	437.53	1 487.66	464.78	75.71	380.35	88	创始成员国，1960年9月
科威特	441.10	1 105.72	462.61	414.61	1 015.00	295.43	34.97	212.82	94	创始成员国，1960年9月
卡塔尔	249.00	1 525.09	724.59	229.58	252.44	65.15	22.70	50.34	106	1961年1月加入
利比亚	638.50	331.57	119.86	93.13	483.63	39.02	20.76	25.47	340	1962年4月加入
阿拉伯联合酋长国	985.60	3 733.53	2 986.53	455.59	978.00	308.83	79.92	240.78	87	1967年11月加入
阿尔及利亚	4 080.00	1 611.04	290.54	186.38	122.00	114.63	39.90	66.83	22.8	1969年7月加入
尼日利亚	17 707.20	4 005.71	347.04	277.88	374.53	142.73	39.31	173.80	72	1971年7月加入
厄瓜多尔	1 650.00	966.90	167.44	54.42	82.73	54.90	24.70	41.47	41	1973年加入，1992年12月退出，2007年10月重新加入

（续表）

国家	人口（万）	国内生产总值（亿美元）	出口总值（亿美元）	石油出口值（亿美元）	探明储量（亿桶）	原油产量（万桶/天）	石油消费量（万桶/天）	原油出口量（万桶/天）	可生产年限（年）	成员国资格情况
加蓬	188.81	142.73	58.71	41.98	20.00	22.02	2.52	20.52	25	1975年加入，1995年1月中止，2016年1月重新加入
安哥拉	2 749.00	958.21	259.35	259.35	95.23	172.16	12.20	167.01	15	2007年1月1日加入
赤道几内亚	75.95	116.40	50.64		11.00	28.00	—		13.1	2017年5月25日加入
印度尼西亚	25 831.60	9 410.00	1 444.00		33.00	88.10	161.50	–73.40	11.96	1962年4月加入，2009年1月中止，2016年1月恢复，2016年11月又中止
石油输出国组织					12 205.00	3 935.80			99.9	
世界总计					17 067.00	9 215.00	9 655.80		57.6	

资料来源：除赤道几内亚、印度尼西亚外，石油输出国组织其他成员国的资料，均取自该组织官网有关成员国的情况，具体参见 http://www.opec.org/opec_web/en/about_us/25.htm，其中石油可生产年限按探明石油储量除以原油产量所得，并参考了美国《石油和天然气杂志》（*Oil and Gas Journal*）2016年年终号数据。石油输出国组织和世界的探明石油储量、原油产量和消费量的数据，取自《英国石油公司世界能源统计（2017年6月）》（*BP Statistical Review of World Energy June 2017*），为2017年1月1日的数据。赤道几内亚和印度尼西亚的人口、国内生产总值、出口总值数据，取自美国中央情报局国别资料库，具体参见 https://www.cia.gov/library/publications/the–world–factbook/geos/ek.html 和 https://www.cia.gov/library/publications/the–world–factbook/geos/id.html。

说明：利比亚因在战乱中，石油生产仍未恢复正常。印度尼西亚1962年就加入了石油输出国组织，曾发挥过重要作用，于2016年年底中止成员国资格。为能较完整地反映石油输出国组织的情况，故在此也列出其有关石油生产的基本数据。

事会，“会议在初步决定研究现行价格之后，特此决定石油输出国组织理事会应就此事做详尽的研究，以期得出一个公正的价格的公式……”[10]。1962年4—6月在日内瓦举行的第4届会议通过的决议提出，“石油公司迄今没有采取步骤把价格恢复到1960年8月以前的水平；……会议建议成员国应立即与有关石油公司及任何其他认为适宜的有关当局、团体进行谈判，目的在于保证成员国生产的石油，其标价不低于1960年8月以前。假如开始谈判以后一段时期内没有达到满意的安排，成员国之间就互相协商，目的在于采取它们认为适宜的步骤，把原油价格恢复到1960年8月9日以前的水平”[11]。这次会议通过的决议还提出，“成员国应共同形成一个合理的价格结构以指导长期的价格政策，……所设计价格结构的一个重要因素是原油价格应和成员国进口物资的价格指数联系起来”[12]。1964年11月23—28日，在雅加达召开的石油输出国组织第7届会议决定成立“石油输出国组织经济委员会”，“对石油形势做连续性的考察”。[13] 1965年4月5—10日，石油输出国组织在日内瓦举行的第8届会议通过的经济委员会章程中规定，经济委员会的目标是“协助本组织在公正的水平上促进国际石油价格的稳定”，其职能是“考虑长期的石油价格形势；研究一切可能对石油价格和石油价格结构有重大影响的经济因素和其他因素；向本组织的成员国提交有关石油价格，包括有关的经济因素和其他因素的逐月报告，以及本委员会建议现状的报告”。[14]这样，到1965年，石油输出国组织已组成了具体的组织形式就石油标价问题进行研究和与大石油公司进行接触。

由于20世纪60年代市场供过于求，油价长期不稳。1965年7月，在利比亚首都的黎波里举行的第9届会议上，石油输出国组织制定了1966年成员国生产指标，但这一指标并未得到很好的执行。

考虑到当时成员国的石油收入主要是依据石油标价，为了统一成员国在石油价格问题上的政策，从1966年4月的第11届会议起，石油输出国组织把在石油价格问题的重点放在争取由产油国政府制定石油标价、统一和提高石油标价上。在这届会议上，大会听取了经济委员会根据1965年12月15—17日第10届会议通过的第64号决议《关于实施标价对成员税收影响的报告》，“考虑到为税收目的实施标价或参考价，一般在国际石油市场中会有稳定油价的令人羡慕的效果，建议：有关成员国政府实施标价或参考价，目的在于决定在它们领土上营业的石油公司的纳税义务”[15]。1968年6月24—25日，在维也纳举行的第16届会议上，石油输出国组织通过了《石油输出国组织成员国石油政策的宣言性声明》，提出“经营者收入的估价，经营的税金或给国家的任何其他缴纳，就以按合同生产的碳化氢的标价或税收参考价为基础。这种参考价应由政府决定，……这种价格应与比重、质量和地理位置的不同相适应，并从属于其他石油输出国组织国家一般通行的和由它们作为纳税基础的标价或税收参考价的水平”[16]。在随后几年举行的石油输出国组织第17~19届会议上，石油输出国组织就统一和提高标价做出了多项决议，指示秘书长就标价与主要工业化国家的产品价格进行综合研究，提出调整标价的报告。

通过整整10年的斗争，到20世纪60年代末，石油标价仍维持在1960年8月的水平。因而，“石油输出国组织在一开始便实现了一项重要的目标：它防止了继续削减牌价，尽管竞争仍旧在变得更加剧烈起来。……石油输出国组织冻结了单方面定价的‘经理人员的特权’”[17]。

（二）实现矿区使用税经费化

在对石油实行国有化前，产油国的石油收入主要是由两个方面决定的：一是矿区使用税或开采税，二是从石油生产利润中征收的所得税。

按惯例，承租者为了取得一个地区的开采权，在使用整个租借地期间，不论利润大小或是否获得利润，都要向租让地提供者支付一定数目的款项，这笔款项被称为矿区使用税。如果提供租让地的是私人，公司就向私人支付这笔款项，如在美国和西欧大部分国家就是这样。在中东，土地所有权属于政府，因而石油公司向当地国家政府支付这笔款项。矿区使用税一般是按标价的一定比率计算的。如在美国税率为标价的12.5%~25%，在委内瑞拉为标价的16.66%~25%。在中东，这项税率一般为标价的12.5%。

一般来说，矿区使用税是公司的生产费用，应在公司的生产费用中扣除，但是，自从20世纪50年代中东产油国实行利润对半分成后，大石油公司不按一般惯例，在支付所得税前把矿区使用税从生产费用中扣除，然后计算利润，而是把矿区使用税和所得税合在一起，全部包括在产油国政府所得到的50%的分成利润中。

石油输出国组织第一次提出要求修改矿区使用税是在1962年。1962年4月5—8日，在日内瓦举行的石油输出国组织第4届会议上通过第33号决议，决议指出“石油是递耗性资产，在成员国拥有石油开采权的公司，根据公认的原则和世界上通行的惯例，应该为成员国石油的这种内在意义做出补偿，完全和所得税项目下的义务分开；……会议建议每个受影响的成员应与有关公司接洽，以定出一个公式，使开采税固定在成员国认为公平的统一税率上，而且开采税将不作为所得税义务的预付款”[18]。会议之后，石油输出国组织委托该组织秘书长同有关石油公司进行谈判。1963年12月24—31日，在利雅得举行的石油输出国组织第5届会议第二次会议决定，成立一个由伊朗、伊拉克和沙特阿拉伯三国组成的委员会，同石油公司就这一问题继续进行谈判。1964年，石油公司同意矿区开采税经费化，双方最后达成的协议规定，1964—1965年按标价减7.5%，1966—1967年按标价减6.5%来计算矿区使用税和所得税，以后每年少扣1%，从1972年起按十足标价计算矿区使用税。

（三）减少销售补贴

国际大石油公司多年来一直以原油标价的1%~2%作为自己的销售补贴。1962年4月5—8日，在日内瓦举行的石油输出国组织第4届会议第一次会议通过第34号决议，决议认为“本组织成员国和在成员国营业的公司都没有参加石油公司在世界范围的贸易活动；大批营业公司生产的原油是经过它们的母公司或不付佣金的母公司附属机构出售的；任何一个成员国都不负担任何种类的销售费用”。因此，“会议建议有关成员国应设法取消有关公司贸易费用的任何负担”。[19] 1963年，国际石油公司同意减少销售补贴，在波斯湾统一改为每桶0.5美分。

（四）收回大片租让地

租让制，是西方国际大石油公司在中东和拉丁美洲开采石油的一种基本形式。通过这一制度，这些公司拥有产油国大片国土，但是它们真正勘探和生产石油的地区并不大。产油国为了发展自己的经济，在20世纪60年代陆续收回大量租让地。

1961年12月11日，伊拉克政府在长达三年同石油公司修改旧的租让制谈判破裂后，颁布第80号石油令，规定在伊拉克经营石油生产的各石油公司的勘探和开采活动只能在740平方英里（占原石油租让地面积的0.5%）的区域之内，其余99.5%的租让区由伊拉克政府接管。1964年2月8日，伊拉克成立“伊拉克国营石油公司”，从事国内石油资源的勘探和开采工作。1967年，伊拉克政府又颁布第97号石油令和第123号石油令，宣布伊拉克国营石油公司是伊拉克领土上唯一一家有权开采石油的公司。

在伊拉克收回租让地的影响下，中东其他国家也陆续收回大量租让地。1962年，科威特从科威特石油公司手中收回原租让地的一半，面积为9 262平方公里，1967年又收回1 012平方公里。1963年，沙特阿拉伯收回阿美石油公司租让地的75%，卡塔尔也收回卡塔尔石油公司租让地的1/3。此外，阿拉伯联合酋长国也收回了一部分租让地。

（五）未见成效的“石油武器”

1967年6月4日，以色列入侵埃及，第三次中东战争即所谓的“六天战争”爆发。在伊拉克的带领下，阿尔及利亚、科威特和沙特阿拉伯宣布停止石油生产，并向支持以色列的西方国家实行禁运。在实行禁运的一个多月时间里，由于伊朗和委内瑞拉不但没有减少石油生产，反而大幅增产，禁运并未产生实际效果。其间，沙特阿拉伯损失了3 000多万美元，国家财政面临严重困难，被迫允许阿美石油公司恢复生产和正常出口石油。同年8月15—20日，在由阿拉伯国家石油部长、财政部长和经济部长参加的会议上，伊拉克提出一个如何进一步用“石油武器”打击以色列和其支持者的详细计划，建议从9月1日起至少在三个月时间里完全停止向所有国家出口阿拉伯石油，然后向支持以色列的国家停止供油；该计划还提出从侵略国和支持侵略国提取资金与存款，并把石油业完全收归国有。但是，在同月底召开的阿拉伯国家首脑会议上，决定给埃及、叙利亚和约旦等“前线国家”提供补助金，并决定产油国恢复石油生产。会后，阿拉伯产油国全面恢复石油生产和向西方国家的石油出口。所以，1967年的“石油武器”未产生效果。更为严重的是，“六天战争的结果使石油输出国组织的阿拉伯成员国的处境比战前更糟。伊朗利用抵制的机会把输出推广到英国和联邦德国；委内瑞拉也进一步挤进了欧洲市场；甚至利比亚也能向联邦德国输出更多的石油”[20]。

四、其他石油生产国组织的出现

20世纪60年代及60年代以后，石油生产国为了争取到更大的石油权益和加强合作，除了组织世界性的石油生产国组织——石油输出国组织外，一些石油生产国还组成了一批地区性的组织，这些组织中的大部分虽然其规模和影响力不及石油输出国组织，但它们当中的一些组织于20世纪六七十年代在国际石油市场上曾发挥过重要的作用。在这些地区性组织中，最著名的是阿拉伯石油输出国组织。

（一）阿拉伯石油输出国组织

阿拉伯石油输出国组织的前身，是1945年3月成立的阿拉伯联盟常设石油委员会。1959年4月，该委员会在开罗召开阿拉伯产油国会议，研究技术和应对石油公司削减石油标价问题，委内瑞拉和伊朗代表以“观察员”的身份列席了会议。这次会议后，阿拉伯产油国多次召开会议协调石油政策。1968年1月9日，沙特阿拉伯、科威特和利比亚三国在贝鲁特宣布成立阿拉伯石油输出国组织。随后，叙利亚、阿尔及利亚、埃及、巴林、伊拉克、卡塔尔、阿拉伯联合酋长国和突尼斯也相继加入了该组织。目前，阿拉伯石油输出国组织共有11个成员国。

阿拉伯石油输出国组织的主要任务是：协调成员国的经济政策和石油政策；交流成员国之间的石油工业情况，为成员国公民创造训练和就业的机会；在成员国的石油工业领域进行合作；通过共同建立石油工业项目，使成员国的资源和能力得到充分的发挥。阿拉伯石油输出国组织是一个侧重于在阿拉伯国家范围内就石油的技术问题进行合作和联合的机构。由于该组织主要成员国均是石油输出国组织的成员，该组织的原则是不干涉和不违背石油输出国组织的石油政策及有关规定。

阿拉伯石油输出国组织下设部长理事会、执行局、秘书处和法院。

部长理事会是该组织的最高权力机构，由各成员国的石油部长参加，轮流担任主席，每年至少举行两次会议，必要时可举行特别会议。部长理事会负责制定该组织的方针、政策、活动方案和规章制度，吸收新成员国，任命秘书长和助理秘书长。执行局由各成员国石油副部长组成，轮流担任主席，每年至少开4次会。其主要职责是协助部长理事会对该组织进行管理，批准人事任免，预审年度预算，拟定理事会会议的议程等。秘书处负责处理该组织日常事务，设有秘书长办公室，贯彻部长理事会决议。法院负责处理成员国就石油问题可能引起的分歧，维护成员国的利益和保证该组织的团结。

与石油输出国组织有显著区别的是，阿拉伯石油输出国组织还拥有下述重要的企业。

阿拉伯石油海运公司。1973年1月建立，总部设在科威特，从事与石油有关的运输业务。1983年，该公司拥有9条油船。

阿拉伯造船和修船公司。1974年11月建立，总部设在巴林。该公司拥有一个干船坞和三家子公司：市场销售公司、推进器修理公司和技术焊接公司。

阿拉伯石油投资公司。1975年11月建立，总部设在沙特阿拉伯的达兰。该公司从事石油方面的投资活动，投资对象主要是阿拉伯国家。它在瑞士的国际能源开发公司拥有10%的股份。

阿拉伯石油服务公司。1977年1月建立，总部设在的黎波里。该公司拥有两家子公司：设在利比亚的阿拉伯钻井和改井公司与设在伊拉克的阿拉伯测井公司。此外，该公司还拟与一英国公司和利比亚国家石油公司联合在利比亚建立阿拉伯地质勘探服务公司。

阿拉伯工程咨询公司。1981年7月建立，总部设在阿拉伯联合酋长国。该公司主要致力于为阿拉伯石油界取得现代化技术。

除此之外，阿拉伯石油输出国组织还拥有下述两家合资企业：阿拉伯干船坞公司和阿拉伯石油训练研究所。该组织还同阿拉伯经济和社会发展基金共同主持阿拉伯能源会议。

阿拉伯石油输出国组织成立以后，对内加强横向联合，对外采取共同立场，在与国际大石油公司的斗争中，为了维护阿拉伯产油国的权益做了大量的工作，其中有些还是震惊世界、改变世界经济政治形势和国际石油市场的格局的大事。最著名的就是在第四次中东战争中使用石油武器，导致了第一次石油危机。

1973年10月，第四次中东战争爆发，17日该组织在科威特举行部长会议，决定立即逐月减产石油5%，对支持以色列侵略的国家减少石油供应，并建议各国停止向美国供应石油。由于美国对阿拉伯产油国的警告置若罔闻，继续给以色列提供军援，还由于荷兰向美国提供向以色列运送武器的港口，阿拉伯各国普遍把减产幅度由5%提高至10%，并宣布对美国、荷兰实行石油禁运。由此，国际石油市场发生石油短缺，国际石油价格飞涨，酿成第一次石油危机。同年12月22日，该组织决定，从1974年1月起，把沙特阿拉伯标准轻油价格从每桶5.11美元提高到每桶11.65美元。从此，产油国掌握了自己石油的定价权，打破了由西方石油公司对石油定价的垄断。

此外，1970年12月该组织在委内瑞拉召开第21次部长级会议，讨论了提高石油税收和价格，与会成员国一致同意，把原定的50%石油税率提高到55%以上。1974年5月，该组织在伦敦开会，讨论阿拉伯世界与英国的合作问题；10月，该组织与欧洲经济共同体委员会达成了双方经常接触和交换技术情报的协议；1976年11月，该组织在东京讨论了阿拉伯世界与日本进行合作的事项；1985年11月，该组织讨论和通过了一项阿拉伯国家与欧洲共同体成员国之间就有关石油领域进行合作的计划；1986年5月，该组织发表公报呼吁加强同拉丁美洲和亚洲国家在能源方面的合作。1978年12月，该组织第21次理事会决定，提高阿拉伯产油国炼油能力，计划在20世纪80年代，从当时的每天炼油200万桶提高到每天炼油500万~700万桶。1980年5月，该组织的沙特阿拉伯、科威特、巴林、卡塔尔、阿拉伯联合酋长国与阿曼、阿拉伯也门共和国共同决定，利用彼此的工业能力，建立地区信息中心，共同使用交通运输能力和建立共同市场。

（二）其他石油生产国组织

除阿拉伯石油输出国组织外，拉丁美洲石油生产国也于1965年10月2日成立了拉丁美洲石油互助协会，其成员国有秘鲁、墨西哥、巴西、玻利维亚、阿根廷、智利、乌拉圭、哥伦比亚和厄瓜多尔9国。拉丁美洲石油互助协会的主要任务是：促进情报和技术援助的交流，便利国际组织进行合作；促进石油工业以及与石油业务的工厂设备有关的其他工业的发展；研究石油资源的保护；促进成员国之间在发展计划上的合作等。1973年11月2日，拉丁美洲25国还成立了“拉丁美洲能源组织”，以促进各国的经济发展，团结一致捍卫成员国维持自己能源资源的权利，寻求对本地区能源进行全面规划，加强对本地区能源的控制，讨论发展本地区国家间的技术合作以及建立拉丁美洲能源市场，确保能源生产国对本地区能源不能自给国家的石油供应。

20世纪60年代以后，石油生产国又陆续成立了一些石油生产国组织，其代表性的例子是非洲石油生产国协会。非洲石油生产国协会于1987年1月27日成立于尼日利亚首都拉各斯，被称为“小石油输出国组织”或“非洲的石油输出国组织”，该组织共有18个成员国：尼日利亚、阿尔及利亚、安哥拉、贝宁、喀麦隆、刚果（布）、刚果（金）、科特迪瓦、埃及、加蓬、加纳、赤道几内亚、利比亚、尼日尔、乍得、南非、苏丹、毛里塔尼亚。其中尼日利亚、阿尔及利亚、利比亚和加蓬是石油输出国组织成员国，该组织成员国基本拥有非洲全部的石油产量，2016年的石油产量为3.75亿吨，占当年世界石油产量的8.6%。

第 4 章

20世纪70年代的两次石油危机

导　语

20世纪70年代，世界经济政治生活中发生的最重大事件应该就是两次石油危机。1973年和1978年年底发生的这两次石油危机，震撼了世界各国，尤其给西方工业化国家带来了巨大的冲击。在经济上，这两次石油危机不但导致了第二次世界大战后世界经济高速发展时代的结束，而且更为重要的是迫使世界各国重新检讨自己的经济发展政策，从而使世界经济发展开始走上一条新的道路。在政治上，这两次石油危机使广大第三世界国家有机会要求对当时的世界经济政治体制进行改革，从而引发了改革世界经济政治格局的运动并持续到今天。从能源问题本身角度来看，这两次石油危机可以说是人类社会使用能源方式变革的分水岭，它迫使世界各国大力改变传统的能源使用方式，积极寻找新的能源来源，进而引导世界能源消费结构从以石油为主向能源来源多样化的转变。

一、20世纪70年代初的石油输出国组织

进入20世纪70年代以后，石油输出国组织及其成员国仍在与国际大石油公司进行谈判和斗争，以求取得更大的石油权益。在到1973年10月16日之前的70年代初期，石油输出国组织及其成员国在这些谈判中迫使国际大石油公司做出了重大的让步，取得了部分油价决定权和对石油资源的部分所有权，国际石油市场格局由此发生了变化，国际大石油公司一统国际石油市场的局面开始瓦解。

（一）部分结束国际大石油公司的油价决定权，提高石油标价

虽然20世纪60年代石油输出国组织及其成员国从国际大石油公司的手中取得了一个又一个石油权益，但决定石油价格的大权仍掌握在这些大公司手中。由于租让制仍在实行，石油资源的实际所有权仍掌握在国际大石油公司手中，石油生产国的石油收入仍根据石油标价来决定。石油生产国要取得更大的石油收益，就必须提高石油标价，或从根本上掌握石油的定价权。20世纪70年代初开始，石油生产国为此同国际大石油公司展开了一系列的斗争。

1.利比亚首发其难

1967年的苏伊士运河危机导致的波斯湾石油出口被阻，使北非石油生产国利比亚和阿尔及利亚对欧洲的石油出口大增。1970年5月，由沙特阿拉伯通往地中海的“纵贯阿拉伯输油管”破裂，沙特阿拉伯出口到欧洲的石油每天减少了50万桶，加之尼日利亚又发生比夫拉战争，石油生产陷入停顿，而利比亚和阿尔及利亚输往欧洲的石油运费又少，因此这两个国家对欧洲的石油出口有了较大的增加，西欧对这一地区的石油依赖越来越大。1970年，北非产油国生产的石油占西欧原油进口量的90%以上，其中仅利比亚一国就达1/3。因而到70年代初，西欧严重依赖北非利比亚和阿尔及利亚的石油。

1970年1月7日，向地中海地区出口石油的利比亚、阿尔及利亚、埃及和伊拉克举行会议，就对付通货膨胀和协调市场活动达成一致意见，并声明团结一致共同对付石油公司。会后，阿尔及利亚与法国石油公司谈判，要求修改1965年签订的石油合同；利比亚也与石油公司举行谈判，要求提高石油价格。同年5月11日，为了协调地中海石油出口国的政策，利比亚、阿尔及利亚和伊拉克三国石油部长在阿尔及尔开会，决定限制同石油公司的无效过长的谈判并在谈判破裂后就单方面提高油价，建立一个合作基金会以支持三国中的任何一国对付大石油公司减产和降低税率，建立民族石油工业。由此，石油输出国组织成员国开始了剥夺石油公司油价决定权和提高石油价格的斗争。

1970年年初，在利比亚经营石油业务的有21家外国石油公司。在这些公司中，除埃克森外，其他大部分都是所谓的“独立石油公司”，这些石油公司与“七姊妹”相比有致命的弱点：它们一般原油生产地单一，不具备应付石油生产国停产的能力。利比亚政府首先找到埃克森公司，要求原油标价每桶提高0.43美元，但该公司只同意每桶提高0.05美元。在与埃克森的谈判停止后，利比亚政府立即将矛头所向对准了哈默的西方石油公司。利比亚是当时西方石油公司唯一的原油生产地。1970年6月，利比亚政府下令西方石油公司把石油产量由每天80万桶减少到每天50万桶；与此同时，利比亚政府还在两个星期后下令由美国大陆、马拉松和阿美拉达–希斯三家美国独立石油公司与壳牌合股组成的绿洲石油公司每天减少原油产量15万桶，由德士古和加利福尼亚标准石油公司组成的美国海外石油公司每天减少产量10万桶。8月下旬，利比亚政府又下令西方石油公司将产量减少6万桶。由于石油产量不断下降，西方石油公司在欧洲的炼油厂出现了油荒，而与埃克森谈判买油又失败。这样，1970年9月4日，西方石油公司接受了利比亚政府的要求，将原油标价每桶提高0.30美元，以后5年每桶再增加0.02美元，税率由原来的50%提高到58%，对利比亚的低硫优质原油给予贴水。在其之后不久，美国海外石油公司也接受了利比亚政府提高原油标价的要求。

就在利比亚同石油公司进行谈判的同时，阿尔及利亚于1970年7月单方面宣布将原油标价由每桶2.08美元提高到每桶2.25美元。伊拉克政府在利比亚政府提价成功后，也把从地中海出口的原油标价每桶提高0.20美元；科威特政府把原油标价每桶提高0.11美元，税率提高5%；伊朗把重质原油标价每桶提高0.09美元，税率提高到55%；委内瑞拉把石油税率从52%提高到60%，并立法规定总统有权单方面修改原油标价。这样，从利比亚开始，国际大石油公司的单方面决定原油标价的权力被打破了，“利比亚协议不只是原油标价每桶上涨0.30美元，……而且改变了产油国政府与石油公司力量的均势。利比亚的胜利给石油输出国组织壮了声势，不但扭转了油价下降，而且替石油输出国重新启开了争取石油资源控制权之路。对石油公司而言，这是撤退的开始”[1]。西方石油公司负责签订利比亚协议的威廉逊在签字前指出，“西方世界每一个驾驶牵引车、卡车和汽车的人都会受到影响”[2]。

2.《德黑兰协议》和《的黎波里协议》

上述行动仅是石油输出国组织成员国结束国际大石油公司原油标价决定权的开始，而且这些行动仅是该组织成员国单独或部分成员国采取的行动。1970年12月9—12日，石油输出国组织在加拉加斯举行第21届部长级会议，会议在听取了利比亚、伊朗、科威特、伊拉克、沙特阿拉伯、阿尔及利亚和委内瑞拉与石油公司有关原油标价的谈判情况汇报后，“确定在成员国营业的石油公司纯收入的55%为最低税率；……确定在所有成员国中统一提高标价或税收参考价以反映国际石油市场普遍改善的情况”；并提出“在主要工业化国家货币比价的改变会对成员国收入的购买力起到不利影响的情况下，标价或税收参考价应做相应的调整”。[3]为了达到上述目标，石油输出国组织在这次会议上决定，分三个地区集团同石油公司进行谈判，并为谈判规定了严格的期限。通过这次会议，石油输出国组织作为一个整体参与了结束国际大石油公司原油定价权的斗争。

根据加拉加斯会议决定，1971年1月12月，石油输出国组织海湾成员国与石油公司的谈判在德黑兰举行，代表产油国的是伊朗财政部长贾姆萨·阿穆吉嘉、沙特阿拉伯石油与矿业大臣亚马尼和伊拉克石油部长沙东·哈马迪。早在这次谈判举行之前，利比亚政府就根据加拉加斯会议的精神，要求石油公司提高税率5%，按月支付税收；每桶原油提价0.50美元，并外加0.25美元作为再投资金额。为了对付利比亚的这一新要求，国际大石油公司计划组成统一战线。1971年年初，英荷壳牌集团的一位董事就给所有跟利比亚有关的石油公司写了一封“新年告同业书”，建议召开会议，制定共同政策。1971年1月11日，西方国家的23家石油公司的代表在纽约秘密举行会议，提出“5年价格稳定条约”。该条约规定，每年按世界范围的通货膨胀率调整原油标价，并给利比亚和其他短距离运输的国家的原油提供更多的运输贴水，但以不提高税率、不进行再投资和协议保持5年不变为条件。这次会议还提出以所有石油输出国组织成员国为一方和以所有西方国家石油公司为另一方进行集体谈判的方针。会议决定以“致石油输出国组织公开信”的形式将上述内容公布于众。会上还达成一项《利比亚的生产者安全网协议》，规定所有签字的公司未经其他公司同意，不能独自与利比亚签订协议；倘若利比亚迫使任何一家公司减产，其他公司将按比例供应这家被迫减产公司以相等数量的原油，以抵消利比亚减产的压力。由于有了以上安排，在德黑兰谈判开始仅90分钟，会议就告破裂。1月16日，石油公司公布了致石油输出国组织的联名公开信。美国政府也派副国务卿欧文到中东产油国进行游说。1月19日，德黑兰会谈复会，由于石油公司坚持谈判的问题不是提价而是保证石油供应，谈判又于2月2日再度破裂。1971年2月3—4日，石油输出国组织举行第22届特别会议，决定如在2月15日前石油公司不接受有关要求，海湾成员国可“采用必要的法律或立法的措施。如果任何石油公司在有关国家采用法律或立法措施7天内不同意这些措施，成员国阿布扎比、阿尔及利亚、伊朗、伊拉克、科威特、利比亚、卡塔尔、沙特阿拉伯和委内瑞拉，应采取适当的办法包括全面禁止由这些公司装运原油和石油制品”[4]。在这种情况下，石油公司被迫与石油输出国组织6个海湾成员国签订了《德黑兰协议》。协议规定，海湾各国石油税率从50%提高到55%；根据原油质量，原油标价每桶提高0.35~0.40美元；取消以前产油国付给石油公司的每桶0.03美元或0.04美元的销售贴水；在1971年6月1日、1973—1975年每年的1月1日，将提高标价5%，并外加0.05美元作为对通货膨胀的补贴；协议上述条件在5年内不变。《德黑兰协议》“埋葬了五五平分原则”，“《德黑兰协议》是一个转折点，从此主动权转移到石油输出国组织手中了”。[5]

1971年2月22日，石油输出国组织地中海产油国在的黎波里举行秘密会议，决定利比亚作为地中海产油国的代表与石油公司谈判，并提出了提价的最低要求。2月24日，的黎波里谈判开始。石油公司首先提出以国际石油财团的身份参加会议，后由于产油国反对，才以单独的公司参加会谈。在这次会谈中，由于石油公司一再拖延，4个地中海产油国举行了一次紧急会议，发表联合声明，警告石油公司，如不答应要求，就将实行石油禁运。4月2日，石油公司被迫同利比亚签订了《的黎波里协议》，决定把原油标价每桶提高0.90美元。协议其他条款同《德黑兰协议》基本相同。此外，沙特阿拉伯和伊拉克也按《的黎波里协议》规定的条件，同石油公司签订了新的协议。

在《德黑兰协议》和《的黎波里协议》签订后，石油输出国组织其他成员国也分别同石油公司签订了类似的提价协议。4月13日，阿尔及利亚宣布原油标价每桶提高0.75美元；尼日利亚原油标价每桶提高0.85美元，税率提高5%；委内瑞拉原油标价每桶提高0.51美元；印度尼西亚对日本出口原油标价每桶提高0.51美元。

3. 两个《日内瓦协议》

1971年8月15日，美国宣布实行新经济政策，其中一条就是美元贬值。同年12月，美国正式宣布美元贬值7.89%。1973年2月，美元再次贬值10%。

由于石油是以美元计价的，美元贬值给石油生产国造成了巨大的经济损失。1971年9月22日，石油输出国组织举行第25届特别会议，通过了一个关于货币形势的决议。会议提出“成员国采取必要的行动，或开始个别地或集体地与石油公司进行谈判，以采纳足以抵销到1971年8月15日为止的货币发展所导致对成员国每桶实际收入的不利影响的途径和方法”[6]。同年10月和12月，石油输出国组织又召开了中央银行代表和部长级会议，研究美元贬值对产油国石油收入的影响和石油公司应对产油国因美元贬值所受损失进行补偿的具体数字，并决定同石油公司就有关问题进行谈判。

1972年1月10日，石油输出国组织与石油公司就美元贬值问题的谈判在日内瓦举行。谈判开始时，石油公司的代表提出按国际货币基金组织编制的一种指数来计算补偿美元的贬值。石油输出国组织代表拒绝了这一计划。1月11日在日内瓦发表的声明中，石油输出国组织代表指出石油公司提出的计划有“严重的不可避免的缺点，因为它反映不了成员国开支的实际增加，如占它们经济的重要份额的劳务、投资、军备以及政府在国外的其他支付等”。因而，“实施石油公司提出的公式，可能提供给石油输出国组织成员国的，将远比实际的、正当的补偿少”。[7]1月14日，石油输出国组织代表在日内瓦发表声明，要求原油标价提高8.57%，“相当于美元贬值折合为黄金的实际损失”[8]。1月20日，石油公司被迫同意与石油输出国组织签订了第一个《日内瓦协议》，将海湾和地中海出口的原油标价提高8.49%，以补偿美元贬值给产油国带来的损失。在这之后不久，以6个海湾产油国、利比亚和尼日利亚为一方，在1972年五六月间也与石油公司签订了与《日内瓦协议》相类似的协议。

在美元第二次贬值之后，1973年3月16—17日和22日，石油输出国组织在维也纳举行第32届特别会议和在贝鲁特举行部长级委员会会议，决定成立一个由伊拉克、科威特和利比亚三国组成的谈判小组，“谈判和修改《日内瓦协议》，旨在得到因美元贬值而造成的全部损失的补偿和堵住以后的漏洞。……授权谈判小组访问石油公司后立即开始谈判”[9]。1973年4月13日，阿布扎比、伊朗、伊拉克、科威特、利比亚、尼日利亚、卡塔尔和沙特阿拉伯这8个石油输出国组织成员国在开罗与石油公司举行谈判，6月2日双方在日内瓦签订第二个协议，规定把原油标价提高11.9%；协议还根据11种主要货币，逐日计算油价的变动情况，“将来标价水平，将视美元与11种其他主要通货之间汇率趋势而定”[10]。

从1970年年初到1973年6月2日，通过一系列的谈判，石油输出国组织迫使国际大石油公司部分放弃了原油标价的决定权，该组织成员国从无权过问到基本掌握了原油标价的决定权。其间，原油标价由20世纪70年代初的每桶1.70美元上升到1973年10月16日的每桶3.011美元。更为重要的是，到1973年10月，由于部分掌握了原油标价的决定权，国际大石油公司一统国际石油市场天下的形势已开始发生了变化，国际石油市场出现了石油输出国组织成员国与国际大石油公司分庭抗礼的局面。丹尼尔·耶金在评论这一时期的国际石油形势变化时中肯地指出：“石油输出国组织对石油公司的控制力大了，对油价的控制权也跟着大了起来。以前石油输出国组织都是用提高产量的方式来增加收入，新的办法是以供需平衡为依据，产油国与石油公司一同商量如何涨价，而石油生产国必是先打涨价的牌。”[11]

（二）参股和国有化，逐步控制石油资源

20世纪70年代初，石油输出国组织成员国在部分结束国际大石油公司原油标价决定权的同时，还发起了旨在结束国际大石油公司对石油资源所有权控制的参股和国有化运动。70年代初，国际大石油公司仍然控制着产油国石油资源的所有权，石油生产、销售等上下游活动仍由这些大公司垄断，石油资源所有国虽然可通过标价税收取得一定石油资源的收益，但仍不能掌握自己国土上的石油资源。因而，70年代初的石油输出国组织成员国逐步控制石油资源所有权的斗争，与部分结束国际大石油公司原油标价决定权的斗争一起，是这一时期该组织的两大主要活动。

1.参股

所谓参股，就是通过谈判手段，首先在外资经营的石油公司中得到少量股权，其次逐步按比例增加股份，直到持有一家公司100%的股份，最后将这家公司变成国营的公司。

1971年7月12—13日，石油输出国组织在维也纳举行的第24届会议通过决议，“考虑到实现成员国参与现存石油租让地的权利的环境的变化，决定成员国应对参与现存石油租让权原则的有效实现采取直接步骤”[12]。会议还决定成立一个由伊朗、伊拉克、科威特、利比亚、沙特阿拉伯组成的部长级委员会，起草成员国有效参与现存租让权的基本原则。在同年9月22日于贝鲁特举行的第25届特别会议上，石油输出国组织又通过决议，“肯定了成员国采取直接步骤在现存的石油租让权中实现有效的参与；决定所有有关成员

国应开始与石油公司个别地或集体地进行谈判，目的在于在部长级委员会建议的基本原则上有效地参与股权”[13]。而且在同年9月7日举行的第26届会议上，石油输出国组织决定于1972年1月20日与石油公司举行参股问题谈判。这样，在参股问题上，石油输出国组织是作为一个整体而采取行动的。

1972年2月1日，亚马尼代表石油输出国组织6个海湾成员国同国际大石油公司就参股问题进行谈判，提出首先参股20%，其次逐步增加，到1985年达到由产油国持有石油公司50%的股份；赔偿只按纯账面价值计算，参股原油按标价与纳税后成本费两者的折中价回卖给石油公司。石油公司以《德黑兰协议》有关条款5年不变的条件为前提，反对进行此项谈判，但随后这些公司提出在新开发区按50%对50%的比例进行合股经营的建议。由于石油输出国组织坚持原来的要求，石油公司被迫同意按该组织的建议进行谈判。1972年6月26—27日，石油输出国组织在维也纳举行的第29届会议上，对石油公司在参股谈判中的拖延提出警告，“会议觉得石油公司有充裕的时间去实施参与原则，并对此事的耽搁表示关注。因此，石油公司应对不能协商解决的任何后果负责。万一谈判失败，有关成员国应采取明确的一致行动，全体成员国都应加以支持”[14]。这次会议坚持对石油公司的补偿费以纯账面资产为基础，拒绝考虑其他任何类型的补偿。

1972年10月5日，在石油输出国组织的压力下，石油公司在纽约与石油输出国组织5个海湾成员国签订了参股协议。协议规定，从1973年1月1日起，海湾产油国获得所在国石油公司25%的股份，从1979年开始到1982年，每年增加5%的股份，1983年增加6%，1983年石油生产国在公司总股份中持有51%的股份；赔偿按最新的账面价值计算；在参股初期，由石油生产国支配的原油为总产量的6.25%，三年后增加到12%；石油生产、设备的经营权仍由原公司控制。

协议签订后，沙特阿拉伯、卡塔尔和阿拉伯联合酋长国按有关规定，比协议规定的时间提前一年取得了在这些国家运营石油公司51%的股份；1974年三国又将股份增加到60%。由于科威特议会未批准协议，科政府又与石油公司重新谈判，并于1974年1月达成立即参股60%的协议。尼日利亚也按协议规定，与在该国运营的石油公司达成了参股的协议。

2.国有化

国有化是石油生产国政府将在这些国家运营的石油公司财产全部收归国有，废除原有的石油租让协定，石油生产方面的业务活动由国营的石油公司经营。

在石油输出国组织成员国中，首先对石油公司实行国有化的国家是阿尔及利亚。20世纪70年代初，阿尔及利亚就开始对一些小的石油公司实行国有化。1970年6月，壳牌石油公司、菲力普石油公司等公司被阿尔及利亚政府收归国有。同年11月，阿尔及利亚又将莫比尔和纽约海外石油公司收归国有。到1970年年末，阿尔及利亚已控制了自己国土内30%的石油生产、60%的勘探、70%的运输、80%的提炼和本国的全部石油销售业务。1971年2月24日，阿尔及利亚政府将法国石油公司51%的股份收归国有，并将在阿尔及利亚经营的所有天然气公司的股份与开采设备、油管和煤气管道国有化。同年4月，阿尔及利亚政府颁布新的石油法，废除石油租让制。到1972年2月，阿尔及利亚控制了原油生产的77%，天然气、油气管道和炼油部门的100%。到此，旧的石油租让制在阿尔及利亚已经不存在，石油生产国成了自己石油资源的主人。

在阿尔及利亚石油国有化取得成功后，紧随其后的是伊拉克。1972年6月1日，伊拉克政府颁布“第69号法令”，宣布将伊拉克石油公司收归国有，规定把伊拉克石油公司在1961年12月“第80号法令”规定地区内的一切设施收归国有；给予伊拉克石油公司赔偿；成立伊拉克国营石油公司，负责接管伊拉克石油公司。1973年2月28日，伊拉克石油公司与伊拉克政府签署协议，承认伊拉克对石油资源的主权，由伊拉克政府无偿接管摩苏尔地区的油田和设备。1973年3月1日，伊拉克总统贝克通过巴格达电视台和电台宣布，伊拉克政府已同石油公司就国有化问题达成了协议。通过这一协议和伊拉克国营石油公司自营生产的石油，到1973年伊拉克政府已控制了75%以上的石油生产。该协议标志着伊拉克最终取得了对石油资源的所有权。

在石油输出国组织成员国中，最先实现完全国有化的就是伊朗。1972年12月，伊朗国王就通知国际石油财团各公司，伊朗准备接管这些公司在伊朗的经营活动。1973年1月23日，伊朗国王向财团发出最后通牒，伊朗决定不再延长租让协定，财团要么根据1954年协议继续经营到1979年，条件是伊朗从每桶石油中得到的收入不低于其他国家得到的收入，出口能力每天增加到800万桶，租让期满后，财团各公司就成为普通购买者，不享有任何优惠；要么同伊朗立即重新签订一个新的协定，伊朗完全掌握石油公司，后者成为长期顾客。[15]经过谈判，国际财团选择了后者。1973年3月20日晚，伊朗国王向全国发表广播讲话，宣布伊朗完全取得了对其石油工业的控制权和主权。5月24日，伊朗国家石油公司同国际石油财团签订了关于收回石油资源和供应原油的协议，根据这项协议，伊朗国家石油公司成了伊朗石油的所有者和管理者。1973年7月19日，伊朗首相胡韦达向众议院提出这项协议的法案。1973年7月31日，伊朗国王巴列维正式签署法令，批准了这项国有化法案。这样，伊朗正式结束了石油租让制。

二、第一次石油危机

到1973年10月，石油输出国组织通过部分结束国际大石油公司的原油标价决定权和参股及国有化，已成为国际石油市场上一支举足轻重的力量，在有关国际石油价格等重大问题上国际大石油公司必须听取石油输出国组织的意见。不过，此时石油输出国组织仍然不能掌握国际石油市场上的主导权，石油生产国仍不能完全作为独立的石油资源主权国家参与国际石油市场业务。1973年10月，第四次中东战争爆发，阿拉伯石油生产国使用石油这一特殊武器，打击支持以色列的国家，借机大幅提高了石油价格并完全掌握了石油价格的决定权和对自己国土上石油资源的所有权，导致了以减产禁运、外国石油公司股份收归国有和大幅提高石油价格为主要内容的所谓“第一次石油危机”，从而使国际石油市场的形势彻底改变。

（一）第四次中东战争

1973年10月6日下午2点，埃及军队强渡苏伊士运河，向在运河东岸的以色列军队发起进攻，第四次中东战争爆发。因这一天是犹太人的赎罪日，故在以色列这次战争又被称为“赎罪日战争”。10月6—10日，埃及军队突破了巴列夫防线，占领和控制了运河东岸纵深10~15公里、南北长192公里，面积为3 000平方公里的地区；叙利亚军队收复了戈兰高地东部的大片地区；10月10日，伊拉克也宣布参加对以战争。以埃及和叙利亚为主的阿拉伯国家军队取得了战争初期的胜利。从10日开始，以色列军队进行反攻，战场形势发生急剧变化。到13日，以色列军队不但收复了戈兰高地，而且深入叙利亚30公里，占领了叙利亚约400平方公里的领土。以埃战线上，16日以色列军队苏伊士运河中段偷渡运河，进入运河西岸，于24日完成了对埃及第三军团的包围，并占领了运河西岸埃及约1 900平方公里的领土。到此，阿拉伯国家军队的优势已完全失去，以军占据了战场的主动权。10月22日，联合国安理会通过由苏联和美国联合提出的战争双方停火的“338号决议”。10月24日，埃及、叙利亚和以色列都宣布停火，战争到此基本结束。

在这次战争中，苏联和美国给战争双方提供了大批战争物资。其中苏联通过空运和海运向埃及与叙利亚共提供12.3万吨物资和装备，计有坦克1 500余辆，飞机200架和足够装备45个连的地空导弹。美国通过空运和海运向以色列提供5 230吨的装备。此外，10月19日，美国总统尼克松还批准给以色列22亿美元的“紧急军事援助”。

（二）阿拉伯产油国减产、禁运

就在第四次中东战争爆发的同一天，叙利亚和黎巴嫩为了配合战争，立即关闭了两条通过它们领土的伊拉克输油管。10月9日，埃及和科威特两国的石油部长要求召开阿拉伯石油输出国组织会议，讨论使用“石油武器”问题。1973年10月17日，有关使用“石油武器”的阿拉伯石油输出国组织会议在科威特开幕。

自从1967年“石油武器”在第三次中东战争中未见成效后，阿拉伯产油国对于能否使用这一武器的问题上有较大的争议，尤其是阿拉伯国家最大的石油生产国沙特阿拉伯，一直不赞成将石油作为政治武器来加以使用。1972年11月，沙特阿拉伯石油大臣亚马尼在谈话时，还不主张“把石油作为一个政治武器来使用”，对阿拉伯人来说，最好的方法是把石油“作为同西方，特别是同美国进行真诚合作的一个基础”。[16] 1972年年底，阿拉伯联盟经济委员会发布一份关于阿拉伯经济力量在同以色列斗争中的战略意义的研究报告，提出可以限制石油生产，一方面借以保护自己的石油资源，另一方面可迫使西方石油消费国改变支持以色列的政策。这样，阿拉伯世界要求在解决阿以冲突中使用石油作为政治武器的呼声越来越高，沙特阿拉伯的政策也开始发生变化。1973年4月，亚马尼在一次讲话中，第一次公开把石油与阿以问题联系在一起，指出如果美国不改变对以色列的政策，沙特阿拉伯不会增加石油产量满足其需求。随后，沙特阿拉伯国王费萨尔又通过阿美石油公司主要负责人向美国政府发出类似的警告。在这之后，在接受美国《华盛顿邮报》《基督教科学箴言报》《新闻周刊》和国家广播公司的采访中，费萨尔公开表示，“我们并不愿意以任何方式限制对美国的石油出口，但是美国全力支持犹太人建国，反对阿拉伯人，这使我们很难继续供给美国石油，或甚至维持与美国的亲善关系”[17]。同年七八月间，沙特阿拉伯外交大臣萨卡夫和阿卜杜拉亲王先后宣布，阿拉伯国家将对那些帮助我们敌人的国家实行禁运。1973年8月，埃及总统萨达特访问沙特阿拉伯、卡塔尔和叙利亚期间，提出要以“石油武器”来为阿以战争服务，8月3日沙特阿拉伯表示将向埃及提供5亿美元并用石油作为武器来支持埃及同以色列的战争。这样，到第四次中东战争爆发前夕，阿拉伯产油国在有关使用石油武器问题上已基本达成了共识。

由于有了基本一致的立场，10月17日的阿拉伯石油输出国组织会议决定，“鉴于美国是以色列势力的主要和首要源泉，……回顾工业化大国在执行联合国决议方面虽然负有共同的责任，但是它们以这种或那种方式推波助澜，要使现状永久维持不变；……决定每个阿拉伯石油输出国立即逐月削减其石油产量，削减率不得少于月产量的5%，开始削减时应以9月的实际产量，即以最后的生产数字作为计算基准。石油生产的削减应持续到国际大家庭迫使以色列放弃我们的被占领土时为止，或持续到每个国家的石油产量已降低到其本国经济不允许再行降低，否则将妨碍其对本国和阿拉伯所承担的义务时为止”[18]。此外，对于对阿拉伯国家友好的国家则继续提供石油。对于禁运，会议只是作为一项建议提出来，希望阿拉伯产油国断绝向美国提供石油。此外，会上还做出一项秘密决定，主张让“美国承受最严厉的减产”，目的是“以这种累进的减产导致各国供应美国的石油完全停顿”。[19]

在会议做出决定的当天晚上，阿布扎比决定减产12%，并停止向美国出口石油。10月19日，美国决定向以色列提供22亿美元的紧急援助后，沙特阿拉伯立即宣布从当天起减产10%，并对美国实行禁运。卡塔尔、科威特、利比亚、阿尔及利亚、巴林、阿曼也宣布减产和对美国实行禁运。到10月22日，所有的阿拉伯产油国都已减少10%的石油产量，有的国家还远远超过了这一数字，并都对美国实行了禁运。同时，为了惩罚荷兰给美国向以色列运送武器提供方便，阿尔及利亚、卡塔尔、科威特、阿布扎比、阿曼、苏丹和沙特阿拉伯还对荷兰实行了石油禁运。此外，对于石油运往加工后供应美国舰船的地区，也实行石油禁运，这些地区包括特立尼达、巴哈马、荷属安第列斯、加拿大、波多黎各、巴林、关岛和新加坡的炼油厂。希腊、意大利的石油供应也被减少。1973年11月4—5日，第四次中东战争开始后的阿拉伯石油输出国组织第二次会议在科威特举行，决定继续实行减产和石油禁运，11月减产的数量为9月产量的25%，12月在11月产量的基础上再减产5%，直到以色列从占领的阿拉伯领土上撤走和巴勒斯坦人的权利得到承认为止。这次会议上，还决定成立一个由沙特阿拉伯、阿尔及利亚、科威特和利比亚组成的特别管理委员会，并派阿尔及利亚动力和工业部长、沙特阿拉伯石油大臣到欧洲各国解释减产和石油禁运的决定。

1973年11月26—28日，阿拉伯最高级会议在阿尔及尔召开，决定阿拉伯产油国继续按每月5%的比例减产，直到任何生产国的石油收入达到不超过1972年的收入水平为止。会上还委托外交和石油部长，按与以色列和阿拉伯国家的关系开出最惠国名单，向这些国家继续提供石油。

1973年年底，阿拉伯石油输出国组织再次召开会议，决定除美国和荷兰外，对其他国家不再实行禁运，改减产为立即增产10%，1974年1月开始增产5%。1974年3月17—18日，阿拉伯石油输出国组织在维也纳举行会议，决定解除对美国的石油禁运。同年6月1日，阿拉伯石油部长开罗会议确认了维也纳会议的决定。1974年9月4日，对荷兰的石油禁运也被解除。这样，第四次中东战争中阿拉伯国家使用的“石油武器”到此结束。

（三）完全国有化

除了上述行动外，在这一期间石油输出国组织的一些成员国还采取了将在自己国土上经营的石油公司完全国有化的措施，作为打击支持以色列国家的“石油武器”的一部分。伊拉克和利比亚是它们的主要代表。

在第四次中东战争中，伊拉克和利比亚主张将国有化作为石油武器的一部分，用来打击支持以色列的国家。如1973年10月17日的阿拉伯石油输出国组织会议上，伊拉克提出的三项措施中的第一项就是对石油公司实行国有化；在这次会议上，利比亚也提出对美国的石油公司实行国有化。战争爆发后的第二天，伊拉克宣布把美国石油公司在巴士拉石油公司中所占的23.75%的股份收归国有；同年10月21日，伊拉克宣布把壳牌公司在伊拉克经营公司中的荷兰股份收归国有；12月，巴士拉石油公司中属于葡萄牙的5%股份也被伊拉克政府收归国有。

1974年1月，利比亚宣布，由于美国支持以色列，利比亚可能通过加速对美资石油公司的国有化对美国实行惩罚。2月11日，利比亚宣布把在利比亚经营的三家美国石油公司——德士古海外石油公司、加利福尼亚亚细亚石油公司、利比亚美国石油公司的全部财产收归国有。同年3月，利比亚又把壳牌在利比亚的公司股份国有化。

（四）石油大涨价、取得油价决定权

在第四次中东战争爆发前夕，由于美元不断贬值，1973年9月15—16日，石油输出国组织在维也纳举行第35届特别会议，“会议检查了原油和石油产品市场的现状和未来的趋势，以及世界范围的通货膨胀，尤其是工业化国家的通货膨胀。……重新评价了《德黑兰协议》《的黎波里协议》《拉各斯协议》的条款。……决定……有关成员国应个别地或集体地与石油公司进行谈判，以修改《德黑兰协议》《的黎波里协议》《拉各斯协议》”[20]。会议还决定成立一个由

海湾成员国组成的部长级委员会，10月8日在维也纳同石油公司集体谈判修改《德黑兰协议》。

10月8日，以亚马尼为首的石油输出国组织海湾成员国石油部长与石油公司在维也纳举行谈判，亚马尼提出将原油标价提高一倍，但石油公司提出最高只能每桶涨价5美元，否则应同政府协商，并要求休会两周。10月9—11日，美国、日本和西欧一些国家的政府开会认为，石油输出国组织的提价要求太高，不能接受。10月16日，6个海湾成员国代表在科威特举行部长级会议，决定单方面把海湾原油标价提高70%，阿拉伯轻油价格由每桶3.011美元提高到每桶5.119美元。与此同时，北非产油国也宣布将原油标价提高100%。11月1日，6个海湾成员国又决定将原油标价每桶提高0.06美元。同月19—20日，石油输出国组织举行部长级会议，拒绝了石油公司通过谈判决定油价的要求，确认油价必须由产油国政府按市场情况来决定，并成立价格委员会。12月22—23日，石油输出国组织6个海湾成员国在德黑兰召开会议，阿尔及利亚、印度尼西亚、利比亚、尼日利亚和委内瑞拉（以观察员身份）参加了会议，这次会议决定，1974年1月1日API 34度①的阿拉伯轻油价格由每桶5.11美元提高到每桶11.651美元。此后不久，石油输出国组织其他成员国也相继宣布提高原油标价。与1973年1月1日相比，1974年1月1日的石油输出国组织原油标价大约上涨了340%。

石油大涨价，尤其是10月16日石油输出国组织6个海湾成员国决定单方面提价具有重大的意义。“这个行动包含涨幅本身与单方

① API指美国石油学会（American Petroleum Institute），API度是该学会制定的用以表示石油及石油产品密度的一种量度，是决定原油价格的主要标准之一。其数值越大，表示原油越轻，价格越高。——编者注

面断然决定的双重意义。故作与石油公司商量的姿态的时代已经完全过去了，定价权现在完全操在产油国手里。”[21]据说，在单方面大幅提高石油价格后，亚马尼对参加会议的一位代表说，“我等这一刻已经很久了……我们现在是自己产品的主人了”[22]。

三、1974—1978 年的国际石油形势

由于“石油武器被推上了战场，持续了30年的战后石油秩序终于完全崩溃”[23]。这样，第一次石油危机后，国际石油市场格局发生了根本性的变化。这些变化具体表现为，与第一次石油危机之前国际大石油公司一统国际石油市场不同的是，现在国际石油市场出现了石油输出国组织、上下游业务相脱节的国际大石油公司、积极涉入国际石油事务的石油消费国和石油产量不断增加的新兴石油生产国。在这些角色中，石油输出国组织是最主要的一角。“石油输出国组织在70年代中期的风头之健，国际间组织无出其右。每一个会议、声势、动向都成为全世界所瞩目。从大饭店大厅走出来的石油部长，给记者问题的简短回答是什么，人人急着要听，以便追查出世界经济发展的新线索。石油名词成为决策者、新闻界、金融投机者的常用语。”[24]由此，从第一次石油危机后的1974年开始，国际石油市场上一角维持、多角干预的局面逐渐形成，并由此拉开了20世纪70年代以来国际石油形势大动荡的序幕。

（一）石油美元的诞生

众所周知的是，国际市场上，石油是以美元计价的。第一次石油危机催生的一个重大事件，就是石油美元的诞生。一般认为，其

来源就是第一次石油危机。1974年6月，当时的美国总统尼克松派国务卿基辛格与沙特阿拉伯皇室通过多次会谈，达成了有关协议，主要内容包括：美国政府承诺，为沙特阿拉伯的油田提供军事保护，向沙特阿拉伯提供武器，保证沙特阿拉伯不受以色列的攻击；沙特阿拉伯皇室承诺，沙特阿拉伯的石油只以美元计价，沙特阿拉伯出口石油所得的美元盈余投资于美国国债。到1975年，石油输出国组织所有成员国都同意，石油以美元计价，石油出口的美元盈余投资于美国政府债券。[25] 1979年3月22日，美国总审计署（General Accounting Office，GAO）公布了有关“美国–沙特阿拉伯经济合作联合委员会”的报告。根据这份报告，1974年6月8日，美国–沙特阿拉伯经济合作联合委员会成立，当时的美国国务卿和沙特阿拉伯王储兼副首相就该委员会的成立发表了一份共同声明，支持沙特阿拉伯的工业化、贸易、人力资源培训、科技发展等，与此同时美国财政部和沙特阿拉伯金融及经济部也发表声明加强在金融领域的合作。[26]从这份报告中，我们看不出美国政府给沙特阿拉伯有关安全方面的承诺。到今天为止，我们也没有看到美国与沙特阿拉伯有关石油美元秘密协议的官方文件。我们认为，石油美元不是人为设计出来的，它应该是世界经济发展的产物，是在布雷顿森林体系解体后，国际石油市场石油贸易发展必然产生的，因为当时和当今的世界，只有美元具有作为唯一石油标价和结算货币的可能。[27]

（二）石油输出国组织内部油价之争

1974年以后国际石油形势的最大特点是，石油输出国组织正式登上了国际石油舞台，并成了国际石油市场上最主要的力量。石油生产国掌握了自己国土上石油资源的所有权，石油生产的大权完全由资源所有国掌握。更为重要的是，从1973年10月16日开始，国际大石油公司完全丧失了国际石油市场上的油价决定权，国际石油价格现在由石油生产国，主要是石油输出国组织来决定了。而且，从1975年10月开始，石油输出国组织正式将沙特阿拉伯从腊斯塔努拉港出口的API 34度轻油作为该组织的标准原油，并定期公布其价格作为石油输出国组织原油的官价，标价制到此结束，官价制由此开始。

从1974年1月1日起，国际石油形势大幅上涨，石油输出国组织标准原油价格阿拉伯轻油每桶为11.651美元。从此时开始，石油输出国组织正式掌握了油价的决定权，石油输出国组织在每年的年中和年末会议上都要讨论和公布油价，并成为国际石油市场油价走势的主要依据。也就从此时起，在有关国际石油价格走势的问题上，石油输出国组织内部出现了严重的分歧，并不时导致内部严重的冲突和价格混乱。1974—1978年在这一问题上的争执和混乱，仅是石油输出国组织从掌握油价决定权后长期不能解决的重大问题之一。

事实上，在1973年12月23日的石油输出国组织海湾六国会议上，沙特阿拉伯不赞成大幅提高石油价格，但为其他5国的多数票所反对，会议最后通过了大幅提高油价的决议。1974年，石油输出国组织不但没有提高油价，反而于1974年12月12—13日在维也纳举行的第24届会议上决定，根据新的价格制度，油价为每桶10.46美元。

为了应付日益严重的通货膨胀，1975年9月24—27日，石油输出国组织在维也纳举行的第45届特别会议上决定提高石油价格，但是，在提价的幅度上石油输出国组织内部发生了激烈的争吵，伊朗主张提价15%，沙特阿拉伯则反对提高价格，会议最后决定只将标准原油价格提高10%，阿拉伯轻油价格为每桶11.51美元。这一价格水平一直维持到1976年年底。

1976年12月15—18日，石油输出国组织在维也纳举行第48届会议。在这次会议上，石油输出国组织内部在油价问题上出现了更严重的分歧，并由此导致了石油输出国组织历史上的第一个双重价格。会议通过的决议决定，石油输出国组织13个成员国中的11个成员国从1977年1月1日起提价10%，将油价从每桶11.51美元提高到每桶12.70美元；从同年7月1日起再提价5%，油价每桶提高到13.30美元。沙特阿拉伯和阿拉伯联合酋长国则只同意全年提高油价5%。这样，从1977年1月1日起，石油输出国组织标准原油阿拉伯轻油出现了两种价格，一为每桶12.09美元，二为每桶12.70美元。1977年7月12—13日，在瑞典斯德哥尔摩举行的第49届会议上，石油输出国组织内部在价格问题进行了妥协，沙特阿拉伯同意将油价提高5%，与其他成员国的价格一致，为每桶12.70美元，但其他成员国同意不再提高油价。到此石油输出国组织内部油价之争才暂时解决，油价又重归统一，并直到1978年年底，石油输出国组织的油价一直冻结在这一水平。

在石油输出国组织内部出现油价之争的同时，该组织成员国在实际石油销售中则是不遵守决定，竞相削价。如从1974年2月开始，科威特出售的参股原油从来没有达到过标价水平；同年8月，科以标价的94.8%将参股原油回卖给英国石油公司和海湾石油公司。利比亚在1974年4月更是两次降低原油价格，从1975年4月1日起，又将原油价格每桶降低0.30美元。

1978年12月16—17日，在阿布扎比举行的第52届会议上，石油输出国组织决定1979年分阶段将油价提高10%，1979年10月1日后，标准原油价格为每桶14.542美元。由于1978年年底的伊朗革命，第二次石油危机爆发，石油价格大幅波动，这一价格决定并未得到执行。更为严重的是，石油输出国组织内部关于油价之争又起，该组织出现了大混乱，统一后的油价又再次分裂。

（三）石油消费国制定能源政策、组成国际能源署

1974年后国际石油形势的另一特点，是石油消费国尤其是西方工业化国家石油消费国，通过制定和强化能源政策，并组成国际性组织涉入国际石油市场，干预石油业务。在第一次石油危机前，石油消费国虽然也对石油业务进行干预，但重点还是以市场力量为导向，放手让石油公司经营；而且除像战争这类特殊时期外，各自为政互不联系。第一次石油危机之后，由于受到油价上涨的严重冲击，这些国家认识到，光靠市场力量已不足以保证充足的石油供应，只有联合起来才能应付未来可能发生的另一次危机。正是这种情况导致了西方工业化石油消费国在危机发生后，积极采取各种政策，作为国际石油市场全新的一角积极参与国际石油业务。

在第一次石油危机期间和危机之后，能源问题成为西方石油消费国政治生活中的头等大事，各国政府纷纷提出不同的对策，制定不同的政策试图来应付石油危机。如日本首相大平正方率先穿上了短袖衬衣，日本政府提出将日本产业结构由能源密集型向知识密集型转变的政策。法国政府为了厉行节约能源，检查人员拿着温度计测量银行、商店和办公室等地的温度，并开始大力发展核电。其中以美国的行动最具代表性。

就在第一次石油危机中，美国总统尼克松于11月7日就能源问

题发表告全国人民的演说，提出能源“独立计划”，号召人民降低暖气温度，汽车共乘，放宽环保标准，建立能源研究开发署。在这次讲话中，尼克松宣称，“让我们以阿波罗的精神定下这全国的目标……70年代结束的时候，我们将开发出可满足自己需求而不依赖外来能源的潜力”[28]。1975年1月，继任的福特总统提出，在10年内兴建200座核电站，开205个大型煤矿，兴建150家大型煤发电厂、30家大炼油厂、20家大型合成燃料工厂。而后不久，洛克菲勒的孙子，美国副总统纳尔逊·洛克菲勒提出了一个1 000亿美元的宏大计划，用以补贴合成燃料和其他高成本的能源生产。这一期间，美国还通过立法，提高汽车的每加仑里程以节约石油。1977年4月18日晚，在刚就任总统后不久，卡特在向全国发表的电视讲话中正式提出能源计划的十大原则，要求美国人民做出牺牲，计划到1985年减少石油消费、降低石油进口量、增加战略石油储备和开发新能源，使美国能基本达到能源独立。在此基础上，美国国会通过了国家能源立法，并在联邦政府内成立了能源部。

西方工业化国家除了各自制定能源政策外，还酝酿成立国际组织共同应付石油危机。

早在第一次石油危机发生前，西方工业化石油消费国就已开始讨论可能出现的石油危机问题，并于1973年6月成立一个“开发评估各种不同意见的非正式组织”。[29] 1974年2月，西方主要工业化国家在华盛顿举行能源会议，讨论能源政策问题。在这次会议上，美国倡议成立一个国际组织共同制定能源政策，以应付可能出现的下一次石油危机，但由于日本和西欧国家拿不定主意，这次会议未就此达成协议。同年11月15日，经济合作与发展组织理事会决定正式成立“国际能源署”，11月18日各参加国签字组成“国际能源署”。

1976年1月19日，协议经各国批准生效，“国际能源署”正式成立。其主要宗旨有4点；一是“成员国之间进行合作，通过节能、发展替代能源、能源研究和能源开发以减少对石油的过分依赖”；二是“除与石油公司协商外，建立国际石油市场信息交流制度”；三是“除考虑到所有国家的利益、合理管理和使用世界能源资源外，石油生产国与其他消费国应进行合作以求稳定国际能源贸易”；四是“在成员国制订和执行应付石油供应重大混乱计划，以便在紧急时期分享可能得到的石油”。[30]该组织刚成立时只有21个成员国，法国总统蓬皮杜拒绝参加，其外交部长米歇尔·若贝尔认为它是矛头指向阿拉伯国家和石油输出国组织的战争机器。[31]1992年7月28日，法国正式加入了国际能源署，从而使其成员国增加到23个。

国际能源署成立之初，提出的应付石油危机的主要对策有两点。一是节流开源，即制订各成员国能源节约计划，减少能源消费量；加速开发新能源，实现能源独立。为此，该组织决定1975年减少石油进口量1亿吨；美国总统福特提出10年能源独立计划，要求国会批准1 000亿美元来紧急发展新能源。二是要求各成员国建立石油储备并制订了分享石油储备应急计划。国际能源署要求各成员国储备相当于95天进口量的石油，并在其中任何一个成员国遭到石油减产或禁运使其石油进口量减少7%时，其他成员国按同样的比例减少消费，并由所有成员国分享剩余的石油。

（四）国际大石油公司结束采油权

从1974年开始，以“七姊妹”为代表的国际大石油公司一统国际石油市场天下的局面已不存在。在石油生产国运营的这些外国石油公司，完全丧失了旧的租让制下的采油权，它们不是被完全国有化，就是成为这些国家石油生产活动的承包公司。由此而导致的结果是，这些公司失去了对上游石油生产活动的控制，过去的上下游一体化的结构已不复存在，从而造成了这些公司严重依赖国际石油市场上的原油供应。

在第一次石油危机中，除伊拉克和利比亚外，石油输出国组织其他成员国并未采取行动将在它们国土上经营的外国石油公司收归国有。在危机过后，这些国家纷纷采取措施结束这些公司所拥有的采油权。

首先采取措施收回国际大石油公司采油权的是科威特。科威特国民议会不同意1972年10月波斯湾5国同西方石油公司达成的参股总协定的精神，拒绝批准协议。1973年10月，科威特埃米尔正式提出修改协定，并于1973年冬到1974年1月同石油公司进行重新谈判。1974年1月29日，双方签订协议，科威特政府接管了由英国石油公司和海湾石油公司合营的科威特石油公司股份的60%，科威特政府按公司的账面财产给予其1.12亿美元的赔偿，该公司的两家母公司拥有剩下的40%的股份。1975年3月，在石油输出国组织举行第一届首脑会议期间，科威特政府宣布，接管科威特石油公司中剩余的40%的股份，不再与英国石油公司和海湾石油公司保持特殊的关系，与其他的石油买主一样对待它们。英国石油公司和海湾石油公司反对科威特政府接管，但是科威特石油部长称，“对国家的石油资源有控制权……在科威特，石油就是一切”[32]。1975年12月1日，双方达成协议，科威特政府给予两家公司5 000万美元的补偿，将科威特石油公司完全国有化。1976年3月6日，科威特国民议会批准了这项协议。至此，科威特的石油国有化工作全部完成。

紧跟科威特之后的是委内瑞拉。早在1960年，委内瑞拉成立了国营石油公司——委内瑞拉石油公司，并规定不再向外国石油公司出售租让地。1971年，委内瑞拉首先实行了天然气国有化，并颁布了石油资源保护法，从法律上规定各石油公司的采油权及其在委内瑞拉的所有资产，在1983年采油权期满之后全部归委内瑞拉政府所有，只给予石油公司少量的补偿。1972年，委内瑞拉议会通过多条法令，规定政府在石油上下游活动的每一阶段都有行政控制权，并将税收提高到96%；并且规定到1976年，委内瑞拉国内石油市场由本国控制。1973年第一次石油危机之后，委内瑞拉政府决定加快国有化的进程。从这一年起，委内瑞拉陆续将外国石油公司的石油供应站收归国有。1974年3月8日，委内瑞拉总统佩雷斯提出提前实行石油国有化的建议，并成立了包括政府、军队、工会、政党、教会、企业界等共26人组成的石油国有化委员会，负责研究石油国有化问题。1975年3月，委内瑞拉石油与矿业部长代表政府向议会提交了石油国有化草案，同年7—8月议会参众两院分别通过了石油国有化法，8月29日佩雷斯签署了该法令并宣布其从1976年1月1日起生效。1976年1月1日，佩雷斯在加比马斯城附近的“苏马克1号”油井旁升起了委内瑞拉三色国旗，正式实行了对所有在委内瑞拉经营的石油公司的国有化，同时将委内瑞拉石油公司作为控股公司，负责全国石油生产的财务、计划和协调工作，另将以前的外国石油公司组成三个上下游一体化的公司负责石油的生产和销售业务。委内瑞拉对石油业实行了国有化后，向在委内瑞拉经营石油业的36家外国公司支付了11.1亿美元作为补偿，接管了220万公顷的租让地、12 000口油井、6 000多公里长的输油管线、3 000多公里长的输气管线、11座炼油厂、60个注气站、60家注水厂、20家蒸汽厂、14艘油轮，以及港口、码头、办公地点和设备。

1974年6月，沙特阿拉伯已拥有阿美石油公司60%的股份。在同年年底，沙特阿拉伯政府提出对该公司剩余的股份全部实行国有化，并开始同阿美石油公司的4家母公司——埃克森、加利福尼亚标准石油公司、德士古和谢弗隆进行谈判。1976年3月7—12日，沙特阿拉伯与阿美石油公司双方代表在美国佛罗里达州巴拿马城的海边胜地举行秘密谈判，并达成协议，沙特阿拉伯政府拥有阿美石油公司的全部资产和权利，该公司只是石油生产的运营公司，以每桶0.21美元的价格为沙特阿拉伯生产石油，并负责80%的石油销售业务。

1974年12月22日，卡塔尔宣布对石油和天然气实行百分之百的国有化。1977年2月9日，卡塔尔政府同卡塔尔壳牌石油公司签订了接管协议，同年3月2日协议得到批准，卡塔尔石油国有化完成。1974年12月，阿布扎比宣布百分之百接管外国石油公司。1976年11月底，尼日利亚同埃索石油销售公司达成了百分之百接管的协议。这样，到1977年年底和1978年年初，石油输出国组织成员国基本上全部实行了对外国石油公司的国有化，国际大石油公司结束了在石油生产国的采油权。

在结束了国际大石油公司的采油权后，石油生产国一般与这些公司签订新的合约，使这些公司成为在这些国家进行石油生产的"承包公司"，石油公司承认石油生产国对石油资源的所有权，这些公司只是受雇为生产国进行石油勘探和生产活动，并销售一部分原油。最早与石油公司结成这种关系的是20世纪60年代末的印度尼西亚政府，到70年代中期这种形式被大部分石油生产国采用。

通过上述一系列行动，石油生产国不但完全控制了自己国土上的石油资源和生产权力，而且向石油业务的下游扩展。到第二次石油危机发生前的1979年，除控制自己的全部石油生产外，石油输出国组织成员国控制的国际石油市场的石油贸易量由1973年占总产量的8%上升到42%。这样，国际大石油公司只能从国际石油市场上购买其所需的大部分原油。到此，“不过五六年的时间，世界石油业在石油输出国组织掌握主宰大权之下，改换了一种全新的面貌”[33]。

（五）新兴产油国不断涌现

第一次石油危机后，由于国际石油价格大幅上涨，给石油生产带来了更大的刺激，促使一些国家积极加强石油勘探和生产活动。此外，也由于石油消费国倡导的摆脱对中东石油依赖活动和害怕被国有化，国际大石油公司转向非石油输出国组织产油国大力寻找油源。如海湾石油公司1975年将大量石油勘探和开发资金从第三世界抽走，投入北美洲和北海；又如到1976年，壳牌在美国之外投资的80%都集中在北海。这样，从1974年以后，世界石油生产活动出现了一个高潮，出现了大量新兴的、非石油输出国组织的石油生产国或产油区。其中最具代表性并在以后的国际石油形势中发挥重大影响的，有美国的阿拉斯加、墨西哥和北海。

早在1923年，美国总统哈定就将阿拉斯加北极海岸划定为美国海军石油储备地。1956年苏伊士危机过后，壳牌、新泽西标准石油公司、英国的大英石油公司和海湾石油公司便在这些地方进行勘探，但并未找到石油，1959年这些公司相继放弃在阿拉斯加寻找石油的努力。1965年，壳牌和大西洋富田公司又在阿拉斯加北坡的普拉德赫湾寻找石油，1967年12月26日终于找到了高储量的石油，估计这是世界第三大油田，每天石油产量可达到200万桶。由于1970年美国联邦法院下令不许建造1 200公里长的通向瓦尔德兹港的输油管线，石油公司花费7 500万美元购买的建造输油管线的车辆被存放起来，整个阿拉斯加的开发工作停顿下来。在1973年10月阿拉伯产油国对美国实行禁运后，阿拉斯加输油管线工程马上获得批准，石油开发工作正式展开，1977年输油管线基本全线完成，1978年通过输油管线的石油达每天100万桶，而且很快管线的通过能力达每天200万桶。这样，1978年过后，阿拉斯加石油产量就占到了美国的1/4。

自从20世纪30年代石油国有化之后，墨西哥石油生产发展缓慢，到1968年由石油出口国变成了石油进口国，1974年石油进口量达每天10万桶。1972年，墨西哥石油公司发现了雷福玛大油田。从1975年开始，墨西哥又开始少量出口石油。1976年，洛佩斯·波蒂略政府上台后，利用第一次石油危机造成的高油价，实行发展石油工业以带动国家经济发展的战略，大举外债大力发展石油生产。这样，20世纪70年代墨西哥出现了所谓的“石油繁荣”，石油产量大幅增长，1972年墨西哥石油日产量为50万桶，1976年上升到83万桶，1977年2月突破100万桶大关，1978年年底达130万桶，1979年年底更上升到160万桶。到20世纪代70年代末和80年代初，墨西哥石油产量超过委内瑞拉，成为拉丁美洲第一大和世界第四大产油国。

与阿拉斯加一样，在苏伊士危机后，石油公司便开始在北海寻找石油。1959年，壳牌和埃克森在荷兰的洛宁根找到了苏联之外的最大天然气田。1969年11月，菲立普石油公司在挪威所属的艾克菲斯克发现了石油；1971年，壳牌和埃克森又发现了布伦特大油田。同阿拉斯加石油生产一样的是，由于北海天气恶劣和海洋石油开发技术要求高，1973年第一次石油危机发生后，北海的石油开发才具有经济价值。正是在石油危机后高油价的刺激下，1975年6月18日，第一批北海石油流入炼油厂。从此，北海石油进入大规模开发时期，英国为此还成立了国营的英国石油公司参与北海的石油生产。

四、第二次石油危机

就在世界各国逐渐适应第一次石油危机导致的高油价之时，1978年年底，仅次于沙特阿拉伯的世界第二大石油输出国——伊朗国内发生严重的政治动乱。就在伊朗国内形势刚刚有所缓和之时，1980年9月，伊朗和伊拉克又爆发了长达8年的两伊战争。中东地区的这两场政治大动荡，给国际石油市场带来了严重的冲击，打乱了刚刚趋于稳定的国际石油市场，引发了“第二次石油危机”。

（一）伊朗革命

1973年第一次石油危机后，伊朗获得了大量的石油收入，伊朗巴列维国王借此在国内大搞不切实际的现代化建设，再加上土地改革的失败和国王专制统治，国内矛盾激化。尤其是伊朗国王推行的一系列政治改革措施，触动了宗教界的利益，以霍梅尼为首的宗教界利用这一形势，领导全国进行推翻国王统治的运动。1978年年初，库姆和大不里士等地相继爆发了反对国王的游行示威，到8月中旬游行示威发展成全国性的反国王运动，伊朗国内出现大规模的政治动乱。1978年11月，伊朗国王穆罕默德·礼萨·巴列维任命武装部队总参谋长组成军政府，试图稳定国内局势。12月10—11日，德黑兰发生了100万~200万人的大规模示威游行，全国陷入一片混乱。1979年1月13日，国王又任命原“民族阵线”领导人之一的沙普尔·巴赫蒂亚尔组成“摄政委员会”，代行国王职权。1月16日，巴列维流亡国外。同年2月1日，长期流亡国外的伊朗精神领袖大阿亚图拉鲁震拉·穆萨维·霍梅尼返回国内。2月5日，霍梅尼任命伊朗“自由运动”领导人迈赫迪·巴扎尔甘为总理，组成伊斯兰革命临时政府。2月12日，伊斯兰革命临时政府正式接管政权，宣布推翻君主制，巴列维王朝宣告结束。同年4月1日，通过全民公决，霍梅尼宣布成立伊朗伊斯兰共和国。

早在1978年动乱刚刚开始时，伊朗石油工人就开始罢工。1978年10月，在东南部的伊朗主要产油区工人开始进入伊朗石油供应公司设在阿巴丹以北120公里阿瓦兹的公司总部大楼，伊朗石油生产从此就逐渐减少并最终停止。

（二）两伊战争

1980年9月22日，伊拉克空军对伊朗德黑兰国际机场和大不里士等10个空军基地进行空袭。23日，伊拉克出动5个师、1 000辆坦克分三路进入伊朗境内。由此，石油输出国组织第二和第三大石油出口国的两伊之间开始了长达8年之久的战争。

战争开始后，伊拉克进展顺利。9月28日，伊拉克控制了阿拉伯河东岸的地区；10月24日，占领伊朗重要港口霍拉姆沙赫尔。到10月31日，伊拉克军队深入伊朗境内30~90公里，占领了伊朗几万平方公里的领土。从1982年3月起，伊朗军队开始反攻，5月24日收复霍拉姆沙赫尔，6月29日伊拉克军队放弃了占领的全部伊朗领土，被迫撤回自己的国境内。1982年7月，伊朗军队进入伊拉克境内，于1984年2月24日占领伊拉克石油产地马季农岛。1986年2月，伊朗又占领了伊拉克的法奥半岛。1988年1月，伊拉克宣布收回所有被伊朗占领的领土。同年8月20日，双方停火。两伊战争到此基本结束。

由于阿拉伯河沿岸是两伊的重要石油生产地，两伊战争首当其冲受损的是双方的石油生产。战争开始后不久，伊朗最大的石油城阿巴丹就大部分被毁，并最终被夷为平地；原油出口中心和最大的储油港哈尔克岛损失严重。战争开始后的第三天，伊朗就基本上停止出口石油。在战争中，伊拉克最大的炼油厂巴士拉也受到伊朗的大规模空袭，最大的原油出口站法奥被伊朗占领，通往地中海的输油管也被炸。1984年2月，在伊朗占领伊拉克的马季农岛后，伊拉克发动了轰炸伊朗油轮、封锁伊朗海上石油出口的“油轮战”，试图借此来削弱伊朗的战争支持能力。伊朗很快以牙还牙，也在海湾水域袭击过往油轮，并威胁要封锁海湾出海口。

（三）油价大暴涨

由于石油工人罢工，从1978年10月起，伊朗石油产量逐渐下降，石油出口也随之减少。1978年9月，伊朗石油产量为每天610万桶，出口量为每天550万桶左右。10月的最后10天出口量下降到每天510万桶，11月平均为每天350万桶，而到12月底只有每天50万桶。到1978年圣诞节，伊朗已完全停止石油出口，国际石油市场每天减少供应约550万桶。从1978年10月底开始，随着伊朗石油出口量的减少，国际石油价格不断上涨，现货市场油价从9月的每桶12.78美元上涨到11月的每桶18.73美元，12月达每桶19.18美元。

就在伊朗石油产量逐渐减少和最终完全停止石油出口期间，沙特阿拉伯和石油输出国组织其他成员国不断增加石油产量，以求弥补因伊朗石油出口停止给国际石油市场造成的供不应求状况。其中沙特阿拉伯的产量增加最多。1978年9月，沙特阿拉伯石油产量为每天840万桶，10月为每天930万桶，11月为每天1 030万桶，12月达到每天1 040万桶。1979年年初伊朗已恢复石油生产，1979年3月石油产量为每天220万桶。1979年头三个月里，国际石油市场的石油供应量比1978年年底每天大约少200万桶。从1979年1月起，沙特阿拉伯又开始减少石油产量，第2季度其石油产量从1978年12月的每天1 040万桶一路下降到每天850万桶。这样，从5月起，国际石油市场现货价格又开始上涨，5月为每桶28.94美元，6月为每桶35.40美元，最高价格为每桶38美元。

1979年6月26—28日，石油输出国组织在日内瓦举行第54届会议，决定提高石油价格，1978年12月第52届会议决定失效。面对混乱的国际石油市场，石油输出国组织内部在提价问题上也发生了混乱。会议决定，“调整标准原油价格，从现在的水平提高到每桶18美元”，但“允许成员国对它们的原油价格，在正常的差价的基础上，每桶加价2美元”，而且“成员国能够索取的最高价，不得超过每桶23美元”。[34]这样，石油输出国组织的价格体制上出现了该组织允许的三重价格。

1979年下半年，随着两伊战争的开始和逐渐升级，国际石油价格又开始上涨，10月现货价格为每桶38美元，12月达每桶41美元，最高达每桶45美元。与此同时，石油输出国组织成员国也不遵守第54届会议上决定的价格，自行涨价，其他石油生产国也大幅提高石油价格。1979年10月，利比亚宣布将油价提高到每桶26.27美元；12月中旬沙特阿拉伯宣布将阿拉伯轻油价格提高到每桶24美元，1980年1月又提高到每桶26美元；尼日利亚宣布从1980年1月1日起，油价为每桶35美元。英国石油公司宣布，从1980年2月8日起，油价为每桶33.75美元；墨西哥决定从1980年1月2日起，油价为每桶32美元。到此，国际石油市场已极为混乱。

在这种情况下，石油输出国组织也随之陷入了更大的混乱。1980年6月9—11日，在阿尔及尔召开的第57届会议上，石油输出国组织决定提高油价。同年12月12—16日，在印度尼西亚巴厘岛举行的第59届会议上，该组织确认了国际石油市场上的各种油价，决定标准原油价格为每桶32美元，原油价格上限为每桶36美元，最高原油价格为每桶41美元。这样，国际石油市场上油价的大幅上涨，最后通过石油输出国组织的会议决议得到了确认。到此，国际石油价格上涨到达了顶点，第二次石油危机也随之结束。

（四）石油输出国组织发表长期石油战略报告书

就在第二次石油危机油价飞涨之时，石油消费国被迅速上涨的油价冲击得“溃不成军”，石油输出国组织似乎也在迅速上升的油价中忘乎所以了，其最突出的例证是1980年5月石油输出国组织公布了《有关长期石油战略报告书》。

1978年5月，石油输出国组织在沙特阿拉伯的塔伊夫举行的部长级会议上，决定成立一个由阿尔及利亚、伊朗、伊拉克、科威特、沙特阿拉伯和委内瑞拉6国石油部长组成的部长级委员会来制定该组织的长期战略，以实现该组织的各项宗旨。同年6月20日，这个委员会在日内瓦举行会议，决定成立一个由沙特阿拉伯石油大臣亚马尼为主席的专家委员会，研究石油输出国组织所面临的各种问题，并负责草拟一份有关该组织长期战略的建议书。由此，石油输出国组织就开始了其长期战略研究工作。经过两年时间的研究，就在第二次石油危机最严重的1980年5月，石油输出国组织公布了《有关长期石油战略报告书》。这一报告书共有六大部分，分别谈到了石油供需关系的长期预测、长期的石油价格战略和其他发展中国家的关系及和工业发达国家的关系等问题。从这一报告书所阐述的内容看，石油输出国组织认为，未来的国际石油形势一片暗淡，国际石油价格将漫无边际地飞涨，石油输出国组织可以完全控制国际石油市场并借此改变世界经济政治关系。

在谈到石油供需关系时，石油输出国组织这一长期战略报告书提出："虽然石油危机发生的时间将由石油供需关系的具体情况来决定，但一般的估计则将在1983年，至迟也将在1990年发生，今后将要发生的能源危机的主要特征将是：失业规模将会比目前的能源危机更大，而且将和能源价格的高涨结合在一起。"[35]据估计，到1985年石油输出国组织的石油生产能力为每天3 500万桶，"1985年要求石油输出国组织地区生产的必要石油产量将超过它的预计生产能力"[36]。在这种情况下，石油输出国组织决定"规定石油价格"，其目的是"研究石油输出国组织的石油生产政策，使石油的长期供应和需求保持有秩序的平衡。这就意味着：石油价格从长期看应该逐步接近'替代能源的成本'水平"[37]。其价格的具体决定方式是，"专家委员会认为石油最低价格应该根据下列三方面的因素来确定：（1）按物价变动调整；（2）按外汇汇率变动调整；（3）按经济合作与发展组织国家的实际国民生产总值增长率调整"[38]。在谈到和其他发展中国家的关系时，该报告书提出了"帮助发展中国家开发它们的国内能源资源；促进石油输出国组织和发展中国家间的经济和贸易合作关系；刺激工业化发达国家扩大对发展中国家的援助；改善国际经济秩序"等主张，并提出"在石油供应方面应保证发展中国家能够优先工业发达国家取得石油供应。……石油输出国组织应该为发展中国家提供一系列的贷款和无偿援助，作为发展中国家进口石油的支付资金”。[39]在谈到和工业发达国家的关系时，该报告认为“石油输出国为了发展本国的经济必须依赖工业发达国家提供生产设备和技术；同样，工业发达国家为了取得必要的能源供应则要依赖于石油输出国组织的决策”。因此，“石油输出国组织应要求经济合作与发展组织国家以集团的形式参加对话。在这种对话中，石油输出国组织应以达到下列目的作为对话基础：（1）石油输出国组织国家的石油产品和石油化学产品应能自由进入先进工业国家的市场；（2）工业发达国家应为石油输出国组织国家提供发展工业所需要的现有的或新发现的先进生产技术和知识；（3）工业发达国家应扩大对石油输出国组织国家经济开发的参与；（4）石油输出国组织应和工业发达国家一起参与共同的研究工作；……（6）某些工业发达国家应该撤销它们对石油输出国组织国家的经济限制和对石油以外出口商品的关税壁垒。除此以外还要包括：（1）建立国际经济新秩序”。[40]

石油输出国组织似乎对于自己对国际石油市场的控制深信不疑，并不受市场变化的影响。如果说1980年5月该组织发表《有关长期石油战略报告书》，提出上述一些令人担心的看法有其外部环境的话，从1981年年初开始石油价格已下跌了，此时石油输出国组织一些有影响的人物仍沉醉于该组织能控制石油价格走势的幻觉中。1981年11月24—26日，石油输出国组织在维也纳举行“世界能源开发战略抉择”研讨会，该组织副秘书长、长期战略委员会专家委员会成员法迪勒·J. 查拉比发表了题为《石油输出国组织的碳氢化合物价格抉择问题》的文章，提出石油输出国组织在决定石油价格时有4个问题需要考虑："石油输出国组织国家社会经济发展需要的资金和它们的石油贸易条件问题""石油价格和石油资源保护问题""石油价格和世界能源的供需平衡关系""石油价格对世界经济的影响"。他认为石油输出国组织根据下面三种选择来决定油价："根据石油价格与替代能源成本的比值调整价格""根据世界石油的供需平衡状况调整价格""根据市场的供求规律调整石油价格"[41]。

第 5 章

1986年的油价暴跌和20世纪90年代的低油价

导　语

到1980年年底，国际石油价格由大幅上涨逐渐转向平稳，第二次石油危机基本结束。由此开始，国际石油形势走向了另一个方向，20世纪70年代国际石油价格不断上涨的局面结束。从20世纪80年代初开始，国际石油价格不断下跌，到1986年最终演变成一场价格战，油价出现暴跌。1986年的油价暴跌，给世界经济政治生活造成了巨大的冲击，尤其是打乱了石油输出国组织成员国之间的关系，最终导致了1990年8月—1991年2月的海湾危机和第一次海湾战争。整个20世纪90年代，国际石油价格基本上维持在每桶20美元上下。20世纪80—90年代，国际石油交易方式发生了重大变化，现货市场日益繁荣，期货交易不断完善，并且其发挥的作用日益重要。20世纪90年代是一个多事的年代，除了第一次海湾战争外，还陆续发生了东欧剧变、苏联解体、亚洲金融危机、国际大石油公司大重组和国际能源署大规模建设石油储备等一系列事件，90年代中后期中国也由石油出口国变成了净进口国。更为重要的是，在油价极低的20世纪90年代，改变世界石油工业历史的非常规油气勘探开发和生产技术却出现了。正是20世纪80—90年代发生的这些事件，不仅对当时、当前而且也将对未来的国际石油市场产生重大的影响。

一、1980 年后的石油价格疲软

1980年这一年里，第二次石油危机的油价不断上涨似乎没有尽头，但是，新年刚过，国际石油市场紧张的形势很快消失，油价由上涨转为下跌。为了维持一个较高的价格，石油输出国组织从1981年后不停地召开会议，不断减少石油产量，并协调内部矛盾，以平衡国际石油市场的供应。

（一）石油价格由涨转跌

1980年12月，国际石油市场上现货油价曾超过每桶40美元大关，第二次石油危机中的油价上涨到达了顶点。从此以后，国际石油价格开始由不断上涨变为下跌和疲软。

1981年1月，国际石油市场上石油输出国组织标准原油阿拉伯轻油的现货价格由1980年12月的每桶超过40美元下跌到每桶38.50美元；同年2月，又跌到每桶36.5美元；4月每桶只有34.5~35美元。从1981年4月起，国际石油市场上油价如超每桶35美元，已无人购买。1980年国际石油市场上抢购原油的现象已不复存在，有些原油商在现货市场上已找不到买主。石油输出国组织的一些成员国为了销售石油，已开始修改同外国石油公司签订的合同，降低价格或削减、取消过去出售石油时的附加费。如1981年2月，科威特宣布，取消在官价基础上的每桶5.5美元的附加费；伊朗宣布向英国、美国和日本出售的石油中，附加费只收每桶0.60美元。

进入1982年，国际石油市场上油价仍在下跌，而且下跌的势头更猛。2月8日，英国石油公司在世界上最大的石油现货市场鹿特丹宣布，北海轻油的价格每桶下调1.5美元；同月中旬又宣布将油价每桶下调2.5美元。到1982年2月，高质量的北海原油价格只有每桶31美元。与此同时，石油输出国组织成员国伊朗也在2月一个月的时间里将油价下调三次，伊朗油价降到每桶30.2美元。西方石油公司借机迫使石油生产国降低价格，如一些公司在购买伊朗石油时，要求伊朗出售的石油比石油输出国组织规定的价格每桶低5~6美元。11月中旬，石油输出国组织标准原油价格下降到只有每桶31.5美元。此时，"世界石油现货市场'成了单方市场，只有卖方，没有买方'。在现货市场的码头上'看不到任何起货的油轮'"[1]。

1983年2月18日，英国石油公司宣布，将被视为非石油输出国组织产油国原油官价的北海轻油价格由每桶33.50美元降到30.50美元，每桶原油降价3美元。2月19日，石油输出国组织成员国尼日利亚宣布，将其油价由每桶35.5美元降为每桶30美元。国际石油市场上一场价格战似乎即将爆发。

（二）石油输出国组织降价

面对价格日益不景气的国际石油市场，石油输出国组织积极采取各种措施试图稳定并将油价保持在一定的水平。

1981年5月25—26日，石油输出国组织在瑞士的日内瓦召开第60届会议。在减产或削价问题上，石油输出国组织内部在会上产生了极大的分歧。早在会议开始前的4月19日，在对美国全国广播公司电视台《会见报界》发表的讲话中，沙特阿拉伯石油大臣亚马尼就表示:“沙特阿拉伯产量将不会下降，直到石油输出国组织统一油价。”[2]利比亚、阿尔及利亚和尼日利亚等国在会上要求沙特阿拉伯先减少产量，再统一价格。由于各国无法统一意见，会议决定冻结油价，并规定原油上限价格为每桶36美元，最高原油价格为每桶41美元。为了达到冻结和稳定油价的目的，石油输出国组织大多数成员国决定从1981年6月1日起减产10%，但是沙特阿拉伯坚持其每天1 030万桶的石油生产水平不变。

1981年8月19—21日，石油输出国组织在日内瓦举行特别会议，讨论油价问题，但是由于沙特阿拉伯坚持最高油价为每桶34美元，而其他11个成员国认为最高油价应为每桶35美元，会议未能达成协议。10月29日，石油输出国组织又在日内瓦举行第61届特别会议，会议的主要任务是讨论如何统一和稳定油价。由于市场持续供大于求的压力，会上坚持高油价的石油输出国组织成员国只好同意沙特阿拉伯的最高油价为每桶34美元的主张。为此，会议决定从1981年11月1日起，石油输出国组织标准原油价格为每桶34美元，各种原油的差价水平为每桶2~4美元。这样，持续近三年的石油输出国组织价格分裂状况结束。在这次会议前后，石油输出国组织成员国还纷纷减少石油产量。到1981年9月，石油输出国组织石油产量由1980年8月的每天2 600万桶下降到2 300万桶，10月又下降到每天2 060万桶。

进入1982年，为了稳定不断下跌的油价，3月初石油输出国组织在迪拜举行的会议上，决定规定该组织的原油产量最高限额为每天1 850万桶。同月19—20日，在维也纳举行的第63届特别会议上，石油输出国组织又决定将石油产量最高限额减少每天50万桶，从1982年4月1日起，该组织最高产量为每天1 800万桶。自此，石油输出国组织开始了艰苦的“减产保价”行动。

1983年3月2—14日，面对2月18日因英国国家石油公司发动的削减油价行动而引起的价格不断下跌，石油输出国组织在英国伦敦海德公园的洲际饭店举行长达12天的第67届特别会议。在这次会议上，该组织13个成员国有12个坚决主张降低油价，只有伊朗反对。会议最后决定将该组织标准原油价格由每桶34美元降为每桶29美元。同时，还决定该组织石油产量最高上限由1 800万桶下降为1 750万桶。

此次会议在石油输出国组织历史上具有重大的意义，它是自该组织1960年9月成立以来第一次宣布降低自己的标准原油价格。更为重要的是，这次会议预示着石油输出国组织首次承认了国际石油市场上的供需力量对决定油价的作用，国际石油价格已不能由该组织成员国的主观愿望决定。

（三）沙特阿拉伯充当“浮动石油生产国”

也就是在1983年3月14日的会议上，在分配产量限额时，石油输出国组织内部分歧较大。会上，伊朗要求沙特阿拉伯降低石油产量，增加自己的石油生产配额；委内瑞拉因为有巨额外债，也要求增加石油产量。会议最后决定，伊朗的产量限额由过去的每天120万桶增加到250万桶，委内瑞拉的产量限额由过去的150万桶增加到170万桶。这次会议的重要之处在于，虽然给沙特阿拉伯分配具体的产量限额为每天430万桶，但考虑到市场情况和其他成员国减产的难度而让沙特阿拉伯充当所谓的“浮动生产国”，即在石油输出国组织规定的日产量限额内，由沙特阿拉伯根据市场的情况决定自己的产量，以平衡国际石油市场的供需，达到稳定国际石油价格的目的。

二、1986年的石油价格暴跌

1983年后，石油输出国组织面对供需日益失衡的国际石油市场，坚持执行“减产保价”战略，试图等待世界石油需求的重新增加，等待着另一次油价上涨机会的来临。在经过两年多时间的艰苦努力后，等待石油输出国组织的却是一场大规模的油价战。

（一）“减产保价”战略的失败

在1983年3月的第67届特别会议上决定降价降产后，石油输出国组织成员国严格遵守会议决议，国际石油市场上出现了一段时间的稳定。4月，石油输出国组织标准原油阿拉伯轻油现货价格已从3月的每桶27美元上升到每桶28.5美元，仅比协议规定的价格低每桶0.25美元；英国北海布伦特原油的价格为每桶29.85美元，比英国国家石油公司宣布的价格仅低每桶0.15美元；美国西得克萨斯中质原油价格为每桶30.6美元，比公开宣布的价格还高每桶0.60美元。到7月，阿拉伯轻油的现货价格已高于石油输出国组织公布的价格。

从1983年8月末、9月初开始，国际石油价格又开始下跌。1983年11月，阿拉伯轻油的现货价格已跌到每桶28美元，比石油输出国组织会议规定的价格低每桶1美元，而北海布伦特原油的现货价格也已比公布的价格低每桶2美元。到1984年10月，挪威、英国和尼日利亚又相继宣布降低油价。10月15日，挪威将原油期货价格降低每桶1.5~1.6美元；10月17日，英国宣布原油价格降低每桶1.5美元。石油输出国组织成员国尼日利亚也宣布，将油价调低每桶2美元。

1984年10月29日—11月1日，石油输出国组织在日内瓦举行第71届部长级会议，决定维持标准原油每桶29美元的价格不变，但是为了刹住油价下跌，将从1983年4月1日实行的石油输出国组织最高产量限额由每天1 750万桶下调到每天 1 600万桶，每天减产150万桶。同年12月19—27日的第72届部长级会议上，石油输出国组织坚持了上一次会议决定的产量和价格协议，但是为了使会议决议能得到切实的贯彻，石油输出国组织在这次会议上决定成立由沙特阿拉伯石油大臣亚马尼为首的、5国石油部长组成的“市场监督委员会”，该委员会聘请权威审计员走访石油输出国组织各成员国，核查它们的石油产量、价格和出口情况，委员会有权对那些违反规定，超产和降价的成员国实行制裁。这是石油输出国组织为了稳定国际石油市场做出的一次新的努力和尝试。

1985年1月，石油输出国组织第73届部长级会议又做出重大决定，从2月1日起再一次降低油价，阿拉伯轻油价格每桶下降1美元，由每桶29美元下降到每桶28美元。同时，为了更好地反映日益复杂的国际石油市场变化情况，石油输出国组织决定，取消自1973年以来一直是石油输出国组织标准原油的阿拉伯轻油价格制，以多种原油价格来代替它。同年7月25日举行的石油输出国组织第74届部长级会议又决定，将沙特阿拉伯重油和中质油的价格每桶再下调0.50美元和0.20美元，以进一步适应市场现状。

石油输出国组织执行“减产保价”的结果，是该组织石油产量不断下降，其在国际石油市场的份额占有率不断下降。如1979年石油输出国组织的石油产量为每天3 146.5万桶，而1985年下降到只有每天1 847万桶，其在国际石油市场上的市场占有率从1979年的47.8%下降到1985年的30.1%。

（二）沙特阿拉伯放弃充当“浮动石油生产国”

自从石油输出国组织1983年3月实行“减产保价”以来，承担该组织减产压力最大的国家是沙特阿拉伯，与此相一致的遭受损失最大的国家也就是沙特阿拉伯。

1983年3月到1985年年底，沙特阿拉伯为了尽其石油输出国组织“浮动石油生产国”的责任，维持国际石油市场和油价的稳定，大幅减少石油产量。事实上，早在1983年3月以前，沙特阿拉伯就已开始减少石油产量。1980年，沙特阿拉伯最高石油产量曾达每天1 040万桶；1981年10月，在石油输出国组织第61届特别会议前，沙特阿拉伯为了使石油输出国组织能统一油价，就已将石油产量由1981年8月的每天1 030万桶下降到每天900万桶；而在这次会议上，沙特阿拉伯又将产量减少50万桶，使其石油产量降至每天850万桶。1982年2—3月和5月，沙特阿拉伯三次宣布降低石油产量，到1982年5月其石油产量为每天590万桶。1983年3月后，沙特阿拉伯的石油产量更是不断下降，到1985年5月，其石油产量只有每天250万桶。同年6月，沙特阿拉伯石油产量下降到只有每天220万桶，为其限额的一半，只有1980年产量的1/5。更为重要的是，沙特阿拉伯的石油出口量也随之大幅下降。如1985年6月，沙特阿拉伯每天只向美国出口2.6万桶石油，而1979年时为140万桶。

由于石油产量不断下降，沙特阿拉伯经济损失惨重。1981年，沙特阿拉伯的石油收入为1 000亿美元，1984年下降到430亿美元，1985年不到300亿美元。其国际收支，4年前为盈利400亿美元，1983年却为逆差184亿美元，1984年为逆差125亿美元，1985年逆差高达200亿美元，仅次于美国，是世界国际收支逆差第二大国家。在石油收入不断减少、国际收支逆差不断增大的情况下，沙特阿拉伯被迫动用在国外的金融储备。1981—1982年，沙特阿拉伯在国外的资产为1 500亿美元，每年可获利120亿美元。1984年下降到1 200亿美元，1985年又下降到1 000亿美元，每年只能获利80亿美元。从1983年开始，沙特阿拉伯财政预算开始出现赤字。1983年为赤字97亿美元，1984年上升到127亿美元，1985年高达200亿美元。

由于石油收入不断下降给经济发展造成了严重困难，沙特阿拉伯决策层对是否应再充当石油输出国组织的“浮动石油生产国”出现了不同的意见。1985年年中，沙特阿拉伯政界一些拥有实权的人物就开始批评亚马尼，对沙特阿拉伯执行的石油政策提出了怀疑，并主张退出石油输出国组织。1985年6月初，在石油输出国组织于沙特阿拉伯举行的9国石油部长非正式协商会议上，亚马尼宣读了沙特阿拉伯国王法赫德的一篇讲话，呼吁石油输出国组织成员国遵守协议规定的产量和油价，否则沙特阿拉伯将放弃充当“浮动石油生产国”，并按规定的日产430万桶限额生产石油[3]。同年7月，沙特阿拉伯法赫德又宣布：“沙特阿拉伯对石油输出国组织的事业贡献过多了。”[4]这样，从1985年8月开始，沙特阿拉伯与阿美石油公司的4家母公司及其他在关键市场占有地利的公司签订“净回值”合同。按这一合同，沙特阿拉伯向炼油公司出售的石油，除保证使炼油公司得到一定的利润外，不再按固定价格，而是根据油品的价格来计算。通过这种方式，一方面可使石油公司稳获一定的利润，另一方面可免除炼油公司受市场价格波动的风险，这样就激发了这些公司大量购买沙特阿拉伯的原油。除此之外，1985年10月1日，沙特阿拉伯又开始以低于石油输出国组织规定价格每桶2~3美元的售价，每天向美国出售85万桶轻质原油。到此，沙特阿拉伯已完全放弃充当石油输出国组织的“浮动石油生产国”，而按自己的需要生产石油了。

（三）石油价格暴跌

1985年10月3—4日，石油输出国组织在维也纳举行第75届部长级特别会议。在这次会议上，该组织13个成员国都同意保持现行的产量限额，不过有6个成员国要求扩大产量限额。此举意味着只能由沙特阿拉伯减少石油产量来满足它们的要求。沙特阿拉伯一反过去的态度，亚马尼断然拒绝减少石油，为自己按限额生产石油和按“净回值”出售原油辩护。会上，亚马尼要求石油输出国组织其他12个成员国停止在产量和价格问题上的欺骗活动，严格执行规定，否则将冒价格战的危险。这次会议由于分歧严重，没有达成任何协议。

1985年12月7—9日，石油输出国组织第76届部长级会议做出重大决定：“考虑到世界石油市场上过去和将来大概会出现的事态发展，以及石油输出国组织产量不断下降的趋势，会议决定，石油输出国组织将确保和捍卫在世界石油市场上占据同其成员国发展所需收入相一致的合理的一份。”[5]这样，石油输出国组织正式放弃了从1983年3月开始实行的“减产保价”战略，而改为“减价保产”。由此，国际石油市场上出现了大混乱。

石油输出国组织会议结束后，国际石油价格马上大幅下跌。1985年12月9—12日的三天内，布伦特原油价格下降每桶5美元。12月17日，在纽约和西欧的现货市场上，布伦特原油价格又下跌每桶1.25美元，西得克萨斯中质原油价格下降每桶1美元。12月30日，墨西哥宣布，将自己出口的轻重原油平均降价每桶0.90美元。进入1986年后，国际石油价格下跌的势头更猛。1月20日，布伦特原油价格下降到只有每桶19.5美元，这是自1980年以来这种油价首次跌破每桶20美元。2月18日，伦敦现货石油市场交易活动完全停止。3月4日，美国西得克萨斯中质原油价格跌到每桶11.98美元。同年3月16日，石油输出国组织举行第77届部长级会议，虽然经过9天激烈的争吵，但会议未对国际石油价格的混乱做出决定。7月23日，国际石油价格已跌破每桶10美元的大关，同日布伦特原油价格下跌到只有每桶8.5美元。7月30日，在地中海装上油轮的沙特阿拉伯轻油价格只有每桶6.8美元。此时，国际石油市场已处于彻底的混乱之中了，“油价不只是跌，而且是完全失控了。有史以来首次出现没有定价系统的情形。连石油输出国组织的官价也不复存在”[6]。到此，1986年的油价基本上跌到了谷底。

石油输出国组织第78届部长级会议在从6月底开会后，经两个多月断断续续的讨论，于1986年8月5日最后接受伊朗的建议，决定从9月1日起，该组织12个成员国执行1984年10月规定的产量限额，伊拉克按当时的每天200万桶的产量生产。协议生效后，石油输出国组织产量为每天1 680万桶，比当时的实际产量减少每天350万桶。石油输出国组织的这一决议，得到了其他产油国的纷纷响应。8月5日，就在石油输出国组织公布会议决议的当天，世界第四大石油生产国墨西哥立即宣布减产10%，减产约为每天15万桶；马来西亚也宣布减产10%。其后，埃及、阿曼、挪威等国也相继支持或欢迎石油输出国组织减产和稳定国际石油市场的努力。

1986年10月22日，在经过17天的谈判后，石油输出国组织第79届部长级会议又决定把8月第78届会议做出的临时决定再延长两个月，同时给科威特等国增加每天20万桶的限额。在这次会议期间，由于科威特坚持要求增加产量配额，会议陷入僵局，沙特阿拉伯国王法赫德于10月22日晚紧急会见海湾合作委员会成员国国家元首，并派特使前往科威特，从而使会议能达成协议。

通过一系列的会议，到1986年10月，石油输出国组织基本就产量问题达成协议，但是对于今后的油价走向仍未做出决定，而且自从油价战开始后石油输出国组织的官价已不存在。10月17日，就在石油输出国组织举行第79届部长级会议期间，沙特阿拉伯国王法赫德正式发表声明，建议恢复石油输出国组织官价，并在年底前将油价至少恢复到每桶18美元。11月上旬，海湾合作委员会第7届首脑会议在阿布扎比举行，会上接受了沙特阿拉伯的建议，同意恢复石油输出国组织的官价，并尽快实现每桶18美元的价格。11月底，于同年10月成立的石油输出国组织油价委员会建议恢复该组织的官价，并决定近期官价的目标为每桶18美元。这个委员会在厄瓜多尔首都基多举行的会议上还提出，从石油输出国组织成员国中挑出6种标准原油（沙特阿拉伯轻油、阿尔及利亚撒哈拉混合油、印度尼西亚米纳斯油、尼日利亚邦尼轻油、阿联酋迪拜油、委内瑞拉蒂朱纳轻油）加上墨西哥的依斯莫斯轻油的价格，作为石油输出国组织决定官价的参考。

1986年12月10—20日，在经过10天的讨论后，石油输出国组织第80届部长级会议决定，从1987年1月1日起，由7种原油构成的石油输出国组织一揽子原油“参考价格”为每桶18美元；1987年上半年，不包括伊拉克在内的石油输出国组织12个成员国的石油产量限额为每天1 580万桶；石油输出国组织7种轻重原油的差价为不超过每桶2.65美元。这次会议改变了1985年年终会议的“减价保产”的政策，石油输出国组织又回到了“减产保价”的老路上来了，只不过其油价是每桶18美元，比一年前低了每桶10美元。因而，到此油价战基本结束。

（四）亚马尼被解职

就在石油输出国组织第79届部长级会议结束后一个星期的10月29日晚上，亚马尼在利雅德家中与友人打牌，但一直牌运不佳，当他离开牌桌去看电视时，电视晚间新闻的最后一条简短的消息就是宣布亚马尼被解除沙特阿拉伯石油和矿产资源部大臣的职务。据称，当亚马尼听到这条消息时，“房子里的其他人被消息震惊了，但亚马尼深深地吸了口气，好像千斤重担终于从肩头卸下”[7]，然后又走回牌桌继续打牌，此后他牌运亨通。担任了沙特阿拉伯25年之久石油部长的亚马尼就这样被解除了职务。一位在国际石油市场上风云了25年的传奇式人物，从此退出了这个千变万化的舞台。亚马尼的被解职，是1986年油价战最终结束的标志之一。

自从石油输出国组织1960年成立以来，或者说历数对当代国际石油业产生过重要影响的人物中，除了美国标准石油公司创始人约翰·D.洛克菲勒外，恐怕就要算是亚马尼了。影响巨大的美国《时代周刊》在亚马尼下台后不久发表的一篇文章中称：“从这位稳重和蔼的谢赫（阿拉伯国家的尊称）口中吐出的几个字，或许就足以使政府官员们战栗，使从纽约到新德里的股票价格下跌。”[8]

谢赫艾哈迈德·扎基·亚马尼1930年6月30日出生于沙特阿拉伯的麦加，其父是一位法官。1947年10月，亚马尼进入开罗的法鲁德一世国王大学学习法律，1954年9月到美国纽约大学学习并于1955年6月获得比较法学硕士学位，1956年6月又获得哈佛大学法学院硕士学位，1957年12月被任命为费萨尔王子领导下的大臣委员会法律顾问，1959年12月被任命为不管部大臣并成为内阁成员。1962年3月，32岁的亚马尼接替石油输出国组织创始人之一、其前任塔里基，担任沙特阿拉伯石油和矿产资源部大臣。从此以后，亚马尼就开始了其富有传奇色彩的25年的政治生涯。

亚马尼任石油大臣25年正是国际石油市场发生激烈变动的时代，身为石油输出国组织最大成员国的石油业最高官员，亚马尼的一举一动都深深影响着这些大变动。20世纪60年代和70年代初，亚马尼是石油输出国组织海湾成员国与石油公司谈判的主要代表，并是石油输出国组织成员国参与租让制石油生产的强硬鼓动者，正是他的不懈努力使产油国最终百分之百地获得了石油公司的股权；“在费沙尔国王的授意下，亚马尼被人们认为是阿拉伯石油减产和禁运的缔造者”[9]；70年代两次石油危机中，亚马尼力主国际石油价格不大幅上涨，而进入80年代后他又使出浑身解数，阻止油价下跌，但1986年也是他发动了大规模的油价战，使国际石油价格一泻千里。

由于以上经历，虽然与沙特阿拉伯石油政策相左的一些国家对亚马尼颇有微词，但大多数对亚马尼的评价是正面的。如著名的《中东经济概览》在亚马尼被解职后发表文章认为：“不论未来的形势怎样变化，我们这个时代肯定会给艾哈迈德·扎基·亚马尼留下一席地位的。要夸大亚马尼在过去20多年中对世界石油工业的影响作用是有点困难的，但是，亚马尼在担任沙特阿拉伯石油大臣的25年生涯中为自己的国家和整个石油输出国组织国家的利益立下了丰硕的不朽成就。”[10]科威特石油部长也说：“我们将非常怀念亚马尼。亚马尼的远见、智慧和经验已经有助于石油输出国组织的长期发展，他的外交机智常常使石油输出国组织转危为安。”[11]

亚马尼被解职后，赋闲了很长一段时间，1990年1月15日他组织了一批名人，如英国前首相爱德华·希思、西德前总理施密特、埃及前总理阿卜杜拉–阿齐兹·希贾兹、石油输出国组织前副秘书长阿里·查拉比和《中东经济概览》总编伊思·西摩等人，在伦敦组成了一个“全球能源研究中心”并自任中心主任，该中心出版双月刊《全球石油报告》，分析国际石油市场最热点的问题。

（五）空袭利比亚的“草原烈火”“黄金峡谷”行动和洛克比空难

利比亚是世界上重要的石油生产国，在卡扎菲的领导下，对美国在利比亚的石油资产实行国有化，外交上站在苏联一边，在石油输出国组织中一直以强硬立场著称。里根政府上台后，对利比亚政策不断强硬，1981年8月，美国以利比亚支持国际恐怖主义为由，断绝了双方的外交关系。1982年，美国宣布禁止进口利比亚石油，禁止向利比亚出口石油技术和设备。1983—1985年，国际上发生了多起针对美国军队和人员的恐怖袭击事件，美国政府认为利比亚与这些事件有关。1986年1月8日，美国宣布冻结利比亚在美国和美国银行的财产，禁止美国公民到利比亚旅行和经商，下令美国5家石油公司和石油技术人员撤出利比亚。1986年3月24—25日，美国发动“草原烈火”行动，击沉击伤了利比亚5艘导弹巡逻艇，摧毁了2座防空导弹发射阵地。1986年4月15日，美国又发动了更大规模的“黄金峡谷”行动，对利比亚实施海空联合打击，计摧毁利比亚防空雷达站5座，炸毁利军用飞机14架，重创波音727飞机1架，炸伤米格–23、米–8、米–24、伊尔–76飞机多架，炸死100多人，炸伤600多人，卡扎菲养女被炸死，两个儿子受伤，本人无恙。1988年12月21日，一架由德国法兰克福飞往美国纽约的泛美航空公司103航班波音747客机途经英国苏格兰洛克比村庄上空时被炸毁，造成机上259人、地面11人，总共270人死亡，其中188人为美国人。美国政府认为，是利比亚政府策划了空难，此后10多年间，利比亚与美国、英国等西方大国之间的关系全面恶化，利比亚受到了全方位的严厉制裁。2003年8月和12月，在承认对洛克比空难负责并赔偿27亿美元、放弃大规模杀伤性武器计划，允许美国、英国以及国际原子能机构的武器专家进行核查后，利比亚同美国、英国的关系才开始解冻。利比亚同美、英关系恶化的20多年间，石油生产和其经济发展受到了重创，基本上是伊拉克受制裁的一个前奏和翻版。

三、国际石油市场的新变化

20世纪70年代两次石油危机后，尤其是从80年代初开始，国际石油市场上出现了三大重要的变化：其一是国际大石油公司发生了重大的重组；其二是石油生产国的国营石油公司力量不断壮大并在国际石油市场上占据了重要的地位；其三是出现了对国际石油价格发生重大影响并日趋活跃的石油现货和期货交易。这些变化大大促进了20世纪80年代以来的国际石油形势的巨变，深深影响了当前的国际石油价格走势，同时也标志着石油输出国组织对国际石油市场控制的减弱。

（一）国际大石油公司重组

第一次石油危机尤其是第二次石油危机后，在国际石油市场上，除了石油生产国的作用不断增强外，石油公司的作用和活动也发生了重大的变化。1973年10月16日失去国际石油价格的决定权之后，国际大石油公司过去主宰国际石油市场的时代就宣告结束了。从此，这些大公司为了在日益动荡的国际石油市场上生存下去，想尽各种办法扩大自己的涉入领域，大力经营多样化活动，保证自己的收入。如美孚石油公司买下了蒙哥马利连锁百货商店；埃克森公司进入办公自动化领域，买下了一个办公系统公司；最令人不可理解的是，海湾石油公司居然买下了一个大马戏团。

第二次石油危机后，随着石油价格的不断上涨，与石油有关的投资利润急剧上升，石油业成为当时国际上最赚钱和最活跃的行业。“在美国，石油业的活跃更是汹涌澎湃。步调快得像发癫，价钱也就难免失控。凡是跟油有关的东西，价钱都乱涨，要钻井的土地涨到天价，休斯敦、达拉斯、丹佛等石油都市的房地产也是如此。”[12]此外，面对第二次石油危机后对世界能源前景的一片悲观看法，一些大石油公司又将大量资金投入替代能源的研究中去。如埃克森公司从1980年起花费10亿美元开发科罗拉多一个叫“西部坡地”的油页岩，以准备迎接一个“能源新时代”。所有这一切都好景不长，80年代初开始的油价不断下跌和1986年的油价战给这些国际大石油公司以致命打击。1982年5月2日，埃克森宣布停止其雄心勃勃的油页岩计划，1985年年初又将办公系统公司卖给了意大利兰民商业产品公司。1986年9月，埃克森、飞马、雪佛龙和德士古负债占总资产的比率分别为19%、39%、35%和40%。1986年，被美国《幸福》杂志列为美国500家最大企业中前20名的只有7家是石油公司，而1981年有12家是石油公司。更为严重的是，这次反向石油冲击最终导致的是一场大规模的石油公司兼并浪潮。

1980年，太阳公司以23亿美元兼并了得克萨斯太平洋石油公司，格蒂公司以6.3亿美元兼并了储备和天然气公司。从此开始，国际石油市场上的石油公司兼并风便从石油公司最多的国家美国刮起了。1980—1986年，美国石油公司兼并金额高达570亿美元。其中，金额在35亿美元以上的大石油公司兼并案至少有9起，它们分别是：1981年杜邦化学公司以78亿美元兼并了科若科石油公司；1982年，西方石油公司以40.9亿美元兼并了城市服务石油公司；同年美国钢铁公司以59.3亿美元兼并了马拉松石油公司；1984年，飞马石油公司以57亿美元兼并了苏比利尔石油公司；德士古以101.3亿美元兼并了格蒂石油公司；同年，“七姊妹”之一的雪佛龙公司以134亿美元兼并了同是“七姊妹”的海湾石油公司，这样“七姊妹”成了“六姊妹”；1985年，英荷壳牌公司以56.7亿美元购回了它在美国壳牌石油公司31%的全部剩余股票；1987年，英国石油公司以78.2亿美元回购了其子公司美国俄亥俄标准石油公司45%非母公司股权，占有了该公司的全部股份；1983—1990年，“七姊妹”中最大的一家——埃克森公司花了160亿美元回购了其全部股票，以免被兼并。

在这些大石油公司兼并案中，以德士古兼并格蒂石油公司及后来惹上的麻烦最为著名。

保罗·格蒂创办的格蒂石油公司是美国最大的独立石油公司。1976年格蒂去世后，其子戈登·格蒂继承了该公司，但是由于他喜爱音乐，对石油业没有兴趣，加之与公司经理人员不和，决定出售这家公司。首先对格蒂石油公司感兴趣的是宾索石油公司，1984年1月该公司准备以每股110美元买下格蒂石油公司。不过，德士古提出每股125美元，并最终从宾索石油公司手中抢走这家公司。1984年1月10日，宾索石油公司分别向特拉华和得克萨斯州法院起诉德士古。这样，德士古在兼并中惹上了官司。1984年11月，得克萨斯州法院判决德士古向宾索赔偿不包括利息在内的105亿美元的损失。1986年德士古分别向纽约地方法院和纽约联邦上诉法院上诉，这两家法院判决德士古只向宾索赔偿10亿美元。最后，宾索公司将官司打到美国联邦最高法院。1987年4月6日，美国联邦最高法院驳回了纽约联邦上诉法院的判决，维持原判。这样，4月12日德士古向纽约联邦破产法院申请破产，寻求“破产保护”。同年12月19日，德士古与宾索石油公司达成协议，前者向后者赔偿30亿美元了结官司。1988年3月23日，美国联邦破产法院批准了德士古的重振计划。德士古虽然逃过了这场兼并惹上的麻烦，但是背上了总额达55亿美元的债务，这笔债务占其资本总额的45%，股份总额的55%。在这场兼并战中，德士古伤筋动骨，元气大伤。

（二）国营石油公司日益壮大

在国际大石油公司重组的同时，一些石油生产国纷纷建立国营的石油公司或将过去的国际石油公司在自己国土上经营的公司接收过来变成国营石油公司，以经营或管理自己的石油上下游业务，这些石油公司在第一次石油危机后迅速发展，经济实力不断增强，并逐渐具备了与过去“七姊妹”一样的实力，成为国际石油市场上一支举足轻重的力量。其中最著名的有沙特阿拉伯的阿美石油公司、墨西哥国家石油公司、委内瑞拉国家石油公司、科威特石油公司等。如在1990年年初，在全球最大的65家大石油公司中排在前20位的有11个是产油国的国营石油公司；在前10位中有5个是产油国国营石油公司，它们分别是沙特阿拉伯的阿美石油公司（第1）、墨西哥石油公司（第4）、委内瑞拉石油公司（第5）、伊朗石油公司（第6）和科威特石油公司（第10）[13]。

石油生产国的这些国营石油公司不但掌握了自己国内的石油业务，而且进入了国际石油市场，特别是国际大石油公司所在的欧美地区。从1983年开始，石油输出国组织成员国科威特、委内瑞拉、尼日利亚、利比亚、阿拉伯联合酋长国、沙特阿拉伯、挪威、墨西哥开始向西欧和美国的石油下游渗透，到1988年年底这些国家共花去了40亿美元，大约每天有200万桶的石油可通过海外销售网售出[14]，其中科威特在西欧拥有4 800个挂有“Q8”标志的加油站和两个炼油厂[15]；委内瑞拉在美国中部拥有一个炼油厂和2 800个加油站[16]；沙特阿拉伯在美国拥有3个炼油厂、11 450个加油站和49个卸货点[17]。

石油生产国国营石油公司力量不断壮大的一个具有代表性的例子，是科威特与英国政府间就英国石油公司的股票之争。撒切尔政府上台后，在英国大力进行私有化运动，将政府所拥有的英国大公司的股票出售给私人。在这些企业中，英国石油公司是最大的一个。自从丘吉尔决定英国政府参与英国石油公司的活动后，英国政府拥有该公司资本的31%，共拥有该石油公司21亿股股票，价值达

122亿美元。1987年3月19日，英国政府宣布将全部出售这些股票，10月15日公布其价格为每股5.58美元。此外，该公司为了筹措资金，决定发售一部分新股票。当这些活动正在进行时，10月19日从美国华尔街刮起了席卷西方世界的股票暴跌之风。在此情况下，英国石油公司的股票价格大幅下跌。设在伦敦的科威特投资局借此机会大量购进英国石油公司的股票，到1988年3月中旬共购进英国石油公司12.7亿股股票，占该公司总股份的21.5%，成为这家公司的最大股东。后来，由于英国政府的干预，科威特投资局出卖了大部分所购进的英国石油公司的股票，但此事显示了产油国强大的经济实力，给人留下了深刻的印象，它说明石油生产国已有强大的实力可进入过去国际大石油公司的势力领域。

（三）石油交易方式发生重大变化

第一次石油危机前，由于国际大石油公司垄断了国际石油业，国际石油市场的贸易量不大，贸易活动也主要是在这些大公司内部的各部门及子公司之间进行。据估计，第一次石油危机前，现货贸易量大约只占总交易量的5%，其余95%是以合同为基础，规定了成交价格和数量，在一个相当长的时间内是有效的。[18]图5–1简要地说明了这一点。第一次石油危机后，由于产油国的国有化等一系列活动，产油国政府掌握了自己国土上的石油资源，同时也就掌握了石油价格的决定权。在20世纪80年代中期以前的近15年间，几乎所有在世界范围内流通的石油都在由石油输出国政府管理的严格的价格体系（即政府价格，或更多地被称为官方价格，简称为官价）下销售。正如我们在前面章节叙述时所表明的，这个时代是民族主义高涨的时代，或西方专家称之为资源民族主义的时代，世界上最主要的原油生产国的政府都认为，石油价格的决定权是民族主权的体现，它们几乎无一例外地继承了大石油公司制定价格基础的做法，石油在出口港口的油库以官方制定的离岸价格装船出售。除政治因素外，官价体系得以维持还有一个重要的原因，即这一时期的国际石油市场参与者不多，除了石油输出国组织13个原油出口国外，只有4个重要的石油出口国：墨西哥、挪威、苏联和英国。买方则主要是大型国际石油公司，而独立的炼油厂、交易商和中间人很少参与石油交易。

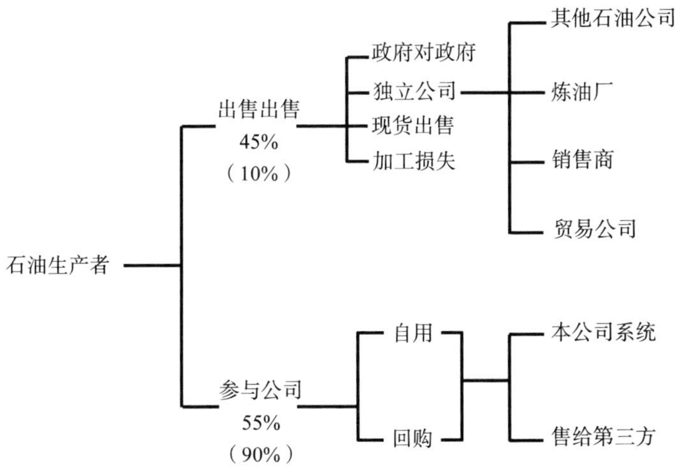

图5–1　国际石油市场结构

说明：图中括号中的数字是1973年的数字，而未带括号的是1980年的数字。

资料来源：Deese David A. and Nye Joseph S.. *Energy and Security*. Ballinger Publishing Co, 1981: 26.

第一次石油危机后的国有化运动，使国际大石油公司失去了大量石油业的上游业务，大批公司被迫从国际石油市场上购买自己所需要的原油。与此同时，第二次石油危机带来的不仅仅是高油价，高油价造成的负面效果在第二次石油危机结束后很快显现。一方面，高油价带来了经济危机，抑制了石油需求；另一方面，高油价带来了供给的增加。这样，进入20世纪80年代，国际石油市场逐渐从“卖方”市场转变为“买方”市场，石油生产国越来越发现，官价体系不灵了，国际石油市场的交易方式正在发生重大的变化，现货交易量不断增加，现货交易成为国际石油市场的主导交易方式。

事实上，石油现货贸易是与石油工业一起产生的。由于石油公司大部分都存在着炼厂产品同市场需要不完全相同的情况，如一部分石油产品过剩，另一部分石油产品短缺，所以石油公司不得不在市场上出售或购进一部分产品以求保持自己的产品平衡。这就是最早的石油现货市场。这一时期的现货市场价格是按合同价格（通常打一定的折扣或有一定的溢价）成交，对石油价格走势不产生什么影响，现货原油交易只是起补充作用，不具有代表性。现货交易作为零星交易和临时补充交易的手段，交易量只占原油销售总量的极小部分。石油产业界和研究界比较公认的看法是，固定价格体系在20世纪80年代初一去不复返了。在全球需求减少的背景下，买方越来越多地转向价格低廉的非石油输出国组织和现货市场货源。大量来自石油输出国组织的原油通过各种替代的市场机制，以低价流入了现货市场，使现货贸易量在20世纪80年代中期增加到了石油销售量的1/3以上。1983年和1984年上半年，国际能源署成员国石油贸易量中，现货贸易量达20%，即在该组织每天1 400万~1 500万桶的石油进口量中，每天有300万桶是现货贸易量（具体情况见表5–1）。[19]作为世界上石油进口量最大、进口品种最多的国家，美国的数据是最具代表性的，1991—1996年，美国市场现货销售的比重从约29%上升到42%。[20]

表5–1　1984年上半年国际能源署成员国的原油现货比例

国家	现货购入		原油进口		现 货
	实际数量（万桶）	构成（%）	实际数量（万桶）	构成（%）	比例（%）
加拿大	6.5	10	6.5	2	100
美国	9.2	14	92.5	30	10
北美小计	15.7	24	99.0	32	16
丹麦	1.6	2	3.0	1	55
爱尔兰	0.4	1	0.7	1	53
荷兰	8.1	12	22.0	7	37
挪威	0.4	1	0.9	1	50
瑞典	1.9	3	6.7	2	28
英国	3.7	6	10.5	3	35
北欧小计	16.2	25	43.8	14	37
希腊	0.1	–1	5.7	2	1
意大利	7.8	12	35.5	11	22
葡萄牙	0.5	1	3.4	1	14
西班牙	5.3	8	20.4	7	26
瑞士	1.0	1	1.9	1	51
土耳其	0.0	0	7.1	2	0
南欧小计	14.7	22	74.1	24	20
澳大利亚	0.7	1	2.3	1	31
新西兰	0.0	0	0.8	1	0
日本	18.6	28	92.8	30	20
亚太小计	19.3	29	96.0	31	20
国际能源署合计	65.9	100	312.8	100	21

资料来源：日本能源经济研究所. 国际石油市场最近的变化及其原因——以原油现货贸易为研究重点. 1985年5月31日.转引自：国际石油经济资料之六，国际石油市场最近的变化及其原因. 石油工业部科学技术情报研究所，1986：10.

与此同时，国际大石油公司从现货市场上购买的原油也不断增加（具体情况见表5–2）。据这些公司自己发表的统计数字，1984年，英国石油公司的石油贸易量中现货贸易的比例为50%，法国石油公司为60%以上，阿吉普为43%。[21]到1985年，现货石油贸易和与现货密切联系的准现货贸易占了国际石油市场石油贸易量的85%~90%。[22]1985年下半年，为了夺回市场份额，增加销售收入，沙特阿拉伯放弃了在石油输出国组织所承担的“浮动生产国”角色和官方价格体系，而以净回值计价方式（netback pricing）将其原油价格与现货市场价格直接挂钩，其他石油输出国组织成员也纷纷效仿，最终导致了1986年的油价崩溃。20世纪80年代后期，在国际市场上流通的几乎所有原油都与现货市场直接或间接相关。从此时开始到目前，国际原油市场现货交易的规模仅约占原油实物交易的1/3且很难准确地给出统计数字，固定期合同仍占国际石油贸易的约60%，但现货价格的影响是决定性的，现货交易价格是市场中其他石油合同参考的首要决定因素，任何原油卖方都很难背离石油现货市场的价格而自行其是。

表5–2　国际大石油公司从公开市场购买油品的增长情况

公司	纯进货量（万桶）		占总销售量的百分比（%）	
	1978年	1983年	1978年	1983年
英国石油公司	243	555	16	42
埃克森	369	431	18	28
法国石油公司	231	300	22	39
英荷壳牌	24	199	1	15
莫比尔	47	107	6	16
埃尼/阿吉普	—	98	—	13

（续表）

公司	纯进货量（万桶）		占总销售量的百分比（%）	
	1978年	1983年	1978年	1983年
埃勒夫-阿基坦	—	90	—	20
雪佛龙	22	84	5	34
德士古	75	75	12	16

资料来源：*Petroleum Intelligence Weekly*.1 Oct. 1984.

鹿特丹是石油现货市场的发源地，是世界上主要原油和油品现货市场。目前，世界现货原油市场分为4个部分：美国西得克萨斯中质原油、布伦特、迪拜和亚太市场，它们彼此独立，但相互之间也彼此影响。美国西得克萨斯中质原油和布伦特市场处于大西洋盆地，与另外两个苏伊士运河以东的市场相比，它们目前更活跃，迪拜和亚太市场非常依赖来自大西洋盆地的价格信号，特别是来自布伦特市场的信号。正是由于市场化的效能较低和较低的流动性，亚太市场的石油价格存在被政治家、行业人士和研究者广泛诟病的“亚洲溢价”。在这4个市场中，最重要的原油现货市场是布伦特现货市场，被称为“Dated Brent”，在全部布伦特出货量当中，50%~60%（在2003年下半年约为每天15万桶）与现货交易有关。通常，布伦特现货的最大卖家是石油交易商和华尔街的金融机构，它们从期货市场获得原油，但是本身没有炼油能力。最大的买家则是在欧洲西北部开展炼油业务的大石油公司，来自美国和欧洲的小炼油厂也很活跃。布伦特市场（包括布伦特现货和布伦特远期市场）成为全球2/3的消费原油（约每天5 000万桶）的直接或间接的定价基准。

在国际石油市场石油现货贸易不断增加的同时，也带来了另一个问题，即国际石油价格的极端波动，市场中的各方参与者，无论是原油生产商、进口商和贸易商等，都急需一些工具，用于规避国际石油价格大幅波动的风险。正是在国际石油现货市场迅速发展和日益成熟的背景下，催生了另一种石油交易方式，即石油期货和远期市场。为叙述和讨论的方便，我们在本书中将此合并简称为石油期货交易。石油期货交易自推出后虽然其发展过程非常曲折，但经过20世纪八九十年代的发展，已成为影响国际石油形势和国际石油价格走势最重要的因素之一。石油期货交易机构中，最著名的是美国纽约商品交易所、英国伦敦国际石油交易所和新加坡石油交易市场。

纽约商品交易所是世界上最大的商品期货交易所。目前，世界市场上的能源、贵金属、铜以及铝的现货和期货价格主要以纽约商品交易所的价格为参照，所以纽约商品交易所在世界能源市场中占据重要地位。早在第一次石油危机后的1974年秋，美国纽约棉花交易所和纽约商品交易所就推出了一份原油合同、一份C级船用燃料合同和一份粗柴油合同，这三份合同的交割地都在鹿特丹。由于反应不好，第一笔石油期货交易推出后就没有再进行这样的交易。1978年11月14日，美国纽约商品交易所推出了一份2号取暖用油合同和一份6号重质燃料油合同，交割地都由鹿特丹转移为纽约港。这一合约意义重大，该合约是世界上首个成功上市交易的能源期货合约，第二次石油期货交易活动正式开始。1981年10月，该交易所上市了含铅普通汽油期货合约，1984年12月被无铅普通汽油期货合约取代。1983年3月30日，纽约商品交易所推出了美国西得克萨斯中质原油期货交易，交割地为俄克拉何马州的库欣。1987年，该所推出丙烷期货合约，1990年推出了亨利枢纽的天然气期货合约，

1996年推出电力期货合约。1993年，纽约商品交易所推出了名为NYMEX ACCESS的非工作时间内电子交易系统，允许在非工作时间内交易。自2001年9月始，NYMEX ACCESS在互联网上提供该项服务。2001年11月，纽约商品交易所完成了交易所自身的股份制改革，2008年被芝商所集团（CME）收购。目前，纽约商品交易所是一个以营利为目的的商业性机构。

伦敦的国际石油交易所是欧洲最重要的能源期货和期权的交易场所，是世界第二大能源期货期权交易所。它成立于1980年。1981年4月，伦敦国际石油交易所推出重柴油（gas oil）期货交易，合约规格为每手100吨，最小变动价位为每吨25美分。重柴油在质量标准上与美国取暖油十分相似。该合约是欧洲第一份能源期货合约，上市后比较成功，交易量一直保持稳步上升的走势。1988年6月23日，伦敦国际石油交易所推出国际三种基准原油之一的布伦特原油期货合约。布伦特原油期货合约特别设计用以满足石油工业对于国际原油期货合约的需求，是一个高度灵活的规避风险及进行交易的工具。布伦特原油期货合约上市后取得了巨大成功，迅速超过重柴油期货成为该交易所最活跃的合约，成为国际原油期货交易中心之一，而北海布伦特原油期货价格也成为国际油价的基准之一。2000年4月从会员制转化为股份制，伦敦国际石油交易所完成了改制，成为一家营利性公司，2001年被洲际交易所（ICE）收购。

新加坡早在1973年5月24日就正式成立新加坡交易所，并于1999年12月1日合并了新加坡证券交易所（SES）和新加坡国际金融交易所（SIMEX）。1989年，新加坡国际金融交易所上市了高硫燃料油期货合约，该合同一开始非常成功，但很快交易陷入平淡，1998年该合约进行了修改完善但仍没有市场影响力。1995年，新加坡国际金融交易所引入了布伦特原油期货合约，同伦敦国际石油交易所的布伦特原油期货合约相联系。这样，通过两个交易所之间共同的对冲协议，布伦特原油期货每天可以交易18个小时。相较于纽约和伦敦两个著名的交易机构，包括原油和成品油在内的新加坡场内石油期货交易无论从规模上还是影响力上，都有较大的差距。新加坡是继纽约、伦敦之后世界第三大炼油和石油贸易中心，通过新加坡买卖原油现货占世界原油现货贸易总额的15%~20%，新加坡政府通过"全球贸易商计划"（"全球贸易商"只缴付10%的企业税，而一般企业税为22%），吸引了50多家石油贸易商和石油公司在新加坡落户，在新加坡石油公司和贸易商已形成一个庞大的群体，年营业额超过1 020亿美元，建立起了一个透明的买卖和信息交流体系，新加坡已成为亚太地区石油定价中心。从原油资源方面看，交易的油种不仅包括本地区生产的马来西亚、泰国、印度尼西亚、文莱、巴布亚新几内亚的原油，而且包括产自俄罗斯、中国、澳大利亚的远东原油，以及主要产自中东国家如沙特阿拉伯、伊朗、伊拉克、中立区、科威特、阿曼、巴林、卡塔尔、阿曼、阿布扎比、也门的中东原油。2002年11月2日，新加坡交易所正式推出了中东迪拜石油期货合约。相对于原油，新加坡市场的成品油交易十分活跃，远东地区的成品油定价大多是以新加坡市场普氏价格为标杆的。

20世纪80年代后半期和整个90年代，石油期货交易发展迅速。据不完全统计，世界范围内的10个商品交易所推出了52种以上的能源期货合约。1985年，石油期货交易量为每天1 590万桶，等于石油输出国组织的石油产量；到1989年4月，仅纽约商品交易所和伦敦国际石油交易所平均每天的石油期货交易量就超过1亿桶。[23]

1990年8月10日，纽约商品交易所石油期货交易量达每天1.3亿桶，是世界石油总消费量的两倍。[24] 1994年，全球石油期货交易上升至每天2亿桶，是世界石油消费总量的三倍，期货市场是现货市场的20倍。[25] 1983—2000年，1999年纽约商品交易所的原油期货合约达到最高值，全年累计原油期货交易量为378.60亿桶；而伦敦国际石油交易所则是在2000年达到最高值，这一年其累计原油期货合约交易量为71.15亿桶。[26]

20世纪80—90年代，随着现货市场的日益繁荣和期货交易的不断完善，国际石油市场的市场化程度越来越高，除石油生产国、国际大石油公司外，众多的贸易商、独立炼油企业、石油产品的最终用户，甚至与石油业务无关的金融机构，通过现货市场，尤其是期货市场，参与了国际石油市场，国际石油市场的参与者日益复杂。有别于第一次石油危机前的国际大石油公司的标价和第二次石油危机前后石油输出国组织的官价，现货市场特别是期货交易对国际石油供需基本面之外的因素非常敏感，尤其是不断完善的期货交易本质上不是以获取石油实物为目的的，越来越成为金融工具。到20世纪末期，国际石油市场基本上完成了由大石油公司垄断、石油输出国组织控制向贸易商及与石油业务无关的机构等众多参与者的市场化的转换，国际石油价格大幅波动的所有触发因素都已具备，国际石油市场将迎来更大范围、更大幅度的动荡。

四、第一次海湾战争前后的国际石油形势

在1986年12月的石油输出国组织第80届部长级会议后，国际石油价格大起大落结束，第三次石油大震荡也基本结束。这一次石

油大震荡给石油生产国和石油消费国都带来了巨大的冲击，给其以后的国际石油形势带来了重大的影响。1987年—1990年8月，国际石油形势出现了稳定—混乱—稳定—混乱的4次大的反复，油价也并未按石油输出国组织所设想的稳定在每桶18美元，除因海湾危机和第一次海湾战争使1990年的石油输出国组织一揽子原油“参考价格”超过每桶21美元外，其余大部分时间油价都是在每桶15~18美元之间频繁波动。在这一期间，石油输出国组织不断开会协商解决内部的各种矛盾，以求将国际石油价格稳定在每桶18美元的水平上。石油输出国组织和非石油输出国组织产油国也试图通过合作稳定国际石油市场。更为引人注目的是，石油价格和产量问题引发了被称为“冷战”后第一场危机的海湾危机和由此而导致的第一次海湾战争。

（一）1987年—1990年8月的石油价格反复

石油输出国组织第80届部长级会议结束后，国际石油价格出现了较强的反弹现象。1987年元旦前后，国际石油市场现货油价已突破每桶18美元。1987年2月2日，石油输出国组织正式恢复固定油价制，“净回值”合同到此基本全部废除。同日，沙特阿拉伯阿美石油公司4家母公司签订按固定价格向沙特阿拉伯每天购买130万桶石油的合同；3月2—3日，日本一家炼油厂按官价从阿拉伯联合酋长国的迪拜购买500万桶原油。4月8日，在美国石油市场上，4月交货的英国布伦特原油期货价格达每桶19.75美元；4月2日，5月交货的美国西得克萨斯中质原油价格为每桶19.03美元；5月1日，国际石油市场上上述两种原油的现货价格分别为每桶18.5美元和每桶18.83美元。1985年6月25—27日，在石油输出国组织第

81届部长级会议上，除伊拉克外的该组织12个成员国一致同意，维持每桶18美元的“参考价格”，平均日产石油限额为1 660万桶，比上半年提高80万桶。7月7日，布伦特原油价格达每桶19.5美元；美国西得克萨斯中质原油价格为每桶21美元。这样，石油输出国组织维持每桶18美元的“参考价格”目的基本达到。8月，石油输出国组织成员国又出现了超过限额生产的问题，该月该组织日产总量达2 024万桶，每天超过限额364万桶。8月3日，英国布伦特原油价格和美国西得克萨斯中质原油价格分别从每桶22.25美元和每桶20.85美元下降到每桶18.95美元和每桶17.65美元。在石油输出国组织成员国减产后，油价又止跌回升。同年12月9—14日，石油输出国组织第82届部长级会议重申了第81届会议的决定。这样，1987年过去了。从全年统计看，石油输出国组织7种原油一揽子价格为每桶17.36美元以上，基本上接近该组织规定的目标价格。

1988年，国际石油价格又大幅下跌。事实上，从1987年8月开始的油价下跌一直持续到1988年全年。1988年1月初，由于市场价格不断下降，美国埃克森、雪佛龙、德士古和飞马要求沙特阿拉伯按市场价向这些公司出售每天130万桶石油；而科威特的最大石油进口客户——日本出光石油开发株式会社决定从1月31日起不再从科威特进口石油。3月2日，美国西得克萨斯中质原油价格下降到每桶15.69美元，英国布伦特原油价格更降到每桶14.05美元以下；石油输出国组织各种原油价格低于其规定价格每桶4美元。3月9日，埃及、墨西哥、安哥拉、马来西亚、阿曼、哥伦比亚和中国7个非石油输出国组织产油国专家在伦敦举行会议，讨论如何稳定国际石油市场，并希望与石油输出国组织共同减产来促使油价回升。4月

26日，沙特阿拉伯、尼日利亚、印度尼西亚、委内瑞拉、科威特和阿尔及利亚6个石油输出国组织成员国与上述7个非石油输出国组织产油国在维也纳举行对话会，会上非石油输出国组织产油国提出如果石油输出国组织采取相应的措施，参加会议的非石油输出国组织产油国将在5—6月减少石油出口5%，约为每天30万桶，协助石油输出国组织稳定国际石油市场。4月28日石油输出国组织举行紧急部长级会议，讨论非石油输出国组织产油国的减产建议，挪威派观察员、管理得克萨斯石油生产的美国得克萨斯铁路委员会官员肯特·汉斯也到维也纳同石油输出国组织商讨减产事宜。由于石油输出国组织内部对减产问题有分歧，对非石油输出国组织产油国的建议没有做出反应，非石油输出国组织产油国与石油输出国组织第一次对话会失败。6月27日，阿拉伯联合酋长国宣布不再执行石油输出国组织给它规定的产量限额，按自定的产量生产。9月，石油输出国组织平均日产石油达2 060万桶，大大超过该组织规定的产量限额。10月5日，美国西得克萨斯中质原油价格下降到每桶12.625美元，处于1986年8月以后的最低点。11—12月，石油输出国组织石油日产量分别达2 255万桶和2 276万桶。由于石油输出国组织不断增加石油产量，再加上石油输出国组织和非石油输出国组织产油国未能合作，1988年全年国际石油价格大大低于1987年，石油输出国组织7种原油一揽子平均价格只有每桶14.24美元。

1989年，国际石油形势又由1988年的混乱走入了稳定、油价由下跌转为上涨。2月21日、5月16日和10月5日，安哥拉、中国、埃及、墨西哥、阿曼、马来西亚、哥伦比亚、苏联、挪威等非石油输出国组织产油国和美国得克萨斯、阿拉斯加及加拿大阿尔伯塔省官员分别在伦敦与马来西亚吉隆坡召开专家会议，同意减少或冻结石油产量和出口量来稳定市场。此外，由于苏联石油产量下降、英国北海油田和其他产油区及炼油厂接连发生事故，非石油输出国组织产油量下降。这样，从新年一开始，国际石油价格就转跌为涨。1月11日，美国西得克萨斯中质原油价格2月期货价格达每桶18.14美元；1月18日，期货价格又上升到每桶19.26美元，现货价格达每桶19.20美元。与此同时，石油输出国组织产量限额也不断扩大。1989年6月2—5日的第85届部长级会议上，石油输出国组织将该组织1989年下半年的产量限额由上半年的每天1 850万桶提高到每天1 950万桶；9月22日，石油输出国组织市场监督委员会又决定将产量限额增加每天100万桶，由每天1 950万桶提高到每天2 050万桶；12月25日的第86届部长级会议上，石油输出国组织又决定将产量限额增加每天200万桶，由每天2 050万桶提高到每天2 250万桶。虽然在1989年年中，国际石油价格出现过下降的现象，但石油输出国组织7种一揽子原油全年平均价为每桶17.31美元，比1988年上涨每桶3.07美元。

1990年年初，国际石油市场又出现混乱。美国5月交货的原油期货价格下降到每桶17.68美元。到1990年6月底，美国西得克萨斯中质原油、英国布伦特原油和阿拉伯联合酋长国迪拜原油现货价格分别跌到每桶15.20美元、每桶15.43美元和每桶12.65美元。5月3日，石油输出国组织市场监督委员会在日内瓦召开的会议决定该组织每天减产145万桶，以求稳定市场。在7月26—27日举行的第87届部长级会议上，石油输出国组织反而决定将“参考价格”从每桶18美元提高到每桶21美元，产量限额由每天2 208万桶提高到每天2 249万桶。事实上，此事的背后预示着一场大的风暴将马上来临。

（二）伊拉克发难

1990年3月16—17日，石油输出国组织在维也纳举行市场监督委员会会议，包括伊拉克在内的石油输出国组织10个成员国提出不但应提高最高石油产量限额，而且要提高每桶18美元的“参考价格”。在这次会议上，由于沙特阿拉伯、科威特和阿拉伯联合酋长国反对，会议未提高油价和产量限额。[27]此后，伊拉克要求提高油价的呼声越来越高。

就在4月石油价格不断下降时，伊拉克石油部长4月14日在接受科威特《火炬报》采访时提出，石油输出国组织应逐渐提高“参考价格”以弥补通货膨胀和美元汇率变动造成的损失。[28]6月22日，在石油输出国组织主席、阿尔及利亚能源部长萨达克·巴斯斯尼访问伊拉克时与伊拉克石油部长阿里·卡莱巴举行的记者招待会上，卡莱巴指责阿拉伯联合酋长国“是石油输出国组织13个成员国中唯一不遵守日内瓦决议的国家”，导致了石油价格大幅下降。[29]6月底，伊拉克总统萨达姆·侯赛因派副总理哈马迪去沙特阿拉伯、科威特和阿拉伯联合酋长国，要求它们减少产量，并提出石油输出国组织的最低“参考价格”应为每桶25美元。6月22日，在科威特举行的一次记者招待会上，哈马迪说：“考虑到通货膨胀和美元贬值，石油‘合理价格’不应低于每桶25美元”，他还指出，“这一价格是消费国可以接受的，石油输出国组织加强团结和控制产量是可以达到的”[30]。科威特新任石油大臣7月4日发表讲话时指出，虽然科石油部门发生了一些变化，但科威特的“石油政策没有变”，科威特继续要求增加自己的产量限额。[31]7月10—11日，沙特阿拉伯、伊拉克、科威特、阿拉伯联合酋长国和卡塔尔5国在沙特阿拉伯的吉达举行会议，5国石油部长达成协议，决定阿拉伯联合酋长国的石油产量限额与科威特相同，为每天150万桶；阿拉伯联合酋长国和科威特遵守石油输出国组织的产量限额；沙特阿拉伯和科威特的限额应包括中立区的产量；在油价上升到“可接受”的水平（超过石油输出国组织每桶18美元的最低“参考价格”）前，不增加石油输出国组织的最高产量限额。[32]

进入7月，伊拉克对科威特和阿拉伯联合酋长国的攻击进一步升级。7月15日，伊拉克外交部长塔里克·阿齐兹向阿拉伯联盟秘书长沙兹利·卡利比发出照会，指责科威特执行反伊拉克的政策，指出由于阿拉伯联合酋长国和科威特不遵守石油输出国组织产量限额，阿拉伯国家在1981—1990年“损失5 000亿美元，伊拉克损失890亿美元”。在这份照会中，伊拉克还指出，1980—1990年，特别是在“两伊战争”期间，科威特在伊拉克的鲁迈拉油田偷偷开采石油，总价值为24亿美元。伊拉克在照会中还提出，如果阿拉伯产油国团结一致使油价上升到每桶25美元，就可从每桶油价中抽出1美元来建立每年总金额为50亿美元的阿拉伯基金。[33] 7月17日，萨达姆发表电视讲话，不指名攻击科威特和阿拉伯联合酋长国，指出“某些海湾统治者执行的导致油价下跌的新的石油政策，在经济上是毫无道理的，是违反大部分石油输出国组织成员国愿望的，也是有害于阿拉伯国家利益的”。并说，“超定额生产石油是美国策划的、由一些海湾统治者执行的阴谋，其目的在于耗尽从石油出口方面获得的收入”。[34]在这之后，伊拉克部队开始大规模集结并向科威特边境开进。由此，伊拉克和科威特危机正式爆发。同时，在7月26—27日举行的第87届部长级会议上，在伊拉克的压力下，石油输出国组织最后达成了被称为“用枪来维持纪律”[35]的决定，将最低

“参考价格”从每桶18美元提高到每桶21美元。

事实上，石油输出国组织内部有关产量限额之争的问题是极为复杂的。1989年11月25—28日，石油输出国组织在维也纳举行第86届部长级会议，会议将该组织1990年上半年的产量限额定为每天2 200万桶，并且给13个成员国都分配了份额。阿拉伯联合酋长国拒绝会议给它分配的每天150万桶的限额。同年11月29日，阿拉伯联合酋长国石油部长奥泰巴对阿联酋通讯社发表讲话时称：“从1990年1月开始，阿拉伯联合酋长国计划产量为每天200万桶，但如果其他成员国超过自己的份额，阿联酋也将超过每天200万桶。”[36]这样，阿拉伯联合酋长国首先提出了石油输出国组织石油限额的问题。

其实，阿拉伯联合酋长国的石油产量限额之争已非一日，而且其中的过节还颇为复杂。1988年6月16日，阿拉伯联合酋长国总统扎耶德·本·苏尔坦·阿勒纳哈杨和石油部长奥泰巴在摩洛哥访问期间，在接受摩洛哥电视台采访时，奥泰巴谈到了阿拉伯联合酋长国石油产量限额之争的由来，后来阿拉伯联合酋长国新闻社和《团结报》也分别报道了这件事[37]。据奥泰巴说，阿拉伯联合酋长国石油产量限额之争起源于1983年3月石油输出国组织在伦敦举行的第67届特别会议。在这次会议上，由于世界石油市场需求疲软，石油输出国组织执行“限产保价”政策，首次给各成员国规定了产量限额。会上，阿拉伯联合酋长国要求得到的最低限额为每天150万桶，但是，该组织成员国反对阿拉伯联合酋长国的这一要求，会议由此陷入僵局。当时阿勒纳哈杨正在孟买对印度进行访问，沙特阿拉伯国王法赫德派外交大臣王储费希尔去孟买劝说阿勒纳哈杨，提出只要在1983年3—6月接受每天110万桶的限额，6月以后阿联酋限额就可提高到每天150万桶。同时，法赫德还派其顾问阿里·依本·摩西莱姆两次去伦敦劝说奥泰巴；卡扎菲也派其顾问阿里·达姆劝说奥泰巴，并提出了与沙特阿拉伯同样的条件。最后，在阿勒纳哈杨的指示下，奥泰巴接受了每天110万桶的限额。后来的事实是，自1983年6月以后，由于国际石油市场石油需求不断下降，石油输出国组织最高产量限额并未上升。1984年10月石油输出国组织第70届部长级会议又将最高产量限额由每天1 750万桶减少到每天1 600万桶，同时阿拉伯联合酋长国的份额由每天110万桶下降到每天95万桶。这样，阿拉伯联合酋长国的要求越发得不到满足，石油产量限额之争就由此产生了。1988年6月11—14日，石油输出国组织举行第83届部长级会议。会后，6月14日和17日，奥泰巴在会见记者和对摩洛哥电视台发表讲话时称："阿拉伯联合酋长国完全拒绝石油输出国组织分配给它的每天94.8万桶限额，阿拉伯联合酋长国公正的和官方的限额为每天150万桶。"[38]在1989年11月举行的石油输出国组织第86届部长级会议上，阿拉伯联合酋长国得到了每天150万桶的石油产量限额，但是在这次会议上它又提出了限额为每天200万桶的新要求。这样，从1983年以后，阿拉伯联合酋长国的石油产量限额之争一直困扰着石油输出国组织。

更为严重的是，3月27日科威特石油大臣萨巴赫在会见《中东经济概览》记者时，提出1989年下半年科威特应取得与阿拉伯联合酋长国正在争取的每天150万桶石油产量限额同样份额的要求[39]。在同月29—30日举行的石油输出国组织市场监督委员会会议上，科威特正式提出了增加石油产量限额的要求[40]。在同年6月5—7日的石油输出国组织第85届部长级会议上，科威特拒绝接受分配给它的每天109.3万桶的石油产量限额[41]。这样，由阿拉伯联合酋长国发端，石油输出国组织内部的石油产量限额之争问题更为严重。

（三）入侵和战败

就在伊拉克和科威特在沙特阿拉伯的吉达举行谈判解决两国争端破裂一天后，8月2日2时伊拉克部队进入科威特，并在不到10小时的时间里占领了科威特城和科威特的大部分国土，科威特埃米尔谢赫·贾比尔·艾哈迈德·萨巴赫逃到沙特阿拉伯，科威特成立“自由科威特临时政府”，萨达姆的女婿阿利亚·侯赛因·阿里任临时政府总理、武装部队总司令、国防部长和代理内政部长。8月7日“自由科威特临时政府”宣布成立科威特共和国。8月8日，伊拉克宣布将科威特合并为伊拉克的第19个省。到此，伊拉克基本上完成了对科威特的吞并。

伊拉克入侵科威特后，国际社会很快做出反应。8月2日，就在伊拉克入侵科威特的当天，联合国安理会通过第660号决议，“谴责伊拉克入侵科威特，并要求伊拉克无条件地撤走军队”[42]。8月6日，联合国安理会通过第661号决议，“禁止从伊拉克或科威特进口一切商品和产品，还禁止一切可能促进伊拉克或科威特出口或转运任何商品或产品的活动，包括转移资金”[43]。8月8日上午，美国总统布什向全国发表电视讲话，宣布向沙特阿拉伯派兵，其目的是“第一，我们谋求伊拉克军队立即无条件地全部撤出科威特。第二，必须恢复科威特合法政府以取代傀儡政权。第三，……致力于波斯湾的安全与稳定。第四，我决心保护在国外的美国公民的生命”[44]。同时，美国和英国组织对伊拉克的国际海上封锁。8月9日，联合国安理会通过第662号决议，宣布伊拉克“无论以何种方式、何种借口吞并科威特，均不具有法律效力，都是无效的”[45]。8月10日，阿拉伯紧急首脑会议决定派兵去沙特阿拉伯，以保护沙特阿拉伯的安全。此后，陆续共有28个国家派70多万名部队士兵去沙特阿拉伯；而伊拉克也在科威特集结了50多万名部队士兵，从而形成了双方以科沙边界两军对垒的形势。至此，伊拉克与国际社会全面对抗，“冷战”结束后的第一次全球范围的危机——海湾危机最后形成。

在伊拉克与以美国为首的多国部队紧张对峙期间，国际社会进行了各种各样的调解，以期使伊拉克从科威特撤军，和平解决这场危机，但这些努力最后都没有收到成效。1990年11月29日，联合国安理会通过第678号决议，对伊拉克发出了最后通牒，“要求伊拉克完全遵守‘第660号决议’及其随后的所有有关决议，并决定，在维持其所有各决议的同时，……给予伊拉克最后一次遵守决议的机会；授权同科威特政府合作的会员国，除非伊拉克在1991年1月15日或之前……完全执行上述决议，否则可以使用一切必要手段，维持并执行安理会……所有有关决议，并恢复该地区的国际和平与安全”[46]。这样，海湾危机发展到了用武力解决的阶段。

1月9日，美国国务卿贝克与伊拉克外交部长阿齐兹在日内瓦举行了海湾危机发生后首次也是最后一次的长时间面对面的谈判，但未取得成果。1月12日，联合国秘书长德奎利亚尔亲自去巴格达会见萨达姆，做和平解决海湾危机的最后一次努力，要求伊拉克撤出科威特，以避免即将爆发的战争，但这次努力也未取得成果，一场战争不可避免将要发生。

美国东部时间1991年1月16日晚7时，以美国为首的多国部队发动了对伊拉克的空袭。美国白宫发言人马林·菲茨沃特在空袭开始后不久宣布：“解放科威特的行动已经开始。美国同我们联盟伙伴的军队一道以代号‘沙漠风暴行动’开始行动，执行联合国安理会赋予我们的使命。”[47]当晚9时，美国总统布什向全国发表电视讲话，提出海湾战争的目标是“萨达姆·侯赛因的军队一定要撤离科威特。一定要恢复科威特合法政府的合法地位，科威特一定要重新成为自由的国家”[48]。延续了5个多月的海湾危机终于演变为一场大战。

从1月16日晚起到2月24日，以美国为首的多国部队共对伊拉克和科威特的目标发动了109 876架次的空袭，摧毁了大部分伊拉克重要的军事和经济目标。格林尼治时间2月24日1时，多国部队发动了地面战，分多路攻入科威特和伊拉克境内。地面战仅12小时后，多国部队就控制了科威特城。2月26日，伊拉克总统萨达姆·侯赛因接受联合国第660号决议，宣布“科威特不再是伊拉克的一部分”[49]，并命令部队撤回到1990年8月2日前的阵地。就在撤退途中，伊拉克部队点燃了科威特727口油井。[50]2月28日，美国总统布什宣布中止进攻性作战行动，“科威特已经解放。伊拉克军队已经战败。我们的军事目标已经达到”[51]。海湾战争基本结束。3月2日，联合国安理会通过第686号决议，要求伊拉克“对联合国关于海湾危机问题的全部12项决议接受并付诸实施；立即取消对科威特的吞并”[52]。3月3日，伊拉克宣布接受联合国第686号决议。这样，第一次海湾战争以伊拉克的最后失败而告结束。1991年4月3日，联合国安理会通过第687号决议，要求伊拉克接受海湾危机以来的联合国安理会历次决议、销毁大规模毁灭性武器和给科威特以战争赔偿的永久停火决议。4月6日，伊拉克宣布接受这一决议，至此，海湾危机和第一次海湾战争正式结束。

（四）石油价格轮回

就在伊拉克部队进入科威特境内的消息传出后，国际石油市场发生了剧烈的波动。8月2日北海布伦特原油价格马上上涨10%，9月发货的原油价格上升到每桶22.5美元[53]。8月3日，布伦特原油收盘价为每桶23.95美元，是1986年1月以后的最高水平。[54] 8月6日，布伦特原油价格又上升到每桶26.55美元。[55] 8月27日，国际石油价格已达每桶31美元。[56]随着联合国通过的一系列决议和以美国为首的多国部队在沙特阿拉伯的不断集结，海湾危机演变成战争的可能性与日俱增，国际石油形势也日益紧张，在此情况下，国际上一些机构纷纷预测将发生第三次石油危机。如著名的英国牛津能源研究所在罗伯特·马布罗的指导下起草了一份报告，提出1990年第4季度“全世界很可能将面临一场石油供应危机”[57]。委内瑞拉经济学者更提出国际石油价格可能超过每桶50美元。[58]

事情的发展与此相去甚远。就在联合国安理会通过对伊拉克和科威特实行石油出口禁运的第661号决议不久，沙特阿拉伯、委内瑞拉等国不顾伊朗等国的反对宣布自行增加石油产量，以弥补伊拉克和科威特石油缺口。8月29日，石油输出国组织会议决定同意各成员国增加石油产量，“弥补因海湾危机造成的石油供应短缺”[59]。在这次会议后，石油输出国组织石油产量不断增加。1990年9月，石油输出国组织石油产量为每天2 268万桶，比危机发生前的7月只少每天80万桶；11月上升到每天2 363万桶，比危机前每天多产石油15万桶；12月达每天2 386万桶，比危机前每天高出38万桶。[60]这样，到11月，世界石油产量已超过海湾危机前的水平。11月16日，美国能源部通知得克萨斯铁路调查委员会，要求减少美国石油产量，“因为石油供应已每天超过世界石油需求10万桶”。为此，该委员会决定减少得克萨斯的石油产量。[61]与此同时，国际石油价格也由升转降。9月石油输出国组织一揽子原油价格从8月份的每桶

24.89美元上涨到每桶32.06 美元；10月又上涨到每桶34.58美元；但11月下降到每桶31.04美元；12月又下降到每桶26.11美元[62]。1990年12月12—13日，石油输出国组织第88届部长级会议决定维持8月底的决议，继续让其成员国自行按市场所需生产石油。虽然1990年12月石油输出国组织一揽子原油价格比海湾危机前7月的每桶15.68美元上涨了每桶10.43美元，但是1990年未发生令人担忧的油价大涨。

1月16日，多国部队发动了对伊拉克的空袭，海湾危机变为第一次海湾战争，国际石油界人士极为担心的战争终于爆发了。战争爆发后，国际石油价格急剧上涨。以美国西得克萨斯中质原油为例。战争爆发2小时后，该种原油价格马上涨到每桶38美元。但是在这之后，油价直线下跌。到这一天结束时，这种原油价格每桶下跌了10.56美元，只有每桶21.44美元。第二天，西得克萨斯中质原油价格跌到每桶19.25美元[63]。自此以后，国际石油价格一直处于下跌状态。1991年1月，石油输出国组织一揽子原油价格从1990年12月的每桶26.11美元下降到每桶22.38美元，是海湾危机发生以来的最低水平；到战争结束时的2月，该组织一揽子原油价格又降到每桶17.55美元，只比海湾危机前的1990年7月油价每桶高1.87美元。[64]这样，国际石油价格又基本上回到了海湾危机前的低水平，所谓的“第三次石油危机”并未发生。

在海湾危机和第一次海湾战争期间，国际能源署及其成员国建立的战略石油储备对稳定国际石油市场发挥了一定的作用。在伊拉克入侵科威特后，1990年8月9日，国际能源署管理委员会随即召开会议，对应急反应能力进行了评估。1991年1月11日，管理委员会通过了包括动用石油储备、需求限制、燃料转换和增加国内生产等措施，每天可为市场增加250万桶的额外石油供应。1991年1月17日第一次海湾战争打响后，国际能源署启动了应急计划，经济合作与发展组织成员中有17个国家向市场释放了石油储备，其中美国计划动用的3 375万桶石油储备中实际上只销售了1 730万桶。[65]这是国际能源署成立后第一次大规模动用石油储备以应对危机，虽然实际动用的数量有限，但对稳定国际石油市场信心起到了一定的作用。

（五）第一次海湾战争后的国际石油形势

第一次海湾战争结束后，国际石油市场回到了海湾危机前的状态，石油输出国组织又开始进行艰苦的“减产保价”努力，而且其内部有关石油产量和价格的争论也随之开始。石油输出国组织内部的这一系列问题，使得第一次海湾战争后的国际石油价格在低水平徘徊。与此同时，海湾危机和第一次海湾战争使得一些石油消费国和生产国意识到，“冷战”结束后的国际石油市场并不是太平无事，因而它们试图联合起来干预国际石油市场。同时，作为海湾危机和第一次海湾战争的一个遗留问题，伊拉克的石油出口问题长时间没有得到解决。

1.国际石油价格低落

海湾战争结束后，面对国际石油市场的供应过剩，石油输出国组织被迫采取措施。1991年3月11—12日，石油输出国组织在维也纳举行市场监督委员会会议，决定维持其每桶21美元的一揽子原油“参考价格”不变。在沙特阿拉伯的提议下，决定1991年第2季度的最高石油产量为每天2 270万桶。这次会议还呼吁其他石油出口国也为了市场稳定而减少石油出口。6月4日，在维也纳举行的石油输出国组织第89届部长级会议维持了3月市场监督委员会关于该组织产量和价格的决定。1991年2月，石油输出国组织石油产量为每天2 339万桶。这样，从1991年第2季度起，石油输出国组织又回到了减产保价以维持市场稳定的老路上来了。

由于国际石油市场需求转旺，1991年9月24—25日，石油输出国组织在日内瓦举行第89届部长级会议，决定第4季度将石油产量最高限额提高到每天2 365万桶。石油输出国组织成员国对于减产保价的分歧如同海湾危机前一样。如在1991年3月的市场监督委员会会议上，伊朗和阿尔及利亚就反对沙特阿拉伯的减产倡议。在第89届部长级会议上，沙特阿拉伯提出1991年第4季度国际石油市场需求将有大幅度的增加，对石油输出国组织的石油需求将达到每天2 450万桶或更高，沙特阿拉伯本身的产量应达到每天850万桶。[66]该组织其他成员国尤其是伊朗激烈反对沙特阿拉伯增加石油产量的做法。伊朗石油部长会后在会见记者时说：“非常遗憾，在这次会议上沙特阿拉伯没有与其他国家很好地合作。……我不知道为什么它们在这次会议上改变了政策。我认为这对石油输出国组织没有好处。”[67]石油输出国组织的内部矛盾在1991年的年终会议上更加突出。1991年11月26—27日，石油输出国组织在维也纳举行第90届部长级会议。在这次会议上，该组织一反应制定下一年度上半年石油产量限额的惯例，决定1992年第1季度维持上一届会议有关价格及产量的决议，推迟到1992年2月12日由市场监督委员会决定第2季度的产量。究其主要原因是沙特阿拉伯坚持1992年第1季度保持产量限额不变。沙特阿拉伯石油大臣纳赛尔说：“沙特阿拉伯的目标是保持市场平稳。我们不想制造不必要的市场短缺。……我们希望需求不断增加。”[68]1992年2月12—15日，石油输出国组织市场监督委员会决定，包括伊拉克在内的该组织最高产量限额不应超过每天2 298.2万桶。在这次会议上，还正式给各成员国分配了产量份额。与以往一样，伊朗认为这一产量限额高于市场需要，而沙特阿拉伯对给其分配的每天788.7万桶产量份额也不满。[69] 1992年5月21—22日，石油输出国组织第91届部长级会议决定当年第3季度最高产量限额维持2月的不变。

由于在决定最高产量限额问题上矛盾重重，虽然该组织仍在不断制定石油产量的最高限额，但石油输出国组织各成员国还是和80年代以来一样在产量问题上自行其是，石油产量不断上升。1991年3月，石油输出国组织石油产量为每天2 315.7万桶，4月为每天2 370万桶，12月上升到2 430万桶，大大高于第一次海湾战争后石油输出国组织几次会议所决定的最高产量限额。由于石油输出国组织不执行产量限额，从1991年2月以后国际石油价格虽然在总体上呈上升趋势，但一直在每桶18美元上下浮动，1991年全年该组织一揽子原油平均“参考价格”为每桶18.66美元。进入1992年，国际石油价格又开始下降。1992年4月，石油输出国组织一揽子原油“参考价格”只有每桶17.69美元；1992年前4个月平均价格仅为每桶17美元，比1991年平均价每桶下降了1.66美元[70]。

2.石油生产国和消费国首次对话的巴黎世界石油大会

1991年7月1—2日，12个石油生产国、13个石油消费国与10个国际组织参加的石油生产国和消费国对话会议在法国首都巴黎举行。这是石油生产国和消费国第一次面对面地坐下来进行对话。巴黎会议的主要议题有4个：石油市场和能源政策分析、石油工业的合作、未来石油市场的作用、环境保护。巴黎会议的目的是加强合作和对话，稳定市场。巴黎会议的发起国是委内瑞拉和法国。早在1990年10月的联合国大会上，委内瑞拉总统佩雷斯就正式建议召开石油生产国和消费国对话会。1991年5月21日，法国和委内瑞拉联合委员会正式倡议召开巴黎对话会，会议的目的是加强石油生产国和消费国之间的合作和对话，以促进世界石油市场和价格的稳定。

石油生产国特别是石油输出国组织比石油消费国更希望召开巴黎会议。虽然巴黎会议是石油生产国和消费国对话会，但是石油生产国对召开这次会议兴趣更大。希望巴黎会议有助于结束油价长期低落的局面，是石油生产国的主要目的。1986年国际石油价格暴跌以来，除在海湾危机期间很短的一段时间外，油价一直在每桶18美元上下徘徊。国际石油价格长时间走低，给石油生产国经济发展带来很大的困难，特别是海湾危机和第一次海湾战争后，中东石油生产国急需大量重建资金。因此，尽快结束国际石油价格长期低水平状态，是石油生产国迫切想要解决的问题。就石油生产国本身来说，由于海湾危机和第一次海湾战争造成了石油输出国组织的分裂，石油输出国组织无法做到这一点，因而只有求助于巴黎对话会。正因如此，1991年5月27—29日，沙特阿拉伯、伊朗、委内瑞拉、尼日利亚、印度尼西亚和阿拉伯联合酋长国6国部长在伊斯法罕举行的“90年代的石油和天然气：合作前景”会议上表示，即使巴黎会议不讨论油价和石油供求，也无条件支持召开这次会议[71]。此外，希望工业化国家对石油生产国进行投资以扩大石油产量，也是石油输出国组织召开这次会议的重要目的之一。如石油输出国组织秘书长苏布罗托提出，如果石油输出国组织日产能力从1991年的2 300万桶提高到1995年的3 500万桶，必需600多亿美元的投资。为此，除希望今后几年石油价格能稳定、公正外，石油输出国组织还希望工业化国家前往进行投资，并协助石油生产国改善环境[72]。

在这次会议召开前，石油输出国组织对此抱有很大的希望，苏布罗托认为，“巴黎会议将对石油市场的稳定做出重大贡献”。事实上，这次会议并未取得任何实际成果。其主要原因如下。一是以美国为首的石油消费国对这次会议态度冷淡。早在1991年5月4日佩雷斯总统访美期间，美国总统布什就表示反对召开这种会议。同年6月27日，美国国务院女发言人塔特怀勒说，虽然美国派观察员出席这次会议，但并不表示美国赞成由政府控制石油市场，而是出于同法国和委内瑞拉友好关系的考虑，“我们的基本原则是，石油市场的稳定依靠市场力量有效地发挥作用而不是政府干预”[73]。日本、加拿大和韩国与美国立场一致，都派观察员出席了会议。二是石油生产国特别是石油输出国组织内部分裂。从某种程度上可以说，自1986年以来油价长期走低，主要是由石油输出国组织本身造成的。石油输出国组织成员国对石油产量和价格问题一直未能统一立场，而且海湾危机和第一次海湾战争又加剧了它们的分裂。只要石油输出国组织分裂依然如故，无论石油生产国和石油消费国召开多少次这样的巴黎会议，国际石油市场也不可能稳定。

3.伊拉克石油出口问题和“石油换食品计划”的实施

第一次海湾战争后，伊拉克的石油问题一直是石油输出国组织内部和国际石油界关注的焦点之一。1991年3月10日，第一次海湾战争刚刚结束10天，伊拉克和科威特的油田还燃烧着熊熊大火，联合国副秘书长马尔蒂·阿赫蒂萨里带领着5个专家小组前往巴格达，评估伊拉克人民的人道主义需求。联合国专家小组用一周的时间，实地考察了巴格达地区和距离巴格达400公里的北部重镇摩苏尔。专家小组发现，不仅伊拉克支持现代生活的方式如水电供应和交通都已经遭到战争的破坏，而且连基本的食物供应都出现了危机。伊拉克的粮食储备在第一次海湾战争中已经消耗了2/3，剩余的粮食人均只能分配6公斤，而那时距离粮食的收获季节还有漫长的6个月，即使到了播种的季节，伊拉克的种子仓库中也是空空如也。3月20日，联合国代表团回到纽约，向安理会递交了14页的报告，报告陈述了伊拉克食品、卫生、交通和能源的情况，提出联合国应该立刻向伊拉克提供大规模的粮食和医药援助，以避免在伊拉克发生饥荒和疾病流行的人道主义灾难。1991年4月3日，安理会5个常任理事国一致通过第687号决议，要求在联合国的监督下，销毁伊拉克所有的生物和化学武器，削减伊拉克的军事实力，将完全解除对伊拉克制裁的条件设定为对伊拉克武器核查的顺利完成。1991年4月16日，伊拉克驻联合国大使安巴里要求联合国解除对伊拉克的石油禁运，准许出售10亿美元的石油以购买食物、药品等生活必需品。这样，第一次海湾战争后，伊拉克的石油出口问题正式提上了日程。

1991年6月11日，联合国安理会拒绝解除对伊拉克的贸易禁运。7月25日，安理会开会讨论伊拉克的石油出口问题。8月15日，联合国安理会通过第706号决议，要求在联合国的监督下和伊拉克支付战争赔偿的情况下，允许伊拉克出口一部分石油。9月19日，在秘书长的建议下，通过决议，同意伊拉克在6个月内出口16亿美元的石油，其中的30%用于支付战争赔偿，5%用于支付联合国在伊拉克执行一系列销毁武器决议行动的费用，其余的收入用于购买食品和药品。在这一决议中，联合国还规定，有关伊拉克石油出口的主要活动，如石油收入款项汇入联合国账户，由联合国管理；所购买的食品由联合国负责分发等。决议通过后，联合国成立并于10月31日任命了一个由挪威国家石油公司前总经理等人组成的小组，负责监督伊拉克的石油出口问题。10月15日，联合国制裁委员会提出关于伊拉克石油出口细节的报告。11月17日，伊拉克驻联合国大使安巴里发表谈话称："伊拉克对执行联合国的决议不感兴趣。"[74] 这样，伊拉克石油出口问题陷入僵局。

1992年1月8—10日，联合国副秘书长与伊拉克驻联合国大使各率代表团在维也纳就石油出口计划进行谈判，但未取得任何成果。原定于2月5—7日举行的第二轮谈判，因不满联合国进一步制裁，伊拉克拒绝参加而告吹。3月12日，伊拉克副总理阿齐兹告诉联合国安理会，伊拉克急于出售石油购买食品和药品等必需品，但不希望在联合国的监督下出售石油。[75]在这以后，双方就石油出口问题又多次进行过交涉，但均未取得成效。5月4日，阿齐兹在接受土耳其电视台的采访时，再一次公开拒绝联合国关于伊拉克出售石油的决议。他在这次的谈话中表示，"联合国通过的决议是想把伊拉克变成殖民地。……我们允许它们控制石油出口的所有事务。……但它们想自己分配食品和药品，我们不接受这一点。……它们无权这么做。我们仍是独立和主权国家，我们不是奴隶"[76]。伊拉克政府虽然对石油换食品计划不满，但是没有关死与联合国接触的大门。自1992年1月起，伊拉克与联合国就石油换食品的谈判断断续续展开，一谈就是5年，每次谈判都是功亏一篑。

从1990年8月开始的制裁到1995年，伊拉克经济社会遭受沉重的打击，加之这一期间农产品歉收等原因，伊拉克已经到了经济崩溃的境地。1995年，伊拉克民众的配给额已经降到了联合国规定的温饱线以下，每人每天的生活费不足1美元。在第一次海湾战争之后，联合国在巴格达设立了人道主义办公室，从1991年设立到1995年年初的5年间，这个办公室从紧张的经费中拿出了9.64亿美元向伊拉克提供人道主义援助，但这对2 200万伊拉克民众来说只是杯水车薪。[77]此时，国际社会认识到，为解决人道主义灾难，只有让伊拉克出售石油。1995年4月14日，联合国安理会一致通过第986号决议，决议规定：伊拉克每90天出口不超过10亿美元的石油；石油收入存入联合国设立代管账户，由联合国秘书长代管；伊拉克只能用此收入购买民用物品；伊拉克出售石油收入要支付战争赔款；伊拉克出售石油收入要支付联合国在伊拉克人道主义救援和核查的费用。[78]在第986号决议通过后的一年多时间里，伊拉克同联合国就有关问题进行多轮谈判。一年后的1996年5月20日，伊拉克同联合国达成了谅解备忘录，也就是所谓的“石油换食品”协议。自此到同年11月底，由于伊北部库尔德人居住区等原因，协议又数度搁浅。1996年12月9日，时任联合国秘书长加利宣布，正式同意实施“石油换食品”协议。1996年12月10日巴格达时间8点刚过，连接伊拉克和土耳其的原油输油管道在空寂多年后又响起了汩汩流动的声音，这标志着“石油换食品”协议终于付诸实施。据记者在现场记录，当伊拉克石油终于重新出口时，首都巴格达几乎成了狂欢的海洋。平民百姓走到街上载歌载舞；所有的汽车都鸣响喇叭以示庆贺，更有伊拉克人用手中的冲锋枪向天空射击来表达自己欣喜若狂的心情。[79]

从1996年年底正式实施开始，联合国和伊拉克又根据计划执行情况对“石油换食品”计划进行了数次修改。到2003年1月，安理会批准第13批“石油换食品”计划。2003年3月17日，第二次海湾战争一触即发前夕，所有联合国工作人员从伊拉克撤出，“石油换食品”计划中断。萨达姆政权垮台后，伊拉克局势发生变化，安理会于2003年5月22日决定取消对伊制裁，并决定于11月21日结束这一计划。2003 年11月20日，联合国秘书长安南宣布，实施7年的伊拉克“石油换食品”计划于21日午夜正式终结。

据联合国伊拉克项目办公室统计公告，自1996年12月起，伊拉克根据“石油换食品”计划累计出口了34亿桶原油，总价值655亿美元，其中约有460亿美元用于购买食物和药物等作为伊拉克人民的人道救援物资，伊拉克有60%的人口依靠“石油换食品”计划提供的食品援助。[80]“石油换食品”计划实施的7年间，故事多多。如美英两国于1998年12月17日凌晨1时到20日凌晨4时50分，发动了一场大规模的空袭行动，即所谓“沙漠之狐行动”，其理由是伊拉克违背联合国安理会第687号决议，不与联合国武器核查人员合作，导致联合国的核查无法进行。这次突袭，美英共出动了战机650多架次，发射巡航导弹共425枚，投掷炸弹600枚，空袭目标除伊拉克的导弹研究与生产设施及与导弹研制有关的经济目标外，还包括伊拉克共和国卫队的兵营、总统府、电台、电视发射台和油田等近100个目标。最为著名的，应该也是最不光彩的，是“石油换食品”计划的收尾，即该计划终止两年后于2005年9月7日披露的联合国“石油换食品”丑闻的保罗·沃尔克调查报告。[81]

五、“冷战”结束和苏联石油工业的重组

20世纪80年代末和90年代初，还发生了另一个影响世界政治版图和历史走向的重大事件，即东欧剧变和苏联解体，“冷战”结束。苏联的石油生产历史悠久，是世界上重要的石油生产国，各个不同时期均在国际石油市场发挥着重要的作用。沙皇俄国1911年石油产量为1 120万吨，超过美国居世界第一。1975年，苏联石油产量又一次超过了美国。1991年苏联解体和随后发生的一系列事件，对苏联国家的石油工业和国际石油市场产生了重大影响。

（一）东欧剧变

东欧剧变，指的是从20世纪80年代末到90年代初，东欧各个社会主义国家的政治经济制度发生根本性的改变，由此引起一系列的事件和一定时期的社会动荡。这一变化是从1989年后开始的，最先发生在波兰，后来扩展到民主德国、捷克斯洛伐克、匈牙利、保加利亚、罗马尼亚、南斯拉夫和阿尔巴尼亚，以1991年年底苏联解体而告终。东欧剧变一般被认为标志着“冷战”的结束。南斯拉夫解体过程中，由于领土、财产和利益分割上的矛盾以及原本存在的民族纠纷和宗教冲突，各共和国间和各国内的不同民族间先后发生规模不等的战争，其中最严重的是波黑内战，涉及其周边的塞尔维亚和克罗地亚，并最终演变成科索沃危机。1999年3月24日—1999年6月10日，以美国为首的北约介入科索沃危机，对南斯拉夫联盟的军事目标和基础设施进行了连续78天的轰炸，南斯拉夫联盟众多铁路、桥梁、医院被毁，40%油库和30%的广播电视台受到破坏，经济损失总共达2 000亿美元。就在这次战争期间的1999年5月8日清晨，美军轰炸了中国驻南斯拉夫联盟共和国大使馆。由于东欧国家不是油气生产国，消费量也不大，其政治经济制度的变化和科索沃战争并没有对当时的国际石油市场产生什么影响。“冷战”结束后，这些国家政治体制的变化和同美国、北约关系的不断靠近，直至后来纷纷加入北约，对21世纪初的国际石油形势也产生了较大的影响。

（二）苏联解体

1991年12月25日，苏联总统戈尔巴乔夫宣布辞职并将国家权力和核密码箱移交于俄罗斯总统叶利钦。当晚，苏联国旗从克里姆林宫上空缓缓降下，苏维埃社会主义共和国联盟宣告解体。12月26日，苏联最高苏维埃共和国院举行最后一次会议，以履行苏联终止存在的法律手续。12月27日，叶利钦所领导的俄罗斯联邦连同乌克兰和白俄罗斯分别继承联合国、联合国安理会和其下属国际组织中的原苏联、原乌克兰苏维埃社会主义共和国和原白俄罗斯苏维埃社会主义共和国的席位，其他12个原苏联加盟共和国以新国家身份加入联合国。事实上，早在同年12月21日，由苏联11个共和国（波罗的海三国和格鲁吉亚除外）的领导人在中亚国家哈萨克斯坦前首都阿拉木图举行的首脑会议上签署了阿拉木图宣言，一致同意俄罗斯联邦成为苏联的唯一继承国，苏联在海外的一切财产、存款、外交机构、使领馆等一概由俄罗斯联邦接收。至此，一个昔日的超级大国——苏联已经成为历史。

（三）石油同苏联解体究竟存在什么样的关系

苏联解体后，世界各国的各方人士分别从不同的角度分析、说明和解释一个超级大国为什么会突然瓦解。20多年后的今天，我们再来看这些解释和说明，可以看出这其中解释和说明的官员、专家、学者的不同的、复杂的心境。

在苏联解体的众多解释、分析中，石油始终是一个绕不开的话题。很多学者特别是国内学者，观点非常鲜明，认为苏联的解体是一场阴谋，是一场以当时美国总统里根和英国首相撒切尔夫人主导的、沙特阿拉伯配合的石油战争，他们共同在20世纪80年代初不断打压国际石油价格，在1986年使油价暴跌并维持在较低的水平，从而使当时严重依赖石油出口的苏联经济崩溃，最终导致了苏联的解体。[82]曾担任过俄罗斯代理总理的尤戈·盖达尔曾指出，油价下跌是导致苏联解体的“压垮骆驼的最后一根稻草”[83]。2014年下半年国际石油价格大跌后，国内的某些学者又捡起了这个观点，认为2014年后的国际石油价格下跌又是一次阴谋论，这次针对的是普京时代的俄罗斯。[84]

当然，20多年后的今天，我们还没有发现有关的确切资料，来证明这是不是一场阴谋，但事实上这就是经济学研究中我们常常看到的“资源诅咒”现象，被油气这一黑金诅咒的，不仅仅有苏联，还有委内瑞拉和中东产油国等，我们将在本书的后续章节中再次叙述这一现象，并在有关理论分析部分重点探讨“资源诅咒”问题。

（四）苏联油气工业的私有化改革和重组

苏联曾经拥有世界上举足轻重的石油天然气工业。1985年，苏联对石油工业进行了市场化改革，苏联石油工业部变为石油天然气总公司。1992年，石油天然气总公司分解为俄罗斯石油公司和俄罗斯天然气公司。1992年11月，叶利钦颁布第1403号总统令，对俄罗斯石油工业进行私有化改革。1993年，从俄罗斯石油公司分离出40%左右的优良资产，组成三家上下游一体化的股份制石油公司：卢克、尤科斯和苏尔古特。作为改革先行试点企业，三年内国家股减少到38%，25%的股份分给员工，5%卖给企业领导人，其余上市给公众。作为地方企业，鞑靼石油公司实行的是另一种模式的改革，鞑靼自治共和国政府减持到40%，地方投资资金15%，员工分享41.34%，上市3.66%。1994年3月，俄罗斯天然气公司私有化，15%的股份分配给员工，28.7%的股份不公开交易，与当地居民交换私有化证券，5.2%的股份出售给亚马尔–涅涅茨州的居民，1.1%

的股份转给天然气销售公司，俄罗斯政府在三年内保留40%的股权。1994年，俄罗斯石油工业基本框架形成，组成了14家一体化石油公司。到20世纪90年代末，俄罗斯共有11家纵向一体化石油公司：卢克石油公司、尤科斯石油公司、苏尔古特石油天然气公司、秋明石油公司、西丹科石油公司、西伯利亚石油公司、斯拉夫石油公司、俄罗斯石油公司、鞑靼石油公司、奥纳科石油公司、巴什基尔石油公司。2000年8—9月，奥纳科石油公司、西丹科石油公司分别被合并。这样，到2000年年末，俄罗斯共有9家一体化的石油公司和100多家小型开采公司。在俄罗斯2000年全部石油产量中，一体化石油公司的石油产量占87.5%，俄罗斯天然气控股公司占3%，约100家小型开采公司占9.5%。[85]

除了在国内积极开展兼并活动外，俄罗斯大的一体化石油公司还积极开展国际化业务。如作为俄罗斯最大的石油公司，卢克石油公司在保加利亚、罗马尼亚和乌克兰拥有三家炼油厂；2000年11月，该公司还以7 100万美元并购了美国格蒂石油销售公司在美国东海岸的1 300座加油站和9座油库，并打上了红白两色的卢克公司的醒目标志。[86]卢克石油公司还有遍布白俄罗斯、乌克兰、摩尔多瓦、阿塞拜疆、波罗的海三国、波兰、罗马尼亚和保加利亚的众多加油站。秋明石油公司也购买了乌克兰利西昌斯克炼油厂67%的股份,控制了该国30%的石油产品市场。斯拉夫石油公司除在俄罗斯和白俄罗斯开展业务外，也开展在伊拉克、伊朗、苏丹和科威特的油气开发工作。[87]

1995年，俄罗斯联邦政府成立燃料动力部，主管石油天然气工业。俄罗斯石油公司改制为股份制企业，承担国家石油公司的三项功能：一是受国家委托管理未进入石油公司的那些属于政府的资产；二是主持全国石油工业的科研工作；三是代表政府同外国公司合作，签订合同，销售分成油气。1998年5月，俄罗斯政府拍卖俄罗斯石油公司国有股的75%，因外国公司退出竞标而流拍。7月16日第二次拍卖，并把底价从25亿美元降到16.44亿美元，再次流拍。1998年7月，叶利钦总统把政府在俄罗斯天然气公司中的股份从40.87%降低到35%，以此收入来弥补财政赤字。俄罗斯的私有化加分散化的改革，使俄罗斯石油工业遭受了重创。俄罗斯的石油产量连年快速下滑，1987年最高达到5.695亿吨，1991年降到4.62亿吨，1992年降到3.99亿吨。1996年降到最低谷，只有3.01亿吨，勉强守住3亿吨关口，比1991年减产35%。[88]在这一轮俄罗斯“阵痛式”改革中，俄政府大力推行私有化，尤其到了90年代中期，俄罗斯为了解决政府急需资金的问题，推出“贷转股”计划，商人将钱借给俄罗斯政府，俄罗斯政府以极低的价格将石油及其他公司的股票作为抵押，被形象地称为“世纪大拍卖”。1995年年末，俄罗斯国有石油资产中的很大的一部分以每桶3~11美分的价格抵押和出售，其中东西伯利亚油气公司有将近10亿桶的探明石油储量仅以每桶1美分的价格转手，俄罗斯政府在这一轮世纪大拍卖中最终只获得了5亿美元的商业贷款，政府对国内石油资源的控制下降到只有7%的比例。在这一轮私有化过程中，最具代表性的就是米哈伊尔·霍多尔科夫斯基仅以3.5亿美元贷款就购得了尤科斯石油公司78%的股权，成为该公司的第一大股东并成为俄罗斯的首富。[89]

在这一轮油气工业改革和重组过程中，俄罗斯天然气工业被幸运地保存下来了。1992年11月5日，俄罗斯时任总统叶利钦下令把它改组为股份公司。1993年2月17日，俄罗斯部长会议专门通过决议，将俄罗斯国家天然气康采恩改组为俄罗斯天然气工业股份公司。1998年，俄罗斯天然气工业股份公司举行股东大会，改名为俄罗斯天然气开放式股份公司，其企业有1.1万多家。目前，俄罗斯天然气工业股份公司是俄罗斯最大的股份公司，股东超过50万人，俄罗斯政府始终是这家公司的主要股东，占38.37%的股份。俄罗斯天然气工业股份公司在俄罗斯经济中地位显赫，它生产着俄罗斯8%的工业产值，保证了25%的国家预算，控制着俄罗斯65%的天然气储量和世界20%的天然气储量，开采的天然气占世界天然气开采量的1/5，占俄罗斯全部开采量的90%，公司的天然气输送管道总长15.5万公里，为世界之最。[90]

除俄罗斯外，苏联的里海、中亚地区也拥有丰富的石油天然气资源，其中阿塞拜疆、哈萨克斯坦、土库曼斯坦、乌兹别克斯坦4国是主要的油气生产国和出口国。苏联解体后，苏联的里海、中亚地区油气生产国也纷纷建立了自己的石油天然气工业管理和生产体系，并根据不同时期本国经济政治的需要与俄罗斯及世界其他国家，尤其是国际大石油公司开展油气方面的合作，签署了众多的大型油气田开发项目和跨地区油气管道项目，其中，1993年4月哈萨克斯坦同雪佛龙等签署了为期40年、总投资200亿美元的田吉兹油田开发“世纪契约”；1994年9月20日阿塞拜疆同英国石油公司、美国雪佛龙公司等签署了开发ACG巨型油气田的“世纪合同”；1997年哈萨克斯坦与国际阿吉普财团（Agip KCO）以产品分成协议形式签订了北里海油田开发项目，2000年最终勘探确定了后来投资额高达550亿美元的卡沙甘大油田开发。这些大油田都是世界级的超大油气田，其合作过程和最终投入生产都在一定程度上改变了世界油气经济政治格局，对国际石油市场产生了较大的影响。

（五）两次车臣战争

就在苏联解体过程中和解体后的一片混乱中，在俄罗斯境内还发生了著名的两次车臣战争。第一次车臣战争爆发于1994年12月11日，1996年8月31日停火，由于战事不利和大选逼近，叶利钦和车臣签署停火协定，车臣获得非正式的独立地位。第二次车臣战争爆发于1999年8月，2000年2月28日俄罗斯控制了绝大部分车臣土地，2000年6月中旬战争基本结束。第二次车臣战争成就了俄罗斯总统普京的硬汉形象，他接替叶利钦出任代总统做的第一件事，就是在2000年的元旦期间前往前线视察，并于2000年3月20日亲自乘坐苏–27战斗机飞过车臣战区，后一件事在很长时间内都在网络上为人们所津津乐道。两次车臣战争表面上的起因，是俄罗斯和其下属的车臣共和国分裂分子之间长久的历史、民族的矛盾，但其背后深层次的原因，是车臣所在的高加索地区非常丰富的油气资源及其在俄罗斯、里海地区油气出口运输通道中的关键作用引发的。高加索地区非常丰富的油气资源和其在俄罗斯油气出口运输通道中的关键作用，不但导致了20世纪末的两次车臣战争，而且引发了21世纪初的俄罗斯格鲁吉亚战争。

六、20世纪90年代的低油价和影响未来石油市场的重大事件

回顾历史，我们有趣地发现，虽然20世纪90年代的十多年时间里发生了这么多的大事，但无论从绝对值还是相对值来说国际石油价格都处于低位，国际大石油公司为了生存不得不进行大规模的

重组，通过20多年的努力国际能源署成员国的石油储备已成一定的规模。同时令人吃惊的是，就是在这个低油价的时代，却催生了改变世界石油工业的非常规油气资源生产技术，这些技术在进入21世纪后逐渐发挥作用，改变了世界石油工业的历史并引发了国际石油市场形势的剧变。

（一）国际石油价格持续走低

图5–2和表5–3展示的是1990—2000年11年国际石油价格的走势情况。简单地统计一下表5–3中的有关数字，11年间美国西得克萨斯中质原油年均价格为每桶20.68美元，布伦特原油为每桶19.25美元，迪拜原油为每桶17.79美元。这十余年间，虽然短时间内油价也突破过每桶30美元，但一般意义上我们可以说，每桶20美元

图5–2　1990—2000年国际油价走势情况

数据来源：路透通讯社1990—2000年统计数据。

是90年代十余年间国际石油价格的普遍现象。因为后面我们要谈到的亚洲金融危机的影响，1998年12月和1999年2月国际石油价格一度还跌破过每桶10美元，最低到每桶9.13美元，这应该是第二次石油危机以来到目前为止我们看到的最低的国际石油价格。

表5–3 1990—2000年国际油价数据

（美元/桶）

年份	美国西得克萨斯中质原油	布伦特原油	迪拜原油
1990	24.50	23.73	20.45
1991	21.54	20.00	16.63
1992	20.57	19.32	17.17
1993	18.45	16.97	14.93
1994	17.21	15.82	14.74
1995	18.42	17.02	16.10
1996	22.16	20.67	18.52
1997	20.61	19.09	18.23
1998	14.39	12.72	12.21
1999	19.31	17.97	17.25
2000	30.37	28.50	26.20

数据来源：*BP Statistical Review of World Energy June 2016.*

当然，1990—2000年11年间的国际石油形势的变化，却不如图5–2的一张图和表5–3的一张表所示的那样简单。除了我们在本章讨论过的有关内容，如伊拉克石油禁运、苏联解体、油气工业的重组和本节将要讨论的亚洲金融危机等外，还发生了众多有影响力的大事。

从石油输出国组织来说，无论其愿意与否，作为事实上的国际石油市场供应的调节者，它一直在不遗余力地平衡国际石油市场的供需，其主要目的是维持1990年7月26—27日第87届部长级会议决定的每桶21美元的“参考价格”。1991年3月，石油输出国组织部长级会议决定，该组织的产量限额为每天2 230万桶，而在1991年11月的会议上将产量限额提升到每天2 365万桶，1993年9月的会议上又将产量限额提升到每天2 452万桶。1997年11月，石油输出国组织决定，将1998年上半年的产量限额提高到每天2 750万桶，这是在这11年间石油输出国组织产量限额的最高数字。好景不长，随之而来的亚洲金融危机导致的经济衰退，使世界石油需求不断下降，1998年亚洲地区的石油需求出现了10年来的首次负增长，总需求为每天1 933万桶，比上年下降了每天50万桶。1998年4月、6月、11月和1999年3月，石油输出国组织第104~107次部长级会议决定，将自己的产量限额分别减少每天124.5万桶、每天135.5万桶和每天171.6万桶，非石油输出国组织产油国墨西哥、阿曼等也分别减产每天30.1万桶、每天18.9万桶和每天38.8万桶，以求维持国际石油市场的供需平衡。1998年3月—1999年3月的一年间，石油输出国组织和非石油输出国组织成员国合计累计减产每天519.4万桶，减产力度之大，为历史之最。[91]就是在这样的减产力度下，1998年12月10日前后和1999年2月10日前后，国际石油价格再次出现了自第二次石油危机以来的最低水平，分别为每桶9.13美元和每桶9.8美元。[92]正是面临油价不断下跌的压力，1999年3月，石油输出国组织和非石油输出国组织产油国再次加大减产的力度，共同每天减产210.4万桶，从当年的4月1日起生效并保持一年，其中石油输出国组织承诺每天减产171.6万桶，7个非石油输出国组织产油国每天减产38.8万桶。这一减产数量约占当时的世界原油产量每天7 400万桶的2.8%。事实上，这也是20世纪石油输出国组织和非石油输出国组织产油国最后一次减产。自此之后，出于种种原因，国际石油市场峰回路转，世界石油生产国的坏日子终于熬到了头。得益于石油输出国组织较好地履行了减产协议和亚洲金融危机的逐步结束，国际社会对世界经济信心的恢复，加之国际石油市场库存的变化，国际石油价格也开始触底反弹，1999年8月油价涨破每桶20美元，11月中旬涨破每桶25美元，而12月更是涨到每桶26.15美元这一海湾战争以来的最高纪录。与此同时，面对日益改善的需求，2000年3月、6月和10月，石油输出国组织分别将产量限额提高了每天145.2万桶、每天70.8万桶和每天80万桶。到2000年年底，石油输出国组织已将产量限额恢复到每天2 620万桶的水平，已快接近1998年年初产量限额的水平，而国际石油价格已经上涨到超过每桶36美元。[93]

特别需要指出的是，2000年3月27—29日在维也纳举行的第109届部长级会议上，除正受联合国制裁的伊拉克和主动不参加的伊朗外，9个石油输出国组织成员国决定，同意将产量限额提高每天145.2万桶，从而使该组织的石油产量提高到每天2 107万桶，恢复到1998年6月水平。更为重要的是，在这次会议上，石油输出国组织开始实施每桶22~28美元的价格带政策，明确该组织7种一揽子原油平均价在20天内低于或高于每天22~28美元的范围，成员国将自动每天减产或增产50万桶。据称，石油输出国组织官方并没有宣布有关价格带的决定，有关新闻媒体得到的消息是，石油输出国组织成员国同意实施价格带，希望通过软性的自动减产或增产以求稳定国际石油价格，而无须定期或不定期举行会议讨论限产的数量和办法。[94]事实上，现在回过头来分析20世纪国际石油价格不断大涨的历史，我们认为，这次会议决议所反映的是，与10年前的第87届部长级会议上决定的每桶21美元的“参考价”相比，这10年间国际石油市场的供需形势发生了积极的变化，10年后的20世纪最后一年，国际石油市场供应日显紧张。

这一期间，石油输出国组织成员国发生了一些有趣的变动。1992年12月，厄瓜多尔暂停其成员国资格；1995年1月，加蓬终止其成员国资格。这样，到90年代下半期，石油输出国组织只剩下了11个成员国。进入21世纪后，这两个国家又分别于2016年1月和7月恢复了成员国资格。在有关成员国资格方面，印度尼西亚最为奇特。2009年1月，印度尼西亚暂停了其石油输出国组织成员国资格，2016年1月恢复，但在同年11月30日的石油输出国组织第171届部长级会议上又暂停了成员国资格。这样，加上2007年安哥拉的加入，至此石油输出国组织仍然有13个成员国。[95]

20世纪90年代国际石油市场还出现了一个非常奇特的现象，就是持续的低油价导致了一些产油国的石油工人举行罢工。1994—1995年，陆续发生了尼日利亚、巴西、印度和哥伦比亚等国的石油工人罢工，罢工的原因同这些国家的政治经济环境密切相关，但90年代以来的持续低油价影响了工人生活质量也是罢工最重要的原因之一。罢工的结果导致了石油产量的减少，短时间内促使油价反弹，使工人工资收入有所增加。因此，从这一点可以看出，国际石油价格的波动，尤其是长时间处于低位，不仅影响了石油生产国、石油公司的收益，而且对这一行业的工作产生了直接影响，使油价真正成为社会政治经济生活全方位格局中牵一发而动全身的关键因素之一。产油国石油工人的罢工运动，某种程度上也促使石油生产国政府，包括石油输出国组织和非石油输出国组织产油国进行联合协调减少石油产量，努力促使油价回升，从而出现了90年代它们联合减产的现象。当然，在世界石油工业发展的历史中，石油工人的罢工事件不断，如尼日利亚的石油工人就经常举行罢工，2002年委内瑞拉石油工人更是举行了规模更大的罢工，差点使查韦斯下台，石油工人罢工的原因方方面面，对国际石油价格走势的影响仅仅是短期的，不会起到长期和决定性的作用。

正如本章分析所谈到的，1990—2000年的11年间，国际上发生了很多大事，有战争，有苏联这样超级大国的解体，有几乎席卷全球的金融危机，石油输出国组织也不断协调成员国的行为，并不断同非石油输出国组织产油国协同以求稳定国际石油价格，但其结果是国际石油价格长时间在较低的水平上波动。经历了2014年油价大跌后，我们今天再来回顾20世纪80年代下半期和90年代的国际石油市场，其借鉴意义非常大，我们将在第9~13章中的相关部分进行深入的讨论。

（二）亚洲金融危机加速国际石油价格的低迷

1997年6月，一场金融危机在亚洲爆发，危机持续到1998年年底，对亚洲和世界经济产生了重大的影响，同时给国际石油市场带来了较大的冲击，国际石油价格出现历史低位。

亚洲金融危机大致有三个阶段。第一阶段起于1997年7月2日，泰国宣布放弃固定汇率制，实行浮动汇率制，引发了一场遍及东南亚的金融风暴。当天，泰铢兑换美元的汇率下降了17%，外汇及其他金融市场一片混乱。在泰铢波动的影响下，菲律宾比索、印度尼西亚盾、马来西亚林吉特相继成为国际炒家的攻击对象。

8月，马来西亚放弃保卫林吉特的努力。一向坚挺的新加坡元也受到冲击。印度尼西亚虽是受“传染”最晚的国家，但受到的冲击最为严重。10月下旬，国际炒家移师国际金融中心中国香港，矛头直指中国香港联系汇率制。中国台湾当局突然弃守新台币汇率，一天贬值3.46%，加大了对港币和中国香港股市的压力。10月23日，中国香港恒生指数大跌1 211.47点；28日，下跌1 621.80点，跌破9 000点大关。11月中旬，东亚的韩国也爆发金融风暴，17日，韩元对美元的汇率跌至创纪录的1 008∶1。21日，韩国政府不得不向国际货币基金组织求援，暂时控制了危机。到12月13日，韩元对美元的汇率又降至1 737.60∶1。韩元危机也冲击了在韩国有大量投资的日本金融业。1997年下半年日本的一系列银行和证券公司相继破产。于是，东南亚金融风暴演变为亚洲金融危机。第二阶段起自1998年年初，印度尼西亚金融风暴再起。2月11日，印度尼西亚政府宣布将实行印度尼西亚盾与美元保持固定汇率的联系汇率制，以稳定印度尼西亚盾。2月16日，印度尼西亚盾同美元比价跌破10 000∶1。受其影响，东南亚汇市再起波澜，新加坡元、马来西亚林吉特、泰铢、菲律宾比索等纷纷下跌。1997年爆发的东南亚金融危机使得与之关系密切的日本经济陷入困境。日元汇率从1997年6月底的115∶1跌至1998年4月初的133∶1；5—6月，日元汇率一路下跌，一度接近150∶1的关口，亚洲金融危机继续深化。第三阶段起自1998年8月初，国际炒家对中国香港发动新一轮进攻，恒生指数一直跌至6 600多点。俄罗斯中央银行8月17日宣布年内将卢布兑换美元汇率的浮动幅度扩大到6.0∶1~9.5∶1，并推迟偿还外债及暂停国债券交易。9月2日，卢布贬值70%。这都使俄罗斯股市、汇市急剧下跌，引发金融危机乃至经济、政治危机。俄罗斯金融危机的爆发，则说明亚洲金融危机已经超出了区域性范围，具有了全球性的意义。1999年，金融危机结束。

亚洲金融危机期间，国际石油价格大幅下跌。在1997年的绝大部分时间里，国际市场基准原油美国西得克萨斯中质原油价格在每桶19.50美元之上波动。到11月底为止，美国西得克萨斯中质原油、欧洲布伦特油及亚洲迪拜油的现货平均价分别为每桶20.81美元、每桶19.50美元和每桶18.31美元，与1996年三种原油的年平均价每桶22.15美元、每桶20.65美元和每桶18.54美元相比，分别低每桶1.34美元、每桶1.15美元和每桶0.23美元。截至1997年11月底，石油输出国组织一揽子油价平均为每桶18.88美元，比1996年平均每桶20.29美元的价格下降了每桶1.41美元。到1998年，油价更是达到了20世纪80年代初以来的最低点。美国西得克萨斯中质原油价格由年初的每桶18.6美元一路下跌到12月中旬的每桶11美元左右，下降了40%。北海布伦特原油也由每桶16美元跌破每桶10美元的心理价位。1999年2月下旬，油价一度跌到每桶9.80美元。从全年看，由于亚洲金融危机结束，加之石油输出国组织成员国和非石油输出国组织产油国决定从当年4月1日起每天减产170万桶，这样1999年国际石油价格不断上涨，国际石油价格从年初的不到每桶10美元上涨到约每桶25美元。

（三）国际大石油公司加速重组

20世纪90年代的持续低油价，直接催生了国际大石油公司的再次重组。“油价跳水引发了自1911年美国最高法院下令解散标准石油公司以来最大规模的石油行业重组。如果没有石油价格的崩溃创造的一系列条件，这种结果是无法想象的。”[96]

英国石油公司首开这一轮大重组的序幕。1995年，约翰·布朗担任英国石油公司的首席执行官，鉴于英国石油公司仅是一个中量级的、孤立的英国公司，规模不够大，不去兼并别人，就会被别人吃掉。布朗首先看中的是老牌的美孚石油公司，但因双方在股票溢价方面的分歧而分手，后又将方向转到了美国阿莫科石油公司，经多轮谈判，1998年8月11日双方宣布合并，1998年12月的最后一天价值480亿美元的合并案完成了交割。紧接着，新近合并后的英国石油–阿莫科公司又于1999年4月1日以268亿美元收购了美国另一家石油公司阿科公司。

在英国石油公司四处寻找猎物的同时，另一大石油巨头埃克森公司也没有闲着，在得知英国石油公司同美孚重组失败后，埃克森找上了美孚，双方经过多轮谈判和利益交换后，1998年12月1日，埃克森和美孚宣布合并，1999年11月30日，合并后的埃克森美孚公司正式诞生。

世界另一石油巨头法国道达尔公司也在紧张地开展并购活动。1998年年底，道达尔收购了比利时菲纳石油公司，扩展了在欧洲的下游业务。1996年6月，道达尔制订了收购法国另一石油巨头埃尔夫公司的计划。由于道达尔和埃尔夫都是法国公司，虽然已经私有化，但法国政治拥有所谓的“黄金股”。在征得法国政府同意后，1999年9月，双方合并完成，道达尔成为一家世界级的石油公司。

在美国，另外两家老牌石油公司也在紧张谈判合并的问题，它们是雪佛龙公司和德士古公司。除了历史渊源外，两家公司还共同经营着加德士石油公司，两家公司苏伊士运河以东的业务都由加德士公司经营。1999年春，双方开始合作的谈判，2000年5月两家公司的高层在旧金山会谈。2000年10月，雪佛龙和德士古合并。

根据美国联邦贸易委员会的裁决，英国石油公司在并购阿科石油公司时必须出售后者在阿拉斯加北坡的资产，美国菲利普斯公司和大陆石油公司都竞标这一部分资产。在共同竞标阿科公司资产的过程中，菲利普斯和大陆石油公司产生了合并的想法，2001年11月双方宣布合并创立了康菲石油公司，成为全美第三大石油公司并拥有美国最大的下游业务。

在90年代后期国际大石油公司大重组期间，只有一家公司没有参与，它就是当时世界上最大的石油公司壳牌公司，经过这一轮大重组之后，壳牌不再是世界上最大的石油公司。自1984年雪佛龙兼并海湾石油公司使“七姊妹”变成“六姊妹”起，通过这一次兼并重组，原“七姊妹”只剩下了“四姊妹”。到20世纪末，如果加上重组后的道达尔，国际石油市场形成了五大巨头并立的局面，它们分别是埃克森美孚、雪佛龙、英国石油、壳牌、道达尔，国际大石油公司的实力通过这一轮重组更加强大、更加富可敌国了。

（四）国际能源署成员国的石油储备已成规模

第一次石油危机后，经济合作与发展组织成员为联合应对高油价，于1974年成立了国际能源署，其主要宗旨中就要求成员建立一定规模的石油储备，以应对国际石油市场的供应短缺和油价波动。成立初期，国际能源署规定成员国建立应急储备的规模为60天净进口量。1975年9月，国际能源署将应急储备的规模从60天净进口量提升到1976年年初的70天净进口量，1976年11月又决定在1980年年初将应急储备的规模提升到90天净进口量的水平。至此，一般行业通行认为90天石油储备规模的惯例形成，其详细解释包括：石油净进口的成员国必须拥有相当于前一年度平均净进口量90天的原油和成品油储备，对于这一规模的储备必须由政府直接拥有或虽非政府直接拥有但可以动用，以确保履行其成员国责任。[97]国际能源署石油净出口的成员国，不承担石油储备的义务，具体包括加拿大、丹麦、挪威和英国，但丹麦和英国依据欧盟以石油消费为基准的储备规定，建立了与其他欧盟成员国一样的储备，挪威也建立了自己的国家储备和应急储备。因此，国际能源署成员国中，仅加拿大没有建立石油储备。国际能源署成立时，有21个会员国，2000年时该组织成员国增加到25个，到2017年4月初其成员国为29个。

国际能源署成立后，在石油储备的建立上不遗余力，通过20多年的努力，到2000年前后基本建成了一套较为完备的石油储备体系。

首先，储备规模不断扩大，已远远超过了该组织给石油净进口成员国设定的目标。1986年，国际能源署的石油储备规模到达最高水平，约相当于石油净进口成员国160天的石油净进口量。2000年年中，国际能源署成员国的石油储备规模为3.7亿吨，大约为27亿桶，相当于该组织石油净进口成员国110多天的石油净进口量。而到2000年中期，世界石油储备规模则更大，其中存储于生产、运输和炼制设施以及大型分销终端中的世界一级石油储备估计为59亿桶（8亿吨），相当于90天的世界石油消费水平，它包括13亿桶战略储备（实际上它们全部在经济合作与发展组织成员中）和46亿桶商业储备。商业储备中，有27亿桶在经济合作与发展组织成员中，10亿桶在世界其他国家中，还有9亿桶石油在海上或运输途中。除一级储备外，通常还有约10亿桶的石油储存在小型分销站、批发商和零售商持有的二级和消费者持有的三级储备中，这样世界石油总储备规模大约有70亿桶。[98]

其次，国际能源署制定了《国际能源计划协定》，明确了供应中断时各成员国应采取的具体行动。此外，还开展了应急评估，定期开展演习和咨询活动以确保应急准备的有效性。如1995年2月，国际能源署理事会决定，不论中断规模大小，在各种中断情形下，启动分配机制以前应着重实施协同储备动用和其他措施；1996年，召开长期石油安全问题会议，吸引石油工业的广泛参与，包括主要石油公司的首席执行官和高级官员，明确储备动用再辅以一些其他措施是缓和或应对危机最有效的方法；1997年，召开全球石油安全会议，与非成员国分享有关石油市场最新变化的信息与如何能影响国家和全球石油安全方面的经验；1998年，举行了应急演习，针对一个随时间逐渐恶化的危机而展开，对石油公司人员和国际能源署成员国政府官员进行培训，并对其现有程序进行测试。为应对当时热门的2000年千年虫问题，国际能源署为可能的供应中断制订了每天200万桶的应急计划，并在1999年分别从加拉加斯到莫斯科组织了5次区域性研讨会，旨在提高非成员国对千年虫问题的意识。通过这些活动，国际能源署形成了一套较为完善的成员国、非成员国应对石油危机和动用石油储备的体制、运作流程。

最后，也最为重要的，就是成功组织成员国动用石油储备，开展危机应对，以求稳定国际石油市场和价格，其中最具代表性的就是1990年海湾危机和1991年第一次海湾战争期间采取的联合行动，并于1991年1月首次动用的石油储备。不包括美国等成员国在内，就国际能源署来说，这次动用石油储备的数量并不大，只有250万桶，但这次行动表明国际能源署及其成员国通过20多年努力建立的石油储备已可发挥实际效果，世界上主要工业化国家通过掌握在自己手中的石油储备，已不仅仅单纯是一个石油进口国和消费国，而已成为国际石油市场重要的参与者之一，可以通过向市场释放一定量的石油库存，应对市场突发情况和危机，至少可在短期内增加市场的供应，一定程度上抑制市场恐慌情绪，增强了危机时期社会大众的信心。就是在第一次海湾战争期间，随着国际能源署成员国动用战略石油储备，国际原油价格从每桶33.73美元下降到每桶18.35美元，市场普遍预期的国际石油价格大涨或第三次石油危机并未发生。

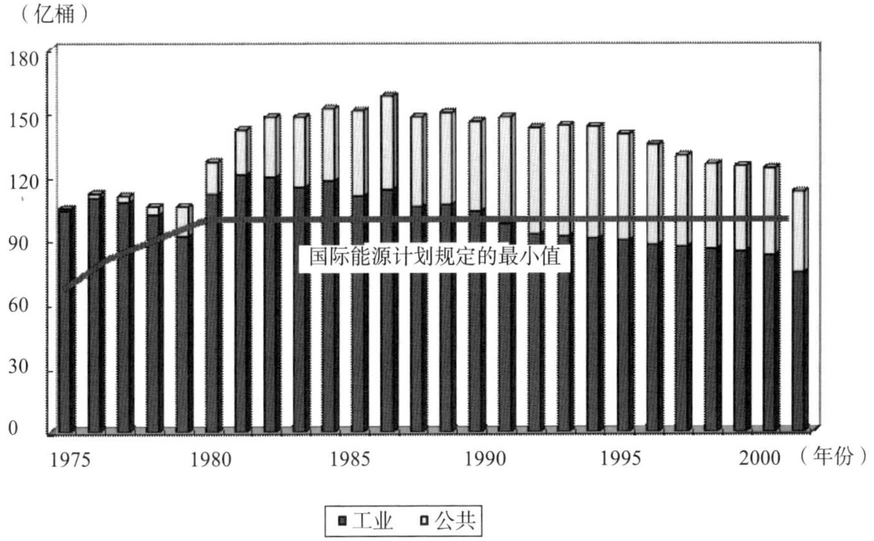

图5–3 国际能源署石油净进口成员国的石油储备规模

说明：以石油净进口量的天数计，年中水平。

资料来源：国际能源署．石油供应安全：2000年国际能源署成员国应急潜力．石油工业出版社，2006：4.

在国际能源署成员国中，美国的石油储备不但规模最大，而且其对国际石油市场的影响力也最大。美国的政府石油储备主要由战略石油储备和东北家庭取暖用油储备组成。1975年12月，福特总统签署了《能源政策与节约法》，美国战略石油储备建设正式启动。1977年7月，第一批大约41.2万桶沙特阿拉伯轻质原油入库。1979年，伊朗发生伊斯兰革命，引发第二次石油危机，美国的战略石油储备迅速增长。1980年，美国战略石油储备量突破1亿桶，1981年迅速增加到2.3亿桶，1982年和1983年分别达到2.94亿桶和3.79亿桶，1985年接近5亿桶。此后增长速度放慢，1990年达到5.86亿桶，1994年达到5.92亿桶。到2000年，美国战略石油储备降到了5.41亿桶。

2000年7月10日，美国总统克林顿指示能源部长比尔·理查森在东北部地区建立200万桶家庭用取暖油战略石油储备，旨在建立一个允许商业公司在严冬季节发生供应中断时足以弥补供应的缓冲器，但又不会规模过大以至供应商将其作为需要更多供应的信号而抬价。200万桶的取暖油战略储备能供东北部地区的消费者使用大约10天，正是船舶将更多取暖油从墨西哥湾运到纽约港所需的时间。200万桶馏分取暖油是用战略原油储备交换出来的，存储在东北部租用的仓储设施内。截至2000年10月13日，所有取暖油都已交付。2000年11月，美国国会修改了《能源政策和节约法2000》，授权建立200万桶东北家庭取暖用油储备，与美国战略石油储备分开管理，由美国能源部按照计划修订案（6号）建立的中间馏分储备管理模式进行管理。

美国战略石油储备由5个大型地下洞穴库组成，分别坐落在得克萨斯州、路易斯安那州及密西西比州。这些地区的盐穴结构为长久储备石油提供了安全、低成本的方式。储油洞穴容积非常大，每个可储藏600万~3 500万桶原油。最典型的洞穴直径为200英尺[①]，

① 1英尺=0.304 8米。——编者注

深达2 000英尺，储油量为1 000万桶左右，每桶容积平均成本只有3.5美元。由于盐穴是在地下2 000~4 000英尺，地层压力将封闭任何裂缝，落差形成的自然温差将保持原油在盐穴里循环流动，从而使原油始终保持良好的质量而不会沉淀变质。美国战略储备石油以质量最好的低硫轻质原油为主。美国墨西哥海湾有21家大型炼厂，还有便于供油品运输的油罐、管道、驳船和码头，并能通过这些设施与中部和中西部的28个炼厂相连，炼力几乎达到美国炼厂总能力的50%。在美国总统决定动用战略石油储备后，动用的原油将在13天之内进入市场，快于法律要求的在总统宣布动用决定后的15日内石油必须进入市场。美国战略石油储备在90天以内的最大动用数量为每天440万桶，随后的90天内，每30天的动用量分别为每天380万桶、每天350万桶和每天190万桶。截至2010年年中，美国战略石油储备上的投资约为220亿美元，其中50亿美元用于设施建设，170亿美元用于原油储备。

美国战略石油储备中的储备原油源于三部分。第一，源自政府公开招标采购。70年代后期和80年代早期美国战略石油储备中的绝大部分都是通过公开招标采购的。1994年克林顿政府期间，因财政赤字，公开招标采购停止，但2009年和2015年又恢复公开招标采购。政府招标采购采取公开竞标方式，由能源部有关机构提前向社会公开购买计划（包括数量、品种、交货地点、时间等）和竞标时间，拟参加竞标的公司须出具银行信用证等资质证明，经审核同意后方可参加竞标，在竞标中报价最低者中标。招标采购中，40%来自与墨西哥国家石油公司签订的长期供应合同，其余是市场现货招标采购。如2015年3月中旬，美国能源部就宣布，将购买500万桶轻质低硫原油用作战略石油储备。[99]第二，源自征收美国联邦政府拥有的外大陆架石油资源的租金。美国联邦政府拥有外大陆架石油产量的12.5%~16.7%，1998年美国内政部将原征收的现金改为原油作为战略石油储备，1999年2月美国政府又增加了征收墨西哥湾中部地区的石油租金。1999年—2009年12月，美国战略石油储备主要源于石油租金。第三，源自美国的企业借用战略石油储备后，支付的利息原油或因延迟交还借用的战略储备原油而支付的相当于罚金的原油。如在2000年的取暖用油轮换中，参与交易的石油公司就额外多归还了330万桶原油作为延迟交付的补偿。在这次轮换中，美国轮出的战略石油储备是3 000万桶，加上利息和补偿，回收的战略石油储备为3 510万桶。[100]据不完全统计，美国战略石油储备中的储备原油，主要来源地分别为墨西哥（约41.2%）、英国北海（23.9%）、美国本土（8.1%）、沙特阿拉伯（4.3%）、利比亚（3.7%）、伊朗（3.1%）、阿联酋（2.8%）、尼日利亚（2.4%）等。[101]

美国战略石油储备的动用较为复杂，具体可以概括为4种类型，即紧急动用（emergency drawdowns）、销售（sales）、协议轮换（exchange agreements）、非紧急销售（non–emergency sales）。[102]美国的战略石油储备动用和轮换主要是通过竞争性销售的方式完成的。随着战略石油储备规模的不断扩大，美国在20世纪90年代对战略石油储备进行了多批次的动用“测试”，以检查战略石油储备在不同环境下使用的效果。除在第一次海湾战争中配合国际能源署启动应急计划，而于1991年1月实际销售了1 730万桶战略石油储备外，20世纪80—90年代美国政府还进行了另外8次战略石油储备的出售测试、非紧急情况下的出售、交换行动。

出售测试的行动有两次。第一次是在1985年，目的是测试战略石油储备库的设备和战略石油储备石油的销售流程。1985年11月

18日，美国能源部宣布接受报价，截至11月26日共有17家公司报价，11月27日能源部宣布向5家报价高的公司出售100万桶战略石油储备，售价为每桶27.69~31.25美元，1986年1月8日所有的石油装运完毕。第二次是1990年“沙漠盾牌”期间的销售测试。1990年8月2日，伊拉克军队入侵科威特，国际石油价格开始上涨，9月27日美国宣布出售500万桶战略石油储备作为销售测试而非动用，以测试战略石油储备在现实情况下的准备情况，共有33家企业报价，10月10日美国能源部宣布向11家报价高的企业出售400万桶原油，1990年12月3日销售测试结束。

协议轮换的行动有4次。第一次是1996年管道堵塞。1996年4月下旬，阿科石油公司得克萨斯州海湾到俄克拉何马州库欣之间的输油管道因运输含蜡原油被堵塞而紧急关闭，造成中部地区石油供应中断。5月3日，美国能源部同意与海路管道公司紧急轮换战略储备原油，向其提供100万桶原油由自由港运往库欣，以保证中部炼厂正常运行。在本次轮换中，战略石油储备共输送给海路管道90万桶原油，阿科石油公司也于12月25日归还全部借出的原油。第二次是1998年玛雅原油轮换。1998年能源部将布赖恩芒德储备库的1 100万桶玛雅原油轮换成850万桶品质更高的原油。玛雅原油主要从墨西哥国家石油公司购买，API等级较低而含硫量较高，紧急动用中操作的灵活性、有效性、动用能力差。1998年8月13日，美国能源部公告要轮换玛雅原油，轮换的油种要符合战略石油储备的品质要求。8月27日，战略石油储备收到7家公司的报价。1998年10月—1999年1月，共向布赖恩芒德输送850万桶奥尔梅克和地峡原油。第三次是2000年海运通道堵塞。2000年6月，路易斯安那州查尔斯湖附近航道堵塞。临近该航道的路易斯安那州最大两家炼厂——雪铁戈炼厂和康菲炼厂将面临原油供应中断的困境。美国能源部决定通过轮换战略石油储备解决炼厂面临的供应短缺问题。6月15日，美国能源部用50万桶原油与雪铁戈炼厂进行轮换。6月16日，美国能源部与康纳炼厂达成同样的轮换协议。6月18日，战略储备石油输往两家炼厂。一周后，堵塞航道恢复通航，两家炼厂分别于7月29日和8月4日归还轮换的原油。第四次是2000年取暖油轮换。2000—2001年，由于美国商业取暖油库存低于往年正常水平，克林顿政府在2000年7月10日声明要建立一个库容为200万桶的取暖油战略石油储备，以保障美国东北部地区的取暖油的紧急需求，取暖油储备库租借私营公司的地上油库。能源部通过轮换战略储备原油的方式从社会上租借油库和获得取暖油。2000年8月末，通过公开竞价的方式，能源部与三家公司签订租借仓储设施的合同，与两家公司签订通过原油储备轮换取暖油的合同。能源部用271.8万桶战略储备原油与Equiva贸易公司、摩根士丹利两家公司轮换200万桶取暖油。2000年秋，美国东北部地区馏分油库存处于低位仍然让政府非常担忧。2000年9月22日，克林顿总统命令能源部长轮换3 000万桶战略储备原油。此次轮换中最后归还战略石油储备的数量为3 120万桶原油。由于2001年的市场状况非常有利，政府将归还期延缓至2002—2003年。由于归还时间延后，石油公司需要额外归还330万桶原油作为补偿。本次轮换结束后，石油公司须归还战略石油储备的原油达到3 450万桶。2002年12月，委内瑞拉减少对美国原油出口，美国石油供应紧张。能源部答应轮换的530万桶原油再次延期至2004年年初，同时获得了额外的60万桶原油作为补偿。2000年的这次原油轮换中最终归还原油总量达到3 510万桶。

非紧急销售的行动有三次，主要是为了缓解联邦政府财政预算赤字，美国政府决定在油价相对高位时出售战略石油储备，同时降低储备成本，1995年10月13日—1998年11月6日总计出售了2 825.7万桶。第一次是1996年维克斯岛战略储备石油销售，这次非紧急销售由政府申请为了支付维克斯岛战略石油储备库退役期间产生的开支。维克斯岛战略石油储备库是由废弃的盐矿改造成的，当时共存储有7 300万桶原油，由于负担过重，对周围的地质结构产生威胁。1994年10月5日，美国能源部宣布要将维克斯岛储备的原油转移到其他储备库中，减少对周围环境造成的威胁，所发生的费用将达到1亿美元，以销售维克斯岛储备的700万桶原油来负担这部分费用。1996年1月29日，美国能源部有关部门发布公告寻求竞争性报价销售维克斯岛储备石油，3月4日—4月21日运出石油，能源部共获得了9 710万美元的收益，折合每桶18.95美元。第二次是1996年销售用以减少政府预算赤字。1996财年，美国政府共需销售价值2.27亿美元的资产以减少政府财政赤字，5月22日—8月5日，美国能源部共销售了1 280万桶原油，使美国政府共获得了2.276亿美元的财政收入，折合每桶17.81美元，销售资金被用来增加教育资金。第三次是1997年销售用以减少政府预算赤字。为了达到1997财年的财政预算，通过销售战略储备石油获得2.2亿美元的财政收入，这次销售售出了1 020万桶原油，获得了2.2亿美元的财政收入，全部运输在1997年1月完成。

当然，进入21世纪，美国政府又进行了多轮战略石油储备的紧急动用、销售、协议轮换和非紧急销售等行动，使其战略石油储备的使用方式更加完善和顺畅，同时在这些行动中客观上出现高抛低吸的现象，即在2014年下半年油价大跌前出售了部分战略石油储备，而到2015年又开始从市场上公开招标采购部分战略石油储备原油，通过这些行为，美国的战略石油储备成本更加优化。美国战略石油储备的动用是普惠到在美国境内的所有石油公司的，如2000年6月，因路易斯安那州查尔斯湖附近航道堵塞而受影响需紧急动用战略石油储备的两家炼油厂中，受益最大的炼油厂就是雪铁戈炼厂，它是委内瑞拉国家石油公司在美国的全资企业。如同国际能源署一样，美国作为世界上第一大石油消费国并在较长时间内也是事实上的第一大石油进口国，美国政府通过规模庞大的石油储备，使其自身也已成为国际石油市场最具影响力的参与者，一方面，美国政府可以与国际能源署成员国联手或独立通过释放石油储备短时间内干预国际石油市场的供应平衡；另一方面，作为世界第一大消费国，美国国内石油市场的一举一动事实上直接影响了国际石油价格的走势，而美国政府通过协议轮换等手段，可以较好地应对国内市场因交通、天气等因素造成的石油供应、生产等短期突发事件，维持了国内市场的稳定，从而也间接地维持了国际石油市场的稳定。当然，庞大的石油储备，也变成了美国政府的储钱罐，预算紧张时居然可以救急，这可能是当初筹划建立战略石油储备的美国政治家们和现世的能源专家们怎么也无法规划出来的战略石油储备的功能。

美国政府并不要求商业石油公司为满足国际能源署的应急储备义务而拥有石油储备，也不会对这个方面给予任何财政支持，美国的税法也没有鼓励拥有库存方面的优惠。因此，我们一般在讨论美国石油储备时，仅指美国政府所拥有的战略石油储备，而不涉及美国企业的商业储备。

（五）持续进步的非常规油气资源生产开发技术

20世纪90年代，非常规油气资源开发技术不断取得进展，为2014年的油价大跌埋下了伏笔，改变了世界石油市场的走向。在这些技术进步中，加拿大油砂开采、美国页岩油气开发最具代表性。

世界非常规油气资源非常丰富，其中最具代表性的有加拿大的油砂资源。据美国能源信息署统计，加拿大已探明石油储量1 752亿桶，占全球储量11.91%，仅次于沙特阿拉伯和委内瑞拉，居世界第三位，其中97%源于油砂，阿尔伯塔省已探明油砂储量超过1 700亿桶，占世界油砂储量的85%，是世界上最大的油砂储藏地和产地。经过20世纪60—70年代的广泛研究和实验，加拿大帝国公司开发出一套热力驱油方法——“循环蒸汽驱油”（Cyclic Steam Stimulation，CSS）。1985年，该公司将这一技术运用在冷湖项目中，开发埋藏深度在400米的油砂。与此同时，该公司还发明了油砂领域最具创新和突破的技术“低压蒸汽辅助重力驱油”（Steam Assisted Gravity Drainage，SAGD），成为开发埋藏深度在400米以下油砂的主流技术。进入20世纪90年代，由于油砂开采、运输、分离和提炼技术的一系列重大创新，从油砂中生产原油的成本已经大幅下降。20世纪80年代初，从油砂中生产一桶原油的总成本需要35加元以上，到90年代末，这一成本已急剧下降到了15~18加元。1996年，由于技术进步降低了油砂生产成本，加上政府税收优惠政策的刺激，投资者共投入了330亿加元继续推进油砂生产和技术改进工作。到1998年年末，阿尔伯塔省油砂提炼出的原油产量已经超过24亿桶，是加拿大最大常规油田彭比纳产量的两倍。[103]

从政策的角度看，美国政府长期以来一直非常重视非常规油气资源的开采。早在20世纪70年代，美国政府就通过《能源意外获利法》和《天然气政策法案》等，对页岩气的开采实施税收减免和财政补贴，并且长期以来一直坚持执行对页岩气开采的政策优惠，特别是《1980石油暴利税法案》第29条为非常规天然气钻井提供联邦税收抵免。除联邦政府外，页岩气资源丰富的地方政府也出台了诸多鼓励政策，如得克萨斯州自20世纪90年代初以来，对页岩气的开发不征收生产税。同时，美国政府还专门设立了非常规油气资源研究基金，比如20世纪70年代的“东部页岩气项目”。20世纪80年代以来，美国政府已经先后累计投入超过60亿美元的资金用于页岩气产业，一些核心技术的突破正源于此。另外，美国政府非常关注页岩气开采对环境的污染，通过制定相应的环境法案，确保了美国页岩气产业与环境的协调发展。在得益于政府大力支持的同时，美国很多企业都投入页岩油气开采工作中，但在烧钱多年之后，由于关键技术一直没有取得突破，很多企业包括一些大石油公司退出了这场烧钱运动，只有少数几个小企业坚持下来了，在这其中，最著名的就是乔治·米切尔的米切尔能源公司。乔治·米切尔，1919年出生于美国得克萨斯州，出身贫寒，父母是希腊移民。米切尔半工半读，从得克萨斯州农工大学毕业，通过房地产开发赚到第一桶金后，就当起了“野猫”，即盲目的石油开采者。1982年，已经63岁的他读到了美国政府一份有关页岩油气开发的报告，被报告中有关页岩油气可以低成本开发的结论鼓舞，从此立志于页岩气开发技术，要低成本地生产出工业页岩气流。在已烧钱2.5亿美元之后的1998年，米切尔能源公司在巴内特页岩层上的一口井最终打出了工业页岩气流，页岩油气革命终于取得实质性成功。2002年，戴文能源公司以35亿美元的价格收购了米切尔能源公司。正是数十年的坚守和最终取得的成就，乔治·米切尔被称为“页岩气之父”，2011年获颁剑桥能源研究协会终身成就奖。正是在像米切尔能源公司等众多美国小企业的持续努力下，一场席卷国际石油市场并改写世界石油工业历史的页岩油气革命正式登上了舞台。

第 6 章

2001—2017年国际石油价格的轮回

导　语

21世纪的前17年是一段不平静的时期，从国际石油市场来看，这17年间我们经历了两次油价的疯涨和暴跌，人们普遍称这17年国际石油价格的变化就像在乘坐过山车。21世纪这17年的油价运动轨迹，可以看作20世纪两次石油危机在21世纪初的一次重演，国际石油市场和国际石油价格活生生地在我们的眼前上演了一场从不断疯涨到急剧大跌的大戏，震惊、嘲弄、警醒、启发了从石油行业到世界各国的芸芸众生。人类似乎有"好了伤疤忘了痛"的天性，两次石油危机距2004年开始的国际石油价格又一轮不断上涨不到20年的时间，两次石油危机中的很多当事人都还健在，就是在这一背景下我们又看到了国际石油价格暴涨暴跌历史的再一次重演。除了"好了伤疤忘了痛"的天性外，如同20世纪两次石油危机一样，在21世纪前17年的国际石油价格轮回中，我们更多地看到的是，人类天性中对暴利无止境的追逐，对金钱无止境的贪婪，石油价格的轮回成为反映人类天性贪婪最好的一面镜子。

一、稳定的世纪初石油价格和混乱的世界政治经济局势

经过20世纪最后10年的蛰伏，进入21世纪初，国际石油价格仍然维持着相对平稳的状态，石油输出国组织努力维系国际石油市场的供应平衡，但这一时期的石油行业尤其是世界政治经济形势并不太平。

（一）2001—2003年国际石油价格的稳中趋涨

2000年3月27—29日第109届部长级会议后，由于石油输出国组织采取了稳定价格的较为灵活的石油生产政策，自此至2003年年底，国际石油价格维持在一个较为稳定的水平，但总的趋势是不断上涨。以石油输出国组织一揽子价格平均价为例，2001—2003年分别为每桶23.12美元、每桶24.36美元和每桶28.07美元；美国西得克萨斯中质原油的平均价，2001—2003年分别为每桶25.89美元、每桶26.10美元和每桶31.06美元。在这三年期间，国际社会发生了很多震惊世界的大事，如行业内的美国安然公司破产、委内瑞拉石油工人大罢工等，世界性的如“9·11”恐怖袭击事件、阿富汗战争

和第二次海湾战争等，这些事件我们将在下文进行叙述和讨论。与2004年及其以后我们看到的国际石油价格大幅波动相比，虽然这一期间世界上发生了这么多重大事件，但国际石油价格受到的冲击和影响并不大，这一现象值得我们深思和讨论。

时间刚刚跨入2001年，国际石油价格就面临较大的下行压力，1—7月，石油输出国组织采取了三次减产行动，累计减产每天350万桶，但非常不幸的是，“9·11”恐怖袭击事件发生后虽然油价在短期内迅速上涨，但又很快下跌。袭击事件发生后的第二天，即2001年9月12日，伦敦国际石油交易所10月交货的布伦特原油期货每桶收市价格上升1.61美元，达到每桶29.06美元，中间曾一度升到最高每桶31.05美元。然而，到9月19日，伦敦布伦特原油期货价格每桶下降了94美分，降到每桶26.33美元；美国纽约轻质原油价格下跌了98美分，降到每桶26.72美元。[1] 9月24日，国际油价再次大幅跌至近两年来的最低点，单日跌幅也达到10年来的最高水平。当天，纽约市场11月原油期货价比上周末下跌每桶3.96美元，跌至每桶22.01美元，为1999年10月以来的最低点，跌幅达15%，为1991年1月以来的最高水平；伦敦国际原油交易所北海布伦特原油11月期货价也比上周五下跌了每桶3.74美元，跌至每桶21.70美元，为17个月来的最低点，跌幅也接近15%。[2]就在同一天，石油输出国组织7种市场监督原油一揽子平均价为每桶20.51美元，比上周最后一个交易日的价格暴跌了每桶3.47美元，创下了近两年来石油输出国组织原油单日价格的新低，并跌穿了2000年 3 月底石油输出国组织部长会议建立的价格调控机制所规定的每桶22~28美元的下限。[3]到11月2日，石油输出国组织一揽子原油平均价格跌破每桶18美元，为两年多来的最低价，与“9·11”恐怖袭击事件后的最高位相比下跌约30%。

进入2002年，国际石油价格从2001年年末的低油价开始回升，第1季度布伦特油平均价为每桶21.54美元，相比2001年第4季度平均价上升了每桶1.57美元，上涨幅度达到7.9%。从5月开始，在石油输出国组织和俄罗斯等非石油输出国组织共同减产的影响下，国际石油价格上涨到每桶25美元的水平。到下半年，随着有关伊拉克武器核查问题的日益紧张和委内瑞拉国家石油公司发生罢工，委内瑞拉生产骤然下降，国际石油价格不断上涨，2002年11月中旬，伦敦国际石油交易所布伦特原油12月期货在电子盘交易中比前一交易日收盘时上升了30美分，报价每桶24.10美元；纽约商品期货交易所西得克萨斯轻油12月期货在电子盘交易中比前一交易日收盘时上升了10美分，报价每桶26.04美元。[4]

2003年国际石油价格剧烈波动，从全年看经历了三次大的上涨和两次明显的回落。从2003年年初开始，伊拉克武器核查形势不断升级到3月20日第二次海湾战争爆发，布伦特原油现货价格从每桶30美元上涨到近每桶35美元，涨幅达15%。战前，各方预测如果伊拉克爆发战争，国际石油价格将大幅上涨。委内瑞拉总统查韦斯认为，如果因武器核查失败美国攻打伊拉克，世界市场的原油价格将会上涨到每桶40美元，“根据我们在石油输出国组织内部做的研究，发生在伊拉克的战争将使油价涨到每桶40美元。那是不好的，而且那将是一个沾满鲜血的价格，我们不同意油价涨到那个水平”[5]。美国华盛顿战略与国际研究中心（CSIS）召开的讨论美国对伊战争将给石油市场带来影响的会议上，专家们认为，美对伊开战将使国际原油市价高达每桶80美元。“40美元一桶的油价就可以令世界经济完全停滞，如果油价涨到80美元，我们势必会陷入困境。”[6]从当年

3月中下旬到4月末，由于第二次海湾战争基本实现了速战速决，全球石油供应未受影响，油价大幅下滑，布伦特原油现货价格到4月底跌到全年最低点每桶23.23美元，降幅达34%。从5月初到8月末，由于战后的伊拉克形势非常混乱，中东地区恐怖活动增多，以及石油输出国组织限产保价，国际市场石油价格逐步上升，布伦特原油现货价格8月底达到每桶30.38美元，4个月时间里上涨了31%。进入9月，由于油价过高，以及美国石油库存大幅增加，布伦特原油价格再次回落到每桶25美元左右。从9月下旬一直持续到年底，由于石油输出国组织减产以及国际市场石油需求大幅增长，石油价格基本保持在每桶29美元的较高价位。总体来看，2003年国际市场石油价格基本保持高位运行的态势，布伦特原油现货平均价格比2002年上涨16%。[7]

在这三年期间，为维持自己每桶22~28美元的价格带，石油输出国组织一直在积极应对市场供需的变化。2001年新年伊始，在1月17日召开的第113次特别会议上，石油输出国组织决定自2月1日起减产每天150万桶，产量限额为每天2 520万桶，以维持国际石油市场的供应平衡。仅仅两个多月后的3月17日第114次会议上，石油输出国组织又决定减产每天100万桶，将产量限额调低到每天2 420万桶，并呼吁非石油输出国组织产油国合作共同减产。自此之后，这一年石油输出国组织基本陷入了混乱状态，会议开得也没有章法。同年6月5日和7月3日，石油输出国组织分别召开了第115次和第116次特别会议，这两次会议决定维持产量限额不变。同年7月25天，石油输出国组织召开了一次没有序列号的会议，决定自9月1日起再次减产每天100万桶，产量限额下调到每天2 320万桶。同年11月14日召开的第118次特别会议上，石油输出国组织决定自

2002年1月1日起，减产每天150万桶，产量限额下调到每天2 170万桶，这应该是石油输出国组织最低的产量限额，同时非石油输出国组织产油国也配合减产每天50万桶。[8]这次会议和大幅减产的背景，是“9·11”恐怖袭击事件及其对世界经济的冲击，当时国际社会对美国政府未来的政策走向和世界经济前景持悲观态度。2002年，对石油输出国组织来说，是较为轻松的一年，从3月15日的第119次会议到12月12日的第122次会议，都维持了自1月1日起每天2 170万桶的产量限额，没有再减少产量，而第122次会议上还决定从2003年1月1日开始将产量限额提高到每天2 300万桶。这一年，该组织为协调非石油输出国组织产油国控制产量，以维持国际石油市场的供需稳定和国际石油价格做了不少工作，如2002年3月4日开始，石油输出国组织一个高级代表团就同俄罗斯就2002年减少石油出口进行了两天的会谈，俄罗斯为支持石油输出国组织的减产，自2002年1月1日开始减少石油出口每天15万桶，但俄罗斯称这一减少出口的数量只在2002年第1季度有效，第2季度是否减产将视届时的市场供需形势决定。[9]2003年，虽然其成员国命运各不相同，但就整个组织来说，石油输出国组织似乎过得更为轻松。新年伊始，在2003年1月12日举行的第123次特别会议上，石油输出国组织决定自2月1日起将10个成员国的石油产量从每天2 300万桶提升到每天2 450万桶，增产每天150万桶；同年4月24日，石油输出国组织协商会议决定，将该组织实际石油产量削减每天200万桶，但产量限额由每天2 450万桶提升到每天2 540万桶，从当年6月1日起生效，以应对当时的石油需求不振和市场供应过剩，包括当年中国因非典而导致的石油消费下降，这次的产量调整不包括伊拉克。此后该组织分别于6月11日召开的第125次、7月31日的第126次、

9月24日的第127次和12月4日的第128次会议，都维持了同年4月24日的会议决定。[10]

（二）美国明星能源公司安然公司破产

安然公司成立于1985年，由美国休斯敦天然气公司和北方内陆天然气公司合并而成，拥有37 000公里的州内及跨州天然气管道，主要从事天然气的采购和出售，拥有遍布全球的发电厂和输油管线，是世界上最大的天然气采购商和出售商、世界上最大的电力交易商、世界领先的能源批发做市商、世界上最大的电子商务交易平台。1990—2000年的11年间，安然公司的销售收入从59亿美元上升到了1 008亿美元，净利润从2.02亿美元上升到9.79亿美元。2000年8月，安然股票每股高达90.56美元。2000年，在美国《财富》杂志的“美国500强”中位列第7，在世界500强中位列第16，连续6年荣获《财富》杂志“最具创新精神的公司”称号，连续6年排名居于微软、英特尔这些大公司之前。

随着美国政府在20世纪80年代后期解除对能源市场的管制，天然气价与油价的波动制造了能源交易的商机，增加了许多能源消费商对控制能源价格风险的需求。安然于1992年成立了安然资本公司，成为能源期货与期权交易领导者。1997年8月，安然公司首次引入天然气方面的衍生产品交易，后来交易品种进一步扩大到煤炭、纸浆、纸张、塑料、金属和电信宽带等领域，安然公司逐步从电站和管道“运营商”变成“交易商”，在成为世界上最大的天然气经营商和最大的电力交易商的基础上，发展成为领先潮流的能源批发做市商。1999年11月，创建了第一个基于互联网的全球商品交易平台，提供从电和天然气现货到复杂的衍生品等1 500多种商品交易。不到一年时间，即发展成为年交易规模近2 000亿美元的全球最大的电子商务交易平台。10年间，安然从一家天然气、石油传输公司变成一个类似美林、高盛的华尔街金融公司。1990年，安然收入的80%来自天然气传输服务业，而到2000年其收入的95%来自能源交易与批发业务。更为重要的是，在这些所谓的“创新”业务中，安然将一系列不动产（如天然气井与油矿）等打包作为抵押，通过某种“信托基金”或资产管理公司，对外发行债券或股权。这些“信托基金”或资产管理公司都是安然关联企业，它们之间隐藏着多种复杂的合同关系，从而达到隐蔽债务、减税以及人为操纵利润的目的。通过这些手法，加上报表操作手法，使安然的收入与利润逐年猛升。

2001年7月12日，安然在公布第2季度财务状况时，受到了投资者的质疑；8月中旬，安然首席执行官杰夫·斯格林仅在担任这一职务8个月后突然辞职；10月16日，安然公布第3季度的财务状况，称营运利润每股43美分，但如果扣除10亿美元的一次性重组费，每股亏损84美分，公司亏损6.38亿美元。就在当天和接下来的时间里，美国众多的投资人和新闻媒体不断披露安然公司、关联企业及其内部交易等问题。10月22日，美国证券交易委员会对安然展开调查。2001年11月6日，安然股价首次跌破每股10美元。11月8日，在政府监管部门、媒体和市场的强大压力下，安然向美国证监会递交文件，承认做了假账：1997—2001年共虚报利润5.86亿美元，并且未将巨额债务入账。11月26日，安然股价收市于4.01美元；11月28日，股价跌破每股1美元；11月30日，股价又跌至每股0.26美元。12月2日，根据美国《联邦破产法案》第11章，安然正式向法庭申请破产保护，列出的资产为498亿美元，负债为312亿美元。

2002年1月15日，纽约证券交易所正式宣布，根据有关规定，由于安然公司股票交易价格在过去30个交易日中持续低于每股1美元，故将安然公司股票从道琼斯工业平均指数成分股中除名，并停止安然股票的相关交易。至此，安然这个曾经辉煌一时的能源巨人已完全崩塌。

安然公司破产，是当时美国和世界重大经济新闻之一，尤其是在能源界。对于安然公司破产的原因，各方有不同的解释和分析，包括高层管理者的欺诈和人性之贪婪、人性之恶。抛开这些道德层面的东西不谈，从技术层面看，有两点是基本共识：一是安然公司的杠杆太高，巨额债务通过资产做担保，易受市场波动的冲击；二是能源市场价格波动，2001年年初能源市场的价格尤其是天然气的价格一路下跌，使用于担保的安然公司股票也一路下跌。更有学者和分析指出，导致安然公司破产背后深层次的原因，是公司的文化。安然的核心文化就是赢利，经营者追求的目标就是“高获利、高股价、高成长”，鼓励的是不惜一切代价追求利润的冒险精神，用高赢利换取高报酬、高奖金、高回扣、高期权，公司甚至把坚持传统做法的人视为保守，很快将其“清理”出去。[11]

休斯敦路易斯安那大街1500号，是安然公司投资建设的总部大厦，安然为其投入了2.6亿美元，总面积11万平方米，40层高，内设面积约1万平方米的咖啡厅，但还没有搬入公司就破产了。2004年，雪佛龙公司收购了该大厦并搬了进去。安然公司的主要负责人就没有这么幸运了。安然的创始人及总裁肯尼斯·莱在陪审团认定其犯有阴谋罪和欺诈罪后，心脏病突发去世；董事会副主席克利夫·巴克斯特于2002年1月25日自杀在自己的奔驰车内；首席执行官杰弗里·斯基林被判刑24年零4个月，在明尼苏达州服刑；首席财务官安德鲁·法斯托被判刑6个月，在路易斯安那州服刑。安然公司原来的能源交易员大部分去了美国几大石油公司，其在线交易业务及630名员工被瑞士一家银行收购，伦敦的巴莱克银行聘用了安然公司的26名交易员。[12]

安然公司破产，对当时的美国股市、证券市场和世界经济产生了较大的冲击和影响。作为连带效应之一，当时的世界第五大会计师事务所安达信，由于长期担任安然公司的外部审计、内部审计和咨询业务，在安然公司破产后受到社会的广泛质疑。2002年3月14日，美国司法部对安达信公司提出“妨碍司法”的犯罪指控，原因是安达信公司故意销毁大量有关安然公司的文件；6月15日，陪审团一致认定安达信阻碍政府调查的罪名成立；10月16日，美国休斯敦联邦地区法院对安达信妨碍司法调查做出判决，罚款50万美元，并禁止它在5年内从事业务。至此，这个昔日的世界第五大会计师事务所解体。

2001年，除安然公司破产和随后的安达信解体外，还发生了美国世界通信公司会计造假案和更大、更有名的“9·11”恐怖袭击事件，这4件事被称为美国当年的“四大危机”。安然公司的破产虽然震惊了美国各界，但美国有关方面并未很好地吸取和接受教训，加强对证券市场的监管，7年后一场更大的金融危机席卷美国和全球，重创世界经济，进而也重创了国际石油价格和国际石油市场。

（三）“9·11”恐怖袭击事件

一迈入21世纪的2001年，世界就不太平。全球各地的人们刚刚欢天喜地过完了千禧年，当时被广泛宣传的“千年虫”没有发作，导弹没有乱飞，汽车没有乱撞，银行户头里的钱也没有变多或变少，世界还是一切照旧地在运转着。就在人们的生活一切又归于常态后不久，2001年9月11日，在美国发生了一系列恐怖袭击事件，这一后来被统称为“9 · 11”恐怖袭击事件的恐怖袭击，深刻地影响了21世纪全世界的方方面面，当然也对国际石油形势和国际石油价格产生了重大的影响。“9 · 11”恐怖袭击事件导致世界性的航空、运输和旅游业不景气，国际油价也因此从短期涨到的每桶24.37美元跌到每桶16~17美元的水平。

得益于科技进步和电视传媒的发达，这个世界上的很多人通过电视直播完整地观看了“9 · 11”恐怖袭击事件的过程。这里，我们不再多费笔墨叙述“9 · 11”恐怖袭击事件的过程，也不想去探讨社会和学术界争论过的这一事件到底是“阴谋”还是“阳谋”。“9 · 11”恐怖袭击事件后美国总统布什宣布向恐怖主义作战，将伊拉克等多个国家列入“邪恶轴心国”，美国对外政策的这一变化和由此而产生的一系列事件，却是实实在在地影响了21世纪前十多年的国际石油形势。

（四）阿富汗战争

“9 · 11”恐怖袭击事件后，首先发生的是阿富汗战争。2001年10月7日，时任美国总统布什以彻底消灭制造“9 · 11”恐怖袭击事件的幕后黑手及其同盟者塔利班武装为由，在阿富汗打响了一场反恐怖战争，这场战争以美国、英国、德国、波兰、捷克、斯洛伐克等北约国家为主，吉尔吉斯斯坦、日本、韩国、菲律宾等国为美军提供后勤支援并在战后派遣军队驻扎阿富汗。战争中，美英联军联合阿富汗的北方联盟，共同对塔利班作战。2001年11月底，塔利班撤出喀布尔并撤回阿富汗南部坎大哈地区。在发动战争近10年后，2011年5月2日，美军找到并击毙了“9·11”恐怖袭击事件元凶本·拉登。2014年12月28日，阿富汗首都喀布尔举行了宣告仪式，驻阿富汗国际维和部队指挥官在仪式上收起部队军旗以示战争结束；同年12月29日，美国总统奥巴马宣布耗时13年之久、逾2 000名美国士兵为之牺牲、耗费了1万多亿美元的阿富汗战争正式结束。

（五）第二次海湾战争

就在阿富汗战争还在进行期间，美国和英国联手进行了另一场战争，即第二次海湾战争。2003年3月20日，美国以伊拉克藏有大规模杀伤性武器并暗中支持恐怖分子为由，绕开联合国安理会，以美英军队为主的联合部队对伊拉克发动了军事打击。第二次海湾战争中，参战的国家只有美国、英国、澳大利亚和波兰4国，丹麦政府宣布对伊拉克宣战，并派遣了两艘军舰支援美军，日本等多个国家提供后勤支援。2003年4月8日，美军从北部和南部两个方向推进到巴格达；4月15日，美军宣布伊拉克战争的主要军事行动已结束，联军“已控制了伊拉克全境”。2003年12月13日，伊拉克总统萨达姆被美军抓获，2006年12月30日被执行绞刑。2011年12月14日，美国总统奥巴马在北卡罗来纳州布拉格堡军事基地发表演讲，宣布伊拉克战争正式结束。战争期间和结束后，美国和英国分别动用了大量的人力、物力，对伊拉克所谓大规模杀伤性武器和战争的原因进行了调查，据两国发布的官方报告，当年发动战争的理由全部不成立。这场历时9年的战争，美方最终没有找到伊拉克所谓的大规模杀伤性武器，其最直接的成果也许只是推翻了萨达姆政权，带来的却是伊拉克持续的混乱，导致了超过10万名伊拉克人死亡，

4 491名美国士兵死亡，32 753名美国士兵受伤，消耗军费约1万亿美元。更为严重的是，伊拉克此后长期陷入宗教冲突的泥潭，成为恐怖主义的温床，在全球肆虐的“伊斯兰国”便长期盘踞在伊拉克。有专家认为，我们今天看到的其影响除中东本地外，还冲击到欧洲的一系列乱局，就是由第二次海湾战争而起。

二、2004—2008 年国际石油价格的疯狂暴涨和暴跌

相对于2001—2003年的平静，自2004年年初起，国际石油市场进入了一个疯狂的模式。2004—2008年的5年时间里，石油行业内外的所有人经历了无法想象的国际石油价格疯狂上涨和高位急剧跳水，世界石油工业上演了无法合理和理性解释的人世间大喜大悲。

（一）2004—2008年国际石油价格的大轮回

从2004年开始，国际石油价格就进入了单边上涨的模式。从这个时候开始，分析和观察国际石油市场的专家只要咬定说国际石油价格要上涨并且预测没有最高、只有更高，就不会有错。不幸的是，所有的这些油价一高再高的预测到2008年7月11日后就此打住，国际石油价格走向了另一个方向。

2004年，是国际石油价格进入新世纪后上涨最快、也是变化幅度最大的一年。在这一年里，国际油价屡创历史新高，连续突破了国际油价的几个重要心理关口。2004年第2季度，国际石油市场在20天内连破3关，突破了每桶40美元的心理防线，同时连创3个第一次，即在5月11日美国西得克萨斯中质原油升至每桶40.15美元，

第一次创该原油交易的13年高点；6月1日升至每桶42.45美元，第一次创该原油交易21年的高点；5月25日石油输出国组织一揽子油价升至每桶37.36美元，第一次创13年高点。第3季度，国际油价重拾高位攀升之势，美国西得克萨斯中质原油两次冲击每桶50美元的价位，并于9月底突破每桶50美元。第4季度，国际原油持续价格上涨趋势，终于在10月25日突破了每桶55美元价位，升至每桶55.67美元的历史高位。此外，2004年，国际石油季、月平均价格节节升高，创20年之最。2004年第2季度以来，国际石油市场的4种代表性原油价格不仅屡创新高，其第3、第4季度的平均价格也均升至近20年的历史最高水平。其中，轻质低硫的美国西得克萨斯中质原油第3季度较第2季度上升15%，较2003年同期上升46%；第4季度较第3季度上升9.53%，较2003年同期上升54.89%。布伦特原油，第3季度较第2季度上升16%，较2003年同期上升44.93%；第4季度较第3季度上升9.47%，较2003年同期上升53.75%。迪拜原油，第3季度较第2季度上升9.6%，较2003年同期上升37%；第4季度较第3季度下降32.08%，但较2003年同期上升29.44%。石油输出国组织7种一揽子原油价格，第3季度较第2季度上升13.5%，较2003年同期上升42.1%；第4季度较第3季度上升2.21%，较2003年同期上升38.4%。与此同时，上述4油种的月平均价格也分别创出了历史最高水平。其中，美国西得克萨斯中质原油全年12个月的月平均价格均在每桶34美元以上，其中有7个月的月平均价格保持在每桶40美元以上的高水平，最高的10月份达到了每桶53.09美元。布伦特原油全年12个月的月平均价格均在每桶30美元以上，其中有5个月的月平均价格保持在每桶40美元以上，最高的10月达到了每桶49.38美元。石油输出国组织一揽子油价除2月外，也均保持在每桶30美元以上的水平，最高的10月达到了每桶45.28美元。[13]

2005年是国际石油价格持续震荡的一年。年初，国际市场原油价格出现短暂下跌，但由于美国和欧洲地区气温骤降，取暖油需求迅速增加，国际原油价格再次拉开了涨升序幕，纽约商品交易所轻质原油期货价 3 月突破每桶50美元的关口，并于3月16日达到了每桶56.46美元的历史高位。在美国夏季汽油消费高峰到来之际，油价 6 月底突破每桶60美元大关。8 月以后，受沙特阿拉伯国王去世及墨西哥湾飓风等因素的影响，油价月初突破每桶65美元关口，8月29日创每桶70.85美元的纪录。2005年第3季度，纽约商品交易所轻质原油期货均价为每桶63.28美元，同比上涨44.4%；伦敦北海布伦特原油期货均价为每桶61.57美元，同比上涨52.1%。2005年，对油价影响最大的事件是美国的“卡特里娜”飓风。2005年8月25日，5级飓风“卡特里娜”在美国登陆，8月29日袭击墨西哥湾沿岸地区，对路易斯安那州、密西西比州及亚拉巴马州造成灾难性的破坏，用来分隔庞恰特雷恩湖和路易斯安那州新奥尔良市的防洪堤因风暴潮而决堤，该市八成地方遭洪水淹没。据估计，卡特里娜飓风造成最少750亿美元的经济损失，成为美国史上破坏力最大的飓风，至少有1 836人丧生，是美国死亡人数最多的飓风。8月31日，中国国家主席胡锦涛致电美国总统布什，代表中国政府和人民向美国政府和人民表示深切的同情和慰问，中国政府向美国灾区提供了500万美元救灾援助，并另提供一批救灾急需物资。[14]由于飓风登陆的地点是美国主要的石油生产地，飓风导致美国在墨西哥湾地区的油气生产设施几乎100%关闭。墨西哥湾石油的日产量原来是150多万桶，受飓风影响减少了148.6万桶，减少了99.125%。天然气原来的日产总量约为100亿立方英尺，受飓风影响该产量减低了70.044 8

亿立方英尺，占墨西哥湾天然气日产能的72.04%。原有正常工作的819座油气生产平台，因飓风关闭了634座，占总量的77.41%。[15]此外，墨西哥湾附近7座炼油厂和一座美国重要原油出口设施也不得不暂时停工。受此影响，8月29日纽约商品交易所原油价格开盘时每桶飙升4.67美元，达每桶70.8美元；而在亚特兰大,加油站的价格高达每加仑5美元。[16] 2005年9月2日晚，国际能源署执行总干事克洛德·芒迪宣布，该机构所有26个成员国一致同意动用战略石油储备，为期30天，总计投入市场的石油将达6 000万桶，以帮助解决因卡特里娜飓风造成的市场紧张局面，其中美国政府将动用3 000万桶战略石油储备，以弥补原油市场近日因卡特里娜飓风而造成的市场供应短缺和平抑市场油价。这是在和平时期，国际能源署及其成员国最大规模的一次动用石油储备的行动。当天，纽约商品交易所原油期货下跌每桶1.90美元，以每桶67.57美元报收；同时，伦敦北海布伦特原油期货也下跌每桶1.66美元，以每桶66.06美元收盘。[17]在这种情况下，国际油价连续回调，11月一路跌破每桶60美元、每桶58美元和每桶57美元关口。进入12月，由于美国部分地区出现寒冷天气，天然气价格上涨，国际市场原油价格又在回升，每桶已过59美元。[18]

2006年国际原油价格呈现典型的“一峰两谷一高原”特征，大部分时间位于每桶60美元之上。以美国西得克萨斯中质原油现货价格为例，油价年初高开，1月波峰期间始终保持在每桶65美元以上；在2月和10—11月分别形成两个波谷，接近每桶56美元的相对低位；而3月底—9月初的半年时间，始终保持在每桶65美元以上的高价位，大部分时间超过了每桶70美元，一度达到每桶77.05美元的历史新高。2006年1—2月，受伊朗核危机、委内瑞拉与美国不断交恶和尼日利亚国内局势动荡及俄罗斯的低温天气影响了其石油出口等因素的影响，油价短暂上扬，达到每桶68美元的高位。受北美的持续暖冬和美国石油库存持续增加等因素的影响，油价又回落至每桶58美元左右。因此，2006年伊始，国际油市就走出一个小高峰。同年3—7月，由于尼日利亚非政府武装组织表示将对尼日尔三角洲地区的石油设施展开袭击，沙特阿拉伯和伊拉克出现的恐怖分子活动和美国夏季驾车出游高峰，以及人们对飓风多发季节石油供应中断的担忧，油价从原来的每桶58美元左右持续攀升，并连续数月在每桶70美元的高价位波动，一度达到了每桶77.05美元的超高价位。同年8—10月，美国政府开始对英国石油公司是否操纵美国原油和无铅汽油市场展开调查，打击了国际油市的投机势力，加之受雪佛龙公司在墨西哥湾发现特大油田等因素的影响，油价连续下跌，回落至每桶56美元。11—12月，美国东北部地区出现大范围降温，美国国内石油和石油产品库存不断下降，沙特阿拉伯等重要产油国声称石油输出国组织可能会继续削减原油产量及与油价关系密切的美元汇率开始走跌，油价在11月中旬以后又缓慢回升至每桶61美元以上。整个2006年，国际原油价格基本处于高位运行，美国西得克萨斯中质原油现货的年平均价格达到每桶66.07美元，比2005年的每桶56.64美元高出每桶9.43美元。[19]

整个2007年，国际油价呈现出触底反弹、先抑后扬的走势。2007年伊始，国际油价连续大幅下挫，创5年来最差开局。1月18日，纽约市场美国西得克萨斯中质原油期货价格下挫至每桶50.48美元，与2006年7月创下的每桶77.03美元的历史高位相比跌去了34.5%，跌至近20个月以来的最低价位。进入2月，由于全国性暴雪激发了美国取暖油需求，2月国际油价重回每桶60美元平台。3—6月，受美国天气、石油库存状况以及道达尔美国公司、英国石油公司和雪佛龙公司均因出现故障导致石油产出减少等因素的影响，国际油价在每桶56.5~66美元之间宽幅震荡。从6月下旬开始，国际油价呈现震荡上扬的走势，至6月下旬已接近每桶70美元，7月31日达到每桶78.21美元，突破了上年创下的历史最高位。进入8月底，热带风暴“迪安”对墨西哥湾的石油生产造成了威胁，国际市场原油期货价格再次反弹上扬。至9月13日，纽约市场美国西得克萨斯中质原油期货价格突破了每桶80美元，10月25日突破每桶90美元关口，11月23日达到每桶98.18美元的历史最高价位，较年初最低点强劲反弹约94.5%。从全年看，2007年西得克萨斯中质原油期货年平均价格约为每桶72.3美元，较上年仅上涨9%，这是最近5年来的最小涨幅。[20]

2008年是世界石油工业史上最富戏剧性的一年，全年油价呈现出明显的倒“V”字走势。2008年1月2日，新年度的第一个交易日，主要受非洲产油大国尼日利亚国内局势持续动荡影响，美国纽约商品交易所2月交货的轻质油价在东部时间12时06分突破每桶100美元。这是历史上国际石油价格第一次突破每桶100美元的大关。自此之后，国际石油价格是一路狂涨。3月12日，由于投资者为规避美元贬值风险而大量买入原油期货，纽约市场油价盘中突破每桶110美元关口；5月5日，受土耳其军队越境空袭库尔德工人党武装和尼日利亚国内局势持续动荡影响，纽约原油期价盘中达到每桶120.36美元；5月21日，美国能源部宣布，此前一周美国原油商业库存总量大减532万桶，纽约原油期价突破每桶130美元，收于每桶133.17美元；6月26日，石油输出国组织轮值主席有关国际油价将持续走高的言论，导致大量投机买家进入原油市场，纽约原油期价在电子盘中达到每桶140.39美元；7月11日，由于伊朗地缘政治局势持续紧张、尼日利亚局势不安和巴西石油工人即将罢工等消息，令市场忧虑增加，纽约市场8月原油期货结算价上涨每桶3.43美元或2.42%，至每桶145.08美元，盘中交投区间介于每桶141.44美元至纪录新高每桶147.27美元之间，而同期伦敦8月布伦特原油期货收涨每桶2.46美元或1.73%，至每桶144.49美元，盘中交投在每桶141.62~147.50美元之间。[21]这是截至目前我们看到的历史上最高的油价。自此之后，国际石油市场峰回路转，油价急剧下跌。8月4日，由于金融危机深化、全球经济前景暗淡和原油需求预期下降，纽约市场油价盘中跌破每桶120美元，在创下最高纪录后的24天内，油价跌幅将近20%；9月15日，雷曼兄弟公司宣布破产，美林公司被美国银行收购，纽约油价盘中跌破每桶95美元；10月6日，纽约股市道琼斯指数4年来首次跌穿万点，欧洲及俄罗斯、巴西等新兴市场股市暴跌，投资者对经济前景和国际原油需求下降的担忧加剧，纽约油价跌破90美元，收于每桶87.81美元；11月20日，纽约股市受美国失业数据等利空因素影响暴跌，油价跌破每桶50美元整数关口；[22]12月19日，国际石油价格跌至每桶33.87美元的谷底，基本上跌回到2003年年底的水平。这样，2008年下半年，纽约市场的油价惨遭“腰斩”，累计跌幅达57%。至此，国际石油价格完成了一个轮回。

系统分析进入21世纪以来国际石油价格的变化轨迹，从2002年开始到2008年拐点之前，世界原油价格年均价大致以每年每桶10~13美元的幅度上升。从2007年9月18日，美联储意外降息50个基点之后，国际石油价格就急剧上涨，在不到10个月的时间内，油价飙升了近70美元。2008年1月2日，国际石油价格突破每桶100美元之后，在不到半年的时间，就大幅上涨了近40%。仅在2008年5月，纽约市场油价涨幅就达到17%。在2008年前半年的时间里，油价暴升每桶47.98美元直达每桶147.27美元，半年的涨幅超过历史年度平均水平的3倍。

在2008年油价最疯狂的时期，世界上一些著名的机构也处于“疯狂”的状态下，最为著名的也是已被记录在史册的,就是美国高盛公司有关国际石油价格每桶200美元的预测。早在2008年3月，美国高盛公司就表示，“由于供应增长缓慢，而非经济合作与开发组织成员需求与油价绝缘，这意味着美国经济增长或原油供应出现障碍，油价可能会上涨至每桶150~200美元的水平”[23]。到2008年5月6日，高盛又发布研究报告声称，原油价格在未来两年内可能升至每桶200美元的高位，“我们预期2008年和2009年的油价明显面临上行风险”，原因是其处于原油供应增长疲软所推动的“超级上涨”周期之中。从2005年开始，高盛公司就为国际石油价格总结出“超级上涨”周期理论，认为充足供应增长匮乏以及非经济合作与开发组织成员的原油需求不受价格影响继续增长，将导致油价持续大幅上涨。[24]

（二）春风得意的石油输出国组织

2004年后国际石油价格不断上涨，石油输出国组织春风得意，时光似乎又倒流回20世纪70年代，其在世界经济政治舞台的重要性不断显现，该组织自身也日益活跃。

对石油输出国组织来说，2004年是一系列好运的开头。从2004年年初开始，国际石油市场的供需面临较大的压力。为此，2004年

2月10日举行的石油输出国组织第129次特别会议决定，维持不包括伊拉克在内的该组织10个成员国2004年第1季度的产量限额每天2 450万桶不变，但是从4月1日起每天削减产量100万桶，产量限额降低到每天2 350万桶。与石油输出国组织感受相反，自第2季度起，国际石油市场的供需形势发生了变化，国际石油价格不断上涨，该组织成员国的实际产量远远超过了规定的产量限额。时任石油输出国组织秘书长布尔诺默·尤斯吉安托罗于2004年5月12日在维也纳举行的新闻发布会上就公开表示，该组织成员国当时的实际石油产量为每天2 550万桶，超过产量限额每天200万桶。为此，在2004年6月3日举行的第131次特别会议上，石油输出国组织决定，从2004年7月1日开始将产量限额提高到每天2 550万桶，从8月1日开始提高到每天2 600万桶。由于国际石油市场的需求太旺盛，事实上石油输出国组织的产量远远超过自己决定的限额。2004年7月，石油输出国组织的实际石油产量约为每天2 900万桶，而8月时包括伊拉克在内的该组织实际石油产量已达到了每天3 000万桶。在2004年9月15日第132次会议上，石油输出国组织决定，将产量限额提高每天100万桶，但在12月10日举行的第133次特别会议上，又要求成员国将实际产量下调每天100万桶并从2005年1月1日起生效。2004年，还发生了有关石油输出国组织要改变一揽子参考价格公式的乌龙事件。2004年4月20日，路透社报道，石油输出国组织“悄悄推出一个新的公式，以使其参考原油价格要反映汇率的变动”。4月21日，石油输出国组织秘书处发表声明，否认了这一报道，确认其一揽子原油参考价公式及其7种原油的组成未变。[25]

虽然在年初的短暂时间里，国际石油价格曾一度下跌，但从2月开始，国际石油价格就一路不断上涨。为此，自2005年年初起，石油输出国组织就非常关注国际石油价格的变化。2005年1月30日举行的第134次特别会议上，石油输出国组织就对国际石油市场油价的坚挺表示关注。2005年3月6日，面对2月初以来国际石油价格的不断上涨，石油输出国组织发表主席声明，认为国际石油市场供应充足，全球石油库存不断增加并超过了5年来的平均水平，石油输出国组织石油产量维持在每天2 950万桶的水平，并拥有每天200万~300万桶的剩余产能可满足未来的世界石油需求。2005年3月16日，石油输出国组织第135次会议决定，立即将产量限额提高到每天2 750万桶，并授权该组织主席根据市场需求决定将产量限额再提高每天50万桶。同年6月15日、9月20日、12月12日举行的第136次特别会议、第137次会议和138次特别会议上，都维持了第135次会议的决定。事实上，到2005年8月，石油输出国组织成员国的实际产量已经达到每天3 040万桶，大大高于其产量限额。除积极应对国际石油市场的需求增长外，2005年石油输出国组织还做了几件非常有意义的大事。一是在2005年6月15日举行的第136次特别会议上，石油输出国组织批准了新的一揽子参考价格原油构成，并从同年的6月16日开始生效，新的一揽子参考价格由11种原油组成，API度由之前的34.6度下降到32.7度。二是在2005年9月20日举行的第137次会议上，石油输出国组织批准了新的长期战略，这一版的长期战略从2003年3月开始筹划，历时两年半时间。新的长期战略，强调要最大限度地保持石油在世界经济和石油输出国组织成员国经济社会发展中的重要性，要保持石油价格的公平、稳定，保持世界石油市场的稳定，保证消费国石油供应的稳定。这是石油输出国组织历史上第二次公布长期战略，上一次是在25年前的1980年5月。三是与世界主要消费国举行了一系列的对话活动，主要有：2005年5月15日，在科威特举行了第三次石油输出国组织–国际能源署工作组会议。2005年6月9日，在布鲁塞尔举行了第一届欧盟–石油输出国组织能源对话会，讨论了双方关心的中长期石油市场形势、能源政策、能源技术和其他能源问题；12月2日，在维也纳举行了第二届欧盟–石油输出国组织部长级能源对话会，双方表示要加强石油生产国和消费国的合作。12月22日，在北京举行了第一届中国–石油输出国组织能源对话会，中国国家发改委主任马凯主持了会议，双方表示要加强合作，确保石油市场的稳定，实现双赢。事实上，这次会议早在2005年3月就开始筹划，会议举行期间，中国国务院副总理曾培炎会见了石油输出国组织代表团。12月26日，在莫斯科举行了俄罗斯–石油输出国组织能源对话会，作为世界石油市场的主要供应者，双方表示，要增强油气生产能力和出口能力，确保世界石油市场的稳定。四是配合国际能源署和美国，采取积极行动应对卡特里娜飓风对美国和世界石油市场造成的影响，其成员国科威特向美国捐助5亿美元用于救灾。[26]因此，回顾和总结2005年，一方面，世界石油市场的供需紧张已使石油输出国组织没有了过往通过减产维持油价的压力，自此直至2008年下半年这一好运气将一直存在；另一方面，世界石油市场旺盛的需求，使石油输出国组织又重回聚光灯下，成了石油消费国竞相求助的对象，时光似乎又重回到了第一次石油危机后的20世纪70年代。

相较于2005年的忙碌，对石油输出国组织来说，2006年是一个较为轻松的年份。这一年，石油输出国组织共召开了5次部长级会议，分别为第139~143次，其中第139、第141和第143次为特别会议。因为这一年的市场供需情况比较好，该组织没有将很大的精力放在如何平衡市场方面，而仅是在快到年底的时候于10月20日在卡塔尔多哈举行的咨询会议上，决定从2006年11月1日起将产量限额从每天2 750万桶下调到每天2 630万桶，减产每天120万桶。在12月14日举行的第143次特别会议上，石油输出国组织决定自2007年1月1日起，再减产每天50万桶。如同2005年一样，2006年石油输出国组织也将很大的精力放在了宣传和与消费国改善关系等方面。2006年5月22日，石油输出国组织在维也纳与国际货币基金组织举行了首次高级别会议，探讨两个国际组织如何开展合作，保证世界石油市场的稳定以确保世界经济稳定增长。2006年6月7日，石油输出国组织与欧盟在布鲁塞尔举行了第三次能源对话。2006年9月12—13日，石油输出国组织在维也纳举行了“能源新时代的石油输出国组织：挑战和机遇”论坛，共有500多位来自该组织成员国、国际组织、石油消费国、国际大石油公司和国家石油公司的代表出席，会议分析了影响能源产业尤其是石油产业的长期因素，认为化石能源仍将是世界能源产业的主角并将支撑世界经济的增长，石油需求正在由经济合作与发展组织国家向亚太尤其是中国转移，未来15年将需要大量的投资以满足世界日益增长的石油需求。2006年12月5日，石油输出国组织与欧盟在维也纳举行了为期两天的石油价格对金融市场影响研讨会，讨论了基金和多种形式的金融机构对国际石油市场、石油价格的影响。这一年里，石油输出国组织参与了能源安全、能源与气候等国际会议及对话等活动，呼吁石油生产国和消费国协调相关政策及立场，以实现“双赢”。[27]

2007年，对石油输出国组织来说是非常重要的一年。在这一年里，石油输出国组织只召开了三次部长级会议，分别为第144次、第145次和第146次。在2007年9月11日召开的第145次会议上，石油输出国组织决定自2007年11月1日起将产量限额提高每天50

万桶，但事实上由于这一年国际石油市场需求旺盛，该组织成员国实际的石油产量大大高于限额的规定，产量限额已形同虚设。2007年最重要的事件是11月17—18日在沙特阿拉伯首都利雅得举行的石油输出国组织第三次峰会，这是继1975年阿尔及尔、2000年加拉加斯之后的第三次石油输出国组织国家首脑会议，会议发表了旨在保证国际石油市场供应、加强环境保护和帮助发展中国家实现可持续性发展的《利雅得宣言》。这次会议的召开，正时逢国际石油价格不断上涨，因此国际社会对这次会议非常关注。关于这次会议的新闻和花絮非常多。在峰会召开前的11月16日，纽约商业交易所原油期货上涨每桶1.67美元，报收每桶95.1美元。峰会由委内瑞拉总统查韦斯致开幕致辞，他在当地时间17日晚峰会开幕式上宣称，每桶石油100美元是一个“公平的价格”，“如果美国疯狂到攻击伊朗，或侵略委内瑞拉，每桶石油的价格将不是100美元，而是200美元”。查韦斯希望，石油输出国组织在政治上要更加强大，在国际政治舞台上要发挥更大的作用。伊朗总统马哈茂德·艾哈迈迪-内贾德认为，当时的石油价格低于真实价值，石油输出国组织受到沉重的经济和政治压力，所以油价还不能升到位。沙特阿拉伯国王阿卜杜拉认为，“石油是用于建设的能源，不是用于冲突的工具”，石油输出国组织应继续奉行稳健而明智的作风，应致力于实现两个基本目标：一是维护各成员国共同的利益；二是向国际能源市场提供充足供应，保护世界经济免受非正常动荡油价的冲击和损害。阿卜杜拉强调说，如果将通货膨胀的因素考虑在内，目前的油价实际上只相当于20世纪80年代的水平。在这次会议上，伊朗和委内瑞拉还建议用一揽子货币来进行石油贸易，摆脱与美元的捆绑，但这项提议未能在石油输出国组织内得到足够支持。据有关报道，在峰会前夕的一个闭门会议上，沙特阿拉伯外交部长与伊朗外交部长围绕峰会声明是否提及美元弱势发生争执，会议实况还被“直播”，后被一名沙特阿拉伯官员冲进媒体中心怒气冲冲地拔掉了电视线路。[28] 2007年5月17—18日，在印度尼西亚巴厘岛，石油输出国组织和国际能源署举行了第5次研讨会，主题为“亚洲的石油需求：展望和挑战”。5月30日，在布鲁塞尔举行了欧盟–石油输出国组织能源政策圆桌会，并在此之后的6月21日召开了第4届部长级的欧盟–石油输出国组织能源对话。10月24日，在北京举行了第二届高级别的石油输出国组织–中国圆桌会，会议由国家发展改革委能源局局长赵晓平主持。2007年，是石油输出国组织自身建设取得成效的一年。2007年1月1日，在作为观察员国20多年之后，安哥拉成为石油输出国组织正式会员国。厄瓜多尔自1992年中止会员国资格后，于2007年10月又恢复了会员国资格。[29]从2007年8月开始，石油输出国组织一揽子价格的原油构成由过去的11种增加到12种，安哥拉的吉拉索尔中质原油成为新的一揽子价格的原油组成。

2008年的油价大轮回，也给石油输出国组织带来了巨大的冲击，从8月开始该组织的好日子就到了头。2008年，石油输出国组织共召开了5次会议，从2月1日的第147次会议到9月9—10日的第149次会议，主要讨论的是面对飞涨的国际石油价格如何满足世界石油需求。10月24日召开的第150次特别会议和12月17日召开的第151次特别会议，则是讨论如何减产以稳定断崖式下跌的国际石油价格，这两次会议分别决定减产每天50万桶和每天420万桶。其中，2008年12月17日在阿尔及利亚瓦赫兰举行的第151次特别会议上，减产量高达每天420万桶，这应该是石油输出国组织历史上最高的减产数量。这一年里，石油输出国组织分别于6月22日在沙特阿拉伯的吉达与国际能源署、6月24日在布鲁塞尔与欧盟和10月24日于俄罗斯召开了有关对话会或年度会议，但计划中的第三届与中国对话会则没有举行。[30]

（三）日进斗金的石油生产国

2004—2008年国际石油价格不断上涨，其直接受益者就是以石油输出国组织成员国为代表的石油生产国，不断暴涨的油价使石油美元如潮水般涌入石油生产国的国库，石油生产国的日子越来越好过，也重回到了20世纪70年代两次石油危机时的好时光。

据石油输出国组织官方出版物统计，2004—2008年的5年间，该组织成员国取得了巨额石油收入，5年间的累计石油出口收入为32 778.7亿美元。在这5年间，国际石油价格不断上涨，石油输出国组织成员国的石油出口收入也随之暴涨。如国际石油价格刚刚开始上涨的2004年，该组织成员国的石油出口收入为3 537亿美元，石油出口占全部出口的68.1%，到2008年，其出口收入暴涨到了9 867.5亿美元，石油出口占全部出口的比重也上升到了81.66%。[31]因此，2004—2008年的5年间，面对不断暴涨的国际石油价格，石油输出国组织成员国真正处于数钱数到手软的状态。

与此同时，虽然总的石油产量与石油输出国组织不可同日而语，但这5年间以俄罗斯为主的非石油输出国组织产油国也取得了巨额石油出口收入。同样根据上文石油输出国组织官方出版物的数据统计，2004—2008年，非石油输出国组织产油国的石油出口收入累计高达10 168.8亿美元。[32]受益于不断高涨的国际石油价格的非石油输出国组织产油国中，以俄罗斯最具代表性。1999—2008年，随着国际石油价格的不断上涨和自身油气产量的不断增加，俄罗斯累计的石油出口收入超过5 000亿美元。2004年1月1日，俄罗斯设立了储备型主权基金——稳定基金，以“乌拉尔”原油每桶20美元油价为基准（2006年调高至每桶27美元），油价超过基准价格形成的超额部分作为税收纳入稳定基金。2004—2008年，“乌拉尔”原油价格从每桶22美元上涨到每桶109美元（2008年1—7月均价），稳定基金累计高达1 568亿美元。巨额的石油出口收入和石油稳定基金为普京治理俄罗斯、在世界舞台上采取强硬的外交政策、应对2008年下半年和2014年下半年国际石油价格的大幅下跌提供了坚实的经济基础。与俄罗斯相反的是，同样是世界石油资源丰富和生产大国的委内瑞拉，由于其总统查韦斯推行一系列可以进行讨论的政策，错失了历史上可能不会再现的高油价的机会，国家经济社会和人民群众生活则走向了另一个反面，我们将在第7章中进行专门的叙述和讨论。

（四）美国金融危机

2007年4月2日，美国第二大次级房贷公司新世纪金融公司申请破产保护。以此为序幕，一场金融危机始发于美国并席卷全球，导致了一系列美国知名大银行、大企业倒闭、被兼并、被政府接管。如2008年3月，美国摩根大通银行收购了华尔街第五大投资银行贝尔斯登；2008年9月7日，美国财政部宣布接管房利美公司和房地美公司；9月15日，美国第四大投资银行雷曼兄弟控股公司申请破产保护；同日，美国银行发表声明收购美国第三大投资银行美林公司；9月16日，美联储宣布向美国国际集团提供850亿美元的高息抵押贷款，获得美国国际集团79.9%的股权，并拥有分红的否决权；10月8日，美联储再次向美国国际集团提供378亿美元的贷款额度；2008年9月21日，美联储宣布将高盛集团和摩根士丹利两家投资银行改为商业银行；同年10月3日，布什政府签署了总额高达7 000亿美元的金融救市方案，金融危机基本结束。与此同时，2007年12月12日、2008年3月11日和9月18日、10月8日、10月13日，为应对不断恶化的金融危机，美联储先后与欧洲中央银行、英格兰银行和日本银行等进行了大规模的国际联合援助行动，如通过公开市场操作向市场注入流动性，建立临时货币互换安排，联合降息等。2008年11月8日，G20（二十国集团）财政部长和中央银行行长2008年年会在巴西圣保罗开幕；11月15日，G20领导人金融市场和世界经济峰会在华盛顿召开；11月22—23日，亚太经济合作组织第16次领导人非正式会议在秘鲁首都利马召开。这些国际性会议和世界主要国家的领导人一再强调，“加强合作，努力恢复全球增长”，承诺将共同行动，运用货币和财政政策，应对全球宏观经济挑战。为了应对这场危机，2008年11月9日—11月28日，我国政府宣布了投资规模达“四万亿”、降息和扩大内需等一揽子经济刺激政策。对于这“四万亿”的是是非非，时至今日，各方仍在争论之中。

这场危机被称为次贷危机、2008年美国金融危机或全球金融危机，它对美国和世界经济产生了重大的冲击，导致了世界经济增长急剧下滑，美国、日本、英国、德国、法国等主要发达国家2008、2009年连续两年国内生产总值出现了负增长[33]；主要金融市场急剧恶化，股票市场出现暴跌；多国政府财政赤字增加，全球通货膨胀压力增大；世界贸易环境恶化，新兴市场国家经济贸易下滑；多数国家就业形势严峻，失业人数不断攀升。[34]

叙述2008年金融危机产生的背景、过程，分析其形成的原因，讨论其对美国和世界经济影响的文章非常之多，我们在此只是简要地回顾一下产生这场危机的主要原因及其与国际石油市场和国际石油价格的关系。

导致2008年金融危机的背景比较复杂，从宏观经济形势来说，2000年互联网泡沫破灭后，为刺激经济，美联储13次降低联邦基金利率，直至2003年6月—2004年6月的历史最低点1%，使得企业、金融机构和居民能够以十分低廉的成本进行融资和借贷。低利率促使美国民众将储蓄拿去投资资产、银行过多发放贷款，这直接促成了美国房地产泡沫的持续膨胀。从微观经济事件来说，美国梦的主要标志之一是居者有其屋，或有其大屋。20世纪30年代大萧条时期，为刺激国内需求，“罗斯福新政”的主要内容之一就是设立“房利美”，为国民提供住房融资，帮助民众购买房屋。1970年，美国又设立了“房地美”，规模与“房利美”相当。“两房”享有政府隐性担保，其发行的债券与美国国债有同样的评级。在货币政策宽松、资产证券化和金融衍生产品创新速度加快的推动下，“两房”直接持有和担保的按揭贷款与以按揭贷款作抵押的证券由1990年的7 400亿美元爆炸式地增长到2007年年底的4.9万亿美元，成为次贷危机爆发的直接原因。从金融市场来说，金融衍生品的“滥用”直接催生了危机。“两房”将持有的大量按揭贷款和以按揭贷款作抵押的证券，通过资产证券化的方式转换成债券在市场上发售，吸引投资银行等金融机构来购买，而投资银行利用所谓“创新”的金融工程技术，将商业银行的按揭证券（MBS）变成次级债券（CDO）销售给各种机构，同时设计了信用违约掉期（CDS）等保险工具，以打消投资者购买投资银行次级债券的担心，让保险公司承担一部分风险。正是在这一系列“创新”的金融工具的推动下，次贷资产迅猛发展，并销售到了全世界。与此同时，美国政府有关部门放松了对金融市场的监管。1998年6月5日，在时任美联储主席格林斯潘和财政部长鲁宾等人的推动下，美国国会冻结了商品期货交易委员会（CFTC）6个月的监管权力，而1999年11月美国国会更是永久性地废除了美国商品期货交易委员会对金融衍生品的监管权。导致2008年金融危机这一方面的原因，也是引起进入21世纪以来国际石油价格大幅波动的主要原因之一，国际社会普遍认为期货市场和投机炒作是导致2000年—2008年上半年国际石油价格大幅上涨的主要原因。从2007年12月开始，美国商品期货交易委员会就开始对原油期货市场展开全面调查，以搞清油价是否存在被操纵的现象，调查涉及从原油运输、储存一直到期货交易的各个层面，而且不仅限于美国，商品期货交易委员会还试图借此机会加强对欧洲、日本市场原油期货交易情况的监控。[35]

三、2009—2015年油价再次轮回和当前国际石油形势

2008年下半年国际石油价格的急剧下跌，为时很短，进入2009年尤其是2009年下半年之后，国际石油价格很快恢复了涨势并收复了下跌的幅度，这一势头一直保持到2014年10月国际石油价格又一次急剧下跌，到2015年年底国际石油价格基本跌到2008年最低的水平。这样，2009年—2015年年底的7年时间里，国际石油价格又经历了一次从不断上涨至迅速下跌的轮回。从2016年年初开始国际石油价格反弹，到目前为止在每桶50美元上下震荡。

（一）2009—2015年的国际石油价格再次轮回

有市场分析人士形象地比喻，2009年国际石油价格的变动，可

以用一句股市术语来形容，即年初的“大狗熊”变成年末的“大疯牛”。2009年年初，油价延续2008年年末的颓势，一直在低位徘徊。1月12日，美国西得克萨斯中质原油价格跌破每桶40美元；2月12日，美国西得克萨斯中质原油价格下探至每桶33.98美元的年内最低点；2月25日，美国西得克萨斯中质原油价格反弹至每桶40美元之上；3月19日，美国西得克萨斯中质原油价格再度攀升至每桶50美元以上。3月23日，美国财政部宣布，将购买1万亿美元银行不良资产的公私联合投资计划，以协助当时复苏不力的金融体系。此举大大鼓舞了投资者，促使股市暴涨，也带动原油价格攀升至近每桶55美元。2009年第2季度油价明显攀升，全球主要国家领导人参加的G20会议同意注资1万亿美元，以抗击自大萧条以来最严重的经济衰退，从4月底到6月中旬，国际原油市场突现一波快速上涨行情，油价直线上扬，并屡创年内新高。5月20日，美国西得克萨斯中质原油价格冲破每桶60美元；5月26日国际油价升至超过每桶66美元；6月10日，美国西得克萨斯中质原油期货和现货价格冲破每桶70美元；6月12日，美国西得克萨斯中质原油价格攀升至每桶72.23美元的8个月新高。2009年第3季度油价一度明显回落，7月10日美国西得克萨斯中质原油近月期货价格跌破每桶60美元，并于7月14日收盘价进一步跌至每桶59.52美元。短短十多天时间里，价格下跌幅度超过16%。但是，从7月底开始，国际石油价格又重拾升势。7月24日，美国西得克萨斯中质原油收盘价突破每桶68美元，达三周以来的最高水平；8月3日，美国西得克萨斯中质原油价格进一步冲破每桶71美元，并稳定在每桶70美元以上运行。8月21日，美国7月成屋销售数据优于预期，刺激美国西得克萨斯中质原油价格进一步攀升至每桶73.79美元的10个月高位。进入9月，美国宏观经济数据好坏不一，以及美元汇率的波动促使国际原油价格围绕每桶70美元上下震荡，一度回落至每桶66美元以下。2009年第4季度油价先升后降。10月14日，美国西得克萨斯中质原油价格突破每桶75美元的重要关口；10月21日，美国西得克萨斯中质原油近月收盘价冲破每桶80美元，进一步攀升至每桶81.37美元的年内新高。进入11月，国际油价总体在每桶75~80美元的区间震荡。进入12月，受美国油品库存增加以及美元反弹的影响，国际原油价格连续8天回落，11日，美国西得克萨斯中质原油价格跌破每桶70美元。之后，尽管美元继续走强，但由于欧美地区天气寒冷带动取暖油需求大增，国际油价不断反弹至重新挑战每桶80美元关口，最终以每桶79.36美元的价格收官2009年。至此，美国西得克萨斯中质原油全年均价为每桶61.92美元，较2008年同期下降了38%。[36]

相较于2009年，虽然国际石油价格整体大幅上涨，但2010年全年维持在每桶70~90美元的区间震荡。美国西得克萨斯中质原油和布伦特原油年平均价分别为每桶79.51美元和每桶80.25美元，同比分别上涨每桶17.88美元（29.0%）和每桶17.75美元（28.4%）。从全年看，从年初开始，库存过剩和需求疲弱的供需基本面使得油价短暂跌破每桶70美元；2—4月，正面经济数据和需求复苏前景的预期带动油价连续上涨至近每桶90美元；5月，希腊主权债务危机、避险情绪使美元指数上升，油价迅速下滑；6月油价回升；7—8月，油价基本在每桶70~80美元的箱体震荡；9—12月，美元贬值推动油价缓慢上涨至每桶80~90美元；年末，欧美寒冷天气和乐观的经济数据将布伦特油价推至金融危机以来的最高水平——每桶94.75美元。[37]

2011年，国际石油价格大幅攀升，高位徘徊，布伦特年均油价超过每桶110美元，创有史以来最高水平。从全年看，基本可以分4个阶段。第一阶段为油价高开高走阶段。1—4月，经济利好预期和中东北非事件主导了油价涨势，尤其是利比亚动乱导致石油供应中断，加剧了人们对未来供应紧张的担忧，美国西得克萨斯中质原油价格由年初的每桶91.5美元升至每桶113.7美元，增幅为24%。第二阶段为油价波动震荡向下阶段。5—9月，在击毙拉登、欧债危机恶化等一系列利空经济事件和日本地震后续影响的作用下，国际油价震荡下滑，美国西得克萨斯中质原油价格由年内最高点的每桶113.7美元降至每桶75.3美元，降幅为33.4%。第三阶段为较低位反转阶段。10月初—11月末，在经济预期好转，埃及、叙利亚局势持续动荡，伊朗核问题升温等一系列支撑因素的带动下，油价开始在较低位反转，并重返每桶100美元。第四阶段为高位震荡阶段。12月以来美国西得克萨斯中质原油价格总体在每桶90~100美元之间的高位震荡，上旬油价一直在每桶100美元左右徘徊，14日石油输出国组织会议将产量目标提高至每天3 000万桶的消息令油价承压，美国西得克萨斯中质原油价格大跌每桶4.89美元，至每桶94.99美元。而后受美国经济数据好于预期、伊朗问题升级影响，国际原油价格止跌反弹，并在每桶100美元左右徘徊。[38]

2012年国际油价走势像一个英文字母“M”，季度变化明显。年初，欧盟发布对伊朗石油的禁运令，中东地区地缘政治矛盾不断演绎，第1季度国际油价逐月攀升，3月美国西得克萨斯中质原油价格每桶月均价达到106.23美元，布伦特油价每桶月均价达到124.54美元，均创出年内最高点。在第2季度三个月内，原油月均价逐月下滑。到6月美国西得克萨斯中质原油每桶月均价降至82.39美元，布伦特原油每桶月均价降至95.93美元，均创出年内最低点，与

3月均价相比，分别下降了22.4%和23%。在第3季度，虽然原油市场基本面并未出现明显改善，但国际油价受投机基金推动而逐月攀升，到9月美国西得克萨斯中质原油每桶月均价达到94.56美元，布伦特原油每桶月均价达到113.03美元，三个月内分别上涨了14.8%和17.8%。10—11月两个月内原油月度均价接连下降。11月美国西得克萨斯中质原油每桶月均价降至86.74美元，布伦特原油每桶月均价降至109.53美元。进入12月，国际油价开始逐步企稳，截至12月24日，美国西得克萨斯中质原油月内均价为每桶87.53美元，布伦特原油月内均价为每桶108.77美元。[39]

2013年国际石油价格呈现两轮升—降走势。美国西得克萨斯中质原油全年均价略有回升，布伦特原油全年均价小幅回落。美国西得克萨斯中质原油价格基本在每桶90~110美元之间波动，布伦特原油价格在每桶100~120美元之间波动。美国西得克萨斯中质原油现货均价为每桶98美元，同比上升每桶3.8美元（4.1%）；布伦特原油现货均价为每桶108.66美元，同比下降每桶3美元（2.7%）。[40]年初，中东地区伊朗、叙利亚和埃及等国相继出现危机事件，推动油价上涨，布伦特原油升至年内最高点每桶118.9美元；4月中旬，受塞浦路斯债务危机和黄金价格下跌的影响，布伦特原油和美国西得克萨斯中质原油均跌至当年最低点每桶97.69美元和每桶86.68美元；6—7月，受夏季原油消费旺盛带动，原油库存一路走低，提振美国西得克萨斯中质原油摸高至当年最高点每桶108.05美元。截至7月底，布伦特原油和美国西得克萨斯中质原油分别收于每桶107.70美元和每桶105.03美元，较上月分别上涨5.4%和8.8%。[41]进入10月，随着地缘政治问题的缓和，原油库存大增，原油呈现持续下跌趋势。2013年10月，美国西得克萨斯中质原油、英国布伦特原油、亚洲迪拜原油的现货价格平均为每桶102.08美元、每桶109.54美元、每桶106.55美元，其中美国西得克萨斯中质原油每桶较9月下降5.68美元，环比增长–5.27%；布伦特原油每桶较9月略降4.43美元，环比增长–3.89%；迪拜原油的现货价格较9月下降每桶2.9美元，环比增长为–2.65%。截至10月31日，美国西得克萨斯中质原油期货下跌收盘报价为每桶96.38美元，日跌幅为0.39%，与月初相比下跌5.55%；布伦特原油期货报价为每桶108.84美元，日跌幅为1.02%。10月21日，美国西得克萨斯中质原油期货首次跌破百美元。[42]

2014年的国际石油市场，基本上是2008年历史的重现，仅在时间和具体数据上有差异而已。2014年上半年原油价格震荡走升，1月2日油价在新年的第一个交易日重挫，布伦特原油收跌每桶3.02美元，报每桶107.78美元；美国原油下跌每桶3.08美元，至每桶95.34美元。3月3日，布伦特原油报每桶111.20美元，油价上涨近每桶3.42美元；美国原油报每桶104.92美元，油价上涨近每桶9.58美元。4月2日，布伦特原油报每桶104.79美元，油价下跌近每桶6.41美元；美国原油报每桶99.62美元，油价下跌近每桶5.30美元。4月21日，布伦特原油报每桶110.33美元，油价上涨近每桶6.54美元；美国原油报每桶104.37美元，油价上涨近每桶4.75美元。5月6日，布伦特原油报每桶107.06美元，油价下跌近每桶3.27美元；美国原油报每桶99.28美元，油价下跌近每桶5.09美元。6月20日，达到本年度最高点，布伦特原油收报每桶114.81美元，较年初上涨6.52%；美国原油收报每桶107.26美元，较年初上涨12.50%。自此之后，国际石油价格就急剧下跌。12月26日，布伦特原油报每桶59.45美元，油价下跌近每桶55.36美元，较年内最高位下跌每桶48.21%；美国原油报每桶54.73美元，下跌每桶52.53美元，较年内最高油价下跌约48.97%。[43]到12月31日，美国纽约商品交易所2月原油期货价格收跌每桶0.85美元至每桶53.27美元，使得2014年累计下跌46%，创6年来最大年度跌幅；布伦特2月原油期货价格收跌每桶0.57美元，跌幅为0.98%，报每桶57.33美元，刷新2009年5月以来最低收盘位，使得2014年累计下跌48%，也创2008年以来最大年度跌幅。[44]

2015年的国际石油价格延续了2014年的跌势，全年油价总体呈“前高后低”。截至2015年12月18日，布伦特原油价格收于每桶36.55美元，美国西得克萨斯中质原油价格收于每桶35.75美元，均创10年来新低。[45]在整个2015年，布伦特原油期货年均价为每桶53.60美元，同比下降每桶45.85美元，下跌了46.11%，连续第三年走低；西得克萨斯中质原油期货年均价为每桶48.76美元，同比下降每桶44.15美元，下跌了47.52%，连续两年走低。[46]从全年看，第1季度，受美国原油钻井减少影响油价出现企稳反弹，但本次反弹在2月中旬伊朗核谈判协议达成预期及美国原油库存刷新历史高点的压制下结束，油价重回下行区间。第2季度，由于也门战事升级，沙特阿拉伯于2015年3月26日对也门展开大规模空袭行动；美国减产预期，第1季度末美国活跃钻井台数较年初下降46%；美联储加息推迟。受这三个因素的影响，国际油价出现了一波强势反弹。第3季度，国际油价结束了第2季度的反弹，出现剧烈下滑，其主要原因是7月初—8月下旬中国股市的暴跌引发了市场对于中国经济及原油需求的担忧，同时伊朗原油出口恢复对国际原油市场造成进一步冲击。第4季度，美联储加息预期及其实现，导致国际大宗商品价格进一步受到打击。不仅如此，美国解除原油出口禁令也对国际原油市场形成一定压力。2016年的第一个交易日，伦敦交易所

2月交割的北海布伦特原油期货价格报收于每桶37.28美元，纽约商业交易所2月交割的西得克萨斯中质原油期货价格报收于每桶37.04美元。[47]

（二）各方忙于应对和规范急剧变化的国际石油市场

2009年，石油输出国组织共召开了4次部长级会议，分别为第152~155次，其中第153次和第155次为特别会议。进入2009年，石油输出国组织面临的是2008年下半年国际石油价格暴跌后市场形势的极度不确定，3月15日在维也纳举行的第152次会议上，该组织仅是讨论了当时的国际石油市场情况，维持了2008年12月17日第151次特别会议上减产每天420万桶的决定不变，而且直至年底12月12日举行的第155次特别会议也都维持了产量限额不变，呼吁非石油输出国组织产油国减少产量以平衡国际石油市场。2009年3月18—19日，石油输出国组织在维也纳举行了题为“石油：未来的稳定和可持续性供应”的第4届国际论坛，来自世界各地的约750位代表参加了论坛；同年6月23日，石油输出国组织在维也纳与欧盟举行了第6届能源对话会。[48]这一年里，石油输出国组织还发生了一件喜事，即2009年11月25日，该组织秘书处喜迁新居，迁入了新的办公大楼办公。在这一年里，对稳定国际石油市场信心最有价值和最具代表性的事件，应该是G20举办的两次金融峰会。2009年4月1—2日，G20国家在伦敦举行了第二次金融峰会，世界主要国家领导人达成共识，发表了措施非常具体的29条会议公报，在各国已采取措施的基础上，同意启动1.1万亿美元的扶持计划，旨在恢复全球信贷和就业市场及经济增长，并在2010年年底联手将财政扩张增加到5万亿美元，将全球产值提高4%，保证将会持续加大必要的财政扩张规模以复苏经济增长。[49]伦敦峰会后仅5个多月时间，G20领导人又于9月24—25日在美国匹兹堡举行了第三次金融峰会，会议发表了“领导人声明”，继续实施经济刺激计划，支持经济活动，直到经济复苏得到明显巩固，各方将注资超过5 000亿美元，用于扩大国际货币基金组织的“新借款安排”机制。[50]早在金融危机发生后的2008年11月15日，G20国家领导人就在美国首都华盛顿举行了第一次金融峰会，虽然这次会议没有取得具体的成果，但与会的领导人表示，在世界经济和国际金融市场面临严重挑战之际，与会国家决心加强合作，努力恢复全球增长。[51]

就常规性的会议来说，2010年石油输出国组织举行得并不多，全年仅举行了三次部长级会议，分别为第156次、第157次和第158次特别会议，这三次会议都维持了2008年12月第151次特别会议关于产量限额的决定。2009年，是石油输出国组织成立50周年的年份，该组织于9月20—29日在维也纳举办了为时一周的庆祝“金婚”展览等活动。2010年10月14日，石油输出国组织在第157次部长会议上批准了该组织第三个长期战略，明确了石油输出国组织当前以及未来一段时间所面临的主要挑战，强调要保证国际原油市场供应稳定，满足世界原油需求，并努力保持和提高石油输出国组织各成员国的利益。2010年6月10日，石油输出国组织在布鲁塞尔与欧盟举行了第7届部长级的能源对话会。11月22—23日，石油输出国组织在伦敦与国际能源署、国际能源论坛举行了两场高级别的技术会议，讨论国际石油市场形势。[52]与2009年一样，2010年G20国家领导人举行了两次峰会，讨论协调立场应对金融危机，推动世界经济的复苏，承诺将继续同心协力、共同致力于打造稳健、持续、均衡的经济增长。这两次峰会分别为6月26—27日的多伦多第4次峰会和11月11—12日的首尔第5次峰会。

2011年国际石油价格急剧上涨，对石油输出国组织来说是一个好年份，这一年该组织只举行了两次部长级会议，分别为6月8日的第159次会议和12月14日的第160次会议。在第160次会议上，石油输出国组织认可了该组织成员国每天3 000万桶产量水平的合法性，这一数量包括了动乱之后利比亚恢复的部分石油产量。事实上，这是自2008年金融危机以来，石油输出国组织首次提高石油产量。这一年里，石油输出国组织主持或参与的国际活动也不多，只是在6月11日在维也纳举行了第8届石油输出国组织–欧盟能源对话。[53]由于从年初以来的持续动乱，利比亚的石油产量不断下降，2011年第3季度利比亚的石油产量从2010年的每天155.9万桶下降到只有每天4.7万桶。[54]面对国际石油市场不断紧张的供求关系，6月23日国际能源署决定向国际石油市场释放6 000万桶石油储备，其中美国释放战略石油储备的数量为3 000万桶。从6月24日至8月底，美国能源部向15家公司出售了3 064万桶低硫的战略石油储备原油。[55]这是国际能源署历史上第三次、也是第一次在没有重大自然灾害即和平时期动用战略石油储备。2011年，与2009年和2010年不同的是，G20国家领导人只举行了一次峰会，即11月3—4日在法国戛纳举行的第6次峰会。这次会议召开的背景是，2008年下半年国际石油价格暴跌之后，在世界各国的强力刺激下，世界经济开始恢复，但同时也带来了大宗商品尤其是国际石油价格的大幅上涨，国际社会普遍认为投机性交易导致了大宗商品和能源价格的波动。因此，这次峰会特别关注对大宗商品和能源价格的管控问题。为此，在峰会发表的公报中，明确指出，“商品价格的波动已导致经济增长受到威胁”，全球经济的复苏已被削弱，新兴市场的经济增长也在放缓，全球经济的不平衡仍在持续。峰会公报中分别列出了两个部分共4节讨论“解决大宗商品价格波动问题，促进农业生产”和“改进能源市场，抗击气候变化”，“决定提高能源市场的效能和透明性。……我们呼吁，供需双方每年继续就石油、天然气、煤炭的短期/长期展望与预测进行对话。我们要求有关机构对报价机构的效能和监管提出建议”。[56]这充分说明了当时国际石油市场的复杂性和国际社会对大宗商品、石油价格波动的高度关注。

2012年，石油输出国组织也只举行了两次部长级会议，分别为6月14日的第161次会议和12月12日的第162次会议，这两次会议都确认了产量限额为每天3 000万桶，要求成员国根据石油市场供需的变化采取适当的行动使油价保持在合理的水平。这一年的6月28日，石油输出国组织在布鲁塞尔与欧盟举行了例行的第9届部长级能源对话会；9月25日，在维也纳，石油输出国组织与俄罗斯举行了高级别对话会；10月4日，为响应2011年11月G20戛纳峰会领导人声明的要求，石油输出国组织、国际能源署和国际能源论坛在巴黎举行了首届天然气、煤炭市场展望研讨会，90多位来自世界各国的代表参加了会议。[57]这一年的6月18—19日，在墨西哥洛斯卡沃斯举行的G20第7次峰会，再次讨论了控制商品价格波动问题。这次会议领导人宣言的第14条，专门谈到了当时国际石油市场和油价的波动，“14. G20成员将继续对油价居高不下和波动性保持警惕，并随时准备采取更多必要的行动加以应对，包括石油生产国继续保证将石油供应量维持在与需求相符的合适水平。我们对沙特阿拉伯已准备好在必要时动员现有闲置产能以确保充足供应表示欢迎。我们还将对其他大宗商品价格的变动保持警惕”。这次会议的领导人宣言中，专门列出了一个章节，讨论“加强粮食安全和控制大宗商品价格波动”，其中的第61条和第62条分别提出，“维持国际大宗商品市场稳定对全球经济复苏的重要性”，“大宗商品价格过度波动对所有国家都会产生重大影响，它增加了经济活动参与者的不确定性，并可能妨碍预算的稳定性及经济规划的可预见性”，“能源大宗商品价格过度波动也是造成经济不稳定的重要原因”。[58]因此，相对于2011年的第60次峰会，G20国家领导人在2012年更加关注国际石油市场和石油价格的变化。

2013年石油输出国组织部长级会议也只举行了两次，分别是5月31日的第163次会议和12月4日的第164次会议。在第163次会议上，虽然该组织认为2013年世界石油需求应增加每天100万桶，由每天8 890万桶增长到每天8 970万桶，但石油输出国组织认为非石油输出国组织产油国在2013年的石油产量将增加每天100万桶，因此2013年全年该组织仍维持了每天3 000万桶的产量限额未变。传统上开展的有关国际活动，这一年仍正常举行。如3月21日，石油输出国组织与国际能源署、国际能源论坛在维也纳举行了第三次联合工作组会议，讨论实体的和金融化的能源市场之间的关系及相互作用；10月28日，石油输出国组织与俄罗斯在莫斯科举行了高级别对话会；11月11日，石油输出国组织与欧盟在维也纳举行了第10届部长级能源对话会。[59]同前两年一样，9月5—6日在俄罗斯圣彼得堡举行的G20第8次峰会上，能源问题和石油价格也是G20领导人关注的重要议题，在会后发表的《G20圣彼得堡峰会领导人宣言》中，也专门列出一章“可持续能源政策和全球大宗商品市场的抗风险性”，讨论能源和石油价格问题。[60]由于2013年国际石油价格的波动很大，国际社会一如既往地关注国际石油问题，以至有专家和新闻媒体认为，大宗商品价格波动是本次G20峰会的隐身话题。[61]

如同2008年一样，2014年又是国际石油市场的转折之年，但是作为一个国际性组织，石油输出国组织对国际石油市场的急剧变化反应很慢，具体表现在这一年该组织也只举行了两次部长级会议，分别为6月11日的第165次会议和11月27日的第166次会议。如同2013年的第163次会议一样，第165次会议认为2014年世界石油需求将由2013年的每天9 000万桶增长到每天9 110万桶，但鉴于非石油输出国组织产油国的石油产量每天将增加140万桶，加上经济合作与发展组织成员的石油库存，世界石油供需是平衡的，该组织成员国仍维持每天3 000万桶的石油产量限额不变。第166次会议是在2014年11月27日举行的，此时国际石油价格已经急剧下跌，但该组织在这次会议上仍决定维持每天3 000万桶的产量限额不变，并且还在讨论稳定的国际石油价格有利于石油消费国和石油生产国，有利于世界经济的稳定。这一年里，石油输出国组织与欧盟、国际能源署和俄罗斯年度的有关会议仍在正常开展，并于6月3—4日在维也纳举办了主题为“石油：未来全球发展的引擎”的第6届国际论坛。[62]虽然国际石油形势已发生了巨大的变化，但本年度11月15—16日在澳大利亚布里斯班举行的G20第9次峰会上能源问题还是重点，一方面，在本次会议发表的只有21条的公报中，第17条专门谈到能源问题，“加强能源合作是我们的工作重点。国际能源市场正经历重要转变。强劲并抗风险的能源市场对经济增长至关重要”[63]。另一方面，这次会议取得的重要成果之一，就是批准了《G20能源合作原则》，世界上20个最重要的国家明确表示，“致力于构建运转良好、开放、竞争、高效、稳定和透明的能源市场，建设能更好地反映世界能源版图变化、更有效、更包容的全球能源治理架构，塑造一个负担得起、可靠、低温室气体排放和可持续的能源未来，同时利用好能源资源和技术”，并开始实施G20能效引领计划。[64]

2015年对石油输出国组织来说是非常艰难的一年，面对不断下跌的国际石油价格，对一个国际组织来说该组织已无法统一成员国的立场。沙特阿拉伯、阿拉伯联合酋长国、科威特、卡塔尔等海湾产油国执行的是保市场份额的政策，坚持不减产；伊拉克也正全力恢复石油生产以复兴自己的经济，伊朗于7月14日与伊核问题6国达成最终协议后也准备于2016年年初重返国际石油市场，但以委内瑞拉为主的国家则希望控制产量以稳定国际石油价格。正是在这一背景下，在6月5日举行的第167次会议和12月4日举行的第168次会议上，石油输出国组织均未能就减少石油产量达成一致。这一年里，除7月30日在莫斯科举行的第4届石油输出国组织–俄罗斯能源对话外，其他例行的国际会议都没有举行，也说明了该组织面对的形势是多么困难。2015年2月5日，石油输出国组织在维也纳同西门子举行了技术讨论会，重点讨论了长期能源尤其是石油市场展望，发电技术和能源效率等问题。这一年里，石油输出国组织也有喜事，2015年9月8日，印度尼西亚正式申请恢复石油输出国组织成员国的身份，该国1962年就加入了石油输出国组织，但于2009年1月1日中止了其成员国身份。这样，在12月4日举行的第168次会议上，印度尼西亚恢复了石油输出国组织成员国的身份。[65] 2015年11月15—16日，在土耳其安塔利亚举行的G20领导人第10次峰会上，虽然能源问题还是重要的议题之一，但能源问题的重点已不再是国际石油价格，而是能源供应的可及性和能源效率方面的国际合作。[66] G20国家领导人不再关注国际石油市场，也从一个侧面说明2015年国际石油形势已发生了巨大的变化。

（三）巨额石油收益和油价大跌的冰火两重天

2004—2008年国际石油价格大幅上涨期间，石油生产国取得了巨额的石油收益。虽然从2008年下半年开始，国际石油价格暴跌，但为时仅半年多的时间，对石油生产国产生了一定的冲击但不是根本性的。例如，2007—2009年三年间，石油输出国组织成员国的石油出口收入分别为7 304亿美元、9 867.5亿美元和5 753亿美元，非石油输出国组织产油国的石油出口收入分别为2 185亿美元、2 950.8亿美元和2 003亿美元。[67]也就是说，2008年下半年油价暴跌之后，2009年，石油输出国组织成员国石油出口收入下降到4 100亿美元，非石油输出国组织产油国石油出口收入下降到约950亿美元。

从2009年3月开始，国际油价起步反弹并在2014年6月中旬到达高位，这样石油生产国的石油收入又不断增长。2011—2013年三年间，石油输出国组织成员国的年度石油出口收入都突破万亿美元大关，分别为11 386亿美元、12 612亿美元和11 121亿美元；同期，非石油输出国组织产油国的年度石油出口收入也突破了3 000亿美元大关，分别为3 682亿美元、3 987亿美元和4 017亿美元。2010—2014年的5年间，石油输出国组织成员国累计石油出口收入为52 132亿美元，非石油输出国组织产油国累计的石油出口收入为16 339亿美元。[68]与2004—2008年的5年相比，无论是石油输出国组织成员国还是非石油输出国组织产油国，它们的石油出口收入都上了一个大台阶，都是万亿美元数量级的变化。因此，2010—2014年的5年，是我们从统计数字看到历史上石油生产国石油出口收入最高的5年，应该是世界石油生产国日子最好过的时期。据统计，2013年，全球主权财富基金的总规模为5.3万亿美元，其中3.2万亿美元属于石油输出国，其余的2.1万亿美元则属于非石油输出国和地区（主要是中国内地、中国香港、新加坡和其他小型主权财富基金等）。同一年里，《福布斯》财富榜上所有亿万富翁的财富总额为5.4万亿美元，两者分别拥有全世界财富总额的1.5%。[69]也就是说，全球主权财富基金中的60.38%属于石油出口国，从这一数字可以直观地看出石油价格的不断上涨为石油生产国赚取了多少财富。

不断上涨的高油价带来的石油生产国巨额的石油出口收益，引起了世界舆论特别是某些西方国家担忧，害怕这些国家会因此买下全世界。很有意思的是，在一段时间里大红的《21世纪资本论》中，托马斯·皮凯蒂推算，21世纪头10年来自自然资源开采的租金，即自然资源销售所得与开发成本之间的差距，约占全球生产总值的5%（其中半数者是石油租金，而其余的则主要来自天然气、煤炭、矿藏和木材），这与20世纪最后10年的2%以及20世纪70年代初期的1%相比有了明显的提升。这就是说，进入21世纪以来的高油价在世界经济中占据了非常大的比重和影响力。托马斯·皮凯蒂在书中引用某些预测模型推算，石油价格将从当时的每桶100美元（21世纪初约为每桶25美元）上涨到2020—2030年的每桶200美元。如果每年都有相当比例的石油资源租金流入主权财富资金，那么到2030—2040年，全球主权财富基金将占全球资本总额的10%~20%甚至更高。如果这样的情况发生，那么西方国家会越来越难接受这样的观点，即本国资产越来越多地被来自石油输出国的主权财富基金掌控，这迟早会引发政治的应对措施，例如限制主权财富基金对房地产以及实业和金融资产的购买，甚至部分或完全将主权财富基金挡在门外。托马斯·皮凯蒂在书中的结论是，不管如何，石油输出国的主权财富基金必然会继续增长，其在全球资产中的比重到2030—2040年时将比现在的比重高出至少两三倍，这是相当大的增长。[70]

当然，这种情况当时和现在都没有发生。托马斯·皮凯蒂为《21世纪资本论》中文版写自序的时间是2014年8月1日，这本书的中文版是2014年9月出版的。当时国际石油价格已经开始下跌，之后更是迅速暴跌和持续处于低位。随着2014年下半年开始的国际石油价格大幅下跌，世界石油生产国的好日子也到了头。2014年当年，石油输出国组织成员国的石油出口收入跌破万亿美元的标志线，下降到9 562亿美元；非石油输出国组织产油国的石油出口收入也跌破4 000亿美元的标志线，下降到3 809亿美元。[71] 2015年，石油输出国组织成员国的石油出口收入大幅下降到只有5 182亿美元，为2005年以来的最低水平。更为严重的是，石油输出国组织13个成员国2015年的经常账户赤字总和高达996亿美元，而2014年该组织成员国经常账户盈余总和曾高达2 381亿美元，上一次该组织出现经常账户赤字还要追溯到1998年。[72]现在我们还没有看到2016年石油输出国组织石油出口收入的官方数据，但普遍认为，2016年该组织成员国的石油出口收入还在大跌。例如，美国能源信息署预测，2016年石油输出国组织石油出口收入将跌至3 410亿美元，较2015年同比下降34%，较2014年下降46%。[73] 2017年5月15日，美国能源信息署正式公布了2016年石油输出国组织成员国的石油出口收入为4 330亿美元，比2015年下降15%，是2004年以来的最低水平，其中沙特阿拉伯2016年的石油出口收入为1 330亿美元，占石油输出国组织石油出口总收入的近1/3。[74]因此，从2014年下半年开始，某些石油生产国不是会不会买下全世界，而是自身能否生存下去了。

2014年下半年以来的油价下跌，对于石油生产国的冲击是巨大的。2015年，石油输出国组织成员国人均出口石油收入为606美元，相比1980年人均3 500美元的水平暴降83%。[75]油价下跌的冲击和影响是全方位的，像沙特阿拉伯这样的石油输出国组织中最大的石油生产国和出口国也未能幸免。2015年，沙特阿拉伯的石油出口收入从2014年的2 844.24亿美元下降到1 579.62亿美元，不到最高年份2012年3 374.8亿美元石油出口收入的一半。这一年，沙特阿拉伯首次出现了经常账户赤字，为413亿美元，而2012年该国经常账户盈余为1 647.64亿美元。[76]据沙特阿拉伯官方数据统计，2017年1—3月，该国国内生产总值增速同比下滑0.5%，其中该国支柱产业原油行业增速大幅下滑2.3%，是自2009年以来经济首次出现负增长。[77]国际货币基金组织估计，2017年，沙特阿拉伯将出现530亿美元的财政赤字。为此，2016年，沙特阿拉伯发行了175亿美元的国际债券，这是在新兴市场发行的最大的债券。2017年年初，沙特阿拉伯发行了90亿美元的伊斯兰债券。到2017年9月，沙特阿拉伯又出售了125亿美元的债券，这是2017年全球最大的债券销售。自几年前达到峰值以来，沙特阿拉伯的现金储备已经减少了超过2 000亿美元。[78]在石油输出国组织成员国中，受油价波动影响最大的应该是委内瑞拉，该国的经济事实上已经崩溃，我们将在第7章中进行较为详细的叙述和分析，在此不再赘述。当然，也有学者认为，委内瑞拉之所以处于今天这样的境地，是由于它打烂了一手好牌，这个国家穷得要饭不能赖油价。这篇文章从翔实的数据分析讨论了导致委内瑞拉目前现状的原因，至少其论证分析过程是客观的，逻辑是严密的。[79]

非石油输出国组织产油国中，同时也是世界石油生产和出口大国中，俄罗斯受国际石油价格波动的影响最具代表性。早在2001年，据时任俄罗斯政府副总理、财政部长的库德林称，每桶油价每下降1美元，如考虑到石油出口关税、消费税、石油公司利润及对其他行业投资等各种因素，俄罗斯联邦预算收入将减少17亿美元。[80]俄罗斯总统普京也公开说，油价每升高10美元，俄罗斯联邦财政就能多出1.75万亿卢布的预算。2016年，俄罗斯的原油产量为5.5亿吨，天然气产量为5 500亿立方米，是世界上最大的能源资源净出口国，原油、成品油、天然气和煤炭的出口占俄罗斯总出口额的57.1%，为俄罗斯联邦贡献了43.2%的收入。由于石油出口在国民经济中的重要地位，油价下跌直接冲击了俄罗斯经济社会的方方面面。从出口收入来说，2013年俄罗斯能源出口收入高达3 727亿美元，而2016年下降到1 598亿美元，相当于俄罗斯2016年的国内生产总值减少了17.5%。据俄罗斯财政部发布的报告，2015年俄罗斯经济陷入负增长，国内生产总值同比下降3.7%，财政赤字为1.95万亿卢布，占国内生产总值的2.6%，居民实际收入下降4%，为连续第二年下滑，2 030万民众生活在贫困线以下，俄罗斯的经济已经濒临崩溃。[81]2016年，俄罗斯的储蓄基金几近耗尽，从年初的3.04万亿卢布下降到9 720亿卢布。[82]油价下跌对俄罗斯冲击最大也是最直接的，是卢布汇率的暴跌。有专家统计分析认为，卢布的贬值曲线与国际石油价格的下跌曲线几乎是一致的。油价大跌前的2014年5月，卢布兑美国的汇率是33.7：1。2016年1月19日，国际油价在13年来首次跌破每桶28美元，1月20日卢布对美元汇率跌破80关口，创历史低点，1月21日卢布对美元盘中跌至85.999，这一时间段两者的相关性高达77.18。[83]这几年，低油价将导致俄罗斯破产的新闻甚嚣尘上，更有各种来路、不同背景的“专家”耸人听闻地宣称，是美国操作了油价的下跌，目的是像过去使苏联解体一样，是要“玩死”俄罗斯。[84]关于国际石油价格“阴谋论”的各种新闻、文章，充斥着各种媒体和网络，占据了醒目的位置且非常流行。

（四）巴黎气候协定对世界能源形势的重大影响

2015年12月12日，《联合国气候变化框架公约》近200个缔约方，在巴黎一致同意通过《巴黎协定》。协定共29条，包括目标、减缓、适应、损失损害、资金、技术、能力建设、透明度、全球盘点等内容。各方将加强对气候变化威胁的全球应对，把全球平均气温较工业化前水平升高控制在2℃之内，并为把升温控制在1.5℃之内而努力。全球将尽快实现温室气体排放达峰，21世纪下半叶实现温室气体净零排放。根据协定，各方将以“自主贡献”的方式参与全球应对气候变化行动。发达国家将继续带头减排，并加强对发展中国家的资金、技术和能力建设支持，帮助后者减缓和适应气候变化。从2023年开始，每5年将对全球行动总体进展进行一次盘点，以帮助各国提高力度、加强国际合作，实现全球应对气候变化长期目标。从2020年开始，发达国家每年应动用至少1 000亿美元来支持发展中国家减缓和适应气候变化，并从2025年起增加这一金额。时任法国总统奥朗德表示，为了达成这个协定，已经等了40年。联合国秘书长潘基文指出，《巴黎协定》成为降低气候变化风险这一历史性旅程中的决定性转折点。[85]

2016年9月3日，在G20杭州峰会前夕，中国国家主席习近平和美国时任总统奥巴马先后向联合国秘书长潘基文交存中国和美国气候变化《巴黎协定》批准文书。[86]同年9月21日，31个国家在纽约联合国总部举行的高级别活动上加入协定；10月2日，印度也正式加入《巴黎协定》。至此，共有62个国家加入，从而跨过了《巴黎协定》所规定的两个门槛中的一个，上述国家的温室气体排放量占全球总量的近52%。[87]同年11月4日，《巴黎协定》正式生效。截至2016年11月16日，计有110个国家批准《巴黎协定》。[88]

巴黎气候协定的直接导因，是地球在变暖以及由此引起的一系列灾害性事件。到目前为止，关于地球是否在变暖，学术界仍存在争论，社会大众普遍的感受是地球在变暖，联合国政府间气候变化委员会汇集世界各地专家意见发表的报告认为，全球实际气温上升速度没有之前预估的那么快，存在变暖趋缓趋势，预计1990—2100年全球气温将升高1.4~5.8℃。一般认为，地球气温变暖的主要原因，是能源消耗为主体的温室气体排放和森林面积的减少。因此，为控制地球气温上升的速度，世界各国都在努力，尤其是作为世界排放第一和第二的美国、中国做出了积极的努力。1997年12月，联合国气候变化框架公约参加国在日本京都通过了《京都议定书》，其目标是“将大气中的温室气体含量稳定在一个适当的水平，进而防止剧烈的气候改变对人类造成伤害”。1998年3月16日—1999年3月15日开放签字，共有84国签署，《京都议定书》于2005年2月16日开始强制生效，到2009年2月，一共有183个国家通过了该条约。2001年3月，美国布什政府宣布美国退出《京都议定书》，理由是议定书不符合美国的国家利益。[89]2009年12月7—18日，哥本哈根世界气候大会（全称《联合国气候变化框架公约》）第15次缔约方会议暨《京都议定书》第5次缔约方会议在丹麦首都哥本哈根召开，来自192个国家的代表参加了峰会，商讨《京都议定书》一期承诺到期后的后续方案，所有的发达国家和中国首次同意设定温室气体排放限额，但由于发展中国家与发达国家两大阵营之间存在严重分歧，各国最终没能达成一份旨在取代《京都议定书》的新协议。2014年11月北京亚太经济合作组织峰会期间和2015年9月中国国家主席习近平访美期间，中美两国元首破天荒地发表了两个气候变化联合声明，为《巴黎协定》的最终签署奠定了基础。

《巴黎协定》的实施，将对世界能源工业产生非常大的影响，世界能源生产和消费结构有可能发生巨大的变化。根据协定设定的目标，如能把全球平均气温较工业化前的水平升高控制在2℃之内，意味着2050年全球将实现“碳中和”，即相对碳排放实现零增长，这就要求全球能源消费模式一定要向低碳、绿色的清洁能源消费模式方向加速转变。世界能源理事会认为，为履行《巴黎协定》，煤炭和石油需求可能在2030年达到峰值。[90]更有学者和机构认为，21世纪将是终结化石能源的时代。[91]世界著名的有关能源企业也认为，能源结构的优化将是影响《巴黎协定》向前推进的重要因素，要在促进发展的同时，减少对环境的影响，善用能源。[92]

2017年3月28日，美国总统特朗普签署“能源独立”行政令，暂停了多项奥巴马时期的计划和法令，包括《清洁电力计划》，重新强化化石燃料在美国经济中的作用，这被认为吹响了美国退出气候变化《巴黎协定》的号角。2012年，特朗普曾指责全球气候变暖“是中国人制造的骗局”，不过他后来又改口说那是奥巴马政府的骗局。[93]2017年6月1日，美国总统特朗普在白宫的记者会上宣布：“即日起，美国将停止落实不具有约束力的《巴黎协定》。”特朗普说，《巴黎协定》让美国处于不利位置，而让其他国家受益，美国将重新开启谈判，寻求达成一份对美国公平的协议。[94]一个小时后，法国、德国和意大利领导人发表联合声明，对特朗普决定退出《巴黎协定》深表遗憾，称气候协定不可更新，没有商讨和更改的余地，决心在美国缺席的情况下继续贯彻《巴黎协定》。[95]联合国秘书长古特雷斯通过发言人发表声明说，美国宣布退出《巴黎协定》“是一件令人极其失望的事”[96]。2017年8月4日，美国国务院发表声明说，美国已在当天向联合国递交文书，正式表达退出《巴黎协定》的意愿。[97]这样，美国本届政府如同2001年的布什政府退出《京都议定书》一样，退出了《巴黎协定》。

（五）2016年以来国际石油价格的反复震荡

从总体上看，2016年国际石油价格延续了2015年的跌势，但从趋势上分析，2016年油价总体呈“前低后升”的走势，可以说国际石油价格自2014年下半年暴跌、2016年2月中旬跌至最低位后开始调头回升。进入2016年，国际石油价格还在下跌，2月上旬原油价格延续跌势，美国西得克萨斯中质原油在2月11日前后跌至每桶26.21美元，为2003年以来的最低点。由于油价不断下跌给石油生产国带来了巨大的压力，从年初开始石油输出国组织就同非石油输出国组织产油国讨论有关“冻结”石油产量以维持国际石油市场供需平衡，加之尼日利亚、加拿大等出现的意外事件影响了石油生产，这样上半年国际石油价格不断走高。2月，伦敦洲际交易所布伦特原油期货2月价格从2月1日的每桶34.24美元上涨至2月29日的每桶35.97美元，上涨了每桶1.73美元，涨幅达5.05%，其中最高价为2月29日的每桶35.97美元；美国西得克萨斯中质原油期货2月价格从1日报每桶31.62美元上涨至29日的每桶33.75美元，上涨了每桶2.13美元，涨幅达6.74%。[98]4月油价上涨到了每桶42美元，

5月更是上涨到了每桶50美元。2016年上半年，布伦特和美国西得克萨斯中质原油期货均价分别为每桶41.21美元和每桶39.78美元。下半年开始，石油输出国组织成员国和非石油输出国组织产油国更加密集地讨论冻产和减产的问题，给市场以信心，加之英国脱欧公投、特朗普当选美国总统和美联储加息等重大事件不断发展，从9月开始国际石油价格一改6月的下跌又调头上涨，9月国际石油原油价格约为每桶47美元，11月上涨到每桶49美元，12月又上涨到了每桶54美元。2016年12月28日，美国西得克萨斯中质原油价格为每桶54.06美元，为全年最高水平；12月30日，布伦特油价为每桶56.82美元，也为2016年最高水平。虽然到年底国际石油价格恢复到了每桶55美元上下，创下了2015年7月底以来的最高水平，但从全年看，布伦特原油和美国西得克萨斯中质原油期货年均价分别为每桶45.13美元和每桶43.47美元，与2015年相比分别下降了每桶8.47美元和每桶5.29美元。[99]

面对不断下跌的国际石油价格和石油出口收入，石油生产国都在求变，希望通过各种方式改善国家的经济社会状况，在这其中以沙特阿拉伯最具代表性。2016年4月25日，沙特阿拉伯颁布了《愿景2030》(*Vision 2030*)，确定了三大愿景目标：阿拉伯与伊斯兰世界心脏、全球性投资强国、亚欧非枢纽。在经济领域，积极推进经济多元化，改善商业环境、支持中小企业发展、国家投资、发展非石油产业、发展私营企业，特别是要发展采矿、制造、旅游休闲、金融投资等非油气产业，将沙特阿拉伯的公共投资基金扩充为2万亿美元的全球最大主权财富基金。沙特阿拉伯国王萨勒曼在当天的电视讲话中宣称，“到2030年，我们将不再依赖石油”[100]。同年6月7日，沙特阿拉伯内阁会议通过了“2020年国家转型计划”，作为

《愿景2030》的组成部分，希望通过经济结构性改革以实现收入多元化和振兴经济，大幅提高非石油经济的收入，创造45万个就业机会，2020年实现非石油经济收入增至三倍（由436亿美元提高至1 413.3亿美元），将原油开采能力维持在每天1 250万桶，同时提高天然气的产能，从每天110亿立方英尺增至每天178亿立方英尺。[101]与此同时，沙特阿拉伯还启动了世界上最大的石油公司——沙特阿拉伯国家石油公司（阿美公司）的上市计划。沙特阿拉伯政府预计，阿美公司的整体估值高达2万亿美元，如按计划出售其5%的股份，将可为主权财富基金募集近1 000亿美元的资金。为了吸引投资者，2016年3月底，沙特阿拉伯政府针对本国油气企业出台了全新税制，阿美公司需要缴纳的收入税由此前的85%大幅下降至50%，税率下降不仅将大幅提高阿美公司的净利润，而且能有效提高其估值和上市后的股息红利，使阿美公司对投资者更具吸引力。在新的税制下，假设油价在阿美公司上市时达到每桶75美元，其总市值将大幅提升近1万亿美元。[102]有消息称，在阿美公司上市问题中，沙特阿拉伯希望其最大的石油买家——中国成为阿美公司的基石投资者。据外媒报道，2017年10月中旬，中国石油天然气股份有限公司和中国石油化工股份有限公司致信阿美公司，表达对直接交易有兴趣，愿意单独拿下阿美公司整个5%甚至更多的股份。[103]阿美公司还大举向海外石油中下游进军。2017年5月1日，阿美公司宣布收购北美地区最大的炼厂，该炼厂位于美国得克萨斯州亚瑟港，炼油能力为每年3 000万吨，并拥有在美国佐治亚州地区、北卡罗来纳州地区、南卡罗来纳州地区、弗吉尼亚州、马里兰州、得克萨斯州东部地区以及佛罗里达州大部分地区销售壳牌天然气和柴油的独家经销权。除这个炼厂外，阿美公司还计划收购美国另外24家原油精炼产品分销终端的全部股权。[104]通过这些投资和收购行为，阿美公司在美国拥有了更多的中下游资产，将为自己的原油销售提供稳定的市场保障。

对石油输出国组织来说，2016年是非常忙碌的一年。这一年里，石油输出国组织举行了三次部长级会议，分别为6月2日的第169次会议、9月28日的第170次特别会议和11月30日的第171次会议。为应对低迷的油价，石油输出组织内部举行了各种层次的会议以协调政策，很多成员国的国家元首也进行了互访，并与主要非石油输出国组织产油国进行有关控制产量方面的协商，特别是石油输出国组织秘书处与美国能源信息署等机构也加强了交往。过去例行的有关国际性对话，如石油输出国组织与欧盟部长级能源对话、石油输出国组织与俄罗斯的能源对话、石油输出国组织与国际能源署及国际能源论坛的讨论会等，也恢复开展活动。这一年的11月2日，石油输出国组织还完成了第三版的“长期战略”。[105]对2016年和2017年国际石油价格影响最大的事件，是石油输出国组织成员国和非石油输出国组织产油国冻结、减少石油产量的讨论及相关行动。2016年9月28日，石油输出国组织在阿尔及利亚阿尔及尔举行的第170次特别会议上，决定将该组织14个成员国的石油产量目标控制在每天3 250万~3 300万桶之间。[106]这是自2008年12月的第151次特别会议减产以来8年后达成的首次“冻产”协议。当晚，美国西得克萨斯中质原油和布伦特原油的价格大约分别上涨了每桶2美元，涨幅约为5%。[107]同年11月30日，石油输出国组织在维也纳举行第171次部长级会议，决定从2017年1月1日起14个成员国的产量限额为每天3 250万桶，石油产量每天减少120万桶，有效期为6个月并可延长。[108]同年12月10日，石油输出国组织和非石油输出国组织产油国在维也纳举行部长级会议，俄罗斯、阿塞拜疆、巴林、文莱、赤道几内亚、哈萨克斯坦、马来西亚、墨西哥、阿曼、苏丹和南苏丹参加了会议，同意从2017年1月1日起减产每天55.8万桶，有效期为6个月，其中俄罗斯减产每天30万桶，数量最大。[109]石油输出国组织和非石油输出国组织产油国累计的减产量为每天175.8万桶，约占世界石油总产量的2%。本次联合减产，是自2001年11月的第118次特别会议后石油输出国组织和非石油输出国组织产油国联合减产以来，15年后世界主要石油生产国首次联合减产以稳定国际石油市场。俄罗斯能源部长亚历山大·诺瓦克表示："这是一个真正的历史性事件，一个登峰造极的成就。这是第一次有这么多分布在世界各地的产油国聚集在一起完成这样的成就。"[110]在这一消息的刺激下，国际石油价格大幅波动。2016年12月12日，纽约商品期货交易所西得克萨斯中质原油2017年1月期货结算价为每桶52.83美元，比前一交易日上涨每桶1.33美元，涨幅2.6%，交易区间为每桶52.18~54.51美元；伦敦洲际交易所布伦特原油2017年2月期货结算价为每桶55.69美元，比前一交易日上涨每桶1.36美元，涨幅为2.5%，交易区间为每桶55.26~57.89美元。国际油价连续第三个交易日上涨，飙升至2015年7月以来最高。[111]自石油输出国组织11月30日宣布减产到12月中旬，国际石油价格上涨了15%。自此以后，有关石油输出国组织成员国自身及其与非石油输出国组织产油国减产的履约率，甚至某些国家石油官员的一个讲话，都成为市场高度关注的话题，直接影响了国际石油价格的走势。2017年5月25日，石油输出国组织与非石油输出国组织产油国在维也纳召开的会议上，决定延长2016年年底达成的原油减产协议9个月，将日均减产约180万桶原油的期限延长至2018年4月1日。[112]这次会议后不久，2017年5月31日，由石油输出国组织主席、沙特阿拉伯石油大臣法利赫率领的代表团在莫斯科与俄罗斯举行了第6届高级别的石油输出国组织–俄罗斯能源对话，讨论双方加强合作稳定国际石油市场，俄罗斯总梅德韦杰夫会见了参加会议的石油输出国组织秘书长。[113]

美国页岩油产量的变化，是影响2016年以来国际石油价格变动的重要因素之一，某种程度上可以说是为国际石油价格设置了一个天花板。如在世界主要石油生产国沙特阿拉伯严格遵守减产协议，2017年2月原油出口量已经降至2015年中旬以来最低水平的情况下，4月中旬，美国能源信息署发布的报告指出，5月美国页岩油产量将增加每天12.4万桶，是两年来最大单月增幅，从而使美国2017年5月页岩油产量将增加至每天519万桶。这导致国际石油价格开始走低，4月18日美国西得克萨斯中质原油期货价格盘中最低触及每桶52.12美元，布伦特原油期货价格盘中最低触及每桶54.62美元。[114]有研究报告认为，如果国际石油价格保持在每桶50~55美元，那么从2017年5月至2018年，美国页岩油产量每月将攀升每天10万桶，远高于美国能源信息署对今明两年月度增幅分别为每天2.9万桶和每天5.7万桶的预估。[115]早在2017年2月9日，丹尼尔·耶金在接受CNBC（消费者新闻与商业频道）的节目《扬声器》（*Squawk Box*）采访时表示，“我们预计今年美国石油产量可能将逐日增加超过每天50万桶”。耶金认为，“2017年，一美元投资生产所获得的石油产量相当于2014年的2.5倍，因此，即使油价进一步走低，页岩油市场也将逐渐趋于复苏”[116]。美林银行则更加乐观，该机构认为，若油价为每桶50美元，美国页岩油产量每年增加每天24万桶。若未来5年油价反弹至每桶60美元时，页岩油年均产量增加每天70万桶。当油价达到每桶70美元时，页岩油年均产量增加每天95万桶。这样，假设油价逐步复苏至每桶60~70美元的长期平均水平，美国页岩油产量在2017—2022年间年均增长每天70万桶，即未来5年增加每天350万桶。[117]

如同过去的历史一样，敏感地点、敏感时间发生的突发事件，也直接影响了短期油价的走势。2017年4月6日，美军向叙利亚沙伊拉特军用机场发射了59枚巡航导弹，以报复4月4日发生在叙利亚的化学武器袭击事件。4月7日，美国西得克萨斯中质原油期货攀升约每桶1美元，最高涨幅约2%，达到每桶52.84美元；伦敦布伦特原油期货价格涨幅约2%，最高至每桶56.3美元。[118]

进入2017年，国际石油价格持续动荡。1月，国际石油市场一直在权衡石油生产国落实减产协议的执行程度与美国原油产量上升对油价造成的影响。1月10日，伊拉克宣布其2016年12月原油出口量达到创纪录高位的每天351万桶，加上美国石油产量增加，布伦特原油期货收报每桶53.64美元，下跌每桶1.30美元，或2.4%，盘中触及12月15日以来最低的每桶53.60美元；美国原油期货收挫每桶1.14美元，或2.2%，报每桶50.82美元，盘中触及12月16日以来最低的每桶50.79美元。[119] 1月11日，特朗普记者会后，美元开始大幅走软，推动油价达当时近一个月最大单日升幅2.5%。此后中国12月原油进口创纪录、2017年中国石油需求预估创纪录、沙特阿拉伯承诺严格遵守减产协议并建立监督机制、IEA预计市场供应缓慢收紧、美元走软、美伊进展局势、美国较好的就业数据等因素进一步支撑油价。截至1月31日，布伦特原油收于每桶55.7美元，较2016年年底涨1.97%；美国西得克萨斯中质原油收于每桶52.81美元，较2016年年底涨1.69%。2017年1月，布伦特原油均价为每桶

55.45美元，美国西得克萨斯中质原油均价为每桶52.6美元。2月，石油市场仍在权衡产油国落实减产协议的执行程度与美国原油产量上升对油价造成的影响，油价徘徊在每桶55~57美元的窄幅区间内，当月石油输出国组织的减产执行率已达到90%，投资者继而押注油价上涨的仓位规模创下最高纪录，但随着炼厂春季检修季节的来临，美国库存的高企以及页岩油产油商增产等利空因素又抑制了油价的升势。截至2月28日，布伦特原油收于每桶55.59美元，环比下跌0.2%；美国西得克萨斯中质原油收于每桶54.01美元，环比上涨2.27%。2017年2月，布伦特原油均价为每桶55.99美元，连续第二个月创下自2015年7月以来的最高水平；美国西得克萨斯中质原油均价为每桶53.46美元，连续第二个月达到自2015年6月以来的最高水平。3月，美国原油库存连续数周刷新历史纪录，一定程度抵消了石油输出国组织减产的作用，3月8日开始下跌，3月22日因美国原油库存大增500万桶，布伦特原油盘中最低跌至每桶49.71美元，为2016年11月30日石油输出国组织宣布减产协议以来最低，美国西得克萨斯中质原油盘中最低跌至每桶47.01美元。截至3月31日，布伦特原油收于每桶52.83美元，环比下降每桶2.76美元；美国西得克萨斯中质原油收于每桶50.6美元，环比下降每桶3.41美元。2017年第1季度，布伦特原油均价为每桶54.57美元，同比2016年第1季度上涨每桶19.36美元，涨幅为55%；美国西得克萨斯中质原油均价为每桶51.78美元，同比上涨每桶21.8美元，涨幅为54%。

从2017年第2季度开始，国际石油价格持续走低。4月，国际石油价格先涨后跌，布伦特原油在每桶56.23~51.74美元近5美元的区间维持震荡走势，4月初国际油价延续了3月涨势，主要因OPEC

继续强化减产协议言论、北海供应中断、美国汽油库存减少、国际能源署月报显示全球油市供需接近平衡以及美国和叙利亚冲突支撑，4月11日开始油价开始震荡下跌，主要因美国石油产量持续增加带来的供应过剩忧虑。截至4月28日，布伦特原油收于每桶51.74美元，环比下降每桶1.09美元，降幅为2.06%；美国西得克萨斯中质原油收于每桶49.44美元，环比下降每桶1.16美元，降幅为2.29%。进入5月，因利比亚和美国原油产量不断上升，国际石油价格持续下跌。5月1日，油价下滑1%，美国原油自4月11日累计下跌近9%。5月4日，美国原油期货收报每桶45.52美元，盘中最多下跌5.29%，至日内低位每桶45.29美元，此为2016年11月29日以来最低；布伦特原油期货收报每桶48.38美元，盘中一度跌至减产来最低的每桶46.64美元，盘中最多下跌5.17%。[120]至此，2016年年底石油输出国组织和与非石油输出国组织联合减产后的油价涨幅已被全数抹去。5月15日，沙特阿拉伯能源大臣法力赫与俄罗斯能源部长诺瓦克在北京会晤后举行了联合新闻发布会，表示双方同意将现有的减产协议再延长9个月到2018年3月，承诺“将尽一切努力”降低全球库存至5年平均水位，对于获得现行减产协议参与国以外产油国的支持，也持乐观态度。在这一消息的刺激下，油价跳升2%至逾三周高位，升穿每桶52美元，布伦特原油收高0.98美元，或1.9%，报每桶51.82美元，盘中触及4月21日以来最高的每桶52.63美元；美国原油收高每桶1.01美元，或2.1%，报每桶48.85美元。[121]2017年5月25日石油输出国组织与非石油输出国组织产油国决定延长减产期限9个月后，由于会前市场期待产油国进行更大幅度的减产，但本次会议延长减产期限的决定引发市场失望情绪，国际石油价格在5月底短暂上涨后又在6月初走低。6月，国际油价持续震荡回落，创出年内新低之后，月底出现回升。5月底以来，市场因产油国达成延长减产的时间和力度不及市场预期，油价持续回落。再加上美国原油产量持续增长，尼日利亚和利比亚这两个石油输出国组织产油国原油产量大幅回升，市场人士对于石油输出国组织牵头的减产计划短期内能否缓解全球原油供应过剩的局面表示质疑，导致浓厚的看空情绪一直笼罩着国际原油市场。另外，美国石油库存下降缓慢，汽油需求疲弱，始终低于2016年同期水平，国际油价持续震荡下跌，6月21日油价下跌逾2%，在震荡交投中触及10个月低位，因美国产量增长，中国炼油活动减少，增添了对全球供应过剩的局面持续的忧虑。美国原油期货收盘下跌每桶0.98美元，或2.3%，报每桶42.53美元，盘中触及每桶42.13美元的2016年8月以来最低价。油价在2月底触及峰值后，已累积下跌逾20%，其间仅短暂回升。[122] 6月底，逢低的买进促使油价反弹，布伦特原油和美国西得克萨斯中质原油分别收于每桶47.92美元和每桶46.04美元，但仍未能扭转2017年上半年整体下跌趋势。初步统计，2017年上半年美国西得克萨斯中质原油和布伦特原油价格的跌幅均逾14%，为1998年上半年布伦特原油和美国西得克萨斯中质原油下跌约19%以来的最大跌幅。

2017年上半年结束后，国际石油价格从6月底开始结束持续探底的态势。7月，国际原油价格震荡走高，为2017年首次环比上个月收高，结束了上半年的跌势。沙特阿拉伯承诺将减少原油出口；尼日利亚同意限产在每天180万桶；美国在原油产量放缓的同时，原油库存骤降，这些迹象表明石油市场正朝着供需再均衡的方向发展，再加上美元疲软以及美国考虑对委内瑞拉石油行业采取制裁措施的因素，[123] 促使国际原油价格回升到两个月高点。7月31日，布伦特原油和美国西得克萨斯中质原油分别收于每桶52.65美元和每桶50.17美元，环比上月底分别上涨9.9%和9%。[124]进入8月，受非洲成员国出口急升驱动，7月石油输出国组织的原油出口升至纪录高位，8月3日国际石油价格下跌，布伦特原油收跌每桶0.35美元，报每桶52.01美元，美国原油下跌每桶0.56美元，报每桶49.03美元，盘中高见每桶49.96美元。8月4日，强劲的美国就业报告提振了石油价格上涨、能源需求增长的希望，布伦特原油上涨每桶0.41美元，或0.8%，收报每桶52.42美元，美国原油涨每桶0.55美元，或1.1%，收报每桶49.58美元。[125]北海油田夏季检修，供应吃紧推动布伦特原油价格上涨。美国原油库存持续两个多月下降，钻机数量显现减少态势，但美国原油产量仍在攀升，令美国西得克萨斯中质原油承压。8月25日，飓风“哈维”席卷墨西哥湾地区，导致美国近1/4的炼油产能关闭，炼厂原油需求减少，进一步拖累油价。8月，国际油价在每桶50~53美元之间维持区间震荡，8月31日，布伦特原油收于每桶53.38美元，环比仅小幅下跌0.5%，美国西得克萨斯中质原油收于每桶47.23美元，环比大幅下跌5.9%。[126]9月，国际油价持续震荡上扬后小幅回落，月均价为每桶55.25美元。主要机构预测2017—2018两年石油需求增幅扩大将提振市场信心，伊拉克库尔德地区公投将增加地缘政治风险，国际油价总体将震荡上扬。9月25日，布伦特原油接近每桶60美元。9月29日，布伦特原油和美国西得克萨斯中质原油分别收于每桶57.54美元和每桶51.67美元，环比上月底分别上涨9.9%和9.4%。[127]2017年第3季度，国际油价上升约20%，为2004年以来最好表现。

进入2017年第4季度，石油价格仍然保持了上涨的势头。10月，主要产油国有望延长减产协议至2018年年底、伊拉克地缘政治局势紧张、美伊关系可能恶化等利好因素，引发市场对供应收紧的预期。此外，近两个月来，美国页岩油产量增长放缓、原油库存持续下降等因素也给油价带来了一定支撑。10月31日，布伦特原油和美国西得克萨斯中质原油分别收于每桶61.37美元和每桶54.38美元，环比上月底分别上涨6.7%和5.20%。[128]进入11月，在沙特阿拉伯反腐风暴等众多突发因素和全球需求不断增长、月底的石油输出国组织会议可能继续采取减产政策的驱动下，石油价格持续走高。11月6日，布伦特原油和西得克萨斯中质原油分别收于每桶64.27美元和每桶57.35美元，均创2015年7月以来最高水平。[129]这样，自9月以来，2017年9—10月，国际油价连续上涨了15%以上，处于2015年7月2日以来的最高水平，有分析认为其主要原因是世界经济增长提振了石油需求。[130]

第 7 章

2001—2017年的石油与国际重大事件

导　语

21世纪的前17年在国际石油价格经历过山车的同时，从国际石油价格扩展开来，世界上还发生了一系列与石油相关的重大经济、政治、军事和外交等事件。一些国家因石油反目并升级到武力相向，一些国家因石油而富裕而另一些国家因石油而破产；石油既是国际上对外政策的有力武器，也是实现组织目标财富的可靠来源，还是打破行业平衡的有用工具。21世纪前17年的这些重大事件，一方面，直接影响了这17年间国际石油价格的走势和国际石油形势的演变；另一方面，也正是在国际石油价格大幅波动的直接影响下，这些事件越演越烈，且越来越复杂。21世纪前17年的这些重大事件，充分说明了石油这一商品的重要性，说明了石油具有超越普通商品的重要价值，当然更为重要的是，它还说明了石油最终还是普通的商品。真是成也石油败也石油！21世纪前17年国际石油市场的大动荡似乎最终应验了阿方索的名言：石油是恶魔的粪便。

一、苏联国家油气工业的重新崛起和纷争

1991年年底的国家解体，给苏联经济社会造成了巨大的混乱，除了人民物质生活、精神生活备受冲击外，苏联众多强大的工业体系也遭到了巨大的打击，其中最有代表性的就是苏联的油气工业。但是，进入21世纪后，在普京强有力的领导下，俄罗斯的油气工业迅速恢复，成为世界最大油气生产国和出口国。与此同时，苏联众多油气资源丰富的国家，为了经济发展的需要，在国际资本的参与下，众多的世界级大油气田投入生产，并开展了规模巨大的跨国油气管道建设工作。21世纪俄罗斯石油工业的重新崛起和苏联国家油气生产的大开发，深刻地改变了国际石油市场的格局。但是，令人遗憾的是，在21世纪前十多年的时间里，过去同属一个主权国家的苏联地区，爆发了一系列政治和军事冲突，虽然这些冲突的原因很复杂，但其背后都绕不开这一地区内部和外部众多国家间复杂的石油天然气利益的影子。

（一）俄罗斯石油工业的重新崛起

苏联解体和20世纪90年代中后期的私有化，重创了曾经强大的苏联石油工业。一方面，到2000年年末，俄罗斯共有9家一体化的石油公司和100多家小型开采公司，俄罗斯政府只控制7%的资源量；[1]另一方面，俄罗斯石油产量不断下降，1996年下降到历史最低点，只有约3亿吨。1999年的最后一天，叶利钦突然宣布辞职，普京成为俄罗斯的代理总统，2000年3月当选为俄罗斯第三届总统。石油天然气被称为是俄罗斯“权力的支柱和国家恒久不变的根基，是俄罗斯生命的血液”。普京上台之后，一改叶利钦时期的政策，积极改变叶利钦时代政府金融寡头傀儡的形象，俄罗斯政府不断加强对石油天然气工业的控制，开展了一场被称为“重新国有化”的运动，最终将政府对油气资源的控制分别提高到了50%和70%，油气工业再次成为俄罗斯经济发展和对外政策最主要的工具之一。

俄罗斯石油工业重新国有化是从“尤科斯事件”开始的，尤科斯石油公司的解体也是俄罗斯石油工业重新国有化最具代表性事件。在叶利钦时代的私有化浪潮中，米哈伊尔·霍多尔科夫斯基仅以3.5亿美元贷款，获得了尤科斯石油公司78%的股权，并成为俄罗斯的首富。尤科斯是俄罗斯最大的私营石油公司，2004年年初时公司拥有员工近20万名，日产原油170万桶，日出口原油110万桶，其原油产量和出口量分别占俄罗斯原油总产量和出口总量的10%和18%，石油产量为8 567万吨，拥有加油站近1 300家，是俄罗斯数量最多的加油站网络。尤科斯旗下有4家公司负责勘探开发业务，包括尤甘斯克石油天然气公司、萨马拉石油天然气公司、托木斯克石油公司、东西伯利亚石油和天然气公司，其中尤甘斯克油气公司最大，其产量占尤科斯公司整体产量的61%；尤科斯有19家石油产品销售企业，在俄罗斯境内40多个地区有“自己的地盘”；尤科斯还提供俄罗斯国防部各种石油产品需求量的45%、内务部的50%和边防部队的50%。[2]中俄原油管道的前身“安大线”，就是尤科斯公司和中国石油共同倡议和研究的。2003年10月25日，尤科斯石油公司总裁霍多尔科夫斯基因被指控犯有商业诈骗、偷漏税款、伪造文件、杀人等多项罪名而被捕。2003年12月19日，贝加尔金融集团通过拍卖以93亿美元收购了尤科斯旗下的最大子公司尤甘斯克，后者三天后被俄罗斯石油公司全资收购。2005年5月31日，莫斯科地方法院判处霍多尔科夫斯基9年监禁。2006年8月1日，莫斯科仲裁法院认定尤科斯破产。至此，俄罗斯最大的私营石油公司消失，其大部分资产被俄罗斯石油公司拥有，俄罗斯政府对油气工业的控制比例上升到67%。[3]2014年7月28日，海牙常设仲裁法院裁定，俄罗斯政府在尤科斯公司破产案中不当侵占公司资产，致使公司破产，依据《能源宪章条约》中关于保护投资的相关规定，要求俄罗斯当局向尤科斯公司前股东支付总额超过500亿美元的巨额赔偿。[4]但是，2016年4月20日，海牙国际法庭裁定，判决俄罗斯政府赔偿尤科斯石油公司前股东500亿美元的海牙国际仲裁法庭没有相关权限，此事不在国际仲裁法庭审理范围内。[5]

在收拾尤科斯公司的同时，俄罗斯政府不断加强对国内油气行业的控制。2005年2月，俄罗斯议会通过法案，不允许外国公司、只允许俄罗斯企业控股51%以上的合营公司参与有战略意义的油气田开发竞标。同年10月，俄罗斯公布了第一批战略油气田的名称，这些大油田的储量都超过1.5亿吨，大气田的储量超过1万亿立方米。这样，俄罗斯所有大油气田的勘探开发控制权都必须掌握在俄罗斯油气公司手里。2005年6月11日，俄罗斯联邦颁布天然气供应法，规定国家在俄罗斯天然气公司的持股不低于50%，政府出资购买俄罗斯天然气公司60.74%的股份，使政府持股从原来的35%提高到45.74%。同年9月28日，俄罗斯天然气公司以130.1亿美元并购西西伯利亚石油公司72.66%股权，加上原有的股权，持股增加到75.679%。

与此同时，俄罗斯还对有外资参与的石油公司股权进行调整，最典型的就是秋明英国石油公司（TNK–BP）。2003年，英国石油公司通过多方努力，以50%对50%的股份，同俄罗斯组建了秋明英国石油公司，该公司当时的石油开采量位居世界第三，主要在西西伯利亚、远东地区、东西伯利亚及萨哈林岛进行石油勘探和开发。从2005年下半年开始，俄罗斯就对秋明英国石油公司的一系列资产进行调换和重组。2012年10月22日，通过一系列复杂的股权交换，俄罗斯石油公司最终100%接盘了秋明英国石油公司，而英国石油公司也获得了俄罗斯石油公司19.5%的股份，本次交易总额约610亿美元，被俄罗斯媒体称为“世纪交易”。这次交易可以看成是俄罗斯石油重新国有化的收官之作，通过这次交易，俄罗斯石油公司一举跻身世界五强石油巨人之列，超过埃克森美孚，成为全球储量和开采量最大的上市石油公司，开采量占世界石油开采量的5%。2013年，俄罗斯石油公司的石油产量达2.06亿吨，天然气产量达470亿立方米。[6]俄罗斯总统普京称，此笔交易对整个国家经济来说都是一个“好的信号”。[7]

在油气具体项目开发上，俄罗斯也大力推行国有化政策，最具有代表性的是远东的萨哈林系列油气项目的开发工作。俄罗斯远东萨哈林岛及其近海拥有丰富的油气资源，为此俄罗斯政府设计了1—9共9个开发项目。其中，萨哈林–1项目，由埃克森美孚（30%）、日本库页岛石油开发合作公司（Sodeco）（30%）、俄罗斯石油公司（20%）和印度石油天然气公司（ONGC）（20%）共同开发，2006年10月1日投产。萨哈林–2项目拥有更加丰富的油气资源，项目合同签署于苏联刚解体的时期，1994年4月由英荷壳牌集团（55%）、日本三井（25%）和三菱商事（20%）合资的萨哈林能源公司运作，俄罗斯没有企业参与，且俄罗斯政府只拥有项目6%的收益。该项目运行一路艰难。2006年9月18日，在英国、日本和欧洲国家的强烈反对下，俄罗斯自然资源部以该项目违反了环保法，包括对海洋和河流造成污染为由，取消了项目许可。2006年年底，萨哈林–2项目运营商进行了重组，由俄罗斯天然气工业股份公司（50%加1股）、英荷壳牌集团（27.5%）、日本三井（12.5%）和三菱公司（10%）共同组建。2007年4月20日，俄罗斯天然气工业股份公司正式控股萨哈林–2项目。2008年12月，萨哈林–2项目开始出产原油。中国石油化工集团公司曾于2005年7月参与萨哈林–3项目的合作，但因勘探结果不理想，于2010年9月28日全部撤出。萨哈林–5项目的开发过程更费周折，英国石油公司曾拥有该项目49%的股份，但于2011年11月28日退出，由俄罗斯石油公司独家开发并在全球范围内寻找合作伙伴。

（二）里海地区巨型油气田纷纷投入生产运营

里海位于亚欧大陆腹部，亚洲与欧洲之间，海岸线总长7 000多公里，水域面积达37万多平方公里，是世界上最大的内陆湖泊，拥有丰富的油气资源，有机构将其称为“第二个波斯湾”。美国能源信息署曾预测，里海地区石油探明储量为23.1亿~45.7亿吨，待发现资源量为319.1亿吨，总资源量为342.2亿~364.8亿吨；天然气储量约为14万亿~16万亿立方米，超过世界总量的4%。历史上，里海地区曾是世界主要石油生产地和出口地。1901年，里海地区的原油产量就达到1 100万吨，占当时世界原油总产量的50%，世界石油贸易量的30%，巴库是世界上著名的石油城。苏联解体前，里海地区只有苏联和伊朗两个国家，里海地区涉及苏联领土的油气勘探开发工作由苏联统一控制；苏联解体后，里海沿岸国家从2个增至5个，包括俄罗斯、阿塞拜疆、伊朗、哈萨克斯坦和土库曼斯坦，而且乌兹别克斯坦虽不直接毗邻里海，因其油气资源丰富，也被视为里海地区资源国家。围绕里海的这些苏联国家独立后，一方面这些资源国出于发展自身经济考虑，大力开展油气资源开发活动；另一方面，以美国为首的西方国家和国际大石油公司，将里海地区的油气资源视为中东石油资源之外的另一重要来源，也积极进入这些地区进行油气资源的勘探开发活动。因此，由于内外两方面的因素推动，苏联解体后里海地区迎来了一轮油气资源开发高潮，对国际石油市场产生了积极和深远的影响。

哈萨克斯坦拥有丰富的油气资源，在苏联国家中是仅次于俄罗斯的油气生产大国，其所占的里海北部海岸线最长，实际控制的水域也最多，约占里海总面积的30%，里海盆地正是坐落于哈萨克斯坦控制的这片水域，哈萨克斯坦约80%的油气资源汇聚于此，其约70%的油气资源分布在卡沙甘和田吉兹两个大油田中。田吉兹油田发现于1979年，是目前世界上最深和最大的油田之一，总储量为30亿吨（约合260亿桶），已探明的可开采量约为16亿吨。从1991年开始，苏联政府与美国雪佛龙公司就田吉兹油田的开发进行了多年的谈判，由于该油田的原油含有硫醇化合物，需要较为先进的开采工艺，苏联无法自行解决。苏联解体后，1993年4月，纳扎尔巴耶夫代表独立后的哈萨克斯坦同雪佛龙等签署了为期40年、总投资额高达200亿美元的“世纪契约”，2033年合约到期。在合资公司中，美国雪佛龙公司拥有50%的股份，埃克森美孚拥有25%的股份，哈萨克斯坦国家石油天然气公司拥有20%的股份，俄罗斯卢克石油公司和英国石油公司合资的卢卡库公司占5%的股份。1991年苏联解体后，雪佛龙成为第一家与苏联国家达成油气开发协议的外国石油公司。田吉兹油田于1993年投产，2006年其日产量已达45万桶，约占哈萨克斯坦每日石油总产量的35%。2016年7月，雪佛龙、埃克森美孚等宣布，将为田吉兹油田扩建项目投资368亿美元，其中271亿美元用于石油设施，35亿美元用于油井，还有62亿美元用于意外开支和其他升级开支，计划到2022年将该油田的年产量从2 700万吨提高到3 900万吨（约每天85万桶）。[8]据有关方面分析认为，田吉兹油田的生产成本很低，2011—2015年该油田的平均生产成本每桶只需大约6.50美元，是现代石油史上最赚钱的油田之一，1993年以来，雪佛龙已经从田吉兹油田获得超过700亿美元的收入，其中利润达到400亿美元。[9]

卡沙甘油田位于北里海水域，是哈萨克斯坦境内最大的油田，也被认为是中东地区之外的最大油田，同时也是全球自1968年以来发现的最大油田，原油储量居世界第五。地质学家们估计，其地质储量为48亿吨，而该项目作业者认为其石油总储量为380亿桶（约合60亿吨），其中可开采储量为100亿桶，天然气储量达1万亿立方米。卡沙甘油田也是世界上最具挑战性和复杂的开发项目之一，1997年哈萨克斯坦政府与国际阿吉普财团（Agip KCO）以产品分成协议形式签订了北里海油田开发项目，2000年该油田被勘探确定，此后十多年的时间里，一直处于建设当中。卡沙甘油田由包括埃尼、壳牌、埃克森美孚、道达尔、康菲、帝石和哈萨克斯坦国家石油天然气公司组成的北里海作业公司负责开发，其中埃尼、道达尔、埃克森美孚、壳牌、哈萨克斯坦国家石油天然气公司各持有卡沙甘油田16.81%的权益，中国石油天然气集团公司与日本国际石油开发公司在该项目中分别持有8.4%及7.56%的权益，该油田总投资超过550亿美元，堪称世界上最昂贵的石油项目。2012年9月，康菲公司将其在卡沙甘油田项目中拥有的8.33%的股权出售给中石油。在经历了多次推迟之后，2013年9月11日，卡沙甘油田正式投入商业生产，日产量为9万桶。按原计划，2013—2014年，卡沙甘油田的产量将从第一阶段的日产18万桶增长至第二阶段的日产37万桶。但不幸的是，仅在投产十多天后的9月24日，因所生产的油气中含高硫气体，其总长度达200千米的油气运输管道出现了微小裂纹需全部更换，卡沙甘油田停产。2014年10月，据哈萨克斯坦能源部相关资料显示，因不得不再需要耗资16亿~36亿美元（合12亿~28亿欧元）用于更换损坏的油气管道，卡沙甘油田的重新启动将可能不会在2016年下半年之前。[10] 2016年10月23日，卡沙甘油田正式恢复石油开采。2016年12月7日，哈萨克斯坦政府在哈萨克斯坦西部城市阿特劳举行卡沙甘油田的投产仪式，哈萨克斯坦总统纳扎尔巴耶夫参加了仪式，预计今后几年卡沙甘油田石油开采量将达每年1 300万吨。[11]截至2017年1月8日，该油田已完成首批100万吨石油的开采。[12]

里海地区另一个油气资源丰富的国家是阿塞拜疆，截至2016年年初，该国探明石油储量约为10亿吨，探明天然气储量约为1.1万亿立方米。阿塞拜疆的首都巴库是中亚地区和世界最著名的石油城，这里见证了中亚地区和苏联石油工业发展的历史。苏联解体后，围绕里海地区阿塞拜疆的石油开发，也如哈萨克斯坦的油气开发一样精彩。进入21世纪以来，阿塞拜疆的石油产量迅速增长，2000—2009年石油产量年均增长15.5%，2010年石油产量达5 150万吨，2015年下降到4 160万吨，2016年为4 103.4万吨。阿塞拜疆最大的油田是里海阿塞拜疆水域的Azeri-Chirag-Guneshli（ACG）巨型油田，该油田拥有石油储量7.6亿吨，发现于1979年，石油产量占整个阿塞拜疆石油开采的70%。ACG油田由英国石油公司（35.78%）、美国雪佛龙公司（11.27%）、阿塞拜疆ACG公司（11.65%）、日本国际石油开发公司（Inpex）（10.96%）、挪威国家石油公司（8.56%）、美国埃克森美孚公司（8%）、土耳其国家石油公司（6.75%）、日本伊藤忠公司（4.3%）和美国赫斯公司（2.72%）组成的阿塞拜疆国际作业公司（AIOC）负责开发。1994年9月20日，阿塞拜疆国家石油公司同西方9个石油公司签订了里海石油产品分成合同，随后和这9个石油大公司成立了阿塞拜疆国际作业公司，合同的价值约为74亿美元，这一合同在当时被称为“世纪合同”，该合同为期30年，2024年到期。1997年，ACG油田中的Chirag油田投产，2005年2月中Azeri油田投产，2005年年底西Azeri油田投产，2007年东Azeri油田投产。从2007年开始，阿塞拜疆石油产量迅速增长，成为非石油输出国组织国家中石油产量增长最快的国家，这一年其石油日产量增长到86万桶，净出口量达到日均70万桶，石油产量的增加几乎全部来自ACG油田。[13]据统计，从1997年11月投产到2016年6月初，ACG油田累计石油产量为4亿吨，拥有油井80口，平均日产量为9万吨，2015年ACG油田原油开采量达3 130万吨。[14]2016年12月底，阿塞拜疆国家石油公司与阿塞拜疆国际作业公司签署了一项合作意向，在2050年前进一步开发ACG油田群。[15]ACG油田的开发，为阿塞拜疆带来了巨大的经济收益，据阿塞拜疆国家石油基金（SOFAZ）表示，从2001年年初到2016年7月1日，该基金从ACG油田获得的总收入为1 193.14亿美元，其中2016年上半年从这个油田获得的收入为23.05亿美元。[16]

（三）积极建设新的石油出口管道，努力确保直接面对消费市场

由于地理位置和市场等多方面的原因，俄罗斯油气出口通道问题是其油气工业发展过程一直需认真面对的大问题。后面我们将要谈到的俄乌斗气、乌克兰危机、车臣战争和俄格战争，本质上就是为了解决俄罗斯石油和天然气的出口通道问题。

俄罗斯石油出口运输由100%国有的俄罗斯管道运输公司负责。21世纪初，俄罗斯约84%的石油出口是通过管道运输的，2003年，俄罗斯主要的石油出口线路包括：波罗的海运输线路（即雅罗斯拉夫尔—普里莫尔斯克线路），运输能力为每年1 200万吨；雅罗斯拉夫尔至波罗的海港口布京格和文茨皮尔斯的管道，年运输量分别为1 200万吨和1 600万吨；友谊管道，其北支线通往波兰，南支线通往斯洛伐克，每年完成6 000 万吨的石油运量；黑海运输管线（萨马拉—敖德萨和萨马拉—新罗西斯克），运输能力分别是每年1 200万吨和每年4 300万吨，总的石油管道出口输送能力为1.43亿吨。除负责本国的石油出口输送外，俄罗斯管道运输公司还向苏联国家提供石油过境运输服务，其中哈萨克斯坦的石油经阿特劳—萨马拉线路（年运输量为1 200万吨）进入俄罗斯管道系统。[17]根据俄罗斯统计局的数据，截至2016 年年底，俄罗斯油气管道总里程超过

25万公里，其中天然气管道17.8万公里，原油管道5.4万公里，成品油管道1.7万公里，分别占世界相应管道总里程的14%、14%、7%，管输系统承担着俄罗斯近90%的原油输送任务，为当年俄罗斯出口了2.54亿吨原油，较好地支撑了俄罗斯世界第二大原油出口国的地位。[18]

为解决石油出口管线与相邻国家的纷争，近年来俄罗斯花大力气进行了尽可能不过境别国的石油出口管线建设工作。主要包括里海—黑海—地中海方向，围绕俄罗斯最大的原油出口港新罗西斯克港的石油出口量，于2001年9月建成了250千米长的苏霍多尔纳亚—罗季奥诺夫斯卡亚管线工程，避开了乌克兰；2002年，建成了马哈奇卡拉—新罗西斯克工程，从马哈奇卡拉绕过车臣直达新罗西斯克，并可避开阿塞拜疆领土，转运从土库曼斯坦和哈萨克斯坦用油轮运送到马哈奇卡拉港的石油；里海管道，即CPC管道，该项目于1999年动工，管线全长1 580千米，设计能力为6 700万吨，2001年年底启用，2002年实际输油能力为2 000万吨。2009年，该管道实际原油出口量为3 460万吨，共计装运了319艘油轮。[19]该管道由俄罗斯、哈萨克斯坦等共同拥有，目前俄罗斯政府拥有该管道31%的股份，哈萨克斯坦持股20.75%，雪佛龙公司持股15%，此外还有数个小股东。[20]该管道的意义在于，连接哈萨克斯坦的田吉兹油田和俄罗斯的新罗西斯克港，俄哈两国原油在新罗西斯克港经黑海出口。2011年7月1日里海管道国际财团（CPC）开始实施一项投资54亿美元的扩建项目，计划把里海管道的日输油能力在2015年前提高一倍，达到140万桶。[21]北波罗的海方向，波罗的海运输管道系统，该工程建设周期长，工程量大，项目总投资22亿美元，最大输送量为650万吨，1997年开工建设，首批工程于2001年11月竣工，工程最终完工于2006年4月7日。它将俄罗斯的季曼–伯朝拉地区、西西伯利亚、乌拉尔和伏尔加河沿岸等地区生产的石油运至列宁格勒州的普里莫尔斯克港口，再用油轮运至欧洲主要的石油贸易和石油加工中心。[22]这条管道的意义在于绕过乌克兰和波罗的海国家领土的线路，可以使俄罗斯的石油公司大大降低石油的出口运费。

2013年10月21日，俄印峰会期间，当时的印度总理辛格与普京发表联合声明，两国将联合研究修建一条运送天然气、石油管道的可行方案，该管道计划穿越中国的新疆维吾尔自治区到达印度，管道35%的长度将途经山区，据说这条管道的造价高达300亿美元，号称“全球最昂贵的管道”。[23]但是，截至2017年10月底，没有关于这一条管道的进一步消息。

在苏联有关国家的油气出口通道争夺中，最有意义的、同时也是对俄罗斯影响最大的石油出口管道是巴库—第比利斯—杰伊汉管线，即BTC管道，这条管道起自阿塞拜疆的巴库，经过格鲁吉亚的第比利斯最终到土耳其杰伊汉，管道全长1 768公里，总投资为39亿美元。美国是该管道的积极推动者，俄罗斯则极力反对这条管道的建设。管道建设的最直接原因，是为了将里海阿塞拜疆水域的ACG巨型油田生产的石油输送出去，2009年该油田产量为4 030万吨，2010年为4 250万吨，ACG油田由以英国石油公司为首的国际财团——阿塞拜疆国际作业公司承担生产作业，是世界第三大在产油田。1993年3月9日，阿塞拜疆与土耳其在安卡拉签订了BTC管道建设的第一份文件。1999年11月，伊斯坦布尔欧安组织峰会期间，在美国的积极推动下，阿塞拜疆、格鲁吉亚和土耳其三国总统签署了关于BTC石油管道的一揽子协议，阿塞拜疆、土耳其、格鲁吉亚、哈萨克斯坦签署了支持BTC管道建设的《伊斯坦布尔宣言》，美国以观察员身份也在宣言上签了字。BTC管道工程由11家股东组成，英国石油公司占股30.1%，并负责运营管理。2002年9月，管道动工建设，2006年7月管道正式开通。BTC管道的建成，产生了在苏联国家中第一条不受俄罗斯控制的5 000万吨石油出口能力的通道，打破了俄罗斯对里海石油出口的控制，使阿塞拜疆和格鲁吉亚从经济上摆脱了俄罗斯的控制，政治和外交上更加靠向美国和欧盟，成为欧盟能源供应的重要一环。

差不多在BTC管道建设的同时，另一条苏联国家建设的不受俄罗斯控制的石油出口管道也在建设中，即中哈原油管道，设计输油能力为2 000万吨。2004年7月，中国石油天然气集团公司下属的勘探开发公司（CNODC）和哈萨克斯坦国家石油运输股份公司（KTO）各自参股50%，成立了中哈管道有限责任公司（KCP），负责阿塔苏—阿拉山口管道和肯基亚克—库姆科尔管道的项目投资、工程建设、管道运营管理等业务。中哈原油管道全长约2 800多公里，西起哈萨克斯坦里海的阿特劳，终点为中哈边界阿拉山口。主要包括阿特劳—肯基亚克输油管线，全长448.8公里，管径610毫米，已于2003 年年底建成投产；阿塔苏—阿拉山口段，全长962.2公里，管径813毫米，于2006 年5 月实现全线通油；肯基亚克—库姆克尔段，全长761 公里，于2009 年7月建成投产。中哈管道到达阿拉山口后，又继续向东延伸到新疆独山子炼油厂。据统计，自2006年7月投产至2015年年底，中哈原油管道已累计向我国输送原油8 724万吨，其中2015年的输送量为1 080.5万吨。中哈原油管道的供油商，2011年为10家，2015年为17家。[24] 2016年11月，青海省着手研究中哈原油管线格尔木延伸工程，计划建设西起独山子、东至格尔木的管线，全长1 620公里，规划年输油能力为1 000万吨。[25]中哈原油管道是我国第一条跨国原油管道，被誉为“丝绸之路第一管道”，也是哈萨克斯坦第一条东向原油出口通道，对于我国和哈萨克斯坦都具有重要的战略意义，同时管道的建成和运营，也迫使俄罗斯改变自己的油气出口政策。2014年6月11日，俄罗斯提出通过哈萨克斯坦境内向中国出口石油的合作协议，使用的就是中哈原油管道。2015年，俄罗斯通过中哈原油管道向中国出口了700万吨原油。[26]2017年3月29日11点58分，中哈原油管道实现累计向中国输油1亿吨。[27]

中俄原油管道分为一线和二线两个项目，一线项目起自俄罗斯远东管道斯科沃罗季诺分输站，经中国黑龙江省和内蒙古自治区13个市、县、区，止于大庆站，管道全长约1 030公里。按照双方协定，俄罗斯将通过中俄原油管道每年向中国供应1 500万吨原油，最大年输油量为3 000万吨，合同期为20年，2011年1月1日正式启用。中俄原油管道的谈判时间长，周折多。因2008年的世界金融危机和油价大跌，加之俄罗斯在西向油气出口通道方面面临的众多难题，在中国提出“贷款换石油”的建议后，2009年2月17日中俄签署了3亿吨的原油合同，主要内容有：2011年1月至2030年的20年间，中国每天将接获30万桶俄罗斯原油，总供应量达到3亿吨；中国将向俄罗斯提供250亿美元长期贷款，其中俄罗斯国家石油公司获得150亿美元，管道输送商俄罗斯石油管道运输公司获得100亿美元。这样，历时15年谈判的中俄原油管道项目才最后落地。[28]

2013年3月，中俄两国政府签署了扩大原油贸易协议；同年6月22日，中石油与俄罗斯石油公司签署向中国增供原油贸易合同，计划从2018年1月起，通过中俄原油管道二线向中国每年增供原油1 500万吨，俄方将在25年内向中国增供3.6亿吨原油，合同金额高达2 700亿美元。就是在这份协议中，中俄还约定了从2014年1月1日起通过中哈原油管道每年向中国出口700万吨原油，合同期为5年，可延长5年。[29]这样，2016年8月17日，中俄原油管道二线工程在黑龙江省加格达奇地区开工建设，管道全长约940公里，设计年输油能力为1 500万吨，计划2017年10月底具备投产条件，2018年1月1日正式投入商业运行。[30]从2011年1月1日启用至2017年元月，中俄原油管道一线累计输油总量已达9 592万吨。[31]其中，2015年该管道的输油量为1 600万吨，已超过设计能力。[32]

中俄原油管道是俄罗斯远东原油管道即东西伯利亚至太平洋石油管道的支线。该管道西起泰舍特，东至俄罗斯太平洋沿岸的科济米诺湾，全长4 130公里，初始设计年输油能力为3 000万吨，可扩大到5 000万吨。其中，一期工程全长2 694公里，连接泰舍特与阿穆尔州的斯科沃罗季诺，2004年12月31日开工，2009年3月完工；二期工程全长2 100公里，包括斯科沃罗季诺—科济米诺港管道、8个输油泵站和对港口进行扩建，2010年下半年开工建设。远东原油管道对俄罗斯来说具有非常重要的战略意义。该管道的建设使俄罗斯的石油出口摆脱了传统的依赖欧洲市场的格局，俄罗斯的石油出口可以直接面向亚太市场，尤其是通过其支线中俄原油管道，俄罗斯石油拥有了需求和进口不断增长的中国市场。正因具有如此的战略意义，俄罗斯总统普京指出，俄罗斯远东原油管道项目“是当代俄罗斯最大的项目之一，是行业和地区的重大事件。当然不仅仅是俄罗斯，对整个苏联地区来说都是个宏伟的项目”。

在俄罗斯远东原油管道和中俄原油管道的决策过程中，中国和日本都有过很深的参与，很长时间内俄罗斯向远东输送出口原油的管道路由选择，有过“安大线”和“安纳线”的讨论和争论，相关国家也为此做了大量的工作。1994年，中俄就开始有关原油管道工程的研究工作。2001年9月，中俄两国政府签署《中俄关于共同开展铺设原油管道项目可行性研究工作总协议》，并在此后两年多完成了“安大线”的技术论证等工作。但是，2002年年底，日本抛出了“安纳线”方案。2003年1月，日本首相小泉纯一郎访问俄罗斯时提出，如果修建“安纳线”，日本每天将可以从俄罗斯进口100万桶石油。2003年12月15—17日，俄罗斯总理卡西亚诺夫对日本进行了为期三天的访问，在同日本签署的《共同声明》中，两国首次在正式文件上提及修建太平洋石油管道的重要性。[33]为推动“安纳线”，日本从政治、经济、传媒、民间等各个层面展开了强大的公关攻势，并许以145亿美元的“高额订金和彩礼”和对俄罗斯远东的“萨哈林–1”和“萨哈林–2”石油天然气项目投资80亿美元。2004年3月，俄罗斯石油管道运输公司出炉了一个新的方案，就是所谓“泰纳线”方案，即后来实际开展建设的远东原油管道项目。客观上说，这一方案一方面解决了“安大线”和“安纳线”技术论证时有关方面担心的贝加尔湖的环保问题，管道与贝加尔湖的距离扩大到225公里。另一方面使俄罗斯石油出口直达太平洋，出口市场有了中国、日本、韩国或更远的美国等更多的选择，同时通过支线项目建设了中俄原油管道工程，使讨论了15年之久的中俄原油贸易通道问题也得以解决，可稳定地占领中国原油进口市场。因此，俄罗斯远东原油管道项目虽然论证过程耗时久，参与各方的利益复杂，但是，最终的项目建设，从俄罗斯方面来说应该是达到了多层次的战略目的。[34]

（四）俄罗斯和苏联国家的天然气管道项目建设取得丰硕成果

同石油出口管道项目建设一样，俄罗斯也十分重视天然气出口管道项目建设，考虑到天然气的特殊性，某种程度上天然气出口管道对俄罗斯来说比石油出口管道更加重要。

传统上，欧洲是俄罗斯天然气出口的主要市场。从20世纪40年代开始，俄罗斯就向波兰出口天然气。目前，俄罗斯共有6条管道向欧洲出口天然气。按建成投运时间顺序，分别为："兄弟"天然气管道，1967年建成投产，是苏联时期建成的经乌克兰向欧洲出口天然气的主要管道。该管道起于俄罗斯西部的纳德姆气田，经乌克兰至斯洛伐克，之后分为两路：一条输往捷克、德国、法国、瑞士等国家；另一条输往奥地利、意大利、匈牙利等多个欧洲国家。管道全长4 451公里，年输气能力为240亿立方米。"北极光"天然气管道，1985年建成，总长7 377公里，年输气能力为510亿立方米，该管道起自俄罗斯乌连戈伊气田，经白俄罗斯至波兰、乌克兰、立陶宛等欧洲国家。"联盟"天然气管道，1978年建成投产，管道全长1 780公里，年输气能力为280亿立方米，该管道系统包括南、北两条管道。其中"联盟"北线干线管道起自俄罗斯，经乌克兰，向西到达德国，并延伸到法国；"联盟"南线干线管道起自俄罗斯，经乌克兰和摩尔多瓦，到达罗马尼亚、保加利亚、马其顿、土耳其等欧洲国家。"亚马尔—欧洲"天然气管道，1999年建成投产，管道全长约2 000公里，年输气能力为330亿立方米，该管道起于俄罗斯西西伯利亚亚马尔半岛，经白俄罗斯、波兰到德国柏林。"蓝溪"天然气管道，2005年11月建成通气，管道全长1 213公里，设计年输气量为160亿立方米，该管道起自俄罗斯境内伊扎比热内，经黑海海底至土耳其首都安卡拉，是世界上最深的海底管道，最深处达2 150米。“北溪”天然气管道，该管道单管道长1 224公里，双管并行敷设，第一条管道于2011年11月8日正式投入使用，第二条管道于2012年10月开始商业供气，年总输气能力为550亿立方米，该管道从俄罗斯列宁格勒州维堡港出发，穿过波罗的海，在德国格赖夫斯瓦尔德登陆，首次实现不经过第三方国家直接将俄罗斯天然气管网和欧洲管网相连。

在俄罗斯为解决向欧洲天然气出口通道的过程中，面临很多的困难和难题，这些困难和难题不仅是技术、经济层面的，而且是政治层面的，其中“南溪”天然气管道项目的建设最有代表性。俄罗斯推动建设“南溪”天然气管道的主要目的，就是为了绕过乌克兰，保住自己传统的欧洲天然气市场，而该项目欧洲的参与各方因为在俄乌斗气的过程中吃够了苦头，也需保证自己进口天然气的稳定供应。[35]因此，2007年6月，在俄罗斯天然气工业股份公司与意大利埃尼公司发起“南溪”管道项目后，保加利亚、塞尔维亚、匈牙利、斯洛文尼亚、克罗地亚、奥地利、希腊、意大利等国积极参与，德国巴斯夫集团温特夏尔公司与法国电力集团还在南溪管道运输公司中各持15%的股份。“南溪”天然气管道项目，起自俄罗斯新罗西斯克，穿越黑海海底，铺设到保加利亚瓦尔纳，然后分为两条支线，一条经希腊通向意大利南部，另一条穿越塞尔维亚、匈牙利、保加利亚通向奥地利、德国等西欧国家，管道总长2 386公里，4条管道并行敷设，每条管道年输气能力为157.5亿立方米，每年总输气量可达630亿立方米，输气总量预计将达俄罗斯天然气出口的35%，总投资有可能达到500亿美元。俄罗斯计划第一条海底管道于2015年年底建成投产，第二条、第三条海底管道于2016年年底建成投产，第四条海底管道于2017年年底建成投产。但是，2014年年初乌克兰尤其是克里米亚危机后，欧洲国家的态度发生了变化，相关国家对俄罗斯开始制裁。欧盟于2014年4月8日冻结了同俄罗斯关于“南溪”天然气管道项目的对话，欧洲议会于2014年4月17日通过决议暂停“南溪”天然气管道建设，呼吁欧盟支持乌克兰解决与俄罗斯的天然气纠纷。仅奥地利于2014年6月24日在俄罗斯总统普京访问奥地利之际签署了“南溪”线天然气管道奥地利段的相关建设协议。[36] 2014年6月，“南溪”管道建设工作陷入停顿，同年12月1日俄罗斯总统普京在访问土耳其期间，宣布中止“南溪”天然气管道项目，但奥地利、保加利亚、克罗地亚、希腊、匈牙利、意大利、斯洛文尼亚等国签署了一份联合声明，邀请欧盟委员会主管能源事务的副主席谢夫乔维奇与俄罗斯方面就“南溪”项目进行联系。[37] 2014年12月11日，欧盟委员会正式从俄罗斯收到关于“南溪”天然气管道项目取消的确认。[38] 2016年1月15日，对于外界关于保加利亚和俄罗斯恢复“南溪”天然气管道项目谈判的报道，俄罗斯能源部长诺瓦克表示，并未恢复“南溪”天然气管道项目的谈判。[39] 2016年8月，俄罗斯有关方面再次否认就“南溪”天然气管道项目恢复谈判。

“南溪”天然气管道项目的复杂之处不仅仅是俄罗斯、乌克兰和欧盟相关国家间的政治、经济和外交关系，这个项目在讨论和研究过程中，还涉及另外一个同样复杂的天然气管道项目，即纳布科天然气管道项目，该项目同“南溪”天然气管道项目是直接竞争关系。纳布科天然气管道项目，是在美国的支持下，于2002年由欧盟提出的，项目计划建设一条从里海地区的伊朗开始，经土耳其、保加利亚、罗马尼亚和匈牙利，终点是奥地利的天然气管道。管道总长近3 300公里，投资总额约79亿欧元，年输送天然气能力达310亿立方米，计划于2011年动工，2014年开始投入运营。2004年6月24日，纳布科天然气管道国际财团成立。2010年9月6日，欧洲投资银行、欧洲复兴开发银行和国际金融公司同意对纳布科项目开展评估，考虑为纳布科天然气管道项目提供40亿欧元贷款。[40]该项目的意义在于，管道建成后，欧盟国家将改变天然气供应依赖俄罗斯的局面。2009年7月13日，土耳其与保加利亚等纳布科天然气管道项目5个主要过境国在土耳其首都安卡拉签署了该项目政府间协议。但是，在筹划了近11年之后，2013年6月26日希腊在雅典签署了跨亚得里亚海天然气管道东道国协议，阿塞拜疆沙丹尼兹财团确认将最终选择跨亚得里亚海天然气管道项目向欧洲输送天然气，这样纳布科天然气管道项目宣告流产。[41]

俄罗斯天然气出口管道项目中，还有一条是“土耳其流”管道项目。2014年，俄罗斯和土耳其就开始谈判建设这条天然气管道，通过“土耳其流”，俄罗斯的天然气可绕开乌克兰经过黑海直接输送至土耳其，原计划2016年12月投入使用并开始供气。2014年12月1日，俄罗斯天然气工业股份公司和土耳其国有天然气公司签署了谅解备忘录，两国将修建跨黑海通向土耳其的天然气管道，即“土耳其流”，作为“南流”管道的替代方案。该管道共有4条线路，年供气总量可达630亿立方米，其中部分线路可向东南欧国家供气。2015年11月，土耳其击落了俄罗斯在叙利亚执行任务的苏–24战机后，俄土关系骤然恶化，俄方对土方采取一系列制裁措施，“土耳其流”管道项目被搁置。2016年8月9日，埃尔多安与普京在俄罗斯圣彼得堡市会晤，双方元首握手言和，决定恢复“土耳其流”天然气管道项目。同年10月10日，在俄罗斯总统普京和土耳其总统埃尔多安的见证下，俄罗斯能源部长亚历山大·诺瓦克和土耳其能源及自然资源部长贝拉特·阿尔巴伊拉克签署了天然气管道建设项目政府间协议。项目将于2018年动工建设，在2019年12月建成并投入使用，年输气将超过300亿立方米，原本从乌克兰过境输送的俄罗斯天然气中，每年将有超过140亿立方米被“土耳其流”管道分流。[42] 2017年5月7日，俄罗斯天然气工业股份公司透露，该公司已经开始在黑海海底建设“土耳其流”天然气管道项目的海底工程，这样“土耳其流”天然气管道项目建设正式开始。[43]

在西向有关天然气管道工程紧张建设的同时，苏联国家也在积极开展东向天然气管道的建设，其中最为著名的是中国–中亚天然气管网工程。中国–中亚天然气管网，由A、B、C、D四线组成，管道起于土库曼斯坦和乌兹别克斯坦边境，经乌兹别克斯坦中部和哈萨克斯坦南部，从霍尔果斯进入中国，单线长度为1 830公里。其中，A线于2009年12月投产，B线于2010年10月投产，C线于2014年5月投产，D线于2014年9月13日开工建设，预计2020年年底全线完工。A、B两线设计年输气能力为300亿立方米，C线设计年输气能力为250亿立方米，D线设计年输气能力为300亿立方米，整个管网系统累计年输气量为850亿立方米，是中亚地区最大的天然气管网工程。自2009年年底正式投用至2016年年底，通过中亚天然气管网，共向中国出口了约1 650亿立方米天然气。[44]中亚天然气管网进入我国境内后，通过西气东输二线，供应到我国华东的上海、浙江、江苏、江西，华南的广东、广西，并经过深圳到香港地区的海底管道供应香港地区10亿立方米左右；同时，经西气东输管道到达陕北靖边，再经陕京管道输送到北京，可惠及我国25个省、直辖市、自治区和香港特别行政区5亿多人。[45]中国–中亚天然气管网工程建设的意义巨大。对于土库曼斯坦、乌兹别克斯坦和哈萨克斯坦这些中亚天然气生产国来说，管道工程的建设，打通了一条东向天然气出口通道，使这些国家的天然气出口除传统市场欧洲外，有了新的选择，可避免介入苏联国家向欧洲出口石油天然气的复杂问题；对于中国来说，这是第一条建成投运的跨境天然气长输管道，其对满足我国日益增长的天然气需求、解决日益严峻的环境问题具有不可替代的作用，被誉为“新时期建设的能源丝绸之路”。预计2020年我国天然气消费将达到4 000亿~4 200亿立方米，中国–中亚天然气管网工程可满足届时我国天然气需求的20%。除了战略意义外，这条管网还有重要的经济意义。据悉，中方与土库曼斯坦达成的天然气购买协议价格为每千立方米90美元，俄罗斯向欧洲国家出售的天然气价格为每千立方米230~250美元，对中方的报价为每千立方米125美元。[46]中国–中亚天然气管网工程的研究、论证、谈判、建设的过程也非常艰难和曲折，某种程度上不亚于中俄原油管道项目的建设过程。[47]中国–中亚A线、B线、C线、哈南线4条天然气管道和两条原油管道及正在建设中的中国–中亚D线天然气管道，总里程近1万公里，横跨中亚5个国家，由中国石油中亚管道有限公司管理运营，截至2017年3月底，这些管线已累计向中国供应油气当量2.3亿吨，成为中国能源安全、碧水蓝天的重要保障。[48]

中俄东线和西线天然气管道项目取得积极进展。2014年5月上海亚信峰会期间，中俄双方签署了《中俄东线天然气购销合同》。双方约定，2018年俄罗斯开始通过中俄东线向中国供气，供气量逐年增长，最终达到每年380亿立方米，合同期为30年，合同价值4 000亿美元。该合同被称为全球天然气市场的“世纪大单”。2014

年9月1日，中俄东线天然气管道俄罗斯境内段的“西伯利亚力量”管道开工建设，俄罗斯总统普京和我国张高丽副总理出席了开工仪式。2015年6月29日，中俄东线天然气管道中国境内段开工仪式在北京、莫斯科和黑河施工现场三地通过视频方式举行，张高丽副总理在人民大会堂出席开工仪式并下达开工令，俄罗斯联邦政府总理梅德韦杰夫在莫斯科分会场致辞。按照规划，中俄东线天然气管道进入中国境内后，从黑龙江省黑河市中俄边境开始，将修建止于上海市的国内天然气管道工程，途经黑龙江、吉林、内蒙古、辽宁、河北、天津、山东、江苏、上海9省区市，国内段管线长度将达到3 342公里。

中俄在谈判和建设东线天然气管道项目的同时，还在谈判西线天然气管道项目。2014年11月，中石油与俄罗斯天然气公司签署中俄西线天然气管道框架协议，确定俄气公司每年将通过“西伯利亚力量–2”管道向中国提供多达300亿立方米天然气，供气期限为30年。但是，协议签署后，由于国际石油价格大幅下跌，国际市场液化天然气的价格走低和供应过剩，加之由经济增长放缓带来的天然气需求的下降，2015年7月间，中俄双方对进口俄罗斯天然气的价格产生分歧，俄气公司表示将无限期推迟中俄西线天然气合同。[49] 2015年11月16日，张高丽副总理在北京与俄罗斯副总理德沃尔科维奇举行中俄能源合作委员会第12次会议，双方商定推进中俄西线天然气管道项目。[50] 2017年2月15日，张高丽副总理在北京会见俄罗斯天然气工业公司总裁米勒时表示，“按照利益共享、风险共担原则，进一步研究西线天然气、远东供气等合作项目”。[51] 2017年7月4日下午，在中国国家主席习近平和俄罗斯总统普京的见证下，中国石油天然气集团公司董事长王宜林与俄罗斯天然气工业股份公司总裁米勒在克里姆林宫举行的中俄两国合作协议签字仪式上，交换了《中俄东线购销合同的补充协议》合作文件，标志着中俄东线供气项目进入关键阶段。这对双方合作具有重要的里程碑意义，双方将按计划推进远东供气、天然气发电、天然气车用燃料、上游联合开发等领域的全面合作，为巩固和深化双方战略合作伙伴关系发挥积极作用。[52]

（五）俄罗斯乌克兰天然气争端

作为昔日苏联两个主要加盟共和国，苏联解体后，俄罗斯和乌克兰两国的关系每况愈下，从持续的有关天然气价格、过境问题，发展到克里米亚归属问题的争执，最终发展成为乌克兰东部的局部战争。

乌克兰是俄罗斯的发源地，从沙俄时代直至苏联时期和今天的俄罗斯，基辅罗斯一直被奉为俄罗斯历史的发端，基辅城也被称为“俄罗斯诸城之母”。1922年12月，乌克兰作为第一批4个加盟共和国之一，与俄罗斯等共同创立苏联，是苏联的“粮仓”和重要的工业基地。1991年年底苏联解体后，乌克兰宣布独立，并与俄罗斯、白俄罗斯共同宣布建立取代苏联的“独联体”。

由于地理位置的原因，乌克兰是俄罗斯向欧洲供应天然气的主要通道。俄罗斯是欧洲天然气主要供应来源国。2013年，俄罗斯输往欧洲的天然气达1 627亿立方米，满足了欧洲天然气消费量5 410亿立方米的30%，占其向世界30多个国家出口天然气总量2 049.11亿立方米的79.40%，而俄罗斯向欧洲出口天然气的80%需通过乌克兰的管道输送。此外，由于自身能源资源的不足，乌克兰年产天然气最高不到200亿立方米，年消费量约600亿~700亿立方米，其中约250亿立方米需从俄罗斯进口。

在2004年年底乌克兰爆发“橙色革命”和亲西方的尤先科总统上台前，乌克兰与俄罗斯一直保持着较好的睦邻友好关系。但是，2004年尤先科总统上台后，乌克兰政府执行亲美倾欧政策，追求加入北约与欧盟，同时与俄罗斯在克里米亚海军基地等问题上一直争执不断，这样俄乌矛盾日益加深。2005年年末，俄罗斯要求将供应乌克兰的天然气价格从每千立方米50美元提高至230美元，乌方要求分阶段提高天然气价格，并按照市场价格计算俄罗斯天然气过境费。2006年元旦，俄罗斯天然气工业股份公司切断对乌克兰的天然气供应，形成举世关注的第一次俄乌“断气风波”。2006年1月4日，俄乌双方谈判达成协议，恢复通气。根据双方协议，俄方以每千立方米230美元出售天然气给俄乌能源公司，该公司将来自俄罗斯的天然气和来自中亚的天然气混合，再以每千立方米95美元的价格出售给乌克兰；俄罗斯天然气经乌克兰境内出口欧盟的过境费则由原来每千立方米/百公里1.09美元提至1.6美元。2008年年中开始，俄乌双方有关天然气的争端又起。2008年6月，俄方提出要将向乌方供气的价格提高近两倍，并于当月20日要求乌克兰支付24亿美元的天然气欠款。2009年1月1日，莫斯科时间10点起，俄罗斯切断了对乌克兰的天然气供应。2009年1月5日，乌克兰地方法院禁止过境输送俄罗斯天然气，1月7日乌方表示因俄罗斯完全停止向乌克兰境内天然气管道送气，完全停止向欧盟国家输送天然气。因此时欧洲恰遇罕见冰雪严寒，多个欧盟成员国出现取暖用气短缺和供电困难，对欧洲多国生产和民众生活造成严峻威胁。到此，形成了影响更大的第二次俄乌“断气风波”。经欧盟积极斡旋，2009年1月11日，俄乌就恢复经乌克兰向欧盟供气达成协议，并同意欧盟派遣观察员监督过境输气；1月13日，在俄、乌、欧盟三方签署有关成立过境输气监督委员会的议定书后，俄方恢复过境乌克兰对欧洲供气；1月17日，由俄罗斯总统梅德韦杰夫倡议的天然气消费国“国际峰会”在克里姆林宫召开，经长达10小时的艰苦谈判，俄乌于2009年1月18日达成协议：在保持2008年过境费率（每千立方米/百公里1.7美元）不变的条件下，2009年俄方将在欧洲价格基础上给乌方供气价20%的折扣；同时自2010年1月1日起，俄乌天然气价格及过境费将完全按照欧洲价格公式生成。2009年1月20日，俄罗斯恢复过境乌克兰对欧盟供气。至此，持续近三周并导致近20个欧洲国家在寒冬季节遭遇能源短缺危机的“俄乌断气”纷争告一段落。2009年11月19日，乌克兰总理季莫申科和俄罗斯总理普京通过在雅尔塔举行的会谈，双方同意修改2009年年初签署的天然气协议中的一些条款，2010年俄罗斯将按欧洲价格对乌克兰出口天然气，全年平均价格预计约为每千立方米280美元。2010年4月21日，乌克兰总统亚努科维奇和俄罗斯总统梅德韦杰夫举行会谈，双方在天然气价格和黑海舰队驻扎等一系列问题上达成重要协议。俄罗斯同意在原合同价格基础上降价约30%向乌克兰出售天然气，而乌克兰同意把俄罗斯黑海舰队在乌克兰境内驻扎的期限延长25年，并且在该期限届满后双方有权选择是否再延长5年。

2012年3月30日，乌克兰与欧盟草签了联系国协定，并计划于同年11月28日签署联系国条约。此举遭到俄罗斯的强烈反对。2013年10月31日，俄罗斯天然气工业公司又向乌克兰提出了天然气欠款问题，并称欠款如得不到解决，俄罗斯将从11月开始对乌克兰供气采取预付款机制，届时乌克兰须在11月提前支付12月的全额费用。第三次俄乌天然气争端再起。2013年11月9日，乌克兰全面停止从俄罗斯购买天然气，并决定动用地下储气库，年底之前将不再从俄罗斯进口天然气。2014年4月1日，俄罗斯取消了对乌克兰供气的所有折扣，对乌克兰天然气价格上涨至每千立方米485美元；6月10日，俄罗斯与乌克兰为解决天然气争端展开的马拉松式谈判破裂，没有达成任何协议，俄罗斯要求乌克兰偿还51.7亿美元的债务和相关的运输费；6月16日，俄罗斯再次切断对乌克兰的天然气输送；8月14日，乌克兰议会通过一项法律，规定对俄罗斯可以实行20多种制裁，其中包括对俄罗斯能源禁运；9月26日，俄罗斯、乌克兰及欧盟委员会在德国柏林就俄乌天然气供应问题举行了三方会谈，三方最终就恢复天然气供应达成了初步协议。协议内容包括：乌方同意向俄罗斯天然气公司支付总计31亿美元，用于偿还到2014年年底之前的未偿还债务，其中20亿美元需要在10月底前支付；俄方在10月底收到20亿美元之后，将向乌克兰供应50亿立方米的天然气，以保证乌克兰今年冬天的能源需求；价格方面，俄罗斯同意恢复至2013年乌克兰政变前的每千立方米385美元。[53]经过欧盟和俄乌的共同努力，2014年10月30日深夜，俄乌两国就天然气问题的谈判终于达成一致并签署了协议，乌克兰准备立即向俄罗斯偿付14.5亿美元天然气债务，俄罗斯将在2015年3月前向乌克兰持续地供应天然气，天然气定价为每千立方米385美元。[54]2015年4月，俄罗斯决定，把对乌克兰天然气出口的优惠政策延长至6月30日。

2015年11月26日莫斯科时间凌晨1时起，乌克兰宣布停止从俄罗斯购买天然气，并禁止所有俄罗斯航空公司飞机途经乌克兰领空。[55]从2006年元旦俄罗斯第一次对乌克兰“断气”以来的近10年时间后，风水终于轮流转，乌克兰总理亚采纽克表示，本次是乌克兰“停购”俄罗斯天然气，而非俄罗斯“停供”乌克兰天然气。乌克兰此时之所以能如此硬气，主要原因有：通过多年的努力，乌克兰已与很多欧洲国家签署了反向供气和接收液化天然气的合同，大大减缓了乌克兰对俄罗斯天然气的依赖，同时2015年夏天乌克兰的地下储气库已储存“够多”，可备不时之需。事实上，早在两年前的2013年10月10日，时任乌克兰总理的尼古拉·阿扎罗夫就告诉俄罗斯新闻社等媒体记者，“今后10年内甚至不到10年”，乌克兰可能将彻底停止从俄罗斯进口天然气，并警告称“这并非空洞的威胁”。[56]

（六）克里米亚事件

在俄乌复杂的理不清、剪还乱的政治经济和能源关系中，还有一个更加复杂的问题，就是克里米亚归属问题。

克里米亚半岛位于乌克兰南部，濒临黑海和亚速海，拥有许多著名的海滨疗养城市，如雅尔塔和米斯霍尔等。克里米亚的主要港口有刻赤、塞瓦斯托波尔、叶夫帕托里亚等，其中塞瓦斯托波尔是一个深水不冻港，是俄罗斯黑海舰队的主要基地，是苏联走向欧洲和世界的海上通道。克里米亚面积为2.55万平方公里，人口约260万，其中俄罗斯族人约占61%，乌克兰族人约占24%，还有一些鞑靼人和其他少数民族的居民。在克里米亚，俄罗斯的文化影响一直占主导地位，绝大多数居民只讲俄语，听俄罗斯广播，看俄罗斯的电视，政府的业务工作开展主要还是使用俄语。历史上，克里米亚曾是俄罗斯的领土，1783年被并入俄罗斯，1954年以前一直受俄罗斯管辖。1954年2月，为纪念乌克兰与俄罗斯合并300周年，时任苏联领导人赫鲁晓夫主导苏联最高苏维埃主席团通过决议，把属于俄罗斯版图的克里米亚半岛作为“恒久友谊的象征”赠给乌克兰。1991年苏联解体时，克里米亚以自治共和国的身份加入乌克兰。1992年5月21日，俄罗斯议会单方面通过关于废除1954年2月决议的决定，1993年5月9日又通过关于收回克里米亚的重要海军基地城市塞瓦斯托波尔市的法令，但是乌克兰政府强硬予以反对，不承认俄有关的决定。1997年5月，俄罗斯与乌克兰签署俄乌友好合作伙伴关系条约，确认克里米亚半岛归乌克兰所有。在俄乌双方于2010年4月21日达成的有关协议中，除明确俄罗斯输往乌克兰的天然气价格外，同时也明确了俄罗斯黑海舰队在乌克兰境内驻扎的期限延长25年，并且在该期限届满后双方有权选择是否再延长5年。但是，随着2012年后乌克兰一步步靠近欧盟和乌克兰国内政局的变化，克里米亚局势也日益复杂。2014年2月26日，有克里米亚民众举行集会，要求举行公投决定克里米亚的地位；同年2月28日，乌克兰称有俄罗斯士兵占领了克里米亚两座机场，有十多架俄罗斯军用直升机进入乌克兰克里米亚空域，并有身份不明的士兵包围了乌克兰边防军位于克里米亚巴拉克拉瓦港附近的海岸警卫队驻地；[57]同年3月1日，20多辆俄罗斯虎式装甲车和重型卡车运载着士兵正式进驻俄罗斯黑海舰队重要的出海港乌克兰巴拉克拉瓦市。[58]同日，俄罗斯议会批准普京总统提出的在乌克兰克里米亚地区使用俄罗斯军队的要求。2014年3月16日，克里米亚和塞瓦斯托波尔举行全民公投，超过96.77%的投票者赞成克里米亚加入俄罗斯，反对加入俄罗斯的仅占2.51%。同年3月17日，克里米亚议会决定，克里米亚独立成为主权国家，命名为克里米亚共和国，并向俄罗斯联邦提出建议，以新的联邦主体身份加入俄罗斯联邦。同一天，俄罗斯总统普京签署总统令，俄罗斯承认克里米亚共和国是独立的主权国家；3月18日普京批准克里米亚加入俄罗斯并与克里米亚领导人、塞瓦斯托波尔市市长签署了克里米亚加入俄罗斯的条约；3月20日和21日俄罗斯国家杜马、俄罗斯联邦委员会分别通过了有关克里米亚加入俄罗斯的法律。2014年3月21日，俄罗斯总统普京签署已获上下两院批准的法案，完成克里米亚与塞瓦斯托波尔加入俄罗斯的所有法律程序，使两地正式加入俄罗斯。2017年2月18日，美国副总统彭斯在慕尼黑安全会议期间向乌克兰总统波罗申科表示，美国政府不承认俄罗斯对克里米亚的“占领和吞并企图”，支持乌克兰的“主权、领土完整以及自决权”。[59]

2017年9月27日，俄罗斯边防军宣布，俄罗斯将在克里米亚半岛和乌克兰之间的地峡处修建长度约为49.5米、高度超过2米的隔离墙，预计将于2017年年底完成修建。[60]

（七）乌克兰危机

2013年11月21日，乌克兰总统亚努科维奇决定暂停与欧盟签署联系国协议及《深入而全面的自由贸易协定》的准备工作；11月22日，乌克兰亲欧洲派在基辅展开反政府示威，抗议群众要求政府和欧盟签署协议、亚努科维奇下台、提前举行选举；12月1日，抗议者占领基辅市政府和独立广场，并开始在广场上扎营；12月17日，俄罗斯向乌克兰提供150亿美元贷款，并将出口乌克兰的天然气价格下调1/3。2014年1月28日，乌克兰总理阿扎罗夫辞职；2月22日，乌克兰议会罢黜了总统亚努科维奇，修改了宪法，将总统大选定于5月25日，亚努科维奇离开首都基辅，辗转多地后到达俄罗斯；2月24日，亚努科维奇被乌克兰警方通缉。2014年3月4日，俄罗斯议会上院联邦委员会通过支持普京对乌克兰动武的决议；4月7日，乌克兰东南部顿涅茨克州爆发民众集会，部分议员成立“顿涅茨克人民委员会”并宣布组建“顿涅茨克独立共和国”，要求从俄罗斯引入维和部队并拟于5月11日前就加入俄罗斯联邦举行公投；4月15日，乌克兰政府军出动坦克、装甲运兵车和直升机，在东部顿涅茨克州发起军事行动，清剿亲俄武装人员，俄罗斯军队开始在乌克兰边境进行集结；5月12日，乌克兰东部顿涅茨克州和卢甘斯克州举行全民公投，89%和96%的选票支持独立，两州宣布成立独立“主权国家”。

自2014年5月初开始，乌克兰东部的冲突日益严重，乌克兰军方和反对派动用各种武器装备，造成了极大的破坏和惨重的损失。[61]这其中最为著名的，是2014年7月17日，马来西亚航空MH17航班在乌克兰东部上空被导弹击落，机上297人全部遇难，造成了举世震惊的“7·17马航客机坠毁事件”。为解决乌克兰危机，独联体各国、欧洲各国领导人，尤其是德国总理默克尔，做了很多外交努力。2014年9月5日，乌克兰、欧安组织、俄罗斯与乌克兰东部民间武装签署了包含12点内容的《明斯克议定书》；2015年2月13日，德国、俄罗斯、法国、乌克兰4国领导人在进行了马拉松式的彻夜谈判后达成共识，乌克兰、欧安组织、俄罗斯与乌克兰东部民间武装签署了名为《履行明斯克协议综合措施》的文件，被称为《新明斯克协议》，规定了停火、撤离军队、监督核查等内容。《新明斯克协议》签署后，联合国安理会一致通过决议，核可了三方签署的《履行明斯克协议综合措施》。但是，由于方方面面的原因，《新明斯克协议》签署后，乌克兰东部的局势时好时坏，冲突仍然不断。

进入2017年后，乌克兰东部冲突不断升级。自2017年1月29日起的一周里，有共计35人在乌克兰政府军与民间武装的交火中丧生，位于顿涅茨克机场附近的阿夫杰耶夫市成为冲突焦点，目前该市水电和暖气供应中断，并有平民伤亡。2017年1月31日，联合国安理会发表声明，对乌克兰东部局势恶化深表关切，呼吁立即恢复停火机制，谴责在顿涅茨克地区使用被禁止武器，造成包括平民在内的人员死伤。安理会表示，全力支持乌克兰主权及领土完整，并强调需严格遵守核可的《履行明斯克协议综合措施》安理会决议。[62] 2017年2月4日，美国总统特朗普自1月20日就任以来与乌克兰总统波罗申科的首次电话交谈中，重点讨论了乌克兰东部顿巴斯地区的冲突局势，对近日顿巴斯地区的冲突升级和人道主义危机表示担忧，强调冲突地区务必实现全面停火。[63] 2017年2月7日，俄罗斯总统普京与德国总理默克尔通话，讨论乌克兰东部地区局势恶化问题。[64] 2017年2月15日，乌克兰问题联络小组达成协议，2月20日前从顿巴斯地区撤出《明斯克协议》禁止的所有武器装备。[65] 2017年2月18日，俄罗斯总统普京签署了关于暂时承认乌克兰东部顿涅茨克州、卢甘斯克州某些地区居民护照等证件的总统令。有评论认为，这几乎是这两个州加入俄罗斯联邦的第一步，乌克兰东部战区形势将会急剧恶化。[66]

（八）俄格战争

2008年8月8—18日，格鲁吉亚和俄罗斯为争夺南奥塞梯的控制权，爆发了一场短暂的战争，被称为俄罗斯–格鲁吉亚战争。俄格战争的过程非常简短。2008年8月8日，就在我们盛大的北京奥运会开幕当天，俄罗斯总理普京正在我国进行访问，参加北京奥运会开幕式，[67]格鲁吉亚政府军向单方面宣布独立的南奥塞梯开战并进展顺利，但俄军很快进行还击，动用了网络、陆上、海空力量，全面地击溃了格军。8月13日，在国际调停下，格俄双方就停火原则达成一致，8月18日俄军开始从南奥塞梯撤军。8月26日，俄罗斯联邦总统梅德韦杰夫签署命令，宣布承认南奥塞梯和阿布哈兹独立。9月10日，俄罗斯与南奥塞梯建立正式外交关系。俄格战争的原因非常复杂，有苏联复杂而混乱的历史导致的历史原因，有苏联复杂的民族问题造成的民族原因，有苏联解体后各国疆域划分而产生的领土原因，更有进入21世纪后北约东扩、科索沃独立带来的国际政治形势变化对有关国家影响的国际原因。在这些众多的原因中，其背后深层次原因，就像20世纪90年代的两次车臣战争一样，是格鲁吉亚所处的地理位置和其在俄罗斯油气出口运输中的关键作用所带来的。

二、从天堂到地狱——委内瑞拉的石油、经济和社会

委内瑞拉是世界上石油资源最丰富的国家。截至2017年1月1日，委内瑞拉拥有的探明石油储量为3 009亿桶，其一国的石油资源就占世界探明石油储量的17.6%，超过沙特阿拉伯的2 665亿桶探明储量和15.6%的比例。2016年，委内瑞拉是世界第11大石油生产国，石油年产量为1.24亿吨。[68]事实上，从2010年开始，委内瑞拉就超过沙特阿拉伯成为世界第一大探明石油储量资源国，这一年委内瑞拉的探明石油储量从2009年的2 112亿桶上升为2 965亿桶，超过沙特阿拉伯的2 645亿桶，并自此以后一直保持世界第一的位置。[69]委内瑞拉也有辉煌的石油生产历史，是石油输出国组织的创始会员国。1914年，委内瑞拉开始工业化大规模石油开采活动。1922年，皇家荷兰壳牌公司在马拉开波湖附近发现了大油田；1929年，委内瑞拉的石油产量已达1.37亿桶，仅次于当时世界第一产油大国美

国，这一优势地位一直保持到1960年被苏联替代。1959年4月，时任委内瑞拉石油部长的胡安·巴勃罗·雷斯·阿方索同沙特阿拉伯石油大臣阿卜杜拉·塔里基及伊拉克、伊朗的代表在开罗达成“君子协定”，以保护石油价格；1960年9月委内瑞拉、沙特阿拉伯、科威特、伊朗和伊拉克在巴格达宣布成立石油输出国组织。自此以后，委内瑞拉在国际石油市场上一直发挥着非常独特的作用。

委内瑞拉可以作为观察21世纪以来国际石油市场剧烈变化最典型的案例和样本。有分析家指出，30年前，委内瑞拉人以其生活水准是拉丁美洲最高而自豪，而在17年的革命之后的今天，大多数委内瑞拉人在商店里甚至都买不到厕纸——哪怕这个国家的原油储备比沙特阿拉伯还多。[70]要分析委内瑞拉进入21世纪以来石油、经济和社会的诸多现象，绕不开从1999年2月—2013年3月14年间担任委内瑞拉总统的乌戈·拉斐尔·查韦斯·弗里亚斯及其继任者尼古拉斯·马杜罗，这17年的时间同我们在第6章讨论的进入21世纪以来的16年国际石油形势基本重合。

1998年1月，查韦斯创建“第五共和国运动”，并出任主席，同年12月6日，作为竞选联盟“爱国中心”的总统候选人参加大选并获胜，当选委内瑞拉第53任总统。1999年2月2日，查韦斯宣誓就任委内瑞拉总统。此后，2000年7月、2006年12月、2012年10月，查韦斯又分别三次当选为委内瑞拉总统。在14年的执政期间，查韦斯的政治生涯并非一帆风顺，他先后经历了一次政变（2002年4月11日）、一次大规模的石油工人罢工（2002年12月2日—2003年2月3日）和多次示威游行、一次决定其去留的罢免性全民公决（2004年8月15日）和一次修宪公投的失败（2007年12月）。其中，2002年4月，委内瑞拉右翼反对派发动军事政变，将查韦斯关押在拉奥奇拉岛上，后被突击队员救出。1999年11月，在查韦斯的推动下，委内瑞拉将总统任期从5年延长至6年，任满后可谋求连任，并将国名改为“委内瑞拉玻利瓦尔共和国”。2009年2月，查韦斯再次提出宪法修正案并获得通过，委内瑞拉总统、州长、市长、议员等由选举产生的公职人员可以无限期连任。在任期间，查韦斯还修改了委内瑞拉国旗、国徽，更改了时区，推出了新版货币“强势玻利瓦尔”。2013年3月5日，查韦斯因癌症去世。

（一）石油国有化运动

政治上，查韦斯奉行“21世纪社会主义”理论，提出必须实现生产资料的社会化。为此，在经济政策方面，查韦斯执政期间大力推行国有化运动，从大到银行，小到超市和大米加工厂都要实行国有化，其重点是在石油领域，正是在石油领域采取的一系列政策，使查韦斯名声大噪，同时也为2014年下半年国际石油价格大幅下跌后委内瑞拉严重的经济、社会危机埋下了伏笔。20世纪90年代，为振兴石油产业，委内瑞拉政府大力引进外资，国际大石油公司纷纷进入委内瑞拉进行投资，尤其是开发奥里诺科重油带，到1997年委内瑞拉的石油产量提高到每天332万桶。但是，查韦斯上台后，1999年，委内瑞拉颁布了新宪法，对私营部门参与能源产业加以限制，明确规定委内瑞拉石油公司为国有公司。2001年11月，委内瑞拉颁布了《碳化氢化合物法》，规定在与外国公司的石油合作项目中，委内瑞拉国有石油公司须占股份51%以上，将矿区使用费从原来的16.6%增至30%，所得税则由原来的64%降至50%，增加了一系列新的企业消费税，经过这次调整后，政府占有的利润比例提升到了70%~90%的区间。

从2003年2月开始，查韦斯宣布委内瑞拉进入石油真正国有化的第一阶段，即“石油完全主权”阶段。2004年10月，委内瑞拉政府将奥里诺科重油带的矿区使用费从1%提高到16.6%；2005年6月，委内瑞拉政府又规定超出合同约定部分的产量应征收的矿区使用费从16.6%增加到30%；2006年5月，委内瑞拉政府将所有石油项目的矿区使用费统一为33.33%。2006年1月1日，委内瑞拉石油公司宣布将收回出售给外国公司的32块油田；3月30日，委内瑞拉国民大会通过石油合资合同范本，正式批准1990—1997年委内瑞拉政府和22家外国石油公司签订的32块油田开采合同转变为合资运作，新合资公司由委内瑞拉国家石油公司控股，股份不低于60%；3月31日，委内瑞拉国家石油公司与在委内瑞拉的外国石油公司，具体包括英荷壳牌石油公司、英国石油公司、西班牙雷普索尔公司和中国石油天然气集团公司等在内的16家公司签署协议，将合作方式由合同开采转为合资公司；3月5日，委内瑞拉国家石油公司以2.5亿美元的价格，提出收购由法国道达尔石油公司和英国石油公司在委内瑞拉联合经营的胡塞平油田的全部股份。根据1993年达成的协议，法国道达尔石油公司获得了这座油田55%的股份，英国石油公司则拥有其余45%的股份。但是，由于法国道达尔石油公司拒绝同委内瑞拉国家石油公司签署建立合资公司的谅解备忘录，委内瑞拉国家石油公司于2006年4月1日接管了胡塞平油田；同年4月5日，委内瑞拉国家石油公司又将该油田法、英两家公司的全部股份收回；同年10月，政府将所得税税率从34%提高到50%。

2007年2月26日，查韦斯利用国民大会授予的“委任立法权”，颁布一项法令，规定将委内瑞拉重油带的外资控制项目都转为由委内瑞拉国家石油公司控制的合资项目，其中委方股份不低于

60%。奥里诺科重油带的4个重油升级项目，原由委内瑞拉国家石油公司同英国石油公司、埃克森美孚石油公司、雪佛龙石油公司、康菲石油公司、道达尔石油公司和挪威国家石油公司等6家外国公司合作开发，由外国公司控股，委内瑞拉国家石油公司所占股份从30%~49.9%不等。这样，奥里诺科重油带项目的国有化完成后，委内瑞拉国家石油公司的持股比例从之前的平均40%增加到78%。同年4月25日，在重油带经营的13家外国公司中的10家，与委内瑞拉石油公司签订了执行委内瑞拉政府石油国有化的谅解备忘录，委内瑞拉政府于5月1日凌晨接管了奥里诺科重油带项目的控制权。2007年5月1日，查韦斯宣布，奥里诺科河流域重油区开采主导权回归委内瑞拉，全部油田收归国有，在能源领域实现了真正意义上的独立。为此，委内瑞拉举行了隆重的庆祝仪式，查韦斯亲自驾车到委内瑞拉东部的一块油井作业区，升起委内瑞拉国旗。

2008年4月15日，委内瑞拉通过《石油高价特殊贡献法》法案，对在该国运营的石油公司征收暴利税。规定当北海布伦特原油的月平均价格超过每桶70美元时，委内瑞拉政府将向在该国运营的各石油公司征收高出该价格部分50%的收益；当月平均价格超过每桶100美元时，征收比例将提高至60%。这部分新征的税款将全部划拨给国家发展基金，用于国家基础设施建设和社会发展项目等。

2009年3月，委内瑞拉国家石油公司把21家合资石油公司，其中包括雪佛龙和荷兰皇家壳牌公司这样的名牌公司，整合为4~6家大公司，旨在缩减开支、削减成本以渡过经济困境。同年5月7日，委内瑞拉颁布了《国家掌管石油行业基础活动相关资产和服务法》，允许政府用债券替代现金进行补偿，将为委内瑞拉石油业服务的外国公司收归国有。5月8日，查韦斯宣布，将通过补偿将在委内瑞拉的76家外国石油服务公司全部收归国有，派遣军队协助委内瑞拉石油公司进行接管。此外，委内瑞拉政府还接管了马拉开波湖地区属于外国石油承包商的300艘船只和其他运输设备，政府同时还接收了在这些公司工作的8 000名员工并负责安排他们的就业。同年10月，委内瑞拉国有石油公司与雪佛龙公司共同达成协议，收购康菲石油公司并组建天然气合资企业。

查韦斯时代的石油国有化运动并非一帆风顺。一方面，在不断升级的国有化运动中，很多国际大石油公司纷纷减少了在委内瑞拉的投资并最终撤出。根据拉丁美洲和加勒比经济委员会（简称“拉美经委会”）2012年经济概览统计，在委内瑞拉，外国直接投资净值已从2011年的净流入48.75亿美元，转为2012年净流出7.59亿美元。另一方面，国有化运动中，由于赔偿等方面的问题，也带来了一系列官司。美国埃克森美孚公司、康菲石油公司等都对在奥里诺科重油带项目被国有化提出了索赔，这两家公司的索赔总金额高达400亿美元。[71] 2014年10月9日，国际仲裁法庭裁定，委内瑞拉向美国埃克森美孚公司支付16亿美元，以赔偿其在2007年石油国有化时对后者造成的损失。[72]

（二）2002年12月—2003年2月的石油大罢工

在第一次总统竞选期间的1998年，查韦斯就将改变委内瑞拉石油政策和改组委内瑞拉国家石油公司作为竞选口号和政策目标。查韦斯认为，时任委内瑞拉国家石油公司董事长和首席执行官的路易斯·朱斯蒂等人奉行的石油政策完全是在迎合外国石油公司的要求，损害了委内瑞拉的国家利益，许诺要解除朱斯蒂的职务，审查该公司与外国公司达成的交易。查韦斯上台之后，立即解雇朱斯蒂，任命阿里·罗德里格斯担任能源和矿产部部长，将石油资源牢牢地控制在国家手中。2001年1月，罗德里格斯当选为石油输出国组织秘书长。2003年2月石油大罢工结束后，查韦斯任命拉斐尔·拉米雷兹为人民力量部（MENPET，即原能源与石油部）部长和委内瑞拉国家石油公司董事会主席。

2002年12月2日，由反政府的委内瑞拉总工会、总商会和反对派联合组织“民主协调”联合发起，委内瑞拉爆发了全国性大罢工，要求总统查韦斯辞职，重新举行大选，大罢工持续到2003年2月。据称，委内瑞拉全国有80%的行业加入了罢工的行列，支持罢工的人数达1 600万。在这次全国性的大罢工中，委内瑞拉国家石油公司4万名职工中有3.5万人参加了罢工，大罢工导致委内瑞拉的石油工业陷入瘫痪。到12月底，该国每天的原油产量从280万桶下降到只有20万桶，不到罢工前的10%，炼油厂关闭，出口几乎停顿，加拉加斯很多加油站已经无油可加，在加油站人们排数公里长的队伍等待加油，一般要等8~14个小时才能加上汽油，有时还无油可加。到12月26日，据国家石油公司总裁罗德里格斯估计，大罢工已经给国家石油公司造成13亿美元的损失。[73]大罢工除造成委内瑞拉的石油工业瘫痪外，还给该国的经济社会产生了全方位的影响，其社会生活基本瘫痪。为此，12月18日，查韦斯发布行政命令，允许随时随地征用任何私人车辆以确保食品和汽油的运送，其中包括卡车、船只甚至飞机；12月23日，委内瑞拉政府向坚持大罢工的反对派提出圣诞节期间“休战”。与此同时，委内瑞拉政府采取强硬措施对石油公司拒绝复工的人员进行清理，重新招募志愿者上岗之后，派军队抢占油轮并护送出口。这样，到2003年1月上旬，委内瑞拉石油生产和出口有所恢复，2003年4月石油生产恢复到罢工前的水平。大罢工结束后，总统查韦斯将国家石油公司1.8万名员工开除，约占员工总数的40%，并解聘了大量高级管理人员，另聘没有经验的新人取代。新聘人员只问是否效忠自己，并不在乎专业能力，将该企业的管理层换为自己的亲信，从此委内瑞拉国家石油公司成为一家冗员充斥、严重缺乏技术人才的庞大无效率的组织，2010年该企业的员工数超过了10万人，比大罢工时增加近两倍。到2016年10月，委内瑞拉国家石油公司的员工人数更增加到15万人。自此，委内瑞拉国家石油公司完全成为查韦斯的政治机器，将该公司借油价大涨赚到的利润不断挪作他用，仅2007年就收走411亿美元用作“社会发展支出”。

2002年12月—2003年2月的大罢工给委内瑞拉造成了严重的损失。2003年前4个月，委内瑞拉国内生产总值下降了27%，大约相当于133亿美元的石油工业产值。[74]

(三) 石油外交，玻利瓦尔联盟的能源链条

查韦斯曾说:“上帝是最高统帅，接着是玻利瓦尔。”查韦斯视玻利瓦尔为偶像，对他的思想有浓厚兴趣。“美洲联邦”是玻利瓦尔的主张之一。2004年，查韦斯和古巴主席卡斯特罗提议建立“拉丁美洲的玻利瓦尔选择”，以反制美国提出的建立“美洲自由贸易区”计划。这项计划后来被更名为“美洲玻利瓦尔联盟”，以地区性合作组织的形式共吸收到拉丁美洲地区9个国家加入。在推动这项区域经济一体化的计划中，能源扮演“发动机”的角色。在委内瑞拉和拉丁美洲多国的能源协议中，查韦斯除了保证向它们出口石油以外，还有共同勘探、开采和利用石油资源等内容。查韦斯建议兴建贯穿巴西、阿根廷等多个南美洲国家的“南方输油管道”，并

推动成立南方石油公司、加勒比石油公司和安第斯石油公司等地区合作机构。

对于一些能源缺乏的国家，查韦斯政府还进行带有援助性质的合作。例如：在《圣何塞协议》框架下，委内瑞拉每天以优惠价格向11个中美洲和加勒比国家出售石油；2000年，委内瑞拉与古巴等国签订了《加拉加斯能源合作协议》，以优惠条件每天向古巴供油10万桶，并在2013年增至每天15万桶，古巴为委内瑞拉提供了大量人员，包括4万名医生在内的医护工作者和教师，以换取大量获得补贴的石油；委内瑞拉每年以优惠价格向尼加拉瓜输送1000万桶石油。2005年，委内瑞拉与13个加勒比国家签署实施“加勒比石油计划”，与加勒比的多个国家达成低价赊销石油协议，进而组建了加勒比石油公司，并承诺在油价高于每桶50美元时以40%的折扣价供油，在油价高于每桶100美元时在1~2年内以50%的折扣价供油，且由委内瑞拉加勒比石油公司承担石油运费和基础设施费用，这些国家还可延期付款或以实物偿还。参加这一计划的国家由最初10个发展到14个，[75]最终缔约国达18个。“加勒比石油计划”成员国能够以优惠价格从委内瑞拉进口石油，并享有可以预付5%~50%的资金的优势，而其他资金最多可在17~25年内还清，年息仅为1%。目前，这一计划耗资高达70亿美元。

在开展石油外交的过程中，委内瑞拉公民能源公司在2006—2008年冬将取暖油运至美国，以优惠40%的价格为美国供油。[76]

（四）经济全面崩溃

查韦斯执政期间采取的一系列政策，加之其执政初期正逢21世纪初国际石油价格的不断高涨，使委内瑞拉经济获得了较好的发展。查韦斯1999年年初执政后，领导政府利用石油收入，在扶贫、住房、教育、就业等领域实施一系列社会计划，改善了中下层民众的生活状态，包括对贫困居民实行免费医疗的“深入贫民区计划”，对贫苦民众实施免费教育的“罗宾逊计划”“里瓦斯计划”和“苏克雷计划”，以及解决居民住房问题的“200万套惠民计划”。2012年，查韦斯政府实施新的《劳工法》，这项法律提高了普通劳动者的福利，增强了对劳工权益的保护，如减少工作时间、增加法定休息日、提高社保金比例等。通过上述一系列计划，委内瑞拉贫困人口从1999年占总人口的50.4%降至2011年的26.7%，同期赤贫率从20.3%下降到8.5%，失业率从20%下降到7%，衡量社会不平等程度的基尼系数也从2005年的0.49降至2010年的0.394。之后，政府又向社会中下层家庭提供了25.3万套经济适用房，2015年年底前已经免费给穷人交付了第100万套住房。委内瑞拉还在十多年间新建22所大学。2008年，委内瑞拉在全国范围内扫除了文盲。根据美国经济政策研究中心的报告，委内瑞拉在2004—2007年间经济增长率平均高达11.85%。世界银行的统计数据也显示，委内瑞拉的贫困率从查韦斯1998年上台时的50%降到2012年的30%。2011年，委内瑞拉的基尼系数降到0.39，这不光在整个拉丁美洲是最低的，就是在整个西半球，也仅次于加拿大。委内瑞拉还实行高福利政策，是石油输出国组织成员国中社会福利最好的国家之一，国民享受着世界上最便宜的汽油——仅为成本的10%，比水都便宜。

但是，所有的这些经济繁荣都没有持久。查韦斯统治下的委内瑞拉经济存在严重隐患。2000—2013年，通胀率长期保持在两位数，2011年达到了27.6%。查韦斯依靠丰厚的石油收入，实施社会计划，赢得民心。但是委内瑞拉没有利用石油收入改变国内单一的经济结构，致使委内瑞拉制造业、轻工业和农业依然相对落后，基础设施改进有限，常常发生停电、缺水等现象，一些日常用品常常短缺，一些酒店要求客人自带基本生活用品。2013年查韦斯去世那年，委内瑞拉国内通货膨胀率高达56.2%，包括生活必需品在内的物资严重短缺，暴力凶杀时常发生，以致犯罪率居高不下，成为世界上最危险的国家之一。[77]更为严重的是，从2014年下半年开始，随着国际石油价格的大幅下跌，在没有遭遇战争、严重自然灾害、恐怖袭击以及任何形式的“黑天鹅”事件的情况下，委内瑞拉经济正在崩溃：严重衰退、通胀失控、日用品奇缺、社会动荡，被评为是全球经济最糟糕的国家，除了出产石油和世界小姐之外什么都缺乏。2015年3月9日，委内瑞拉在全国各大国有和七大私营销售网点安装了20 000台数码指纹机，以“捍卫人民权利不受经济战争侵害，打击囤积、投机、走私行为”。而物资短缺甚至还危及公共服务，3月5日，位于首都的加拉加斯大学医院因为基本医疗物品缺乏而宣布关闭手术室，约100例儿童手术已受此影响。2016年5月，委内瑞拉官方正式宣布进入全面饥饿月份，首都街上到处是猎杀动物来果腹的人，还有很多人在垃圾堆中搜寻食物。据统计，到2016年6月初时，委内瑞拉正在出现全面短缺，包括食品、药品、电力、厕纸、避孕套等，全国85%的企业都在某种程度上处于停产状态，许多政府部门为了节省电费每周只工作两天。2016年7月17日，委内瑞拉重新开放与哥伦比亚的边境，以便委内瑞拉的孕妇、小孩以及老人到哥伦比亚境内购买生活必需品，这些必需品包括基本的食物和厕所用品，约有10万委内瑞拉民众越过边境购买日常用品。据有关新闻机构报道，委内瑞拉民众看到哥伦比亚摆满食物和商品的货架都哭了。[78]

2016年5月13日，委内瑞拉总统马杜罗宣布国家进入60天的紧急状态。2016年5月20日，1美元可以换1 100玻利瓦尔（委内瑞拉货币单位），以此换算该国普通人的月工资只有十多美元。2015年，委内瑞拉的经济恶化，通胀率创纪录达到了275%。国际货币基金组织预计，2016年该国的通胀率会升至700%，2017年委内瑞拉经济将萎缩10%，通胀率预计会上升1 660%，2018年上升至2 880%，经济可以肯定已经完全崩溃。[79]委内瑞拉货币玻利瓦尔已经“一文不值”了，可能比印钱的纸还要廉价，一包100张的纸巾售价500块钱，也就是一张纸巾值5块钱，连小偷都懒得偷委内瑞拉的钞票。2016年2月，数百万磅的委内瑞拉货币玻利瓦尔被装上36架波音747货机运往委内瑞拉，以支持摇摇欲坠的经济，委内瑞拉央行正在秘密商谈订购超过100亿的纸币，将使得目前委内瑞拉国内货币流通量增加一倍。2016年3月，全球最大的货币制造商德纳罗公司（De La Rue）致信委内瑞拉央行，要求归还印币欠款7 100万美元。[80]与经济崩溃同时存在的，是社会的严重不稳定，据说在委内瑞拉晚上6点以后没有人是真正安全的，如果你在晚上外出，即使你身上没有什么值钱的东西你也有可能丢掉性命。[81]2016年12月11日，委内瑞拉总统马杜罗宣布，该国最大面值纸币100玻利瓦尔将在72小时内彻底退出流通，当时100玻利瓦尔在黑市上约合2美分。与此同时，委内瑞拉央行也发布公告，将于2016年12月15日起发行6种更大面值的新版纸币，以更好地满足商品流通和银行结算需求。新版纸币面值分别为500玻利瓦尔、1 000玻利瓦尔、2 000玻利瓦尔、5 000玻利瓦尔、10 000玻利瓦尔和20 000玻利瓦尔。[82]到2017年2月底，委内瑞拉因拖欠联合国2 400万美元的会费，暂时丧失联合国大会投票权。[83]2017年4月，委内瑞拉情况更加恶化，示威者与安全部队之间几乎每日都会爆发冲突，示威者呼吁进行选举、释放被监禁的积极分子、让反对派领导的国会自治。这些活动已导致了20多人遇害，包括挪威国家石油公司和西班牙的雷普索尔在内的石油公司进一步减少了它们本已缩减的驻委内瑞拉人员队伍。[84] 2017年9月13日，为解决老百姓的吃肉问题，总统马杜罗上国营电视台节目揭示他的创意，建议以较便宜的兔子肉取代其他肉类来源，他说："动物性蛋白很重要，政府已通过一项'兔计划'，因为兔子繁殖快。"马杜罗说这项计划是他领导的政府对抗"经济战争"所采取战略的其中一环。[85]

在经济危机中，石油行业的工人也受到了很大的影响。委内瑞拉国家石油公司约有15万工人，他们的工资从35~150美元不等，还可以得到90美元的食品券。这个工资水平已经高于很多委内瑞拉人，但是在经济危机中仍旧不够养家糊口，很多国家石油公司的工人出售工作服、靴子、裤子、手套和面罩，用以接济家用。[86]

从表面上看，造成委内瑞拉经济崩溃的直接原因是2014年下半年开始的国际石油价格大跌，但实际上是查韦斯领导的委内瑞拉政府实行的一系列政策。第一，委内瑞拉经济结构严重失衡，石油生产一枝独大，革命让社会生产基本废止，约90%的社会商品靠进口，就连卫生纸、钞票都要进口。在查韦斯上台的时候，石油出口大约占政府收入的70%~80%，委内瑞拉的农业还能在很大程度上养活民众；但查韦斯当了十多年总统以后，政府95%的出口收入、25%的国内生产总值和50%的政府财政收入依赖石油出口，同时近90%以上的食品和日用商品依赖进口。2012年，委内瑞拉进口各种商品的支出是550亿美元，2014年猛降至360亿美元左右。在查韦斯当政的14年中，只有5%~10%的产品产自国内，其余全都来自进口，连委内瑞拉人最常吃的黑豆也不能自给自足。第二，高福利政策难以为继。委内瑞拉是全世界汽油价格最低的国家，基本上是“水比油贵”，每加仑汽油价格只有几美分。对燃油的大力度补贴政策虽然惠及国内百姓，却给政府带来了沉重的负担。委内瑞拉人享受着低油价，而政府每年要为此负担250亿美元。英国巴克莱银行此前发布报告称：按照官方汇率计算，委内瑞拉的汽油零售价仅为每加仑0.05美元；若按黑市汇率计算，该国公民仅需为每加仑汽油支付0.01美元。巴克莱预计，这一社会福利让委内瑞拉政府牺牲了近270亿美元的利润，相当于该国12.5%的国内生产总值，以及超过90%的公共部门赤字。巨额的进口账单，使国家无法长期承受，截至2014年9月底，该国外汇储备仅有230亿美元，而外债余额则有1 104.86亿美元。到2017年年初，委内瑞拉负债150亿美元，而委内瑞拉中央银行的储备仅为118亿美元。2017年3月，委内瑞拉的外汇储备已经从300亿美元下降到105亿美元，而在2017年剩余的时间里，委内瑞拉还欠有大约72亿美元的未偿债务。[87]第三，企业主和技术人员大量流失。委内瑞拉人口3 000万出头，革命以后，150万人陆续跑掉，这些跑掉的人多半是企业主和技术人员，或有点钱，或有点专业技术能力，是国家经济建设急需的人才。第四，委内瑞拉国家石油公司这只“产金蛋鸡”被玩坏。查韦斯执行期间实行的这些高福利，都是由不断升值的石油的出口创汇换来的，委内瑞拉国家石油公司就是会为查韦斯“下金蛋”的“母鸡”。委内瑞拉国家石油公司每年须拿出至少10%的投资预算用于社会项目，这笔资金通过国家发展基金被分配使用。实施国有化后，委内瑞拉的石油生产和出口全部被委内瑞拉国家石油公司控制，这个公司的外汇收入占委内瑞拉出口总收入的96%，外汇收入的98%，政府收入的一半来自这家公司。委内瑞拉国家石油公司被赋予了沉重的社会责任。委内瑞拉中央大学经济系教授路易斯·奥利维罗斯表示，查韦斯当政14年来，委内瑞拉国家石油业一共获得了7 000亿美元的净利润，其中62%被用来购买进口商品。委内瑞拉国家石油公司根本没钱提高自身的生产效率。2013年，委内瑞拉国家石油公司的总营收为1 160亿美元，该公司付出了逾330亿美元来支持政府的社会福利计划以及投资基金，这要比业务方面的投入多出100亿美元，委内瑞拉国家石油公司在2013年的债务高达400亿美元，而1998年时仅为700万美元。产能不足和投入不足形成恶性循环，这家公司这么多年来的总产能居然不升反降，1998年时每天还能生产330万桶石油，到2013年却只能生产300万桶，降低了9%，这在石油输出国组织成员国中是绝无仅有的一个。进入2017年后，委内瑞拉的石油产量已下降到250万桶，基本上相当于1993年的水平。[88]第五，严重的腐败。委内瑞拉两位前官员估计，过去10年，高达3 000亿美元被侵吞。查韦斯一手打造的免费医疗还腐败丛生，截至2015年委内瑞拉已经换了13个卫生部长。持续的药品偷窃行为几乎发生在每个部长任内，卫生部的官员可以拿到药品，随后将药品转卖给私人诊所和医生。国际反腐机构透明国际曾将委内瑞拉排为全球第九严重的腐败国家，而2014年更将委内瑞拉和海地列为西半球最腐败的两个国家。

2017年7月30日，委内瑞拉举行了制宪大会选举，委内瑞拉政府希望通过重新制定宪法，解除反对派占多数的议会的权力，总统马杜罗在投票后宣布胜利，8月4日委内瑞拉制宪大会正式成立。在制宪大会选举前后，委内瑞拉国内发生了持续的骚乱，包括欧盟在内的国际上很多国家和组织不承认选举结果。[89]7月31日，美国财政部宣布对委内瑞拉总统马杜罗个人实施制裁，马杜罗在美国境内的资产将被冻结，同时美国人将被禁止与其进行交易往来。[90] 8月11日，美国总统特朗普表示，美国在“应对”委内瑞拉目前局势方面有众多选择，他不会排除对委内瑞拉采取军事行动的可能性。[91] 早在2017年7月下旬，据称美国政府正在考虑禁止与委内瑞拉国家石油公司进行任何以美元形式结算的石油交易。有舆论认为，如果美国采取这一措施，将被视为特朗普政府迄今为止采取过的最严厉的制裁措施之一，与之前美国以强迫伊朗签订历史性核协议为目的对伊朗实施的经济封锁有异曲同工之处。[92] 目前，委内瑞拉石油产量急剧下降，介于每天190万~220万桶，低于2015年年底官方估计的250万桶和1990年查韦斯上台前的340万桶。委内瑞拉的困难在于现金、债务和生产，其背负的债务为1 200亿美元，在供应国内能源市场和支付进口必需的轻质原油之后，委内瑞拉每天仅余60万~80万桶原油来产生净现金流，该国约90%的外汇收入来自原油出口。[93] 2017年8月25日，美国总统特朗普签署行政命令，实施就委内瑞拉举行制宪大会选举后的第4轮制裁，禁止美国金融机构参与委内瑞拉政府和委内瑞拉石油公司新的债务和股权交易，禁止美方机构参与委内瑞拉公共部门现已发行的部分债券交易等，禁止向委内瑞拉政府支付红利。[94] 2017年9月7日，委内瑞拉总统马杜罗宣布，实施一套“新的国际支付体系”，创建由人民币、欧元、日元、卢布和其他国际货币组成的一篮子支付货币，而弃用美元。[95] 另据外媒报道，2017年9月中旬，委内瑞拉总统马杜罗称，委内瑞拉已经开始使用人民币来代替美元为石油计价。[96] 2017年11月3日，委内瑞拉邀请债权方于11月13日在加拉加斯举行会议，讨论600亿美元债券的重组，马杜罗总统任命副总统塔雷克·艾萨米组建了债务谈判委员会，但艾萨米由于涉嫌贩毒被美国列入黑名单。舆论普遍认为，委内瑞拉存在债务违约的风险。与此同时，由于13年不提供经济数据，导致国际货币基金组织无法对委内瑞拉进行年度评估，国际货币基金组织宣布对委内瑞拉进行制裁。[97]

三、伊朗核问题、苏丹分裂、“伊斯兰国”与石油的关系

进入21世纪以来，国际社会发生了太多大大小小的事件，这些事件从各个方面牵动着人们的关注，在这些事件中很多都与石油有关，或直接由石油引起，它们生动地展示了石油在当今世界的重要性和影响力。

（一）伊朗核问题和联合国、美国对伊朗的制裁

进入21世纪以来，与国际石油形势和国际石油市场密切相关的重大事件之一，是伊朗核问题和联合国、美国对伊朗的长达十多年的制裁，尤其是美国对伊朗油气产业相关的一系列制裁。

从20世纪50年代后期，伊朗开始了其核能发展计划，并先后投入大量资金，建立了1座核电站、6个核研究中心和5个铀处理设施。1976年，伊朗与德国签署了在布什尔建造2座120万千瓦机组核电站的合同，该核电站计划在20世纪80年代初建成。此后，由于1979年伊朗爆发的伊斯兰革命以及随后爆发的两伊战争，布什尔核电站建设项目被迫中断。1991年，伊朗开始与俄罗斯商谈恢复修建核电站问题，1992年伊俄签署《和平利用核能协议》。1995年1月，伊朗与俄罗斯签署总价为10亿美元的布什尔轻水反应堆核电站项目合同，俄方负责向伊朗提供核燃料、设备、技术以及人员培

训等。1996年2月，布什尔核电站在俄罗斯的帮助下开始兴建，但是后因为政治、经济等多方面的原因，工程建设一拖再拖。2003年2月9日，伊朗总统哈塔米宣布，在雅兹德地区发现铀矿并已成功提炼出铀，伊朗将建设铀转换和铀浓缩设施，以便建立一个完整的核燃料循环系统。2003年10月，伊朗方面透露，德黑兰核研究中心曾进行钚回收试验。国际原子能机构估计，伊朗已经分离出100克的钚，美国和西方国家的情报部门认为伊朗已经迈进了核门槛。至此，伊朗核问题正式引起了国际社会的高度关注并最终演变成国际热点问题之一。在国际原子能机构和代表欧盟的法国、德国、英国的积极斡旋下，2003年10月，伊朗中止了铀浓缩活动并于同年12月18日正式签署了《不扩散核武器条约》附加议定书；2004年4月，伊朗宣布暂停浓缩铀离心机的组装；9月21日，伊朗已开始将37吨“铀黄饼”（即铀矿料）的一部分用于铀转化试验；同年11月中止了与铀浓缩有关的一切外围活动。由于在同国际原子能机构和有关国家的谈判中没有达成一致，2005年8月，伊朗又重新启动作为铀浓缩准备阶段的铀转化活动。2006年1月3日，伊朗宣布已恢复中止两年多的核燃料研究工作，并于10日在国际原子能机构的监督下揭掉了核燃料研究设施上的封条，正式恢复核燃料研究活动；4月11日，伊朗宣布已成功生产出纯度为3.5%的低纯度浓缩铀，成为国际“核八强”（联合国安理会常任理事国、印巴、伊朗）之一。2010年8月9日，伊朗原子能组织主席宣布布什尔核电站将于2010年9月投入运营。围绕伊朗核问题，国际原子能机构和国际社会，尤其是中美法英德俄六国进行了积极的外交努力。自2006年5月起，中美法英德俄六国就开展了关于伊朗核问题的协商及与伊朗的谈判。2013年10月16日，伊朗在日内瓦与伊核问题六国谈判，伊朗提出解决伊核问题新方案，包括时间表，以换取西方取消经济制裁；同年11月24日，伊朗与六国在日内瓦就解决伊朗核问题达成一项阶段性协议。2014年1月12日，伊朗与伊核问题六国达成协议，同意自2014年1月20日开始落实2013年11月24日在日内瓦达成的第一阶段协议，伊朗冻结其部分核计划换取六国放松部分制裁。2015年4月3日，伊朗与六大国就至少在10年内限制核计划达成框架性协议。2015年7月14日，伊朗核问题最后阶段谈判达成历史性的全面协议，协议共约100页，包括主体部分和5个附件，分别涉及制裁问题、核领域问题、六国与伊朗联委会的工作、核能合作以及协议执行计划，内容涵盖了解决伊核问题涉及的所有关键领域。另外，此次达成的文件还包括联合国安理会的一份决议草案。[98]同年7月20日，联合国安理会通过决议，支持伊朗核问题的协议。[99]2016年1月16日，伊朗与国际社会达成的“联合全面行动计划”（JCPOA）进入执行日，联合国、欧盟和美国大幅放松了自2010年以来不断加码的对伊制裁。国际原子能机构总干事天野之弥表示:“这对于整个国际社会而言都是重要的一天。我感谢所有帮助这一切成为现实的人。”

在国际社会、联合国、欧盟等试图通过外交努力解决伊朗核问题的同时，联合国、欧盟和美国对伊朗实施了一系列制裁活动，作为外交努力的手段之一。2003年6月19日，国际原子能机构理事会主席发表关于伊朗核问题的“总结性声明”，敦促伊朗迅速纠正在执行与《不扩散核武器条约》有关的保障协定中存在的所有问题，立即和无条件地签署和执行保障协定的附加议定书。同年9月12日，国际原子能机构通过决议，要求伊朗在10月底前公开其核计划，签署《不扩散核武器条约》附加议定书，允许国际原子能机构突击检查其核设施，终止提炼浓缩铀。2004年，国际原子能机构在多次会议中，要求伊朗终止一切与制造核武器有关的核活动，认定伊朗多次不履行《不扩散核武器条约》的义务。为了对伊朗进行制裁，联合国安理会通过了多次决议，其中最主要的有2006年12月23日的第1737号决议、2007年3月24日的第1747号决议、2008年3月3日的第1803号决议和2010年6月9日的第1929号决议，对伊朗实施核计划和弹道导弹项目进行制裁，涉及物资、技术和设备实行禁运，冻结与伊朗核计划和弹道导弹项目有关的人员和公司的资产，在机场和港口检查伊朗空运公司和伊斯兰航运公司的货物等。2010年，欧盟也加入了对伊朗的制裁。2012年7月1日，欧盟对伊朗实施全面石油禁运。

在对伊朗的制裁中，美国实施的时间最长，影响也最大。自1979年11月“人质事件”后，美国陆续出台多项针对伊朗的制裁措施。1979年11月14日，卡特总统签署第12170号行政令，宣布禁止美国从伊朗进口石油，冻结伊朗在美国的约120亿美元资产，以后历任总统一直将该命令有效期每年延长一次。1980年，美国和伊朗断交。1987年，里根总统签署第12613号行政令，禁止从伊朗进口货物或服务。1992年，布什总统签署《伊朗—伊拉克武器防扩散法案》，对参与伊朗武器扩散的外国实体做出制裁。1995年3月17日，克林顿总统签署第12957号行政令，禁止美国公司资助开发伊朗境内石油资源，以后历任总统每年3月都将该命令有效期延长一年。1995年5月6日，克林顿签署第12959号行政令，禁止美国与伊朗贸易及美国对伊朗投资。1996年，美国通过了《伊朗制裁法案》（*Iranian Sanctions Act*，ISA），史无前例地将制裁措施的适用对象扩大到美国公司以外的主体：禁止任何人向伊朗的石油工业进行大规模的投资。1997年8月19日，克林顿签署第13059号行政令，继续禁止美国对伊朗贸易、投资。小布什和奥巴马时期，美国对伊朗制裁的力度不断加大，而且针对性不断加强。如2000年实施的《伊朗、朝鲜、叙利亚防扩散法案》，禁止美国公司与涉及伊朗大规模杀伤性武器发展的公司开展业务；2006年的《支持伊朗自由法案》，规定美国不与帮助伊朗发展生化或核武器的实体签署合作协议；2010年的《全面制裁伊朗、问责和撤资法案》（*The Comprehensive Iran Sanctions, Accountability, and Divestment Act of 2010*，CISADA），禁止美国银行与伊朗革命卫队往来，并对向伊朗出口敏感技术的第三国实施出口限制，对向伊朗出口石油制品或帮助伊朗石油生产的实体实施制裁；2012财年的《国防授权法》，规定同伊朗央行有石油业务的金融机构，在美国的资产将被冻结；2013财年的《国防授权法》，制裁伊朗能源、船运、造船和港口部门，全面限制伊朗石油出口。与此同时，奥巴马签署的第13574号、第13590号和第13622号行政令，限制了美国金融机构与帮助伊朗石油发展的实体和个人之间的业务；第13645号行政令开始对以伊朗货币里亚尔结算的外国金融机构实施制裁。2016年12月1日，在同年11月中旬已获众议院通过的基础上，美国参议院以99票赞成、0票反对一致通过将即将到期的《伊朗制裁法案》有效期延长10年，至2026年年底，保持未来10年继续对伊朗进行制裁。[100]同年12月15日，美国总统奥巴马以拒绝在对伊朗制裁延长法案上签字的方式，使签署最后期限（12月14日）已过，延长法案自动生效。[101]还在竞选期间，美国总统特朗普就将伊朗核协议称为“史上所有国家曾做过的最糟糕的交易”之一，表示这项给予伊朗制裁减免以换取其遏制核计划的协议，需要取消或重新谈判。2017年1月29日，伊朗进行了中程导弹试射，美国政府宣布将对伊朗实施新制裁，美国总统特朗普严厉批评伊朗试射导弹，声称不排除动武的可能性。[102]

在长达36年的对伊朗制裁中，美国所有制裁行动中的核心内容主要是与油气产业相关，而且也最有影响力。1996年，美国克林顿政府实施的《伊朗制裁法案》、2010年奥巴马政府实施的《全面制裁伊朗、问责和撤资法案》，其核心内容就是对伊朗的油气产业进行制裁。这些法案禁止任何企业向伊朗石油工业投资超过2 000万美元；禁止任何人向伊朗提供价值超过100万美元的石油产品；禁止帮助伊朗发展石油工业；禁止向伊朗提供石油、天然气开发生产的设备；禁止购买伊朗国债；禁止帮助伊朗出口石油；禁止成立与伊朗石油开发有关的合资公司；禁止帮助伊朗石油公司融资、保险等。在这些法案中，美国还将制裁措施的适用对象扩大到美国公司以外的主体，禁止任何人向伊朗的石油工业进行大规模的投资，这也是美国第一次将经济制裁手段适用到全世界的“任何人”，这就是所谓的“二级制裁”（Secondary Sanctions）。2012年7月，美国宣布中止中国昆仑银行在美国的一切业务，要求所有持有该行账户的美国银行在10天内关闭该行账户。此外，根据2012财年的《国防授权法》，从2012年3月1日起，任何购买伊朗出口石油和其他产品的国家必须终止购买，否则将受到美国的制裁。该法案还规定，只要总统认定，任何国家在此法实施前6个月内已经大幅减少其从伊朗购买原油的数量，那么作为例外，即可享受阶段性制裁豁免权。其中，日本从伊朗进口石油的数量在最近5年里已经大降40%，欧盟部分国家在美国拟议制裁措施时已经提出立即全面禁止从伊朗进口石油，并从2012年7月起将全面停止购买伊朗石油。因此，美国总统授予日本等11个国家6个月的制裁豁免权，但是印度、中国等国家没有立即获得制裁豁免权。

客观地说，联合国、欧盟，尤其是美国对伊朗的长期制裁，特别是日益收紧的对伊朗油气行业的制裁，对伊朗经济社会产生了较大的影响。第一，由于美国的制裁，伊朗失去了欧洲各大保险公司对伊朗油轮的承保，约有90%的运送伊朗原油的油轮失去了欧洲保险公司承保，使大部分油轮放弃运送伊朗原油，对伊朗石油出口造成巨大打击。第二，伊朗石油产量从2011 年年底的每天400万桶下降到2013年第4季度的每天273万桶，而2012年年初之后，伊朗石油出口量曾每天下降了100 万桶以上，石油出口量剧降60%，伊朗政府由此每月至少损失30亿美元。根据国际货币基金组织统计，伊朗的油气出口收入下降了47%，从2011—2012年度的1 150亿美元降到2013—2014年度的630亿美元。第三，众多的国际大公司，如瑞士维多石油集团、嘉能可国际、托克投资公司、俄罗斯卢克石油公司、马来西亚国家石油公司、法国道达尔公司、英国石油公司和荷兰皇家壳牌等石油公司纷纷宣布停止向伊朗提供石油产品，大批国外石油企业陆续撤出伊朗。中国、日本、韩国、印度等亚洲国家也大幅减少了从伊朗进口石油。第四，由于石油是伊朗国民经济的重要支撑，制裁使伊朗的国内生产总值增长率经历了较大波动。自2010年开始，伊朗国内生产总值增速快速下滑：2010年伊朗国内生产总值增速为5.9%；2011年为3%；2012 年为–1.9%，是20年来的首次负增长；2013年为–1.5%。第五，2008—2012 年，伊朗货币里亚尔贬值近30%，通货膨胀加剧。

解除制裁后，对伊朗经济产生的影响是非常正面和积极的。据有关机构估算，随着国际社会解除对伊朗的制裁，伊朗的石油销售收入在2016年年末前可能增加5倍多。在制裁解除前，伊朗每月只能获得7亿美元的石油收入。基于2016年1月中旬伊朗日产量270万桶和每桶29美元油价计算，制裁的解除意味着伊朗可以立即使当月的石油收入提高至23.5亿美元左右。如果伊朗在2016年年末前将日出口量增至370万桶，根据布伦特原油约每桶35美元的12月远期价格计算，月销售收入将升至39亿美元。[103]

对国际石油市场来说，解除对伊朗的制裁，其影响是非常复杂的。2016年1月18日，是国际社会解除对伊朗制裁后的第一个交易日，国际原油价格亚市盘初暴跌逾1美元，触及近13年以来的最低水平，其中布伦特原油期货下挫1.14美元，跌幅超过4%，且一度触及每桶27.70美元的2003年11月25日以来最低水平；美原油（WTI）期货亦下跌逾1美元，跌幅超过3%，同样创每桶28.36美元的2003年10月30日来最低水平。其主要原因是伊朗制裁措施于周末解除后，市场准备迎接更多来自伊朗的原油出口。伊朗是全球主要产油国之一，但在过去5年内基本上被排除在国际市场之外，伊朗回归本已供应过剩的石油市场，是导致国际油价大跌的因素之一。2016年1月的一周时间里，油价跌破每桶30美元，为12年来首见。[104] 2017年4月，伊朗的石油产量已经恢复到每天360万~370万桶之间。[105]

2016年3月，美国司法部指控中国的中兴通讯公司，在未获美国政府签发出口许可下，于2010—2016年，直接或间接将3 200万美元的美国科技产品运往伊朗并向朝鲜发送283批手机，切断其美国零部件供应。2016年4月，中兴通讯高层大换血，前行政总裁史立荣等三位高层卸任。中兴通讯董事长兼行政总裁赵先明表示，该公司承认违反美国出口管制相关法律法规，公司愿意承担责任，已制定新的合规流程及进行重大人事调整，如重组法律及合规管理部、任命美国律师为首席出口合规官、完善《出口管制合规手册》和全球出口管制培训等。2017年3月8日，中兴通讯与美国政府就美国政府出口管制调查案件达成和解，支付8.92亿美元的刑事和民事罚款。此外，给美国商务部工业与安全局3亿美元罚款被暂缓，是否支付取决于未来7年公司对协议的遵守，并继续接受独立的合规监管和审计。如果任何协议条款得不到落实，中兴的出口权利将被剥夺7年。[106]当时同时发布的中兴通讯2016年业绩快报显示，因受美国一次性计入罚款8.92亿美元（约合62亿元人民币）的影响，该公司2016年亏损总额为人民币7.67亿元，归属于上市公司普通股股东的净亏损为人民币23.57亿元。[107]

特朗普政府上台以来，保持对伊朗的高压政策。因伊朗发展导弹问题，2017年2月3日，美国宣布对伊朗的首波制裁，其中包括宁波新世纪进出口有限公司等2家中国公司和3名中国公民。3月24日，美国国务院发表声明，决定对违反禁令向伊朗、朝鲜和叙利亚出售大规模杀伤性武器相关设备与技术的11家单位和个人实施制裁，其中包括6家中国公司和3名中国公民。这是特朗普上任以来美国对中国公司和个人的第二轮制裁。[108]对于核协议问题，特朗普政府一直认为伊朗没有很好地遵守，要求修改有关条款或者废除核协议。2017年9月19日，在联合国大会的讲话中，特朗普表示，伊朗与六大国达成的协议“让美国难堪”，表示要退出协议。欧盟表示希望挽救核协议，伊朗则表示拒绝与“无赖”重新谈判。[109]2017年10月13日，特朗普发表讲话，称伊核协议是美国签署过的“最糟糕的协议之一”。伊核协议未能完全、永久限制伊朗的核计划，伊朗则利用该协议获得大量资金，宣布将制裁伊朗伊斯兰革命卫队；他将不会向国会证实伊朗遵守伊核协议，美国政府将与国会密切合作，以处理伊核协议中存在的“多项缺陷”。特朗普表示，如果不能达成新的解决方案，美国也做好了退出伊核协议的准备。[110] 2018年5月9日，特朗普宣布中止伊朗核协议，世界一片哗然，国际石油价格大涨，布伦特原油一度突破每桶80美元。

（二）石油与苏丹分裂、南苏丹共和国成立及其内乱

2011年7月9日，南苏丹共和国正式独立，成为世界上最年轻的国家，联合国秘书长潘基文和苏丹总统巴希尔、中国特使姜伟新、美国特使苏珊·瑞斯和约30个国家元首参加了该国的独立庆典。同年7月14日，南苏丹成为联合国第193个成员国。据报道，美国是第一个宣布承认南苏丹独立的国家。[111]就在南苏丹独立的当天，我国外交部长杨洁篪致电南苏丹共和国外交部长阿鲁尔，宣布中华人民共和国政府决定从即日起承认南苏丹共和国。中国国家主席胡锦涛也于7月9日致电南苏丹共和国总统基尔，代表中国政府和人民祝贺南苏丹共和国正式建国，并祝贺基尔就任南苏丹共和国首任总统。

苏丹共和国位于非洲东北部，曾是非洲面积最大的国家。19世纪末，英国占领南苏丹，1899年英国和埃及共同统治苏丹。因反对与苏丹北方组成独立国家，1956年1月1日苏丹独立期间即发生了第一次内战，1972年的《亚的斯亚贝巴协定》给予南部有限度的自治权，内战暂时终结。1983年，苏丹总统尼梅瑞宣布在全国实施伊斯兰律法，引发南部不满，南方黑人军官约翰·加朗成立苏丹人民解放运动/解放军（简称“苏人解”），第二次内战爆发。2005年1月9日，苏丹政府同苏人解在内罗毕签署《全面和平协议》，结束了长达22年的第二次内战，成立苏丹南方自治政府，伊斯兰律法在

南部不适用，并承诺在2011年举行南苏丹独立公民投票。2011年1月9—15日，苏丹南部进行了公投，超过98.83%的民众支持独立。为保持南苏丹的稳定，2011年7月8日，联合国安理会通过决议，决定设立联合国南苏丹共和国特派团，最多有7 000名军事人员及900名文职警察人员，起初任期为一年，并视需要予以延长。在50多年的内战中，苏丹有多达200万人在南北冲突中丧命，450万人被迫离开家园，引发了一系列严重的侵犯人权行为和人道主义灾难。

独立后的南苏丹国土面积约62万平方公里，人口约有1 190万。相比较北苏丹和非洲其他国家，南苏丹拥有富饶的自然资源，环境非常好，水资源非常丰富，50%的森林覆盖率，具有良好的农、林、渔、畜牧等农业生产的条件。但是，南苏丹是世界上最贫穷的国家之一，90%的人口平均每天生活费不到一美元，几近全国赤贫，近四成的人民需要获得粮食援助才能生存下去，有10%以上的儿童无法度过他们的5岁生日。

在讨论苏丹分裂和南苏丹独立的原因时，有关学者认为，殖民者在19世纪末、20世纪初划分领地时留下的后遗症和宗教是主要原因。以首都喀土穆为中心的苏丹北部地区，信仰伊斯兰教的民众占80%左右，施行着严苛的伊斯兰律法；而南部多为黑人区，信奉原始部落宗教及拜物教，5%的人口信仰基督教并比较强势。长期以来，苏丹南北方在民族、宗教、文化和政治方面存在着较大差异。但是，学者们一致公认的意见是，石油问题是苏丹分裂和南苏丹独立的重要原因，石油是苏丹和南苏丹现代历史发展的“诅咒”，争夺石油是苏丹第二次内战和南苏丹独立的主要原因之一，也是独立后南苏丹内部冲突不断的主要原因。据知情人士透露，2011年7月9日南苏丹独立时，在南苏丹有限的宾馆里聚集着两种人，一种是政客，另一种来自西方大牌石油公司。

苏丹拥有丰富的石油资源。截至2016年年初，苏丹的探明石油储量为50亿桶，在非洲排第5位，其中南苏丹拥有的探明石油储备为35亿桶，占整个苏丹探明石油储量的70%，北苏丹拥有的探明石油储备为15亿桶。早在20世纪50年代，美国石油公司就在苏丹进行石油勘测，20世纪60年代美国雪佛龙进入苏丹，在红海附近发现了天然气田，并在后来的1/2/4区块进行了长达10年的勘探，发现了苏丹南部的几处油田。1983年，由于苏丹爆发内战，南北双方在油气田附近展开战斗，雪佛龙撤离苏丹，放弃特许权。1993年，美国将苏丹列入支持恐怖主义国家，1996年开始对苏丹实施制裁，美国公司全部撤出了苏丹。1995年6月，中国和苏丹签署了第一份石油合作协议，同年9月24—29日，苏丹总统巴希尔访华期间达成了建立“苏丹–中国采掘公司”的协议，并签署了产品分成协议。这样，中国和苏丹的石油合作正式开始。正是在中国公司的努力下，1999年9月苏丹成为石油出口国，到2000年前后苏丹建成了集生产、炼制、运输、销售于一体，包括上、中、下游的完整的石油产业链。2000年苏丹的石油产量为每天17.9万桶，而到2007年则上升到每天48.3万桶的历史最高值。[112]但是，苏丹的石油产量80%左右来自贫穷的南方地区，南苏丹储量占到整个苏丹的70%~80%。根据《全面和平协议》，2005—2011年7月，南苏丹每年分得南方油区所产石油收入的约50%。在苏丹北部，石油收益占财政预算不到50%，而在南苏丹石油收益则占财政预算的98%，南苏丹几乎完全依赖石油收益。南苏丹人寄望于独立后，丰富的石油资源能给他们带来更高的收入和更好的生活。不过，由于地理和历史方面的原因，南苏丹缺乏炼油设施和向国外输油的管道，炼油厂和石油出口管道、码头控制在苏丹北方手中。因此，南苏丹独立后，南北双方为了石油利益又起争执。最有代表性的是2012年4月因哈季利季油田的争夺，南北苏丹发生了战争，北苏丹切断了南苏丹的石油出口管道，南苏丹的石油生产和出口全面受阻。事实上，早在独立前，南苏丹就在讨论修建朱巴至肯尼亚港口城市蒙巴萨的铁路线及石油管道，但由于投资巨大和其他方面的原因无法落实。

南苏丹从独立伊始，就不断发生规模不等的部落冲突，不得安宁。据不完全统计，南苏丹共有200多个部族，在经历50多年的内战后，枪支泛滥，暴力文化盛行。就在刚宣布独立建国时，就有7支反政府武装部队扬言要推翻政府。独立后，南苏丹政府是由最大的部族丁卡族掌控并由基尔出任总统，第二大部族努尔族马沙尔担任副总统，但该部族主要分布在石油资源丰富的南苏丹北部地区，希望在国家财富和权力分配方面获得更大比重。因此，南苏丹的这两大部族矛盾尖锐。更有甚者，自2005年《全面和平协议》签署以来，南苏丹围绕石油财富分配的丑闻和争议不断，2005—2013年，南苏丹有40亿美元的石油收入竟不知去向，这也成为南苏丹内部各派不和的主要原因之一。2013年7月23日，南苏丹总统基尔突然颁布命令，解散南苏丹政府并解除副总统马沙尔以及多位部长的职务。同年12月15日，南苏丹总统卫队中来自丁卡族和努尔族的士兵在首都朱巴发生枪战，最终演变成武装冲突并蔓延到南苏丹大部分地区。在这次冲突中，双方交火主要在南苏丹生产石油的地区，主要集中在琼莱、联合和上尼罗河三州，特别是在联合和上尼罗河这两大产油州。2015年8月，在联合国的斡旋之下，双方正式签署《解决南苏丹冲突协议》。就在南苏丹独立5周年纪念日的前夜，2016年7月8日，南苏丹首都朱巴发生交火，南苏丹过渡政府总统基尔领导的政府卫队与第一副总统马沙尔领导的反对派卫队展开激烈火并，双方起用了坦克、火炮等重型武器，7月12日冲突基本平静。就是在这次冲突中的7月10日，中国赴南苏丹维和的步兵营2名维和人员牺牲、5人受伤。南苏丹持续的内乱，带来了巨大的人道主义灾难，联合国安理会对这次冲突以“最严厉的措辞”进行谴责。

就在南苏丹独立不久，2012年4月18日，苏丹总统巴希尔对南苏丹宣战，南北苏丹因争夺哈季利季油田而爆发了战争，南苏丹军队于4月22日从占领的苏丹哈季利季油田撤军。哈季利季是苏丹最重要的油田，该油田由中国和马来西亚合资运营，其中中方占40%的股份，在苏丹日产11.5万桶的石油中哈季利季油田约占一半。据苏丹媒体4月21日报道，苏丹总统巴希尔当天表示，不会再就石油问题同南苏丹举行谈判，也不会允许南苏丹通过苏丹领土运输石油。他宣布，与南苏丹就石油问题举行谈判的大门已经关闭。

在纷扰复杂的苏丹内战、南苏丹独立和内乱、南北苏丹战争期间，苏丹内部的民族纠纷和冲突不时成为吸引国际社会眼球的重大事件，其中达尔富尔危机最有代表性，虽然这一地区不产石油但这一危机居然也与石油扯上了关系。达尔富尔地区位于苏丹西部，面积为50多万平方公里，人口有600多万，毗邻利比亚、乍得和中非等国，居住着包括阿拉伯人、富尔人和黑人等80多个部族，因争夺水草资源阿拉伯人与黑人部落经常发生冲突并形成了两派的对立，武装冲突不断，该地区的许多地方一直处于无政府状态。2003年2月，达尔富尔地区黑人居民相继组成“苏丹解放军”和“正义与平等运动”两支武装力量，以政府未能保护当地黑人的权益为由，要求实行地区自治，展开反政府武装活动，从而造成了严重的人员伤亡和200多万人流离失所，周边国家产生了大量严重的难民问题，从而形成引起国家社会高度关注的“达尔富尔危机”。2004年4月，由7 000多人组成的非盟部队进驻达尔富尔执行维和任务。联合国安全理事会分别于2004年7月、9月和11月先后通过了第1556号、第1564号和第1574号决议，敦促苏丹政府和达尔富尔反政府武装加速政治谈判。2004年7月和2005年5月，联合国秘书长科菲·安南两次前往达尔富尔地区，以推动和平进程。2007年7月，联合国安理会授权在达尔富尔地区部署联合国和非洲联盟驻达尔富尔特派团（简称“联非达团”），以支持执行《全面和平协议》，保护平民、联合国人员和国际人道救援人员安全。2016年6月29日，联合国安理会通过决议，决定将联非达团的任期延长一年，至2017年6月30日。[113]在达尔富尔危机期间，中国成了矛盾的焦点之一，以美国为首的西方有关国家认为，中国为了石油利益而与苏丹独裁者做交易，中国“支持独裁政权”“漠视人权”“对非洲进行掠夺性开发”。2007年5月9日，108位美国国会众议员发表抗议信，要求中国向苏丹施加压力；同年6月5日，美国国会众议院通过了所谓苏丹达尔富尔问题涉华决议案，将达尔富尔问题与2008年北京奥运会挂钩。2007年5月29日，中国政府达尔富尔问题特别代表刘贵今表示，达尔富尔问题的实质不是种族屠杀，而是发展的问题，中国政府一直主张维护苏丹的主权和领土完整，通过对话和平等协商推动达尔富尔问题的政治解决。刘贵今指出，中方同苏丹正常的石油合作被政治化了，这是不公正的。中国和苏丹的石油合作始于1996年。在十多年时间内，这种合作是透明的、互利的、不排他的。中国同苏丹进行石油合作有利于帮助苏丹发展经济，有利于从根本上解决苏丹的战乱和动乱问题。中国政府为了缓解达尔富尔地区的人道主义危机，前后分4批，承担了总额1 000多万美元的援助，其中一半物资已经转交给达尔富尔地区。此外，中国政府还为北达尔富尔州修建大坝项目投入了近3 000万美元的资金，中国的石油公司在苏丹的勘探、冶炼也帮助苏丹从贫油国发展到拥有相对完整石油工业的国家，为苏丹的经济社会发展提供了很大帮助。[114]

（三）"阿拉伯之春"

自2010年12月17日起，以突尼斯的"茉莉花革命"为起点，爆发了一场蔓延到北非、中东多国的被称为"阿拉伯之春"的运动，这一场运动导致了北非、中东一些国家政权的更迭，有的更演变成众多国家参与的局部战争。在这一场运动中，突尼斯的本·阿里、埃及的穆罕默德·胡斯尼·穆巴拉克、利比亚的卡扎菲、也门的萨利赫下台，巴林爆发示威运动，叙利亚爆发了内战并一直延续到目前，阿尔及利亚、黎巴嫩、约旦、苏丹、阿曼、巴林、科威特、摩洛哥和沙特阿拉伯也进行了程度不等的经济政治和社会改革，以缓和和平息社会的不稳定及不满。在这一场运动中，与国际石油形势关系密切同时也是影响最大的事件有利比亚战争、叙利亚内战。

2011年2月初，在邻国社会动荡的影响下，利比亚发生了从班加西开始的示威抗议活动，并逐渐向全国蔓延，民众要求从1969年就已经上台、统治长达42年的领导人穆阿迈尔·卡扎菲下台和进行民主变革。2月16日开始，反政府示威活动遭到政府军的武力镇压后引发起义，反政府势力的武装力量同利比亚政府军之间爆发了激烈的军事冲突。3月10日，法国正式承认利比亚反对派成立的全国委员会为代表利比亚民众利益的合法政府；3月17日，在阿拉伯国家、美国、英国和法国等国的推动下，联合国安理会以10票赞成、5票弃权的结果通过第1973号决议，在利比亚设立禁飞区；3月19日，法国率先空袭利比亚，随后英国、美国、加拿大和挪威也宣布参加对利比亚的空中打击；8月22日，反对派武装全面控制的黎波里；8月24日，反对派宣布占领象征卡扎菲政权的阿齐齐亚兵营；10月20日，利比亚最高领导人卡扎菲及其接班人穆塔西姆在其家乡苏尔特被杀身亡。

2011年年初，"阿拉伯之春"延烧至叙利亚，曾被认为是中东最稳定国家的叙利亚发生反政府示威活动。从2011年3月15日开始，反政府示威活动演变成了武装冲突，反对派要求总统巴沙尔·阿萨德下台，致力于推翻现政府。自2011年3月起，多方力量介入了叙利亚内战：阿拉伯联盟成员国和美国等部分西方国家秘密派出军事顾问，直接指挥战争；俄罗斯、伊朗等则为叙利亚政府军提供武器和军事支持，以对抗西方阵营。2015年9月，俄罗斯更是直接动用武力，参与了叙利亚内战。自2011年年初以来，叙利亚内战有关消息经常不时占据了国际社会的视野，也经常由此引起国际重大危机。比较著名的有叙利亚化武危机、叙利亚难民问题、"伊斯兰国"（ISIS）参与叙利亚内战等。这一系列事件，有的得到了及时解决，如叙利亚化武危机；有的还持续存在着并对国际社会产生持续的影响，如叙利亚难民问题。

（四）"伊斯兰国"、石油收入和石油战争

"伊斯兰国"即"伊拉克和大叙利亚伊斯兰国"的简称，是一个自称建国的活跃在伊拉克和叙利亚的极端恐怖组织。其中大叙利亚包括叙利亚、黎巴嫩、巴勒斯坦、以色列和约旦5个国家，该组

织的目标是消除第二次世界大战结束后现代中东的国家边界，并在这一地区创立一个由“基地”组织运作的酋长国，其前身是2006年在伊拉克成立的“伊拉克伊斯兰国”。2014年6月29日，该组织的领袖阿布·贝克尔·巴格达迪自称为“哈里发”，将政权更名为“伊斯兰国”，并宣称自身对于整个伊斯兰世界（包括历史上阿拉伯帝国曾统治的地区）拥有权威地位。

“伊斯兰国”起源于“基地”组织，发展壮大于第二次海湾战争期间。[115] 2001年10月后，随着美军在阿富汗不断取得进展，在阿富汗的各种势力和组织的生存空间日益受到压缩，其中“一神论与圣战组织”在2003年的第二次海湾战争后迁往伊拉克并加盟“基地”组织，以“基地”组织伊拉克分支的名义开展活动。2006年10月，“基地”组织宣布建立“伊拉克伊斯兰国”。2007年9月，本·拉登在一段录音中号召伊拉克武装分子效忠“伊拉克伊斯兰国”的领袖阿布·奥马尔·巴格达迪。2011年年底，随着美军撤出伊拉克和叙利亚内战爆发，“伊拉克伊斯兰国”的力量不断壮大并进入叙利亚，占领了与伊拉克和土耳其临近的叙利亚北部及东部的一些省份。2013年前，该组织被称为“伊拉克伊斯兰国”；2013年4月9日，与叙利亚反对派武装组织“胜利阵线”联合，称为“伊拉克和黎凡特伊斯兰国”（ISIL），即“伊拉克和大叙利亚伊斯兰国”。由于双方利益的冲突，2014年2月，“基地”组织断绝了同“伊斯兰国”的关系。2014年6月28日，该组织宣布在伊拉克和叙利亚建立“哈里发”（伊斯兰帝国），领土包括叙利亚北部阿勒颇省至伊拉克东部迪亚拉省，贝克尔·巴格达迪为国家的领导人，即“哈里发”。

“伊斯兰国”在发展壮大过程中，发展迅速，行为残暴。2011年后的一段时间里，世界各地的观众经常在电视中看到“伊斯兰国”的绑架人质、砍头事件，抢劫银行金库，破坏伊拉克、叙利亚众多的历史古迹并走私文物，支持其追随者在海外发动恐怖袭击事件，如2015年11月13日巴黎恐怖袭击事件等。该组织还是一个十分善于经营的组织，尤其善于经营石油业务。在“伊斯兰国”占领的叙利亚和伊拉克交界约30万平方公里的区域内，主要是叙利亚东北的代尔祖尔地区，约有十多个油田和十多座炼油厂。在“伊斯兰国”占领的油田和炼厂中，就有中国石油和印度石油公司等联合投资的代尔祖尔油田。2005年9月，加拿大石油公司出于对叙利亚政治风险把控担忧的考虑，决定出售代尔祖尔油田38%的股份，中国石油和印度石油公司联手竞标，这是中印两个亚洲能源消费巨头在海外首次合作拿油田。中国石油还于2008年与叙利亚石油公司签署了改造代尔祖尔炼油厂的协议。2010年4月，中国石油与叙利亚国家石油公司签署新的提高炼油厂生产的协议。2011年，叙利亚政治危机爆发，中印石油公司损失惨重。当年9月，欧盟委员会开始实施对叙利亚石油禁运的制裁协议，直接影响叙利亚约45亿美元的原油出口，不得不将原油产量从每天38万桶降至不足24万桶。被迫压产之后，两个月公司就损失7 000万美元，叙方还因缺乏外汇收入欠中国石油一大笔款。相比荷兰壳牌、法国道达尔等西方巨头，中国石油作业产量或权益产量在所有在叙利亚的外国企业中名列前茅，遭受的经济损失也最大。2013年4月，代尔祖尔地区完全落入“伊斯兰国”武装手里，油田所有开采和生产活动中断。[116]“伊斯兰国”对这些油田极为重视，建立了一整套严密和专业的管理体系，基本上是像一家专业的石油公司在开展运营，任命所谓的“石油埃米尔”负责一些最关键的石油设施，招募专门的技术和管理人才，对油田的生产和销售进行专业、精细的管理，这些油田和炼油厂都由专业人士负责运营，“伊斯兰国”给他们支付高额薪水。

据伊拉克能源研究所估计，“伊斯兰国”在伊拉克控制的油田日产油量就能达到3万桶，而在叙利亚控制的油田每日产量可达5万桶。[117]“伊斯兰国”一般以国际市场价格的一半出售石油，按每桶售价20~40美元不等计算，“伊斯兰国”每天平均获利150万~320万美元，每个月的收入约9 600万美元。据国外有关单位推算，“伊斯兰国”每年仅通过走私石油就获利3.5亿~6亿美元。“伊斯兰国”所控制油田生产的石油，主要是通过黑市销售。据有关机构现场考察得到的报告，数以百计的卡车从基尔库克和摩苏尔开来走私石油，每天平均装运约200辆卡车。“伊斯兰国”打造了被称为“轮子上的石油管道”。俄罗斯总统普京曾公开表示，俄罗斯从太空和飞机上拍摄的照片可以清晰地展示“伊斯兰国”非法石油和石油产品贸易的规模：运油车排成的队伍长达几十公里，从4 000~5 000米空中看，车队一直排到地平线。这些石油以低于国际市场价格走私给了土耳其、伊拉克、约旦、伊朗、叙利亚和某些欧洲国家。关于土耳其的一些机构，尤其是某些高层及其亲属是否参与了“伊斯兰国”石油走私活动，一段时间内成为国际热点问题，特别是2015年11月24日土耳其击落了俄罗斯战机后，更成为俄土两国官方“口水仗”相互指责的主要内容。俄罗斯总统普京更是公开表示，俄罗斯早就发现叙利亚恐怖分子从其占领区向土耳其运输大量的石油和石油产品，使得大量资金流入到恐怖分子手中。[118]而据英国《卫报》2016年7月的报道，美军在击毙“伊斯兰国”负责石油走私的头目阿布·萨伊夫时，找到了很多文件，这些文件显示土耳其和“伊斯兰国”有密切的经济往来。[119]国际社会普遍认为，“伊斯兰国”从油田获取的收入大约占其总收入的1/4~1/3，石油天然气产品是“伊斯兰国”的头号收入来源。因此，“伊斯兰国”也被称为世界上最富有的恐怖组织。

正是由于石油在其发展和支持恐怖活动中所起到的关键作用，以美国、俄罗斯为首的国际社会也将“伊斯兰国”拥有的油田、炼油厂和运输车队作为重点打击目标。因为“伊斯兰国”先后斩首了两名美国记者和一名英国救援人员，2014年9月22日，美国及其盟友正式运用空军和巡航导弹等武器打击“伊斯兰国”，其中的重点就是“伊斯兰国”拥有的12座炼油厂。美军中央司令部认为，“伊斯兰国”所占炼油厂每天可提炼300~500桶石油，总价值达200万美元，摧毁这些炼油厂可进一步削弱“伊斯兰国”力量，限制其行动。仅2014年9月24日一天，美国、沙特阿拉伯和阿联酋就针对“伊斯兰国”炼油厂等目标发动了13次突袭。[120]同一天，美国总统奥巴马在联合国大会发表演讲时呼吁更多的美国盟友加入，共同根除“伊斯兰国”。在美国的号召下，共有68个国家参加了以美国为首的打击“伊斯兰国”联盟。进入2015年后，以美国为首的英、法、澳大利亚等国将对“伊斯兰国”打击的重点分别放到了有关油田、炼油厂、移动炼油设施和运输车辆等。从2015年11月16日开始，美军更是发动了主要是针对“伊斯兰国”石油运输车辆的“潮汐波行动2”行动。轰炸开始前，美军飞机撒下传单，警告司机弃车远离车队。2015年9月30日起，俄罗斯正式武装介入叙利亚内战，“伊斯兰国”及其石油设施成为俄军的主要突袭和打击目标。2015年10月31日，俄罗斯科加雷姆航空公司客机A321（航班号7K9268，注册号EI–ETJ）从埃及飞往俄罗斯圣彼得堡途中在埃及西奈半岛中部坠毁，机上224人全部遇难，11月17日俄罗斯联邦安全部门证实坠毁的俄A321型客机上载有爆炸装置。“伊斯兰国”

发布声明，声称是其位于埃及西奈的分支将从埃及飞往俄罗斯的客机击落，目的是报复俄罗斯在叙利亚的空袭。[121]客机坠毁事件发生后，俄罗斯加大了对“伊斯兰国”的打击力度。2015年11月17日，俄罗斯决定动用25架远程战略轰炸机，从本土起飞参与叙利亚空袭行动，把空袭强度增为原来的两倍。[122] 2015年11月19日，俄罗斯国防部公布，俄罗斯空天部队在数天内击毁了大约500辆将叙利亚的石油运到伊拉克加工的运油汽车，俄军图–160战略轰炸机服役以来首次投入实战就是使用最新型X–101巡航导弹轰炸ISIS控制的叙利亚的一处炼油厂。[123]为加大对“伊斯兰国”的打击力度，2017年2月中旬，美国国防部考虑向叙利亚北部派遣常规地面部队，以加快解决与“伊斯兰国”组织的战斗。[124] 2017年7月9日，伊拉克政府军在历经9个月战斗之后，正式宣布全面解放摩苏尔，这座自2014年6月起就被极端组织“伊斯兰国”占据的伊拉克第二大城市，在三年后终获解放，标志着“伊斯兰国”在伊拉克“永远终结”。[125] 2017年10月17日，美国支持的叙利亚民主军宣布解放了“伊斯兰国”在叙利亚的大本营拉卡。2014年，“伊斯兰国”占领拉卡，宣布拉卡为“伊斯兰国”的首都。[126]同日，美国国防部发言人瑞安·狄龙在记者会上表示，国际联盟打击“伊斯兰国”行动已经持续了三年时间。从战局上看，“伊斯兰国”已接近“彻底失败”的边缘，该组织在伊拉克、叙利亚境内的各条战线相继出现后撤态势，迄今已丢失87%的控制范围；“伊斯兰国”连续折损多名高级别指挥官，其石油“黑金”被削减九成。[127] 2017年11月3日，叙利亚政府军收复了“伊斯兰国”控制的最后一个大城市代尔祖尔，与此同时伊拉克政府军也攻入了这个组织在伊拉克的最后一个要塞加伊姆。美国及其盟友和俄罗斯对“伊斯兰国”的持续军事打击，尤其是对其石油设施的重点轰炸，大大削弱了“伊斯兰国”的实力。据有关方面不完全统计，按每天5.5万桶的产量计算，2014年—2015年年初，“伊斯兰国”每月卖油可获得4 000万~5 000万美元的收入。2015年7月，一名美国防部的联合发言人曾告诉媒体，在“潮汐波行动2”行动前，“伊斯兰国”每月收入有3 000万美元，而到2016年年中，预测其收入已跌去一半，仅有1 500万美元。[128]据美国福克斯新闻频道网站援引牛津大学全球能源专家贾斯廷·达金的最新数据，在2014年的鼎盛时期和2015年的大部分时间内，估计“伊斯兰国”每个月能从走私能源活动中获取的收入高达5 000万美元，而到2017年9月初这一数字减少到1 000万美元左右，但仍然非常可观。[129]事实上，“伊斯兰国”此时所受到的打击是双重的：一方面是美国及其盟友、俄罗斯对其军事目标、石油设施的军事打击；另一方面祸不单行的是，从2014年下半年开始的国际石油价格不断下跌更是对“伊斯兰国”经济和财力的重击。

打击“伊斯兰国”，耗费了有关国家大量资源。据美国国防部统计，2014年8月8日—2017年8月8日，在总共1 058天的行动中，美国打击“伊斯兰国”的开支已达143亿美元，平均每天耗资1 360万美元。截至2017年8月9日，美国及其盟国共派出2.456 6万架战机进行空袭，其中在伊拉克对“伊斯兰国”发动了13 331次空袭，在叙利亚发动了11 235次空袭。[130]在对“伊斯兰国”的空袭中，美国空军甚至出动了F–22“猛禽”战机。不过，由于方方面面的原因，据美国《军事时报》的调查，自从美国开始对叙利亚和伊拉克境内的极端组织“伊斯兰国”发动空袭以来，一共有近6 000次空袭未被美国国防部公布。[131]

四、巴西、伊拉克的石油生产和天然气进入黄金时代

21世纪初的世界石油市场，时时刻刻都在发生从量变到质变的变革，这些变革有的从技术方面增加了世界石油的产量，有的恢复了过去的石油生产作为一个重要石油生产国重新登上了世界石油舞台。更为重要的是，有的变革从能源类型本身直接改变了世界能源消费结构，给当前和未来世界石油市场带来了革命性和根本性的影响。

（一）巴西盐下石油进入大规模开采阶段

盐下指的是沉积盆地中被岩盐层所覆盖的区域，在这些区域可能蕴藏着丰富的石油资源。从20世纪60年代墨西哥湾率先进行盐下油气藏勘探和开发以来，全世界多个国家和地区都已经发现了盐下油气资源。目前，世界盐下油气藏主要分布在墨西哥湾盆地、西非海岸盆地、中亚滨里海盆地和巴西东南海域盆地等。近年来，巴西大西洋海岸盐下石油异军突起，发现了多个大型或巨型油气田，在2008年世界十大油气发现中，巴西深水盐下就占了5个，成为举世瞩目的勘探热点。对于巴西盐下石油的最终储备，目前还没有定论，巴西有关部门有500亿桶、1 000亿桶，甚至是2 400亿桶、超过沙特阿拉伯石油储量等不同的说法。较权威的估计认为，巴西近海区域的石油储量保守估计约为500亿桶，被认为是新千年以来世界上最大的石油发现，主要分布在巴西海上桑托斯盆地，其开发的总预算至少需要2 370亿美元。[132]

如同中国一样，长期以来，巴西也一直被定性为“贫油国”和“贫气国”。2000年，巴西在桑托斯盆地获得了深水盐下油气大发现，

巴西的盐下石油开发始于2006年，位于桑托斯盆地的鲁拉（Lula）油田被发现。2008年，巴西被英国石油公司评为“近20多年来石油储量增长最快的国家”，这一年的7月，巴西发现了里贝拉油田，油田面积达1 500平方千米，可开采近120亿桶的石油，开发后最高产量可达到每天140万桶，是巴西迄今以来发现的最大油田，也是世界上第三大油田。2012年7月，巴西石油管理局宣布，该国外海盐下层石油开采量为每天17.28万桶，天然气为每天579万立方米，合计每天可开采20.89万桶当量原油，创下历史纪录。[133]虽然自2014年下半年国际石油价格暴跌以来，加上巴西石油公司腐败丑闻和巴西政局变动的冲击，巴西的石油生产受到了较大的影响，大量原计划的扩产投资被搁置，但其海上盐下石油开发活动仍然保持了较高的增长。2016年12月14日，巴西国家石油公司与其合作伙伴在里约热内卢庆祝了一个重要里程碑：它们在盐下地层中迄今生产了10亿桶石油，其距2006年首次发现仅用了10年时间。[134]2017年1月，据巴西石油管理局公布，巴西油气总产量为每天337.8万桶油当量，其中原油产量为每天268.7万桶，天然气产量为每天1.1亿立方米。盐下油田生产井共计73口，产量为每天158.8万桶油当量，创历史新高，其中位于桑托斯盆地的鲁拉油田产量最高，原油产量为每天72.95万桶，天然气产量为每天3 160万立方米。目前，海上石油产量占巴西石油总产量的94.9%，天然气占80.4%。[135]经过多年的技术进步，巴西深海石油生产的整体成本优势较为明显，大多数项目盈亏成本均在每桶 60 美元以下。据巴西石油监管机构公布的数据，2017年2月巴西的原油产量同比上涨了14.6%，为每天267.6万桶，最主要的原因就是巴西离岸海域的原油产量大幅上涨。[136]巴西石油公司宣布，2017年上半年该公司的税前利润为44亿美元，主要得益于生产和勘探开发成本下降了68%。巴西国家石油公司首席执行官佩德罗·帕伦特称，巴西海上盐下石油的生产成本已经下降到每桶8美元。2017年6月，巴西石油产量达到每天267.5万桶，其中盐下石油的产量为每天135.3万桶，比5月增长了6.4%。[137]

2017年10月底，巴西对海上的盐下油田开采进行了4年来首次的大规模招标活动，壳牌、道达尔、英国石油公司、埃克森美孚、挪威国家石油公司、西班牙莱普索尔和中国石化等国际大石油公司参与并中标。有机构认为，开采盐下层油田，有可能使巴西的石油产量到2030年从目前的每天250万桶增加一倍。[138]国际能源署在其《2013年世界能源展望》中估计，到2035年，海上石油产量在全球石油供应中所占的比重将增至13%，其中仅巴西的石油产量将占到全球新增供应量的1/3，届时巴西的石油产量将达每天600万桶，成为世界第六大石油生产国。[139]

（二）战后伊拉克石油工业的迅速恢复和库尔德独立问题

2003年3月20日，美国、英国等入侵伊拉克，第二次海湾战争爆发。同年5月22日，联合国安理会通过1483号决议，解除对伊拉克长达13年的经济封锁和贸易制裁，自此伊拉克开始了战争经济社会重建工作，其中的石油工业重建是重点。

第二次海湾战争结束后，伊拉克的石油工业体系主要还是沿用萨达姆时期的框架，石油行业监管的权力还是在石油部，主要由伊拉克南方石油公司（SOC）、北方石油公司（NOC）、米桑石油公司（MOC）等国家石油公司负责日常生产运营工作，石油出口和销售由伊拉克国家石油销售组织（SOMO）负责。自2008年以来，伊拉克中央政府积极吸引外资，举行了战后4轮油气田招标活动，国际大型石油公司大举投资伊拉克的油气项目，伊拉克南部的大油田基本由英国石油公司、埃克森美孚、壳牌、埃尼、道达尔和卢克等国际大型石油公司运营，中国石油、中国海油和韩国国家石油公司等国有大型石油公司参与投资。据统计，当时壳牌是在伊拉克权益油气储量最大的外国公司，中国石油、卢克、英国石油公司、马来西亚国家石油公司和埃克森美孚在伊拉克的权益油气储量分列第二至第六位。伊拉克2012年新增权益油气产量中，中国石油、英国石油公司和埃克森美孚位居前三位，壳牌和吉乃尔（Genel）能源公司分别位居第四和第五位。2013年，伊拉克政府又开始了战后第5轮油气田招标。通过战后5轮招标活动，伊拉克的石油产量迅速恢复。2011年1月，伊拉克的大油田纷纷实现初始产量目标。其中鲁迈拉油田的产量达到了每天127.5万桶，比基础产量每天106.6万桶提高了20%；祖拜尔油田的石油产量每天增长了8.3万桶（增幅为45%）至每天26.5万桶；西古尔纳油田1期项目的日产量已经从20万桶提高至31万桶，远远超过初始产量目标。第二次海湾战争爆发的2003年，伊拉克全年平均石油产量为每天134.4万桶，2012年增加到每天317.1万桶，已接近伊拉克历史上最高石油产量的1979年。2015年，伊拉克全年平均石油产量为每天403.1万桶，超过伊朗，成为石油输出国组织第二大石油生产国。2016年9月，伊拉克的石油产量增加到每天470万桶，出口量为每天387.1万桶。2017年4月2日，伊拉克石油部长贾巴尔·阿里·卢艾比在巴格达出席一个能源会议上指出，预计到2017年年底，伊拉克的原油产量将增加到每天500万桶。[140]历史上，1979年伊拉克的石油产量最高，为每天348.9万桶。通过战后重建的努力，2015年伊拉克的石油产量首次超过了这个数字，为每天403.1万桶。[141]

在伊拉克战后石油工业的重建中，主要以中国石油天然气集团公司为代表的中国石油公司占据了相当大的份额。1997年6月，中国石油与北方工业公司共同出资组建了绿洲石油公司，与伊拉克前政府石油部签订了《艾哈代布石油开发生产合同》。2008年11月，中国石油与伊拉克石油部签署了《艾哈代布油田开发服务合同》。2009年，中国石油成功中标鲁迈拉巨型油田和哈法亚大型油田，2010年这些油气合作项目全面启动。2013年，中国石油收购了埃克森美孚在伊拉克西古尔纳–1项目技术服务合同25%的权益。截至2013年年底，中国石油在伊拉克累计投资40多亿美元，参与运营的艾哈代布、鲁迈拉和哈法亚三大油田，日产量已达160万桶以上，超过了伊拉克整个石油产量的一半。[142]除中国石油外，中海油获得了伊拉克南部米桑油田的权益，并于2012年进入项目回收期；2009年，中国石化通过对瑞士埃得克斯（Addax）石油公司的收购交易，获得基尔库克地区塔克塔克油田“产品分成合同”36%的权益，是中国公司在伊拉克北部唯一的石油项目，被伊拉克石油部列入黑名单。据有关方面统计，自从第二次海湾战争结束后，在伊拉克的历次石油招标中，中国有关石油公司斩获颇多，中国已经是伊拉克油田最大的国外投资者，而中国石油则是伊拉克石油开发中最大的单一国外投资者，在伊拉克石油项目中的剩余可采储量为64.031 5亿桶，位列在伊拉克投资的外国石油公司公司之首。[143]因此，美国《纽约时报》认为，“美国打败了萨达姆，但中国赢得了伊拉克。”[144]

战后伊拉克石油工业的重建中，库尔德地区的石油开发问题尤为引人注目。历史上，库尔德地区与伊拉克中央政府因民族、自治等问题一直存在较大的分歧，并多次引发激烈的冲突。第二次海湾战争后，由于伊拉克中央政府势弱和其他复杂的原因，库尔德地方政府从2003年开始和外国石油公司开展合作，与包括埃克森美孚等国际大石油公司在内的约50家外国石油公司签订了50多份产量分成合同，并在2006年出台库尔德地区地方石油法，2009年开始正式出口原油。到2013年，库尔德地区的石油产能约为每天30万桶。

从2017年9月初开始，伊拉克政府面临最大的问题之一，也是国际社会的重大新闻事件，就是伊拉克北部库尔德人准备于2017年9月25日进行公投，组建独立的国家。据伊拉克库尔德自治区选举委员会公布的公投结果，此次公投共收到了308.6万余张选票，投票率为72%。其中支持票占到92.73%，而反对票只占7.2%。[145]不过这次公投并没有任何法律的约束力，不会直接导致库尔德地区宣布独立，但会影响该地区与伊拉克中央政府的下一步谈判基础。此次公投从开始到结果出炉，伊拉克以及邻国土耳其、伊朗、叙利亚一直对这项独立公投表现出激烈的反对态度，担心公投的连锁反应会危及本国安全和领土完整。就在当天早些时候，伊拉克国民议会投票通过联邦政府有关库尔德地区公投决议草案，包括关闭境内联邦政府管辖权外所有陆路边境口岸、认定此次公投及其结果无效、联邦政府要求在基尔库克等有争议地区部署军队等13点内容。伊朗总统鲁哈尼认为，伊拉克库尔德公投是非常危险的；伊朗议会通过了一份由210名议员署名的联合声明，谴责伊拉克库尔德地区独立公投，表示这一分离主义举动不仅损害伊拉克权益，更威胁地区稳定；土耳其总统埃尔多安表示，寻求独立的库尔德人可能在土耳其考虑实施的惩罚性措施下饿死，威胁要关闭每天从伊拉克库尔德斯坦向土耳其杰伊汉运石油的输油管道，土耳其与伊拉克两国武装部队已于26号开始在土耳其靠近土伊边境的舍尔纳克省锡洛皮地区举行联合军事演习；法国总统马克龙表示，伊拉克需要维持地区与政治稳定，库尔德地区独立公投或产生负面影响；[146] 9月29日，美国国务卿蒂勒森表示，美国不承认伊拉克库尔德地区公投，并认为投票缺乏合法性。[147]

除领土问题外，库尔德地区是伊拉克主要的石油生产区，拥有450亿桶石油储备，甚至超过了石油输出国组织成员国之一的尼日利亚，全球最大的现役油田之一——基尔库克油田就在这一地区。2016年，该地区日均原油产量为54.46万桶，占伊拉克全国石油产量的约12%，基本与厄瓜多尔和卡塔尔等较小的石油输出国组织成员国相当，2017年则有望达到60万桶。2016年全年，伊拉克库尔德地区日均出口原油51.5万桶，2017年上升至58.36万桶。库尔德地区虽然深处内陆，但可以借助陆上输油管线从土耳其杰伊汉出口，输送能力为每天70万桶，就近供应欧洲市场，无须借道地缘局势错综复杂的波斯湾地区。俄罗斯石油巨头俄罗斯石油公司是库尔德油气行业的最大投资者，不到一年就投资了40亿美元。[148] 鉴于库尔德地区复杂的民族、宗教和领土问题，加上其丰富的石油资源及其与有关国家复杂的利益关系，有媒体称，库尔德地区的公投有可能变成一场一触即发的“新石油战争”。[149] 事实上，“新石油战争”已经开始。2017年10月16—17日，伊拉克军队联合与其结盟的民兵，发动了48小时的闪电战，夺回北方基尔库克省和基尔库克油田，以及尼尼微省和迪亚拉省先前被库尔德人占领的地区，包括主要城市摩苏尔和摩苏尔大坝，把库尔德人完全限制在他们长久以来在北部三省的自治区内，令库尔德人建立能够生存的独立国家的希望破灭。库尔德人控制区的原油出口量曾为每日65万桶，经过48小时的闪电战后，基尔库克省6座油田中已经有5座落入伊拉克政府手中，这5座油田的日原油出口量超过40万桶，库尔德人目前只控制该省一个规模较小的油田。[150]

（三）世界天然气产业发展进入黄金时代

讨论石油问题，离不开与之相伴相生的另一种能源资源，即天然气。可以说，自从石油工业化生产以来，天然气就与石油形影相随。早期石油开采时，对于伴生的天然气一般会放空烧掉。狭义的天然气，一般是指天然蕴藏于地层中的烃类和非烃类气体的混合物，主要有油田气和气田气，是优质的燃料和化工原料。作为能源资源，天然气是一种优质、高效、清洁的低碳能源，主要用途是被用作燃料，几乎不含硫、粉尘和其他有害物质，燃烧时产生的二氧化碳少于其他化石燃料，造成温室效应较低。

我国是世界上最早大规模开采、应用天然气的国家。1732年，英国的卡立舍·斯帕丁提出利用煤矿中排出的甲烷，给怀特黑文街道提供照明。1821年，威廉·哈特在美国纽约的弗里多尼亚凿下了一口9米深的井，成功地取得较大量的天然气，创办了弗里多尼亚天然气照明公司，是美国第一家天然气公司，它为镇上的居民提供照明燃料，威廉·哈特被称为美国的“天然气之父”。1859年，德雷克上校在伊利湖附近的宾州泰特威斯尔（Titusville）挖出了第一口天然气井，成为美国天然气产业开始的标志。1885年，罗伯特·本生发明了本生灯，使得人们开始把天然气大范围应用于烹饪和取暖，从而拓展了天然气的需求。

随着天然气用途的不断扩展和天然气需求的增加，19世纪中后期，世界各地尤其是欧美等国，陆续出现了多家燃气公司，天然气贸易也随之出现。20世纪二三十年代，世界上第一个完整的天然气产业体系首先形成于美国，门罗和潘汉德–胡果顿两座大型气田的发现和开采，使得天然气产业进入了现代的开采使用阶段。第二次世界大战后，美国、欧洲、日本的经济振兴推动了世界天然气产业的发展。一方面，石油天然气勘探开发高潮来临，在中东、北非等地相继发现了许多大气田、特大气田；另一方面，天然气在世界能源消费结构中所占的比重迅速增加。1950年，世界一次能源消费中，煤炭占50.9%，石油占32.9%，天然气占10.8%；而到1970年，石油占53.4%，煤炭占20.8%，天然气占18.8%。天然气成为世界第三大消费能源。在这一时期，1959年荷兰发现了格罗宁根特大气田，1965年北海英国海域发现了第一座气田西索尔气田并陆续在北海发现了大量的油气资源，苏联天然气产业也开始崛起并于1970年超过美国成为天然气储量最大的国家。与此同时，液化天然气技术也趋于成熟，1959年“甲烷先锋号”把第一船液化天然气从美国路易斯安那州穿越大西洋，运抵英国的坎威岛，实现了世界第一次天然气液化运输。1964年，阿尔及利亚阿尔泽天然气液化厂投入生产，这是世界上第一座商业化、大规模的天然气液化厂。

从20世纪70年代初开始到2000年，世界天然气产业进入了快速发展的时期，大量天然气资源被发现并投入生产。世界天然气产量在1971年首次突破1万亿立方米，达10 595亿立方米；到1991年，突破了2万亿立方米，为20 054亿立方米；2000年，世界天然气产量增长到24 210亿立方米。1971年，天然气占世界能源消费结构的比重为18.3%，2000年上升到23.81%。2000年，美国的天然气产量为5 432亿立方米，居世界第一；俄罗斯的天然气产量为5 285亿立方米，为世界第二。美国和俄罗斯当年的天然气产量占世界总产量的44.27%，几乎占了半壁江山。其他如加拿大、英国、阿尔及利亚、印度尼西亚、伊朗等也是世界天然气生产大国。在这一时期，世界天然气产业发生了四件影响深远的大事。第一，大容量、长距离管道建设迅速发展，基本形成了世界天然气管道输送网络，推动了天然气贸易的发展。1975年，苏联建成第一条“联盟”输气管道，全长3 641公里，年输气能力为280亿立方米；接着又陆续建成从乌连戈伊和扬堡气田东气西输的巨型管廊，年输气能力达到2 000亿立方米。1981年，世界第一条跨洲、跨海输气管道建成，即阿尔及利亚到意大利的跨地中海管道，年输气120亿立方米。国内管道建设方面，最有代表性的是美国，截至1988年，美国的天然气高、中压管线全长15.6万英里，地方配气公司所有的天然气输气管线全长46.8万英里，基本上形成了覆盖全国的完善的输气管网。2013年，全球天然气输气管道总长达 2 863 207公里，北美洲是天然气管网最发达的地区，拥有天然气输气管道 2 102 395公里。[151] 正是得益于密如蛛网的天然气输气管网，使进入21世纪后美国页岩气产业爆发式增长有了基础设施保证，当然这是后话。输气管道以及配套储气设施的逐步完善，大力推动了天然气的跨国贸易。1980年以来，世界天然气贸易的增长速度约为6%。第二，液化天然气技术不断进步，交易量也迅速增加。天然气液化生产线能力不断增大，如卡塔尔新建的拉斯拉凡二号（RasGas Ⅱ）单条生产线年产就可达470万吨，拉斯拉凡三号（RasGas Ⅲ）单条生产线年产可达780万吨。液化天然气船的运载能力不断增大，20世纪60年代，单船运输能力为2.7万立方米，70年代达到8.7万立方米，90年代以来，更增加到13万立方米。1980年，世界液化天然气贸易量达到313.4亿立方米，比1970年的贸易量增长了12倍。第三，美国政府放宽天然气价格限制，市场化程度越来越高。1978年，美国开始对天然气政策进行调整，议会通过了《天然气政策法令》，成立了美国联邦能源管理委员会。改革天然气定价，逐步解除对所有天然气价格的控制，由市场决定气价；开放天然气市场，逐步解除对天然气使用的限制，使天然气能够在各领域与其他能源竞争；开放管道运输业，使买主能够选购成本最低的天然气，促进竞争。美国天然气的市场化改革，使进入21世纪后美国页岩气产业爆发式增长有了政策保证，这样美国页岩气革命的两个轮子都已经具备。第四，天然气交易进入了期货时代。20世纪80年代末期，美国几家金融机构开始提供一些比较简单的天然气合约，希望化解由于价格不稳定带来的市场风险。1990年8月，纽约商品交易所推出了第一个标准化天然气合约，交货地点在美国路易斯安那州的亨利集输中心，这标志着美国天然气期货交易的开始。到1991年，纽约商品交易所天然气期货合约的交易量日均为1 654手，年交易天然气为0.42万亿立方英尺，已占美国当年天然气实际消费量的23%。与此同时，伦敦国际石油交易所于1997年1月也开始了天然气期货合同交易。至此，天然气交易进入了期货时代。

进入21世纪以来，世界天然气产业进入了一个全新的发展时期。2015年，天然气在世界一次能源消费结构中的比重为23.85%，与2000年相比几乎没有增长，仍是世界第三大能源来源。但是从产量绝对数字来看，2001年世界天然气产量为24 874亿立方米，2015年上升到35 386亿立方米，2016年世界的天然气产量为35 516亿立方米。在进入21世纪的16年间，世界天然气产量增长了约1.2万亿立方米，年均增长7.63%。更为重要的是，据国际能源署统计，2015年全球能源消费增长的一半来自天然气。因此，不仅仅是产量的绝对数字，在这16年间世界天然气产业还发生了很多大事，直接导致了我们今天所面对的世界石油形势，这些大事还将持续改变未来的世界能源形势。因此，从国际能源署这样的政府间组织，[152]到世界天然气大会这样的行业性协会，[153]到美国《时代》周刊这样的新闻媒体，[154]再到高盛这样的世界顶级投行，[155]都异口同声地在2011年之后提出，天然气迎来了“黄金时代”。虽然在这之后的2014年下半年，世界石油价格大幅下跌且目前仍处于低位，世界天然气产业同石油产业一样受到了严重的冲击，但是行业人士还一直坚信，天然气的黄金时代会终成现实。[156]

进入21世纪以来的世界天然气产业的发展之所以可以被称为“黄金时代”，细致地梳理，可以总结出以下几个具有代表性的特点。

第一，应该排在第一位且影响也是最深远的，就是发端于美国并向世界各地蔓延的页岩气革命。有关美国的页岩气革命，我们在本章美国部分将有详细的说明，在此不再赘述。加拿大是继美国之后，第二个实现页岩气商业化开采的国家，2013年页岩气产量约为215亿立方米。欧洲页岩气资源分布广泛，主要集中在波兰、法国、挪威、乌克兰和瑞典等国，波兰的页岩气可采资源量为欧洲之最，德国、英国、西班牙等国也已开始开展页岩气研究和试探性开发，部分企业已着手商业性勘探开发。拉丁美洲的页岩气资源主要集中在阿根廷、墨西哥和巴西等国，道达尔、埃克森美孚等国际大石油公司已经开始与阿根廷国内的石油公司合作。截至2015年1季度，阿根廷国家石油公司在乌内肯盆地（Vaca Muerta）页岩层已有332口钻井，平均日产4.17万桶油当量（约合每年208万吨）的页岩油气。墨西哥的页岩气可采资源量位列世界第四，2011年10月，墨西哥北部与美国交界处发现大规模页岩气田。亚太地区的中国和澳大利亚页岩气储量丰富，上述两国以及印度、印度尼西亚都已相继开始对页岩气资源展开调查与勘探。2012年10月，澳大利亚在库珀盆地的蒙巴–191（Moomba–191）井直井压裂获日产页岩气7.6万立方米，并于2015年宣布页岩气取得商业发现。这样，从2011年开始，页岩气的勘探、开发活动，已在世界各地遍地开花。

第二，世界液化天然气产业进入快速发展时期。2009—2015年，世界液化天然气产量逐年增长，年均增长率为6%左右，2009年全球产量约为2.08亿吨，2014年达到2.93亿吨左右，2015年增加到3.07亿吨。[157]截至2016年年中，世界已投产的液化天然气项目共43个，分布在19个国家，液化能力合计为每年2.9亿吨；在建项目共19个，液化能力合计为每年1.38亿吨，分布在澳大利亚、美国、俄罗斯、印度尼西亚和马来西亚；规划项目共29个，液化能力合计为每年2.28亿吨；另有机会项目共20个，分布在9个国家，液化能力合计约每年1.25亿吨，正在进行下游市场招标等工作，部分项目已正在等待政府审批，液化设施利用率将保持在85%左右。2015年，全球液化天然气出口量达到2.45亿吨。2016年，全球液化天然气的出口能力将达到3.4亿吨。预计到2020年，全球液化天然气产能将比2015年增长近50%（考虑阿尔及利亚、阿联酋产能退役），将有21个液化天然气项目共30条生产线投产，每年累计新建产能1.55亿吨，主要来自澳大利亚、美国、马来西亚和俄罗斯，占全球液化天然气新增产能的92%。[158]截至2015年年底，卡塔尔的液化天然气液化能力仍列世界首位，达到每年7 700万吨，占全球总液化能力的25%；澳大利亚、印度尼西亚和马来西亚的液化天然气液化能力紧随其后，合计占全球总液化能力的29%。在世界液化天然气的快速发展中，澳大利亚最有代表性。从2011年开始，澳大利亚就开始了总价值超过2 140亿美元的液化天然气项目建设工程，埃克森美孚、雪佛龙、壳牌等国际能源巨头和日本帝石公司、伍德赛德等石油公司都在澳大利亚成立合资企业，进行液化天然气项目的开发。2015年，昆士兰州的柯蒂斯（QC LNG）和格拉德斯通（G LNG）两大煤层气制液化天然气项目，分别于2月和8月顺利投产，将澳大利亚液化天然气的出口量由2014年的2 400万吨提升至3 100万吨。根据各大国际石油公司的产能规划，预计到2019年澳大利亚将成为世界上最大的液化天然气出口国。但是，有关机构根据美国页岩气生产和液化气项目建设计划估计，到2035年，美国预计将成为全球最大的液化天然气出口国。巴布亚新几内亚也是液化天然气出口的新生力量，由埃克森美孚担任作业者的巴布亚新几内亚液化天然气项目2015年出口量较2014年增加了360万吨。2015年，卡塔尔液化天然气的出口量较2014年增加了256万吨。印度尼西亚和挪威液化天然气出口量也小幅增长，分别较2014年增加82万吨和67万吨。截至2015年年底，全球23个国家和地区拥有100个液化天然气接收站，共429个储罐，储存能力超过5020万立方米，年接收能力超过7亿吨，高于天然气液化能力。穆迪公司表示，未来几年全球天然气市场将处于供应过剩困境，到2020年的这5年时间中，全球液化天然气供应将增加44%，2019年全球液化天然气供应过剩将达到峰值，每年大约过剩5 500万吨。到21世纪20年代初，低价格、环境担忧和建设活动将刺激需求增长跟上供应增长的速度。[159]

第三，天然气合成油技术和项目稳步推进。在世界天然气产业中，还有一个引人注目的领域，就是天然气合成油，即Gas-to-Liquid（简称GTL）是将天然气转变成对环境友好的燃料油和化学品，例如柴油、石脑油、石蜡及其特殊产物。天然气合成油的意义，是可以对因远离消费者、运输困难等被搁置的天然气资源进行开发，给拥有天然气储量的国家和地区带来经济效益，同时还可以避免在石油开采时将伴生天然气资源放空燃烧，它所生产的产品品质较高，性能优异，可以直接使用或与低质量原油生产的燃料进行混合使用，以满足越来越苛刻的环保和油品性能指标的要求。1923年，德国科学家弗兰斯·菲舍尔（Frans Fischer）和汉斯·托罗普施（Hans Tropsch）发明了将合成气经过催化剂作用转化为液态烃的方法，简称费托合成（Ficher–Tropsch Synthesis），1932年在德国实现工业化，1939年德国有9套费托装置每天生产1.2万桶产品。1993年，壳牌在马来西亚建成了世界第一座天然气转化为石油的工厂，日产能力仅1.45万桶（约合2 306立方米）。2002年，英国石油公司在美国阿拉斯加州尼基斯基的试验装置投入运营。2003年，康菲公司在美国俄克拉何马州庞卡城的试验装置开工；同年10月，壳牌在卡塔尔的该公司第二套天然气合成油项目签约。2004年7月，埃克森美孚在卡塔尔北部的拉斯拉凡投资70亿美元，计划于2011年开始运营，但于2008年年初中止。壳牌公司位于卡塔尔的珍珠天然气合成油项目是世界最大的也是最成功商业化运营的天然气合成油项目，每天能生产超过26万桶的各类合成油产品，投资从最初预计的50亿美元飙升到最终超过200多亿美元，天然气的需求量为每天4 600万立方米。南非沙索公司也是世界著名的天然气制合成油生产企业，其与卡塔尔天然气公司合作建设的奥里克斯（Oryx）天然气合成油项目于2007年投产，是该公司首套天然气合成油工业化装置，油品年产能为146万吨。2008年，沙索公司与雪佛龙、尼日利亚国家石油公司合资在尼日利亚建设第二套天然气合成油项目，其规模、技术与奥里克斯项目相同，2013年投产。2011年，沙索公司与乌兹别克斯坦国家石油公司、马来西亚国家石油公司合资在乌兹别克斯坦建设天然气合成油工厂，油品设计年产能为173万吨。天然气合成油技术也盯上了美国页岩气。因为2010年墨西哥湾漏油事件下台的英国石油公司前首席执行官托尼·海伍德，担任了于2006年组建的天然气合成油合约公司（CGTL）董事长，希望通过资本市场来推动天然气合成油项目的小型化，意在以一种经济的手段解决北美众多小型气田总计约1 500亿立方米天然气被白白放空燃烧的问题。2011年，该公司在巴西石油公司的厂区内成功试运行了世界上首个小型天然气合成油项目。此外，英国伦敦切尔西足球俱乐部的亿万富翁老板阿布拉莫维奇，也加入了市值4亿美元的Velocys公司，致力于在美国推广小型天然气合成油项目，将页岩气转化为燃料。

第四，国际大石油公司的业务纷纷向气转变。一般来说，国际大石油公司都是以油起家，业务也是以油为主的。但是，随着天然气产业的迅速发展，国际大石油公司的业务内涵也在不断发生变化。2011年，英国石油公司、埃克森美孚等公司加大了从“以油为主”向“以气为主”的转移力度，天然气产量已超过整体油气产量的50%。[160] 2012年6月5日，在马来西亚首都吉隆坡举行的第25届世界天然气大会上，壳牌公司表示，2012年预计开采的天然气总量多于石油，这在壳牌的历史上尚属首次。[161]在2015年6月的第26届世界天然气大会上，道达尔首席执行官帕特里克·波漾在演讲中宣称：“在过去10年中，道达尔天然气产量占油气总产量比重从35%上升至50%，道达尔已经变成一个名副其实的‘气–油公司’，公司天然气业务的年增速为2%，液化天然气业务年增速为4%。”雪佛龙董事长兼首席执行官约翰·沃森则宣称，在5年之内，雪佛龙将成为最出色的液化天然气生产商。[162]

第五，天然气生产国积极推动成立类似石油输出国组织的组织。2001年5月，天然气输出国论坛（Gas Export Country's Forum，简称GECF）在伊朗首都德黑兰举行，11个天然气出口国派员参加。目前，该组织有包括阿尔及利亚、玻利维亚、埃及、赤道几内亚、伊朗、利比亚、尼日利亚、卡塔尔、俄罗斯、特立尼达和多巴哥、阿拉伯联合酋长国、委内瑞拉12个成员国，以及伊拉克、哈萨克斯坦、荷兰、挪威、阿曼5个观察员。2008年，论坛制定了《章程》和《功能协议》两个重要文件。2010年，论坛在卡塔尔首都多哈设立了秘书处，把多哈作为该组织的职能总部所在地。2002年，俄罗斯总统普京和哈萨克斯坦总统纳扎尔巴耶夫明确表示，要建成一个天然气卡特尔（类似于石油输出国组织的天然气垄断组织）。2006年，俄罗斯与伊朗的政府代表会晤时提出支持创建一个结构上类似于石油输出国组织的天然气卡特尔，但普京并不强调严格的价格控制。2007年1月，伊朗领袖哈梅内伊也提出要把天然气输出国论坛变成天然气卡特尔。同年8月，天然气输出国论坛第6届部长级会议决定，成立一个由俄罗斯主持的专家小组，研究如何使这个组织转变为一个具有实质功能的机构。2011年12月，在卡塔尔首都多哈举行了首届天然气输出国论坛峰会，提出成员国之间积极合作，以应对全球和地区市场的挑战，并加强生产国与消费国的对话，但并未把建立天然气卡特尔作为目标。2013年，在莫斯科举行了第二届天然气输出国论坛峰会，讨论了国际天然气市场和天然气行业现状及前景，计划进一步协调联合行动，保证全球能源安全和稳定，保证全球天然气行业的发展和天然气区域市场的发展。2015年11月23日，天然气输出国论坛第三次领导人峰会在伊朗首都德黑兰举行，包括伊朗总统鲁哈尼、俄罗斯总统普京在内的俄罗斯、伊拉克、委内瑞拉、玻利维亚、尼日利亚和赤道几内亚元首出席，阿尔及利亚首相和土库曼斯坦总统作为特别来宾参会，普京在会上提出生产天然气的国家不应拒绝天然气供应的长期合同和“照付不议”原则。[163]

第六，世界天然气贸易方式正在发生重大变化，价格不断下跌。由于天然气生产、运输的长周期和大投资等特点，世界天然气贸易尤其是液化天然气贸易是典型的长期合同方式，一般买卖双方要签订30年照付不议的合同，价格固定并且禁止买家转售。随着世界天然气产量的不断增加，尤其是美国页岩气产量的爆发式增长和向世界出口液化天然气及世界其他众多液化天然气项目纷纷投产，液化天然气现货交易增加，越来越多天然气被转售，市场流动性越来越大。为了抢占市场，美国液化天然气供应商建立了一套区别于过去的新体系，美国出口商的报价基于路易斯安那州亨利集输中心的天然气价格，取消了过去需要和固定港口和航运日期挂钩的要求，交易员可以自由选择买入时点，并运往全球任何地点。目前，采用美国合约的液化天然气交易，已经占到市场总交易规模的20%。亚洲是世界主要的液化天然气进口市场，一方面存在大量的长期合同，另一方面如同原油溢价一样，日本、韩国和中国等客户也要支付高额溢价来进口天然气，特别是在2011年福岛核泄漏危机爆发后，天然气价格一度逼近每百万英热单位20美元，2014年3月东南亚的现货价格为每百万英热单位19.42美元。但是，自2014年下半年国际石油价格大幅下降后，世界现货液化天然气的价格也不断下跌。2016年日本进口液化天然气的平均价格只有每百万英热单位7美元，约为三年前的1/3，而2017年5月交付的天然气现货价格已经低于每百万英热单位6美元。2017年3月，世界最大的液化天然气买家日本电力公司（JERA）与韩国天然气公司（Korea Gas

Corp.）和中国海洋石油总公司成立了一个买家俱乐部，成为全球最大液化天然气的买家联盟，希望共同促进液化天然气的市场改革，影响定价和合约条款。2017年4月初，日本电力公司正在与法国道达尔公司谈判，规定可按现货价格灵活交付天然气。此外，美国钱尼尔能源公司（Cheniere Energy）给日本客户提供了为期5年、价格固定在每百万英热单位8美元的合约，2023年开始从美国墨西哥湾沿岸地区的一个液化天然气出口终端发货，合约期限已经比以前那种横跨数十年的合约短很多。[164]

据国际能源署预计，到2030年，全球天然气需求量将达到4.5万亿立方米，比2015年增长1.013 万亿立方米左右，年均增速约1.73%。而到2030年，全球天然气供应量将达到4.5万亿立方米，比2015年的产量增长9 900亿立方米。早在2014年6月，国际能源署就发表报告预测，世界各地储量丰富的天然气资源，有望满足世界能源需求增长，从而登上能源老大的宝座。2015年6月1—5日，在巴黎举行的第26届世界天然气大会达成的共识是，天然气是21世纪能源舞台上无可争辩的主角。丹尼尔·耶金认为：“我们将走进‘天然气时代’。到2030年，石油、天然气、煤炭将并驾齐驱，争夺市场份额。而到2040年，天然气就将拔得头筹。”[165]

五、美国页岩油气革命改变了世界石油工业的历史

回顾世界石油工业的历史，美国页岩油气大规模工业化生产，是一件值得大书特书的事件。从短期来说，行业和世界政治经济方面的机构及专家一致认为，美国页岩油气革命是导致2014年下半年国际石油价格大幅走低，并一直到目前为止保持在较低水平的最

主要原因。从长期来说，页岩油气开采和生产技术实现大规模工业化生产，从理论和技术上改变了人们对世界石油工业的认识，油气资源的概念被颠覆，过去人们对世界油气资源分布的习惯性观念将不再正确，世界石油工业的格局将被彻底改写，其深远的影响和意义还有待我们去进一步分析和观察。

（一）美国成世界第一大天然气生产国和重要的出口国

在米切尔能源公司于1998年在巴内特（Barnett）页岩层上的一口井打出工业页岩气流后，页岩气工业化生产的全部技术已经具备。2002年，戴文能源公司收购米切尔能源公司后，让众多大大小小的美国国内外企业看到了页岩气产业的希望，大量各种类型的企业将大量的资金投入到了这个行业。1999年，美国页岩气产量为112 亿立方米。2005—2011年，美国页岩气产业迅速发展。2002年、2004年页岩气产量分别占美国天然气总产量的3%和4%。2006年，美国有页岩气井40 000余口，生产的页岩气为311亿立方米，占天然气总产量的5.9%，参与页岩气开发的企业从2005年的23家发展到2007年的64家。2007年，美国页岩气产量达到335亿立方米。2008年，美国页岩气产量达到599亿立方米，比上年增长了71%，页岩气产量占到美国天然气总产量的10%，其中70%的页岩气产量来自得克萨斯州的巴奈特页岩。2009年，美国页岩气勘探开发更是取得了惊人的发展速度，页岩气生产井数增至98 590口，产量超过880亿立方米，其中仅巴奈特页岩的产量就达到了560亿立方米。也就在这一年，美国的天然气产量为5 840亿立方米，首次超过俄罗斯的5 277亿立方米，成为世界第一大天然气生产国，并一直保持着这一位置。进入2010年后，美国的页岩气产量进入了更加快速增长时期，具体可参见表7–1、图7–1。2014 年，美国进行页岩气勘探开发的盆地已经超过30个，已经形成马塞勒斯(Marcellus)、尤蒂卡（Utica)、费耶特维尔（Fayetteville)、海恩斯维尔（Haynesville)、伍德福德（Woodford)、巴奈特、安特利姆（Antrim)、巴肯（Bakken）和鹰滩（Eagleford）9个页岩气商业开发基地。2014 年，页岩气产量达到3 800亿立方米，占美国当年天然气产量的50%。即使2014年下半年国际石油价格大幅下跌冲击了美国天然气和页岩气的生产，但是2015年美国的天然气产量为每天741亿立方英尺，较2014年增加了4.5%，已连续10年保持增长，达到历史最高水平，天然气产量增长主要来自马塞勒斯和尤蒂卡页岩区，全年页岩气产量由2014年的每天383亿立方英尺增至每天424亿立方英尺。2015年4月，美国天然气产量达到每天750亿立方英尺，成为近年来的峰值。[166]

表7–1　2008—2015年美国页岩气的产量和储量变化

年份	产量（亿立方米）	剩余可采储量（亿立方米）	储采比（年）
2008	599.0	9 743.1	16.3
2009	880.0	17 162.2	19.5
2010	1 510.0	27 578.0	18.3
2011	2 269.0	37 246.0	16.4
2012	2 944.0	36 620.0	12.4
2013	3 230.5	45 029.5	13.9
2014	3 805.5	56 511.0	14.8
2015	4 305.3	49 695.0	11.5

资料来源：根据美国能源信息署历年报告摘要。

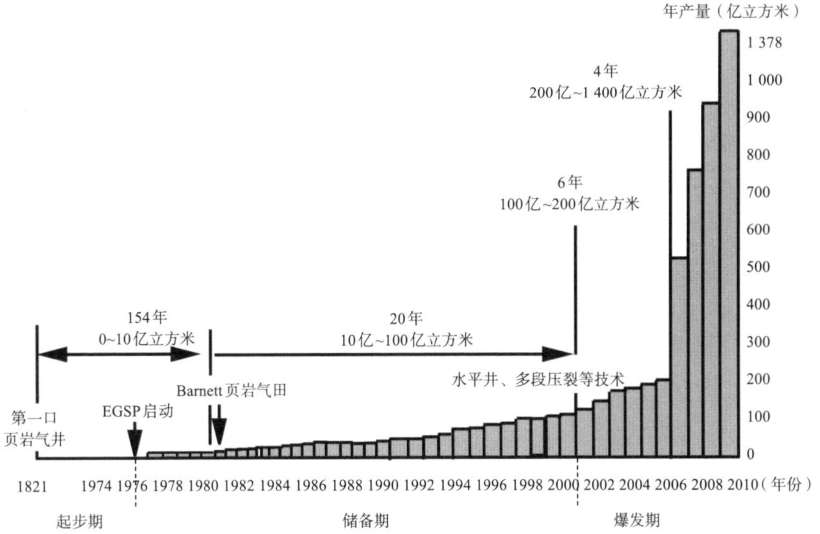

图7–1　美国页岩气生产历程图示

资料来源：你所不知道的“页岩气革命”. https://zhuanlan.zhihu.com/p/20256719.

随着价格的不断下跌和供应的充足，页岩气给美国的能源消费结构和国际石油市场带来了积极的影响。2008—2012年的5年间，美国天然气消费量增加近10%，所占比例提高了4.2%；与之相应，煤炭消费量降低了22.6%，所占比例降低了4.3%。[167] 2015年4月，美国月度发电量统计显示，燃气电厂发电量首次超过了燃煤，这是美国历史上的第一次。据美国能源信息署测算，使用不同燃料的新建电厂每千度电的发电成本分别为：天然气63美元，煤炭95美元，风能97美元，核能114美元，太阳能211美元。[168]

页岩气产量的大幅增加，带来美国天然气进口量的持续下降和对外出口的不断增加。2007年，美国天然气进口量达到历史最高水平，为4.61万亿立方英尺，其中加拿大的管道天然气占据了美国17%的市场份额，平均每日向美国净出口天然气106亿立方英尺。从2008年开始，美国天然气进口量持续下降，2014年美国天然气进口量下降到2.66万亿立方英尺，其中加拿大对美国的出口下降到每天74亿立方英尺。2010—2016年，美国的天然气出口增长超过50%。从月度数据来看，2016年11月，美国日均出口天然气2.1亿立方米，日均进口天然气1.98亿立方米，成为天然气净出口国，这是1957年以来的首次，其中管道气主要出口到墨西哥，占美国天然气出口总量的87%，液化天然气主要出口到亚洲和南美洲西岸。[169]

2011年10月，美国钱尼尔能源公司先后与英国天然气集团、西班牙以及印度的天然气公司达成了每年1 050万吨的液化天然气出口协议。2012年，该公司与英国天然气集团又在原合同的基础上追加了每年200万吨的出口量，并与韩国天然气公司签署了一项20年的合同，约定韩国天然气公司从2017年开始每年从位于路易斯安那州的萨宾帕斯终端购买350万吨液化天然气。钱尼尔能源公司签约的液化天然气协议近每年2 000万吨，萨宾帕斯终端就包含了7期建设计划，总规模超过每年2 200万吨。[170] 2016年2月底，16万立方米的美国本土首船液化天然气，从钱尼尔能源公司的萨宾帕斯终端装船出口到巴西。2016年全年，美国向全球12个国家出口了大约1 090亿立方英尺液化天然气，单日平均出口量为3亿立方英尺，其中超过一半是出口到南美和加勒比海，其他最多运往印度和中国。

截至2016年1月，美国能源部已收到54个项目的液化天然气出口申请。2017年3月，美国已有两个供出口的液化天然气装置在运行，2017—2020年还将有13个装置投运。根据目前美国建设及规划情况预测，到2020年，美国液化天然气的年出口能力有望达到6 000万吨，将成为全球液化天然气市场供应主力之一。[171] 美国能源信息署的报告认为，2020年，美国将成为世界第三大液化天然气出口国，仅次于澳大利亚和卡塔尔。[172] 随着液化天然气出口能力的不断增强，美国开始与俄罗斯争夺欧洲天然气市场，除地中海地区的国家外，美国的液化天然气也开始向北欧和波罗的海地区的欧洲国家出口，如美国的液化天然气已经开始出口到立陶宛。欧洲是俄罗斯天然气出口的传统市场，[173]俄罗斯出口的天然气占欧洲市场份额的1/3。

（二）页岩油使美国成为国际石油市场重要的参与者

以开发页岩气为目的的气井在生产中，同时也在井口分离出伴生的轻质凝析油。2004年，美国页岩油的产量为每天11.1万桶。随着页岩气产量的不断增加和天然气价格的节节下跌，美国很多生产商将页岩气生产技术和设备向页岩油生产方向转移，页岩油的产量不断增加，美国非常规油气资源的开发进入了“页岩油时代”。

美国的页岩油资源集中在以下几个地区：一是北达科他州的巴肯矿区，页岩油的可采储量约为35亿桶；二是得克萨斯州的鹰滩矿区，页岩油储量在30亿桶左右；三是科罗拉多州的奈厄布拉勒矿区；四是俄亥俄州的尤蒂卡矿区；五是南加州的蒙特利矿区，都正在开展勘探工作，预计南加州蒙特利的页岩油可采储量约为150亿桶。美国油页岩不仅资源丰富，而且分布相对集中，预计大约75%的油页岩集中在科罗拉多州、犹他州和怀俄明州。2012年年初，在美国从事页岩气钻探的钻机所占比例由2009年上半年的80%骤降至约30%，而从事与石油生产有关的钻探活动的钻机数所占比例由20%增加到了70%。2007—2014年，美国页岩油生产力（以每套钻井设备的初始产能衡量）以每年超过30%的速度增长。2008年，美国石油产量下降到每天678.5万桶的历史最低点，此后就开始由降转升，2009年上升到每天726.4万桶，2012年到达888.3万桶，2013年每天超过1 000万桶，达1 005.9万桶，2015年更是上升到每天1270.4万桶。

2008—2015年的8年间，美国的石油产量几乎翻一番，年均增长近11%，这种快速增长是经历过长期发展的石油大国所罕见的。2012年，世界石油产量约增加了1亿吨，其中美国的增产就达4 920万吨，占世界石油增加产量的49.15%。

1973年，美国石油净进口量占其需求的35%，到2005年这一比例上升至67.1%，是历史最高位。但是，从那时候以来，这一比例一直在稳步缩减，2011年下降到45%。更为重要的是，成品油方面，美国在2010年年底从净进口国转为净出口国。2014年，美国日均进口原油740.8万桶，同比减少167.2万桶，降低比例为18.41%，原油对外依存度降至37.8%。美国石油产量由降转升和进口依存度的不断下降，主要得益于页岩油产量的不断增加。2010年，美国页岩油的日产量为79万桶，2011年为每天123万桶，2012年为每天207万桶，2013年为每天293万桶，2014年为每天393万桶，2015年为每天454万桶，2016年为每天526万桶。无论是什么统计口径，基本一致的看法是，2015年美国页岩油的产量已占美国全部石油产量的50%以上。[174] 2014年8月，石油输出国组织成员国所占美国原油进口份额降至40%，为每天290万桶，是1985年5月以来最低水平。美国原油进口顶峰时期出现在1976年，当时88%的美国进口原油来自石油输出国组织成员国。[175]

第一次石油危机后，美国政府通过《紧急石油分配法案》和《出口管理法案》，对出口原油进行限制。1975年和1979年，美国政府分别通过了《能源政策和节能法》和《能源管理法案》，明确除出口到加拿大自用等极少数特殊情况外，正式禁止原油出口。美国的炼油厂是世界上最复杂和先进的炼厂，适合处理品质差的原油，且由于世界石油市场不同种类原油价差的原因经济效益较好。但是，随着页岩油产量的急剧增加，而这些页岩油大部分是API度较高、品质较好的轻质原油，在美国对进口石油的依赖度不断下降但仍需进口原油的情况下，美国出现了国内轻质原油过剩的情况。以2015年1—9月为例，美国本土轻质原油每天过剩约255.1万~518.4万桶。[176]为解决美国国内市场轻质原油过剩，并为石油生产商争取较好的经济效益，各种力量都游说美国政府解除对原油出口的禁令。2015年12月18日，美国国会参众两院投票通过2016财年综合拨款及税收优惠法案，其中最重要的一项内容便是解除了延续40年之久的原油出口禁令，当天美国总统奥巴马签署了该法案使之生效。2016年1月2日，60万桶轻质低硫原油被装上被美国众议院能源和商务委员会委员们称为“液化美国自由”（Liquid American Freedom）的Theo T油轮，离开得克萨斯州的科珠斯克里斯蒂港口，卖给了石油贸易巨头维多集团，运往意大利。[177]这批原油是康菲石油公司来自著名的鹰滩页岩油气项目生产的。自此以后，美国原油出口迅速增加。

2016年，是美国开放原油出口禁令完整的一年，全年美国原油出口平均每天达到52万桶。[178]2017年1月，美国原油平均每天出口增加30.4万桶至74.6万桶，而至2月24日的4个星期内美国原油出口增加到平均每天90万桶。[179]2017年2月，美国已连续第二周每天出口量超过100万桶，2月17日出口量达到了创纪录的120桶，已经超过了石油输出国组织成员国阿尔及利亚、厄瓜多尔或卡塔尔2017年1月的日产量。[180]2017年2月，美国原油出口量达每天111.6万桶。

在2016年之前，由于加拿大是豁免国，美国92%的原油出口到加拿大。2016年，美国向26个不同国家出口了原油，欧洲和亚洲开始成为美国原油的大买家，欧洲地区的荷兰、意大利、英国和法国都是美国原油的重要进口国，而亚洲地区的中国、韩国和日本也位居前列。虽然加拿大仍是美国主要原油进口国，但2016年其所占的份额已下降至58%，尤其是中国，2016年已成为美国第三大原油进口国。[181] 2016年，中国进口了48.6万吨美国原油，全部流向以中石化为代表的主营炼厂，2017年1月进口量为7.9万吨。从2017年开始，中国的独立炼厂也开始采购美国出口的轻质原油，2017年4月就有27.4万吨产自墨西哥湾的原油出口到中国。[182] 2017年2月，中国已经超过加拿大，成为美国原油最大进口国。[183]

至此，一改昔日仅作为世界第一大石油进口国的身份，美国以世界上最重要的原油进口国、生产国和出口国三重身份，参与国际石油市场，当前和未来的国际石油市场形势和竞争格局将存在较大的变数。2017年1月20日，特朗普上台后不久，就发布“美国第一能源政策”，随后不久即废除了奥巴马政府实施的一系列政策，并中止美国承担的《巴黎协定》的义务，要大力发展美国的页岩油气和煤炭产业。2017年7月6日，在赴汉堡参与G20峰会期间，特朗普专程参加了在波兰举行的“三海峰会”，直接做起美国能源推销员，“如果你们要能源，只需来个电话”。[184]“三海倡议”是一个地跨中欧、东欧和南欧的区域合作机制，由波兰和克罗地亚于2016年发起，旨在将亚得里亚海、波罗的海和黑海周边欧洲国家整合在一起共同发展。2017年6月，第一艘装载美国液化气的运输船抵达波兰希维诺乌伊希切港，进而开启美国与波兰乃至整个“三海国家”的能源战略合作新纪元。2022年波兰与俄罗斯天然气供应合同到期后，波兰很可能舍近求远，弃俄投美。欧洲国家1/3的天然气供应途经乌克兰等国取自俄罗斯，受地缘关系特别是北约东扩引发的安全摩擦影响，俄罗斯经常以欠款和价格为由，对欧洲减少或中断供气，卡住欧洲能源特别是天然气供应的七寸。因此，实现欧洲天然气多元化，确保能源安全，成为美欧合作对付俄罗斯的新共识。考虑到美国的石油企业都是私营企业，特别是从事页岩油气生产的企业独特的生存和运营方式，国际石油市场的参与结构就更加丰富和复杂了，它预示着当前和未来国际石油价格的走势将变得更加复杂和更加难以预测。

美国页岩油气革命的成功，其影响是巨大和深远的。2017年8月1日，西班牙银行发布的《石油市场近期发展与前景》报告认为，10年来石油市场的主角地位发生了质的变化。美国石油业的迅猛发展和其他一些因素打破了沙特阿拉伯等国对油价的垄断，这便是导致原油价格下跌的原因之一。新形势使得原油定价受市场和生产成本控制，石油市场的结构已发生了翻天覆地的改变，其结果是沙特阿拉伯向美国屈膝，导致这种市场转型的根源是所谓的非传统石油革命。[185]

第8章

中国成为国际石油市场至关重要的力量

导语

中国是世界上最早利用石油和天然气的国家，早在2 000多年前的汉代就有石油、天然气使用的文献记载。1949年新中国成立前，中国主要依赖进口石油，当时的煤油被称为“洋油”，1949年前的44年，中国共进口2 800万吨“洋油”。1959年，在松辽地区发现了大庆油田并于1960年投入开发。20世纪60年代，中国还相继开发了胜利油田、江汉油田、辽河油田、长庆油田。1963年年底，中国实现了需要的石油基本自给，1965年开始石油产品实现了全部自给。1973年，中国的第一船原油出口到日本。20世纪七八十年代，中国是国际石油市场重要的石油资源提供者。从1993年开始，中国成为石油净进口国。自此之后，随着经济的高速增长，在21世纪初，中国成为世界第一大能源消费国和第一大石油进口国，积极参与国际石油市场的油气勘探开发活动，并不断完善自身的能源基础设施，国内石油市场也越来越市场化。至此，中国成为国际石油市场至关重要的力量，同国际石油市场的联系越来越密切，已成为国际石油市场动向的风向标。

一、中国成为第一大能源消费国和石油进口国

20世纪90年代末期，是中国在国际石油市场中的地位发生巨变的时期。1973—1993年的21年间，中国还是国际石油市场资源的提供者，每年向国际石油市场提供一定数量的原油。但是，1993年作为划时代的时间点，从这一年之后，中国由一个国际石油市场资源供应者转变为资源的需求者。自此之后，无论是中国本身或是国际石油市场，都即将面临剧烈的动荡和根本性的变化。

（一）由石油出口国变成净进口国

自1973年首船原油出口日本后，中国作为一个石油出口国出口自己的原油和成品油，供应国际市场。1978年，我国原油产量突破1亿吨，成为世界石油生产大国。1985年是中国石油出口数量最高的年份，当年中国出口了3 000多万吨原油，石油出口总量达3 460万吨。1973—1993年的21年间，中国共向国际市场出口石油3.77亿吨。因此可以说，这21年间，中国的石油工业在保证本国经济发展的同时，也为世界经济的发展做出了贡献，为国际石油市场提供了

宝贵的石油资源。

自实行改革开放政策以后，中国经济迅速增长。1980—2000年，中国实现了国内生产总值翻两番，年均国内生产总值增长率高达9.7%。强劲的经济增长带来了中国石油消费的迅速增加。1991年以后，是中国石油消费的快速增长期，石油消费从1991年的1.18亿吨增加到2000年的2.24亿吨，年均增加1 000多万吨，年递增率达8.98%。1993年是我国石油工业发展史上的重要年份，这一年中国成为石油净进口国，1996年更成为成品油净进口国。2000年，中国进口原油5 983万吨，进口成品油978万吨，原油和成品油净进口总量为6 960万吨，进口量占总消费量的比例超过31%。自1993年以来，中国对国际石油市场的依赖快速增加，到2000年的7年间石油净进口量平均每年递增34%。

（二）石油工业体制的大改革

中华人民共和国成立后，中国的能源和石油工业体制历经多次改革和重组，正是在20世纪90年代末期，才形成了目前的这种政府行业管理、企业一体化运营的体制。

1950年4月，中央政府设立了主管煤炭、石油、电力工业的燃料工业部，其中内设有石油管理总局。1955年7月30日，撤销燃料工业部，成立石油工业部。1970年6月，将煤炭工业部、化学工业部和石油工业部合并，成立燃料化学工业部。1975年1月，撤销燃料化学工业部，成立煤炭工业部和石油化学工业部。1978年3月，撤销石油化学工业部，成立石油工业部和化学工业部。1988年6月，撤销石油部，成立能源部，作为石油工业的主管部门。1993年3月能源部被撤销。此后5年间，中国没有能源和石油工业主管部门。1998年3月，组建国家石油和化学工业局，由国家经贸委管理。2001年2月，国家石油和化学工业局被撤销，石油产业的政府管理职能交由2003年国家发改委下属的能源局接管。2008年，能源局升格为国家能源局，主管国家能源政策和相关事务，隶属国家发改委。

在政府行业主管部门不断变革的同时，中国的石油天然气体制也不断向企业化、市场化迈进。1982年2月15日，中国海洋石油总公司成立，专职负责海上油气勘探开发和对外合作事宜。1983年7月12日，中国石油化工总公司成立，负责管理经营全国39个重要炼油、石油化工和化纤企业。1988年6月，在撤销石油工业部的同时，成立了中国石油天然气总公司，统一管理和经营陆上石油天然气资源的勘探、开发和生产建设。至此，中国的石油工业基本形成了这样的格局：中国石油天然气总公司负责陆上石油、天然气勘探开发和管道长途运输，中国海洋石油总公司负责海域石油勘探开发和对外合作，中国石油化工总公司负责石油炼制与销售，外经贸部所属的中化公司负责石油及其制品的进出口。

1998年3月，中国政府决定对石油工业体制再次进行重组。1998年7月28日，中国石油天然气集团公司和中国石油化工集团公司正式挂牌。重组后，组建成两个新的实现了上下游、内外贸、产供销三位一体的集团化公司。两大集团在成立之后很快就着手进行内部结构的治理改造，并先后在国际资本市场登场亮相。1999年11月5日，中国石油天然气集团公司在通过了大规模的内部业务和资产重组之后，独家发起成立了中国石油天然气股份有限公司。2000年4月6—7日，中国石油天然气股份有限公司分别在纽约证券交易所及中国香港联合交易所挂牌上市，2007年11月5日在上海证券交易所挂牌上市。2000年2月28日，中国石油化工股份有限公司重组成立，中国石油化工集团公司为其控股母公司。2000年3月31日，中国新星石油有限公司整体并入中国石化集团公司。2000年10月18—19日，中国石油化工股份有限公司在纽约、中国香港和伦敦成功挂牌上市，2001年又在中国A股市场上市，成为国内上市公司中唯一一家在4地挂牌的公司。2001年2月27—28日，中国海洋石油有限公司在纽约和中国香港上市。之后中国海油对于存续企业也不断进行内部重组。随后的2002年，海油工程和中海油服先后在国内和香港成功上市，海洋石油总公司的职能逐步向资本运营转变。至此，中国石油天然气工业体制完全形成。

作为改革开放政策的一部分，中国石油进出口体制也在不断进行改革。1993年以前，中国四大国家石油公司分业经营，中化公司独家负责石油进出口业务。1993年，中化公司分别与中国石油天然气总公司和中国石油化工总公司成立了中国联合石油公司（简称“联油公司”）和中国联合石化公司（简称“联化公司”）两个合资公司，中化公司独家负责中国石油进出口业务的局面被改变。1994年珠海振戎公司成立，主要承担伊朗石油的进口业务。这样，到20世纪90年代末，联化公司、中化公司、联油公司和振戎公司拥有石油国营贸易进口经营权，联化公司、联油公司和中化公司拥有石油国营贸易出口经营权。

（三）石油企业走出国门和“走出去”战略的提出

20世纪90年代，中国石油工业发生的两件大事，即我们前面讨论的：由石油出口国变为净进口国，使得中国的石油企业不能再满足于在国内进行油气勘探开发活动而必须走向世界；而同时开展的石油企业市场化改革使中国大型国家石油公司从事国际业务的能力和水平不断提升。这样，从20世纪90年代中后期开始，中国的石油公司纷纷进入世界油气勘探开发市场。由于历史和企业实力的原因，这一时期走出国门的主要是中国的国有大石油公司。

从现有资料看，中化公司是我国最早进行国际化经营的国有企业和实业化的传统贸易企业，也是我国最早实施“走出去”的石油企业。为配合国际化和实业化的经营战略，改变单纯石油贸易的传统经营方式，参与原油加工工业和批发、零售石油产品的贸易领域，中化公司自1986年年底开始考察美国的石油加工工业，选择投资地点和合作伙伴。1988年年初，开始与美国海岸公司探讨合资经营位于旧金山附近的Hercules炼厂的可行性。中化公司于1988年10月与海岸公司签订合资协议，购买PRC（Pacific Refining Company）炼厂50%的股份，开始参与PRC炼厂的合资经营和管理。

中国石油天然气集团公司开展境外油气勘探开发活动时间早、规模大。1993年，中石油就签订了秘鲁项目的服务合同，拥有90%的股份。1995年9月—2000年11月，中石油分别参与了苏丹6区块、1/2/4区块、3/7区块项目和苏丹喀土穆炼厂及石化项目等。1997年6月，中石油签署了哈萨克斯坦阿克纠宾项目，拥有60.3%的股份、66.7%的投票权及分红权益，以及全部原油支配权。1997年7月，中石油同委内瑞拉项目签订了两个油田风险服务合同，由中石油全资经营。

1994年，中国海洋石油总公司投资1 600万美元购买了阿科公司在马六甲区块32.58%的权益，1995年又购买了日本石油公司在马六甲合同区的6.93%的权益，成为该区块的最大权益股东。该项目收益较好，三年后回收了全部投资。

据不完全统计，到2000年，我国石油企业先后筛选、研究和评估境外50多个国家、上千个项目，其中签约项目30多个，涉及油气勘探开发、管道、炼油和化工及若干个石油技术服务合同，境外的原油权益产量约1 500万吨，天然气权益产量20多亿立方米，在苏丹、哈萨克斯坦、委内瑞拉和印度尼西亚等国形成了若干千万吨或百万吨级生产能力的油气基地。经过境外油气勘探开发实践，锻炼了队伍，扩大了影响，进一步了解了国际惯例，为加快走向海外市场打下了较好基础。

更为重要的是，这一时期的中国石油企业海外活动，为中国政府提出“走出去”战略奠定了实践基础。正是在总结这些企业海外实践的基础上，2000年10月9—11日，时任国家主席江泽民在北京举行的十五届五中全会和同年11月28—30日的中央经济工作会议上，首次提出了“走出去”问题，提出要利用国内外两种资源、两个市场。因此可以说，“走出去”战略源于石油资源问题，石油企业“走出去”的实践，使“走出去”战略的内容更加丰富和完善。实施“走出去”战略，利用国内外两种资源、两个市场，是中国政府根据中国改革开放的社会实践和国民经济持续稳定发展的需要，提出的具有重要意义的战略举措，是对20多年改革开放政策的延续和提升，是对外开放基本国策的极大丰富，自此深刻影响了未来中国经济的腾飞、转型升级和后续国际石油形势的发展及变化。

（四）成为世界第一大能源消费国、第一大石油进口国

2000年，中国一次能源消费总量为10.2亿吨标准油，位列世界第二，占当年世界一次能源消费总量的10.86%，国内生产总值为10.028万亿元人民币。[1]这一年，美国是世界第一能源消费大国，一次能源消费总量为23.124亿吨标准油，占世界一次能源消费总量的

24.63%，国内生产总值为10.28万亿美元。无论我们用什么口径去对比人民币和美元的汇率，这两个数据都非常巧合，至少让我们可以很容易记住两国的国内生产总值数据。

从2000年之后，中国经济迎来了高速增长的时期。2001年，国内生产总值增长率为7.5%，2002年为8.3%，2003年为9.5%，而2004年之后出现了连续4年的两位数增长。2004年为10.1%，2005年为10.4%，2006年为11.6%，2007年为13%，2008年下降到9%。与之相对应的是，中国的国内生产总值也快速增加，用了6年时间中国的国内生产总值突破了20万亿元人民币大关，2006年为21.94万亿元，而突破30万亿元只用了两年时间，2008年达到31.95万亿元。此后，中国的国内生产总值基本上保持了两年增加10万亿元人民币级或以上的速度，2010年为41.3万亿元，2012年为54万亿元，2014年为64.39万亿元，2016年为74.41万亿元。

一般来说，经济增长与能源消费是正相关的关系，即一定的经济增长必须以一定的能源消费为支撑，通常称为能源弹性系数，虽然不同的经济发展阶段其弹性系数的数值会有所变化，但这是一个基本的规律，我们在本书的后续有关章节会进行重点讨论。2000年之后，如同高速增长的国内生产总值一样，中国的能源消费也迅速增加。紧随着2006年的国内生产总值翻一番，突破20万亿元人民币大关后，中国的一次能源消费总量在2007年也翻了一番，增加到21.66亿吨标准油，2015年更是增加到了30.41亿吨标准油。这一期间，中国一次能源消费总量在世界所占的比重，2007年为18.65%，2015年为23.14%。除了这些绝对数字外，在这16年间，是中国在世界能源消费格局中相对地位的变化。从2009年开始，中国一次能源消费总量历史上第一次超过了美国，位居世界第一，自此以后就一直保持了世界第一的位置。2009年，中国的一次能源消费总量为23.49亿吨标准油，而美国为22.06亿吨标准油。2009—2015年的7年间，除2014年突破23亿吨标准油外，美国一次能源消费总量一直保持在22亿吨标准油的规模，而同期中国的一次能源消费总量大致保持在每年增长2亿吨标准油的规模，2015年突破了30亿吨标准油的大关。表8–1所示为中国和美国石油净进口量对比。

表8–1　中国和美国石油净进口量对比

单位	国家	2012年	2013年	2014年	2015年
百万吨	美国	396	327	263	241
	中国	327	346	334	366
千桶/天	美国	791	6 522	5 206	4 764
	中国	660	7 001	6 730	7 373

资料来源：根据*BP Statistical Review of World Energy June 2016*有关数据分析。

在进入21世纪以来的16年间，中国能源领域引起国际社会高度关注的，还不是一次能源消费总量的增长及其世界地位的提升，因为从总量上看中国的能源消费并没有对世界能源格局产生严重的冲击，中国还是主要依靠自己生产的能源来满足自身的经济发展。据国家统计局初步核算，2016年中国能源消费总量为43.6亿吨标准煤，一次能源生产总量为34.6亿吨标准煤，[2]能源进口量为9亿吨标准煤，进口占能源消费总量的比重为20.64%，也就是说2016年中国所消费的能源中有1/5是进口的。2016年，中国大力推行供给侧改革去产能的活动，首先就是严格控制自身的煤炭产量，与2015年相比煤炭产量下降了9%。也就是说，2016年，中国实际的能源自给率比统计数字要高。在这16年间，最引人注目的是中国石油消费的高速增长和由此对国际石油市场带来的冲击和影响，这也是我们本书讨论和关注的重点。

2000年，中国的石油消费量是2.242亿吨，当年自产石油为1.626亿吨，石油进口量为6 160万吨，进口占当年石油消费的27.48%，也就是说这一年中国石油对外依赖度还不到30%。但是，自此之后，经济增长带来的是石油消费量的迅速增加，而同时中国自身生产的石油增长乏力，中国石油对外依赖度不断攀升。2004年，中国石油消费突破3亿吨，达到3.23亿吨，2010年突破4亿吨达4.48亿吨，2013年突破5亿吨达5.07亿吨，2016年石油表观消费量更是上升到5.56亿吨。这17年间，中国的石油消费增加了3.32亿吨，而同时石油产量由2000年的1.626亿吨增长到2015年的2.15亿吨，只增长了5 200万吨左右，而2016年又跌破2亿吨的规模下降到1.996 9亿吨。消费量与国内自身产量背离的结果，是中国石油对外依赖度的迅速攀升。2002年，中国石油对外依赖度突破30%，为32.7%；2004年突破40%，为46.12%；2009年突破50%，为51.68%；2015年突破60%，为61.66%。根据目前的数字初步估计，2016年中国石油表观消费量为5.56亿吨，石油净进口量为3.56亿吨，石油对外依赖度为64.4%。[3]在这17年间，2002年中国石油消费量首次超过日本，位居世界第二，自此以后一直保持着这一位置。这期间，还有一件更为重要的事：据美国能源情报署发布的初步数据显示，2012年12月，美国石油净进口量下跌至每天598万桶，是1992年2月以来的最低水平。而中国海关数据显示，中国同期石油净进口量猛增至每日612万桶。[4]虽然在这以后，美国的石油净进口量一直在不断地变化中，但这一趋势保持了下来，这种标题的新闻报道不时充斥各种新闻媒体，成为国际和国内社会关注的热点之一。如2013年9月，美国日均石油消费与国内日均产量差额为624万桶，同期中国的差额为630万桶，当月中国取代美国成为全球最大的石油净进口国。[5] 2015年4月，中国石油进口量达每天740万桶，超过了美国每天720万桶的纪录，创历史新高，成为最大石油进口国。[6]事实上，从统计数字分析看，2013年中国就已经超越美国，成为世界上最大的石油净进口国。

传统上，中国是煤炭大国，能源生产和消费都是以煤炭为主。1949—2005年，天然气在一次能源消费中的比重一直维持在3%以下。1990年，中国的天然气消费量为158亿立方米，2000年为253亿立方米。这一期间，中国的天然气消费基本上靠国内自产供应。进入21世纪以后，经济的高速增长在带来石油消费迅速增长的同时，中国的天然气消费量更是以更加惊人的速度在迅速增加。2001年，中国的天然气消费量为284亿立方米，自此之后，就一年一个台阶地迅速增加。2005—2015年，中国天然气消费复合年均增长率高达15.2%。2002年，中国的天然气消费量突破300亿立方米，2004年突破400亿立方米，2006年接近600亿立方米，2010年突破1 000亿立方米，2012年突破1 500亿立方米，2015年接近2 000亿立方米，为1 973亿立方米。2016年，中国的天然气表观消费量为2 058亿立方米。2009年，中国超过日本，成为仅次于美国和俄罗斯的世界第三大天然气消费国。从消费比重来看，天然气在中国一次能源消费结构中仍不占重要地位。2015年，天然气在中国一次能源消费构成中仅占5.89%，不到6%。2006年，中国开始进口液化天然气，2010年又从土库曼斯坦进口管输天然气，这样进口天然气在中国天然气消费结构中的比重逐渐上升。2006年，中国进口了9.63亿立方米天然气，仅占全年消费量的1.6%；2010年，中国进口天然气的数量上升到166亿立方米，占全年消费量的15.2%。自2010年以后，中国进口天然气的数量基本上以每年100亿立方米的速度迅速攀升，2013年天然气进口量突破500亿立方米，天然气对外依存度突破30%。2016年,中国天然气进口量为721亿立方米，对外依存度为35%。[7]综合中国政府相关的能源规划以及有关机构、专家的多种估计，预计2020年中国的天然气消费量将达到4 000亿~4 200亿立方米，天然气占一次能源消费结构的比重可能上升到10%，供给方面国产天然气和进口天然气可能各占一半，天然气对外依存度将上升到50%。[8]

二、中国海外油气投资取得丰硕成果

进入21世纪的16年，是中国石油企业海外油气投资大发展的时期。经历了20世纪90年代下半期的历练，从传统意义上的三大国家石油公司，即中国石油、中国石化和中国海油，到一些小的国家石油公司，如中化集团、振华石油，还有一些并非传统意义上的石油公司而是投资类金融公司，如中信集团和中投公司，乃至各种类型的民营企业，纷纷加入投资海外油气资源开发的热潮。据不完全统计，中国有超过20家以上较大规模的企业参与了海外油气资源的开发工作。

（一）海外油气投资全面开展并形成较大生产能力

2002年年底，中国三大国家石油公司共在境外参与油气开发项目近30个，累计投资超过50亿美元，海外原油作业量达到每年2 000万吨，天然气达到每年13亿立方米。[9]到2006年，我国传统意义上的三大石油公司已在全球30多个国家经营着70多个油气投资项目，每年获得的原油权益产量近2 500万吨，天然气权益产量近40亿立方米，海外油气生产初具规模。同时，在业务领域类型上，也已经形成了从油气勘探开发、炼油化工、管道运输到石油工程技术服务、国际油气贸易和装备出口等多元化经营的格局。[10]到2012年，通过近20年的努力，中国企业海外油气并购投资支出为1 318亿美元，其中三大石油企业海外油气并购支出1 182亿美元，占全部并购投资支出的89.68%，中化集团为54亿美元，中投和中信为82亿美元。2013年，中国企业海外油气资源的并购交易为300亿美元，2014年为52亿美元。这样，到2014年，估计中国企业海外的油气直接投资累计在1 800亿美元左右。

另外，根据媒体报道，中国政府还采取了外汇贷款换取石油的方式间接投资于海外的油气资源，截至2015年年初，对俄罗斯的规模为300亿美元，委内瑞拉为500亿美元，厄瓜多尔、巴西、印度尚有一部分，合计规模估计在900亿美元左右。以上合计，截至2015年年初，中国企业对海外的油气资源投资总额大体在2 700亿美元。[11]此外，据外媒报道，从2010年以来，中国与非洲最大的石油生产国安哥拉签署了“石油换贷款”协议，共向其提供了250亿美元的贷款，最新的一笔发生在2015年12月，规模为50亿美元。这样，安哥拉国家石油公司几乎将2016年的所有石油产出都用于该协议的偿付。[12]

到2014年年初，中国已经在全球50多个国家开展了海外油气投资经营与合作，在海外建立了五大主要油气合作区域，即非洲地区、中东地区、中亚–俄罗斯地区、美洲地区和亚太地区，中国企业共拥有的海外剩余石油可采储量为17.6亿吨，天然气剩余开采储量为11 790亿立方米。2013年，中国企业海外原油产量首次突破了1亿吨，2014年中国企业的海外油气权益量超过了1.3亿吨，2015年中国企业海外油气权益产量估计为1.5亿吨油当量。其中，中国石油、中国石化和中国海油权益产量分别为7 300万吨、4 000万吨和2 350万吨油当量，其他公司约为1 000万吨油当量。2016年，中国企业海外油气权益产量基本与2015年相当，为1.55亿吨油当量，其中中国石油为7 800万吨油当量，中国石化为4 400万吨油当量，中国海油为2 300万吨油当量，其他公司合计海外权益油气产量为1 000万吨油当量。

近年来，民营企业成为中国投资海外油气资源的重要力量。据统计，2015年，民营企业海外并购金额为30亿美元，华信能源、洲际油气、新疆准东和新疆广汇等企业借“一带一路”倡议机遇，以上游项目为投资重点，积极收购中亚俄罗斯地区油气资产。烟台新潮实业、弘毅投资等公司也通过收购非常规油气资产的方式，进入美国、澳大利亚等发达国家。[13] 2016年，民营企业和地方国企也积极参与海外油气资源投资活动，并日益成为中国企业海外油气资源的重要力量，共完成并购金额44亿美元，代表性的项目有：华信能源公司收购了中国台湾中油公司乍得项目35%的权益，并签署了对哈萨克斯坦石油国际公司51%股权的转让交接协议；2016年11月7日，北京燃气与俄罗斯石油公司在圣彼得堡签署了相关协议，收购了俄罗斯国家石油公司位于东西伯利亚的子公司上乔纳斯科石油天然气公司（Verkhnechonsk）20%的股权，参与俄罗斯韦尔赫内琼斯克油田、天然气田及凝析气田的开发。[14] 2017年6月29日，北京燃气与俄罗斯石油公司完成了收购上乔纳斯科油气田开发公司20%股权的交割，交易总金额为11亿美元，每桶石油开采费用为3.2美元，该项目资源潜力巨大。[15] 2017年10月，两名北京市燃气集团有限责任公司代表进入了上乔纳斯科公司的董事会。[16] 2017年7月4日，俄罗斯石油公司与中国华信能源有限公司签署了战略合作协议，双方商定研究在开采、加工和石油化工业领域开展联合项目，在俄罗斯建设合资企业，以及联合设立投资基金等问题，俄罗斯石油公司正在考虑向中国华信出售零售业务的股份，其零售业务包括约3 000家加油站。据报道，中国华信此前曾投资哈萨克斯坦、乍得和阿联酋的石油天然气项目，其在法国、西班牙和罗马尼亚等地拥有1 000多家加油站，还有自己的原油终端。[17] 据2017年9月初的有关外媒报道，瑞士嘉能可公司和卡塔尔投资局计划将持有的19.5%俄罗斯石油公司股份中的14.3%出售给中国华信，协议价值约90亿美元。[18] 通过这次收购，俄油同意自2018年起每年向中国华信出售1 100万~1 300万吨俄罗斯原油，这相当于每天22万~26万桶，大约为俄油产量的5%，相当于中国每月向俄罗斯进口石油的1/4，而最终将扩大至4 200万吨（约合每天84万桶）。有媒体称，该协议让中国华信从一个名不见经传的能源交易商，跻身全球十大石油交易商的行列，足以挑战维多等欧美大型石油贸易商。[19]

当然，在海外油气资源的投资中，国有大石油公司是绝对的主力，无论是投资规模或是所获得的油气资源，都处于主要地位，而且很多大项目也只能依靠国有大石油公司或是国家力量进行投资，这些大项目不仅拥有庞大的油气资源储量，也带动了我国的资金和技术装备的出口。例如在俄罗斯开发的世界最大的液化天然气项目，同时也是中俄最大的经济合作项目，亚马尔液化天然气项目就具有代表性。亚马尔液化天然气项目位于北极的俄罗斯亚马尔半岛，地名的含义为“天涯尽头”，项目总投资额为270亿美元，已探明1.3万亿立方米天然气和6 018.4万吨凝析油储量。2019年三条生产线建成后，每年可生产1 650万吨液化天然气以及100万吨凝析油。亚马尔液化天然气项目由于生产成本低，即使在石油价格较低的情况下也能赢利，其南塔姆别伊斯克凝析气田的直接开采成本大约为每桶油当量0.5美元。在这个项目中，俄罗斯诺瓦泰克公司、中国的中石油、法国的道达尔和中国的丝路基金，分别持有50.1%、20%、20%和9.9%的股权。项目拥有自主的出口权，打破了原来俄罗斯天然气工业公司一家垄断天然气出口的局面。项目在建设过程中，形成了俄罗斯主导项目建设、道达尔提供技术和咨询、中国提供资金和相关设备的多方合作局面。在项目的建设中，中资银行为该项目提供120亿美元；以中石油的海洋工程公司和中海油的海油工程为主的7家中国企业，承担了约120个模块的建造项目，模块总重逾40万吨；中国广船国际、中集集团为项目建造了专用船舶，中远海运集团、招商轮船、中外运长航参与了液化天然气的运输。通过参与亚马尔液化天然气项目，中国的公司第一次进入了天然气的勘探、开发、生产、液化天然气工厂建设和运营的全过程，尤其是在北极严酷的自然环境条件下，对于中国未来的液化天然气开发项目具有重大的示范意义。为推动项目的进展和中俄双方在项目中的合作，在多年的谈判中，中俄双方领导人都参与了项目的谈判过程，明确了双方合作的条件和原则。俄方表示，亚马尔液化天然气项目的首批船货将发往中国，以表示对中国的感谢。[20] 2017年11月1日，中国石油与俄罗斯诺瓦泰克公司签署《中国石油天然气集团公司与诺瓦泰克公司战略合作协议》，双方将继续就亚马尔液化天然气项目开展紧密合作，深入交流并全面共同探讨开发“北极液化天然气二号”项目的可行性，以及在中国境内和第三国开展液化天然气和天然气销售的可能性，并在实施合作项目的同时开展其他相关领域的技术经验交流与合作。与此同时，诺瓦泰克公司还与中国国家开发银行签署谅解备忘录，双方将在融资和投资等一系列领域合作实施“北极液化天然气二号”项目以及其他项目。[21]

正是通过多年的努力，中国海外油气资源的投资取得了丰硕的成果。如果将中国企业在海外拥有的油气产量看成一个国家，2016年可排名世界第9位，仅次于阿拉伯联合酋长国的石油产量。因此，我们不能仅简单地从净进口量角度将中国看成是国际石油市场最大的石油净进口国，同时不计国内石油产量仅从海外的油气产量看，中国也是国际石油市场最主要的供应国之一，就是说中国也如同美国一样，具有国际石油市场进口国、供应者的两重身份。

（二）海外油气投资面临较大的困难且争议不断

20多年来，中国企业的海外油气资源投资活动非常曲折，这些曲折表现在某些项目的获得上，特别是当某一国家石油公司并购海外某一油气项目时，无论成败都会成为一时的热门新闻，如果并购成功后因国际石油价格的变化项目一时亏损了，更成为一时的热门新闻。这里，我们仅选择三个不同类型的项目，作为20多年来中国企业海外油气项目投资活动的典型代表。

第一，中国投资苏丹油气勘探开发活动。苏丹是中国在非洲第三大贸易伙伴和第四大投资目的地，中国则是苏丹最大的贸易伙伴和投资来源国。中国在苏丹的石油投资主要由中国石油承担，中国石油在苏丹拥有12家企业，占有苏丹最大石油公司——大尼罗河股份公司40%的股份，喀土穆炼油厂、石化厂各50%和95%的股份，并修建了750公里输油管和苏丹港30万吨油轮输油终端。[22]按照苏丹石油部的数据，位于南苏丹境内的石油区块为第1、第2、第3、第4、第7和B区块共6个，其中西部的第1、第2、第4区块由苏丹大尼罗河石油作业公司经营，该公司的股本结构为中石油占40%，马来西亚国家石油公司占30%，印度石油天然气公司占25%，苏丹国家石油公司仅占5%；东部的第3、第7区块由达尔石油作业（Petrodar）公司经营，该公司的股本结构为中国石油占41%，马来西亚国家石油公司占40%，苏丹国家石油公司占8%，海湾石油和阿勒萨尼（Al Thani）公司各占5%；B区块原本由法国道达尔中标，但该公司中途放弃，目前由一家名为Jarch, Ltd.、有朱巴政府背景的公司托管。因此，南苏丹各油田虽然名义上由在苏丹注册的公司经营，但由喀土穆当局支配的股权不到一成，资本和控制权均掌握在外国公司手中，且中国股本位列第一。正是得益于中国的投资，苏丹才一跃跨入世界主要产油国行列，经济得到迅猛发展。在南苏丹2011年独立前，中国企业累计向其投资超过200亿美元以上，用于建设石油项目和非石油的援助项目。[23]因此可以说，苏丹的石油工业基本上是由中国的企业特别是中国石油建设起来的。当然，苏丹生产的石油很多也向中国出口，苏丹2/3的原油出口中国，是中国第六大海外原油进口来源。除投资于苏丹的石油工业外，中国政府、军队和企业还积极参与了苏丹的和平活动和达尔富尔危机的解决，并从经济上给予了大力的支持。自2005年苏丹和平协议签署至今，中国已累计向南苏丹提供6 000多万元援助。[24]但是，不可否认的是，在南北苏丹冲突、南苏丹独立和达尔富尔危机期间，中国政府受到了国际社会相当大的压力。南苏丹独立以后，由于原苏丹石油工业独特的地域特点，中国企业在原苏丹石油工业中的巨额投资受到了严重的冲击。

第二，中国给予委内瑞拉的巨额贷款。中国给委内瑞拉提供巨额贷款以换取石油的消息，多年来一直是国内各种新闻媒体的热点话题之一。据有关新闻媒体报道，从2006年以来，中国一共给委内瑞拉提供了500亿美元的石油贷款支持，占到中国对拉丁美洲贷款总量的1/2，委内瑞拉每天需要向中国出口33万桶石油以偿还贷款。[25]还有媒体认为，近年来中国向委内瑞拉提供了总额为600亿美元的国家贷款，2015年委内瑞拉每天需向中国供应近57.9万桶石油以偿还贷款。据各方专家评估，截至2016年10月，委内瑞拉拖欠中国的贷款金额达200亿美元。[26]另有专家根据多种消息来源推算，中国给委内瑞拉提供的贷款总额应为649亿美元。[27]据国内权威的拉丁美洲研究机构——中国社会科学院拉丁美洲研究所专家分析，中委之间的贷款主要涉及两个方面：一是中委联合融资基金，成立于2007年11月，由中国国家开发银行和委内瑞拉国家发展基金共同出资，委内瑞拉国家石油公司以向中国出口石油作为还款保证；二是中委大额长期融资基金，成立于2010年4月，中国国家开发银行向委内瑞拉提供为期10年的200亿美元（100亿美元和700亿元人民币）的融资，委内瑞拉国家石油公司与中国石油签署石油购销合同作为还款保障，为期10年。根据委内瑞拉方面学者的统计，2007年2月—2015年4月中国通过上述两个基金共向委内瑞拉提供贷款516.91亿美元，其中211.27亿美元委内瑞拉已偿还，累积的债务为228.73亿美元。[28]综合以上有关资料，我们可以概括为，自2006年以来，中国和委内瑞拉之间进行了多次“石油换贷款”协议，中国给予委内瑞拉的贷款总额应该为500亿~600亿美元，委内瑞拉用于向中国偿还的石油出口数量应该由最初的每日10万桶，逐年增加到每日33万桶，最高时应该为每日64万桶。2015年4月，委内瑞拉又获得了中国50亿美元的贷款，并修改了贷款的有关条件，据信委内瑞拉已经用石油还了大半贷款，只剩约200亿美元贷款没有偿还。[29]除了贷款外，中委之间还有烂尾的高铁建设项目。2009年，查韦斯筹划建设拉蒂纳科—阿纳科铁路项目，希望将其建设成为南美第一条高铁，该项目合同总额高达75亿美元，全长400多公里，预计每年运送500万人次乘客和980万吨货物，项目于2009年开工建设，原计划于2012年完工。中方也希望，该高铁项目成为中国高铁技术和中国资金走向世界的标志，项目由世界最大铁路基建承包商——中国中铁领导的财团负责兴建。但是，2009年项目开工后，由于委内瑞拉经济陷入危机，进展非常不顺。2013年6月，委内瑞拉国家铁路局（IFE）负责人承认，拖欠4亿美元工程款。2015年1月，参与项目建设的最后一批中国管理者撤离，位于委内瑞拉萨拉萨小镇的项目工厂被洗劫，至此该铁路项目终成烂尾项目。[30]对于中国给予委内瑞拉的巨额贷款，从普通网民到有关专家都颇有微词。对此，《人民日报》海外版于2016年6月11日发表了国际问题观察员陆达心的文章“委内瑞拉会不会赖账中国贷款”，文中认为委内瑞拉具有丰富的石油资源，具有极强的“变现”能力。该文认为，中委两国合作发展到今天，规模大、基础好、底子厚，已成为重要的“压舱石”，中委合作巨轮不会像有些人所说的那样“说翻就翻”。要注意的是，一些西方媒体对这事似乎更感兴趣，各种炒作也很多，个中用意值得玩味。[31]至于如何偿还中国的贷款，委内瑞拉似乎还有“更美好”的想法。据有关新闻媒体报道，2014年12月委内瑞拉财长访华期间，希望将位于加勒比海列斯群岛中的一座约64平方公里的布兰基亚岛转给中国，这是个旅游海岛，用以抵清中国的500亿美元欠款，并再次贷款百亿美元。[32]

第三，中国海油收购加拿大尼克森（Nexen）公司。2012年7月23日，中国海油宣布，与总部位于加拿大阿尔伯塔省的尼克森公司达成协议，将以151亿美元收购尼克森，尼克森现有约43亿美元债务将予以维持。时任中国海油董事长的王宜林说明，通过收购尼克森，使公司获得一个国际领先的发展平台，中海油坚信收购尼克森符合公司发展战略并将为股东带来长远利益。时任中国海油首席执行官的李凡荣认为，尼克森是一个较强且具备较好增长前景的多元化公司，拥有丰富的资源量及储量、较高的勘探前景以及能够实现其资产价值的高素质员工，中海油将充分发挥该平台的功能，进一步拓展公司的海外业务。[33] 2012年12月7日，加拿大政府宣布，经过审查，加拿大政府批准中国海洋石油总公司收购尼克森石油公司。2013年2月26日早上6点，中国海油完成了收购加拿大尼克森公司的交割工作。此次收购的单价为普通股27.5美元，优先股26加元，比尼克森前一个交易日股价溢价61%，总价为151亿美元；中国海油还另外承担尼克森43亿美元的债务。这样，本次收购的总价高达194亿美元，仅次于2009年中国铝业发起的195亿美元收购全球铁矿和资源巨头力拓集团。尼克森公司成立于1971年，在加拿大多伦多和美国纽约两地上市，总部位于加拿大阿尔伯塔省省会加尔加里市，是加拿大第十四大石油公司，其资产包括勘探、开发和在产项目，主要分布于加拿大西部、英国北海、尼日利亚海上、墨西哥湾、哥伦比亚、也门和波兰，其中常规油气、油砂和页岩气为该公司三大核心业务，油砂资产占了该公司储量中的60%。截至2011年12月31日，尼克森拥有9亿桶油当量的证实储量及11.22亿桶油当量的概算储量。

2016年8月24日晚，中国海油在中国香港举行的2016年中期业绩发布会上公布，中国海油2016年上半年净利润同比下降152.5%，亏损77.4亿元，每股基本亏损为人民币0.17元，这是中国海油自2001年上市以来首次出现中期业绩亏损。据中国海油高层解释，2016年上半年之所以亏损，一个重要原因是对海外资产进行了资产减值，数额高达104亿元，是2015年同期的7倍多，被减值的资产主要是尼克森公司加拿大的油砂项目。这次发布会之后，舆论一片哗然，纷纷认为中国海油当初收购尼克森买贵了，早在中国海油同尼克森商谈并购时，这种观点就一直存在，质疑这笔买卖是否划算。[34]业内一般认为，只有当国际油价长期维持在每桶80美元以上时，油砂项目的勘探开发才具有商业价值。中国海油收购尼克森公司时国际油价在每桶100美元左右。然而不幸的是，自2014年下半年开始国际石油价格大幅下跌，导致该项目收购的风险完全暴露。2005年，中国海油曾在傅成玉的带领下斥资185亿美元，发起收购美国第九大石油公司优尼科，后因美国政府的反对而失败。收购优尼科失败，让中国海油倍受打击，之后中国海油很快就盯上了尼克森，并用了7年时间完成了这起大并购，中国海油似乎有了翻身的“荣耀”。[35]而2016年全年，中国海油仅实现净利润6.37亿元，同比下降96.8%，是16年来最差的经营业绩，其主要原因也是以尼克森为主的资产减值，2016年中国海油提取了121.7亿元的资产减值。[36]事实上，给中国海油造成麻烦的不仅仅是资产的减值，在这之前，尼克森公司还发生了两档大事：一是2015年7月，尼克森公司的长湖项目发生北美30年来最严重的陆上漏油事件，导致500万升沥青和泥沙混合物从输油管道外泄，该事故导致尼克森在当地的95条管道全部被关闭；二是2016年1月15日下午，尼克森的长湖油砂矿发生事故，两名维修工1死1重伤，导致尼克森日产72 000

桶的催化裂化装置关闭，油砂生产井也停止生产。[37]这一天被尼克森石油公司首席执行官称“这是尼克森最黑暗的一天”。2016年5月的加拿大山火，也导致尼克森长湖项目关停，影响了每天约一万桶的油砂产量，这也成为2016年中国海油净产量下降的原因之一。[38]

对于20多年来中国企业海外油气资源投资并购行为，不同的人站在不同的角度，其看法差异甚远。[39]但是，无论怎么评价中国企业的海外油气投资行为，有两点是不可回避的：一是这些企业通过海外油气资源投资并购活动，无论是国有的或是私营的，企业由单纯在中国国内经营迈向了国际化，逐步发展成国际化的企业，增强了中国企业的国际竞争力，提升了中国在世界经济中的地位和影响力；二是这些投资并购行为无疑都带来了油气产量，虽然这其中的绝大部分不会被运回中国国内，但客观上增加了世界石油市场的供给，对平衡世界石油市场的稳定起到了积极的作用。国内，中国一些政府官员持这种观点。[40]国际上，早在2011年2月，国际能源署在其发布的研究报告《中国国家石油公司的海外投资》中，就认为中国石油公司海外投资帮助增加了全球油气供应，而到2014年6月，国际能源署对这一报告进行更新时仍持这种观点。[41]以哈萨克斯坦为例，通过20年的合作，中国石油在哈萨克斯坦累计生产原油2.9亿吨，[42]为哈萨克斯坦油气工业和经济社会发展及增加国际石油市场的供给，做出了积极的贡献。

三、石油天然气基础设施建设全面展开

进入21世纪以来，与积极投资海外油气资源相一致的是，中国

国内石油天然气基础设施建设也全面提速并取得了巨大的成就，在不断增强能源行业自身实力的同时，也支持并保证了我国经济社会的快速发展。

（一）液化天然气项目建设取得长足进展

进入21世纪以来，中国油气产业一个令人瞩目的成就，就是液化天然气接收站项目建设取得了长足的进展，为满足迅速增长的天然气需求和改善中国能源消费结构做出了积极的贡献。截至2017年6月底，中国已投产的液化天然气接收站有16座，接收规模达到每年5 700万吨；已获核准正在建设的液化天然气项目有3个，规模合计每年900万吨。具体各项目的情况参见表8–2。此外，已获得国家有关部门同意开展工程前期工作待核准的液化天然气项目有4个，规模合计每年1 160万吨。

广东大鹏液化天然气有限公司是中国首个液化天然气接收站项目，也是最具有代表性的液化天然气项目。为缓解我国东南沿海地区能源短缺的现状，1998年国务院批准进口液化天然气在广东先行试点，确定了广东液化天然气项目为我国首个引进液化天然气试点项目。1999年年底，项目正式立项。2003年，广东液化天然气项目的可行性研究报告获国家批准。广东液化天然气试点工程总体项目一期工程，包括14个相互关联但分别为独立法人实体的项目，总投资超过300亿元人民币，大鹏液化天然气接收站是项目的核心工程。中国海油气电集团持股33%为第一大股东，英国石油公司持股30%为第二大股东，该项目还有广东及香港地区的8家投资方。广东大鹏一期项目的商业模式是长期合约，从上游的澳洲西北大陆架买气，再向下游的11家用户供气，包括6家电厂以及5家城市燃气，覆盖范围集中在珠三角及香港地区。公司与上游签订了25年的长期供气合约，对应地也与下游的11家用户中的每一家都签署了25年的天然气销售合约，后该项目的供应商扩展到14家，液化天然气的资源地扩展到16个。广东大鹏一期项目建设包含两个液化天然气储罐，接收能力为370万吨，后来又扩建了两个液化天然气储罐，共计有4个16万立方米的液化天然气大型储罐，年接收能力为680万吨；项目管线总长度为441公里，由一条长196公里的主干线、三条总长182公里的支干线及多条总长63公里的支线组成；拥有以中国为主建造的“大鹏昊”“大鹏月”“大鹏星”三艘液化天然气运输船。2006年5月26日，“西北海鹰”（Northwest Seaeagle）液化天然气船靠泊大鹏液化天然气码头，广东大鹏液化天然气接收站开创了中国接收液化天然气船的先河。2006年6月28日，广东大鹏液化天然气项目一期工程投产，时任国务院总理温家宝与时任澳大利亚总理霍华德出席了投产仪式。2006年5月—2016年9月的10年间，大鹏液化天然气接收站总计液化天然气接收量超过5 000万吨（约700亿立方米），累计占广东省天然气供应量的62%。[43] 2016年8月22日，广东大鹏液化天然气接收站迎来了来自美国萨宾帕斯液化天然气（Sabine Pass LNG）出品终端的货轮，这是首船来自美国的液化天然气，也是美国出口到亚洲的首船液化天然气，该货轮是全球第一艘通过经禁航扩建后巴拿马运河的液化天然气货轮，其原料天然气来自得克萨斯州和路易斯安那州的页岩气，使供应广东大鹏公司的全球资源地达21个，中国也享受到了美国页岩气革命的成果。[44]

从2006年开始，随着液化天然气接收站数量越来越多，中国液化天然气进口量迅速上升。2006年作为中国进口液化天然气元年，液化天然气的进口量为9.63亿立方米；2010年，中国液化天然气进口量超过100亿立方米，为131亿立方米；2013年，中国液化天然气进口量为1 800.72万吨（约合250.3亿立方米），同比增长22.7%，占总进口气量的47%，这一年液化天然气进口额首次突破百亿美元大关，达到106.30亿美元，同比增长29.10%；[45]2016年，中国液化天然气进口总量达2 700万吨（约合365亿立方米）。[46]中国液化天然气的进口来源国有澳大利亚、印度尼西亚、也门、马来西亚和卡塔尔，其中卡塔尔是我国液化天然气的最大进口国。2013年，我国从卡塔尔进口液化天然气占比为58.66%，从马来西亚进口液化天然气占比为10.57%，从澳大利亚和也门进口液化天然气占比分别为5.98%和7.86%。[47]预计到2020年，中国液化天然气接收能力将达每年7 700万吨；到2030年，在建和计划建设接收能力为每年3 700万吨。预计到2020年，中国液化天然气的进口量为4 240万吨，2030年将达6 410万吨，[48]赶超日本和韩国成为液化天然气第一大进口大国。

中国海油是中国第一家从事液化天然气业务的企业，也是中国液化天然气进口量最大的企业，世界第二大液化天然气进口商，建成7座液化天然气接收站，年接收能力超过2 700万吨。从2006年5月广东大鹏液化天然气接收站运营到2016年12月16日的10年间，中国海油累计进口液化天然气突破1亿吨（相当于天然气1 400亿方），占全国液化天然气总进口量（1.26亿吨）的近80%。按照热值计算，这1亿吨液化天然气相当于1.3亿吨原油，约为2015年中国石油消费的1/4，可为国家减排二氧化碳3.8亿吨，相当于植树8亿棵。[49]

表8–2 中国液化天然气接收站一览（截至2017年6月底）

项目类型	地址	名称	规模（万吨/年）	所属企业
已投产运营的项目	广东	深圳大鹏LNG接收站	680	中国海油
	福建	福建LNG接收站	520	中国海油
	上海	上海LNG接收站	300	中国海油
	江苏	如东LNG接收站	650	中国石油集团
	辽宁	大连LNG接收站	600	中国石油集团
	浙江	宁波LNG接收站	300	中国海油
	广东	珠海LNG接收站	350	中国海油
	天津	天津浮式LNG接收站	220	中国海油
	河北	唐山LNG接收站	350	中国石油集团
	海南	海南LNG接收站	300	中国海油
	山东	青岛LNG接收站	370	中国石化集团
	广西	北海LNG接收站	300	中国石化集团
	广东	粤东LNG接收站	200	中国海油
	广东	深圳迭福LNG接收站	400	中国海油
	广东	东莞九丰LNG接收站	100	东莞九丰
	江苏	启东广汇LNG接收站	一期60	新疆广汇
		小计	5 700	
正在建设的项目	浙江	宁波LNG接收站	300	中国海油
	天津	南港LNG接收站	300	中国石化集团
	浙江	舟山LNG接收站	300	新奥集团
		小计	300	

资料来源：根据中国有关开展液化天然气项目建设公司的公开资料统计得出。

目前，中国进口液化天然气面临的主要问题，是气价的倒挂，同时这也是进口天然气面临的主要问题。由于行业惯例，中国大部分进口液化天然气执行的是长约合同，另外作为身处亚太地区的国家，如同原油溢价一样也存在液化天然气溢价。亚太地区是全球第三大天然气消费区，该地区天然气贸易以液化天然气为主。亚太市场缺乏实际交易平台，天然气贸易以长期合同为主。通常，日本液化天然气到岸价是衡量亚太地区液化天然气交易价格水平的重要参照，亚太市场液化天然气价格水平总体偏高。在亚太地区，除一部分印度尼西亚出口的液化天然气价格与印度尼西亚原油出口价格（ICP）挂钩外，其他液化天然气多与日本一揽子进口原油（JCC）价格挂钩。中国的一部分液化天然气进口项目也采用了该指数。此外，作为亚太地区液化天然气的主要供应国，澳大利亚液化天然气项目的成本相对较高，造成在建与待建项目的平衡气价普遍较高，大多数项目的平衡气价在每百万英热单位10~14美元之间［测算参数：上游取油价为每桶90美元，内部收益率（IRR）为15%；液化天然气厂IRR为12%］。预计2017年之后，随着在建项目的陆续投产，澳大利亚将成为全球液化天然气出口价格最高的国家。[50]据有关方面透露，中国三大国家石油公司与供应商签署的包括液化天然气长约价格，应该为每百万英热单位18~20美元，且大部分为20年的长约合同，而且长约合同约占这些企业进口天然气量的80%。[51] 2010—2012年，中国进口天然气价格上涨了68.6%，国内售价和进口成本倒挂现象日益严重，中国石油、中国海油等这些天然气的主要进口企业已经连年喊亏。据中国石油财报显示，2011—2013年，其进口天然气业务巨亏1 051亿元。其中2012年上半年，中国石油进口中亚天然气104.5亿立方米、液化天然气23.1亿立方米，两项总计亏损约226亿元。[52]2014年，中国进口液化天然气的均价是每立方米2.68元，管道气的均价是每立方米2.22元，进口液化天然气平均每吨赔87元左右，接收站更是全面亏损，液化天然气接收能力利用率自2010年达到峰值76%后便逐年下降，到2015年仅为53%，[53]2016年为52%。[54]尤其是2014年下半年开始，由于国际石油价格大幅下跌，国际市场现货液化天然气价格也大幅下跌。2013年1月，亚洲液化天然气现货价格曾高达每百万英热单位17.25美元，到2015年2月中旬亚洲液化天然气现货市场的价格每百万英热单位已跌破7美元。[55]作为国内最大的液化天然气进口商，中国海油不得不面对一到岸就亏损的事实，中国海油液化天然气船由于在国内难以找到买家，开始罕见地寻求国际买家。[56]

（二）初步完成了三大油气进口通道的建设工作

由于高度依赖进口石油，随着中国石油对外依存度的不断攀升，解决中国进口油气资源的通道问题越来越引起社会和政府的高度关注，更有将这一问题上升到解决“马六甲困局”等进口油气安全问题的高度加以宣传。从20世纪90年代下半期开始，中国政府和有关企业，就建设中国进口油气资源通道做了大量的工作，一般认为到2015年年中，中国基本完成了三大油气通道战略拼图。[57]以中哈原油管道和中国–中亚天然气管道为主体的西北通道、以中俄原油管道和中俄东线天然气管道为主体的东北通道，我们已经在相关的章节中进行了介绍，这里不再重复。本部分主要介绍西南通道项目，即中缅原油和天然气管理项目。

从2004年开始，中方有关学者和机构就曾探讨中缅管道建设的构想。2005年7月4日，中缅签署《关于加强能源领域合作的框架协议》。2006年，中缅双方就油气管道合作达成一致意见。2009年6月，中缅双方签署《中国石油天然气集团公司与缅甸联邦能源部关于开发、运营和管理中缅原油管道项目的谅解备忘录》，明确中缅原油管道项目包括原油管道、储运设施及其附属设施，以及在缅甸马德岛建设的一个可从超大型油轮卸载原油的码头和终端及附近建设的原油储运设施及其他附属设施，双方同意由中石油设计、建设、运营和管理原油管道项目。管道分为原油管道和天然气管道。其中，原油管道设计能力是每年2 200万吨，管道起点位于缅甸西海岸皎漂港的马德岛，经缅甸若开邦、马圭省、曼德勒省和掸邦，从云南瑞丽进入中国到达昆明并最终抵达重庆，在缅甸境内全长771公里，国内干线全长1 631公里，原油管道全长2 402公里；天然气管道设计能力为每年120亿立方米，起点位于皎漂港，与原油管道同路由进入中国境内后在贵州安顺油气管道分离，南下到达广西，在缅甸境内全长793公里，国内干线全长1 727公里，天然气管道全长2 520公里。项目总投资25.4亿美元，其中原油管道投资额为15亿美元，天然气管道投资额为10.4亿美元。中缅油气管道项目由中石油集团、缅甸国家油气公司共同出资建设，所占股份分别为50.9%和49.1%，项目运营期为30年。中缅油气管道项目中的天然气气源主要来自缅甸，缅甸天然气储量位居世界第10位，每年生产天然气80多亿立方米，出口天然气50多亿立方米，天然气主要来自缅甸近海油气田；原油油源主要来自中东和非洲。缅甸作为管道通过国，每年将获得1 360万美元的油气管道路权费、每吨1美元的原油管道过境费以及200万吨左右原油的使用权，缅甸石油天然气公司（MOGE）在中缅原油和天然气管道项目中分别享有49.1%和7.37%的股权收益。[58] 2009年12月，中国石油天然气集团公司与缅甸能源部签署中缅原油管道权利与义务协议，明确了中石油作为控股方的东南亚原油管道有限公司在中缅原油管道建设运营上所承担的权利和义务。[59]

2010年6月3日，中缅油气管道境外段正式开工建设，时任中国国家总理温家宝和缅甸联邦政府总理登盛出席了开工仪式，并见证了中国石油天然气集团公司与缅甸国家油气公司签署的《东南亚原油管道有限公司股东协议》、《东南亚天然气管道有限公司权利与义务协议》和《东南亚天然气管道有限公司股东协议》。同年9月10日，中缅油气管道境内段在云南省安宁市正式开工建设，同时作为中缅原油管道配套建设项目的云南省每年1 000万吨炼油项目也在安宁市草铺镇奠基。该炼油项目由中国石油天然气股份有限公司、云天化集团、沙特阿拉伯国家石油公司共同投资，各方持股比例分为51%、10%、39%，投资额为193亿元人民币。2013年5月28日，中缅管道的天然气管道工程建设全面完成，同年7月28日正式向中国输送天然气。到2015年1月28日，根据官方媒体报道，中石油方面透露中缅天然气管道投产运行一年半以来，迄今累计向中国输气约39.2亿立方米，仅相当于设计输气量的1/3，进口缅甸天然气一直处于亏损状态。[60]同时，位于广西的广南支干线成为西气东输二线与中缅天然气管道的联络线，目前该干线主要承担反输任务，将中缅管道天然气反向输送至华南珠三角地区。截至2016年5月，已经累计向广西供气15亿方，为广东方向反输天然气55亿方。[61]

与天然气管道的顺利建设、投运相比，中缅原油管道的建设过程则曲折得多。2014年下半年，中缅原油管道工程建设完工，但迟迟无法投运。2015年1月30日，中缅原油管道首站马德岛港进行试运行并同时正式开港，来自中东地区的原油从30万吨级的“新润洋号”油轮卸下，首次从印度洋登陆缅甸，注入中缅原油管道马德岛首站的储罐内，但是自此以后该管道的正式运营就没有了下文。2016年1月，据缅甸能源部方面的消息，中缅原油管道因缅甸能源部与东南亚石油管道公司还有部分协议未签署，同时原油输送公司与管道公司也还有部分协议未签署，所以该项目在竣工后一直未能输送原油。[62] 2016年8月，据安迅思得到的消息，中国将在3月缅甸新政府就职之后与之重新商讨输油管道的细节问题，中缅输油管道的启用或将推迟到2017年。[63] 与此同时，与中缅原油管道配套的云南安宁大炼油项目，2015年8月24日被环境保护部发出环法〔2015〕70号行政处罚决定书叫停并处以20万元罚款，2016年4月29日环保部批复了该项目的环评优化调整方案并复工。2013年5月该项目在建设过程中因其中是否包括50万吨对二甲苯（PX）项目受到了当地民众的质疑。据国外新闻机构报道，中缅原油管道有可能于2017年5月开始投运，中国和缅甸方面就管道的有关运输关税和缅甸境内石油税费的问题已经谈拢，但双方在港口费的问题上尚未达成一致，目前管道启用的协议还没有最终签署。2017年3月31日，中国外交部宣布，缅甸联邦共和国总统吴廷觉将于2017年4月6—11日对中国进行国事访问。[64] 2017年4月10日下午，在中国国家主席习近平和缅甸总统吴廷觉的共同见证下，中国石油天然气集团公司董事长王宜林与缅甸驻华大使帝林翁代表双方在北京签署《中缅原油管道运输协议》，同日晚间运载14万吨阿塞拜疆原油的“联合动力号”油轮靠泊中缅原油管道的起点缅甸皎漂的马德岛港，开始卸油，中缅原油管道工程拉开投运大幕。[65] 同年5月19日，管输原油由云南瑞丽进入中国，6月7日上午抵达位于云南省安宁市的云南石化。[66] 据外媒报道，2017年5月，中信集团牵头的一个财团正在寻求收购皎漂港70%~85%的股份，该港口估价约73亿美元，是中缅油气管道的接入点。[67]

从2004年7月中哈原油管道合资公司成立起到2017年3月底，中国用了约13年时间基本完成了三个陆上油气进口通道的建设工作。其中，建成的原油进口通道包括中哈、中俄一期和中缅三条，正在建设的有中俄二期，设计能力总计为每年7 200万吨，实际投运的仅中哈、中俄一期两条，因中哈原油管道投运以来一直未能达到设计能力，这两条原油管道向中国的实际进口量约为每年2 500万吨。建成的天然气管道包括中国–中亚ABC、中缅两条，正在建设中的有中国–中亚D线和中俄东线，设计能力总计为每年1 350亿立方米。实际投运的为中国–中亚ABC和中缅两条，因中缅天然气管道投运以来的实际输送量大大低于设计能力，这两条天然气管道向中国的实际进口量每年不到600亿立方米，设计能力为每年300亿立方米的中俄西线天然气管道项目仍在谈判过程中。

中国进口油气通道中，还有平时大家不太关注的地方，即陆路口岸，其中二连口岸最有代表性。2015年12月22日，该口岸首次从俄罗斯进口原油。2016年的前两个月，二连口岸自俄罗斯进口原油3.2万吨，自蒙古国进口0.5万吨。[68]该口岸进口的原油主要源于俄罗斯的伊尔库茨克，进口原油用户为宁夏的民营企业宝塔石化，通过火车运输，在二连口岸报关后再运往银川大坝站，预计2016年二连口岸进口俄罗斯原油的总量将达到250万吨。[69]

（三）进口原油码头能力建设大爆发

中国拥有约18 400千米的大陆海岸线和6 500多个沿海岛屿，总岸线长度达32 000千米。中国的沿海地区基本上是国家经济最发达的地区，具有建设港口的需求和经济基础。

1949年新中国成立时，中国沿海港口共有75个泊位，码头总长度达11 900米，水深3~9米，其中万吨级泊位31个，长度为6 140米。20世纪60年代，共建成投产143个泊位，码头总长度为11 021米，形成吞吐能力3 623万吨。20世纪70年代，中国建成一批机械化、半机械化大型专业码头泊位，其中有大连港和湛江港的5万吨级油码头以及其他沿海和长江港口的油码头，使港口的原油吞吐能力净增3 000万吨。在此期间，沿海港口共建成投产553个泊位，码头总长度为46 986米，形成吞吐能力17 258万吨，万吨级以上泊位79个，码头总长度为15 476米。20世纪80年代，中国沿海港口建设进入了快速发展的时期，沿海港口共建成投产1 041个泊位，码头总长度为98 438米，形成吞吐能力45 376万吨，万吨级以上泊位213个，码头总长度为43 882米，吞吐能力为31 466万吨，这一时期建成了大连10万吨级原油码头。20世纪90年代，沿海港口共建成投产1 692个泊位，码头总长度为187 036米，形成吞吐能力80 446万吨，万吨级以上泊位426个，码头总长度为95 703米，形成吞吐能力60 806万吨，这一时期先后在宁波、茂名、舟山、青岛、惠州等地建设投产了一批10万吨级、15万吨级、20万吨级和25万吨级原油成品油码头。[70]

1993年中国成为原油净进口国后，对进口原油码头等基础设施的需求日益迫切。进入21世纪后，随着原油进口量的不断攀升，中国进口原油码头建设进入了大爆发的时期。2003年，中国原油净进口量突破8 000万吨大关，由此引发了全国从北到南的原油成品油码头建设热潮，国家石油公司、港务局和其他类型的企业纷纷投入巨资，码头吨位从25万吨级到30万吨级不等，甚至还有大连北良的50万吨级原油码头的建设计划，各地都在做“油品大港之梦”。[71]截至2005年年底，中国沿海港口共有原油泊位57个，通过能力为24 860万吨。其中，环渤海地区共有原油泊位13个，通过能力为9 465万吨，20万吨级以上原油泊位2个，其中大连1个、青岛1个；长三角地区共有原油泊位37个，通过能力为11 280万吨，20万吨级以上原油泊位3个，其中宁波2个、舟山1个；珠三角地区共有原油泊位5个，通过能力为3 600万吨，20万吨级以上原油泊位2个，其中茂名1个、湛江1个；福建、广西、海南沿海地区共有原油泊位2个，通过能力为515万吨。[72]据不完全统计，到2016年年中，中国的原油进口码头总通过能力约5.5亿吨，20万吨级及其以上的泊位32个。此外，还有5座以上30万吨级原油码头正在建设中，通过能力至少1亿吨。[73]至此，中国基本形成了环渤海、山东半岛、长三角、福建、珠三角原油进口港口群，完全可满足进口原油的接卸需要。

在中国进口原油码头火热的建设过程中，早就有不同的声音，认为码头能力已严重过剩。[74]但是，即使在这种情况下，目前国内有关地区的进口原油码头建设的热情仍然不减，其中最典型的是山东地区。目前，山东地区已建成试运行的原油码头9座，年接卸能力为1.37亿吨；可用于装卸燃料油、成品油的油品和液体化工品码头77座，年接卸能力约6 600万吨。2016年11月底，山东省发改委、经信委、交通厅联合出台《全省油气输送设施规划建设方案（2016—2020年）》，提出将在青岛、日照、烟台、潍坊、东营、滨州等港口规划新建13座原油码头、38座油品和液体化工品码头，新增原油年接卸能力11 300万吨，油品和液化化工品年接卸能力7 005万吨，到2020年使山东省沿海港口原油年接卸能力达2亿吨以上，油品和液体化工品码头年接卸能力达1亿吨左右。[75]

位于浙江省的宁波—舟山港区2009年即成为世界第一大港，2015年宁波舟山港货物吞吐量为8.89亿吨，连续7年位居世界港口第一位，2016年更是成为全球首个9亿吨大港。2015年8月，浙江省决定成立海港集团，统一省内所有港口资源，并将宁波和舟山港合并。2015年9月29日，宁波舟山港集团有限公司举行揭牌仪式，两个港口正式合并。宁波—舟山港区也是中国进口原油通过能力最大的地区，两个港区合计拥有20万吨级及以上的原油码头10座以上，原油总通过能力约1.5亿吨。港区拥有亚洲最大、中国首个正式投用的45万吨级原油码头——大榭港区实华二期45万吨原油码头，还有位于舟山册子岛的第二座45万吨原油码头在建。2017年2月13日，大榭港区实华二期45万吨原油码头首次挂靠全球在航的最大载重吨级别船舶“泰欧”轮，该轮为巨型油轮（ULCC），载重吨为41.9万吨。[76]2015年，宁波舟山港区进口原油的数量为7 166万吨，占全国的23%。[77]据不完全统计，2016年宁波舟山港区的原油进口量超过7 000万吨，应该高于或最低与2015年的原油进口量持平。[78]主要得益于自2015年下半年国家开放独立炼厂的原油进口，山东地区原油进口数量增长迅速。2016年，山东地区口岸进口原油约1.2亿吨，同比增加57%，其中青岛口岸进口原油5 605万吨，占全省近一半，占全国进口总量的近1/7，创历史最高水平，据称该口岸也成了我国最大的原油进口口岸。[79]

（四）国家战略石油储备建设取得突破性进展

早在20世纪90年代初，中国有关政府部门、机构和学者就开始研究中国战略石油储备的建设问题。进入21世纪以来，为应对日益增加的石油对外依赖，中国政府着手开展战略石油储备的建设工作。社会上、研究界和政府部门对石油储备有不同的定义，我们这里所讨论的战略石油储备，严格意义上指的是：储备基地由中央政府出资建设，储备原油成品油的采购由中央政府直接出资或出面担保，储备基地由中央政府直接管理或委托有关国有企业管理，或由中央政府出资采购储备原油但租用社会库容进行储存。

2014年11月16日，在澳大利亚布里斯班举行的G20领导人第9次峰会上，中国国家主席习近平宣布，根据G20在数据透明度方面的共识，中方将定期发布石油库存数据。[80]到目前为止，中国政府还将战略石油储备的建设工作列为秘密，只有国家统计局不定期正式对外公开很少的材料，同时一些研究机构在相关研究成果和一些政府官员在讲话中透露出部分信息。从这些公开的资料中，我们可以看出中国战略石油储备的基本情况如下。第一，中国是从2002年开始建设国家战略石油储备基地的，2004年一期工程全面开工。同时，还成立了国家石油储备办公室，组建了若干石油储备基地公司。[81]通过查询国家能源局官方网站，我们可以发现国家能源局石油天然气司的职责中包括“承担国家石油、天然气储备管理工作，监督管理商业石油、天然气储备”，国家能源局直属事业单位中包括国家石油储备中心，但未见有关该中心的具体介绍。[82]第二，截至2014年11月，中国的国家石油储备一期工程建成，具体包括舟山、镇海、大连和黄岛4个国家石油储备基地，总储备库容为1 640万立方米，储备原油1 243万吨。其中，舟山国家石油储备基地库容为500万立方米，储备原油398万吨；镇海国家石油储备基地库容为520万立方米，储备原油378万吨；大连国家石油储备基地库容为300万立方米，储备原油217万吨；黄岛国家石油储备基地库容为320万立方米，储备原油250万吨。[83]这是中国政府首次公布国家战略石油储备的建设进展和具体国家战略石油储备的储备原油数量。第三，到2015年年中，中国的国家战略石油储备建设工作又取得了进展。至2015年年中，中国共建成8个国家石油储备基地，总储备库容为2 860万立方米。其中，地面库7个，分别为舟山、镇海、大连、黄岛、独山子、兰州、天津国家石油储备基地，库容分别为500万、520万、300万、320万、300万、300万和320万立方米；地下库1个，为黄岛国家石油储备洞库，建设规模达300万立方米。利用上述储备库及部分社会库容，储备原油2 610万吨。[84]这是中国政府首次公布国家战略石油储备基地除地面库外，还建成了地下库，并说明除国家石油储备基地外，中国政府还使用社会库容，用于储存国家储备原油。第四，到2016年年初，中国政府又一次公布了国家战略石油储备情况。至2016年年初，我国已建成舟山、镇海、大连、黄岛、独山子、兰州、天津及黄岛国家石油储备洞库共8个国家石油储备基地，利用上述储备库及部分社会企业库容，储备原油3 197万吨。[85]从这次公布的资料看，国家石油储备基地还是8个，但储备的原油由2015年年中的2 610万吨增加到3 197万吨，增加了587万吨。第五，到2017年4月28日，中国政府再一次公布国家战略石油储备建设情况，至2016年年中，建成舟山、舟山扩建、镇海、大连、黄岛、独山子、兰州、天津及黄岛国家石油储备洞库共9个国家石油储备基地，利用上述储备库及部分社会企业库容，储备原油3 325万吨。[86]

中国一些负责能源工作的政府官员，也在不同的场合说明和解释中国战略石油储备的建设情况，其中比较权威的是原国家发改委副主任、国家能源局原局长张国宝。在2008年3月10日的两会上，张国宝表示，截至当时，一期规划的4个战略石油储备基地中，浙江镇海的储备基地已经建成并开始储油，舟山基地基本建成，黄岛和大连的储备基地也即将建成。中国在进行石油储备的时候，国际石油市场的油价已进入较高时期，但现在看来还是合算的，并没有出现外界所说的亏本。中国的石油储备并没有规定每个月必须采购多少，而是根据国际石油市场的变化酌情进行储备。[87] 2009年3月16日，在接受凤凰卫视吴小莉的专访中，张国宝谈到了中国战略石油储备建设情况，说明第一批包括镇海、舟山、大连和黄岛的储备基地已经建成而且在油价最低的时候储油了，没有影响国际石油价格，二期工程已经规划完毕，包括锦州等8个战略石油储备基地有望在2009年内开工建设。[88] 2009年9月25日，国家能源局局长张国宝在出席国新办新闻发布会，介绍新中国成立60年中国能源事业发展情况时表示，中国已经建成了第一期4个石油储备基地，第二期石油储备基地建设已经全面展开，中国国家石油储备还远未达到目标，因此肯定会建设第三期石油储备，最终达到发达国家90天储备量的水平。[89]关于中国战略石油储备采购的原油价格，2009年7月中旬，张国宝向《能源》杂志记者表示，2008年中国战略石油储备采购的原油成本是均价每桶58美元。[90] 2011年3月在接受媒体采访时，张国宝表示，他曾要求中国有关石油公司在国际油价每桶60美元时，抓紧采购储备原油。[91] 2017年4月17日和4月24日，张国宝在《中国经济周刊》2017年第15期和第16期上发表了《国家战略石油储备：一个英明且及时的决策》一文，作为亲历者和主要决策者，较为全面地回顾和介绍了中国国家战略石油储备一期项目的决策过程、管理模式的讨论和储备原油采购等事宜。[92]

中国战略石油储备的原油采购，如同战略石油储备建设工作一样，也是一个谜。除上述我们引用的张国宝讲话中零星透露出来的一点消息外，没有官方公布的任何消息，因而一直成为外界尤其是外媒猜测的一个话题。2015年3月，路透社报道称，自2014年8月以来，中国为补充战略石油储备的采购是亚洲石油需求的主要推手之一，中国进口商趁油价低廉，购油存放于油槽。[93] 2015年11月10日，巴克莱银行发布报告认为，中国战略石油储备采购量2016年将增至每日23万桶，中国商业石油库存将增至3.3亿桶，战略石油储备采购将使原油日需求量增加18万桶。该行预计，2020年，中国战略石油储备将达到5.5亿桶，甚至可能是7.3亿桶。[94] 2015年年底，路透社根据搜集到的数据及调查认为，2016年中国可能将增加7 000万~9 000万桶原油到其储备设施中，以打造战略石油储备，中国的原油采购总量也将因此创下新纪录。[95] 2016年2月2日，俄罗斯《专家》周刊网站刊文认为，中国的储油库还能再存放3.6亿桶石油，预计2017年中国会采购1.5亿桶石油作为储备，中国完全有能力扮演海绵，吸收市场上的过剩石油。[96] 2016年4月，彭博社报道称，在中国港口停驻的超级油轮数量是16个月来最多的，而且还有83艘超级油轮正在驶往中国的航路上，它们可运载1.66亿桶原油。2016年第1季度中国每天转运78.7万桶原油用于战略储备，是自2004年开始跟踪报道这一数据的最高值。[97] 摩根大通2016年6月29日发布的研究报告称，通过计算中国国内石油产量加上净进口，再减去被提炼成燃油或运往商业存储设施的原油量，来估计中国战略石油储备库的原油量，该机构认为2016年这个量约为每天120万桶，大大高于2015年的49万桶，总计储备量达到4亿桶。中国充填战略石油储备库的进程可能正接近结束。随着油价暴跌，中国2016年为储备目的进行的石油采购量增加了一倍，停止战略储备目的的进口将导致中国石油进口量减少约15%。[98]该机构认为，中国战略石油储备库的容量约为5.11亿桶，将在2016年8月底前装满。[99]正是由于信息不公开，有评论认为，中国的石油储备成了一个“世界之谜”，对于外界而言，最难的一个问题在于没人知道中国究竟有多少储备，中国下一步计划将影响原油价格的未来走势。[100]2016年7月，市场普遍认为，随着中国停止为国家战略石油储备采购原油，国际石油市场油价将要下跌。[101]2017年8月18日，英国《金融时报》发表消息称，10天前，全球最大的活跃油轮“TI欧洲号”驶入中国宁波港，交付其运输的300多万桶中东原油，这批石油中的大部分被指定归入储油罐和中国的战略石油储备。[102]2017年8月24日,《今日美国报》发表文章称，忘了欧佩克吧，中国控制着石油价格，认为中国战略石油储备的采购支撑了2017年上半年的国际石油价格，而一旦储罐装满，国际石油价格将在2017年下半年和2018年年初下跌。[103]

中国的战略石油储备除原油外，还应该包括成品油。2011年3月初，国家物资储备局局长王庆云在接受媒体采访时表示，中国目前的石油储备量大体是一个月，主要包括两块，一块是原油储备，另一块是成品油储备，基本上原油和成品油储备的比例是3∶1。初步规划用15年时间分三期完成油库等硬件设施建设，储备油投入也将到位，预计总投资将超过1 000亿元。[104]

2009年6月3日，镇海国家石油储备基地接待了来自国内外26家媒体近50名记者组成的采访团，这是中国国家石油储备基地首次正式接待国内外媒体采访。[105]

2015年5月25日，国家主席习近平考察岙山国家战略石油储备基地，指出石油战略储备对国家意义重大。舟山储备基地已经建成，前景很好。要发挥优势，继续开发建设，为国家石油储备打好基础。[106]这是见诸公开资料的中国国家最高领导人第一次考察国家战略石油储备基地。

除由中央政府出资和控制的国家战略石油储备外，中国众多的企业也建设了相当规模的原油成品油仓储设施，如中国石油和中国石化就拥有自己的商业石油储备公司。据不完全统计，由中国企业拥有的原油成品油仓储设施规模超过1亿立方米，其中8万余家民营石油企业的总储油能力达到2.3亿吨。[107]

政策法规方面，到目前为止中国尚未有正式实施的国家石油储备法律法规。2016年5月31日，国家能源局发布《国家石油储备条例（征求意见稿）》，向全社会征求意见，目的是规范石油储备管理，加快推进石油储备立法工作。[108]这个征求意见稿的条文共计7章53条，就立法目的、政府储备和企业义务储备等进行了说明并提出了具体要求。截至2017年10月底，仍未看到这个条例什么时候实施的消息。

（五）页岩气勘探开发工作取得初步成果，煤制油实现工业化生产

从国内油气生产方面看，进入21世纪的16年，中国国内油气生产没有多少可圈可点之处。一方面，2001年中国的石油产量为1.648亿吨，2000年突破2亿吨，2015年增长到2.15亿吨，2016跌破2亿吨下降到1.99亿吨。另一方面，天然气产量增长较快，2001年为314亿立方米，2016年增长到1 369亿立方米。但是，相对于同一时期中国石油和天然气消费的迅速增长，中国国内石油、天然气生产远远无法满足消费增长的需要。不过，在这一期间，有两项较

有意义的事件，它们对未来中国的油气形势发展可能会产生一定的影响。

一是启动了页岩气招标活动，中国油气勘探开发活动开始了市场化的尝试。自2009年开始，中国开展了页岩气资源潜力评价及有利区带优选，将页岩气设置为独立矿种，放开了页岩气勘查开采市场，发布了《关于加强页岩气勘查开采和监督管理有关工作的通知》，出台了《页岩气资源/储量计算与评价技术规范》，编制了《"十二五"页岩气发展规划》，推出了《页岩气产业政策》。2012年11月1日，财政部和国家能源局还出台了页岩气开发利用补贴政策，明确中央财政对页岩气开采企业给予补贴，2012—2015年的补贴标准为每立方米0.4元。[109] 2011年6月27日，国土资源部举办首次油气探矿权公开招标，出让的页岩气探矿权区块共计4个，面积共约1.1万平方公里，有6家企业参与，由中国石化和河南煤层气中标。[110] 2012年9月10日，国土资源部发布公告，面向社会各类投资主体第二轮公开招标出让页岩气探矿权，选择了20个区块，总面积为20 239平方公里，分布在重庆、贵州、湖北、湖南、江西、浙江、安徽、河南8个省市。2013年1月21日，国土资源部公布了第二轮页岩气探矿权出让招标中标企业，产生了19个区块16家中标企业。其中中央企业6家、地方企业8家、民营企业2家。电力和煤炭企业竞得8个区块。按照中标企业的标书，19个区块三年内将投入128亿元的勘查资金。[111] 2014年9月，就传出国土资源部将开始第三轮页岩气招标的消息，[112]但是直到三年后的2017年才初露端倪。从二轮招标后开展的工作结果看，中国页岩气产业发展取得突破性进展，在四川、鄂尔多斯盆地的长宁、威远、昭通、涪陵、延长等地，获得三级储量近5 000亿立方米，已形成年产15亿立方米产能。截至2014 年7月底，中石油、中石化、延长石油已累计生产页岩气6.8亿立方米。预计2015年有望达到或超过65亿立方米的规划目标。2015年12月底，中国石化宣布，重庆的涪陵页岩气田完成50亿方的一期产能建设，中国首个商业开发大型页岩气田建成。2017年3月，中国石化宣布涪陵页岩气田累计供气突破100亿方，预计在2017年将建成100亿方年产能。截至2016年年底，中国石油长宁—威远、昭通两个国家级页岩气示范区已建成配套产能30亿立方米，2016年产量超过28亿立方米。2017年1月，中石油宣布，将提前启动新一轮页岩气建设，预计到2020年川南页岩气年产量达到100亿方。“十三五”期间，中国石油西南油气田公司计划在宜宾、威远地区钻600口页岩气井。[113]此外，页岩气勘查开发技术及装备基本实现国产化，水平井成本不断下降，施工周期不断缩短。水平井单井成本从1亿元下降到5 000万~7 000万元，钻井周期从150天减少到70天，最短实现了46天的钻井周期。[114]2014年下半年以来的国际油价大幅下跌，加之有关政策的实施和行业壁垒等问题，除取得以上成绩外，二轮招标后开始勘探工作的企业，都遇到了不同的困难，实际工作进展与预期存在较大的差距。有关方面认为，中国的页岩气开发存在部分中小型企业投资积极性减退、深层开发技术尚未掌握、勘探开发竞争不足、市场开拓难度较大等种种问题，而且第二轮中标的企业均没有在规定的时间内完成投资。[115]估计这些原因和目前页岩气勘探开发工作中存在的问题，导致中国第三轮页岩气招标迟迟未启动。2017年8月15日，国土资源部发布消息称，委托贵州省政府开展正安页岩气勘查区块出让工作，于8月18日在贵阳进行现场拍卖，这是我国油气探矿权的“第一拍”。此外，国土资源部还在研究其他地区页岩气勘查区块竞争出让。据各种机构估计，中国是世界上页岩气资源最丰富的国家。2015年6月，中国地质调查局召开页岩气资源调查评价座谈会，发布《中国页岩气资源调查报告（2014）》，我国页岩气地质资源量为134万亿立方米，可采资源量为25万亿立方米。[116] 2014年9月世界能源研究所发布的一项研究表明，中国页岩气储量高达30万亿立方米以上，居世界第一，几乎是美国的两倍。[117] 2011年4月5日，美国能源信息署发布对全球页岩气资源的初步评估结果显示，中国的页岩气技术可采资源量排名世界第一，为36万亿立方米。[118] 由于拥有丰富的页岩气资源，从美国页岩气革命的历程中可以看出，只要中国持之以恒地进行油气勘探开发领域的市场化改革，积极引进多种所有制企业参与页岩油气的勘探开发活动，中国一定会迎来如同美国页岩油气革命般的丰硕成果，中国一定也会迎来能源独立的那一天。

二是煤制油技术取得突破，实现了大规模工业化生产。中国是世界上煤炭资源最丰富的国家，从资源禀赋来看，中国“富煤、贫油、少气”。因此，到目前为止煤炭在中国的能源生产和消费中占有绝对的比例。从20世纪90年代中期开始，随着中国成为石油净进口国，石油对外依存度不断攀升，煤制油研究已上升到国家战略高度。我国开始煤制油的企业主要有神华集团、潞安矿业集团、内蒙古伊泰集团和兖矿集团，据不完全统计，大大小小的煤制油项目有33个。1998年，中国国务院将大约110亿元的煤代油基金划拨给神华集团，神华集团成为国家实施煤制油战略的主要责任单位。经过多年的发展，神华集团在煤制油化工领域已经形成完整体系，成为全球唯一同时掌握百万吨级煤直接液化和煤间接液化两种煤制油技术的公司。十多年来，神华集团建成并运行了4个大型煤制油、煤化工示范工程，分别为：鄂尔多斯煤直接液化百万吨级示范工程、年产18万吨煤间接液化示范工程、年产聚乙烯和聚丙烯各30万吨的神华包头煤制烯烃示范工程和年产聚丙烯50万吨的神宁煤业集团煤基烯烃示范工程。2015年，神华集团生产各类油品化工品1 047万吨。2016年12月，总投资达550亿元、全球单套规模最大的煤制油项目神华宁煤集团每年400万吨煤炭间接液化示范项目正式投产。[119]中国国家领导人一直非常关注煤制油技术的突破和工业化生产进展。2009年8月24日，国家主席习近平视察神华煤直接液化项目时指出："煤制油作为国家的能源战略，对国家的经济发展和长治久安是一个重要的战略安排。煤炭作为我国能源结构的主要组成部分，把煤炭产业做大、做强、做好，具有深远的战略意义。"2016年7月19日，国家主席习近平来到宁东能源化工基地，详细了解全球单体规模最大的煤制油工程项目——神华宁煤煤间接液化示范项目建设的进展情况，肯定了我国在煤化工领域取得的创新成就。[120]2016年12月底，习近平主席对神华宁煤煤制油示范项目建成投产做出重要指示。习近平指出，这一重大项目建成投产，对我国增强能源自主保障能力、推动煤炭清洁高效利用、促进民族地区发展具有重大意义，是对能源安全高效清洁低碳发展方式的有益探索，是实施创新驱动发展战略的重要成果。[121]考虑到当前油价较低和煤制油项目的投资大，2017年2月，据宁夏有关方面消息，经国家七部委研究，已同意给予煤制油示范项目消费税免征5年的优惠政策。[122]据有关机构统计，2018年，中国预计将实现每年1 878万吨的煤制油总产能。[123]"十三五"期间，还将有伊泰伊犁100万吨间接液化、伊泰鄂尔多斯200万吨间接液化、伊泰新疆200万吨间接液化、神华宁煤400万吨（二期）间接液化、神华鄂尔多斯320

万吨（二期）直接液化、兖矿/延长榆横400万吨间接液化、潞安长治80万吨（二期）煤液化等项目陆续投产，这样煤制油产能在“十三五”末将达到2 810万吨。按照70%左右制成的燃油成品核算，每年将生产2 000万吨煤制油品。[124]据国土资源部公布的资料，截至2013年年底，中国查明煤炭资源储量1.48万亿吨。[125]鉴于拥有庞大的煤炭资源储量，因此，中国取得自主知识产权的煤制油工业化生产技术，对于国家石油安全有重要的战略意义。

四、国内石油天然气行业的市场化改革稳步推进

在国外油气资源投资和国内油气基础设施建设都取得可喜进展的同时，中国政府也在大力推进国内石油天然气行业的市场化改革，力图建立更加贴近实际的市场，促进石油天然气行业的发展，更好地满足国民经济发展对能源行业提出的新要求。

（一）初步形成了与国际市场接轨的成品油价格调整机制

进入21世纪以来，中国油气行业一个较为重要的举措，就是初步形成了与国际接轨的成品油价格调整机制，虽然中国国家发改委仍在宣布价格，但成品油价格的上涨和下调已成为常态。

1955年，中国开始自己生产原油，制定原油价格。1955—1981年长达26年的时间里，石油价格的制定和调整都由政府决定，通常是一次调整，长时期不变。当时石油价格分为出厂价、销售环节的批发价和零售价三种，同时其又根据工业和经济发展情况分为不同的价格区。20世纪80年代之前，成品油价格被划分为9个价格区，124个市场，国家规定各个价格区的价格。20世纪80年代初进行价

格调整时，又将价格区合并为4个。1982—1994年，是双轨制阶段。1981年，国务院批准了原石油部实行1亿吨原油产量包干，超产与节约部分的石油可按当时的国际油价出售，差价所得由原石油部用于石油的勘探和开发，这就是石油价格的“双轨制”。与之相适应，成品油价格也出现了平价、计划内高价、计划外高价等多种价格形式。1994—1998年为并轨制阶段。1994年5月，国家对原油、成品油流通体制进行了改革，成品油出厂价格实行计划内外价格“并轨”，全国统一实行国家定价，并且将过去的价格区域调整为新疆、青海、甘肃和其他。成品油销售价格进行两级管理，即各直辖市、省会城市、自治区首府及大庆、大连、安庆、重庆等35个中心城市的成品油销售价格由国家计委管理，其他地方的成品油销售价格由各省、自治区、直辖市物价部门管理。[126]

从1998年开始，中国原油成品油价格开始逐步同国际接轨。一方面，随着1993年后中国成为石油净进口国，与国际市场的关系日益密切，国际石油价格已对中国的石油产业带来了直接的影响；另一方面，1998年中国石油工业体制进行了重大改革，成立了中国石油、中国石化两大集团，中国的国家石油公司也迈入了市场化。1998年6月3日，原国家计委出台了《原油成品油价格改革方案》，规定国内原油、成品油价格按照新加坡市场油价相应确定，原油价格自1998年6月1日起执行，成品油价格自1998年6月5日起执行。这次改革的主要内容包括：对汽油、柴油零售价格实行政府指导价，国家计委制定并公布不同销售地区汽油和柴油零售中准价。汽油和柴油的零售中准价制定的原则是：以国际市场（新加坡）汽油、柴油进口完税成本为基础，加上按合理流向计算的从炼油厂经中转配送到各加油站的运杂费，再加上批发企业和零售企业的经营差率计算得出。当新加坡市场汽油、柴油交易价格变动幅度超过5%时，由国家计委调整汽油、柴油的零售中准价，两大集团以此为基础，在5%的浮动幅度内确定具体零售价格。在这之后，原国家计委不断对国内成品油价格进行完善。2000年5月起，国内成品油价格根据国际市场价格每月调整一次，进一步贴近国际市场。2001年10月，将过去仅参考新加坡，调整为参考纽约、鹿特丹和新加坡三地的市场作为调整国内成品油价格的参照基础，当国际油价上下波动幅度在5%~8%的范围内时保持油价不变，超过这一范围时由国家发改委调整零售中准价。2006年，国家对成品油价格形成机制进行了调整，确定国内成品油价格实行政府指导价，零售基准价以出厂价格为基础，加流通环节差价确定，允许企业在此基础上上下浮动8%确定具体零售价格。2008年12月18日，中国国务院发布《关于实施成品油价格和税费改革的通知》(国发〔2008〕37号)，这是中国国内成品油价格形成机制和成品油消费税形成的最重要的一次改革。与之配套的国家发改委、财政部的相关文件明确：将现行的成品油零售基准价格允许上下浮动的定价机制，改为实行最高零售价格，以出厂价格为基础，加上流通环节差价来确定，将原允许企业根据政府指导价格上下浮动8%降为4%左右。根据新加坡、纽约和鹿特丹三地以22个工作日为周期对国际油价进行评估，当三地成品油加权平均价格变动幅度超过4%时，即调整国内成品油的价格。与此同时，还明确了汽油、柴油和航空煤油等的消费税额。2009年5月8日，国家发改委发布《石油价格管理办法(试行)》，进一步明确了我国成品油价格管理的具体细节，其主要包括以下内容。(1)原油价格由企业参照国际市场价格自主制定。(2)国内成品油价格以国际市场原油价格为基础，加国内平均加工成本、税金、合理流通费用和适当利润确定。当国际市场原油连续22个工作日移动平均价格变化超过4%时，可相应调整国内汽、柴油价格。（3）当国际市场原油价格低于每桶80美元时，按正常加工利润率计算成品油价格；高于每桶80美元时，开始扣减加工利润率，直至按加工零利润计算成品油价格；高于每桶130美元时，按照兼顾生产者、消费者利益，保持国民经济平稳运行的原则，采取适当财税政策保证成品油生产和供应，汽、柴油价格原则上不提或少提。2013年3月26日，国家发改委发布《关于进一步完善成品油价格形成机制的通知》（发改价格〔2013〕624号），明确：缩短调价周期，将成品油计价和调价周期由现行22个工作日缩短至10个工作日，并取消上下4%的幅度限制；当汽、柴油调价幅度低于每吨50元时，不做调整，纳入下次调价时累加或冲抵；适当调整国内成品油价格挂靠的国际市场原油品种。2016年1月13日，国家发改委发布《关于进一步完善成品油价格形成机制有关问题的通知》（发改价格〔2016〕64号），公布了石油价格管理办法，同时设定成品油价格调控下限为每桶40美元，即当国内成品油价格挂靠的国际市场原油价格低于每桶40美元时，国内成品油价格不再下调，成品油价格未调金额全部纳入风险准备金。[127]目前，中国国内成品油价格即按这一政策的规定实施。

客观地说，通过十多年的不断完善，中国国内成品油价格形成机制初步实现了市场化和逐步向国际石油市场的靠拢。截至2016年1月的这一次改革，从行业来说，已经可以推测出或基本摸索出国家发改委宣布成品油价格上涨或下跌的内在逻辑，但是这其中的内在逻辑国家发改委在相关的文件中并未明示。多年来，在讨论中国的成品油价格形成机制过程中，相关专家早就建议，通过这么多年的实践，中国成品油价格形成机制的市场化和国际化大原则已经确立，国家发改委等政府部门应该放手，在向社会公布成品油价格管理办法的同时，也应公布价格调整公式的详细内容，由市场参与企业按国家政策自主调整成品油价格，国家发改委等政府部门仅行使政府监督职能，这样可避免被社会大众指责。2011年8月15日，面对社会大众对国内成品油价格涨快跌慢的指责，时任中国石化董事长的傅成玉就公开表示：这是由国内成品油定价机制决定的，为什么国内油价“涨快跌慢”，这个问题由发改委来解释比较合适；并表示，从中石化企业的角度来说，其实是希望推进成品油定价的市场化改革的。[128] 2011年年中前后，国家发改委有关部门向社会表示，正在讨论成品油定价机制，并向有关企业征求意见，据称其中有在油价每桶130美元以下时，国家可能将成品油定价权下放给国家石油公司。[129] 当时，在相当长时间内，关于是否下放成品油定价权成为社会热点话题，很多新闻媒体为此专门设立了专题，供社会各界进行讨论。[130] 社会大众和专家学者普遍认为，在中国石油、中国石化事实上垄断国内成品油市场的情况下，不应该向石油生产企业下放成品油定价权。与此同时，有关石油企业也不赞成。2011年10月，时任中国石油的董事长和总经理均明确表示，虽然目前的定价机制存在调价间隔时间长、过于透明等不足，“但至于把定价权下放给石油生产企业，从中石油来讲，我们认为目前不是太合适”。[131] 到2013年年底时，这一话题又起，但被社会各界视为笑谈。[132]

（二）开放独立炼厂原油进口和非国营贸易进口资质

众多且发展日益壮大的地方炼油企业，一直是中国炼油产业无法回避的一个话题。多年来，中国政府一直在想办法努力解决这一部分炼油产能，但是这一部分炼油企业如同野火后春天的小草，不但没有被消灭，反而日益强大。根据不同机构的统计数据，截至2014年年底，中国约有147家地方国企及民营企业的炼厂，合计能力为每年15 452万吨，占全国炼油能力的20.7%，汽柴油产量超过全国的20%。[133]对于这些企业，社会上和各行业有不同的叫法，有传统称呼为“地方炼厂”的，更为外媒称之为“茶壶炼厂”。为公平、公正地对待这些企业和评述中国石油进出口政策的变化，本书中我们将这些独立于国家石油公司的炼油企业统称为“独立炼厂”。

2013年7月，中国国务院发布《关于促进进出口稳增长、调结构的若干意见》（国办发〔2013〕83号），首次提出本着有利于结构优化、淘汰落后产能的原则，赋予符合质量、环保、安全及能耗标准的原油加工企业原油进口及使用资质；2014年5月，中国国务院发布《关于支持外贸稳定增长的若干意见》（国办发〔2014〕19号）再次提出这一原则，并明确了负责的相关部委。2015年2月9日，国家发改委出台《关于进口原油使用管理有关问题的通知》（发改运行〔2015〕253号），明确了原油加工企业获得进口原油使用权的相关要求；5月5日，石化联合会发布《核查评估用油企业工作细则》；7月23日，商务部《关于原油加工企业申请非国营贸易进口资格有关工作的通知》（商贸函〔2015〕407号）提出原油加工企业申请非国营贸易进口资格的要求；2015年11月中旬，商务部、国家发改委和海关总署联合下发了《关于暂时允许符合条件的炼油企业开展进口原油加工复出口成品油业务有关问题的通知》，明确符合申请条件的炼油企业可以申请2015年及2016年的成品油出口配额。至此，用了两年多一点的时间，中国政府完成了赋予独立炼厂原油进口使用权、原油进口资质和成品油加工贸易出口的政策制定。

2015年6月初，山东东明炼厂成为第一家获批原油进口的独立炼厂，并于8月24日同盘锦北方获得原油非国营贸易进口资质。2015年8月25日，山东东明炼厂自主进口的第一船原油抵达日照港，是独立炼厂首船自主报关的进口原油。截至2017年10月25日，共有41家企业递交了申报材料。已有29家独立炼厂获得进口原油使用权，累计可使用进口原油9 525万吨；同时，有3家炼厂尚处于公示期，累计可获得644万吨的使用权；另外还有9家企业处于审批阶段。[134]其中13家企业获得原油非国营贸易进口资质，累计总量为每年5 529万吨。2017年4月27日，国家发改委经济运行局发出通知，从当年的5月5日起，停止接收有关原油加工企业使用进口原油的申报材料。[135]至此，中国向独立炼厂开放原油进口使用的政策暂时告一段落。据行业估计，中国主要的独立炼油企业绝大部分已经获得了原油进口使用权，未来主要问题是如何使用好这些进口原油，满足国家日益严格的监管需要。

独立炼厂获得原油进口使用权和非国营贸易进口资质，使长期以国家石油公司为主体的中国石油进出口管制政策实现了一次突破，舆论称之为中国石油进出口的“垄断开始消融”。从一年多时间的实践看，一方面独立炼厂实际使用的进口原油数量大大低于国家的批准数，另一方面在实际使用过程中存在产品质量、环境和税收等方面的问题，社会和行业也有不同的看法。为此，中国相关政府部门加强了对独立炼厂的管理。一方面派出各种检查组现场检查独立炼厂的进口原油使用、产品质量、税收等情况；另一方面从2017年开始核减部分独立炼厂的进口原油数量，如2017年10月，国家发改委就将宝塔石化的进口原油指标自2018年起从616万吨调减至216万吨，并从整体上停止了独立炼厂的成品油加工贸易出口业务。事实上，这一政策的突破，其影响将远远超越石油进出口体制本身，可能将给中国国内的石油天然气产业格局带来根本性的改变。2017年9月27日，注册资本为900亿元的山东炼化能源集团公司在济南正式注册成立，该集团由16家山东独立炼油企业组成。有媒体称，该集团的成立，标志着中国“第五桶油”呼之欲出。[136]也许这仅仅是一个开始，未来，我们也许会看到更多的多种所有制类型的石油企业不断涌现，中国石油产业的市场化程度将越来越高。

（三）石油天然气体制改革正式启动

进入21世纪以来，除局部的改革外，从整体上看，中国的石油天然气行业仍维持了以国有企业为主体、市场化程度不足的格局，社会各界、企业要求改革的呼声很高。

早在2014年11月，国务院就发文提出，要推进石油天然气等领域价格改革，重点推进油气管网建设运营体制改革。2015年5月中旬，国务院批转了国家发展改革委《关于2015年深化经济体制改革重点工作的意见》，提出研究石油天然气体制改革总体方案，在全产业链各环节放宽准入。[137]2015年9月，国家发改委副主任连维良表示，正在抓紧研究制定石油天然气等重点行业改革方案。2015年11月，国家发改委新闻发言人施子海表示，石油天然气体制改革方案等已送有关部门、地方人民政府、有关企业、行业协会征求意见，同时委托有关单位对改革方案进行评估论证。[138]2016年4月初，国务院批转的国家发改委《关于2016年深化经济体制改革重点工作的意见》中，再次包含了出台深化石油天然气体制改革的若干意见及配套政策的内容。[139]2016年8月，国家能源局发文表示，将稳步推进石油天然气体制改革，意见稿于2016年年底前出台。[140] 2016年12月，国家发改委副主任连维良表示，石油天然气改革体制方案正在抓紧研究制定之中。2017年3月5日，在第十二届全国人民代表大会第五次会议上，李克强总理在政府工作报告中部署2017年重点工作任务时，要求“抓好电力和石油天然气体制改革，开放竞争性业务”。[141] 在这期间，国家发改委陆续发布了有关天然气管道的相关政策文件。如2016年10月11日，国家发改委印发《天然气管道运输价格管理办法（试行）》和《天然气管道运输定价成本监审办法（试行）》，明确了天然气管道运输的准许收益率。同年10月18日，国家发改委发布了《关于明确储气设施相关价格政策的通知》，明确今后我国的天然气储气服务价格、储气设施、天然气购销价格将由市场自发形成，鼓励各方投资建设储气设施，增强天然气供应保障能力。

在两年多的时间里，有关石油天然气体制改革的方案进行了多方的论证，很多政府部门、研究机构和企业及有关专家参与了讨论，主要包括油气管网独立等方面的内容，有的国家石油公司也采取了一些具体举措，如将油气管网公司独立运营等。[142] 有一些专家也公开地对石油天然气体制改革发表了自己的意见和看法。[143] 2017年5月21日，新华社正式发布了中共中央、国务院《关于深化石油天然气体制改革的若干意见》（以下简称《意见》），明确了深化石油天然气体制改革的指导思想、基本原则、总体思路和主要任务。《意见》强调：深化石油天然气体制改革要坚持问题导向和市场化方向，体现能源商品属性；坚持底线思维，保障国家能源安全。《意见》明确，深化石油天然气体制改革的总体思路是：针对石油天然气体制存在的深层次矛盾和问题，深化油气勘查开采、进出口管理、管网运营、生产加工、产品定价体制改革和国有油气企业改革，释放竞争性环节市场活力和骨干油气企业活力，提升资源接续保障能力、国际国内资源利用能力和市场风险防范能力、集约输送和公平服务能力、优质油气产品生产供应能力、油气战略安全保障供应能力、全产业链安全清洁运营能力。通过改革促进油气行业持续健康发展，大幅增加探明资源储量，不断提高资源配置效率，实现安全、高效、创新、绿色，保障安全、保证供应、保护资源、保持市场稳定。《意见》部署了8个方面的重点改革任务，并要求各地区各部门及重点油气企业要制定切实可行的专项工作方案及相关配套措施，确保深化石油天然气体制改革的各项工作顺利有序推进。[144]从正式发布的文件看，内容比较笼统，未见到细致的改革政策条文。《意见》正式发布后，各方专家对《意见》进行了不同的解读和分析，社会各界都在等待相关配套政策和措施的出台，期待着中国的石油天然气行业在《意见》的指导下迎来新一轮发展机遇，更好地支撑和服务中国经济社会的发展。

目前，中国石油市场一个令国内外各方关注的重大事件是正在大力推进的原油期货交易工作。经过多年的筹备和反复论证，2017年6月13日，上海国际能源交易中心正式受理客户申请交易编码，包括海通期货、新湖期货在内的部分期货公司已完成首批境内客户开户。上海期货交易所公告显示，已有138家期货公司成为能源中心会员，第一批公布了92家会员单位的名单，第二批则公布了46家，包括国泰君安期货、银河期货、弘业期货等。同时，从事原油期货境内客户保证金存管业务的指定存管银行名单也已出炉，具体有：工商银行、交通银行、建设银行、中国银行、农业银行、上海浦东发展银行、兴业银行、中国光大银行、招商银行、中信银行、中国民生银行和平安银行。上海国际能源中心与推出平台的上海期货交易所，在国内原油期货上市前安排4次全市场生产系统演练，时间分别为6月17—18日、6月24—25日、7月1—2日、7月8—9日。2017年7月上旬，上海国际能源交易中心完成了4次全市场生产系统演练。2017年9月初，据有关外媒报道，中国的有关机构正在准备发行以人民币计价、可转换成黄金的原油期货合约，允许该合约持有者在上海和中国香港证券交易所兑换等值的黄金。中国的原油期货之所以引起国内外各方的关注，西方国家媒体普遍认为，除中国可能允许开展原油期货交易本身外，还有一个非常重要的原因，就是中国用人民币进行原油期货交易而不用美元，对国际石油市场乃至世界经济政治的影响都将是巨大且深远的。[145]更有国外舆论认为，中国此举是在推翻美元，是在结束美国的世界霸权地位。[146]

2018年3月26日，中国的原油期货在上海国际能源交易中心挂牌交易，其计价的货币是人民币，不与任何交易所的黄金挂钩。

五、“中国石油威胁论”或中美因石油而开战

就在21世纪初的十多年间，随着中国石油进口数量的迅速攀升、中国石油对外依赖度的不断提升和中国企业在海外油气资源投资规模的不断扩大，“中国石油威胁论”或“中国能源威胁论”一时在国际社会大行其道。

刚刚进入21世纪，随着国际石油价格的不断攀升，国际上有舆论认为，是中国石油进口的增加推高了国际石油价格，认为中国人的汽车威胁全球石油供应，这一看法一直流行到2014年下半年国际

石油价格的大跌。[147]早在2004年2月2日，美国全球安全分析学会执行主任拉夫特在《洛杉矶时报》发表的一篇文章就认为，中国可能会像67 年前的日本一样为了获得石油而扩张，从而引发美中冲突。拉夫特在文章中认为：对石油的依赖就意味着对中东的依赖，中国已经开始刻意插足该地区，并以武器和政治保护为交换，这可能和美国在该地区的利益冲突；中国石油需求对于国际石油价格日常的影响，可以与美国石油需求和美国国家石油库存变化相提并论；中国在基础能源的一举一动已经开始深刻地影响全球供应链的分配和国际资源重新配置，中国的石油需求在美国造成了地缘政治影响。拉夫特得出的结论是：历史证明在对匮缺的资源展开竞争之际，那些超级大国往往会发现彼此难以共存。[148]

2006年，时任国家发改委主任的马凯在《求是》杂志发表文章指出：近年来，一些别有用心者制造和散布“中国能源威胁论”，说什么中国是国际能源的“掠食者”，中国无限制的能源资源“胃口”是国际原油价格上涨的主要原因。这是违背客观事实的，站不住脚的。中国过去不曾、现在没有、将来也不会对世界能源安全构成威胁。中国是维护世界能源安全的积极因素。[149]更有舆论认为，中国企业在海外尤其在非洲的油气资源投资，是掠夺别国资源，是新殖民主义。[150]对于苏丹内战、南苏丹独立和达尔富尔问题，有舆论就认为中国只关注苏丹的石油资源。[151] 2015年1月11日，中国外交部长王毅在苏丹回答记者提问时表示，中方同苏丹和南苏丹在石油领域有着很好的合作，这对双方都有利。但如果因为战火战乱，波及石油产业，首先受影响的是苏丹和南苏丹的人民，当然也是中国不愿看到的。中国斡旋南苏丹问题，完全是出于作为负责任大国承担的责任和义务，而不是为了中国的一己之利。[152]更有甚者，对于某些中国企业的海外油气并购活动，一些国家将其上升到政治和国家安全的高度。如中国海油2005年6月23日提出的对优尼科公司的收购，就被美国部分政客贴上了“威胁美国能源安全”的标签，“中国能源威胁论”起了很大的作用，美国国会还通过议案要求布什政府审查中海油收购优尼科公司。[153]

进入2017年以来，西方有关“中国石油威胁论”升级为中美两国之间有可能因石油而开战的讨论。2017年夏天，美国哈佛大学格雷厄姆·艾利森出版的《注定开战：美中能否逃脱修昔底德陷阱？》，2017年9月伯纳德·科尔出版的《中国的强国之路》，都谈到石油有可能成为中美之间爆发冲突的导火索。2017年9月25日，英国《金融时报》记者埃德·克鲁克斯发表文章认为：正是由于对石油进口的高度依赖，2017年6月中国与伊朗在霍尔木兹海峡举行联合海上演习，标志着中国对海湾地区的兴趣；中国正在寻求推出以人民币而非美元计价的原油期货合同，这样有助于俄罗斯和伊朗在出售石油时避开美国的制裁；美国布赖恩芒德战略石油储备区出售的原油，在中国港口城市青岛卸货。国际能源署和西方媒体认为，2015年以来，大部分过剩原油都流向了中国，关键问题是中国是否将购买更多石油。[154]因此，随着持续增加的石油进口数量和我国因石油问题而采取的一系列内政外交政策，未来我国将会因石油问题而面临越来越复杂的外部环境。

在有关“中国石油威胁论”舆论的形成过程中，我国国内的媒体也没有闲着，甚至是起了推波助澜的作用。以讨论多年的中国石油期货为例，在国内有关部门和单位还在设计石油期货的运作和结算方式过程中，有关媒体就将其上升到了要“终结美元霸权”的高度，并唱出石油一旦以人民币计价，“人民银行就会获得今日的美联储那般一言九鼎的地位”“美国就必然不再是超级大国了”的高调。[155]如果将来中国的石油期货真的通过用人民币与黄金挂钩的方式结算，不知道这些媒体和媒体人想过没有，当年美国政府为什么自己主动中止了《布雷顿森林协议》？中国政府有多少黄金储备能应付得了未来天量石油期货交易的挤兑？从我们查到的官方数据看，2017年3月末，我国的黄金储备为5 924万盎司（约合1 842.57吨）。[156]另据其他媒体报道，中国人民银行2017年9月公布的数据显示，中国的黄金储备报5 924万盎司，约合777亿美元。[157]如果这两条数据是正确的话，不难想象，以区区不足800亿美元的黄金储备规模，能支持多少个交易日？又能支持多大规模的石油期货交易？一般情况下，仅美国纽约商品交易所西得克萨斯中质原油一天的期货交易量，就高达2亿桶。如按每桶50美元的油价计算，这项期货交易一天的交易金融就高达100亿美元，我国的黄金储备只够交易一周左右的时间。有专家通过简单的计算后指出，除非黄金价格在现有的基础上上涨10倍或油价大幅下跌，否则中国现有的黄金储备连自身的原油进口都无法应对。[158]当然，在似乎忘乎所以的舆论环境下，也有较为冷静的专家。有专家通过翔实的研究后指出，石油黄金人民币存在一个巨大的漏洞，是一个彻底愚蠢的构想。[159]

当然，在“中国石油威胁论”的背后，可能有更加复杂的原因。如俄罗斯就有报道指出，将石油贸易从石油美元转为提议中的石油人民币，“最大的赢家很可能是莫斯科，因为任何对美元地位的削弱都减损了美国通过制裁向俄罗斯发动经济战的能力”“任何削弱美国发动经济战争并在欧亚大陆破坏稳定的事件，都是克里姆林宫的重大胜利”，而“石油人民币的根源在于苏联加盟共和国一系列‘颜色革命’，令莫斯科相信西方绝不会将其视为平等的伙伴”。因此，人们对石油人民币有很高的期待，而且“普京也许会认为终结美元的统治地位，是他准备竞选自己最后一任俄罗斯总统的重要筹码之一”。[160]

石油的时代

诠释

石油市场大幅度波动的
深层逻辑

THE
ERA OF OIL

下

王能全◎著

中信出版集团 · 北京

目　录（下　册）

第 9 章　两次油价轮回是国际石油形势大动荡的突出表现

第 10 章　供需结构主导了国际石油价格的波动

第 11 章　市场参与结构制导了国际石油价格的波动

第 9 章

两次油价轮回是国际石油形势大动荡的突出表现

导 语

国际石油市场很精彩，也很繁杂。20世纪70年代以来，国际石油市场发生了诸多波云诡谲的事件，这些事件既有经济的，也有政治的，还有技术层面的。大到可以影响世界经济政治，一个主权国家政府或王朝的更迭；小到影响石油公司的日常经营管理或技术进步。不过，20世纪70年代以来，国际石油市场的动荡之所以成为世界关注的大事或焦点，主要是因为近50年来国际石油形势的大动荡集中体现为两次国际石油价格的大轮回，而这两次国际石油价格的大轮回对世界经济政治和社会大众产生了深远而广泛的影响。本章将对20世纪70年代以来国际石油形势大动荡进行高度总结和归纳，整理出近50年来国际石油形势大动荡的具体特点。在此基础上，自本章开始，我们将从经济学理论的角度，层层递进地分析和解释20世纪70年代以来国际石油形势大动荡的三个具体现象：国际石油价格的上涨下跌，国际石油价格的大涨大跌，以及我们所见到的每桶147.27美元的历史高油价和每桶不到10美元的历史低油价。透过这三个具体现象努力探寻国际石油价格两次大轮回背后深层次的最根本原因。也就是说，我们将自此进入理论分析的层面，试图去揭开国际石油市场神秘的面纱，回答社会大众普遍关注的众多石油迷思，澄清国际石油市场存在的众多神话，还原国际石油市场的本来面目。

一、20世纪70年代以来国际石油形势变化的特点

要系统地分析20世纪70年代以来国际石油形势发生的急剧变化，就必须首先找出这些变化的具体特征，只有这样才能有的放矢，才能最终找出发生这些变化的原因，才能做到使我们的分析不至于空泛，才能使我们的分析很好地切合实际。因此，在对20世纪70年代以来国际石油形势变化进行具体分析之前，先用这一节的内容归纳和整理20世纪70年代以来国际石油形势究竟发生了什么样的变化，这些变化究竟有哪些具体特点，从而为本书以后几章的分析打下较为坚实的基础。

（一）油价波动是国际石油形势变化的集中体现

20世纪70年代以来国际石油形势发生的变化是多方面的，我们可以将这些变化归纳为以下5个主要的方面。一是以“七姊妹”为代表的国际大石油公司丧失了对国际石油市场的控制，自石油工业产生以来由私营公司控制国际石油市场的局面从此消失了，国际石油市场由过去的几家私营公司控制变成了由产油国国家石油公

司、国际大石油公司和众多各种类型的私营公司共同参与的局面。二是石油资源所有国取得了对自己国土上资源的所有权，成为自己资源的主人。三是以美国页岩油气为代表的非常规油气资源勘探开发活动实现大规模工业化生产，世界石油工业生产方式发生了革命性的变化，世界石油工业生产格局被彻底改变。四是国际石油价格发生了两次大的轮回，分别为20世纪70年代国际石油价格大幅上涨，80年代国际石油价格却不断下跌，90年代初又跌回到了70年代初的水平；2004—2008年、2009—2014年国际石油价格大幅上涨，2008年下半年短暂暴跌后又于2014年下半年开始大幅下跌，到2016年年初油价又跌回到了21世纪初的水平。五是国际石油市场的石油交易方式出现了新的形式，现货和期货石油交易量不断增加，现货价格和期货价格成为国际石油市场石油价格最主要的表现形式。

虽然国际石油市场自20世纪70年代以来发生了上述五大变化，但是如果谈到这些变化对世界经济政治产生的重大影响，我们可以将其集中到国际石油价格这一关键点上，因为其他4个特点虽然也对世界经济政治产生了重大的影响——其中有些特点本身就直接改变了世界经济政治秩序，如第二点，就是从对石油资源的控制方式上，资源国成为自己国土上石油资源的主人，改变了当时的世界经济政治秩序——但是，真正对世界经济政治产生重大影响的，主要还是国际石油价格大变动这一点。表9–1非常直观地说明了石油价格变化对世界经济的影响，而且它们之间的关系是成正比例的，即石油价格的上涨必然会带来世界经济其他指标的下降。

表 9–1　1950—1983 年三种石油价格（1980 年价格）下的世界经济主要指标

时期	油价（美元/桶）	年增长率（%）				
		石油产量	谷物产量	汽车产量	世界总产值	人均总产值
1950—1973 年	2	7.6	3.1	5.1	5.0	3.1
1973—1979 年	12	2.0	1.9	1.1	3.5	1.7
1979—1983 年	31	–5.2	1.0	–3.0	1.7	0.0

资源来源：世界观察研究所. 经济·社会·科技：1984 年世界形势评述. 北京：科学技术文献出版社，1984：7，9，25.

在这一点上最具代表性的例子也许是单个国家和地区性的。如 1970 年美国石油进口费用为 30 亿美元，但是在油价上涨后美国石油进口费用大幅上升，1978 年为 420 亿美元，1979 年为 600 亿美元，1980 年更上升到 800 亿美元，即美国每天进口石油的开支为 2.5 亿美元。[1] 美国前总统卡特指出，石油输出国组织的石油提价将给美国带来 2%~2.5% 的通货膨胀和失业人数增加 80 万。[2] 1979 年，欧洲经济共同体在一项报告中估计，石油价格在 1978 年 12 月的每桶 12.30 美元基础上每增加 1 美元，就将造成共同体全年增加 36 亿美元的石油支付款，在往来账户中将造成共同体损失 30 亿美元，经济增长率将下降 0.4%，通货膨胀率将上升 0.3%。[3]

从 1993 年成为石油净进口国以来，国际石油价格的波动也对中国经济社会产生了非常大的影响。以进入 21 世纪后国际石油价格开始不断上涨的 2004 年为例，据海关统计，这一年我国原油净进口费用为 325.88 亿美元，成品油净进口费用为 52.85 亿美元，合计为 378.73 亿美元，分别比 2003 年增长 144.26 亿美元、31.27 亿美元和 175.53 亿美元。2004 年，因油价攀升对我国造成的直接代价是 136 亿美元，[4] 其中原油进口导致外汇多支出 75 亿美元，石化产品多支出61亿美元。如再扣除运费上涨因素，2004年我国净进口原油价格每桶比2003年约增加7.1美元，成品油每吨约增加49.04美元。因此，从油价的角度看，2004年我国净进口原油约多支付60.64亿美元，净进口成品油约多支付12.96亿美元，合计共多支付73.6亿美元。2005年，我国原油、成品油进口用汇分别为478.6亿和104.3亿美元，比2004年分别增加41.1%和12.9%，扣除原油成品油出口，合计净支出519.6亿美元，比2004年增加29.4%。从宏观方面来说，2004年国际原油价格上涨，相当于导致中国国内生产总值增速放缓约0.9个百分点，[5] 推动我国居民消费价格指数（CPI）上涨0.8个百分点。[6]

与此相反的是，国际石油价格的下降也将对世界经济产生巨大的影响。除总体世界经济增长率将上升、石油进口国的石油进口费用会下降这一最明显的特点外，石油出口国尤其是石油输出国组织成员国的石油出口收入会大幅下降。如油价每下降1美元，墨西哥的石油收入就将减少5亿美元。[7]

正因如此，20世纪70年代以来国际石油形势的大变化可以简单地归纳为国际石油价格的变动。“油价变动不仅牵动能源企业，也影响消费者，从航空公司到银行业与农业合作社的各个行业、各国政府，以及国际经济。”[8] 正是由于石油价格发生了大变动，石油问题才引起了人们的重视，如基辛格在其回忆录中说：“理查德·尼克松上台时的世界经济形势是：人们把廉价石油看成是理所当然的，认为主要的经济问题是生产能力过剩。如果我们在政治方面有过任何烦恼的话，考虑的也是如何满足石油生产国不断提出的要求。这些国家当时争先恐后地想进入我们的市场。”[9] 而且连对石油和能源问题研究的本身，也是在1973年第一次石油危机后才开始走红的。

“1973年石油震撼的后果之一是，出现了预测油价这一行。1973年以前是用不着它的，那时候的油价都是按美元的‘分’来算，不是按‘元’来算的，而且多年来一直没有多大的变动。1973年以后，油价预测大放异彩”，[10]“在这次危机后的5~6年期间，在经济学中，也逐渐出现了一种我们应该称之为‘能源经济学’的微观经济学新领域”。[11]

（二）国际石油价格发生了5次大的波动

20世纪70年代以来国际石油形势变化的最突出特点，就是国际石油价格的大变动。为分析问题的简明起见，我们可以将20世纪70年代以来国际石油形势所发生的大变动，简单地归纳为国际石油价格的两次大轮回。第一次油价大轮回，是从20世纪70年代的油价不断上涨变为80年代的不断下跌，到90年代初油价又基本上跌回到了70年代初油价暴涨前的水平；第二次油价大轮回，是进入21世纪后，国际石油价格从2004年开始不断上涨，2008年年中到达顶点后出现暴跌，从2009年开始到2014年年中又出现了新一轮的不断上涨，2014年下半年开始又出现了急剧下跌并在2016年2月跌回到了21世纪初的水平。将这两次大轮回扩展开来，20世纪70年代以来国际石油价格的这两次大轮回又可以分为5个不同的阶段，即国际石油价格的5次大变化，它们分别是：20世纪70年代的两次油价上涨、80年代的一次油价下跌和进入21世纪后的2004—2008年、2009—2014年油价上涨及2008年下半年、2014年下半年的油价暴跌。鉴于2008年下半年的油价暴跌维持时间非常短暂，而且自2009年开始国际石油价格已重拾上涨的趋势，从分析问题的方便考虑，我们将进入21世纪以来的国际石油价格波动归纳为一次上涨和一次下跌。

20世纪的国际石油价格，我们以较长时间作为石油输出国组织标准原油的沙特阿拉伯腊斯塔努拉港离岸的API 34度阿拉伯轻油为例，20世纪70年代以来国际石油形势大变动的最主要油价走势如下。

第一次油价大变动发生在1973年10月，其具体表现是国际石油价格从1973年10月16日以前的每桶2.89美元上涨到1974年1月1日的每桶11.651美元。

第二次油价大变动发生在1978年年底至1980年年底，其具体表现是国际石油价格从1978年第4季度的每桶13.335美元上涨到1980年年底的每桶41美元。

第三次油价大变动发生在1986年年初至1986年10月，其具体表现是国际石油价格从1985年年底的每桶28美元下降到1986年10月的每桶6.8美元。

21世纪的国际石油价格，我们以目前国际石油市场通行的标准，即美国西得克萨斯中质原油和英国布伦特原油为例，21世纪以来国际石油形势大变动的最主要油价走势如下。

第四次油价大变动发生在2004年—2008年7月11日，国际石油价格由2004年年初的约每桶30美元上涨到每桶147.27美元的历史最高位。2008年下半年出现短暂的暴跌之后，国际石油价格从2009年年初的每桶30多美元又开始上涨，2014年6月20日上涨到每桶114.81美元的最高点后开始下跌，历史上最长一轮国际石油价格的暴涨到此结束。

第五次油价大变动发生在2008年下半年和2014年下半年，进入21世纪后国际石油价格的不断上涨在2008年下半年出现短暂回调后，从2014年下半年真正开始回调,2016年2月11日美国西得克萨斯中质原油为每桶26.21美元，为2003年以来的最低点，国际石油价格又回到了21世纪初的水平。目前，国际石油价格在每桶50美元上下徘徊。

当然，除了上述五个主要阶段外，20世纪70年代以来国际油价的变化还有更丰富的内容，如1974—1978年的油价平稳，1981—1986年的油价不断下跌和1986年后的油价在低水平上的反复等，20世纪90年代的持续低油价，21世纪初2001—2003年的油价相对稳定等。

（三）国际石油形势大动荡应解释和回答的具体问题

当然，要较圆满地解释20世纪70年代以来国际石油形势所发生的全部变化，必须从多方面加以分析和说明。但是，我们知道，从学术研究的角度，我们无法对20世纪70年代以来国际石油市场所发生的所有变化都加以解释和回答，否则会导致系统性的繁杂和重点不突出，只有抓住问题的本质或问题的主要方面，才能在有限的篇幅中较完满地回答这些复杂的问题。因此，从上面的描述中，我们已经归纳出自20世纪70年代以来国际石油市场发生变化的具体特点。现在的问题是，我们如何来解释这些特点，如何能较系统地找到导致这些变化的内在原因？

首先，应解决的首要问题是，为什么20世纪70年代以来国际石油形势会发生如此巨大的变化，造成这些变化的深层根源是什么？这一根源会对未来的国际石油形势产生什么样的影响？

其次，为什么自20世纪70年代以来国际石油价格发生了两次大的轮回？具体可以扩展到三个方面的问题：一是什么原因造成了

20 世纪 70 年代的石油价格上涨、80 年代以来的石油价格下跌和 21 世纪的 2004—2008 年和 2009—2014 年的石油价格上涨、2008 年下半年和 2014 年下半年的石油价格下跌？二是什么原因造成了 20 世纪 70 年代的两次石油价格大涨、80 年代的一次石油价格大跌和 21 世纪的 2004—2008 年和 2009—2014 年的石油价格大涨、2008 年下半年和 2014 年下半年的石油价格大跌？三是什么原因带来了我们上面所描述的和看到的石油价格的运动轨迹，即我们所见到的 20 世纪 70 年代以来石油价格的数字轨迹？

我们将分析和回答 20 世纪 70 年代以来国际石油形势大变化归结为解释上面提出的两大问题。只要能清晰地分析和回答这两大问题，就可以从根本上解释为什么自 20 世纪 70 年代以来国际石油形势会发生如此大的变化，20 世纪 70 年代以来国际石油形势所发生的其他变化也就基本上得到了回答。

二、能源与经济发展

英国著名经济学家、1950 年曾任英国国家煤炭理事会经济顾问的E. F.舒尔茨在 1964 年指出："能源是无可替代的。现代生活完全是架构于能源之上。虽然能源是可以像任何其他货物一样买卖，但并不只是一种货物而已，而是一切货物的先决条件，是和空气、水和土同等的要素。"[12] 这句话虽然过于直观，但毫不夸张，非常中肯地说明了能源在人类生活中的作用。

（一）何谓能源

根据英国《牛津英语字典》的解释，能源一词首先出现于

1599年，意思是“力量或活力的表现”。能源一词来源于希腊文“ERGON”，意思是“工作”。

根据世界能源会议能源术语研究委员会编辑并于1986年在法国戛纳召开的第12届世界能源大会上正式发行的《能源术语词汇集》，所谓能源是指“使一系统能够产生外部活动的能力”。[13] 而根据热力学的定义，所谓能源是指物质相应于不同形式的运动下，运动状态的一个单值函数。[14]

不过，通俗地说，所谓能源即能量的来源，是指能够提供某种能量的自然资源，它包括提供某种形式能量的物质资源和某种物质的运动形式。

能源的种类有很多，在各种能源中通常把直接来自自然界的未经加工转换的能源称为一次能源，把从一次能源直接或间接转化来的能源称为二次能源。一次能源只有在少数情况下以它原始的形式为人类服务，在更多的情况下需要根据不同的目的进行加工，转换成便于使用的二次能源。木柴、煤炭、石油、天然气、核燃料、水力、风力、太阳能、地热能、海洋能等都是一次能源。电力和由石油提炼而成的汽油等则是二次能源。

在研究界，习惯上还把一次能源按照是否能够再生进一步分为可再生能源和非可再生能源。所谓非可再生能源是指随着人类的利用而变得越来越少，这一能源主要是指煤炭、石油、天然气和铀等矿物燃料；而再生能源是指不会随着它本身的转化或人类的利用而日益减少，具有天然自我恢复功能的能源，如太阳能、风能、水能、海洋能、地热能和草木燃料等。

此外，人们还根据各种能源在当代社会经济生活中的地位，常常把能源分为常规能源和新能源两种。所谓常规能源是指使用技术上比较成熟、使用比较普遍的能源，主要包括煤炭、石油、天然气、水力发电等；新近才利用的或正在开发研究的能源则被称为新能源，主要有核能、太阳能、沼气、风能、地热能、海洋能和氢能等。

一次能源的成因或来源主要有三种。一是来自地球以外的天体的能源，主要是太阳的热辐射。太阳能、水能、海洋能、波浪能、柴草都直接或间接地来自太阳能。而煤炭、石油和天然气等矿物燃料，也是来自太阳能。二是来自地球内部的能源，主要是指地热能和铀等核燃料。三是由于地球和其他天体相互作用而产生的能源，如潮汐能等。

（二）能源与人类进化

中国有一句俗语“万物生长靠太阳”，这一句话形象地说明了生物界与能源间不可分割的关系。如果把这一句话用到能源与人类生活的关系上来，是最贴切不过的，它中肯地说明了没有能源，整个地球乃至整个宇宙都将不复存在。

从广义上说，食物也是一种能源，它直接提供给人类维持生命并进行各种活动的能量。最简单不过的知识是，没有食物人类就无法生存下去。因而，人类首先受制于食物这一最普通的能源。

人类使用能源的历史是与人类的历史并行的。最简单或最基本的能源是人的肌肉力，从人类产生起就用这种能源进行各种攀登和负重活动，而且到目前人类还在广泛地使用这种能源。如从外在的能源来说，人类最早使用的可能是太阳能，人类利用太阳能晒干其原始状态的衣着以及其捕获或收获的多余的食物以利保存。

人类有目的地大量使用能源是在火的发明和始用以后。由于发现了火，人类进入了一个新的发展阶段，人类的文明向前迈进了一大步。同时，火的使用使人类开始收集薪柴、砍伐树木，利用这些生物质能的燃料获得能源。随着人类活动的不断扩大，对能源量的需求越来越大，对能源质的要求也越来越高。当人类对热与动力的需求远大于太阳能、风能、水力与木柴所能提供的能源量时，他们就开始采掘煤炭，之后又开采石油与天然气，并发展到使用核能。

理论家根据各自对人类历史的认识将人类历史发展划分成为不同的阶段。如马克思根据人类社会生产关系的不同形态，将人类历史划分为奴隶社会、封建社会、资本主义社会和共产主义社会；一些资产阶级的理论家则根据人类社会生产力的发展，将人类历史划分为农业社会、工业社会和后工业社会。但是，如从能源的使用来看，我们可以简单地将人类迄今为止的历史发展划分为三大时期，即木柴时期、煤炭时期和石油时期。

木柴时期人类生产力尚不十分发达，主要从事农业生产。这一时期人类使用的主要能源主要有三类：一是在自然界广泛分布和容易获得的可再生能源，如柴草；二是人类本身所具有的能量，即体力；三是畜力、风力、火力及地热等。木柴时期从人类诞生起始到18世纪中叶工业革命开始时为止。

煤炭时期是人类已开始由农业社会向工业社会转变，木柴所产生的能源不能满足人类生产力发展的需求而需要新的能源来源时产生的。导致这一时期出现的主要原因是人类生产力的发展，而蒸汽机的发明对此起了推动作用。由于有了蒸汽机，人类的生产活动由过去的手工作业开始进入机器作业的阶段，蒸汽机代替人力和畜力，大大促进了人类生产力的发展。随着蒸汽机和以蒸汽机为原型及动力的其他机械的广为应用，煤炭的消费越来越大，煤炭在世界能源消费中的地位也越来越重要。1800—1900年的100年间，世界一次能源总消费量增加了1.4倍，其中煤炭消费量增加了4.5倍。到19世纪70年代，煤炭在世界一次能源消费中的比重上升到24%，到20世纪初又进一步上升到60%。这样，到20世纪初，在世界范围基本上完成了由木柴向煤炭的转变，人类进入了煤炭时期。

石油时期则是就全球范围来说，人类已基本上进入了工业社会。从19世纪60年代起，由于内燃机的发明和推广使用，人类开始使用石油作为能源。第一次世界大战前，出于争霸世界的需要，以英国和德国为主的欧洲强国将军事装备由使用煤炭改为使用石油，从而刺激了对石油的需求。更为重要的是，在19世纪末和20世纪初，由于汽车的发明和迅速普及，对汽油的需求日益增长，从而带动了对石油的需求。而第二次世界大战后，发达工业化国家的经济恢复和现代化，又使其对能源的需求猛增。由于石油具有可燃性好、热值高、易运输等特点，加之石油价格长时期低于煤炭，这样石油不断排挤煤炭，在1965年最终取代煤炭，成为世界主要能源来源，这一年石油在世界能源消费中占39.4%，超过了煤炭39%的比重。从此，人类社会完成了由煤炭向石油的转变，进入石油时期。

（三）能源与人类经济发展的量化关系

虽然从直观上看，能源与人类社会发展存在一种极为密切的关系，但这还不足以说明人类的发展就离不开能源。为科学地说明这一问题，必须从定量的角度来对此进行进一步的解释。

为从定量的角度来解释能源消费与经济增长之间的关系，经济学家们提出了“能源弹性系数”这一概念，即一国某年或某一时期国民生产总值增长率和同期能源消费增长率之比，用公式表示如下：

$$\text{能源弹性系数} = \frac{\text{能源消费量的年均增长率（%）}}{\text{国民生产总值的年均增长率（%）}}$$

通过这一公式得出的数值就是指为获得一定的经济增长，就必须消费一定数量的能源。图 9–1 所示是 1950—1978 年这 29 年间美国经济增长和能源消费之间的关系。从图中可以直观地看出，美国能源消费基本上是与经济增长成正比例的。即经济增长，能源消费也随之增加；反之，经济增长下降，能源消费也随之下降。

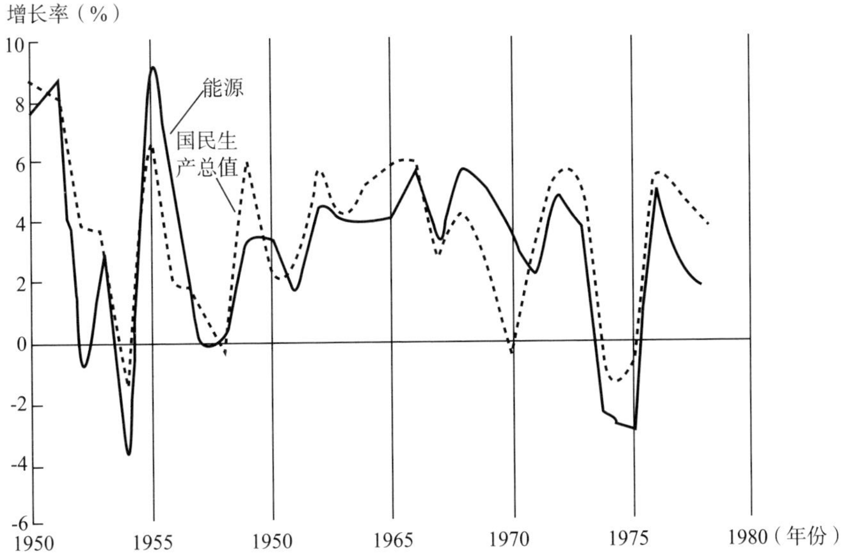

图 9–1 美国能源消费与国民生产总值关系（1950—1978 年）

资料来源：A Study Group Sponsored by the Ford Foundation and Administered by Resources for the Future. *Energy: The Next Twenty Years*. Cambridge, Mass.: Ballinger Publishing Co., 1979: 78.

图 9–1 虽然表明了经济增长与能源消费之间的一种趋势，但没有反映它们之间存在一种什么样的数量关系。表 9–2 所示是 1950—1965 年这 16 年间世界各主要地区或国家的能源弹性系数。从该表可看出，在这 16 年间，全世界各国的能源弹性系数大部分在 1

上下，这就是说，就全世界来说，世界经济要获得到1%的增长，能源消费量也要相应地增加约1%。如果说表9–2反映的仅是世界经济发展一个较短时期的现象，那么表9–3反映的便是一个较长时期的趋势。该表反映了世界主要国家在半个世纪时间里的能源消费与经济增长的关系，其弹性系数也是在1上下。这一切说明，从总体上来说，能源消费与世界经济增长之间存在着一种正比例关系，即世界经济要增长1%，能源消费也要相应地增加1%。

表9–2　1950—1965年世界能源弹性系数

地区或国家	能源消费增长率（%）	国民生产总值增长率（%）	能源弹性系数
北美	3.2	3.8	0.84
加拿大	5.1	4.5	1.13
美国	3.0	3.7	0.81
西欧	4.4	4.8	0.92
卢森堡	3.4	3.6	0.94
法国	4.7	4.7	1.00
联邦德国	5.2	6.8	0.76
意大利	11.9	5.5	2.16
荷兰	5.6	4.8	1.17
奥地利	4.5	5.4	0.83
丹麦	5.5	4.0	1.38
挪威	5.1	4.1	1.24
瑞典	6.2	3.9	1.59
瑞士	7.7	4.7	1.64
英国	1.8	2.9	0.62
希腊	10.3	7.3	1.41
西班牙	5.1	6.1	0.84
南斯拉夫	7.3	6.2	1.18

（续表）

地区或国家	能源消费增长率（%）	国民生产总值增长率（%）	能源弹性系数
大洋洲	5.0	4.2	1.19
澳大利亚	5.1	4.2	1.21
苏联东欧	6.9	5.6	1.23
保加利亚	14.1	6.6	2.14
捷克	5.6	3.8	1.47
民主德国	4.4	5.0	0.88
匈牙利	7.8	4.8	1.62
波兰	5.2	5.0	1.04
罗马尼亚	9.6	6.0	1.60
苏联	7.4	5.9	1.25
亚洲计划经济国家	14.4	5.8	1.48
拉丁美洲	7.6	4.9	1.55
墨西哥	6.9	6.1	1.13
委内瑞拉	11.4	7.1	1.61
乌拉圭	7.0	5.6	1.25
巴拉圭	15.6	8.1	1.93
阿根廷	5.6	3.1	1.81
智利	5.8	3.8	1.53
亚洲	9.0	6.8	1.32
以色列	12.1	10.7	1.13
日本	9.9	9.9	1.00
其他国家	8.1	4.4	1.84
非洲	5.4	4.4	1.23
南非	5.1	4.7	1.09
其他国家	5.9	4.2	1.40
世界总计	5.1	4.8	1.06

资料来源：J. Darmstader, P. D. Teitelbaum, J. G. Polach. *Energy in the World Economy: A Statistical Review of Trends in Output, Trade, and Consumption since 1925*. Baltimore: The Johns Hopkins Press, 1971: 70-71.

表 9–3　1925—1975 年 18 个国家能源弹性系数

国家	1925—1935 年	1938—1948 年	1950—1960 年	1960—1970 年	1970—1975 年	50 年总计
澳大利亚	2.53	0.43	1.17	0.98	1.11	0.86
卢森堡	–0.02	–0.02	0.76	0.81	0.17	0.53
加拿大	0.74	1.03	0.87	1.09	0.79	0.98
丹麦	1.25	0.85	1.23	1.48	–1.29	1.05
法国	–3.74	0.22	0.79	1.03	0.21	0.80
德国	1.16	4.93	0.68	0.89	0.17	0.45
意大利	1.69	–0.46	1.72	1.74	1.03	1.33
日本	1.31	1.00	0.96	1.11	0.60	1.03
新西兰	1.83	1.19	0.82	1.35	1.54	1.15
挪威	0.87	0.71	1.48	1.44	0.43	1.05
南非	0.95	0.53	1.14	0.66	1.29	0.89
瑞典	0.74	0.76	1.79	1.51	–0.78	1.16
瑞士	–0.64	0.18	1.13	1.55	–0.02	0.94
英国	0.33	0.97	0.55	0.55	–0.62	0.44
美国	–0.96	0.62	0.89	1.02	0.24	0.86
捷克	1.43	2.29	0.98	1.25	0.50	1.13
苏联	2.02	1.84	1.22	1.08	0.94	1.10
南斯拉夫	0.87	3.96	1.32	0.99	0.80	1.13

资源来源：Jae Edmonds, John M. Reilly. *Global Energy: Assessing the Future*. New York: Oxford University Press, 1985: 51.

当然，因为一个国家的经济发展不会是一成不变的，而是要经过不同的发展阶段，所以在各个不同的时期，能源消费与经济增长之间的比例将发生变化。从世界主要工业化国家的经历看，能源消费与经济发展的基本规律是：当一国刚进行工业革命时期，能源需求会迅速增加，能源弹性系数也会较高；之后，随着经济发展趋于成熟，能源需求迅速增长的势头会有所下降，能源弹性系数也将不断下降。图 9–2 直观地说明了这一基本规律。图 9–2 说明的是英国 1800—1990 年 110 年间的能源弹性系数的变化。从图中可以看出以下几点。一是在这 110 年间，英国总的能源弹性系数是逐渐下降的，这反映的是随着英国经济发展的日益成熟，能源的使用效率越来越高，能源需求达到峰值后从总量的角度不再增加，从而导致能源弹性系数越来越小。二是 1830—1850 年，英国能源弹性系数最大，这反映的是当时英国刚刚开始工业革命，由于蒸汽机的逐渐使用、铁路的迅速建设和钢铁业的日益扩张，英国能源消费迅速增加；此外，因为这一时期是工业革命的初期，机械设备粗糙，能源使用效率较低，所以这一时期英国能源弹性系数很高，在 1~2 之间。但在这以后，由于钢铁业能源使用效率的不断提高和蒸汽机的不断改进，英国能源弹性系数迅速下降。由于战争和经济危机，在 20 世纪前 50 年间，英国能源弹性系数有一定的起伏，但总的趋势仍在下降。1960—1970 年，西方经济有了较大发展，而且也在这一时期发生了世界范围内从煤炭到石油的能源结构调整，这样英国能源弹性系数又有所上升。从 1970 年以后，由于 20 世纪 70 年代两次石油危机的影响，工业化国家大力提倡节能，出现了世界范围的能源弹性系数普遍下降的现象，所以这一段时间英国能源弹性系数也进入了不断下降的时期。

（四）能源的战略价值

由于能源对人类社会发展和经济发展具有重大的影响，因此能源这一商品具有了超越其他商品特性的功能，形成了特殊的战略价值。

能源之所以具有战略价值，是因为国际经济发展对能源的高度依赖造成一国为获得经济发展必须首先保证充足的能源供应，从而使获得充足的能源供应成为国家决策中应首先考虑的重大问题之一。

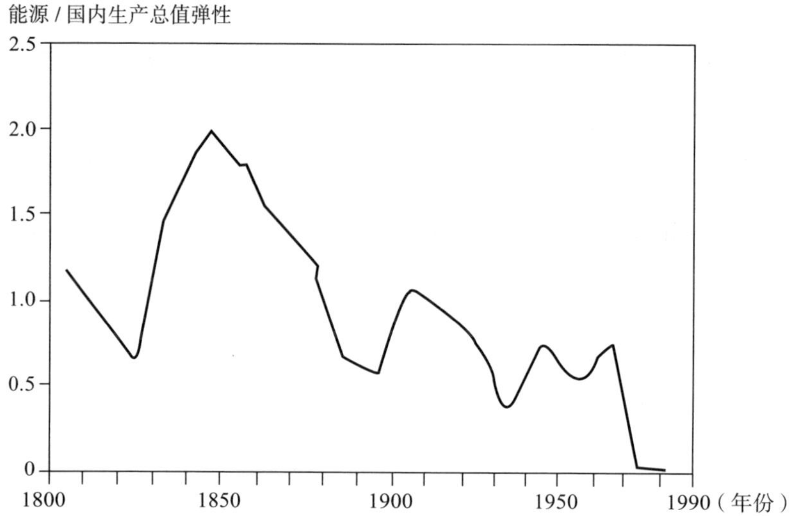

图 9–2　英国能源弹性系数（1800—1990 年）

资料来源：Vaclav Smil. Elusive Links: Energy, Value, Economic Growth and Quality of Life. *OPEC Review*, Spring 1992: 9.

图 9–3 简洁地说明了能源对安全问题和经济发展的影响，从图中可看出，能源需求的对外高度依赖，造成一个国家必须卷入与能源有关的国际和国内安全事务，这在经济上将导致贸易平衡和发展项目的选择问题，其结果必然是经济发展和防务开支之间争资金和资源。这样，在能源与安全、经济发展之间就存在着一个无法打断的链形关系。

图 9–4 表示的则是能源、安全和经济问题之间的基本关系。该图说明的是，能源对外依赖的高低与一个国家对威胁的感觉是成正比的，即对外能源的依赖越高，该国感觉受到国外的威胁也就越

高，反之亦然。在这种情况下，如一国能采取正确的经济发展政策，并由此而导致成功的经济发展，那么该国的安全政策也会成功，反之也是如此。

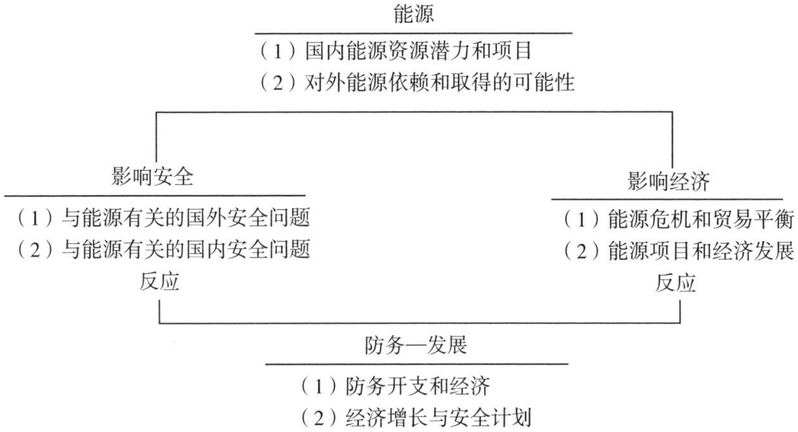

图 9–3　能源对安全和经济的影响

资源来源：Raju G.C. Thomas, Bennett Ramberg (eds.). *Energy and Security in the Industrializing World*. The University Press of Kentucky, 1990: 6.

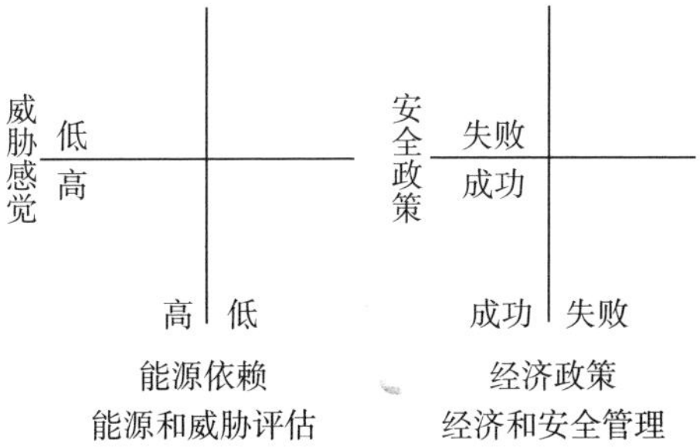

图 9–4　能源、安全与经济的基本关系

资源来源：Raju G.C. Thomas, Bennett Ramberg (eds.). *Energy and Security in the Industrializing World*. The University Press of Kentucky, 1990: 6.

由这两个图可看出，能源的战略价值在于，一个国家的能源形势将促使这个国家在经济发展、安全和防务政策上做出选择，以保证这个国家正常的经济发展和国家安全。正因如此，在当代世界经济政治事务中，能源具有了挥之不去的影响，能源像一个幽灵一样影响着当代世界经济政治形势的变化。

三、石油与当代社会

早在第一次世界大战期间，有人就曾高度概括了石油的功用："谁占有石油，谁就占有了世界，因为他可以用柴油统治海洋，用高度精炼的石油统治天空，用汽油和煤油来统治陆地。除此以外，他还能在经济上统治他的同胞，因为从石油中他可以取得意想不到的财富。"[15]正是由于石油的这种作用，人们习惯上将我们生活的这个时代称为"碳化氢时代"，所谓"碳化氢"就是石油。我们这个时代之所以被称为"碳化氢时代"，是因为石油这一能源形式对我们生活各方面具有重要影响，也就是说我们目前所生活的时代严重依赖石油。前面我们较全面地解释了能源与人类生活的关系，但本书的主题是讨论石油这一特定的能源形式，因而这里应该着重分析的是石油与当代社会究竟存在什么样的关系，石油是如何影响当代人的生活，石油在当代社会经济、军事、外交和政治生活中究竟发挥着什么样的作用，分析为什么我们这个时代被称为"碳化氢时代"。只有分析了这些问题，才能揭示当代世界经济政治的变化为什么会影响20世纪70年代以来的国际石油形势。

（一）石油与人民生活及经济增长

石油一词源于拉丁文petra和oleum，前者是岩石的意思，后者意为油，即石油是来自岩石中的油。

据不完全统计，人类目前的技术能从石油中提炼出 8 000 多种产品。如我们大众所熟悉的用作燃料和动力的汽油、柴油、煤油、渣油等；还有非燃料和动力产品，如尼龙、塑料等。可以说，我们人类当今生活的方方面面都离不开石油。

石油的最重要作用还是石油与经济增长之间的关系。石油与经济增长之间的关系包括两方面的具体内容：一是从一般意义上来说的经济发展与石油消费之间的关系；二是作为一种商品或一种主要的出口产品，石油与产油国的经济发展之间的关系。解释了这两方面的问题，也就知道了石油为什么能在当代国际经济中起巨大的作用。

1. 石油消费与经济增长

能源消费与经济增长之间存在着一定的数量关系，同样，石油消费与经济增长之间也存在着这一关系。也正是这一关系，决定了我们这个时代是所谓的“碳化氢时代”。这一关系说明，没有石油一个国家就不能维持正常的经济活动，没有石油机器就生产不出来任何东西。

图 9–5 和表 9–4 所示是 1960—1988 年的 29 年间和 1956—1988 年的 33 年间，世界（不包括中央计划经济国家）经济增长（国内生产总值，即 GDP）和石油消费增长之间的关系。据此可以看出，除 1974—1985 年石油价格大起大落的这一段时期外，在正常情况下，世界经济增长和石油消费增长之间的关系基本上是成正比例的，这就是说，世界经济要获得一定的增长必须要消费一定数量的石油。从图 9–5 和表 9–4 中还可看出，在 20 世纪 60 年代到 70 年代初这一世界经济高速发展时期，石油消费与经济增长之间的关系保持在 1.5∶1，这说明要获得较高速度的经济增长，必须要有高

于经济增长的石油供应，1986—1988年国际石油价格回落到1973年11月水平后世界经济增长与石油消费之间的关系也说明了这一点。

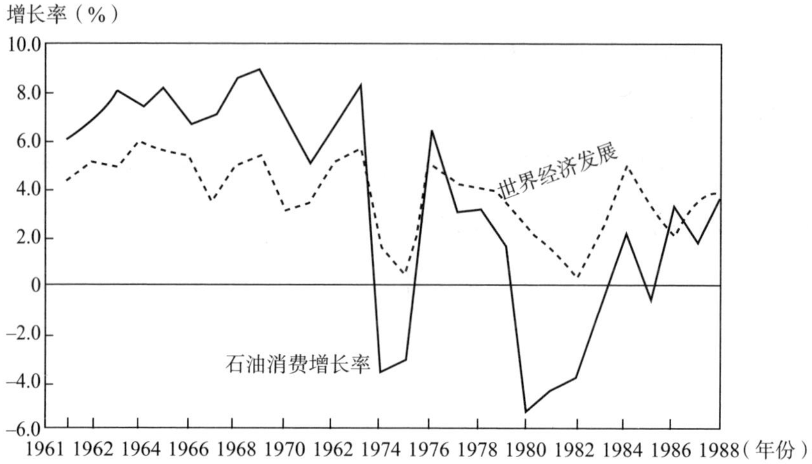

图9–5 世界经济发展与石油消费增长率（1961—1988年）

资料来源：于民. 世界经济发展对国际油价的影响//中国石油天然气总公司情报研究所和石油大学管理系编. 影响国际石油价格的十个因素（调研报告汇编）. 1991年5月.

表9–4 1956—1988年世界经济与石油消费增长比较

	油价暴涨前时期		油价暴涨期	油价回落期	油价回落后
	1956—1959年	1961—1973年	1974—1980年	1981—1985年	1986—1988年
世界经济增长率（%）	2.95	4.91	2.95	2.08	3.43
世界石油消费增长率（%）	5.35	7.42	0.50	–2.06	2.81
经济发展耗油率（%）	1.81	1.51	0.16	–1.00	0.82

资料来源：于民. 世界经济发展对国际油价的影响//中国石油天然气总公司情报研究所和石油大学管理系编. 影响国际石油价格的十个因素（调研报告汇编）. 1991年5月.

图 9–5 和表 9–4 说明的是较抽象的石油与经济发展之间的关系，我们还可以通过实际的例子来了解石油与经济发展之间的关系。

一个最有代表性的例子是，据说在苏联的军事经济研究中有一种叫作“跨部门平衡表”的方法，这种方法研究的是国家经济发展各部门之间相互供货的情况。这种表呈三角形，上面一行是向为数众多的行业提供产品的部门，中间是跨部门关系密切的部门，最下面的是只为最终消费者提供产品，而不是为其他部门提供中间产品的部门。利用跨部门平衡表可以算出为生产其他各类单位产品所需的某一种产品的总消耗量。对这种表格特别感兴趣的是苏联武装力量总参谋部，其原因是，如对表格最上面一行的企业进行战术打击，可以致使一个国家的整个经济遭受严重损失。在这一表格中，所有的国家基本上同苏联一样——标在最上面一行的都是石油工业。

虽然从表面上看英国人生产香肠不使用石油，用于生产单位香肠的直接石油消耗系数相当于零，但是没有石油香肠也就生产不出来。石油不是直接作为生产这种美味食品的原料而使用，而是作为香肠生产设备、生产这种设备的设备所需要的可燃润滑油和石油化工产品的原料而使用的。利用跨部门平衡表计算的结果是：英国用于生产单位香肠制品的原油和天然气的总消耗量相当于 0.013 740；英国面包工业和糖果点心工业单位产品（以价值计算）的原油和天然气的总耗费量为 0.010 955，食糖为 0.013 344，铸钢工业产品为 0.026 998。[16]

此外，其他国家的经济发展也同样严重依赖石油。如在美国，要生产价值 100 万美元的畜产品，就必须有 4.172 7 万美元用在原油和天然气上；要生产价值 100 万美元的家具，用在原油和天然气上的费用为2.63万美元；要生产价值100万美元的汽车，用在石油和天然气上的费用为2.368 8万美元。而在日本，要生产价值100万日元的小轿车，不得不耗费更多的石油和天然气，其全部费用为5.602 4万日元。[17] 日本的产品价值中，石油和天然气的全部耗费相当于单位最终产品价值的一半以上，为0.519 052。[18] 正是由于对石油和天然气的严重依赖，日本一位学者指出，如果中东产油国停付给日本正常石油供应量的30%，并持续200天，那么日本将有300万人死亡，70%的财富消失。[19]

作为石油工业的外延部门，石化行业对石油工业的依赖更是十分严重。如在美国，每生产100万美元的石油加工产品，就需要用71.427 3万美元的原油和天然气（按整个生产过程计算）；英国每生产100万英镑的石油加工产品需要用的原油和天然气为35.246 2万英镑；而日本每生产100万日元石油加工产品所用的石油和天然气的全部耗费量为83.263 5万日元。[20]

2. 石油是产油国财富的源泉

对于石油生产国来说，石油除了作为一般意义上的经济发展所不可缺少的能源因素外，还有特殊的意义，即石油生产国的经济发展严重依靠石油收入。

目前世界上最富有的国家中，美国、日本和德国等国家是靠一百多年的艰苦努力发展起来的，而科威特、阿拉伯联合酋长国和沙特阿拉伯这一类的国家与上述国家完全不同——它们几乎是在一夜之间暴富起来的，而它们财富的主要来源就是石油。1973年第一次石油危机后，这些国家的经济发展出现了所谓的“石油繁荣”，而这些国家之所以在1986年和2014年油价大跌后仍有较强的经济实力，主要的原因就是它们拥有丰富的石油资源。据石油输出国组织自己的统计材料显示，1970 年该组织 13 个成员国的石油收入只有 145.43 亿美元，1973 年也只有 371.45 亿美元，但第一次石油危机后的 1974 年急剧上升到 1 204.36 亿美元，为前一年石油收入的 3.24 倍，1980 年更上升到 2 844.91 亿美元，是 1973 年石油收入的 7.66 倍。1990 年石油输出国组织的石油收入虽然大幅下降，但该组织 13 个成员国的石油收入仍然高达 1 474.36 亿美元，是 1973 年石油收入的 3.97 倍，其中沙特阿拉伯 1991 年的石油收入就达 397 亿美元。1970—1990 年这 21 年间，石油输出国组织 13 个成员国的石油出口总收入达 26 274.77 亿美元。[21] 到油价刚开始下跌的 1983 年，石油输出国组织成员国的海外资产高达 4 000 亿美元，其中银行存款 1 410 亿美元，政府债券 500 亿美元，外汇储备 210 亿美元，股票和资产 1 110 亿美元，对发展中国家的贷款 580 亿美元。[22]

进入 21 世纪后，随着国际石油价格的不断上涨，石油输出国组织成员国的石油收入水涨船高。2004—2008 年的 5 年间，石油输出国组织成员国累计的石油出口收入高达 32 778.7 亿美元，大大超过了 1970—1990 年 21 年间的石油出口总收入。而在 2011 年、2012 年和 2013 年三年间，石油输出国组织成员国的年度石油出口收入都突破万亿美元大关，分别为 11 386 亿美元、12 612 亿美元和 11 121 亿美元。2010—2014 年的 5 年间，石油输出国组织成员国累计石油出口收入更是高达 52 132 亿美元，这 5 年是我们从统计数字看到的历史上石油生产国石油出口收入最高的 5 年，应该是世界石油生产国日子最好过的时代。[23]

（二）石油与军事活动

当今社会的经济发展离不开石油，其他活动也无法离开石油，在这些活动中最具有代表性的是军事活动。“没有大量的石油供应，现代化的防务系统就无法维持，战争也无法进行。……对那些负责筹划国家安全的人士来说，确保国家能有充足的石油供应以支持国防乃是头等大事。”[24]

石油对军事活动的影响开始于第一次世界大战。在这次战争中，世界各国陆续将石油用于军事行动的各种装备，如运输车辆、飞机、军舰和坦克等。这次战争以后，由于强调现代化战争的两大特点——广泛的机械化和高度的机动性，石油的应用越来越广，需求量也就越来越大。到第二次世界大战时，基本上所有的运输和战争装备都离不开石油。目前，虽然有核动力航空母舰和潜艇，但除此以外的全部运输和用于战争的军事装备仍然都依靠石油。更为突出的是，现代化的战争装备都是高耗油的设备，如美国非核动力航空母舰每小时耗油量为 123 桶，一般军舰每小时耗油 50 桶，M–1 坦克每小时耗油 7 桶，B–52 轰炸机每小时耗油 88 桶。[25]正因如此，石油在各国军用燃料中占极高的比重。如 1972 年，石油占美国国防部能源总消费量的 72%；[26] 1984 年石油占美国军用燃料的 65%，其余分别为电力 21%，天然气 7%，蒸汽 4%，煤 2%，可再生能源 1%。[27]

由于种种原因，全世界军事活动所使用的石油究竟占全球石油总消费量的多大比例很难找到精确的统计数字，但是我们可以从表 9–5 中了解全世界军事用石油消费的基本情况。

表 9–5　1984 年美国和苏联民用军用石油消费

	美国				苏联			
	民用		军用		民用		军用	
	数量（千桶/天）	百分比（%）	数量（千桶/天）	百分比（%）	数量（千桶/天）	百分比（%）	数量（千桶/天）	百分比（%）
汽油	6 723	43	13	3	1 642	18	25	8
喷气燃料	1 170	7	320	66	725	8	215	68
内燃机燃料	2 848	18	84	17	2 015	22	70	22
渣油	1 365	9	63	13	2 564	28	—	—
其他	3 602	23	7	1	2 307	25	5	2
总计	15 708	100	487	100	9 253	100	315	100

资源来源：[美] 汤姆·科里尔. 军事用石油需求. 石油经济学家，1985（8）.

石油在战时的需求比和平时期高得多。据美国国防部统计，第二次世界大战中，美国武装部队所消费的石油占全国总消费量的 33%。但是，在和平时期这一比例则低得多。1972 年，美国武装部队每天的石油消费量为 75 万桶，等于美国同期全国石油总消费量的 5%。到 1974 财政年度，美国武装部队的每天石油消费量约为 65 万桶，约占美国当年石油总消费量的 3.7%，其中空军占 54.6%，海军占 35.8%，陆军占 9.6%。[28] 1984 年，美国军用石油量为每天 48.65 万桶，占全国石油总消费量的 3.1%。[29] 在这一年里，美国军方的石油消费费用为 62 亿美元，占当年国防支出的 3%。[30] 但是，在这其中还有更为重要的比例，如美国武装部队消费的各种石油产品数量是美国全国石油产品总消费量的 7.7%，武装部队消费的喷气燃料是美国全国消费总量的 53% 以上。[31] 如果将美国的军事石油消费看作全世界军事用油的平均数，那么 1973 年全世界军事用油为每天220万桶，这一数字相当于同期英国（每天230万桶）、法国（每天250万桶）或意大利（每天210万桶）的石油消费量，是斯堪的纳维亚国家石油消费总量（每天110万桶）的两倍，是不包括中国在内的第三世界国家石油消费总量（每天780万桶）的1/3。[32]而1984年，全世界军事用石油的消费量为每天250万~230万桶，为世界石油消费总量的5%。[33]

军事活动离不开石油最典型的例子是在战时，石油被称为第一次世界大战“胜利的活血”。正因如此，石油成为在战时战争双方都必须花大力气保护的目标，同时打击和破坏对方的石油生产设备和石油供应也就成为了战争双方最基本的战略之一。石油的这一作用在第二次世界大战中表现得淋漓尽致，在这次战争中石油被称为“胜负的主宰”。[34]

首先，希特勒统治的德国在第二次世界大战中所使用的“闪电战”，除了战术上的考虑外，在燃料供应上的一个主要原因就是没有充足的石油供应——德国军队没有打持久战的燃料供应能力。德国虽然也是一个自然资源丰富的国家，但是它缺乏石油资源。在第二次世界大战开始前的1938年，德国全部石油供应中的60%是从欧洲大陆以外进口的。其次，在这场战争中，一些重大的战争行动就是由于石油而引发的。1941年6月，在基本上控制了除英国外的欧洲地区以后，德国发动了对苏联的进攻。德国进攻苏联的原因有很多，但是“在经济方面，希特勒满脑子想的只是石油”。[35]从进攻苏联开始，德国的重点就是想夺取巴库和高加索的油田。1945年5月，德国军备及战争部长施佩尔在接受审判时承认，侵略苏联决定的“主要动机当然是石油需求”。[36]在远东战场上，日本进攻东印度群岛和东南亚的主要动机也是石油。最后，德国和日本两国之所以战败，一个重要的原因就是缺乏石油。在北非战场上，有“沙漠之狐”之称的德国著名将领隆美尔，就是因为没有充足的石油供应，致使他不能发挥自己善用坦克快速作战的优势，从而败于英国蒙哥马利之手。隆美尔在总结北非失败的教训时说：“战役在发射第一发枪弹之前，就已经由后勤部队决定了胜负。最勇敢的人没有枪炮，什么都做不成。枪炮没有充足的弹药也是无用的。而除非有配备充足汽油的车辆带着它们走，否则枪炮弹药在机动作战中都发挥不了作用。”[37] 从 1944 年 5 月开始，以美国为首的盟军出动大批轰炸机，集中轰炸德国的燃料工厂，到战争结束时的 12 个月里，共向德国的石油目标投下了 20 多万吨炸弹，对德国每一个重要的合成石油工厂至少空袭过两次，69 个炼油厂以及众多的储备设施都受到严重的破坏。到 1945 年 2 月，德国的航空用油生产已基本停止，在战争的最后几个月只有少量的德军喷气式飞机能升空作战。“攻击石油目标对盟国的胜利毕竟做出了重大的贡献。”[38] 在东方，由于美国封锁和攻击日本的石油运输线，到 1944 年日本国内的普通百姓用油只有 1940 年的 4%，车辆都改用木炭，马铃薯、糖和米酒都被征用制作燃料。为保证军用油料，日本发动了荒唐的“松根运动”，以“一百棵松树根可使一架飞机飞一小时”为口号，要求日本人在全国到处挖掘松根。到战争结束时，日本共炼成飞机用的松根汽油 3 000 桶。1945 年 6 月，日本全国石油燃料储备只有 80 万桶，已低于海军一个军种作战最低储备标准 100 万桶的水平。[39] 由于严重缺乏燃料，日本海空军的作战行动受到很大的限制。如空军作战飞机为节省燃料采用直线飞行方式，从而使自己成了美军的活靶，在 1944 年 6 月的马里亚纳群岛战役中，就因此被美军打下了 273 架飞机。[40]

（三）石油与当代国际政治

由于石油对当代人类生活和经济发展具有如此重大的影响，使得石油从一种普通的商品和能源形式，变成了当代国际政治舞台上各国尤其是大国争夺的重点，变成了某些国家或国际组织用来达到某种政治目的的重要工具。基辛格在谈到第一次石油危机后石油对国际政治的影响时称："经济落后、人口加起来也不过 5 000 万左右的产油国现在实际上是在讹诈共有 10 亿人口的先进工业社会，不仅专横地决定贸易条件，而且强行规定政治关系的轮廓。"[41]

1. 石油是各国争夺的重点

从当代国际政治的演变看，历次重大的事件无不与石油有紧密的联系。简单地说，自从第一次世界大战后，凭借其优于煤炭的性能和内燃机的推广使用，石油就逐渐成了一个国家维持其国力的重要能源来源和为谋求霸权而拼命争夺的重心。如第一次世界大战中"同盟国是乘着石油的浪潮冲向胜利的"。第二次世界大战中，日本之所以入侵东南亚、德国之所以入侵苏联，都是为了争夺石油。在这场战争中盟国之所以能取得胜利，也是与美国大量石油流向欧洲战场分不开的。"冷战"结束后的第一场危机——海湾危机和第一次海湾战争更全是因石油而起。

为争夺石油这一具有战略意义的资源，一些大国想尽各种办法，并展开了激烈的争斗。如目前世界上最大的石油公司之一——英国石油公司，就是英国为了保护和维持自己的世界霸主地位的产物。"英波石油公司开始在中东出头露面，就享有英国政府的特殊保护。"[42] 在这家公司刚开始在波斯钻探石油的时候，当时在英国控制下的印度政府就派遣一支小分队以保护钻探队。为达到对这家公司的完全控制，1914 年 6 月，在丘吉尔的主导下，英国政府以 200 万英镑和 20 年 4 000 万桶海军油料供应合同为代价，控制了该公司 51% 的股份，英国政府在该公司派驻两名董事，对海军油料供应和重大政治事务拥有否决权。

第二次世界大战后，英美为争夺中东的石油而展开的争斗，是瓜分石油资源最有代表性的例子。战后，美国为了进入中东，夺取中东的石油资源，除积极支持自己的石油公司挤入英国的势力范围外，还大力开展政府间的外交，甚至连美国总统都参与了这场石油争夺战，对英国政府施加压力。早在第二次世界大战期间，美国和英国为了瓜分中东的石油资源就进行过激烈的争吵，英国政府内部有人激烈反对美国插手中东石油，“石油是我们战后剩下的唯一最大资产，我们应该拒绝和美国人平分我们最后的资产”，[43] 但罗斯福于 1944 年 2 月 28 日晚对英国驻美国大使说：“波斯石油是你们的，伊拉克和科威特的石油我们两家分，沙特阿拉伯的石油是我们的。”[44] 就在雅尔塔会议结束后的 1945 年 2 月 14 日，美国总统罗斯福亲往埃及会晤沙特阿拉伯国王。为了抗衡美国的影响，在罗斯福离开三天后，英国首相丘吉尔也急忙赶往埃及会见了沙特阿拉伯国王。最后，在美国的软硬兼施下，美国石油公司大规模进入了中东。

2. 石油是达到一定政治目的的工具

在当代国际政治舞台上，石油除了与大国争夺世界霸权紧密联系在一起外，还是某些国家或国际性组织用以达到一定政治目的的工具。

首先，产油国和第三世界想借石油来改变国际经济秩序。当前有关世界经济政治秩序的议论应该说最早是由石油问题引起的。第一次石油危机后，石油受到了世界各国尤其是第三世界国家的高度重视，它们想借此来改变旧的世界经济政治秩序，以提高自己在世界经济政治舞台上的地位。这样，有关改革世界经济政治秩序的问题就由此发端。在这一点上，最突出的例子是 1974 年 4 月 9 日联合国召开了研究原料和发展问题的第 6 届特别会议。

联合国第 6 届特别会议召开的直接背景就是第一次石油危机使得石油等原料和发展问题成为国际注目的焦点。第一次石油危机后，国际舞台上围绕着石油问题的斗争十分激烈。一方面，以美国为首的石油消费国积极筹备组织石油消费国集团，与此同时美国还准备召开石油生产国和消费国的国际会议；而另一方面，一些第三世界国家在第一次石油危机的鼓舞下对现行的世界经济政治秩序提出了挑战，想借此机会迫使发达国家做出让步。在这种情况下，1974 年 1 月 31 日阿尔及利亚民主人民共和国革命委员会主席兼政府总理胡阿里 · 布迈丁致函联合国秘书长，要求联合国讨论整个原料问题和与此相关的发展问题。

这样，在阿尔及利亚的倡议下，1974 年 4 月 9 日研究原料和发展问题的联合国大会第 6 届特别会议在联合国纽约总部召开，135 个国家参加了这次会议。经过近一个月时间的激烈争吵，1974 年 5 月 2 日会议结束。这次会议未经表决通过了由 77 国集团起草的《建立新的国际经济秩序宣言》和《建立新的国际经济秩序行动纲领》，提出了建立国际经济新秩序的主张。其最突出的主张有：在发展中国家出口的原料、初级产品、半成品和制成品的价格与它们进口的原料、初级产品、仪器、制成品、半成品和资本设备的价格之间建立公平合理的关系，并在二者之间建立价格联系；支持发展中国家建立原料和初级产品生产国联合组织，以维持其基本产品的价格，改善市场条件，使产品的市场保持稳定；改革旧的国际货币制度等。在这次会议上，阿尔及利亚还提交了著名的《石油、原料和发展——阿尔及利亚提交联合国大会特别会议的备忘录》，认为“整个世界经济的结构和机构完全被少数富国所控制。……现行经济秩序是发展的障碍”，指出“石油输出国组织采取的步骤，对第三世界国家来说，是一个榜样而不是一个问题”。在这个文件中，阿尔及利亚提出了第三世界发展资金、市场和国际货币制度改革等问题。[45]

其次，石油是某些国家或国际组织用来执行自己政策的工具。在这一点上，最引人注目的名词是“石油禁运”。石油禁运包括两个方面的内容：一是石油生产国为了某种政治目的而对石油消费国实行禁运；但是更多的是第二点，即某些国家或国际组织为达到某种政治目的，而对一些国家实行石油禁运。

石油禁运的第一种类型中最有代表性、给人印象最深刻的一次，可能也是最成功和影响最大的一次，是1973年10月阿拉伯产油国在第四次中东战争中为迫使以色列从阿拉伯被占领土上撤军，而采取的减少石油产量和对美荷等国的石油禁运。这次石油禁运给当代世界经济政治造成了深远的影响，并大大改变了世界经济的发展进程。这次石油禁运似乎也立即产生了效果。就在阿拉伯产油国实行石油禁运期间，欧洲共同体国家为了保证取得石油供应，于1973年11月6日发表声明，这些国家的外交部长要求“在中东实现公正持久的和平”，提出“以色列必须结束1967年冲突以来的领土占领；……承认在建立公正持久的和平时，必须考虑巴勒斯坦人的合法权利”。[46]

除此之外，石油禁运在当代国际政治舞台上常常被使用的还是第二种类型。这种类型的石油禁运在第二次世界大战期间就已开始使用。当时，为了反击日本的侵略，1941年8月1日，美国、英国和荷兰等国开始对日本实行石油禁运。第二次世界大战期间成立的联合国更是不断使用石油禁运作为一种政治武器，以迫使某些违反国际法的成员国屈服。如为反对南非实行种族主义，联合国对南非实行石油禁运。伊拉克入侵科威特后联合国对它实行的石油禁运，是石油在当代国际政治上作为一种手段以达到政治目的的最有代表性的例子。最初，联合国对伊拉克实行石油禁运，是为了反对伊入侵和吞并科威特，而当伊拉克最后接受联合国有关决议撤出科威特后，仍因种种借口坚持对伊拉克实行石油禁运，这时的石油禁运已不过是某些大国为了达到自己的政治目的而使用的一种外交手段了。为迫使南斯拉夫内战各方遵守停火协议，联合国安理会于 1992 年 5 月 30 日通过了对塞尔维亚制裁的决议，其要点主要是禁止除食品和药品外的一切进出口活动，其中包括石油的进出口。进入 21 世纪后，最为著名同时也是比较有效的石油禁运，是因伊朗核问题而产生的联合国、美国、欧盟等对伊朗实施的制裁和石油禁运，美国还将对伊朗的制裁和石油禁运扩展到对全世界“任何人”的“二级制裁”。从目前世界政治形势来看，石油禁运是某些大国和国际社会除战争这一最终手段外，较为有效的外交政策工具选项，而且在未来相当长时间内也会被经常性地使用。

最后，石油还是促使某些国家结盟的主要原因。除石油生产国为了共同的利益成立石油输出国组织外，如北美自由贸易区的建立，其主要原因是该自由贸易区的主角美国，看中了北美地区的加拿大和墨西哥丰富的石油资源，想建立此自由贸易区，在自己的后院解决自己的石油供应问题，以减轻对不安全的中东地区的石油依赖。

四、世界经济政治形势的大变化与石油形势的大动荡

石油与当代世界经济政治形势变化之间有千丝万缕的联系，但这仅是问题的一个方面。问题更重要的另一个方面是，20 世纪 70 年代以来国际石油形势之所以发生如此大的动荡，是由于当代世界经济政治形势发生了大变化——当代世界经济政治形势的大变化才是造成 20 世纪 70 年代国际石油形势大动荡的内在的、最主要的原因。

（一）世界经济的变化将石油一次又一次推上浪尖、抛下谷底

应该说，20 世纪 70 年代以来国际石油形势所发生的大动荡都可以看作是石油地位的变化，简单地归纳一下就是：石油一次又一次地被推上了浪尖和抛下谷底。过去 50 多年国际石油形势发生大动荡，其最根本原因是当代国际经济形势发生了变化，也就是说国际经济形势的变化是造成石油形势大动荡的最主要原因。

人们一般称我们这个时代为“碳化氢时代”，截至目前，我们这个时代的这一特点并未发生根本性的变化，而且自 1973 年第一次石油危机以来，石油在世界能源消费中的地位一如既往地重要。正是不断强化的石油地位造成了国际石油形势从 20 世纪 70 年代以来发生了大动荡；而石油地位一次又一次地被强化，正是由国际经济形势的变化引起的。

1. 国际经济发展对石油的高度依赖是造成 20 世纪 70 年代两次石油危机的主要原因

我们这一时代并不是一开始就被称为“碳化氢时代”，而是国际经济逐渐发展到一定时期才产生的。这就是说，国际经济形势的发展才导致我们这个时代由其他能源形式为主导的时代转向了“碳

化氢时代”。

前面我们谈到，就能源形式来说，人类社会经历了三大阶段，即木柴时代、煤炭时代和石油时代。随着人类科技的进步和社会的发展，大约在19世纪中叶，由于工业革命，人类由以柴草为主要能源的时代开始转向以煤炭为主的时代。后来由于科技进步和石油本身所具有的优点，从21世纪初开始，石油就逐渐排挤煤炭。而到第二次世界大战后，随着战后欧洲的复兴和20世纪60年代世界经济的高速发展，石油最终取代了煤炭，成为我们人类使用的主要能源，人类由煤炭时代进入了石油时代。就全球范围来说这一转变是在1965年完成的。自此以后，国际经济的发展又导致对石油的需求越来越高，人类越来越依赖石油这一能源形式。如到1967年时，“煤在欧洲的生产已不再是一个工业，而仅仅是社会保险的一种方式”。[47] 正是由于人类对石油高度依赖，才使得20世纪70年代的两次石油危机有了可能。

2. 中国的崛起和成为世界第一能源消费大国、石油进口大国是推动21世纪国际石油价格不断上涨的重要原因之一

20世纪末和21世纪初国际经济最重大的事件，就是中国经济的崛起，在短短的30多年时间里，世界第一人口大国中的绝大多数人成功地摆脱了贫困，陆续超越了法国、英国、德国和日本等发达国家，发展成为世界第二大经济体，尤其是20世纪90年代末和21世纪初持续的高速经济增长，创造了世界经济发展的历史。

正如我们前面分析所谈到的那样，经济增长与能源和石油消费存在一定的量化关系，尤其是在一国的工业化和现代化时期，两者的关系基本上是同比例的。虽然学术界对30多年中国经济高速发展所处的阶段存在不同的认识，但是我们认为，从通行的世界经济发

展历程看，这30多年中国经济所经历的应该是工业化和现代化的过程，从全国总体看应该是两个过程的叠加。正是30多年来中国经济高速增长具有工业化和现代化两个过程叠加的这一特点，使我们看到了中国的能源消费总量随着经济高速增长不断增加的同时，煤炭和石油两大主体能源来源的消费量几乎同步增长，其结果表现在两个非常突出的方面：一是煤炭消费总量和国内煤炭产量不断攀升，环境问题越来越严重，非常像是英国工业革命初期各种社会现象在100多年后的重演；二是石油消费总量和进口量不断攀升，对外石油依赖程度越来越高，非常像是第二次世界大战后世界经济重建恢复时期美国、西欧和日本出现的情况在50多年后的再现。正是这两个非常突出的特点，带来了前面我们在第8章已叙述过的中国石油形势和地位的变化，在第10章和第11章我们还会将中国石油形势、地位的变化，放在世界大背景下加以分析和讨论，说明其对国际石油形势大动荡的影响。

3. 国际经济的能源效率不断提升和能源、石油供应的多样化造成20世纪80年代和21世纪的油价下跌

在本章前面的分析中，我们重点谈石油作为一种商品所具有的特殊性，正是这种特殊性决定了其在世界经济政治中的地位和影响力，但本书的后续分析中，我们将证明无论具有多大的特殊性，从长期看石油还是一种普通的商品，像其他普通的商品一样，石油也受基本的供求规律支配，其内在的驱动力就是石油价格。正是动荡不定的国际石油价格，促使世界经济不断调整自己并做出应有的反应，这些反应又反过来带来了国际石油价格的动荡。

20世纪两次石油危机带来的高油价，在给世界经济带来了巨大冲击的同时，也带来了两个方面的反应。一是促成了世界上主要

工业化国家纷纷调整经济发展战略，由此世界经济的发展走上了另一条不同的道路。这一条道路从能源使用的角度来说，就是第一次石油危机前的世界主要工业化国家经济发展中的粗放式能源使用方式，不断转变为节约式的能源使用方式，以追求更高的能源使用效率，延续多年的以高耗能推动经济增长的关系被打断，从世界范围看能源弹性系数不断降低。二是从能源供应的角度来说，不断高涨的国际石油价格：一方面持续推动着能源来源的多样化，天然气、核能、可再生能源，甚至煤炭在世界能源消费结构中的比例不断攀升，日益侵蚀着石油的地位和影响力；另一方面，高油价刺激了世界石油勘探开发的热潮，大量低油价时代不经济的油田投入开发，世界石油供应更加充分，日益侵蚀着石油输出国组织的地位和影响力。正是这两个方面的反应，造成了 20 世纪 80 年代国际石油价格的不断下跌和暴跌。

同样的现象在 21 世纪又再次重现，我们看到的是，2004—2008 年和 2009—2014 年不断上涨的国际石油价格的刺激下，世界经济又一次做出了同样的反应——国际石油价格在 2008 年下半年和 2014 年下半年再一次出现暴跌和持续的低油价。21 世纪初的国际石油价格不断上涨和暴涨，带来的影响深远且造成与 20 世纪两次石油危机不同的后果，那就是美国页岩油气工业化生产技术的突破和大规模工业化开发的实现，它不但造成了 21 世纪国际石油价格的暴跌和持续低油价，而且已经并将持续改变世界石油工业的历史。

（二）世界政治形势的变化使得石油形势大动荡具有了可能

世界经济形势是造成 20 世纪 70 年代以来国际石油形势发生大

变动的主要原因，但是真正促使石油形势大变化的外在原因是当代世界政治形势。也就是说，当代世界经济形势的发展为 20 世纪 70 年代国际石油形势的大变化准备好了充足的内在条件，但石油形势的大变化是在一定的世界政治形势下或者说是在一定世界政治形势的影响下发生的。

1. 世界霸权地位的变化打破了国际石油市场高度垄断的格局

第二次世界大战结束以来，世界政治形势发生了根本性的变化。从大国霸权这一角度来说，在这场大战之前，英国是世界上最强大的国家，但战争结束后美国取代英国，登上世界霸主的地位。与此相一致的是，在世界上一些重大事务的处理上，美国逐渐涉入英国传统的势力范围，并最终取而代之。世界政治形势的这一变化在国际石油市场的反映是，美国石油公司随着美国政治势力的发展在全球不断扩大自己的势力范围。因而，随着世界霸主地位的转变，美国石油公司成为国际石油市场的主要力量。美国的石油公司首先在拉丁美洲排挤了英国的石油公司，第二次世界大战结束后，又全面进军由英国石油公司把持的中东，到 1960 年美国的石油公司基本上掌握了世界大部分的石油生产、销售活动。美国的石油公司主导国际石油市场的最大特点是，虽然国际大石油公司占主导地位，但是美国众多独立石油公司纷纷挤进了国际石油市场，与大公司争夺势力范围。正是这一特点为以后产油国对各个石油公司实行各个击破打下了基础，也是这一特点使得 20 世纪六七十年代产油国有可能逐步夺回对石油资源的主权。世界政治形势转变造成的这一国际石油形势变化，使得 20 世纪 70 年代以后的世界石油形势大变化有了可能。

2. 世界政治格局的变化推动产油国要在国际政治舞台上发挥自身的作用

20 世纪 50 年代以后民族民主运动的兴盛，带来了世界政治格局的大改变，导致了 20 世纪 70 年代以来国际石油形势的大变化。从 20 世纪 50 年代初开始，世界政治形势发展的一个明显特点是，随着社会主义在东欧和亚洲一些国家不断取得胜利，亚非国家的民族意识不断增强，这些国家不但要求在政治上获得独立，而且要求在经济上获得独立自主，并想借此来改变世界经济政治秩序。如 1966—1967 年，中东一家炼油厂的墙上出现了这样的标语："石油在劳动人民手中就是在和帝国主义战斗中的一个武器！为石油而战是巩固我们独立的斗争的继续。"[48] 正是在这一大的国际气候的影响下，产油国与石油公司展开了要求获得更大石油收益、对自己的石油资源获得更多主权的斗争。同时，也正是这一特定的国际气候，促成了石油输出国组织的成立。此外，中东地区还存在着阿以冲突这一特定的涉及很多国家利益的政治问题。这样，由于这两大政治问题集中在阿拉伯产油国，最终导致了石油禁运和大幅提高石油价格。阿拉伯产油国利用自己掌握的资源优势，希望借此达到发展民族经济、解决阿以冲突的政治愿望。第二次石油危机虽然在方式上与第一次石油危机有很大的区别，但从本质上来说，仍然是产油国想借自己的资源优势实现自己经济发展愿望的延续。在这一时期，石油输出国组织和某些产油国制定的一些宏伟的、同时也是不切实际的政策，也是由这一特定的世界政治气候造成的，与这一时期特定的政治气候相吻合。

3.“冷战”结束后世界政治的高度分散化促使国际石油价格更加动荡

20 世纪 80 年代以后世界政治形势逐渐趋向缓和，尤其是 20 世纪 90 年代苏联解体和“冷战”结束，使世界政治出现了美国一家独大，中国、欧盟、日本、俄罗斯等国在某些领域具有一定影响力的局面，世界政治高度分散化。表现在国际石油市场上，这种高度分散化的世界政治具有以下特点。第一，中国虽然已经成为世界第二大经济体，国际社会时常出现美国和中国要共治世界的“G2”模式的说法，但就中国来说，由于各方面的原因，对国际石油形势更多的是“被动接受”，主动影响的能力非常有限且还处于培育和成长过程中。第二，苏联解体后，拥有丰富油气资源的苏联国家对外开放国内市场，加之俄罗斯的经济发展高度依赖油气资源，从而使苏联国家成为国际石油市场新出现的重要供给者，这些新的市场参与者同传统的英国、挪威等非石油输出国组织产油国争夺市场份额。第三，经过了 20 世纪 70 年代的两次石油危机和 80 年代初的油价下跌后，石油输出国组织成员国的石油政策出现分歧。虽然以委内瑞拉为代表的国家一如既往地追求高油价，但以沙特阿拉伯为首的一些产油国开始反思自己的石油政策，对在 20 世纪六七十年代制定和执行的某些狂热的、不切实际的政策开始有较清醒的认识。这一认识导致沙特阿拉伯石油政策的改变，并最终带来 1986 年的油价暴跌、1986 年后的油价在低水平徘徊和 2014 年下半年的油价暴跌、持续低油价。第四，页岩油气革命的成功，使美国这个传统的世界能源消费和石油进口大国，自 1948 年成为石油进口国以来，比历史上任何时候都接近于实现能源独立，从高度依赖进口的传统进口国到出口国地位的转变，加之国内自身石油工业的高度市场化，使美国成为左右国际石油市场形势的重要力量，从而使当前和未来国际石油形势更加复杂多变。

（三）世界经济政治对国际石油形势影响的具体表现

上文仅仅是从理论上粗线条地分析了世界经济政治形势的变化，对20世纪70年代以来国际石油形势大动荡理论上的影响。当代世界经济政治形势变化，对20世纪70年代以来国际石油形势影响的具体表现，是作用于国际石油市场的结构，引发了20世纪70年代以来国际石油市场三个方面的结构性变化，从而导致了国际石油形势的大动荡。具体来说就是，当代世界经济政治形势的变化，造成了20世纪70年代以来国际石油市场三大结构性变化，即供需结构、市场参与结构和交易方式结构的变化，从而直接导致了国际石油形势自20世纪70年代以来的大动荡。在本章以后的三章中，我们将分别讨论和分析国际石油市场供需状况、市场参与结构和交易方式发生了什么样的结构性变化，以及这些结构性变化如何导致了国际石油价格的大动荡。

第 10 章

供需结构主导了国际石油价格的波动

导　语

20 世纪 70 年代以来国际石油价格两次大的轮回，其第一层次的具体表现，是国际石油价格的上涨和下跌。第一层次的这一表现可以再细化到自 20 世纪 70 年代以来，国际石油价格在 1973 年 10 月、1978 年年底、2004 年和 2009 年出现上涨，而在 1986 年、2008 年下半年和 2014 年下半年出现下跌。本章将详细分析上述 5 个时间节点前后的国际石油市场供需状况，以翔实的数据证明，20 世纪 70 年代以来国际石油价格之所以出现上涨和下跌，简单地说就是由于这一时期国际石油市场的供给和需求发生了变化，这一时期即使不发生某些事件，国际石油价格也会上涨或下跌。我们将在本章用大量的数据和事实证明，20 世纪 70 年代以来，国际石油市场供需结构的变化，是决定国际石油价格波动的最主要原因。由此，我们通过分析证明：无论石油多么特殊，国际石油市场终究还是一个商品市场，在这个市场中供给和需求状况的变化最终决定了价格的波动。因为经济学基本规律告诉我们："无论就哪一种商品来说，价格都是市场状况的最为敏感的指标（或情报）。"[1]

一、经济学理论及其在国际石油市场中的具体表现

应该承认，石油无论对当代世界经济政治形势有多么大的影响力，它仍是一种商品，只不过由于其具有其他商品所没有的影响而备受人们的注目罢了。自 1859 年以来的国际石油形势变化说明，虽然人们在想方设法对石油加以控制，以图赚取更大的利润，但是石油的价格最终还是受一般商品的基本规律制约，尤其是 20 世纪 70 年代以来国际石油价格的大动荡充分地说明了这一点。不过，需要指出的是，由于石油商品具有特殊性，一般经济学规律在国际石油市场上的表现与众不同。

（一）一般经济学理论中的供求规律与价格

根据微观经济学教科书的定义，供求规律指的是：市场需求大于供给时，价格就会上升；而需求小于供给时，价格就会下降。直观的表述如图 10–1 所示。在现实生活中，这一规律可做如下表述：产大于需时，价格将下降；产小于需时，价格将上升。而且教科书中一再强调，供求规律是商品市场价格变化的最基本规律。

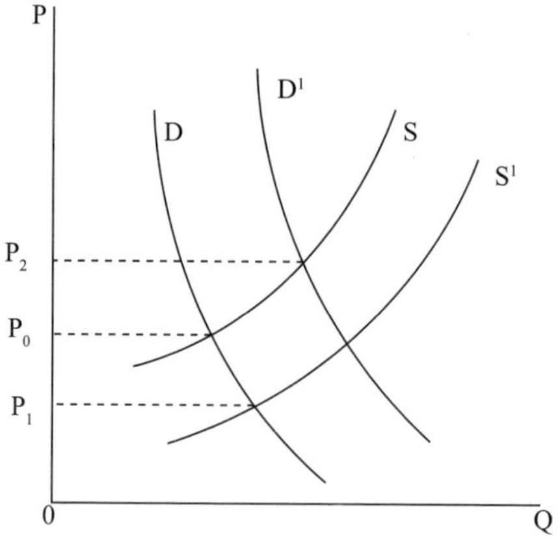

图 10–1　市场供需关系与商品价格

石油也是一种商品，从理论上来说它应该受供求规律的支配。但根据表 10–1 所示，我们会发现，1972—1987 年的 16 年间，除 1982 年和 1983 年外，其余 14 年间的世界石油需求都是小于供给。按供求规律，在这 16 年间除 1982 年和 1983 年外，其余 14 年间的国际石油价格不应上升，而只可能下降，但国际石油市场的事实正好与此相反。20 世纪 70 年代发生了两次油价的上涨，而 80 年代油价开始下跌了。这说明 1972—1987 年的 16 年间，国际石油价格似乎基本上不受市场供求规律的制约，而是反供求规律而行事的。

表 10–1　1972—1987 年世界石油生产和消费对照表

（百万吨）

年份	生产量	消费量
1972	2 628.5	2 570.7
1973	2 863.1	2 773.1
1974	2 869.8	2 725.9
1975	2 738.1	2 684.8
1976	2 964.1	2 859.4
1977	3 066.6	2 967.9

（续表）

年份	生产量	消费量
1978	3 106.9	3 085.5
1979	3 226.1	3 133.3
1980	3 099.3	3 017.8
1981	2 924.1	2 912.3
1982	2 796.9	2 825.5
1983	2 779.0	2 795.3
1984	2 859.7	2 842.2
1985	2 824.0	2 831.0
1986	2 995.0	2 907.8
1987	2 968.8	2 961.3

资料来源：IEA. *World Energy Statistics and Balances 1971–1987*. 1989: 2, 3.

进入21世纪以来的情况也是如此。我们以2004—2008年油价不断上涨前的2003—2005年为例。2003—2005年的三年间，世界原油产量、消费量分别为37.058亿吨和36.556亿吨，38.653亿吨和37.986亿吨，38.95亿吨和38.368亿吨。[2]

20世纪中的16年（1972—1987年）和21世纪中的三年（2003—2005年）的统计数据所反映的，是供求规律不适用于国际石油市场，还是国际石油市场上油价的变化受其他的规律制约呢？任何人都无法否认，石油是一种商品，可石油这种商品为什么不遵守供求规律呢？要解释这个问题，我们必须分析作为一种商品，石油本身所具有的特点。

（二）供求规律与国际石油市场

我们知道，就一般商品而言，其供给是随价格的上升而增加的，因为高价格将产生高额利润，而高额利润将刺激生产者去扩大生产规模。不过，从短期看，石油的供给不是这样。首先，石油生产与一般商品生产相比，有以下两个特点。第一，由于石油的生产费用绝大部分是生产设备的折旧费和利息等固定费用，石油生产无需原料费用，所以石油产量越是增加，单位产量的生产费用便越是下降。因此，只要有少许的富裕供应能力，便会激起强烈的增产欲望，产量的增加即使导致价格下跌也无妨，因为价格下跌的损失可以用增产所产生的成本下降加以弥补。这样，市场竞争使价格进一步下跌，便会激起强烈的增产欲望。图 10–2 中石油供给曲线中的A部分就是反映了这种情况。第二，就一般商品来说，新投资扩大生产能力所花费的时间比较短，而石油生产的情况则不同，因为在石油生产中，要增加新的生产能力就得花费很长的投产期。以正常的陆上油田来看，从取得矿区开采权开始，中经勘探、建设生产设施，就得花上 5~10 年的时间。而海上油田耗费的时间就会更长。这样在特定时期内，石油的供应量是有一个最高值的，石油生产一旦达到这个最高值，那么不论石油价格如何上涨，石油供应量也

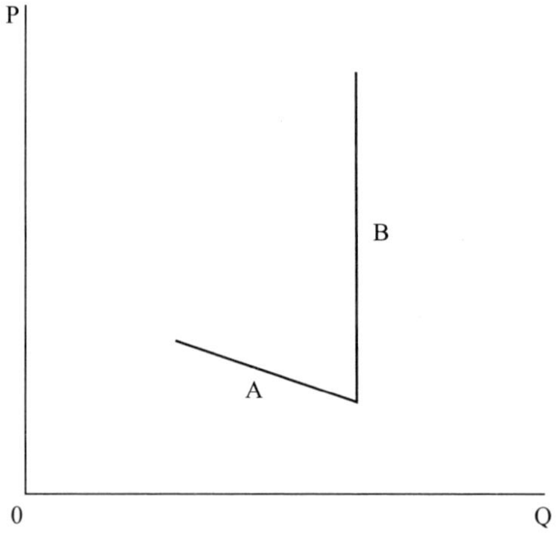

图 10–2　石油的供给曲线

不会增加。图 10–2 所示供给曲线中的B部分反映的就是这种情况。由于石油生产具有这些特点，所以石油的供给曲线是由一条直线和一条向右倾斜的线所组成的，如图 10–2 所示，它不同于一般商品的供给曲线。

其次，我们来分析一下石油的需求情况。石油的需求与一般商品的需求相比具有以下特点。一是石油是一种最基本的商品，与人们的生活方式、社会经济结构、产业结构、流通结构均有密切的关系，所以价格上涨不会立即导致消费量的下降，也就是说，短期内石油需求是无弹性的，它的需求曲线是一条直线。如果考虑到在石油的需求量中，有些部门不论石油价格如何上涨也不会导致需求量的下降，如国防、医院、粮食运输、寒带地区的暖气供应等，那么从短期看石油需求的无弹性这一特点就非常明显。图 10–3 所反映的就是这种现象。二是从长期看，由于人们生活方式、社会经济结构、产业结构、流通结构的变化，人们为应对石油供应紧张所采取

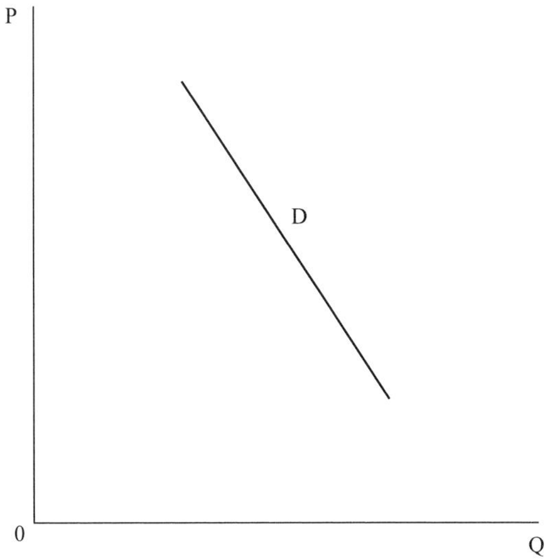

图 10–3　石油的短期需求曲线

的对策，如节约能源、使用替代能源等，以及石油价格上涨所导致的经济衰退等，在这些因素的作用下，石油价格的上涨确实会导致需求量下降。因而从长期看，石油的需求又是有弹性的。图 10–4 就是反映了石油需求的这种有弹性的情况。尽管石油需求从长期来说是有弹性的，但它不过是短期无弹性的需求曲线变化的结果。因而，在一定时期内能使长期需求曲线和供给曲线相对应的，正是短期需求曲线。

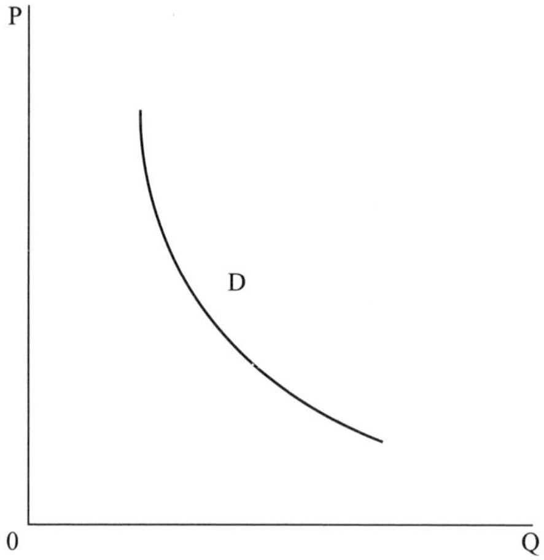

图 10–4　石油的长期需求曲线

因为石油短期需求曲线基本上是无弹性的，一旦它接近于图 10–2 所示的石油供给曲线中的B部分，石油价格便会高涨。之后，再经过一段时间，一旦长期需求曲线的价格弹性发生作用，使短期曲线和图 10–2 所示的供给曲线中的A部分相交，石油价格便会下跌。图 10–5 表示的就是这种情况。

从上面的分析中我们可以看出，作为一种商品，国际石油市场的生产和贸易并未违背微观经济学的供求规律，只是由于石油生产本身所具有的特点使得供求规律在石油生产和贸易中表现的形式与一般商品有很大的不同罢了。从辩证法的角度来说，这就是矛盾的普遍性和特殊性问题。

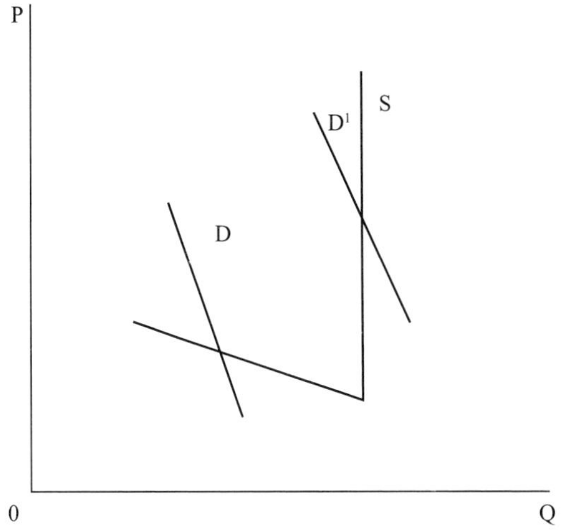

图 10–5　石油的供需与价格关系

（三）供求规律在国际石油市场上的具体表现

以上的分析能否解释 20 世纪 70 年代以来的油价波动呢？在解答这个问题前，我们必须指出，由于关于世界石油最大生产能力事实上无法找到精确的统计数字，因而我们只能找出某个非常时期的数据，分析这个时期前后的产量变化，判断这个时期世界石油生产能力是否达到最大，这样我们必须对上面的分析做进一步的演绎。

从上面的理论中，我们可以演绎出以下结论。如果在某一时期，某一地区石油产量的削减能立即被其他地区所增加的产量所弥补，减产没有造成任何压力，油价并未上涨，那么世界石油生产能力在这一时期或这一时期前一定存在着剩余生产能力，也就是说石油生产供大于求，石油需求曲线与图 10–2 所示的供给曲线的 A 部分相交。因为一般经济学常识告诉我们，某一地区的减产将给国际石油市场造成油价上涨的压力，而油价的上涨则给增加石油产量带来了诱惑。反之，如果某一地区产量的削减没有被其他地区增加的产量所弥补，或者说虽在一定程度上弥补，但所增产的部分与减产的部分不成比例，没有缓和由减产带来的压力，油价仍然上涨了，那么世界石油生产能力在这一时期或这一时期以前，已达到了最大限度，也就是说国际石油的需求已赶上了供给，石油需求曲线与图10–2所示的供给曲线的B部分相交了。

二、20世纪七八十年代国际石油价格波动实例分析

上面的理论及据此而演绎的结论，只是我们根据经济学的基本理论和石油生产本身的特点得出的，20世纪70年代以来的国际石油市场变化情况能否与这一理论及结论相吻合，还需要我们分析国际石油市场在这一期间发生的实际变化。

（一）20世纪70年代的两次石油价格向上波动

20世纪70年代发生了两次石油危机，正是这两次石油危机，使得石油问题成了世界热点问题。下面，我们将详细分析这两次石油危机前后的国际石油市场供需结构情况。

1.第一次石油危机前后的国际石油市场供需结构

表10–2所示是1973年9月—1974年4月的世界石油产量的变动情况。鉴于阿拉伯石油输出国组织的减产、禁运行为是在1973年10月中旬开始的，1973年12月25日阿拉伯石油输出国组织宣布用增产10%来代替减产5%的原计划，因而阿拉伯产油国的减产

行动到此结束，1974 年 3 月对美国的禁运解除，那么 1973 年 9 月和 1974 年 4 月可视为正常月份，因而在分析问题时可用此期间的产量数作为基数。

表 10–2 1973 年 9 月—1974 年 4 月世界石油产量

（百万桶/天）

	9 月	10 月	11 月	12 月	1 月	2 月	3 月	4 月
阿拉伯国家								
沙特阿拉伯	8.5	7.8	6.3	6.6	7.5	7.8	8.1	8.7
科威特	3.5	3.1	2.6	2.6	2.8	2.8	2.8	
阿联酋	1.4	1.3	1.2	1.0	1.2	1.3	1.5	1.6
卡塔尔	0.6	0.6	0.5	0.5	0.5	0.5	0.5	0.5
利比亚	2.3	2.4	1.8	1.8	2.0	1.9	1.9	1.7
伊拉克	2.2	1.8	2.0	2.1	1.8	1.8	1.8	1.9
阿尔及利亚	1.1	1.0	0.9	0.9	1.0	1.0	1.0	1.0
小计	19.6	18.0	15.3	15.5	16.8	17.1	17.6	18.2
非阿拉伯国家								
伊朗	5.8	6.0	6.0	6.1	6.1	6.2	6.1	6.2
尼日利亚	2.1	2.2	2.2	2.3	2.2	2.2	2.3	2.3
委内瑞拉	3.4	3.4	3.4	3.3	3.3	3.2	3.2	3.0
印度尼西亚	1.4	1.4	1.4	1.4	1.5	1.4	1.4	1.4
厄瓜多尔	0.2	0.2	0.2	0.2	0.2	0.2	0.2	0.2
加蓬	0.2	0.2	0.2	0.2	0.2	0.2	0.2	0.2
小计	13.1	13.4	13.4	13.5	13.5	13.4	13.4	13.4
石油输出国组织	32.7	31.4	28.7	29.0	30.3	30.5	31.0	31.5
世界总计	57.5	56.0	53.1	53.7	55.5	55.7	56.3	56.9

资料来源：*Oil and Gas Journal*, Oct. 1973- May 1974.

从表 10–2 中我们可以看出，石油输出国组织阿拉伯产油国从

1973 年 10 月开始减产，到 11 月份产量达到最低点，为每天 1 530 万桶，与 9 月相比每天减少了大约 430 万桶。我们知道，1973 年 10 月开始的减产行为是由阿拉伯产油国一手制造的，世界上其他产油国，包括石油输出国组织非阿拉伯产油国都未参加这一行动。从表 10–2 中我们可以看出，石油输出国组织非阿拉伯成员国在危机期间提高了石油产量，其最高产量是在 1973 年 12 月和 1974 年 1 月时，均为每天 1 350 万桶，2 月以后它们的产量反而下降了，1973 年 12 月、1974 年 1 月它们的产量与 1973 年 9 月相比每天仅增产 40 万桶，这就是说虽然 1973 年 9 月它们仍有剩余生产能力，但是数目是极小的，而且于 1973 年 12 月和 1974 年 1 月到达了最高点。除石油输出国组织之外的世界其他石油生产国在 1973 年 9 月总产量为 2 480 万桶，但到了 1973 年 12 月反而下降到 2 470 万桶，两个时期相比较，反而减少了 10 万桶，这说明它们于 1973 年 9 月就达到了最大石油生产能力。

同时，石油输出国组织阿拉伯成员国的情况如何呢？从表 10–2 中我们可看出，到 1974 年 4 月，在减产和禁运结束后，石油输出国阿拉伯成员国的产量一直没有超过减产和禁运前 1973 年 9 月的数字。前面我们谈到，由于减产造成的油价上涨的压力，理论上来说必然会导致产量的增长，但事实是即使到 1974 年 4 月，它们的产量仍没有恢复到 1973 年 9 月的水平，这说明就石油输出国组织阿拉伯成员国来说，它们在这一时期已于 1973 年 9 月达到了最大生产能力。

综合上面的分析，我们可以发现，在石油输出国组织阿拉伯成员国于 1973 年 10 月进行减产、禁运时，世界石油产量已于 1973 年 9 月达到了最高水平。也就是说，在第一次石油危机前夕，世界石油需求已与最大生产能力相接近了，石油需求曲线已与石油供给曲线的垂直部分相交了。“这说明在1973年秋季时，石油市场已处于紧张之中，即不存在剩余生产能力了，这一情况造成了石油进口国全部感受到了阿拉伯石油生产国对供应削减水平的严密控制。”[3]正是这样的曲线相交，使油价处于上涨之中。

多方面的证据证明了20世纪70年代初期国际石油市场供应的这种紧张迹象。1973年4月，美国国务院能源问题专家吉姆·艾金斯就在《外交季刊》上撰文对西方石油消费国提出警告：“这次狼真来了！”[4]桑普森也指出：“到1973年9月，石油的市场价格已超过了牌价，这是石油输出国组织成立以来第一次发生的情况。这是一个确凿的迹象，表明石油输出国组织现已处在一个非常强有力的讨价还价的地位。1960年以来削弱它们、分裂它们的石油过剩，现在已经过去了。”[5]

在这方面最有力的证据大约是地区性的了。根据阿里·D.约翰尼的推算，1970—1973年，经济合作与发展组织24个成员的国内生产总值的增长大约为5.1%，同期资本主义世界石油产量增长率为6.6%，1945—1960年资本主义世界石油消费与国内生产总值的增长率之间的比率为1.5∶1，这就是说1970—1973年资本主义世界石油生产如果要同需求增长保持一致，其增长率应为7.7%，而不是6.6%。这说明就地区性而言，1970—1973年，资本主义世界石油消费已经超过石油生产的增长了。[6]

美国的例子也是地区性例证之一。我们知道，美国开始进口石油的年代虽为1948年，但是1957—1967年，美国剩余石油生产能力在25%左右。仅这一点就说明了为什么阿拉伯产油国在1957年和1967年两次使用石油武器都失败了。[7]当时“过剩仿佛没有止境，……飘扬着旗帜的加油站，用免费赠送玻璃制品、玩具或廉价书竞争，用汽油比分竞争，或者用代用券，甚至两倍、三倍代用券的花招来竞争”。[8] 正是基于这种情况，美国可以用空运的办法来支援欧洲，对付阿拉伯产油国的石油武器。作为这种现象的一种表现，“1950—1970 年的 20 年间，石油（实际）价格下降了 6%”，[9] 但是，“当 1969 年 3 月理查德·尼克松任职总统时，美国已处于变成一个进口石油国的边缘了”，“到 70 年代早期，……（美国）剩余生产能力几乎全部消失了”。[10]

我们知道，商品的市场价格是市场供求状况的反映。20 世纪 70 年代初期石油的市场价格也反映了石油市场的紧张状况。表 10–3 所示是沙特阿拉伯 API 34 度轻油腊斯塔努拉港 1945—1973 年的离岸价格。从表 10–3 中可以看出，石油价格 1945—1947 年是上涨的，但 1948—1970 年处于持续下降的趋势之中，不过从 1970 年开始，这种趋势逆转了，油价由下降转为上升。这表明自 1970 年开始，国际石油市场的供需结构发生了变化，由 20 世纪 60 年代前和 60 年代中的供大于求转为 70 年代初的供小于求了。

表 10–3　1945—1973 年世界石油价格

（市场价格　沙特阿拉伯 34 度轻油离岸价格）

年份	价格（美元/桶）
1945	1.05
1947（12 月）	2.22
1948（年中）	2.08
1949（年中）	1.85
1949（年末）	1.65
1960（年末）	1.50

（续表）

年份	价格（美元/桶）
1970	1.30
1971	1.65
1972	1.90
1973	2.70

资料来源：David Gisselquist. *Oil Prices and Trade Deficits-U.S. Conflicts with Japan and West Germany*. Praeger Publishers, 1979: 60.

此外，另据计算，从 1971 年年初至 1973 年 6 月，石油市场价格是处于上升之中的，这一期间油价大约上涨了 65%。[11]

前面我们首先分析了 1973 年 9 月—1974 年 4 月世界石油产量的变化，后又举出了地区性的供需结构并以 1945—1973 年、1971—1973 年 7 月的油价变动为例证，证明了 20 世纪 70 年代初国际石油市场供需结构已不同于 20 世纪 60 年代和 60 年代以前的状况。进入 20 世纪 70 年代以后，国际石油的需求已赶上了最大供给能力，需求曲线已与供给曲线的垂直部分相交。正是这种情况使油价处于上涨之中。

2. 第二次石油危机前后的国际石油市场供需结构

以上我们分析了 1973—1974 年第一次石油危机时国际石油市场的供需情况，现在我们来看一下 1978—1980 年第二次石油危机时的国际石油市场供需结构和危机之间的关系。

1978—1980 年第二次石油危机，是由 1978 年秋季开始的伊朗革命引发的。从表 10–4 中我们可以看出，1978 年 9 月，伊朗石油产量达到最高峰，为每天 605.3 万桶，到 1979 年 1 月其产量减少到每天 44.5 万桶。相比之下可以看出，1978 年 9 月—1979 年 1 月，伊朗石油产量每天减少了 560.8 万桶。同时，尽管沙特阿拉伯

表 10–4　1976—1979 年世界原油产量

（千桶/天）

国家	1976 年	1977 年	1978 年						1979 年
			1 月	8 月	9 月	10 月	11 月	12 月	1 月
伊朗	5 885	5 663	5 292	5 805	6 503	5 542	3 494	2 371	445
伊拉克	2 150	2 215	2 100	2 650	2 900	3 000	3 100	3 100	3 100
沙特阿拉伯	8 579	9 200	7 758	7 154	8 382	9 308	10 252	10 406	9 800
委内瑞拉	2 290	2 234	1 785	2 185	2 254	2 306	2 251	2 345	2 263
利比亚	1 921	2 065	1 898	2 030	2 019	2 052	2 177	2 200	2 100
阿尔及利亚	2 050	2 100	1 638	2 060	2 109	2 114	2 276	2 396	2 448
科威特	2 150	1 966	1 696	2 350	2 590	2 138	2 650	2 199	2 649
石油输出国组织	30 407	31 083	27 404	29 629	31 898	32 073	31 774	30 693	28 483
非石油输出国组织	26 858	28 686	29 708	30 785	30 628	31 054	31 447	31 488	31 711
世界总计	57 265	59 769	57 040	60 387	62 562	63 127	63 221	62 181	60 194

资料来源：*Oil and Gas Journal*, various issues from 1976 to 1979.

等国大幅度提高了石油产量，但1979年1月石油输出国组织产量与1978年9月相比每天减少了341.5万桶，与1978年10月相比减少了359.6万桶。这就是说在这一期间，石油输出国组织原油已于1978年9月、10月达到了最大生产能力。

在伊朗革命期间，世界其他地区的原油产量是逐渐增加的，但从表10–4中我们发现，1978年9月—1979年1月这5个月间，非石油输出国组织产油国的原油产量增产额仅为每天108.3万桶。石油输出国组织其他成员国的增产数，加上世界非石油输出国组织产油国的增产数，仍未能弥补由于伊朗减产而造成的损失。两者相比较，世界石油产量1979年1月与1978年9月相比每天反而减少了236.8万桶，大约减少了3.79%。

综合前面的分析，我们可以发现，在1979—1980年第二次石油危机前夕，大约在1978年年底，世界石油需求又一次赶上了世界石油最大生产能力，这也就是说石油需求曲线已与石油供给曲线的垂直部分相交了。

为什么到1978年年底国际石油市场的石油需求又一次赶上了石油最大生产能力呢？表10–5和表10–6一目了然地解释了这一问题。从表10–5中可看出，尽管1974年、1975年世界石油消费量与1973年相比下降了，但到1976年开始世界石油消费又恢复了增长的势头，1979年与1973年相比，世界石油消费有了明显的增长，这就是说第一次石油危机对1979年世界石油消费水平基本上没有产生什么影响。正因为石油消费继续保持了这种增长的势头，使世界石油消费水平迅速提高，从而导致了在1978年年底国际石油需求又一次赶上了供给。

表 10–5　1973—1979 年世界石油消费

（百万吨）

年份	1973	1974	1975	1976	1977	1978	1979
石油消费量	2 798.0	2 760.3	2 724.8	2 894.6	2 985.9	3 083.0	3 125.0

资料来源：*BP Statistical Review of World Energy*, June 1985.

表 10–6　1978 年阿拉伯轻油市场价格

（美元/桶）

年份	1978			
	第 1 季度	第 2 季度	第 3 季度	第 4 季度
价格	12.66	12.70	12.79	13.50

资料来源：*Petroleum Intelligence Weekly*, 12 Apr. 1982.

作为世界上第一大石油消费国，美国 1973—1978 年石油消费和进口形势的变化十分清楚地说明了国际石油市场的供需结构情况。“美国的消费量实际上有所增加，从 1973 年的日消费量平均 1 730 万桶上升到 1978 年的每天平均 1 870 万桶。日消费量的上升和美国国内石油产量的下降，造成了净石油进口量大增长，从 1973 年每天进口 625 万桶上升到 1978 年的 827 万桶，即增长了 32%。据估计，美国依靠进口石油作为能源来源的数量，从 1973 年占消费量的将近 1/3 上升到 1978 年的接近占 1/2。”[12]

对 1978—1980 年第二次石油危机前夕的国际石油市场供需状况和背景的分析表明，由于 1973—1974 年第一次石油危机对 1978 年、1979 年国际石油需求基本上没有产生什么影响，石油消费仍处于上升过程之中，这种情况导致了到 1978 年年底国际石油需求又一次赶上了国际石油最大生产能力，油价又处于上升过程之中了。因而，即使没有 1978 年秋季所发生的伊朗革命，油价也肯定会上升的。

以上我们具体分析了20世纪70年代国际石油市场供需结构和油价波动之间的关系，分析表明在两次石油危机前夕，国际石油市场特定的供需结构，决定了油价处于上升过程之中，这就是说即使没有1973年和1978年的那些事件，国际石油价格肯定也会上升。究其原因在于，“从1973年到今天，石油一直是为阿拉伯事业服务的一种锐利武器。1973年与1965年不同，在1965年世界上曾有石油剩余，假如阿拉伯国家想改变这一事实，它就会失败，就会遭到世界的嘲笑。但在1973年，形势起了变化，我们就能减少石油产量，采取石油措施”，[13]而“1973年局势的变化，部分原因是西方经济恢复增长，随之而来的是石油需求猛增，……但最主要的原因是美国作为一个石油进口大国进入东半球的石油市场速度太快”。[14]这说明“支配几乎每一个石油输出国组织成员国的石油生产和出口政策的是市场的实际情况，而不是国际政治局势”。[15]这就是说，“两次石油危机都是在世界石油消费量或者美国石油消费量趋向增长的形势下发生的。……有必要提出：石油危机爆发的基础仍是石油需求量的扩大趋势”。[16]

对20世纪70年代两次石油危机爆发的原因分析，证明了我们所提出的假设，即20世纪70年代的油价上涨是由国际石油市场供需结构的变化带来的，它说明石油如其他商品一样，也是受市场供求规律制约的。这一结论是通过大量的数据分析得出的。那么，20世纪80年代的油价波动与我们的假设是否相吻合呢?

（二）20世纪80年代的石油价格向下波动

从1980年开始，国际石油形势峰回路转，与20世纪70年代相比截然不同。表 10–7 表述了 1978—1985 年世界石油消费量的变化情况。从表中我们可以看出，世界石油消费自 1979 年达到最高峰后，逐年下降，这说明 20 世纪 70 年代的两次石油危机所造成的油价猛涨，已经对世界石油消费产生了负面的影响。同时，世界石油供应状况又发生了什么样的变化呢？在分析这个问题时，我们应先看一下世界非石油输出国组织产油国石油产量的变化情况。从表 10–8 中可看出，自 1979 年以后非石油输出国组织产油国的石油产量是逐年增加的，这就是说它们的生产能力已有了较大的增加。对比表 10–7 和表 10–8，我们可看出这两个表是呈反方向变化的，其结果是对石油输出国组织石油需求越来越小，表 10–9 正好同我们的分析相吻合。

表 10–7　1978—1985 年世界石油消费量

（百万吨）

年份	1978	1979	1980	1981	1982	1983	1984	1985
石油消费量	3 083.0	3 125.0	2 998.6	2 899.5	2 815.4	2 783.7	2 823.0	2 809.4

资料来源：*BP Statistical Review of World Energy*, June 1986.

表 10–8　非石油输出国组织产油国石油产量

（百万桶/天）

年份	1979	1980	1981	1982	1983	1984	1985
经济合作与发展组织	14.7	14.8	15.0	15.5	16.0	16.7	17.3
发展中国家	5.3	5.8	6.4	7.2	7.5	8.0	8.5
中央计划经济净出口	1.1	1.2	1.1	1.4	1.6	1.7	1.5
其他	1.0	1.1	1.0	1.0	1.0	1.0	1.0
合计	22.1	22.8	23.5	25.1	26.1	27.4	28.3

资料来源：根据IEA: *Oil Market Report* 各期编制。

表 10–9　石油输出国组织占西方世界石油供给构成

（百万桶/天）

年份	1979	1980	1981	1982	1983	1984	1985
西方石油总供应量	53.7	50.4	47.0	44.9	44.6	45.9	45.4
石油输出国组织	31.6	27.6	23.5	19.8	18.5	18.5	17.1
占比（%）	58.8	54.7	50.0	44.1	41.5	40.0	37.6

资料来源：*BP Statistical Review of World Energy*, June 1985.

从表 10–9 中可看出，自 1979 年开始石油输出国组织石油供给占西方世界石油供应的比重逐年下降，1985 年比 1979 年下降了 21.2%，1985 年与 1979 年相比石油输出国组织石油在西方世界的石油供应量中每天减少了 1 450 万桶。这就是说从 1980 年开始，石油输出国组织出现了剩余供应能力，考虑到表 10–8 中所说明的情况，即非石油输出国组织产油国的石油产量是逐年增加的，也就是从 1980 年开始国际石油市场出现了剩余生产能力，而且越来越大。这表明，世界石油的需求曲线在 1980 年以后，开始与世界石油供给曲线的弯曲部分相交了，而且随着时间的推移，需求曲线和供给曲线的交点逐渐向右移动。正因如此，造成了油价的下跌，而且 20 世纪 80 年代油价也确实是逐渐下跌的。这就是说，20 世纪 80 年代油价已处于下跌的趋势之中了，其原因是国际石油市场石油需求曲线与供给曲线的弯曲部分相交。这样，20 世纪 80 年代的国际石油价格波动是与我们的分析相吻合的。

从上面的分析中可以看出，由于国际石油市场的供需结构发生了变化，20 世纪 70 年代国际石油价格处于上升趋势之中，20 世纪 80 年代国际石油价格处于下跌趋势之中，这说明即使没有石油输出国组织，没有发生第四次中东战争，没有伊朗革命和两伊战争，

20世纪七八十年代国际石油价格也是会发生波动的。20世纪70年代以来的国际石油价格波动，是起源于国际石油市场供需结构的变化，换句话说，国际石油市场供需结构的变化引起了国际石油价格的波动，这是我们分析得出的结论。这说明在国际石油价格上存在着不以人的意志为转移的客观经济规律。对此，亚马尼曾有过精辟的论述："没有一个政治家能改变供求规律的作用。……我们不能凭自己的愿望和意志把解决办法强加给世界。"[17]

三、21世纪以来国际石油价格波动实例分析

利用上述理论和方法，我们也可以用来分析进入21世纪以来17年的国际石油价格大幅度上涨和下跌。在第6章和第9章，我们将进入21世纪以来17年的国际石油价格变化分为两个阶段，下面我们将通过详细分析这两个阶段国际石油市场供需结构的变化情况，寻找这一期间国际石油价格波动的根本内在原因。

（一）2004—2008和2009—2014年的石油价格向上波动

我们在前面的分析表明，进入21世纪以来，2001—2003年是国际石油价格相对平静的时期，石油价格的大涨是从2004年开始的。这一年，是国际石油价格进入新世纪后上涨最快、也是变化幅度最大的一年，国际油价屡创历史新高，连续突破了每桶40美元、50美元和55美元三个重要心理关口。自2004年以后，虽然国际石油价格有涨有落，但总体是一路上涨直到2008年7月11日创下每桶147.27美元的历史最高位为止。因此，分析2004年前后的国际石油市场供需结构，对于理解和解释2004—2008年国际石油价格的不断

上涨具有标志性意义。

1. 石油输出国组织的行为直观地反映了新世纪初期国际石油市场的供需变化

无论我们用什么样的标准和名词来评价，自 20 世纪 70 年代两次石油危机以来，作为世界主要石油生产国的国家间组织，不管是出于自愿或不自愿，石油输出国组织一直都是事实上的国际石油市场稳定的维持者，尤其是当市场供大于求导致石油价格不断下跌时，该组织必须通过协调其成员国的立场并尽最大可能争取非石油输出国组织产油国的合作，来平衡国际石油市场。相反，如果市场供不应求时，该组织表现出来的行为，就是不再协调或约束成员国的石油产量，而是让其放开生产。自 20 世纪 80 年代初国际石油价格下跌以来，我们观察到的都是石油输出国组织的这种行为。因此，通过石油输出国组织官方会议的决议和其发表的新闻公报，就能直观地反映当时国际石油市场的供需现状。

国际石油价格在 20 世纪 90 年代一直维持在一个较低的水平。进入 21 世纪前三年的 2001—2003 年，虽然石油价格仍然维持在一个相对平静的水平，但与 20 世纪 90 年代不同的是，2001—2003 年，石油输出国组织所感受到的国际石油市场供需的压力在逐渐减弱，从 2001 年的如同 20 世纪 90 年代一样协调其成员国的立场，并努力争取非石油输出国组织产油国的支持，减少石油产量以维持国际石油市场的供需平衡，转变到不再是减产而是增加产量限额。2001 年应该是进入新世纪后石油输出国组织最为困难的一年，这一年里该组织三次决定减少石油产量共计每天 350 万桶，将该组织石油产量限额从 2001 年年初的每天 2 670 万桶减少到年底的每天 2 320 万桶，并在 2001 年 11 月决定从 2002 年 1 月 1 日起每天再减产 150

万桶，同时非石油输出国组织产油国也配合减产每天 50 万桶。相较于 2001 年，2002 年石油输出国组织则轻松得多，这一年不但没有再开会要求其成员国减少石油产量，而且全年维持了从 1 月 1 日起的每天 2 170 万桶的产量限额。2003 年，石油输出国组织的苦日子似乎到了头，年初的会议就决定将产量限额每天增加 150 万桶，并在年中时又将不包括伊拉克在内的 10 个成员国的石油产量限额提高到每天 2 540 万桶。从 2004 年开始，石油输出国组织的政策完全变了。一方面，除这一年的 2 月 1 日会议上决定自 4 月 1 日起每天减产 100 万桶之后，全年其他时间的会议上，该组织三次调高了自己的官方石油产量限额；另一方面更引人注目的是，2004 年石油输出国组织成员国的实际产量远远大于其决定的官方产量限额，到 2004 年 8 月，包括伊拉克在内的该组织实际石油产量已高达每天 3 000 万桶。[18]

从上面的历史回顾中我们可以看出，2001 年是进入新世纪后石油输出国组织面对国际石油市场供需压力最大的一年，这一年年底决定的每天 2 170 万桶的产量限额也应该是该组织历史上最低的官方产量限额。而自此之后，国际石油市场的供需结构不断地发生变化，2003 年开始国际石油市场上的需求已经恢复，到 2004 年石油需求更是上升到能完全吸收石油输出国组织成员国大幅度超产的水平了。因此，我们可以说，仅从石油输出国组织 2001—2004 年的行为就可以看出，进入新世纪后至此，国际石油市场的供需结构再一次发生了变化，石油需求不但已经恢复而且对供给不断提出更高的要求，表现在国际石油价格方面，就是从 2004 年开始新一轮的国际石油价格大幅度上涨开始起步。

2. 统计数字更加清晰地表明了新世纪初期国际石油市场供需变化的趋势

表 10–10 反映的是 2001—2004 年世界石油需求和供给量的变化，为更加细致且直观地说明 2003 年和 2004 年世界石油需求和供给的变化，我们将这两年需求和供给数量的变化细化到季度。考虑到我们前面分析过的 2001 年国际石油市场情况，我们这张表的重点是分析 2002—2004 年的情况，在这三年间，世界石油供应平均每天增加了 608 万桶，其中的 204 万桶是由非石油输出国组织产油国供给的，石油输出国组织成员国的供给平均每天大幅增加了 371 万桶。

进入 21 世纪后，虽然在不同的年份里，石油输出国组织还在通过减产努力维持国际石油市场的平衡，但总的趋势是，该组织的石油产量在不断地增加，其在世界石油供给中的份额也在不断地上升。2000 年，石油输出国组织的产量相比 1999 年增长了 5.5%；2003 年相比 2002 年的石油产量增加了 6.34%；2004 年相比 2003 年的石油产量更是大幅增加了 7.80%。1998 年，石油输出国组织成员国的石油产量占世界石油供给的比例为 41%，为历史最高；2002 年这一比例下降到 37.8%；但随着石油产量的不断增加，石油输出国组织的市场份额也出现了恢复性增长，2003 年上升到 38.7%；2004 年更是上升到 39.9%，已接近 40% 的水平。

这里需要特别指出的是，表 10–10 中的石油输出国组织的石油产量是实际的生产量，在这一期间该组织还在实施最高产量控制，如 2002 年其最高产量限额每天只有 2 170 万桶，即使到了 2004 年，其官方的最高产量限额每天也仅为 2 600 万桶。因此，这一期间石油输出国组织的实际产量比其官方最高产量限额每天高出 300 万~366 万桶，可以看出这一期间国际石油市场需求的旺盛和其对石油输出国

表 10–10　2001—2004 年世界石油需求和供给的变化

（百万桶/天）

年份	2001	2002	2003Q1	2003Q2	2003Q3	2003Q4	2003	2004Q1	2004Q2	2004Q3	2004Q4	2004
世界石油需求	77.16	77.82	79.10	76.40	78.70	80.60	78.70	81.77	80.99	81.79	84.11	82.17
世界石油供给	77.19	76.71	78.90	78.10	79.10	80.90	79.30	81.74	82.06	83.27	84.06	82.79
非石油输出国组织产油国	46.37	47.74	48.60	48.00	48.60	49.50	48.70	49.67	49.77	49.55	50.11	49.78
石油输出国组织	27.23	25.36	26.80	26.50	26.80	27.70	27.00	28.19	28.40	29.75	29.91	29.07

资料来源：2001 年、2002 年和 2004 年分季度及全年平均石油需求和供给的数字来自 *OPEC Annual Report 2004*。

2003 年分季度及全年平均石油需求和供给的数字来自 *OPEC Annual Report 2003*。

说明：①由于统计误差等原因，石油输出国组织年度报告中各年有关世界石油需求和供给的数字有差异。

②Q1、Q2、Q3、Q4，分别代表第 1 季度、第 2 季度、第 3 季度、第 4 季度。

组织石油产量增加的压力。如果我们将时间段拉长到整个进入21世纪后第一次油价大涨的时期，即2004—2008年，则这一现象就更加明显。表10–11说明的是2001—2008年世界石油需求和供给的情况，从表中可以清晰地看出，面对2004—2008年的油价不断暴涨，非石油输出国组织产油国的石油产量已经增长乏力，不断增长的世界石油需求只能靠石油输出国组织来保证。这说明在这一轮油价不断暴涨中，国际石油市场的供需不平衡已经到了非常严重的程度。

这一时期的其他资料能更加精确地说明当时国际石油市场紧张的供需关系。据国际能源署发表的报告，2004年全球原油的日需求量在8 240万桶左右，比2003年增加了260万桶，是自1976年以来石油日需求量增长最快的一年。但是，2004年全球原油日供应量为8 400万桶左右，比日需求量仅高出100多万桶，世界石油剩余生产能力当时仅为1%，而且这些剩余生产能力主要集中在沙特阿拉伯等少数国家。[19] 而据美国能源信息署的统计，2003—2008年，石油输出国组织的剩余石油生产能力已非常紧张，2004年下半年和2005年下半年最低时都出现了每天少于100万桶的情况，已无法对当时国际石油市场旺盛的需求做出积极的反应。具体参见图10–6。[20]

从前面分析2001—2004年石油输出国组织的行为中，我们可以看出，石油输出国组织是国际石油市场稳定的维护者，除非面临严重的市场供需不平衡，一般情况下非石油输出国组织产油国不会主动减少自己的产量，而是按最大能力生产，因此也就是说，我们看到的2001—2004年非石油输出国组织产油国的产量基本上就是它们最大的生产能力，满足国际石油市场不断增长的需求只能依靠石油输出国组织，这就是说进入21世纪后国际石油市场又一次将满足需求的压力放到了石油输出国组织的身上，20世纪70年代初

表 10–11　2001—2008 年世界石油需求和供给的变化

（百万桶/天）

年份	2001	2002	2003	2004	2005	2006	2007	2008
世界石油需求	77.16	77.82	79.35	82.26	83.87	84.90	85.90	85.62
世界石油供给	77.19	76.71	79.64	83.02	84.18	84.38	84.66	85.82
非石油输出国组织产油国	46.37	47.74	48.09	48.98	48.48	48.89	49.48	49.29
石油输出国组织	27.23	25.36	27.84	30.02	31.64	31.43	30.97	31.92

资料来源：2001 年和 2002 年石油需求和供给的数字来自 *OPEC Annual Report 2004*。

2003—2004 年石油需求和供给的数字来自 *OPEC Annual Report 2006*。

2005—2008 年石油需求和供给的数字来自 *OPEC Annual Report 2008*。

说明：由于统计误差等原因，石油输出国组织年度报告中各年有关世界石油需求和供给的数字有差异。

国际石油市场供需结构在21世纪初再现，国际石油价格新一轮上涨的市场条件已经具备。

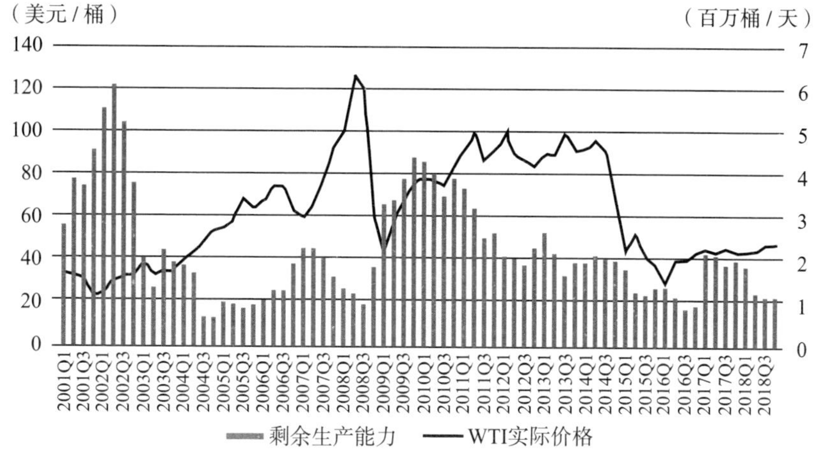

图10–6　2001—2018年石油输出国组织剩余生产能力与WTI油价

资料来源：EIA. What drives crude oil prices? February 7, 2017.

说明：Q1、Q3，分别指第1季度、第3季度。

3. 2009年及之后时间国际石油需求增长再次为油价上涨奠定了基础

2008年下半年短暂暴跌之后，从2009年第2季度开始油价又重拾涨势并一直延续到2014年6月20日的最高位，国际石油价格又走出了新一轮从暴涨到暴跌的轮回。使用上述同样的理论和分析方法，我们可以看出，导致这一轮油价不断上涨的内在动力，仍然是持续紧张的国际石油市场供需结构，石油输出国组织等市场参与者又在重演进入21世纪以来的故事。

首先，从石油输出国组织的行为看，2008年下半年的油价暴跌给该组织带来了巨大的冲击。2008年10月24日和12月17日，石油输出国组织分别召开了第150次和151次特别会议，决定每天减少石油产量50万桶和420万桶。这是石油输出国组织历史上最大幅度的减产行为，也应该是进入新世纪后除2001年之外最艰难的时期。自此之后，石油输出国组织的日子一天天地好了起来。2009年和2010年，石油输出国组织都维持了2008年年底第151次特别会议的决议，但事实上该组织成员国的实际石油产量是在不断增加的。2011年12月14日的第160次部长级会议上，石油输出国组织正式确认了成员国每天3 000万桶的石油产量的合法性，这是自2008年下半年以来该组织首次事实上提高了自己的石油产量限额。

其次，统计数据能更好地说明国际石油市场供需结构的变化。2009—2014年的6年间，世界石油需求大幅度攀升，从每天8 480万桶迅速增长到每天9 130万桶。其中，2010年需求相比2009年更是跳升，从每天8 480万桶一跃增长到每天8 720万桶。为满足迅速增长的需求，石油输出国组织和非石油输出国组织产油国都开足马力进行生产，在这期间非石油输出国组织产油国的石油产量增加最为明显。2009—2014年，非石油输出国组织产油国的石油产量平均每天从5 110万桶增长到5 650万桶，6年间平均天增长了540万桶。同期，石油输出国组织的实际石油产量只从每天2 880万桶增长到每天3 010万桶。[21]这期间世界石油需求和供给的统计数字说明了两个方面的问题：一是迅速增长的需求，带动了国际石油价格很快走出了2008年下半年的油价暴跌并开始了新一轮不断上涨；二是这一期间国际石油市场供给增加的主力已经不是石油输出国组织了，这一供给结构的变化预示着新一轮国际石油价格暴跌并持续低油价的风暴即将到来。

最后，2009年后国际石油市场供需关系紧张最有力的例证，是国际能源署决定动用战略石油储备。2011年6月23日，国际能源署决定向国际石油市场释放 6 000 万桶石油储备，其中美国释放战略石油储备的数量为 3 000 万桶。从 6 月 24 日至 8 月底，美国能源部向 15 家公司出售了 3 064 万桶低硫的战略石油储备原油。国际能源署历史上共三次动用石油储备，第一次是 1991 年 1 月第一次海湾战争期间因战争原因而动用，第二次是 2005 年 9 月 2 日因“卡特里娜”飓风引起的自然灾害而动用，而第三次也是唯一的一次是在非战争、非自然灾害情况下，仅仅是因市场供应紧张而动用。因此，从这一事件我们可以看出，到 2011 年下半年，国际石油市场的供需关系已经紧张到了什么样的程度。

（二）2008 年下半年和 2014 年下半年及其以后的石油价格向下波动

进入 21 世纪以来 17 年间，国际石油价格向下波动共发生了两次，分别为 2008 年下半年的急剧暴跌和 2014 年下半年大跌后持续的低油价。细致分析这两次油价向下波动，其内在的根本原因还是供需结构的变化所导致的。

1. 2008 年下半年石油价格急剧暴跌时的国际石油市场供需结构

正如在第 6 章中所分析的，2008 年是世界石油工业史上最富戏剧性的一年。自 2008 年 1 月 2 日突破每桶 100 美元的历史性水平之后，3 月 12 日、5 月 5 日、5 月 21 日、6 月 26 日国际石油价格每桶分别突破了 110 美元、120 美元、130 美元和 140 美元，7 月 11 日涨到了每桶 147.27 美元的历史最高位。但是，自此以后，国际石油价格开始暴跌。8 月 4 日，石油价格跌破每桶 120 美元后，10 月 6 日、11 月 20 日又分别每桶跌破 90 美元、50 美元。12 月 19 日，国际石油价格跌至每桶 33.87 美元，跌回到了 2003 年年底的水平。

对于造成2008年国际石油价格急剧暴跌的最直接的原因，学术界或者扩大一点说，社会各界基本一致的看法是，始于2007年4月的美国金融危机及其在全世界的扩散。当然，美国金融危机确实是导致2008年下半年国际石油价格暴跌的最直接原因，但具体到国际石油市场，其具体表现是，自2007年4月开始的美国金融危机及其在全世界的扩散，直接拖累了世界经济，同时更打击了全世界对未来全球经济的信心，使国际石油市场石油需求下跌，国际石油市场供需关系在短时间内出现了不平衡，从而导致了国际石油价格的急剧暴跌。

从全世界看，2008年是自1983年以来石油需求首次下降的一年，平均每天减少30万桶。从各国来看，由于受金融危机的影响不一，石油需求所受的影响差别也很大。其中，石油需求受影响最大的，是包括美国在内的北美地区，全年石油需求平均每天下降了120万桶，主要是运输燃料需求的下降；随着金融危机的扩散，2008年下半年，欧洲和太平洋地区的石油需求平均每天下降了70万桶，包括中国在内的其他地区石油消费虽然没有下降，但也增长乏力。[22]这样，从全球来看，自2004年以来国际石油市场需求对供给的压力，到2008年下半年已经不存在了，相反，国际石油市场出现了供过于求的现象，且供过于求的压力越来越大。表10–12从统计数字的角度直观地说明了2006—2008年三年间国际石油市场供需结构的转变情况。

同样，从2008年石油输出国组织在市场上的表现，也可直观地看出当时市场供需结构转变多么迅速，下半年给该组织带来了多大的减产压力。在这一年里，石油输出国组织共召开了5次部长级会议，前三次会议还在讨论如何满足旺盛的世界石油需求以应对飞涨的油价，但10月24日和12月17日召开的第150次和第151次特别会议的会议主题已发生了根本性的变化，变成讨论如何减产应对国

表 10–12　2006—2008 年世界石油供需平衡的变化

（百万桶/天）

年份	2006	2007	2008Q1	2008Q2	2008Q3	2008Q4	2008	2008/2007
世界石油需求（A）	84.90	85.90	86.68	85.40	84.96	85.46	85.62	–0.28
非石油输出国组织的供给（B）	52.96	53.69	54.10	54.09	53.32	54.09	53.90	0.21
差额（A–B）	31.95	32.20	32.58	31.30	31.64	31.37	31.72	–0.49
石油输出国组织原油产量	31.43	30.97	32.07	32.09	32.35	31.16	31.92	0.95
供需平衡	–0.52	–1.24	–0.50	0.80	0.70	–0.20	0.20	1.44

资料来源：*OPEC Annual Report 2008.*

说明：①非石油输出国组织的供给包括石油输出国组织产油国的天然气液。

②供需平衡包括库存变化和其他。

③Q1、Q2、Q3、Q4，分别代表第 1 季度、第 2 季度、第 3 季度、第 4 季度。

际石油价格断崖式的暴跌了。在这两次会议上，石油输出国组织分别决定每天减产 50 万桶和 420 万桶，这样的减产力度是该组织历史上少有的，其中 2008 年 12 月 17 日第 151 次特别会议上每天减产 420 万桶的决定，应该是该组织历史上最大的减产幅度。

2. 日益转变的国际石油市场供给结构预示着 2014 年下半年国际石油价格的暴跌和持续的低油价

2008 年金融危机后，世界各国尤其是以 G20 为代表的世界主要国家合力拯救世界经济。在世界各国强有力措施的刺激下，世界经济很快企稳并开始反弹，世界石油需求出现恢复性增长。在旺盛的世界石油需求带动下，一方面国际石油市场的供给也快速增长，但另一方面国际石油市场的供给结构已发生了革命性变化，这一变化最终导致了 2014 年下半年的油价暴跌和持续低油价，具体参见表 10–13。

表 10–13 2008—2015 年世界石油需求和供给的变化

（百万桶/天）

年份	2008	2009	2010	2011	2012	2013	2014	2015
世界石油需求	85.90	84.60	86.70	88.10	89.10	90.50	91.40	93.00
世界石油供给	85.60	84.20	86.40	87.60	89.60	90.20	92.40	95.10
非石油输出国组织产油国	50.30	51.10	52.30	52.40	51.90	53.40	55.70	57.10
石油输出国组织	31.20	28.70	29.20	29.80	31.90	31.00	30.80	31.80

资料来源：2008—2010 年石油需求和供给的数字来自 *OPEC Annual Report 2010*。
2011 年石油需求和供给的数字来自 *OPEC Annual Report 2014*。
2012—2015 年石油需求和供给的数字来自 *OPEC Annual Report 2015*。

说明：由于统计误差等原因，石油输出国组织年度报告中各年有关世界石油需求和供给的数字有差异。

从表 10–13 中，我们可以看出以下几点：第一，从 2010 年开始，世界石油需求出现恢复性增长，说明 2008 年金融危机之后，由G20国家共同采取的刺激世界经济的一系列政策已经奏效；第二，2008—2012年，石油输出国组织和非石油输出国组织产油国的石油产量都在随需求的增长而增加，石油输出国组织的石油产量在2012年达到了最高峰；第三，最为重要的是，2013—2015年的三年间，非石油输出国组织产油国的石油产量出现了爆发式增长，这三年间世界石油需求增长的部分，主要是由非石油输出国组织产油国供给来满足的，其中2013年和2014年两年间石油输出国组织的石油产量不但没有增长，反而下降了。这表明2012年以后世界石油供给的结构已经发生了变化，石油输出国组织已经失去了国际石油市场供给主导者的地位。石油输出国组织自己的统计数据也证明了这一点。2011—2014年，该组织在世界石油市场供给中所占的份额，分别为41.32%、42.06%、40.80%和39.78%。[23]

上述统计数字和相关材料说明，从2012年之后，虽然世界石油需求不断增长，但增长的需求主要由非石油输出国组织产油国来满足，石油输出国组织已经成了国际石油市场的边际供应者，面对“凶悍”的非石油输出国组织产油国对市场份额的不断侵蚀，该组织已经无能为力。这一段时间在国际石油市场中的表现，也说明了石油输出国组织面临的困境。从2008年年底两次大幅度减产之后，2009年和2010年两年里，石油输出国组织都没有对自己的产量做出过什么决定。到了2011年12月14日，石油输出国组织才在金融危机后第一次明确了成员国每天3 000万桶的石油产量的合法性，也就是说该组织的产量限额为每天3 000万桶。自此以后的2012—2014年，面对不断上调的世界石油需求预期，石油输出国组织都没有调升自己的产量限额，一直维持着每天3 000万桶的石油产量限额不变，而相反，在这些会议中，该组织都认为是非石油输出国组织产油国石油产量的不断增加在满足世界石油需求的日益增长。

石油输出国组织在国际石油市场石油供给中的份额不断被侵蚀，一方面说明了国际石油市场中供需不平衡的压力越来越大，国际石油价格越来越面临下行的压力，2014 年下半年国际石油价格大跌的市场环境已经具备。另一方面，石油输出国组织成员国虽然被侵蚀了市场份额，但是生产能力仍然存在，面对自身经济发展、市场份额和石油价格的多重矛盾，石油输出国组织某些成员国将不得不采取行动，1986 年油价暴跌及其以后年份持续低油价的历史又将在新的时代里重演。

四、供需结构变化的根源是世界经济形势的变化

以上我们用大量的统计数据、会议纪要等历史材料，全面论证了我们提出的假设，结果证明我们提出的理论是符合历史事实的，这就是说国际石油市场是受供求规律支配的，供求规律是决定国际石油价格变化的内在决定性因素。

那么，为什么从 20 世纪 70 年代初开始，国际石油市场的供需结构会发生如此大的变化呢？只有解决了这个问题，才会更清楚地理解 20 世纪 70 年代以来国际石油市场的供需状况。同时更有意义的是，解决了这一问题，也就解释了国际石油价格自 20 世纪 70 年代以来会发生大动荡的根本原因。

（一）20 世纪 70 年代两次油价上涨时期的世界经济形势

我们知道，从 19 世纪末到 20 世纪初的大约 30 年间，以新型炼

钢法为起点，电力工业、有机化学工业、内燃机工业、电报通信和无线电通信相继出现和发展，从而揭开了人类第二次工业革命的序幕，世界经济由此获得了质的发展。虽然受两次世界大战的影响，但第二次工业革命从20世纪50年代中期后促使世界经济迅速发展，并大大改变了世界经济的面貌。第二次工业革命的一个突出特点是，资源密集型和规模密集型产业的迅速发展并成为主导产业，使得其对工业原料的需求迅速增加，其中对能源的需求最为突出。1925年，世界能源总消费量为14.845亿吨，而到40年后的1965年上升到54.746亿吨，1968年更上升到63.06亿吨。[24] 1965年世界能源消费量是1925年的3.69倍。

但是，更为重要的是，第二次工业革命带来的是世界能源消费结构的大转变。表10–14所说明的是1950—1972年的世界能源消费构成情况。从表中可以看出，就全世界而言，到1965年已完成了能源消费结构由煤炭向石油的转变，石油从此成为人类所用的主要能源来源，世界经济发展已严重依赖石油。导致20世纪60年代中期世界能源消费结构转变的大背景是第二次世界大战后世界经济的恢复，尤其是战后欧洲经济的复兴，使得能源需求迅速增加，在此基础上石油优于其他能源形式的特性，决定了石油迅速取代煤炭。能源结构转变完成后，石油在世界能源消费结构中的比重不断增大，世界范围的石油消费也随之迅速增长。1973年，在世界能源消费结构中，石油几乎占了一半的比重，为47.4%，煤炭只有28.2%，天然气为18.1%，水电为5.5%，核能为0.8%。[25] 1960年世界石油消费量为10.46亿吨，1965年上升到15.30亿吨，1970年为22.81亿吨，而到第一次石油危机时的1973年更上升到27.98亿吨。[26] 1970年世界石油消费是1960年的2.18倍，而1973年更是1960年的2.67倍。

表 10–14　1950—1972 年世界能源消费构成

年份	1950	1960	1965	1968	1970	1971	1972
煤炭（%）	55.7	44.2	39.0	33.8	31.2	29.9	28.7
石油（%）	28.9	35.8	39.4	42.9	44.5	45.2	46.0
天然气（%）	8.9	13.5	15.5	16.8	17.8	18.3	18.4
一次电力（%）	6.5	6.4	6.2	6.5	6.5	6.6	6.9

资料来源：Raymand Rernon. *The Oil Crisis*. New York: W.W. Norton & Company, 1976: 19.

由于当时美国、西欧和日本大约消费全世界石油产量的 80%，因而它们的能源消费状况很大程度上决定了世界能源消费的走向。从表 10–15 中我们可以看出两点：除英国外，其他 4 国到 1970 年都完成了由煤向石油的能源消费转变，这是其一；更为重要的是其二，由于 20 世纪 60 年代和 70 年代初期是世界经济高速增长时期，经济的高速发展带来了石油消费的猛增，表中从 1960 年开始 5 国石油消费量比重的迅速上升正好反映了这一点，这表明石油的需求量越来越大，这与世界石油消费总趋势是相吻合的。

与此同时，它们本身的石油产量又如何呢？从表 10–16 中我们可以看出，除美国在 1970 年外，其他 4 国石油产量早在 1960 年、1965 年、1967 年和 1968 年间就达到最高峰。该表所表述的美国石油产量趋势正好反映了我们前面所谈到的美国的石油情况。虽然 1948 年美国成为石油净口进国，但到 1959 年 3 月，艾森豪威尔政府颁布了限制石油进口的法令，尼克松在 1973 年 4 月 18 日给国会关于能源问题的咨文中是这样谈限制石油进口的："当前的石油进口限额制度——强制石油进口纲要——是在这种情况下建立的，即那时我们国内生产的石油超过了我们消费。……然而，今天我们不再能生产我们消费所需的石油了，我们必须进口很大数目来满足我们的需要。

表 10–15　美国、日本、联邦德国、英国和法国的能源消费构成

年份	美国					日本					联邦德国					英国					法国				
	消费量（万吨标准煤）	占消费量的比重（%）				消费量（万吨标准煤）	占消费量的比重（%）				消费量（万吨标准煤）	占消费量的比重（%）				消费量（万吨标准煤）	占消费量的比重（%）				消费量（万吨标准煤）	占消费量的比重（%）			
		固体燃料	液体燃料	天然气	水力和核发电		固体燃料	液体燃料	天然气	水力和核发电		固体燃料	液体燃料	天然气	水力和核发电		固体燃料	液体燃料	天然气	水力和核发电		固体燃料	液体燃料	天然气	水力和核发电
1960	147 651	24.3	43.2	31.2	1.3	10 918	58.1	34.1	1.0	6.8	20 429	77.6	20.8	0.6	1.0	25 601	77.2	22.5	0.1	0.2	11 307	61.2	31.0	3.4	4.4
1965	178 291	23.9	41.9	33.7	1.4	17 795	37.0	56.6	1.4	5.0	25 837	57.7	39.6	1.8	0.9	27 712	67.1	31.6	0.4	0.9	15 062	45.3	46.3	4.4	4.0
1970	222 712	20.9	41.9	35.7	1.5	31 742	25.8	69.6	1.4	3.2	31 108	40.8	51.3	6.7	1.2	27 868	52.1	41.3	5.3	1.3	19 362	28.2	61.4	6.6	3.8
1971	225 811	19.1	43.0	35.9	2.0	32 868	21.9	73.3	1.5	3.3	31 158	28.5	52.4	8.1	1.0	28 479	48.0	42.2	8.5	1.3	20 002	24.8	64.5	7.4	3.3
1972	237 652	20.2	43.8	34.3	1.7	33 512	19.9	75.3	1.5	3.3	32 730	35.1	53.5	10.1	1.3	28 523	41.2	45.1	12.3	1.4	21 057	20.5	68.0	8.3	3.2
1973	241 846	19.8	45.2	33.1	1.9	37 504	18.9	76.9	1.9	2.3	35 239	33.3	53.7	11.8	1.2	29 418	41.7	44.2	12.8	1.3	22 430	19.5	68.8	9.2	3.2

资料来源：国外经济 1949—1976. 北京：中国财政经济出版社，1979：181，183–186.

这样，当前的强制石油进口纲要不再有利了。”[27] 就在当月，美国中止了石油进口限制。这就是说，到 1973 年年初，占世界石油消费市场绝大部分份额的工业化国家已基本上完全依赖进口石油了。

表 10–16　美国、日本、联邦德国、英国和法国的石油产量

（万吨）

年份	1960	1965	1967	1968	1969	1970	1971	1972	1973
美国	34 794	38 479	43 457	44 988	45 560	47 529	44 670	46 695	45 419
日本	52.6	67	78.8	78.2	75	77.0	75	71	70.0
联邦德国	553	788	792	798	787	753	742	710	664
英国	15.1	8.0	8.8	8.1	8.2	8.3	8.2	8.3	8.8
法国	198	300	283	269	250	231	186	148	125

资料来源：国外经济统计资料 1949—1976. 北京：中国财政经济出版社，1979：195.

对比表 10–15 和表 10–16 我们可以发现，这些国家在国内石油需求扩大的同时，其国内石油的产量却越来越小，这就意味着它们对外进口石油的依赖越来越大。表 10–17 所表述的数据完全说明了我们的结论。

表 10–17（A）　西欧原油进口量和消费量比较

年份	1960	1965	1970	1971	1972	1973	1974
进口（百万吨）	170.7	332.6	602.5	627.1	658.1	720.0	685.5
消费（百万吨）	188.1	366.9	601.5	627.4	678.0	703.5	609.6
占比（%）	90.0	90.6	100.0	100.0	97.3	102.3	102.4

资料来源：进口量取自：*World Energy Supplies* 1950-1974, 1971-1975, 1972-1976, United Nations, New York.

消费量取自：*International Petroleum Encyclopedia* 1975, 1977.

表 10–17（B） 美国和日本原油进口和消费比较

年份	美国			日本		
	进口（百万吨）	消费（百万吨）	占比（%）	进口（百万吨）	消费（百万吨）	占比（%）
1960	102.9	477.8	21.56	32.1	32.7	98.4
1965	72.5	557.6	13.52	85.4	86.0	98.1
1970	32.9	707.7	6.00	188.9	189.7	99.5
1971	—	—	25.00	4 492.0	4 507.0	99.7
1972	—	—	28.00	4 918.0	4 933.0	99.7
1973	403.3	856.5	50.00	5 400.0	5 400.0	100.0

资料来源：日本 1971—1973 年数据根据《1973 年世界报道》、《美国总统经济报告》(1975 年）的材料编制。

美国和日本 1960 年、1965 年、1970 年和 1973 年数据取自：*International Petroleum Encyclopedia 1975*；*World Energy Supplies 1950-1974*, 1972-1976, United Nations, New York.

1971、1972 年美国的百分比取自：Raymand Rernon（ed.）. *The Oil Crisis*. New York: W.W. Norton & Company, 1976: 31.

表 10–17 反映的是从 20 世纪 60 年代到 70 年初期工业化国家石油对外依赖的变化情况。正是世界上这些工业化国家在 20 世纪 60 年代和 70 年代初期国内石油供需结构所发生的变化，导致了我们前面所看到的 20 世纪 70 年代初期国际石油市场结构发生了不同于 60 年代的变化，也就是说，它们国内需求量在 20 世纪 60 年代和 70 年代初期迅速扩大，而国内石油产量逐渐减少，这就迫使它们大量进口石油，在国际石油市场上这种情况促成了国际石油需求迅速赶上了供给。我们前面所谈到的 1971—1973 年资本主义世界石油需求增长超过了供给增长正是这种情况的反映。而就 1972 年来说，根据 1973 年 3 月 8 日英国石油公司的一份报告，1972 年世界石油消费为 25.9 亿吨，比 1971 年增长了 19 200 万吨，但 1972 年石油产量仅比 1971 年增加 13 400 万吨，这就是说 1972 年世界石

油消费增长了8%，而石油产量仅增长了5.4%，石油消费速度已超过了生产增长速度。[28]

如果我们再分析一下工业化国家1973年进口石油的来源，更有助于了解1973年10月国际石油市场的供需结构情况。

从表10–18中我们可以发现，世界上三大石油消费区在1973年进口石油的主要来源是石油输出国组织阿拉伯成员国，反过来就是说，在世界石油需求迅速赶上石油供给的同时，国际石油供给增加的绝大部分源于石油输出国组织阿拉伯成员国。这正好说明了我们前面所分析过的情况，即国际上除石油输出国组织阿拉伯成员国外，其他地区产油国无法迅速增加产量来弥补阿拉伯产油国的减产，从而造成了1973年10月—1974年4月间国际石油市场的混乱。无怪乎伊朗国王在1973年10月间宣称，每天大约500万桶，这已是伊朗的最大生产能力。[29]

表10–18　1973年美国、日本和西欧进口石油来源

	美国		日本		西欧	
	数量（千桶/天）	比重（%）	数量（千桶/天）	比重（%）	数量（千桶/天）	比重（%）
总进口	3 471	100.0	5 400	100.0	15 200	100.0
中东和北非	1 304	37.6	4 120	76.3	12 500	82.2
委内瑞拉	405	11.6	10	10.2	440	2.0
印度尼西亚	249	7.2	840	15.5	—	—
尼日利亚	409	11.8	100	1.9	1 130	7.4
其他	1 104	39.8	300	6.1	1 130	7.4

资料来源：美国一栏根据美国中央情报局石油统计资料编制，此栏为美国1973年9月石油进口数量。

日本和西欧根据《美国总统经济报告》（1975年）材料编制。

通过以上对1973年10月第一次石油危机开始时国际石油市场的背景分析，我们发现，由于世界经济的发展，到20世纪60年代中期全球能源消费已由煤炭转向了石油，这样到此时人类已由依赖煤炭转向依赖石油。在这种情况下，由于20世纪60年代至70年代初期世界经济高速增长，国际石油消费迅速增长，而同时国际石油的供应速度逐渐接近和落后于需求的增长速度，这其中尤以世界主要石油消费区工业化国家的情况具有代表性，这一情况导致了国际石油需求曲线与供给曲线的垂直部分相交于20世纪70年代初期，因而此时不论有无1973年10月阿拉伯产油国的行动，油价已处于上升趋势之中，这就是说从20世纪70年代初开始，国际石油价格的上涨已在所难免。而就在此时，国际石油市场供给能力增加的绝大部分又正好来自阿拉伯产油国，这种情况为它们于1973年10月使用“石油武器”创造了条件。这就是说，第一次石油危机之所以能发生，是由于世界经济发展造成各国对石油高度依赖。

第一次石油危机给世界经济带来了很大的冲击，并由此引发了1974—1975年的第二次世界大战后世界第一次严重的经济危机。与此同时，世界各国尤其是工业化石油消费国立即采取相应的政策，以求摆脱对石油的高度依赖，但是由于经济发展的惯性等原因，这些政策并未立即产生显著的效果，世界经济发展仍然严重依赖石油，世界石油消费量仍在继续增长。同时世界石油生产能力仍主要集中于石油输出国组织成员国，工业化世界仍然严重依赖于石油输出国组织的石油。正是自20世纪60年代中期以来世界能源消费趋势的继续，使得第二次石油危机有了发生的基础。到第二次石油危机发生的1979年，在世界能源消费结构中，石油的比重虽与1973年相比下降了2.4个百分点，但仍占45%，煤炭只占28.5%，天然气为 18.3%，水电为 6.0%，核能为 2.2%。这一年的世界石油消费总量为 31.25 亿吨，是自 1965 年以来的历史最高水平并一直保持到 1989 年，比 1973 年的 27.98 亿吨约增加 4%。其中主要工业化国家美国、西欧和日本的石油消费量分别比 1972 年增长 5.4%、6.7% 和 14.8%。[30]

（二）20 世纪 80 年代油价下跌时期的世界经济形势

第二次石油危机刚刚结束，国际石油市场的供求形势马上就发生了急剧的变化。造成这种变化的主要原因，是西方工业化国家自 1973 年第一次石油危机后，所采取的一系列政策开始出现成效，从而导致 20 世纪 80 年代的世界经济形势与 20 世纪 70 年代油价上涨时期相比发生了很大的变化。

首先，石油在世界能源消费结构中的地位遭到削弱，石油虽仍是世界经济发展的主要能源来源，但世界经济的发展已不严重依赖石油这一特定的能源形式。在 1986 年国际石油价格出现大跌前夕的 1985 年，石油在世界能源消费构成中所占的比重只有 37.89%，而天然气、煤炭、水电和核能所占比重分别为 20.12%、30.72%、6.72% 和 4.55%。[31] 与 1973 年相比，石油的比重下降了约 10 个百分点，而天然气、煤炭、水电和核能分别上升了 2.02、2.52、1.22 和 3.75 个百分点。石油的比重明显下降，其他能源来源的比重明显上升，在世界能源消费构成中已出现煤炭和石油一争高下的局面。

其次，在 1979 年达到最高水平后至 1989 年的 11 年间，世界石油消费量不但没有再增长而且不断下降，20 世纪 60 年代以来的世界石油消费量迅速增长的势头消失。1979 年，世界石油总消费量为 31.25 亿吨，而油价大跌前的 1985 年只有 28.094 亿吨。[32] 这说明，从 20 世纪 80 年代初开始，世界经济的增长已不再要求石油消费总量也同步增长，20 世纪 60 年代以来的经济增长与石油消费之间的比例关系被打断。造成 20 世纪 80 年代以来世界石油消费量不断下降的主要原因，是世界各国采取的节能和能源多样化措施已出现成效。如 1950—1973 年，从世界总体水平来说，每万美元石油消耗量由 13.3 桶上升到 22.7 桶；但 1979—1984 年，每万美元石油消耗量从 21.5 桶下降到 12.8 桶。1979—1988 年，单位产值的石油消耗量下降了 2.86%。[33] 如按 1979 年的石油强度计算，1988 年世界石油消费量应为 39.5 亿吨，但实际消耗量只有 30.38 亿吨，石油消费节约了 9.12 亿吨。[34] 如图 10–7 所示，世界主要工业化国家集团——经济合作与发展组织 24 国的能源强度（能源强度一般是指 1 000 美元国民生产总值的单位能源消费）不断下降，通俗地说，即这些国家的能源使用效率大幅度提高，同样一个单位的能源在 20 世纪 80 年代比六七十年代能生产出更多的产品。

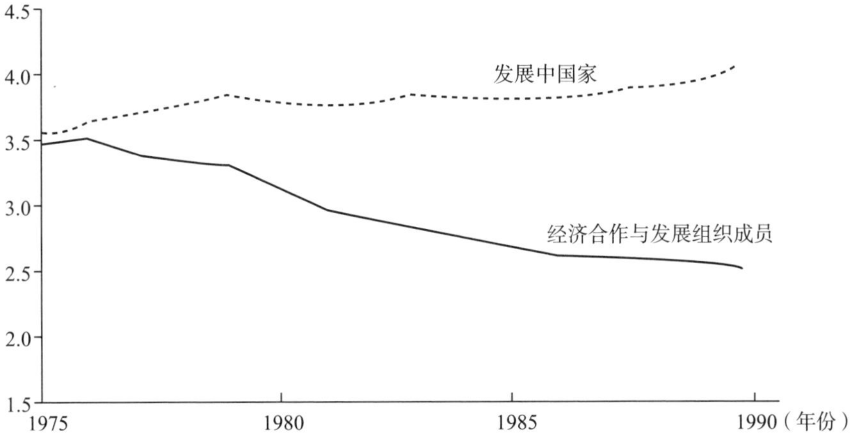

图 10–7　经济合作与发展组织国家能源强度

资料来源：Enrique Paga, Dr. Fatih Birol. Energy Indicators Series: Assessing the Role of Non-commercial Energy. *OPEC Review*, Winter 1991: 414.

在这方面，作为世界最大的工业化国家和能源消费国的美国，以及能源消费大国日本最有代表性，它们的能源和石油强度自20世纪80年代以来不断下降，美国和日本在20世纪80年代能源和石油的使用效率有了很明显的提高。据美国能源部统计，自1972年以来，由于提高能源效率，美国每年少用29库德的能源（1库德等于2 400百万吨石油）。[35]表10–19所示为美国能源和石油强度。而据日本能源经济研究所计算，日本国民生产总值单位能耗1987年比1973年减少了36%，节能量折合石油4400多万吨。第二次石油危机后的1979—1988年，日本国民生产总值年增长率为3.68%，而单位产值的石油消耗量却以每年3.4%的速度递减，由原来的每万美元耗油量1.50吨降为1.10吨。[36]

表10–19 美国能源和石油强度

年份	能源强度	石油强度
1970	27.8	12.2
1980	23.8	10.7
1981	22.8	9.8
1982	22.4	9.5
1983	21.5	9.2
1984	21.2	8.9
1985	20.4	8.5
1986	20.0	8.7
1987	19.9	8.5
1988	19.5	8.3
1989	19.8	8.3
1990	19.6	8.1
1991	19.6	8.0

资料来源：*Oil and Gas Journal*, 29 Jul. 1991: 55.

上面的例子表明，从20世纪80年代初开始，世界能源使用效率大幅度提高。这说明从世界经济发展的能耗水平来说，20世纪80年代比以前有了很大的提高，20世纪80年代的世界经济发展已由六七十年代的高耗能型转向了低耗能型，世界经济的发展到20世纪80年代已完成一次能源消耗的转轨。

如果我们考虑到自20世纪70年代以来，世界高科技的迅速发展和对世界经济的重大影响，就可更好地理解世界经济发展的这一能源消费转型问题。经济学家们一般认为，世界经济发展由第二次工业革命向第三次工业革命的转变是由1973年第一次石油危机造成的，“石油涨价标志着自19世纪末期开始的第二次工业革命开始走下坡路”。[37] 在这次工业革命转变的同时，第二次世界大战后兴起的一些新技术，特别是以微电子技术为主的电子技术促成了一些新兴产业的出现，并对在第二次工业革命中产生的传统产业进行了技术改造。其结果是，在产业结构上造成了主要工业化国家的第二次工业革命的主导产业（主要是资源密集型和规模密集型产业）的停滞。如1970—1985年资源密集型产业在14个经济合作与发展组织成员国民经济中所占的比重未发生变化，仍保持在27.5%的水平，规模密集型产业比重只是由29.6%上升到30.2%。[38] 而同时第三次工业革命的主导产业，以电子技术、生物工程和新材料为主体的科学基础型产业开始上升，1970—1985年由10%增加到10.9%。[39] 产业结构转变的直接结果，就是导致了工业化国家能源消费水平的下降。据估计，第一次石油危机后，主要经济发达国家结构节油的比重占节约总量的13%，而第二次石油危机后上升到19%。[40] 又如，以新材料技术生产的100磅玻璃纤维电缆所需的能源，只有生产1吨铜线所需能源的5%。[41] 因而，正是在第一次石油危机造成的世界经济发展变化，促使世界经济发展的能源消费转型，从而导致了20世纪80年代以后的石油地位受到冲击，石油消费量不断下降。

（三）2001—2017年油价上涨和下跌时期的世界经济形势

从统计数字看，从1999年开始，世界能源消费进入了一个高速增长的时期。1999年，世界能源消费总量首次突破90亿吨标准油大关，达91.6亿吨标准油。2003年，世界能源消费总量突破了100亿吨标准油，为100.82亿吨标准油。2010年为121.82亿吨标准油，2014年为130.2亿吨标准油，2015年为131.47亿吨标准油。[42]具体参见表10–20。

从表10–20中我们还可以看出，同时期世界石油的消费量也相应出现了较快的增长。我们在前面的分析中谈到，1979年是世界石油消费一个阶段性的最高峰。这一年的世界石油消费量为31.04亿吨，自此之后直至1989年世界石油消费量才超过这个数字，达到31.20亿吨。从1989年之后，世界石油消费逐年增长，1999年突破35亿吨，2007年突破40亿吨。在这张表格中，我们还列出了从1999年开始石油在一次能源消费中所占的比重。这一数据说明了两个问题。一是石油仍是这一时期世界一次能源消费中最主要的能源来源，即使到2014年和2015年，基本上还占世界一次能源消费总量约1/3的比重。2015年，煤炭在世界一次能源消费中所占的比重为29.21%，排第二位；天然气为23.85%，排第三位；其他如核能、水电和可再生能源，都占个位数的比重。[43]二是石油在世界一次能源消费中所占的比重，是逐年下降的，在本章的后续内容中我们将解释这一数据变化所代表的含义。

我们知道，经过20世纪70年代两次石油危机后，通过一系列

表 10–20　1999—2015 年世界能源和石油消费情况

年份	1999	2000	2001	2002	2003	2004	2005	2006	2007	2008	2009	2010	2011	2012	2013	2014	2015
一次能源（亿吨标准油）	91.60	93.88	95.01	97.15	100.80	105.60	109.40	112.60	116.10	117.80	115.90	121.80	124.50	126.20	128.70	130.20	131.40
石油（亿吨）	35.52	35.87	36.20	36.50	37.39	38.81	39.33	39.77	40.32	40.58	39.48	40.79	41.21	41.68	42.09	42.51	43.31
占比（%）	38.78	38.21	38.11	37.58	37.07	36.74	35.96	35.30	35.79	34.45	34.04	33.49	33.10	33.03	32.70	32.65	32.94

资料来源：*BP Statistical Review of World Energy June 2016 – workbook.*

说明：占比是指石油占一次能源消费的比重，由笔者根据石油消费和一次能源消费数量计算得出。

因版面所限，本表将消费量的数据由原材料的百万吨标准油、百万吨石油提升到亿吨标准油、亿吨石油，相应地省略了小数点后的数字，但不影响数据所代表的趋势。

政策的强化，世界能源强度在不断地下降，但是，无论这一数值如何下降，一定的经济增长还是会带来一定的能源消费增长。如 2000 年，世界能源强度为每美元 0.238 9 千克标准油，而 2015 年虽然有所下降，但仍为每美元 0.214 5 千克标准油。[44] 因此，在表 10–20 中我们看到的从 1999 年开始世界一次能源消费和石油消费量的增长，其背后一定存在同时期世界经济的高速增长，具体见表 10–21。

表 10–21 统计的是进入 21 世纪以来世界及其主要地区、国家的国内生产总值增长情况，我们所选取的国家和地区非常具有代表性。从表中可以看出，进入 21 世纪以来，除因 2008 年金融危机导致的 2008 年世界经济大幅度下滑，并直接影响了 2009 年世界经济的增长外，可以说进入 21 世纪以来，与过去历史相比，尤其是与 20 世纪 70 年代两次石油危机后相比，世界经济迎来了一个较长周期的增长期。正是这个较长周期的增长期，直接带来了我们在表 10–20 中看到的世界能源、石油消费的快速增长。这一较长周期增长期还有一个显著的特点，就是以中国为主的发展中国家和地区，包括整体上的发展中国家、亚太地区和苏联等，都出现了非常高的国内生产总值增长速度，这一特点也带来了这一轮世界能源和石油消费相应的特点，即世界能源和石油消费的增长主要来自以中国为代表的发展中国家。

回过头来我们再看，在表 10–21 中最抢眼的，应该是这 16 年间中国经济的高速增长，2004—2007 年连续 4 年和 2010 年，中国经济都出现了两位数的增长，这种速度在世界经济发展历史上是非常少见的。比这些枯燥数字更令人震撼的，是这期间中国经济地位在世界的迅速上升。改革开放第一年的 1978 年，我国国内生产总值为 3 645.2 亿元，而到 2002 年则首次突破 10 万亿元。2002 年，

表 10–21　2000—2015 年世界和主要地区、国家的GDP增长率

（%）

年份	2000	2001	2002	2003	2004	2005	2006	2007	2008	2009	2010	2011	2012	2013	2014	2015
OECD	3.7	0.8	1.7	2.0	3.3	2.6	3.1	2.6	0.6	–3.5	3.0	1.7	1.5	1.4	1.9	2.0
发展中国家	4.3	2.7	2.7	4.7	6.3	6.3	6.6	6.6	5.0	2.3	6.5	4.3	4.1	4.1	3.8	3.1
亚太地区	5.8	1.4	3.9	4.7	6.0	5.2	5.5	6.2	3.4	0.1	8.3	4.3	4.5	4.5	4.1	3.6
苏联国家	8.0	6.3	5.4	7.9	8.4	6.6	8.2	8.6	5.3	–7.2	4.6	5.1	3.6	2.2	1.2	–2.6
中国	8.0	7.3	8.0	9.3	10.1	10.4	11.1	13.0	9.0	8.7	10.3	9.3	7.7	7.7	7.3	6.9
世界	4.6	2.4	2.8	3.8	5.2	4.8	5.4	5.0	2.9	–0.8	4.9	3.6	3.1	3.3	3.3	2.9

资料来源：*OPEC Annual Report* 2001-2015.

我国国内生产总值分别相当于美国的13.9%、日本的37.0%、德国的71.8%。1990年，中国国内生产总值在世界的排名是第十位；2005年，中国国内生产总值超过意大利，成为世界第六大经济体；2006年，中国经济规模超过英国，成为仅次于美国、日本和德国的世界第四大经济体；2007年，中国国内生产总值超过德国成为全球第三大经济体；仅仅三年之后的2010年，中国国内生产总值便超越日本，成为“世界第二”。[45]按购买力平价计算，2000年中国占全球国内生产总值的比重略高于5%，2013年上升到12%。[46]而据国际货币基金组织的估计，2015年中国国内生产总值占世界的比重已上长到15.5%。[47]

本书中，我们一再强调经济增长与能源、石油消费之间的关系。进入21世纪以来，中国经济的高速增长，必然会带来中国能源消费的快速增加。图10–8直观地说明了2004—2015年中国经济增长与煤炭、石油和天然气三类化石能源消费增长之间的关系。

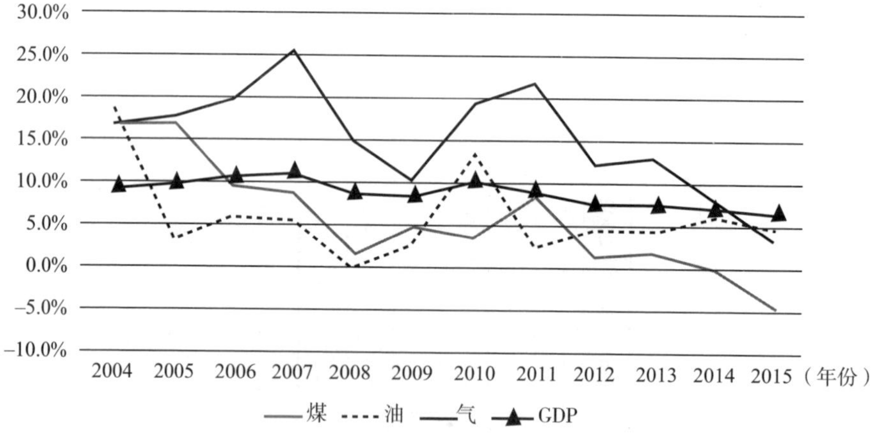

图10–8　2004—2015年中国经济增长与化石能源消费的变化

资料来源：国家统计局. 转引自：中国的经济增长真的与能源消费脱钩了吗？华尔街见闻，2016年5月6日.

图 10–9 和图 10–10 从统计学的角度说明了 2000—2015 年，中国经济增长和能源消费、石油消费之间的关系。

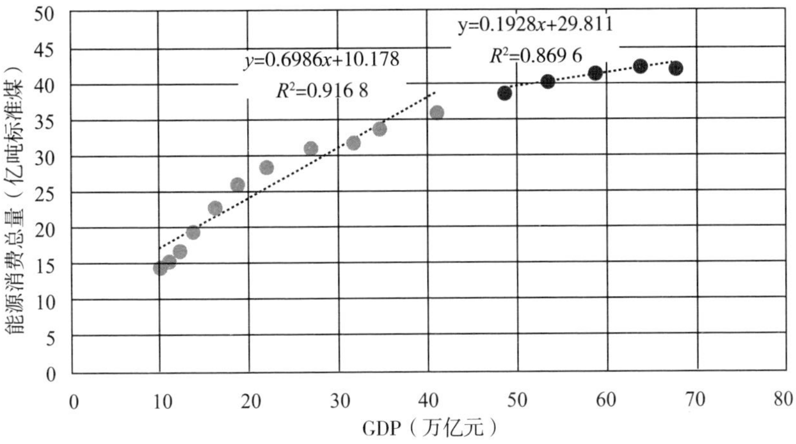

图 10–9　2000—2015 年中国能源消费总量与 GDP 总量散点图

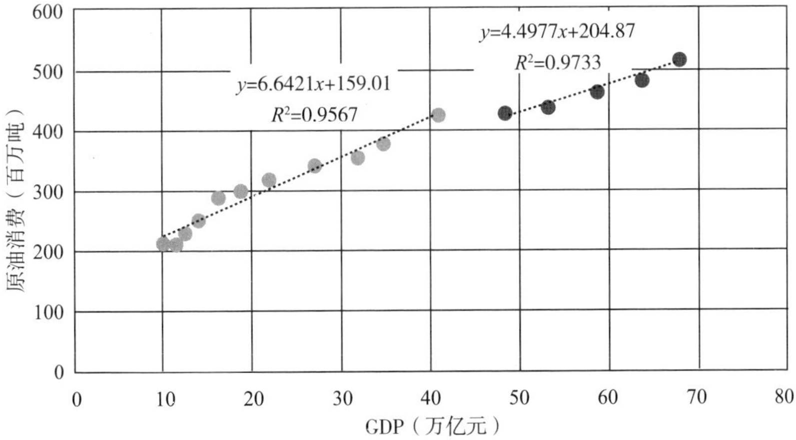

图 10–10　2000—2015 年中国石油消费量与 GDP 总量散点图

资料来源：国家统计局；转引自：中国的经济增长真的与能源消费脱钩了吗？华尔街见闻，2016 年 5 月 6 日.

图 10–9 的数据说明，2000—2015 年的 16 年间，R^2 都很大，显示了中国经济增长与能源消费之间持续的强相关性。更为突出的

是，图 10–10 中的数据说明，2000—2015 年的 16 年间，无论哪个阶段，R^2 一直高于 0.95，它表明直到 2015 年中国的经济增长与石油之间一直保持着非常强的关联性，且拟合曲线的斜率仅有小幅下降，说明直至 2015 年中国的经济增长都未与石油消费的增长脱钩。这些统计数据和根据这些数据得出的统计分析结论，从理论和科学的角度解释了第 8 章有关中国能源消费、石油消费迅速增加的原因，它更从理论和科学的角度证明了国际石油市场供需结构变化的最根本原因是世界经济形势的变化。

表 10–22 反映的是 1999—2015 年世界和中国石油消费的数据，其中最有意义的是“占比（%）”一栏，它所说明的是当年中国石油消费增长的数量占同一年世界石油消费增长数量的比重。在可比的 15 年间，除因金融危机导致的 2009 年世界石油消费为负增长之外，其余 14 年间这一比重只有 2 年低于 15%，高于 60% 的有 2 年，高于 50% 的有 1 年，有 7 年是大于 1/3 或处于 1/3 左右。这也就是说，统计数据直观地说明，从 2000 年以来，进入 21 世纪的 17 年间，大部分年份世界石油消费增长主要源于中国，或是在表 10–21 中我们列示的以中国为主的发展中国家，包括亚太地区、金砖国家等。而同期以美国、日本和欧洲为主的发达国家，石油消费量不仅没有增长，反而在不断下降。2000—2015 年，美国的石油消费量由 8.828 亿吨下降到 8.516 亿吨，其中 2012 年最低，仅为 8.17 亿吨。同期，日本的石油消费量由 2.57 亿吨下降到 1.896 亿吨。[48] 因此，不考虑政治等其他非经济因素，进入 21 世纪以来国际社会不时出现的“中国石油威胁论”，有其一定的统计数据基础。

在第 8 章分析进入 21 世纪以来中国的石油形势时，我们用翔实的资料和较大的篇幅说明了中国是如何成为世界第一大能源消费

表 10–22 1999—2015 年世界和中国石油消费情况

年份	2000	2001	2002	2003	2004	2005	2006	2007	2008	2009	2010	2011	2012	2013	2014	2015
世界（亿吨石油）	35.87	36.20	36.50	37.39	38.81	39.33	39.77	40.32	40.58	39.48	40.79	41.21	41.68	42.09	42.51	43.31
中国（亿吨石油）	2.242	2.291	2.480	2.767	3.231	3.286	3.527	3.702	3.775	3.922	4.479	4.642	4.863	5.072	5.268	5.597
占比（%）	—	14.85	63.00	32.25	32.68	10.58	60.25	31.82	28.08	—	42.52	38.81	47.02	50.98	23.61	41.13

资料来源：*BP Statistical Review of World Energy June 2016–workbook.*

说明：占比一栏的数据指的是中国石油消费增长占世界石油消费增长的百分比。

国和石油进口国的，尤其是分析了中国不断上升的进口石油依存度，其变化的历程特别像1960—1973年美国、西欧和日本石油消费、石油对外依存度的变化，而且这一期间中国对中东、西非特定地区产油国进口石油的依赖也同20世纪70年代初的美国、西欧和日本如出一辙。因此我们可以说，进入21世纪以来的中国石油形势，基本上是以美国为首的西方发达工业化国家20世纪六七十年代的历史在新时代的重演，我们将在下一章和后续章节中进行分析和说明，在此我们不再花篇幅堆砌有关数据。

除中国外，进入21世纪后，另一个发展中国家的能源消费增长和经济增长同样引人注目，这就是人口仅次于中国的印度。2004—2014年，印度的平均经济增速约为11%，并且经受住了2008年全球金融危机的冲击。2013年，印度的能源消费量紧随中国和美国之后，位于全球第三位，为7.75亿吨石油当量，是1990年的两倍多。根据购买力平价计算，2014年印度为世界第三大经济体。[49]事实上，正是中国和印度这两个世界第一、第二人口大国自进入21世纪以来的经济高速增长，取代了以美国、西欧和日本为主的传统发达资本主义国家，成为新世纪世界能源消费、石油消费增长的主力，不仅改变了自20世纪90年代以来的国际石油市场的供需结构，同时也改变了国际石油市场的参与结构，为进入21世纪以来的国际石油价格大幅波动准备了必需的市场条件。

前面的分析已经说明，2008年下半年的国际石油价格暴跌，其直接原因是2007年4月开始发生的美国金融危机及其在世界的扩散，使世界经济增长在2008年和2009年急剧下跌，表10–21中的有关数据直观地说明了这一问题。此外，如同20世纪80年代一样，进入21世纪以来尤其是2004年不断上涨的油价，对世界能源和石油消费的负面影响也在不断累积。以美国、日本和西欧为代表的发达国家在这一次石油价格大涨中通过多方面的努力，使能源强度不断下降，实现了经济保持一定增长速度的同时能源消费和石油消费却在不断下降，使得进入21世纪以来世界石油消费高速增长的势头不再持续，加之高油价的正面刺激，世界石油的供给在不断增加，从而使得国际石油市场供需结构不断失衡，国际石油价格不断上涨的势头终于难以为继，油价从2014年下半年开始调头向下。

总结自20世纪70以来的世界经济形势，我们可以清楚地看出，世界经济发展的变化，带来了20世纪70年代以来国际石油市场石油供需结构的变化，从而导致了20世纪70年代以来国际石油价格的上涨和下跌。因而，我们可以说，当代世界经济形势的变化是造成20世纪70年代以来国际石油价格大动荡内在的最根本原因。

第 11 章

市场参与结构制导了国际石油价格的波动

导 语

20 世纪 70 年代以来国际石油价格两次大的轮回，其第二层次的具体表现，是国际石油价格的大涨和大跌。第二层次的这一表现也可细化为，20 世纪 70 年代两次石油价格大涨，80 年代石油价格大跌，2004—2008 年和 2009—2014 年石油价格大涨，2008 年下半年和 2014 年下半年石油价格大跌。前一章所阐述的价格供求规律说明国际石油价格的大变动是由客观经济规律决定的，但是这仅说明了国际石油价格的一种变化趋势，并不能解释国际石油价格为什么自 20 世纪 70 年代以来所发生的大涨和大跌。本章将通过分析国际石油市场众多参与者的目的，说明国际石油市场上众多的参与者是如何利用供求规律，最大限度地赚取利润和获取最大的经济效益的。由此，我们通过分析证明，正是国际石油市场众多参与者追求“利润最大化”的终极目的，导致了 20 世纪 70 年代以来国际石油价格的大涨和大跌。因为“不管倡议来自委内瑞拉、利比亚、伊朗，或来自波斯湾沿岸的阿拉伯国国家，或来自石油输出国组织本身，其永恒的目的是为了……最大限度地增加它们的石油收入”。[1] 事实上，所有的石油出口国或所有的国际石油市场参考者都是如此。

一、国际贸易理论论市场参与者的目的

石油贸易是国际贸易的一部分。国际贸易历史已久，时至今日，在对国际贸易的研究中，经济学家们提出了大量的理论。重商主义者认为，在对外贸易中应取得顺差，只有金银财富流入国内，才意味着通过对外贸易获得了收益。亚当·斯密提出了绝对利益学说，他认为一国如出口的是那些在本国生产比较有效率的商品，进口的是在国外进行生产比较有效率的商品，这样贸易双方较之在闭关自守时能交换到更多的商品量。大卫·李嘉图则提出了比较成本学说，他认为不论一个国家处于什么发展阶段，经济力量是弱是强，都能各自确定自己的相对优势，即使处于劣势的也能找到劣势中的优势，各国根据自己的相对优势安排生产，进行贸易，则贸易双方都可以用比较少的劳动耗费，交换到比闭关自守时更多的商品，增加总的消费量。在这些古典经济理论之后，对外贸易理论又有了巨大的发展，诸如里昂惕夫之谜、产品生命周期理论等。

无论国际贸易理论发展到何处，有一点在古典理论中就已阐述

得十分明确，那就是国际贸易中参与者的目的，这一问题在重商主义的表述中说得最明确，就是最大限度地争取到最大的利益，也就是比较成本学说中的使该项参与国际贸易的商品所得到的“收入最大化”。历史上和当今几乎所有国际贸易的参与者，恐怕都没有逃脱这个目的的束缚，无论哪个国家，如果它在对外贸易中无所得就会马上退出国际贸易。

二、国际石油市场参与者的目的分析

国际石油市场上存在着众多的参与者。如从公司性质来分，有国营公司和私营公司；从其所处的在石油行业中的类型来分，有生产商、炼油商、销售商等。近年来，更有大量非石油行业的各种类型的企业和个人，进入了石油业务的某些行业，最典型的是石油期货市场中的非商业性持仓者。虽然是被动地参与国际石油市场，但事实上，石油消费和进口国也是国际石油市场重要的参与者。上述的所有这些参与者虽然身份和性质有很大的不同，如属于政府或私人所有等，传统意义上的参与者参与国际石油市场是为了销售、购买或炼制石油这一实货商品，现代意义上的如期货市场非商业性持仓的参与者则不再买卖石油这一实货商品，但是它们的目的十分一致——都是为了获取利益。石油消费和进口国的目的则相反，就是尽可能地获取稳定的石油供应和优惠的购买价格。正是由于这一相同的目的，自现代石油工业 1859 年从美国诞生以来，无数众多的参与者不顾国际石油市场上的风云变幻，竞相介入这个巨大的市场，试图获取高额利润。

（一）石油输出国组织参与国际石油市场的目的

自 20 世纪 60 年代成立以来，从国际石油市场众多玩家的规模和所起的作用看，石油输出国组织是最大的参与者，它是由 14 个不同地区、不同语言和不同文化的国家组成的国际性组织，但是这一组织的目的无论从整体看或是从个体看，都是非常简单的。

1．石油输出国组织参与国际石油市场的目的

石油输出国组织包括伊朗、伊拉克、科威特、沙特阿拉伯、委内瑞拉、卡塔尔、利比亚、阿拉伯联合酋长国、阿尔及利亚、尼日利亚、厄瓜多尔、加蓬、安哥拉和赤道几内亚 14 个成员国。这 14 个成员国在两次石油危机前都是发展中国家，有些诸如海湾国家基本上还处于封建社会后期。石油输出国组织前秘书长福德·鲁汉尼曾这样概括这些国家的特点："（1）它们都是发展中国家；（2）它们都是大石油输出国；（3）它们的发展计划的资金和预算的平衡都依赖出口石油的收入。"[2] 曾任石油输出国组织秘书长的法迪勒·艾·查拉比也认为，"石油输出国组织，自从 21 年前创建以来，在取得某些成就的情况下，一直在为各成员国的利益寻找一种平衡的力量，以便把各国的利益集中在一个最低的共同标准上"，"石油输出国组织的最低标准是，石油价格应随着它们经济发展费用的上升而上升"。[3] 因而对它们来说，要进行经济发展，要改变国家的面貌，就必须取得"石油收入最大化"。这就是说，从整体上看，石油输出国组织成员国都希望获得最大化石油收入，这是它们参加石油输出国组织的目的，而石油输出国组织所制定的目标也正好反映了这一点。

1980 年 5 月，石油输出国组织发布了《有关长期战略问题报告

书》，明确提出："从长期看，石油输出国组织规定石油价格……最终目的在于用石油收入进行充分而均衡的经济活动，从而实现独立的经济增长。"[4]石油输出国组织的章程明确宣布："（1）本组织的主要目的应是协调和统一成员国的石油政策和决定捍卫它们集体和个别的利益的最好办法；（2）为了消灭有害的和不必要的油价波动，本组织应找出保证国际原油市场价格稳定的途径和办法。"[5]该组织的经济委员会规定其任务为："本委员会应协助本组织在公正的水平上促进国际原油市场价格稳定。"[6]因而，作为一个整体，石油输出国组织的目的就是为了获得"石油收入最大化"。

石油输出国组织的成立时机和成立动机十分明确地反映了这一目标。1960 年 2 月，石油公司宣布降低中东石油标价 10 美分；9 月，伊朗、伊拉克、科威特、沙特阿拉伯和委内瑞拉 5 国在巴格达举行会议，会议宣称："成员国正在实施十分必要的发展计划，它们的财政主要依靠从石油出口中获得的利润，成员国在很大程度上依靠石油收入平衡它们国家的年度预算，……石油价格的任何变动必然会影响到成员国计划的实施，由此而造成的混乱……对自己的经济不利，"因而，"对迄今为止石油公司在实行限价方面所采取的态度，成员国再也不能无动于衷了"。[7]因此，"会议决定成立一个永久性的组织，命名为石油输出国组织"。[8]以上事实表明，石油输出国组织成立的时机是在石油公司削价之后，其成立的动机是反对石油公司的削价。正因如此，桑普森认为："这次新的削价对于人口最多的伊朗影响非常严重，对沙特阿拉伯也不是时候，因为沙特阿拉伯正为兴办社会服务事业需要大量花费。……在产油国家中，在保守的沙特阿拉伯王国与反君主主义的伊拉克之间，以及在阿拉伯国家与阿拉伯世界以外的伊朗和委内瑞拉两个国家之间，削减牌价激起了团结的浪潮。”[9]

一句话，石油输出国组织作为国际石油贸易中的一方，其目的就是为自己争取“石油收入最大化”。基本的经济学常识告诉我们，要争取到“石油收入最大化”，在数量不变的情况下，只能设法取得单位商品最优的价格，即使输出数量是递增的，较优的单位商品价格其最后收益将比较小的单位商品价格大得多。这就是说，作为国际石油贸易的参与者，石油输出国组织为了取得最优的贸易收益就必须取得最优的单位商品价格。简言之，石油输出国组织在国际石油贸易中就是为了得到“石油收入最大化”，其手法是取得“价格最优化”。

2.石油输出国组织成员国参与国际石油市场的目的

“既然石油输出国组织是一个由13个石油输出国组成的组织，既然其中每一个国家都是一个不同性质的主权国家，都有自己特殊的进出口情况，因此就不能把石油输出国组织只看成是这些国家单纯的整体。”[10]作为一个整体，该组织有上述目标，不作为一个整体，那么其成员国各的自目标又是怎样的呢?

表11–1所示是石油输出国组织成员国人口、石油产量、石油储量和石油可采年限、石油收入的情况。从表中可以看出，石油输出国组织成员国基本上可以分为两类国家：一是高人口、低石油储量（或石油储量不高）的国家，这类国家包括伊朗、伊拉克、阿尔及利亚、印度尼西亚、委内瑞拉、尼日利亚、厄瓜多尔；二是低人口、高石油储量的国家，这类国家有沙特阿拉伯、阿拉伯联合酋长国、科威特、利比亚。前一类国家通常被称为高资金吸收能力的国家，在这一类国家中伊朗具有一定的代表性；后一类国家一般被称为低资金吸收能力国家，在这一类国家中沙特阿拉伯具有一定的代

表性。如要分析各个成员国的石油价格政策，只要弄清伊朗和沙特阿拉伯的油价政策就行了。

表 11–1　石油输出国组织成员国的结构性特点

国家	人口占比（%）	产量占比（%）	储量占比（%）	可采年限	收入占比（%）
	1972 年	1972 年	1972 年	1972 年	1973 年估计数
伊朗	10.62	19.51	15.49	32.88	18.22
伊拉克	3.53	5.61	8.48	62.54	6.66
小计	14.15	25.12	23.97	25.54	24.88
阿尔及利亚	5.21	4.14	2.52	25.17	4.00
印度尼西亚	44.12	4.14	2.73	27.36	4.00
委内瑞拉	3.86	12.44	3.52	11.72	12.44
尼日利亚	26.33	7.05	2.66	15.04	8.88
厄瓜多尔	2.31	0.36	1.55	177.18	3.55
小计	81.88	28.15	12.90	21.22	29.77
沙特阿拉伯	2.83	22.26	35.13	65.31	22.66
阿伯联合酋长国	—	4.07	3.87	39.29	4.00
小计	2.90	26.34	39.00	28.00	26.66
科威特	0.33	11.67	16.92	60.03	8.44
利比亚	0.72	8.70	7.17	34.15	10.22
小计	1.05	20.39	24.10	25.21	18.66
石油输出国组织	100.00	100.00	100.00	41.39	100.00

资料来源：Nazli Choucri. *International Politics of Energy Interdependence-The Case of Petroleum*. Lexington, Mass.: Lexington Books. 1976: 41.

首先，我们来看一下伊朗的情况。

第一，从历史上来说，伊朗的石油收入为伊朗的经济发展提供了大量的资金，伊朗经济发展对石油的依赖程度很高。“20 世纪 20

年代中期，直接的矿区使用费约占政府总预算的10%，1929—1932年，此数字增加到大约30%，……到1950年，为预算提供的全部收入大约占1/3。”[11]不过，更为重要的是，“石油收入也是一项很重要的外汇来源，1943年以前，单是直接矿区使用税提供的资金就占有形进口的30%，而1946—1950年全部石油收入占外汇收入的60%”[12]，到五六十年代，这种比例就更高了，“1968年，石油收入相当于国家当年外汇收入的75%，相当于国民生产总值的20%，相当于政府全部收入的50%。……1968年，石油收入的80%用于为计划组织的发展提供资金”[13]，“到1971年伊朗的石油收入……构成了外汇储备的3/4，占国民储蓄的80%左右，构成政府收入的一半”[14]，“1970年伊朗政府计划厅的预算约有80%是依靠石油收入提供的”[15]。正因为石油收入对伊朗经济发展具有如此重大的历史影响，所以对伊朗来说，要保证经济发展就必须获得最大的石油收入，其具体表现形式是在有油价决定权时取得高油价，在无油价决定权时增加产量。在20世纪70年代以前，伊朗国王所采取的就是这种方法，“1967年11月，他（伊朗国王）向美国国务院坚决要求，他必须每年增加产量30%，而过去他每年平均只增产12%”。其原因在于，“由于（据外交界透露）在制订他的第4个‘五年计划’时错误地估计了石油收入的缘故”。[16]

更为重要的是第二点，即在20世纪六七十年代，伊朗国王大肆扩充军备，从国外尤其是从美国购买武器，这种情况导致了伊朗军事开支迅速扩大，见表11–2。

那么，如此迅速上升、庞大的军事开支源于何处呢？表11–3所示是1977年和1978年伊朗军事开支占石油收入和除石油收入外国民生产总值的比重，从中我们可以看出，伊朗的军事开支主要源于石油收入。

表 11–2 伊朗军事开支增加情况

（亿美元）

年份	1973	1974	1975	1976
军事开支	35	77	97	106

资料来源：斯德哥尔摩国际和平研究所.世界军事力量对比 1981—1982 年.

表 11–3 伊朗军事开支的来源

年份	军事开支A（10亿美元）	石油收入B（10亿美元）	除石油收入外国民生产总值C（10亿美元）	A/B（%）	A/C（%）
1977	9.9	21.2	58.2	46.7	17.0
1978	12.1	19.3	56.8	62.7	21.3

资料来源：Abbas Alnasrawi. Economic Consequences of the Iraq-Iran War. *Third World Quarterly*, July 1986. 根据表 4 和表 6 编制。

从上面两点中我们可以得出这样的结论，即对伊朗来说，为了保证经济发展，尤其是后来伊朗国王扩充军备的需要，伊朗必须在油价问题上采取强硬的立场，坚持取得一个高油价。“无论西方人士如何责难伊朗国王是掀起西方经济衰退和通货膨胀的祸首，然而在伊朗的条件下，他坚持高油价政策看来还是出于爱国的需要。”[17]

其次，我们来看一下沙特阿拉伯的情况。

对于沙特阿拉伯来说，石油的意义比伊朗更大，例如 1970 年伊朗国民生产总值中来自农业的部分为 18%，而沙特阿拉伯仅为 4%。[18] 这说明尽管伊朗经济对石油的依赖很大，但农业还在整个国民经济中占很大的比重，而沙特阿拉伯基本上是一个完全依赖石油收入的国家。1973—1974 年，沙特阿拉伯石油收入占整个国家预算收入的 93.2%，1974—1975 年上升到 96.2%。[19] 在整个国民收入中，沙特阿拉伯石油收入一直占 70% 以上。[20] 经过三个“五年计划”之后，到 1980 年，农业、林业和渔业在国民生产总值中所占的比重下降到只占 1%。[21] 这样，“具有讽刺意义的是，沙特阿拉伯在经过经济发展 10 年之后，如今还是比在历史上任何阶段都更加依靠石油工业”。[22] 最能说明沙特阿拉伯经济发展对石油价格高度依赖的是，2014 年下半年国际石油价格暴跌以来，对沙特阿拉伯带来了巨大的冲击。据沙特阿拉伯官方数据显示，2017 年 1—3 月，该国国内生产总值增速同比下滑 0.5%，其中该国支柱产业原油行业增速大幅下滑 2.3%，从而导致沙特阿拉伯自 2009 年以来经济首次出现负增长。[23]

除了经济这一点以外，由于沙特阿拉伯是一个君主专制国家，国内养有 4 000 位王室成员，仅仅这些王室成员的开支就非常巨大。为了保护沙特阿拉伯家族的统治，它不惜用大量金钱资助四邻国家，以取得自己周边世界的安定。而发展本国的军事力量，更是它要考虑的首要问题。所有这一切政治、外交、军事需要，只有靠大量石油收入来维持。正因为沙特阿拉伯的这种特点，造成了沙特阿拉伯油价政策的二重性：一是自己需要有一个最优油价来满足政治、军事、经济的需要；二是又害怕高油价会打击西方太重，使自己失去西方的支持，但当其他成员国坚持高油价时它又不能冒同石油输出国组织决裂的风险。这种两难地位，使沙特阿拉伯不会首先带头去提高油价，但一旦油价上涨后，它就执行“好吧，如果你们非要涨不可，就涨吧”[24] 的政策。因而，总的来说，在油价问题上沙特阿拉伯是倾向于高油价的。

有人认为，沙特阿拉伯是一个低资金吸收能力的国家，其国内经济无法吸收巨额石油收入，这种说法的正确性是值得商榷的。因为，首先，世界历史上从未出现过哪个国家钱多得不想要的例子；

其次，国内经济吸收资金是有一个界限，但经济学常识告诉我们，一旦某种商品的价格上涨得太高，不会出现人们不要高价的情况，而是这种商品的供应量会减少，也就是说供应曲线将向后弯曲，以此来控制收入。鉴于以上理由，我们认为沙特阿拉伯是倾向于高油价的，而且一旦油价上去后它就将采取减少产量的做法，这几乎是以沙特阿拉伯为代表的这类国家所采取的共同政策。

事实上，石油输出国组织成员国中对石油出口收入最渴求的国家，也可以说是当今世界上对石油出口收入最渴求的国家，是委内瑞拉，尤其是查韦斯时代的委内瑞拉。作为世界第一大石油资源大国和石油输出国组织创始会员国，委内瑞拉经济结构严重失衡，石油生产一枝独大。在查韦斯上台的时候，石油出口大约占政府收入的 70%~80%，委内瑞拉的农业还能在很大程度上养活民众，但查韦斯当了十多年总统以后，政府 95% 的出口收入、25% 的国内生产总值和 50% 的政府财政收入依赖石油出口。委内瑞拉约 90% 的社会商品如食品和日用品靠进口，就连卫生纸、钞票都要进口，连委内瑞拉人最常吃的黑豆也不能自给自足。更为严重的是，委内瑞拉国家石油公司基本上是该国唯一“产金蛋的母鸡”，这个公司的外汇收入占了委内瑞拉出口总收入的 96%，外汇收入的 98%，政府收入的一半来自这家公司，委内瑞拉经济社会的运转基本上靠这家公司的石油出口收入。正是由于委内瑞拉经济对石油生产和出口的严重依赖，在其当政的 14 年期间，查韦斯对国际石油价格水平永不满足，经常能看到其要求油价更高的讲话，也为此经常与沙特阿拉伯等国就油价问题产生争论。2014 年下半年国际石油价格大跌后，查韦斯的继任者马杜罗更是认为是以美国为首的西方国家在搞阴谋，导致国际石油价格的大跌，从而引发委内瑞拉的经济和社会危机。因此，对于像委内瑞拉这样的石油出口国来说，无论多高的油价都永远无法满足其要求。

通过上面三个石油输出国组织具有代表性的成员国的国内经济、政治、军事与石油收入关系的例子分析，我们可以得出这样的结论：就单个的石油输出国组织成员国来说，它们的目标也是“石油收入最大化”，像沙特阿拉伯这类低资金吸收能力的国家是如此，而像伊朗这类高资金吸收能力的国家更是如此。“阿拉伯国家认为，它们的石油收入……是它们生死攸关的唯一资本。”“石油输出国组织成员国之所以决定提高油价，首先是因为这是与它们的人民和前途利害攸关的问题。”[25]

（二）非石油输出国组织产油国参与国际石油市场的目的

从20世纪70年代中后期开始，大量非石油输出国组织产油国，也作为供给方进入了国际石油市场。如传统的石油生产大国——过去的苏联和现在的俄罗斯，以及20世纪70年代开始生产并出口石油的英国、挪威等。苏联解体后，苏联地区的哈萨克斯坦、阿塞拜疆等油气资源，也在20世纪90年代很快进入了国际石油市场并成为重要的油气出口大国。非洲的安哥拉和在中国帮助下油气工业迅速发展的苏丹、南苏丹，也成为国际石油市场重要的石油出口国。虽然这些国家与石油输出国组织不同，没有组成一个生产国的国际性组织，但是与石油输出国组织相同的是，同样的目的使它们参与国际石油市场的事务。

过去的苏联和现在的俄罗斯是最大的非石油输出国组织产油国。苏联向西方国家出口石油是从20世纪50年代开始的。由于无法克服的地理和气候等方面的因素，苏联不得不大量进口农、畜产品。此外，为了提高工业生产技术，苏联也不得不从西方国家进口技术和设备。因此，如何取得硬通货成了苏联政府的一项重要课题，而且它还没有其他能够取得这种货币的出口来源。正因如此，苏联石油出口逐渐扩大，经济社会对其依赖越来越重。1969 年，苏联向西方出口 4 000 万吨石油，1976 年为 5 600 万吨，当年赚取外汇 40 亿美元。[26] 到 1981 年，苏联向西方出口的原油达 6 000 万吨，取得了约 138 亿美元的硬通货，约占苏联对西方国家出口总额的 59%。[27] 20 世纪 80 年代以来，苏联石油出口迅速增加，60% 以上的外汇收入来自石油出口。[28] 到了戈尔巴乔夫时期，苏联政府“不是继续寻找市场化的国内经济改革道路，而是走入苏联经济继续依赖石油和天然气出口的死胡同，凭着外汇收入来‘填补’国民经济的‘黑洞’，……停滞和衰老的苏联行政指令制度一年比一年更依赖‘石油黄金’”[29]。社会上、过去的苏联和现在的俄罗斯内部，一直有人认为，是美国导演的石油价格大跌，导致了 1991 年年底苏联的解体。俄罗斯卢克石油公司董事长兼总经理在其著作《俄罗斯石油：过去、现在和未来》中就指出：“1991 年，美国‘解冻’自己的战略石油储备，沙特阿拉伯把石油产量提高了三倍。‘黑金’的国际市场价格迅速跌至每桶 8 美元，这对苏联是一场毁灭性的灾难。”[30] 一直以来，苏联畜牧业所需的饲料大量依靠进口。1985 年，饲料进口达到最低点，引起了牛奶和肉类的短缺。加上一直以来依赖进口的粮食也受到影响，食品危机在苏联出现。1991 年年底，苏联黄金储备只有 240 吨，已经不够购买第二年的粮食进口了，危机迅速从食品领域蔓延到其他经济领域。[31] 而到了俄罗斯时代，石油天然气行业还是国家经济社会运转的支柱产业，石油天然气的出口收入还是至关重要的。2009 年 9 月 13 日，俄罗斯政府批准的《俄罗斯2030年前能源战略》就明确表示:“最有效地利用俄罗斯的能源潜力，巩固俄罗斯在世界能源市场的地位，为国家获取最大的经济利益。”[32] 2016年和2017年上半年，俄罗斯利用中俄原油管线等优势，积极增加向中国的石油出口，挤占沙特阿拉伯等传统中东国家在中国石油市场的份额。如2017年前7个月，俄罗斯对中国的石油出口额就增长了38.5%；2016年，俄罗斯向中国出口了5 250万吨石油，2017年1—8月向中国输送了3 870万吨石油。[33] 如同1991年年底苏联解体时一样，时至今日，社会上和研究界还有很多人坚持认为，2014年下半年的油价大跌和持续的低油价，是美国导演的“阴谋”，是为了整俄罗斯。正因为石油是过去的苏联和现在的俄罗斯外汇收入的主要来源，其经济社会的正常运转高度依赖油气产业，因而对它们来说，“石油收入最大化”就是其石油出口的目标。

石油和石油收入在墨西哥经济中的作用是巨大的，墨西哥银行总裁罗密欧·科尔贝克说:“今后，石油对墨西哥的经济发展将会起重大的作用，并为墨西哥的经济发展提供资金。石油收入将不仅用于能源部门，还将投资于能够扩大就业机会的其他经济部门。……因此，石油出口所取得的外汇收入将投资于渔业、农业、工业等生产部门。”[34] 这一说法是在1978年，当时墨西哥石油开发为时不久，但石油给墨西哥带来了可喜的石油繁荣，其石油收入1975年为57亿比索，1979年为890亿比索，1981年为3 380亿比索，[35] 实际经济增长率1978年为8.3%，1979年和1980年分别为9.2%和8.3%。但是好景不长，进入20世纪80年代以后，墨西哥经济陷入危机之中，1982年经济增长率为–0.8%，更为严重的是，墨西哥的外债由1976年的260亿美元上升到1982年的780亿美元。[36] 由于石油是墨西哥的主要外汇来源，为了偿还外债，墨西哥只有扩大石油生产。1983年墨西哥和国际货币基金组织进行协商，要求国际货币基金组织贷款36亿美元，用于投资墨西哥石油公司的石油勘探和石油开发，通过石油的增产和石油出口额的扩大来偿还外债。正因如此，“墨西哥在金融危机发生前，为了得以顺利执行其雄心勃勃的经济发展计划，当然要竭尽全力保证最大限度的石油收入；但到了已经预见可能出现金融危机之后，墨西哥政府当然又要尽可能出口石油以避免这种危机；今后为了尽早偿清外债，墨西哥政府仍将会积极执行出口石油以取得外汇的政策”。[37] 可能正因为石油生产及出口与墨西哥国家政治、经济的关系，墨西哥与石油输出国组织采取不合作的态度。当1982年9月墨西哥面临金融危机时，沙特阿拉伯立即试探要向墨西哥提供贷款，但墨西哥明确表示拒绝，据推断其原因可能是:“第一，如果墨西哥接受了沙特阿拉伯的此项援助，就意味着它和石油输出国组织建立了协作关系，……第二，墨西哥不是石油输出国组织的成员国，它可以不受石油输出国组织的约束，在石油的生产和出口方面有充分的自由，如果它接受了沙特阿拉伯的此项援助，就有可能丧失掉这种自由。”[38] 1982年5月，石油输出国组织方面曾邀请墨西哥以观察员的身份参加它的部长级会议，但墨西哥也没有接受这项邀请。“实际上墨西哥参加石油输出国组织将有百害而无一利。……如果作为石油输出国组织的一个成员国，……这样一来，想要依靠出口石油取得经济开发资金的计划就会落空。但最主要的是，墨西哥如果参加了石油输出国组织，它和美国进行贸易的地位就可能受到损害。”[39] 毋庸多言，墨西哥石油出口的最高目标就是“石油收入最大化”。表11–4所示为1980年1月—1982年9月墨西哥石油价格及出口量的变化。

表 11-4　1980 年 1 月—1982 年 9 月墨西哥石油价格及出口量的变化

时间	油价（美元/桶）		时　间	出口量（万桶/天）
	依斯莫斯原油	玛雅原油		
1980 年 1 月	32.0	28.0	1980 年 1—3 月	67.3
1980 年 5 月	33.5	28.0	1980 年 4—6 月	83.4
1980 年 7 月	34.5	29.0	1980 年 7—9 月	89.7
1980 年 12 月	38.5	34.5	1980 年 10—12 月	82.8
1981 年 4 月	38.5	32.5	1981 年 1—3 月	111.4
1981 年 6 月	34.5	28.0	1981 年 4—6 月	124.3
1981 年 7 月	36.5	30.0	1981 年 7—9 月	90.2
1981 年 8 月	34.0	28.5	1981 年 10—12 月	113.6
1981 年 11 月	35.0	28.5	1982 年 1—3 月	109.3
1982 年 1 月	35.0	26.5	1982 年 8 月	165
1982 年 3 月	32.5	25.0	1982 年 9 月	179

资料来源：日本外务省经济局资源第一课：墨西哥的金融危机和国际石油形势. 石油政策，旬刊，1983 年 2 月 15 日.

在非石油输出国组织产油国中，北海油田具有非常典型的意义。北海油田，指的是欧洲大陆西北部和大不列颠岛之间的北海海底油田，这些油田由英国、挪威、丹麦和荷兰等国所拥有。北海油田面积约 50 多万平方公里，已知石油储量约 47 亿吨，天然气储量约 1.5 万亿立方米，仅次于波斯湾和委内瑞拉的马拉开波湾而居世界第三位。1959 年，在荷兰沿海发现格罗宁根大气田，1965 年在北海南部发现气田群，1969 年在中部的中央地堑区发现埃科菲斯克大油田，1971 年在北部的维京地堑发现布伦特大油田。由于 20 世纪 70 年代两次石油危机导致的高油价的刺激，北海油田进入了大规模开发的时代。英国勘探北海油气始于 20 世纪 60 年代，1975 年开始产油，1984 年产量突破亿吨；挪威自 20 世纪 90 年代起产量超过英国，成为一个新兴的油气生产国，一度成为仅次于沙特阿拉伯、俄罗斯的世界第三大石油出口国。北海油田产量最高时每年超过8 500万吨，其布伦特原油更是成为国际石油市场的标杆原油。北海油田的主要生产国是英国和挪威。一方面，它们是传统意义上的工业化发达国家，是西方国家，是市场经济国家，是石油消费国，北海油田的开发在保证它们自身油气需求的同时，还向世界各国出口，因此它们具有了石油出口国的身份；另一方面，由于开发北海石油的都是一些大的跨国石油公司，对它们来说，投资北海油田属纯商业性投资，赚取最大的收益是首要目标，因而它们的投资目标很简单，也就是“石油收入最大化”。

在北海油田生产国家中，挪威的石油生产主要由挪威国家石油公司负责，该公司于1972年根据挪威议会的决定而组建，直属石油能源部领导，股份全部为国家所有，直至2001年6月18日正式上市才部分私有化。作为非石油输出国组织产油国，挪威在20世纪70年代石油繁荣后做了一件非常有意义的事，就是成立了“挪威石油基金”，并通过有效的运作为挪威国民积累了巨额财富，这一做法后来被世界上很多石油出口国和非石油出口国所效仿。早在1975年，挪威议会就制定了专门用于石油行业的税收法规，国家通过两个途径参与石油财富的再分配：一是税收环节（直接税和间接税），二是通过直接参与石油资源的开发。石油公司在挪威开采石油所获收入的边际税率，大约相当于应税收入的78%；政府石油收入的大约60%，由直接税和间接税贡献；国家直接投资部分，大约贡献35%的政府石油收入。1990年，挪威议会通过立法正式建立了石油基金。到2005年，石油基金的规模和挪威非石油经济部分相当。到2010年年底，石油基金市值折合5 670亿美元，相当于挪威非石油部门经济的1.6倍，挪威国内生产总值的1.27倍。挪威只有将近500万人口，就在这一年，挪威人均国内生产总值排名世界第二，它的经济繁荣主要依赖石油出口，通过建立石油基金这一制度创新，把一种不可再生的自然资源转变为全民的、可持续的金融财富。到2011年7月，挪威石油基金以7 400亿美元的规模，超过阿拉伯联合酋长国阿布扎比投资局管理的主权财富基金，成为世界上第一大主权财富基金。[40] 2017年9月19日，挪威石油基金市值达到了78 110亿挪威克朗（约合1.001万亿美元），自创设以来资产首次突破了1万亿美元大关。其中，约42%投资在北美，36%投资在欧洲，18%投资在亚洲。在价值1万亿美元的基金中，65%为股票，包括74亿美元的苹果公司股票、55亿美元的Alphabet公司股票，32%投向了债券等固定收益资产，2.5%投向了未上市的房地产。[41] 因此，我们可以说，即使像挪威这样的国家，也是将“石油收入最大化”列为其国家的主要政策目标，这就不难理解为什么在2017年5月25日，石油输出国组织和非石油输出国组织产油国决定再次延长减产9个月的决定中，挪威没有参加了。[42]

20世纪90年代后进入国际石油市场且市场地位不断提升的新兴非石油输出组织产油国，如哈萨克斯坦、阿塞拜疆、苏丹等，它们的经济社会也高度依赖油气产业和油气出口收入，随着油气产量的不断增加，它们都想尽一切办法扩大自己的市场份额并增加自己的油气出口收入。也就是说，相比传统的非石油输出国组织产油国，这些新兴的非石油输出国组织产油国由于处于特定的经济发展阶段和出于更加复杂的社会需要，对不断增加的石油收入的渴求有过之而无不及。这里，为控制本书的篇幅，我们不再分别叙述和讨论这些新兴的非石油输出国组织产油国的石油出口政策和市场行为。

通过以上分析我们可知，无论是传统的还是新兴的非石油输出国组织产油国，参与国际石油市场的目标，都是“石油收入最大化”。因而，当油价上涨时，它们将跟在石油输出国组织后面亦步亦趋，有时甚至走在石油输出国组织前面大幅度提高油价，这对于石油输出国组织倒没有什么危害。但一旦需求下降而供应过剩时，这些非石油输出国组织石油生产国为了保护自己的市场份额，为了本国的经济需要，将不顾一切地率先削减油价，价格的降低带来的石油收入减少，反过来又必然促使它们在可能的情况下增加生产，这样就形成了油价不断下跌和石油产量不断上升的循环之势，给石油输出国组织试图通过减少产量平衡国际石油市场供需的努力带来巨大的挑战。在这方面，俄罗斯、挪威和墨西哥等都有过具体的行动。这种循环之势在需求减少的情况下，将一次又一次地破坏石油输出国组织保持油价稳定的努力，不断加大国际石油市场价格下行的压力。

（三）石油消费和进口国组织参与国际石油市场的目的

只要是市场，就一定有卖方和买方，虽然相对于卖方，买方一般来说是被动地接受卖方的出价和交易条件，但当一个市场的买卖双方到达一定的规模和数量时，尤其是当买方拥有一定的手段和能力时，买方也就有了干预市场和价格的能力，就可在一定程度上不再被动地接受卖方的出价和交易条件。

20 世纪 70 年代第一次石油危机前，在世界范围来说，石油消费和进口国基本上都是被动的买方，对国际石油市场没有干预的能力，只能被动地接受石油生产和出口国的出价和交易条件，这就是第一次石油危机中阿拉伯产油国能够对美国、荷兰等实施禁运并自主地大幅度提高石油价格的原因。第二次石油危机中，面对混乱的国际石油市场和不断上涨的价格，石油消费和进口国也只能被动地接受。但是，事实上，在第一次石油危机中，这种局面就已在发生变化，这就是国际能源署的成立和石油储备制度的建立。国际能源署的成立，正好相对于石油输出国组织这样的石油生产国组织，世界上主要消费石油和进口石油的工业化国家，有了石油消费和进口国组织，就可以协调立场，统一政策，不再分散地应对石油输出国组织。石油储备制度的建立和规模的不断增大，使石油消费和进口国逐步有了短时间内应对国际石油市场供求不平衡的手段，可以通过使用、主要是释放储备石油，在一定时间内有效地干预国际石油价格的走势。从目的上来说，石油消费和进口国成立诸如国际能源署这样的国际性组织，并建立一定规模的石油储备，其目的是为了保证危机时期的石油供应，确保危机时间石油价格的合理。这也就是说，与石油生产和出口国一样，石油消费和进口国是从硬币的另一面来保证自己“收益的最大化”。

当然，石油储备的建立和释放，对国际石油市场的影响是双面的。石油储备在建立过程中，如果在时机、规模和方式上把握不当，理论上会增加一定时期的国际石油市场需求，会引起石油价格的上涨。石油储备的动用和释放，主要是在短时期内增加国际石油市场的供给，增强市场信心，抑制石油价格的上涨。因此，20 世纪第一次石油危机后，石油消费和进口国一改过去被动的局面，已成为国际石油市场积极的参与者，且其影响和干预市场的能力在不断增强。

（四）期货交易中非商业持仓者参与国际石油市场的目的

20 世纪 70 年代末期，随着石油期货交易方式的出现和其规模、影响力的不断扩大，石油期货市场中的买卖双方也成为国际石油市场上重要的参与者，尤其是进入 21 世纪后成为导致或加剧国际石油价格暴涨和暴跌的重要原因之一。一般来说，我们将期货交易中的参与者分为两大类：一类是指实体石油业务的参与方，如石油生产商、炼油商、贸易商和终端消费者等，它们参与期货交易的目的是为了保值，最大限度地减少或规避价格风险；另一类的参与者不涉及实体石油业务，是纯粹的投机者。

期货交易中这两类参与者的目的非常简单，也同石油生产和出口国一样，是为了最大限度地赚取利润。期货交易中与实体石油业务有关的参与者，都是石油产业链各环节的参与企业，它们参与期货交易的目的，就是它们自身参与国际石油市场经营活动的延伸，是保证其收益最大化的一种手段。而期货交易中与实体石油业务无关的参与者，目的更是简单，就是为了赚取利润，实体石油生产各环节的正常与否同其没有任何关系，反而成为其赚取利润的机会和手段。期货交易中与实体石油业务无关的参与者，主要由各种基金、银行等金融机构和机构投资者等构成，其持有的仓位被美国商品期货交易委员会定义为非商业持仓。从 1994 年 3 月—2009 年 8 月的统计数据看，美国纽约商品交易所西得克萨斯中质原油期货合约中，非商业性头寸在总持仓中的比重逐年上升，最高时占比接近 60%。[43] 因此，有研究者直白地指出："非商业头寸的持有者不论是空头、多头抑或是套利者，都是直奔利益最大化而去，故而都可归结为投机行为。"[44]

（五）美国页岩油气生产商参与国际石油市场的目的

从1948年成为石油净进口国之后，作为世界上最大的石油消费和进口国，美国一般都被归结为国际石油市场的需求方，在20世纪70年代两次石油危机期间，都是被动地被石油生产国“禁运”，被动地接受国际石油价格的大涨。虽然在倡导成立国际能源署和建立石油储备制度后，其境况有所改善，但作为世界上最大的进口国，石油供应安全是多届美国政府的头等大事之一，能源独立也一直是多届美国政府努力的方向。但是，在国际石油市场中的这一被动局面，在20世纪90年代后期尤其是进入21世纪后被彻底地改变，这就是页岩油气革命的成功，一方面使美国从多年来的世界第一大石油进口国退居到第二位，更重要的另一方面是美国居然成为石油和天然气的出口国，不但撼动了石油输出国组织对国际石油市场的控制和影响，改变了国际石油价格的趋势，更直接改变了世界石油工业的历史。

我们知道，美国页岩油气革命是由众多被称为“野猫”的小企业发动的，大量的中小油气生产企业是美国页岩油气生产的主力。有材料估计，有8 000多家企业参与了美国页岩油气生产活动，其中的7 900多家是中小企业，中小企业和各类基金控制了85%的美国页岩气生产。[45]这些企业具有以下主要特点：一是企业规模普遍不大；二是身处或需借助资本市场生存和发展；三是强大的市场化生存能力，具有极强的成本控制意识。正是由于具有以上特点，这些众多的页岩油气生产企业只要有可能，就尽最大可能开足马力生产并抢占市场份额，而且客观上美国资本市场更加会迫使这些企业只要一有可能就放开手脚生产。以2012年为例，正是在6 700余家中小企业高涨的创业热情推动下和华尔街金融机构的支持下，美国的页岩气勘采支出高达 6 000 亿美元。[46] 以上所有这些说明，对于美国页岩油气生产企业来说，最大化地赚取利润就是其参与国际石油市场的唯一目的。此外，更为突出的是，由于页岩油气是由数量众多的私营企业生产的，这些企业没有一家会响应石油输出国组织减产的号召。加之美国市场经济的特点，美国政府更不会作为非石油输出国组织产油国，参与石油输出国组织减产平衡国际石油市场的努力。自 2016 年年底石油输出国组织和非石油输出国组织产油国联合减产以来，我们看到的是美国石油产量不降反升，美国生产的优质油气资源不断进入亚太、欧洲等市场，日益侵蚀传统石油生产国的市场份额。因此，进入 21 世纪以来，美国因为页岩油气革命的成功而作为重要的一方参与国际石油市场，使本已复杂的国际石油市场结构更加复杂，国际石油价格的走势更加动荡。

除美国页岩油气生产商私营企业的属性外，2017 年 1 月上台执政的美国特朗普政府也从政策、法律、外交等诸方面，大力支持美国能源产业的复兴。除我们在有关章节谈到的已经和将要采取的一系列鼓励能源产业发展的政策外，特朗普政府及其本人还承担起美国能源推销员的责任，2017 年 7 月 6 日在赴汉堡参与G20 峰会期间，特朗普还参加了“三海峰会”，直接向“三海倡议”国家领导人表示，“如果你们要能源，只需来个电话”。因此，从企业界到政府，美国石油天然气行业已经并将继续成为国际石油市场强悍的、新的市场份额竞争者。

（六）石油公司参与国际石油市场的目的

除前面我们谈到的 5 类国际石油市场参与者之外，事实上，自从国际石油市场形成开始，这个市场上最多的参与者，还是数量众多、形态各异的石油公司，即使是我们前面谈到的石油输出国组织和非石油输出国组织产油国，其参与国际石油市场的也是它们国家的石油公司，这些石油公司中有国家石油公司（NOC），也有股份比例不等的合资公司等。因此，日常我们在观察国际石油市场时，或者自身在参与国际石油市场的经营活动时，打交道最多的也是最直接的，就是数量众多、形态各异的石油公司。

无论其出资人是谁，股份比例如何分配，对于一个正常的石油公司来说，其企业性质本身就决定，参与国际石油市场的终极目的就是赢利，就是尽一切可能赚取最丰厚的利润。如果这一家石油公司是上市公司，其赢利的压力会更大。即使这一家石油公司是国家石油公司，赢利也是经营管理层必须面对的最主要任务。我们日常看到的世界上各种企业的排名，如“《财富》500强”排名等，石油公司在排行榜中都占有非常重要的地位。这些排行榜中，除了经营规模外，利润水平也是衡量的主要指标之一。正是存在大量的以营利为目的的石油公司，国际石油市场充满活力，这些企业在追逐利润、创造财富的同时，也创造了一个又一个人类工程奇迹，完成了一个又一个看似不可能完成的任务，日益丰富和提升人类社会的经济技术水平，推动着人类社会的不断进步。

（七）“石油收入最大化”与市场动荡

以上分析说明，无论是石油输出国组织还是非石油输出国组织产油国，石油消费国还是进口国，期货市场中的非商业持仓者还是美国页岩油气生产商，抑或是我们日常看到的数量众多的石油公司，所有国际石油市场参与者的共同目标都是“石油收入最大化”，其手法是“油价最优化”。由于这种目标和达到目标的手段的存在，只要石油输出国组织掌握了油价决定权，而条件又成熟，即市场供需结构将造成油价上涨时，它必然会提高油价，其形式首先是某一成员国先行、其他成员国随后，甚至将超过前者，这样新一轮提价又将到来，因而在油价上涨时将形成一种“蛙跳”局面，最后才是由石油输出国组织统一价格，其结果是油价由上涨变为大涨、暴涨。反过来说，由于“石油收入最大化”的目的和“油价最优化”的手段的存在，如果市场供需结构产生了不利于石油输出国组织的变化，即油价将下跌时，那么该组织通过的任何市场和价格决议必然会被其成员国用“油价最优化”的手段打破，而与石油输出国组织同时存在的其他市场参与者如果此时已打破或削弱了石油输出国组织对国际石油市场的控制，由于同样的目标和手段，加之其行动自由，它们的行动将对石油输出国组织成员国的行为火上加油，其结果将是油价的大跌和国际石油市场的混乱。如 2016 年年底，石油输出国组织和非石油输出国组织产油国决定共同减产每天 180 万桶并在 2017 年 5 月 25 日维持减产 9 个月。但事实上，进入 2017 年 6 月后面对国际石油价格不断下跌，石油输出国组织成员国根本无法执行减产的协议。2017 年 6 月，石油输出国组织的原油出口量跳升至每天 2 592 万桶，较 5 月的每天 2 547 万桶高出 45 万桶。2017 年 1—6 月，石油输出国组织平均每天出口 2 502 万桶，比 2016 年同期每天增加了 29 万桶。因此，媒体认为，石油输出国组织企图以减产手段提振原油价格的努力，现在差不多已沦为自欺欺人。[47] 但是，正是由于这种“石油收入最大化”目标的存在，使市场参与者的行动必须有所节制，因为听任国际石油市场的混乱必将导致各自的“石油收入最小化”，这样石油输出国组织成员国必将达成协议，而非石油输出国组织产油国的行为必将有所收敛，市场又将出现一种稳定局面，油价将受到控制。但是，这种稳定在供需持续不稳定的情况下，又将被追求“石油收入最大化”目标而采取的“油价最优化”手段所打破，不过“石油收入最大化”的目标将使市场再一次稳定。这样，由于“石油收入最大化”的目标的存在，在供应结构导致持续的油价下降过程中，国际石油市场将产生一种“稳定—混乱—稳定—混乱”不断重复的“蛙跳”现象，其具体表现形式将是：决议一次次被破坏，油价一次次降低，决议一次次达成，油价一次次稳定。不过，进入21世纪后，由于数量众多的美国页岩油气生产商参与了国际石油市场，传统意义上的石油生产和出口国维持国际石油市场平衡努力的“蛙跳”将变得更加艰难，短期国际石油价格的走势将变得更加难以捉摸，长期国际石油价格趋势也增加了很多变数。

三、国际石油市场参与结构与油价波动的实例分析

“石油收入最大化”是所有国际石油市场参与者的目的，这是我们通过理论和实例分析得出的结论。那么，历史事实是与此相吻合的吗？是这一目的造成20世纪70年代以来国际石油价格大动荡的吗？下面，我们将从历史事实的角度，来详细地分析在“石油收入最大化”目的驱使下，国际石油市场参与结构的变化是如何带来国际石油价格大动荡的。

（一）参与结构的基础

世界石油开采的历史很悠久，但从具有商业性生产的历史来说，世界上第一口油井是1859年在美国出油的。自此以后，美国迅速兴起了石油开发的热潮。1883年，洛克菲勒在美国组成了以美孚石油公司为核心的标准托拉斯，控制了美国的石油业，从勘探、开

发、炼油到市场销售，油价可以说基本上在洛克菲勒的控制之下。1911 年 5 月，美国最高法院做出判定，要求洛克菲勒解散石油托拉斯。在近代石油发展史上，这是第一次垄断。

1928 年，新泽西美孚石油公司、荷兰皇家壳牌石油公司和英波石油公司在苏格兰的阿克那卡里堡签订了《维持现状协定》，规定把美国得克萨斯湾石油公司的石油标价作为各公司的统一标价，这就是所谓“单一基点价格制”，即全世界每个出口中心的原油油价都要与从墨西哥湾获得的同类原油的价格相同，交货地点的原油价格，不论原油来自何方，运输路程多远，都须按墨西哥湾的价格再加上从墨西哥湾运到交货地点的货运费用来计算。第二次世界大战结束后，1948 年“单一基点价格制”被“双重基点价格制”代替。所谓“双重基点价格制”指的是，每桶质量相同的于墨西哥湾出口的原油离岸价格加上从出口中心到达销售地点的实际运费，就是该桶原油的价格。这是石油史上的第二次垄断，其市场参与者是单一的，即由埃克森、德士古、飞马（莫比尔）、加州标准美孚（雪佛龙）、海湾石油公司、英荷壳牌和英国石油公司组成的“七姊妹”。

表 11–5 “七姊妹”的利润（1958—1973 年）

（百万美元）

年份	埃克森	德士古	莫比尔	雪佛龙	海湾	壳牌	英国石油	总计
1958	563	311	157	272	330	—	—	1 633
1960	689	392	183	280	330	—	—	1 874
1965	1 036	591	320	391	427	628	81	3 474
1970	1 310	822	283	455	550	880	91	4 591
1973	2 440	1 292	843	844	570	1 780	260	8 029

资料来源：石油、原料和发展——阿尔及利亚提交联合国大会特别会议的备忘录. 北京：生活·读书·新知三联书店，1975：229.

依赖对国际石油市场的控制，七大石油公司获得了巨额利润，“七姊妹”中的5家美国石油公司基本上一直是美国十大工业公司。由于垄断了国际石油市场，“七姊妹”的收入比它们经营所在的大部分国家的国民生产总值还要大。垄断给“七姊妹”带来了巨大的石油利润，但巨额利润反过来给“七姊妹”的垄断地位带来了巨大的威胁。由于巨额石油利润的诱惑，在“七姊妹”之外，大量的中小石油公司——在美国被称为“独立石油公司”，在欧洲和日本基本上是国营石油公司之类的公司纷纷兴起，它们想方设法试图打进“七姊妹”的圈子，以求在国际石油市场中取得一席之地。

表11–6　美国最大的10家公司

《幸福》杂志所刊500家大工业公司			名称
1975年排名	1974年	1973年	
1	1	1	埃克森石油公司
2	2	1	通用汽车公司
3	4	6	德士古石油公司
4	3	3	福特汽车公司
5	5	7	莫比尔石油公司
6	6	11	加州标准美孚石油公司
7	9	8	国际通用机器公司
8	7	10	海湾石油公司
9	8	5	通用电气公司
10	11	4	克莱斯勒汽车

资料来源：*Fortune*, May 1975, May 1976.

第一个打进“七姊妹”势力范围的是美国人格蒂的石油公司。1948年，他以优于大石油公司的开采使用费和先付现金950万美元的代价，同沙特阿拉伯国王伊本·沙特谈判成功，在沙特阿拉伯获得了石油开采权。这样，格蒂石油公司首先突破了“七姊妹”的高墙。1954年，摩萨台的伊朗国有化失败后，英国石油公司被迫放弃原先百分之百地对伊朗石油资源的所有权，同意组成一个伊朗国际财团共同开发伊朗的石油资源，美国以阿明石油公司、俄亥俄标准石油公司、大西洋公司和富田公司为首的9家独立石油公司挤进了伊朗财团。在中东石油开发历史上，如此大数目的美国独立石油公司挤进“七姊妹”的圈子，这还是第一次。1957年，马太伊又领着意大利国营石油公司随美国独立石油公司进入了伊朗。更为突出的例子是在利比亚。1956年，利比亚将51项特许权给予了17家公司，为首的是由阿美拉达、大陆和马拉松3家独立石油公司组成的绿洲辛迪加财团。1966年，阿曼德·哈默的西方石油公司也成功地在利比亚获得了石油开发权。这样，到20世纪60年代初，虽然“七姊妹”仍控制着国际石油市场，但独立石油公司已成功地挤进了“七姊妹”的势力范围。20世纪60年代初的国际石油市场参与结构已不同于以往，仅就石油公司一方来说，已形成了“七姊妹”控制下的多头参与，而到20世纪70年代初多头参与的数目就更大了。

表 11–7　中东的石油公司变动情况

年份	1940	1950	1960	1974
“七姊妹”	7	7	7	7
美国独立石油公司	0	10	28	34
其他国家的石油公司	2	2	6	58

资料来源：美国第93届国会第二次会议参议院外交委员会跨国公司小组委员会宣读的美国参议院外交委员会《跨国公司和美国的外交政策意见听证会记录》第7部分.美国政府印刷厂，1974：350.

20世纪60年代和70年代初，独立石油公司和其他石油公司挤进了“七姊妹”的势力范围，其影响是巨大的，可以说自此就开始形成了20世纪七八十年代国际石油市场参与结构的雏形。就“七姊妹”本身来说，它们拥有石油业务完整的产业链，即它们掌握了石油业从勘探、开发的上游业务到提炼、销售等下游业务的一整套业务，而且它们拥有的石油开发权遍布全世界，资金雄厚，因而它们对于突发事变的应变能力很强，它们的地位是很难被动摇的。20世纪50年代，伊朗摩萨台国有化失败的原因就在于此。但大量的独立石油公司挤入中东石油开发，由于它们一般是单一性质的公司，资金实力有限，而且开采地单一化，因而应变力量不强，虽然在石油开发过程中捞取了大量的利润，但同时也把自己作为一件抵押品押给了产油国，如果产油国政府利用有利的国际石油市场条件，对它们提出要求，施加压力，它们将无从招架，而这一环节一旦被突破，将使国际石油公司全线崩溃。这就是说，20世纪60年代和70年代初独立石油公司大量挤入中东，打破了“七姊妹”的垄断地位，预示着国际石油公司即将被击溃的后果。

（二）参与结构转变的开始

就在“七姊妹”的垄断地位受到不断冲击的同时，市场参与结构发生了另一重大变化。1960年9月，伊朗、科威特、伊拉克、沙特阿拉伯和委内瑞拉5国在巴格达举行会议，“决定成立一个永久性的组织，命名为石油输出国组织”。这样，石油生产国或石油资源所有国作为一个主权国家的国际组织，一改过去单个参与国际石油市场的局面，转而集体参与国际石油市场。其后不久，卡塔尔、利比亚、印度尼西亚、阿拉伯联合酋长国、阿尔及利亚、尼日利亚、厄瓜多尔和加蓬相继加入，石油输出国组织的力量不断壮大。

石油输出国组织作为一个整体或是作为单个的国家，其目标就是获得“石油收入最大化”，以便发展自己的经济。就在1960年9月的成立大会上，该组织明确宣布：“对迄今为止石油公司在实行限价方面采取的政策，成员国再也不能无动于衷了，成员国将要求石油公司保持它们价格的稳定，避免不必要的变动，成员国将使用一切它们认为可行的办法，努力地使价格恢复到降价前的水平。”[48]这就是说，在成立伊始，石油输出国组织就通过公开宣言介入大石油公司的油价定价权。虽然1960—1970年，石油输出国组织没有实现上述目标，但是考虑到整个20世纪60年代国际石油市场的供需状况，当时石油的市场价格已降到远远低于每桶1.80美元的标价，而石油输出国组织在整个20世纪60年代成功地维持了1960年8月的每桶1.80美元的标价到1970年，这本身就是一个巨大的成功。“石油输出国组织在一开始便实现了一项重要目标：它防止了继续削减标价，尽管竞争仍旧变得更加剧烈起来。”[49]

这样，到20世纪60年代，即到1960年，国际石油市场的参与结构发生了两个不同于20世纪50年代和50年代以前的变化：一是在石油上游业务中，大量的独立石油公司纷纷突破“七姊妹”的高墙，进入“七姊妹”的势力范围，这样“七姊妹”一统石油上游业务的局面不存在了，它预示着石油公司面对突发事件的应变能力大大地被削弱了；二是与此同时，石油生产国，或是石油资源国联合起来了，它们作为一个主权国家的国际性组织，带着争取有利于自己的石油价格的目标介入国际石油市场，因此自成立之日，石油输出国组织就同“七姊妹”一起分享了油价的决定权，“七姊妹”单方面定价的权力不存在了。这样，从其成立开始，石油输出国组织就冻结了国际石油价格单方面定价的“经理人员特权”。[50]

（三）参与结构转变的标志性变化

到 20 世纪 70 年代初，国际石油市场的供需结构发生了巨大的变化，我们在前面第 10 章详细地分析了这一问题。就这样，时机到来了。1970 年 1 月，利比亚首先发难，要求西方石油公司和埃克森石油公司提高矿区使用费，每桶增加 40 美分。在谈判过程中，石油公司不肯让步，卡扎菲下令西方石油公司 5—6 月减少石油产量。与此同时，阿尔及利亚接管了壳牌和菲利普斯石油公司的生产，并于 7 月在事先没有协商的情况下，将法国石油公司的税收每桶增加 72 美分。这种情况极大地鼓舞了卡扎菲，9 月西方石油公司投降，接受了利比亚的要求，每桶利比亚 API 40 度原油的标价由 2.23 美元提高到 2.53 美元，收入税由 50% 提高到 55%。“从这一点开始，要么撤退，要么垮台。”[51] 两周以后，绿洲石油财团也接受了利比亚的要求。该财团的股东之一壳牌由于拒绝接受利比亚的条件，于 1970 年 9 月被停止了在绿洲财团中的每天 15 万桶的原油产量。

至此，20 世纪 60 年代国际石油市场参与结构的变化终于产生效果了。由于 20 世纪 60 年代独立石油公司削弱了“七姊妹”的垄断地位，到 1970 年 9 月利比亚首先向独立石油公司开刀，突破石油公司统一战线，获得了油价的部分决定权，石油价格开始不是由石油公司单独决定了，而是由石油生产国政府和石油公司双方决定，在双方的决定中石油生产国的意志起了决定性的作用。这样，大崩溃开始了。

1970 年 12 月 28 日，石油输出国组织第 21 届部长会议决定：“考虑到国际石油工业经济方面的普遍改进和市场展望”，“立刻在所有成员国中……调整现行的标价或参考价”，“确定在所有成员国中统一提高标价或税收参考价以反映国际石油市场普遍改善的情况”，“为此，所有成员国应开始与有关石油公司谈判”。[52] 同时，会议决定：“由伊朗、伊拉克和沙特阿拉伯的代表组成一个委员会，代表阿布扎比、伊朗、伊拉克、科威特、卡塔尔和沙特阿拉伯与上述成员国中营业的石油公司进行谈判。”[53]

同时，石油公司也在行动。1971 年 1 月 11 日，23 家石油公司的代表在纽约开会，会议决定给石油输出国组织联名写一封信，指出：“我们已经断定，我们再也不能同石油输出国组织的成员国谈判它们提出的发展要求，除非同所有的石油生产国政府同时达成一个解决办法。”[54] 在这次会议上，石油公司还签署了一个《安全网协议》，规定在单个石油公司在被一一剔除时能互相帮助。但是，这不过是一个纸搭的房子，石油输出国组织否定了石油公司的要求，石油公司被迫同意分成两批同石油输出国组织进行谈判：一是以伊朗的阿穆泽加尔、沙特阿拉伯的亚马尼和伊拉克的萨德·哈马迪组成的三人小组，代表海湾产油国；二是利比亚代表的地中海产油国。

1971 年 1 月 12 日，德黑兰谈判开始，会议仅 90 分钟即告破裂。1 月 13 日，亚马尼警告石油公司代表，加拉加斯会议曾制订了一个全球性石油禁运计划，如石油公司进行抵抗，这一计划将付诸实施。1 月 19 日谈判复会，2 月 2 日再度破裂。2 月 3 日，石油输出国组织召开临时会议，会议发表公报：“留意到世界市场原油和石油产品价格的陡涨和坚挺，伴随着主要消费国对石油需求的令人惊愕的增长”，据此，石油输出国组织对石油公司提出最后通牒：“如果在成员国营业的任何石油公司，从采取措施之日起 7 天内不同意海湾国家一致赞同的最后要求，成员国阿布扎比、阿尔及利亚、伊朗、伊拉克、科威特、利比亚、卡塔尔、沙特阿拉伯和委内瑞拉，应采取适当办法包括全面禁止由这种公司装运原油和原油制品。”[55] 最后，石油公司投降了。2 月 14 日，石油公司被迫签订了《德黑兰协定》，原油标价每桶提高 0.35~0.40 美元。此外，在 1971 年 6 月 1 日、1973—1975 年每年的 1 月 1 日，将标价提高 2.5%，并外加 0.05 美元作为对通货膨胀的补贴。4 月 2 日，在的黎波里，石油公司也投降了，原油标价每桶提高 0.90 美元。

与后来的石油价格上涨相比，这次提价是微不足道的，但是这两个协定的历史意义是巨大的。1970 年 9 月石油公司同利比亚签订的协定是地区性的，而且产油国是单独行动的。但是这次不同，这两个协定是历史上第一次由国际石油公司和石油输出国组织集体签订的。如果说 20 世纪 60 年代，石油输出国组织迫使石油公司没有降低标价是无声的行动，那么到此时石油输出国组织已正式作为一个整体参与到石油价格的决定当中，石油公司垄断国际石油价格长达半个世纪的历史已被打破，石油输出国组织和石油公司共同控制油价的历史开始了，而且在这种共同的控制中，石油输出国组织的意志成了主宰。“1971 年 2 月 14 日圣瓦伦丁节是石油工业史上难忘的一天，《德黑兰协定》签字了。它同意把每桶石油的牌价提高 30 美分，到 1975 年逐步提高 50 美分，这同后来所发生的情况比较起来是很小的提价，但在当时把它看作几乎是毁灭性的。……许多石油企业家相信力量的均势现已起了变化。石油大王已不再是石油公司，而是产油国了。”[56]

1972 年 1 月 20 日，第一个《日内瓦协定》签字，1973 年 6 月 2 日第二个《日内瓦协定》签字。1973 年 9 月 15—16 日，石油输出国组织在维也纳召开了第 35 届临时会议，“会议检查了原油和石油产品市场的现状和未来趋势，以及世界范围内的通货膨胀，尤其是工业化国家的通货膨胀。根据上述情况和趋势，重新评价了《德黑兰协定》、《的黎波里协定》和《拉各斯协议》的条款。注意到这些协议决定的标价水平不再与现状和趋势相适合，因此需要向上调整”。[57] 会议决定成立一个由海湾成员国组成的部长委员会，同石油公司重新谈判。10月16日，海湾六国在科威特举行会议，单方面决定提高油价，将原油标价由每桶3.011美元提高到每桶5.119美元。

1973年10月16日，是国际石油发展史上划时代的日子。至此，由20世纪60年代开始的国际石油市场参与结构的变化最终完成，统治国际石油价格达长半个世纪之久的石油公司失掉了石油的定价权。从此以后，石油输出国组织单方面决定原油价格了，石油生产国真正成了石油的主人。

（四）参与结构转变的结果和两次石油危机

本章开头部分的详细分析说明，从整个组织来说，石油输出国组织是为成员国争取最有利的石油价格的组织，从各个成员国各自的特点来看，这一点尤其突出。由于这一原因，一旦条件成熟，该组织不论是采用组织形式，还是单个成员国的独自行动，都必然会造成油价的大幅上涨。到1973年10月16日，条件成熟了。一是国际石油市场的供需结构变化，造成了供需的不平衡；二是国际石油市场参与结构的变化，使石油输出国组织掌握了油价的决定权。

这样，产油国可以大显身手了。1973年10月，第四次阿以战争中，由于阿拉伯产油国实行减产、禁运行动，造成油价飞涨，伊朗、利比亚竞相拍卖原油，叫价到17美元一桶，从而使《德黑兰协定》和其他协定变成了一纸空文，仅仅在10月16日提价后两个月，石油输出国组织在伊朗国王的带领下，一下子将油价提到每桶11.651美元，形成了我们熟知的“第一次石油危机”。曾任石油输出国组织秘书长的阿里·阿提嘉后来说：“它（指禁运）同要使石油提价是毫不相干的，……禁运只是为了要引起西方公众对以色列问题的注意，要他们问一问我们为什么要这样做。”[58]但是，禁运考验了市场，为产油国提价提供了条件。1978年10月，由于伊朗动乱，现货市场价格飞涨，1978年年底石油输出国组织通过的在1979年分4个阶段提价的决议失效。1979年6月28日，石油输出国组织决定：“成员国能够索取的最高价，不得超过每桶23美元，不论是基于质量和地理方便或是市场的需要。”[59] 1980年6月11日，石油输出国组织又通过决议：“（1）规定标准原油的价格水平，最高限额为每桶32美元；（2）价格的差价，因质量和地理位置的不同，需要超过上述标准原油价格水平最高额32美元的，在任何情况下，不得超过5美元”。[60]但是，在第二次石油危机中，石油输出国组织的决议一再失效，成员国的最后叫价达每桶45美元。在这次石油危机期间，石油输出国组织成员国各行其是，根本不存在什么统一价格。1980年12月石油输出国组织在巴厘岛通过决议：“（1）基准原油价格为每桶32美元；（2）石油输出国组织原油上限价格为每桶36美元；（3）石油输出国组织的最高原油价格为每桶41美元。”[61]

20世纪70年代两次石油价格暴涨，就是这样发生的。20世纪70年代，石油输出国组织成员国充分抓住了国际石油市场供需结构变化的机会，一次又一次地将油价抬了上去，“实际上，它们永远完全一致的唯一行动，就是提高原油价格”。[62]正因为这样，我们特别强调1973年10月16日这个日子的意义。如果不是在这个日子里，石油输出国组织取得了石油价格的定价权，那么两次石油危机中油价的飞涨是不可想象的。因为在这以前，石油价格是石油公司和石油输出国组织共同决定的，或更早是由石油公司自己决定的，石油公司在改变石油价格之前，必须考虑到消费国的反应，它们不敢同意油价漫天飞涨。但是，1973 年 10 月 16 日之后，石油输出国组织拿到了石油的定价权，抛开了石油公司，这样石油输出国组织各成员国可以各行其是、肆无忌惮地决定油价，石油公司在 20 世纪 70 年代只能成为既定石油价格的接受者，它们对如何决定油价已无能为力了。

以上分析说明，由于国际石油市场参与结构的变化，石油输出国组织掌握了油价的决定权，它们利用国际石油市场供需结构的变化，一次又一次地抬高油价。但是，也就在石油输出国组织的影响力达到顶峰、自鸣得意之时，国际石油市场的参与结构又发生了重大的变化，这一变化将改变 20 世纪 70 年代以来的国际石油形势走向，而且这一变化的影响一直延伸至当前国际石油市场。

（五）新的参与者与 20 世纪 80 年代的油价下跌

在 20 世纪 70 年代的两次石油危机中，石油消费国和石油公司只能被动地接受油价的漫天飞涨，它们面对突发事变束手无策。造成这种情况的原因是，石油消费国和石油公司对石油输出国组织依赖太大。为了解决这一问题，石油消费国找到了两个办法：一是积极在石油输出国组织之外寻找油源，二是自己建立大量的石油储备。

1. 非石油输出国组织产油国的力量不断壮大

第一个办法，是西方国家大力在石油输出国组织之外寻找油气资源。第一次石油危机沉重地打击了石油消费国，使它们明白再也不能完全依赖石油输出国组织了，也迫使它们在石油输出国组织之外大力寻找油源。此外，第一次石油危机后油价暴涨，使一些过去开发无利可图的油田变得经济，为这些油田的开发提供了刺激。由于上述原因，第一次石油危机之后，非石油输出国组织产油国的油田纷纷投产，产量逐渐扩大。这方面最具代表的例子是美国阿拉斯加北坡、北海和墨西哥三大区域油气资源的开发。以北海地区的挪威为例，自从 1969 年在北海发现了埃克菲斯克大油田以来，油气生产长足发展。1971 年，挪威开始油气生产，1975 年实现石油自给自足；1978 年成为西欧地区第一个出口石油的国家；1991 年，挪威产油 9 320 万吨，超过英国而成为西欧最大的产油国。[63] 这样，到 20 世纪 80 年代中期，这些国家和地区成为非石油输出国组织主要产油国和地区。

在这些大油田被发现和开发的同时，还有诸如哥伦比亚这类的产油国兴起，石油输出国组织之外产油国的石油产量不断增加。到 1981 年年初，在世界原油生产中它们所占的份额由 1974 年的 25.9%上升到 32.3%，而石油输出国组织的比重同期由 54.8%下降到 42.9%。[64]

就在石油输出国组织之外的资本主义国家石油产量迅速增加的同时，社会主义国家的石油产量和石油净出口量也有了迅速的增长。仅以苏联为例。早在 20 世纪五六十年代，苏联就开始向西方出口石油，在两次石油危机期间，苏联石油产量迅速增加，同时它出口石油的势头也加快了。1974—1979 年，苏联以每天 300 万桶的速度迅速增加产量。1955 年，苏联的石油产量只有美国的 20%，1974 年已上升到 92.3%；1975 年，苏联石油产量已达到 4.9 亿吨，超过美国 4.5%，首次成为世界第一大产油国；1977 年，苏联石油产量上升到 5.5 亿吨，到 1980 年时更超过美国石油产量 9.8%。[65]

随着非石油输出国组织产油国石油产量的迅速增加，到 1981 年在资本主义世界的石油供应量中，非石油输出国组织产油国的石油产量和社会主义国家的净出口量首次超过了石油输出国组织的供应量，1982 年以后则迅速地将石油输出国组织抛在后面，如表 11–8 所示。这样，从 1981 年开始，石油输出国组织由 20 世纪 70 年代的国际石油市场“垄断供应者”变为“边际供应者”。图 11–1 所示为 1973—1985 年的世界石油产量。

表 11–8　1980—1982 年资本主义世界石油供应来源

（百万桶 / 天）

年份	1980	1981	1982
供应量	49.63	46.13	43.43
石油输出国组织	26.89	22.53	18.64
非石油输出国组织	21.09	21.81	23.03
社会主义国家的净出口	1.65	1.80	1.80

资料来源：[日] 汤浅俊昭. 剩余石油储存量已经被用光了吗？资源与能源季刊，1983(19).

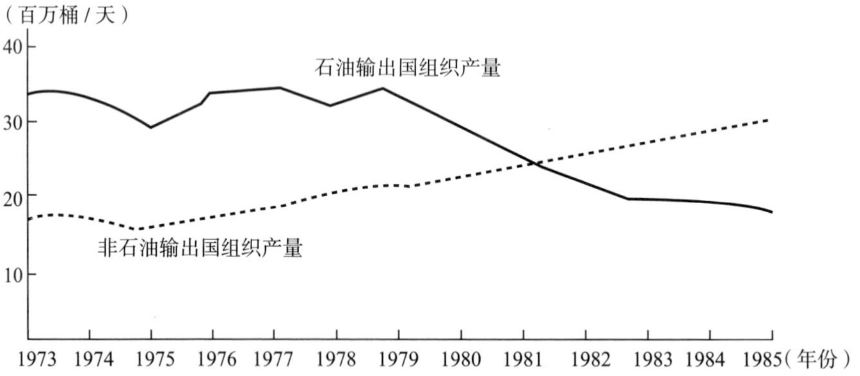

图 11–1　世界石油产量（1973—1985 年）

资料来源：Peter Ellis Jones. *Oil: A Practical Guide to the Economics of World Petroleum*. Cambridge, UK: Woodhead-Falkener, 1988: 53.

2. 石油消费国拥有的石油储备规模日益增加

我们再来看第二个办法，即石油储备问题。石油储备按类型来分共有两类：一是商业储备，它是石油公司为了维持正常的商业活动而保有一定数量的原油和石油产品；二是战略石油储备，它是有关政府通过法令或法规，要求某些单位包括石油公司和政府本身，为应急所需而储备一定数量的原油或石油产品。前一类储备以世界最大的石油公司埃克森为例，其石油储备有三种：从油田到炼油厂、储油库的初级储备，流通过程中的二级储备以及最终过程中的三级储备。后一类，如日本在 1972 年就要求石油企业拥有 60 天供应量的储备。[66] 联邦德国政府在 1965 年，就要求炼油厂和非独立进口者拥有石油储备。[67] 但所有石油储备数目在第一次石油危机前都不大。例如在 1973 年 3 月 31 日，美国的石油储备为 2.44 亿桶，日本为 1.05 亿桶，联邦德国为 3 600 万桶，法国为 5 500 万桶。[68] 由于储备的数目不够大，不足以应付突发事变。因而，第一次石油危机之后，西方国家痛感“只有储备一定量的石油，才能有备无患，不吃缺油之苦”。[69] 这样，在 1975 年成立的国际能源署，将“提高石油储备，使西方国家的油耗能维持 185 天”列为自己的主要目标之一，[70] 同时某些国家要求石油公司具备 90 天正常时期交易量的储备。[71] 1977—1978 年，西方国家石油储备为 44 亿桶。[72] 1979—1980 年第二次石油危机期间，西方国家大量抢购石油，到 1980 年 11 月，西方国家的石油储备已达 67 亿桶，可供消费 134 天。其中，石油公司拥有的石油储备在 1981 年年初上升到 58 亿桶，可供消费 116 天；西方国家政府拥有的战略石油储备到 1984 年年底为 6.20 亿桶，相当于海湾产油国 53 天的石油产量。[73]

3.20 世纪 80 年代的油价下跌与国际石油市场新的参与结构

以上两点说明，到 20 世纪 80 年代初国际石油市场参与结构又发生了不同于 70 年代的重大变化：一是非石油输出国组织产油国将石油输出国组织从国际石油市场垄断供应者的位置上逐出，使其成了边际供应者；二是石油消费国和西方石油公司手中拥有规模庞大的石油储备。简单地说，到 20 世纪 80 年代初期，国际石油市场参与结构中出现了三种力量：石油输出国组织、非石油输出国组织产油国、拥有大量石油储备的石油消费国和石油公司。而 20 世纪 70 年代，国际石油市场参与结构中仅石油输出国组织一方。

我们在第 10 章的分析表明，进入 20 世纪 80 年代之后，国际石油市场供需结构发生了不同于 70 年代的重大变化，即石油需求曲线已和供给曲线的弯曲部分相交，油价已处于下跌趋势之中。在这种情况下，国际石油市场参与结构的变化将如何影响油价的走向呢？

非石油输出国组织产油国力量的不断壮大，并于 1981 年在石油产量上最终将石油输出国组织抛在后面，其影响是巨大的。究其原因，就是我们在前面谈到的，对任何国际石油市场参与者来说，它们之所以参加国际石油贸易，都是为了获得“石油收入最大化”。因此，对非石油输出国组织产油国来说，就是在尽可能的情况下，不断扩大石油产量，争夺石油输出国组织占有的市场份额，其结果就是我们看到的 20 世纪 80 年代石油输出国组织的日益被动和无可奈何。1979 年，石油输出国组织日产原油 3 100 万桶；1981 年日产量减少到 2 600 万~2 700 万桶，而到 1981 年 8 月，石油输出国组织石油产量下降到每天 2 060 万桶；1982 年 4 月 1 日起，该组织日产限额下降到每天 1 800 万桶，到同年 5 月则又下降到 1 750 万桶；从 1983 年 3 月 14 日起，石油输出国组织又将基准油价从每桶 34 美元降为 29 美元，维持日产上限 1 750 万桶。而随着减产和降价的无效，石油输出国组织于 1985 年年底发动油价战，1987 年 1 月 1 日该组织参考价格下降到每桶 18 美元，1987 年第 1 和第 2 季度最高日产上限只有每天 1 580 万桶。

除了石油输出国组织产油国对市场份额的无情争夺外，规模庞大的石油储备也使石油输出国组织的困境雪上加霜。我们知道，石油储备是掌握在西方石油公司和石油消费国手中的。一般来说，价格变动对石油消费国政府掌握的战略石油储备影响不大，如在 1984 年，日本和美国政府所掌握的战略石油储备还增加了 1 200 万桶。[74] 但是，价格变动对石油公司手中所拥有的石油储备的影响是巨大的，因为石油公司所追求的目标是“利润最大化”，也就是一般所说的追求最大利润。事实上，我们可将此看成是“石油收入最大化”的一种变体。此外，石油公司储备石油需大量成本。在这种情况下，如果油价一片看涨，未来油价的前景是美好的，那么石油公司就不会采取什么行动；不过，如果石油价格看跌，再加上国际金融政策的变化，储备石油变得无利可图，而且成了沉重的负担时，它们将为了减少损失而抛售库存，使损失最小。某石油公司的职员说：“如果国际能源署和政府希望石油公司确保储备的话，那么它们应当承担相应的成本负担。”[75] 正是基于这种情况，1980 年以后由于国际石油市场供需结构发生了重大的变化，油价看跌，再加上美国总统里根上台后所采取的高利率政策，每桶石油的库存成本因此增加了 6~11 美元，[76] 1984 年第 4 季度，石油公司大量抛售库存石油，每天高达 400 万桶之多，从而造成了 1985 年年初国际石油价格的不断下跌。[77] 以上所述说明，由于石油公司参与了国际石油市场，而它们拥有庞大的石油储备，在油价看跌时，将成为一种不可捉摸的力量，影响油价的动向，它们一次又一次动用石油储备的行为，会一次又一次加大油价向下的压力。同时，石油消费国政府虽不会像石油公司一样因油价的变化而抛售石油库存，但是出于某种政治和经济目的，它们将动用石油库存干预国际石油价格。这样，由于石油消费国拥有大量石油储备，一改过去只能作为国际石油市场需求方的不利处境，现在它们作为国际石油市场的一方也可参与油价的决定了，从而给石油输出国组织的油价决定权带来了更多的挑战。

因此，纵观 1976 年以来石油输出国组织的历史，我们可以看出：自 1979 年以来石油输出国组织的日产量由每天 3 100 万桶降到 1 580 万桶，石油产量每天减少了 1 520 万桶；而自 1979 年以来，石油输出国组织的油价按 1981 年 12 月的最高价格来看，每桶减少了 23 美元，上限价格每桶减少了 18 美元，基准油价每桶减少了 18 美元。从油价方面来看，其“蛙跳”的最大时限为 21 个月，最小时限仅为 10 个月。以上历史事实说明，自 20 世纪 80 年代初以来，石油输出国组织就已经失去了对油价的控制权。以上分析说明，20 世纪 80 年代以来油价一次又一次大幅向下波动，是由于进入 80 年代以后，国际石油市场参与结构发生了变化，更多的石油生产国进入国际石油市场，石油消费国也拥有了参与国际石油市场的手段，在“收入最大化”目标的驱使下，它们使用“价格最优化”的手段，一次又一次地破坏了石油输出国组织“限产保价”稳定国际石油市场的努力，沙特阿拉伯不得已不再担任“浮动生产国”，使油价大幅向下波动，并最终形成了 1986 年的国际石油价格暴跌。

（六）新兴石油消费国与 21 世纪初石油价格的不断上涨

在第 10 章讨论进入 21 世纪以来的国际石油市场供需结构时，

虽然讨论的主题是国际石油市场总量的需求和供给趋势，但已经涉及了这一时期国际石油市场的参与结构问题。事实上，从20世纪90年代后半期开始，随着国际石油市场供需结构的变化，国际石油市场的参与结构也在发生着重大的变化。从需求方来说，以中国、印度为代表的新兴能源、石油消费国登上了国际能源、石油市场舞台，取代传统的以美国、西欧和日本为代表的工业化国家，驱动着国际能源和石油消费的不断增长，并在进入21世纪后不断加剧国际石油市场的供需关系紧张。历史总是惊人的相似。这些新兴的能源、石油消费国，如同第二次世界大战后的西方发达国家一样，本身既没有应对国际石油市场动荡的能力，又没有充分吸取西方发达国家在20世纪两次石油危机的经验和教训，只能听任国际石油价格在进入21世纪后一涨再涨。而且，更为突出的是，进入21世纪以来国际石油价格的不断上涨，有别于20世纪两次石油危机的最大特点，是在非战争状态下和非突发事件的情况下，即在和平时期，在长达5年的时间里，世界各国和全世界人民都眼睁睁地看着国际石油价格一涨再涨并最终创造了历史高位。

表11–9（A）、表11–9（B）和表11–9（C）分别统计了1993—2013年的21年间，世界石油消费总量的变化和十大石油消费国的变化。这三张表非常直观地说明了1993—2013年这21年间国际石油市场需求结构的变迁历史。

表11–9（A） 1993年世界十大石油消费国及其占世界石油消费的比重

国家	数量（亿吨）
美国	7.77
日本	2.50

（续表）

国家	数量（亿吨）
俄罗斯	1.96
中国	1.45
德国	1.36
法国	0.95
意大利	0.926
英国	0.84
韩国	0.79
加拿大	0.771
世界总计	31.86（60.63%）

资料来源：*BP Statistical Review of World Energy June 2016 – workbook.*

表 11–9（B） 2003 年世界十大石油消费国及其占世界石油消费的比重

国家	数量（亿吨）
美国	8.994
中国	2.767
日本	2.503
俄罗斯	1.265
德国	1.251
印度	1.165
韩国	1.064
加拿大	0.974
法国	0.931
意大利	0.921
世界总计	37.395（58.39%）

资料来源：*BP Statistical Review of World Energy June 2016 – workbook.*

表 11–9（C） 2013 年世界十大石油消费国及其占世界石油消费的比重

国家	数量（亿吨）
美国	8.321
中国	5.072
日本	2.080
印度	1.753
沙特阿拉伯	1.473
俄罗斯	1.449
巴西	1.374
德国	1.134
韩国	1.083
加拿大	1.035
世界总计	42.099（58.85%）

资料来源：*BP Statistical Review of World Energy June 2016 – workbook.*

我们之所以将对比起始的年份选择在 1993 年，是因为众所周知，这一年中国成为石油进口国，这无论对中国还是对于国际石油市场来说，都具有标志性意义。2003 年也非常具有标志性意义，因为这是进入 21 世纪后 2004—2008 年国际石油价格持续上涨的前夕，能够反映新一轮国际石油价格大涨前的国际石油市场需求结构。2013 年也非常有意义，因为这是 2014 年下半年国际石油价格暴跌并持续低油价前最完整的年份，在这一年里国际石油市场供需双方结构都处于剧烈变化的过程中。

仔细分析表 11–9 中不同年份的三张表，我们可以得出以下两点结论。第一，1993—2013 年的 21 年间，世界石油消费的主体虽然仍然是以美国、日本、德国等为代表的西方工业化国家，但是进入 21 世纪后，这种趋势发生了质的变化。大约是在 2003 年，这些国家的石油消费基本上都达到了峰值。其中美国是在2005年，石油消费总量为9.38亿吨；其他发达工业化国家则更早一些，如日本是在1996年，石油消费总量为2.70亿吨；德国也是在1996年，石油消费总量为1.37亿吨。第二，以中国、印度为主的新兴石油消费国登上了国际石油舞台，其作用和影响力越来越大，主要表现在两个方面。一是在国际石油市场需求方中所占的比重和位置不断上升：从2002年开始，中国超越日本，成为世界第二大石油消费国，并一直保持着这一位置；印度于2006年超越德国并于2007年超越俄罗斯，成为世界第四大石油消费国。更为重要的是第二点：对比2003年，2013年世界石油消费总量增加了4.70亿吨，增长了12.58%；而仅中国、印度两国同期的石油消费量就增加了2.893亿吨，占2013年世界石油消费增长总量的61.55%。这就是说，这21年间，以中国、印度为代表的新兴石油消费国，成为进入21世纪后国际石油市场需求方的主要力量和主导国家。

表11–10反映的是1993—2015年世界主要国家和地区石油进口量的数据，它从石油进口的角度，更加直观地说明了表11–9中的三张表所反映的世界石油消费结构的变迁。从表11–10中，我们可以看出：就美国和欧洲来说，其石油进口量都是在2007年达到最高峰；日本的石油进口量在2003年达到峰值；自此之后，美国、欧洲和日本这些发达资本主义国家的石油进口都是在下降。这也就是说，这些发达国家对国际石油市场的依赖越来越小，对国际石油市场需求的压力也越来越小。但是反过来看，以中国、印度为主的新兴石油消费国，随着石油消费量的不断增加，其石油进口的数量也在逐年上升，而且在表11–10的数据中我们还没有看到其峰值出现的迹象。这也就是说，进入21世纪后，以中国、印度为主的新兴石

表 11–10　1993—2015 年世界石油进口量

（千桶/天）

年份	1993	2003	2004	2005	2006	2007	2008	2009	2010	2011	2012	2013	2014	2015
美国	8 620	12 254	12 898	13 525	13 612	13 632	12 872	11 453	11 689	11 338	10 587	9 859	9 240	9 401
欧洲	10 934	12 073	12 599	13 354	13 530	14 034	13 885	12 608	12 201	12 272	12 569	12 815	12 619	13 648
中国	678	2 643	3 445	3 427	3 883	4 172	4 494	5 100	5 886	6 295	6 675	6 978	7 398	8 196
印度	723	1 279	1 783	1 869	1 977	2 173	2 274	2 421	2 437	2 572	2 779	2 821	2 962	3 283
日本	5 307	5 314	5 203	5 225	5 201	5 032	4 925	4 263	4 567	4 494	4 743	4 637	4 383	4 346
其他地区	11 473	15 209	16 200	16 654	17 352	19 748	19 550	20 023	20 025	20 773	21 213	23 668	24 542	25 631

资料来源：*BP Statistical Review of World Energy June 2016 – workbook.*

说明：印度贸易量的数据系根据其同年的石油消费量减去其产量而得出。

油消费和进口国，对国际石油市场的依赖越来越严重，给国际石油市场供给带来的压力越来越大。因此，表 11–9 和表 11–10 所说明的数据和反映的结果是一致的。

在第 10 章讨论供需结构对国际石油市场的影响时，我们使用表 10–17（A）和表 10–17（B）来分析 20 世纪 60 年代和 70 年代初西方工业化国家对外石油依赖的变化情况，说明正是这些国家石油消费和石油产量的逆向变化，导致了对进口石油的高度依赖，从而为第一次石油危机奠定了供需结构的基础。同样，我们也可以借用表 10–17（B）的思路和格式，选取几个有标志性意义年份的数据，来分析自 20 世纪 90 年代以来中国和印度对外石油依赖的变迁情况，从另一个侧面说明以中国、印度为代表的新兴石油消费国、进口国对国际石油市场的依赖，如表 11–11 所示。

表 11–11　中国和印度石油进口和消费比较

年份	中国			印度		
	进口（亿吨）	消费（亿吨）	占比（%）	进口（亿吨）	消费（亿吨）	占比（%）
1993	0.010	1.450	0.69	0.348	0.627	55.50
2003	1.071	2.767	38.71	0.811	1.165	69.61
2004	1.490	3.231	46.12	0.832	1.195	69.62
2008	1.871	3.775	49.56	1.069	1.447	73.88
2011	2.613	4.642	56.29	1.201	1.630	73.68
2013	2.972	5.072	58.60	1.328	1.753	75.76

资料来源：*BP Statistical Review of World Energy June 2016 – workbook.*

表 11–11 所反映的是从 20 世纪 90 年代中期开始，有标志性意义年份的中国和印度对进口石油依赖的变迁情况。通过分析表 11–11，再对比一下表 10–17（B），我们发现非常有意思的是，

进入21世纪以来的中国和印度，基本上是20世纪60年代和70年代初美国、日本的翻版，其中中国像美国，印度像日本。中国和印度这两个世界上人口最多的发展中国家，至少从石油消费的角度，表现出来的是从进入21世纪后开始了工业化进程，经济开始腾飞或较高速度地增长。此外，图11–2用图示的方式更加直观地说明了1990—2015年的26年间，印度对进口石油依赖的变化情况。正是经济的腾飞和连续多年的高速增长，使得中国和印度如同20世纪60年代和70年代初的美国和日本一样，对进口石油依赖度越来越高，成为国际石油市场参与结构中对石油日益饥渴的需求方。

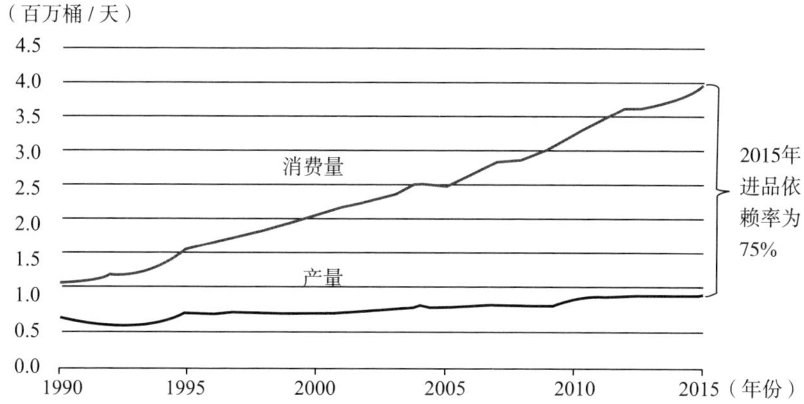

图11–2　1990—2015年印度石油和其他液化能源产量和消费量

资料来源：EIA. *International Energy Statistics and Short–Term Energy Outlook.*

这一时期的印度，实施成品油价格政府管制。2002年之前，印度政府对成品油市场实行政府管制价格机制，石油价格由政府决定，而不是由市场决定。2002年之后，煤油和液化石油气产品仍然受到政府管制，其他产品的价格则由石油公司决定，但许多石油销售公司设定的成品油零售价格低于市场价，这样它们就可以向财政部申请低息贷款。2010年，印度政府开始实施燃料价格改革，解除了政府对汽油价格的管制，并于2014年10月取消了柴油价格管制。2008年上半年，面对飞涨的国际石油价格，6月4日印度将国内汽油和柴油售价提高了10%。其中，印度国内汽油价提高11%，为每升50.52卢比（1.19美元）；柴油价提高9.5%，为每升34.48卢比（0.81美元）。此外，印度政府还将每罐煤气提价17%，许多印度人用于照明和生火的煤油价格则保持不变。这是12年来印度成品油提价幅度最大的一次。印度石油和天然气部长穆利·德奥拉认为，与创纪录的国际原油价格相比，印度这次提价幅度较低，如果同国际油价接轨，印度国内汽油价格需要提高50%，而柴油和煤气价格将不得不翻倍。[78] 2008年，据测算，在原油和成品油价格管制下，印度国有石油公司可能出现约18 000亿卢比（约合3 000亿元人民币）的亏损。[79]

进入21世纪后，中国经济高速增长对国际石油市场的饥渴是我们亲身经历的。一方面，就在国际石油价格不断上涨的2004年前后，国际上很多机构普遍认为，中国经济增长带来的石油需求增加，给国际市场带来了很大的压力。如在2005年中国石油市场论坛中，国际能源署高级石油市场分析师杰夫·安定就指出，“目前的原油市场仍然非常吃紧”，最主要的原因是中国经济增长对能源需求不断增加。[80] 标普也在2005年10月发表特别报告认为，中国经济加速，全球油市要系紧安全带，并认为中国“大规模地向海外寻求新供应源”成为能源价格上涨的原因之一，并可能导致国际关系的紧张。[81] 另一方面，进入21世纪以后，中国就出现了持续的能源供应紧张，从煤炭、天然气到电力、成品油都供应紧张，并在2008年年底前到达最高峰。在这一时期，加油难，加油站外汽车大排长龙成了一大景观，其中柴油供需长时间持续紧张。当然，这一段时间出现的这种供应现象，就成品油来说：一方面，是中国政府为了保证国内的经济增长而没有让国内成品油价格与国际石油市场同步的政策所致；但是另一方面，中国旺盛的成品油需求也是导致持续出现这种现象的主要原因之一，尤其是每年到用油高峰时，这种现象就特别明显。[82]

在这一时期，很多发展中国家和新兴的能源消费、石油进口增长迅速的国家，面对不断飞涨的国际石油价格，出于维护社会稳定的角度，大部分都效仿印度、中国实施的油价政府管制政策，对石油产品进行补贴，这在一定程度上促使了这一时期世界石油消费量的迅速增加，如印度尼西亚、马来西亚、斯里兰卡、孟加拉等国。为此，在2008年金融危机后的多次G20首脑会议中，都将减少或停止政府对化石燃料的补贴列为会议讨论的议题并写入了会议公报。

前面我们谈到，这一时期出现的新兴石油消费、进口国，本身基本没有干预国际石油市场的能力，无论国际石油价格如何上涨只能被动地“买买买”。例如，中国、印度在自身石油消费和进口不断增加的过程中，基本上没有石油储备，国家石油储备也都在建设过程中，面对国际石油价格的不断上涨，无法像国际能源署成员国一样采取措施干预市场，而此时建立国家石油储备反而以库存的形式增加了表观石油消费量，一定程度上也会人为地加剧国际石油市场的供需关系紧张。

（七）日益复杂的石油生产者与21世纪初油价的下跌

从20世纪90年代后半期开始，大量的新兴石油生产者进入国际石油市场，世界石油产量不断扩大，在满足同时期不断增长的世界石油需求的同时，给国际石油市场的供需平衡带来越来越大的压力。这些新兴的石油生产者，包括独立后的苏联地区国家如哈萨克斯坦，非洲新兴石油生产国安哥拉、赤道几内亚和苏丹等，还有大规模开发盐下石油资源的巴西，不断扩大油砂产量的加拿大，美国的页岩油气生产商等。与第一次石油危机后出现的非石油输出国组织产油国不同的是，这一时期日益增多的石油生产者，其性质、国家所处的发展阶段等差异较大，使得国际石油市场的参与结构非常复杂，给进入21世纪以来的国际石油价格趋势增加了更多的变数。这里我们仅举三类有代表性的新兴石油生产国或生产商，说明作为国际石油市场新出现的供给方，它们的油气生产行为会给国际石油价格带来什么样的影响。

1. 俄罗斯和苏联地区国家油气工业的复兴

1975年，苏联首次超过美国，成为世界第一大产油国，当年苏联的石油产量为4.9亿吨。1977年，苏联石油产量上升到5.5亿吨，1985年更上升到6亿吨，这基本上是苏联时代的石油产量最高峰。

苏联解体后，包括俄罗斯在内的苏联油气工业陷入了一片混乱，油气产量均大幅度下降。但是，经过短暂混乱之后，拥有丰富油气资源的阿塞拜疆、哈萨克斯坦、土库曼斯坦和乌兹别克斯坦率先重整了自己的油气工业，并大力引进以英国石油公司、美国雪佛龙公司、国际阿吉普财团等为主的西方国际大石油公司和中国的国有石油公司，使得诸如田吉兹油田、卡沙甘大油田等世界级的超大油气田得以开发。2001年，上述4国的石油产量由苏联解体时的4 170万吨增加到7 020万吨。2000年，普京上台后，开展了“重新国有化”运动，俄罗斯的油气工业也开始逐步恢复。2003年，俄罗斯的石油产量由1996年的约3亿吨最低值回升到4.257亿吨，首次突破了4亿吨的规模。2009年，俄罗斯的石油产量突破了5亿吨。2015年，俄罗斯加上阿塞拜疆、哈萨克斯坦、土库曼斯坦和乌兹别克斯坦5国，石油产量合计为6.774亿吨，已经超过苏联时期1985年6亿吨的规模。[83]

随着大量世界级的油气田项目投入开发和油气工业的复兴，进入21世纪后，俄罗斯及哈萨克斯坦等4国在国际石油市场中的影响力和作用不断增加。一方面，俄罗斯和苏联地区4国已成为国际石油市场中非石油输出国组织产油国的主要力量之一，由于它们的经济社会对油气生产和出口高度依赖，它们须尽最大可能增加产量，抢夺市场份额。这在国际石油市场需求旺盛时将对平衡供需起到积极的作用，但一旦国际石油市场出现供过于求的问题时将不可避免地加剧竞争，使石油输出国组织试图维持市场平衡的努力变得更加艰难。但是，另一方面，解体后统一的苏联已经不复存在，阿塞拜疆、哈萨克斯坦、土库曼斯坦、乌兹别克斯坦和俄罗斯都成了平等的主权国家，这些国家为了自己的经济社会发展，必须开发和使用非常丰富的油气资源，与国际石油市场中主要的消费国建立密切的关系。这就出现了我们看到的在苏联解体后不久，哈萨克斯坦等国就迅速引入国际大石油公司开发田吉兹等世界级大油田，并积极同中国等建立关系，大力推进建设新的油气出口通道，从而使得国际石油市场更加多样化，无论是生产国或是消费国都有了更多的市场和资源选择。

2. 安哥拉、赤道几内亚、苏丹等非洲新兴产油国的出现

安哥拉位于非洲西南部，首都罗安达，西滨大西洋，国土面积约124万平方公里，世界排名第22位。安哥拉拥有丰富的油气资源，已探明石油可采储量超过131亿桶，天然气储量达7万亿立方米。2002年，长达27年的内战结束，安哥拉的经济得以渐渐复苏。石油成为安哥拉内战后重建的经济支柱，石油出口收入占出口总额的90%，石油生产占安哥拉国内生产总值的45%，国家财政收入的

85%~90%来自石油业。安哥拉一直以来是非洲撒哈拉以南地区第二大石油生产国，仅次于尼日利亚，深海油田的勘探和开发是其特点。20 世纪 80 年代，在刚果河入海口的深海地区发现了大油田，90 年代，在罗安达以南的宽扎河口海域和本格拉海湾海域，又发现了储量丰富的油区和油田。2005—2010 年，安哥拉石油产量年均增幅为 16.8%。2008 年 4 月，安哥拉以日均产石油 187 万桶，高出尼日利亚 6 万桶的优势，首次成为非洲最大的石油生产国，并一直保持着这一位置。2007 年，安哥拉加入了石油输出国组织。2008 年，安哥拉石油生产能力已达到日均 210 万桶，成为国际石油市场的重要供给者，是世界第十五大石油生产国。2008 年，安哥拉向美国出口了 190 亿美元的商品，其中 90%是石油。[84] 2011 年第 1 季度，安哥拉首次超过沙特阿拉伯成为中国第一大原油供应国，平均每天向中国出口原油 68.8 万桶，总量达 848 万吨。[85] 在安哥拉从事石油生产的主要企业有道达尔、英国石油公司、埃索石油公司、雪佛龙石油公司、意大利石油公司、巴西石油公司和中国石化等。安哥拉的原油，主要出口到美国、亚洲和欧洲，分别占出口总量的 70%、20%和 10%。[86]

赤道几内亚位于非洲中西部，西临大西洋，首都马拉博，国土面积为 28 051.46 平方公里。据估计，赤道几内亚天然气和原油储量分别为 375 亿立方米和 30 亿桶，是非洲第三大石油生产国。1996 年在赤道几内亚领海内发现了大量石油资源，到 2005 年 1 月已探明总石油储量为 17.7 亿桶。1995 年，赤道几内亚平均石油产量为每天 5 000 桶，而 2005 年增至每天 35.6 万桶。石油天然气产业是赤道几内亚的支柱产业，占国内生产总值的 86%，非油气产业只占 14%。[87] 出口收入的 86%是石油提供。[88] 受益于石油的开发，赤道几内亚连续 10 年保持 26%以上的经济高速增长，人均国内生产总值约 2.2 万美元。从 20 世纪 90 年代后期开始，赤道几内亚迅速成为一个新兴的重要石油生产国，是国际石油勘查开发投资的热点国家之一。2017 年，赤道几内亚加入了石油输出国组织。

苏丹的石油天然气产业基本上是在中国的支持下发展起来的，我们在第 7 章的有关部分已进行了详细的说明和分析，这里不再重复。正是在中国的支持下，1999 年 9 月苏丹成为石油出口国，到 2000 年前后苏丹建成了集生产、炼制、运输、销售于一体，包括上、中、下游的完整的石油产业链。2000 年苏丹的石油产量为每天 17.9 万桶，而到 2007 年则上升到每天 48.3 万桶的历史最高值。苏丹 2/3 的原油出口至中国，是中国第六大海外原油进口来源。

20 世纪 90 年代后期，安哥拉、赤道几内亚和苏丹等非洲新兴产油国的出现或石油生产能力的不断扩大，对国际石油市场产生了重要的影响。作为世界八大产油区之一的非洲，近年来由于深海勘探技术的运用和几内亚湾地区新油田的发现，石油储量不断增加，从 1997 年的 92 亿吨上升到 2000 年的 102.59 亿吨，占世界总储量的 7.3%。2001 年非洲新发现的石油储量达 80 亿桶，其中 70 亿桶在几内亚湾。与此同时，非洲石油产量、出口量较前 10 年也有了大幅度上升。到 2001 年年底非洲日均原油产量达到 870 万桶，占世界石油总产量的 11%；而西非地区的石油产量达 450 万桶以上，海上石油资源的巨大潜能将使西非石油产量超过北海，超过伊朗、委内瑞拉和墨西哥石油产量的总和。正是因为拥有如此丰富的石油资源和迅速扩大的生产能力，一方面，这些新兴产油国增加了国际石油市场的供给，使美国、中国等石油消费国有了更多的资源选择。美国有关官员就认为，非洲石油对于美国的利害关系正在上升，非洲的石油对美国具有国家战略利益。[89] 另一方面，虽然非洲的一些产油国是石油输出国组织成员国，一些新兴的产油国也陆续加入了石油输出国组织，但由于这些国家经济社会发展对油气生产、出口的高度依赖，它们也会像苏联地区石油生产国和其他生产国一样，无论是在供需平衡或供求过剩时，都会尽最大可能地生产石油，抢占市场份额。

3. 数量众多且市场化竞争力量极强的美国页岩油气生产商

我们在第 5 章第六小节和第 7 章第五小节，专题叙述和分析了从 20 世纪 90 年代开始的美国页岩油气革命。仅就页岩油来说，美国页岩油的大规模开采，是进入 21 世纪后的事，尤其是从 2009 年开始出现爆发式的增长。2008 年，美国石油产量下降到每天 678.5 万桶的历史最低点后，从此就开始由降转升，2009 年上升到每天 726.4 万桶，2012 年达到每天 888.3 万桶，2013 年每天超过 1 000 万桶达 1 005.9 万桶，2015 年更是上升到每天 1 270.4 万桶。2008—2015 年的 8 年间，美国的石油产量几乎翻了一番，年均增长近 11%。2012 年，世界石油产量约增加了 1 亿吨，其中美国的增产就达 4 920 万吨，占世界石油增加产量的 49.15%。这其中的主要贡献者就是美国的页岩油生产商。2010 年，美国页岩油的产量为每天 79 万桶，2011 年为每天 123 万桶，2012 年为每天 207 万桶，2013 年为每天 293 万桶，2014 年为每天 393 万桶，2015 年为每天 454 万桶，2016 年为每天 526 万桶。无论是什么统计口径，基本一致的看法是，2015 年美国页岩油的产量已占美国全部石油产量的 50% 以上。

因此，从页岩油生产的简要历程中，我们可以看出，随着其工业化大规模生产技术的日益成熟，从 2011 年开始，美国页岩油生产商对国际石油市场的供给能力不断增加，其占有的美国国内石油消费市场的份额不断增大，这也预示着其正不断侵蚀国际石油市场的份额，冲击石油输出国组织维持国际石油市场平衡的努力。

更为重要的是，美国页岩油气生产商约有 8 000 多家，这些数量众多的中小企业成本意识极强，而且这些年的技术进步也不断拉低了页岩油气的生产成本。图 11–3 说明了 2013—2016 年，美国主要页岩油生产商井口盈亏平衡价格的变化。从图中可以看出，2013—2016 年的 4 年间，由于技术进步和生产效率的提高，美国主要页岩油生产商井口的盈亏平衡价格从每桶 80 美元的均价急剧降至 30 多美元。据此，高盛公司在 2017 年 3 月发表的报告认为，页岩油生产率持续改善，推动了美国石油盈亏均衡点从 80 美元降至 50~55 美元，导致成本曲线延伸并变得平缓，在原油战争中大获全胜，并将令沙特阿拉伯从全球油价制定者的角色降级到仅仅只是一个库存管理者。[90] 因此，面对这些数量众多的美国页岩油气生产商进入国际石油市场，在资源有保障、技术进步仍有余地的情况下，只要国际石油市场供大于求，就一定会给石油输出国组织试图维持市场平衡的努力带来越来越大的挑战。

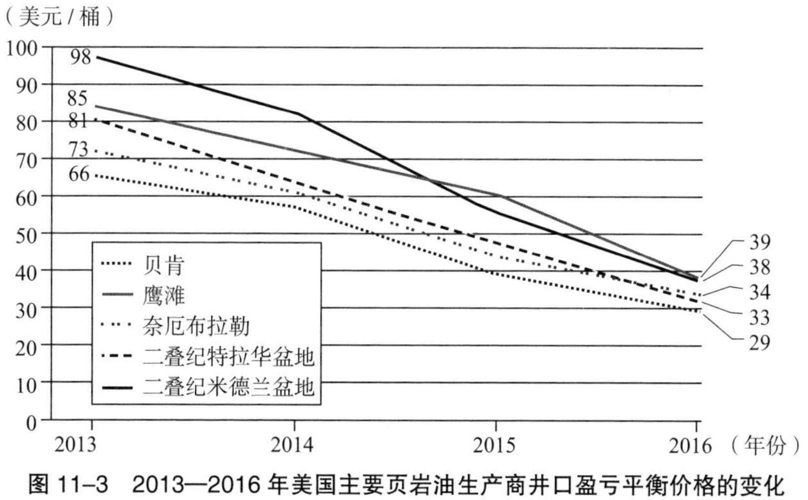

图 11–3　2013—2016 年美国主要页岩油生产商井口盈亏平衡价格的变化

资料来源：Rystad Energy. 转引自：一张图看懂：美国页岩油如何在“原油战争”中横扫 OPEC？华尔街见闻，2017 年 3 月 21 日 .

(八）期货投机者加剧了21世纪石油价格的大涨大跌

回顾2008年国际石油价格暴涨暴跌的历史时，人们都会拿这一年1月2日的国际石油价格是如何跨过每桶100美元这一历史性纪录来作为例子。我国的《国际金融报》在2014年2月10日发表了一篇专稿《2008年的石油有多黑》，较为全面地回顾了这一事件。据报道，2008年1月2日，新年后的第一个交易日，纽约商品交易所的场内交易员理查德·阿林斯用自己的钱先从另一名内部人员那里购进一份合约所允许的最小份额，即1 000桶原油，随后他又以每桶99.40美元的价格将这笔期货合同全部平仓。这样，理查德·阿林斯花了600美元，就成为历史上第一个为一桶原油付出了将近100美元的人。2008年1月2日中午12点10分左右，国际石油价格就这样轻松突破了三位数大关。[91]

我们在此引用这个历史事件想要说明的问题是，随着20世纪80年代后半期石油期货交易和期货市场的迅速发展，期货价格已经成为国际石油价格变化的基准。但是，这种交易方式和这个市场与历史上国际大石油公司的标价、石油输出国组织的官价和现货交易本质的区别在于，可以不进行实物交割。其中大量的非商业参与者参与这种交易和市场的唯一目的，就是通过买卖行为逐利。国际上任何与石油有关或无关的事件、新闻，大到战争、自然灾害和气候，小到某些传闻、谣言，都可能成为国际石油价格上涨或下跌的理由或导火索。

图11–4反映的是2004年全年美国纽约商品交易所原油期货期权净头寸与西得克萨斯中质原油油价走势之间的关系，它直观地说明了原油期货期权净头寸与西得克萨斯中质原油收市价之间的正相

关关系。选取这一年，是因为进入21世纪以后国际石油价格的持续上涨，就是从这一年开始起步的，所以具有标志性意义。更加有意义的是，在这一年里某些投机者的投机行为直接影响了油价的走势。美国著名的期货交易投机者布恩·皮肯斯2004年投入了50亿美元狂炒原油期货，其资金在2004年8月初国际原油价格处于每桶45美元时入市，这股新注入的力量使在原油期货市场高位持仓的对冲基金声势大增，8月中旬前后的15个交易日中，有14个交易日的原油期货价格刷新了最高纪录。而在8月下旬油价从每桶50美元下跌至42美元时，有2/3的对冲基金选择了平仓了结，退出市场。通过此轮操作，这些对冲基金的获益大约在10亿~20亿美元。但是，皮肯斯并没有完全退出原油市场，而是在油价跌到每桶42美元时投入更多资金提高多头仓位，在皮肯斯的影响下各类基金在9月中旬再度入场，并使2004年10月中旬的国际市场油价创出历史最高纪录。[92]

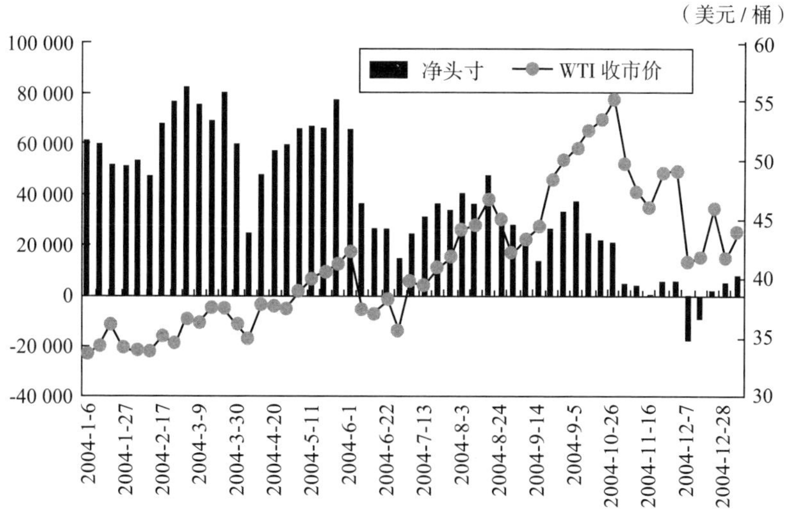

图11–4　2004年美国纽约商品交易所原油期货期权净头寸与WTI油价走势

图 11–4 说明的仅是 2004 年一年的数据。事实上，2004—2008 年，即进入 21 世纪后国际石油价格持续上涨期间，石油期货交易和国际石油价格的走势之间都存在这种正相关性，其中原油价格与以市场投机为目的的非商业持仓量、基金净多头头寸之间的相关系数达到了 0.89 和 0.81，具体参见图 11–5（A）和图 11–5（B）。据统计，自 2004 年以来，进入国际石油期货市场的基金数量由 4 000 多家增加到 8 500 家；其中，到 2008 年年中的时候，共有 595 个对冲基金在进行石油交易，比三年前增加逾 3 倍；对冲基金投入的金额达到了 2 000 亿美元，比 2007 年年初高出 60%。投机于石油期

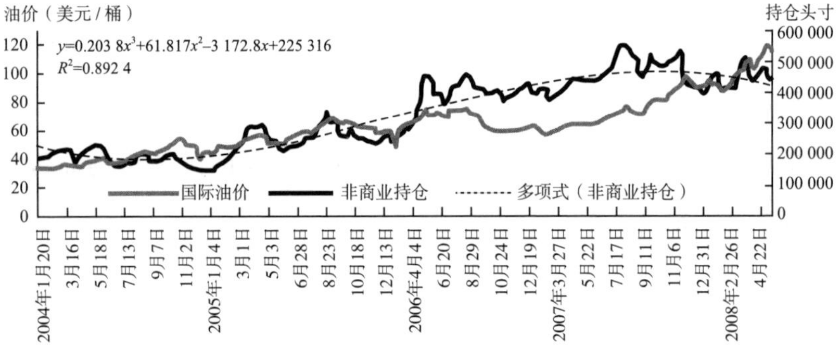

图 11–5（A） 非商业多头与国际油价关系

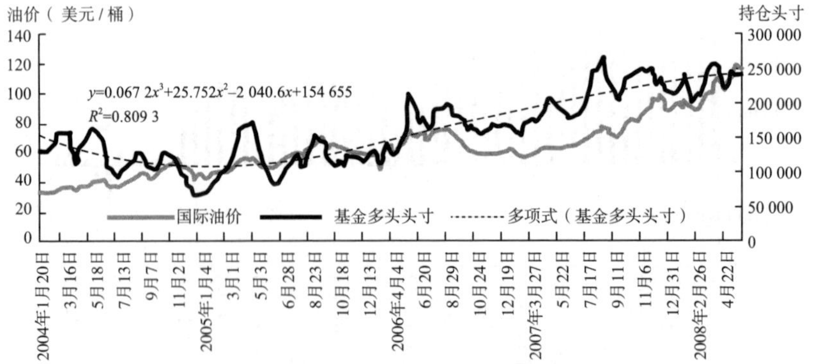

图 11–5（B） 基金多头持仓量与国际油价关系

资料来源：冯跃威. 次贷危机对国际资本流动和石油市场的影响. 国际石油经济，2008（5）.

货市场，给这些机构带来了高额回报。据雷曼兄弟的数据显示，自2000年以来，以石油为主的商品投资累计总回报达到172.86%。同期债券回报率为60.27%，股票回报率为–5.38%；而截至2008年5月20日，以石油为主的商品投资回报率达到27.97%，年率化回报率为72.44%。

正是从研究界到新闻界看到的这种期货交易和国际石油价格上涨之间的因果关系，加上部分投机者确实赚到了高额利润，因此，进入21世纪后，随着2004年开始的国际石油价格不断上涨，从石油输出国组织到石油消费国，甚至包括一些美国政府的官员，社会上普遍形成的共识是，投机性的期货交易导致或加剧了国际石油价格的大涨。[93] 2008年6月23日，美国众议院能源商务委员会的报告显示，2001年1月，纽约商品交易所原油期货交易合约中的37%为“投机交易者”所持有，但到2008年4月这一比例大幅攀升至71%。英国《经济学家》杂志也报道，2008年年中，进入国际原油期货交易市场的投机资金约为2 600亿美元，为2003年的20倍。在这一时期，沙特阿拉伯、卡塔尔、阿尔及利亚等产油国的官员和石油输出国组织秘书处在其官方声明中也都公开表示，投机炒作“是制造高油价的罪魁祸首”。[94] 更有专家和机构通过分析表示，2004—2008年，投机造成的国际石油价格“溢价”超过10美元，也有人认为投机“溢价”为15~20美元。[95] 2008年5月，美国参议院能源委员会主席杰夫·宾伽曼就公开致信美国商品期货交易委员会，认为其根据不完备的数据，低估了推动原油价格的投机因素，并要求其于2008年6月10日之前进行答复。正是在国际舆论的普遍压力下，2008年5月25日，美国商品期货交易委员会根据美国国会的要求，宣布对原油期货市场展开全面调查，以厘清国际油价是否被操纵，并要求英国金融服务管理局（FSA）展开合作，共同建立了一项跨境监管机制，加强对能源市场数据的报告力度。[96] 期货交易和期货市场的投机行为，也引起了国际组织的关注。2008 年 6 月 14 日，国际货币基金组织表示，虽然目前尚不清楚金融投机与国际油价暴涨之间的关系，但应八国集团财长会议要求，国际货币基金组织将与国际能源署合作，调查油价高涨背后可能存在的投机行为。[97]

当然，期货交易和期货市场的投机行为导致国际石油价格大涨或暴涨仅是硬币的一面，这也是我们日常关注的重点。但是，硬币的另一面是，一旦市场处于下行通道，期货交易和期货市场又会导致国际石油价格的大跌或暴跌，甚至会出现恐慌性抛售。2015 年 2 月 8 日，国际清算银行公布分析称，除了石油生产和消费变化产生的供需平衡变化，大宗商品期货市场的投机等因素也是油价暴跌的推手。[98] 法国兴业银行通过数据分析指出，2014 年 10 月国际石油价格开始大跌时，市场中有非常大量的行权价为每桶 90 美元的卖出期权，合约规模接近 5 000 万桶，随着油价跌破这些价位，投资者们被迫对冲这些头寸，进而加剧了跌势。[99]

四、市场参与结构变迁的内在原因

20 世纪 70 年代以来，国际石油价格之所以会产生三次大幅度向上波动、两次大幅度向下波动和一次短暂的暴跌，是由于在国际石油市场供需结构的变化使油价已处于上涨或下降之中的特定条件下，由于在“石油收入最大化”目标的驱使下，使用“价格最优化”的手段，各个特定时期国际石油市场参与结构发生了变化。反过来说就是，国际石油市场参与结构的变化，造成了自20世纪70年代以来国际石油价格的大幅波动。那么，为什么自20世纪70年代以来，国际石油市场的参与结构会发生如此大的变化呢？

从事物本身的发展规律来说，运动或者说变化是永恒的，静止或者说不变只是相对的。因而，从哲学的角度来说，20世纪70年代以来国际石油市场参与结构所发生的一切变化，都是事物本身的客观规律决定的，是不以任何人的主观意志为转移的。从这一点看，从20世纪80年代初开始，石油输出国组织多次试图通过减产保价来平衡已严重不稳定的市场，意图使国际石油价格保持在一定水平，都只会是短期的；同样的道理，任何其他的机构或组织，如试图通过一己之力，想要在国际石油市场上长期达到某种目的，也是不可能的。从全球来看，国际石油市场足够大，而且由于存在数量足够多的参与者，而这些参与者的行为不受任何组织或主权国家长期左右，因此国际石油市场是一个近乎完全竞争的市场。20世纪70年代以来国际石油市场和石油价格变化的历程，一次又一次地证明这一点。

20世纪70年代以来，国际石油市场参与结构发生的如此大的变化，是这一时期世界经济政治形势大背景变化的直接产物。

（一）美国石油公司大规模进入中东是国际霸权转移的结果

第二次世界大战后国际石油市场参与结构的第一个大变化，是从第二次世界大战后美国石油公司大规模进入中东开始的，也正是美国石油公司大规模进入中东，才导致了后来石油输出国组织能够各个击破，突破国际大石油公司对国际石油市场的垄断，取得对油价、石油资源和石油生产等的决定权，由此导致了20世纪70年代以来国际石油形势的大变动。

第二次世界大战后，美国石油公司之所以能够大规模进入中东石油生产国，其直接的背景就是第二次世界大战后美国取代英国成为世界上最强大的国家，成为资本主义世界的霸主。美国的垄断资本在政府的大力支持下进入世界各地，在美国国务院的压力下，英国同意美国各大石油公司染指中东石油。因而，国际石油市场参与结构第一次变化的原因，就是世界政治力量的变化。

（二）石油输出国组织登上历史舞台是世界大气候的产物

石油输出国组织登上国际石油市场，是国际石油市场参与结构的第二次大变化。国际石油市场参与结构的这一次变化，是当代世界石油业发生的最重要事件之一，正是这一变化才引发了 20 世纪 70 年代以来国际石油市场发生的一系列轰轰烈烈的大动荡。

石油输出国组织登上国际石油市场，并不是由这一组织几个创始人出于个人意志或一时兴起决定的，而是世界政治形势发生变化的直接产物。我们知道，20 世纪五六十年代，世界政治形势出现的一个重大变化，就是亚非拉民族解放运动的兴起，这些过去的西方帝国主义殖民地或附属国，纷纷起来摆脱宗主国的压迫或奴役取得政治上的独立，与此同时这些国家还试图打破过去宗主国对自己经济命脉的控制，从而取得完全的独立。正是在这种背景下，才出现了形形色色的主要由第三世界国家组成的政治或经济类型的国际组织，石油输出国组织就是其中最有代表性的一个。因而我们可以说，石油输出国组织的出现和发挥作用，是特定历史条件下的产物，这也就不难理解为什么 1974 年 4 月联合国大会第 6 届特别会议在阿尔及利亚的要求下，专门讨论原料和发展问题，会议讨论了近一个月，通过的决议是《建立新的国际经济秩序宣言》和《建立新的国际经济秩序行动纲领》。20世纪六七十年代的国际氛围，就是第三世界要起来“革”西方发达国家、富裕国家的“命”。石油输出组织于1980年5月发布的第一份长期战略报告书和提出的一系列有关国际石油价格决定办法的设想，也都是在这一特定的历史时期产生的。

（三）石油市场力量的多重化与国际力量多极化相一致

从20世纪80年代初开始，国际石油价格开始下跌和暴跌，其主要原因是国际石油市场供需结构和参与结构都发生了变化，在国际石油市场日益供大于求的大背景下，石油输出国组织越来越失去对国际石油价格的控制权，国际石油市场参与结构出现多重力量，这些力量不断壮大并最终形成几角并存之势，从而使国际石油市场失去控制者，国际石油价格失去控制并大幅度下跌。

20世纪80年代以来国际石油市场参与结构之所以会出现多重参与力量，如从世界政治形势总的趋势来看并非偶然，而是与这一时期的世界政治形势变化相吻合的。从世界政治形势看，自20世纪80年代初开始，国际社会在美苏两霸为主的大格局下，世界政治形势出现了多极化的现象，英国、德国、日本和以中国为主体的第三世界在国际上的影响力不断增强。从美苏两家霸主来说，在世界范围内的激烈争霸，导致它们在军事上花费了巨额的社会财富，同时还在国际社会四处伸手，这些都要求它们必须有较强大的经济实力作为基础，这一点在当时的苏联特别明显。由于本身经济社会发展对石油天然气工业形成高度依赖，加上国际上的争霸也需巨额资金作为支撑，苏联在20世纪60年代至80年代投入大量人力、物力资源发展油气工业。在 1975 年超越美国成为世界第一大石油生产国后，苏联成为非石油输出国组织产油国中石油生产能力最强、争抢国际石油市场份额最凶的国家。与此同时，在高油价的刺激下，北海地区的大量油气资源投入开发，英国、挪威也成了石油生产国和出口国，成为国际石油市场的重要参与力量。此外，像日本这样的国家，虽然本身能源资源贫乏，但将大量资源投入中东、中国和其他国家，去开发这些国家的油气资源，试图通过投资来一定程度上保证自己进口所需的油气资源供应。一些第三世界国家，也在高油价的刺激下，通过多种途径，大力开发自己的油气资源，这样从 20 世纪 80 年代初开始，非石油输出国组织产油国的力量不断壮大。

因此，正是在世界政治力量多重化的背景下，国际石油市场参与力量也日益多重化，尤其是国际石油市场上的供给方越来越多，这些新出现的供给方，在“石油收入最大化”目的的驱使下，使得国际石油价格从进入 20 世纪 80 年代后就开始下跌并最终演变成了暴跌。因而，我们可以说，20 世纪 80 年代国际石油市场参与力量的多极化，既是在世界经济政治力量多极化大背景下产生的，同时也是世界经济政治多极化的重要组成部分。

（四）21 世纪初的大变革造成了油价的暴涨暴跌

进入 21 世纪以来，我们完整地看到了国际石油价格上演了一个从暴涨到暴跌的周期，而且我们一再强调这一次的周期性变化是在和平环境下发生的，基本上没有突发事件的驱动。前面第 10 章的供需结构和本章的参与结构分析表明，21 世纪这一场国际石油价格的周期性变化，是在市场供需结构变化的前提下，由市场参与结构的变化所导致和加速的，其代表性的事件就是以中国、印度为主体的新兴石油消费、进口国的出现和大量非石油输出国组织产油国力量的不断壮大。

国际社会普遍公认的是，自20世纪70年代后期以来30多年里中国经济的高速增长，加上进入21世纪后印度经济的崛起，是人类社会发展史中的重大事件之一，它不仅给两国的20多亿人民带来了福祉，还深刻地改变了世界经济政治格局。从20世纪70年代后半期以来所发生的世界经济政治格局变化中的中国、印度崛起，同时也深刻地表现和落脚在世界能源、石油供需的变化中，这30多年的时间里，业内所讨论的世界石油消费重心的东移，就是其变化的具体表现。在本章前面的分析中，我们已经用具体的数据和例证，论证了中国、印度作为国际石油市场新兴的参与者与进入21世纪后国际石油价格不断上涨和暴涨的关系。也就是说，这一轮国际石油价格的大幅度向上波动的主要原因，是这一时期的世界经济政治形势变化。

进入21世纪后，国际石油市场还出现了另一个方向的大量新兴参与者，与中国、印度等国不同的是，这些新兴参与者是国际石油市场的供给方，包括从环里海的苏联地区国家、非洲几内亚湾的赤道几内亚到数量众多的美国页岩油气生产商等，正是这些新兴的、作为供给方的石油生产国或生产商的力量不断强大，最终导致了2014年下半年国际石油价格暴跌和持续的低油价。从世界政治的角度，我们能够非常好地理解，环里海的苏联地区油气生产国的出现，是1991年年底苏联解体的产物，没有苏联的解体，国际石油市场就不会出现这些重量级的油气供给国，中国等世界石油消费国也不会有更多油气资源供给的选择。同样，非洲、拉丁美洲等新兴产油国的出现和力量的不断强大，是20世纪80年代以来世界经济政治力量多极化的延续，使得这些国家内部有驱动、外部有环境去发展自己的油气产业。美国页岩油气革命的成功，更是美国经济政策自由化的直接产物，正是其具有的世界其他国家所不具备的高度市场化、自由化的经济政策，催生它们成为国际石油市场重要的供给方，并使其具有极强的市场生存和竞争能力。

（五）管制政策的放松加剧了国际石油价格的大涨大跌

本章的第三节第八小点，我们用了具体的实例和数据来分析和证明期货交易、期货市场是如何加剧国际石油价格的大涨大跌的。石油期货交易、期货市场的出现，反映了石油行业发展的内在需求，但其在20世纪80年代后期规模的不断扩大和影响力的不断增强，与特定历史阶段中全球范围和特定国家经济管制政策的放松直接相关。

专家和研究者几乎一致的结论是，“2000年对原油期货市场实施的放松管制政策纵容了能源交易商哄抬原油价格”。[100] 1981年1月，美国总统里根上台后几天，就取消了政府对小炼厂进行补贴的政策，不再对汽油、煤油的价格进行调控。这被认为是打开了石油期货交易的闸门，仅仅在8个月后美国纽约商品交易所就于1981年10月引入了汽油期货交易。1993年1月21日，美国商品期货贸易委员会通过法令，批准关键的能源期货合同免受政府监管。2000年12月12日，美国总统克林顿签署的《拨款法案汇编》使《商品期货交易现代化法》成为法律，这一法案不仅将包括易货合同和场外交易等在内的能源期货方式置于联邦监管之外，而且允许能源交易商成立自己的交易所并在其中进行上述合同的交易，同时无须受到政府的监管。正是随着美国政府管制政策的日益放松，能源、石油期货交易在美国、英国得到了迅速的发展，石油期货价格成了国际石油价格的代名词。2008 年上半年，随着国际石油价格的不断暴涨，国际社会要求调查期货交易的呼声日益高涨，就在这一年的 5 月 25 日，美国商品期货交易委员会在宣布对原油期货市场展开全面调查的同时，做的另外一件事就是立即强化了对能源期货交易的监管，具体措施包括：加强原油期货交易的国际监管信息共享，加强美国能源交易的透明性，继续在全国范围对原油进行调查，并要求英国洲际交易所、英国金融服务管理局展开合作，共同建立了一项跨境监管机制，加强对能源市场数据的报告力度。[101] 就在同时期，八国集团财长会议也发表共同声明，要求国际货币基金组织和国际能源署对油价飞涨的真实动因进行调查，八国集团应遏制期货市场中的投机活动，让投机者为玩弄大宗商品市场付出代价。[102] 因此，这些史实和相关国家政府、国际社会所采取的行动说明，能源、石油期货交易影响力的日益扩大和日益重要，源于政府监管政策的放松，而改变这一趋势的做法只能是单一国家政府和国际社会共同对期货交易加强监管。

第12章

交易方式结构引导了国际石油价格的波动

导　语

20世纪70年代以来国际石油价格两次大的轮回，其第三层次的具体表现，即我们所见到的国际石油价格的波动轨迹。第三层次的这一表现也可细化为我们看到的每桶147.27美元的历史高油价和每桶不到10美元的历史低油价。在前面两章中，我们用大量的数据、资料和历史事实，分析和说明了20世纪70年代以来国际石油价格为什么会上涨下跌和为什么会大涨大跌，但是还不能较圆满地解释和回答20世纪70年代以来国际石油价格为什么会出现我们所见到的运动轨迹。在更加翔实的数据基础上，本章使用统计学的方法，分析和论证国际石油市场现货价格与石油输出国组织的官价、参考价、石油期货价格之间存在极高的相关性关系。由此，我们通过分析证明，正是国际石油市场交易方式的变化，导致了我们所见到的20世纪70年代以来国际石油价格的运动轨迹，即交易方式结构引导了国际石油价格的波动。正如壳牌公司的创始人马库斯·塞缪尔所言："一件商品的价格就是它可能卖到的金额！"

一、国际石油贸易和国际石油价格体系

石油天然气行业是全球最传统的同时也是最大的生产性产业，拥有完整的产业链条。多年来，世界500强企业的前10名中，有一半以上是石油公司。除产油国的国家石油公司外，很多国际大石油公司都富可敌国，在世界经济政治领域具有非常大的影响力。全球石油贸易的规模，应该也是世界单一商品贸易中最大的。以2016年为例，不包括转手贸易，全球直接石油贸易量超过30亿吨，贸易额超过10 000亿美元，同时其复杂性在实物商品贸易中也是独一无二的。

（一）国际石油贸易分类

国际石油贸易包括实货贸易和纸货交易两大部分。实货贸易分为原油和成品油两大类，在实货贸易中通常有三种交易方式：长期供油合约、现货合同和中远期合约。纸货交易有场内交易，即在期货交易所内买卖石油期货标准合约和期权，还有场外交易，主要是远期交易、期权交易、掉期交易等。国际石油贸易分类如图12–1所示。

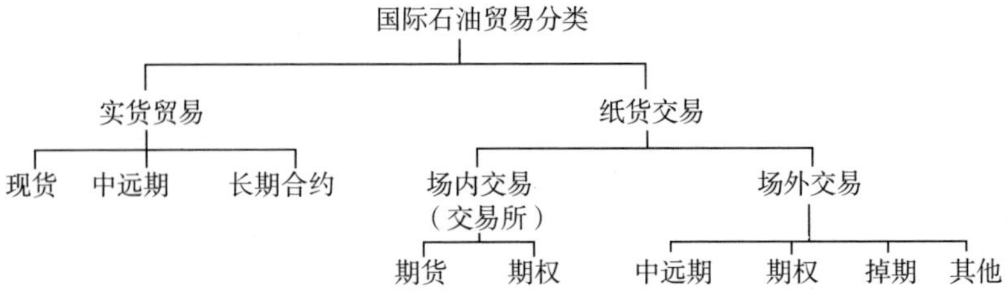

图 12–1　国际石油贸易分类图示

1.石油实货贸易

从大类上来说，石油实货贸易可以简单地分为原油实货贸易和成品油实货贸易两大类。

原油实货贸易的交易形式主要分为现货交易、中远期实货交易及长期供油合约交易三种形式。其中长期供油合约是原油实货贸易的一种最主要的形式，大部分炼油厂和产油商都愿意签订一定数量的长期供油合约，以确保原油的供应与销售。某些油种如沙特阿拉伯原油，一般都是通过其国家石油公司与用户签订年度长约进行销售，合约中规定交货的目的港，用户不得转售。除了上述主流贸易方式外，还有易货贸易、加工贸易、预融资和组合贸易等贸易形式。

成品油贸易与原油贸易相比国际化程度较低，因地区不同，商品质量、规格和计量标准也不相同，跨区套利反而比原油更活跃；成品油单笔交易量比原油要小，但参与交易者比较多；其价格比原油更加敏感，多随微观市场的变化而波动；较多地以到岸价格（CIF）方式成交。成品油主要包括石脑油、汽油、煤油、柴油、燃料油，主要市场和其品种分布为：西北欧市场，主要交易品种为柴油、高硫燃料油、汽油、石脑油、航空煤油和低硫燃料油；美国东海岸市场，主要交易品种为汽油、柴油、低硫燃料油；远东地区，主要交易品种是煤油、柴油、石脑油、高硫燃料油。

石油实货贸易中，无论是原油还是成品油，现货交易都是主要的贸易方式之一。正如我们在本书第5章中谈到的，在过去的50多年时间里，国际石油市场发生的最大变化之一是现货市场逐渐占主导地位，所有固定期合同价格都直接或间接地与现货原油市场上的报价挂钩，通常的定价公式与特定的现货原油报价直接相关。现货贸易约占原油实物交易的1/3。除了起到控制国际原油定价的作用以外，现货市场对石油公司的股价和投资计划等各个方面也产生了 重要影响。石油公司根据当前现货市场的状况，以及开采和开发成本的变化情况决定加速或放慢当年的开支计划，现货价格被作为预测公司未来现金流的标准。20世纪60年代和70年代初，在大石油公司联合体制下的固定期合同交易量远远大于现货市场，但是20世纪两次石油危机之后，现货市场逐渐成为国际石油市场的主角。

2. 石油纸货交易

相对于实货贸易而言，石油期货交易又称为石油纸货交易。从交易目的看，纸货交易可用于投机炒作和为实货交易保值。避险基金和商品基金在交易所中的交易最为活跃，如美国纽约商品交易所的原油期货交易量约1/3来自这些金融交易商。由于纸货交易操作简单方便，在实际交易中，国际石油纸货交易数量远大于实货贸易量，据不完全统计，全球国际石油金融衍生物交易产生的名义交易量是实货国际贸易量的三倍以上，如美国纽约商品交易所西得克萨斯中质原油期货合同的交易量每天超过两亿桶。国际市场流通的实物原油，95%以上采用联动作价（或称浮动价、活价），一般至少在成交一个月之后才能获知固定成本，因此，需要提前控制固定成本的用户必须进入另外一个以实物市场为基础的纸货市场，来确保期望定价（预期成本）的实现。纸货市场的主要特征是固定价。

根据石油纸货交易场所的不同，纸货交易可分为场内交易和场外交易两种。场内交易是在期货交易所内集中进行石油标准合约的买卖，场外交易是指买卖双方在期货交易所之外进行的石油纸货交易。

交易所期货交易。期货是交易所规定的标准合同，期货市场是市场经济发展到一定阶段的产物，其交易方式是从初级到高级，从简单到复杂长期演进的结果，期货市场发展到比较高级的程度，出现了期权交易市场。期货交易的操作方式是在交易所内通过公开竞价，买卖标准期货合约，在标准合约到期前再做与其等量反向的买卖，以实现投机获利或完成保值（锁价）交易。期货交易有以下两个特点。一是期货交易只能在交易所内进行，具有高度规范性。它有固定的交易程序，严格的交易规则，交易标的是标准化的期货合约，价格是唯一的可变因素。所有期货交易所每天都要对交易的各个品种计算出结算价，如出现“浮动亏损”，则参与交易的玩家必须补足交易保证金，以确保交易的正常履行。全球广泛参与的石油期货交易所有三个，它们分别是：纽约商品交易所，主要交易品种是西得克萨斯中质原油、汽油、取暖油；伦敦洲际交易所，主要交易品种是北海布伦特原油、柴油；新加坡国际金融交易所，主要交易品种是中东迪拜原油。二是期货交易具有投机获利和套期保值的双重作用。由于交易所石油期货合约的交割期较长，进入交割可以是买卖合约后的 1~18 个月甚至更长时间，可能经历因突发事件而带来的多次剧烈价格波动，因而交易商可选择时机逢高卖空，通过现金结算或现金交割实现赢利。石油期货吸引了大批的小额投资者、银行、各大石油公司以及国际金融机构的积极参与。根据交易所的规定，只有交易所的正式会员才能进入交易所大厅进行交易买卖，这些会员也可充当期货经纪人代理非会员买卖期货，从而收取一定的佣金。交易达成后，双方均需按一定的比例缴纳“交易履约保证金”。由于期货市场的价格变动可以反映现货市场的价格走势，因此期货交易商在期货交易过程中也会密切关注石油工业的发展和实货市场的动向。

场外交易。凡是在期货交易所外，买卖双方以行业公认的约定方式进行的纸货交易统称为场外交易，场外交易主要有远期交易、掉期交易等。（1）远期交易。原油远期交易现在比较通行的是布伦特–福蒂斯–奥斯博格远期合约（BFO），该合约是在原15天布伦特远期合约的基础上演变而来的。2002年年底，英国石油公司和壳牌两大巨头分别推出了各自的BFO交易，以取代15天布伦特远期合约交易。这一交易的本质是实货贸易，但玩家之间可以选择纸面结算，避免实货交提。（2）掉期交易。分为绝对值掉期和价差掉期两种。交易双方可以选择不同的固定值，或不同的计价基准对未来某一时段的油价进行交易，到期时比照预先设定的标的与已实现的油价计算差额，双方以现金结算。掉期实际是一种换价交易，可以实现浮动价和固定价之间的相互转换，进而达到保值的目的。交易双方可以直接成交，也可通过经纪人在中间撮合成交。（3）其他交易。在场外交易中还有场外期权交易，原油还有CFD、EFP、EFS等交易形式。随着业务的发展，新的交易形式将会不断出现。

除上述有关贸易方式外，期货贸易中还存在期货期权交易，期货期权在场内和场外均可进行交易。所谓期权是一种选择权，是以特定的价格买入或卖出约定数量的某个期货合约的选择权。

（二）国际石油市场价格体系

从20世纪60年代后期以来，随着国际石油市场参与结构的转变，国际石油市场存在过以下几种价格体系。

1.石油输出国组织的官方价格

20世纪60年代，石油输出国组织为了与西方跨国石油公司降低“标价”的行为做斗争，在60年代后期特别是70年代初以后，在历次部长级会议上都公布标准原油价格，这种标准原油价格是以沙特阿拉伯API度为34的轻油为基准，而公布的价格就是当时统一的官价。到20世纪80年代后期，由于非石油输出国组织产油国石油产量不断增长，加之在80年代“减产保价”期间监督的复杂性，石油输出国组织看到，仅维持沙特阿拉伯API 34度原油一种原油的官价已不能很好地反映市场的复杂性和变化情况。1986年11月，石油输出国组织油价委员会建议将一直以来的单一油种官价制度改为其成员国生产的6种原油和墨西哥依斯莫斯轻油的平均价格（7种原油一揽子算术平均值），作为该组织成员国各自的原油价格。7种原油的平均价即为参考价，其成员国所生产的原油价格根据不同的质量和运费再进行调整，1987年1月1日起正式实施。在2005年6月15日的第136次特别会议上，石油输出国组织批准了新的一揽子参考价格的原油构成，从同年的6月16日开始生效，新的一揽子原油参考价格将过去的7种原油增加到11种原油，这11种原油全部是由石油输出国组织成员国生产的，原油的API度由之前的34.6下降到32.7，含硫量由过去的1.44%提升到1.77%。随着安哥拉成为石油输出国组织成员国，2007年8月，石油输出国组织将一揽子参考价格的原油构成由11种增加到12种，增加了安哥拉的吉拉索尔中质原油。

目前，石油输出国组织一揽子原油价格，由 14 种原油组成。

2. 非石油输出国组织的官方价格

这是非石油输出国组织产油国自己制定的油价体系，它一般参照石油输出国组织的石油价格体系，结合本国的实际情况而上下浮动。

3. 现货市场价格

世界上较大的石油现货市场有美国的纽约、英国的伦敦、荷兰的鹿特丹和亚洲的新加坡。20 世纪 70 年代以前，这些市场仅仅是各大石油公司相互调剂余缺和交换油品的手段，石油现货交易量只占世界总石油贸易量的 5% 以下，现货价格一般只反映长期合同超产的销售价格。因此，这个阶段的石油现货市场称为剩余市场。1973 年第一次石油危机后，随着现货交易量及其在世界石油市场中所占比例逐渐增加，石油现货市场由单纯的剩余市场演变为反映原油的生产、炼制成本、利润的边际市场，现货价格也逐渐成为石油公司、石油消费国政府制定石油政策的重要依据。为了摆脱刻板的定价束缚，一些长期贸易合同开始与现货市场价格挂起钩来。这种长期合同与现货市场价格挂钩的做法，一般采用两种挂钩方式：一种是按周、月或季度通过谈判商定价格，另一种是通过计算现货价格平均数（按周、双周、月）来确定合同油价。石油现货市场有两种价格：一种是实际现货交易价格，另一种是一些机构通过对市场的研究和跟踪对一些市场价格水平所做的估价。

4. 期货交易价格

买卖双方通过在石油期货市场上的公开竞价，对未来时间的“石油标准合约”在价格、数量和交货地点上优先取得认同而成交的油价为石油期货价。期货市场为方便交易者或扩大流量，有时也按规则出台“结算价”。石油期货的结算价，一般都是相对一段时间内的加权平均价。在研究问题时，也常把“结算价”当成该时段的石油期货价格。

从多年来的国际石油市场实际情况看，期货市场已经在某种程度上发挥了价格发现功能，期货价格已成为国际原油价格变化的预先指标。石油期货交易所的公开竞价交易方式，形成了市场对未来供需关系的信号，交易所向世界各地实时公布交易行情，石油贸易商可以随时得到价格资料，这些因素都促使石油期货价格成为石油市场的基准价。据普氏、阿格斯等世界权威石油价格指数管理机构介绍，在确定原油和油品价格水平时，石油期货交易所前一交易日的结算价占有十分重要的地位。

5. 以货易货价格

石油输出国组织成员国在出口其生产的原油时，必须遵守成员国之间共同商定的官方价格，但由于各国国情不同，有些成员国急需资金补充物资，需要多开采石油，但是又要遵守石油输出国组织的产量配额。为了解决这个矛盾，有些国家就采用以货易货的方式交换其想要的物资。通过这种方式进行交易时，采用的原油价格虽然是按照石油输出国组织的官方价格计算，但由于所换物资的价格高于一般市场价，所以实际上以货易货的油价往往低于官方价格。这是在市场疲软情况下一种更加隐蔽的价格折扣方法和交易手段。

以货易货最基本的形式是用石油换取规定的货物或服务，此外还有以油抵债、以油换油、回购交易等多种形式。回购交易是卖方将销售石油所得收入的一部分用来购买进口石油的国家的货物。这种交易较为灵活，石油出口国可以从石油进口国所提供的多种货物和服务项目中进行选择，挑选其愿意接受的货物或服务，作为销售石油的全部或部分收入。

6. 净回值价格

净回值价格，又称为倒算净价格，一般来说净回值是以消费市场上成品油的现货价乘以各自的收率为基数，扣除运费、炼油厂的加工费及炼油商的利润后，计算出的原油离岸价。这种定价体系实际上是把价格下降的风险全部转移到原油销售一边，从而保证了炼油商的利益，因而适用于原油市场相对过剩的情况。1985 年沙特阿拉伯在当时原油市场供过于求的情况下，就是采用这种油价体系争夺失去的市场份额。

7. 价格指数

信息已成为一种战略资源，许多著名的资讯机构利用自己的信息优势，即时采集世界各地石油成交价格，从而形成对于某种油品的权威报价。目前广泛采用的报价系统和价格指数有普氏报价（Platt’s）、阿格斯报价（Petroleum Argus）、路透社报价（Reuters Energy）、美联社（Telerate）、亚洲石油价格指数（APPI）、印度尼西亚原油价格指数（ICP）、远东石油价格指数（FEOP）、瑞姆（RIM）等。原油现货市场的报价大多采用离岸价（FOB），有些油种则采用到岸价。

（三）国际石油市场的作价机制

国际石油市场的作价机制分为原油作价机制和成品油作价机制两类，考虑到本书主要讨论的是国际原油市场的价格问题，在此重点分析国际石油市场的原油作价机制。

1. 计价公式

随着世界原油市场的发展和演变，现在许多原油长期贸易合同均采用公式计算法，即选用一种或几种参照原油的价格作为基准，再加升贴水，也称“浮动价”，而不采用固定价，计价公式表示为：

基准油价 ± 贴水 = 原油价格（FOB）

有些油种则采用如下计价公式：

官价 ± 贴水 = 原油价格（FOB）

其中参照价格并非是某种原油在某个具体时间的具体成交价，而是与成交前后一段时间的现货价格、期货价格或某报价机构的报价相联系而计算出来的价格。有些原油使用某个报价体系中对该种原油的报价，经公式处理后作为基准价；有些原油则由于没有报价等原因要挂靠其他原油的报价。石油定价参照的油种叫基准油。不同贸易地区所选的基准油不同。在原油国际贸易中通用的基准油有以下几种。

（1）带装船日期的布伦特原油（Dated Brent）。欧洲原油、西北非原油的作价一般以此作为基准油。

（2）美国西得克萨斯中质原油（WTI）。美国、南美各国以及运往美国的大多数原油均以此作为基准油。

（3）迪拜原油（Dubai）和阿曼原油（Oman）。中东运往亚洲地区的原油一般以两者的平均价作为基准油价。

（4）塔皮斯原油（Tapis）。印度尼西亚、马来西亚以及其他远东地区生产的原油经常以此作为基准油。

（5）米纳斯原油（Minas）。印度尼西亚、越南等部分亚洲地区生产的原油也常以此作为基准油。

2. 计价期

计价期一般以装船提单日为基础计算，通常做法有如下几种：

提单日前 5 天，常用于部分西非原油；

提单日后 5 天，常用于西非、北海原油；

提单日所在月全月，常用于大部分中东原油、远东原油；

提单日所在周及前后各一周，共三周，常用于越南和澳洲原油。

3. 贴水

在交易中要决定一种原油比较基准原油是加贴水还是减贴水以及贴水幅度，需要考虑许多因素，主要包括该油种与基准油的品质差别、加工收益、市场流动性以及交易计价期的不同。由于各种政治经济因素的综合作用，不同时刻、不同用户和不同计价期的同种原油交易贴水值的差别很大。

4. 世界几个主要地区的原油定价

（1）欧洲原油

在欧洲，北海布伦特油市场发展比较早而且比较完善，布伦特原油既有现货市场，又有期货市场。该地区市场发育比较成熟，英国北海轻质原油布伦特已经成为该地区原油交易和向该地区出口原油的基准油，即交易原油基本上都参照布伦特原油定价。主要包括的地区有：西北欧、北海、地中海、非洲以及部分中东国家，如也门等。其主要交易方式为伦敦洲际交易所交易，价格每时每刻都在变化，成交非常活跃；此外，其他衍生品在场外交易。

布伦特原油现货价格可分为两种：即期布伦特现货价（Dated Brent）和远期布伦特现货价（15–day Brent）。前者为指定时间范围内指定船货的价格；后者为指定交货月份，但具体交易时间未确定的船货价格，其具体交易时间需卖方至少提前 15 天通知买方。

（2）北美原油

与欧洲原油市场一样，美国和加拿大原油市场也已比较成熟。其主要交易方式为纽约商品交易所交易，价格每时每刻都在变化，成交非常活跃；此外，还有场外交易。在该地区交易或向该地区出口的部分原油定价主要参照美国西得克萨斯中级原油，如厄瓜多尔出口美国东部和墨西哥湾的原油、沙特阿拉伯向美国出口的阿拉伯轻油、阿拉伯中油、阿拉伯重油和贝里超轻油等。

（3）中东原油

中东地区原油主要出口北美、西欧和远东地区，其定价中参照的基准原油一般取决于其原油的出口市场。中东产油国出口油定价方式分为两类：一类是与其基准油挂钩；另一类是出口国自己公布价格指数，石油界称为“官方销售价格指数”（简称“官价”，OSP）。阿曼石油矿产部公布的原油价格指数为MPM，卡塔尔国家石油公司公布的价格指数为QGPC（包括卡塔尔陆上和海上原油价格），阿布扎比国家石油公司公布的为ADNOC价格指数（包括上查昆油、下查昆油、穆尔班油、乌姆合夫油），这些价格指数每月公布一次，均为追溯性价格。QGPC和ADNOC价格指数基本参考MPM指数来确定。官价指数是在1986年石油输出国组织放弃固定价格之后才出现的，目前亚洲市场的许多石油现货交易与OSP价格挂钩。从OSP的定价机制可以看出，以上三种价格指数受所在国政府的影响较大，包括政府对市场趋势的判断和采取的相应对策。

参照基准油定价的中东国家也区分不同市场。一般来说，出口北美地区的原油参照美国西得克萨斯中质原油定价；出口欧洲的原油参照北海布伦特原油定价；出口远东地区的原油则参照阿曼和迪拜原油的价格定价。除此之外，也有一些国家在所有市场选择采用同一种参照原油，但对不同市场选用不同的升贴水。科威特出口上述三种市场的原油，其参照定价原油都为阿拉伯中质原油，但对阿拉伯中质原油的升贴水有所不同。

（4）亚太原油

在亚洲地区除普氏、阿格斯石油报价外，亚洲石油价格指数（APPI）、印度尼西亚原油价格指数（ICP）、OSP指数以及近两年才发展起来的远东石油价格指数（FEOP）对各国原油定价也有着重要的影响。原油长期销售合同中定价方法主要分为两种：一种以印度尼西亚某种原油的印度尼西亚原油价格指数或亚洲石油价格指数为基础，加上或减去调整价；另一种以马来西亚塔皮斯原油的亚洲石油价格指数为基础，加上或减去调整价。如越南的白虎油，其计价公式为印度尼西亚米纳斯原油和亚洲原油价格指数加上或减去调整价。澳大利亚和巴布亚新几内亚出口原油，其计价公式以马来西亚塔皮斯原油的亚洲石油价格指数为基础。我国大庆出口原油的计价，则以印度尼西亚米纳斯原油和辛塔原油的印度尼西亚原油价格指数及亚洲石油价格指数的平均值为基础。中国海洋石油总公司的出口原油既参考亚洲石油价格指数，也参考OSP价格指数。

应该注意的是，原油价格构成和水平与交货方式相关。按照国际惯例，如按离岸价交货，则由买方负担交割点之后的运费和其他相关费用；如按到岸价交货，则由卖方支付到达指定交割点之前的运费及其他相关费用。在贸易双方确定原油定价公式时，交货方式是主要考虑因素。

5.国际石油市场成品油的作价体系简述

国际石油市场成品油的计价因品种不同，价格差异很大，计价方式因地区不同而有所区别，但多以计价公式为主的“浮动价”方式达成交易。计价单位视地区可为吨、桶、加仑或公升，计价基准常采用双方约定的资讯服务商的市场报价，如普氏、阿格斯、瑞姆等公司的报价。成品油的计价期多以装船提单日当日和前后各两天，共 5 天报价的平均值作为计价基准，也有部分交易采取双方商定的特殊计价方法。成品油交易比原油更活跃，方式也更灵活。相对来说，国际成品油市场的发展历史较原油市场短，作价方式的国际化程度相对较低。目前国际上主要有三大成品油市场：欧洲的荷兰鹿特丹、美国的纽约以及亚洲的新加坡市场。各地区的成品油国际贸易主要以该地区的市场价格为基准作价。此外，日本东京市场对远东市场的贸易也有一定的参考意义。新加坡成品油市场有专门的权威报价机构普氏，每天公布一次报价，节假日除外。随着新加坡成品油现货和期货市场交易日益活跃，远东地区基本上所有国家成品油定价都主要参考新加坡成品油市场的价格。

二、现货价格和期货价格在石油价格波动中的决定性作用

自 20 世纪 70 年代初以来，国际石油价格作价方式的变化有两个突出的特点。一是石油输出国组织公布的价格，这一价格形式又可以分为三个阶段，第一阶段是 1975 年 10 月—1987 年年初，在此期间，石油输出国组织的每次部长级会议上都公布标准原油价格，即以沙特阿拉伯 34 度轻油的价格为该组织统一的官价；第二阶段是从 1987 年 1 月 1 日开始，石油输出国组织放弃了该组织统一的价格，而改为“参考价”，即以世界上 7 种原油的平均价格决定该组织成员国自己的原油价格；第三阶段是从 2005 年 6 月 16 日开始生效的 11 种原油一揽子参考价和从 2007 年 8 月开始生效的 12 种

原油一揽子参考价。石油输出国组织的官价和一揽子参考价，虽然不能百分之百地反映某一时期的国际石油市场油价的全部情况，但它们仍是国际石油市场油价变化的主要参考指标。二是从 20 世纪 80 年代中期以来日益重要的石油期货价格。下面，我们将分阶段分析不同时期的石油输出国组织官价和参考价的决定依据，以求解释 20 世纪 70 年代以来国际石油价格为什么会发生我们所见到的运动轨迹。

（一）石油输出国组织官价的参照物就是现货价格

在 20 世纪 80 年代中期之前，国际石油市场上的主要价格表现形式如图 12–2 所示，这一时期主要有官价和现货价格两种形式。

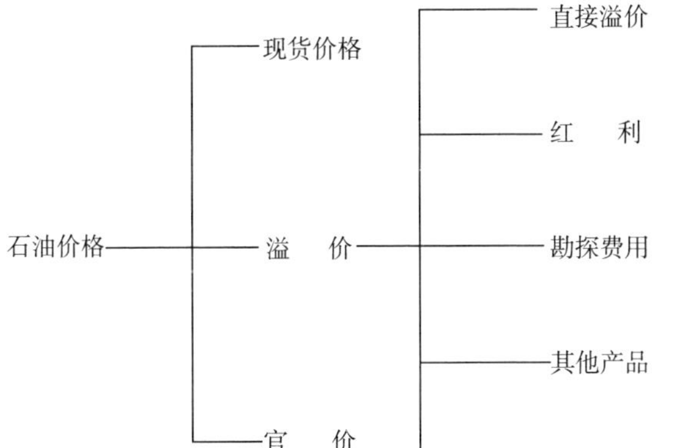

图 12–2　国际石油市场石油价格结构

资料来源：Deese David A., Nye Joseph S. *Energy and Security*. Ballinger Publishing Co., 1981: 30.

表 12–1 所示为石油输出国组织 1973—1985 年两种原油官价（事实上，石油输出国组织是从 1975 年 10 月才开始实行官价制的）和现货价格的变化情况。自 20 世纪 70 年代以来，因为石油输出国组织在国际石油市场上的作用日益增加，所以该组织的官价也就基

本上成了世界石油价格的动向，除石油输出国组织外，很多非石油输出国组织产油国也会将这一价格作为基准，销售自己所生产的石油。因而，我们可以说表 12–1 所表示的，就是 1973—1985 年国际石油价格的走向。

表 12–1　1973—1985 年石油输出国组织油价

（美元/桶）

日期	34 度中东轻油			37 度/44 度非洲轻油		
	官价	现货价格	官价/现货价格	官价	现货价格	官价/现货价格
1973 年第 1 季度	2.10	2.08	+0.02	3.10	3.05	+0.05
第 2 季度	2.25	2.35	–0.10	3.30	3.75	–0.45
第 3 季度	2.55	2.70	–0.15	3.85	4.50	–0.65
第 4 季度	3.65	4.10	–0.35	5.90	7.00	–1.1
1974 年第 1 季度	8.65	13.00	–4.35	10.75	15.00	–4.25
第 2 季度	9.60	10.60	–1.00	11.55	13.00	–1.45
第 3 季度	9.60	10.00	–0.40	11.55	11.50	+0.05
第 4 季度	10.40	10.30	+0.10	11.75	11.70	+0.05
1975 年第 1 季度	10.46	10.42	+0.04	11.80	11.50	+0.30
第 2 季度	10.46	10.42	+0.04	11.80	11.40	+0.40
第 3 季度	10.46	10.43	+0.03	11.43	11.50	–0.07
第 4 季度	10.46	10.46	0.00	11.43	11.60	–0.17
1976 年第 1 季度	11.51	11.51	0.00	12.84	12.90	–0.06
第 2 季度	11.51	11.51	0.00	12.84	12.95	–0.15
第 3 季度	11.51	10.60	+0.91	13.10	13.15	–0.05
第 4 季度	11.51	10.90	+0.61	13.10	13.55	–0.46
1977 年第 1 季度	12.09	12.50	–0.41	14.33	14.45	–0.12
第 2 季度	12.09	12.45	–0.36	14.33	14.45	–0.12
第 3 季度	12.70	12.63	+0.07	14.63	14.28	+0.34
第 4 季度	12.70	12.68	+0.02	14.63	14.05	+0.48
1978 年第 1 季度	12.70	12.66	+0.04	14.33	14.00	+0.33
第 2 季度	12.70	12.70	0.00	14.33	13.89	+0.44

（续表）

日期	34 度中东轻油			37 度/44 度非洲轻油		
	官价	现货价格	官价/现货价格	官价	现货价格	官价/现货价格
第 3 季度	12.70	12.79	–0.09	13.87	13.89	–0.11
第 4 季度	12.70	13.50	–0.80	13.87	15.00	–2.13
1979 年 1 月	13.34	15.95	–2.61	14.77	18.95	–2.13
2 月	12.48	19.05	–6.02	14.87	22.00	–4.18
3 月	13.63	20.80	–7.17	15.24	23.25	–8.01
4 月	15.17	21.20	–6.03	18.42	23.65	–5.23
5 月	15.32	34.25	–18.93	19.54	32.75	–13.21
6 月	18.33	32.85	–14.52	21.07	36.50	–15.43
7 月	18.89	32.00	–13.11	23.41	35.00	–11.59
8 月	18.89	32.25	–14.36	23.41	35.75	–12.34
9 月	18.89	34.50	–15.61	23.41	36.50	–13.09
10 月	19.26	36.00	–16.74	24.19	38.50	–14.31
11 月	23.96	39.50	–15.54	26.18	42.00	–15.82
12 月	24.97	39.00	–14.03	28.06	40.50	–11.90
1980 年 1 月	26.90	38.00	–11.10	33.10	40.00	–6.90
2 月	27.30	36.00	–8.70	35.45	38.50	–3.05
3 月	27.30	35.75	–8.45	35.45	38.25	–2.80
4 月	28.65	35.00	–6.35	35.65	38.15	–2.50
5 月	28.90	35.60	–7.70	37.25	38.59	–1.75
6 月	28.90	36.00	–7.10	37.25	38.00	–0.75
7 月	29.20	33.35	–4.10	38.15	37.40	+0.75
8 月	30.70	32.30	–1.60	38.15	33.60	+4.55
9 月	30.70	32.25	–1.55	36.90	33.40	+3.50
10 月	30.00	36.80	–6.80	36.90	37.90	+1.00
11 月	32.00	39.75	–7.75	36.90	40.80	–3.95
12 月	32.00	39.35	–7.35	36.90	40.15	–3.25
1981 年 1 月	32.00	39.25	–7.25	40.30	40.30	0.00
2 月	32.65	37.10	–4.45	40.30	38.70	+1.60

（续表）

日期	34度中东轻油			37度/44度非洲轻油		
	官价	现货价格	官价/现货价格	官价	现货价格	官价/现货价格
3月	32.85	36.85	–4.00	40.30	38.35	+1.95
4月	33.00	33.55	–2.55	40.30	37.19	+3.11
5月	33.00	33.38	–0.38	40.30	35.19	+5.11
6月	33.00	32.17	+0.83	40.30	33.25	+7.05
7月	33.00	31.96	+1.04	39.90	35.05	+4.84
8月	33.00	32.17	+0.83	39.90	35.80	+4.10
9月	33.15	32.06	+1.09	38.70	35.91	+2.79
10月	34.30	32.68	+1.62	38.25	36.54	+1.71
11月	34.00	34.24	–0.24	37.07	37.12	–0.05
12月	34.00	34.12	–0.12	37.00	36.70	+0.30
1982年1月	34.00	34.00	0.00	36.75	35.85	+0.90
2月	33.85	30.40	+3.04	35.85	31.62	+4.23
3月	33.55	28.60	+4.95	34.65	29.30	+5.35
4月	33.50	30.88	+2.42	34.05	33.12	+0.93
5月	33.40	33.35	+0.05	34.05	35.18	–1.13
6月	33.40	32.65	+0.75	34.90	34.60	+0.30
7月	33.60	31.70	+1.90	34.90	33.70	+1.20
8月	33.60	31.20	+2.40	34.70	32.85	+1.85
9月	33.35	33.05	+0.45	34.50	34.25	+0.25
10月	33.40	33.40	0.00	34.25	35.00	–0.75
11月	33.30	31.75	+1.55	34.25	33.80	+0.45
12月	33.00	30.10	+2.90	34.10	31.75	+2.35
1983年1月	32.75	30.05	+2.70	30.85	30.85	+3.15
2月	30.00	29.00	+1.00	32.10	29.10	–3.00
3月	29.00	28.10	+0.90	30.80	28.20	+2.60
4月	28.75	28.70	+0.05	30.25	29.75	+0.50
5月	28.75	28.50	+0.25	30.20	29.60	+0.60
6月	28.75	28.75	0.00	30.20	30.20	0.00

（续表）

日期	34度中东轻油			37度/44度非洲轻油		
	官价	现货价格	官价/现货价格	官价	现货价格	官价/现货价格
7月	28.75	29.00	–0.25	30.20	30.80	–0.60
8月	28.75	28.90	–0.15	30.20	31.10	–0.90
9月	28.75	28.60	+0.15	30.20	30.35	–0.15
10月	28.75	28.60	+0.15	30.20	29.85	+0.35
11月	28.75	28.30	+0.45	30.20	29.20	+1.00
12月	28.75	28.25	+0.50	30.20	28.95	–0.25
1984年1月	28.75	28.60	+0.15	30.20	29.45	+0.75
2月	28.75	28.56	+0.19	30.20	29.77	+0.43
3月	28.75	28.53	+0.22	30.20	29.99	+0.21
4月	28.75	28.39	+0.36	30.20	30.05	+0.15
5月	28.75	28.43	+0.32	30.20	29.86	+0.34
6月	28.75	28.11	+0.64	30.20	28.94	+1.26
7月	28.75	27.53	+1.22	30.20	27.87	+2.33
8月	28.75	27.64	+1.11	30.20	28.09	+1.11
9月	28.75	27.80	+0.95	30.20	28.45	+1.75
10月	28.75	27.89	+0.86	29.35	28.26	+1.09
11月	28.75	27.94	+0.81	29.35	27.74	+1.61
12月	28.75	27.59	+1.16	29.35	27.24	+2.11
1985年1月	28.75	27.91	+0.84	28.90	27.16	+1.74
2月	28.00	27.73	+0.27	29.00	28.08	+0.92
3月	28.00	27.73	+0.27	29.00	28.15	+0.85
4月	28.00	27.65	+0.35	29.00	28.15	+0.85
5月	28.00	26.92	+0.28	29.00	26.79	+2.21
6月	28.00	26.75	+0.25	29.00	26.59	+2.41
7月	28.00	27.06	+0.94	29.00	27.04	+1.96
8月	28.00	27.44	+0.56	29.00	27.54	+1.46
9月	28.00	27.61	+0.39	29.00	27.94	+1.06
10月	28.00	27.79	+0.21	29.00	28.80	+0.20

（续表）

日期	34 度中东轻油			37 度 / 44 度非洲轻油		
	官价	现货价格	官价 / 现货价格	官价	现货价格	官价 / 现货价格
11 月	28.00	27.90	+0.10	29.00	30.10	–1.10
12 月	28.00	27.90	+0.10	29.00	26.85	+2.15

资料来源：*Petroleum Intelligence Weekly*, Special Supplement, 20 Oct. 1980, 8 Mar. 1982, 12 Mar. 1984, 21 Apr. 1986.

说明："37 度/44 度非洲轻油"一栏中 1973—1978 年的数字为"37 度/40 度非洲轻油"的数据；

"官价 / 现货价格"是根据官价与现货价格相减所得。

仔细地分析表 12–1，我们可以得出以下结论：1973—1985 年，石油输出国组织的两种原油的现货价格和官价的变化，可分别以 1981 年 10 月和 1981 年 1 月为分界线。在此之前，油价是向上波动的，这一时期反映的是 20 世纪 70 年代两次油价大涨的情况；在这以后，油价是向下波动的，这一时期反映的是 20 世纪 80 年代油价不断下跌的情况。因而，我们可以以 1981 年 10 月、1 月为分界线，将石油输出国组织，或者说国际石油价格自 1973 年以来的运动轨迹分为向上波动和向下波动两个时期。下面，我们将详细分析这两个不同时期的具体情况。

1. 20 世纪 70 年代油价向上波动时期的情况分析

先看表 12–1 中"34 度中东轻油"的情况。从该栏中我们发现，1973—1981 年 1 月，现货价格的上升必然带来官价的上升，1981 年 5 月官价基本上赶上了现货价格，官价与现货价格的差值仅为每桶 0.38 美元，而到 1982 年 1 月两者完全相等，这说明"34 度中东轻油"在这一时期现货价格每上升 1 美元，最终必然带来官价也相应地上升 1 美元。而同期"37 度/44 度非洲轻油"一栏中我们也可发现同样的结果，所不同之处在于它的官价赶上现货价格的时间为1981年1月，比“34度中东轻油”官价赶上现货价格的时间提前了一年。

再看“34度中东轻油”一栏中1973—1978年的情况。这一段时间我们可以称之为稳定时期，因为在这一期间，两种价格的波动幅度不是很大。在这一期间，该种原油的官价上升了10.60美元，现货价格上升了11.42美元，两者的差值为0.82美元。而同期“37度/44度非洲轻油”也存在着与之相同的情况。看一下表12–1中“官价/现货价格”一栏的数字，从这些数字中我们发现，表中差值为负数的数目远远大于正值的数目，这说明1973—1978年“34度中东轻油”和“37度/44度非洲轻油”的官价是受现货价格影响的，官价是随现货价格的上升而上升的；从这些数字中我们还发现，这两种原油在这期间官价与现货价格的差值除在大多数时候都小于1，这说明这两种原油在这期间官价不但是随现货价格的上升而上升，而且还紧跟着现货价格的上升而上升。此外，“34度中东轻油”在1975年第4季度、1976年第1季度和第2季度及1978年第3季度，官价与现货价格之差等于零，而同期“37度/44度非洲轻油”两种价格之差也有不少时间接近于零。这进一步说明，在这一期间不但这两种原油的官价紧跟现货价格的上升而上升的，而且它们的现货价格每上升1美元，其官价最终也将上升1美元。

现在我们来看一下1979—1981年10月“34度中东轻油”的情况。从表12–1中我们发现，这一时期原油的官价和现货价格都发生了大幅度的向上波动，因而我们可以称这一时期为不稳定时期。在这期间，该种原油现货价格最高价与最低价之差为23.80美元，官价的最高价与最低价之差为21.82美元。而“37度/44度非洲轻油”1979—1981 年 1 月两种价格也基本上存在着同样的情况。从表 12–1 中我们可以看出：首先，在这期间两种原油各自的官价与现货价格之差基本上都是负值，而且两个差值分别于 1979—1981 年 5 月和 1979—1981 年 1 月逐渐接近于零，这表明在这一期间官价与现货价格的关系中，官价是随现货价格走的，而且官价还紧跟现货价格；其次，在这期间，除“34 度中东轻油”在 1981 年 10 月，“37 度/44 度非洲轻油”在 1981 年 1 月的官价与现货价格接近或相等外，其他时间两种价格的差值基本上都大于 1 美元，其最大差值接近 20 美元，这似乎说明在这一期间，大部分时间现货价格引导官价的程度不是很大，也就是说，官价不是紧跟着现货价格走的。这样，我们从 1979—1981 年 10 月、1981 年 1 月两种原油的两种价格之差值中发现了两个矛盾性的结论，即在这一期间，两种原油的官价是随现货价格的上升而上升的，现货价格每上升 1 美元，官价也将最终上升 1 美元，但在这时期的大部分月份里，官价又不是紧跟着现货价格的上升而上升的。那么，我们如何解释这一矛盾呢？这一现象将否定我们的有关结论吗？

先将这一问题放下，让我们来看一下石油输出国组织 1978 年 12 月—1980 年 12 月的活动。

1978 年 12 月 17 日，石油输出国组织阿布扎比会议决定：“调整石油价格，在 1979 年中平均提高 10%；……会议决定，在协商的基础上，将按季度做如下调整：1979 年 1 月 1 日提高 5%，1979 年 4 月 1 日提高 3.809%，1979 年 7 月 1 日提高 2.294%，1979 年 10 月 1 日提高 2.691%。例如每桶标准原油实施调整后的价格将是：从 1979 年 1 月 1 日起 13.335 美元，从 1979 年 4 月 1 日起 13.843 美元，从 1979 年 7 月 1 日起 14.161 美元，从 1979 年 10 月 1 日起 14.542 美元。”[1]

1979年3月27日，石油输出国组织日内瓦会议决定："采取温和和适度的调价，调整1979第4季度的油价，……使油价从1979年4月1日起调整为14.546美元。除了这一调整外，每个成员国都可根据自己的情况，增加自己的油价。"[2]

1979年6月26—28日，石油输出国组织日内瓦会议决定："（1）调整标准原油价格，从现在的水平提高到每桶18美元；（2）允许成员国对它们的原油价格，在正常差价的基础上，每桶加价2美元，如果这种加价是市场所必需的；（3）成员国能够索取的最高价，不得超过每桶23美元，不论是基于质量或是地理方便或市场的需要。"[3]

1980年6月9—11日，石油输出国组织阿尔及尔会议决定："（1）规定标准原油的价格水平最高额为每桶32美元；（2）价格的差价，因质量和地理位置的不同，需要超过上述标准原油价格水平32美元的，在任何情况下，不得超过5美元。"[4]

1980年9月17日，石油输出国组织维也纳会议决定："（1）标准原油定价为每桶30美元；（2）其他石油输出国组织成员国的原油官价，冻结在它们现有的水平。"[5]

1980年12月15—16日，石油输出国组织巴厘岛会议决定："（1）标准原油定价为每桶32美元；（2）石油输出国组织上限油价为每桶36美元；（3）石油输出国组织的最高原油价格为每桶41美元。"[6]

从上面所述的石油输出国组织1978年12月—1980年12月的会议决议中，我们可以得出以下两点结论。

一是在1978年年底，作为一个组织，石油输出国组织对于今后石油价格走向尚有一个完整而清晰的计划，但是到1979年3月，仅三个月之后，这个计划就被抛弃了。在这以后，石油输出国组织石油价格变动时间之短、变动幅度之大，是非常惊人的。这就是说，自 1979 年 3 月之后，石油输出国组织对于今后的石油价格走向已没有计划了。

二是从 1979 年 3 月 27 日日内瓦会议的决议中“除这一调整外，每个成员国都可以根据自己的情况，增加自己的油价”这句话中，我们可发现，虽然石油输出国组织在这以后仍公布石油价格，但已不存在统一的价格了，各成员国在价格的决定方面取得了该组织认可的自由权，在 1979 年 6 月和 1980 年 6 月、9 月、12 月的会议决议中这种自由权又得到了进一步的认可。这就是说自 1979 年 3 月以后，石油输出国组织已不存在统一的价格了。

造成以上两点的原因是什么？我们来看表 12–2。表 12–2 所示为石油输出国组织成员国在 1979 年一年中的活动。这些活动归结为一句话，就是各成员国竞相增加自己的售油价格，竞相加价的结果是油价五花八门。那么，竞相加价的原因何在呢？从表 12–2 中我们可以看出，它们之所以竞相加价是因为在加价时存在着更高的原油现货价格，这是它们竞相加价的理由，同时也是它们能够加价的原因。这就是说，石油输出国组织成员国之所以能在 1979 年竞相加价，或更进一步说，在第二次石油危机中石油输出国组织之所以失去了自己的油价走向，抛弃统一价格，是因为在这次危机中现货价格的波动幅度太大、太快，因而各成员国自行其是，追逐迅速上涨的现货价格，从而导致该组织不起作用。对此，亚马尼认为：“像日本和联邦德国这些国家，它们有的是钱，石油买得又多，一些石油输出国组织成员国很难对买主说：我们不要每桶 40 美元，我们只要每桶 26 美元就行了。”[7]

表 12–2　石油输出国组织 1979 年的主要活动

（美元/桶）

日期	国家	活动	老价	新价	涨价前估计现货值	油种
1 月 1 日	—	石油输出国组织标准原油价格为 13.33 美元	12.70	13.33	—	—
1 月 15 日	—	欧洲市场油品恐慌	—	—	17.00	AM
2 月 5 日	沙特阿拉伯	减产，以每桶 14.55 美元售增产的原油	12.70	14.55	22.21	AL
2 月 19 日	阿布扎比	加价 84 美分到 1.02 美元	13.77	14.71	22.21	AM
	卡塔尔	同上	13.78	14.62	22.21	AM
2 月 26 日	利比亚	加价 68 美分	14.52	15.20	27.08	AL
3 月 5 日	科威特	加价 1.02 美元	13.39	14.52	22.22	AH
4 月 2 日	沙特阿拉伯	取消产量限额	14.55	14.54	22.13	AM
	科威特	加价 1.20 美元	14.52	15.73	22.22	AH
	尼日利亚	加价 3.70 美元	14.82	18.52	25.29	AL
	其他国家	增加同样的数目	—	—	—	—
5 月 28 日	阿尔及利亚	突破石油输出国组织油价，加价 3 美元	18.64	21.00	35.52	AL

（续表）

日期	国家	活动	老价	新价	涨价前估计现货值	油种
7月2日	—	石油输出国组织1979年第二次会议	14.56	18.00	13.76	AL
	科威特	加价3.06美元	16.93	19.99	28.56	AH
	尼日利亚	加价2.49美元	21.00	23.49	37.67	AL
	阿尔及利亚	加价2.50美元	21.00	23.50	37.67	AL
8月13日	科威特	少数量原油加价2美元	19.99	21.99	27.97	AH
10月15日	科威特	加价适用于所有原油	—	—	—	—
10月22日	伊朗	加价1.50美元，回溯到1979年10月初	22.00	23.50	30.23	AM
	利比亚	加价2.77美元	23.28	26.05	35.79	AL
10月29日	阿尔及利亚	随利比亚行动	23.50	26.27	35.79	AL
11月13日	尼日利亚	随利比亚行动	23.49	26.26	39.45	AL
12月17日	沙特阿拉伯	石油输出国组织会前，加价6美元	18.00	24.00	34.65	AM
12月31日	利比亚	加价3.73美元	26.05	29.78	40.49	AL

资料来源：*Petroleum Intelligence Weekly*, 1979.

说明：AM表示阿拉伯标准原油，AL表示非洲轻油，AH表示阿拉伯重油。

明白这一点之后，我们就可以解释前面的矛盾了，虽然这一期间官价与现货价格的差值较大，表面上反映了官价与现货价格的关系不太紧密，但事实上这一时期该组织各成员国是紧跟着现货价格的波动而调整自己的官价的，只不过是因为现货价格向上波动的幅度太大、太快而造成该组织各成员国手忙脚乱罢了。

到这里，我们可以对油价向上波动时期的分析进行小结了：从1973—1981年10月、1981年1月间，“34度中东轻油”和“37度/44度非洲轻油”的官价是随着现货价格的上升而上升的，现货价格每上升1美元，官价也将上升1美元，直观上1973—1978年这种现象比1979—1981年10月、1981年1月更明显，但事实上1979—1981年10月、1981年1月官价随现货价格向上波动的程度比前一时期更大、更紧密。

2. 20世纪80年代油价向下波动时期的情况分析

从表12–1中我们可以发现，1981—1985年“34度中东轻油”和“37度/44度非洲轻油”的官价与现货价格之差大部分为正，这说明在走势上，现货价格仍对官价起引导作用，也即官价是随现货价格走的。

从表12–1中“34度中东轻油”官价与现货价格的差值上我们发现，其数值大部分在1美元之下，而且在1982年1月、10月和1983年6月该差值为零，这说明该种原油的官价随现货价格的向下波动而向下波动，现货价格每下降1美元，官价最终也将下降1美元。“34度中东轻油”在1982年有7个月的时间里官价与现货价格的差值大于1美元，但是在1983年3月之后这种现象就基本上消失了，这反映了这样一个历史事实，即从1981年10月石油输出国组织统一价格后，到1982年和1983年1—2月，由于需求大幅下降，1982 年 3 月石油输出国组织迪拜会议规定日产为 1 850 万桶，3 月 19—20 日的维也纳会议又规定该组织日产上限为 1 800 万桶，但 5 月 20—21 日的会议时又将日产上限减少到 1 750 万桶。石油输出国组织做这一切的目的，是试图通过减少产量来保持自己的价格水平，它们发现自己的价格已不能适应市场了。但这一切努力并没有起到应有的作用。到 1983 年 3 月伦敦会议时，石油输出国组织虽然仍维持了日产 1 750 万桶的上限，但油价由每桶 34 美元降到每桶 29 美元。这样，官价与现货价格才基本持平，且稳定了较长的时间。在石油输出国组织历史上，这是其第一次降低自己的油价，这说明了当时的市场压力有多大，现货价格在石油输出国组织官价决定中的影响就有多大。这一事件正好与 1979—1980 年所发生的事相反。上一次，现货价格向上波动的幅度太大、太快，使石油输出国组织无法统一价格，失去了价格走向；而这一次则是现货价格的向下波动使石油输出国组织的统一价格无法维持。

与“34 度中东轻油”相比，“37 度/44 度非洲轻油”的官价与现货价格差值比较大，但我们仍能从表 12–1 中发现，到 1985 年为止，该差值小于 1 美元的时间有 26 个月，占总月份的 50%，而在余下的大于 1 美元的差值中，大于 1 而小于 2 的时间有 17 个月，而在 1981 年 11 月和 1983 年 6 月、9 月等月份该差值接近或等于零。这说明 1981 年 11 月—1985 年，该种原油的官价是随现货价格的向下调整而向下调整的，现货价格每下降 1 美元，官价最终也下降 1 美元。

通过以上对 1981 年 11 月—1985 年“34 度中东轻油”和“37 度/44 度非洲轻油”官价与现货价格的差值分析，我们可以得出这样的结论：在油价下降时，石油输出国组织的原油官价是随现货价格的下降而下降的，现货价格每下降 1 美元，官价最终也将下降 1 美元。

3. 20 世纪七八十年代油价波动中官价和现货价格的统计学理论验证

通过前面对不同阶段官价和现货价格变化数据的详细分析，我们可以写出从表 12–1 中得出的结论了，即对于石油输出国组织来说，或者说对于国际石油市场来说，石油生产国官价的变化是根据现货价格的走势而决定的，现货价格每上升或下降 1 美元，官价最终也将上升或下降 1 美元，图 12–3 通过图示的方式更加直观地说明了官价和现货价格之间的关系。

上述结论是我们通过对表 12–1 中有关数字的直观分析而得出的。在这里必须指出的一点是，我们在分析时是同期对比的，也就是说假定两个价格的影响是同时发生的，是同步的，但现实生活中的经济决策可能不是这样，石油生产国的官价可能是看前一个时期的国际石油市场现货价格决定的，也就是说两种价格的影响有一定的时间滞后。因而，上面的结论在国际石油市场实际交易中来看，可能存在某种不可靠性，它仅说明一种直观数学上的意义。那么，现货价格对官价的影响，从经济学理论上来说我们的结论是成立的吗？要回答这个问题很简单，只要考虑一下时间滞后因素就行了。下面我们用统计学中的时间滞后方法来回答这个问题。

首先，我们假定，石油输出国组织是用石油现货价格 X 来决定官价 Y 的；其次，我们再假定，价格决定过程不是即刻的，而是一个不断调整的过程，明确地说这是一个受几何滞后程序限制的过程，则：

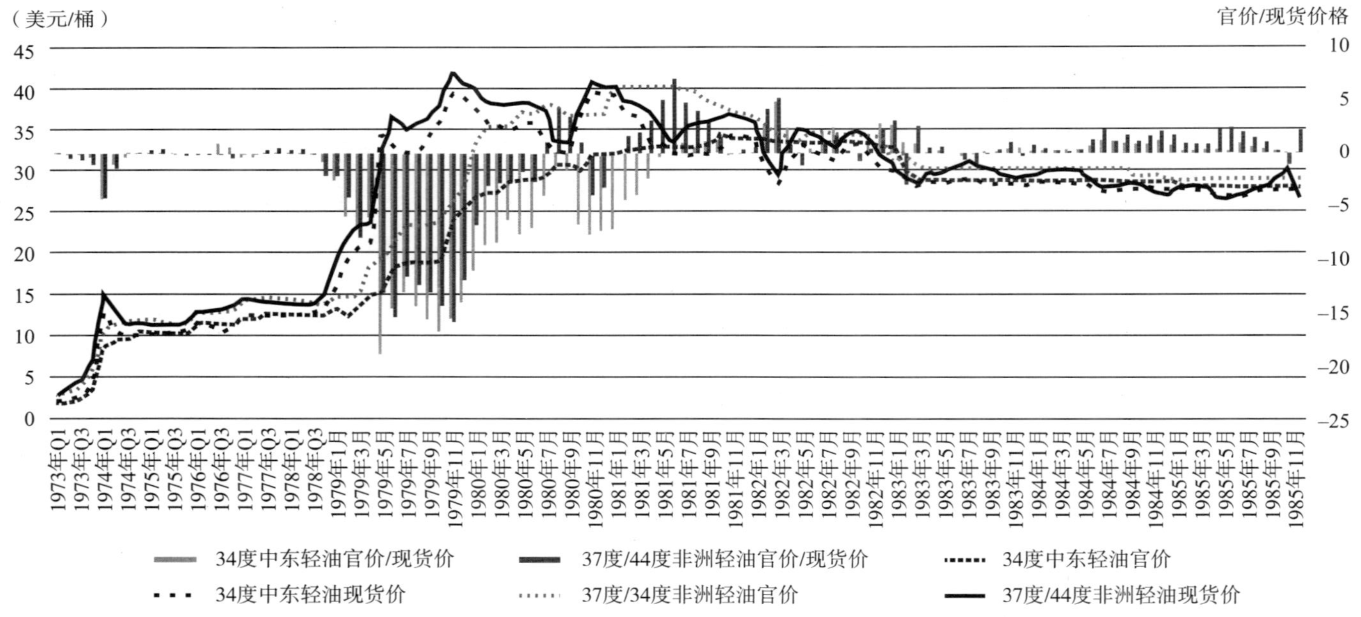

图 12–3　1973—1985 年石油输出国组织官价和现货价格关系

资料来源：*Petroleum Intelligence Weekly*，Special Supplement, 20 Oct. 1980, 8 Mar. 1982, 12 Mar. 1984, 21 Apr. 1986.

说明：①“37 度/44 度非洲轻油”一栏中 1973—1978 年的数字为“37 度/40 度非洲轻油”的数据；

②“官价/现货价格”是笔者根据官价与现货价格相减所得；

③Q1 和Q3 分别代表第 1 季度和第 3 季度。

$$\infty$$

$$Y_t = W\sum \alpha k X_t - k \quad (1)$$

$$k = 1$$

这里，0< α <1。公式（1）可以转换成这样的一个等式：

$$Y_t = \alpha Y_t - 1 + \beta X_t - 1 \quad (2)$$

这里，$\beta = w\alpha$

公式（2）说明了现货价格增长和官价增长之间的这样一种关系，即在一般情况下，X稳定增长 1 美元，将引起Y增长$w\alpha/(1-\alpha)$。

公式（2）可做如下描述。首先，假定 X 在第一期之前是绝对稳定的（如果$X_t = Y_t$, $\alpha = 1 - \beta$的话，这种情况将成立），然后假定在第一期X以 1 美元的速度稳定地增加，这样公式（2）将预计在Y_0的基础上，Y_2将增加β，Y_3等于$\alpha\beta+\beta$，以至无穷，直到在限定的范围内，Y_t增加的数等于X_t增加的数，在限定的范围内，这个数将是 1 美元。

那么，这种时间序列公式的结果如何呢？我们取石油输出国组织三种原油 1977—1980 年的官价和现货价格数，以季度为时间单位，使用公式（2）进行模拟，可得出如表 12–3 所示的结论。从表 12–3 中我们可以看出，除极少数情况外，石油输出国组织三种原油实际官价与模拟官价之间的差值，都在 0.50 美元左右，而且其差值符号基本上都是负号，现货价格反映官价变化的比率分别为 98.28%、97.21% 和 96.78%。这说明，从经济学意义上来说，石油输出国组织的官价就是由现货价格的变化来决定的，也就是说，我们前面得出的直观数学意义上的结论在统计学意义上同样成立。

到这里，我们可以得出本节的结论，即 20 世纪七八十年代，国际石油价格之所以发生如我们所见到的变化，是因为从 20 世纪 60

表 12–3　石油输出国组织实际官价与模拟官价对比

（美元/桶）

日期	37 度/44 度非洲轻油			31 度中东重油			34 度中东轻油		
	实际官价	模拟官价	误差	实际官价	模拟官价	误差	实际官价	模拟官价	误差
1977 年第 1 季度	14.33	13.13	–1.19	12.37	11.13	–1.24	12.09	11.16	–0.93
第 2 季度	14.33	13.73	–0.60	12.37	11.57	–0.80	12.09	11.52	–0.57
第 3 季度	14.63	14.05	–0.58	12.37	11.85	–0.72	12.70	11.77	–0.93
第 4 季度	14.63	14.14	–0.48	12.37	11.98	–0.39	12.70	12.00	–0.70
1978 年第 1 季度	14.33	14.10	–0.23	12.27	12.03	–0.24	12.70	12.18	–0.52
第 2 季度	14.33	14.05	–0.28	12.27	12.06	–0.21	12.70	12.31	–0.39
第 3 季度	13.87	13.98	+0.12	12.27	12.06	–0.21	12.70	12.41	–0.29
第 4 季度	13.87	13.98	+0.12	12.27	12.08	+0.19	12.70	12.51	–0.19
1979 年第 1 季度	14.84	14.44	–0.40	13.08	13.24	–0.74	13.48	12.78	–0.70
第 2 季度	19.52	17.41	–2.11	16.29	14.08	–2.21	16.15	14.28	–1.87
第 3 季度	23.41	23.04	–0.37	18.96	18.52	–0.44	18.89	17.80	–1.09
第 4 季度	26.14	28.77	+2.63	23.32	22.84	–0.48	22.84	21.87	–0.97
1980 年第 1 季度	34.67	33.98	–0.69	27.90	27.30	–0.60	27.17	26.26	–0.89
第 2 季度	36.72	36.20	–0.52	29.92	29.76	+0.54	28.82	29.04	+0.22
第 3 季度	37.73	37.08	–0.65	30.81	31.34	+0.53	30.21	30.79	+0.58
第 4 季度	39.63	38.81	–0.62	31.21	30.72	–0.49	31.33	30.14	–0.19

资料来源："31 度中东重油" 实际官价数取自 *Petroleum Intelligence Weekly*，Special Supplement, 20 Oct. 1980, 8 Mar. 1982.

其他两种原油官价同表 12–1。

年代以来，国际石油市场供需结构和市场参与结构的变化导致了石油现货市场的出现，石油现货价格成了石油输出国组织决定官价的指引，石油输出国组织官价的决定是随现货价格的变动而变动的，现货价格每上升或下降 1 美元，官价最终也将上升或下降 1 美元。

石油现货价格对官价有如此大的影响，那么官价会不会反过来影响现货价格的走向呢？换句话说，官价是不是现货价格的指引呢？表 12–4 所示为石油输出国组织两种原油 1974—1981 年官价和现货价格两种价格的因果关系。从表 12–4 中我们可以看出，现货价格对官价存在着极强的统计意义上的引导关系，而官价对现货价格不存在这样的关系。这也就是说，从表 12–4 中我们可以得出这样的结论，即官价与现货价格之间的关系是单向的，现货价格对官价有极强的引导关系，而官价对现货价格不存在任何影响。

表 12–4　31 度原油和 34 度原油官价和现货价格时间序列模型的统计意义

31 度原油（美元/桶）	
现货价格引导官价	4.50①
官价引导现货价格	1.44
34 度原油（美元/桶）	
现货价格引导官价	12.53②
官价引导现货价格	2.40

资料来源：M. Desmond Fitzgerald, Gerald Pollio. The Relationship between Spot and Official Crude Oil Prices. *OPEC Review*, 1984: 344.

说明：①表明相关系数为 95%。

②表明相关系数为 99%。

为保证结论的科学性，除时间序列模型外，我们还对石油输出国组织的官价和现货价格进行了格兰杰因果检验。我们选取了 1979—1985 年，石油输出国组织 34 度中东轻油的官价和现货价格数据做格兰杰因果检验，共 83 个月度数据作为观测值。通过单位根检验，来检验两个变量是否为平稳过程。ADF 检验结果表明，在 5% 和 10% 的显著水平下，现货价格序列和官价序列的 ADF 检验值都小于相应的临界值，因而都是平稳的，所以可以直接进行格兰杰因果检验。ADF 检验的结果如表 12–5 所示。石油输出国组织现货价格和官价间的格兰杰因果检验如表 12–6 所示。从表 12–6 中可以看出，第一栏 F 统计量的 P 值始终远远小于 5%，意味着现货价格非常显著是官价的格兰杰原因；而第二栏中的 P 值中一阶和三阶、四阶滞后小于 5% 的临界值水平，其余各阶滞后都大于 5%，滞后 5 期后 P 值达到 0.407 3，因而说明石油输出国组织官价显然不是现货价格的格兰杰原因。

表 12–5　石油输出国组织官价和现货价格变量的 ADF 检验结果

变量	ADF 检测值	检验形式（C,T,K）	5% 显著水平下的临界值	结论
官价 1	–4.021 320	（C,T,0）	–2.896 779	平稳
现货价格 1	–3.288 657	（C,T,0）	–2.898 623	平稳

那么，为什么现货价格对官价存在着如此大的影响呢？究其原因主要有以下几点。第一，对于国际石油市场的参与者来说（主要指卖方），其目标是“石油收入最大化”，而实现这一目标的手段则是“价格最优化”。在现实世界中，由于国际石油市场即使在 20 世纪 70 年代也不是单一国家而是数十个以上的国家共同参与的，因而在实现“石油收入最大化”的目标时，面对其他国家的竞争，任何僵硬的价格体制都将使自己失去买主，失去市场份额。因此，使用“价格最优化”手段时，官价的参照物只能是灵活的、多变的、

表 12–6　石油输出国组织现货价格和官价间的格兰杰因果检验

		原假设	
		1. 现货价格不是官价的格兰杰原因	2. 官价不是现货价格的格兰杰原因
滞后 1 期	*F* 统计量	27.986 0	7.102 52
	P 值	1.E–06	0.009 4
	检验结果	拒绝	拒绝
滞后 2 期	*F* 统计量	13.182 2	3.051 22
	P 值	1.E–05	0.053 3
	检验结果	拒绝	接受
滞后 3 期	*F* 统计量	8.391 07	2.942 63
	P 值	8.E–05	0.038 9
	检验结果	拒绝	拒绝
滞后 4 期	*F* 统计量	6.171 04	3.943 78
	P 值	0.000 3	0.006 2
	检验结果	拒绝	拒绝
滞后 5 期	*F* 统计量	5.314 00	1.031 30
	P 值	0.000 4	0.407 3
	检验结果	拒绝	接受
滞后 6 期	*F* 统计量	3.510 97	1.047 92
	P 值	0.005 0	0.404 3
	检验结果	拒绝	接受

反应敏捷的现货价格。第二，我们知道，到 1973 年 10 月 16 日，原先国际石油市场中存在的大石油公司对国际石油业上下游活动一体化的垄断不存在了，而到目前为止从全球来看，国际石油市场是上下游高度分离的市场，石油生产国考虑的是如何最大限度地销售自己所生产的原油，而石油进口国考虑的是如何最大限度地保证自己的石油进口安全，即使双方通过数十年的努力在石油下游或上游

投入了巨资。这也就是说，从 1973 年 10 月 16 日到目前为止，从全球来看，国际石油市场仍然是一个高度竞争的、市场化的市场，上下游产业链仍然是相互分离的。正因如此，当 20 世纪 70 年代石油供应紧张时，石油消费国为了进口石油不惜高价，它们所考虑的是如何确保石油进口安全，这样现货市场就成了它们解决问题的可选出路；而到 20 世纪 80 年代石油供应过剩时，任何固定的、不灵活的价格体制都失去吸引力，产油国为了维持自己的市场份额，也只有求助于现货市场。因而，从这一点来说，除非将来国际石油市场被重新一体化，否则现货市场和现货价格对官价的影响将一直存在。第三，在这一阶段的国际石油市场上，决定官价的唯一可供参考的价格就是现货价格，不存在其他任何可供参照物。

也正是因为如此，不但国际石油市场中卖方的官价是参照现货价格而决定，它们当中的大部分直截了当地使用石油现货这种方式。例如，1985 年 11 月，石油输出国组织的原油处理方式如下：股份/特殊安排，每天 300 万桶；与市场相联系的合同，每天 300 万桶；这两者均占全部出口的 20%。现货，每天 140 万桶；补偿/对等，每天 140 万桶；这两者均占出口的 10%。净回值，每天 200 万桶，占全部出口的 14%。油品/加工，每天 240 万桶，占全部出口的 16%。以上几类皆为在市场价格基础上的交易，合计为每天 1 320 万桶，占全部出口的 90%。而余下的其他交易方式（包括少数官价交易和无法跟踪的部分）为每天 150 万桶，这仅占全部出口的 10%。[8] 石油输出国组织的原油处理方式是如此，其他石油生产国的原油处理方式也大体上如此。例如，1986 年上半年，主要非石油输出国组织产油国的原油处理方式如下：美国日产 685 万桶原油的处理方式为市场和标价，余下的日产 200 万桶则为现货和期货；北海产油国日产350万桶原油的处理方式为现货和与现货相联系；墨西哥日产150万桶原油的处理方式为公式和回溯；加拿大日产130万桶原油的处理方式为市场或标价；埃及日产30万桶原油为市场或官价、现货；阿曼日产55万桶原油为回溯和现货；马来西亚日产30万桶原油为官价和现货；安哥拉日产28万桶原油为净回值；苏联每天出口140万桶的原油销售方式为净回值、现货和油品；而我国每天出口70万桶的原油销售方式也为回溯、净回值和现货。[9] 而我们知道，所谓期货、公式、回溯、净回值、补偿/对等等原油处理方式，虽然名义上与现货不同，但实际上它们都不过是现货售油（或油品）方式的一种变种，事实上是和现货方式一致的。

因而，有人说："大约60%在世界石油市场上自由交易的原油是以某种与市场相联系的公式或现货基础上出售的"，但是，"事实上，所有原油都是以某种市场反馈的方式定价的，即使在传统的官价和标价交易上的原油也是如此"。[10] 所以，"（石油）现货市场的影响是无所不在的，即使在哪里存在一类制度，如美国的国内价格制和挪威的规范税收。……总的来说，大多数分析家赞成，采用某种同市场同步的办法远比僵硬的、人为的官价体制可行，在石油供应过剩的时代尤为如此。"[11] 如果我们在这里要更深层地讨论现货市场这种影响的原因，我们的回答非常简单，即我们在本章开篇所引用的壳牌公司创始人马库斯·塞缪尔所说的一句话，所有国际石油市场上的卖方（其他商品贸易中的卖方也大致如此）的信条是而且只能是："一件商品的价格就是它可能卖到的金额！"

(二)一揽子“参考价”实际上就是现货价格

1986年国际石油价格暴跌后，国际石油市场的定价方式发生了很大的变化，其中最为突出的是石油输出国组织放弃了从1975年10月以来实行的官价，而采用所谓以7种原油构成的一揽子价格算术平均数的“参考价”。但事实上，自此以后国际石油市场上的石油价格走势，并不是根据石油输出国组织所谓的参考价来决定，而是根据现货市场价格决定的，该组织成员国在出售自己所生产的原油时是以现货价格作为基准的。

1986年12月10—20日的第80届会议上，石油输出国组织经过10天的激烈争论，通过决议，决定以阿尔及利亚撒哈拉混合油、印度尼西亚的米纳斯油、尼日利亚的博尼轻质油、沙特阿拉伯轻质油、阿拉伯联合酋长国的迪拜油、委内瑞拉的T. J. 轻油和墨西哥的依斯莫斯轻油7种原油的一揽子价格，作为石油输出国组织的参考价。在这次会议上，石油输出国组织的参考价为每桶18美元。1990年7月26—27日的石油输出国组织第87届部长级会议上，石油输出国组织将该组织的一揽子原油参考价提高到每桶21美元。自此以后，在几乎整个20世纪90年代石油输出国组织一直维持这一参考价未变，事实上，面对这一时期出现的每桶9美元左右的石油价格，石油输出国组织的这一参考价在国际石油市场中失去了任何参考作用。而到了2000年3月27—29日在维也纳举行的第109次部长级会议上，除正受联合国制裁的伊拉克和主动不参加的伊朗之外的9个石油输出国组织成员国决定，实施每桶22~28美元的价格带政策，明确该组织7种一揽子原油平均价在20天内低于或高于每桶22~28美元的范围时，成员国将自动每天减产或增产50万桶。进入 21 世纪后，面对不断上涨的国际石油价格，石油输出国组织更是变得无所适从，已不再提出该组织的价格目标。以上史实说明，自从 1987 年 1 月 1 日开始实施一揽子“参考价”以后，随着国际石油市场形势的急剧变化和石油价格的急剧波动，石油输出国组织事实上也是全世界的所有石油生产国（企业）都已经将销售自己石油的价格决定权完全交给了市场。

自 1987 年 1 月 1 日采用一揽子“参考价”后，石油输出国组织还在不定期地公布这一价格的走势。如 1987 年，石油输出国组织一揽子原油的参考价为每桶 17.36 美元，1988 年为 14.24 美元，1989 年为 17.31 美元，1990 年为 22.26 美元，1991 年为 18.62 美元，1991 年 1—6 月平均价为每桶 18.68 美元。但实际上，上述价格不是什么官价，而是现货市场的现货价格。经常刊登石油输出国组织一揽子参考价趋势的《中东经济概览》就明确说过，某一时期该组织的“参考价”是“石油输出国组织 7 种原油一揽子平均现货价格”，而且其资料来源就是石油输出国组织。[12] 石油输出国组织自己的官方出版物——《石油输出国组织年度报告》在讨论自己的一揽子“参考价”时，所列出的 7 种、11 种和 12 种原油的月度平均价，就是这种原油的现货价格。石油输出国组织秘书处在该组织每次会议上，汇报国际石油市场价格走势时，所援引的数据也是其一揽子“参考价”构成原油的现货市场价格。[13] 因而，我们可以明确地说，自 1987 年 1 月 1 日以来，石油输出国组织的一揽子“参考价”事实上就是国际石油市场的现货价格。

（三）石油期货价格对于现货价格的主导作用

自 1983 年纽约商品交易所开始石油期货交易以来，石油期货价格日益成为国际石油市场价格走势的重要标志。如在目前的日常新闻报道中，我们常常听到在谈论油价的上涨或下降时，总是以纽约或伦敦市场的期货价格为依据。1986 年 9 月，来北京给中国海洋石油总公司介绍石油宏观经济研究问题的美国德士古公司石油经济专家梅乐形象地说，头天早晨纽约商品交易所的交易活动会影响我国大庆原油第二天的销售价格。

我们知道，研究界和石油行业一致的看法是，石油期货交易是国际石油市场现货交易不稳定和石油价格捉摸不定情况下的产物。纽约商品交易所在为 1988 年版的《国际石油百科全书》特别撰写的《用期货贸易来对付多变的石油市场》一文中指出："当今国际石油市场最重要的特点是价格变化无常。石油生产者、炼厂主及石油经销商（最近还有天然气生产者及加工者）已经转向能源期货以应对这种变化了的市场环境带来的挑战。"[14] 因此，我们可以说，石油期货交易是为弥补石油现货交易尤其是现货价格的大起大落而产生，并且在不断壮大。

当前石油期货交易之所以盛行，主要原因是国际石油价格长时间复杂多变，参与国际石油市场的公司或投机商为了套期保值，减少价格风险。而在期货市场上，套期之所以能够进行，主要是由于期货价格与现货价格有连带关系。例如，一个原油采购者可向生产者担保一个原油价格，然后在原油期货市场上以该项许诺价卖出。如果油价下跌，采购商在期货上将获利，这将会补偿他在与原油生产者交易中减少的收入；反之，如果原油涨价，现货价格的增加将抵消他在期货市场上的亏损。因此，从国际石油贸易的实务来看，石油期货交易的最终结果是，当期货接近交货时，期货合同的买卖价格往往就等于原油的现货价格。[15] 有专家根据 1986 年初至 1986

年9月的9个月时间里的数据分析得出，纽约商品交易所的石油期货价格是与原油现货价格高度吻合的，[16]指出石油期货价格与现货价格之间存在紧密的等同关系。

图12–4所示为1986年1月2日—2017年6月16日的32年间，美国纽约商品交易所西得克萨斯中质原油期货价格和现货价格之间的关系，所选用的时间点为7 891个。我们选用1986年1月1日为分析的起点，其原因是接续本节第一部分分析的结束时间，从而保证本书所叙说和讨论的是完整的从20世纪70年代以来的时间跨度。从这32年间7 891个时间点的数据对比分析看，美国西得克萨斯中质原油期货价格与现货价格之间存在非常高度的拟合，即原油期货价格和现货价格的走势是高度一致的。因此，这些数据说明，从长周期看，石油期货价格与现货价格存在非常紧密的等同关系。

但是，国际石油市场中石油期货价格与现货价格之间紧密存在的这种等同关系，究竟是谁决定或影响了谁，必须要在长时间周期数据支撑的基础上，用严格意义上的统计学方法加以证明。下面，我们利用1986年以来的共7 891个日度数据作为观测值，来分析美国西得克萨斯中质原油期货价格和现货价格之间的因果关系。

首先，我们要进行变量的稳定性检验。如果期货价格和现货价格两个时间序列变量是非平稳的，直接进行线性回归，可能会导致伪回归问题，从而使回归估计结果失去实际意义。若用简单差分变量模型，虽然避免了非平稳问题，但会由于差分处理而导致长期信息缺失。协整分析方法则可以弥补这一缺陷。按照协整理论，对于非平稳变量，只有当变量之间存在协整关系时，线性回归才具有现实意义。所以，需要应用计量经济分析软件EViews来分析各变量的平稳性，在此基础上用Engel-Granger两步法分析两者之间的协整关

图 12–4　1986 年 1 月—2017 年 6 月西得克萨斯中质原油期货价格和现货价格走势

系。用单位根检验，来检验两个变量究竟是否为平稳过程。ADF 检验结果表明，在 5% 和 10% 的显著水平下，现货价格序列和期货价格序列的 ADF 检验值都大于相应的临界值，因而都是非平稳的，所以不能直接对它们进行线性回归分析，而必须进一步做协整分析。具体结果如表 12–7 所示。

表 12–7　变量的 ADF 检验结果

变量	ADF 检测值	检验形式（C,T,K）	5% 显著水平下的临界值	结论
期货价格	–1.650 670	（C,T,0）	–2.861 713	不平稳
现货价格	–1.674 693	（C,T,0）	–2.861 713	不平稳
△期货价格	–92.937 69	（C,T,1）	–2.861 713	平稳
△现货价格	–92.827 02	（C,T,1）	–2.861 713	平稳

其次，我们对变量进行协整分析。分别对序列期货价格和现货价格进行单整检验，采用 ADF 检验方法。检验结果表明，一阶差分之后两序列的 ADF 检验值都小于相应的临界值，都是平稳的，可以判定，期货价格和现货价格都是一阶单整序列，满足协整检验前提。之后，对序列期货价格和现货价格进行普通最小二乘回归，并对模型估计残差序列 e 做单根检验。

方程式为：现货价格 =0.026 163+0.998 895 × 期货价格。从输出结果看，方程较好地通过检验，经济检验也可以通过，所以用方程进行分析，可见期货价格每提高 99.9%，现货价格提高 100%。ADF 检验结果如表 12–8 所示，可以认为 e 为平稳序列。Engel-Granger 两步法检验表明，期货价格和现货价格具有协整关系。表 12–8 的协整分析结果表明，序列期货价格和现货价格是非平稳的但具有协整关系，可以进行格兰杰因果关系检验。

表 12–8　序列 e 的 ADF 检验结果

		T–统计量	P值
ADF 检测值		–12.247 55	0.0000
检验临界值	1%	–3.431 004	
	5%	–2.861 714	

格兰杰因果检验结果如表 12–9 所示。表 12–9 显示，滞后 1 期的第二行 P 值远远小于 5%，显示美国西得克萨斯中质原油期货价格是现货价格的格兰杰原因，第一行 P 值大于 5%，意味着美国西得克萨斯中质原油现货价格不是期货价格的格兰杰因果关系。滞后 2 期之后的第一、二栏数据显示，美国西得克萨斯中质原油期货和现货价格互为因果关系。因此，通过格兰杰因果检验，可以显著地看出美国西得克萨斯中质原油期货价格是现货价格的格兰杰原因，美国西得克萨斯中质原油现货价格不是期货价格的格兰杰原因。这也就是说，美国西得克萨斯中质原油的期货价格，主导了美国西得克萨斯中质原油现货价格的走势。[17]

表 12–9　西得克萨斯中质原油期货和现货价格的格兰杰因果检验

原假设	滞后 1 期			滞后 2 期			滞后 3 期		
	F统计量	P值	检验结果	F统计量	P值	检验结果	F统计量	P值	检验结果
1. 现货价格不是期货价格的格兰杰原因	2.579 72	0.108 3	接受	4.419 23	0.012 1	拒绝	3.542 73	0.0140	拒绝
2. 期货价格不是现货价格的格兰杰原因	124.617	1.E–28	拒绝	71.367 1	2.E–31	拒绝	50.541 6	2.E–32	拒绝

在前面第 11 章讨论市场参与结构对国际石油价格的影响时，我们分析了数量众多的石油期货投机者如何加剧国际石油价格的大涨

大跌，当时所使用的数据是持仓量与国际石油价格走势之间的关系。本节我们讨论了 1986 年 1 月 1 日后，石油期货价格对现货价格的引导作用，它解释和回答了石油期货交易影响国际石油价格走势的内在机理或具体的影响途径，从另一个侧面证明了石油期货交易对 20 世纪 80 年代以来国际石油价格大涨大跌的影响是确定存在的，而且是引导性的，是关键因素之一。

通过上面三节的分析，我们可以得出这样的结论，即 20 世纪 70 年代以来，现货价格和期货价格引导了石油输出国组织的官价和参考价，或者说引导了国际石油市场中所有石油生产国出售自己石油的定价，换句话说就是，现货价格、期货价格的波动引导了我们所见到的 20 世纪 70 年代以来的油价波动。归纳一下我们前面的分析和论述，结论就是：自 1973 年以来，国际石油市场一切油价的决定方式是由石油现货市场和期货市场价格决定的。

三、交易方式结构变化的内在原因、含义和启迪

自 20 世纪 70 年代初以来，国际石油市场上石油价格的决定方式发生了我们前面所分析的较大的变化。从另一角度来说，这些不同的油价决定方式，反映的是国际石油市场上不同的交易方式，如标价、官价和参考价反映的是长期合同买卖，而现货价格反映的是实货市场买卖，期货价格反映的是纸货市场买卖。因而，这些油价决定方式说明了 20 世纪 70 年代以来，国际石油市场的石油交易方式发生了由长期合同买卖向现货和期货买卖的转变。这样，从油价决定方式发生变化这一点，我们可以说 20 世纪 70 年代以来的国际石油市场石油交易方式结构发生了巨大的变化。

上面的分析说明,20世纪70年代以来的国际石油市场油价决定方式是由现货市场、期货市场的价格决定的，即由于20世纪70年代后出现了石油现货市场和期货市场，石油现货价格和期货价格成了国际石油市场石油价格的决定依据。换句话说就是,20世纪70年代以来的国际石油价格，是由国际石油市场交易方式结构的变化而引导决定的。石油现货和期货价格之所以有这么大的影响力，是由于1973年10月16日以后，过去“七姊妹”之类的国际大石油公司控制的一体化的国际石油市场已不复存在，现货市场、期货市场石油交易的数量迅速增加，使得建立在石油现货价格、期货价格基础上的石油交易，基本上已全部包括了所有的石油交易。“石油行业已没有什么长期购买合同了，就是借用‘长期合同’这一名词，也由于重新标价和逐渐停业生产而瓦解转化为短期购买合同。”[18]

（一）交易方式结构变化的内在原因

20世纪70年代以来，国际石油市场交易方式之所以发生如此大的变化，是由于当代世界经济政治形势发生了变化。

1. 交易方式变化反映的是国际石油市场控制力量的变化

从标价到官价再到参考价和期货价格，虽然表面上反映的是国际石油市场销售方式的变化，但更重要的是它是国际石油形势大变动的最直接的反应。因为某一特定的油价决定形式，都是由这一时期在国际石油市场上占主导地位的公司或组织决定的，是这些公司、组织意志的体现或它们为适应国际石油市场实际而做出的反应。例如在“七姊妹”时期的国际石油价格表现形式主要是标价，这是因为这一时期的国际石油市场是由这些国际大石油公司控制，国际石油市场的石油贸易主要是这些公司的内部交易，贸易量相对较少，这些国际大石油公司可以根据市场的变化调整油价以保证自己取得最大利润。但从20世纪70年代初石油输出国组织成员国取得对自己石油资源的所有权及油价的决定权后，于1975年废除了标价而采用官价，并在后期改为一揽子“参考价”。这一变化反映的是石油输出国组织及其成员国对市场的控制程度和对自己的自然资源的主权感。而从20世纪80年代初以来，石油现货和期货贸易日益盛行，石油现货和期货价格在国际石油市场上的地位越来越重要。如果不考虑投机因素，这一变化所说明的是，石油输出国组织对国际石油市场的控制权遭到了削弱，国际石油市场逐步走向由市场竞争决定石油价格走向的阶段。

2. 国际石油市场控制力量的变迁是由当代世界经济政治形势的变化决定的

国际石油市场交易方式和它所反映的国际石油市场控制力量之所以发生如此大的变化，最主要的原因在于当代世界经济政治形势发生了变化。

（1）国际石油市场控制力量的变迁是当代世界政治形势变化的直接反映

国际石油市场交易方式由标价转变到目前的以期货价格为主，它表面上反映的是国际石油市场控制力量的变化，但是国际石油市场控制力量的变化是由当代世界政治形势的变化造成的。

从标价转向石油输出国组织的官价，标志着国际石油市场的控制力量由国际大石油公司转向了石油生产国，如“七姊妹”之类的国际大石油公司控制国际石油市场的时代已经过去，石油生产国政府首先掌握了石油资源的所有权，并进而掌握了对石油的定价权，这样石油生产国组织——石油输出国组织取代国际大石油公司成为国际石油市场上的主角。国际石油市场上这一主角力量的大换位是有深刻的时代背景的，它是第二次世界大战后民族民主运动发展的必然结果。第二次世界大战结束后，随着社会主义制度在东欧和亚洲一些国家的确立，亚非拉的一些被帝国主义统治和压迫的国家纷纷掀起争取民族独立的解放运动。这场运动的结果是一大批亚非拉国家取得了政治上的民族独立。这些国家虽然先后在政治上获得了独立，但在经济上仍受帝国主义控制，一些大的跨国公司仍然掌握着这些国家的主要经济活动，其中最具代表性的例子是产油国的石油生产、经营和销售活动完全由国际大石油公司控制。在这种情况下，亚非拉的这些民族国家为取得真正的独立，在经济领域也展开了斗争，以便争取经济上的独立，真正掌握自己国家的命运。在上篇历史回顾中我们谈到的石油生产国与国际大石油公司的权益之争，就是这种斗争的最直接反映。如果从墨西哥石油国有化算起，这一斗争持续了 30 多年，到 20 世纪 70 年代初终于以产油国的胜利而告终。这一斗争的胜利在国际石油市场上的表现，就是石油生产国在取得对自己石油资源的真正控制权后，废除了标价，转而采用能反映自己对石油资源主权控制和至少表面上代表自身尊严的官价制。

从石油输出国组织的官价到参考价再到现货价格和目前的期货价格，标志着国际石油市场控制力量又一次的转变，石油输出国组织对国际石油市场的控制力减弱，石油市场上出现多重力量竞争的局面。目前虽然石油输出国组织仍对国际石油价格的走向有重大的影响，但是实事求是地说，1973—1980 年才是该组织力量的巅峰时期。从 20 世纪 80 年代初开始石油输出国组织已经走下坡路，在市场力量的压迫下该组织一步步地放弃了控制或稳定国际石油价格的行动，最后终于完全听命于市场而放弃了官价，采用完全由市场决定的参考价。与此同时，以反映市场供应变化为主的石油现货和期货价格越来越代表国际石油市场油价的真实走向。将这一变化简单地归纳一下，就是国际石油市场上的力量由一极走向了多极。国际石油市场上的力量变化与这一时期的世界政治形势惊人地吻合。我们知道，从20世纪80年代开始，随着苏联力量的不断下降和最终解体，过去由苏美两家称霸世界的国际政治局势变成由美国、中国、日本、欧洲和俄国等构成的一超多极的格局。因而可以说，国际石油市场控制力量的变化是世界政治形势变化的产物。

（2）国际石油市场控制力量变迁的最主要原因是世界经济形势的变化

从根本上说，国际石油市场控制力量之所以会发生这么大的变动，主要是由于世界经济形势的变化导致国际石油市场供需结构和市场参与结构发生变化。

石油输出国组织及其成员国登上国际石油市场取代国际大石油公司，是由世界经济发展对石油的需求不断增长而导致的；同样，石油输出国组织在国际石油市场上的力量受到削弱，也是由世界经济发展造成的。

我们知道，中东发现石油是20世纪初的事情，但是中东石油的大规模开发是在20世纪50年代。这是由于第二次世界大战后世界经济的恢复尤其是欧洲经济的复兴，使得对石油的需求不断增大，从而使中东石油的大规模开发有了可能。同时，欧洲的经济发展使得这一地区高度依赖中东的石油。而中东石油的大规模开发又使得国际大石油公司的生产活动主要集中在中东产油国，这样“七姊妹”这一类的大石油公司也高度依赖中东的石油。这就为中东产油国开展同国际大石油公司的石油权益之争并最终取得胜利奠定了基础。因而，我们认为，石油输出国组织取代国际大石油公司的最根本原因是世界经济发展造成对中东石油生产国的石油高度依赖，这种依赖使得石油生产国有条件取代国际大石油公司。

同样，20 世纪 70 年代两次石油危机发生后，西方工业化石油消费国采取了摆脱对石油高度依赖，尤其对中东石油高度依赖的经济发展战略，大力开展节能，发展替代能源，并积极在非石油输出国组织产油国寻找石油。这一政策到 20 世纪 80 年代初开始出现成效，就大部分工业化国家来说，已由能源消费粗放式、高度依赖石油的经济发展模式转向节能式和石油消费虽仍高但已开始能源多样化的经济发展轨道。这一经济发展模式的转变反映到国际石油市场，就是从 20 世纪 80 年代初开始，国际石油市场上的石油需求增长缓慢，甚至出现一段时间的负增长，而同时非石油输出国组织产油国的石油产量不断增加，从而使石油输出国组织对国际石油市场的控制力量不断受到削弱，国际石油市场的控制力量发生了由石油输出国组织向多种力量的转移。就是在这种情况下，石油输出国组织不得不让自己的官价跟随现货价格，并最终采用现货价格。而随着石油期货规模和影响力的不断扩大，石油期货价格更成为国际石油市场价格走势的引导，市场力量在国际石油市场中最终成了主导力量。

（二）市场力量是决定国际石油价格波动的最根本力量

通过大量的数据和严密的统计学分析，本章的结论表明，从 20 世纪 70 年代以来，现货价格和期货价格引导了石油输出国组织的官价，是国际石油市场上所有石油生产者出售自己原油的价格基准，也是国际石油市场上所有贸易商交易的价格基准。这一结论背后代表的更深层次的含义是，从20世纪70年代以来，在长约45年的时间跨度里，我们所看到的是，决定国际石油市场石油价格走势的，是市场力量。

我们所知道的和所看到的是，从全球范围来说，无论是现货市场还是期货市场，都是一个近乎完全竞争的市场，无数参与者在“利益最大化”目标的驱使下在这个有形和无形的市场中进行博弈，最终形成一个市场公认的价格，期货市场中这一现象比现货市场更加明显。在这个庞大的市场中，目前还没有超越主权国家的超级管理者，即使是美国从2008年以来也只是对期货交易采取更加严格的监管政策，八国集团提出和要求的也是加强监管减少期货交易中投机活动对市场的扭曲，所有石油生产国和消费国也只能作为一个个体在市场中进行博弈，石油输出国组织虽然是目前世界上主要石油生产国的政府间组织也概莫能外。因此，我们认为，从20世纪80年代初开始，随着市场参与者不断增多，国际石油市场越来越向纯粹的自由竞争的市场方向发展并最终成为近乎自由竞争的市场。正是这个纯粹经济学意义上的近乎自由竞争市场的存在，迫使石油输出国组织自愿或不自愿地将自己的官价与现货价格挂钩，并最终根据现货价格来计算自己的一揽子“参考价”。随着期货交易规模的不断扩大，期货价格成为现货价格的引导，更说明了国际石油价格决定过程中市场力量的重要性。

（三）交易方式结构变化的启迪

引申开来，本章的结论对于澄清世界石油问题研究中三个广为流传的观点也许具有极好的参考价值，同时它也从一个侧面证明了我们全书的结论。

1.石油输出国组织与国际石油价格

在世界石油问题的研究中，有不少人着力于探讨石油输出国组织的价格战略，并据此预测未来国际石油价格及国际石油形势。当然，自1960年石油输出国组织成立以来，该组织一直在讨论其价格战略，并不断公布这种战略，其中最具代表性的为该组织长期战略委员会于1980年公布的长期战略报告书。但是从我们分析的结论，尤其是我们详细引用的该组织1978—1980年的活动中，我们发现，虽然主观上该组织努力去研究和制订长期战略，但事实上该组织根本就不存在什么长期战略，因为在现实生活中该组织不可能形成或遵守什么长期价格战略。如果我们非要去探讨该组织的价格战略，那么这种战略只能是："随行就市"！

2.国际石油市场的垄断者是否存在

在世界石油问题的研究中，在不少人认为石油输出国组织曾经（比如20世纪70年代）是国际石油市场和国际石油价格的控制者或垄断者，并根据该组织这种地位的变化来解释自20世纪70年代以来国际石油形势和石油价格的变化。但是，从我们上面分析的结论中，我们可以看出该组织从来就没有控制和垄断过国际石油市场和国际石油价格，即使在20世纪70年代，石油输出国组织在国际石油市场上影响力最鼎盛时期也没有出现过这种现象。如果真的要去讨论该组织的地位，我们只能说，自石油输出国组织成立以来，尤其是从20世纪70年代初开始，该组织一直是而且在我们可预见的将来也将是国际石油形势和国际石油市场现实的"确认者"！

3.石油输出国组织内部油价之争

在石油经济学界，人们普遍认为，石油输出国组织内部在石油价格问题上存在着三派：以储量巨大的沙特阿拉伯为一方的以高产低价办法谋求增加石油收入的国家，以储量不大的阿尔及利亚、利比亚、尼日利亚为一方的以低产高价办法谋求增加石油收入的国家，以及介乎两者之间的伊拉克、阿拉伯联合酋长国等国。从我们分析的结论中，特别是从表 12–1、表 12–2 和表 12–3 的具体数字或文字中，我们发现，认为阿尔及利亚、利比亚等国为油价问题上的激进派在统计学上来说是正确的，但从统计学上我们无法找出油价问题上的温和派和中间派，而且，沙特阿拉伯等国的石油官价与现货价格关系之密切程度远比前者大。如果我们非要在油价问题上给石油输出国组织成员国划分派别的话，那么该组织只存在一派，即"激进派"。在油价问题上，不但石油输出国组织是"激进派"，进一步我们可以说，国际石油市场上所有石油卖方都是这么一个价格"激进派"，因为对所有石油卖方来说，有一点是毋庸置疑的真谛，即"一件商品的价格就是它可能卖到的金额！"这一结论也正好从一个侧面证明了我们前一章的分析，即对于国际石油市场的所有参与者来说，谋取"石油收入最大化"是主要目标。

4. 石油储备的功用和必要性

本章的分析结论，将有助于我们理解自 1974 年以来国际石油市场上出现的一个现象，即西方石油消费国，包括后来成为石油净进口国的中国、印度等国家，为什么不惜巨资去建立庞大的石油库存。

我们的分析表明，20 世纪七八十年代官价的参照物是现货价格，从 20 世纪 80 年代后期到目前，期货价格成为现货价格的引导，因而在出现石油危机和油价一涨再涨时，只要采用某种办法短时间内控制国际石油市场的供给，抑制现货石油价格和期货石油价格的上涨，那么国际石油市场的油价也就无法上涨了。正是从这点考虑，1974 年成立的国际能源署将建立庞大的石油库存作为各成员国的主要任务之一，该组织希望用自己手中的这笔石油存货来缓解可能出现的石油供应紧张和随之而来的油价暴涨。从 20 世纪 90 年代以来的实践来看，虽然它不能从根本上抑制进入 21 世纪以来的国际石油价格的不断上涨，但在应对某些突发事件以在一定程度上稳定国际石油市场时，还是有效的。例如在 1991 年 1 月 16 日海湾战争爆发前和爆发后，美国政府和国际能源署发表声明，表示如因战争而使石油供应受到冲击，将运用石油储备，从而有效地抑制了国际石油价格的上涨。2005 年 9 月 2 日晚，为帮助缓解因美国“卡特里娜”飓风造成的石油市场紧张局面，国际能源署执行总干事克洛德·芒迪于 2 日宣布，该机构所有 26 个成员国一致同意动用战略石油储备，为期 30 天，总计投入市场的石油将达 6 000 万桶，其中美国政府将动用 3 000 万桶战略石油储备，以弥补原油市场近日因“卡特里娜”飓风造成的市场供应短缺，平抑市场油价。这是在和平时期，国际能源署及其成员国最大规模的一次动用石油储备的行动。当天，纽约商品交易所原油期货下跌 1.90 美元，伦敦北海布伦特原油期货也下跌 1.66 美元，促使当时的国际油价连续回调，2005 年 11 月油价一路跌破每桶 60 美元、58 美元和 57 美元关口。

2017 年 5 月 22 日晚，美国政府公布的预算方案中提出，自 2018 年 10 月开始逐渐出售国家战略石油储备，未来 10 年内将出售国家战略石油储备一半的量。[19] 本届美国政府做出这个提议，背后有非常复杂的原因，其中主要原因是美国已经成为油气出口国，通过自卡特政府以来多届美国政府的努力，美国离能源独立越来越近。但是，对于像中国、印度这一类新兴的石油消费国和对进口石油依赖越来越高的国家来说，建立一定规模的国家战略石油储备，应该是不得已的，也是不二的选择。自20世纪70年代以来，动荡的国际石油市场给世界石油消费国、进口国和国际社会惨痛的教训，至少在未来二三十年还不能被忘记，我们将在本书后面的有关章节中再进行具体的分析和讨论。

第 13 章

石油市场是一个近乎完全竞争的市场

导 语

通过第10~12章共计三章的分析，我们构建了解释和回答20世纪70年代以来国际石油价格为什么会出现两次大轮回的理论框架，系统地分析了供需结构、市场参与结构、交易方式结构在20世纪70年代以来国际石油形势大动荡中所起的具体作用，这些分析从经济学理论上证明了市场力量才是决定国际石油价格大幅波动的唯一内在最根本的力量。近160年来，尤其是20世纪70年代以来近50年的国际石油市场变迁历史还说明，国际石油市场是一个近乎完全竞争的市场，国际石油市场存在三个非常明显的核心参数，这三个核心参数决定了国际石油市场存在周期性波动的规律。在一个近乎完全竞争的市场中，任何神话、阴谋在长时间周期里都将荡然无存。世界石油工业存在着资源的无限性、可替代性和技术进步的无尽性三大特点，这决定了从长期看任何企业或政府都无法垄断或控制国际石油市场。世界石油工业的历史证明，国际石油价格的上涨和下跌都不利于世界经济社会的稳定和可持续发展，从理性的角度看，国际社会应该共同努力来维系国际石油市场的稳定，但是国际石油市场近乎完全竞争市场的特性，决定这只能是我们的美好愿望。

一、市场力量是国际石油价格大幅波动的内在最根本力量

通过对市场供需结构、市场参与结构和交易方式结构三个层面的分析说明，20 世纪 70 年代以来近 50 年国际石油市场的大动荡，不是人为因素造成的，而是有其市场内在的逻辑。进一步分析，我们还可以发现，从长时间周期看，国际石油市场基本符合完全竞争市场的 4 个假设条件，是一个近乎完全竞争的市场，国际石油价格的上涨或下跌存在明显的时间周期。因此，我们认为，市场力量是近 160 年来，尤其是 20 世纪 70 年代以来近 50 年国际石油价格大幅波动的内在最根本力量。

（一）国际石油市场既不存在“阴谋”也不存在“神话”

在前面的三章中，我们使用翔实的数据、资料和统计学的工具及方法，层层递进地回答了 20 世纪 70 年代以来国际石油价格为什么会上涨下跌、大涨大跌，以及我们看到的高到每桶 147.27 美元和低到每桶不到 10 美元的油价运动轨迹；说明近 50 年来国际石油价格的每一次上涨、大涨或下跌、大跌，都有其内在的逻辑，无论是

国际石油市场的供给和需求、买卖多方的市场参与者、或官价现货期货的市场交易，都为其准备了必要的前提条件，国际石油价格的每一次上涨、大涨或下跌、大跌都是必然发生的，某些市场参与者只不过或多或少地利用了环境或机会，部分实现自己的目标罢了。

正如我们在自序中谈到的，石油对人类社会方方面面的巨大影响和近 160 年来石油行业积累的巨额财富，使得国际石油市场充满传奇，或者更多的传说，乃至最高级的阴谋等。似乎与石油本身或与石油相关的某些事件不带点传奇色彩和阴谋都摆不上台面，更谈不上重要。当然，我们无法也不能否认，近 160 年来世界石油工业发展史中肯定因追逐财富、暴利而发生过数不胜数的血腥事件，但从长时间周期看，这些都不过是世界石油工业发展史中的一点浪花，无法改变市场力量是国际石油市场最根本内在动力的本质。

不谈我们前面三章冷冰冰的经济学理论分析，仅从第 2~8 章国际石油市场变迁的历史中，我们就可以看出，无论是一家私人企业（如洛克菲勒的标准石油公司）、私人企业组织（如“七姊妹”），或是石油生产国组织（如石油输出国组织）都无法在较长的时间周期内垄断或控制国际石油市场，决定国际石油价格的高低，它们都如过江之鲫，只不过是国际石油市场某一阶段或时期的匆匆过客。当然，我们可以说，正是由于这些匆匆过客，近 160 年的世界石油工业才丰富多彩，才能够吸引社会大众关心、探究国际石油市场。

（二）国际石油市场符合完全竞争市场的 4 个假设条件

在近 160 年世界石油工业的历史中，虽然出现过很多市场参与者试图通过自己的努力维持市场的稳定，或一般我们称之为对国际石油市场的“垄断”，但是这些努力都是短时间的，不能改变石油形势的长期趋势。究其原因，除了我们前面三章从经济学理论层层递进的分析和解答外，再深入研究国际石油市场，我们还可以发现其存在另一个显著的特点。

微观经济学认为，只要具备以下4个假设条件，这个市场就是完全竞争的市场。第一，大量的买者和卖者，即市场上有众多的生产者和消费者，任何一个生产者或消费者都不能决定市场价格。第二，产品同质性，即市场上有许多企业，每个企业不仅在生产某种同质的产品，而且在产品的质量、性能、外形、包装等方面也是无差别的，以致任何一个企业都无法因自己的产品具有与他人产品相比的特异之处来影响价格，形成垄断，从而享受垄断利益。对于消费者来说，无论购买哪一家企业的产品都是同质无差别产品，以致众多消费者无法根据产品的差别形成偏好，从而避免这些产品的生产者形成一定的垄断性而影响市场价格。也就是说，只要生产同质产品，各种商品互相之间就具有完全的替代性，这很容易接近完全竞争市场。第三，资源流动性，即厂商进入或退出一个行业是完全自由和毫无困难的，任何一个生产者，既可以自由进入某个市场，也可以自由退出某个市场，即进入市场或退出市场完全由生产者自己自由决定，不受任何社会法令和其他社会力量的限制。在一个较长的时期内，生产者只能获得正常的利润，而不能获得垄断利益。第四，信息完全性，即市场上的每一个买者和卖者都掌握与自己的经济决策有关的一切信息，做出自己的最优经济决策，从而获得最大的经济效益。而且，由于每一个买者和卖者都知道既定的市场价格，都按照这一既定的市场价格进行交易，这就排除了由于信息不通畅而可能导致的一个市场同时按照不同价格进行交易的情况。

对照以上4个假设条件，我们认为，从长期看国际石油市场基本上就是一个近乎完全竞争的市场。第一，从石油的功用角度来说，常规和非常规石油资源，都是无差别的，具有完全的替代性，事实上很多国家的炼油厂在设计时还特别强调原料油资源的多样性，从而使使用者可以选择更多样的原油。第二，理论和现实都是，世界上任何一个石油生产国都可以自主地销售自己的原油资源，任何一个石油消费国也可以根据本国炼油企业的设计标准按最经济原则进口所需的原油。即使我们看到，某个时期因某方面的原因，某些石油生产国对某些石油消费国进行禁运，或某大国对某一石油生产国进行禁运，哪怕最长时间为十多年，如美国对伊拉克和伊朗的禁运，但终有解禁的一天，这些石油生产国的石油终究还会进入国际石油市场，而石油生产国对石油消费国的禁运时间为时更短。这也就是说，从国际石油市场来说，从长期看，国际石油贸易是充分流动的。第三，信息的完全性则更明显，特别是自20世纪80年代后期以来，随着石油现货交易和期货交易的兴起及不断壮大，加之世界范围的信息革命，使包括国际石油市场信息在内的各种信息充斥泛滥，国际石油市场和交易已经基本处于完全透明的状态，无论是石油生产国还是消费国都可以在第一时间获取自己所需的信息。尤其需要指出的是，目前世界上很多政府间组织在石油和能源市场的信息共享方面做了大量的工作，如国际能源署等，石油生产国和石油消费国通过众多的双边和多边机制都在进行范围广泛的信息交流活动。第四，可能有争议的一点就是第一点，虽然大家都认同国际石油市场存在数量众多的生产者和消费者，部分符合“大量买者和卖者”的条件，但在一般人的印象中，国际石油市场过去和现在都存在过或存在着类似“卡特尔”这样的垄断组织，如洛克菲勒的标准石油公司、“七姊妹”和石油输出国组织等，这些组织获取过大量的垄断利润，因此认为国际石油市场是一个垄断市场。在前面的讨论中，我们一再指出，我们不否认在某一个时期国际石油市场存在着某种类型的市场维护者，通俗意义上说就是所谓的垄断者或“卡特尔”，但这都是一个极短时期的现象，由于我们前面谈到的世界石油上游生产存在三大特点，过了某一时间点之后，这些所谓的垄断者或“卡特尔”实际上不得不承担的却是市场平衡和稳定维护者的角色，自 20 世纪 80 年代初以来石油输出国组织不断采取“减产保价”政策就是这一现象的具体表现。从长时间周期我们看到的是，世界石油工业的历史上，没有一家企业、一个国家或政府间组织能垄断国际石油市场的供给和决定国际石油价格的走势。因此，国际石油市场也基本符合完全竞争市场的第一个假设条件。正是基于这一原因，我们认为并提出，从长时间周期看，国际石油市场是一个近乎完全竞争的市场。

事实上，在前面第 10~12 章的讨论中，我们从国际石油市场供需结构、市场参与结构和交易方式结构三个层面，使用大量的数据和计量经济学的方法、工具，论证了供需结构主导了国际石油价格的波动，市场参与结构制导了国际石油价格的波动，交易方式结构引导了国际石油价格的波动。这三章的分析证明，从长期看，20 世纪 70 年代以来的近 50 年国际石油形势的大动荡历史说明，市场力量是决定国际石油市场波动的最根本力量，国际石油市场就是一个“近乎”完全竞争的市场。

（三）国际石油市场的波动存在明显的周期性规律

国际石油市场不仅仅是一个近乎完全竞争的市场，通过认真分析和细致梳理 20 世纪 70 年代以来世界石油工业的有关统计数据，我们认为，国际石油市场还存在油价上涨下跌的时间周期、石油输出国组织市场份额和剩余石油生产能力三个核心指标参数，这三个核心指标参数都有具体的临界值，当其临界值来临时国际石油价格就会上涨或下跌，国际石油形势就会出现动荡。因此，国际石油市场的波动是周期性的。

1. 石油价格上涨的 10 年和下跌的 20 年时间周期

图 13–1 所示为 1970—2016 年的 47 年间沙特阿拉伯轻质原油和英国布伦特原油现货价格，基本上代表了这 47 年间国际石油价格的走势，而且是当日美元价格，没有根据 2016 年美国消费者物价指数进行调整。我们对这 47 年间的国际石油价格走势进行了简单化的处理，这 47 年间的国际石油价格可以分为 4 个阶段。具体情况如下：

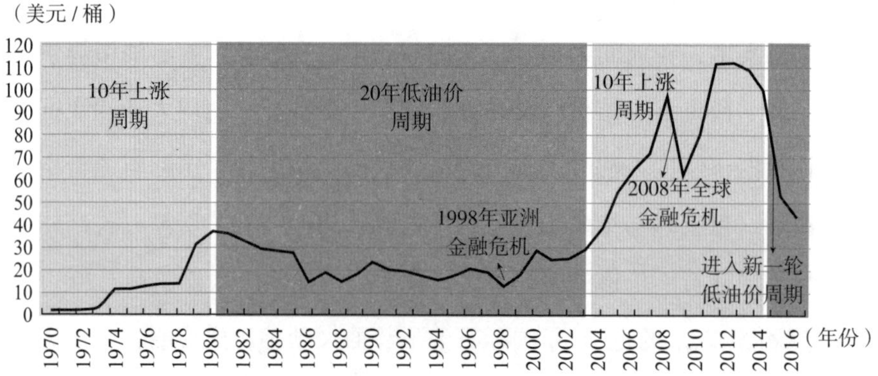

图 13–1　1970—2016 年国际石油价格变动中的三个周期

资料来源：*BP Statistical Review of World Energy June 2017–underpinning–data.*

第一阶段，从日历时间看是 1970—1980 年的 10 年，基本上涵盖了第一次和第二次石油危机，国际社会第一次遇到了国际石油价格的大幅度上涨。严格意义上这一阶段的时间点应该为 1973—1983 年，从1973年年初国际石油价格开始上涨，其间经历了第一次石油危机和第二次石油危机，在1983年3月2—14日举行的第67届特别会议上，石油输出国组织从1960年成立以来第一次宣布降低自己的标准原油价格。因此，这一阶段可以看成是国际石油价格上涨的时期，为期10年。

第二阶段，从日历时间看是1981年—2003年年底，但从国际石油市场的真实事件看，我们认为应该是1983年—2003年年底，在这一期间国际石油价格不断下跌，1986年更是发生了自20世纪70年代两次石油危机后的第一次石油价格暴跌，其间在1998年12月和1999年2月国际石油价格跌至第一次石油危机以来的最低点，每桶只有9美元略高一点，这一阶段可以视为国际石油价格暴跌后持续处于低价格的时期，为期20年。这一期间发生的重大经济事件是1997年的亚洲金融危机，正是这次危机导致了1998年的历史性低油价。

第三阶段，从日历时间看是从2004年年初到2014年下半年，其间是进入21世纪以后国际石油价格的不断上涨并创造了历史性的最高点，这一阶段可以视为国际石油价格不断上涨的时期，为时也基本上是10年。在这一期间，2008年下半年发生了金融危机，国际石油价格出现了暴跌，但鉴于从2009年开始国际石油价格又调头向上，油价下跌的时间维持较短，我们将此作为偶发事件不予考虑。

第四阶段，从日历时间看是从2014年下半年开始发生的国际石油价格暴跌和自此之后的持续低油价，目前国际石油价格仍在每桶50美元上下波动。因此，我们可以说目前是2014年下半年国际石油价格暴跌后的低油价时期，至于这一时期什么时间结束，取决于当前和未来国际石油市场供需结构、市场参与结构和交易方式结构的变化，我们将在本书第 14 章进行深入的讨论。

需要特别指出的是，我们提出的自 20 世纪 70 年代以来 47 年间国际石油价格 4 阶段的划分，是我们根据这 47 年间国际石油市场一系列重大事件和石油价格有关具体数据直观得出的，是为了分析和说明问题的方便，当然，可以对这些时间段严格意义上的具体时间节点及其划分的理由进行更加深入和科学的讨论。这一简单的时间段划分，有助于我们研究和思考国际石油价格的变化周期，同时这一时间段中石油价格上涨周期的划分也正好与石油生产的实际基本吻合，我们知道典型的石油上游勘探开发时间周期也基本上是 10 年左右，即一个典型的石油勘探开发项目从筹备、勘探、打井到达到设计生产能力，所耗费的时间差不多需要 10 年。这就是为什么我们从 20 世纪 70 年代以来的国际石油市场中看到，石油价格从上涨到高点之后差不多 10 年时间里，国际石油市场的供给就开始过剩。在本节后续我们讨论石油生产的三个关键概念时，我们还会谈到石油上游生产的若干特点。

2. 石油输出国组织市场份额与石油价格的波动

图 13–2 所示是 1970—2016 年石油输出国组织石油产量在世界石油供给中所占的比例变化情况。1970—2016 年的 47 年间，石油输出国组织的市场份额超过 50% 比例的，只有两年时间，分别为 1973 年（51.2%）和 1974 年（50.6%），这一时期正好是第一次石油危机期间，它从另一个侧面说明当时的石油输出国组织在国际石油市场中占有举足轻重的地位，也证明了为什么阿拉伯产油国的石油禁运能够奏效。

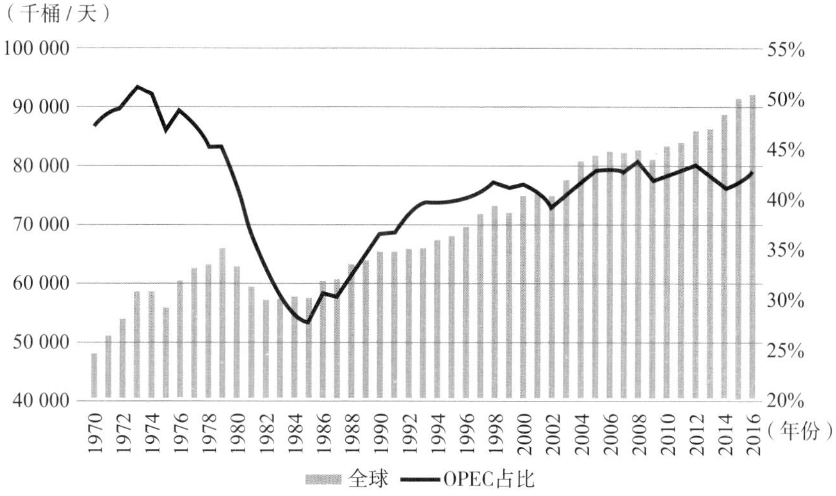

图 13–2　1970—2016 年石油输出国组织石油产量在世界石油产量中所占的比重

资料来源：*BP Statistical Review of World Energy June 2017-underpinning-data.*

1970—1980 年的 11 年间，除 1980 年外，石油输出国组织的市场份额都在 45% 以上，其中 1978 年、1979 年和 1980 年的市场份额分别为 45.3%、45.4% 和 41.3%，1977 年则为 47.8%。这三年石油输出国组织市场份额不断下降的主要原因，是在这期间发生了伊朗革命和两伊战争，伊朗石油产量迅速下降，1977 年伊朗的石油日产量为 571.4 万桶，而 1978—1981 年分别下降到每天 530.2 万桶、321.8 万桶、147.9 万桶和 132.1 万桶。正是伊朗石油产量的直线下降，引发了第二次石油危机。

1981—2003 年的 23 年间，石油输出国组织的市场份额最高为 41.8%（1998 年），最低为 27.6%（1985 年）。在这 23 年间，1981—1995 年的 15 年间，石油输出国组织的市场份额都在 40% 以下，其中 1983 年、1984 年和 1985 年低于 30%，分别为 29.9%、28.7% 和 27.6%。这些统计数字说明，第二次石油危机后，面对世界石油需求的下降和非石油输出国组织产油国石油产量的不断增长，石油输出国组织面临越来越大的市场过剩压力，并解释了沙特阿拉伯为什么会放弃充当“浮动生产国”的角色并发动了1986年的价格战。在这15年间，石油输出国组织的市场份额都低于40%，它从另一个侧面说明了20世纪90年代持续低油价时期的国际石油市场供需状况。1996—2003年的8年间，石油输出国组织的市场份额又重回40%以上，最高为1998年的41.8%，最低为2002年的39.1%。从国际石油市场的价格走势看，在1998年12月和1999年2月出现第二次石油危机以来每桶9美元左右的最低点后，国际石油价格开始小幅上涨，陆续突破每桶20美元、25美元和36美元。虽然我们在前面的分析和讨论中，将1983—2003年的21年定义为持续低油价的时期，事实上这一期间的石油价格是前低后高，特别是从1999年之后国际石油价格就处于不断上涨过程中，国际石油价格的这一变化是与1996—2003年石油输出国组织的市场份额变化基本一致的。

2004—2016年的13年间，石油输出国组织的市场份额大部分时间在42%以上，其中2009年、2014年和2015年低于42%，分别为41.9%、41.2%和41.6%，而2006年和2012年超过42%，分别为43.1%和43.5%。2004—2016年的13年，正是进入21世纪后国际石油价格不断上涨、暴涨和暴跌和低油价的时期。

综合前面的分析，我们可以看出，石油输出国组织的市场份额在20世纪70年代时最高，为45%以上，甚至出现过超过50%的情况，这说明当时该组织的石油产量在国际石油市场供需关系中有至关重要的影响力。20世纪八九十年代，石油输出国组织的市场份额不断下降，说明了当时国际石油市场的供需关系已经大为缓和。而进入21世纪后，石油输出国组织的市场份额又重新上升到40%

以上并略有波动，说明国际石油市场的供需关系重新回到逐渐紧张并又趋于缓和的过程。通过以上分析，我们认为，47 年间石油输出国组织的市场份额变化，与国际石油市场石油价格的波动是基本吻合的。如果不考虑 20 世纪 70 年代的 10 年间较为特殊的情况，我们认为，从统计数字可以直观地看出，石油输出国组织的市场份额如果在 42% 以上，国际石油价格就处于上涨之中，国际石油市场的供需关系就处于较为紧张的状态；而石油输出国组织的市场份额如低于 42%，国际石油市场的供需关系就较为缓和，国际石油价格就将面临下跌的压力。因此，我们认为，42% 可以视为国际石油市场供需关系紧张与否的临界点。

3. 石油输出国组织剩余生产能力与石油价格的波动

图 13–3 所示是 2001—2017 年年初石油输出国组织剩余石油生产能力与美国西得克萨斯中质原油价格之间的关系。从图中可以看出，石油输出国组织的剩余石油生产能力与美国西得克萨斯中质原油价格之间存在较为直观的负相关性，即石油输出国组织的剩余石油生产能力低，美国西得克萨斯中质原油价格就高，反之亦然。

从这 17 年间的统计数据看，石油输出国组织剩余石油生产能力最高的时间点为 2002 年第 2 季度，为每天 609 万桶；最低的时间点为 2004 年第 4 季度，为每天 71 万桶。从统计数据看，2004 年、2005 年和 2006 年各季度，石油输出国组织的剩余石油生产能力最高为每天 196 万桶（2006 年第 4 季度），最低为 71 万桶（2004 年第 4 季度），平均每天约为 105 万桶。而石油价格暴跌后的 2009 年和 2010 年，石油输出国组织的剩余石油生产能力都在每天 300 万桶之上，2009 年第 4 季度和 2010 年第 1 季度更是上涨到每天 443 万桶和 434 万桶。2011 年第 3 季度至 2014 年第 4 季度，石油输出国组织的剩余石油生产能力在每天 200 万桶上下波动。[1] 因此，如仅从进入 21 世纪后的 17 年统计数据看，我们认为每天 100 万~200 万桶的剩余石油生产能力，应该是国际石油市场供需关系转折的临界点，即如果石油输出国组织的剩余石油生产能力处于每天 100 万~200 万桶之间，国际石油价格就将面临上涨的压力，当其大于每天 200 万桶时，国际石油价格将面临下跌的压力。

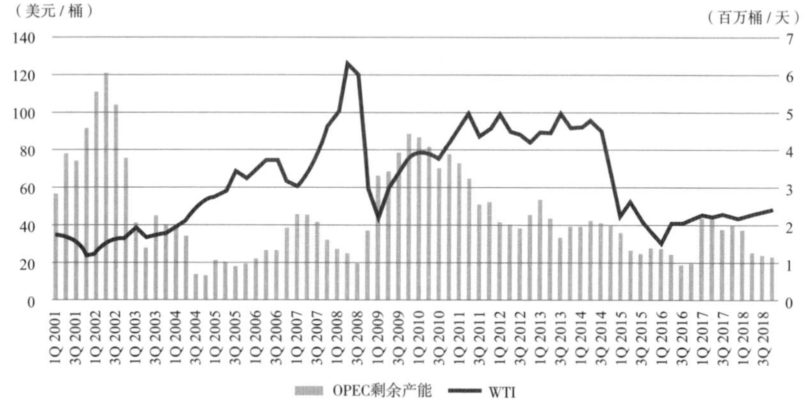

图 13–3　石油输出国组织剩余石油生产能力与美国西得克萨斯中质原油之间的关系

资料来源：EIA. *Short–Term Energy Outlook*, June 2017.

上述结论仅是根据 2001 年以来国际石油市场的统计数据直观得出的，事实上我们在第 10 章中详细分析了 20 世纪两次石油危机和 20 世纪八九十年代的国际石油市场供需结构，并着重讨论了两次石油危机前夕石油输出国组织和其主要产油国的剩余石油生产能力情况，这些分析说明正是因为当时石油输出国组织，特别是其主要石油生产国基本不存在剩余石油生产能力，才直接导致了两次石油危机的发生。与之相反的是，由于从 20 世纪 80 年代初开始，国际石油市场供过于求的情况越来越严重，石油输出国组织不得不采取"减产保价"的策略，并最终为争取市场份额而发动了价格战，它所反映的就是当时国际石油市场存在规模庞大的剩余石油生产能力。因此，我们认为，20 世纪 70 年代及其后期的国际石油市场情况与进入 21 世纪后的相一致，即高度紧张的剩余石油生产能力将导致国际石油价格不断上涨，甚至发生石油危机，而日益过剩的剩余石油生产能力不可避免地将带来国际石油价格的下跌甚至暴跌，其临界值应该为每天 100 万~200 万桶。

二、石油工业的资源特征决定了国际石油市场的周期性波动

近 160 年来，尤其是 20 世纪 70 年代以来近 50 年间的国际石油市场，之所以一直存在周期性波动并出现两次石油价格的大轮回，是由于世界石油工业有其明显的资源特点。从世界石油工业诞生近 160 年来，我们发现世界石油工业的生产存在非常明显的三大特征：石油资源的无限性、石油的可替代性和生产技术的无尽进步性。正是存在非常明显的上述三大特征，近 160 年来没有任何一家企业或企业集团或生产国组织，能够控制或垄断国际石油市场。

（一）当前和未来世界石油生产是有充足的资源保证的

自 1859 年大规模工业化开采以来，在过去的近 160 年时间里，作为世界经济的血液，石油为人类文明的发展做出了杰出的贡献。从 20 世纪中期开始，由于消费量不断增加，很多专家和机构对世界经济发展的前景表示担忧，认为石油资源将很快枯竭。但是，事实上，目前我们看到的不是石油资源的枯竭，而是国际市场中大量的

石油被消费，这一现象在未来相当长时间都将是常态。

从理论上说，地球上到底有多少我们能够开采的石油资源，多年来一直是各类专家们争论不休且无定论的话题。一般认为，全球常规原始石油的地质储量（OOIP）为 4.5 万亿桶，重油和沥青的原始地质储量为 9.5 万亿桶。其中，已经开采和消耗的常规石油为 1.1 万亿桶，假设常规石油采收率可以达到 45%，那么余下的常规石油可开采量约为 0.925 万亿桶；假设重油和沥青这些资源的最终采收率为 25%，那么重油和沥青的最终可以采出的资源量为 2.375 万亿桶。这样总的来说，地球上可开采的常规石油、重油、沥青的资源总量为 3.3 万亿桶。[2] 还有机构和专家认为，地球上可开采的石油总储量为 5.7 万亿桶；美国地质勘探局认为，全球常规可开采原油超过 3 万亿桶。[3] 英国石油公司认为，世界技术可采石油（旨在测量可用当今技术提取的资源）约为 2.6 万亿桶，到 2035 年全球的累计石油需求预计约为 0.7 万亿桶，明显少于中东一个地域的技术可采石油；现有的已知资源量远高于全球直到 2050 年甚至以后的消费量，在大多数情景下 2050 年全球累计石油需求量不足现有技术可采石油资源的一半。[4] 国际能源署认为，世界最终常规可采石油资源为 3.3 万亿桶，其中 1.136 万亿桶（约占 34%）已经被生产出来，剩余的可采常规石油资源为 2.2 万亿桶。如果加上天然气液和非常规石油资源，世界剩余石油可采资源量将翻番。在这 2.2 万亿桶剩余可采常规石油资源中，40% 已经探明（不含已经生产出来的石油），30% 是在现有油田中可以增加的，30% 仍未被发现。[5] 因此，综合各方面的评估，世界远景石油可采储量约为 5 万亿桶，按照 2016 年世界石油产量每天 9 215 万桶（约合每年 330 亿桶）计算，石油远景可采储量可供全世界使用约 150 多年。

事实上，上述我们引用的有关机构和专家的观点，都有两个非常重要的前提条件，即石油开采的技术水平和当时的经济条件。但是，这两个条件一直都是随着时代的变化而变化的。正是得益于世界范围石油开采技术水平的不断进步和经济条件的变化，过去人类发现了丰富的石油资源，未来也还将发现丰富的石油资源，世界石油生产无资源不足之虑。

科技革命和新技术、新发明的应用，能使世界石油供应有较大的增加。从石油地质学上来说，所谓探明石油储量是指在现有技术条件下探明的，而且开采是经济的石油资源。由于上述两个条件是变量，因而探明石油储量是一个可变的，只反映某一时期勘探、开发技术和经济条件的模糊概念，它随着经济条件的变化而变化。例如到目前为止，世界探明石油储量不但没有随石油消费的增加而减少，反而一直在增大。1937 年世界探明石油储量为 240 亿桶，1987 年上升到 6 974.476 亿桶，这 50 年间世界探明石油储量增加了 29 倍；1990 年，世界探明石油储量又上升到 9 991.135 亿桶，比 1987 年增加了 43.25%；到 2017 年 1 月 1 日，世界探明石油储量为 17 067 亿桶，比 1990 年增加了 7 075.865 亿桶，比增长了 70.82%，仅增加的数量就高于 1987 年世界的探明石油储量总和。因此，英国石油公司认为，全球探明的石油储量在过去 35 年翻了不止一番，每消费一桶石油时就有超过两桶石油被探明。[6] 因而，目前我们看到的世界探明石油储量只可供全世界使用 55.76 年，且大部分分布于石油输出国组织的情况，只是反映了我们以现有的技术、经济条件为基础的认识水平。

技术和经济条件这两个变量决定着探明石油储量的变化。目前世界上存在着大量未广泛使用的石油勘探和开发技术，这些技术的普及和推广将使世界探明石油储量大幅度增加。如美国得克萨斯大学估计，在现有油田中广泛使用的三维地震技术，仅得克萨斯一州就可增加 350 亿桶石油，美国全国可增加 1 000 亿桶石油，世界其他地区可增加 5 000 亿~6 000 亿桶石油，而且这种技术的找油成本是很低的。[7] 此外，美国石油协会权威人士认为，使用现有的技术对现有的油田进行重新勘探，美国石油储量可提高到 770 亿桶，世界探明石油储量可增加一倍；这些人士还认为，油价稍有上升但技术的进步可使美国的石油资源上升到 1 290 亿桶。[8] 除技术条件外，经济条件也对石油资源有重大的影响，如石油界人士普遍认为，如果 20 世纪 90 年代初时的油价增加一倍，世界探明石油储量将增加 10%；美国石油地质学会有人认为，如果油价上升到每桶 25~50 美元，在现有技术条件下，美国石油资源可增加 1 200 亿桶。技术和经济条件如能同时发挥作用，其影响要比它们各自的影响大得多，如果勘探和开发技术进步的同时油价也逐步上升，仅美国一国的石油资源将增加到 2 470 亿桶，美国将变成今日的沙特阿拉伯。[9]

地球上到底有多少可供开采的石油之所以被争论不休，除我们现有的技术能力和认识水平有限外，还有一个重要的原因，即地球上的石油天然气资源来源尚不明确。目前，学术界主流的观点是生物成油理论。大多数地质学家认为，石油像煤和天然气一样，是古代有机物通过漫长的压缩和加热后逐渐形成的，石油是由史前的海洋动物和藻类尸体变化形成。经过漫长的地质年代，这些有机物与淤泥混合，被埋在厚厚的沉积岩下，在高温和高压下它们逐渐转化成液态和气态的碳氢化合物，聚集到一起的石油形成油田，温度太高则会形成天然气。但是，生物成油理论有一个问题，因为即使把地球上所有的生物都转化为石油，成油量与地球上探明的储量依然相差过大。此外，近年来，有部分科学家提出了非生物成油理论，认为在地壳内有许多碳，有些碳自然地以碳氢化合物的形式存在，碳氢化合物比岩石空隙中的水轻，因此沿岩石缝隙向上渗透，石油中的生物标志物是由居住在岩石中的喜热的微生物导致的，与石油本身无关。[10] 这两个理论的结果差异巨大，如果我们相信生物成油理论，那么地球上的石油天然气资源肯定是非常有限的；如果我们相信非生物成油理论，那么地球上的石油天然气资源肯定会多得多，我们的子孙后代都会有丰富的油气资源保障。从20世纪70年代以来国际石油市场变迁的历史来看，对我们这一代人来说，无论我们相信什么理论，只要我们坚信人类社会的科技进步，未来相当长时间世界石油天然气资源是有充足保障的。

（二）使用的功用决定了石油是可替代的

早在1865年，英国一位名叫斯坦利·杰文斯的科学家预言，英国工业将由于缺煤而停产，并且没有其他的办法能补救动力工业的不足，英国经济由此不可能维持以往的发展速度。[11] 除马尔萨斯的“世界末日论”之外，能源问题上的“枯竭论”可能首发于此。当然，我们知道，不是因为煤炭资源的枯竭，而是在2015年12月18日，英国人为地关闭了其最后一座煤矿——凯灵利煤矿，从此煤炭产业彻底告别了英国历史舞台，始于300年前工业革命的英国的光辉历史彻底结束，标志着“一个时代的终结”。1972年，杰文斯的“能源资源枯竭论”又出现了现代版，这一年世界著名的罗马俱乐部发表了题为《增长的极限》的研究报告，在谈到资源问题时该报告认为：“现在，即使考虑到随着可利用资源减少而涨价这样一些经济因素，……按现在的发展速度，……铀到本世纪末即使按最高的价格也可能供应不足。……如果现在的消费率继续下去，到2005年，更多的矿物可能耗尽。”[12] 1865年离现在已有152年了，英国并未发生杰文斯所预言的事，罗马俱乐部的预测也没有实现，而且目前世界上大多数矿物资源也并未有短缺的迹象。

在石油领域，有关资源枯竭最著名的是“石油峰值论”。1949年，美国著名石油地质学家哈伯特发现了矿物资源的“钟形曲线”规律。哈伯特认为，作为不可再生资源，任何地区的石油产量都会达到最高点，达到峰值后该地区的石油产量将不可避免地开始下降。这就是石油峰值理论的核心，也是“石油峰值论”的源起。1956年，美国芝加哥大学地球物理学家马里昂·金·哈伯特在美国石油学会年会上发表了《石油峰值》一文，宣称石油储量有限，美国石油将在1976年达到峰值，世界石油即将衰竭。1974年，全球能源危机蔓延，哈伯特又一次在《国家地理》杂志上发表他的预测，认为如果当时的形势继续下去，全球石油产量将在1995年达到峰值。1998年3月，爱尔兰地质学家坎贝尔与法国石油地质专家拉合瑞尔在《科学美国人》杂志上，发表了《廉价石油时代的终结》一文，认为廉价石油时代必将终结，从而再一次使“石油峰值论”在全球流行起来。在“石油峰值论”专家的眼里，不是20世纪90年代末期将发生石油短缺，就是1998年世界将走在“资源耗尽的半途”，后又推迟到不是2005年就是2010年。当然，现在2010年早已过去，国际石油市场不是资源枯竭，而是供应过剩，市场上充裕的石油无处销售。

除了一些技术和方法论上的错误外，所有有关“末日”或“枯竭”论的主要错误是对于地球资源的认识问题。应该说，虽然地球规模是有限的，地球上的所有资源总量也是有限的，但是地球上某一特定的资源量是无限的。我们之所以这么说，是因为商品的功用性决定人类并不会一成不变地依赖某一特定商品，并由此而消耗完这一特定商品的资源量。比如，由猿进化成人后，人类在不同的阶段对木材的需求量都很大，在农业文明时期人类依靠木材作能源、造房屋和交通工具等；进入工业社会后，虽然我们仍在大量消耗木材，但由于发现了煤炭和石油，人类在能源方面已不严重依赖木材，而且我们还发明了其他材料，大量取代了木材在建造房屋和交通工具方面的作用。这就是说，对于人类来说，木材并不是不可缺少的一种资源，只要能得到同样的功用，我们就可用其他的资源来取代木材。

同样，这一道理也适用于石油这一特定的商品。我们知道，目前石油的主要功用有两个：一是用作能源，二是用作化工原料。前者是石油这一特定商品的最主要功用，正是这一功用，决定了石油这一商品对当代世界经济政治具有重大的影响。但是，也正是这一功用，决定了石油是可替代的。我们知道，石油商品在能源功用方面主要是用作运输、发电等动力来源。这就是说，我们使用石油的目的是用石油来发电，开动汽车、飞机和取暖等。反过来说，如果我们能从其他资源中得到同样的功用，且经济上也可行的话，我们就可以不用石油，而用其他的资源。因而，我们不是为了使用石油而用石油，只要我们能从其他资源中得到和消耗石油相同的效用，且经济上是可行的，我们就可以不用石油而用其他资源。

因而，我们认为，石油的功用性决定它与曾在人类文明发展史上做出过重大贡献的木材、煤炭等能源资源一样，只要有足够的资源储量，技术上可行且经济上有效益，是完全可以被替代的。

（三）替代常规石油的技术革命正在改变世界石油工业

20 世纪 70 年代两次石油危机后，世界范围内替代常规石油的生产技术获得了长足的发展。事实上早在 20 世纪 90 年代初，部分非常规石油的生产已经具备一定的市场竞争力，而进入 21 世纪后以美国页岩油为代表的非常规油气资源的大规模工业化生产，不仅使美国实现了“能源独立”，更改变了世界石油工业的历史。目前，世界上已经存在大量替代常规石油的技术并已实现了工业化规模生产，在可以预见的将来必然还会有大量新技术带来大量的新资源并不断替代常规油气资源。

1. 页岩油将继续冲击和制约常规石油资源的生产

在前面章节的分析中，我们一再说明，对当前石油输出国组织试图通过减产来稳定国际石油市场的努力冲击最大的，是美国的页岩油生产商和页岩油的产量。同 20 世纪 90 年代后期和 21 世纪初期不同的是，美国页岩油气的生产已经不再是媒体纸面上讨论的“阴谋”，对石油输出国组织来说已是如芒在背、如鲠在喉，事实上，对于世界上所有常规石油天然气生产商来说都是如此。

目前，世界主要有关机构和组织基本一致的看法是，世界上拥有非常多的页岩油资源。据美国《油气》杂志公布的统计数字，全世界页岩油储量约 11 万亿~13 万亿吨（合 80.3 万亿~94.9 万亿桶），大大高于常规石油资源的储量，全球油页岩产于寒武纪至第三纪。[13] 2013 年 6 月 11 日，美国能源信息署发布的一份有关世界页岩油气储量的评估报告，列举和统计了各国及其页岩盆地所估算的页岩油技术可采储量，覆盖了世界 42 个国家。报告评估认为，世界页岩油技术可采储量规模约为 3 450 亿桶，相当于全球原油供应量的10%。其中，欧洲约为129亿桶，主要集中在法国（47亿桶）、波兰（33亿桶）和荷兰（29亿桶）；苏联约为772亿桶，主要集中在俄罗斯（758亿桶）和乌克兰（11亿桶）；北美洲约为800亿桶，其中美国581亿桶、墨西哥131亿桶、加拿大88亿桶；南美洲约为597亿桶，其中阿根廷270亿桶、委内瑞拉134亿桶、哥伦比亚68亿桶、巴西53亿桶、巴拉圭37亿桶、智利23亿桶；亚太地区约为610亿桶，主要集中在中国（322亿桶）、澳大利亚（175亿桶）、印度尼西亚（79亿桶）、蒙古（34亿桶）；南亚地区约为129亿桶，其中巴基斯坦91亿桶、印度38亿桶；中东和非洲地区约为383亿桶，主要集中在利比亚（261亿桶）、阿尔及利亚（57亿桶）、土耳其（47亿桶）、埃及（46亿桶）、突尼斯（15亿桶）。报告列举的世界页岩油技术可采储量排名前10的国家分别是俄罗斯、美国、中国、阿根廷、利比亚、委内瑞拉、墨西哥、巴基斯坦、加拿大和印度尼西亚，这些国家的技术可采储量约占世界的81%。[14]

以上所列举的，仅是2013年时对世界页岩油资源的评估和认识。事实上，随着技术的不断进步，世界页岩油资源储量还在不断增加。仅以美国最大的页岩油产区——二叠纪盆地的原油储量为例，近几年随着技术进步和认识水平的提高，其资源储量不断增大。2007年，美国地质勘探局认为，按照当时的技术，二叠纪盆地斯普拉贝里油田的可采原油储量为5.1亿桶，而2017年该局认为这一地区的技术可采储量已经上升至42亿桶原油和878万亿立方米天然气，是2007年的8倍。与此同时，2016年11月15日，在对二叠纪米德兰盆地另一边的沃尔夫坎普页岩区进行勘探后，美国地质勘探局认为，整个西得克萨斯页岩构造带的预估原油储量达200亿桶，天然气储量达4 530亿立方米，还有16亿桶的天然气凝析液。[15] 若以每桶 45 美元的价格估算，这些页岩油资源总值为 9 000 亿美元。[16] 有美国页岩油生产商认为，二叠纪盆地的页岩油储量或高达 750 亿桶，仅次于沙特阿拉伯的加瓦尔油田。[17] 正是基于对页岩油储量的不断发现，挪威著名的能源研究团队雷斯塔能源公司的独立研究显示，美国拥有的可开采石油储量为全球第一，根据包括最近发现以及迄今尚未发现油田的潜在储量估计，美国拥有的可开采石油总储量为 2 640 亿桶，超过沙特阿拉伯拥有的 2 120 亿桶和俄罗斯拥有的 2 560 亿桶。[18] 因此，可以肯定的是，随着当前和未来勘探开发技术的不断进步，美国和世界页岩油的资源储量会不断增加。

与资源储量不断增加同时进步的，是美国和世界范围内页岩油生产成本的不断下降。在前面的有关章节讨论中，我们列举了大量数据和资料说明，目前美国主流页岩油企业的生产成本已经下降到每桶 35 美元左右，而且还在继续优化和下降过程中。早在 2016 年第 2 季度，美国先锋自然资源公司在其第 2 季度的业绩报告上声称，该公司在二叠纪盆地每桶油的开采成本仅为 2.25 美元，还不到沙特阿拉伯原油开采成本的 1/2。后来有专家通过分析该公司的报告指出，每桶 2.25 美元只是该公司在二叠纪地区开采石油的作业费用，算上税费、管理费用、利息费用等成本加上该公司第 2 季度的整体作业费用每桶 6.66 美元（其中二叠纪地区为每桶 2.25 美元），先锋自然资源公司每桶油的总成本为 18.88 美元。[19] 为此，美国先锋自然资源公司首席执行官斯科特·谢菲尔德认为，我们拥有世界上成本最低的原油储备，二叠纪盆地未来 25 年能继续产油，二叠纪盆地很可能成为美国原油产业复兴的标志。[20] 2017 年 5 月，美国二叠纪盆地的石油日产量约 220 万桶，相当于中国目前石油日产量的一半左右。能源数据机构 IHS Markit 预测，二叠纪盆地到

2021 年的石油日产量将达到 400 万桶。有机构和专家更加乐观地认为，在每桶 50~60 美元的油价下，二叠纪盆地石油日产量在未来将达到 500 万桶，最终将超过沙特阿拉伯的加瓦尔油田（目前日产量约 500 万桶），未来 10 年二叠纪的油气当量日产量将达到 800 万~1000 万桶，其中 70% 为原油。[21]

综合以上分析，我们可以看出，美国页岩油不仅是当前世界石油产业常规石油资源的最大替代者，是决定当前国际石油市场价格的风向标，而且随着技术的不断进步和成本的不断下降，它也必将成为未来国际石油市场事实上的边际成本决定者。2017 年，美国页岩油生产商大幅度增加了投资，将其 2017 年的预算提高 32% 增至 840 亿美元，而相比之下全球原油开发项目的预算增速仅为 3%。[22] 可以预见的是，未来只要有利可图，这一趋势仍将会继续下去。因此，行业专家们甚至连石油输出国组织也意识到，必须认真思考如何与美国页岩油和平共存。[23]

2. 非常规石油开发的技术条件已经具备，其资源储量更是十分丰富

我们所谈的石油一般是指API 22 度以上的常规石油。目前世界上还存在着大量API 22 度以下的非常规石油，如沥青、超重油、焦油砂、油页岩等，它们是可替代常规石油的。与常规石油的不同之处在于，非常规石油一般呈固体，不易开采。但是，它们的资源数量是巨大的，世界三个最大的非常规石油储地：美国绿河沿油页岩、加拿大阿尔伯塔省的油砂和委内瑞拉奥里诺科的重油，已知储量为 4 万亿桶，是已知世界最终常规石油储量的两倍。[24] 在世界非常规石油资源中，加拿大的油砂资源最有代表性。加拿大已探明石油储量为 1 752 亿桶，占全球石油储量的 11.91%，仅次于沙特阿拉伯和委内瑞拉，居世界第三位，其中 97% 源于油砂，阿尔伯塔省已探明油砂储量超过 1 700 亿桶，占世界油砂储量的 85%，是世界最大的油砂储藏地和产地。委内瑞拉以丰富的超重油资源闻名，剩余技术可采资源量达 4 970 亿桶，占世界非常规油气资源（油砂、超重油、致密油、页岩油）总量的 15%。

虽然目前世界上常规石油生产占主要地位，但是事实上某些非常规石油的开发历史早于常规石油。1859 年德雷克在宾夕法尼亚发现石油时，就已有 50 家以上的石油公司在美国和加拿大从油页岩中生产石油。1875—1960 年，约有 250 万桶能源当量的石油是从欧洲的油页岩中生产出来的。[25] 由于 20 世纪 70 年代两次石油危机对西方石油消费国的冲击，加之高油价的影响，不少国家开始致力于非常规石油的开发，经过 20 年的探索和花费大量人力、物力，世界非常规石油开发和使用的技术已基本成熟。在 20 世纪八九十年代，世界开发重油、超重油、沥青、焦油砂的技术一般为加注热水和热蒸气驱动，如埃索公司在加拿大冷湖、英国石油公司在美国狼谷、苏联在亚格尔重油田，就是采用蒸气注入开发重油；委内瑞拉用加热气汽化的方法开发奥里诺科的超重油，我国沈阳的高凝油田也是采用这种方法开采。开发和使用油页岩的方法主要是干馏法，如巴西国家石油公司就是用“佩特罗瑟克斯”干馏法生产页岩油。

除技术上可行外，20 世纪 90 年代初，世界非常规石油的开发部分已趋经济。如埃索公司的冷湖重油工程在西得克萨斯中质原油每桶高于 15 美元时就可获利，英国石油公司在狼谷通过加注蒸汽生产的重油成本仅为每桶 5.40 美元，加拿大合成石油公司从焦油砂中生产日产 14 万桶的 34 度合成石油的成本为每桶 11.07 美元。[26] 20 世纪 80 年代初，从油砂中生产一桶原油的总成本需要 35 加元以上，而到 90 年代末这一成本已急剧下降到了 15~18 加元。到 1998 年年末，阿尔伯塔省油砂提炼出的原油产量已经超过 24 亿桶，是加拿大最大常规油田彭比纳（Pembina）产量的两倍。2009 年 6 月，加拿大能源署的一项研究认为，油砂如果要合成原油，现金操作成本应该在每桶 18~22 美元，每桶 36~40 美元是考虑所有成本和 8%的回报率的所需油价，对应的国际原油的价格应该大致在每桶 45~50 美元。[27]

正是由于技术和经济上是可行的，1988 年 9 月，世界非常规石油产量达日产 50 万桶左右。[28] 2005 年，加拿大油砂的日产量已超过 100 万桶，达 104.7 万桶。[29] 20 世纪 90 年代，以色列成功运用从油页岩提取石油的新技术，从油页岩中提取成本低于每桶 20 美元的燃料油，这项技术的成功应用使以色列减少了近 1/3 的原油进口量。[30] 虽然与世界常规石油生产相比，这一数量占不了多大的比重，而且从试验、小规模生产到大规模生产尚有一大段距离，但其意义深远，它说明当今世界已具备大规模开发和使用非常规石油的技术和经济条件。只要国际石油价格上升到一定的高度并维持一段时间，世界非常规石油的大规模开发就会进行。此外，由于世界非常规石油资源主要分布在中东之外的地区和国家，如美国和加拿大等国，基于政治考虑这些国家会加速这些资源的开发。与此同时，当前非常规石油未能大规模开发的重要原因之一，是经济上的可行性，在这方面除国际石油价格的上涨外，还可以通过人为的政策加以改变，如在某种情况下某些资源国政府可采取适当的优惠政策，就像 20 世纪 90 年代美国鼓励和支持页岩气生产一样，这样非常规石油就会得到开发。因此，从这一点可看出，上述技术和经济条件如在未来发挥作用，石油输出国组织尤其是中东产油国在石油探明储量上的优势地位将失去，石油消费国尤其是西方工业化的石油消费国将依靠自己国土上的油气资源或另觅油源，目前世界石油储量分布的地域不平衡将消失，其对国际石油形势的影响将是巨大的。

3. 煤炭液化和清洁使用技术可能将给古老的煤炭行业带来新生

煤炭对世界文明的发展做出过巨大贡献，工业文明就是从烧煤中产生的，只是在1965年左右煤炭才被石油取代，降为世界第二位的能源资源。考虑到煤炭的主要功用和当今世界石油资源分布的不平衡，随着煤炭清洁使用技术的迅速发展，未来煤炭有可能仍然在人类的能源消费中占有一定的位置。

煤炭是世界上最丰富的化石能源资源。据第11届世界能源会议估计，世界煤炭预测储量为13.6万亿吨。据世界能源委员会发表的《1992年世界能源资源调查》显示，1990年年末世界煤炭可采储量为1.039万亿吨。[31] 2017年1月1日，世界探明煤炭储量为1.139万亿吨。[32] 煤炭分布广，遍及世界各国，远远大于石油、天然气的探明储量和可生产年限。但是，与石油天然气相比，煤炭具有开采、运输和使用方面的不足之处；更为突出的是，煤炭是石油、天然气等矿物燃料中对世界环境破坏最大的一种能源资源。因而研究煤的可用性技术，如减少煤炭对环境的破坏，煤的汽化、液化技术，提高燃煤效率技术和用煤合成石油的技术，是煤炭能否在未来重新被大规模使用并取代石油的主要前提之一。自从20世纪70年代两次石油危机以来，世界各国尤其是西方工业化国家竞相研究和开发新的煤炭使用技术，并已取得可喜的成绩。

减少煤炭污染的“洁净煤”技术，可能是煤炭未来被较大规模使用的关键技术。到1991年年底，世界上约有98座使用洁净煤技术的示范工厂在运行，其中美国占55座。[33] 西方国家还在大力加强这一课题的研究工作。以美国为例，用于洁净煤技术的专款1991年为39.1亿美元，1992年上升到46.5亿美元，1993年又增加到47.5亿美元。[34] 日本也计划建立洁净煤技术中心，推行"煤流创业"战略，向亚洲国家提供煤炭开采、运输和利用的技术援助，用以促进亚洲发展中国家的经济发展。[35] 这样，随着洁净煤技术的进一步发展，燃煤对环境的破坏程度将不断下降，据世界能源会议的长期预测，到 2060 年全球煤炭的消费量将比目前增加约两倍，其消费量将比天然气多一倍多，比石油多两倍以上。[36]

在煤炭新的应用中，煤的汽化和液化技术进展和影响较大。早在第二次世界大战期间，德国就采用费–托法把煤炭转化成航空燃料，1944 年时生产能力达每年 67.5 万吨。[37] 20 世纪 80 年代后期，日本和澳大利亚在澳洲的维多利亚建立了日处理 50 吨的褐煤液化工厂。日本计划用煤的液化来代替占国内一次能源供应量 1/2 的石油。当时有人估计，煤的液化和汽化技术将在 20 世纪 90 年代商品化。[38] 20 世纪 70 年代两次石油危机造成的高油价，尤其是进入 21 世纪后国际石油价格的不断上涨，刺激了世界上很多国家和企业投入大量的人力、物力，积极发展煤炭的汽化和液化生产技术，并取得了快速的发展。

在煤炭的液化方面，中国取得的成绩最令世界瞩目。从 20 世纪 90 年代中期开始，随着中国成为石油净进口国和石油对外保存度的不断攀升，煤制油研究已上升到国家战略高度。中国开展煤制油的企业，主要有神华集团、潞安矿业集团、内蒙古伊泰集团和兖矿集团，据不完全统计，大大小小的煤制油项目有 33 个。经过多年的发展，中国神华集团在煤制油化工领域已经形成完整体系，成为全球唯一同时掌握百万吨级煤直接液化和煤间接液化两种煤制油技术的公司。十多年来，神华集团建成并运行了 4 个大型煤制油、煤化工示范工程：鄂尔多斯煤直接液化百万吨级示范工程，年产

18 万吨煤间接液化示范工程，年产聚乙烯、聚丙烯各 30 万吨的神华包头煤制烯烃示范工程和年产聚丙烯 50 万吨的神宁煤业集团煤基烯烃示范工程。2015 年，神华生产各类油品化工品 1 047 万吨。2016 年 12 月，总投资达 550 亿元、全球单套规模最大的煤制油项目神华宁煤集团每年 400 万吨煤炭间接液化示范项目正式投产。“十三五”期间，中国还将有伊泰伊犁 100 万吨间接液化、伊泰鄂尔多斯 200 万吨间接液化、伊泰新疆 200 万吨间接液化、神华宁煤 400 万吨（二期）间接液化、神华鄂尔多斯 320 万吨（二期）直接液化、兖矿/延长榆横 400 万吨间接液化、潞安长治 80 万吨（二期）煤液化等项目陆续投产，这样煤制油产能在“十三五”末将达到 2 810 万吨。按照 70% 左右制成的燃油成品核算，每年将生产 2 000 万吨煤制油品。

鉴于世界拥有丰富的煤炭资源，如果未来国际石油市场产生大的动荡，国际石油价格发生大幅波动，已经产业化并实现大规模工业化生产的煤炭液化和清洁使用技术，必将对常规石油的生产带来较大的冲击。美国能源信息署预测，2015—2040 年，世界煤炭产量仍将增长 3%，接近 85 亿吨。在 2040 年之前，中国、印度、澳大利亚和美国仍将是最大的煤炭生产国，澳大利亚将是最大的煤炭出口国。未来几十年内，以煤炭为主的化石燃料仍将是电力生产的主力，世界上许多国家需要继续利用煤炭价位较低的时机，持续发展经济。[39] 因此，我们认为，某种程度上煤炭也可能会像页岩油和非常规石油资源一样，为国际石油价格设置一个“天花板”。

4. 天然气在不断挤占石油份额的同时，其液化技术还将抢夺石油在交通运输领域使用的比重

除石油外，所谓碳氢化合物主要的成员还有天然气。虽然与石油相比，天然气的知名度不高，但是由于天然气具有与石油基本相同的功用和石油所不具备的优点，如天然气燃烧排放的二氧化碳远远少于煤炭和石油，符合环境保护日益兴盛的需要，因而当前和未来时间里天然气将是石油在世界能源消费结构中的最主要竞争者。

世界拥有丰富的天然气资源。2017 年 1 月 1 日，世界天然气探明储量为 186.6 万亿立方米，按热值计算（1 吨原油的热值为 4 294 万英热单位，1 000 立方米天然气的热值为 3 656 万英热单位），全球天然气的资源储量相当于目前世界石油探明储量的 3/4。除已探明的储量外，全世界常规天然气潜在储量还有 292.9 万亿立方米。除常规天然气外，世界上还有大量的潜在储量比常规天然气大得多的非常规天然气，如 3 180 万亿~4 600 万亿立方米的煤层气，2 000 万亿立方米的水溶气，5 057 万亿立方米的水合物中的气和 1 500 万亿立方米的深源气。[40] 按最保守的估计，世界现有的天然气资源足以在今后 20~30 年内保证世界天然气的消费量至少增加一倍，并维持至少 20 年。[41] 而据美国能源部估计，美国天然气的资源储量可供消费 200 年。[42]

由于热值高，天然气在直接燃烧发电、取暖和用作普通的家庭用燃料上，比石油更具有竞争性。如目前传统的燃煤火力发电站的转换效率约为 36%，但燃气联合循环发电站的转换效率已达 45%。同时，在经济效益上，燃气发电站的发电成本只有燃煤发电站成本的 25%。[43] 因而，在这一领域天然气将挤占石油在世界能源消费结构中的一部分份额。如 20 世纪 80 年代后期，美国建造的发电站

约一半是燃气发电站，而六七十年代主要是燃煤电站和核电站。[44] 1992 年法国《发展论坛报》曾报道称，在 20 世纪内，用于发电的天然气将大幅度增加，到 2000 年，经济合作与发展组织欧洲成员国的天然气需求量将增加 120%，北美成员国将增加 100%，而该组织大西洋成员国将增加 60%。[45]

更为重要的，天然气还可用于石油的最主要功用领域——交通运输业，例如可以不加转化用天然气开动汽车。天然气污染小、价格低、资源丰富、技术成熟、安全可靠。在车辆的全生命周期内，天然气汽车的能源效率高于燃油车和大多数其他替代燃料汽车。与燃油车相比，天然气汽车可减少二氧化碳排放 10%（与柴油车相比）到 25%（与汽油车相比），减少氮氧化物排放超过 30%，减少硫化物超过 90%，减少碳排放超过 20%，减少粉尘排放接近 100%，几乎可以实现PM2.5 零排放。营运车辆推广使用天然气汽车有利于道路运输行业实现低碳绿色发展，有利于企业降低燃料成本。20 世纪 80 年代后期，世界上有大量的用天然气发动的汽车在运行，截至 1988 年年底世界总计约有天然气汽车 66.6 万辆，其中意大利有 30 万辆，新西兰有 10 万辆以上。[46] 1990 年 5 月，中国的天然气汽车已完成工业性试验，安全行驶 6 万公里。[47] 据国际天然气汽车协会（IANGV）统计，全球天然气汽车和加气站保有量在 2009 年分别达到 1 135.6 万辆（首次超过 1 000 万辆）和 16 513 座；2012 年达 1 673.3 万辆和 21 292 座，分别比 2009 年增长了 47.3% 和 28.9%，年均增长分别为 13.8% 和 8.8%。2013 年世界天然气汽车总量增长到 1 809 万辆，其中前 10 位国家的保有量为 1 555 万辆，占全球总量的 86%。据IANGV预测，到 2020 年，全球天然气汽车将达 6 500 万辆。[48]

更为重要的是，由于科技的进步，人们发现了天然气另一个重要的用途，可用天然气合成石油产品，是将天然气转变成对环境友好的燃料油和化学品，例如柴油、石脑油、石蜡及其他特殊产物，从而使天然气可直接取代石油。例如可用甲醇作为中间制品，来生产高质量的汽油。荷兰皇家壳牌公司用天然气转换成中间馏分物，用此可生产大部分石油产品，这种中间馏分生产石脑油、煤油和粗柴油的比例分别为 15∶25∶69 和 25∶50∶25。为生产这种石油替代品，荷兰皇家壳牌公司和英国石油公司分别投资 500 万美元和 600 万美元建造用天然气转换成石油的工厂。[49] 1993 年，壳牌公司在马来西亚建成了世界第一座天然气转化为石油的工厂。2002 年，英国石油公司在美国阿拉斯加州尼基斯基的试验装置投入运营。2003 年，康菲公司在美国俄克拉何马州庞卡城的试验装置开工。壳牌公司位于卡塔尔的珍珠天然气合成油是世界上最大也是商业化运营最成功的天然气合成油项目，每天能生产超过 26 万桶的各类成油产品，投资超过 200 多亿美元，天然气的需求量为每天 4 600 万立方米。南非沙索公司与卡塔尔天然气公司合作建设的奥里克斯天然气合成油项目 2007 年投产，油品产能为每年 146 万吨。2008 年，沙索公司与雪佛龙、尼日利亚国家石油公司合资在尼日利亚建设第二套天然气合成油项目，其规模、技术与奥里克斯天然气合成油项目相同，2013 年投产。2011 年，沙索公司与乌兹别克斯坦国家石油公司、马来西亚国家石油公司合资在乌兹别克斯坦建设天然气合成油项目工厂，油品设计产能为每年 173 万吨。天然气合成油技术也盯上了美国页岩气。因 2010 年墨西哥湾漏油事件下台的英国石油公司前首席执行官托尼·海伍德，于 2006 年组建天然气合成油合约公司，2011 年该公司在巴西石油公司的厂区内成功试运行了世界上首个小型天然气合成油项目。此外，英国伦敦切尔西足球俱乐部的亿万富翁老板阿布拉莫维奇也加入了市值4亿美元的Velocys公司，致力于在美国推广小型天然气合成油项目，将页岩气转化为燃料。

因此，在可以预见的将来，特别是随着世界范围内页岩气勘探开发活动的扩散和页岩气产量的不断增加，无论是直接使用或是转化为液化燃料，当前和未来天然气都是常规石油的强有力的竞争者。

以上，我们仅列举了4个有代表性的替代常规石油的技术和领域，事实上，目前世界上很多国家都在研究替代石油的能源来源，其中很多已经实现大规模工业化并已取得了较大的市场份额，其中最有代表性的是燃料乙醇的使用。2013年，美国燃料乙醇排名世界第一，达到了0.5亿立方米，占到了世界总产量（0.887亿立方米）的56.77%。美国燃料乙醇主要以玉米为原料。巴西是世界上最早开发燃料乙醇的国家之一，其燃料乙醇行业发展极为成熟，是第一个达到生物燃料可持续利用的国家，同时还是世界上唯一不使用纯汽油作为汽车燃料的国家。2013年，巴西燃料乙醇产量达到了0.237亿立方米，居世界第二位，占世界总产量的26.75%。巴西燃料乙醇的原料主要是甘蔗，2013年巴西有近60%的甘蔗用于乙醇生产。[50]巴西有近400万辆以乙醇为燃料的汽车，乙醇的消费量已占到全国汽车燃料消费量的43%，燃用含乙醇汽油的汽车现占巴西汽车总销售量的23%。[51] 2013年，欧盟燃料乙醇产量为519万立方米，排世界第三位，占世界总产量的5.85%，欧盟各国燃料乙醇生产原料主要为小麦和薯类。[52]因此，随着未来世界各国各种替代常规石油资源的技术的不断进步，国际石油市场的资源供应将日益丰富，多种非常规、可替代的资源，不可避免地将同常规石油资源展开激烈的市场份额竞争，传统意义上的石油生产国，如石油输出国组织和非石油输出国组织产油国，将面临越来越复杂的市场环境和竞争格局。

（四）新能源汽车将给世界石油消费带来越来越大的冲击

近几年，随着社会的进步和国际社会对环保的要求越来越高，世界范围内电动汽车等新能源汽车风生水起，成为当今世界最抢眼的新闻之一。2016 年，被业界视为电动汽车一个重要的“引爆点”年。2016 年，全球电动汽车登记数量约为 74.3 万辆，中国占了近半数（35.2 万辆）。自 2016 年起，中国上路行驶的电动汽车（分为插电式混合动力车和纯电动车）数量在 65 万辆以上，成为拥有电动汽车数量最多的国家。目前，全球电动汽车产量为 87 万辆，中国电动汽车产量的占比为 43%，位居第一，德国和美国的产量占比分别为 23% 和 17%。[53] 据国际能源署统计，2016 年，在路面上行驶的电动汽车数量激增至 200 万辆，而在 5 年前电动汽车可以说基本不存在。[54] 除了电动汽车领域最著名的特斯拉外，美国的通用、福特，德国的宝马、大众，日本的丰田、日产以及中国的比亚迪、上汽和北汽等，都在下大力气加速研发、推出新一代电动汽车，这让世界对电动汽车的未来发展充满了信心，预示着世界电动汽车产业前景可期。其中，世界最著名的美国电动车及新能源公司特斯拉公司的股价，从 2016 年 12 月的每股 180 多美元上涨到 2017 年 4 月的 300 美元以上，累计涨幅达 67%，从而使特斯拉一跃成为美国市值最大的汽车制造商。

如仅从技术角度来看，目前世界上存在纯电驱动和以氢为主导的燃料电池电动汽车两种，两种技术路线都已实现了产业化，未来电动汽车技术路线将呈现多元快速发展的态势。从全球来看，近几年来，纯电动汽车占据主要份额。不过，不考虑技术路线问题，由于环境保护的压力，特别是《巴黎协定》规定相关政府需承担相关责任和义务，目前世界上一些权威的组织和机构普遍认为，未来世界电动汽车将获得快速的发展，目前世界正处于电动汽车革命的边缘，预计会将汽油车踢到一边，取而代之的将是使用电池的车辆。著名的英国《经济学人》杂志更加激进，于2017年8月12日发表封面文章《内燃机之死》，认为内燃机已时日无多，世界汽车产业将进入动荡期，由此将导致世界能源需求与国际格局发生变化。[55]西班牙《经济学家报》则认为，电动汽车的发展，意味着高价石油的终结。[56]目前，世界上一些大的石油公司已为此带来的石油消费减少进行长期的准备。如壳牌公司的首席执行官本·范伯尔登就宣称，在各大经济体减少对石油的依赖并且越来越多地转向电动汽车之际，该公司正为石油需求开始下滑的那一天做准备。壳牌正在制订计划，以便在一个更多依赖可再生能源、更少依赖原油的世界中保持竞争力。[57]

为实现全球气温升高控制在2摄氏度以内的目标，《巴黎协定》提出，全球需在2030年前部署1亿辆电动车。国际能源署设定，到2030年，全球电动汽车保有量将超过1.5亿辆，2040年达到6亿辆，2050年达10亿辆；与此同时，到2030年，全球电动二轮车的保有量将超过4亿辆，2050年在中国市场以外加快部署的基础上实现完全电动化。[58]据清洁能源部长会议（Clean Energy Ministerial）下属的电动汽车倡议（Electric Vehicles Initiative）发布的报告预测，到2020年，全球电动乘用车的数量将达到2 000万辆，这包括了插电式混合动力车和燃料电池汽车。[59] 为推动世界范围电动汽车的发展，2017 年 6 月 8 日，包括中国、法国、德国、英国以及美国在内的 10 国政府推出了“电动汽车倡议”，设定到 2030 年将电动汽车、巴士、卡车以及厢式货车的市场份额提升至 30% 的目标。[60]

除国际组织和政府机构外，民间组织和机构也对未来世界电动汽车的发展抱积极的态度。位于德国贝尔吉施格拉德巴赫的汽车管理中心认为，无论人们对电动车的发展趋势持怀疑态度还是积极态度，到 2025 年，电动车的新牌照数量将达到 1 200 万~2 500 万张；到 2030 年，电动车的数量将猛增到 2 500 万~4 000 万辆。[61] 彭博研究团队估计，到 2040 年电动汽车将占全球轻型车新车销量的 54%，其保有量将达到全部轻型车总量的 33%，电动汽车销售占比在欧洲将接近 67%，在美国和中国将达到 58% 和 51%。电动汽车革命对汽车行业的冲击将来得更快，也更加猛烈。全球汽车行业将于 2025—2030 年进入拐点，到 2029 年，几乎所有主要市场的消费者都会发现，电动汽车的初始购置价格将与内燃机汽车持平甚至更低。[62]

根据英国石油公司的数据，2015 年，汽车液体燃料的需求量为每天 1 900 万桶，占世界总需求的 1/5。未来每增加 1 亿辆纯电动汽车，每天将减少石油需求量 140 万桶；由于效率的提高，每 1 亿辆自动驾驶的内燃机汽车，每天减少石油需求量 40 万桶；通过拼车，汽车行驶里程每降低 10%，每天减少石油需求量 250 万桶。[63] 国际能源署估计，2022 年，世界电动汽车的总保有量占届时交通工具总量的 1.1%，替代石油需求为每天 20 万桶。[64] 彭博新能源财经（BNEF）估计，到 2040 年，电动汽车将每天替代 800 万桶燃油，同时促进全球电量消费增加 5%。[65] 日本的专家估计，随着电动汽车的普及，

2050年日本加油站的数量将减少至现在的1/4。[66]高盛的一项研究认为，电动汽车的发展到2030年可能导致石油业每年减少1.9万亿美元收入。其中，石油加工业损失最大，也是最先受到冲击的行业。2026—2029年，从事石油加工的公司将失去6%~8%的市场份额，整个行业每年将少收入930亿美元。到2030年，石油每日需求量将减少200万~400万桶，每桶石油价格可能下降1~4美元。[67]

除电动汽车外，目前可供营运车辆使用的替代能源还有天然气、乙醇、甲醇、生物柴油、二甲醚等。以天然气汽车为例，天然气汽车的推广，主要受天然气与汽柴油比价关系的影响，在合适的比价关系的情况下，天然气汽车就会获得较快的发展。加上本节前面我们重点讨论的电动汽车，随着未来多种非内燃机汽车使用方式的不断增加和新能源汽车保有量的上升，不可避免地会直接影响到未来世界的石油消费。

此外，人们出行方式的变化，也会影响石油消费。以一段时间以来非常流行的共享单车为例，两年来共享单车蓬勃发展，仅在中国就投放了超过1 600万辆单车，超过1亿人注册成为用户，并在世界上很多国家迅速推广。对中国36个城市10万名摩拜用户进行的调查显示，自该服务被引入以来，受访者称开车出行的情况已经减少逾半。深圳市交通运输委员会的一项报告显示，该市的共享单车已超过50万辆，已取代了近10%的私家车出行或13%的汽油消费。[68]

综合以上分析，我们可以看出，一方面，世界上拥有非常丰富的常规石油储量，可以确保150年左右的正常消费；另一方面，更为重要的是，世界拥有更加丰富的非常规石油资源，替代常规石油的非常规石油生产已经实现大规模工业化，直接不使用石油的交通运输工具也在快速发展过程中，这些非常规资源和新技术都正在并将在更大规模上替代常规石油资源。因此，即使世界能源、石油消费在未来100年左右的时间里不出现峰值，未来相当长时间石油消费都会有充足的资源保证，石油资源不会“枯竭”。相反世界石油工业应该担心的是，人们会不会不愿再大规模地消费石油，就像已不愿大规模地消费煤炭一样，“石油时代”的辉煌过早地被告别。日前，有行业人士发出“石油业衰败速度或远超预期，将比煤炭行业还要快”“石油已迈向夕阳”的感慨，正是当前世界石油行业普遍悲观气氛的直接表现。[69]还有分析认为，10年前，中国石油股票上市时的市值达到了约7.1万亿元的巅峰状态，但在之后的时间里几乎一路下跌，至今已亏掉约5.6万亿元（约合8 400亿美元），是有史以来最大规模的市值蒸发，市值仅剩1.5万亿元，其背后深层次的原因，是旧经济模式失宠，行业迎来重创，电动汽车的发展无疑将重创石油产业。[70]

（五）石油生产的特点决定了国际石油市场的竞争行为

与其他大规模工业化生产的商品相比，除资源禀赋这个先天条件外，石油生产还有其特点，正是这些特点，决定了国际石油市场具有与其他商品市场不同的特殊性，从而使我们看到国际石油市场众多参与者的市场竞争行为，正是这些市场竞争行为导致了我们前面归纳出来的国际石油市场的三个核心指标参数。

1.一般石油生产与页岩油（致密油）生产的特点

石油天然气全产业链是一个非常复杂的过程，涉及上下游各环节，是一个庞大而复杂的产业集群。因本书不是石油天然气生产活动的技术性著作，因此，在此不涉及复杂的过程性和技术问题，只解释世界石油工业上游生产的有关概念，尤其是想解释清楚包括常规石油和非常规石油生产在内的一般石油生产与页岩油（致密油）生产的基本特点，希望这些解释能有助于理解我们对当前和未来国际石油形势的分析、判断及结论。

简单地说，我们称之为常规石油天然气生产的，指的是用传统技术就可以获得自然工业产量，可以直接进行经济开采的油气资源。而非常规石油天然气生产，指的是用传统技术无法获得自然工业产量，需用新技术改善储层渗透率或流体黏度等才能经济开采的连续或准连续型聚集的油气资源。非常规石油天然气资源的主要类型有致密油、致密气、页岩油、页岩气、煤层气、重油沥青、天然气水合物等。常规油气资源的平均采收率一般只有 30%~35%，提高采收率则会使储量开发至 60% 或更多，主要是通过将蒸汽、二氧化碳或化学物质注入井中来实现。

一般来说，一个油田在勘探发现以后就可转入开发阶段，油田开发的过程可划分为三个阶段。第一阶段是油田开发早期上产阶段，这个阶段随着油田开发井的钻成并不断投入生产，产量逐渐提高，直至生产能力全面建成达到产量高峰。第二阶段是油田全面投入开发以后中期的调整阶段，油田经过调整，进一步发挥出油藏的潜力，基本还可以保持一个较长的稳产期，稳产期长短与油藏类型、采油速度、措施工作有很大关系。这个阶段末期，对水驱动油田来说，大约可采出可采储量的 60% 左右，有的油田可达到 70%。第三个阶段是产量全面递减阶段，直到油田开采到没有经济价值为止。海洋石油勘探开发活动一般也被列为常规油气开发，区别在于其建设周期和投资大于陆上油田。海洋油气田的建设周期需要 5~10 年，工程投资是陆上油田的 3~10 倍，其中深海勘探开发的投资更高。

有些油井短短几个月就能收回全部成本，最长也不过五六年。如果油藏先天条件较好且从钻井到开采各个环节控制合理，一口井可以生产十几年、二三十年甚至更长。一个油田可以是一个含油气构造，也可以由若干含油气构造组成。即使是由一个构造形成的油气田，由于现代科学技术只能采出地下油气储量的30%~40%，油田也要不断新采或补充一部分更新井，或者采用更前沿的技术将地下资源尽量多地开采出来。这样，一个油田的寿命可长达上百年。例如，世界第一大油田——沙特阿拉伯的加瓦尔油田发现于1948年，探明储量达107.4亿吨，1951年开始投产，年产量高达2.8亿吨，油井为自喷井，原油含蜡量少，多为轻质油，产量占整个波斯湾地区的30%，经过50多年的开采后，到2005年剩余可采储量仍高达95.5亿吨。目前，加瓦尔油田仍处于壮年期，它的高产还能维持很多年。[71] 位于英国北海的荷兰皇家壳牌公司旗下的布伦特三角洲平台，是在1973年第一次石油危机后开始投入生产的，重2.4万吨，与埃菲尔铁塔等高、与帝国大厦等重，堪称工程上的奇迹。20世纪80年代的高峰期，壳牌在布伦特产出的原油每天就达50万桶，世界上交易最广泛的原油也以它命名，提供的能源足够英国半数家庭的用电，向英国财政部国库缴纳的税金高达200亿英镑（约合246亿美元）。刚投产时，人们以为它最多只能坚持20年，但实际上是在距其产出第一桶油40周年之后的2017年5月，平台才停产并将被拆除。[72] 中国的大庆油田发现于1959年，开发于1960年，其间5 000万吨的年产量就保持了26年。

以上介绍的无论是常规石油生产或非常规石油生产，为了问题讨论的方便，我们将其统一称为一般的石油生产。也有石油行业的技术专家，从开采技术的不同来区分常规石油与非常规石油。常规油田，一般来说是通过勘探发现油气资源，纵向打井到油层并进行开采；而非常规油井，则是最近十多年在美国兴起（不过技术早就已经出现了），通过横向打井并水压裂解的办法开采油气资源。社会大众和大部分媒体所称的页岩油，从严格意义上来讲应该被称为致密油，美国能源信息署在它的官方文件中就是这样定义的，它属于非常规油气资源的一种。由于近十多年来美国页岩革命的影响巨大，美国页岩油气的生产改变了世界石油工业的格局，并且仍将影响未来国际石油形势的走势，因此，我们专门要在此澄清有关页岩油生产的基本概念。

据不完全统计，美国页岩油气生产商超过 8 000 家，其中的绝大多数都是中小企业，当然它们都是私营企业，与国际大石油公司尤其是与产油国的国家石油公司相比，页岩油生产具有 5 个显著的特点。一是页岩油的生产更像是采矿，而不是一般意义上的油田，不存在严格意义上的储油层。在开采非常规油气的时候，某一特定的地域上按照计划的距离划分成正方形的格子，在每个格子中心进行打井。因此在英文当中形容这些非常规油用的是片区（Play），而不是油田（Field）。二是开采成本是一个动态的概念。传统的石油开发技术已经相对饱和，技术革新以及地质结构信息进展缓慢，开采成本的变化比较缓慢。而在非常规油气的生产中，技术从大概 10 年前引起注意到现在成为世界范围内石油供给一个极其重要的来源，经过了非常巨大的转变。生产商不断地改进横向钻井的技术，设备和基建的完善，开发效率的提升，机械设备供给市场的成熟以及生产商对油层地质结构理解的深化，这些都在不断地改变生产商的成本结构。再加上生产商始终在互相进行资产交易，整合自己主要片区周边地区，剥离非核心资产。因此，页岩油的生产成本一直是在动态的变化中，只能表示某一个时间点内的情况。例如开发效率的提高，打出一口油井所需的时间从2014年年末的20多天下降到2016年下半年的10天，光是这个变化就带来打井成本降低50%。三是服务商成本降低。油气企业其实并不负责具体的打井作业和构建设施，而是将这些工作外包给了服务商，如斯伦贝谢和哈里伯顿等。油气企业更像是基金经理，负责投资和管理资产，具体执行工作外包给这些服务商。事实上油价大跌之后，受影响最大的其实是这些服务商，因为油气企业可以选择收缩投资，现有正在生产的资产还能带来营收，而这些承包商的营收完全与每一年所获得的这些承包工作量有关。因为油气企业纷纷进行大幅度的裁员（油气行业企业的裁员都是以万计数的），在这种情况下，油气企业要付给服务商的成本大幅下降（可以以每天打井成本来标度），甚至可以达到30%以上。四是资产优化。每个生产商往往不会只专注于某一个片区，而是同时持有多个不同油气资产并承担相对应的风险和回报。资产组合可以是非常规油的片区A和片区B，也可以是陆上常规油和深海油，还有就是在已有油田提高油田采收率和加拿大油砂等，也可以是与中东国家进行的合作等。这样，在面对低油价的情况下，有条件的油气企业可以转而专注于自己最优质的资产（如果指的是非常规油气，被称为片区中的“甜点”），即使在极低油价情况下还能够保持盈利。五是融资支持。尽管油气企业在2015年和2016年的财务报表非常难看，但金融市场认为油价会回升到相对合理的区位，很多来自私募和银行的资金不但支撑油气企业渡过油价的低谷时期，还帮助部分相对更健康的企业进行了扩张，购买其他临近倒闭的企业或是其资产。[73]六是充分利用期货市场，对市场风险进行对冲。2017年上半年，美国页岩油生产商之所以能很好地应对低油价，就是充分利用了对冲交易，通过与华尔街银行的互换和期权交易来对冲风险。截至2017年8月底的数据显示，美国43家大型石油生产商对其2018年产量的23%进行了对冲，即每天68万桶，这一数字在9月正在不断增加。其中，2017年，先锋自然资源有限公司已经将产量的89%进行了对冲，并且目前对冲了2018年产量的70%左右；WPX能源公司已经以大约每桶52美元的价格对其2018年生产的大部分产品进行了对冲，并开始建立仓位，以保护2019年的销售。有能源经纪商联合表示，仅2017年9月25日"大规模原油对冲"在掉期市场上就达到近1 700万桶，大多数掉期的期限为一年以上。[74] 正是由于具有这样的特点，美国页岩油生产具有非常强的市场竞争力，只要页岩油气资源仍有保障且科学技术继续进步，其对国际石油市场中常规和其他非常规石油资源的竞争及影响就将持续下去。

2. 石油生产总成本和操作成本（费用或现金成本）

在分析和讨论商品价格时，一个绕不开的、必须考虑的最基本概念，就是一种商品的生产成本，它既决定着这种商品的市场价格，也直接关系到这种商品所在市场中各类生产者的市场竞争行为。

石油天然气行业的总成本概念一般指的是从事石油天然气勘探和生产活动的公司所发生的取得成本、勘探成本、开发成本和生产成本。其中，取得成本是指发生于购买、租赁或取得一个矿区的成本，勘探成本是指在矿区进行勘探发生的成本，开发成本是指为获取探明储量以及为开采、处理、集输和储存石油天然气提供设备所发生的各项费用，生产成本是指将石油和天然气提升至地面并进行集输、处理和储存时发生的成本。这 4 种成本的加总，就是某一企业为某一油气生产项目从购买区块到生产出油气资源所花费的全部费用，可以简单地说是某一项目的总成本，这里没有将税收、财务成本等包括在内。如美国 19 号财务会计准则规定，油气生产活动过程的成本划分为矿区取得成本、勘探成本、开发成本和生产成本。其中，生产成本包括油气操作成本和折旧摊销两个部分，其中操作成本包括生产过程中消耗的材料、燃料和服务，人工成本，维护和修理成本，已探明矿区财产、矿井和有关设备设施所适用的财产税和保险费，采掘税等。[75] 国外大部分石油公司报告中的生产成本是指操作成本，不包括折旧及摊销。

如果再细分，总成本等于固定支出（资本支出）加上变量/现金成本（运营成本），或称为操作费用。一般经济学的常识告诉我们，就某一企业对于某一油田项目的固定支出而言，在油田投产后就基本上没有什么意义了，因而被称为“沉没成本”。也就是说，在油田投产后，石油生产企业更多关心的是某一油田的操作成本或现金成本，即维持这一特定油田正常生产所需的现金支出，只要石油价格能够覆盖现金成本，就可维持这一油田的正常生产，而无须考虑总成本中的固定支出。这就是为什么我们在本书的有关章节一再强调：石油行业生产有一个突出的特点，即供给曲线在短期是无弹性的，只要石油价格长时间不低于某一油田的操作费用，这一油田即可维持正常的生产。表 14–5（见 821 页）所示为 2015 年世界典型石油公司的生产成本，从这张表中可以看出，这些典型石油公司的操作成本非常低，均值只有每桶 8.47 美元，最高的为每桶 12.10 美元，最低的只有每桶 3.32 美元。也就是说，只要国际石油价格不低于每桶 10 美元，理论上这些石油公司都可以维持正常的生产。有学者对巴肯页岩油气田可以得到的数字进行统计分析后认为，巴肯页岩油的开采成本每桶不高于20美元，生产税不高于每桶10美元，样本生产商的平均运营成本每桶接近20美元。[76]不过，从长期看，石油价格影响的是油田的总成本，如果目前石油价格过低或未来的石油价格预期走低，会影响到已投产油田的扩大再生产和新项目的建设，会使已投产油田的稳产期缩短和未来石油产量增长下降。正因如此，行业研究专家和资本市场的投资人都认为，尽管大宗商品市场不在乎遗留的固定成本，只在乎现在的成本，但潜在的投资者关心那些遗留的固定成本，因为这些会对公司长期的回报产生影响。

正确区分石油生产中的总成本和操作成本（现金成本）概念，再结合前面我们谈到的常规及非常规石油生产的特点，非常有助于理解20世纪70年代以来国际石油市场供应结构的变化。从短期看，石油生产企业和生产、出口国会不顾石油价格的高低，尽最大可能生产和出口石油，造成国际石油市场严重的供需失衡，国际石油价格走低。但是，从长期看，10年时间石油价格的不断走高，会刺激石油生产企业和石油生产、出口国大力开发石油天然气资源，国际石油市场的供给会不断增加；而20年左右国际石油市场的低油价，将抑制世界范围石油天然气的投资，会导致国际石油市场的供给不足。

有研究认为，从长时间周期（过去50年）来看，世界上很多能源公司并不能赚回其资本成本，因为统计数据说明石油行业的长期回报率为10%，而其资本成本达到了12.5%。[77]但是，即便这样，国际大石油公司还是世界上最赚钱和最有经济实力的公司群体，我们从多年来世界500强企业的排行榜中就可以看出这一点，过去和现在都有大量的资本涌入世界石油天然气行业，甚至在石油资源所有国要求获得风险勘探后利润的85%~90%的情况下，国际大石油公司仍然坚持在世界各国积极寻找石油天然气资源。正因如此，世界石油天然气工业被认为是高投入、高风险、高回报的行业。

总结以上5个方面的分析，我们认为，自1859年大规模工业化生产以来，近160年的历史说明世界石油工业具有三个非常显著的特点。第一，石油资源似乎是无限的。在前面我们谈到，世界各地的有关专家和机构通过多种方法估计，地球上石油的最终可采储量约为5万亿桶，人类社会已经开采和使用的约为1.1万亿桶，还有近4万亿桶等待着人类去开采和使用。这些数字，只是说明在未来相当长的时间内，世界石油生产是有资源保证的，石油在未来相当长时间是不会“枯竭”的。事实上，这些只是静态的数字。世界石油业近160年历史比这些数字生动得多，我们看到的是在过去的160年里大量的石油资源被不断发现，这其中既有常规石油资源，也有非常规石油资源，未来还会有大量的石油资源被发现和开采使用。在这方面除世界各国期待的北极地区丰富的石油资源外，就连勘探非常成熟的墨西哥湾浅海区域都陆续发现了大量的石油资源。如2017年7月12日，美国休斯敦塔洛斯能源公司发表声明，宣布与墨西哥独立能源公司塞拉油气在墨西哥湾南部海岸，距多斯博卡斯59.5公里的海域，发现大量轻质原油和天然气，API在28~30度之间，预估可开采储量达1.4亿~20亿桶。这次发现可被列入近20年来全球浅水海域原油开采的20大发现之一。[78] 2017年10月24日，美国政府宣布，将于2018年3月拍卖墨西哥湾31万平方公里海域的石油开采权，面积为美国有史以来最大，从技术层面看这片区域的原油可采储量为480亿桶。[79]第二，石油资源既高度集中，同时也是较为分散的。在前面我们谈到，当前国际石油形势的一大特点是，石油资源和石油生产高度集中在以沙特阿拉伯为代表的中东产油国，特别是中东六国。但是，这并不是说世界其他地区就没有石油资源和进行石油生产。仅就石油输出国组织而言，除中东六国外，还有位于非洲、拉丁美洲等地的 8 个国家。除石油输出国组织外，当今世界上还有大量的非石油输出国组织产油国，甚至作为世界第一大石油消费国的美国还是世界第一大石油生产国，作为世界第一大石油进口国的中国也是世界第七大石油生产国。因此，仅就国际石油市场的供给方来说，具有一定产量规模的大大小小的石油生产国就有 50 个左右。更为重要的是，未来随着大量常规和非常规石油资源不断被发现并投入生产，石油生产国的数量特别是石油生产国在国际石油市场中的地位，会不断发生变化。由于各个石油生产国处于不同的经济社会发展阶段，出于石油收入最大化的目的，这些石油生产国会在不同的时期在国际石油市场发挥不同的作用，国际石油市场的竞争格局会更加多变和复杂。第三，人类科技的不断进步，一次又一次地改变了世界石油工业的面貌。综观近 160 年的世界石油工业历史，基本上就是科技不断进步的历史。20 世纪二三十年代，地震反射波法、内燃机钻机和牙轮钻头等技术的广泛应用，使世界石油产量从每年 1 亿吨增加到 2 亿吨；20 世纪六七十年代，板块构造、注水采油、喷射钻井等新理论和新技术的出现，推动世界石油产量由每年 10 亿吨跨越到 20 亿吨；20 世纪 90 年代以来，三维地震和定向钻井等新技术的出现和广泛应用，使油气勘探钻井成功率从起初的 50% 上升到现在的 70%，单井获得的油气当量从 200 万桶增加到 700 万桶以上，加上海上物探、钻井、生产技术和装备的发展，使得钻井作业水深达到 3 000 米以上，海上石油产量已经占到世界总产量的1/3以上，盆地模拟、水平钻井、三维地震勘探和深海勘探开发等技术的突破，使世界石油年产量稳定在30亿吨以上。众所周知，美国页岩油气革命的成功更是科技进步的直接产物。正是由于石油科技的不断进步，我们前面谈到的石油生产的两个特点才有可能形成，探明石油储量的规模才能不断增大，因而“石油枯竭”的预言一再被攻破，一个又一个石油生产国出现在国际石油市场。此外，石油科技的进步，也给某一时期的国际石油市场的石油价格设定了一个“事实”上的天花板。回顾过去，石油科技进步创造了一个又一个奇迹，极大地改变了世界石油工业的面貌。我们坚信，人类社会的科技会不断进步，未来还会有大量的新技术和新方法带来世界石油生产成本的不断下降，使世界石油勘探开发活动更加方便，会找到更多的常规和非常规石油资源被人类社会利用。因此，科技进步和关键技术的突破仍将推动未来世界石油工业不断向前发展。

比以上三个特点更鲜活的，是近160年来国际石油市场的主要参与者，或者说“垄断者”的变迁历史。我们在前面相关章节中谈到，世界石油工业的上游生产，经历了从美国到苏联、拉丁美洲、中东再回到美国的发展历程，伴随着每一次变迁的，都是在新技术的使用下，石油资源的大发现。在每一次某一国家石油生产面临枯竭、石油产量不断下降的情况下，随着新技术的创新和应用，都会有大量常规、非常规石油资源被发现和投入开采使用，而且这些往往都是在石油价格不断上涨的刺激下产生的，其结果肯定是石油市场的又一轮供应过剩和石油价格的不断下跌。在20世纪七八十年代，我们无法相信美国这样一个常规石油资源几近“枯竭”的国家，在21世纪又变成了世界第一生产大国和重要的石油出口国。

这就是我们看到的世界石油工业从动荡到稳定再到动荡的循环往复的历史，而造成这一循环往复变化的正是世界石油工业上述三个显著的特点。

三、从全球治理的角度，积极探讨并维系国际石油市场稳定

近160年来，尤其是20世纪70年代以来近50年的国际石油市场大动荡给我们的教训是多方面的。为维护未来世界经济社会的稳定，我们衷心地希望，国际社会应该从近160年的世界石油工业历史中认真吸取经验和教训，采取积极的行动，努力探讨并维系国际石油市场和石油价格的稳定。但是，从1859年诞生以来，世界石油行业就一直处于动荡不定之中，石油价格的高高低低是常态，世界石油工业的这一特点决定未来的国际石油市场仍将会处于动荡不定之中。

（一）国际石油市场的大幅波动不利于世界经济社会

不谈1859年石油大规模工业化生产后的时期和20世纪20年代美国石油大发现后，美国国内石油市场的动荡和混乱，自20世纪70年代以来，国际石油形势的特点就可以用两个字进行高度的概括，即“动荡”；国际石油价格也可以用5个字高度概括，即“暴涨或暴跌”，或者我们反复用到的一个词“大幅波动”。本书上册的7章内容就是按时间顺序，叙述了20世纪70年代以来国际石油形势的这种动荡和国际石油价格的大幅波动。

20世纪70年代的两次石油危机，给当时的西方社会大众和官

员们带来了巨大冲击及震撼。谈到第一次石油危机的影响时，丹尼尔·耶金在其名著《奖赏：一部追求石油、金钱和权力的史诗》中指出，石油危机“直接动摇了美国资源用之不竭的信念”，“直至 1973 年 10 月，大部分公众甚至不知道美国进口原油，但开车人在几个月时间里，莫名其妙又无可奈何地看着汽油零售价上涨了 40%。”第一次石油危机给美国、日本等工业化国家带来的不仅仅是成品油供应的短缺，还引发了抢购。据说，当时有家庭主妇连洗衣粉、卫生纸都抢购，个别人存足了两年的用量。[80] 翻看当时的报纸、杂志，看到的是加油站大排长龙，出租车司机游行示威，日本首相大平正芳穿短袖西装上班。除了能看到的街面上的这些现象外，这两次石油危机带来的高油价，给工业化国家和国际社会造成的更深层次的影响，是随之而来的经济增长的衰退和世界范围的经济危机。从统计数字看，两次石油危机导致美国及主要工业化国家遭受了 1.2 万亿美元的损失，美国在两次石油危机中分别损失了国内生产总值的 2.5% 和 3.5%；不产油发展中国家的长期外债从 1973 年的 970 亿美元增加至 1982 年的 4 250 亿美元；石油输出国组织 1973—1981 年获得了 1 万亿美元的石油收入。1973—1974 年发生的石油危机，触发了 1974—1975 年世界性的经济危机。1973 年世界经济增长率为 6.9%，1973 年 10 月爆发石油危机后，1974 年世界经济增长率下降到 2.8%，1975 年进一步下降到 1.9%。1978—1980 年发生的石油危机，使世界经济增长由 1978 年的 5% 左右下降到 1979 年的 3.8%、1980 年的 2.3% 和 1982 年的 1.1%。世界银行根据两次石油危机的数字统计认为，如果世界原油价格每桶上升 10 美元，而且持续一年时间，则世界经济的年增长率会下降 0.5%，发展中国家的年增长率会下降 0.75%。在前面的有关章节中，我们已经用大量的数据、图表说明和展示了两次石油危机的影响。因此，20世纪70年代的两次石油危机，危机期间的大量社会现象和危机之后的大量数据，都说明了危机的影响是巨大的、深远的和复杂的，它给西方社会大众和主流国际舆论留下的印象是，石油危机和高涨的石油价格肯定不是好东西。

进入21世纪后，从2004年开始国际石油价格不断上涨，2008年年初国际石油价格突破每桶100美元大关后更是一路暴涨，虽然这一次国际石油价格的大涨是在和平时期且并不是在石油禁运的背景下发生的，但很多国家的民众走上街头抗议政府应对高油价不力，不断上涨的高油价给世界经济也带来了巨大的冲击。如2008年6月，马来西亚国内汽油价格上涨近41%，同年7月6日，马来西亚约1.5万名民众举行集会，抗议政府应对高油价举措不力，集会民众身着红色T恤衫，一部分人举着“反对油价上涨”的标语，表示油价上涨已对民众生活产生破坏性影响，尤其是穷人受影响最严重。[81]美国加利福尼亚州洛杉矶市有市民在好莱坞某大型石油公司的加油站前打出“太贵了！”的横幅进行抗议，途径的汽车均鸣笛“声援”，抗议的民众表示，“不能继续沉默下去了，要向无所作为的政府、国会和只顾赚钱的石油公司说‘别太过分了！’”。[82]更有趣的是，美国心理学家经调查发现，因为石油价格飙升、生活成本飞涨、工作压力大等原因，美国上班族的脾气变得越来越暴躁，近九成上班族认为现在工作中遇到的粗鲁行为比过去明显增多，而调查的结果是不断攀升的汽油价格无疑是上班族暴躁的重要原因。[83]同样，除了这些街头现象外，从具体的经济数据看，国际能源署认为，油价上涨对全球各地带来的影响是深远且多方面的。以2004—2008年度石油价格维持在每桶25美元为基本假设，并假定美元名义汇率维持在2003年年底的水平，这样如果油价由每桶25美元上涨到35美元，则高油价对经济合作与发展组织经济的影响如下：经济合作与发展组织成员国内生产总值在2004年和2005年分别下降0.4%，消费价格指数分别上涨0.5%和0.6%，失业率分别上升0.1%，所有成员中将有40万以上的人员失业，经常账户赤字分别为320亿美元和420亿美元，2006年将达到高点，超过500亿美元；在整个5年间，经济合作与发展组织成员国内生产总值下降0.3%。而对发展中国家和经济转型国家，在与经济合作与发展组织成员相同的假设条件下，油价每桶上涨10美元，非经济合作与发展组织国家（包括石油出口国）实际国内生产总值一年后将下降0.4%，发展中国家和经济转型国家的国内生产总值将下降1.5%。

2014年下半年国际石油价格暴跌后，一段时间里，石油消费国和主流的国际舆论，包括中国很多的机构和专家，都认为低油价有利于世界经济增长，有利于石油消费国。但是时到今日，人们已经普遍意识到，低油价不一定有利于世界经济增长，也不一定有利于石油消费国。丹尼尔·耶金认为，本轮油价下跌对世界经济的刺激不像原先想的那样大。对日本这样进口绝大多数油的国家而言当然是件好事；对于美国来说，因为原油进口已经从60%下降到25%，所以对经济的促进没有那么大，低油价意味着更少的投资并刺激了对原油的消费，所以低油价反而阻碍美国的能源独立；大宗商品输出国（不仅仅是原油输出国）则是大的输家，从2014年7月所有的大宗商品价格都下降了56%；原油价格大跌对于俄罗斯打击巨大，因为俄罗斯经济太依赖能源和其他大宗商品出口，2015年俄罗斯经济收缩了4%~5%。[84]

系统地分析，低油价对当前和未来世界经济政治的影响将是多方面的、深远的。第一，受低油价影响首当其冲的是石油输出国组织这类的石油生产和出口国。对于石油输出国组织等石油生产和出口国来说，低油价当然是坏事，我们在第6章用大篇幅，通过具体数字对比分析了进入21世纪以来石油输出国组织成员国石油出口收入的变化，形象而直观地说明了石油价格对这些国家的影响。更为严重的是，2017年第1季度，沙特阿拉伯出现经济负增长，是2009年以来的首次，主要的原因就是低油价。第二，除经济影响外，低油价也给产油国政治和社会带来了深远的负面影响，正在很多产油国制造政治和社会的不稳定，这些国家需要用石油收入来笼络看不到未来希望的年轻国民，通常这个人群的一半人口年龄不到25岁。6年前爆发“阿拉伯之春”的部分原因在于面包涨价了。油价下跌是否会引发类似不满的“之秋”或“之冬”？ 因此，廉价石油将影响多国政权的稳定以及“圣战”恐怖主义的吸引力。第三，更廉价石油的影响将从石油生产和出口国扩散出去。如海湾国家收入的下降促使这些国家雇用更多的本地人来替代原来的移民人口，这将会给这些移民的侨汇造成影响，尤其是南亚国家，例如印度、巴基斯坦、孟加拉国，2016年这些国家的侨汇减少了6.4%，给当地造成更加严重的影响。第四，廉价石油还会带来另外一些人们不想看到的结果，例如，它与其他因素叠加可能导致“能源地缘政治”的回归。2017年6月发生的卡塔尔事件，虽然它的核心原因在于沙特阿拉伯和伊朗的对决，但更深层次的原因是低油价给世界和中东地区政治秩序造成的变化和重组。对于低油价对世界石油天然气行业的影响，我们在前面有关章节中已进行了详细的分析和讨论，在此不再多费笔墨。因此，自2014年下半年以来的油价暴跌和持续近三年时间的低油价，已使世界上很多国家和机构意识到，廉价石油对世界未必是好事，低油价时代不一定能带来全球经济的正能量。[85]

对于本轮国际石油价格的暴跌和低油价为什么没有像预期的那样刺激世界经济的增长，给国际社会带来足够的正能量，有机构和专家通过分析认为，此次油价下滑对世界经济未来6年走势的影响，不能再参照历史模式。低油价影响，本质上是将财富由产油国转移至石油消费国。消费国受惠于低价能源，有更多的钱用于消费。一方面这些国家的公共财政支出能得到改善；另一方面，低油价让家庭有更多资金用于购买其他商品。因此，低油价只是做了财富“分配”工作。经济要出现增长，需要石油消费国的额外消费弥补和超过产油国消费缩水的份额。更有专家认为，此轮油价走低本身意味着经济已经出现消费疲软、增速放缓等诸多问题。国际货币基金组织主席拉加德也指出，世界不少地区，后金融危机的深层影响仍未消除，本轮低油价并不能帮助他们从根本上获得治愈。[86]

对于低油价的看法，中国有关机构和专家观点的转变最有代表性。2014年下半年国际石油价格暴跌后，中国很多专家和机构认为，低油价有利于中国经济，因为中国是石油净进口国，且石油进口的数量越来越大。例如，2015年年初，有机构分析认为，假设原油价格下降20%，未来一年中国国内生产总值增速将提升0.14个百分点，居民消费价格指数、生产者物价指数（PPI）约分别下降0.12、0.82个百分点，消费者实际收入约增加2 100亿；同时，油价下跌也将拓展政策操作空间，预计原油价格下降20%将带来基准利率下调25个基点的空间；此外，油价下跌形成的低通胀环境，也为财税、价格等改革营造了较好的背景环境。该机构还认为，低油价不会影响中国能源低碳政策的推进，不会影响中国的能源政策。[87]

这一时期，持同类观点的机构和专家很多。但是，随着2015年、2016年中国经济增长放缓，大量企业尤其是三大石油公司经济效益大幅下滑，机构和专家的观点发生改变，能更加全面和客观地分析低油价对我国经济社会的影响，认识到“低油价是把双刃剑”“中国不是油价下跌的大赢家”。[88]低油价不仅使当期国内石油产量不断下降，也使油气勘探开发的投资减少，势必影响未来我国的油气产量。2016年，中国全年生产石油1.996亿吨，是2011年以来首次降至2亿吨以下；更为严重的是，我国石油新增探明地质储量10年来首次降至10亿吨以下，全国油气勘查、开采投资分别为527.5亿元和1 333.4亿元，同比下降12.1%和29.6%，比2007年分别下降了14.4亿元和197.4亿元，回到了10年前的水平；同时，完成探井2 715口和开发井15 368口，同比下降10.2%和23.5%。[89]低油价对我国发展新能源的影响也很大，生物质能没法发展，用玉米和植物做成品油根本开不了工，煤变油也根本没法生产，对发展风电和太阳能发电在成本核算上也构成一定的影响。更为重要的是，当前的中国不仅仅是一个简单的石油净进口国，在海外还有大量的油气资源投资，为石油生产国提供了大量的油气项目贷款，中国也是世界上举足轻重的油气生产国。据不完全统计，截至2015年中国累计海外投资总额约3 000亿美元，2016年中国企业海外权益油气产量约1.55亿吨，相当于世界第九大石油生产国——阿拉伯联合酋长国的石油产量。自2014年下半年以来的石油价格暴跌和持续低油价，对中国海外油气投资造成了巨大的负面影响和冲击，很多企业和项目处于巨额亏损状态，经营举步维艰。因此，如果低油价持续的时间过长，势必对我国一些长期战略造成负面影响。

综合以上讨论和分析，我们认为高油价和低油价都不利于世界经济社会，高油价和低油价都会给世界经济政治带来复杂的影响和多方面的冲击。因此，我们认为，最为重要的是，国际石油市场的不稳定和国际石油价格的大幅波动是过去、当前和未来世界经济政治最大的心腹之患之一，过去国际石油形势的动荡给世界经济社会造成了实实在在的冲击，对未来预期的不可捉摸和难以把握会使得很多国家政府、企业和国际社会很难制订并持续执行长期的政策、战略，而短视和短期的政策行为又将带来长期趋势的不确定性，加剧动荡。

（二）石油生产和消费国积极努力维持国际石油市场的稳定

单纯地看，世界石油工业自1859年诞生以来，就有各种力量在试图寻找维持石油市场稳定的办法并为此进行不懈的努力，只不过在不同的政治气候背景和不同的语境下，人们将这种努力称为“托拉斯”“卡特尔”“垄断”等有政治和感情色彩的字眼。

如果冷静地回顾历史，客观地分析世界石油工业历史中发生的一些大事，我们就不难看出以下几点。第一，洛克菲勒步入石油业时正是美国石油工业面临严重危机的时期，由于石油的大发现和大规模开发,19世纪70年代美国的油价曾下降到每桶0.48美元，比当时石油区的食用水还便宜，更为严重的是，由于过度竞争，1871年美国炼油业已进入了大恐慌。正是在这一背景下，洛克菲勒成立了标准石油公司并通过持续的努力试图重组美国的石油工业。这是美国石油工业历史上，第一次由一家私营企业去试图稳定国内石油市场。第二，1928年9月，埃克森、壳牌和英国石油公司等达成《阿克纳卡里协议》的背景，是1917年苏联十月革命成功后石油工业进入大发展时期，世界石油市场面临一触即发的价格战，为避免大规模价格战带来的损失，国际大石油公司达成这个协议，同时拟定《分配协议要点》，对世界石油产量进行了安排，并达成“海湾基价加运费制度”的世界石油价格计算公式。这是世界石油工业的历史上，第一次由几家国际大石油公司试图稳定国际石油市场。第三，20 世纪 20 年代后期，美国又一次迎来了石油大发现和开发的热潮，1931 年 5 月美国石油价格跌到每桶只有 0.15 美元，最低只有 2 美分，美国石油工业又一次陷入了崩溃的境地。1931 年 8 月，美国得克萨斯州宣布处于“叛乱状态”，出动了国民卫队和州骑警队，授权得克萨斯铁路调查委员会管理石油生产。1933 年，罗斯福政府正式开始对美国的石油生产进行干预，对各州的石油产量实施配额，动用警察控制所谓“热油”的跨州流动。这是美国石油工业历史上，美国州政府和美国联邦政府第一次干预石油的生产，试图稳定国内石油市场。第四，历史发展到 1960 年，就是石油输出国组织的登场了。从 1960 年成立到 1973 年 10 月爆发第一次石油危机前，石油输出国组织及其成员国一系列行为背后的动机事实上非常单纯，就是要取得对自己国土上石油资源的控制权并尽可能争取到好的价格，用于发展经济，造福自己的国民。短暂的两次石油危机高油价的喜乐后，从 1983 年开始，石油输出国组织发现，无论出于什么样的目的，无论是被动地或是主动地，它都必须要去维持国际石油市场的稳定，不能让国际石油价格大幅度滑落，这就是从 20 世纪 80 年代中期到目前为止，石油输出国组织一直面临的两难选择。第五，第一次石油危机后于 1974 年 11 月 15 日成立的国际能源署，是世界上最发达的工业化石油消费国政府间组织，无论怎么看它纸面上的或是宣传的目标，事实上这个机构的终极目的就是希望通过成员国的共同努力，从消费端维持国际石油市场的稳定，目前其成员国不断扩大并将中国、印度等接受为积极联系国，更加清楚地表明了它的这一终极目的。

以上，我们简要地回顾了世界石油工业的历史。我们的回顾表明，石油行业自从诞生以来，由于其高度的周期波动性，在不同时期，不同企业和组织都在努力想办法维持石油市场的稳定，尽最大可能避免石油价格的大幅波动。从理论和现实看，短期国际石油市场是一个受控市场。石油业生产的特点决定石油工业不同于其他行业，正如石油工业发展的历史表明，国际石油市场短期是一个受控制的市场。如洛克菲勒的标准石油公司对美国石油业的控制，“七姊妹”对20世纪初到20世纪60年代国际石油市场的控制等。著名的英国石油经济专家保罗·费兰克尔在总结石油业的发展史后认为：“石油工业是不能自我调节的，它必然要由一家公司或是某种卡特尔来控制”，“从石油工业（19世纪）70年代在宾夕法尼亚州开始发展的模式中，我们可以看到它一直到今天在全世界的发展趋势：一家企业或是一个企业集团通过集中控制和分散权益，使企业蒸蒸日上，逐渐达到登峰造极的地位”。[90]我们已经在本节前面的内容中，从石油生产的特点讨论并说明世界石油工业为什么会出现剧烈的周期性波动。在前面的分析中，我们使用了大量的数据和资料说明，国际石油市场的动荡和国际石油价格的大幅波动不利于世界经济社会。因此，从表象上和更深层次的原因看，未来的世界石油工业仍然需要有机构和组织去努力探讨并维系国际石油市场的稳定。因而，如果理性地看，只要国际石油市场存在一天，这一市场就不应该是放任自流的市场，而应该通过生产国和消费国的共同努力，维持国际石油市场的稳定。

从当前世界石油工业的现实看，世界主要石油生产国和消费国都有义务和责任探讨并维持国际石油市场的稳定。表 13–1 所示为世界主要石油生产国和消费国的石油生产和消费的情况。

表 13–1　2017 年 1 月 1 日世界主要石油生产国和消费国的生产消费情况

国家	探明石油储量（亿桶）	石油产量（万桶/天）	石油消费量（万桶/天）	进出口量（万桶/天）	可生产年限（年）
石油输出国组织	12 205	3 935.8			99.90
沙特阿拉伯	2 665	1 234.9	390.60	844.30	70.19
伊拉克	1 530	446.5	75.71	417.15	89.34
阿拉伯联合酋长国	978	407.3	98.70	308.60	89.61
科威特	1 015	315.1	49.90	265.20	97.23
伊朗	1 584	460.0	184.80	275.20	124.35
卡塔尔	252	189.9	33.90	156.00	104.79
阿尔及利亚	122	157.9	41.20	120.94	30.36
利比亚	484	42.6	20.76	28.90	389.71
尼日利亚	371	205.3	39.31	175.59	66.37
加蓬	20	22.7	2.52	21.08	24.35
厄瓜多尔	80	54.5	23.90	30.60	41.29
委内瑞拉	3 009	241.0	61.10	179.90	366.37
安哥拉	116	180.7	12.20	172.44	12.91
赤道几内亚	11	28.0	—		13.10
非石油输出国组织产油国					
俄罗斯	1 095	1 122.7	320.30	802.40	20.22
哈萨克斯坦	300	167.2	28.70	135.80	53.02
阿塞拜疆	70	82.6	9.90	72.70	22.89
土库曼斯坦	6	26.1	14.80	11.30	7.20
挪威	76	199.5	24.20	175.30	11.32
墨西哥	802	245.6	186.90	58.70	9.39
印度尼西亚	33	88.1	161.50	–73.40	11.96

（续表）

国家	探明石油储量（亿桶）	石油产量（万桶/天）	石油消费量（万桶/天）	进出口量（万桶/天）	可生产年限（年）
英国	25	101.3	159.70	–58.40	7.19
美国	480	1 235.4	1963.10	–727.70	10.98
中国	257	399.9	1238.10	–838.20	17.33
日本			403.70	–403.70	
印度	47	85.6	448.90	–363.30	17.23
世界总计	17 067	9 215.0	9 655.80		57.60

资料来源：有关探明石油储量、石油产量和石油消费量的数据，参见*BP Statistical Review of World Energy June 2017–underpinning–data*.

部分国家的石油进出口量为石油产量与石油消费量直接相减得出，部分国家的石油消费量和进出口数量取自石油输出国组织有关成员国情况的官网，具体参见 http://www.opec.org/opec_web/en/about_us/25.htm。

有关石油可生产年限的数据，根据美国*Oil and Gas Journal 2016*年年终号相关数据计算得出。

说明：利比亚因在战乱中，石油生产仍未恢复正常。赤道几内亚部分数据不完整。

事实上，表 13–1 是当前世界石油工业至关重要的一张表，这张表直观地说明了决定当前和未来国际石油形势背后最深层次的原因及背景，以及当前和未来国际石油市场主要石油生产国、出口国和消费国可能采取的政策及其背后的深层次考量因素。因此，也可以说，研究透了这张表，某种程度上就可以基本看出未来相当长时间国际石油形势和石油价格的大致趋势。

首先，从现实看，石油输出国组织必须主动并与非石油输出国组织产油国共同努力，承担起维持国际石油市场稳定的责任和义务。从表 13–1 中可以看出，在截至 2017 年 1 月 1 日的世界石油探明储量中，14 个石油输出国组织成员国拥有的探明石油储量为 12 205 亿桶，占已探明世界石油储量 17 067 亿桶的 71.51%。正是因为拥有庞大的探明石油储量，石油输出国组织成员国的石油可生产年限为近 100 年，而世界的石油可生产年限为 57.6 年。从国家来说，石油输出国组织成员国的石油可生产年限基本上都在 30 年以上，其中主力石油生产和出口国的石油可生产年限都在 70 年以上。而以俄罗斯为代表的主要非石油输出国组织产油国，也拥有较为丰富的探明石油资源和较大的石油产量、出口量，但是相对于石油输出国组织成员国，其石油可生产年限相对较短。根据石油地质学的定义，石油可生产年限是石油生产率的一个度量，它所表明的意义是：平均可生产年限为 10 年，就表明该地区是一个被广泛勘探、广泛开发的地区，其石油产量如若大幅度增产，将有损于石油资源，并使其最终可采储量下降；可生产年限大于 15 年，则说明这是一个未被广泛开发的地区，石油生产从资源角度来说，是有可能扩大产量的。从石油生产的技术角度来说，未来相当长时间，石油输出国组织和非石油输出国组织产油国，仍然会像自 20 世纪 80 年代初以来一样，继续在国际石油市场上发挥应有的作用，其中石油输出国组织在未来相当长的时间里仍然将不得不承担国际石油市场秩序维护者的责任，石油输出国组织仍将发挥主导作用，非石油输出国组织产油国仍将经常与石油输出国组织争夺市场份额。虽然世界和国家探明石油储量是动态的，是随着技术和经济条件的变化而变化，但经过 150 多年的发展，特别是经近几十年的反复确认，这一数字和趋势在未来相当长时间不会发生根本性的变化。因此，资源禀赋决定了未来相当长时间里，石油输出国组织和以俄罗斯为代表的主要非石油输出国组织产油国，必须通力协作，积极探讨并努力维系国际石油市场的稳定，尽最大努力避免国际石油价格的大幅波动。否则一旦常规石油资源被替代，其庞大的石油储量将变得毫无价值，这些国家的经济社会将面临巨大的冲击，某种程度上可以说将产生灾难性的后果。这就不难理解，为什么在油价持续低迷的2017年，沙特阿拉伯国王萨勒曼于2017年10月4月对俄罗斯进行建交以后的首次访问。双方讨论了延长限制石油产量协议等问题，普京表示这次访问是标志性的，萨勒曼表示，“我们有意继续积极发展我们两国之间的合作来稳定世界石油市场，此举有助于全球经济的增长”。[91]

其次，从表13–1中所列出的有代表性的石油消费国和大进口国来看，同样由于资源禀赋的先天不足，为了保证进口石油资源的安全和避免石油价格大幅波动对经济社会的冲击，它们也希望看到国际石油市场的稳定和避免国际石油价格的大幅波动。石油生产国和消费国是一个硬币的两个面，经历自20世纪70年代以来国际石油形势的动荡和国际石油价格的大幅波动后，现在已经没有任何一方从主观上希望看到未来国际石油形势一次或多次的动荡。因此，石油生产国和消费国都应该吸取历史的教训，共同追求和维系国际石油市场的稳定和合理的国际石油价格。

当然，就世界上两个最大的石油消费和进口国——中国和美国来说，其利益不是简单地以石油消费、进口国就能概括的，因为这两个国家还是石油生产大国，拥有较为丰富的油气资源，更为重要的是还拥有较为强大的具备经济、科技实力及市场竞争力的企业，这些企业是国际石油市场重要的生产参与者，它们在当前和未来的市场竞争行为会使国际石油形势和国际石油价格的趋势更加复杂多变。

经历过自20世纪70年代以来国际石油市场的大幅波动及其对世界经济社会的严重冲击后，国际社会已经认识到能源生产国和消费国合作的重要性和积极意义。2014年11月15—16日举行的G20

第9届峰会上，专门讨论了能源合作议题，会议讨论通过了《G20能源合作原则》。在会后发表的布里斯班峰会公报中，G20领导人认为，“加强能源合作是我们的工作重点，国际能源市场正经历重要转变，强劲并抗风险的能源市场对经济增长至关重要”。[92]在会议讲话中，中国国家主席习近平提出，G20必须从完善全球经济治理的战略高度，建设能源合作伙伴关系，培育自由开放、竞争有序、监管有效的全球能源大市场，共同维护能源价格和市场稳定，提高能效，制定和完善全球能源治理原则，形成消费国、生产国、过境国平等协商、共同发展的合作新格局。[93]因此，可以说，至少从理念上，石油消费国和生产国共同努力，维持国际石油市场的稳定已是一个基本的共识。

（三）合理的国际石油价格应考虑和包括的主要因素

通过上一节的分析和讨论，我们得出的结论是，世界石油工业应该担心的是，石油资源大规模消费会不会过早地被中止，而不是石油资源的枯竭。从经济学基本常识来看，“石油时代”如果不想过早地被告别，石油生产国和消费国应该通力协作，在积极努力确保国际石油市场稳定的同时，更应在更加理性和客观的基础上，充分吸取20世纪70年代以来国际石油价格大幅波动的经验教训，探讨并追求合理的国际石油价格，让“石油时代”的辉煌尽可能地保持更长的时间。

事实上，石油输出国组织也一直在积极探讨合理的国际石油价格问题。1980年5月，石油输出国组织公布了其历史上第一个《有关长期战略报告书》，其中谈到了有关长期的石油价格战略问题。在这份长期战略报告书中，石油输出国组织认为，为避免未来发生能源危机，确保国际石油市场供应的稳定，石油价格从长期看应该逐步接近“替代能源的成本”水平，国际石油市场石油的最低价格应该按“物价变动调整、外汇汇率变动调整和经济合作与发展组织国家的实际国民生产总值增长率调整”。1981年11月，在维也纳举行的“世界能源开发战略抉择”研讨会上，石油输出国组织有关官员再一次提出，应“根据石油价格与替代能源成本的比值调整价格”、“按世界石油的供需平衡状况调整价格”和“根据市场的供需规律调整石油价格”。

除石油输出国组织外，世界上一些大的石油生产国也在认真考虑合理的石油价格的问题。在经过国际石油市场几十年的大变动后，石油输出国组织某些成员国已经意识到国际石油价格必须维持在一个合理的水平，沙特阿拉伯是这一类国家最主要的代表。我们知道，研究国际石油问题的人都认为沙特阿拉伯有一个长期石油战略，按大家比较公认的说法，这一战略的具体内容是：“力促世界石油价格的上升速度不要太快，以便赶在合成燃料普遍使用之前将它的巨大石油储量大部分销售完毕，只留小部分作为化工原料和供本国消费。”[94]对于这一战略，沙特阿拉伯前石油大臣亚马尼曾有过明确的论述：“就沙特阿拉伯而言，我们的利益非常清楚。一方面，我们不想很快耗尽资源，剥夺下一代的财富；另一方面，我们也不想在我们完成工业和经济发展计划之前和我国不依靠石油收入之前，缩短石油的寿命。”[95]曾任委内瑞拉动力和矿产部长的卡尔得隆形象地说，沙特阿拉伯之所以制订出这样一个战略，是因为“沙特阿拉伯人担心，如果油价提得太高，西方将马上去搞替代能源，从而使他们到90年代就可能坐在卖不出去的石油湖上”。[96]沙特阿拉伯这一长期石油战略并不是一开始就形成的，而是经过20世纪70年代两次油价大涨和80年代油价大跌的惨痛教训总结出来的。在执行这一战略过程中，沙特阿拉伯受到了石油输出国组织内部其他成员国的巨大压力。例如为结束1986年的油价战，亚马尼被解除了石油大臣的职务。但是，在20世纪八九十年代，沙特阿拉伯执行这一战略的立场是坚定的，如1986年以后和整个20世纪90年代国际石油价格之所以能长时间在低水平徘徊，就是由于沙特阿拉伯坚持执行这一长期战略而将自己的石油产量保持在高水平；在海湾危机和第一次海湾战争中它又顶住了一些成员国的压力，坚持提高石油产量，避免了油价的大幅度上涨。关于长期石油价格合理的水平，1986年5月还未被解职的亚马尼认为，每桶35美元太高，13美元太低，取其中最为合理。同年6月，沙特阿拉伯国王法赫德发表讲话时称，当时油价应在每桶20美元。[97] 进入21世纪后的2014年，面对日益高涨的国际石油价格和不断缩减的石油市场份额，沙特阿拉伯又一次放弃了“减产保价”政策，带头增加产量，事实上导致了2014年下半年的石油价格战。如同1986年石油价格战一样，这一次石油价格战的结果，是2016年5月7日沙特阿拉伯王宫颁布法令宣布解除阿里·纳伊米的石油大臣职务，阿里·纳伊米已经在沙特阿拉伯石油部长职位上工作20年，是石油输出国组织和沙特阿拉伯石油行业的灵魂人物，号称“石油沙皇”。

当然，石油输出国组织和沙特阿拉伯这样的石油生产国有关合理石油价格的想法都只是美好的愿望。图13–1所示是1970—2016年47年间的国际石油价格走势。从这张图中，我们直观地看到的是，自20世纪70年代以来国际石油价格是一条大幅波动的曲线，在这条大幅波动的曲线面前，任何关于合理石油价格的构想都不会成为现实。通过第9~12章共计4章的分析，我们试图为47年间这条大幅波动的曲线，建立一套较为完美的理论框架。但是，从内心深处，我们认为这条曲线是不完美的，是不理性的，也是不合理的。这种不完美，反映和说明的是人类社会的不理性，或直截了当地说，反映的是人性的贪婪。因此，如果想让“石油时代”的辉煌尽可能地持续下去，虽然过去合理的石油价格不存在，但未来的国际石油价格曲线应该尽可能地合理并具有一定的理性。20 世纪 70 年代以来的国际石油价格大动荡表明，国际石油价格的高低不能由某个人或某个组织根据自己的主观愿望决定。与其他商品一样，国际石油价格也应该有一个合理的水平。所谓长期石油价格的合理水平，是指从长期看，国际石油价格应保持在不高到使常规石油被迅速取代的水平，从而一方面能使常规石油继续为人类的文明发展做出贡献，另一方面又不低到能使取代常规石油的新能源开发无法持续下去，从而为人类的后石油时代准备好可接替的能源资源。国际石油价格之所以应该有一个长期合理的价格，是由石油特定的功用性决定的。维持一个合理的国际石油价格水平，对维持长期国际石油形势的稳定至关重要；同时它对保持世界经济政治形势的稳定，维护未来的世界和平，维护石油消费国和产油国的经济发展、政治稳定，都是有好处的。为此，我们认为，石油生产国和消费国，或更大范围的国际社会，应该全面考虑以下因素，探讨并尽最大可能维持未来合理的国际石油价格。

1. 边际生产成本应该是当前和未来国际石油价格的底线

经济学的基本常识告诉我们，在一个完全竞争的市场中，一件商品的最终价格，由这种商品的边际成本决定。基于石油生产的特点，从 1859 年以来近 160 年的历史和现实看，我们认为，国际石油市场是一个近乎完全竞争的市场，特别是从长期趋势观察这一特点更加突出。本书第 2~8 章共计 7 章有关世界石油工业的历史叙事和第 9~12 章共计 4 章的理论分析都是在证明这一点。因此，理论上，国际石油价格应该由国际石油市场中边际生产者的边际成本决定，也就是说，国际石油市场中边际生产者的成本，就是一个时期的国际石油价格。

图 14–8（见 817 页）和图 14–9（见 818 页）所示分别是 2015 年和 2016 年世界主要石油生产类型和世界主要石油生产国的石油生产完全成本。从这两张图中可以看出，从石油生产类型来说，成本最高的是美国页岩油、加拿大的油砂和北极地区的石油生产，分别为每桶 65 美元、70 美元和 75 美元。在前面的有关分析中，我们所引用的资料说明，由于这几年技术的进步，美国页岩油生产成本已经下降到每桶 35 美元左右，每桶 40 美元基本是页岩油生产成本的中位值，大大低于图 14–8 中的数字。从国家来说，英国的石油生产成本最高，每桶约为 53 美元。加拿大油砂属于非常规石油资源，北极的石油勘探开发还处于非常早期的阶段，还没有形成规模化生产能力。因此，综合分析这两张图说明，当前国际石油市场边际生产者，应该为美国的页岩油，从总体上看，边际生产国家应该是英国，边际成本应该在每桶 35 美元~40 美元~53 美元。

从 2014 年下半年以来国际石油市场的实际情况看，市场上一有美国页岩油增产的消息，国际石油价格就要下跌。2016 年年底石油输出国组织和非石油输出国组织产油国决定联合减产后，美国页岩油的产量更是直接成为国际石油价格的风向标，2017 年以来这一点更加明显。因此，我们认为，美国页岩油生产商就是当前国际石油市场的边际生产者，美国页岩油生产成本就是当前国际石油市场的边际成本。

除了以上的直观感受外，作为国际石油市场的边际生产者，还需有两个不可或缺的条件。一是边际生产商的石油应该能直接替代常规石油资源，不需在消费和加工过程中，再增加更多的过程和成本，否则会减少这种石油资源的市场竞争力。从这一方面看，加拿大的油砂和委内瑞拉重油，就缺少与常规石油资源的直接竞争力，只能作为低价格的资源，参与国际石油市场的竞争。另一个不可或缺的条件是，具备一定的产量规模，能对一定时期的国际石油市场供需平衡造成直接的冲击。以北极石油生产为例，在形成一定的规模化工业生产并具有一定的产量之前，无法作为边际生产商对国际石油市场的供需平衡造成冲击，无法抢夺一定规模的市场份额。因此，从目前国际石油市场的现状看，只有美国的页岩油生产可以作为国际石油市场的边际供应者。一方面，我们一般所称的“页岩油”在严格学术意义上应被称为“致密油”，是高品质的轻质原油资源，开采出来可以直接使用，可以直接与石油输出国组织及非石油输出国组织产油国的大部分高品质轻质原油资源直接竞争；另一方面，2017 年 5 月，美国页岩油的日产量超过 500 万桶，年产量约在 2.5 亿吨左右。当前，美国页岩油的产量正在不断增加中。业界普遍认为，未来美国页岩油的产量还将增长。从单一原油资源品种来看，美国页岩油的产量在国际石油市场是数一数二的，与沙特阿拉伯轻质原油的产量基本相当，是目前国际石油市场中产量最大的两个原油品种，两种原油的品质也有一定的相似性。轻质原油是沙特阿拉伯生产的主力油种，日产量约 550 万桶，年产量约相当于 2.75 亿吨。如果将其作为一个单独的产油国来看，美国页岩油一种原油资源的产量，仅次于美国、沙特阿拉伯和俄罗斯三国之后，可以位列世界第四大石油生产国。正是由于拥有庞大的石油产量，我们就不难理解为什么页岩油产量的变化，直接决定了当前国际石油价格的趋势。

我们知道，没有技术进步和技术创新，就没有美国的页岩革命，就没有美国当今规模庞大的页岩油气产量。同样的道理，如果没有技术进步和技术创新，没有大量的风险类资金投入，大量资源丰富的非常规油气资源也不会投入大规模的工业化生产。因此，国际石油市场的边际成本，还应该包含技术进步和技术创新的成本。当然，在现实市场上，这一部分的成本会作为非常规油气资源的价格表现出来。因此，考虑到技术进步和技术创新的需要，一定时间的国际石油市场边际成本还应该加上这一部分的成本。

综合以上分析，我们认为，当前国际石油市场的边际供应者就是美国的页岩油生产商，国际石油市场的边际成本应该不低于每桶 40 美元，也就是说，当前和未来国际石油价格的底线不能长时间低于每桶 40 美元。从长期趋势看，未来国际石油市场的边际供应者必须具有与页岩油生产基本相同的属性，其成本应该就是未来国际石油价格的底线。由于目前已大量存在可替代常规石油的资源和技术，某一时期国际石油价格的长期趋势已有一个理论上的最高界限。如果国际石油价格长期高于这一水平，其结果必然是常规石油在世界能源消费结构中的比重进一步下降，常规石油提前结束其历史使命，退出历史舞台。因而，这一点决定，即使在未来某一组织或某一集团有能力大幅提高国际石油价格，这一行动也将是短暂的，高油价最终又将迫使石油价格回落到合理的水平，20 世纪 70 年代以来国际石油形势一次又一次的大动荡就充分说明了这一点，而国际石油价格的这一最高界限就是某一特定时间的国际石油市场边际石油生产成本。

2. 合理的国际石油价格必须包含一定比重的地缘政治风险溢价

多年来，研究界和国际社会一致的观点是，国际石油市场的一个显著特点，就是石油生产和石油消费的地域不平衡，即石油资源、石油生产主要集中在中东波斯湾地区，而消费国主要集中在美国、欧洲和亚太地区。世界石油资源和消费的这种地域不平衡，带来了20世纪70年代以来国际石油市场的一系列事件，石油生产国特别是石油消费国的一系列经济、外交和军事政策也由此而产生。

表13–1说明的是当前世界石油生产国和石油消费国有关探明石油储量、产量、消费量和进口量的基本情况。在前面有关内容中，我们谈到，表13–1是当前世界石油工业至关重要的一张表，这张表直观地说明了决定当前和未来国际石油形势背后最深层次的原因及背景，以及当前和未来国际石油市场主要石油生产国、出口国和消费国可能采取的政策及其背后的深层次考量因素。因此，也可以说，研究透了这张表，某种程度上就可以基本看出未来相当长时间内国际石油形势和石油价格的大致趋势。我们将该表中的石油生产国再进行精简并予以集中就可以看出，事实上，目前世界探明石油储量和石油产量主要集中在中东海湾地区国家。2017年1月1日在世界已探明的石油储量中，沙特阿拉伯、科威特、阿拉伯联合酋长国、卡塔尔、伊拉克和伊朗这6个国家就拥有8 024亿桶，占石油输出国组织的65.74%和全世界的47.02%；从石油产量看，这6个国家2016年合计日产量为3 053.7万桶，占石油输出国组织的77.59%和全世界的33.14%。这也就是说，中东海湾地区国家是当今世界石油资源的主要拥有国和石油产量的主要提供国。第一次和第二次石油危机，就是因为第四次中东战争和伊朗革命、两伊战争而产生的，在这两次危机中，国际石油价格每桶分别上涨

了约 10 美元和 33 美元。我们在第 14 章的有关部分讨论中将谈到，专家们普遍认为，目前中东地区处于非常不稳定的阶段，无论是产油国本身还是地区国家间的关系，都存在很大的变数，如 2017 年 6 月发生的卡塔尔危机，2017 年 11 月初沙特阿拉伯的反腐及其一系列相关事件等。加拿大皇家银行在一份报告中写道："我们认为，该地区可能会面临更大的波动和更大的风险。"[98] 因此，如果这一区域发生某种突发事件，导致某一国家或某几国的石油生产、石油出口部分或大部分中断，必将对国际石油市场的供应造成较大的冲击。

除中东地区产油国外，目前世界上另一石油生产大国委内瑞拉也存在很大的变数。委内瑞拉的石油产量已经大幅下降，从 2015 年 5 月的每天 237.5 万桶降至 2017 年的每天 196 万桶。委内瑞拉社会处于崩溃的边缘，街头抗议活动持续不断，目前仍没有任何放缓的迹象，该国每天 200 万桶的石油产量随时可能崩溃。与此同时，委内瑞拉的炼油业一片混乱，迫使该国不断进口汽油以避免燃油短缺。因此，未来委内瑞拉政局的走势，也将给国际石油市场的供应带来较大的变数。此外，非洲最大的石油生产国尼日利亚南部三角洲的局势也非常不稳定，激进武装分子对该国政府的承诺表示不满，威胁要恢复暴力。从 20 世纪 90 年代以来，这一地区的动乱就一直是影响国际石油市场稳定的重要因素之一。

除石油资源和石油产量的高度地域集中外，近年来，国际石油市场另一个显著的特点是，世界石油的需求重心转向了以中国和印度为代表的高增长发展中国家。2016 年，中国和印度两国的能源消费分别增长了 1.3%（4 700 万吨油当量）和 5.4%（3 900 万吨油当量），约占世界能源需求增长量的一半。除了需求迅速增长外，中国和印度两国对国际石油市场的依赖也不断增加，分别接近 70% 或在70%以上。由于石油消费需求短期的无弹性，加上两国的石油储备规模非常有限，因此，即使国际石油市场出现哪怕是短时期的供应紧张，都有可能引发恐慌情绪，导致国际石油价格一定程度的上涨。

当然，进入21世纪以来，国际石油市场出现一个非常有利的因素，即页岩革命的成功，使得美国从世界第一大石油消费和进口国，变成了世界第一大生产国和规模较大的出口国，对缓解和改善国际石油市场的地缘政治风险起到了一定的积极作用。不过，由于石油出口量有限且基本处于满负荷生产状态，加之美国页岩油生产商的特点，一旦发生突发事件，其对缓解国际石油市场紧张气氛的能力有限，更有可能的是，这些生产企业将充分利用现货交易、期货交易对市场反应迅速的特点，抓住机会抬高石油价格。

以上分析说明，由于当前和未来相当长时间内国际石油市场的地缘政治特点仍将存在，我们无法预测未来的世界会发生什么样的“黑天鹅事件”，当前和未来合理的国际石油价格必须包含一定的地缘政治风险溢价。我们认为，这种地缘政治风险溢价应该分为两种类型：和平时期或在国际石油市场供需正常的情况下，应该为每桶5~10美元；而在因突发事件导致国际石油市场供应短缺的情况下，地缘政治风险溢价应该更高，如第二次石油危机时国际石油价格暴涨为每桶33美元，就可被视为突发事件下的地缘政治风险溢价。目前，虽然国际能源署成员国建立了规模庞大的石油储备，中国、印度也建立了一定规模的石油储备或石油储备正在建设过程中，未来发生的突发事件如果规模有限或时间较短，如果石油消费国能通力协作，国际石油价格的波动幅度会较小；但如果未来的突发事件规模较大或时间较长，石油消费国又不能通力协作，则国际石油价格的波动幅度会较大。因此，我们认为，当前和未来合理的国际石油价格必须在较长时期内包含一定比重的地缘政治风险溢价，以对冲世界石油生产和消费严重地缘不平衡而带来的后果。

3. 市场风险溢价是未来合理的国际石油价格不可或缺的重要组成部分

自从20世纪80年代以来，现货交易和期货交易逐渐成为国际石油市场主导的交易方式，现货价格和期货价格成为国际石油价格的基准，石油生产、出口国的官方销售价格直接与现货价格和期货价格挂钩。正因这一特点，今天国际上众多的媒体和社会大众，一谈到石油价格时，说的不是美国纽约商品交易所的美国西得克萨斯中质原油的期货价格或伦敦洲际交易所的布伦特原油的期货价格，就是新加坡市场的现货价格。

在前面有关章节的分析和讨论中，我们谈到，现货交易和期货交易之所以会出现并一直成为主导的交易方式，是因为随着石油输出国组织登上国际石油舞台，旧有的国际石油市场秩序被打破，高度一体化的石油产业链被打断，石油生产国、出口国和消费国，特别是国际石油价格众多的参与者，需要通过市场解决自己的产品销售和供应问题，而现货交易、期货交易贴近市场、对市场反应灵敏的特点，使得它们可以取代过去的国际大石油公司的标价和石油输出国组织的官价。现货交易和期货交易，不但能较快地反映国际石油市场的供需状况，更能在第一时间对世界政治经济外交等事件做出迅速的反应，这些都是这两种交易方式好的方面。不过，凡事都有利有弊。不好的方面是，现货交易尤其是当前在国际石油市场占主导地位的期货交易，对市场的反应过于敏感，一方面，世界政治经济外交等事件都会在短时间内对国际石油价格造成影响，带来国际石油价格剧烈的上涨或下跌；另一方面，因为与石油的实物交易脱钩，期货交易具有很强的金融属性，使得投机具有技术上的可行性，因此媒体和社会大众一谈起石油期货交易，就会谈到投机问题，某种程度上期货交易成为国际石油价格暴涨暴跌的罪魁祸首。在分析和讨论进入 21 世纪后国际石油价格不断上涨和下跌的原因时，众多的机构和专家们普遍认为，期货交易中的投机因素占有相当大的比重，有每桶 10 美元之说，更高的还有每桶 20~30 美元之说。这也就是说，市场风险溢价是过去国际石油价格重要的组成部分。

从当前和未来国际石油市场交易方式可能发生的变化看，现货交易和期货交易由于其固有的优点，应该还会存在下去。同时，由于我们在前面讨论的国际石油市场是一个近乎完全竞争市场，未来的交易方式只能会朝着更加市场化的方向发展。因此期货交易在可以预见的将来不会被废除，也不会被相关国家的政府完全禁止，可能会在未来相当长时期内存在下去，当然，相关国家的政府可能会加强对期货交易的监管。因此，我们认为，从短期看，国际石油价格由于当前现货交易和期货交易占主导地位的特点，会因众多的世界热点问题而不时地上涨或下跌；从长期看，因现货交易和期货交易对市场反应敏捷和投机的技术可行性而带来的市场波动，将一直是国际石油价格重要的组成部分，并且会长期持续下去。这样，每桶低到 1~2 美元、高到 20~30 美元的市场风险溢价，在不同时期和不同的国际石油形势背景下，会长期存在下去，也会是国际石油市场的常态。

从 20 世纪 70 年代两次石油危机以来，世界上很多的机构和专家从多角度讨论和分析为什么国际石油价格会产生如此大的波动，其中有关美元汇率、通货膨胀和石油价格之间的关系也是研究的热点话题之一，且倾向于认为美元汇率的变化影响了油价，石油输出国组织也在有关会议中多次提出要根据美元的汇率变动调整国际石油价格。有学者通过统计学分析后认为，2001 年以前，随着宏观条件的变化，美元对油价的负面影响和油价对美元的正面影响此消彼长，使其 1986—2000 年的相关性整体较弱；2001 年以后，由于美国政府放宽对能源商品交易的监管，美元通过投资途径对油价的影响愈发明显，使得 2001 年之后大部分时期内美元汇率与油价呈现显著的负相关关系。2001—2014 年，原油价格对于美元汇率的长期弹性系数为–5.0136，即美元每上升 1%，油价下降 5%。[99] 还有学者通过分析 1999—2005 年美元汇率、通货膨胀与油价之间的关系后认为，长期以来，绝大多数石油输出国组织成员国的国家财政严重依赖石油收入，而美元贬值必然会造成石油输出国组织成员国石油美元收入的实际购买力下降，因此石油输出国组织为维护其自身经济利益，必然会根据美元对欧元等主要货币汇率的变化情况，采取诸如减产等措施将油价维持在期望值之间。[100] 我们认为，美元汇率、通货膨胀的变化既涉及复杂的国际金融市场诸多因素，又牵扯到美联储的具体政策调整和美国的国内经济政治政策取向，存在着大量不可知的因素，且到目前为止的研究中尚不能确定三者之间的长期相关性。因此，在讨论未来长期合理的国际石油价格时，我们还不能确定如何考虑美元汇率、通货膨胀在其中发挥的作用和可能占有的比重。

在分析国际石油市场形势时，还有专家特别关注像沙特阿拉伯这样的世界主要石油生产国和出口国的财政预算，并据此预测国际石油价格的可能走势。例如，沙特阿拉伯在 2014 年年底发布的 2015

年财政预算中财政收入为7 150亿里亚尔，是基于国际石油价格每桶80美元制定的。有媒体就认为，这是沙特阿拉伯在暗示2015年国际价格将重回每桶80美元，向市场传递出来的信息是预计油价会反弹。[101] 当然，我们知道，2015年国际石油价格并没有重回每桶80美元。事实上，沙特阿拉伯或当今世界上任何一个石油生产国和出口国，都不可能有决定国际石油价格走势的能力，否则就不会出现我们经历过的国际石油市场动荡和国际石油价格的大幅波动，国际石油问题也就不会这么复杂，我们这个世界估计也会太平许多。

综合以上分析，我们认为，合理的国际石油价格主要应该包括某一时期国际石油市场的边际生产成本，加上地缘政治和市场风险溢价，在目前的情况下应该为每桶60美元左右并应保持到2020年，其中包含每桶10美元左右的地缘政治和市场风险溢价。目前，石油行业人士普遍认为，如果油价每桶达到或长时间高于60美元，就将吸引投资者，刺激大量投资资金重返石油上游生产。[102] 因此，我们认为当前或未来两三年内，每桶60美元的石油价格是合理的油价。此外，我们认为，未来合理的国际石油价格在继续包含地缘政治和市场风险溢价的同时，应随世界石油边际生产成本的变化而变化，从有利于世界经济稳定增长的角度看，21世纪30年代应该为每桶70美元左右，21世纪40年代应该为每桶80美元左右。当然，我们在此提出的也只是假设，一方面是基于对20世纪70年代以来国际石油形势的分析和认识，另一方面也是从全球能源治理的角度提出的美好愿望：希望未来的国际石油形势能避免像过去那样的大幅波动；希望世界石油行业能为未来人类社会的平稳可持续发展做出积极的贡献。

我们在此提出了“合理的国际石油价格”的假设和概念，假定了一系列合理的国际石油价格应该考虑和包括的主要因素，主观上我们希望当前和未来世界的政治家们都是理性的，人类社会是完美的。但是，事实上我们深知，由于国际石油市场是一个近乎完全竞争的市场，在这个市场中存在着众多的石油生产国和消费国，虽然过去和现在几代人都经历过20世纪70年代以来市场动荡的冲击，但由于人类社会的本性，或者委婉一点说是人类社会的道德水平和自我管理能力还十分有限，追求短期利益仍将是常态，长期考量仍将是理想和美好的愿望，这一“合理的国际石油价格”在很大程度上可能还只能是假设和美好的愿望。无论是当前和未来，我们看到的还只能是如同20世纪70年代以来国际石油市场的动荡和国际石油价格的大幅波动，未来合理的国际石油价格极有可能只是我们对未来国际石油形势和石油价格美好的希望和畅想。正如担任沙特阿拉伯石油大臣长达20年的阿里·纳伊米所言：“在我70年的石油生涯中，我见过油价每桶不到2美元的时候，也看到过油价飙升到每桶147美元”，“我经历过产业过剩与供应紧缺，也目睹了石油泡沫的繁荣与破灭”，[103]因此，我们认为，未来相当长的一段时间里，国际石油形势仍将会发生这样的周期性波动。

不过，在经历自20世纪70年代以来国际石油市场5次大规模动荡之后，特别是在进入21世纪后国际石油价格大幅度上涨的刺激下，目前世界上众多的新能源、可再生能源的生产和使用技术已经成熟，加之人类社会对环境问题的严重性已达成共识，正在或将采取更多的措施控制化石能源的消费。因此，如果在可以预见的将来再发生一次如同进入21世纪以来的国际石油价格大涨，极有可能将是石油作为能源资源的最后一次疯狂，届时的高油价，哪怕不会出现像2008年7月每桶147.50美元那样的高油价，也将会推动世界范围内可再生能源、新能源的大规模商业化使用，终结“石油时代”，使人类社会进入“可再生能源”的时代。到那时，丰富且规模庞大的石油资源，就会像同样丰富的煤炭资源一样，虽然可能仍将在人类社会的文明中发挥一定的资源作用，但一定不会作为人类社会消费的主要能源资源来源。沙特阿拉伯会同今天世界上资源丰富的众多石油生产国、出口国一起，坐在卖不出去的巨大的石油湖上。我们坚信，随着人类社会科技的不断进步和知识水平的不断发展，大量数量众多、低碳高效的能源资源会取代石油，石油问题和能源问题都将不再成为问题，石油价格也终将成为历史，因为“我倒是相信，最大的可能是凭借现有的知识和将要增长的知识，我们和我们的后代能够获得所需要和渴望得到的原材料，其价格相对于其他物品的价格和我们总收入的价格比过去任何时候都低。总之，我们富有的是人的思想和情感，而不是圣诞老人的天然乐园。过去如此，因而将来大概也是如此”。[104]

第 14 章

周期性波动是未来国际石油市场的常态

导 语

使用构建的分析和解释20世纪70年代以来国际石油形势大动荡的理论框架，并借鉴国际石油市场近50年历史变迁的经验，我们认为，从短期看，国际石油市场仍将供大于求，众多的市场参与者仍将残酷地争夺市场份额，交易方式结构仍将导致油价上上下下。因此，当前和未来3~5年的时间里，国际石油价格将在每桶60美元上下波动，并有可能在短时间内出现更高或更低的油价水平。从中期看，每桶60美元的油价如维持较长时间，加上较低油价带来的世界石油需求增加和产量的下降，国际石油市场供大于求的状况可能会趋于缓解，国际石油市场的参与者可能会再次向石油输出国组织集中，加之更加市场化、电子化和便捷化的交易方式，因此，未来10年左右的时间里，国际石油价格有可能会再次出现上涨并暴涨，每桶100美元或更高的油价也是有可能的。从长期看，人类社会已经开始进入“第四次工业革命”，当前和未来世界经济社会的发展需要新的能源形式，而经过自20世纪70年代以来国际石油价格大幅波动的刺激，众多的新能源和可再生能源已进入实用化阶段，人类社会已正在从“石油时代”向“能源多样化”和“非化石能源”时代迈进。未来可能会发生的国际石油市场的再一次动荡和国际石油价格的又一次大幅波动，将促使人类社会最终终结“石油时代”，石油在能源消费中的地位将被进一步削弱并最终沦为非主要能源来源，21世纪后半期人类社会将迈入可再生的、低碳的并且是分布式的能源时代。

一、短期国际石油价格将在每桶60美元上下波动

从2017年6月初以来，国际石油价格在持续波动，石油输出国组织和非石油输出国组织产油国于2017年5月25日达成的维持减产9个月的协议，似乎对稳定当前的国际石油市场没有起到应有的效果。各种机构和专家们对当前国际石油价格的上上下下给出了不同的解释，对未来国际石油价格的可能走势也试图进行预测，其中有些说法更是匪夷所思。我们认为，2017年6月以来的国际石油市场之所以会出现这种现象，是由目前国际石油市场的供需结构、市场参与结构决定的，而且在未来3~5年的时间里，这两大结构目前的状况仍会持续下去，国际石油价格仍将而且只可能在较低的水平上波动。与此同时，目前国际石油市场的交易方式结构，将加剧当前和未来国际石油价格的剧烈波动。

（一）当前国际石油市场供过于求且会保持较长的时间

1. 当前国际石油市场的供求关系处于供大于求的状况

不需看任何统计数字，今天全世界所有油气行业内的人士和机

构都非常清楚，至少从2014年下半年以来，国际石油市场就一直处于供过于求的状态。我们在第10章中应用经济学最基本的供需平衡决定商品价格的理论，结合世界石油天然气产业的特点，分析并推导出供需平衡决定商品价格这一理论在国际石油市场中的具体表现，并以此来解释和回答自20世纪70年代以来供需关系是如何影响国际石油价格走势的。图14–1所示为目前国际石油市场的供需状况。

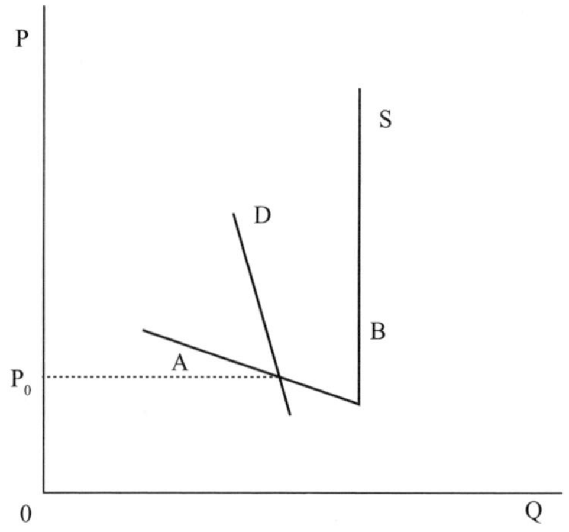

图14–1　当前的国际石油市场供需现状

我们知道，世界石油天然气产业有别于其他产业的一个显著特点是，由于投资巨大、技术复杂和需较长的投入周期等，国际石油市场的供给和需求在短时期都是无弹性或弹性较小的。通俗的解释就是，在一个短周期里，无论国际石油市场价格涨跌，国际石油市场中的供给规模和需求量都不会发生显著的变化。正因如此石油危机才会发生，石油危机才会给世界经济政治和外交造成冲击，而供给和需求的调整则需要一个更长的时间周期。目前，或向前推到2013年或2014年前后，国际石油市场的供给和需求曲线所处的位置，就如图 14–1 所示，即国际石油市场的需求曲线和供给曲线的A部分相交，意味着国际石油市场已经供过于求，且供给的压力越来越大。正是一段时间以来国际石油市场供需结构的这一状况，导致了 2014 年下半年的国际石油价格暴跌和自此以来持续的低油价。更为重要的是，图 14–1 表明，如果仅从国际石油市场的供需结构来看，在当前和未来相当长时间，理论上国际石油价格只会不断走低，直至在将来的某一时间点，国际石油市场的需求曲线与供给曲线的B部分相交，国际石油形势才会发生逆转，国际石油价格才会一改跌跌不休转而上涨。

2. 从静态分析，当前国际石油市场供大于求最低为每天 300 万桶

以上仅是我们根据对当前国际石油市场的直观感受和依据经济学基本理论，并结合世界石油天然气产业的特点，对当前国际石油市场供需形势所做的纯学术型的推论。这一结论是否严谨，必须有市场中真实的数据加以证明。

据国际能源署 2017 年 5 月《石油市场报告》的统计，2016 年，包括生物燃料在内的世界石油日消费量为 9 660 万桶，约合 48.3 亿吨，比 2015 年增长 160 万桶，即增加了 8 000 万吨，而同期的世界石油日产量为 9 700 万桶。[1] 当然，这些数字只能直观地说明进入 2017 年以来，国际石油市场供过于求，而事实上国际石油市场中供大于求的状况却不是两者相差的 40 万桶所能说明的。也有分析认为，2016 年世界剩余石油生产能力为每天 60 万桶，2017 年世界剩余石油生产能力为每天 56 万桶。[2] 但是，我们认为，基于以下三个方面的原因，目前国际石油市场剩余生产能力应该远远高于这些数字。其理由包括：第一，2016 年年底，石油输出国组织和非石油输出国组织主要产油国共同决定每天减产 180 万桶，其中石油输出国组织每天减产 120 万桶，非石油输出国组织产油国每天减产 55.8 万桶，这就是说至少从官方角度来看，2017 年 1 月 1 日石油输出国组织和非石油输出国组织产油国拥有每天 180 万桶的剩余生产能力；第二，由于方方面面的原因，世界石油生产国还拥有一定规模的剩余生产能力，这些剩余石油生产能力要通过数据分析去挖掘；第三，即使经历了 2014 年下半年以来的低油价，部分生产项目延期或推迟，但是世界上还是有很多生产项目投产，会使 2017 年和未来几年世界石油产量不断增长。这就是说，到 2017 年 1 月 1 日，世界石油实际生产能力应该会大大超过国际能源署统计材料中的每天 9 700 万桶，剩余生产能力更是会大大高于每天 60 万桶的数字。

第一，石油输出国组织的剩余石油生产能力到底有多少？在第 11 章的分析中，我们认为基于“收入最大化”的目标追求，理论上世界所有石油生产国都应该同时也会最大限度地生产和出口石油，以求得到最大化的石油出口收入。当然，如果该石油生产国是石油输出国组织成员国，可能会有例外，当该组织决定减产以维持国际石油市场供需平衡时，至少在一段时间内这些产油国无论是出于自愿或是不自愿都会减产。因此，直观的推论是，某一时期石油输出国组织的剩余石油生产能力，基本上应该是这一时期国际石油市场的剩余石油生产能力。据美国能源信息署的统计，2013—2017 年，石油输出国组织的剩余石油生产能力分别为每天 216 万桶、207 万桶、146 万桶、115 万桶和 210 万桶。[3] 国际能源署也认为，石油输出国组织目前有效的剩余石油生产能力为每天 217 万桶，沙特阿拉伯一国占了其中的 80%。[4] 国际上两大权威能源机构的看法是一致的，即目前石油输出国组织的剩余石油生产能力应该在每天 200 万桶左右。

第二，从对近年来世界石油生产情况的分析看，2016 年非石油输出国组织产油国的石油日产量下降了约 100 万桶，主要是美国减产了 56 万桶和中国减产了 30.2 万桶。[5] 国际能源署的统计也认为，2016 年非石油输出国组织产油国的石油日产量下降了 110 万桶。[6] 非石油输出国组织产油国石油产量下降的原因很复杂，可能会有生产项目因寿命到期永久关闭，但更多是因 2014 年下半年以来低油价使投资减少，石油生产项目难以维持而关闭，油价合适时这部分会有所恢复。

第三，接续上面的分析，即在国际石油价格合适的时候或因其他方面的原因，非石油输出国组织产油国 2016 年减少的石油产量可能会恢复或增长。有关机构分析认为，预计 2017 年非石油输出国组织产油国的石油日产量将比上一年度增长 20 万~30 万桶。此外，由于多方面的原因，美国页岩油的生产将恢复，原油日产量上限最大可能为 1 000 万桶，预计最大年均每天增长 50 万~60 万桶。[7] 国际能源署估计，2017 年美国的平均石油日产量将达到 1 280 万桶，包括天然气液的产量每天将增加 20 万桶。[8] 当然，美国当前和未来石油生产情况，是国际石油市场平衡与否的最大未知数，我们将在本章的后续部分进行专题分析和讨论。

因此，总结上面三点的分析，我们认为，目前国际石油市场上真实存在的静态石油剩余生产能力应该不低于每天 300 万桶，而且只要国际石油价格合适，这一静态的剩余石油生产能力将会变成动态的，还会更高。以美国 EOG 资源石油生产商为例，油价在每桶 50 美元时，到 2020 年该公司年复合产量可增加 15%，在保证现金流的同时能够完全支付目前股息；而当油价达到每桶 60 美元时，年复合增长率将达到 25%。而加拿大油气生产商 Encana 计划 5 年之内将产量提升 60%，只要原油均价在每桶 55 美元，这一情况就能实现。[9]

在讨论国际石油市场剩余生产能力时，还有一个重要的方面不能忽略，即石油库存，因为它是影响短期国际石油市场供需平衡非常重要的因素。我们要讨论的石油库存分为两个部分：一是石油消费国建立的商业库存和战略石油储备；二是石油生产国因生产或销售等多方面的原因，在自己国土或海外，包括使用油轮，建立的纯商业周转库存。

截至 2017 年 3 月底，经济合作与发展组织成员国拥有的商业石油库存规模为 30.25 亿桶，其中原油库存为 12.35 亿桶；而政府拥有的石油储备规模为 15.98 亿桶，其中原油储备为 12.81 亿桶。两者合计，总的石油库存规模为 46.23 亿桶，可供经济合作与发展组织成员国消费 102 天。与 2016 年 12 月底相比，在短短的三个月时间里，经济合作与发展组织成员国总的石油库存规模就增加 4.04 亿桶，可供消费天数增加 3 天。[10] 此外，2016 年年底至 2017 年 4 月底，中国建立了 8 500 万~1 亿桶的原油库存。[11] 这也就是说，除石油生产国的减产或限产外，当前国际石油市场脆弱的平衡还在靠全世界范围的库存增加来维持。

2008 年下半年和 2014 年下半年石油价格暴跌后，国际石油市场就出现了一个非常有趣的现象，即石油生产国、贸易商等，将大量的原油和成品油在海上存放在油轮中，等待出售的时机，在国际石油市场上形成了规模庞大的“浮动”库存。据有关机构统计，2009 年年初，海上“浮动”储油量约为 1 亿桶。[12] 有国际石油贸易机构统计认为，从 2014 年开始，累计有逾 5.5 亿桶原油和油品进入库存。[13] 2016 年 5 月，仅在新加坡海域就停泊着 40 艘用作海上储油设施的超大型油轮，满载 4 770 万桶石油，这些石油可满足中国 5 个工作日的需求。[14] 到 2017 年 5 月，又有大量老旧的超级油轮被租用装满石油停放在东南亚海域等待出售，尤其是等待销往中国。[15] 而路透社的报道称，2017 年 5 月初，作为全球主要石油运输路线之一的马六甲海峡共有 35 艘油轮，总装量为 6 500 万桶原油。[16] 据估计，2017 年 6 月中旬，全球有超过 50 艘超大型油轮用于存储原油，存储量高达 6 000 万桶，而 2017 年 2 月海上储油的峰值高达 7 000 万桶。[17] 市场人士认为，国际石油市场上的实货原油实在是太多了，它反映了供应过剩的压力远大于一般的分析，国际市场"油满为患"。欧洲一名高级石油交易员称："过去 15 年中，我每年都来一次新加坡，从未见过这种海上停满油轮的场面。"[18] 2016 年 6 月，路透社发表了一系列海上油轮及储油船的卫星照片，历数从中东、新加坡到中国的上海、青岛等世界各地海上漂浮的油轮情况，凸显了全球供油严重壅塞的情况，称约 2 亿桶石油被迫在海上漂流或停泊，上不了岸。[19] 更有好事者形容，海上的油轮堵成了北京的二环路。因此，每当要讨论减产和如何维持国际石油市场的供需平衡时，连石油输出国组织的有关官员都无法回避这一话题，也要站出来评论一番石油海上"浮动"库存的问题。如 2017 年 5 月中旬，就有不具姓名的石油输出国组织官员对路透社"放风"，称 2017 年第 1 季度全球海上石油库存已经减少 1/3，不过该人士并没有给出具体数据。[20]

取以上数据的中间数，即我们假定目前海上"浮动"的石油库存为 1 亿桶，加上从 2016 年年底至 2017 年 3 月经济合作与发展组织成员国增加的石油库存 4.04 亿桶，以及中国增加的石油库存 1 亿桶，以上数字合计约 6 亿桶，即从 2017 年年初至 2017 年 4 月底全球增加的石油库存数量应该为 6 亿桶，约相当于全球 6.5 天的石油产量和 6.2 天的石油消费量。从石油库存的特点来看，因为这些石油已经运抵消费国或已经抵达消费国的海域，在需要时可以很快投入使用，短时期内可以直接抵销石油生产国的石油产量。因此，如果我们考虑世界各地存在的数量庞大的商业、政府和海上“浮动”石油库存，目前国际石油市场供过于求的压力会更大，我们前面讨论的每天300万桶的剩余石油生产能力应该只是一个最底线。

3. 未来3~5年国际石油市场仍将供大于求

对于未来3~5年的国际石油市场趋势，目前有关机构和研究界存在较大的分歧。简单归纳，可以分为三大类：一是看涨，认为这几年的低油价使原油产能投资萎缩，将催生牛市，这一派最有代表性的是国际能源署；二是激进看跌，认为原油可替代，原油需求会在2020—2021年见顶，然后骤然而下，到2030年，油价会跌至每桶25美元；三是温和看跌，页岩油技术革新给油价设置了天花板，预计油价在接下来的5年内走低，因为“原油供给的来源逐渐增加”。[21] 虽然这些机构对于未来3~5年内国际石油价格的走势，有不同的分析和判断，但普遍一致的看法是，高油价的时代已经结束，未来3~5年内油价难再回到2013—2014年的高价水平。[22] 更有高盛的分析师认为，由于供给过剩，原油价格在未来15年内都将维持低位运行，未来5年原油将跌至每桶50美元。[23]

我们认为，分析和预测未来3~5年的国际石油形势，重点要分析清楚目前国际石油市场存在的剩余石油生产能力能不能在未来3~5年内被消化掉，而且其扩展的意义是，在石油生产国增加产能的情况下，国际石油市场的需求要消化掉现有的剩余石油生产能力和增加的石油生产能力。国际著名的机构摩根士丹利于2015年9月发表报告认为，2014年下半年以来的国际石油价格暴跌，是原油市场受供给推动而走低，更类似于1986年的下跌，这通常需要很长时间来化解。供给过剩导致的下跌波，比需求疲软导致的下跌波，要缓解得更慢。[24]对比在第9~12章尤其是第10章中的有关供需结构的分析，我们认为，摩根士丹利对本轮油价暴跌的判断和分析，同我们的看法是一致的，即供给过剩导致了2014年下半年以来的石油价格暴跌和持续低油价。因此，未来3~5年国际石油形势要发生不同于目前的改变，重点应该是消除目前国际石油市场上存在的严重的石油生产能力过剩。

世界石油工业的历史和其他大宗商品的历史都证明，长周期的高价格一定会催生大量的产能建设，必然会导致整个产业的产能过剩，带来供应过剩的局面。中国石油经济技术研究院分析认为，从世界石油工业来说，国际石油市场的去产能过程可能需要很长的时间，未来5年过剩的石油生产能力都不可能完成出清。因此，未来5年，国际石油市场依然会处在供应相对偏宽松的状态。预计，2020年世界石油需求将达到每天9 900万桶，而全球的石油供应能力将达到每天10 500万桶，届时世界石油的供应能力每天将高于需求600万桶。[25]图14–2直观地预测了2020年世界石油供需平衡情况。

表14–1和图14–3是美国能源信息署对2015—2018年世界石油生产和消费变化的分析，及2012年以来世界液体燃料供需和库存变化情况的图示化分析，并对2017年剩余时间和2018年可能会出现的变化进行了预测，它们从数字和统计的角度，更加直观地说明了从2012年以来国际石油市场的供需变化，在表14–1中特别对世界各地区石油产量可能的变化进行了细致的分析。当然，美国能源信息署不像中国石油经济技术研究院那样，对未来的预测那么乐观。不过，虽然表14–1中个别年份世界的石油需求量数字会大于产量，但因这张表中没有考虑库存的变化，如考虑到库存的变化，总体来

说世界石油供应量是大于需求量的。

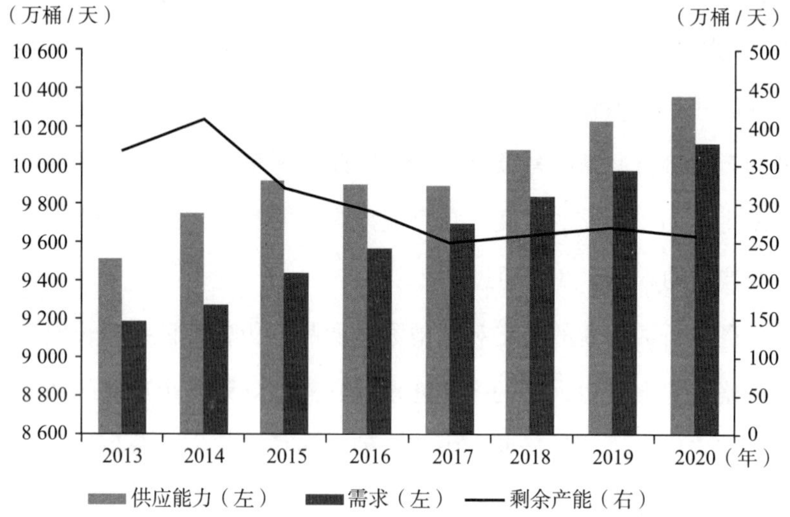

图 14–2　2014—2020 年世界石油生产和消费预测

资料来源：陈蕊. 新常态下的国际石油市场特征与趋势. 2015 年 11 月 3 日，转引自洹水泛舟的博客. http://blog.sina.com.cn/s/blog_52f526870102walq.html.

表 14–1　2015—2018 年世界石油产量和消费量

地区 / 国家	产量和消费量（百万桶 / 天）				产量和消费量的增长（百万桶 / 天）		
	2015 年	2016 年	2017 年	2018 年	2016 年	2017 年	2018 年
OPEC 国家	37.967	38.999	39.214	39.862	1.033	0.214	0.648
北美	22.259	21.908	22.654	23.881	–0.352	0.747	1.227
加拿大	4.511	4.593	4.695	4.873	0.082	0.102	0.178
墨西哥	2.625	2.489	2.339	2.323	–0.136	–0.150	–0.016
美国	15.124	14.826	15.621	16.685	–0.298	0.795	1.065
俄罗斯和里海	13.919	14.049	14.162	14.177	0.131	0.112	0.015
俄罗斯	11.030	11.240	11.190	11.167	0.210	–0.050	–0.023
阿塞拜疆	0.858	0.844	0.781	0.750	–0.015	–0.063	–0.031

（续表）

地区 / 国家	产量和消费量（百万桶 / 天）				产量和消费量的增长（百万桶 / 天）		
	2015 年	2016 年	2017 年	2018 年	2016 年	2017 年	2018 年
哈萨克斯坦	1.751	1.698	1.906	1.973	–0.053	0.208	0.068
土库曼斯坦	0.280	0.267	0.285	0.286	–0.012	0.018	0.001
拉丁美洲	5.350	5.257	5.401	5.533	–0.093	0.145	0.132
阿根廷	0.710	0.692	0.687	0.687	–0.018	–0.005	0.000
巴西	3.183	3.234	3.427	3.556	0.051	0.193	0.128
哥伦比亚	1.029	0.912	0.870	0.865	–0.117	–0.042	–0.006
其他拉丁美洲国家	0.428	0.418	0.417	0.426	–0.010	–0.002	0.009
其他非 OPEC	17.241	16.958	16.865	16.711	–0.283	–0.093	–0.154
世界产量总计	96.736	97.171	98.296	100.164	0.435	1.126	1.868
世界消费量总计	95.390	96.910	98.450	100.070	1.525	1.535	1.5475

资料来源：EIA. *Short–Term Energy Outlook*, June 2017.

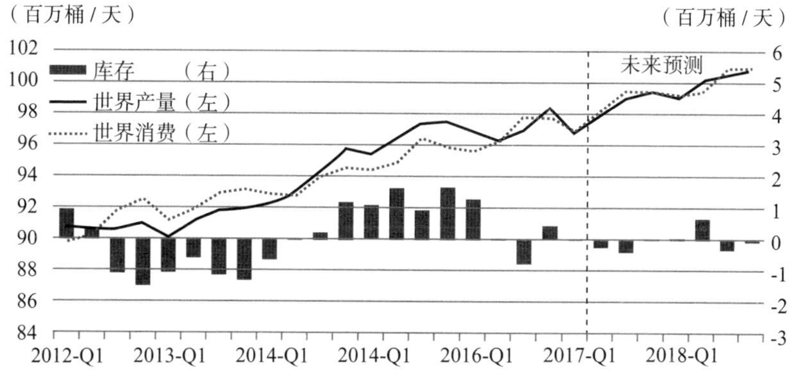

图 14–3　2012—2018 年世界液化燃料产量、消费量和库存的变化

资料来源：EIA. *Short–Term Energy Outlook*, June 2017.

说明：Q1 代表第 1 季度。

就连石油输出国组织本身对未来 3~5 年的国际石油市场供需

状况也不抱乐观的态度。在其 2016 年版本的《世界石油展望》中，该组织预测，到 2021 年，世界石油需求量为平均每天 9 920 万桶，2015—2021 年世界石油需求平均每天增长 100 万桶，主要来自印度每天增长的 50 万桶，经济合作与发展组织欧洲成员国每天增长 20 万桶，美洲成员国每天增长 20 万桶，而拉丁美洲国家和中国每天分别下降了 20 万桶和 10 万桶。从供给方面来说，虽然该组织认为未来非石油输出国组织的石油生产能力增长，尤其是北美页岩油的生产存在一定的不确定性，但从全球来看，世界石油生产能力仍将保持一定的增长，对石油输出国组织本身的压力并不大，2017—2021 年其原油供给需求平均每天只是在 3 300 万桶上下，2021 年相比 2017 年平均每天也只可能增长 70 万桶，具体参见表 14–2。该表详细地对比了石油输出国组织对 2015—2021 年世界石油需求和供给的预测。我们知道，无论对未来世界石油的需求还是供给的预测，都存在一定的不确定性，但这个预测表中有关该组织自身石油供给需求的预测数据，一定程度上说明了石油输出国组织自身的不自信和对未来需求增长较大的不确定感。

不过值得注意的是，表 14–1 中的数据表明，从总量来说，美国能源信息署认为，2016—2018 年世界石油需求增长的绝对数字是大于产量增长的，它预示着从长期看国际石油市场的供需关系将走向缓和或趋紧。当然，2018 年前后国际石油市场供需结构是否会发生这样的变化，我们将在本节下面的部分和本章第三节详细讨论这方面的趋势和可能性，因为只有详细地分析和讨论世界主要石油生产国当前和未来石油生产的情况，才能给出未来 3~5 年国际石油市场供给能力的准确答案。

表 14–2　2015—2021 年世界石油需求和供给预测

（百万桶/天）

	2015 年	2016 年	2017 年	2018 年	2019 年	2020 年	2021 年
世界石油需求	93.0	94.2	95.3	96.4	97.4	98.3	99.2
其中：OECD	46.2	46.4	46.5	46.4	46.2	45.9	45.7
发展中国家	41.5	42.4	43.4	44.5	45.7	46.8	47.9
世界石油供给	95.1	95.0	95.3	96.4	97.6	98.5	99.4
其中：美国和加拿大	18.4	17.9	17.9	18.2	18.5	18.9	19.4
页岩油	4.9	4.2	4.1	4.2	4.3	4.5	4.8
非石油输出国组织	56.9	56.0	55.9	56.4	57.1	57.9	58.6
石油输出国组织	38.2	38.9	39.4	40.0	40.4	40.6	40.7
石油输出国组织原油	32.0	32.7	33.0	33.4	33.7	33.7	33.7
库存的变化	2.1	0.8	0.0	0.0	0.2	0.2	0.2

资料来源：OPEC. *World Oil Outlook 2016*.

（二）当前和未来 3~5 年国际石油市场供过于求将加剧

上面我们仅仅从总量的角度分析并讨论了当前国际石油市场严重的供过于求状况，并对未来 3~5 年国际石油市场的供需进行了预测。事实上，如果从世界主要石油生产国细分的角度，我们可以看出，当前和未来 3~5 年国际石油市场的石油供给将是非常充裕的，它比简单的归总数字更有说服力。

1. 石油输出国组织三个成员国当前和未来的石油生产能力分析

目前，石油输出国组织 14 个成员国的原油产量和石油产量，除统计口径外，不同的机构公布的数据略有差异。据石油输出国组织官方的统计，2016 年该组织的原油产量为平均每天 3 247 万桶，凝析油的产量为平均每天 610 万桶，合计石油产量为平均每天 3 857 万桶；[26] 国际能源署的数据是，2016 年石油输出国组织的原油产量为平均每天 3 260 万桶，凝析油的产量为平均每天 670 万桶，合计为平均每天 3 930 万桶；[27] 而英国石油公司《世界能源统计评论》2017 年版的数字是，包括凝析油的产量，2016 年石油输出国组织的石油产量为平均每天 3 935.8 万桶。[28] 综合三家机构的数据，2016 年，石油输出国组织的原油产量应该为平均每天 3 500 万桶左右，包括凝析油的产量应该为平均每天 3 900 万桶左右。除上述石油输出国组织 14 个成员国目前的石油总产量外，对未来国际石油市场供给会带来较大影响的，是其有代表性的几个成员国未来石油产量可能发生的变化。以下为几个有代表性的国家。

一是委内瑞拉。我们在第 7 章有专门的内容分析和讨论委内瑞拉的石油生产情况。作为世界上石油资源储量最大的国家，自从查韦斯上台后，该国的石油生产一直是在走下坡路，这也是世界上唯一一个国家，这几年因本身的原因石油生产不但没有增长反而在不断地下降。2016 年，委内瑞拉石油产量平均每天为 240 万桶，而 2000 年时其石油产量平均每天为 284.2 万桶，相比约每天减产了 45 万桶。历史上，委内瑞拉石油产量的最高峰是 1970 年，平均每天为 375.4 万桶；而就在查韦斯于 1998 年 1 月创建“第五共和国运动”并出任主席，并于同年 12 月 6 日当选委内瑞拉第 53 任总统时，委内瑞拉的石油产量还是历史上的第二高位，为平均每天 344.7 万桶。[29] 对比两个时期的数据可以看出，2016 年与 1998 年相比，委内瑞拉的石油产量平均每天下降了 100 万桶。目前，委内瑞拉国内经济政治局势已经到了关键的时刻，未来政局变化后无论什么力量上台执政，振兴石油产业，都将是委内瑞拉的当务之急。因此，未来 3~5 年，委内瑞拉石油产量恢复和增加的可能性很大。

二是利比亚。利比亚是石油输出国组织创始成员国，曾是非洲和世界上重要的石油生产国之一。2016年，利比亚的石油产量仅为平均每天42.6万桶，基本上是近年来也可以说是历史上产量最低的水平。“阿拉伯之春”之前的2007年和2008年，利比亚的石油产量都为平均每天182万桶。历史上，利比亚的石油产量曾于1970年达到最高峰，为平均每天335.7万桶。这也就是说，如利比亚的石油产量能恢复到2011年“阿拉伯之春”前的水平，平均每天就可增加约150万桶；而如能恢复到历史最高水平，利比亚的石油生产能力会更大。

三是伊朗。同利比亚一样，伊朗也是石油输出国组织创始成员国，世界上重要的石油生产国之一。2017年1月1日，伊朗的探明石油储量为1 584亿桶，天然气探明储量为33.5万亿立方米，分别位居世界第四和第一位。2016年年初，美国和国际社会的制裁解除后，伊朗的石油出口恢复较快，2016年的石油产量为平均每天460万桶，是进入21世纪以来的最高水平。不过，伊朗石油产量的最高年份是第一次石油危机期间的1970年，为平均每天606万桶。就在制裁解除的前后，伊朗已在大力吸收国际资本进入其油气生产领域，努力恢复并扩大石油产量。早在2014年2月，伊朗就着手修改石油合同条款，旨在保障与海外投资者的长期合作关系，计划在未来5年内，吸引约1 500亿美元的投资，以恢复和振兴油气产业。[30] 2015年11月28—29日，伊朗首都德黑兰的国际会议中心举行了“德黑兰峰会——新伊朗石油合同说明”，就伊朗在石油天然气勘探开发新颁布的石油合同（Iranian Petroleum Contract，IPC）进行了介绍说明，对外公布18个勘探区块和52个开发区块，其中29块油田，23块气田，拉开了伊朗油气工业试图重新融入全球油气工业的序幕。[31] 2017年5月底，伊朗向29家国际石油公司，如壳牌、道达尔、中国石油、卢克石油公司、印度尼西亚国家石油公司、奥地利石油天然气集团等发出招标邀请函，对阿扎德甘油田进行招标。阿扎德甘是世界第三大油田，预计原油储量为 370 亿桶，而这一轮的招标使用的是伊朗新石油合同模式。[32] 2017 年 7 月 3 日，中国石油、法国道达尔公司与伊朗国家石油公司在德黑兰签署合作协议，共同开发伊朗南帕尔斯天然气田第 11 期项目。根据协议，道达尔公司是该项目作业方，持股 50.1%，中国石油持股 30%，伊朗国家石油公司持股 19.9%。项目开采经营期为 20 年，总投资额为 48 亿美元。南帕尔斯天然气田第 11 期项目，是伊朗在西方解除对其经济制裁后，首次与外国公司在油气领域签署的合作协议，项目将分两阶段开发。第一阶段的工作，是钻 30 口油井并建成两座海上钻井平台；第二阶段将根据气藏条件建造海上天然气压缩设施。预计项目投产后，日均天然气产量将达到 56 亿立方米。南帕尔斯天然气田位于波斯湾，总面积约 9700 平方公里，是世界最大的天然气田，为伊朗和卡塔尔共同拥有。[33] 2017 年 5 月 20 日，哈桑·鲁哈尼在伊朗第 12 届总统选举中获胜得以连任。国际社会普遍认为，伊朗现任总统鲁哈尼实现连任，料将鼓励西方投资和提振伊朗石油产量。[34] 2017 年 5 月 19 日，国际货币基金组织发声表态，看好伊朗投资贸易潜力，伊朗仍有雄厚的投资与贸易潜力尚未发挥。[35] 伍德麦肯锡发表的追踪伊朗投资机遇的数据显示，伊朗有投资额高达 1 000 亿美元、储量达 260 亿桶油当量的上游项目可以挖掘。[36] 因此，未来伊朗将有可能成为世界油气开发的热点国家之一，其石油产量的恢复和不断提高，将对国际石油市场的供需结构和石油价格走势产生较大的影响，也会直接影响到石油输出国组织内部各成员间的关系。

2018 年 5 月 9 日，美国总统特朗普宣布中止伊朗核协议，伊朗将面临美国的全面制裁。但从长远看，伊朗问题一定会得到解决，并成为国际石油市场重要的力量。

综合以上分析，我们认为，未来 3~5 年内，仅委内瑞拉、利比亚和伊朗三个石油输出国组织成员国的石油生产能力，有可能在目前的基础上平均每天至少增加 300 万桶。

2. 非石油输出国组织产油国当前和未来的石油生产能力分析

非石油输出国组织产油国是当前和未来国际石油市场供给方的重要力量。2016 年，非石油输出国组织产油国的石油产量为平均每天 52 79.2 万桶，占当年世界石油产量的 57.3%。未来 3~5 年，非石油输出国组织产油国的石油生产能力趋势，不但直接决定了石油输出国组织的产量，也直接决定着国际石油价格的走势。

在 2016 年版的《世界石油展望》中，石油输出国组织估计，2017—2021 年，非石油输出国组织产油国的石油日均产量将增加 270 万桶，由 2017 年的 5 590 万桶上升到 2021 年的 5 860 万桶。[37] 而在 2017 年版的《世界石油展望》中，则将 2022 年非石油输出国组织产油国的石油日均产量调增到 6 200 万桶，增加的日均产量中就有 380 万桶来自美国。[38] 美国能源信息署认为，2017—2021 年，非石油输出国组织产油国的原油和凝析油的日均产量将增加 124 万桶，由 2017 年的 4 653 万桶上升到 2021 年的 4 777 万桶。此外，美国能源信息署在预测时，还单列了其他液化燃料一项，其日均产量由 2017 年的 1 654 万桶上升到 2021 年的 1 782 万桶，增加了 128 万桶。[39] 两者合计日均增加 252 万桶，基本上相当于石油输出国组织平均每天 270 万桶的估计。

在非石油输出国组织产油国中，两个国家未来的石油产量具有代表性。一是哈萨克斯坦。哈萨克斯坦拥有丰富的油气资源，2001年哈国的石油日均产量只有84.1万桶，2016年上升到167.2万桶。哈萨克斯坦拥有中东地区之外最大的油田，同时这也是全球自1968年以来发现的最大油田，即位于北里海水域的卡沙甘油田。该油田原油储量居世界第5，地质学家们估计，其地质储量为48亿吨，而该项目作业者认为其石油总储量为380亿桶（约合60亿吨），其中可开采储量为100亿桶。卡沙甘油田拟分三个阶段进行开发，第一阶段日均开采量为37万~45万桶，第二阶段日均产量达到100万桶，第三阶段达到产量的峰值，即日均150万桶。由于管线故障等方面的原因，2013年9月投产后该油田停产，2016年10月23日正式恢复石油开采。2017年4月，哈萨克斯坦国家石油天然气公司表示，至2017年年底，卡沙甘油田的日产油量将达到37万桶，而在新技术设备安装完成后，约一半的伴生气将被回输到岩层，产油量有提升至每天45万桶的可能。[40]对于卡沙甘大油田再度投产后对国际石油市场的影响，有机构认为，卡沙甘大油田再次投入生产，连石油输出国组织都不得不忌惮，油价准备跑底45美元。[41]二是巴西。巴西是拉丁美洲最大的石油生产国，2016年的石油日均产量为260.5万桶。据石油输出国组织估计，由于拥有丰富的油气资源，加上大量的投资，含天然气液在内的未来巴西石油产量将迅速增加，2021年巴西的日均石油产量将由2016年的250万桶增长到360万桶，日均增加110万桶，成为拉丁美洲和世界石油产量增长最快的地区之一。[42]更乐观的预测认为，随着桑托斯盆地盐下层的大量发现，到2020年，巴西石油公司的日均产量将升至420万桶，加上其他公司的产量，巴西全国石油日均产量将超过500万桶，巴西将对布伦特原油定价机制产生影响，未来几年巴西将影响国际油价。[43] 因此，有分析认为，到 2025 年，巴西有望成为世界第五大原油生产国，仅次于沙特阿拉伯、俄罗斯、美国和伊拉克。[44]

3. 当前和未来的美国页岩油生产是国际石油价格的“天花板”

目前，对国际石油市场形势影响最大的因素之一，是美国因素，尤其是美国的页岩油生产，未来 3~5 年它也将是影响国际石油价格走势的最大因素之一。

受益于页岩革命的成功和对外出口的解禁，近年来美国原油和成品油的出口大幅度增长，从 2010 年的日均 240 万桶增加到 2016 年的日均 520 万桶。其中，2016 年，美国原油日均出口量为 52 万桶，2017 年 2 月达到最高，为 110 万桶，主要出口国有加拿大、荷兰、库拉索岛、中国、意大利和英国等。[45] 近年来，美国原油成品油的出口情况如图 14–4 所示。

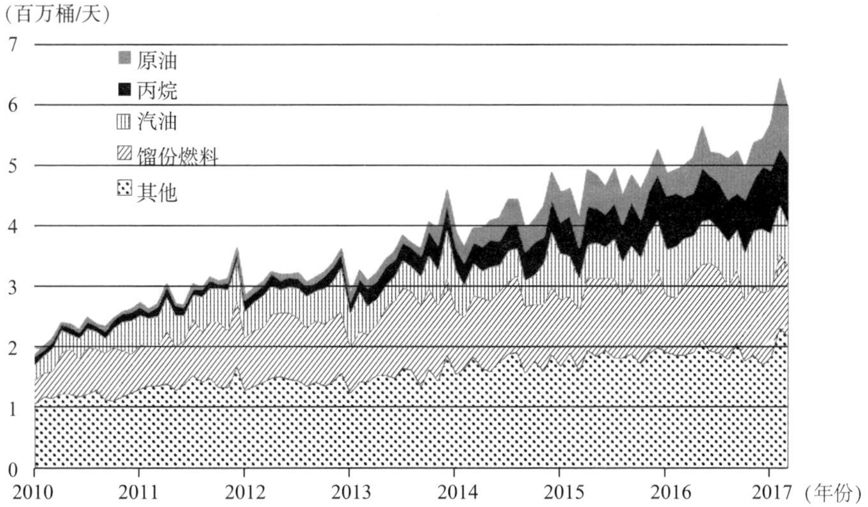

图 14–4　2010 年 1 月—2017 年 5 月美国原油成品油出口情况

资料来源：EIA. *Petroleum Supply Monthly*, June 21, 2017.

2017 年 6 月，美国主要页岩油产区的原油日均产量预计将达到

540 万桶，达到 2015 年 5 月以来的最高水平。其中，二叠纪盆地地区 6 月份的页岩油日均产量预计将增加 71 万桶，至 249 万桶；鹰滩地区日均产量预计将增加 36 万桶，至 128 万桶；巴肯地区日均产量预计增加 6 万桶，至 103 万桶；奈厄布拉勒地区日均产量预计增加 7 万桶，至 45.7 万桶。[46] 此外，美国油服贝克休斯公司 2017 年 5 月 12 日发布的数据显示，美国开采商连续第 17 周增加石油钻机，创下了 2011 年以来的最长纪录。石油钻机数量增加了 9 台达到 712 台，为 2015 年 4 月来最高水平。钻机数量曾在 2016 年 5 月降至逾 6 年最低位 316 台，随后一路节节攀升；[47] 2017 年 6 月 16 日那一周，美国石油钻机总数增加 6 台，至 747 台，自 2015 年 10 月以来第 7 次超过 700 台，而 2016 年同期为 328 台。在此之前的 33 周中，钻机数量有 32 周增加，其中 22 周连续增加，是有记录以来的最长增加周期。[48] 2017 年 6 月 23 日那一周，美国石油活跃钻井数增加 11 座至 758 座，连续 23 周获得增加，再创 2015 年 4 月以来新高，表明即使目前油价持续低迷，美国页岩油产商仍在继续推进支出计划，2016 年同期为 330 座。更为重要的是，同期美国原油产量也在同步走高，2017 年 6 月 23 日那一周美国国内原油日均产量增加 2 万桶至 935 万桶，连续 18 周维持在 900 万桶关口上方。[49]

在目前的国际石油价格条件下，美国页岩油的产量之所以还能持续增长，主要得益于近年来页岩油气生产行业效率的持续提升和成本的持续下降。我们在第 11 章中，对美国当前页岩油生产成本的情况进行了专题分析。目前，行业普遍认为，美国页岩油的生产成本顶点为每桶 35 美元，只要国际石油价格不长期低于每桶 35 美元，就不会给美国页岩油的生存带来根本性的变化。据现场的统计数字显示，2017 年 4 月，二叠纪盆地有 2 038 口油井未完工，5 月有

2 163 口油井未完工。目前，美国七大页岩油产区共有 5 946 口油井未完工。根据行业的生产规律，这些未完工的油井全部完成还需要三年时间，待这些油井完工投入生产，2018 年或之后美国的页岩油供应量将大幅增加。[50] 因此，美国银行的分析报告认为，未来 5 年后，美国的页岩油产量可能每天增加 350 万桶。[51] 美国证券交易委员会一份年度数据显示，2016 年全球许多油气公司盈亏平衡价已经降到不足每桶 40 美元，包括埃克森美孚、壳牌、雪佛龙、康菲等国际石油公司，还有大批独立致密油和页岩气公司。[52] 一个有力的例证是，俄罗斯《消息报》网刊登的俄罗斯石油公司总裁谢钦的文章认为，如果油价在相当长的时间内维持在每桶 40 美元的水平，那么全球一半的石油生产将亏损。巴西深海盐下层石油开采、加拿大油砂开采将无利可图。页岩油生产商将遭遇困难，但二叠纪盆地的高产区除外，只有俄罗斯、沙特阿拉伯、美国一系列高效项目，伊朗和某些国家成本很低的项目能在低油价情况下保持稳定，其他生产商将被迫退出。[53] 为此，有行业专家形象地比喻："如果欧佩克之前把美国页岩油当成是油价的一个刺，那么现在页岩油就成了油价的一根矛。除非美国的钻探家们把他们的钻井探头全部都炸了，否则到了 2018 年下半年，原油的供应量很可能会突然增加。"[54]

在第 11 章有关国际石油市场参与结构的讨论中，我们较为详细地分析了美国页岩油气生产行业的特点。由于参与企业众多，私营企业、资本市场等一系列特点交织，因此只要有利可图、资源有保证、成本有下降的空间，这些页岩油气生产商就会倾最大能力进行生产，不顾一切地占领国际石油市场的份额。这一特点决定了国际石油价格只要高于其一定时间的盈亏平衡点，美国页岩油的产量就会持续增加，美国页岩油的生产成本就成了国际石油市场的边际价格，也就是国际石油价格的“天花板”，[55]石油输出国组织只能被动地跟随国际石油市场的供需变化，石油输出国组织和沙特阿拉伯只能沦为国际石油市场的库存“管理员”。[56]前面的分析中我们谈到，目前美国页岩油生产的盈亏平衡点为每桶35美元。因此，一方面，当前和未来3~5年，国际石油价格仍有下跌的空间；另一方面，只要国际石油价格在未来不长时间低于每桶35美元或40美元，当前的国际石油形势在未来3~5年内仍将保持下去。关于美国页岩油生产对中期国际石油形势的影响，我们将在本章后面相关部分的内容中，从资源、技术等方面再做更详细的分析，说明其对中期和更长时期国际石油形势及石油价格的影响。

（三）当前和未来国际石油价格短期剧烈波动是常态

国际权威机构认为，当前和未来一段时间，从政治因素来说，包括地缘政治紧张局势、国内政治分歧、治理薄弱和腐败、恐怖主义等，都将给全球政治带来较大的风险；从经济因素来说，美国加息步伐快于预期，可能引致全球金融状况更快收紧，美元大幅升值，从而对脆弱经济体造成不利影响，金融监管大力收缩，可能会刺激过度冒险并增加未来发生金融危机的可能性，新兴市场国家金融状况收紧，在部分产能大量过剩的发达经济体中，需求疲软、通胀低迷、资产负债表薄弱以及生产率增长乏力之间形成了负面反馈循环，对全球经济增长构成风险；而全球极端天气事件和重大自然灾害不断发生，也会给全球政治稳定和经济增长带来冲击。[57]特别是2017年年初，美国特朗普政府上台以来，当前和未来3~5年世界政治经济形势的不可捉摸性更加复杂。在第12章的分析中我们得出的结论是，期货交易、现货交易是当前国际石油市场主要的交易方式，期货价格引导着现货价格的变化，也就是说，市场力量是决定当前国际石油价格的最主要力量。自 20 世纪 70 年代以来国际石油市场的历史说明，由于期货交易和现货交易对市场高度敏感，全球政治、经济和自然界的重大突发事件，都将给当前和未来的国际石油价格带来剧烈波动。

1. 政治上，当前和未来国际社会存在众多的不确定性和不可捉摸性

从历史上看，第四次中东战争触发了第一次石油危机，伊朗革命导致了第二次石油危机，突发性的世界政治事件或某些重要石油生产国、生产地区发生的政治事件，引起国际石油市场动荡和国际石油价格长时间或短时间波动的例子，数不胜数。未来 3~5 年或更长时间内，这种现象仍将存在并有可能加剧。

从目前国际政治形势看，发生大国间直接冲突的可能性不大。但是，目前国际社会普遍的共识是，当前的世界正处于秩序转变过程中，第二次世界大战后和 1991 年“冷战”结束后的世界政治秩序正在发生变化，大国在世界政治舞台上的力量和地位正在重组，新世界秩序将取代美式寡头政治，因此未来的世界政治走向存在较大的不确定性。[58] 同时，目前国际上大国利益博弈引发的代理人战争和冲突，比比皆是，最典型的是叙利亚内战。在可以预见的将来，在中东地区、非洲地区和苏联的某些地区，这一类型的冲突都有可能发生。因此，世界政治秩序的重建及由此而产生的地区冲突，这一类突发事件未来发生的时间、规模和所影响的范围，都会直接带来国际石油市场的动荡和国际石油价格的波动。

另一类国际突发政治事件，经常发生在中东某些国家之间，特别是产油国之间。如 2017 年 6 月 5 日，沙特阿拉伯、阿拉伯联合酋长国、埃及和巴林等国突然宣布与卡塔尔断交，理由是卡塔尔支持恐怖主义和干涉他国内政，这些国家还宣布对卡塔尔实施制裁，关闭与卡塔尔的陆海空联系，并禁止卡塔尔公民前往这些国家。与此同时，由沙特阿拉伯领导的多国联军也宣布中止卡塔尔参与联军行动，原因是卡塔尔支持在也门的恐怖组织，与也门反政府武装胡塞组织有“勾连”。2017 年 6 月 23 日,4 国通过科威特向卡塔尔递交了“13 点要求”清单作为解决断交危机的条件，并限定卡塔尔在 10 日内予以答复。7 月 3 号，4 国发表联合声明，表示将卡塔尔答复“13 点要求”的最后期限延长 48 小时。[59] 2017 年 7 月 4 日，卡塔尔外交大臣穆罕默德表示，沙特阿拉伯及其盟国在海湾外交危机中向多哈提出的要求根本无法满足，卡塔尔拒绝接受这些国家提出的苛刻要求，这些要求违背国际法。与此同时，2017 年 7 月 4 日，卡塔尔石油有限公司宣布将增加液化天然气产量，从年产 7 700 万吨增至 1 亿吨，以应对阿拉伯邻国在近一个月前对卡塔尔实施的经济封锁。[60] 这一类事件的发生其背后有复杂的政治、经济、宗教和民族等原因，有时背后也有大国争夺的影子，未来中东地区产油国发生这一类事件的概率较大。就连美国国防部也认为，中东动荡的根源在于西方大国的纷争，由于第一次世界大战结束时出现了许多导致冲突的错误，从而使中东成为世界上最动荡不安的地区之一。[61]

还有一类政治性事件，是某些重要石油生产国本身的不稳定。如非洲最大的石油生产国尼日利亚的国内形势多年来都非常不稳定，其南部三角洲地区存在各种形式的激进组织，经常对石油生产发动袭击，向政府提出石油利益方面的要求。[62] 又如，中东和北非地区 2011 年发生的直至目前仍未结束的“阿拉伯之春”。由于各方面原因，未来这一类突发性政治事件发生的概率仍然会很大，特别是在中东地区。有学者认为，中东本来就是世界地缘政治最复杂的地方，该地区的力量，如阿拉伯国家、波斯湾国家、土耳其和以色列等都扮演着重要角色，当前的中东地区正是百年构架坍塌之时，中东地区正在发生百年不遇的大乱局。[63] 2017 年 11 月 4 日晚，沙特阿拉伯国王萨勒曼宣布成立以王储穆罕默德为主席的最高反腐委员会，并逮捕 11 名王子、38 名现任和前任大臣，其中包括沙特阿拉伯王室的多名“重量级”人物，例如有“中东巴菲特”之称的瓦利德王子。有媒体认为，瓦利德王子被捕，让人类历史上价值最高的沙特阿美石油公司的上市计划再生变数。2017 年 11 月 5 日，一架载有一名沙特阿拉伯王子和数名政府官员的直升机当晚在沙特阿拉伯靠近也门边界的阿西尔省坠毁，包括王子、2 名机组人员和 4 名政府官员在内的 7 名机上人员全部遇难。而同样在 11 月 4 日，也门胡塞武装向沙特阿拉伯首都利雅得国际机场方向发射一枚弹道导弹，被沙特阿拉伯防空部队拦截并摧毁。[64] 当前中东地区的乱局如不能尽快平复，或在未来有扩大趋势，或发生更多更大范围的动乱，一定会影响未来的国际石油形势和国际石油价格的走势。

近几年来，全球恐怖主义事件频发，无论是巴黎、伦敦还是巴塞罗那等城市的恐怖袭击，似乎都已成为常态，而且从全世界看有越演越烈之势。关于恐怖袭击及其对世界经济尤其是国际石油市场的影响，几乎每天都能从不同的媒体看到大量的报道，在此我们不再过多地进行讨论。

当然，当前和未来可能发生的国际政治性突发事件，远远不止我们所谈到的这些，有机构系统地总结提出未来不可捉摸的 12 个危机。[65] 北约秘书长延斯·斯托尔滕贝格认为，目前世界正处于 30 年来最危险的时刻，相当多的威胁聚集在一起让世界越来越危险。[66] 再加上特朗普政府上台，美国政治经济外交政策更加难以捉摸。复杂的国际社会，决定了当前和未来的世界不会是一个太平的、风平浪静的世界，未来大大小小的、我们无法预知的事件都有可能发生，这些事件都将会对未来的国际石油形势和石油价格产生不同程度的影响，有的甚至会是非常大的影响。

2. 经济上，当前全球经济复苏的步伐仍不稳定且未来存在较大的不确定性

通过第 9~12 章共计 4 章的分析，我们得出的结论是，20 世纪 70 年代以来世界经济政治形势的变化，带来了 20 世纪 70 年代以来国际石油形势的变化。具体到经济层面，我们分析的结论是，第二次世界大战后西方经济的恢复、重建和五六十年代经济的高速增长及 20 世纪 70 年代后期中国改革开放带来的 30 多年经济的高速增长，为第一次和第二次石油危机和进入 21 世纪以来的国际石油价格大幅度上涨准备了条件。同样的理由是，2008 年的金融危机不但带来了 2008 年下半年国际石油价格短暂的大幅度暴跌，也奠定了 2014 年下半年以来国际石油价格持续低位震荡的经济基础。

2008 年金融危机以来，全球经济仍处于复苏的过程中。近年来，全球经济增速持续放缓，潜在经济增长率有所下降，全球总债务水平不断增高，国际金融市场脆弱性加大，国际贸易投资更加低迷，居民收入和财富差距越来越大，反全球化趋势日益明显，世界经济面临更多的风险和挑战。2016 年，世界经济增长率相比 2015 年有所下降。2017 年 5 月，国际货币基金组织发布的《世界经济展望报告》，将 2017 年世界经济增长预期上调至 3.5%，预测 2018 年世界经济增长率将上升到 3.6%，美国、欧洲、日本、中国和其他新兴市场的经济前景都有所改善。专家们和有关机构普遍认为，就目前的形势而言，世界主要经济体迎来了周期性复苏，美国经济温和增长，欧元区的经济形势也比较乐观，新兴市场国家维持向好态势。这些因素，对当前和未来的国际石油形势都是好的方面，因为稳定而持续的经济增长，将拉动世界石油消费的增长，有助于逐步消除国际石油市场的供给过剩，有助于国际石油价格的复苏。

当前，多重不确定因素仍给世界经济复苏蒙上了迷雾，如英国的脱欧进程、美国政策的不可预知性、全球老龄化趋势，以及地缘政治因素等，都会波及增长的稳定性。因此，对于世界经济的此轮复苏能持续多久，如何让复苏更有后劲，研究界和专家们有不同的意见和看法。专家们普遍认为，如果世界经济不能维持包容性增长，不对贸易保护主义的抬头保持高度警惕，一些发达经济体不改变限制贸易的政策，当前世界经济的温和增长就有可能受到冲击。中国社会科学院发布的《世界经济黄皮书：2017 年世界经济形势分析与预测》认为，当前和未来经济存在以下重大的不确定性：潜在经济增长率下降，金融市场脆弱性加大，美国或成为世界经济不稳定的来源，国际贸易和投资增长乏力，收入和财富差距拉大，反全球化趋势日益明显。[67] 德意志银行认为，下一场恐慌正在酝酿中，而且它很可能是由世界主要央行引发的，这一场危机将带来股市下跌 15%，外汇下跌 10%，债券下跌 10%，通胀上涨 10%，或主权违约。[68] 有机构通过历史分析认为，从以往数据来看，似乎以“7”结尾的年份就有金融危机的风险：1987 年出现了华尔街历史上最大的单日恐慌，1997 年亚洲金融危机来袭，2007 年住房抵押贷款机构崩溃全球金融危机开始。因此，要当心 2017 年债务危机！[69] 事实上，唱衰未来世界经济发展的人士大有人在。如美国著名的投资人罗杰斯在 2017 年 2 月接受媒体采访时就警告，人类应该做好准备，因为我们即将经历一场一生未见的经济灾难，许多人将倾家荡产，将发生贸易战争，全球经济将出现大萧条。[70] 除罗杰斯外，世界债王格罗斯、桥水基金创始人达里奥等，也持同样观点，以致当前世界上形成投资大佬都在大喊“危机”即将到来的景象。[71] 鉴于当前世界经济恢复的脆弱，未来世界经济发展存在较大的不确定性，这将直接影响国际石油市场的稳定。

3. 极端天气和自然灾害频发将短期冲击国际石油市场

不谈时间更长的过去，仅从进入 21 世纪以来的历史看，众多极端天气和自然灾害，对短期国际石油市场的稳定产生了极大的冲击，造成了短期国际石油价格的剧烈波动，这样的事例数不胜数。最具有代表性的，是 2005 年 8 月底的“卡特里娜”飓风。而进入 2017 年后，这种情况更加突出。2017 年入夏至 10 月初，大西洋洋面上已先后生成 14 个飓风，造成美国、墨西哥和加勒比地区多个国家共数百人死亡，经济损失总规模达到惊人的 3 000 亿美元。[72] 其中，2017 年 8 月底和 9 月初的“哈维”和“艾尔玛”两场飓风，给美国造成的损失高达 2 900 亿美元，使美国国内生产总值减少 1.5 个百分点，使美国 2017 年 8 月至当年年底的经济增长成果化为乌有。[73] 美国全球生态基金会 2017 年 9 月 27 日发布的报告认为，使用的化石燃料越多，气候持续变化的速度越快，极端天气和燃烧化石燃料产生的空气污染在过去 10 年给美国造成了每年 2 400 亿美元的损失，相当于美国国内生产总值的 1.2%，而且 2017 年之后的 10 年，预计这种经济损失和健康损失每年将高达至少 3 600 亿美元。[74]

过去数年，世界上有许多地区的恶劣天气现象在增加，如干旱和洪水等极端天气事件更加频繁出现，特别是在亚洲、非洲、大洋洲和欧洲的一些地区。2017 年 8 月 10 日，美国国家海洋和大气管理局发布的年度调查报告认为，2016 年全球天气较往年更为极端，打破了更多纪录，超出了正常限度。有专家认为，2016年作为我们越过气候变化一个新临界点的年份，将永远被铭记，这一年让我们瞥见我们严峻的未来。[75]有专业机构形象地比喻，极端天气现象已经融入“新常态”的趋势，它是气候变暖背景下的产物，正是人类社会过去两百多年来大量使用化石燃料带来的直接后果。学术界已经有足够的证据证明，飓风风力越来越强，与气候变化有关。[76]目前，全球变暖是对人类生存环境的最大威胁。全球变暖不是简单的环境污染和生态灾难，它破坏的是整个地球的气候系统，会引发一系列连锁反应，所造成的后果是不可逆转的。世界气象组织的统计证明，几乎有九成自然灾害与气候事件存在关联。而人类大量使用的煤、石油、天然气等燃料产生的二氧化碳、碳粒粉尘以及堆放垃圾产生的甲烷等，是导致全球变暖的主因。科学家预测，在21世纪，气候变暖带来的灾难将以6倍的比率增加。地球两极的冰块正在大量融化，这是温室效应的结果，而它又将反过来加速地球气候变暖，使未来的人类在温室效应的热浪中“倍受折磨”。[77]目前，研究界普遍认为，极端天气已成为全球经济面临的新考验，1997—1998年那场祸害全球的厄尔尼诺造成了高达1 000亿美元的经济损失。[78]石油生产、运输、炼制、贸易等几乎全产业链高度依赖环境和天气，因此，面对极端天气的影响，国际石油市场更是首当其冲。以2017年8月底的“哈维”飓风为例，这场飓风使美国11.2%~16%的炼油能力和美国日产70万桶的陆上石油生产和日产43万桶的海上石油生产停产，得克萨斯州沿海港口关闭，导致亚洲市场的汽油期货价格大涨了7%，美国汽油平均零售价上涨10%，升到了2015年8月以来的最高水平。[79]中国相关的政府部门，就针对可能发生的极端天气和自然灾害对能源生产、供应等的影响，提出了非常细致的应对举措。如“近些年极端天气等自然灾害频发，对国内能源市场的安全稳定供应影响加大。如2008年年初的雨雪冰冻灾害、2009年冬春的严寒天气等，对一些资源短缺、运力受限、能源供需矛盾较为突出省份的电力、煤炭和天然气稳定供应产生较大冲击。迎峰度冬在即，为确保今冬煤电油气的安全稳定供应，……积极组织和引导各方千方百计增加市场供给，努力加强需求侧管理，提前制订预案，切实增强应急保障能力，确保今冬国内能源市场供应平稳有序”。[80]

因此，我们认为未来3~5年，事实上应该是未来相当长的时间里，全球政治形势将存在较大的不稳定性，全球经济恢复性增长不稳定且存在再次出现危机的可能，极端天气和自然灾害将更加频发，由于期货交易和现货交易对突发事件高度敏感，未来大量不可预知的突发性事件将直接影响短期国际石油价格的走势。不过，除非出现大规模的全球性武装冲突和中东产油国大规模的动荡，并持续半年以上的时间，考虑到世界主要石油消费国已经或正在稳步建立规模庞大的石油储备，这些突发事件不会导致未来出现像20世纪70年代那样的石油危机，但国际石油价格出现短暂的上涨且每桶超过70~80美元是有可能的。同时，鉴于当前国际石油市场供大于求且未来3~5年不会发生根本性逆转，如果未来世界经济出现某种程度上的危机，国际石油价格有出现20世纪90年代亚洲金融危机时低油价的可能，国际石油价格有可能出现每桶低于30美元的低油价。但是，从历史的经验看，每桶高于50美元或低于30美元的石油价格，都将是短暂的，主要是由于期货交易和现货交易对于突发事件的高度敏感而造成的，而不是源于国际石油市场供需结构的逆转。

综合以上分析，我们认为，当前和未来3~5年内，国际石油市场将供大于求，市场参与结构会造成石油输出国组织成员国自身和主要非石油输出国组织产油国残酷地争夺市场份额，国际石油价格将持续面临向下的压力，每桶35~40美元既是当前美国页岩油生产的盈亏平衡点，也将是短期国际石油价格理论上的最低点。此外，由于未来世界政治存在较多的不稳定性，突发事件也有可能造成短期国际石油价格每桶突破70~80美元。从市场均衡角度来说，我们认为，每桶高于70~80美元和低于30美元的石油价格，都将是短暂的，每桶在70~80美元上下波动将是未来3~5年国际石油价格走势的主旋律。

二、中期国际石油价格存在较大向上波动的可能性

根据构建的理论体系，本章第一节我们从国际石油市场供需结构、市场参与结构和交易方式结构三个层面，使用较长的篇幅，较为详细地分析短期国际石油形势和国际石油价格可能的走势。我们认为，从中期看，国际石油市场参与结构和交易方式结构不会发生根本性的变化，分析和预测中期国际石油形势和石油价格可能的走势，我们将重点讨论未来10年，即从2014年下半年以来国际石油价格暴跌后10年左右的时间，到2025年前后的国际石油市场供需结构可能发生的变化。从自20世纪70年代以来国际石油形势变化的历史、我们构建的理论框架和目前所掌握的材料看，我们认为，2025年前后的国际石油市场供需结构与目前相比可能会出现较大的变化，从目前到2025年国际石油市场的供需关系将逐渐紧张，2025年前后国际石油价格存在较大的向上波动的可能性，有可能再

次重演进入21世纪以来国际石油价格不断上涨的历史。

（一）有关机构和知名企业对未来国际石油形势的预测

中长期世界能源形势和石油形势如何？是国际社会各界普遍关心的话题，也是各研究机构研究工作中的重头戏，每年都有大量的研究报告问世。在此，我们仅选择介绍国际上一些著名的机构对未来中长期世界能源和石油形势的分析，为我们本节后面将要讨论和分析的中期国际石油形势提供一个可资参考的视角和铺垫。

世界能源理事会于2016年年底发布了《世界能源情景2016——大转变》报告，通过收集全球专家的意见，并与中国能源研究所合作，预测了未来45年影响能源工业的趋势。世界能源理事会的这一份报告非常复杂，在讨论未来45年影响世界能源行业四大确定因素和四大不确定因素的基础上，分三种不同的情景，讨论了世界能源行业未来的趋势。该报告认为，世界人均能源需求将在2030年之前达到峰值，煤炭和石油的需求可能在2030年达到峰值，其中2030年全球石油需求的峰值在三种不同的情景下分别为日均1.03亿桶、9 400万桶和1.04亿桶（此数据为2040—2050年才会达到）。[81] 因此，这也就是说，世界能源理事会认为，2030年前后世界石油消费可能会达到峰值，具体数据为日均9 400万~1.03亿桶。世界能源理事会的这一分析和预测出来后，有媒体幸灾乐祸地说，这个报告说明了石油行业最重要的一个长期趋势：石油产量需求可能在未来15年内开始下跌，欧佩克这次摊上大事儿了，或遭灭顶之灾。[82]

2017年5月，国际能源署发布的《2017年石油市场报告》认为，在主要发展中经济体的引领下，预期石油需求的强劲增势至少要保持到 2022 年，未来 5 年全球原油需求将持续攀升，2019 年将突破日均 1 亿桶大关，2022 年将达到日均 1.04 亿桶，需求增长主要来自发展中国家，新增需求中的七成将来自亚洲国家，到 2020 年，全球的原油供应增长将出现停滞，2022 年剩余产能将降至 14 年来最低，届时全球原油市场将会趋紧，2020 年之后全球石油市场有可能陷入“供不应求”的泥淖，将会出现价格飙升的风险。[83] 这应该是目前我们看到的对中期国际石油形势和石油价格最悲观的分析和预测。

2016 年 5 月 11 日，美国能源情报信息署发布了 2016 年版《世界能源展望》，提出了三种不同的情景，对到 2040 年间的世界能源消费、供应、石油价格走势等进行了分析。这份报告认为，到 2020 年世界石油和其他液体燃料消费量将达到日均 1 亿桶，2040 年将上升到日均 1.21 亿桶，世界石油和其他液体燃料消费的增长主要来自非经济合作与发展组织亚洲地区、中东和非洲等，而美国、经济合作与发展组织欧洲国家等石油和其他液体燃料的消费增长缓慢或下降。[84]

2017 年 1 月，英国石油公司发布了《世界能源展望》2017 年版，预测 2035 年世界石油和其他液体燃料日均消费量为 1.1 亿桶，消费增长主要来自新兴经济体，而且石油需求的增长呈下降趋势。[85]

2017 年 11 月 7 日，石油输出国组织发布了 2017 年版《世界石油展望》，这一版本的展望全面分析了至 2040 年世界能源尤其是石油消费和供给的前景。石油输出国组织预测，2016—2022 年，世界石油需求将每天增加 690 万桶，从日均 9 540 万桶增长到 10 230 万桶，而 2040 年将增长到 11 110 万桶。该组织认为，到 2040 年，石油仍将是世界第一大能源消费来源，占比为 27%，天然气占比为 25%，而可再生能源占比仅为 5.4%。至少到 2040 年，世界石油的需求仍不会达到峰值。[86]

以上我们选取了 5 个不同类型的机构和企业对中长期世界石油需求的预测，虽然它们的结论略有差异，但总的来说，2025 年前后世界石油（包含其他液体燃料）的日均消费量基本上在 1 亿桶左右，只不过达到这个数量级的时间稍有差异而已。我们所选取的 5 个类型的单位，应该具有一定的代表性，既有世界范围的能源行业协会型机构，也有国际组织，还有主权国家的政府部门，其中英国石油公司对于世界能源问题的研究不但历史悠久，非常有建树，而且还有较强的影响力。事实上，还有其他的组织和机构也对未来的世界石油需求进行了预测和分析，具体可参见图 14–5。从图 14–5 中可以看出，未来世界石油需求将持续增加，但是增长速度明显放缓，全球石油消费量在 2030—2040 年将达到峰值。而且，图 14–5 中的数据表明，国际能源署预测的未来石油消费总量数值要远小于埃克森美孚、英国石油公司等石油企业预测的数值，且国际能源署预测未来石油消费将在 2020 年左右出现拐点。[87] 当然，还有比这些

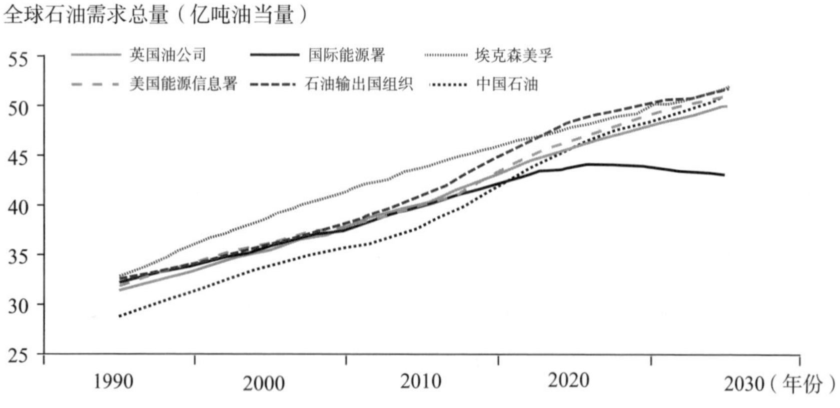

图 14–5　不同机构对未来世界石油消费增长的预测

资料来源：曹斌，李文涛等. 2030 年后世界能源将走向何方？——全球主要能源展望报告分析. 国际石油经济，2016（11）.

预测更激进的。2017 年 10 月 24 日，在利雅得未来投资会议上，沙特阿拉伯石油大臣哈立德·法力赫认为，随着人口增长和生活水平的提高，未来几十年内，大多数发展中国家对能源的需求将剧增。到 2050 年，能源需求预计将增加约 45%，可再生能源只占主要能源供应的 10%，石油、天然气和煤炭将继续占能源供应量的 75% 左右。[88]

（二）有代表性的国家和地区未来石油消费增长可能的趋势

在分析和讨论未来世界石油消费可能的趋势时，所有的机构都无一例外地认为，未来世界石油和其他液体燃料消费的增长，主要来自新兴经济体，包括中国、印度、非洲等国家和地区。从人口数量来看，中国、印度和非洲的人口数量都在 12 亿以上，拥有庞大的人口基数，如这三个国家和地区经济能保持一定的增长速度，必定会带来能源、石油消费的增长。从 20 世纪 90 年代中后期以来国际石油形势变化的历史看，我们在对中长期世界能源和石油形势进行分析及预测时，都十分重视这些国家和地区。因此，我们在本节将重点讨论和分析以下国家和地区未来能源、石油消费增长可能的趋势及其对世界未来能源、石油消费的影响。

1. 未来相当长时间，中国的能源和石油消费仍将保持一定的增长速度

对于中国当前和未来的能源、石油消费趋势，有关国际机构和中国本身的研究机构都十分重视，并为此做了大量的研究和分析工作。

2017 年 6 月 9 日，中国工程院发布重大咨询项目“推动能源生产和消费革命战略研究（一期）”的成果，预计中国将在 2040 年左右达到能源消费峰值。中国工程院认为，到 2020 年，中国能

源消费总量控制在47亿~49亿吨标准煤，其中煤炭消费量控制在40亿~41亿吨，占比降至60%左右，基本达到峰值水平；石油消费量控制在5.5亿~5.8亿吨，占比降至16.5%左右。非化石能源消费达到7.2亿吨标准煤，占比达到15%。到2030年，中国能源消费总量控制在56亿~60亿吨标准煤，其中煤炭消费量较2020年水平有所下降，占比降至50%左右，基本达到峰值水平；石油消费量控制在6.5亿吨左右，占比降至16%上下；非化石能源消费达到12亿吨标准煤，占比达到21.6%。中国工程院原副院长、院士谢克昌认为，根据对中国未来经济发展与能源消费的预测，并借鉴国际经验，预计中国能源消费总量的理论峰值拐点出现在2040年左右，对应的能源消费总量将达到55亿吨标准煤左右，此后能源消费总量基本不增长，人均能耗不到4吨标准煤，远低于美国、德国能源消费拐点的人均能耗11.1吨标准煤、6.6吨标准煤。[89] 这也就是说，中国工程院的这项研究表明，未来中国的能源和石油消费仍将增长，且出现拐点的时间在2040年，从现在到2040年的23年间还是中国能源消费的增长期。不过，认真分析这一研究，有一点与当前现实相矛盾的地方，即2016年中国的石油消费量是5.787亿吨，[90] 而中国工程院预测2020年中国的石油消费量控制在5.5亿~5.8亿吨，这同当前中国石油消费的现实相比显然是不可能的。

在2017年5月发布的最新版《2017年石油市场报告》中，国际能源署预测：受经济形势利好、石油化工生产大幅增长和汽车保有/需求旺盛等因素的支撑，预计2016—2022年中国石油需求平均每天将净增180万桶，年均增长率约为2.4%；供应方面，预计中国主要石油生产商会增加上游支出，但增加的投资不足以扭转老油田的产量递减，仅能延缓中国原油产量的下滑速度。2022年，预计中国的石油日均产量将降至380万桶，而2016年日均产量为400万桶。未来5年，中国的原油净进口量将达到日均950万桶，仅次于美国在21世纪初创下的日均1 000万桶的历史纪录。[91]这也就是说，从绝对数字来看，2025年前后中国仍将是世界主要原油净进口国，并有可能创下世界历史纪录。

讨论中国中长期能源、石油消费的趋势，其背后的逻辑是未来中国的经济社会发展问题。目前，国际社会普遍的看法是，过去将近30年来，中国经济在其工业的推动下以惊人的速度持续增长，而未来若干年由于城市生活、日益壮大的中上阶层、绿色革命、输出专业知识4个方面的原因，2030年中国的国内生产总值将增长两倍，中国工业在2030年将跃居世界首位，一贯强大的美国将不得不屈居第二。[92]如果未来中国的经济社会尤其是工业能像当前各种机构预测的那样发展，毫无疑问的是，从目前到2030年中国的能源、石油消费仍将保持较快的增长速度，像过去近30年一样，未来中国肯定会一如既往地将对中期国际石油形势保持至关重要的影响力。

石油输出国组织的预测认为，中长期中国的能源和石油消费仍将保持较快的增长，从目前至2040年中国的一次能源消费增长率为1.5%，其中石油的消费增长率为1.8%。在其2016年版的《世界能源展望》中，石油输出国组织预测，2020年，中国的石油日均消费量为1 160万桶，2030年将增长到1 400万桶，2040年为1 600万桶。而在其2017年的《世界石油展望》中则调高了中国的石油消费增长预测，2020年日均消费量为1 320万桶，2030年为1 570万桶，2040年为1 780万桶。[93]与中国工程院的预测相比，石油输出国组织在2016年预测的2020年中国石油消费量基本相当，2030年的数字略高。相较于石油输出国组织，国际能源署的预测要更加激进一些，具体如表14–3所示。以2020年为例，国际能源署对中国日均石油消费量的预测，比石油输出国组织预测高出了153.5万桶或7 675万吨，即使到2020年这个数字也是相当大的，与2016年法国的石油消费量相当，我们认为这一预测也许更加切合中国的实际。

表14–3　2015—2022年中国石油需求预测

年份	2015	2016	2017	2018	2019	2020	2021	2022
中国（千桶/天）	11 545	11 905	12 235	12 555	12 850	13 135	13 415	13 685
人均（桶/天）	0.008	0.009	0.009	0.009	0.009	0.009	0.010	0.010

资料来源：IEA. *Oil 2017, Analysis and Forecasts to 2022*, 中国部分内容，第6页。

2. 行业普遍认为，印度将成为未来世界能源和石油消费增长的主要来源

印度是世界第二人口大国，拥有13亿以上的人口，仅次于中国。按国际汇率计算，2015年印度的国内生产总值为2.095万亿美元，人均国内生产总值为1 598美元。根据购买力平价计算，2014年印度已成为世界第三大经济体。2016年，印度能源消费位量居世界第三，为7.24亿吨标准油，仅次于中国和美国；同年，印度的石油消费量也位居世界第三，为2.13亿吨，仅次于美国和中国。由于人口基数庞大，虽然经济总量较大，但印度的人均国内生产总值处于世界非常靠后的位置，总体上印度经济社会还处于较落后的水平。这意味着未来印度有较大的发展和增长空间，同时也就是说，未来印度的能源和石油消费也将可能会有较大的增长。

如同中国自20世纪70年代后期以来的改革开放一样，从20

世纪 90 年代开始，印度政府也大力发展经济。目前，印度的莫迪政府正在大力倡导“印度梦”，将制造业放在经济发展的重要位置，努力提高制造业在国内生产总值中的份额，印度政府的目标是在 2022 年之前将制造业在国内生产总值中的占比从 2014 年的 18% 提高到 25%。理论界和研究界认为，印度 2016 年年底的“废钞”运动，沉重打击了占总体经济比例 20%~25% 的地下经济，从长期来看不仅能极大地提高印度经济的增长幅度，也有助于印度的制度建设，为发展构筑一个更为健康的制度环境，有助于印度经济的稳定增长。[94] 这样，印度经济未来的发展，特别是莫迪政府的“印度制造”策略将不可避免地持续刺激印度的能源和石油消费增长。因此，国际上一些组织和机构普遍认为，随着印度经济增速加快，中产阶级消费能力大幅提升，印度正在逐步取代中国，成为世界石油需求增长新中心。2016 年，印度石油消费增速达到创纪录的 11%，而 2017 年有望增长 7%~8%。有关机构预计，中国 2017 年石油需求将增长 3%，这意味着印度石油需求增速可能连续第三年超过中国。[95] 从行业规律来说，人口和经济的高速发展将支撑印度石油需求快速增长。根据联合国的一项预测，印度人口将在 2030 年左右超过中国，而这可能使其能源需求和消费达到创纪录水平。[96] 据国际能源署的预测，从目前到 2040 年，印度的石油需求将持续快速增长，2040 年将超过中国，平均每天有可能达到 1 000 万桶。[97] 国际能源署还认为，在未来 25 年里，印度对于海外进口石油的依赖度将从 80% 提高至 90%，其对于全球能源需求增长的拉动将超过其他任何国家，从而引领全球能源需求增长。[98] 继 2016 年印度超过日本成为全球原油消费第三的国家之后，印度对原油需求量的增量到 2022 年也将超过中国，平均每个人消费的原油将从目前的 1.2 桶增至2022年的1.5桶。[99]

石油输出国组织认为，从目前到2040年，印度的一次能源消费将保持年均3.7%的增长率，其中石油的年均增长率为4%。2020年，印度的石油日增消费量将上升到500万桶，2030年为750万桶，2040年为1 010万桶。[100]而在2017年版的《世界石油展望》中，石油输出国组织只是稍微调增了印度未来的石油消费增长，2030年和2040年分别日均增长20万桶和30万桶。[101]也就是说，2020—2040年，印度的石油消费量将翻一番。与石油输出国组织相比，对于印度未来的能源和石油消费，国际能源署的预测更加激进。国际能源署认为，2016—2022年，印度的石油日均消费量将增加160万桶，年均增长5.4%，石油消费主要源于汽油、柴油和液化石油气。[102]国际能源署对未来印度的石油需求预测，参见图14–6。印度石油消费市场的显著特点是，柴油是最大的终端市场，占印度石油消费的40%以上。虽然汽油在印度石油产品总需求中只占12%，但增长最快，过去10年以年均10%的速度增长，2014—2015年度增长了11%，2015—2016年度更是增长了逾14%，汽油需求增长与印度迅速扩大的中产阶级购车需求爆炸式增长直接相关。[103]目前，印度仍有2.7亿人口没有得到充足的电力供应，因此石油天然气行业普遍担心的全球范围内电动汽车对汽柴油消费的冲击，在未来相当长时间内对印度的影响不会太大，也就是说，印度的汽柴油消费增长未来一段时间有可能是刚性的。

3.非洲有可能成为未来世界能源、石油消费的一个“黑洞”

非洲，是世界面积第二大洲和人口第二大洲，面积为3 020万平方公里，拥有约12亿人口。非洲虽是世界古人类和古文明的发祥地之一，但目前是发展中国家最集中的大陆，是世界经济发展水平最低的一个洲，大多数国家经济落后。2014 年，按购买力平价计算，非洲的国内生产总值为 3.757 万亿美元，人均国内生产总值为 3 568 美元。与低水平的经济发展相一致，非洲的能源和石油消费在世界也处于极低的水平。2016 年，非洲的一次能源消费总量为 4.4 亿吨标准油，仅占世界一次能源消费总量的 3.3%，人均能耗低于世界平均水平的 1/3；同年，非洲石油消费总量为 1.85 亿吨，仅占世界石油消费总量的 4.2%。

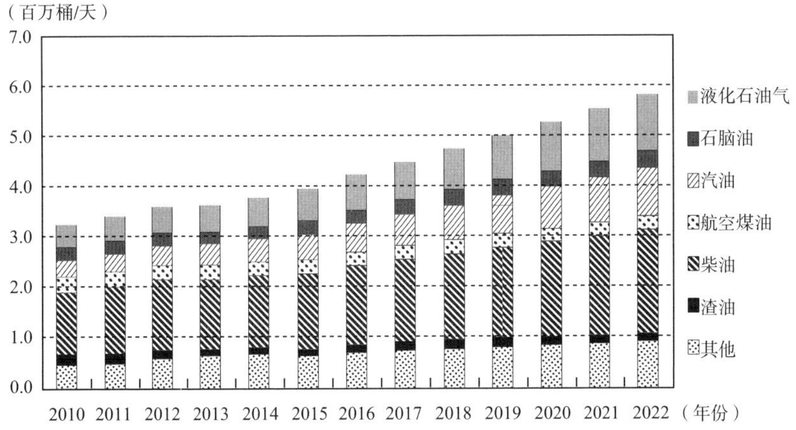

图 14–6　2016—2022 年印度的石油需求预测

资料来源：IEA. *Oil Market Report 2017*: 31.

进入 21 世纪以来，特别是随着 2004 年后石油价格和大宗原材料价格的上涨，非洲保持了较快的经济增长速度。1995—2003 年间，非洲地区的平均经济增长率为 3.5%，是过去 15 年的两倍。2003 年以来，撒哈拉以南非洲经济连年保持快速增长势头，平均增速为 5%，超过全球平均增幅。2006 年，撒哈拉以南非洲经济增长 5.3%，如果不包括南非的话，撒哈拉以南非洲不发达地区的经济增长率高达 5.9%。大约 1/3 的非洲国家经济增长超过 5%。[104] 近年来，非洲地区对能源矿产领域的投资持续增加，各能源出口国经济增速普遍高于地区平均水平，非洲第一大产油国尼日利亚2014年经济增速达到7%，其他油气资源大国如安哥拉、加纳今明两年的经济增速都将保持在8%以上。而莫桑比克和科特迪瓦也凭借矿产资源出口在2014年实现8%的经济增长。同时，非洲地区近年来凭借相对稳定的政治环境和广阔的市场前景，吸引了大量外国直接投资，特别是来自新兴经济体的投资，极大促进了地区经济增长。2012年非洲的私人资本净流入量达到创纪录的545亿美元，外国直接投资净流入量则增长5.5%，达到377亿美元。目前，非洲地区吸引全球外国直接投资的比例已经从5年前的3.2%增长到5.6%。最近5年，新兴市场经济体对非洲投资增长超过20%，而发达经济体对非洲投资也实现了8%的增幅。更为重要的是，制造业、信息技术产业、基础设施建设、服务业等非能源领域的投资近年也开始明显增长。[105]这样，在过去十多年的时间里，非洲保持了6%以上不间断的经济增长，有经济学家认为，非洲不可思议的经济腾飞已经到来，非洲的中产阶级数量已经到了可以支撑内部消费的临界点，一些国家可以成功地被称为非洲的“新小虎”，非洲大陆正在全球化中崭露头角。[106]有关国际组织认为，从更长远看，21世纪前25年将是非洲谋求稳定和发展的时期，经济总体形势将比20世纪最后25年要好，多数国家的经济增长率有可能达到4%~5%的水平，同时不排除少数国家出现飞跃性增长的可能。[107]

庞大的人口基数和较快的经济增长速度，将使未来非洲的能源和石油消费较快增长。国际能源署发表的报告认为，撒哈拉南部非洲地区有6.2亿以上的人还没能用上电，到2040年非洲大陆的经济增幅将达30%。这样由于该地区自身需求的扩大，未来非洲地区的石油出口量将大大缩减。[108] 英国独立调查机构Citac认为，非洲的石油需求量将保持每年3.9%的增长率，到2025年非洲的石油需求量将比目前增长60%，意味着每天的石油需求量比现在多210万桶。其中，撒哈拉以南非洲地区占增幅的近2/3，每天需求将比现在多130万桶，北非地区的每日石油需求量则比目前多80万桶。这样，非洲的石油供应能力与非洲对石油产品的需求之间的差距，将达到每日250万桶。[109] 有非洲的专家估计，非洲经济年增长在6%~10%之间，人口的快速膨胀或将本土石油尤其是汽油和柴油的消费需求推向高峰。目前，非洲大陆的石油消费需求年增长为5%，预计到2025年，在人口快速增长的巨大压力下或增至70%，年消费量将达3亿吨。从现在起到2025年，即使非洲地区拥有现代化的炼油、仓储和销售等基础设施，且操作安全、运转乐观，也仅能满足激增的本土消费需求。[110]

英荷壳牌石油公司首席执行官范伯登在2017年7月10日举行的世界石油大会上表示，到2100年地球人口预计将从目前的大约75亿增至112亿，其中32亿将来自非洲。人们过多关注欧洲和北美的能源转型政策，而忽视了人口快速增长的发展中国家。[111] 法国全国人口统计研究所也认为，到2050年全球人口将增加1/3，从75亿增至100亿，其中非洲人口将翻一番，从2017年的12亿增长到2050年的25亿，2100年更将增长到44亿。[112] 综合以上分析，由于拥有庞大的人口基数，如果未来一段时间仍然能保持较快的经济增长速度，那么非洲这块人类的发源地在能源、石油消费领域有可能给世界带来震惊，在其自身消费总量平稳增长的同时，会吞噬原向国际市场出口的大部分石油，将有可能造成2030年前后国际石油市场的紧张状态。

4. 美国的再工业化和制造业回归有可能成为未来世界能源、石油消费的一匹“黑马”

2009年前，美国一直是世界能源消费第一大国，在这一年被中国超越，自此之后一直保持世界能源消费第二大国的位置。但是，美国对世界能源消费和石油消费影响最大的，是2007年后能源消费总量的稳步下降。而且，更为重要的是，2005年美国的石油消费达到峰值，为9.384亿吨，此后虽然有波动但一直稳定在9亿吨之下，其最低的石油消费量出现在2012年，为8.17亿吨。因此，我们可以说，美国为减缓进入21世纪以来的国际石油价格大幅波动做出了贡献。一方面，众所周知，美国页岩油气的大规模工业化生产和产量的不断提高，增加了世界石油天然气供给；另一方面，美国石油消费量的下降，减缓了世界石油需求对供给的压力。

2008年金融危机后，为解决美国经济的“空心化”问题，在2009年9月召开的G20集团会议上，时任美国总统奥巴马提出了“可持续和均衡增长框架”，美国出台了一系列以平衡增长为背景的经济复苏提振政策，最具标志性的当属2010年8月11日生效的《美国制造业振兴法案》(*United State Manufacturing Enhancement Act of 2010*)，该法案旨在帮助美国制造业降低生产成本，增强国际竞争力，提振实体制造业，创造更多就业岗位。在竞选期间和执政后，特朗普将推动再工业化，引导美国实体经济复苏，作为其执政的主要经济政策，要重建美国，让美国再次强大，主要政策举措包括“制造业回流”、投资基建、减税致富和公平贸易。

从一段时间以来的实际效果看，制造业回归美国的企业数量在逐步增长，2010年仅有16家，2011年为64家，2013年有210家，

2014 年有 300 多家。我们在各种媒体中看到，像中国福耀这样的制造业企业也都去美国设厂。一般认为，由于能源成本、土地、税收和市场等多方面的原因，未来美国的制造业回归会加速，美国的再工业化应该会取得一定的效果。

针对特朗普在竞选期间和执政初期实施的一系列政策，机构和分析界认为，特朗普的能源政策及其给世界能源、石油市场可能带来的影响包括：进一步加强美国的页岩油气开发，减少对进口能源依赖；美国进一步减少油气进口，全球油气市场低价态势可能会再持续一段时间；美国煤炭业复苏依然不易；全球油气生产特别是中东地区可能面临重要的潜在负面战略影响等。[113] 但是，到目前为止，美国的再工业化、特朗普已经实施和可能实施的一系列相关政策，是否会扭转美国自身能源、石油消费下降的趋势，并进而对未来全球能源、石油消费产生影响，有关这一问题并未引起足够的重视，也未见有关机构和组织对此进行专题研究。在 2017 年 1 月 5 日最新出版的《2017 年度能源展望——到 2050 年分析》中，美国能源信息署的结论是，2016—2040 年，在基准情景下，即国内生产总值年均增长 2.2% 的情况下，美国能源消费总量将增长 5%；在高经济增长的情景下，即国内生产总值年均增长 2.6% 的情况下，美国能源消费总量将增长 11%；而在低经济增长的情景下，即国内生产总值年均增长 1.6% 的情况下，美国能源消费总量保持不变；在上述三种情景的大部分情况下，美国将成为能源净出口国。美国能源信息署还认为，无论在何种经济增长的情景和何种石油价格的背景下，2016—2040 年，美国的石油消费总量都不会超过 2005 年的水平。[114]

自 2017 年 1 月上台执政以来，特朗普表示，繁荣的天然气、煤炭和石油出口，将使美国能源业迎来“黄金时代”。为此，山姆大叔摆出一副干劲十足的样子说道：“美国要开工了！”T恤衫上的图案揭示了他的目标：让美国掌握“能源主导权”。[115] 特朗普表示，美国本届政府将采取一系列措施，把美国能源产业带入“黄金时代”。[116] 从一般常识看，如一国经济保持一定的增长速度，尤其是制造业在经济生活中占有一定的比例，这个国家的能源消费和石油消费就一定会增长，至少不可能再持续下降。因此，如果未来十多年或更长的时间里，鉴于美国能源、石油消费量的基数庞大，美国的能源、石油消费如停止下降，即使美国的页岩油气产量保持一定的增长，煤炭业能够恢复和振兴，也必然会带来世界能源、石油消费增长的加速，将加大世界能源、石油消费的供需紧张关系。

5. 较长时间的低油价会在多大程度上促使世界石油消费总量的增长加速

通过对 20 世纪 70 年代以来国际石油形势的分析，我们得出的直观结论或者说是经济学界和社会大众普遍的共识是，国际石油价格的高低会在一定程度上带来世界经济的繁荣或衰退，反过来会使世界石油消费总量的增长加速或放缓。

一般情况下，油价降低会对全球经济增长产生较大的刺激。英国《经济学人》杂志认为，油价每降 10%，全球国内生产总值将增加 0.2%。[117] 从历史的事实看，1986 年油价腰斩一半，世界经济迎来发展高峰，1988 年经济增速达到 4.6% 的顶值。2008 年，全球需求滑坡导致油价由每桶 147 美元跌至 40 美元，带来了 2010 年世界经济的强力反弹。牛津经济研究院乐观地预测，2014 年下半年以来的石油价格下跌，其效果不亚于在全球范围内进行了一次量化宽松刺激，每桶油价每下跌 20 美元，世界经济将增长 0.4%，每天将获得

18 亿美元的额外收益，2015 年全球经济增速为 2.9%，比 2014 年的预测值 2.5% 略高一些。世界银行预计，油价每下跌 10% 会促进中国经济增长 0.1~0.2 个百分点。[118]

以上机构和组织的分析，说明从 2014 年下半年以来的低油价将刺激世界经济的增长。那么，世界经济增长的加速会在多大程度上影响当前和未来的世界石油需求增长呢？从直观的数字看，2014—2016 年，世界一次能源消费总量从 129.88 亿吨标准油增长到 132.76 亿吨标准油。2016 年与 2015 年相比，世界一次能源消费总量增长了 1%，低于 2005—2015 年的平均 1.8% 的增长水平。而从石油消费来看，2014—2016 年，世界石油消费量从 42.55 亿吨增长到 44.18 亿吨，2016 年与 2015 年相比，世界石油消费总量增长了 1.5%，高于 2005—2015 年平均 1.0% 的增长水平。[119] 对比这些数字可以发现，2014—2016 年，世界石油消费的增长不但高于同期一次能源消费的增长速度，也高于 2005—2015 年世界石油消费的平均增长水平。这些数字对比至少可以直观地说明，尽管 2014 年下半年国际石油价格暴跌且持续较长时间的低油价，但世界石油消费的增长是在加速。国际能源署认为，2015 年世界石油需求平均每天增长了 200 万桶，是自 2010 年金融危机后反常性年度复苏以来最大的增长，其后在 2016 年平均每天又强劲增长 160 万桶，其中包括未预料到的、成熟的经合组织市场的增长。[120] 2016 年，石油消费在当年世界能源消费结构中占到了 33%，再次问鼎世界第一能源。[121]

从长周期看，1986 年国际石油价格大跌后，中间又遇到 1997 年的亚洲金融危机，国际石油市场出现了 1983—2003 年长达 20 年的低油价时期，其间甚至出现了低于个位数的油价。在这个 20 年的长周期里，世界石油消费量从 1983 年的 27.65 亿吨增长到 2003

年的37.42亿吨，增加的总量约10亿吨。目前，关于长周期的低油价对世界石油需求增长的影响，我们只能看到这一历史数据。[122] 因此，即使未来不会出现20年之长的低油价周期，但如果当前的国际石油价格能维持10年左右的时间，那么到2025年前后世界石油需求的增长会发生什么样的变化，也必须引起我们的高度重视。

国外有机构分析认为，低油价对世界石油需求的刺激不会迅速出现，而是一个缓慢的过程，大致需要10年的时间，世界石油的需求量将反弹。2020年之后，世界原油的需求量将再次上涨，2030年之后国际原油需求量将达到顶峰。因此，该机构认为："我们分析得出的最重要的一个结论是到2020年石油需求的增长将比之前10年间的增长还要强劲。对于那些认为中国经济增速放缓就意味着大宗商品超级牛市周期结束的投资者来说，石油需求量的反弹会让他们感到惊讶不已。解决低油价的办法就是低油价本身。" [123]

有关国际机构在对未来的世界能源、石油消费进行预测时，都会设置不同的情景，其重点就是在不同石油价格的背景下，分析世界能源、石油的消费和供给会产生什么样的结果。在这方面，最有代表性的是美国能源信息署，该机构的有关对未来世界能源和石油形势的分析及预测都采取这一思路。美国能源信息署在其2016年版的《国际能源展望》中，对在基准油价、低油价和高油价三种不同的石油价格背景下，2025年和2040年的世界能源和石油需求进行预测，具体结果如图14–7所示。我们姑且不讨论美国能源信息署在这份报告中有关三种石油价格设置的合理性，主要是想参考在三种不同油价下该机构对未来世界石油消费预测的不同结果。美国能源信息署预测：2025年，在基准石油价格的情况下，世界石油和其他液体燃料的消费量为212.53千兆英热单位；在低油价的情况下，石油和其他液体燃料的消费量为 217.12 千兆英热单位；在高油价的情况下，石油和其他液体燃料的消费量为 205.76 千兆英热单位。[124] 这就是说，在低油价的情况下，世界石油和其他液体燃料的消费量相比基准油价将增加 4.59 千兆英热单位，相当于每年 2.66 亿桶（3 646.8 万吨）石油；相比高油价，将增加 11.36 千兆英热单位，相当于每年 19.59 亿桶（2.68 亿吨）石油。如果我们将低油价和高油价情景下的世界石油、其他液体燃料消费增加的量，换算成每天的石油消费量或产量，为 536.6 万桶。如以 2016 年的石油产量为例，这一数字在世界产油国中仅次于美国、沙特阿拉伯和俄罗斯，可以排在第 4 位，高于伊朗和伊拉克 2016 年的石油产量。我们在这里所举的美国能源信息署的分析说明，在对长周期世界能源、石油消费进行分析和预测时，一定要考虑较长时间的国际石油价格较低水平可能会刺激世界能源和石油消费增长的加速。

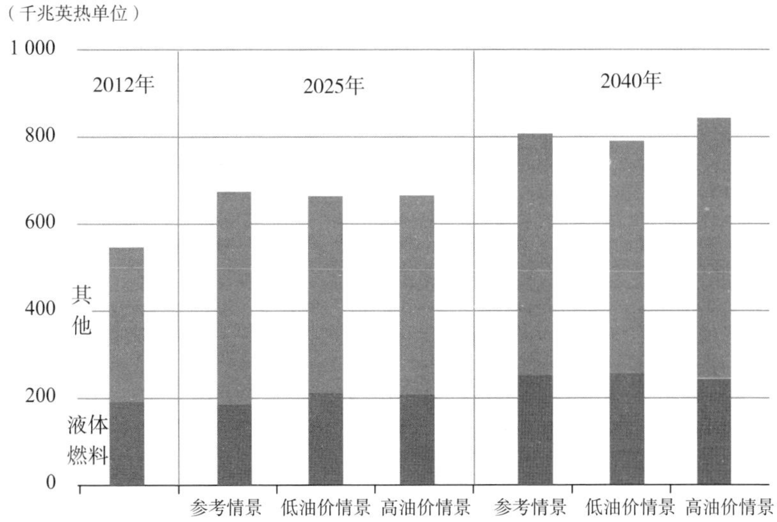

图 14–7　2012—2040 年三种油价情况下的世界液体和其他能源消费预测

资料来源：EIA. *International Energy Outlook 2016*, May 2016.

以上，我们从5个方面分析了长时间周期情况下，中国、印度、非洲、美国和世界能源、石油消费可能发生的变化。目前，国际上有关组织和机构对于其中的某些国家和地区未来的能源、石油消费可能的趋势，是有基本共识的。如英国石油公司在其《2030年世界能源展望》中认为，快速的经济发展意味着工业化、城市化和机动化，未来20年，全球煤炭需求净增长将全部来自中国和印度，全球94%的石油需求净增长、30%的天然气需求净增长，以及48%的非化石燃料需求净增长都将来自中印两国。[125] 但对于因国家政策可能导致的某些国家能源、石油消费可能产生的趋势，尚未引起重视，如美国的再工业化，较长时期低油价对美国、世界能源及石油消费的影响等。我们认为，考虑到我们讨论的是10年以上的长时间周期，根据历史的经验，在当前较低的国际石油价格的背景下，这种长周期的未来世界能源、石油消费的增长存在较大的可能性，需引起高度的重视。

（三）较长时间的低油价将影响中期国际石油市场的供给

讨论和分析中期国际石油形势和国际石油价格趋势，除需高度关注国际石油市场的需求外，还应同样重视和高度关注国际石油市场的供给，某种程度上中期国际石油市场的供给趋势比需求更加重要。而且，在讨论和分析国际石油形势及国际石油价格时，回避不了两个关键因素：一是资源，即世界上有无充足的石油天然气资源可供生产；另一个就是成本，即在经济合理的情况下，我们能否生产出足够的石油天然气，满足世界的需求。下面我们将结合世界石油天然气行业的成本特点，以两个时期世界石油天然气生产的成本变化，来讨论和分析中期国际石油市场石油供给的可能趋势。

1. 2006 年前后的世界石油生产成本情况

十多年前，即进入 21 世纪后国际石油价格已经开始上涨的 2006 年年初，理论界和研究界在分析当时国际石油价格为什么不断上涨时，就对当时的世界石油生产成本进行了重点分析，高度关注国际石油市场供需与当时石油价格之间的关系。

2006 年年初，伦敦全球能源研究中心通过统计分析，认为当时世界主要非石油输出国组织产油国的石油生产成本是非常低的。从表 14–4 中我们可以看出，除美国的低产井、加拿大的阿尔伯塔油砂和委内瑞拉奥里诺科重油外，其他地区的石油完全生产成本都在每桶 10 美元以下。即使再加上每桶 2~4 美元的发现成本，世界主要非石油输出国组织产油国的完全生产成本也低于每桶 15 美元。

表 14–4 所展示的仅是世界主要非石油输出国组织产油国的石油生产成本情况，如将视野放大到全球，则石油的生产成本更低。

正是基于对世界石油生产成本的认识，对于自 2004 年开始的国际石油价格不断上涨，国际社会的普遍共识是，这一轮的石油价格上涨，不是成本驱动，而是有其他原因。石油输出国组织有关高官认为，国际原油供需总体平衡，油价上涨主要是投机所为；英国石油公司高层也认为，2006 年短期内油价维持在高位，这是因为政治方面的不确定因素盖过了石油并不短缺这一事实。[126] 当然，如同在石油行业盛行的，这一时期也不乏石油价格不断上涨源于“阴谋论”的说法，不过 2006 年这场“阴谋论”的主角是当时的美国总统小布什。2006 年 10 月 6 日，美国《华盛顿邮报》发表文章，总结了美国总统布什操纵油价的四大“阴谋论”，并认为正是这些因素导致石油市场的价格变幻莫测。第一种“阴谋论”认为和布什家族关系密切的石油产出大国沙特阿拉伯正在助布什一臂之力；第二种“阴谋论”称，是布什政府的幕僚在怂恿高盛集团插手油价；第三种“阴谋论”认为布什利用美国战略石油储备操纵油价；第四种“阴谋论”认为是大型石油公司在暗中帮助共和党。[127]

表 14–4　世界主要非石油输出国组织产油国的石油生产成本

（美元/桶）

	操作成本	资本成本	完全建设成本
加利福尼亚重油	6~10	3~4	12
加拿大西部重油	7~10	3~4	13
阿尔伯塔油砂	9~12	3~5	15
委内瑞拉奥里诺科重油	8~10	5~7	15
墨西哥重油	2	5~6	8
美国墨西哥湾（水深大于 200 米）	4	4~6	9
巴西（水深大于 200 米）	4	3~5	8
安哥拉（吉拉索油田）	3	4	7
阿拉斯加	4~5	3~4	8
美国低产井	12~24	2~3	20
马来西亚海上油田	5~6		8
北海（BP 和其他 7 个油田）	平均 4	3~4	8

资料来源：Dr. Leonidas P. Drollas (Deputy Director and Chief Economist, CGES). We Have Plenty of Oil—We Just Need to Invest More. UMOE Seminar, Continental Hotel, Oslo, 25th January 2006.

说明：除阿尔伯塔油砂和委内瑞拉奥里诺科重油外，还需加上每桶 2~4 美元的发现成本。

2. 当前世界主要石油生产国和重要石油企业的生产成本情况

之前分析的是约 10 年前的世界石油生产成本情况，十多年之后，除石油输出国组织中东产油国和某些传统的世界大油田之外，

20 世纪 90 年代之后有大量新的传统油气田和非常规油气田投入生产，加之这十多年期间通货膨胀等因素带来的成本上升，与 10 年前相比，当前世界石油生产成本发生了较大变化。目前，世界各个地区的石油生产成本到底是多少，各种机构和企业都有不同的数字。这里，我们仅采用两个有代表性的机构和组织公布的数据，我们认为，这两组数据基本上可以较准确地说明当前世界石油生产成本及其构成情况，这两组数据也基本上得到了石油天然气行业的认可。

图 14–8 说明的是 2015 年年中世界主要地区石油完全生产成本的情况，具体包括：中东地区生产条件最好，陆上石油生产的平均生产成本为每桶 27 美元；大陆架地区（工业界以 305 米水深为限）平均生产成本约为每桶 41 美元；重油平均生产成本约为每桶 47 美元；俄罗斯地区以陆上石油生产为主，平均生产成本约为每桶

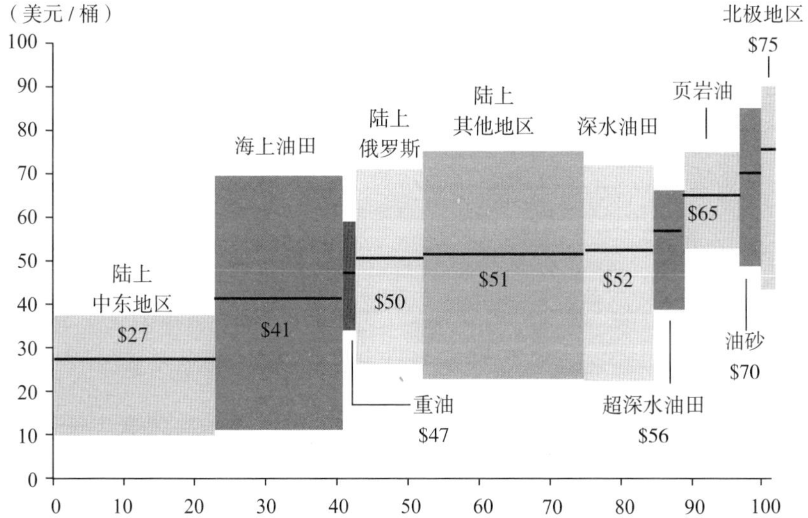

图 14–8　2015 年年中世界主要地区原油完全生产成本

资料来源：Rystad Energy. Morgan Stanley Commodity Research.

50 美元；世界其他地区陆上平均生产成本约为每桶 51 美元；深水区（305~1 524 米）平均生产成本约为每桶 52 美元；超深水区（大于 1 524 米）平均生产成本约为每桶 56 美元；北美页岩油的平均生产成本约为每桶 65 美元；北美油砂的平均生产成本约为每桶 70 美元；北极地区的平均生产成本约为每桶 75 美元。也就是说，2015 年年中，世界绝大部分地区石油的完全生产成本在每桶 50 美元之下。其中的页岩油生产成本虽然为每桶 65 美元，但因 2014—2016 年正处于技术革命过程中，我们在前面有关章节中引用了大量的数据说明，这一时期页岩油的生产成本正在大幅度下降。因此，也就是说，到 2015 年时，只要国际石油价格维持在每桶 50 美元，就不会给世界主要地区的石油生产造成大的冲击。

图 14–9 说明的是 2015 年年底，包括石油输出国组织中东、非

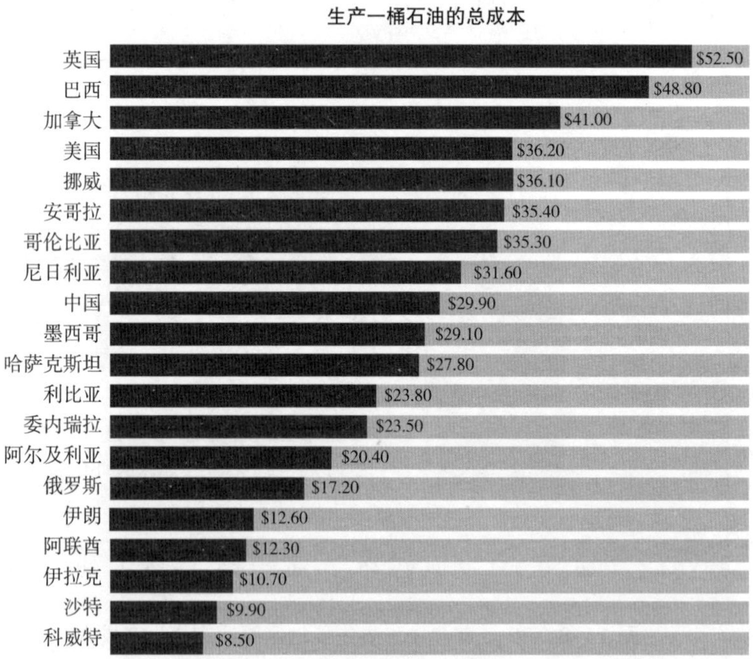

图 14–9　20 国石油生产完全成本

洲成员国，美国、英国、巴西、加拿大和中国等，生产一桶石油的完全成本。而图 14–10 说明的是 2015 年年底，这些国家石油生产完全成本中的资本性支出和操作费用，能更加详细地说明当前世界主要石油生产国的石油成本构成情况。图 14–9 和图 14–10 的数据是通过这 20 个国家 6.5 万个油气田中的 1.5 万口油井数据分析得出。图 14–10 的数据基本与图 14–9 的相同，而图 14–10 更能详细地说明目前这些石油生产国石油生产的成本构成情况。与此相一致的是，2017 年 9 月，伊朗国家石油公司的一位高管表示，目前伊朗石油的平均生产成本约为每桶 10 美元。[128]

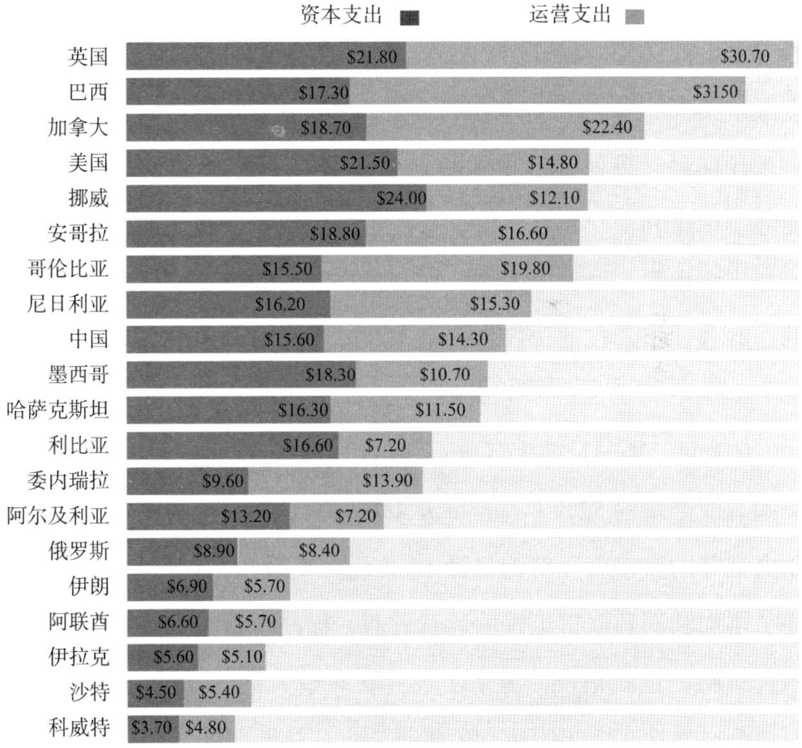

图 14–10　20 国石油生产资本支出和操作费用

资料来源：UCube by Rystad Energy; Interactive published Nov. 23, 2015.

世界石油行业中，企业是主体，这些企业的经营能力即代表着世界石油行业的竞争力。表 14–5 说明的是 2015 年前 3 季度世界典型石油公司的成本。2015 年前 3 季度，表 14–5 所示的这 7 家石油公司的桶油 5 项成本均值为 26.74 美元，剔除折旧折耗与摊销后，成本均值下降至 14.21 美元，降幅为 13.2%。这 7 家石油公司的 5 项成本包括生产操作费、折旧折耗与摊销、弃置费、销售行政与管理费、除所得税之外的其他税金。这意味着，这些石油公司维持生产运营的“极限成本”非常低，说明目前世界上绝大部分石油公司要比想象中具有更强的生存能力。以英国石油公司为例，2013 年至今，英国石油公司已经将原油生产成本削减近 40%，公司利用数据和技术上的优势，提升生产效率，从而实现在供应链上进一步节省资金。英国石油公司首席执行官在 2017 年 8 月初表示，该公司的心理预期是，即使油价重新回到每桶 40 美元以下，公司应当照样能够实现赢利。[129] 此外，由于新技术的使用，一些老油田的竞争力也在不断增强。以美国为例，加利福尼亚州和俄克拉何马州及周边的一些老油田，在油价仅为每桶 10~30 美元时，也能赢利。相对于 600 万 ~800 万美元的页岩井平均成本，传统钻井的成本往往不到 100 万美元。美国目前大部分石油仍然来自传统油井，其中 2016 年美国石油产量的 52%（约合每天 460 万桶）来自传统油井，重新开钻老油井的直接费用约为每桶 15 美元。[130] 因此，在目前的情况下，为了增加利润和取得更好的运营效益，提高产量是这些石油公司的最优策略，也就是说，为了实现“利润最大化”，世界上绝大部分石油公司都具有增产的动力和冲动。

表 14–5　2015 年前 3 季度世界典型石油公司的成本与产量

石油公司	桶油 5 项成本（美元/桶）	折旧折耗与摊销（美元/桶）	占比	原油产量（千桶/天）	同比增速
挪威石油	31.63	14.86	47.0%	1160.00	4.6%
康菲	31.16	15.55	49.9%	602.00	1.7%
西方石油	32.68	15.60	47.7%	432.00	15.4%
安纳达科	24.67	15.34	62.2%	317.00	10.1%
EOG	26.01	16.26	62.5%	285.50	1.0%
戴文	27.41	13.40	48.9%	274.00	33.0%
切萨皮克	13.61	8.46	62.2%	118.30	3.90%
均值	26.74	14.21	54.3%	455.54	10.0%

资料来源：摩根士丹利. 转引自：管清友，李君臣. 未来国际油价不会持续上涨，一文看懂近期全球石油市场及展望. 2017 年 4 月 14 日，转引自无所不能网.

我们知道，对石油生产企业来说，更为重要的还是生产操作成本，生产操作成本是维持油气田日常生产运营的费用，是一个油田和石油生产企业的最基本的费用，同时也是石油公司最容易实现降本增效的成本构成。表 14–6 所示为 9 家典型的石油公司 2015 年与 2014 年相比，桶油生产操作费用的变化情况，相比 2014 年，2015 年这 9 家石油公司的生产操作费用均值同比下降了 18.0%，这意味着这些公司非常有效地控制了生产成本，具体的油气田和石油公司本身更加具备生产效率及市场竞争力。从表 14–6 中我们可以看出，这 9 家石油公司的生产操作费用均值每桶只有 8.47 美元，最高只有 12.10 美元，也就是说，只要国际石油价格长时间不低于每桶 10 美元，这些公司的现有油气田就可维持正常的生产，这也是我们在第 10 章谈到的短期国际石油市场的供给无弹性的成本数字证明。

因此，我们可以在此总结本部分的分析，即从当前世界石油生产成本尤其是石油企业的操作成本数据看，我们可以得出以下结论：第一，只要国际石油价格不长时间低于每桶10美元，就不会造成当前国际石油市场的供给大幅度减少，这其中包括美国页岩油的供给，这也就是我们看到的在当前国际石油价格每桶逼近40美元时，石油输出国组织和非石油输出组织产油国的减产仍不能使油价回升的主要原因；第二，如果国际石油价格长时间低于每桶50美元，将对世界主要石油生产国的扩大再生产产生负面影响，使之不可避免地减缓或放慢一些新项目的建设或投产工作，从而将对长期国际石油市场的供给造成负面影响。

表14–6　世界典型石油公司2015年石油成本的变化

石油公司	桶油5项成本（美元/桶）	桶油生产操作费（美元/桶）	占比	同比
康菲	31.01	12.10	30.0%	–23.7%
中海油	38.63	9.55	24.7%	–21.8%
安纳达科	24.07	3.32	13.8%	–12.7%
CNR	26.66	11.89	44.6%	–28.1%
戴文	26.09	8.48	32.5%	–10.7%
切萨皮克	14.03	4.22	30.1%	–9.9%
阿帕奇	30.95	9.49	30.7%	–8.6%
EOG	25.30	5.66	22.4%	–13.2%
西方石油	31.85	11.57	36.3%	–14.3%
均值	27.62	8.47	30.7%	–18.0%

资料来源：李君臣，李震海. 全球9家独立石油公司生产经营特点比较. 经典网能源情报，2016年8月15日.

3. 较长时间低油价至少会影响中期国际石油市场日均500万桶的供给能力

生产型企业的一般规律是，较好的投资收益和对未来市场较好的预期，会刺激生产者进一步增加投资支出，从而也将带来某种商品供给的增加。石油天然气行业的这一特点更加明显，高油价和未来对更高石油价格的预期，将刺激油气生产国和石油公司进一步增加投资，从而带来世界石油和天然气产量的增加，这其中既包括常规油气产量，也包括非常规油气产量。进入21世纪以来，伴随着不断上涨的国际石油价格，我们看到的是大量的资本进入了石油全行业，尤其是上游的油气勘探开发领域。据统计，2000年以后，国际石油价格的不断上涨促使行业内资本向高成本、高投入领域集中，全球上游资本支出不断攀升，2014年超过7 100亿美元。[131]还有统计认为，2003—2014年，全球油气投资规模不断攀升，从2003年的1 627亿美元上升到2014年的6 639亿美元，年均复合增长率为13%。[132]

通过前面两小节的分析，我们可以看出，2014年下半年国际石油价格暴跌且自此之后国际石油价格一直在低水平震荡，石油供给曲线短期无弹性的这一特点，决定了虽然其短期不会造成国际石油市场供给的下降，但是，如国际石油价格在较长时间保持在较低的水平，尤其是如果低油价的时间周期持续10年，从长期看将不可避免地造成石油生产国削减投资，停滞或延缓部分油气生产项目，从而将导致未来国际石油市场的供给不足，如果长时间周期的低油价又刺激了国际石油市场需求增长的加速，其结果必然会是又一次国际石油价格的不断上涨。正是在这种背景下，目前国际上很多机构和研究者都非常担忧低油价将带来未来国际石油市场的供给不足，因为自2014年下半年以来的油价断崖式下跌，使世界范围的油气公司缩减勘探支出，油气勘探活动已经降至20年来的低点，[133]全球上游资本支出也呈断崖式下跌，跌幅高达47%。[134]因此，有媒体形象地比喻，持续的低油价，使世界油气上游勘探开发行业进入了"寒冬期"。

从2014年国际石油价格暴跌以来，世界油气勘探开发投资全面下降，2015年勘探开发投资同比下降20%，独立石油公司和中东以外地区的勘探开发投资都有所下降。2015年全球勘探开发投资为5 400亿美元，在连续4年增长后出现下降，同比减少1 400亿美元，下降21%。其中，独立石油公司勘探开发投资同比下降34%，国家石油公司同比下降11%。从地区看，中东地区的勘探开发投资增长3%，北美和欧洲地区的勘探开发投资同比分别下降35%和33%，非洲同比下降22%，高加索地区同比下降21%，亚太地区同比下降15%，拉丁美洲地区同比下降8%。[135]

国际能源署在其最新发布的《2017年石油市场报告》中认为，2015—2016年，世界石油行业上游投资空前减少，虽然对降低成本能起到一定作用，但若投资低迷的趋势继续使上游新项目不能尽快落实，到2020年，全球的原油供应增长将出现停滞。在这份报告中，国际能源署认为，世界石油上游投资在2015年下降25%之后，2016年又下降了26%，只有4 330亿美元的水平。这样，到2022年，世界石油生产能力平均每天只能增加560万桶。在这份报告中，国际能源署列举了有代表性的国际大石油公司2015—2017年上游资本支出情况，这些公司包括英国石油公司、雪佛龙、埃克森美孚、壳牌、挪威国家石油公司和法国道达尔等，这些公司中的大部分这三年的上游资本支出都不同程度地下降了。国际能源署还特别指出，低油价将较大程度上影响中国、哥伦比亚的石油产量，未来中国的石油产量将由2016年的日均400万桶下降到2022年的370万桶；哥伦比亚的石油产量将由2016年的日均近90万桶下降到2022年的约72.5万桶。[136] 2017年5月18日，国际能源署的这一份报告在中国北京发布后，就有媒体惊呼，“三年后石油或价格飙涨、供不应求，国际能源署发出预警”。[137] 国际能源署一直非常关注世界油气工业的投资问题。在2013年版的《世界能源展望》中，国际能源署通过1 600多座的油田分析认为，一旦产量达到峰值后，常规油田一般会出现年均6%左右的产量递减，到2035年世界传统油田的原油日产量将下降4 000万桶以上，为满足届时的世界石油需求，近一半以上将由非常规石油开采供应，这样世界油气行业需要大量的投资，其中非常规石油开采将成为石油产业链上游投资的主要驱动力。[138] 2014年11月，在国际石油价格暴跌开始后，该组织就表示，2040年前全球能源需求将保持一定的增长速度，虽然全球资源能够满足消费增长，但是需要大量的投资和政策引导以确保资源开发。2030年前，全球油气上游开发需要每年投入9 000亿美元才能满足预期的需求增长。但是，在2014年下半年国际油价大幅下降挫伤油气生产商投资积极性的情况下，对于是否能保证这种投资水平并不确定。此外，巴西深水油田开发的复杂性和庞大的资本需求，北美以外地区复制美国致密油成功开发的困难，加拿大油砂产量增长前景存在的疑问，西方制裁导致俄罗斯无法进入技术和资本市场，以及伊拉克政治和安全的挑战等因素可能导致投资将低于需求水平。[139]

当然，对低油价情况下未来世界油气和能源行业投资趋势持悲观看法的，远不止国际能源署一家。国际油气生产行业著名的咨询公司伍德麦肯兹2016年发布的一份研究报告显示，2015—2020年全球能源领域的勘探和生产资本支出，预计将下滑22%（或7 400亿美元），如果再把传统勘探投资的削减考虑在内，这个数字可能超过1万亿美元。[140] 有专家通过有关统计数字分析认为：由于此前油价暴跌之后，勘探公司削减了开支，因此世界范围新油田的发现已经“重挫”至自1947年以来的最低水平；过去几年能源行业已经遭受支出削减的重创，事实上整个行业正在持续失去投资，并且将产生后续的影响。[141] 2016年，全球油气勘探新增储量和新发现油气田个数均创2000年以来新低，其中新发现油气田127个，比2015年减少37%。[142] 有专家通过分析认为，综合石油行业油价、投资、钻井进尺三种数据的比较，投资和油价波动有着强相关性，但存在一定的滞后期，滞后期一般为3~5年。更为重要的是，勘探开发投资和原油价格密切相关、同向变动，原油价格事实上是各大石油公司制订勘探开发投资策略时的首要考虑因素。[143] 因此，行业和相关研究机构普遍认为，持续的低油价，导致勘探投资持续下降，影响了全球油气储量替换率和已探明石油储量开发，长期而言不利于世界油气行业的可持续发展。

基于对行业规律的分析，有机构和专家认为，当国际石油价格价格每桶低于60美元时，全球油气行业会有近1万亿美元的石油建设项目滞后，涉及日均产能700万~800万桶。[144] 如果国际石油价格继续下跌并维持较长的时间，影响的范围会更大。首当其冲的是非常规油气、深水油气及东非液化天然气项目及北极项目的开发投资，而这些项目是未来全球油气增产的主要来源，从而会给中长期国际石油市场的供给带来更大的负面影响。在此，我们可以对本节进行小结，即自2014年国际石油价格暴跌以来，持续的低油价已经并将继续给世界石油勘探开发活动带来越来越大的负面影响，如果低油价持续10年或更长的时间，中期至少将减少日均500万桶的国际石油市场供给能力。

综上，通过较为详细的中期国际石油市场需求和供给趋势的分析，我们认为，2014 年下半年以来的低油价，一方面将刺激国际石油市场的需求增长，但另一方面将抑制国际石油市场的供给能力，而且低油价持续的时间越长，这两方面的可能性将越大。通过需求侧的分析我们可以看出，中期国际石油市场的需求将主要来自中国、印度、非洲等新兴市场经济国家和地区，虽然经历了自 21 世纪以来的一轮国际石油价格“过山车”，但这些国家和地区应对国际石油市场大幅波动的能力和手段仍然有限。因此，我们认为，2025 年前后，国际石油市场有较大可能出现供需关系紧张的情况，国际石油价格有可能再次重演进入 21 世纪以来不断上涨的历史。

三、未来世界将出现全新的能源消费和生产形式

20 世纪 70 年代两次石油危机引起的世界范围内由第二次工业革命向第三次工业革命的转变，在 20 世纪后期和进入 21 世纪后加速进行。目前，理论界和社会各界普遍的看法是，世界已经进入了第四次工业革命时期。学术界一般认为，第一次工业革命始于 1775 年瓦特改造蒸汽机，第二次始于 19 世纪末的电气化革命，第三次始于 20 世纪 50 年代的计算机革命。第四次工业革命的突出特点是以互联网产业化、工业智能化、工业一体化为代表，以人工智能、清洁能源、无人控制技术、量子信息技术、虚拟现实以及生物技术为主的全新技术革命，它不再是某一个产品或服务的革新——它是整个系统的创新。这场革命将对经济、商业、政府，包括个人带来巨大的影响。随着第三次和第四次工业革命的到来和在全球范围逐渐确立其主要地位，不可避免地将带来世界能源消费结构的大转变，其结果必然是在第二次、第三次工业革命中占主导地位的煤炭、石油将

被替代，我们这一时代将由以石油为主要能源的“碳化氢时代”转向石油、煤炭、天然气、核能和新能源及可再生能源并重的能源多样化的时代，将由第二次、第三次工业革命时期的能源消费以高碳为主转为绿色、低碳能源时代。早在1992年，著名的美国世界观察研究所在其《1992年世界状况——通向可持续社会的进展》中，就乐观地指出：“今天，通向可再生能源经济的道路比以往更加清楚了。已探明了足够的可再生能源资源，技术上也是可行的。通向可持续发展能源的道路是漫长的，但很快就可以跨越一个关键的断层。一幅新能源经济的图景已开始展现出来。……这一切实可行的前景最终将掀起一场能源革命，变革的步伐将使人们感到惊奇。”[145]

我们在此讨论和分析的长期世界能源、石油形势，从时间概念上来说，指的是2030—2050年这个时间周期。长期未来社会的能源结构如何，很大程度上是人们根据以往经验和现在人类知识水平预测的结果，但是这一预测是基于当前社会上存在的一系列技术和经济的现实，它不是科学幻想，更不是空想。事实上，早在20世纪90年代初期，苏联的科学家就对2050年时世界的能源消费构成进行了分析和预测，认为到2050年人类对核能、太阳能和地热能的利用可能会占能源需求总量的一半，这比从20世纪90年代初至2050年人们从石油和天然气的最大开采量中获取的能量还要多。[146]具体可参见图14–11。

（一）未来的社会需要新的能源

20世纪80年代中期和90年代初，美国出版了几本引人注目的主要讨论人类未来社会前景的著作，其中最有影响的有约翰·奈斯比特的《大趋势——改变我们生活的十个新趋向》、《2000年的

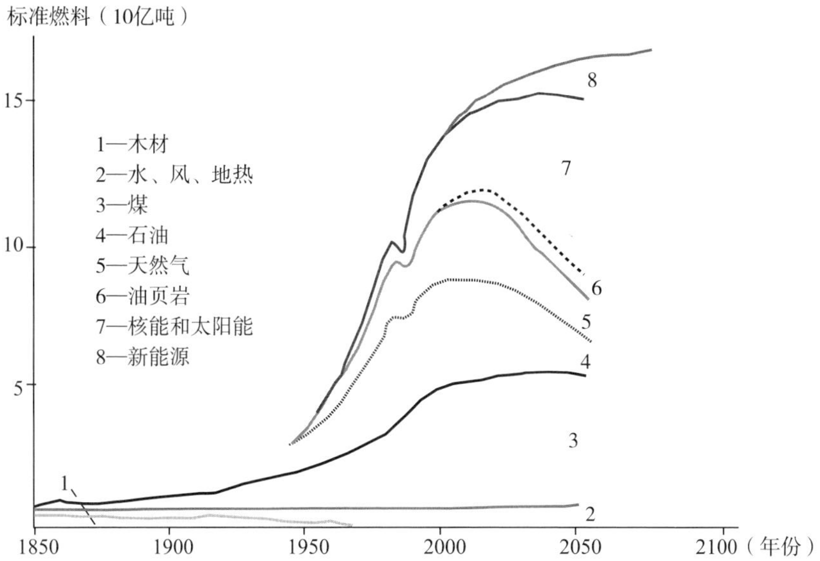

图 14–11　世界能源平衡预测曲线

资源来源：[苏]瓦西里·纳里夫金.石油、天然气和未来的能源.《苏联科学》杂志，转引自：中国能源，1991（2）.

大趋势》及阿尔温·托夫勒的《第三次浪潮》。虽然这些著作从出版到目前已有二三十年的时间了，但今天读来对我们仍有较大的参考作用。自从这些书出版及广为流传后，人们更加重视对自己未来的研究了。进入21世纪后，国际社会还有大量有关当前和未来世界发展方式及前景的著作问世，其中有些著作影响广泛。在新世纪出版的这些著作中，世界经济论坛（WEF）创始人、执行主席施瓦布教授的最新力作《第四次工业革命：转型的力量》具有代表性。在《第四次工业革命》中，施瓦布教授认为，第四次工业革命的核心是智能化与信息化，进而形成一个高度灵活、人性化、数字化的产品生产与服务模式，它将数字技术、物理技术、生物技术有机融合在一起，进而迸发出强大的力量，影响着我们的经济和社会。事实上，最早提出“第四次工业革命”概念的，并不是施瓦布。2010年，藤原洋就在日本出版了《第四次工业革命》，最早提出了“第四次工业革命”的概念。有媒体认为，第四次工业革命将是一场席卷世界的大变革。当前，世界上很多国家都在积极投入到第四次工业革命中，最新的也最有代表性的如英国，该国在2017年11月初发布了《让制造更智能》的报告，提出要由政府主导成立委员会，帮助企业适应时代进步，着力迎战第四次工业革命。[147]

理论界普遍的看法是，由于20世纪70年代的两次石油危机，一场新的工业革命已经产生并正在向新的深度和广度发展。奈斯比特和托夫勒的提法虽然不同，但他们一致的看法是，一场不同于以往的“新的产业革命”已经产生，如前者所言“从工业社会到信息社会”，后者则提出人类由文明的“第二次浪潮”工业阶段转向“第三次浪潮”。随着这一新的产业革命的兴起和普及，人类将进入一个全新的时代。我们知道，新的时代需要新的能源来源。如农业社会的能源基础是木柴；而工业社会的能源基础是以石油和煤炭为主的化石燃料。这样，随着新的工业革命的产生，一个新的能源消费和生产结构也将随之出现。托夫勒认为：“第二次浪潮的能源基础，是以非再生为前提的。它来自高度集中、日益枯竭的矿藏。它要求昂贵而非常集中的技术，而且它也不能转化，相对来说，只依靠少数资源和措施。”而第三次浪潮的能源基础，则是“它的大部分原料将来自再生性的，而不是消耗性的物质。由原来依靠高度密集的燃料，变为取材广泛的不同资源。由原来严重依赖高度密集的技术，转为把集中与分散相结合的能源生产。从原来危险的过分依靠屈指可数的几种方法和资源，到急剧地转变为多种形式”。[148]今天，我们已经迈进了第四次工业革命的门槛。藤原洋指出：“第四次工业革命中最重要的是对能源的有效利用，也就是说，如何让能源更有效地被利用，是这次工业革命的中心。比如在过去，我们认为石油是能源，但使用太多，带来了一些环境污染，反而造成社会问题。煤炭、石油大量使用后会枯竭，我认为今后人们应该把电脑技术和能源技术结合起来。”藤原洋认为，第四次工业革命，应该“进行一场分散性的能源产业革命”。[149]

世界经济论坛与科尔尼管理咨询公司关于未来制造业的研究历时数年，收集了全球400多位各行业领袖的意见，并多次在世界经济论坛区域性会议上讨论。研究认为，2030年的制造业有4种可能情景，站在未来体会一下那时全球制造业的可能情景——颠覆式、中断式、破坏式、下放式。其中，颠覆性的创新技术同时发力，彻底重塑工业制造业，如今尚是概念的工业4.0将在2030变成完美现实，大规模生产的时代已经结束了，凭借无处不在的数码技术，大部分生产订单可以完全被定制化并且做到实时交付。至此，市场上的任何产品都可以由数码技术“自拍”成电子产品，无论是在房屋、汽车、交通、娱乐、教育抑或是个人健康领域。[150]

因此，如果到2030年世界从总体范围看真的能实现工业4.0或第四次工业革命，无论我们对当前和未来的时代冠以什么样的名称，这一时代所消耗的能源肯定将大大不同于过去的能源消费结构，与之相伴随而产生的也将是不同的能源来源和资源形式。较为普遍一致的观点是，未来世界的能源形式将具备以下三个特点：一是绿色、低碳，与自然更加和谐友好；二是不存在资源枯竭的风险，取之不尽、用之不竭；三是能源价格下降，新能源的生产边际成本将趋于零，新能源的使用价格将全面低于传统的化石能源的价格。

（二）当前的国际政治形势将加速能源多样化的来临

自从工业革命以来，虽然人类的物质文明取得了长足的进步，但是由于滥用自然资源和大量使用矿物燃料，人类的居息地——地球的生态环境受到了严重的破坏。20 世纪 70 年代初，世界上的一些有识之士就呼吁改变人类养成的滥用自然资源和矿物燃料的习惯，以拯救地球。20 世纪 80 年代初，环境问题日益受到重视，并逐渐成为当代国际政治关系中一个引人注目的热点问题，世界各国尤其是工业化国家已采取行动来改善环境。进入 20 世纪 90 年代尤其是进入 21 世纪以后，环境问题更加受到重视。世界各国都在积极采取和将要采取的环境保护行动，将严重影响世界未来能源形势的发展，它将改变目前的世界能源消费结构，加速全球能源来源多样化时代的来临。

自 20 世纪 90 年代以来，国际社会和世界上很多国家都在积极采取措施保护环境。如 1991 年 9 月 25 日，欧洲共同体（以下简称“欧共体”）建议其成员国从 1993 年开始征收能源税，1992 年 5 月 13 日欧共体又通过指令草案，规定从 1993 年 1 月 1 日共同体内部大市场建立之日起开始征收“能源—二氧化碳税”，每桶原油的税额为 3 美元，以后每年递增 1 美元，到 2000 年达到 10 美元，天然气和煤炭等其他能源按石油当量折算。[151] 1991 年 10 月 25 日，美国总统布什批准建立了一个耗资 2.6 亿美元，由美国能源部和三大汽车公司联合设立的公私合营企业来研制电动汽车，其目标是“使电动汽车在 2000 年以前具有竞争力”。[152] 1992 年，美国国会又通过法案，以促进能源多样化。[153] 这一系列的环境保护行动中，以 20 世纪 90 年代初的地球首脑会议和后来的气候大会最为著名，国际社会共同努力保护环境将直接对世界能源尤其是石油消费产生重大的影响，不可避免地将直接改变未来世界的能源消费和生产结构，为未来世界带来全新的能源资源来源。

1992 年 6 月 3—14 日，在巴西里约热内卢举行了“联合国环境与发展首脑会议”，共有 170 多个国家和地区的代表参加了这次会议，其中 118 个国家的政府首脑和国家元首出席大会，试图让全球一致采取行动以改善地球环境。这次会议通过了 5 个决议，分别为《21 世纪议程》、《地球宣言》、《生物多样性公约》、《联合国气候变化框架公约》和《关于保护森林问题的原则声明》。会议期间，对《联合国气候变化框架公约》和《生物多样性公约》进行了开放签字，153 个国家和欧共体正式签署。这些会议文件和公约有利于保护全球环境和资源，在人类环境保护与持续发展进程上迈出了重要的一步。本次会议上通过的《气候变化框架公约》后来发展成了世界气候大会。1997 年 12 月，《联合国气候变化框架公约》参加国在日本京都通过了《京都议定书》，其目标是“将大气中的温室气体含量稳定在一个适当的水平，进而防止剧烈的气候改变对人类造成伤害”。2009 年 12 月 7—18 日，哥本哈根世界气候大会（全称《联合国气候变化框架公约》第 15 次缔约方会议暨《京都议定书》第 5 次缔约方会议）在丹麦首都哥本哈根召开，来自 192 个国家的代表参加了峰会，商讨《京都议定书》一期承诺到期后的后续方案，所有的发达国家和中国首次同意设定温室气体排放限额。2015 年 12 月 12 日，《联合国气候变化框架公约》近 200 个缔约方在巴黎一致同意通过《巴黎协定》，各方将加强对气候变化威胁的全球应对，把全球平均气温较工业化前水平升高控制在 2 摄氏度之内，并为把升温控制在 1.5 摄氏度之内而努力。全球将尽快实现温室气体排放达峰，21 世纪下半叶实现温室气体净零排放。虽然 2017 年 3 月 28 日，美国总统特朗普签署“能源独立”行政令，暂停了多项奥巴马时期的计划和法令，包括《清洁电力计划》，重新强化化石燃料在美国经济中的作用；2017 年 6 月 1 日，美国总统特朗普在白宫的记者会上宣布：“即日起，美国将停止落实不具有约束力的《巴黎协定》。”但是，包括中国、欧盟在内的国家和国际组织坚持要履行《巴黎协定》，共同努力逐步解决地球环境问题。

可以肯定地说，在未来的年代里，人类和国际社会会采取更多的、更加有力的环境保护行动。环境保护行动对未来的世界能源消费，尤其是对石油消费会产生很大的影响。例如，根据《巴黎协定》设定的目标，如能把全球平均气温较工业化前的水平升高控制在 2 摄氏度之内，意味着 2050 年全球将实现“碳中和”，即相对碳排放实现零增长，这就一定要求全球能源消费模式向低碳、绿色的清洁能源消费模式方向加速转变。世界能源理事会认为，为履行《巴黎协定》，煤炭和石油需求可能在 2030 年达到峰值。更有学者和机构认为，21 世纪将是终结化石能源的时代。因此，当前和未来国际社会不断强化的环境保护行为，将对世界能源工业产生非常大的影响，世界能源生产和消费结构有可能发生巨大的变化。正因如此，产油国特别是一些石油资源丰富的国家极力反对一些将危及石油消费和石油未来地位的环境保护行动。如 20 世纪 90 年代初，欧共体关于能源消费税的建议刚一提出，就立即遭到石油输出国组织的反对，该组织 1992 年 4 月 13—15 日在维也纳特别召开了一次“环境问题会议”，时任该组织秘书长的苏布罗托在开幕式上发言称，环境问题对产油国来说“是当代的一次大挑战”。[154] 而据亚马尼任主席的全球能源研究中心估计，欧共体的能源消费税开始征收后，到2000年仅欧共体国家的石油消费将每天减少400万桶[155]。在海湾合作委员会六国与欧共体的贸易谈判中，该委员会对欧洲共同体的这一举动极为不满，认为这是对该委员会成员国进行的一场贸易战。而在里约热内卢举行的地球首脑会议上就有关文件进行讨论时，沙特阿拉伯、科威特等产油国极力反对有关石油对环境影响的内容，沙特阿拉伯和科威特还有保留地接受《21世纪议程》，认为“该文件在支持核能的同时歧视石油”。[156]虽然在20世纪90年代和进入21世纪后，国际社会在举行有关气候会议或大会以及通过气候相关决议文件时，世界主要产油国和石油输出国组织已经积极参与并配合，石油输出国组织还主动与石油消费国举行多边、双边的对话，讨论环境保护和石油消费问题，但在该组织的有关长期战略中，它仍在积极应对国际社会环境保护措施对石油消费可能产生的负面影响。

（三）多样化已是能源消费和生产国共同的能源战略重点

20世纪70年代两次石油危机后，世界上大部分国家都加强了长期能源战略的研究和制订工作，以便保证经济发展和国家安全的能源需要。这些能源战略的重点，基本都是加速替代能源的发展，摆脱对石油的依赖。在这些能源战略中，以作为世界第一能源消费大国的中国和主要工业化国家的美国、日本和西欧的长期能源战略具有代表性。与此同时，作为世界第一石油生产大国，沙特阿拉伯也正在积极实施摆脱对石油依赖的长期国家战略。

作为世界第一能源消费大国，中国政府历来高度重视能源问题，其中如何实现能源多样化是国家能源战略目标的重点。2014年6月，在中央财经领导小组第六次会议上，中国国家主席习近平发表了重要讲话，提出推动能源消费革命、能源供给革命、能源技术革命、能源体制革命和全方位加强国际合作等重大战略思想。其具体含义包括：推动能源消费革命，抑制不合理能源消费；推动能源供给革命，建立多元供应体系；推动能源技术革命，带动产业升级；推动能源体制革命，打通能源发展快车道；全方位加强国际合作，实现开放条件下能源安全。在能源消费和环境保护方面，中国政府提出了积极引导经济全球化进程向着更加包容普惠的方向发展、构建人类命运共同体、促进可持续发展等宏大理念，全面阐述了共同构建绿色低碳的全球能源治理格局、共同推动绿色发展合作等重大主张，创造性地提出建设全球能源互联网，并在提高非化石能源消费比重、减少碳排放等重大问题上做出了郑重承诺。[157] 正是在中国政府强有力的推动下，近年来中国能源多样化得到了长足的发展，并在部分新能源领域占据了世界的制高点。由于在世界能源消费格局中具有举足轻重的地位，可以预见的是，未来中国能源多样化政策及其所取得的成果，将对未来世界能源多样化产生重大的影响。

自第一次石油危机时期的卡特政府开始，重视能源战略的研究和制订工作，基本上成了美国每一届政府的标志性政策。如从 1989 年上台后，美国总统布什就指示能源部制订长期能源战略。在长达 2 年并经 20 个月听证后，1991 年 2 月 20 日，美国白宫公布了“国家能源战略”。该战略计划到 2010 年，在保证美国经济稳定增长的同时，要求每天减少石油消费 340 万桶，国内石油产量每天增加 380 万桶，太阳能、水力和地热等替代能源发电量增加三倍以上，使用压缩天然气、乙醇和甲醇替代运输燃料，每天替代 200 万桶石油，减少电力需求 10% 以上。为达到上述目标，该战略鼓励加强使用洁净煤、天然气和核能发电。[158] 相比过去的历届美国政府，现任美国第45任总统的特朗普公布能源政策最快，就在2017年1月20日就任后不久，白宫网站就列出了特朗普政府将要优先处理的六大“头号问题”，其中第一条就是“美国第一能源计划”。虽然这个计划全文只有短短的7段，366个单词，但开宗明义提出了美国本届政府的政策是“为辛勤工作的美国人降低能源价格，尽量开发本土能源，减少国外石油进口”，“继续页岩革命”。

由于99.7%的石油、97.7%的煤、96.6%的天然气都依赖进口，20世纪70年代的两次石油危机给日本造成了巨大的冲击，因此能源多样化是日本长期能源战略的重点。1990年6月，日本通产省综合能源调查会公布的中长期能源预测和相关政策，提出的长期能源政策主要目标有：大力推进节能，按单位产值能耗计算，2010年比1988年降低36%，相当于节省一次能源8 400万千升油当量；降低化石燃料的比重，由1988年的85%降低到2000年的79.7%和2010年的73.5%，其中主要是煤和石油的比重下降，天然气的比重上升，到2010年可再生的能源资源在一次能源消费中的比重占6.1%，2050—2060年上升到50%左右；在电力发展中，以核电为中坚进行电源多样化，要求核电装机容量由1988年的28.9百万千瓦增加到2000年的50.5百万千瓦和2010年的72.5百万千瓦，核电占发电总量的比重由1988年的26.6%上升到2010年的43%，而燃油发电占发电总量的比重将由1988年的29.2%下降到9.5%。[159] 正是在多届日本政府的努力下，到21世纪初，日本的能源消费构成发生了很大变化。国内产业向知识密集型倾斜，节能技术不断提高，使得2001年工业部门的能源消耗和1973年持平，成为世界上能源利用效率最高的国家之一；拥有53座核电站，是世界第三核能大国，核能在日本发电总量中“三分天下有其一”；太阳能的技术全球独领风骚，2002年日本的太阳能发电量占全球总量的46%。[160]目前，日本政府更是在积极实施3E+1S的能源政策，即以能源的安全性（Safety）为前提，把能源的稳定供给（Energy Security）放在第一位，提高经济效率（Economic Efficiency）实现低成本的能源供给，同时实现与环境（Environment）的调和发展。[161]

历史上的欧共体和现在的欧盟一直都在积极实施新的能源政策，大力开发新能源和减少能源消耗是其主要目标之一，这一政策计划大力应用新技术开发清洁能源，如风力、太阳能和潮汐等。为了达到新能源政策提出的目标，欧共体对非再生能源征收高额税赋，大幅度提高价格，以减少非再生性的化石燃料的消费。如到2000年，欧共体石油、煤炭、取暖油、工业用天然气、家庭及办公室用天然气、重级燃油等的价格，将比现在分别上涨6%、60%、16.8%、31%、11.9%及23.6%；家用及办公用电价至1995年，将上涨7.2%。[162]正是在不懈的努力下，欧盟的能源多样化取得了丰硕的成果。2013年，欧盟温室气体排放比1990年减少约19%，排放交易体系拍卖带来的财政收入达到36亿欧元，其中约30亿欧元将用于气候和能源相关领域，德国的发电量中可再生能源所占比率已经达到约25%。[163]2014年11月中旬，欧盟国家28位政治领袖批准了《2030年气候与能源政策框架》，确立了将温室气体排放量由1990年的水平降低40%的有拘束力的目标，在欧盟范围内将可再生能源占比提高到至少27%的有拘束力的目标，以及在欧盟范围内将指示性能源效率提高到至少27%的目标。[164]而欧盟颁布的《2050年欧盟能源、交通及温室气体排放趋势》提出的目标更加宏伟：要避免发生灾难性气候变化，确保到2050年全球平均气温比工业革命前水平上升不超过 2 摄氏度，欧盟需在 1990 年排放量基础上减少 80%~95%；到 2050 年，天然气、风能、核能将各自占欧洲能源供应量的 1/4；尽管欧洲经济总量将在 2010 年基础上增长 78%，但能源消费将降低 8%。[165] 目前，欧盟虽然仅占全球排放量的 10.6%，但这一政策意义重大。一方面，作为发达国家，其行动在世界能源多样化的潮流中具有示范意义；另一方面，作为国际市场能源消费占比较大的地区，其未来能源多样化政策的加速，无疑将直接影响未来世界能源消费的结构和各种能源资源所占的比重，以石油、煤炭为主的化石燃料在欧盟能源消费结构中的比重会下降。

能源多样化既是能源消费、进口国积极推进和实施的国家战略，同时也是能源生产国正在实施的国家战略，在这方面，作为世界第一大石油生产国的沙特阿拉伯的政策动向具有代表性。2016 年 4 月 25 日，沙特阿拉伯颁布了《愿景 2030》(*Vision 2030*)。沙特阿拉伯国王萨勒曼在当天的电视讲话中宣称："到 2030 年，我们将不再依赖石油。"同年 6 月 7 日，沙特阿拉伯内阁会议通过了"2020 年国家转型计划"，作为《愿景 2030 年》的组成部分，希望通过经济结构性改革以实现收入多元化和振兴经济，大幅提高非石油经济的收入，创造 45 万个就业机会，2020 年实现非石油经济收入增至三倍（由 436 亿美元提高至 1 413.3 亿美元）。与此同时，沙特阿拉伯还启动了世界最大的石油公司——沙特阿拉伯国家石油公司（阿美公司）的上市计划。沙特阿拉伯政府预计，阿美公司的整体估值高达 2 万亿美元，如按计划出售其 5% 的股份，将可为主权财富基金募集近 1 000 亿美元的资金。从目前正在实施的一系列政策中可以看出，沙特阿拉伯已不看好长期油气生产，有评论认为阿美公司的上市是沙特阿拉伯政府想一次性地将其油气资源在国际市场兑现，将其作为发展新经济模式的资金来源。

（四）可再生和新能源已处于大规模使用的技术经济临界点

随着一个新的时代的来临和世界各国政府目前和将要采取的一系列政策的实施，未来时代的能源基础将由目前高度依赖的石油、煤炭等不可再生的化石燃料，转变为以来源多样的、可再生的能源形式为主。自20世纪70年代两次石油危机以来，特别是进入21世纪后又一轮国际石油价格由大涨到暴涨的刺激，世界各国大力发展核能、开发新能源，以摆脱对石油的高度依赖。通过30多年的努力，不仅为未来世界的能源消费结构打下了坚实的基础，当前世界可再生能源和新能源事实上已达到大规模使用的技术和经济临界点。

1. 核能利用和研究已取得重大进展，未来世界核能利用将占相当一部分的比重

（1）常规核能发电取得可喜成效，未来仍将有较大的发展

1942年12月，美国科学家在芝加哥大学建成世界上第一座核反应堆，1954年苏联在奥布宁斯克建成了世界上第一座核电站，从此核动力作为一种全新的能源来源被人类逐渐使用。虽然受1986年4月苏联切尔诺贝利核电站发生重大事故和2011年3月日本福岛核泄漏事故的影响，世界上有些国家和地区对进一步发展核电产生了动摇，一些国家和地区甚至放弃了发展核电的计划，但是由于世界经济发展带来的对能源需求的不断攀升和世界范围内环境保护的压力越来越大，传统化石燃料已经日益不能满足人类对能源消费的需要，发展核电是一种不可替代的必然选择。

1991年年底，全世界420个运行的核电厂的净发电能力为

326 611 兆瓦，发电量约占世界发电总量的16%。全世界核发电量相当于1973年发生第一次石油危机时的6倍。如果拿石油进行换算，就等于节约了4.6亿吨石油，相当于整个中东国家的石油年产量的一半以上。[166] 从当时各国原子能发电量的占有率看，法国原子能发电量占有率最高，为74.5%；比利时、匈牙利、韩国、瑞士等6国电力供应的40%以上是由原子能发电提供的；日本的核电力供应比率为26.3%。[167] 而到2014年年底，全球有445座商用核动力反应堆在31个国家运行，总装机容量达387吉瓦，核电向全球提供超过11.5%的电能消费，核电发电量为2 410太瓦小时。目前，世界上有16个国家在很大程度上依赖于核电，其核电占比超过本国电力供给的1/4。其中，法国电力来源中，核电贡献3/4左右；比利时、捷克、芬兰、匈牙利、斯洛伐克、瑞典、瑞士、斯洛文尼亚、乌克兰等国的核电占比达1/3或更多；韩国、保加利亚核电提供30%以上的电能；美国、英国、西班牙、罗马尼亚核电占各国电能的20%；日本过去很大成分上依赖核电，最高时占比超过1/4。此外，还有一些国家虽然不持有核电站，如意大利和丹麦，但其能源供给中有10%来自核电。[168] 2014年年底，世界核电站装机和有关国家核电站运行情况如图14–12和图14–13所示。截至2014年年底，核电占全球商业一次能源的份额为4.4%。全球五大核电国家分别是美国、法国、俄罗斯、韩国和中国，2014年这五大国家核电的发电量占全球核电发电量的69%，其中美国和法国核电发电量占全球核电的一半。[169] 核电在欧盟电力供应中占比最大，2016年核电在欧盟范围内以26.3%的比例稳坐第一电源的地位；排在第二位的电源是煤电，占21.6%；天然气发电占比为18.6%，排在第三位。[170]

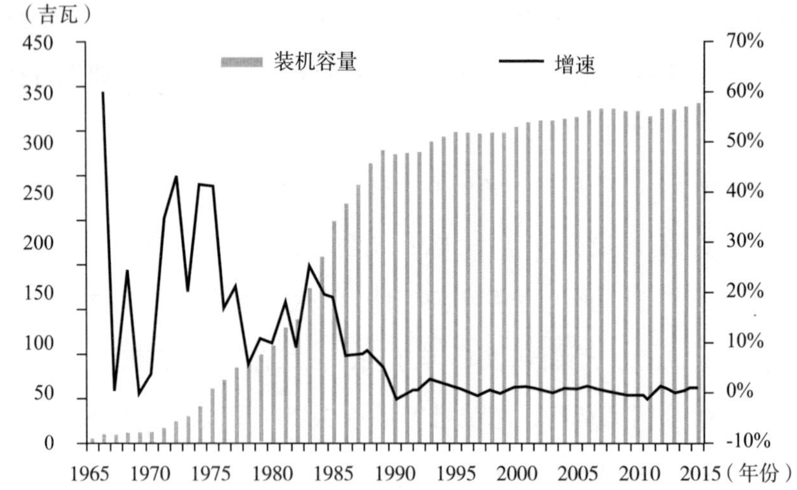

图 14–12　世界核电装机容量及增速

资料来源：全球核电发展历史和现状分析. 搜狐财经，2016 年 3 月 17 日.

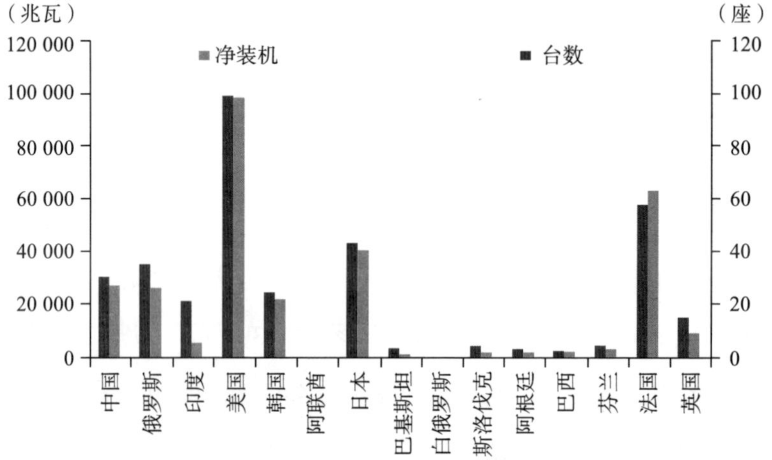

图 14–13　世界主要核电国家在运核电规模

资料来源：全球核电发展历史和现状分析. 搜狐财经，2016 年 3 月 17 日.

在核能的开发利用中，世界各国都在竞相投入更加安全、更加先进和更加经济的核反应堆建造和设计工作，未来的核能技术会有更大的进展。如 1991 年夏末，日本通产省批准东京电力公司建造世界上第一座先进沸水堆（ABWR）核电厂。由美国、瑞典和加拿大等国正在研究设计的新一代“自然”核反应堆，比目前运行的反应堆更经济，而且至少更可靠10倍。[171] 此外，各国科学家提出了一系列新型反应堆和原子能电池的设计技术和设计概念。就核反应堆类型来说，目前世界上大部分运转的反应堆是以美国的轻水反应堆技术为基础的，这种反应堆的一个重大的缺点是使用铀矿资源过大，世界现有铀资源有被耗尽的可能，而且反应堆留下的废料在长达数千年时间里仍有极为危险的放射线。正因为这样，反核运动分子极力反对建造核电站。但是，1991年3月，美国阿尔贡国家实验室的科学家提出了一体化快速反应堆（IFR）的设计构想，这些科学家认为，如能建造满足世界能源需求一半的1 500座、每座容量为1 000兆瓦的一体化快速反应堆，可使全世界铀矿资源的使用时间延长2 000年，并把废料的危险期减少到200年，这种一体化快速反应堆还可将现有的核电站产生的所有废料处理掉。[172]

1991年1月，日本电力中央研究所和东芝公司决定今后三年投资10亿美元，进行新型快增殖堆的概念设计并研究主要技术。这种新型快堆的功率为30万千瓦，建造场地为过去快增殖堆的一半，建设工期可大大缩短，燃料是比较容易加工的金属燃料。[173]1991年日本电力中央研究所和东芝公司还决定开发提高安全性的超小型高速增殖堆，从当年4月开始概念设计。这种高速增殖堆的特点是在30年使用寿命期间不必更换燃料，为了防止控制棒的误操作，应用移动反射体控制核裂变反应，采取极力减少开关、泵和阀等简化的机制以确保安全。计划设计的小型高速增殖堆的电功率分为5万千瓦和1万千瓦两种，燃料使用适合长期使用、连续燃烧的金属燃料。[174] 美国也在设计新型核电站的标准。1991年5月，由核能界有关代表组成的美国核能监督委员会发表了核能行业关于标准化共同方针的文件。根据这个文件，美国各电力公司和核反应堆制造厂同美国能源部合作开发 4 种标准型的核反应堆：一是通用电气公司制造的 130 万千瓦级新沸水型轻水堆；二是ABB燃烧工程公司制造的 130 万千瓦压水型轻水堆“System 80”；三是威斯汀豪斯电气公司制造的 60 万千瓦新型反应堆“AP600”；四是通用电气公司制造的 60 万千瓦简化沸水型轻水堆。美国核电站的标准化不仅包括反应堆的设计，而且还包括反应堆以外的发电厂机器的设计、制造、建设方法、操作手续和操作人员的训练等。[175]

当前，随着世界各国对环境问题的日益重视和温室气体减排压力的不断增加，加上核电技术在安全性和经济性上取得进步，在对核电机组的设计和运行安全提出更加严格的要求的基础上，核电再度受到青睐。核电作为一种经济、稳定、可持续的能源，其复苏发展的趋势并没有改变。如 2012 年 2—3 月，美国相继批准建设 4 台 AP1000 机组；2013 年 3 月，英国、法国、西班牙等 12 个国家联合签署部长级联合宣言，将继续维持核能发电；俄罗斯、印度等国也都积极增加核电投资。除这些传统大国外，出于对环保、生态和世界能源供应等的考虑，越来越多的国家正考虑或启动建造核电站计划。截至 2015 年 7 月 1 日，14 个国家正在建造 62 座新反应堆，装机容量达到 59 吉瓦，其中近 40%的新建项目位于中国。[176] 目前世界主要国家在建核反应堆的情况，如表 14–7 所示。

表 14–7　世界主要国家的在建核反应堆情况（截至 2015 年 7 月 1 日）

国家	机组数量（个）	总功率（兆瓦电力）	开始建造时间（年份）	并网发电时间（年份）	推迟启动机组（个）
中国	24	23 738	2009—2015	2015—2021	15

（续表）

国家	机组数量（个）	总功率（兆瓦电力）	开始建造时间（年份）	并网发电时间（年份）	推迟启动机组（个）
俄罗斯	8	6 262	1983—2010	2015—2019	8
印度	6	3 907	2002—2011	2015—2019	6
美国	5	6 320	1972—2013	2016—2020	5
韩国	4	5 360	2008—2013	2016—2018	4
阿联酋	3	4 035	2012—2014	2017—2019	?
白俄罗斯	2	2 218	2013—2014	2019—2020	?
巴基斯坦	2	630	2011	2016—2017	2
斯洛伐克	2	880	1985	2016—2017	2
乌克兰	1	1 900	1986—1987	2019	2
阿根廷	1	25	2014	2018	?
巴西	1	1 245	2010	2018	1
芬兰	1	1 600	2005	2018	1
法国	1	1 600	2007	2017	1
总计	62	59 033	1972—2015	2015—2021	47

资料来源：2015 世界核工业现状报告. 中国核电信息网，2015 年 10 月 27 日.

未来，世界核电仍将会有更大的发展。例如，美国政府发布了新的能源战略，《作为经济可持续增长路径的全面能源战略》，核能作为低碳能源的重要作用仍然得到了重视。2017 年 6 月 27 日，美国能源部长里克·佩里在白宫记者会上表示，美国将再次扮演核能的领导角色，如果没有核电站，清洁能源就实现不了，表达了要将核能作为重要能源之一的决心。[177] 同时，美国环保署发布了环保新政，提出火电厂排放新标准，对提升核电竞争力、促进核电起到了正面作用。2016 年，美国能源部发布了《先进堆开发与部署愿景和战略》草案（2016 年 5 月 27 日，21 版），大力推进模块式小堆

（SMR）、不依靠水冷却的先进堆，并清晰表达了加速部署先进堆的愿景和战略，要求在21世纪30年代初期批准并准备建设两个先进概念堆，到2050年使核能装机容量翻一番。[178] 在欧盟2030年能源发展目标和碳减排目标中，低碳能源发展尤其是可再生能源发展受到重视，传统以煤电为主的一些国家将会开始快速发展核电（例如波兰）。而依托欧洲的电力市场，东欧等国家核电市场开始逐步恢复，匈牙利、波兰、捷克、罗马尼亚等国家的核电新项目建设意向逐步明确，欧洲核电有可能继续扩张。英国受到北海油气资源接近枯竭的影响，开始积极推动低碳能源的发展，核电受到更多重视，在英法两国的推动下，英国的欣克利角C核电项目（Hinkley Point C）得到欧盟批准。法国为推进可再生能源领域均衡发展，通过《能源过渡法案》，提出多项能源发展目标，未来核电装机将维持在现有水平。日本政府新修订的《能源基本计划》，以"3E+1S"（能源安全保障、经济性、环境适宜性和安全性）为能源政策基础，构筑"多层次、多样化的柔性能源供应结构"，其中核电将继续作为日本重要的基荷电源存在。日本政府通过了核电新安全标准，首座在运核电站的重启已获得日本核监管当局以及地方政府的同意，正在进行相关准备工作，而唯一一座在建的核电站也提交了重启计划。韩国在修订第二次国家能源基本规划时，从构建可持续发展的能源体系、促进有竞争力的能源工业体系角度出发，强化了可再生能源发展，核能发电占比将比第一次规划时2035年的41%有所降低，但核能发展仍是其电力的主要组成。

2015年9月，国际原子能机构发布了《能源、电力、核电预测2050》报告，提出了两种未来世界可能的核能发展趋势：假设全球目前的核电市场状况、技术以及资源等维持现状，同时各国对核电的政策也保持不变，那么未来全球核电行业将低速发展；假设全球经济和电力需求的增长率不会降低，同时核电在全球减缓气候变化战略中发挥的作用更大，那么未来全球核电行业将高速发展。到2030年，全球核能发电量的增长幅度将在2.4%~68%之间。其中，未来西欧和北美地区的核能发电量会有所下降。到2030年，若全球核电行业低速发展，西欧地区的核能发电量将从目前的113.7吉瓦下降到62.7吉瓦，而在高速发展的情形下也将略有下降到112吉瓦。北美地区在低速发展的情形下，核能发电量将从目前的112.1吉瓦下降到2030年的92吉瓦，反之则会增长到139.7吉瓦。未来中东和南亚、东欧以及远东地区的核能发电量会持续增长。到2030年，全球核电行业在低速发展的情况下，整个中东和南亚地区的核能发电量有望从现在的6.9吉瓦增加到25.9吉瓦；反之则有望增长到43.8吉瓦。东欧地区预计在低速发展情形下，核能发电量将从目前的49.7吉瓦增加到64.1吉瓦，反之则将增长到93.5吉瓦。核电增长最为显著的地区要数远东地区，包括了日本、韩国、中国等亚洲主要能源消费国。IAEA报告预计，到2030年，在全球核电行业低速发展的情形下，远东地区的核能发电量将从目前的87.1吉瓦增长到131.8吉瓦，反之则将增长到219吉瓦。[179] 此外，据国际能源署和国际核能机构（IEA及NEA）的预测，2035和2050年核能在世界电力结构中的占比将分别为14.2%和17.3%（2DS模型）。[180] 另据2016年7月25日在中国杭州举行的第9届国际青年核能大会预测，到2050年，全球的核电装机最低将达3.7亿千瓦，最高可达9.64亿千瓦。如果届时达到或超过9亿千瓦目标，在为人类解决能源问题的同时，每年可以少排放超过49亿吨的二氧化碳。[181] 因此，行业普遍认为，从长期来看，由于发展中国家的人口增长和对电力需求的不断增加，以及对气候变化、能源供应安全、燃料价格波动等问题的关切，核能发电预计在能源结构中仍将起到重要作用。

（2）各国通力协作，世界受控核聚变研究持续取得进展

在人类最终解决能源问题的道路选择中，受控核聚变是最为可能的选项之一，有望成为人类取之不尽、用之不竭的理想能源，是人类安全利用核能和最终解决能源问题的终极目标。与不可再生能源和常规清洁能源不同，聚变能具有资源无限、不污染环境、不产生高放射性核废料等优点，是人类未来能源的主导形式之一，也是目前认识到的可以最终解决人类社会能源问题和环境问题，推动人类社会可持续发展的重要途径之一。

世界受控核聚变在 20 世纪 90 年代取得了重要进展。1991 年 11 月 9 日，40 多年来世界范围的核聚变研究取得了重大历史性突破。该日，在英国牛津郡卡勒姆的欧洲联合环形装置（即 JET）上，在持续 2 秒的一次脉冲反应中，在此装置上工作的 200 名来自欧洲的科学家们获得了相当于 1.5 兆瓦~2 兆瓦电能的能量。[182] 这是在世界长达 40 年的核聚变研究中取得的重大突破。除此之外，日本受控核聚变装置改造完成投入试验并已取得一批成果。从 1989 年 11 月开始，日本原子能研究所用了大约一年半的时间完成了对其原有的 JT–60 聚变反应堆的大电流改造工程，改造后的 JT–60U 已于 1991 年 3 月底开始进行了一系列的实验，并取得了可喜的成果。在 1991 年有关实验的基础上，1992 年日本进行了正式等离子体实验。[183]

为了集中力量使核聚变研究早日取得突破，世界各国不断加强研究合作活动。目前，世界上共有 4 个大型受控核聚变装置，即托卡马克装置，它们分别是美国的 TFTR、苏联的 T–15、日本的 JT–60 和欧洲的 JET。1991 年 11 月中旬，四方代表在莫斯科集会，

同意集中人力、财力和智慧，实施“国际热核实验反应堆”计划，并商定今后6年里各方出资7 500万英镑、抽调200名科学家参加这种国际合作。1991年2月，来自这四方的科学家已完成了国际热核实验反应堆的设计草图。根据这项设计，计划中的国际热核反应堆比现在运转的托卡马克装置大一倍，其建造费用估计达49亿美元。[184] 2003年1月，中国参加“国际热核实验反应堆”计划谈判。2006年5月，中国“国际热核实验反应堆”谈判联合小组代表我国政府与欧盟、印度、日本、韩国、俄罗斯和美国共同草签了《“国际热核实验反应堆”计划协定》。这七方包括了全世界主要的核国家和主要的亚洲国家，覆盖的人口接近全球一半。“国际热核实验反应堆”计划是目前世界上仅次于国际空间站的又一个国际大科学工程计划，该计划将集成当今国际上受控磁约束核聚变的主要科学和技术成果，首次建造可实现大规模聚变反应的聚变实验堆，将研究解决大量技术难题，是人类受控核聚变研究走向实用的关键一步。“国际热核实验反应堆”计划将历时35年，其中建造阶段为10年，运行和开发利用阶段为20年，去活化阶段为5年。

2003年12月底，中国受控核聚变研究取得重大进展，中国科学家在给中国环流器二号A“装”上偏滤器这一关键部件后，成功在这一新的磁场形态下实现放电，这标志着中国受控核聚变研究迈入新阶段。[185] 2006年5月，日本科学家在对临界等离子体实验装置JT–60进行改良后，成功地使核聚变等离子体维持了28.6秒，刷新了由他们保持的16.5秒的世界纪录。[186] 2014年2月，美国劳伦斯利弗莫尔国家实验室的研究人员报告说，他们在受控核聚变的实验中取得一项关键进展，首次在核聚变实验“点火”时实现了能量“盈余”。[187] 2016年10月，据美国麻省理工学院官方网站消息称，该校科学家在阿尔卡特C–Mod（Alcator C–Mod）托卡马克聚变反应堆实验中创造出新的世界纪录，该装置的等离子体压强达到2.05个大气压，其中等离子体每秒发生300万亿次聚变反应，新纪录在该装置以往成绩的基础上提高了15%，对应的温度达到3 500万摄氏度，约是太阳核心温度的两倍。鉴于高压等离子体是实现可控核聚变的关键因素，这意味着人类距获得“取之不尽、用之不竭”的清洁能源又近一步。[188] 2017年7月5日，中国科学院发表声明，首次实现了5 000万度等离子体持续放电101.2秒的高约束运行，此前该项试验的世界纪录大约是60秒，这一里程碑式的重要突破对国际热核聚变实验堆（ITER）和未来中国聚变工程实验堆（CFETR）建设和运行具有重大的科学意义。[189] 2017年7月10日，美国三阿尔法能源公司宣布启动一座新的名为“诺曼”的聚变反应堆，并首次在堆芯获得“保持时间足够长”和“温度足够高”的等离子体，该堆能在5 000万~7 000万摄氏度的区间内运行，这一高温足以持续验证其技术规划。[190] 科学家认为，在世界各国政府多年的资助和科学家们多年的不懈努力下，“受控”核聚变最终会小步变成“现实”。

2. 可再生能源和新能源已在世界广泛使用，形形色色的可再生能源和新能源将在未来发挥越来越大的作用

地球上拥有非常丰富的能源资源。表14–8所示为目前地球上可再生能源的获得量。从表14–8中可以看出，仅太阳能一项，就可供人类无限地利用。太阳每秒钟释放出的能量，相当于燃烧1.28亿吨标准煤所放出的能量,每秒钟辐射到地球表面的能量约为17万亿千瓦，相当于目前全世界一年能源总消耗量的3.5万倍，每年送给地球的能量相当于100亿亿度电，相当于每人约1.7亿度电。三

峡电站全面发电后发电量是每年 840 亿度，太阳每年送达地球的能量相当于 120 万个三峡电站的发电量。目前，人类所使用的能源总量，只是太阳所提供能量的 0.01% 左右。[191] 此外，地球上风能资源的总储量非常巨大，一年中所产生的能量约相当于 20 世纪 90 年代初全世界每年所消耗的燃料的 3 000 倍；联合国教科文组织在 20 世纪 80 年代初估计，潮汐能、波浪能、潮流能（海流能）、海洋温差能和海洋盐度差能的理论可再生总量为 766 亿千瓦，技术上允许利用功率为 64 亿千瓦；据理论推算，全世界每年通过光合作用固定下来的生物质能是全世界全年能源消耗量的 10 倍。[192] 2016 年，世界终端能源消费可折算为 112.81 万亿度电，全球的风能资源按 1 000 利用小时计算每年可以发电 1 640 万亿度，陆上（南极洲除外）太阳能资源按 500 小时计算可以发电 3195 万亿度以上。[193]

表 14–8　能源年消费量与可再生能源可获得量的比较

种 类	能 量 值（10^9 亿焦耳/年）
全球能源消费量（1990 年）	0.43
阳光（地面）	30 000
风能与波能	12
光合作用	2.5
地热能	1
水能	0.3
潮汐能	0.1

资料来源：M.A. 林格. 21 世纪的可再生能源技术——光伏器件、太阳池和其他可再生能源. 1991 年 12 月北京“煤炭与环境国际会议”材料。

图 14–14 所示为我们人类可使用的可再生能源和新能源的技术体系，从图 14–14 中可以看出，除石油、煤炭等矿物燃料外，我

们人类已经拥有众多的技术方法，可以充分使用资源丰富的可再生能源和新能源。因此，由于拥有巨大的资源保证和可选择的技术路线，从理论上来说，人类社会事实上已经拥有取之不尽、用之不竭的可再生能源和新能源，人类社会的未来发展是有充足的能源资源保障的。

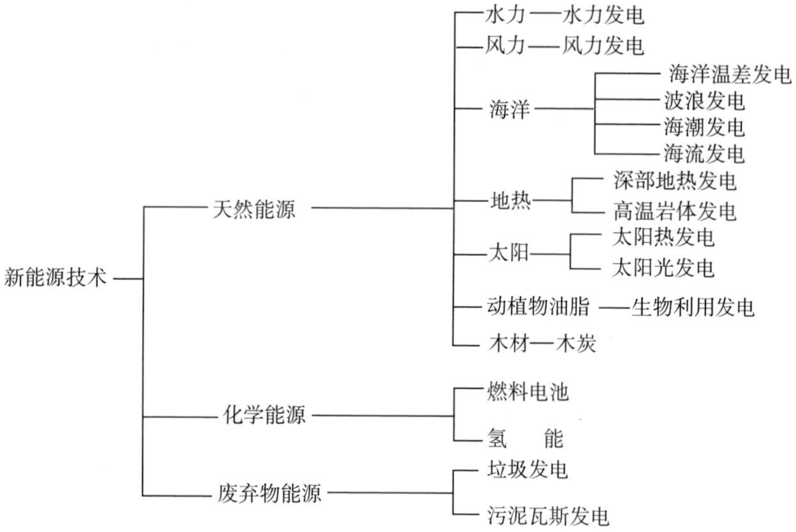

图 14–14　新能源技术体系

资源来源：环球研究报告. 21 世纪尖端产业——市场动向与投资指南. 台湾：商务印书馆，1985：92.

近年来，世界范围的新能源和可再生能源的投资和使用都在迅速增加。2014 年，全球可再生能源的投资总额为 2 700 亿美元，比 2013 年同比增长 17%，是 2004 年相应投资总额的 4 倍。自 2000 年以来，风电装机容量增加了 355 吉瓦，太阳能装机容量增加了 179 吉瓦，分别是核电增加的装机容量（20 吉瓦）的 18 倍和 9 倍。[194] 全球各个国家都在发展可再生能源，根据世界银行发布的 1996—2016 年各国可再生能源比例数据库，非洲是世界上使用可再生能源比例最高的地区，其中索马里是可再生能源使用比例最高的国家，占比高达94%。世界能源消费大国中，美国占比为9%，日本占比为6%，英国占比为7%，俄罗斯占比为3%。占比不足1%的有15个国家，包括巴林、沙特阿拉伯、科威特和阿曼，这些国家主要是石油储量丰富的海湾国家，其经济发展主要依赖石油销售。[195] 据英国石油公司最新的2017年版《世界能源统计评论》提供的数字显示，2016年，虽然可再生能源在世界一次能源中所占的比例仅为3.2%，但保持了高速增长，不包括水电在内的可再生能源发电增长了14.1%，为有记录以来的最大增幅（相当于5 300万吨油当量），其增量占一次能源增长的30%以上。2016年，在可再生能源中：风能增长了15.6%，为131太瓦时；太阳能增长了29.6%，为77太瓦时；水电增长了2.8%，为2 710万吨油当量。[196] 因此，通过自20世纪70年代以来世界各国的努力，尤其是进入21世纪以来不断上涨的国际石油价格的刺激和推动，可再生能源不仅进入了大规模的使用阶段，而且更为重要的是从技术和经济两个层面已经进入了可爆发式增长的临界点，未来更大规模的可再生能源和新能源的使用将成为现实。

（1）太阳能将成为世界未来长期主要的电力来源

万物生长靠太阳。自从人类诞生以来，一直就在利用太阳能。现代意义上太阳能的开发和利用，只是近半个世纪的事情。1953年，美国贝尔实验室研制出世界上第一块太阳电池，获得6%光电转换效率的成果，从此揭开了太阳能开发利用的新篇章。20世纪70年代的两次石油危机，大大地促进了太阳能的开发利用。经过近半个世纪的努力，太阳能光热利用技术及其产业异军突起，目前已成为能源工业的一支生力军。到目前为止，太阳能的应用领域可归结为太阳能热利用和光利用两个方面。

太阳能热发电以其与电网匹配性好，光电转化率高，连续稳定发电和调峰发电的能力较强，发电设备生产过程绿色、环保，不产生有毒物质等特点受到人们的高度关注。根据专业机构的测试，在整个生命周期中，光热发电每千瓦时二氧化碳排放量的中位数仅18克，远低于光伏的110克，是真正的清洁能源。从20世纪50年代光热发电技术诞生至今，全球太阳能热发电产业经历了多个发展阶段。当前全球太阳能热发电市场呈现出西班牙、美国装机总量领跑，新兴市场装机开始释放，整个产业全球范围蓬勃发展的局面。截至2015年12月底，全球已建成投运的光热电站接近5吉瓦。国际可再生能源署（IRENA）统计数据显示：截至2015年12月底，西班牙在运光热电站总装机容量为2 300兆瓦，占全球总装机容量的近一半，位居世界第一；美国总装机量为1 777兆瓦，位列世界第二；两者合计光热装机超过4吉瓦，约占全球光热装机的88%。其后是印度、南非、阿联酋、阿尔及利亚、摩洛哥等国。根据国际能源署太阳能热发电和热化学组织（SolarPACES）统计：截至2016年2月底，全球在建太阳能光热发电站装机容量约1.4吉瓦，其中摩洛哥在建装机容量最高，达350兆瓦；中国近几年也开始发展光热发电产业，在建装机容量位居世界第二位，为300兆瓦；印度在建项目的装机容量达278兆瓦，位居世界第三位；其后是南非、以色列、智利等国。[197] 有关目前世界已投运、各国在运和在建的光热电站情况，参见图14–15、图14–16和图14–17。

在过去的十多年时间里，全球光伏市场保持高速增长，从2005年的5吉瓦到2015年的230吉瓦。其中，在前5年光伏市场主要由以德国为首的欧美国家主导，但是在后半期，中国、美国和日本后来居上一跃成为世界前三。据估计，到2021年，全球太阳能发电总装机容量将达到1太瓦。[198] 根据ITRPV、IRENA等有关机构的预测，全球光伏累计装机容量将在2025年达到1 750~2 250吉瓦，将形成一个高达2.2万亿美元的巨大市场。[199]

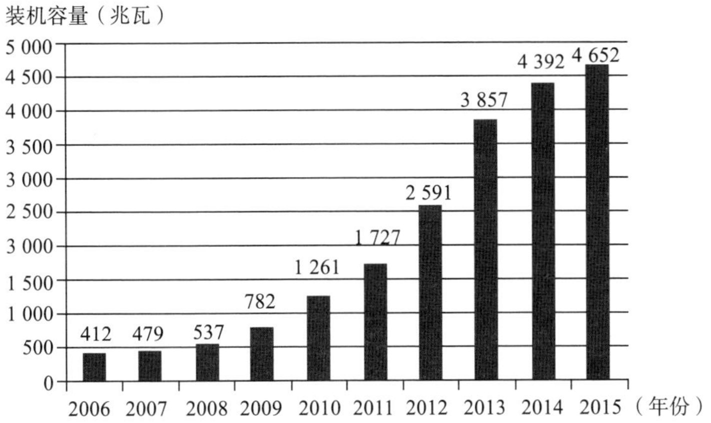

图 14–15　2006—2015年世界太阳能热发电累计装机容量

资料来源：全球光热发展现状及特点. 中国新能源网，2017年2月7日.

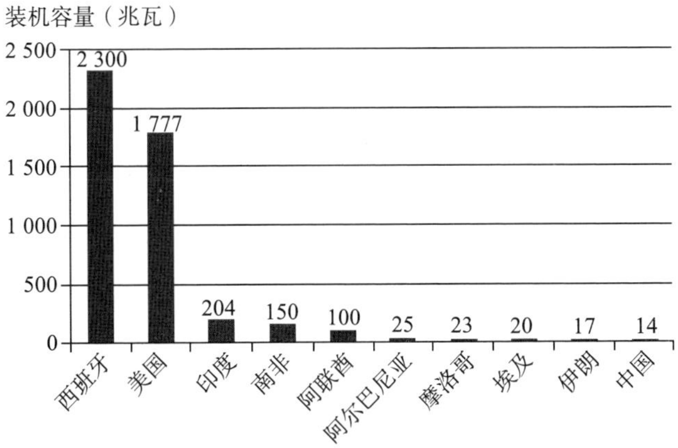

图 14–16　世界主要国家在运太阳能光热发电站装机容量（截至2015年12月）

资料来源：全球光热发展现状及特点. 中国新能源网，2017年2月7日.

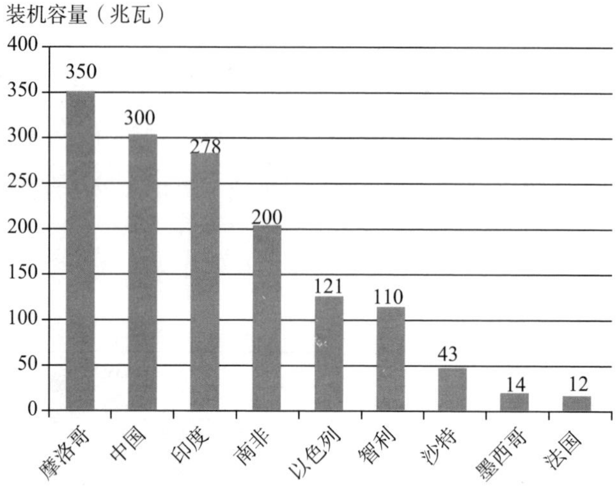

图 14–17　世界主要国家在建太阳能光热发电站装机容（截至 2016 年 2 月）

资料来源：全球光热发展现状及特点. 中国新能源网，2017 年 2 月 7 日.

有关机构和专家认为，太阳能将在 21 世纪初进入一个快速发展阶段，并在 2050 年左右达到 30% 的比例，21 世纪末太阳能将取代核能居第一位。壳牌石油公司也认为，21 世纪的主要能源是太阳能。日本经济企划厅和三洋公司合作研究后则更乐观地估计，到 2030 年，世界电力生产的一半将依靠太阳能。世界观察研究所在其有关报告中指出：正在兴起的“太阳经济”将成为未来全球能源的主流。[200] 2014 年，国际能源署在其《光热技术发展路线图》预测，到 2050 年全球光热装机将达 982 吉瓦，贡献全球 11% 的电量供应。2016 年 2 月，由欧洲太阳能热发电协会、国际绿色和平组织和 SolarPACES 三方共同发布的《全球光热发电市场 2016 年展望报告》预测，光热发电到 2030 年将可满足全球 6% 的电力需求，到 2050 年这一比例将升至 12%。[201]

随着太阳能技术的不断进步，特别是电池储能技术的发展，太阳能发电成本越来越低，其价格也越来越具有竞争优势。以美国为例，过去5年间，储能电池的成本已经下降了将近70%。总部位于美国亚利桑那州的“第一太阳能”公司2015年预计，到2017年该公司生产的太阳能组件的成本能够从当时的每瓦63美分降低至大约40美分。未来10年，太阳能发电成本仍将继续下降，预计到2020年太阳能发电对美国十几个州的消费者而言将变得更加经济实惠。[202]最新的数据显示，美国太阳能电零售价为每度19美分，预计再过5年将会降至15美分。[203]近年来，德国太阳能发电成本也显著下降，2013年7月1日起，太阳能光伏发电实现电网“平价”，即扣除补贴之后，发电成本同传统发电方式持平。而随着太阳能发电设备的大幅降价和发电规模的扩大，日本太阳能发电成本下降了三至四成，2016年家庭太阳能发电成本与火电等普通电力价格持平。[204] 2017年4月，国际可再生能源机构（IRENA）总干事阿德南·阿明在题为“2030年可再生能源路线图”的发布会上表示，到2025年全球太阳能发电成本有望下降60%。[205]

（2）风能发电已高度成熟化，未来仍将有较大的发展空间

风力是地球上最常见的能源资源之一，风力发电是当今新能源开发利用中技术成熟、最具备开发条件、发展前景良好的项目。美国能源部的太平洋西北实验室认为，风能具有提供美国20%电力的现实可能性。瑞典能源管理部门计算，用60个近海风力发电场，就能最终取代这个国家的12座核电站。由于欧洲几乎所有国家都有可利用的风能，其中沿海一带的平均风速在每秒6米以上，所以欧洲国家计划到2000年将风力发电的装机总容量扩大到3 000兆瓦以上。20世纪90年代初，欧洲的风力发电总装机容量约为450兆瓦，其中丹麦名列欧洲前茅，风力发电占全国发电总量的2%左右。1991年年底，美国共有15 000个风力发电设施，全部装机容量约为160

万千瓦。世界上最大的风力田位于美国加利福尼亚州，年发电约221 108千瓦小时。

在过去的30多年里，风电发展不断超越其预期的发展速度，一直保持着世界增长最快的能源地位，全球已有100多个国家开始发展风电。自2005年起，世界风电增长势头迅猛，2015年新增装机容量已达到63 013兆瓦，累计装机容量达到432 419兆瓦，实现了22%的年增长率。有关近年来世界风电装机情况，参见图14–18。

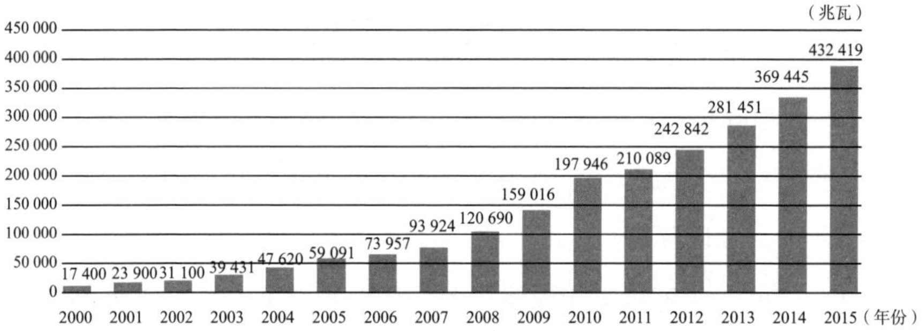

图14–18　2000—2015年全球风电装机累计容量

资料来源：2016年世界风电行业发展现状及未来发展趋势分析．中国产业信息网，2016年3月16日．

风能目前作为除水能之外的最可实现市场化运营的清洁能源，已经得到了世界主要国家与地区的认可。风电在世界的主要国家与地区中已经实现了大规模的产业化运营，且风电不会产生大的环境污染。从各主要国家、地区的产业规划情况来看，未来风电在世界范围内仍有很大的发展空间。据预测，欧洲到2020年将实现可再生能源占总发电量的34%，其中风电占比为16.90%；2015—2019年，全球新增装机容量将以3%~7%的速度增长；到2019年，全球累计装机容量将达到约666.1吉瓦。[206]有专家预计：“一个世界范围内的风力发电高潮已经到来。预计到2020年，风力发电将可提供世界电力需求的10%。”[207] 图14–19所示为2020年世界风电新增装机容量预测。

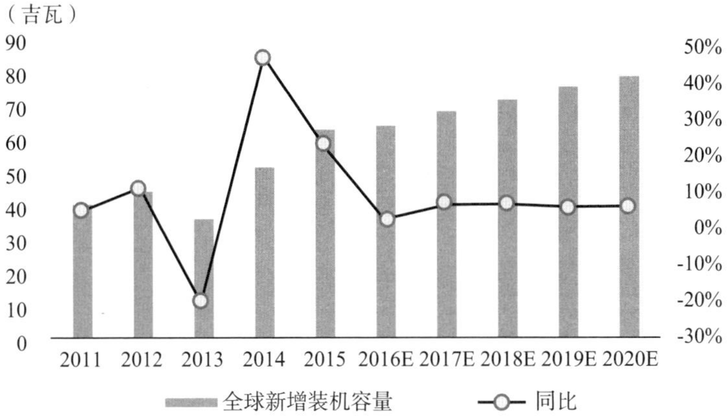

图14–19 2020年世界风电新增装机容量预测

资料来源：2017年全球风电发展现状及市场空间分析预测．中国产业发展研究网，2017年6月20日．

风力发电是目前技术最成熟和最具商业应用价值的可再生能源之一，与传统能源相比，风力发电有着清洁、安全、可再生等优点。随着风机单机容量的增加和电站建设成本的下降，风力田建设投资已降至每千瓦1000美元，低于核电投资且建设时间可少于一年，其成本与煤电成本接近。最新的数据显示，美国风能电价已经降到每度电3~5美分。[208] 而早在1991年，美国风力公司研制出一种大功率、可变速风车，这种风车的叶片长16.4米，发电功率可达300千瓦。更为重要的是，这种风车的变速涡轮有一个新设计的转换器，它可使转子和发电机随着强风加快转速，同时还能使电力输出保持在60赫兹的频率上。据估计，使用这种涡轮每千瓦电的成本仅为5美分，因而这种风车用于风力发电可与其他能源相媲美。[209] 根据对国际风电领域专家的访谈综合评估，到2020年陆上风电成本与 2015 年相比可以继续下降 10%，到 2030 年可下降 24%，到 2050 年可下降 35%。相比之下，海上风电成本的下降空间更大。与 2015 年相比，海上风电（固定式）成本到 2020 年可下降 10%，到 2030 年可下降 30%，到 2050 年可下降 41%；而海上风电（浮式）成本到 2030 年可下降 25%，到 2050 年可下降 38%。[210]

有机构研究认为，风电、光伏能否最终取代煤电、天然气发电取决于两个关键节点，或者说临界点。第一个临界点是，在没有补贴的情况下，新建风电、光伏电站发电成本可与新建煤电、天然气电站竞争。在目前的市场条件下，在很多国家已经接近这一临界点。在德国，新建陆上风电的发电成本已经低于煤电、天然气发电；在中国，目前煤电成本在各类电源中依然是最低的，但是预计 2019 年陆上风电成本将低于煤电、2021 年光伏成本也将低于煤电；在美国，天然气发电是各类电源中成本最低的，但预计 2022—2023 年风电、光伏成本均将低于天然气发电；在印度，预计 2020 年起新建光伏将在全国范围内低于煤电。第二个临界点是，新建的风电、光伏电站的发电成本低于现有煤电、天然气电站的运行成本。这个临界点将比人们想象的更快到来。在中国，预计 2030 年光伏成本将低于已有的煤电运行成本；在美国，光伏成本将从 2027 年起低于已有天然气发电厂的运行成本；在德国，陆上风电、光伏成本将在 2027—2030 年之间低于煤电、天然气发电厂的运行成本。根据彭博新能源财经的预测：2040 年太阳能光伏将成为主导能源之一，占全球发电总装机的 32%；风电占比为 14%、水电占比为 12%、煤电占比为 14%、天然气占比为 13%、核电占比为 3%。[211]

（3）资源丰富的天然气水合物或将成为未来世界可资利用的主要能源来源

天然气水合物，或称为“可燃冰”，被誉为21世纪最有希望的战略资源，为世界各国争相研究、勘探。可燃冰是20世纪科学考察中发现的一种新的矿产资源，是一种新型高效能源，比人们平时所使用的天然气更为纯净，开采时只需将其升温减压就可释放出大量的甲烷气体。

据测算，全球甲烷水合物的资源量为2.1×10^{16}立方米，是常规天然气的50倍。在同等条件下，可燃冰燃烧产生的能量比煤、石油、天然气要多出10倍，1立方米的可燃冰分解后可释放出164立方米的天然气，每立方米的可燃冰燃烧产生的能量是等量常规天然气的1.43倍。早在19世纪30年代，可燃冰即进入了人类视野。1965年，苏联科学家首次在西西伯利亚永久冻土带发现可燃冰矿藏，并引起了多国科学家的关注。率先开始勘测研究的是日本，其已拥有7口钻井，属于国际领先水平。美国则从2000年起将可燃冰作为政府项目，与各大学和私营公司合作，进行勘测和实地研究。据称，到目前为止美国政府在可燃冰项目上已花费超过1 500万美元。另外，加拿大、印度、韩国、挪威等国也纷纷开始投入勘探项目。2002年，中国同时启动海域和陆域可燃冰的研究和勘探。2007年，在南海发现了可燃冰，储量约为185亿吨油当量。[212] 2013年，日本在南海海槽开展了海上试采，但因出砂等技术问题失败。2017年4月，日本在同一海域第二次试采，5月15日再次因出砂问题中止产气。2017年5月12日，美国宣布，正在墨西哥湾开展可燃冰开采研究。

2017年5月18日，中国宣布试采可燃冰成功，成为世界首个海域可燃冰试采获得连续稳定气流的国家。[213] 2017年7月29日，南海神狐海域可燃冰试采工程全面完成了海上作业，共在这一区域实施作业达 137 天，连续试气点火 60 天，累计产气 30.9 万立方米，平均日产 5 151 立方米，甲烷含量最高达 99.5%，获取科学试验数据 647 万组，我国首次海域天然气水合物试采圆满结束。[214] 预计在 2030 年左右，中国有望实现可燃冰的商业化开采。

可燃冰在世界范围内分布广泛，资源量大，全球储量是现有天然气、石油储量的两倍，被认为是 21 世纪能够解决人类能源危机的最具开发前景的新型能源。有科学家估计，海底可燃冰的储量够人类使用 1 000 年。有预测显示，全球天然气水合物资源量相当于 21 万亿吨油当量。这种新型能源一旦得到开采，将使人类的燃料使用史延长几个世纪。

（4）21 世纪后半期人类有可能进入氢能源时代

2006 年 11 月 13 日，国际氢能界的主要科学家联名向八国集团领导人以及联合国相关部门负责人提交了《百年备忘录》，指出："21 世纪初叶人类正面临的两大危机：一是人为因素导致的气候变化是真实存在的，至 21 世纪末，气温的升高将会呈现一个相当大的幅度，并将会给人类、动物、植物以及人类文化遗产带来灾难性的后果；二是传统化石能源或核能源燃料被少数几个国家寡头垄断的情况正不断加剧，这不利于大多数国家利用能源。解决上述问题的方案不少，但是氢能为最优方案，它将为人类提供足够的清洁能源。"[215] 具体氢能源的利用途径，参见图 14–20。

氢是地球上最丰富的元素之一，是宇宙中分布最广泛的物质，约占宇宙质量的 75%，地球上的氢主要以化合态形式存在。氢能是通过氢气和氧气反应所产生的能量，氢气必须从水、化石燃料等含氢物质中制得，是二次能源。氢能具有以下优点：燃烧热值高，每千克氢燃烧后的热量，约为汽油的 3 倍，酒精的 3.9 倍，焦炭的 4.5

倍；燃烧的产物是水，是世界上最干净的能源；资源丰富，氢气可以由水制取，而水是地球上最为丰富的资源。氢能具有清洁、高效等特点，被视为21世纪最具发展潜力的清洁能源，是人类的战略能源发展方向。

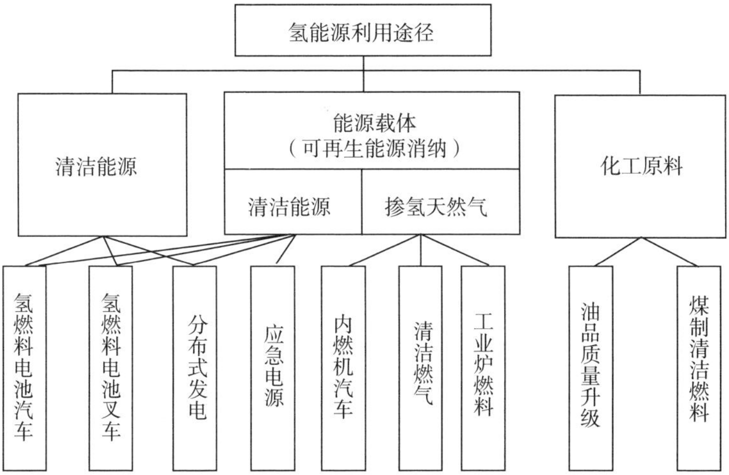

图14–20　氢能源利用途径图示

资料来源：赵永志、蒙波等.全球氢能源利用现状分析.能源情报，2015年9月.

大约在250年前人们就发现了氢。约150年前，氢就获得了工业应用。20世纪70年代以来，世界上许多国家和地区就广泛开展了氢能研究。早在1970年，美国通用汽车公司的技术研究中心就提出了“氢经济”的概念。1976年，美国斯坦福研究院就开展了氢经济的可行性研究。进入20世纪90年代以来，持久的城市空气污染、对较低或零废气排放的交通工具的需求、减少对外国石油进口的需要、二氧化碳排放和全球气候变化、储存可再生电能供应的需求等多种因素，使世界范围的氢能研究加速开展。

1991年7月，美国研制的以氢气为动力的汽车结束了路试工作，路试结果说明，以氢气为动力的汽车与以汽油为动力的汽车相比有两个方面的优点：一是这种汽车可将氢能的60%~80%转变成驱动能，普通发动机汽车的汽油转化率只有25%~30%；二是成本低，这种汽车每英里行走成本不到1便士，而普通汽油汽车的每英里行走成本为35便士。[216] 在1994年，克林顿政府实施“新一代汽车合作计划”，耗资15亿美元，开发3倍于当时燃料效益的新一代先进轿车。布什政府提出“自由轿车”项目以及“自由燃料”计划（氢计划），总共耗资17亿美元，从事氢能燃料电池、氢能基础建设与尖端车辆科技的发展。美国政府在相关政策上积极鼓励新能源汽车，对购买每辆零排放汽车补贴4 000美元，并要求到2006—2007年联邦机构新购车辆应有5%为氢燃料电池车，以后还将提高到20%。“自由燃料”计划重点是转向燃料电池汽车，并要在2010年让该类汽车在市场上占到25%的份额，在2020年广泛推广实用性的氢燃料电池车。美国政府坚信，到2015—2020年，燃料电池电动汽车和氢燃料的加注基础设施，将一切准备就绪。[217] 英国贸工部也于1991年7月宣布支持一个为期5年、投资1 100万英镑的项目，以开发氢气动力汽车。英国氢气动力汽车的燃料氢气是在车体内由甲基环乙烷发生反应获得，所获得的氢气为传统的发动机提供动力。[218] 其他各国也在努力，希望在燃料电池方面能争得一席之位。加拿大政府投入2.15亿加元进行“氢能早期采用者计划”，用于开发新观念，包括氢能高速公路的建设；“加拿大运输燃料电池联盟”由政府出资2 300万加元展示燃料电池车；此外，还有“加拿大燃料电池氢能社区伙伴”、“温哥华燃料电池专案”以及“复合燃料电池运输公共项目”等项目。冰岛早在1999年就提出到2030年将率先建成氢经济，首先更换首都雷克雅未克的全部公交车，并使全部机动车和渔船使用氢燃料电池。[219]

在氢能利用方面，日本走在了前列，不仅积累了大量的技术，而且开始建立普及的基础，将氢能利用作为国策。1978年，由于受石油危机的冲击，通商产业省工业技术院制订了《月光计划》（1978—1993年），到1992年投入了1 400亿日元，以氢为燃料的燃料电池开发是其中的重要组成部分。1982年，东芝公司在滨川崎工厂建设了50千瓦的燃料电池实验设备，在日本首次实现了发电。1991年，东京电力公司五井火力发电站建设了11兆瓦的发电设备，开始进行实证实验。1991年年底，日本马自达公司推出了以旋转发动机为主体的氢气动力车。[220] 2013年6月，日本政府发表《日本再兴战略——JAPAN is BACK》，表示从2015年开始要大力推广燃料电池车并实现全球最快普及，2030年家庭用燃料电池要达到530万台，占日本全部家庭数的约10%，同时大力支援建设供应氢的基础设施，在2015年将燃料电池车投入市场，普及速度要达到全球第一。新能源和产业技术综合开发机构于2014年7月30日公布了《氢能源白皮书》，介绍了氢作为能源利用的意义，建设氢社会的政策动向，制造、运输、储存、利用等的技术发展以及现在的课题和今后的方向等。白皮书预测2030年日本国内氢能源将达到1万亿日元的市场规模，2050年将达到8万亿日元的市场规模。[221] 近年来，日本在氢燃料电池技术方面取得了很大的进展，成本已经下降到每千瓦1 000美元左右，经济可行性日渐显现。目前，日本已建成加氢站100多座，安装家庭氢气热电联供系统20万台，并计划在2020年东京奥运会之前投放以氢为动力的6 000辆公交车和5万辆家用轿车。[222]

2015年，全球氢能基础设施市场规模为2 750亿元，未来10年将迎来万亿级的市场。2017年年初，包括宝马集团、戴姆勒集团、本田汽车、现代汽车、丰田汽车5家全球知名车企在内的13家全球大公司在达沃斯发起倡议，成立了氢能委员会，加速对氢气和燃料电池领域的巨额投资，致力于该领域的发展和商业化运作，目前投资额约为每年14亿欧元。[223] 国际能源界预测，21世纪人类社会将告别化石能源，进入氢能经济时代。纵观世界能源发展战略，专家们认为，氢将在2050年前取代石油而成为主要能源，人类将进入完全的氢经济社会。[224]

（5）大量可再生能源和新能源的技术、概念不断涌现，未来世界能源消费有更加广泛的选择

美国提出利用新的地热能量的方法。1991年7月，设在新墨西哥州的洛斯阿拉莫斯美国国家实验室的研究人员提出不同于目前已经商业开发地下热的技术，并于同年11月在经过10年、花费达1.6亿美元的实验后，在新墨西哥的芬顿希尔建成了已成功运行的、利用热干岩的芬顿希尔系统。这些科学家认为，在世界广大地区，只要在地上钻一个洞，就能获得丰富且有益于环境的能源，而且如果能做到经济划算的话，其资源总量将比目前所使用的任何能源资源大几百倍，如美国地表下6.4千米范围内岩石储存的热量，就相当于3 000万亿桶原油，是我们一年使用能源总量的20万倍。只要用现有的钻探技术就可达到所需的钻井深度以利用地热能，而且只要付出每度电9~10美分的价格，这些热能就可使用。[225] 谷歌母公司Alphabet旗下负责“登月项目”的X部门于2017年6月6日宣布成立一家名为Dandelion的新公司，打算在用户家庭中安装廉价的地热系统，以达到调节温度的目的。地热系统使用了一种可再生能源，有着巨大的潜力。据2017年的全球市场洞察报告称，地热能源市场2016年的规模为340亿美元，预计到2024年时将增

至570亿美元。美国是全世界最大的地热能源消费国，大约相当于0.4%的电力能源，足以满足300万美国人的需求。[226]

澳大利亚科学家推出新型燃料电池，日本建成世界上最大的燃料电池发电设施。在20世纪90年代初，美国能源部就估计，未来10年对燃料电池的需求量可能激增至1万兆瓦，相当于美国目前电力输出的1.5%，能形成100亿美元的市场。1991年前后，世界上可生产的燃料电池共有4种：一是硫酸基电池，效率为36%，工作温度为204摄氏度；二是质子交换电池，效率为50%，工作温度为93摄氏度左右；三是碳酸盐溶液燃料电池，效率高达60%，工作温度为649摄氏度；四是固态氧化物电池，工作温度为982摄氏度。1991年12月，澳大利亚陶瓷燃料电池公司研制出一种新型燃料电池，这种燃料电池能比最好的常规燃气电站多生产30%的电力，而且它能给任何场合提供电力。此外，这种燃料电池还能产生约1 000摄氏度的高温，如果把这种热量用常规方式驱动一台涡轮机，整套系统可达到80%的效率。目前这种新型燃料电池的成本约为一座发电设施的20%~30%。[227] 1991年5月12日，日本东京电力公司宣布，该公司建成世界上最大的燃料电池发电设施，并一次试发电成功。该燃料电池为磷酸水冷式，输出功率为11 000千瓦，以天然气为燃料，发电率为41%，加上热的综合利用，能源的总转换率最大可达73%。这座燃料电池相当于一个小型水力发电站的发电量，可供4 000户用电。[228]

木材使用又受重视。1991年10月23日，英国能源部负责再生能源的大臣科林·莫伊尼汉宣布，英国政府认为木材即将成为重要的能源来源，为此英国政府将提供1 200万英镑用于开发木材资源，英国每年可以节省价值约7亿英镑的近700万吨石油。英国能源部计划将英格兰南部的5个林场作为种植燃料用的杨树、柳树和采用矮林作业法的小型试验场，到本世纪末能生产600万吨燃料。[229]在此之前，瑞典宣布到2000年，其木材生产的电力将占其所需全部电力的20%。欧共体也给农场主发放补贴以便将适于耕种的土地留出来种上可作为燃料的木材，到20世纪末欧洲可能有近100万公顷的可耕地将种上这种木材。[230]

早在1991年，苏联科学家提出了当时人类尚未提出的、甚至更未想到的两种新的能源方式，人类未来的能源来源选择又有了更大的范围。1991年8月，苏联技术科学博士A.库利科夫提出，结构复杂的硅酸盐（又称高模数硅酸盐）能成为传统有机燃料和核燃料的替代物。库利科夫估计，1公斤硅酸盐NaO · 3SiO能够释放850万千卡的热量，等于1 000吨的重油。硅酸盐的储量是无限的，每年生产的用途各异的硅酸盐大约为150万吨，每吨价格只有约60卢布，而且它能再生。1991年9月，苏联“信号旗”中央科学生产联合公司的一个科学家小组在经过20年的研究后提出，宇宙并不像人们以前所认为的那样是“空的”，而是充满构成宇宙大部分质量的电子波，现在借助专门的装置和仪器（在它们里面形成等离子体），就可以从电子海中取出能量。因此，这些科学家建议，逐步放弃原子能，不要再建更多的水电站和火电站，而转向使用电子能。[231]

当然，脑洞大开的绝不仅仅是苏联的科学家，最新的事例源于美国。美国能源部劳伦斯伯克利国家实验室的科学家，利用光合作用的力量把二氧化碳转化为燃料和乙醇，从而实现了从阳光直接获得燃料，这被称为迈向可持续燃料来源过程中一个重要的里程碑，“是一项激动人心的进展”。[232]而美国哥伦比亚大学的研究人员认为，利用水蒸发，其原理好比让洗好的衣服变干并为云提供雨水的过程，可以通过美国现有的湖泊和水库产生 325 千兆瓦的电力，大约相当于 2015 年美国发电量的 70%。[233]

以上，我们仅举太阳能、风能、天然气水合物、氢能等有代表性的可再生能源和新能源，分析了它们目前的应用现状，讨论了未来的发展趋势。事实上，在可再生能源和新能源的研究利用上，还有大量的领域和类型我们没有涉及，如用细菌制造的生物燃料[234]、电动汽车、地源热泵、海洋能、磁流体发电等，这些可再生能源和新能源部分已经进入了大规模使用和部分实用化阶段，未来可能会取得更大的发展。有机构预测认为，到 2020 年可再生新能源将成为最廉价的能源。其中，太阳能电池板的价格在 2016—2017 年之间下跌了 50%；在风能发电条件有利的国家，风电相关的成本将只有燃煤或燃气火电站的 1/2~1/3；澳大利亚到 2020 年可再生能源将能提供 28% 的电网电力。[235]

3. 长时间周期世界能源消费和生产形式可能变化的三大趋势

从长时间周期看，或是与“第四次工业革命”相一致的，未来世界消费的能源形式一定是低碳、清洁的能源，从生产端来说世界生产的能源一定是可再生的、非化石化的能源资源。由此，未来世界能源消费和生产可能存在以下三大变化趋势。

第一，太阳能和风能是世界可再生能源和新能源发展的主攻方向。一方面经过多年的发展，技术成熟，同时具有较强的经济性和市场竞争能力；另一方面，这两种能源拥有充足的资源，世界各地都可因地制宜广泛使用。正是具有以上两个最主要的特点，在目前世界已经使用的可再生能源中，太阳能和风能已成为主力能源来源。从未来趋势看，太阳能技术尤其是太阳能电池技术，将是未来多年世界各国开发新能源的重点，如美国和日本等已将太阳能确定为今后新能源开发的重点。可以预见的是，21 世纪中叶左右太阳能和风能将成为化石燃料强有力的竞争者。

发展核能是当前和未来世界能源利用不可改变的方向，寻找更安全、更先进和更经济的反应堆是当今世界各国核能研究的主攻方向，其中受控核聚变也是各国竞相大力研究的重点。虽然从世界能源消费总量所占的比重看，核能未来不会占太大的份额，但是由于核能具有明显优于其他能源特别是传统化石能源的特点，各国为此投入了巨大的人力和物力，所以 50 多年来世界核能技术取得了长足的进步。核聚变更是未来人类解决能源问题的终极方向。在继 1991 年 11 月 9 日的核聚变反应取得初步成功后，欧洲科学家计划建造一个造价为 28 亿英镑、比现有的欧洲联合环形聚变装置反应堆大一倍半的新反应堆，以便对核聚变做进一步的研究。与此同时，在世界各国的共同努力下，“国际热核实验反应堆”正按计划不断取得进展。因此，有专家乐观地估计，2040 年核聚变就可进行商业性发电。[236] 与核能尤其是受控核聚变类似的是，目前世界各国正在大力开展的氢能研究和应用，这一领域如能按设想取得进展，它将成为与受控核聚变并驾齐驱的两种解决人类能源问题的终极方案。

随着人类科学技术的不断进步，新概念的可再生能源使用方式和新概念的新能源不断涌现，虽然目前它们大部分尚处于概念性阶段，或刚开始实施，但是其未来的发展势头不容忽视。我们目前所谈的新能源，是相对于石油、煤炭等传统能源而言的，这些传统能源虽对人类的文展发明做出过巨大的贡献，但从资源的储量来说它们是有限的，不可再生的，而且这些能源在使用过程中对地球的生态环境造成巨大的破坏，正是这一原因促使我们使用现有的知识去寻找和利用新能源。因而可以说，随着人类科学技术水平的不断提高，我们一定会发现和利用大量目前尚不了解的新的能源来源，未来人类社会不会为能源所困。

（五）2030—2050 年世界将迎来全新的能源消费和生产形式

经过自 20 世纪 70 年代以来近 50 年的努力，当今世界已拥有多种实用化并具有一定市场竞争力的可再生能源和新能源技术，可再生能源和新能源已占目前世界能源消费一定的比例。在国际社会的共同努力下，可再生能源和新能源使用会有更大的发展，未来世界会迎来全新的能源消费和生产形式。

1. 2016 年世界能源消费中煤炭快速下降，可再生能源迅速增长

2016 年，世界能源消费总量为 132.763 亿吨标准油，与 2015 年相比增长了 1%，是连续三年能源消费增长等于或小于 1%，低于过去 10 年平均增长 1.8% 的速度。2016 年，世界的煤炭消费减少了 5 300 万吨油当量，较 2015 年下降了 1.7%，是连续第二年下滑，在世界一次能源消费中的比重降至 28.1%，为 2004 年以来的最低水平；而可再生能源（包括生物燃料）增长了 12%，为 5 500 万吨油当量，成为增长最快的能源。[237] 2016 年世界能源消费的构成，参见表 14–9。

图 14–21 所示为 1966—2016 年的 50 年间，世界能源消费构成的变化，从中可以非常明显地看出，这 50 年间石油和煤炭在世界一次能源消费中所占的比重在不断地下降，而天然气和可再生能源所占的比重在不断地上升。

表 14–9　2016 年世界能源消费总量及其构成

能源来源	数量（百万吨标准油）	百分比（%）
消费总量	13 276.3	100
石油	4 418.2	33.28
天然气	3 204.1	24.13
煤炭	3 732.0	28.11
核电	592.1	4.46
水电	910.3	6.86
可再生能源	419.6	3.16

资料来源：*BP Statistical Review of World Energy June 2017.*

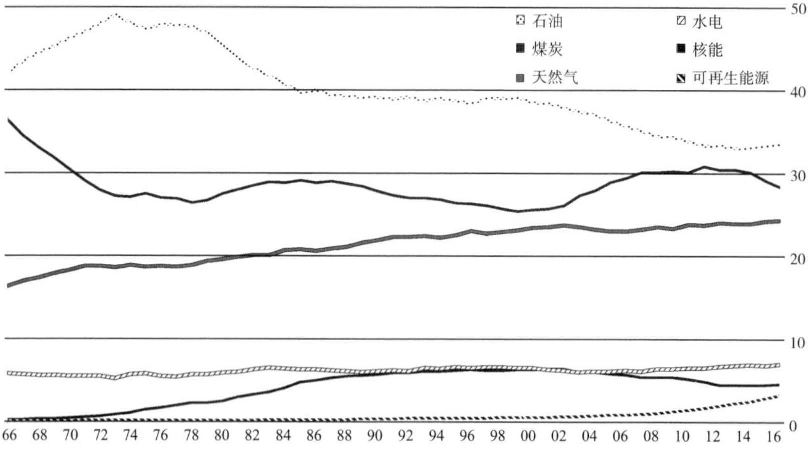

图 14–21　1966—2016 年世界能源消费构成的变动

资料来源：*BP Statistical Review of World Energy June 2017.*

2. 世界各国和企业都在积极采取措施大力发展可再生能源和新能源

经过多年的持续努力，目前世界可再生能源和新能源的使用现状远远好于表 14–9 和图 14–21 中的枯燥数字所能说明的。这里，我们仅举几个在可再生能源使用方面取得重大进展的国家和企业，以说明目前世界可再生能源使用的现状。2016 年 8 月 7 日，这一天苏格兰历史上首次靠风电满足了全部能源需求，当天苏格兰风力发电总量达到全国每日用电量的 106%。同时，苏格兰一些岛屿居民已经学会了不烧烃类燃料过日子，如苏格兰埃格岛人就只靠风力、太阳能和潮汐能发电来满足需求。[238] 更具有重大新闻效果的是，2017 年 6 月 17—23 日，中国青海省连续 7 天使用光伏、风电和水电为全省供电，这是中国首次在省级区域范围内实现较长时间的 100%清洁能源供电。据青海省电力公司说，在此期间共用电 11 亿千瓦时，如果用煤电的话需要烧掉 53.5 万吨煤——这相当于一座中型矿井一年的产能。[239]

目前，世界上很多国家都在积极推动购买绿色电力的行动。购买绿色电力的方法主要有 4 种。第一种是购买可再生能源证书（RECs），这是一种可再生能源发电的认证体系，可以从市场上购买，相应地也可以增加项目业主每兆瓦时的额外收益。第二种方式是与公用事业公司达成绿色供给协议。签订协议的公司可以购买由化石能源、核能或可再生能源所发电量，但需向其持有“环境保护导向”的客户承诺这些电量均需用作绿色交通工具等“绿色”用途。第三种方式是公司自行购买可再生能源发电设备。最通常的做法是在仓库屋顶或工厂厂房旁的空地来安装太阳能板阵列；或者是根据公司主营业务范围内产生的废料来就地建设生物质发电厂，或根据地理条件建造风电机组。第四种方式就是购电协议（PPAs）。电力公司的PPAs非常炙手可热，该协议是指大型公司以固定价格和固定期限与新建风电场或太阳能发电厂签订电力购买协议。从购买方公司可持续发展战略的角度出发，公司购买可再生能源可以更好地适应公司的可持续发展，或基于以特定协议电价来抵御未来电价成本的通货膨胀，且PPAs可以提供安全可靠的电力供应。对于风电和太阳能开发商，PPAs可以有力保障电力的输出量，确保资金来源以保障可再生能源长足发展，为可再生能源开发商提供确定且十分有必要的收入来源。过去10年，在美国太阳能的PPAs协议新签订量保持在平均每年500兆瓦的水平，尤其在2015年达到了5 300兆瓦的峰值。目前，PPAs协议的签订量，在欧洲、中东、非洲以及亚太地区保持纪录值。

2017年7月1日，中国绿色电力证书自愿认购启动仪式在北京举行。绿色电力证书也被称为“绿证”，是一种记录特定的1 000千瓦时上网电量来自哪个新能源风电场或者光伏电站的电子凭证。一般认为，“绿证”制度建立了全新的新能源消费方式，能够有效推动中国能源结构的可持续发展。[240] 世界上众多的大型公司纷纷表示支持能源的可持续发展，全球市值排名前10的特大型公司中的7家，在特定日期会选择可再生能源提供的电力供应，来完成公司的可再生能源利用目标。其中，微软公司通过购买可再生能源证书的方式，目前已达到100%由可再生能源供电。苹果公司数据中心100%的用电，以及全球所有设施96%的用电，均来自太阳能、水能和风能发电，苹果表示致力于帮助供应商在2020年前实现4千兆瓦的可再生能源项目。谷歌公司希望通过PPAs模式在2017年年底前完成100%可再生能源供电的目标。2017年7月8日，谷歌与荷兰能源提供商Eneco日前达成协议，未来10年，谷歌将购买Eneco最大的太阳能发电厂的全部电力，为其埃姆斯哈文（Eemshaven）数据中心提供电力支持。埃姆斯哈文数据中心是谷歌在2016年投资约6亿欧元兴建而成，拥有数千台服务器，是谷歌在欧洲地区的四大运营中心之一。[241] 有关机构预测，2025年，美国会有50个社会团体组织签订 17 000 兆瓦公用范围内的风电和太阳能发电 PPAs 协议，同时还会有约 81 000 兆瓦的可再生能源 PPAs 协议被签订。[242] 因此，研究界和有关组织认为，基于PPAs合作模式，大量的风电和太阳能发电能力的建设犹如旭日东升般具有无限潜力和前景。

除消费者积极支持可再生能源外，世界各国的生产者也在向可再生能源领域巨额投入。以中国国家电力投资集团公司为例，截至 2016 年年底，该公司共拥有电力总装机容量 1.17 亿千瓦，其中火电装机 7 146 万千瓦，清洁能源装机 5 000 万千瓦，清洁能源在总装机占比为 42.9%。新能源总装机 1 910 万千瓦，2016 年建成酒泉、共和、格尔木、哈密、盐城等大型新能源基地。在截至 2016 年年底的新能源总装机中，风电装机 1 198.22 万千瓦，光伏装机 711.84 万千瓦，光伏装机规模稳居世界第一。[243] 目前，很多石油公司正在将资本投资从石油上游转移到可再生能源领域。伍德麦肯兹的一份报告预测，风能和太阳能正成为越来越重要的战略增长主题，石油巨头在规划 2035 年及以后的发展时无法忽视，资本将越来越多地从上游转移到风能和太阳能领域，如果石油巨头想要占据可再生能源市场 12% 的份额，预计到 2035 年，对风能和太阳能的资本支出将达 3 500 亿美元。到 2030 年以后，可再生能源可能占最活跃的投资者总资本的 1/5 以上。伍德麦肯兹认为，各个企业当前只是开始在巨变之前撒下种子。[244]

3. 可再生能源和新能源的使用已超预期，未来会有更大的增长

正是在消费者和生产者的积极行动下，过去几年，世界可再生能源和新能源的发展大大快于有关政府的规划和预测。以世界能源消费大国美国为例，美国能源信息署在 2012 年的年度能源展望报告中预测，2035 年美国的风电装机将达到 70 吉瓦、太阳能装

机达到24吉瓦。但是，事实上仅5年以后，2017年第1季度美国风电累计装机已经达到84.59吉瓦、大型地面光伏装机（不计家庭屋顶光伏）已达25.84吉瓦。在这份报告中，该机构还预测，2025年美国可再生能源发电占总发电量的比例可望达到15%（2010年为10%），非水可再生能源发电的比例到2035年可望达到9%（2010年为4%）。而2017年第1季度美国可再生能源发电已经占到总发电量的19.35%，非水可再生能源发电比例已经达到10.68%，均已远远超过其对2025年和2035年的预测值。[245]

正是在这几年能源消费结构的迅速变化下，世界上一些传统的能源生产大国的能源生产也在发生着巨大的变化。2004年4月23日，法国关闭最后一座煤矿，欧洲煤炭大国法国280多年的采煤史落下了帷幕。[246] 2015年12月18日，英国关闭了位于约克郡的最后一个深层煤矿——凯灵利煤矿，意味着始于300年前工业革命的光辉历史将彻底结束，煤炭产业彻底告别历史舞台，标志着“一个时代的终结”。[247] 更为重要的是，英国政府还决定，到2025年将关闭所有燃煤电厂，这意味着英国这一主要经济体届时将与煤炭告别，彻底转入“后煤炭经济”。[248] 目前，煤电是德国电力稳定供应的重要保障，该国发电量的40%为煤电，25%来自包括风电和光电在内的可再生能源。德国政府计划，在2016年中期至2050年间，逐步摆脱化石燃料，2030年在能源领域二氧化碳的排放量必须较2014年减少50%，2030年绿色可再生能源要占全国发电量的75%，2050年前德国将停止全部燃煤发电站的运行，实现较1990年二氧化碳排放量减少95%的目标。[249] 2017年上半年，德国总体经济的15.2%源于可再生能源，其中可再生能源发电比例达到了创纪录的35%。[250] 法国政府宣布，在2022年终止燃煤发电，2040年不再出售柴油和汽油轿车；2017 年 10 月 4 日法国国民议会通过法案不再发放新的石油开采勘探许可，现有的开发经营许可到 2040 年后不能再续；2050 年之前全国的能源消耗量减半；在清洁能源方面，可再生能源占法国能源消费的比例将提升至 32%，到 2022 年将风能、太阳能装机翻番，分别达 12 吉瓦和 7 吉瓦，从而使法国成为碳中和国家和第一绿色经济体。[251]

目前，欧洲计划禁用燃油汽车已经成为趋势，具体参见表 14–10。这些国家中，有的不仅是石油生产和出口国，还有很多国际大石油公司也是这些国家的企业。2017 年 9 月初，中国政府也宣布，启动研究停止生产和销售汽油车和柴油车的时间表，目前中国是世界最大的汽车销售市场；9 月 27 日，中国工业和信息化部会同财政部、商务部、海关总署、质检总局，颁布《乘用车企业平均燃料消耗量与新能源汽车积分并行管理办法》，自 2018 年 4 月 1 日起施行，以促进节能与新能源汽车产业发展。[252]

表 14–10 欧洲国家禁售燃油车时间表

国家	时间
英国	2040 年
法国	2040 年
德国	2030 年
瑞士	2030 年
荷兰	2025 年
挪威	2025 年
瑞典	2050 年
比利时	2030 年

资料来源：子竹. 欧洲八国计划禁售汽油、柴油车，人类这是要淘汰石油的节奏？石油 Link, 2017 年 8 月 4 日.

近年来，世界可再生能源的投资不断增加。根据21世纪可再生能源政策网络（REN21）的有关资料，从2004年开始的12年间，可再生能源的投资增长了4.4倍，2016年可再生电力和可再生燃料投资为2 416亿美元。[253]具体参见表14–11。在近年来的可再生能源利用中，可再生能源发电的份额增长较快，具体参见表14–12。

综合以上分析，在可以预见的将来，世界可再生能源和新能源将有较大的发展。表14–13列出了不同机构和组织对未来可再生能源在世界能源消费中所占比重的预测。虽然该表反映的不同机构和组织的预测值有较大的差异，但一致的是都看好可再生能源在未来世界能源消费中所占的比重将不断上升。

2017年7月9日，在评价世界可再生能源和清洁能源进展时，国际能源署署长法提赫·比罗尔表示，世界能源格局发生了一些重要变化，其中之一就是清洁能源技术变得更廉价了，越来越多的煤和其他化石燃料被取代。[254]2017年10月4日，国际能源署发布的《2017年可再生能源市场报告》指出，太阳能光伏发电在2016年首次成为增长最快的新能源，增加了50%，超越了煤炭发电能力的净增长量。2016年，全球可再生能源发电新增装机容量接近165吉瓦，约占全球新增发电能力的2/3。预计到2022年，全球可再生能源发电装机容量将增加约1 000吉瓦，增幅超过43%，达到8万亿千瓦时，相当于中国、印度和德国电量消费总和。[255]有机构预测，未来20年，风能的平均年增长率为6%，太阳能的平均增长率为11%，可再生能源在未来10年将能够在全球能源市场中占有更大的份额。[256]绿色和平组织的报告认为，最迟到2030年，作为可再生能源的风能及太阳能将成为G20所有成员国最廉价的发电形式。自2015年起，在一半的G20国家，可再生能源已经等同于或低于煤炭发电及

表 14–11　2004—2016 年世界可再生能源投资情况

年份	2004	2010	2011	2012	2013	2014	2015	2016
投资								
可再生电力和燃料新投资（亿美元）	450	2 270	2 790	2 440	2 494	2 700	2 859	2 416
电力								
可再生能源（不含水力发电）装机容量（吉瓦）	85	315	395	480	560	657	785	921
可再生能源（含水力发电）装机容量（吉瓦）	800	1 250	1 355	1 470	1 560	1 712	1 849	2 017
水力发电装机容量（吉瓦）	715	935	960	990	1 000	1 055	1 064	1 096
生物质发电装机容量（吉瓦）	< 36				88	93	106	112
生物质年发电量（太瓦小时）	227	313	335	350	405	433	464	504
地热装机容量（吉瓦）	8.9				12.0	12.8	13.2	13.5
光伏联网装机容量（吉瓦）	2.6	40	71	100	139	177	227	303
太阳能聚热发电装机容量（吉瓦）	0.4	1.1	1.6	2.5	3.4	4.4	4.8	4.8
风电场装机容量（吉瓦）	48	198	238	283	318	370	433	487
供热								
太阳能热水器安装量（吉瓦兆卡）	86	242	285	330	374	409	435	456
运输燃料								
燃料乙醇产量（亿升）	285	850	842	831	872	940	983	986
生物柴油产量（亿升）	24	185	224	225	263	297	301	308

资料来源：*Renewables Global Status Report*，2005—2017 年。转引自：庞名立. 全面解读REN21《2017 全球可再生能源现状报告》！无所不能网，2017 年 7 月 23 日.

表 14–12　2009—2016 年世界电力生产结构情况

<table>
<tr><th>年份</th><th colspan="2">2009</th><th colspan="2">2010</th><th>2011</th><th>2012</th><th>2013</th><th>2014</th><th>2015</th><th>2016</th></tr>
<tr><td>世界发电总量（太瓦小时）</td><td colspan="2">20 261.4</td><td colspan="2">21 561.7</td><td>22 242.4</td><td>22 797.3</td><td>23 402.9</td><td>23 844.0</td><td>24 215.5</td><td>24 816.4</td></tr>
<tr><td>化石燃料（%）</td><td>69</td><td rowspan="2">82.0</td><td>67.6</td><td rowspan="2">80.6</td><td rowspan="2">79.7</td><td rowspan="2">78.3</td><td rowspan="2">77.9</td><td rowspan="2">77.2</td><td rowspan="2">76.3</td><td rowspan="2">75.5</td></tr>
<tr><td>核能（%）</td><td>13</td><td>13.0</td></tr>
<tr><td>可再生能源发电（%）</td><td colspan="2">18.0</td><td colspan="2">19.4</td><td>20.3</td><td>21.7</td><td>22.1</td><td>22.8</td><td>23.7</td><td>24.5</td></tr>
<tr><td>水力发电（%）</td><td colspan="2">15.0</td><td colspan="2">16.1</td><td>15.3</td><td>16.5</td><td>16.4</td><td>16.6</td><td>16.6</td><td>16.6</td></tr>
<tr><td>风电场（%）</td><td colspan="2" rowspan="6">3.0</td><td colspan="2" rowspan="6">3.3</td><td rowspan="6">5.0</td><td rowspan="6">5.2</td><td>2.9</td><td>3.1</td><td>3.6</td><td>4.0</td></tr>
<tr><td>生物质发电（%）</td><td>1.8</td><td>1.8</td><td>2.0</td><td>2.0</td></tr>
<tr><td>光伏发电（%）</td><td>0.7</td><td>0.9</td><td>1.2</td><td>1.5</td></tr>
<tr><td>地热发电（%）</td><td rowspan="3">0.4</td><td rowspan="3">0.4</td><td rowspan="3">0.4</td><td rowspan="3">0.4</td></tr>
<tr><td>聚热发电（%）</td></tr>
<tr><td>海洋能发电（%）</td></tr>
</table>

资料来源：*Renewables Global Status Report*，2005—2017 年。转引自：庞名立. 全面解读REN21《2017 全球可再生能源现状报告》！无所不能网，2017 年 7 月 23 日.

核电厂的发电价格。2015 年，在欧洲大部分地区、南美洲、美国、中国和澳大利亚，风电场已是最廉价的发电形式。由于技术飞速进步、价格不断下降，2030 年在许多G20 国家，太阳能将比风电更便宜。联合国的数据表明，2016 年可再生能源投资是常规电厂投资的 2 倍，约 55%的新增发电容量是基于可再生能源。[257]

表 14–13 不同机构和组织对未来可再生能源的预测

	远景预测	代表组织
保守预测	2035—2040 年的占比为 15%	英国石油公司、埃克森美孚等
温和预测	2035—2050 年的占比为 25%~40%	国际能源署、联合国气候变化专委会
激进预测	2050 年的占比为 50%~95%	绿色和平、世界自然基金会等环保组织

资料来源：德英法看向更上的能源，油气煤是否走向末路？搜狐财经，2016 年 2 月 24 日.

正因如此，很多世界石油天然气行业内人士比较悲观，认为石油业衰败的速度可能远超预期，甚至比煤炭行业衰落的速度还要快，2030 年或将结束石油时代。彭博新能源财经公布的《2017 年新能源展望》显示，全球风电和太阳能成本将加速下降。目前，光伏发电的平准化成本约为 2009 年的 1/4。到 2021 年，中国、印度、墨西哥、英国和巴西的太阳能价格，就将低于煤电。太阳能发电成本将在 2040 年前进一步下降 66%，海上风力发电成本将在 2040 年前大幅下降 71%，陆上风电成本也将在过去 8 年下降 30%的基础上进一步降低 47%。可再生能源将在 2030 年前实现比大多数化石能源电厂更低的运营成本。目前，风电和太阳能分别占全球装机容量的约 12%和 5%。到 2040 年，太阳能装机容量将比目前跃增 14 倍，风电装机容量则将增加 4 倍，风电和太阳能将占全球装机总容量的 48%及发电量的 34%。2017—2040 年，预计全球新增发电投资总额

10.2 万亿美元，新增可再生能源的投资总额 7.4 万亿美元，占新增发电总投资额的 72%，其中太阳能的投资将占 2.8 万亿美元，风电投资占 3.3 万亿美元。[258] 据专家估计，如果实施强化可再生能源的发展战略，到 22 世纪中叶，可再生能源可占世界电力市场的 3/5、燃料市场的 2/5。[259] 美国斯坦福大学一个研究小组绘制的全球绿色能源“路线图”更是乐观地认为，到 2050 年，全世界超过 70% 的国家，包括英国、美国、中国和其他大经济体，能够完全依靠风能、水能和太阳能，实现零排放，而且基本上没有成本。[260] 因此，专家们普遍认为，如果说 20 世纪是石油世纪的话，那么 21 世纪则是可再生能源、太阳能的世纪。

即使人类真的能在 2050 年或 21 世纪后期由石油世纪转变为可再生能源、太阳能的世纪，在漫长的人类历史长河中，从能源的使用方式上看，也将是非常初级或非常原始的状态。1960 年，美国物理学家兼数学家弗里曼 · 戴森提出，每个人类技术文明对能源的需求是恒定地增长着，地球这样的行星，本身蕴藏的能源是非常有限的，远远不足以支撑其上的文明发展到高级阶段，而一个恒星—行星系统中，绝大部分能源——来自恒星的辐射——都被浪费掉了，目前我们太阳系各行星只接收了太阳辐射能量的大约 $1/10^9$。如果人类文明能够延续足够长的时间，那必然有一天其能源需求会膨胀到要利用太阳的全部能源输出。因此，戴森认为，一个高度发达的文明，必然有能力将太阳用一个巨大的球状结构包围起来，使得太阳的大部分辐射能量被截获，只有这样才可以长期支持这个文明，使其发展到足够的高度。为此，弗里曼 · 戴森提出了一种理论，即所谓的“戴森球”。1964 年，苏联天文学家尼古拉 · 卡尔达舍夫更进一步提出：人类文明的技术进步与其国民可控制的能源总量息息相关。卡尔达舍夫从低到高将银河系文明的发展分为三种类型：类型I，该文明是行星能源的主人，这意味着他们可以主宰整个世界能源的总和；类型II，该文明能够收集整个恒星系统的能源；类型III，该文明可以将银河系系统的能源为其所用。根据卡尔达舍夫的这一理论，目前现代人类基本上处于一个零水平的文明，人类的指数是0.73（每秒 2×10^{13} 瓦）。只有依靠科技的不断进步，预计在100年内，人类必须依赖核聚变以及空间太阳能能源，增加数千倍的现有产生能量才能够达到I型文明。因此，人类文明要想进入I型文明并达到更高类型的文明，必须在能源的获取和使用上取得长足的进步。在此，我们讨论“戴森球”和卡尔达舍夫等级这些带有科学幻想的理论和概念，只是想说明，人类社会的文明要想获得不断进步，人类必须在能源的获得和使用方式上不断取得革命性的进展，而且这些进展必须是持续不断的，到了某一阶段必须是突破性的飞跃且一定是革命性的。到目前为止人类社会和我们今天讨论的2050年世界的能源使用方式仅仅只是一个开始，某种程度上我们甚至可以说，人类的文明及其能源的获取和使用方式还仅处于非常原始的和初级的阶段。

第 15 章

石油与我国的经济、安全和外交

导 语

从 1978 年改革开放以来，我国的经济社会发展取得了巨大的成就，能源和石油天然气行业在支撑我国经济社会高速发展的同时，自身也取得了长足的进步，但存在着能源消费高度依赖传统化石燃料、石油天然气消费高度依赖进口和社会大众对能源普遍服务提出了更高的要求三个方面突出的问题。未来 30 年，是我国经济社会发展的关键时期，为实现“中国梦”和“两个一百年”的奋斗目标，为确保党的十九大提出的“决胜全面建成小康社会、全面建设社会主义现代化国家”宏伟目标的实现，能源和石油天然气行业要积极践行习近平总书记“四个革命一个合作”和“一带一路”倡议，通过大力推进市场化改革，构建清洁低碳、安全高效的能源体系，确保能源、石油天然气资源的稳定供应，解决能源安全问题，实现我国的能源独立，不断提升市场化服务水平和能力，切实解决好能源普遍服务难题。未来 30 年，我国必须进行能源革命，能源行业必须实现三级跳，即摆脱煤炭时代，跨越石油时代，进入可再生的能源多样化时代。就石油天然气行业来说，要更加科学地理解和处理舆论热点，集中力量更好地解决行业面临的难点问题。例如加速开放油气勘探开发利用领域，立足自身实现能源独立；采取有力措施，尽快调整目前石油产业链各环节不合理的利益关系；将成品油价格保持在较合理的水平，以利于建设节约型社会和减少对进口石油的依赖；与时俱进改变固有观念，通过全球能源治理打造人类命运共同体；客观冷静地分析我国石油安全形势；简化立法程序，尝试建立快速通道，解决能源和天然气行业急需的法律建设问题等。

一、我国能源和石油天然气行业的现状及特点

目前，我国是世界上第一大能源消费国和第二大能源生产国。经过与改革开放同期近40年的高速发展，能源产业一方面为我国经济的高速增长提供了源源不断的所需能源资源保证，另一方面也发展成为强大的产业集群和国民经济的重要组成部分。认真细致地分析，我们可以发现我国能源、石油天然气行业存在很多鲜明的特点，其所处和面临的外部环境还更加复杂。

（一）我国能源消费和生产的总体状况

作为能源消费和生产的世界性大国，可以从多方面归纳总结出我国的能源消费和生产的特点，因本研究的重点在于讨论和分析石油行业的情况，故在此仅简要地从消费和生产两个方面说明我国能源消费和生产的基本情况。

1. 我国能源消费的现状及其在世界能源消费格局中的地位

2009年，我国成为世界第一大能源消费国并一直保持了这一位置，当年一次能源消费总量为23.28亿吨标准油，而美国这一年的

能源消费总量为22.05亿吨标准油。从2009年开始，我国的能源消费总量持续增长，2011年突破25亿吨标准油，达26.90亿吨标准油。2015年突破30亿吨标准油，达30.06亿吨标准油。2016年，我国的一次能源消费总量为30.53亿吨标准油，占世界的比重为23%，比2015年增长了1.3%，而同年美国的一次能源消费总量为22.727亿吨标准油，占世界的比重为17%。[1] 国家统计局的统计数据是，初步核算，2016年，我国能源消费总量为43.6亿吨标准煤，比2015年增长1.4%。[2]

对于我国成为世界第一大能源消费国，在当时的国际社会不仅是重要的新闻，而且还成了一个话题，引起了从官方到民间较为广泛的争论，形成了所谓“中国是否是世界最大能源消费国之辩”和“中国为何不愿戴最大能源消费国帽子？”的讨论。[3] 2010年7月19日，美国《华尔街日报》发表文章，直截了当地称“中国成为世界最大能源消费国”，“中国已一举替代美国维持了一百多年的地位，成为全球最大的能源消费国”，并引用国际能源署的观点，认为“这象征着世界能源史一个新时代的到来”。[4] 2010年7月20日，法国《费加罗报》报道称，据英国《金融时报》援引国际能源署报告，中国已经在2009年超越美国，成为全球最大能源消费国。2009年，中国消费22.25亿吨石油当量的能源，来源包括煤炭、石油、核电、天然气和水电等，比美国高出大约4%。国际能源署认为，2000年，美国的能源消耗量是中国的2倍，而2009年中国的能源消费量已超过美国，中国能源消耗量增长超出预期。而对于该报道，当时的我国有关政府机构发言人称，国际能源署对中国能源消耗量的估计过高，可信力不强，该机构并不了解中国的实际情况。[5] 经查询当时的有关新闻报道，具体的情况是，2010年7月20

日，国家能源局召开上半年能源形势发布会时，国家能源局综合司负责人以答记者问的形式对这一结论做出了回应，认为国际能源署不了解中国具体情况，且相关数据与国家统计局不符。2010 年 8 月 11 日，国家能源局和国家统计局通过新华社发表书面声明指出，按照国际方法折算，2009 年中国能源消费为 30.66 亿吨标准煤，折合成标准油为 21.46 亿吨，人均消费能源为 1.61 吨标准油。而据美国能源信息署网站 2010 年 7 月末发布的数据，2009 年美国能源消费总量为 23.82 亿吨标准油。根据中美官方公布的数据，2009 年中国能源消费总量比美国少 2 亿多吨标准油，人均消费约为美国的 1/5。[6] 今天，我们再查询国家统计局官方网站中的“国家数据”栏目可以发现，2009 年我国一次能源消费总量为 33.612 6 亿吨标准煤，约折合 23.53 亿吨标准油，比 2010 年 8 月 11 日书面声明中的数字调高了 2.952 6 亿吨标准煤。[7] 这就是说，事隔 7 年之后我们再来讨论这一话题，虽然各方的有关数据都有微调，但客观地说国际能源署 2010 年 7 月的结论是正确的。当然，今天世界各国和我们自身都早已对此习以为常，已不会再对此进行更多的演绎和说明。

有关我国 2005—2016 年一次能源消费情况，参见图 15–1，这一期间我国一次能源消费的年均复合增长率为 5.3%。图 15–2 所示为 2005—2016 年，中国和美国一次能源消费总量的对比情况。从图 15–2 中可以看出，2009 年我国首次超越美国，成为世界第一大能源消费国，自此之后我国的一次能源消费总量一直持续增长并保持了世界第一大能源国的位置。从图 15–2 中还可以看出，从 2007 年之后，美国的一次能源消费就基本上保持在 22 亿吨油当量上下的水平，这说明在这十多年的时间里，美国的能源使用效率不断提高，基本上以几乎不变的能源消费总量支撑了经济的增长。

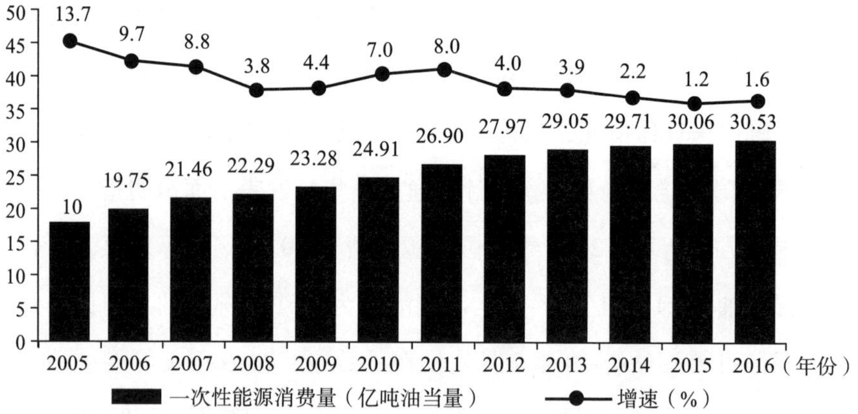

图 15–1　2005—2016 年中国一次能源消费情况

资料来源：*BP Statistical Review of World Energy June 2017.*

图 15–3 和图 15–4 所示为 1975 年和 2016 年世界主要经济体一次能源消费总量占世界的比重。对比这两张图可以看出，在这 41 年间，变化最大的是中国。1975 年，我国一次能源消费总量只占世界的 5.48%，到 2016 年占世界的 23%，超越美国位居世界第一位。历史上，与我国能源供应长期不足相一致的是，我国的人均能源消费曾处于世界最低的水平。如 1988 年，我国的人均一次能源消费量为 852 千克标准煤，相当于世界人均水平的 36.6%；其中人均石油消费量只有 144.8 千克，只相当于世界人均水平的 16.8%；人均天然气消费量只有 17.7 千克，仅是世界平均水平的 3.9%；人均电力消费量为 500 千瓦时，相当于世界平均水平的 24.2%。[8] 但是，到 2016 年这一情况已彻底改变。如以我国人口占世界人口比重 18.82% 计算，2016 年我国的人均能源消费已超过了世界平均水平。[9]

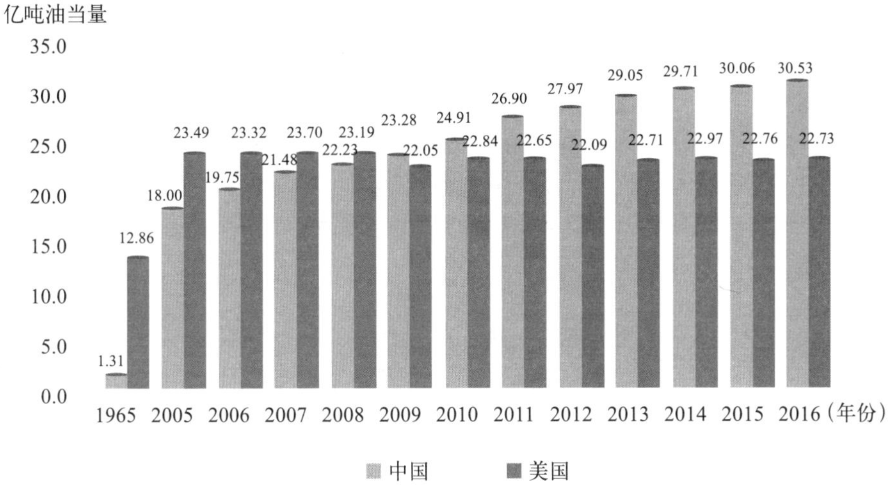

图 15–2 2005—2016 年中国和美国一次能源消费对比

资料来源：*BP Statistical Review of World Energy June 2017.*

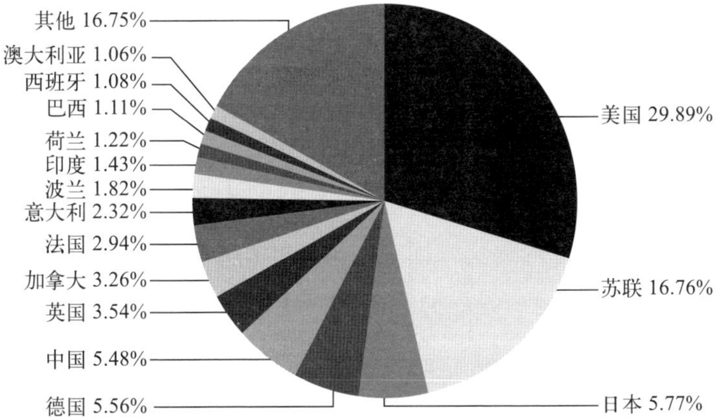

图 15–3 1975 年主要经济体一次能源消费占世界比重

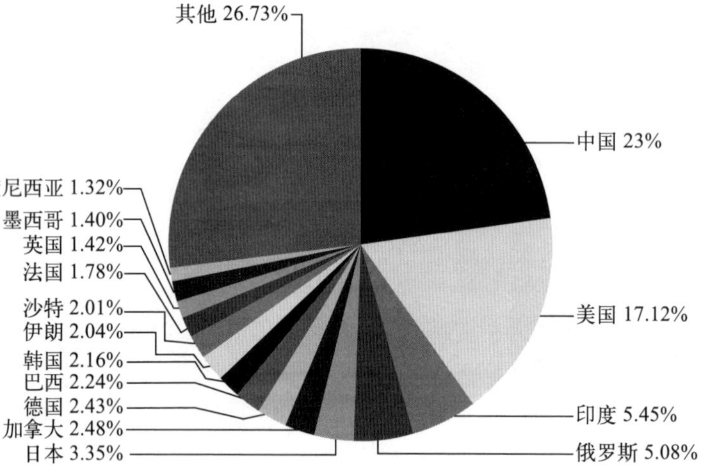

图 15–4　2016 年主要经济体一次能源消费占世界比重

资料来源：BP Statistical Review of World Energy June 2017.

2. 我国能源生产的基本情况和主要能源行业的现状

非常有意思的是，与完整的和非常容易获取的能源消费总量有关数据相比，关于我国能源生产的相关数据却不是很容易获得。例如，关于我国究竟是在哪一年成为世界第一大能源生产国的问题，就有不同的说法和数据。2009 年 9 月 25 日上午，时任国家发改委副主任、国家能源局局长张国宝在国新办发布会上表示，新中国成立 60 年以来，中国一次能源生产总量从 1949 年的 2 334 万吨标准煤，增长到 2008 年的 26 亿吨标准煤，增长了 110 倍，成为世界上第一大能源生产国。[10] 而据国家能源局网站的数据，我国是在成为世界第一大能源消费国两年后的 2011 年，成为世界第一大能源生产国的。[11] 但是，2013 年年初，国家能源局发布的有关数据又称，据初步统计，到 2012 年年底，我国已成为世界第一大能源生产国。[12] 经查国家统计局发布的统计公报，2012 年我国的一次能源生产总量为 33.3 亿吨标准煤。

事实上，经逐年对比中国国家统计局发布的年度统计公报和美国能源信息署关于美国一次能源生产总量的报告，我们发现，2008年，美国一次能源生产总量为70.205 199千万亿英热单位，约合30.426 1亿吨标准煤，大于当年我国的一次能源生产总量，这一年我国不是世界第一大能源生产国。真实的情况是，2012年，我国超过美国成为世界第一大能源生产国，这一年美国的一次能源生产总量为79.107 753千万亿英热单位，约合32.879 4亿吨标准煤，低于我国当年的33.3亿吨标准煤。不过，作为世界第一大能源生产国，我国仅保持了2012年和2013年两年的纪录。从2014年开始，美国又重新夺回世界第一大能源生产国的位置，2014年和2015年，美国一次能源生产总量分别为87.596 766千万亿英热单位和88.045 138千万亿英热单位，约合36.407 6亿吨标准煤和36.594 0亿吨标准煤，而同期我国的一次能源生产总量分别为36亿吨标准煤和36.2亿吨标准煤。[13]

2016年，我国一次能源生产总量为34.6亿吨标准煤，比2015年下降4.2%。[14]其中，原煤产量持续下降，全年原煤产量为34.1亿吨，比2015年下降9.0%，这是自2013年原煤产量达到39.7亿吨后，连续第三年下降；煤炭进口快速增长，全年进口煤炭2.6亿吨，同比增长25.2%。原油产量为19 969万吨，比2015年下降6.9%，是2010年以来年产量首次低于2亿吨；进口原油38 101万吨，增长13.6%，全年原油产量与进口量之比约为1∶2；原油加工量平稳增长，在2014年首次突破5亿吨，2016年达54 101万吨，比2015年增长3.6%。全年天然气产量为1 369亿立方米，比2015年增长1.7%，全年天然气进口量为5 403万吨，增长22.0%，产量与进口量之比约为2∶1。发电量突破6万亿千瓦时，全年发电量为61 425

亿千瓦时，比 2015 年增长 5.6%，增速加快了 5.3 个百分点。[15] 如同 2014 年和 2015 年一样，2016 年我国不是世界第一大而是第二大能源生产国，这一年美国一次能源生产总量同我国一样也下降了，为 83.952 797 千万亿英热单位，约合 34.893 1 亿吨标准煤，大于我国 34.6 亿吨标准煤的一次能源生产总量。

根据国家统计局的数据，以 2016 年为例，当年我国的一次能源消费总量为 43.6 亿吨标准煤，而一次能源生产总量为 34.6 亿吨标准煤，能源自给率为 79.36%，能源对外依赖度为 20.64%，也就是说，我国能源消费的近 4/5 依靠国内生产。虽然 2016 年我国不是世界第一能源生产大国，但是，在很多能源产业的单项规模和能力上，我国都占有了世界第一的位置。作为世界第一大能源消费国和第二大能源生产国，经过新中国成立后 60 多年的发展，中国能源工业取得的成绩是令人骄傲和令世界瞩目的，可以说，我国已经建立了在世界上数一数二的强大的能源产业。

从 1985 年开始，中国超越美国成为世界第一大煤炭生产大国，当年中国的煤炭产量为 8.72 亿吨，而美国为 8.02 亿吨，从此之后中国的煤炭产量以惊人的速度快速增长。截至 2015 年，我国煤矿总产能约为 57 亿吨，包括正常生产的产能约 39 亿吨，改扩建或者新增煤炭产能 15 亿吨，停产矿井规模约为 3 亿吨。[16] 2015 年，我国煤炭产量为 36.95 亿吨，产能利用率为 65%，而全国的煤炭需求量只有 36 亿吨。[17] 2016 年，在实施“供给侧改革”严控产量的情况下，我国的煤炭产量为 34.11 亿吨，而美国的煤炭产量仅为 6.6 亿吨，不到我国的 20%。[18] 经过数十年的高速增长，到 2012 年前后，多年来我国煤炭供应紧张的状况有了很大的改观，开始出现了较严重的供应过剩的情况。2016 年 2 月 5 日，国务院发布了《关于煤炭行业化解过剩产能实现脱困的意见》（国发〔2016〕7号），明确要求从2016年开始，3~5年内实现煤炭产能退出5亿吨，减量重组5亿吨；按照不超过276个工作日重新确定煤矿产能；三年内停止核准新建煤矿项目/技改/扩能项目。[19] 据有关部门测算，“十三五”规划中，我国2020年的煤炭消费目标折合原煤约为41亿吨，考虑到39亿吨的产能加上进口煤炭数量，可以满足这一需求目标。[20] 一段时间以来，煤炭行业成为“供给侧改革”的主要对象之一，仔细研读这份文件，其中提出的很多措施和要求，在过去是很难想象的，它充分说明我国的煤炭行业已经从过去注重数量转变为更多地从数量和质量两个方面并重，来保证国民经济发展的需要，我国的煤炭行业已经告别了短缺时代。

多年来，我国的电力行业发展速度惊人。截至2016年年底，我国发电装机容量达到16.5亿千瓦，同比增长8.2%。其中，火电装机容量为105 388万千瓦、水电装机容量为33 211万千瓦、风电装机容量为14 864万千瓦、太阳能发电装机容量为7 742万千瓦、核电装机容量为3 364万千瓦。[21] 具体情况参见图15–5和图15–6。从2011年开始，中国的发电量超过美国成为世界第一并一直保持这一位置，这一年我国的发电量为4 713太瓦时，而美国为4 363.4太瓦时。2016年，我国的发电量增长到6 142.5太瓦时，而美国与2011年相比发电量还略有下降，为4 350.8太瓦时。[22] 2013年，我国发电装机容量达12.3亿千瓦，超越美国成为世界第一。[23] 从人均用电水平看，2011年我国人均年用电量3 490千瓦时，首次超过世界平均水平。[24] 2016年，我国电源装机及电网规模多项指标位列世界第一，非化石能源装机比重达36.7%，比2015年度提高2个百分点；非化石能源消费比重达13.5%，比2015年度提高1.4个百分

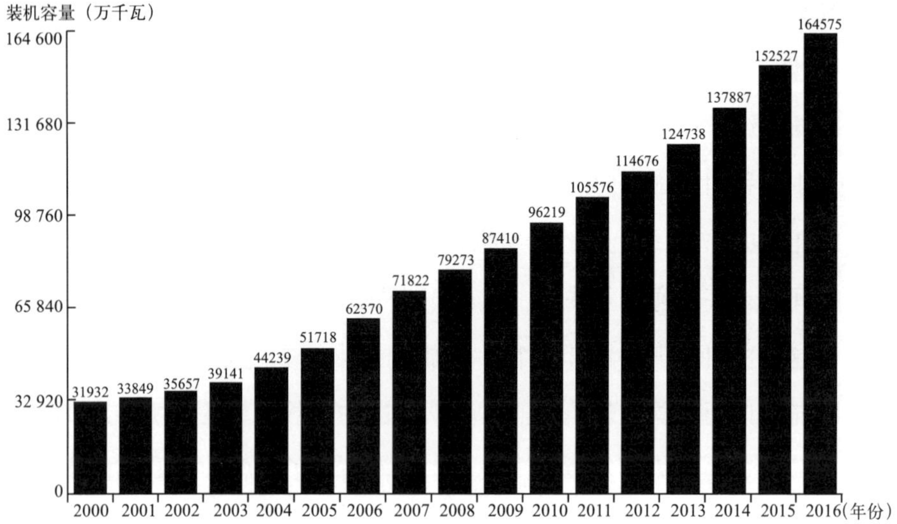

图 15–5　2016 年年底我国电力装机容量

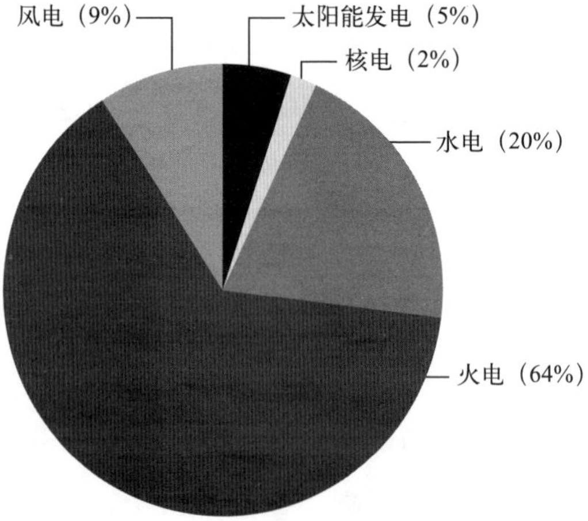

图 15–6　2016 年年底我国电力装机构成

资料来源：2016 年中国电力装机容量图. 中国火力发电网，2017 年 1 月 22 日.

点。其中，风电规模达 14 864 万千瓦，占比提高 9%，稳居我国第三大电源；光伏发电规模为 7 742 万千瓦，占比提高至 5%，跃升为第四大电源。我国的电力工业进入了清洁低碳、安全高效、灵活智能的发展新阶段。[25]

除上面所列举的有关内容外，事实上，近年来我国能源行业在核能、太阳能、风能、可再生能源、特高压电力输送和天然气水合物开采等多方面，都取得了举世瞩目的成绩。因此，综合以上能源产业各行业的现状，社会各界普遍认为，自改革开放以来，我国能源消费总量增长了 7.5 倍，国内生产总值增长近 30 倍，能源行业支撑了经济社会快速发展，我国已经初步建成以煤炭为主体、电力为中心、石油天然气和可再生能源全面发展的能源供应格局，建成了世界最大的能源供应体系，为我国经济平稳较快发展和社会进步做出了贡献，保障了国民经济和社会发展对能源的需要。[26]

（二）当前我国的能源消费结构

表 15–1 所示为 2016 年世界和中国、美国、日本能源消费的构成比例。从该表中的有关数据可以直观地看出，一方面，与世界总体能源消费结构相比，我国的能源消费主要依靠煤炭，而石油尤其是天然气在一次能源消费结构中所占的比重偏低；另一方面，与作为世界主要经济大国的美国和日本相比，我国的一次能源消费过度地依赖煤炭的特点就更加明显了。

对于国内外研究能源和石油问题的机构、学者来说，表 15–1 所示为一个人所共知的事实，似乎也是一个不需要再详细讨论的话题，这里我们还没有按常规的做法，将这些数据绘制成饼图进行对比，否则其结果就更加一目了然。当然，对于这种能源结构给我国经济社会带来的问题，学术界进行过广泛而热烈的讨论，社会大众都感同身受，我们不在此进行赘述。

表 15–1　2016 年世界主要国家能源消费总量及其构成

（百万吨标准油）

能源来源	世界		中国		美国		日本	
	数量	百分比（%）	数量	百分比（%）	数量	百分比（%）	数量	百分比（%）
消费总量	13 276.3	100.00	3 053.0	100.00	2 272.7	100.00	445.3	100.00
石油	4 418.2	33.28	578.7	18.96	863.1	37.98	184.3	41.39
天然气	3 204.1	24.13	189.3	6.20	716.3	31.53	100.1	22.48
煤炭	3 732.0	28.11	1 887.6	61.83	358.4	15.77	119.9	26.93
核电	592.1	4.46	48.2	1.58	191.8	8.44	4.0	0.90
水电	910.3	6.86	263.1	8.62	59.2	2.6	18.1	4.06
可再生能源	419.6	3.16	86.1	2.82	83.8	3.69	18.8	4.22

资料来源：*BP Statistical Review of World Energy June 2017.*

表 15–2 所示为 1990 年世界和主要国家一次能源消费构成的情况。我们之所以在此列出这一张表，是为了能从更长的时间周期来观察世界、世界主要国家和我国一次能源消费的变化情况。对照表 15–1 和表 15–2 所展示出来的数据，我们可以看出，就世界和世界主要工业化大国来看，经历了 20 世纪 70 年代的两次石油危机后，这些国家的一次能源消费结构基本定型，其中除德国外，绝大部分世界主要工业化大国一次能源消费基本上是以石油、天然气为主，核电和水电也占有相当的比例，当然，法国的核电占有除石油外的第二大份额。美国 1990 年核能、水力发电和其他可再生能源占全部能源消费的 11.2%，其发电量已占发电总量的 30% 以上，用煤发电只占 55% 左右。同年，我国能源消费中 95% 以上是以煤、石油

为主的化石燃料，发电总量中煤电占 79.7%，水力发电占 20.3%，核电和其他可再生能源几乎等于零。[27] 在常规一次能源中，液体能源（主要是指石油、天然气）发热量高，热能利用率高，经济效益好，运输、使用方便，污染小，是优质能源。随着各国经济发展和人民生活水平的提高，液体能源在能源消费结构中所占的比重也越来越高。早在 1965 年，液体能源在世界能源消费结构中的比重就已超过了固体能源。1990 年世界一次能源消费总量中，石油、天然气占 64.1%，煤只占 27.3%。1990 年，美国一次能源消费总量中，石油、天然气占 65.1%，煤只占 23.4%。日本、法国和加拿大等国一次能源消费中煤炭也只占 30% 以上。而同年，我国一次能源消费中煤炭占 76.2%，石油和天然气只占 18.7%。[28]

表 15–2　1990 年世界主要国家一次能源消费构成

	中国	美国	苏联	日本	德国	英国	法国	世界
消费量（百万吨标准煤）	987.0	2 935.4	1 982.0	667.7	494.0	302.6	301.2	11 476.1
构成（%）								
石油	16.6	41.3	31.0	58.5	36.7	39.4	40.9	36.8
天然气	2.1	23.8	41.0	10.5	15.6	22.5	12.0	21.1
煤炭	76.2	23.4	20.0	17.0	35.8	29.6	9.5	27.3
水电	5.1	3.6	—	4.3	0	0.7	0.3	6.7
核电	—	7.3	6.0	9.7	10.0	7.8	37.2	5.7
其他	—	0.3	2.0	—	1.9	—	0.1	—
总计	100.0	100.0	100.0	100.0	100.0	100.0	100.0	100.0

资源来源：1990 年能源数据. 能源政策研究通讯，1991（11）：20.

说明：苏联一栏中的水电和核电合计为 6.0%。

为了从更长时间周期来说明我国的一次能源消费结构情况，我们在此分别列出了表 15–3 和表 15–4。其中，表 15–3 所示为 1950—1989 年我国的一次能源生产和消费构成，分析这张表，特别是表中 1950—1970 年我国的一次能源生产和消费构成，历史感特别明显，它从历史事实的角度说明了煤炭在我国能源生产和消费中不可动摇的地位。

表 15–3　1950—1989 年我国一次能源生产和消费构成情况

年份	生产总量	构成（%）				消费总量	构成（%）			
		原煤	原油	天然气	水电		原煤	原油	天然气	水电
1950	31.09	98.72	0.93	0.03	0.32					
1955	71.67	97.62	1.94	0.03	0.41	68.49	94.55	4.99	0.03	0.43
1960	293.18	96.66	2.54	0.47	0.31	298.12	95.08	4.16	0.45	0.31
1965	184.55	89.75	8.76	0.79	0.69	185.27	88.19	10.48	0.64	0.69
1970	302.92	83.44	14.47	1.26	0.83	285.11	83.10	15.07	0.95	0.88
1975	471.97	82.92	23.35	2.49	1.24	439.34	74.29	21.78	2.59	1.33
1980	620.46	81.39	24.39	3.06	1.15	585.86	74.23	21.36	3.19	1.22
1985	830.05	75.06	21.50	2.07	1.37	740.98	78.44	17.69	2.32	1.55
1989	984.17	76.51	19.98	2.03	1.48	936.45	78.62	17.67	2.13	1.58

资源来源：朱成章. 我国能源结构研究工作进展情况. 中国能源，1991（7）.

说明：生产总量和消费总量单位为百万吨标准煤，其中水电按当量热值计算。

如果我们再将时间周期拉长，我国的能源消费结构问题就更加突出了。在表 15–4 中，我们将时间周期拉长到 47 年，列举了 1970—2016 年 47 年间我国一次能源消费结构的变化情况，其中 20 世纪 70—90 年代只列举了有代表性的 1970 年、1980 年、1990 年和 2000 年的数据，而进入 21 世纪后我们逐年列出了每一年的详细数据。从表 15–4 中可以非常直观地看出，这 47 年间我国的能源消费结构高度依赖以煤炭为主的化石燃料，如进入 21 世纪后的 16 年间只有 7.91%的变化，石油的消费量基本维持在低于 20%的水平，天然气更是进展缓慢。因此，对比表 15–1 至表 15–4，我们可以说，我国能源消费结构关键的问题，是在一个较长的时间周期中，这一结构基本没有多大的改变，而且这一时间周期几乎长达半个世纪，已不能再视之为短期的行为了。能源消费结构是与一个时代的经济发展相适应的。自从英国工业革命以来的二百多年间，世界的能源消费结构已发生两次大的转变，一是由木柴转向煤炭，二是由煤炭转向石油。总体上看，当前世界的能源消费结构是以石油天然气为主。自 1950 年以来，我国能源生产和消费构成的变化不大，煤炭一直是我国能源最主要的来源。在世界大国中，只有我国的能源消费高度依赖煤炭。与世界总体水平相比，我国现有的能源消费还处在 20 世纪 60 年代中期以前世界能源消费的水平。

表 15–4　1970—2016 年我国的一次能源消费结构

年份	原油（%）	天然气（%）	煤炭（%）	核能（%）	水力发电（%）	可再生能源（%）	能源消费总量（亿吨标准油）
1970	13.95	1.34	82.05		2.67		202.2
1980	20.77	3.19	72.90		3.16		417.4
1990	16.53	2.98	77.21		4.20		683.2
2000	22.24	2.26	70.06	0.38	4.99	0.07	1 007.9
2001	21.52	2.40	69.74	0.38	5.90	0.07	1 064.6
2002	21.37	2.34	70.12	0.49	5.62	0.07	1 161.0
2003	20.46	2.33	71.68	0.72	4.74	0.06	1 353.5
2004	20.44	2.33	71.42	0.72	5.05	0.06	1 583.8

（续表）

年份	原油（%）	天然气（%）	煤炭（%）	核能（%）	水力发电（%）	可再生能源（%）	能源消费总量（亿吨标准油）
2005	18.27	2.41	73.57	0.67	4.99	0.09	1 800.4
2006	17.88	2.70	73.67	0.63	4.99	0.13	1 974.7
2007	17.26	3.06	73.76	0.66	5.11	0.16	2 147.8
2008	16.96	3.40	72.20	0.70	6.46	0.29	2 229.0
2009	16.87	3.58	72.41	0.68	5.98	0.47	2 328.1
2010	18.00	4.02	70.21	0.67	6.46	0.64	2 491.1
2011	17.29	4.59	70.77	0.72	5.79	0.85	2 690.3
2012	17.41	4.85	68.91	0.79	6.98	1.05	2 797.4
2013	17.49	5.32	67.78	0.87	7.08	1.46	2 905.3
2014	17.77	5.71	65.79	1.01	8.01	1.71	2 970.6
2015	18.69	5.83	63.66	1.28	8.39	2.14	3 005.9
2016	18.96	6.20	61.83	1.58	8.62	2.82	3 053.0

资料来源：*BP Statistical Review of World Energy June 2017, underpinning–data.*

2017 年 7 月 21 日，国家能源局召开新闻发布会，介绍上半年的能源形势。2017 年上半年，煤炭消费转为正增长，全国消费量约为 18.3 亿吨，同比增长 1%左右；石油消费平稳，全国石油表观消费量约为 3 亿吨，同比增长约 5%；用电增速大幅回升，全社会用电量为 2.95 万亿千瓦时，同比增长 6.3%，增速比 2016 年同期提高 3.6 个百分点。与此同时，能源结构进一步优化：煤炭消费比重下降，上半年煤炭消费比重大约为 59.8%，比 2016 年同期下降 0.6 个百分点；清洁能源消费比重提高，天然气和非化石能源消费比重合计为 20%，比 2016 年年底提高 0.3 个百分点。有研究专家和机构曾认为，过去三年煤炭消费量持续下降，说明我国的煤炭消费已经达到峰值，而2017年上半年能源消费增速转为正增长。国家能源局有关官员认为，从中长期看，我国煤炭消费逐步进入了峰值平台期，这个平台期可能持续较长时间。[29]

（三）当前我国的石油天然气生产消费和进出口形势

虽然从长时间周期看，在一次能源消费结构中石油所占的比重一直在20%以下，但与一般意义上的能源消费和生产情况相比，由于其存在非常明显的特点，我国的石油生产消费和进出口情况非常引人注目，是国内外能源研究界长期关注的焦点之一。

我们在第8章中谈到，对于我国的石油生产和消费来说，有几个标志性的时间节点：一是1993年，这一年我国由石油净出口国变成净进口国；二是1996年，这一年我国在石油净进口国的基础上，又变成了成品油净进口国。2000年，我国进口原油5 983万吨，进口成品油978万吨，原油和成品油净进口总量为6 961万吨，进口量占总消费量的比例超过31%。也就是说，20世纪末我们石油消费还主要依靠国内生产。但是，这仅是20世纪最后一年的情况，进入21世纪后，我国石油进口量迅速增长，应该说其面临的形势在所有的能源资源中是最严峻的，存在的问题和可能的影响也是最突出的。

根据国家统计局的统计数据：2016年，我国原油加工量为54 101万吨，比2015年增长3.6%；原油产量为19 969万吨，比2015年下降6.9%，是2010年以来年产量首次低于2亿吨；进口原油为38 101万吨，增长13.6%。在进口原油数量大幅度增加的同时，成品油出口增长也较快，汽油、柴油和煤油出口量分别增长64.5%、115.1%和6.0%。[30] 2016年，我国石油净进口量为3.783亿吨，对外依赖高达67.3%，也就是说，我国石油消费2/3以上依赖进口。具体参见表15–5至表15–7，这三张表详细说明了当前我国石油行业面临的严峻形势。

表15–5所示为2016年我国石油进出口情况。2016年，我国原油进口在连续15年上升的基础上，增加至3.810亿吨，其13.6%的增幅是2011年以来的最高值。自1982年以来的35年间，中国炼油厂原油加工量每年都在增加。2016年，全国炼厂加工量仅增加近1 500万吨，原油净进口量却增加了4 500余万吨。主要因素包括：一是独立炼厂以进口原油替代进口燃料油；二是国内原油产量下降，比2015年减产1 480万吨。1992—2014年，我国一直是成品油净进口国，但是这种情况在2015年被扭转。2015年，我国成为成品油净出口国，出口成品油622万吨，2016年中国成品油净出口量高达2 045万吨。2016年，我国出口包括汽油、航空煤油、柴油和燃料油等海关分类的“液体石油产品”4 832万吨，比2015年增加1 216万吨，跃增33.6%。以燃料油和石脑油为主的成品油进口量降低6.9%，至2 787万吨。表15–5中的这些数据，是对我们引用的上述国家统计局统计数据的更详细补充。

表15–6所示为1990—2016年我国净进口量的情况，这张表能更清晰地说明这些年来我国石油进口发生的急剧变化，其结果就是我国的石油进口对外依存度越来越高。图15–7所示为2000—2016年我国石油进口对外依存度的变化。从图15–7中可以看出，从2005年以后，我国石油进口对外依存度几乎是直线上升。不过，需要特别指出的是，在2016年我国快速上升的进口石油对外依存度中，至少有6 000万吨左右的进口原油不是用于满足国内石油的需求，而是炼制加工成成品油出口到海外了。

表 15–5　2016 年中国原油和成品油进出口量情况

产品名称	进口量（万吨）			出口量（万吨）			净进口量（万吨）		
	2015 年	2016 年	增长（%）	2015 年	2016 年	增长（%）	2015 年	2016 年	增长（%）
原油	33 549.13	38 103.78	13.6%	286.56	294.06	2.6%	33 262.57	37 809.71	13.7%
成品油	2 993.91	2 787.04	–6.9%	3 615.96	4 831.68	33.6%	–622.04	–2 044.64	—
汽油	17.01	20.77	22.1%	589.87	969.67	64.4%	–572.87	–948.90	—
石脑油	664.76	669.92	0.8%	—	7.5	—	664.76	662.47	–0.3%
航空煤油	346.11	349.45	1.0%	1 235.86	1 310.07	6.0%	–889.75	–960.63	—
轻柴油	42.80	91.63	114.1%	716.37	1 540.47	115.0%	–673.57	–1 448.84	—
燃料油	1 556.16	1 176.85	–24.4%	1 052.85	985.91	–6.4%	503.32	190.94	–62.1%
润滑油	32.61	34.57	6.0%	11.88	9.98	–16.0%	20.72	24.60	18.7%
润滑油基础油	257.60	284.69	10.5%	1.87	4.69	150.7%	255.73	280.00	9.5%
其他成品油	76.85	159.17	107.1%	7.25	3.44	–52.6%	69.60	155.73	123.8%
液化石油气	1 208.81	1 612.50	33.4%	144.13	132.31	–8.2%	1 064.69	1 480.19	39.0%
其他石油产品	1 059.94	927.29	–12.5%	332.27	342.70	3.1%	727.67	584.60	–19.7%
石蜡	0.69	0.52	–23.7%	61.65	63.66	3.3%	–60.96	–63.14	—
石油焦	588.66	431.63	–26.7%	241.92	258.42	6.8%	346.75	173.21	–50.0%
石油沥青	470.59	495.14	5.2%	28.70	20.62	–28.2%	441.89	474.52	7.4%
石油合计	38 811.80	43 430.62	11.9%	4 378.91	5 600.76	27.9%	34 432.89	37 829.86	9.9%

资料来源：根据国家海关总署相关统计数据编制。

说明：成品油中除汽油、石脑油、煤油、柴油和燃料油外，还包括液体石蜡、润滑油脂等；液化石油气包括丙烷、丁烷和混合液化气。

表 15–6　1990—2016 年中国石油净进口量

（万吨）

产品类别	1990 年	1995 年	2000 年	2005 年	2010 年	2014 年	2015 年	2016 年
原油	–2 106	–176	5 983	11 902	23 627	30 776	33 263	37 810
成品油	–224	1 025	978	1 746	1 000	70	–622	–2 045
汽油	–163	–170	–455	–563	–517	–495	–573	–949
石脑油	–54	40	–56	–143	204	357	665	662
航空煤油	–44	39	46	51	–118	–660	–890	–961
轻柴油	46	468	–30	–94	–287	–352	–674	–1 449
燃料油	6	582	1 392	2 373	1 312	842	503	191
其他成品油	–16	65	81	123	406	378	346	460
液化石油气	11	224	480	611	228	566	1 065	1 480
石蜡	–18	–27	–50	–70	–51	–47	–61	–63
未煅烧石油焦	–13	–27	–100	–81	246	417	492	337
已煅烧石油焦	0	–17	–29	–60	–78	–127	–146	–160
石油沥青	1	13	124	314	395	391	442	475
原油＋石油产品	–2 350	1 016	7 384	14 361	25 367	32 046	34 433	37 834

资料来源：根据国家海关总署相关统计数据编制。

表 15–7　2000—2016 年中国原油进口来源

（万吨）

来源	2000 年进口量	2005 年进口量	2010 年进口量	2014 年进口量	2015 年进口量	2016 年进口量	2016 年比 2015 年增长	2016 年份额
中东地区	3 764.99	5 999.19	11 275.63	16 058.01	17 015.96	18 299.26	7.5%	48.0%
沙特阿拉伯 *	573.02	2 217.89	4 463.00	4 966.19	5 054.20	5 100.34	0.9%	13.4%
伊拉克 *	318.32	117.04	1 123.83	2 858.04	3 211.41	3 621.64	12.8%	9.5%
阿曼	1 566.08	1 083.46	1 586.83	2 974.34	3 206.42	3 506.92	9.4%	9.2%
伊朗 *	700.05	1 427.28	2 131.95	2 746.13	2 661.59	3 129.75	17.6%	8.2%
科威特 *	43.34	164.57	983.39	1 062.04	1 442.81	1 633.96	13.2%	4.3%
阿联酋 *	43.05	256.77	528.51	1 165.22	1 256.97	1 218.36	–3.1%	3.2%
卡塔尔 *	159.89	34.32	56.02	36.10	26.70	48.03	79.9%	0.1%
也门	361.24	697.85	402.11	249.96	155.85	40.26	–74.2%	0.1%
亚太地区	1 061.31	968.39	880.10	600.86	831.41	1 509.68	81.6%	4.0%
越南	315.85	319.55	68.34	148.25	211.66	426.65	101.6%	1.1%
澳大利亚	110.84	23.24	287.04	272.72	238.86	323.84	35.6%	0.8%
印度尼西亚	464.11	408.52	139.41	37.55	161.55	284.85	76.3%	0.7%
马来西亚	74.43	34.79	207.95	21.74	27.14	240.76	787.1%	0.6%

（续表）

来源	2000 年进口量	2005 年进口量	2010 年进口量	2014 年进口量	2015 年进口量	2016 年进口量	2016 年比 2015 年增长	2016 年份额
蒙古	0.96	2.17	28.70	103.08	110.41	108.67	–1.6%	0.3%
泰国	28.51	119.23	23.13	0.00	—	88.98	—	0.2%
文莱	27.55	50.15	102.46	8.19	15.95	35.93	125.3%	0.1%
其他国家	39.06	10.74	23.07	9.33	65.84	0.00	–100.0%	0.0%
非洲	1 694.86	3 847.05	7 085.27	6 804.11	6 445.56	6 783.76	5.2%	17.8%
安哥拉*	863.66	1 746.28	3 938.19	4 065.04	3 870.75	4 375.16	13.0%	11.5%
刚果	145.44	553.48	504.83	705.17	586.20	694.31	18.4%	1.8%
南苏丹	—	—	—	644.38	660.62	536.50	–18.8%	1.4%
加蓬*	45.73	—	42.29	155.48	155.83	319.70	105.2%	0.8%
加纳	—	—	—	87.96	213.26	254.15	19.2%	0.7%
赤道几内亚	91.59	383.89	82.27	324.89	201.50	116.68	–42.1%	0.3%
苏丹	331.36	662.08	1 259.87	177.33	139.35	104.32	–25.1%	0.3%
利比亚*	13.00	225.92	737.33	96.55	214.55	101.59	–52.7%	0.3%
尼日利亚*	118.66	131.02	129.10	199.64	65.86	84.84	28.8%	0.2%
埃及	12.01	7.98	68.89	94.60	142.07	65.61	–53.8%	0.2%
喀麦隆	42.67	—	35.94	51.97	102.29	38.97	–61.9%	0.1%

（续表）

来源	2000 年进口量	2005 年进口量	2010 年进口量	2014 年进口量	2015 年进口量	2016 年进口量	2016 年比 2015 年增长	2016 年份额
乍得	—	54.75	96.31	14.31	23.07	35.35	53.2%	0.1%
民主刚果	—	—	—	96.94	12.42	30.14	142.7%	0.1%
南非	—	—	—	—	26.97	26.44	–1.9%	0.1%
其他国家	30.75	81.64	190.26	89.84	30.82	—	–100.0%	0.0%
欧洲 / 苏联	472.03	1 458.36	2 586.08	4 038.20	4 985.06	6 248.41	25.3%	16.4%
俄罗斯	147.67	1 277.59	1 524.52	3 310.82	4 243.17	5 247.91	23.7%	13.8%
英国	104.15	0.00	8.14	121.94	197.27	495.70	151.3%	1.3%
哈萨克	72.42	129.00	1 005.38	568.64	499.10	323.40	–35.2%	0.8%
阿塞拜疆	–	0.00	12.75	22.20	28.42	95.31	235.3%	0.3%
挪威	147.78	51.77	7.86	14.60	17.09	82.48	382.6%	0.2%
其他国家	—	—	27.42	—	—	3.60	—	0.0%
西半球	33.34	435.33	2 104.06	3 334.58	4 271.14	5 262.66	23.2%	13.8%
委内瑞拉 *	—	192.79	754.96	1 378.78	1 600.89	2 015.67	25.9%	5.3%
巴西	22.78	134.32	804.77	700.21	1 391.75	1 914.04	37.5%	5.0%
哥伦比亚	—	—	200.03	988.71	886.66	880.72	–0.7%	2.3%
阿根廷	—	91.23	113.55	32.24	43.69	160.87	268.2%	0.4%

（续表）

来源	2000 年进口量	2005 年进口量	2010 年进口量	2014 年进口量	2015 年进口量	2016 年进口量	2016 年比 2015 年增长	2016 年份额
厄瓜多尔*	—	9.30	81.03	74.66	139.73	114.40	–18.1%	0.3%
墨西哥	—	—	113.07	68.23	81.25	99.90	23.0%	0.3%
美国	10.55	0.00	0.00	0.00	6.24	48.56	677.9%	0.1%
加拿大	—	0.00	30.84	20.16	12.36	16.01	29.5%	0.0%
其他国家	—	7.70	5.82	71.60	108.57	12.50	–88.5%	0.0%
进口量合计	7 026.53	12 708.32	2 3931.14	30 835.77	33 549.13	38 103.78	13.6%	100.0%
石油输出国组织	2 878.72	6 604.84	15 144.99	18 893.70	19 732.11	21 763.44	10.3%	57.1%
中东所占比例	53.6%	47.2%	47.1%	52.1%	50.7%	48.0%		

资料来源：根据国家海关总署相关统计数据编制。

说明：标有*的国家为石油输出国组织成员国。

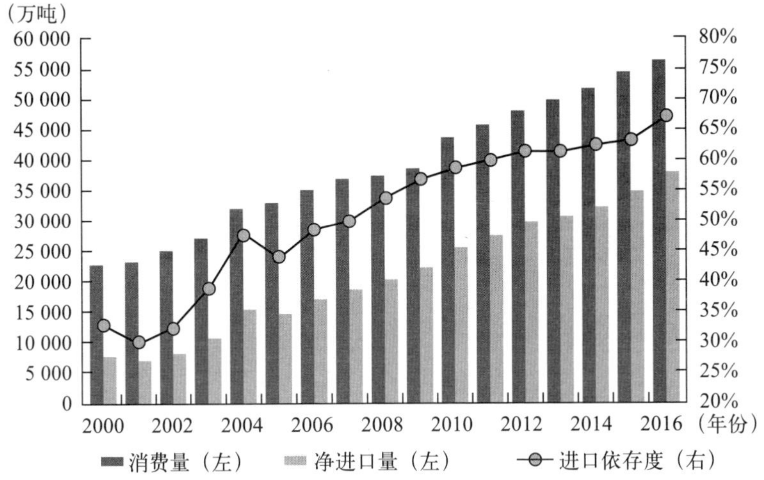

图 15–7　2000—2016 年中国石油进口对外依存度

资料来源：根据海关总署有关资料编制。

表 15–7 所示为 2000—2016 年我国原油进口来源。我国作为世界最大的石油进口国，我们关注的重点当然是我国原油进口的来源，这些数据所表面上反映的是我国进口的原油来自哪些国家、具体进口的数量等，但其背后深层次折射出来的一系列更大的问题和对我国经济、安全和外交等诸多领域所带来的挑战，才是当前和未来我们都必须予以高度关注的，并且需从国家战略层面采取一系列积极的措施加以应对。将这张表中的具体数据转为图形，将更加直观地表现出我国原油进口来源国的情况，如图 15–8 所示，该图非常直观地说明了 2015 年和 2016 年我国十大原油进口来源地的分布情况。[31]

与不断攀升的原油净进口量和对外依存度同时发生的，是近年来我国天然气进口量和对外依存度的不断增长。2013 年，我国天然气表观消费量为 1 676 亿立方米，天然气进口量为 530 亿立方米，同比大增 25%，天然气的对外依存度首次突破 30%，达到

31.6%。[32] 国家统计局的数据是：2016 年，我国天然气产量为 1 369 亿立方米，比 2015 年增长 1.7%；天然气进口量为 5 403 万吨（约合 745.614 亿立方米），比 2015 年增长 22.0%；产量与进口量之比约为 2∶1。[33] 如据此数据推算，考虑库存因素，2016 年我国天然气对外依存度应该为 35% 左右。而据英国石油公司 2017 年版《世界能源统计评论》的数据，2016 年我国天然气消费量为 2 103 亿立方米，产量为 1 384 亿立方米，进口量为 719 亿立方米，对外依存度为 34.19%。[34]

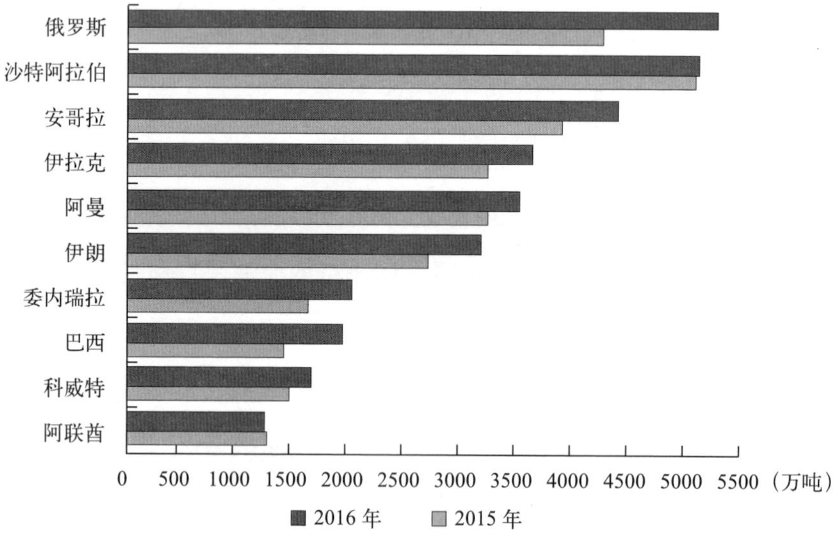

图 15–8 2015 年和 2016 年我国原油十大进口来源国

资料来源：根据海关总署有关资料编制。

（四）我国能源和石油天然气外部环境面临重大挑战

以世界第一大能源消费国和第二大能源生产国为主要特征的能源消费及生产行业，支撑了我国作为世界第二大经济体在全球的经济及政治地位。从总体上看，我们在前面有关章节的分析表明，短期趋于宽松的世界能源环境，有利于当前和未来一定时期我国经济社会的发展。但是，从长期看，国际石油市场可能的动荡有可能会给我国的经济社会发展造成一定的冲击，更为严重的是，我国所处的地理位置，加之内在的能源形势，有可能会使这种冲击加剧，其造成的负面影响有可能会更大。

近年来，有关机构和学者在详细和系统分析世界能源形势的变化后得出这样的结论，即目前全球能源市场正处于转型期，能源需求的迅速增长和加速繁荣更多的来自以亚洲为代表的发展中经济体，而非经合组织中的传统能源市场。事实上，这一表述所说明的，就是以中国、印度为主的新兴经济体是近年来世界能源消费增长的主要地区，而且我们在第 14 章的分析说明，从中长期看，以中国、印度为主的新兴经济体还将引领未来世界能源尤其是石油消费的增长。加上这一区域传统的能源、石油消费大国，如日本、韩国等，我国周边的地区和国家，就是当前和未来世界能源、石油消费的重点地区，由于历史、国家利益等多方面的原因，当前和未来我国的能源外部环境将面临较大的挑战。

我国所处的亚太地区由于人口众多，经济社会的发展导致能源需求一直增长迅速、供求缺口较大，从历史上看，本地区内能源供给就一直不能自给自足。从人口的角度来说，世界 60% 以上的人口聚居在亚太地区，其中亚太发展中国家的人口总数就占世界总人口的 50% 左右，而世界 40% 以上的人口又集中在中国和南亚两个地区。由于人口众多且人口集中在低收入国家，人均能耗的微小上升便会带动能耗总量的巨大增长，尤其在工业化和城市化进程中，人均能耗特别是电耗会大幅度上升。20 世纪 90 年代初，亚太地区的能源产量只占世界的16%，而能源消费量占世界的20%。[35] 1965—1988年的24年间，不包括美国和加拿大在内的42个国家和地区的能源消费，由7.08亿吨煤当量上升到21.6亿吨煤当量；而同期该地区的能源产量只由6.8亿吨煤当量上升到20.4亿吨煤当量，能源产量一直未赶上能源消费量的增长，从而导致能源进口量逐年增加。1965年亚太地区能源进口量为2 800万吨煤当量，1988年上升到1.12亿吨煤当量，增长了4倍。[36] 上述数字均不包括美国。如果加上美国，1988年亚太地区的能源缺口则高达5.4亿吨标准煤。发达国家严重依赖进口能源是亚太地区能源形势的一个重要特点。1988年，亚太地区的美国、日本、韩国、泰国和菲律宾都是能源净进口国，其中美国进口4.29亿吨标准煤，日本进口4.5亿吨标准煤，韩国进口7 783万吨标准煤，泰国进口1 647.7万吨标准煤，菲律宾进口1 663.1万吨标准煤。[37] 而从石油的角度来看，亚太地区的石油资源和消费就更加严重不平衡。亚太地区的能源资源储量只占全世界能源资源储量的16%，而其中石油资源的储量就更小。1991年1月1日，亚太地区探明石油储量为1 342.48亿俑，只占世界探明石油储量的13.44%；同年1月1日，亚太地区石油产量为每天1 497.79万桶，占世界石油产量的24%；亚太地区的石油储产比只有24年，大大低于世界石油储产比45年的水平。[38] 这就造成亚太地区的石油产量和消费量之间的缺口很大，日本和美国必须从本地区以外的国家大量进口石油。其中，日本石油消费的70%、美国石油消费的50%、整个亚洲地区石油消费的73%都靠从亚太地区之外的国家和地区进口。[39]

由于严重依赖进口能源，亚太地区一些国家和区域性国际组织在20世纪70年代就积极推动本地区的能源合作，加强能源供应安全。1977年8月，太平洋贸易发展会议在旧金山举行的第9次会议上，讨论了太平洋地区矿产资源的生产、加工、资金供应和贸易等问题，这是亚太地区历史上首次谈到能源合作问题。从此之后，亚太地区的能源合作开始提上日程。日本是推进亚太能源合作最热心的国家。由于经济发展对进口能源的需求较大，日本政府和民间团体都积极推进本地区能源合作。1980年，日本环太平洋合作研究小组就拟定出《环太平洋设想资源战略大纲》，提出以日本、美国和加拿大为中心，在环太平洋区域内建立石油联合储存基地和紧急融通体制，共同开发新能源和创建资源能源联合研究所。同年5月，该小组又提出了《环太平洋合作构想最终报告》，再次提出了太平洋经济合作问题上的资源合作和交流。1984年，日本通产省决定实现“环太平洋煤炭流通计划”，主张以美、日合作形式在东南亚国家建设煤炭火力发电站，由美国和澳大利亚提供煤炭，其参加国和地区包括加拿大、东盟、韩国和中国台湾。同年12月，日本通产省又提出“太平洋地区技术和能源合作方案”，其中有关能源问题的内容有：召开太平洋能源会议，建立煤炭火力发电站，促进各国间的能源合作。1985年3月，日本通产省制订了建立区域能源专家集团组织网络计划，搜集区域能源供求情况、前景等情报，对各国的能源政策提出建议。同年4—5月，日本通产省又决定设立“环太平洋能源合作协议会”，其任务是根据能源专家组的报告，制订各国开发火力发电等电源开发计划和区域外的资源出产国向消费国提供资源标准的计划，研究日本在能源领域向发展中国家提供经济、技术援助的问题。国际性和区域性组织积极促进亚太地区的能源合作。联合国亚太经济和社会委员会从20世纪60年代初开始研究亚太地区的能源生产、消费和贸易等问题，到1988年仅亚太地区的能源问题研究报告就提出了31份左右，对亚太地区的能源形势做了详尽的分析。1980年9月，第一次太平洋经济合作会议在澳大利亚国立大学举行，会议决定设立若干专门小组，就贸易、直接投资、通信和能源等问题进行研究并向委员会提出报告。从此以后，太平洋经济合作会议矿产和能源专题小组成立并开始工作，到1989年，该专题小组分别在雅加达、汉城（今首尔）、马尼拉举行过三次会议，讨论亚太地区的能源生产、消费和贸易等问题。1986年8月，在新加坡召开了环太平洋能源和矿产会议，45个国家的400多名科学家和企业家出席了这次会议。上述多次会议只是就亚太地区的能源形势交换意见，并未促成能源合作方面的任何实际行动。苏联积极参与亚太地区的经济，尤其是能源合作。对于亚太地区的经济合作问题，苏联在戈尔巴乔夫上台前后态度变化较大。如1980年2月，苏联报刊还发表文章批评亚太地区的经济合作。1986年7月，戈尔巴乔夫在海参崴（今符拉迪沃斯托克）发表讲话，提出了在远东建立一个包括在全苏分工和国际分工体系内的高效率的国民经济综合体的构想；1988年9月，戈尔巴乔夫在克拉斯诺亚尔斯克指出西伯利亚和远东地区的开发是苏联全国性的任务，并在分析了亚洲、太平洋和印度洋的局势后，表示苏联将积极加入亚太经济活动。苏联远东地区有十分丰富的资源，其中能源资源尤为突出，这里的煤炭储量占全国的34%，水力资源占全国的30%，东西伯利亚和远东的石油储量占俄罗斯的15%左右。因而，苏联想通过东部地区的资源开发尤其是能源资源的开发参加亚太经济合作。

20世纪90年代中后期，尤其是进入21世纪后，在过去历史的基础上，亚太地区和我国能源的外部环境发生了重大的变化，我国未来将面临更大的挑战。第一，我国在成为世界第一大能源消费国的同时，石油消费量和进口数量都在迅速增长，而与此同时，印度经济的崛起，使同在亚洲并且是世界第一和第二人口大国的两个国家，成为国际石油市场新增石油消费的主要来源，拉动着国际石油市场需求的增加。2016 年，中国和印度的石油进口量合计达到每天 1 409.3 万桶，占世界石油贸易量的 21.53%。更为重要的是，2016 年世界石油贸易量只增长了 3.9%，但中国和印度分别增长了 10.6% 和 11.9%，是世界石油贸易主要增长国家。如再加上同一地区传统的石油进口大国日本，2016 年三国的石油日均进口量为 1 827.2 万桶，占当年世界石油贸易量的 27.92%，这也就是说，世界石油贸易中的近 30% 是流向了中国、印度和日本三国。一般普遍认为，未来中国、印度的石油消费仍将持续增长，中印这两个世界人口和石油消费大国是否会出现“龙象之争”已成为热点话题，在能源资源的获取方面中印两国已经在世界各地展开了全面的竞争。[40] 此外，更为重要的是，印度正处于控制中国海上石油运输通道的位置，使当前和未来我国的石油运输安全保障形势更加令人担忧。第二，由于页岩革命取得了成功，传统上世界第一石油进口国美国的立场发生了根本性的变化，由过去单纯的进口国变成了在进口石油的同时也向国际石油市场大量出口石油，由此带来美国内外政策的一系列变化，美国重回外交孤立主义或撤出中东不仅是学术界讨论的话题，更是部分成了现实。[41] 此外，学术界一般认为，当前世界政治秩序正处于重建之中，而中东也正处于百年变局之中，未来世界和局部地区的局势稳定存在非常大的不确定性。对我国来说，一方面在国际石油市场的竞争减少，同时使我国石油进口来源也有了更多的选择。但另一方面的问题是，我国有可能将面临更加动荡的中东形势，我国石油进口来源的保障可能会面临挑战。第三，日本曾经是世界上第二大石油消费国，1996年其石油消费量达到2.7亿吨的峰值，其间1973年和1995年的石油消费量也曾达到2.69亿吨。但是，从1996年之后，日本的石油消费不断下降，2000年下降到2.57亿吨，2010年下降到2.02亿吨，2016年下降到1.84亿吨。众所周知的是，在过去近20年的时间里，俄罗斯远东输油管线就曾存在“安大线”和“安纳线”之争，其背后就是我国和日本石油进口利益之争的问题。日本石油消费量的不断下降，一定程度上应该会缓和亚太地区有关国家在石油资源获取方面的紧张关系。第四，俄罗斯积极推进远东地区的开发和向亚太地区的开放，加快“向东看”的步伐。进入21世纪后，在过去苏联推进远东地区开发的基础上，俄罗斯加快了远东地区向亚太的开放进程。2015年5月19日，俄罗斯总统普京签署总统令，宣布每年在符拉迪沃斯托克举行东方经济论坛，以促进远东地区经济发展和国际合作。2015年9月3—5日，首届东方经济论坛举行，俄总统普京出席论坛全会，亚太国家领导人应邀出席。第三届东方经济论坛于2017年9月举行。能源合作，是东方经济论坛的重点议题之一。如在第一届论坛中，就专门设有“俄罗斯与亚太地区能源桥”圆桌会议，俄罗斯、中国、日本和韩国的数十家油气企业代表参会。2015年9月4日中午，普京还会见了亚太地区国家油气企业家代表，鼓励各国企业家参与远东地区油气投资。[42] 因此，俄罗斯远东政策的变化，有助于缓和亚太地区国家的能源关系。第五，我国的南海问题。一方面，我国南海地区有丰富的石油天然气资源，周边有关国家都在争夺这些油气资源。另一方面，更为重要的是，南海处于我国、日本、韩国石油进口运输线上，战略地位非常重要。近年来，美国大力推行“重返亚太”战略，美国、日本对南海的介入越来越频繁。因此，未来南海形势的变化将不可避免地对我国石油天然气资源的开发利用和进口运输通道的安全保障，带来多方面的影响。[43] 对于我国当前和未来能源形势可能面临的挑战，有西方学者将其形象总结为“三个困境”，即“波斯湾困境”、“马六甲困境”和“主权困境”，分别涉及进口石油资源的稳定供应、运输路线的安全和南海地区的油气资源与领土主权之争。[44] 我们认为，这一归纳具有一定的代表性和概括性，可以较为概括地说明我国能源、石油天然气行业面临的外部形势和挑战。

综合以上分析，鉴于历史、人口、经济发展和地理位置等多方面因素，我们认为，历史上我国周边亚太地区国家在能源领域的竞争，未来将以新的形式出现且有可能加剧，它将对我国的能源、石油安全形势带来多方面的重大影响，有些影响有可能会直接影响到我国能源和石油天然气的供应保障，这就要求我国必须从经济、外交、安全和军事多角度积极加以应对，而且这将是未来相当长时间我国都无法回避的重大话题。

（五）经济社会发展对能源和石油天然气行业的更高要求

根据 1960 年美国市场营销协会（AMA）的定义，“服务”是指一种经济活动，是消费者从有偿的活动或从所购买的相关商品中得到的利益和满足感。“普遍服务”这一术语最早由美国电报电话公司在 1907 年年度报告中提出，其原话为“一种政策，一种体制，普遍服务”，起初是指电信服务。所谓“普遍服务”，应该是指对任何人都要提供无地域、高质量、无价格歧视且能够负担得起的服务。因此，在一个正常的社会中，各行各业所提供的都是一种服务，服务于社会大众，需要得到社会大众的认可。同样，无论在世界其他国家或是我国，能源和石油行业也一样，都需提供使社会大众满意的服务，才能体现出自身价值，企业也才能获得正常的发展。

2012年版的《中国能源政策》白皮书中，专门列出了第六章“六、提高能源普遍服务水平”，谈我国能源的普遍服务问题。这份白皮书指出，“保障和改善民生是中国能源发展的根本出发点和落脚点。中国统筹城乡能源协调发展，加强能源基础设施建设，改善广大农村和边疆少数民族地区用能条件，提高能源基本服务均等化水平，让能源发展成果更多地惠及全体人民”。[45]这应该是政府部门在政策文件中首次提出能源的普遍服务问题，是一个历史性的进步，不过其中所涉及的内容侧重于政府做了什么事，而没有从社会大众的满意角度来看我国的能源普遍服务问题，还处于比较低层次的水平。时至今日，国家有关能源主管部门在谈及能源的普遍服务时，重点还是停留在诸如贫困村通动力电、小城镇中心村农网改造升级、机井通电、光伏扶贫等，“努力满足人民群众用能需求，切实保障和改善民生”，认为“我国开展了多项能源惠民利民工程，能源普遍服务水平不断提高，给百姓带来便利和实惠”。[46] 2016年年底发布的“能源发展‘十三五’规划”，在谈到2020年要实现的能源普遍服务目标时，也只简单提到“能源普遍服务。能源公共服务水平显著提高，实现基本用能服务便利化，城乡居民人均生活用电水平差距显著缩小”。[47]

目前，我国社会已经普遍进入了消费者选择的时代，对能源行业来说也是如此。正如我们在前面谈到的，经过新中国成立以来60多年的发展，我国的能源行业已经告别了短缺时代，因此无论是政府部门或是企业，已经不能满足于向消费者提供基本的产品供应，而是应上升到提供有竞争力的价格和优质的服务，消费者也不会仍停留在低水平的能源产品获得上，也对服务和产品价格的竞争力提出了更高的要求。一般来说，在一个正常的经济社会中，我们认为，作为一个普通的社会个体与能源行业打交道，应该主要关心能源产品可获得和能源价格经济性两个层面。从能源产品来说，主要集中在三个领域，即电力、天然气、油品，过去还涉及煤炭的供应，但目前煤炭正处于缩小的状态。作为社会大众，其获得的普遍服务应该是指电力、天然气和油品，一方面要有充足的资源保障，另一方面可自由地选择服务的提供者或供应商。而从能源产品的价格来说，应该是指能源产品的经济性，从小的范围来说是指一个地区的能源产品价格最优，从大的范围来说是指世界范围产品价格最优，如成品油价格。近年来，由于资讯业的发展，消费者和普遍的社会个体已经可以获得即时的世界市场信息，可以对自己获得的产品和服务的价格进行世界范围的对比及比较。从这一角度去理解，我们认为，我国的能源普遍服务与社会大众的要求还存在较大的差距，目前基本的情况是：从电力、天然气方面来说，无论是供应商还是商品价格，消费者都没有任何选择的可能；从成品油方面来说，消费者可以在一定的范围内对供应商进行选择，对于价格也存在一定的选择空间。我们经常从媒体上看到的上至国家高层下至平民百姓对电力行业、对石油行业的议论甚至批评，就是目前我国消费者对能源行业普遍服务水平的具体评价。拿电力行业来说，有报道称，高层领导对当前的电力体制格局是非常不满的，电力系统中长期以来调度与输配电合二为一，既当裁判员，又当运动员，是“政企不分”的典型体现。[48] 电改 10 年来，全国平均电价累计上涨 30%~40%；在一些电力企业效益增长缓慢甚至滑坡的情况下，电力企业职工的收入和福利出现了不正常的超常增长。[49] 有社会调查认为，31%的被访者表示仍有“吃拿卡要”现象，32.5%的人认为是供电企业是垄断行业的既得利益者。[50] 针对国内成品油定价机制，有舆论认为，面对目前因为油价涨幅而引发的不满，最直接的办法就是对现有的成品油定价机制再次进行改革，制订更为灵活完善的价格调整机制，只有这样才能缓解民众因油价涨跌而引发的不满情绪。[51] 又如，有网络舆情调查指出，八成人民不满油价现状，责问为啥我国油价比美国高出一半？[52] 以至于有媒体直接发问：“为何那么多人不满意当前油价？”[53] 在党的十九大报告中，习近平总书记指出：“中国特色社会主义进入新时代，我国社会主要矛盾已经转化为人民日益增长的美好生活需要和不平衡不充分的发展之间的矛盾。”我们认为，在能源领域，当前和在未来相当长时间，能源普遍服务存在的问题和差距，就是新时期我国社会主要矛盾的具体表现。

我们认为，客观地分析，从能源发展的历史阶段来说，我国只是刚刚迈过长约半个世纪的能源短缺时代，才刚刚进入能源领域的消费者可选择的时期。因此，对于我国能源和石油天然气行业来说，从过去的保障供给转向提供多样化的服务才刚刚开始，无论对于从中央到地方的政府部门、能源主管单位还是全部的能源企业而言，如何满足从消费者角度提出的能源普遍服务需求还是一个崭新的课题，切实提高能源普遍服务水平，实现全民共享能源福利，未来还有很长的路要走。

综合以上 5 个方面的分析，通过 60 多年的发展，我国能源、石油天然气等行业取得了举世瞩目的成就，全体能源行业通过不懈的努力，支撑了我国作为世界第二大经济体和大国的经济政治地位，为我国经济社会的稳定可持续发展做出了积极的贡献。但是，我们认为，目前我国能源和石油天然气行业存在三个非常突出的问题，这三个方面包括：能源消费和生产结构过度依赖煤炭这样的传统化石能源，而且这还不是短期的现象，是长达半个世纪的长期现象；对进口石油天然气资源的高度依赖，在世界性大国中是绝无仅有的，而且还没有看到到达拐点的迹象，更尚不能推测出到达拐点的具体时间；人民大众对能源普遍服务提出了更高的要求，虽然相比前两点，这一点是一个软性的指标，在不同的语境下既不好衡量，也不好进行概括和归纳，但其社会影响会越来越大。以上三个突出的问题，既不利于我国经济的升级换代，同时也不利于我国经济社会的稳定可持续发展。

二、“中国梦”和“两个一百年”与能源和石油天然气行业未来发展

2050 年是本书研究的长时间周期的终点。从目前到 2050 年，是我国历史发展的关键阶段，在这 30 多年的时间里，要实现“两个一百年”的奋斗目标和“中国梦”，我国的能源和石油天然气行业还有大量的工作要做，还有很长的路要走。为实现党的十九大提出的“推进能源生产和消费革命，构建清洁低碳、安全高效的能源体系”，我们可以这样说，这 30 多年应该是我国的能源和石油天然气行业发生革命性变革的时期，这既是党和国家领导人对能源、石油天然气行业的殷切期望，也是我国经济社会发展和历史对能源、石油天然气行业提出的具体要求。

（一）“中国梦”和“两个一百年”引领中国前行

2012 年 11 月 8 日，在中国共产党第十八次全国代表大会上的

《坚定不移沿着中国特色社会主义道路前进，为全面建成小康社会而奋斗》报告中，再次重申了党的十五大提出的“两个一百年”奋斗目标，即在中国共产党成立100年时全面建成小康社会，在新中国成立100年时建成富强民主文明和谐的社会主义现代化国家。这样，党的十八大描绘了全面建成小康社会、加快推进社会主义现代化的宏伟蓝图，向中国人民发出了向实现“两个一百年”奋斗目标进军的时代号召。“两个一百年”自此成为一个固定关键词，成为全国各族人民共同的奋斗目标。

2012年11月29日，在国家博物馆参观《复兴之路》展览时，习近平总书记表示：“我坚信，到中国共产党成立100年时全面建成小康社会的目标一定能实现，到新中国成立100年时建成富强民主文明和谐的社会主义现代化国家的目标一定能实现，中华民族伟大复兴的梦想一定能实现。”习近平总书记说：“现在，我们比历史上任何时期都更接近中华民族伟大复兴的目标，比历史上任何时期都更有信心、有能力实现这个目标。”这是习近平首次提出“中国梦”。

习近平总书记指出：“为了实现中国梦，我们确立了‘两个一百年’奋斗目标。”有媒体统计指出，“两个一百年”一词，在习近平总书记自党的十八大以来的历次公开讲话与文章中，出现超过100次。[54]“两个一百年”奋斗目标，与“中国梦”一起，成为引领中国前行的时代号召，今日的中国，亿万民众昂首行进在实现“两个一百年”奋斗目标的道路上。

2017年10月18日，在中国共产党第十九次全国代表大会的报告中，习近平总书记指出，从目前到2050年，我国要“决胜全面建成小康社会，开启全面建设社会主义现代化国家新征程”，即从现在到2020年，是全面建成小康社会决胜期，实现第一个百年奋斗目标。从2020年到本世纪中叶实现第二个百年奋斗目标，可以分两个阶段：第一个阶段，2020—2035年，在全面建成小康社会的基础上，再奋斗15年，基本实现社会主义现代化；第二个阶段，从2035年到本世纪中叶，在基本实现现代化的基础上，再奋斗15年，把我国建成富强民主文明和谐美丽的社会主义现代化强国。因此，通过党的十九大，“两个一百年”的奋斗目标更加细化和明确。

习近平总书记在谈到实现两个百年梦想时指出，要继续把发展作为第一要务，坚持以经济建设为中心，推动国家经济社会的发展。对于社会大众来说，简单的同时也是常识性的理解就是，“两个一百年”的奋斗目标，需要通过全国人民的共同努力，保证我国经济的稳定可持续发展，使我国跨入发达国家行列，让中国不仅现在经济总量居世界第二，而且将来让中国的人均经济总量也位列世界前茅。

在关于《中共中央关于制定国民经济和社会发展第十三个五年规划的建议》的说明中，习近平总书记指出，从国内生产总值翻一番看，2016—2020年经济年均增长底线是6.5%以上。从城乡居民人均收入翻一番看，2010年城镇居民人均可支配收入和农村居民人均纯收入分别为19 109元和5 919元。到2020年翻一番，按照居民收入增长和经济增长同步的要求，“十三五”时期经济年均增长至少也要达到6.5%。经济保持中高速增长，有利于改善民生，让人民群众更加切实感受到全面建成小康社会的成果。[55]国务院总理李克强在《人民日报》发表题为《全面建成小康社会新的目标要求》的署名文章中指出，要实现到2020年国内生产总值和城乡居民人均收入比2010年翻一番的目标，必须保持一定的经济增长速度。经过初步测算，“十三五”时期，国内生产总值每年平均增长速度必须保持在6.5%以上，主要经济指标平衡协调，才能实现翻一番目标。[56]因此，也就是说，要实现第一个一百年的奋斗目标，2016—2020年，中国国内生产总值的年均增长率不能低于6.5%。

对于要实现第二个一百年的奋斗目标需要多高的国内生产总值增长率支持，尚没有查到官方有关的说明和口径。在前面引用的同篇文章中，李克强总理的说法是："即使实现全面建成小康社会目标之后，相当长时间仍需保持一定的增长速度，才能实现第二个百年奋斗目标。因此，保持经济中高速增长是我们长期的任务。"国际上一些机构对此进行了研究和分析。2015年6月23日，经济学人集团发布的报告认为，2026年中国的国内生产总值将超过美国，2050年会达到105万亿美元，成为世界经济第一大国。[57] 2017年2月8日，普华永道发布《长远前景：2050年全球经济排名将会如何演变？》指出，到2042年全球经济总量将会翻一番，2016—2050年的年均经济增长率为2.5%，中国的年均经济增长率将达3.5%，中国在2030年前将成为全球最大经济体，到2050年中国人均国内生产总值将达到4万~5万美元，到达中等收入平均水平，为美国的一半，而2015年中国的人均国内生产总值约合8 016美元。[58]因此，为实现第二个一百年的奋斗目标，2020—2050年，我国的国内生产总值增长应该保持在3.5%左右。

对能源和石油天然气行业来说，“中国梦”和“两个一百年”的奋斗目标，既是机遇也是挑战。一方面，要实现“中国梦”和“两个一百年”的奋斗目标，为了保证实现“两个一百年”6.5%和3.5%的经济增长目标，必须要有充足和可靠的多种能源资源保证，否则一个连经济社会都无法正常运行的国家，是不可能谈保证这个国家在世界经济总量中占有重要地位的，这是我国能源和石油天然气行业面临的发展机遇；另一方面，能源行业是国民经济的重要组成部分，能源行业涉及石油天然气、煤炭、水电、可再生能源和核能等方方面面，既包含制造能力也包含管理能力，代表着一个国家的科技实力和经营管理水平，没有强大的能源工业，这个国家的经济实力和市场竞争力也就不可能强大。从更高的角度和层次来说，如果不能实现能源独立，我国届时还高度依赖国际市场的能源供应，就很难实现“中国梦”，我国在国际上会因能源问题而受到很多掣肘。因此，对我国的能源和石油天然气行业来说，如果自身不能转型升级和上台阶，就不可能保证“两个一百年”目标的实现，应该说这是一个巨大的挑战。

（二）第一个一百年我国能源和石油天然气行业仍需持续发展

根据“两个一百年”的奋斗目标和有关政府文件的表述，第一个一百年的时间节点为 2020 年，到 2020 年我国要全面建成小康社会。党的十九大将这一时期明确为“从现在到 2020 年，是全面建成小康社会决胜期”。

第一个百年剩余的时间所包含的年份，与第十三个五年计划时期，即 2016—2020 年完全重合。从本书研究的时间段划分来说，属于短时间周期，事实上，从目前到 2020 年只有约三年的时间。多年来，有关政府部门特别是国家能源行业主管部门，都在积极研究和规划我国能源和石油天然气行业的未来发展，应该说这些政府部门颁布的政策和规划性质的文件，一方面代表了国家当前和未来有关能源的政策取向，同时另一方面也凝聚了国内外众多能源行业人士的智慧，对研究未来我国的能源和石油天然气行业趋势有很强的参考借鉴意义。一般来说，这些政府部门颁布的规划类政策文件，包含的时间周期大部分为5年左右，基本上属于短时间周期的范围。因此，我们这里选择几个权威性和有代表性的政府规划类文件，并结合国际上有关机构的研究，来分析和讨论在第一个一百年剩余时间，我国能源和石油天然气行业发展的可能趋势。

2014年6月7日，国务院发布了《能源发展战略行动计划（2014—2020年）》。因为这个行动计划只涵盖到2020年，因此只能被视为一个短期的或仅包含“十三五”时期的能源规划。这个行动计划的指导思想是，以开源、节流、减排为重点，确保能源安全供应，转变能源发展方式，调整优化能源结构，创新能源体制机制，着力提高能源效率，严格控制能源消费过快增长，着力发展清洁能源，推进能源绿色发展，着力推动科技进步，切实提高能源产业核心竞争力。行动计划提出的量化目标包括：到2020年，一次能源消费总量控制在48亿吨标准煤左右，煤炭消费总量控制在42亿吨左右；基本形成比较完善的能源安全保障体系，国内一次能源生产总量达到42亿吨标准煤，能源自给能力保持在85%左右，石油储采比提高到14~15，能源储备应急体系基本建成；非化石能源占一次能源消费比重达到15%，天然气比重达到10%以上，煤炭消费比重控制在62%以内；基本形成统一开放竞争有序的现代能源市场体系。为此，要“打造中国能源升级版，为实现中华民族伟大复兴的中国梦提供安全可靠的能源保障”。[59] 这个行动计划颁布的时间是2014年年中，当年我国的一次能源消费总量是42.58亿吨标准煤，2015年上升到42.99亿吨标准煤，2016年为43.6亿吨标准煤。因此，如仅从一次能源消费总量的角度，2020年实行这个行动计划提出的目标，还是有很大可能性的。

2016 年 12 月 26 日，国家发展和改革委员会、国家能源局公开发布了《能源发展“十三五”规划》，阐明了“十三五”期间我国能源发展的指导思想、基本原则、发展目标、重点任务和政策措施。这份规划提出：到 2020 年，我国能源消费总量控制在 50 亿吨标准煤以内，煤炭消费总量控制在 41 亿吨以内；能源自给率保持在 80% 以上，增强能源安全战略保障能力，提升能源利用效率，提高能源清洁替代水平；保持能源供应稳步增长，国内一次能源生产量约 40 亿吨标准煤，其中煤炭 39 亿吨，原油 2 亿吨，天然气 2 200 亿立方米，非化石能源 7.5 亿吨标准煤；非化石能源消费比重提高到 15% 以上，天然气消费比重力争达到 10%，煤炭消费比重降低到 58% 以下。[60]

对比 2016 年 6 月的行动计划，除有关文字内容的不同表述外，这个规划的最大差别，是将 2020 年我国一次能源消费总量由 48 亿吨标准煤调增到 50 亿吨标准煤，而将煤炭的消费总量由行动计划的 42 亿吨调减到 41 亿吨。估计这两个数字一增一减的背后原因：一方面可能是经济增长对能源消费的驱动，一次能源消费总量有可能控制不住；另一方面，因环境的压力太大和这几年因“供给侧改革”正在大力压缩煤炭生产能力。如在《能源发展“十三五”规划》的“三、多元发展，推动能源供给革命”中，就将“着力化解和防范产能过剩”作为第一项内容，其中煤炭又作为了重中之重。一次能源消费总量的控制目标，如按规划的这个数字，对比行动计划，2020 年目标的实现压力应该会小一些。

认真研究学习《能源发展战略行动计划（2014—2020 年）》和《能源发展“十三五”规划》这两个文件，可以发现有关石油天然气的内容都着墨不多，其中石油行业的内容是尤其少，一方面没有明确到2020年石油消费量的控制目标，另一方面有关石油供给也是重点放在国内，提法是“稳步提高国内石油产量”，但目标也仅是“年产量2亿吨左右”。相较于石油，天然气的内容相对多一点，定调和具体提法上也不一样，“大力发展天然气”，并明确提出了“天然气消费提升行动”的口号。天然气有关的具体规划目标也比较详细，但两份文件设定的目标不一致。《能源发展战略行动计划（2014—2020年）》明确提出，到2020年，我国年产常规天然气1 850亿立方米，页岩气产量力争超过300亿立方米，煤层气产量力争达到300亿立方米。而《能源发展“十三五”规划》相关内容为，2020年，我国常规天然气产量达到1 700亿立方米，页岩气产量达到300亿立方米，煤层气（煤矿瓦斯）利用量达到160亿立方米。因此可以说，在这两个能源全行业的行动计划和规划中，石油天然气不是国家关注的重点。

2016年12月24日，国家发改委会发布了“石油发展‘十三五’规划”和“天然气发展‘十三五’规划”两个专项规划，较为详细地规划了石油天然气行业至2020年的发展问题。在“石油发展‘十三五’规划”中明确提出，2020年，我国石油消费量要控制在5.9亿吨，石油净进口量控制在3.9亿吨，2015—2020年这两个指标的年均增长率分别为1.52%和3.21%。当然，我们知道，2016年我国的石油消费量为5.787亿吨,2016年对比2015年的增长率为2.7%，2005—2015年的年均增长率为5.5%。2016年，我国石油净进口量是3.783亿吨,2016年比2015年增长了9.9%。因此，如何在2020年实现“十三五”期间石油行业的这两个目标，将面临较大的挑战。在“天然气发展‘十三五’规划”中明确提出，2020年，我国国内天然气综合保供能力达到3 600亿立方米以上，其中，常规天然气产量约 1 200 亿立方米，鄂尔多斯、四川两大盆地致密气页岩气 370 亿立方米，页岩气产量力争达到 300 亿立方米，煤层气（地面抽采）产量 100 亿立方米。作为一个专项规划，我们居然没有从中找到 2020 年我国天然气消费量的数据，只是在该规划的第 5 部分“环境保护”中出现了这样的描述，“若 2020 年天然气消费量达到 3 600 亿立方米，比 2015 年增加 1 670 亿立方米”。此外，在这个规划有关行业发展主要指标中，提出天然气占一次能源消费的比例由 2015 年的 5.9% 提升到 2020 年的 8.3%~10%，但也没有具体的数量。[61]

由于我国已经成为世界上最大的石油进口国和第二大石油消费国，国际上众多的机构非常关心我国当前和未来的石油消费问题。在第 14 章有关中期国际石油市场形势的分析中，我们援引了国际能源署和石油输出国组织对我国 2020 年前后石油需求和进口的研究。如在 2017 年 5 月发布的最新版《2017 年石油市场报告》中，国际能源署预计：2016—2022 年我国的石油需求将日均净增 180 万桶，年均增长率约为 2.4%；供应方面，预计 2022 年我国的石油日均产量将降至 380 万桶。未来 5 年，中国的原油净进口量将达到日均 950 万桶，仅次于美国在本世纪初创下的日均 1 000 万桶的历史纪录。[62] 这也就是说，从绝对数字来看，2025 年前后中国仍将是世界主要原油净进口国，并有可能创下世界历史纪录。国际能源署对 2015—2022 年我国石油需求的预测，参见第 14 章中的表 14–3，2020 年我国的石油消费量预计将达到日均 1 313.5 万桶，约合 6.57 亿吨。此外，石油输出国组织估计，2020 年我国的石油消费量为日均 1 160 万桶，约合 5.8 亿吨。我们认为，结合过去和目前我国石油消费的历史及现状，国际能源署对于 2020 年我国石油消费量的预测，准确性估计会更高一些。

综合上面所列举的我国有关政府部门的规划和国际上一些组织对我国能源、石油天然气行业所做的研究，我们可以得出的结论是，为实现第一个一百年的发展目标，2016—2020 年我国经济增长必须保持 6.5% 以上的水平，因此，在“十三五”期间，我国的能源、石油天然气行业也必须保持一定的发展速度，以支撑我国经济社会的发展。这就是说，在短期尤其是在“十三五”期间，我国能源、石油天然气行业的主调，仍然是发展。当然，世界经济发展的普遍规律是，一定的经济发展速度必然会带来一定的能源和石油消费增长速度，对于处于目前发展阶段的我国来说，至少在 2020 年以前这一规律肯定是适用的。至于我们上面引用的不同机构的有关 2020 年我国能源消费、石油和天然气消费及生产的具体数据，也只能由历史去证明哪家更准确了。

（三）第二个一百年我国能源石油天然气行业仍需保障供应

根据“两个一百年”奋斗目标和有关政府文件的表述，第二个一百年的时间节点为 2050 年。2017 年 10 月 18 日，在党的十九大报告中，习近平总书记对第二个一百年的目标，进行了进一步的细化和明确，即从 2020 年到本世纪中叶实现第二个一百年的奋斗目标：第一个阶段，2020—2035 年，在全面建成小康社会的基础上，再奋斗 15 年，基本实现社会主义现代化；第二个阶段，从 2035 年到本世纪中叶，在基本实现现代化的基础上，再奋斗 15 年，把我国建成富强民主文明和谐美丽的社会主义现代化强国。到 2050 年，我国将成为综合国力和国际影响力领先的国家，全体人民共同富裕基本实现，我国人民将享有更加幸福安康的生活，中华民族将以更加昂扬的姿态屹立于世界民族之林。

为实现第二个一百年的宏伟目标和具体要求，我国能源和石油天然气行业将面临严峻的挑战。相较于短期的分析和预测，我国有关政府部门对长期的能源发展趋势所做的规划和有关政策性文件中所涉及的内容不多，即使有所表述也更多的是一些宏观性的描述。不过，长期以来，国内外众多机构和专家学者们都在持续研究我国未来长时间周期的能源发展趋势，努力把脉我国未来的能源发展方向，为我国的经济社会发展献计献策。在前面的有关章节中，我们已经部分引用了这些机构和专家们的研究成果及部分观点。通过认真研究各方面机构和专家们的分析，结合对世界能源发展规律性的认识，尤其是对自20世纪70年代以来国际石油市场规律的探讨，我们认为，2020—2050年的31年时间周期里，为实现党的十九大提出的“推进能源生产和消费革命，构建清洁低碳、安全高效的能源体系”，必须建立多层次的能源供给体系，确保满足我国经济社会对能源发展的需求，仍将是我国能源和石油天然气行业的重要使命和首要任务。

2017年6月9日，中国工程院发布了有关“推动能源生产和消费革命战略研究（一期）”咨询项目的研究成果。中国工程院估计，我国可能在2020年工业能耗达到峰值，2040年左右能源消费达到峰值，2050年迎能源消费的“拐点”。该机构的研究认为：到2020年，我国能源消费总量控制在47亿~49亿吨标准煤；到2030年，能源消费总量控制在56亿~60亿吨标准煤；在2040年左右，我国能源消费总量预计将出现理论峰值拐点，对应的能源消费总量将达到55亿吨标准煤左右，此后能源消费总量基本不增长，人均能耗不到4吨标准煤，远低于美国、德国能源消费拐点的人均能源11.1吨标准煤和6.6吨标准煤；2050年前推行能源消费革命、控制能源消费的最终目标为不超过56亿~60亿吨标准煤，人均能耗不超过4亿吨标准煤。与之相对应的是，该机构估计：到2020年，我国的一次能源供应能力为48亿吨标准煤，其中国内生产能力为41.5亿吨标准煤；到2030年，一次能源供应能力为56亿吨标准煤，其中国内生产能力为46.9亿吨标准煤；到2050年，一次能源供应能力为60亿吨标准煤，其中国内生产能力为52.8亿吨标准煤。[63]我们不想在此讨论和评论这一研究的科学性及相关数据在当前、未来可能的准确性，但这一研究至少说明了未来我国能源形势发展的两个趋势。第一，在2040年前的22年时间里，我国的能源仍将持续增长，这就是说我国的能源和石油天然气行业在未来的22年时间里还将处于发展的时期；即使到2050年我国的能源消费也是增长的，只不过其增长的速度和绝对值下来了，因此事实上我国的能源和石油天然气行业发展的时期可以一直到2050年。第二，到2050年，我国的能源消费中仍将有相当一部分需要从国外进口，进口能源资源占当年能源消费的比例，2020年为13.54%，2030年为16.25%，2050年为12%。

相比于中国工程院的研究，中国社会科学院的研究则更加激进。2017年6月26日，在北京举办的“第6届全球能源安全智库论坛”上，中国社会科学院数量经济与技术经济研究所“能源安全与新能源技术经济研究”创新工程研究项目组发布的《中国的能源革命——供给侧改革与结构优化，2017—2050》认为，伴随着人口向城镇聚集和工业化进程的基本结束，我国能源需求的峰值已经到来。预计到2020年、2030年、2050年，中国能源需求总量将分别降至40亿吨、37.4亿吨、30亿吨标准煤。该报告指出：目前全国约70%的人口已经实际进入城镇及其周边地带，中国的城镇化进程已经完成；2006—2015年，我国相当于为每一个城市人口建成了约50平方米的建筑，从总量上说总供给已经超过了总需求；目前我国70%的能源和电力需求来自工业，而钢铁、有色、建材三大行业的能源需求占工业需求的1/3，这三大行业需求下降，还会引起煤炭、电力等相关行业自身需求的下降，预计会带动1/3能源需求的下降。该报告认为，未来我国能源的需求增长点在于高端制造业和生活消费。随着能源需求的下降，能源将不再作为中国经济的瓶颈，而是能够在供给和需求之间实现平衡。正常的情况下，能源供给能力应略大于需求，从而实现有效保障。[64]这应该是目前为止，我们看到的最激进的对于我国能源消费峰值拐点的分析报告。因为我们没有看到报告的完整文件，不清楚这个报告对于2030年和2050年我国社会形态的描述及经济发展水平的定义，但是，从多年研究世界能源和石油问题的直观感受看，报告的结论可能是太乐观了。当然，从主观上来说，我们也希望看到2020年前后我国的能源消费出现拐点，但世界和我国经济社会的发展自有其客观的规律，过去的历史已经证明我们没有多大能力去改变这个客观规律。

介于这两个机构预测结果之间的，是2017年8月16日中石油经济技术研究院发布的2017年版《2050年世界与中国能源展望》报告。该报告认为：我国化石能源需求在2030年达到顶峰，天然气需求在2050年依然会持续增长；石油需求将在2030年达到峰值，约6.9亿吨，原油产量在2030年前维持在2亿吨的水平，随后逐步下降。[65]

如同在本节前一部分讨论时所说明的一样，在第14章有关中期国际石油形势分析时，我们援引了国际上众多机构的分析和预测，其中英国石油公司于2017年年初发布的《世界能源展望》非常有代表性。在这一版的《世界能源展望》中，英国石油公司认为，就世界总体而言，预计未来 20 年世界经济将增长近一倍，年均增长 3.4%，而到 2035 年世界人口预计增加约 15 亿，达到 88 亿人。世界经济的增长需要更多的能源，能源需求将增长 30%，年均增速为 1.3%。几乎所有的新增能源需求都来自快速发展的新兴经济体，其中中国和印度加起来占增长的一半，中国将是最大的能源增长市场。对于我国的能源消费预期，英国石油公司认为，中国是世界最大能源消费国，且是过去 20 年世界能源增长的最重要的来源。展望期内，即到 2035 年，我国国内生产总值年均增长率预计接近 5%，约为 2000 年以来年均增速的一半，能源需求的年均增长速度为 2%，能源强度年均下降 3%。[66] 英国石油公司对我国 2015—2035 年经济发展和能源消费的预测情况，参见图 15–9 和图 15–10。从这两张图中我们可以直观地看出，从目前到 2035 年，虽然我国的能源弹性系统会持续下降，但仅除煤炭外，无论是一次能源消费总量还是石油、天然气和非化石燃料的消费，都仍将处于上升阶段。此外，世界能源理事会在 2016 年年底发布的《世界能源情景 2060——大转型》中，基于未来 45 年要将世界大气温度升幅控制在 2 摄氏度以内所做的三种不同情景预测认为，世界人均能源需求将在 2030 年之前达到峰值，人均能源使用量将达到 1.6 亿吨标油。在不同的情景下，世界最终能源消费量到 2060 年的增长幅度将在 22%~46% 之间。世界范围煤炭和石油需求可能在 2030 年达到峰值。[67] 而彭博新能源财经在其最新的《2017 年新能源展望》中预测，我国的煤电需求在未来 10 年内将维持增长 20% 左右，将在 2026 年达到峰值。[68]

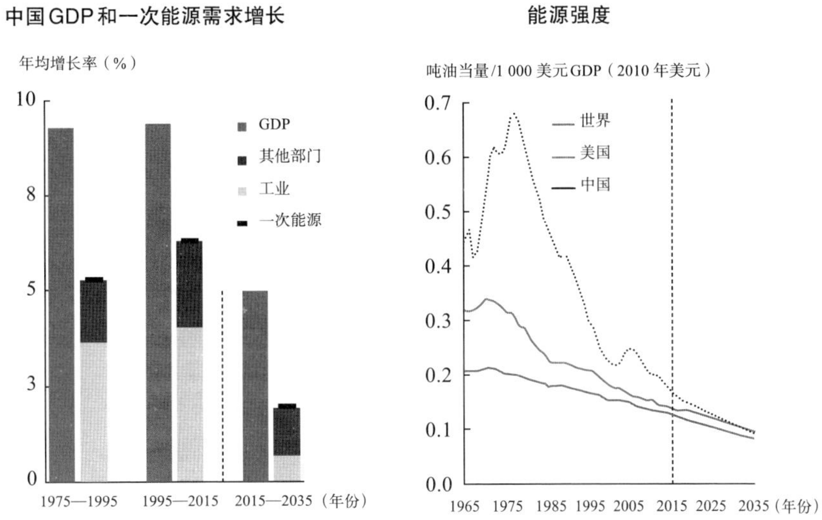

图 15–9　2015—2035 年中国的 GDP 和能源需求预测

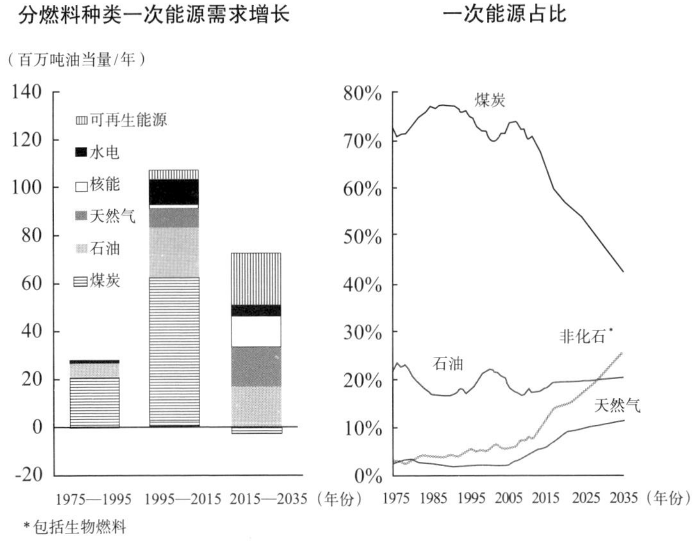

图 15–10　2015—2035 年中国一次能源消费分类预测

资料来源：*BP Energy Outlook 2017*, Jan. 2017.

鉴于普遍公认的我国能源消费在世界总的能源形势中的地位和影响力，我们可以说，至少在 2030 年之前我国的一次能源消费和石油、天然气的消费，出现拐点的可能性不大，更大的可能仍将是增长，也许增长的速度会放缓。我国一次能源消费出现拐点的时间，比较大的可能应该是在2030年之后。例如，由于环境压力和调整能源消费结构的需要，国际上研究界一致的观点是，过去20年来，中国一直是拉动石油需求增长的主要动力，而未来20年将成为拉动天然气需求增长的火车头。2020年，中国天然气消费量预计将达到3 000亿立方米，2040年将达到6 000亿立方米。2040—2050年，中国将超越美国成为全球主要天然气消费国。[69] 如果我们以上的判断是正确的，那么就能理解为什么在2014年6月13日的中央财经领导小组第六次会议上，习近平总书记提出的能源生产和消费革命的5点要求中，其中的第二点要求是，推动能源供给革命，建立多元供应体系。立足国内多元供应保安全，形成煤、油、气、核、新能源、可再生能源多轮驱动的能源供应体系。[70] 正是基于这一分析和判断，我们的理解是，为保证“中国梦”和“两个一百年”奋斗目标的实现，未来相当长时间，我国都必须有充足和安全可靠的能源保证。也正是基于此，在同年6月7日国务院颁布的《能源发展战略行动计划（2014—2020年）》明确指出，要确保能源安全供应，打造中国能源升级版，为实现中华民族伟大复兴的中国梦提供安全可靠的能源保障。

（四）环境硬约束迫使我国能源行业必须进行革命

为保证“中国梦”和“两个一百年”奋斗目标的实现，从目前至2050年，我国的能源和石油天然气行业仍将需要发展，这一发展的含义包括了两个层次的内容：一是提供充足的能源供应，保证我国经济稳定可持续的增长，这仅是我国能源和石油天然气行业使命的一个方面；二是面对国内严峻的环境问题和我国对国际社会关于减排的承诺，我国的能源消费结构和使用方式必须进行转变，我国的能源行业必须进行转型升级，否则将无法最终保证“中国梦”和“两个一百年”目标的实现。

气候问题是当前国际社会普遍关注的重大问题，正因如此，1992年6月“联合国环境与发展首脑会议”通过的《地球宣言》后来发展成为当今世界性的气候大会。气候问题与能源消费直接相关，作为世界上两个最大的能源消费国，2014年11月12日，中美双方在北京发布应对气候变化的联合声明。美方在声明中表示，计划于2025年实现在2005年基础上减排26%~28%的全球范围减排目标并将努力减排28%。中方计划在2030年左右二氧化碳排放达到峰值且将努力早日达峰，并计划到2030年非化石能源占一次能源消费比重提高到20%左右。[71] 2015年9月25日，中美两国元首在华盛顿发布《中美元首气候变化联合声明》，重申两国在世界气候问题上加强合作，细化了两国减排的行动具体目标。[72] 正是在中美两国的积极推动下，2015年年底世界气候大会终于在巴黎通过了《巴黎协定》，世界上近200个缔约方承诺共同行动应对气候变化威胁。

自2009年成为世界第一大能源消费国以来，中国的能源消费及由此引起的二氧化碳排放问题，就成了国际社会的焦点之一，我国政府和能源全行业面临的压力越来越大。2015年11月30日下午，国家主席习近平在气候变化巴黎大会上发表的主旨演讲中，代表中国政府承诺，中国一直是全球应对气候变化事业的积极参与者，有诚意、有决心为巴黎大会成功做出自己的贡献。[73] 早在2009年，中国政府就宣布了到2020年控制温室气体排放的行动目标：

到 2020 年，我国单位国内生产总值二氧化碳排放将比 2005 年下降 40%~45%，并将其作为约束性指标纳入国民经济和社会发展中长期规划；到 2020 年使非化石能源占一次能源消费的 15% 左右，增加森林碳汇，使森林面积比 2005 年增加 4 000 万公顷，森林蓄积量比 2005 年增加 13 亿立方米等。[74] 2015 年 11 月，中国政府再次发布“强化应对气候变化行动——中国国家自主贡献”，承诺将于 2030 年左右使二氧化碳排放达到峰值，并争取尽早实现；2030 年单位国内生产总值二氧化碳排放比 2005 年下降 60%~65%；非化石能源占一次能源消费比重达到 20% 左右；森林蓄积量比 2005 年增加 45 亿立方米。[75]

在本章第一节中我们谈到，从新中国成立以来，我国的能源消费持续严重依赖煤炭，且近年来煤炭的消费总量迅速增加。目前，无论从哪个角度看，我国都是世界上二氧化碳排放量最大的国家。从 2006 年起，从单一年度看，我国的二氧化碳排放量已居世界首位。从累计排放量看，1990—2016 年，我国的二氧化碳累计排放量达到 1 464 亿吨，超过美国的 1 462 亿吨。第三位及之后，依次是欧洲、俄罗斯、印度和日本。[76] 2013 年，我国的二氧化碳排放超过欧盟和美国的总和，达到 100 亿吨，同时我国人均碳排放量首次超过欧盟，达到 7.2 吨。2013 年，全球的二氧化碳排放量为 361 亿吨左右。其中，美国 52 亿吨，欧盟 28 国 35 亿吨，印度 24 亿吨。当年我国排放二氧化碳 100 亿吨，占全球总排放量的近三成。[77] 2016 年，我国的二氧化碳排放量为 91.23 亿吨，占世界排放总量的 27.3%。[78]

对于未来我国的二氧化碳排放趋势，不同的机构和组织都进行了分析和预测，但是其结果差异很大。2016 年，有机构研究就非常乐观地认为，未来 5~10 年，中国主要污染物排放的“拐点”将全面到来，即污染物排放量总体上将由上升转为下降。2016—2020年间，即“十三五”时期，中国主要污染物排放的叠加总量会达到峰值。[79]我们姑且不讨论这些分析和预测的准确性，因为根据我国政府对国际社会的承诺，我国的二氧化碳排放总量必须在2030年左右达到峰值并争取尽早达峰，单位国内生产总值二氧化碳排放比2005年下降60%~65%，非化石能源占一次能源消费比重达到20%左右。此外，从我国签署的《巴黎协定》看，要实现未来因气候变化导致的大气升温不超过2摄氏度，到2050年，全世界二氧化碳排放总量不能超过150亿吨，中国的额度不高于30亿~35亿吨。对比目前我国的能源消费现状和实现“中国梦”“两个一百年”奋斗目标的需要，要在2030年达到二氧化碳排放量的峰值并在2050年将二氧化碳排放量削减约2/3，将对我国的能源行业带来巨大的压力和挑战，我国人民的生活方式和经济社会形态也必将随之发生很大的改变。

2015年12月23日，国务院新闻办公室举行“巴黎归来谈气变”中外媒体见面会，邀请到中国气候变化事务特别代表解振华、发展改革委员会应对气候变化司司长苏伟等巴黎峰会谈判代表，介绍中国代表团参加巴黎气候变化大会的情况，并介绍中国节能减排的政策措施。在这次见面会上，解振华谈到，要实现我国的自主目标，必须要发展核电、提高能源的使用效率、调整能源消费结构，而且按照国外的评论，在中国确定自主贡献的目标当中，能源结构的优化调整是最困难的。解振华特别指出，调整能源结构，现在中国以煤为主的能源结构虽然暂时不能够改变，但是我们从长远来看，必须要进行调整，煤电、火电存量必须继续提高效率，更清洁、更环保、更节能。增量这一部分要大力发展非化石能源，除了可再生能源之外，核能还要继续发展，这样才能真正把能源结构调整过来，实际上这是一场革命。[80]因此，为实现我国政府的减排承诺，中国不能再走从煤炭至油气再到可再生能源这一条世界走过的能源结构依次递进的老路，而应该一步到位地拥抱可再生能源，以可再生能源发电为基础规划未来的能源系统，实施由煤炭时代直接向以电为主的低碳时代过渡的能源转型方案。[81]从现实和可能性看，虽然它既涉及能源生产、消费和我国经济社会形态转型这一类复杂的系统工程，同时也需巨大的投资作为支撑，而且现在看来，很大程度上这可能是一个美好的愿望，但中国政府正在积极推进这方面的工作，其战略意义巨大。成功的能源革命，将使21世纪中叶的中国有可能弯道超车，跨越石油时代，一步从煤炭时代进入可再生的能源多样化时代，使中国成为富强民主文明和谐美丽的现代化强国。

有关中国政府大力推动去煤炭化、开展清洁能源革命的政策和具体做法很多，我们在此不再一一列举，如大力发展太阳能、风能等，其中最有代表性的是电动汽车。作为节能减排的主要措施之一，中国政府大力推进电动汽车和新能源汽车的发展，近年来世界销售的电动汽车中几乎一半在中国。2017年9月初，中国政府宣布，启动开始研究停止生产和销售汽油车和柴油车的时间表。2017年9月27日，中国工业和信息化部会同财政部、商务部、海关总署、质检总局，颁布《乘用车企业平均燃料消耗量与新能源汽车积分并行管理办法》，自2018年4月1日起施行，以促进节能与新能源汽车产业发展。[82]当然，目前国内学术界和有关方面对于我国是否应该跟随西方工业化国家对燃油汽车采取同样的政策，有不同的看法，争议较大，“阴谋论”一说已经出现，但是中国政府的态度是非常明确的。[83]此外，中国政府还在准备一个更大的行动，即在2017年晚些时候，有可能启动全国碳交易机制，涵盖全国约1/4的工业二氧化碳，将成为世界此类机制中规模最大的，令欧盟的碳交易机制相形见绌，将大大推动世界性的减排活动。[84]

进行能源革命，需要巨额投资。彭博新能源财经在其最新发布的《2017年新能源展望》中估计，2017—2040年，预计全球新增发电投资总额将高达10.2万亿美元，但即使如此2040年的全球排放也只比2016年的水平低4%，远不足以实现将全球变暖控制在2摄氏度以内的目标，而要实现2摄氏度这一目标，全球还必须进一步投资5.3万亿美元建设3.9太瓦零排放发电容量。[85]根据中国政府的有关计划，到2020年，为实现可再生能源发展目标，中国政府将投资3 610亿美元，而2016年在这方面的投资就高达783亿美元，中国对可再生能源领域的投资已经是美国的两倍。[86]

对于中国政府正在大力推进的能源革命，外媒给予了高度评价，认为中国已经开展一场持久专注、经费充足的“战争”，目标就是这个新世纪最大的“经济和战略宝藏”，中国已经走在绿色能源发展道路的前列，是全球太阳能、风能、水电领域无可争议的领导者，中国或在未来主导新能源领域，而美国正在进入一个“新世纪”——19世纪的煤炭时代，今后10年美国只有拼命追赶的份儿了。[87]

（五）冷静客观地研判我国能源石油天然气行业所处阶段

2017年7月25日，中国电力企业联合公司（简称“中电联”）发布《2017年上半年全国电力供需形势分析预测报告》。报告显示：2017年上半年，我国全社会用电量为2.95万亿千瓦，同比增长

6.3%，增速同比提高 3.6 个百分点，达到 2012 年以来同期最高增长水平；全国煤炭供需平衡偏紧，各环节库存下降，电煤价格高位上涨，煤电企业燃料成本大幅攀升，大部分发电集团煤电板块持续整体亏损，发电行业效益大幅下滑，五大发电集团的火电板块亏损加剧，利润同比下降 119.7%。该报告预计，2017 年下半年电煤供应将延续平衡偏紧局势，若迎峰度夏期间出现持续大范围极端高温天气、水电欠发、运力受限等因素交织叠加的情况，局部地区部分时段将可能出现电煤供应紧张局面。[88] 事实上，我们知道，一段时间以来，煤炭供应和电力企业之间的关系就非常紧张，国家发改委多次出面协调并试图解决存在的问题。如 2017 年 7 月 17 日，国家发改委就召开迎峰度夏电力煤炭供应专题会议，认为虽然当前煤炭、电力供应存在结构性和时段性矛盾，但总的供给能力是充裕的，经过采取针对性调控措施，可以有效满足生产生活的需求，保证迎峰度夏形势的平稳有序。[89] 看到这两条新闻报道，似乎我国能源供应的形势又重新回到了 2008 年，前两年对煤炭产量的调控要求虽然还近在眼前却恍如隔世。正因如此，在 2017 年 7 月 21 日国家能源局召开的新闻发布会上，针对 2016 年下半年以来煤价再度上涨，2017 年上半年消费增速转为正增长，媒体认为这是否意味着新一轮煤炭需求回升，而对于有专家称过去三年煤炭消费量持续下降，表明我国煤炭消费已经达到峰值的结论，媒体又提出了更大的疑问。[90]

经查询国家统计局网站的有关数据，我们对 2000 年以来我国的国内生产总值增长、能源消费和电力消费弹性系数进行了列表，并据此绘制成了曲线图，具体参见表 15–8 和图 15–11。国家统计局官方网站中，目前尚没有 2016 年我国能源消费和电力消费弹性系数的统计数据，因此，表 15–8 和图 15–11 只能分析 2000—2015 年 16

表 15–8　2000—2015 年我国GDP增长率、能源和电力消费弹性系数

年份	2000	2001	2002	2003	2004	2005	2006	2007	2008	2009	2010	2011	2012	2013	2014	2015
GDP（%）	8.6	8.1	9.6	10.5	10.5	10.9	13.3	14.7	10.1	8.5	10.3	9.0	8.6	7.1	8.3	6.4
能源	0.54	0.70	0.99	1.62	1.67	1.18	0.76	0.61	0.30	0.51	0.69	0.77	0.49	0.47	0.29	0.13
电力	1.12	1.12	1.30	1.56	1.52	1.18	1.15	1.01	0.58	0.77	1.25	1.27	0.75	1.14	0.55	0.07

资料来源：国家统计局网站，国家数据栏目。其中，GDP增长率参见http://data.stats.gov.cn/easyquery.htm?cn=C01&zb=A0201&sj=2015；能源和电力消费弹性系数参见http://data.stats.gov.cn/easyquery.htm?cn=C01&zb=A0701&sj=2015。

年间，我国的国内生产总值增长、能源和电力消费弹性系数的变化情况。

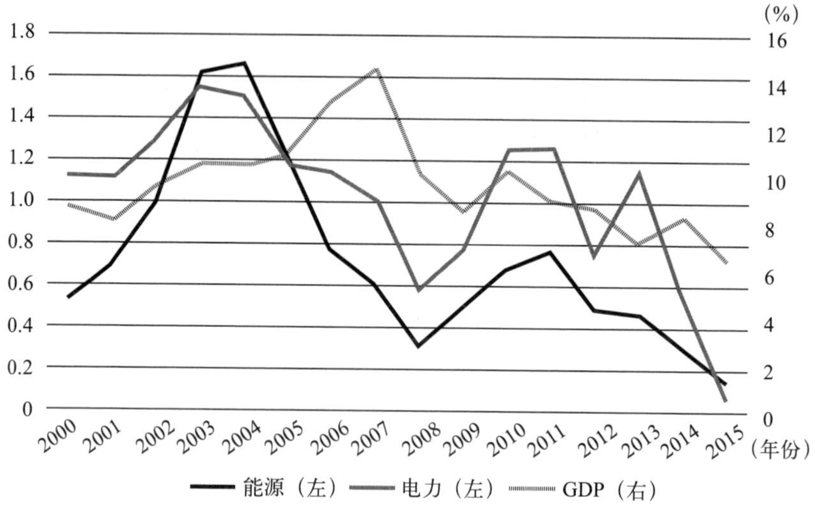

图 15–11　2000—2015 年我国的国内生产总值增长、能源和电力消费弹性系数

资料来源：根据表 12–8 的数据绘制。数据来源为国家统计局网站，国家数据栏目。其中：GDP增长率参见http://data.stats.gov.cn/easyquery.htm?cn=C01&zb=A0201&sj=2015；能源和电力消费弹性系数参见http://data.stats.gov.cn/easyquery.htm?cn=C01&zb=A0701&sj=2015。

认真分析表 15–8，直观的感觉是 2000—2015 年的这 16 年间，无论是我国的能源消费弹性系数还是电力消费弹性系数，都波动太大，有的年份到了不可理解的地步。将表 15–8 中的有关数据转变成曲线，这种感觉就更加强烈。图 15–11 所示的两条曲线令人很难接受：一是这两条曲线的波动幅度太大；二是在有的年份竟然还出现电力消费弹性系数低于能源消费弹性系数的奇特现象。在表 15–8 和图 15–11 中，最不可理解的是 2015 年能源消费和电力消费弹性系数的数据，如果这两个数据是正确的话，不是说明我国经济社会的能源效率已经到了全球独步的水平、我国已经是全球最发达国家，就是说明 2015 年我国国内生产总值的增长率几乎为零。当然，我们知道这两点假设都是不可能的，那么我们只能寄希望这两组数据出了什么问题，未来国家统计局会进行修正。我们曾看到，2006 年 5 月，国家统计局对 1999—2005 年我国的能源生产和消费总量数据进行过修正，相关数据有了较大幅度的调增。[91] 此外，根据第三次全国经济普查的结果，2013 年全年能源消费总量在 41.7 亿吨标准煤左右，比国家统计局原先公布的全年能源消费总量 37.5 亿吨标准煤增加了约 4 亿吨，新增的 4 亿吨标煤能源消费量将分摊到过去几年，2010—2013 年能源消费的数据将被修正，其中 2013 年原煤产量由 36.8 亿吨修订为 39.7 亿吨。[92] 关于这一次的能源数据修正，我们只是查询到有关新闻报道，没有查询到国家统计局官方的有关说明和公告。

事实上，长期以来研究界和社会上就对我国能源统计数据的准确性存有疑问。数据的大幅波动并不是 2000 年以来的 17 年偶然出现的。有学者研究分析指出，从改革开放开始至 2004 年的 27 年间，我国能源消费弹性系数一直处于剧烈波动之中。在这 27 年中，能源消费弹性系数有 4 年（1989 年和 2002—2004 年）大于 1，有 4 年小于 0（1981 年和 1997—1999 年），其余 19 年为 0~1，1997—1999 年甚至出现了负数。1978—2004 年，能源消费弹性系数平均为 0.52，如果剔除以上 8 个特殊年份，能源消费弹性系数平均为 0.51。如果单独考察以上 8 个特殊年份，则能源消费弹性系数平均为 0.55。[93] 还有学者研究分析了我国的电力弹性系数，这一系数也是很不稳定。2008 年以来，我国电力弹性系数快速上升后又急速下降，2014 年降至 0.51，2015 年第 1 季度降至 0.12。[94] 国际上通常用电力弹性系数从宏观角度考察国家能源发展与经济发展的匹配程度。一方面，当一个国家处于工业化快速发展时期，电气化程度不断提高，用电范围和数量迅速增长，电力工业的发展速度快于国民经济的发展速度，电力弹性系数一般大于 1；另一方面，当该国完成工业化进程，电力弹性系数则一般会小于 1。因此，对于 2015 年我国出现的令人不可思议的电力消费弹性系数，有专家质疑，这是否意味着我国已经快速完成了工业化？

我们在此引用我国能源消费和电力消费弹性系数，是想接续前面有关 2017 年上半年我国能源形势的讨论，因为如仅从 2010 年以后我国的能源消费和电力消费弹性系数看，我国的工业化进程应该已经完成或接近完成，我国的能源消费和电力消费应该已经到达峰值或接近峰值。但是，事实上我们知道，就我国目前的经济社会发展水平来说，远远没有达到这个阶段。国家有关部门公布的数据显示，当前我国第三产业产值虽然已超过第二产业，但是第二产业仍然是国民经济的重要组成部分，2014 年第二产业对国民经济增长的贡献率仍然高达 43.1%（其中工业对国民经济的贡献率为 35.4%），2015 年第 1 季度第二产业对国民经济增长的贡献率为 40.9%（其中工业对国民经济的贡献率为 34.5%）。结合其他相关数据综合分析和判断，学术界和有关政府部门比较一致的看法是，当前和未来相当长的时间，我国仍将处于工业化快速发展、城镇化快速推进阶段，未来经济社会还要有相当长的发展时期。例如，2015 年，我国城镇居民人均可支配收入约为 5 060 美元，同期美国居民人均可支配收入为 42 400 美元，这一年我国的居民人均可支配收入水平相当于同期美国的 12%、日本的 26%、韩国的 35%、英国的 17%，大约等同于美国 20 世纪 70 年代初的水平。2016 年，中国人均国内生产总值为 8 123 美元，接近于 20 世纪 70 年代末的美国、德国、法国、日本，20 世纪 80 年代初的英国，20 世纪 90 年代初的韩国。2016 年，中国城市化率达到 57.35%，进程接近于 1851 年的英国、1930 年的美国、1955 年的日本和 1980 年的韩国。各国城市化的历史表明，当城市化率达到 70%~75%时，城市化的进程将放缓，这意味着当前我们距离中国城市化进程的边际拐点还有 10 年左右。而从产能过剩和去产能阶段看，中国目前的重化工业发展阶段相当于发达国家 20 世纪 70 年代末的水平。[95]

从 1981 年 6 月以来，中国共产党在多次重要会议和文件中一再强调，我国长期处于社会主义初级阶段，物质文明还不很发达。2017 年 7 月 26—27 日，习近平总书记在省部级主要领导干部“学习习近平总书记重要讲话精神，迎接党的十九大”专题研讨班开班式上发表重要讲话，再一次强调“全党要牢牢把握社会主义初级阶段这个最大国情，牢牢立足社会主义初级阶段这个最大实际”，“到 2020 年全面建成小康社会，实现第一个百年奋斗目标，是我们党向人民、向历史作出的庄严承诺”，“2020 年全面建成小康社会后，我们要激励全党全国各族人民为实现第二个百年奋斗目标而努力，踏上建设社会主义现代化国家新征程”。[96] 因此，这就是说，虽然目前我国已经是世界第二大经济体，但从总体上判断，我国的经济社会发展还没有超越“社会主义初级阶段”，工业化进程远没有到接近完成或已经完成的阶段。国际上有关机构研究认为，2030 年前后，我国才有可能超过美国成为世界第一大经济体，2050 年时我国的人均国内生产总值也可能只有达到美国的一半。在本书前面的有关分析中我们可以看出，发达国家的能源转型经历了一个较漫长的过程，20 世纪 50 年代之前，美国以及欧洲国家均以煤炭作为主要能源，从 20 世纪 50 年代初到 70 年代中期，这些国家掀起了一场以油气替代煤炭的能源革命，逐渐过渡到油气时代。只是在经历了 20 世纪 70 年代的两次石油危机之后，以美国、日本和欧洲为主的发达国家才开始能源转型，可再生能源崭露头角，即使时至今日这些国家仍处于石油、天然气和煤炭三分天下并以化石能源为主的年代，仅像法国这样的极个别国家核能所占的比重高一点。当然，作为后发国家，我国具有一定的后发优势，不过就近 70 年来一直持续并改变不大的我国能源消费结构来说，要在短时期内对其进行根本性的改变，可能将面临极大的困难。

综合以上分析，鉴于我国目前的能源消费结构和现状，为实现“中国梦”和“两个一百年”的奋斗目标，我国的能源和石油天然气行业未来相当长时期仍将面临保障供给的压力，而对国际社会减排的承诺和国内日益严重的环境压力，又要求我国的能源和石油天然气行业的结构必须进行根本性的改变。在 2014 年 4 月 18 日的国家能源委员会会议上，李克强总理指出：我国作为发展中大国，随着“新四化”深入推进和人民生活改善，未来一个时期能源需求还会增长；大力实施节约优先战略，从生产和消费两方面着手，提高能源利用效率，以较少的能源消耗促进经济社会较快发展。[97] 因此，我们认为，未来相当长时期，我国的能源和石油天然气行业面临的现实，将是处于“戴着枷锁跳舞”的状态。一方面，要解决我国经济社会发展带来的能源、石油天然气资源供应保障问题；另一方面，要兑现对国际社会的庄严承诺，要节能减排，要改变能源消费结构。如果要和发达国家走过的经济社会发展和能源转型道路进行对比，我们认为，从目前至少到 2030 年这一个时间段，我国能源和石油天然气行业所处的历史阶段，与第一次石油危机后美国能源和石油天然气行业所面临的环境非常相似。一方面，急剧增长的石油对外依存度需要保障国家的石油供应安全，我国对海外的石油天然气等能源资源的投资会持续增加；另一方面，大力开发国内能源和油气资源，节能减排和开发新能源、可再生能源的呼声日益高涨，社会大众对能源企业尤其是石油企业普遍厌恶并充满了不信任。当然，美国是从第一次石油危机后的1974年开始，通过近40年的努力，才实现了能源强度持续下降，基本上接近于能源独立，能源、石油天然气行业发生了根本性变化，而美国页岩油气革命彻底改变了世界石油工业的历史。[98]我们衷心地希望，通过一系列强制性的政策要求并加以相关政策的扶植、引导，我国不再需要40年的时间，也能实现能源独立，并建立一个远比今日美国强大并且是内涵崭新的能源和石油天然气行业。

三、当前和未来我国的能源及石油天然气发展政策选择建议

能源和石油问题，是国际社会普遍关注的重大事项，长期以来也是我国党和国家领导人十分关注的重大经济及社会民生问题。习近平总书记指出，能源安全是关系国家经济社会发展的全局性、战略性问题，对国家繁荣发展、人民生活改善、社会长治久安至关重要。面对能源供需格局新变化、国际能源发展新趋势，保障国家能源安全，必须推动能源生产和消费革命。推动能源生产和消费革命是长期战略，必须从当前做起，加快实施重点任务和重大举措。因此，在当前和未来相当长时间，我国能源和石油天然气行业要认真学习、细致落实习近平总书记的讲话精神，立足眼前，放眼长远，为实现“中国梦”和“两个一百年”的奋斗目标，积极做出应有的

贡献。客观上说，多年来，相关政府部门、机构和专家对我国能源、石油天然气战略进行了系统和全面的研究，在此，我们不再重复论述和分析行业已经形成共识的话题，仅计划在学习和理解习近平总书记关于“能源生产和消费革命”理论的基础上，重点谈一谈自己对我国当前和未来能源、石油天然气行业发展有价值的几点建设性意见。

（一）积极践行“四个革命一个合作”和“一带一路”倡议

2014 年 6 月 13 日，在中央财经领导小组第六次会议上，习近平总书记发表了重要讲话，明确提出“必须推动能源生产和消费革命”，并提出了“四个革命和一个合作”的 5 点具体要求。第一，推动能源消费革命，抑制不合理能源消费。坚决控制能源消费总量，有效落实节能优先方针，把节能贯穿于经济社会发展全过程和各领域，坚定调整产业结构，高度重视城镇化节能，树立勤俭节约的消费观，加快形成能源节约型社会。第二，推动能源供给革命，建立多元供应体系。立足国内多元供应保安全，大力推进煤炭清洁高效利用，着力发展非煤能源，形成煤、油、气、核、新能源、可再生能源多轮驱动的能源供应体系，同步加强能源输配网络和储备设施建设。第三，推动能源技术革命，带动产业升级。立足我国国情，紧跟国际能源技术革命新趋势，以绿色低碳为方向，分类推动技术创新、产业创新、商业模式创新，并同其他领域高新技术紧密结合，把能源技术及其关联产业培育成带动我国产业升级的新增长点。第四，推动能源体制革命，打通能源发展快车道。坚定不移地推进改革，还原能源商品属性，构建有效竞争的市场结构和市场体系，形成主要由市场决定能源价格的机制，转变政府对能源的监管方式，建立健全能源法治体系。第五，全方位加强国际合作，实现开放条件下的能源安全。在主要立足国内的前提条件下，在能源生产和消费革命所涉及的各个方面加强国际合作，有效利用国际资源。在这次讲话中，习近平还要求，务实推进“一带一路”能源合作，加大和中亚、中东、美洲、非洲等油气的合作力度。

2014 年 4 月 18 日，李克强总理主持召开国家能源委员会会议，审议通过国家能源局研究拟订的《能源发展战略行动计划（2014—2020 年）》，明确了“节约、清洁、安全”三大能源战略方针和“节能优先、绿色低碳、立足国内、创新驱动”四大能源发展战略，部署了增强能源自主保障能力、推进能源消费革命、优化能源结构、拓展能源国际合作、推进能源科技创新等能源发展改革的重点任务，走出一条清洁、高效、安全、可持续的能源发展之路，为经济稳定增长提供支撑。[99]

2017 年 5 月，国家发改委、国家能源局发布《推动丝绸之路经济带和 21 世纪海上丝绸之路能源合作愿景与行动》（后文简称《愿景与行动》），提出“能源是人类社会发展的重要物质基础，攸关各国国计民生，加强‘一带一路’能源合作有利于带动更大范围、更高水平、更深层次的区域合作，促进世界经济繁荣”。《愿景与行动》提出 6 项合作原则，包括坚持开放包容、坚持互利共赢、坚持市场运作、坚持安全发展、坚持绿色发展、坚持和谐发展。《愿景与行动》提出加强政策沟通，加强贸易畅通，加强能源投资合作，加强能源产能合作，加强能源基础设施互联互通，推动人人享有可持续能源和完善全球能源治理结构等 7 个领域的“一带一路”能源合作重点。《愿景与行动》介绍了中国为推动“一带一路”能源合作将采取的积极行动：包括建立完善双边联合工作机制，研究共同推进能源合作的实施方案、行动路线图；充分发挥双边能源合作机制的作用，协调推动能源合作项目实施；积极参与多边框架下的能源合作，继续加强与各能源国际组织的合作，共同推动建设互利共赢、开放包容、公平有序的新型能源治理体系；倡议共建“一带一路”能源合作俱乐部，为更多国家和地区参与“一带一路”能源合作提供平台，增进理解、凝聚共识。《愿景与行动》强调，加强“一带一路”能源合作既是中国能源发展的需要，也是促进各国能源协同发展的需要，中国愿意在力所能及的范围内承担更多的责任和义务，为全球能源发展做出更大的贡献。只要各国携起手来，精诚合作，就一定能够建成开放包容、普惠共享的能源利益共同体、责任共同体和命运共同体。[100]

习近平总书记关于能源生产和消费革命的讲话，明确了我国能源的“国家战略”并将有关具体要求上升到“革命”的高度。[101]有外媒认为，习近平总书记将能源生产和消费革命一起提升至国家长期战略的高度，显示中央的动作和决心很大，其背后有着推动中国经济发展模式转变的深切意涵。[102]能源界普遍认为，习近平总书记的讲话为我国能源发展改革进一步指明了方向，系统规划了今后一个时期我国能源发展的使命任务、方向目标和主要举措，开辟了中国特色能源发展理论的新境界，对于在新起点上加快推动我国能源事业创新发展具有重大指导意义。贯彻落实5点要求，将带来能源领域生产力和生产关系的一次根本性调整，彰显引领全球能源转型的中国智慧，显著提升我国在国际能源舞台的话语权和影响力，不断增强我国对全球能源治理的引领作用。全国能源系统深入贯彻落实习近平总书记关于能源革命的重要论述，坚定不移地推进能源革命，各领域工作取得了显著进展和成效，开创了中国特色能源发展实践新局面。[103]

（二）通过市场化之路解决能源安全保障和普遍服务的难题

在本章第一节和第二节的分析讨论中，我们用大量的数据说明了当前我国能源、石油天然气行业存在的问题和未来面临的挑战，这些问题和挑战可以简要地归结为三个方面：保障能源、石油天然气资源供应的能源安全问题、环境硬约束带来的能源结构调整和能源普遍服务的提升。要解决这三个方面存在的突出问题，我国能源行业就要积极践行习近平总书记提出的“四个革命一个合作”和大力推进“一带一路”倡议，迎接未来的挑战。我们认为，积极推进市场化改革，应该成为积极践行“四个革命一个合作”的具体举措，可以成为解决能源和石油天然气行业存在的三个突出问题的有效手段，也符合党的十九大报告中明确的“加快完善社会主义市场经济体制”的要求。

1.市场化应该是解决能源安全问题、实现能源独立的最有效手段

在习近平总书记关于“能源生产和消费革命”的讲话中，开宗明义就提到，能源安全是关系国家经济社会发展的全局性、战略性问题，对国家繁荣发展、人民生活改善、社会长治久安至关重要。面对能源供需格局新变化、国际能源发展新趋势，保障国家能源安全，必须推动能源生产和消费革命。李克强在主持国家能源委员会会议上也强调指出，当今世界政治、经济格局深刻调整，能源供求关系深刻变化，能源仍是国际政治、金融、安全博弈的焦点。能源供应和安全事关我国现代化建设全局。因此，在党和国家领导人的心目中，能源安全问题是我国能源战略的核心，其最终目的是通过保障我国的能源供应来保障我国的现代化建设全局。

在前面有关章节中我们谈到，我们认为，事实上，美国在第一次石油危机前后面临的能源难题，同我国当前所面临的能源内外形势非常相似。有感于第一次石油危机对美国的严重冲击，当时美国的尼克松政府于1974年颁布了《能源独立运动计划》，第一次明确提出到1980年美国实现能源独立的目标，当时美国石油进口的依存度为35%。自此之后，多届美国政府不断出台有关“能源独立”的政策和战略。1975年，卡特政府颁布了《国家能源计划》；1987年，里根政府颁布了《能源安全报告》；1991年，老布什政府颁布了《国家能源战略》；1997年，克林顿政府颁布了《联邦政府为迎接21世纪挑战的能源研发报告》；2001年，小布什政府颁布了《国家能源政策报告》；2011年3月，奥巴马政府颁布了《能源安全未来蓝图》和《2011战略规划》。美国现任总统特朗普，对前任总统奥巴马有一种“逢奥必反”的心态，但是在能源政策上并不是这样，他将振兴能源行业作为自己国内经济政策的重点，不但在上台执行后很快宣布了“美国第一能源政策”，要继续“页岩革命”，还中止了美国承担的《巴黎协定》的责任，大力发展煤炭业，宣称要迎来美国能源的“黄金时代”。44年来的历史表明，历届美国政府都将“能源独立”作为孜孜以求的理想和目标，持之以恒地加以实施，以致有学者评论像美国这种政党政治的国家，44年来在能源政策能做到“萧规曹随”实属难得。[104] 更加难得的是，正是在44年来美国历届政府的持续努力下，这一不可思议的目标最终居然变为了现实。

学者和美国社会大众对所谓“能源独立”的理解非常简单，就是“足够的、可获取的、支付得起”的能源供给。[105] 历届美国政府的“能源独立”政策，主要包括两个方面的内容：一是减少对进口石油的依赖，增加本土油气产量、战略储备，努力扩大能源自给程度；二是减少对石油的依赖，寻找、扩大替代能源（核能、风能、太阳能等）产量，促进能源消费结构多元化。如2011年3月30日，就在美国政府发布《能源安全未来蓝图》的当天，时任美国总统奥巴马在位于华盛顿特区的乔治城大学发表演讲，提出实现能源目标的具体措施，要求在2025年前将美国的进口石油量削减1/3，“减少对石油的依赖主要取决于两件事情：第一，在我们自己的国土上寻找和生产更多的石油；第二，通过更清洁的替代燃料和更高的能源效率，全面减少我们对石油的依赖”。[106]

通过44年的努力，当今的美国基本上可以说已经接近实现“能源独立”。回顾这44年的历程，美国之所以能够实现“能源独立”，主要是发挥了市场力量的作用。历届美国总统的能源政策，基本都是在一套容易理解和可修改的规则约束下的市场机制而已，市场是推动能源行业创新的关键力量，也是经济的最佳组织方式和原则。研究者普遍认为，美国能源独立战略之所以能取得成功，除了政策支持外，更关键的是有一个充分竞争的、鼓励私人投资和技术进步的能源市场。美国能源市场自由化始于20世纪70年代末的里根政府时期，在此基础上，各届美国政府不时补充一些政策措施，以实现特定的政策目标，比如补贴可再生能源生产，强制要求提高能源效率等。真正使美国获得“能源独立”的页岩油气革命，更是始于自由的市场机制。正是得益于美国开放的自由市场机制，营造了一个鼓励企业创新和投资的公平竞争环境，吸引了数量众多的私人资本进入能源行业，不断提高美国页岩油气行业的生产效率和竞争力。美国政府只是在早期对页岩气的一些基础研究进行了少量投资，关键是良好的投资环境促成了页岩气和页岩油技术商业化的实现。因此，我们今天看到的美国页岩油气行业的现状是，大批具有创新能力的中小型油气企业，具有竞争力的油田服务及设备行业，良好的能源基础设施，透明和可信赖的监管环境，石油天然气地质数据公开透明，石油和天然气能够自由定价等。据不完全统计，美国目前涉及页岩油气生产各环节的企业就超过 8 000 家以上，其中 7 900 家以上是中小企业，美国页岩油气革命的成功，功在中小企业而不是像埃克森美孚这样的国际大石油公司。

大国必须实现“能源独立”。曾任美国总统的奥巴马认为，美国对石油的依赖是对“国家面临的最严重威胁”，这种依赖将“为独裁者和恐怖分子提供资金，为核扩散买单”，使美国“任由变动的油价摆布，扼杀创新，阻碍国家竞争力”。[107] 当然，作为今日世界上可以基本与美国并驾齐驱的另一个大国，我国对进口石油依赖的感受和看法可能与奥巴马有所不同，但习近平总书记也认为，能源安全是关系国家经济社会发展的全局性、战略性问题，对国家繁荣发展、人民生活改善、社会长治久安至关重要。因此，我们的理解是，我国要实现“中国梦”和“两个一百年”的奋斗目标，必须实现“能源独立”，而且要通过国内丰富的能源、油气资源的开发和使用，来确保国家的能源安全，否则当前和未来我国的大国地位将面临严峻的挑战。

2. 能源结构的调整和第四次工业革命都需要数量众多的中小企业提供差异化和高效的服务

前面的分析中我们着重谈到，自从 1949 年新中国成立以来，我国的能源消费和生产结构就没有发生根本性的改变，这种能源结构带来的环境恶化等一系列问题使当前我国经济社会已经难以承受。更为重要的是，对国际社会有关减排的庄严承诺，要求我国必须尽快改变当前这种高碳的、以化石能源为主的能源消费和生产结构。正如在我国国家自主贡献减排承诺中所表示的那样，能源结构调整的未来方向，是绿色的、可再生的，化石能源在能源消费结构中的比重要降低。所有这一切，都会带来我国能源供给形态的变化，它会导致当前我国煤炭、石油天然气行业以大企业为主提供服务的形态，向分散的、多种规模企业形态转变，未来我国能源供给企业无论从数量还是性质都将会发生重大的变化。

更重要的是，在第 14 章的有关分析中我们谈到，目前人类社会正处于第四次工业革命的过程中。新的工业革命需要新的能源形式。普遍公认的观点是，第四次工业革命的能源形式，将从第二次和第三次工业革命以化石能源为主发生根本性的变化，石油时代将结束，人类社会将进入可再生的、低碳的能源多样化时代。在能源生产和供应的形态上，除了更高效和更加节约地使用能源外，第四次工业革命还将带来一场分散性的能源产业革命。美国经济学家杰里米·里夫金认为，未来的社会应该是分布式供能的社会，就是大家每天回到自己小区和家里就能获得自己需要的能源，我们的办公楼、住房、学校、工厂等每个建筑都有生产能源的潜力，每个存在的这样的建筑都可以成为一个小型的电网的组成部分。从现在开始到未来 10 年，人类社会会如同PC行业的发展一样，从过去大型的、机械型的集中供电网络向大量的绿色的分布供能的网络转变，而石油、煤炭、天然气、液燃气这些主流的工业能源将日益日薄西山。[108] 当前，我国正在积极地拥抱第四次工业革命，我们认为，到第二个一百年奋斗目标实现之际，我国经济社会的能源形态，应该已经到了这种分布式的能源形态的阶段，无数的企业或我们自身将成为我们所需能源的供应者。

3. 市场化可以成为解决我国能源普遍服务存在问题的有效手段

在本章第一节的分析中我们指出，随着我国经济社会的不断进步，社会大众对能源、石油天然气行业的普遍服务提出了更高的要求。在实现我国“能源独立”过程中，40 多年来美国历届政府很多好的政策和做法值得我们学习和借鉴，其中立足市场化、发挥市场主导力量这一点尤为值得借鉴，在解决能源普遍服务难题时这一点也值得借鉴。当前，我国能源行业，从电力到石油天然气的供给和服务，都是大企业主导。脱胎于计划经济体制下的大企业居主导地位的我国能源行业格局，客观上在过去较好地解决了改革开放以来经济快速增长导致的能源需求急剧增加的难题，使一些诸如西气东输、核电站建设、特高压输电等大项目得以实施，并使我国在不太长的时间内在国际油气勘探开发方面取得了较喜人的成绩。但是，由于存在服务意识不足、响应速度较慢、成本控制力度不够等内在短板，大企业越来越不能适应市场差异化服务的需求，人民群众对能源行业改革的呼声越来越大，使得我们今天看到的是舆论对能源行业方方面面的不满和批评。前面我们谈到，在有代表性的三个终端能源产品消费领域，目前我国仅成品油进入了消费者可有限选择的阶段。因此，无论是电力或是天然气的消费者，已经在要求至少可以像成品油供应领域一样进行有限的选择。我们相信，我国经济社会的未来发展，特别是“中国梦”和“两个一百年”目标的实现，必然会要求能源行业提供更加多样化的、可选择并具有高度市场竞争力的服务。

综上所述，为扭转并逐步解决我国国内油气生产停滞不前、对进口油气依赖不断攀升的困局，不断优化我国的能源结构和满足当前、未来人民群众对能源普遍服务越来越高的要求，已成为一个刻不容缓的任务。为解决我国能源发展面临的上述内外三大挑战，一方面既要有有实力的大企业参与国际市场能源资源开发、国内海上油气资源开发、核电站和长输管网电网等大项目建设，另一方面更要有数量众多的能源企业提供有竞争力的、可选择的差异化能源服务，要更好地满足人民群众不断提高的对能源普遍服务的要求。更为重要的是，要实现我国的能源独立，必须要有数量众多的中小企业充分挖掘和利用国内能源资源，扭转我国国内油气生产停滞不前的局面。为此，建议国家可以从营造国内市场竞争格局和参与国际市场竞争出发：一方面在培养多种所有制能源服务企业的同时，剥离能源行业大企业的国内业务，使其解体成众多的能提供区域化能源服务的中小企业，满足能源服务需求差异化和市场竞争的需要，增强国内能源市场的活力；另一方面，保留并增强能源大企业的海外或专业化业务能力，鼓励其参与国际竞争，重点从事海外、海上油气资源勘探开发和能源大项目、基础性项目的建设工作，尤其要重点培育一家或多家具备较强抗风险能力和市场竞争力的专业海上油气勘探开发企业，加快我国海域油气资源的开发。通过一段时间的努力，我国能源行业应形成大企业专注于对外和专业性需求强的能源项目建设及运营工作，而众多中小企业提供有竞争力的能源服务，从而解决我国能源行业面临的三大内外挑战。尤为重要的是，为打破近年来我国陆上油气生产停滞不前的局面，要进一步开放国内陆上油气勘探开发活动，培养出众多拥有一定技术能力和经济实力的中小企业，让这些中小企业成为国内油气勘探开发市场的主体，从而尽快使我国油气勘探开发领域出现像美国页岩油气生产那样繁荣的局面，通过立足开发国内油气资源实现并确保我国的“能源独立”。[109] 我们认为，从美国 40 多年的努力和当前的美国能源行业的现实看，大国实现能源独立不仅是可能的，也是现实的，我们应该通过复制美国的成功来实现我国的“能源独立”。

我们建议的能源市场多元化主体，既可以是国有的，也可以是国有经济占主导的，更多的还应该是多种所有制的企业，包括数量众多、规模不等的民营企业。我国能源市场要走市场化之路，必然会要求有关政府部门和社会大众要树立所有在中国境内注册的企业都是中国企业这样的观念，所有的这些企业都应该在同等的国民待遇的基础上，公平地参与市场化的竞争，平等地为社会大众提供有竞争力的普遍服务，所有的这些企业都必须具有迅速的市场反应能力、强大的成本控制能力和普遍的服务意识。培育并形成多元化、数量众多的能源市场主体，还可以作为“大众创业、万众创新”的具体举措，激发中华民族的创业精神和创新基因，为人类社会新的能源形态的出现做出贡献。我们认为，世界石油工业近160年的历史已经清楚地说明，无论是什么性质的政府，只有依靠数量众多的、具有极强市场竞争力的多种所有制企业，而不是一两家或几个寡头性质的大企业，才能在解决自身能源行业面临的安全和普遍服务难题的同时，又能避免陷入“兰格模式”下的“监管俘获”陷阱。[110] 因此，市场化是解决我国能源、石油天然气行业所面临一系列难题和挑战的唯一选项。

（三）科学理解和处理舆论热点，集中力量解决难点问题

涉及能源和石油天然气方方面面的很多话题，过去和当前都是我国社会的热点问题。对于其中的很多热点问题，社会大众和有关机构、专家学者多年来一直在激烈争论之中，其中有些争论和议论，一定时期形成了具有较强影响力的社会舆论导向，某种程度上

不利于政府部门出台一些具有长远战略意义的政策，不利于我国能源、石油天然气行业的长远可持续发展，对于其中某些争论和议论的话题应该进行科学、冷静及客观的分析。

1. 加速开放油气勘探开发利用领域，立足自身实现能源独立

很长时间以来，社会大众，某种程度上也包括一些国际问题的研究专家，广泛流传着这样一种观点，就是美国不开采自己的石油等资源，而是进口或“抢”别人的石油资源，甚至出兵伊拉克等就是为了抢石油资源。持这种观点的文章，有时标题都到了吓人的地步，如“美国消费别国的资源封存自己的资源”“美国在利用全球资源养活自己的人民”“美国捂着自家石油不开采”“美国不开采本土石油资源的战略意图何在”“美国通过国防授权法案，意在用武力夺取石油资源”等。[111]

事实上，社会上之所以会流行这样一种观点，可能是由于人们对美国历史上有关海军石油保留地的情况一知半解。20 世纪初，美国海军军舰从用煤改成了烧油。为了能够在战时保障对海军的石油供应，1910—1925 年美国海军共建立了 4 个石油和 3 个页岩油储备矿产地，统称为“海军石油和页岩油储备矿产地”，分布在加州、怀俄明州、阿拉斯加州、犹他州、科罗拉多州 5 个州，保护起来不进行商业勘探开发。万一爆发战争，石油供应中断时，可以用来保证海军供应，这些矿产地仅在第二次世界大战期间用于生产石油，战争结束后重新关闭。1973 年石油危机后，美国提出能源独立战略，1976 年国会通过《海军石油储备矿产地生产法》，储备矿产地从储备模式转入商业开发模式，以应对石油短缺。其中，面积最大、潜在资源量最大的 4 号石油储备矿产地交给内政部管理，改名为“国家阿拉斯加石油储备地”；1 号、2 号、3 号石油储备矿产地开足

马力开发，期限为6年。经总统批准可以延长，每次不超过3年。1980年，美国国会进一步给4号石油储备矿产地松开了紧箍，同意内政部向社会租让区块，用于油气勘查开发。加州的1号石油储备矿产地还一度成为美国产量最大的油田，在能源部的管理下为联邦财政贡献了170亿美元的利润。1996年，经国会批准，对联邦石油储备矿产地逐步撤资和私有化。首先退出的是1号石油储备矿产地（4.6万英亩），1998年以36.5亿美元卖给了出价最高的美国西方石油公司。1号、3号页岩油储备矿产地（共4.5万英亩），移交给内政部作为一般公有土地进行管理。2000年，2号页岩油储备矿产地（8.6万英亩）交还给尤特印第安部落。2005年，2号石油储备矿产地（3万英亩）移交给内政部。2015年，能源部管理的最后一个石油储备矿产地——3号石油储备矿产地（9 500英亩）以4 500万美元卖给了一家石油公司，完成了私有化。2016年，内政部土地管理局在已出让134个油气区块的阿拉斯加国家石油储备地（原来的4号石油储备矿产地），推出第13批次的油气区块竞争出让。这个面积约9.3万平方公里的储备地，出于生态环境保护的原因，只有一半左右地盘被规划用于油气区块出让。[112] 至此，美国海军石油保留地退出了历史舞台，取而代之是1976年逐步建立的庞大的战略石油储备。美国海军石油保留地的历史上，还出现过“茶壶山丑闻”，当时的内政部长艾伯特·福尔成了美国历史上第一位被判入狱的内阁成员，一般介绍美国政府反腐时都会谈到这件丑闻。

当然，今天我们从各种媒体上看到的是美国各地如火如荼的页岩油气开发活动，看到的是各地的井架林立，读到的是美国已经成为世界上第一大石油生产国，美国的油气资源向世界各国包括我国源源不断地出口。自1973年第一次石油危机以来，美国历届政府就在不断放宽政策，鼓励积极开发美国本土的从海上到陆地的石油天然气资源。如美国前总统奥巴马就说：“从阿拉斯加到大西洋中南部各州，我们还在探测和评估新的石油天然气前沿，因为在美国生产出更多的石油有助于降低石油价格、创建新工作，提高我们的能源安全。”目前，美国尚有 57% 的陆地租赁面积和 70% 的海面租赁面积尚未被开发，美国内政部正采取新的激励政策，推动公司快速、负责任地开发这些资源。[113] 2017 年 4 月，美国总统特朗普签署了一项行政命令，允许扩大北极近海（北冰洋和大西洋）的石油与天然气开采规模，甚至同意可拓展至太平洋。[114]

以上我们所列举的美国有关油气资源的开发利用政策非常有代表性，想说明的问题有两个方面：一是大国要依靠自身的油气资源来保证本国的能源安全，这是我们在前面讨论过的历届美国政府的能源政策；二是如何看待这些资源问题，也就是资源的使用和保护的问题。我们知道，我们所居住的地球拥有数量庞大、品种丰富的自然资源。除了一些与环境密切相关的自然资源如森林外，绝大部分自然资源，如能源、矿产等资源，如不被人类利用，不为人类社会的发展做出贡献，从理论上来说就如同泥土、沙子一样毫无价值。党的十八届五中全会通过的《中共中央关于制定国民经济和社会发展第十三个五年规划的建议》，做出了全面节约和高效利用资源的战略部署，明确了在资源的开发利用和保护方面的具体原则，即树立节约优先理念，树立集约利用理念，树立循环发展理念，树立市场配置理念和创新引领的理念。[115]

从地质理论上来看，我国拥有非常丰富的石油天然气等多种能源资源，很多能源资源的储量在世界名列前茅，如煤炭等。但是，仅就石油天然气资源而言，我国的探明率还很低。根据国土资源部发布的2015全国油气资源动态评价成果，我国拥有非常丰富的油气资源总量。石油地质资源量1 257亿吨、可采资源量301亿吨，目前的资源探明率刚超过30%，处于勘探中期。天然气地质资源量90.3万亿立方米、可采资源量50.1万亿立方米，探明率仅14%，处于勘探早期。与2007年全国油气资源评价结果相比，石油地质与可采资源量分别增加了64%和42%，天然气地质与可采资源量分别增加了158%和127%。除常规油气资源外，我国的非常规油气资源潜力可观。全国埋深4 500米以浅页岩气地质资源量122万亿立方米，可采资源量22万亿立方米。累计探明地质储量5 441亿立方米，探明率仅0.4%。埋深2 000米以浅煤层气地质资源量30万亿立方米，可采资源量12.5万亿立方米，累计探明地质储量6 293亿立方米，探明率仅2.1%。[116]

以上所列举的权威部门数据说明，仅就目前的认知水平而言，我们拥有非常丰富的常规和非常规石油天然气资源，立足于国内解决能源安全问题，实现我国的能源独立，是有资源保证的。目前存在的主要问题是：一是从理念上，要树立资源尽快开发利用的观念，否则能源消费结构调整后，石油天然气资源也有可能跟目前世界上很多国家的煤炭资源一样，已不存在利用价值；二是如何打破国内的油气勘探开发利用格局，向全社会更大范围地开放油气勘探开发利用的市场，创造出一个如同美国页岩油气革命一样的国内油气勘探开发利用局面，这需要政府部门从政策上下大力量加以解决。2017年5月21日公布的中共中央、国务院《关于深化石油天然气体制改革的若干意见》明确表示，完善并有序放开油气勘查开采体制，实行勘查区块竞争出让制度和更加严格的区块退出机制，在保护性开发的前提下，允许符合准入要求并获得资质的市场主体参与常规油气勘查开采，逐步形成以大型国有油气公司为主导、多种经济成分共同参与的勘查开采体系。我们希望，国家的有关政策能真正落到实处，在未来不太长的时间里我国的油气勘探开发利用能出现一个崭新的局面。

2. 采取有力措施，尽快调整目前石油产业链各环节不合理的利益分配关系

目前，我国石油天然气行业存在一个非常突出的现象，即从全产业链来看，上游的勘探开发环节不赚钱或基本处于盈亏平衡状态，中游的石油炼制加工环节有一定的利润，而下游的销售环节特别是加油站零售端则利润丰厚，一个万吨加油站一年的利润可能会超过 200 人左右规模的上游环节的公司。按照国际财务报告准则，2016 年上半年中石油净利润大幅下跌近 98%，为 5.31 亿元；中海油净亏损 77.4 亿元；中石化净利润同比下滑 21.6%，为 199 亿元。其中，2016 年上半年中石化的利润之所以较好，主要是上半年炼油板块实现经营收益 326 亿元，同比增长 113%，成为公司利润的主要支撑。[117] 更为严重的是，为油气勘探开发提供服务和技术支撑的各大石油公司油服行业亏损更为严重。以中石化的石化油服为例，2016 年的亏损高达 161.15 亿元。[118] 石油产业链各环节如再细分，2016 年 1—2 月，中国石油上游业务板块亏损额近 170 亿元，中国石化亦亏损近百亿元，前两个月两家石油公司在上游业务板块方面每天的亏损额达到 4.5 亿元。2016 年 3 月 31 日，92 号汽油的批发价为每吨 5 400 元，零售价格为每吨 7 200 元，批零差价达每吨 1 800 元之多；95 号汽油的批零差价则达到每吨 2 200 元。[119] 而根据政府指导定价机制，当初设计的指导原则应是批零差价在每吨

300~400 元之间。过高的批零差价给零售商带来了商机，批零差价越高，加油站的利润也就越大。近年来，加油站毛利率基本维持在20%以上，最高时曾接近40%。经营油站利润丰厚，油站资源变得奇货可居。40%的毛利率基本与房地产和金融业齐平，远远高于传播文化业及信息技术业。近年来，导致我国石油产业链出现这种现象的原因非常复杂，自2014年下半年以来国际石油价格持续走低是其主要原因之一，但是其后果是非常严重的，它带来了资源的错配，从长期来看，不利于石油行业的健康发展，不利于我国经济结构的调整，会使我国的能源安全问题更加严重和复杂。

2016年，我国全年生产石油1.996亿吨，是2011年以来首次降至2亿吨以下；更为严重的是，我国石油新增探明地质储量10年来首次降至10亿吨以下；全国油气勘查、开采投资分别为527.5亿元和1 333.4亿元，同比下降12.1%和29.6%，比2007年分别下降了14.4亿元和197.4亿元，回到了10年前的水平；同时，完成探井2 715口和开发井15 368口，同比下降10.2%和23.5%。[120]也就是说，当前我国石油上游领域存在的石油产量下降，新增探明石油储量不足，其结果就是2016年我国石油净进口量和对外依赖度的创纪录。再认真分析2016年我国石油的进出口情况：我国在大量进口原油的同时，向国际石油市场出口了4 832万吨各种类型的成品油，折算约为6 000万吨原油，这也就是说，在当年我国急剧增加的石油净进口量和对外依赖度中，部分不是为了满足我国经济社会的需要。如果扣除这一部分的数量，2016年我国的石油净进口量约为3.183亿吨，进口石油对外依存度为58.4%。2016年，我国炼油企业的平均开工率为76.7%，而世界炼油能力的平均开工率为82.9%，炼油能力过剩约1.38亿吨。更为严重的是，目前我国的原油加工能力正处于急剧增加之中。综合各方的数据，2016 年，我国的炼油能力为 7.48 亿吨，占全球炼油总能力的 15%，居世界第二位。根据正在建设和已经批准的项目统计，2020 年前我国累计将新增炼油能力 1.2 亿吨，即每年将新增炼油能力 3 000 万吨左右，2020 年总炼油能力最少将达到每年 8.7 亿吨，我国炼油能力每年至少过剩 1 亿吨。[121] 这一结论还是基于通过出口缓解国内过剩的成品油形势得出的，2020 年我国的成品油净出口量或将达到 5 000 万吨以上，占届时国内成品油总产量的 15%，我国或将超过韩国和印度成为亚太地区最大的成品油净出口国。未来，如果出口受阻或不畅，我国的炼油过剩能力或还将增加，未来国内炼油行业的形势将更加严峻。目前，我国大陆 32 个省市中，仅重庆、贵州、山西和西藏 4 个省市自治区没有炼油企业，很多省市都将炼油项目作为经济建设的重点加以推进和建设。这样，如果炼油能力的建设势头持续下去，2020 年我国进口石油的数量会更大，进口石油的对外依存度会更高。

我们知道，从石油全产业链来说，最能体现价值的是上游环节，即石油天然气资源的勘探开发领域，其投资大、技术含量高，一般来说利润率也高。多年来，国际大石油公司都是将自己的资源重点配置在石油天然气资源的勘探开发领域，收缩或出售炼油和下游市场销售板块的业务。通过多年的发展和技术扩散，除了乙烯和一些高端石化产品生产外，作为石油天然气行业中间环节的炼油业务，已经成为一般的加工业，总体上看全行业也就处于平均利润水平，虽然仍有一定的技术含量，但主要靠投资、规模和下游销售市场的配套产生利润，在发达工业国家已经属于夕阳产业，是国际大石油公司和一些发达国家政府出售或控制的行业。尤其需指出的是，目前世界原油产量中，有相当大的一部分是高含硫、含重金属的品种，如加工完成的成品油销售国外，势必将污染留在国内，加重了国内的环境压力。从全球看，未来世界炼油能力也是处于过剩的状态。未来 10 年将有 800 个新的炼油项目投建，总计投资超过 5 500 亿美元，目前约有 60% 的项目准备开工，预计每年新增炼油能力 2.5 亿~3 亿吨。[122] 石油产业链的下游，即加油站行业，虽然直接同消费者打交道，体现一个国家的服务业水平，但是技术含量最低，对石油天然气全产业链的贡献最小。目前，我国石油天然气全产业链中，资源的勘探开发环节还是几大国有石油公司占绝对主导地位，炼油加工行业以几大国有石油公司为主，但大量民营企业已经进入且所占的比重越来越大，下游零售行业国有和民营基本上各占一半左右。因此，鉴于目前我国石油全产业链的现状和未来的趋势，我们认为，国家应该尽快采取措施：第一，鼓励和支持上游勘探开发业务的发展，扭转投入和新增探明储量下降的局面，否则未来我国的国内石油产量还将下降；第二，要从政策上严控成品油出口，尤其是加工贸易出口，明确炼油加工业主要应该服务于国内，满足国内经济社会发展对成品油的需要，引导炼油加工业避免过度投资，使我国炼油能力保持在合理的水平，否则未来我国的进口石油数量还将持续增长，对进口石油的依存度还将增加，而这一结果在增加我国能源安全问题严重程度和复杂性的同时，并不能服务于我国的经济社会建设；第三，调整石油产业链各环节的利益分配关系，要大幅度压缩零售环节的利润水平，将零售环节过高的利润调整到上游勘探开发领域，这样将有利于我国石油天然气行业的长期健康发展，有利于我国的经济社会发展。

3. 将成品油价格保持在较合理的水平，加快实现能源消费革命以利于建设节约型社会

成品油价格问题，一直是我国社会大众非常关注的热点问题。2008 年，就在国际石油市场的石油价格暴涨时，要不要上调和如何调整国内成品油价格，变成了政府部门两难的棘手问题：一方面要考虑经济发展和社会大众的承受能力，另一方面又要考虑石油炼制企业的积极性。当年最终的结果是国家采取补贴的办法控制了成品油价格的上涨，但出现了全国性成品油供应紧张，尤其是柴油供应紧张的局面。

2017 年 5 月 21 日发布的《关于深化石油天然气体制改革的若干意见》提出，完善成品油价格形成机制，发挥市场决定价格的作用，保留政府在价格异常波动时的调控权。从现在有关政府政策文件看，未来我国的能源价格，尤其是成品油和天然气的价格应该走市场化道路，与国际接轨。社会大众的心态也是如此，我们经常看到，很多媒体将我国的成品油价格与美国进行对比，并质问为什么我国的成品油价格比美国高。但是，摆在政府有关部门和全社会面前残酷的现实是，今天我国 60% 以上的石油依赖进口，未来的比例会更高。像我们这样的世界人口第一大国，能像美国一样敞开，不加限制地使用成品油吗？当前国际市场油价较低，无论从供应或是价格水平来说还可以承受，如果发生像 20 世纪 70 年代两次石油危机一样的价格暴涨和供应短缺时，我国还可以承受吗？

从 20 世纪八九十年代以来，各种国内外的研究机构都在测算，如果我国出现像美国一样的汽车使用情况，假定我国的每个家庭都有汽车，会给我国和国际石油市场带来什么样的影响。只要通过简单的测算就可得出惊人的结果，即除了会造成我国严重的停车、交

通和环境问题外，那就是全世界的石油产量只能供应我国一国使用，届时的国际石油市场会出现令人无法想象的现象。2009 年，我国的汽车产销量突破了 1 000 万辆大关，成为全球最大的汽车产销国。2016 年，我国汽车产销分别完成 2 811.9 万辆和 2 802.8 万辆，比 2015 年同期分别增长 14.5% 和 13.7%，连续 8 年保持全球第一。截至 2017 年 3 月底，我国机动车保有量首次突破 3 亿辆，达 300 280 590 辆。12 个省份机动车超过 1 000 万辆，广东、山东、河南 3 省超过 2 000 万辆。其中，全国汽车保有量首次超过 2 亿辆，达 200 192 782 辆，占机动车总量的 66.67%。全国有 49 个城市汽车保有量超过 100 万辆，19 个城市的汽车超过 200 万辆，其中北京、成都、重庆、上海、苏州、深圳 6 个城市的汽车超过 300 万辆。[123]

面对我国不断增长的汽车销量和石油消费增长，以及随之而来的进口石油依存度的不断攀升，早在 2011 年 5 月，在深入研究美国、欧洲、日本、韩国和我国成品油价格情况的基础上，我们就曾建议，我国应该实行欧洲和日本那样的成品油价格体系，将成品油价格保持在一个相对高的水平来控制成品油销量的增长，根据国际石油市场的价格变化调整其中的税收比例，将所征收的成品油税收重点用于支持能源节约、新能源开发、海外勘探开发和石油储备等活动，在控制我国成品油消费快速增长的同时，达到资源开发、能源结构调整和建设节约型社会的多重目的。2014 年下半年国际石油价格大幅度下跌后，世界上很多国家的成品油价格并没有随之同等幅度地下调，而是通过税收调节等手段将成品油价格保持在一个合理的水平。2015 年与 2014 年相比，国际油价下跌 46%，而较发达国家和地区的汽柴油平均降幅分别为 16%、20%。近年来，日本、美国、法国相应提高了汽柴油税费。其中，日本于 2014 年第 2 季度将消费税由每升2.29日元提高到2.54日元，增值税由5%增加到8%。美国从2015年1月1日起，将柴油和汽油税费分别提高了4.38%、4.86%，至每升0.151美元、0.144美元。法国自2015年1月1日起，将汽油消费税由每升0.613欧元提高至0.631欧元、柴油消费税由每升0.441欧元提高至0.481欧元，增幅分别为2.94%、9.07%。选取2015年12月汽柴油零售均价，将世界主要国家汽柴油终端零售价格绝对水平与相对价格较高的北京相比，我国的汽柴油价格处于中低水平。[124]目前，除美国特例外，世界上很多国家均实行较高的成品油税收制度，税负高低不仅是导致不同国家或地区油品含税零售价格差距的主要因素，也是各个国家调整价格引导消费的主要手段，韩国以及多数欧洲国家通过高油税政策抑制油品消费。[125]即使在推行税改大幅度减税的背景下，美国的特朗普政府正在计划从2018年开始大幅度提高汽油税，筹集1万亿美元的汽油税收，用于改善美国的道路、桥梁和其他公共设施。[126]

习近平总书记指出，要推动能源消费革命，抑制不合理能源消费。坚决控制能源消费总量，有效落实节能优先方针，把节能贯穿于经济社会发展全过程和各领域。从我国实际和世界各国的实践看，要抑制不合理的能源消费，最有效的办法就是通过合适的价格手段，来控制我国社会汽车保有量的增长速度和石油消费的快速增长，我国应该实行“利国利民的高油价”政策。[127]我们认为，应以我国进口石油对外依存度50%为临界点，50%以上时实行较高油价的政府干预政策，50%以下时实行市场化的低油价政策，力争通过一段时间的努力将我国进口石油的依存度控制在50%上下。与之相对应的是，国家相关政府部门也要改变行政方式，要建立弹性、透明的税收征收和使用机制，让全社会公民都来监督税收的征收和使用。同样，我们建议对我国的天然气也实行与成品油相同的价格政策。

当然，实行政府管制的政策性成品油和天然气价格政策，会造成社会大众一定程度的反弹，会给政府工作带来较大的技术难度和工作量，尤其是可能会出现“监管俘获”的问题。但是，一方面，我们相信随着我国各级政府执政能力的不断提升和反腐力度的不断加大，这些问题应该都会得到逐步的解决；另一方面，通过一系列的公开透明的技术手段，理论上这些问题也是可以解决的。具体可包括：在研究制定有关政策框架下，公开征求多方面意见，以求尽可能广泛地吸纳民意；政策、相关办法和具体公式公开公布于社会；价格的调整不设滞后期，直接与国际市场挂钩；市场所有参与企业作为价格调整的主体，根据政策、相关办法和具体公式自主决策；政府主管部门由价格调整决策者变为市场监督者，监管市场参与企业的市场经营行为。

4. 与时俱进改变固有观念，通过全球能源治理打造人类命运共同体

通过 20 多年的持续努力，截至 2016 年年底，我国在海外拥有庞大的石油天然气等能源资产，以产量计约为 1.55 亿吨当量。如果将中国企业在海外拥有的油气产量看成一个国家，2016 年可排名第 9 位，仅次于阿拉伯联合酋长国的石油产量。以投资金额计，据不完全统计，约为 3 000 亿美元。当前，我国在石油天然气等能源领域的投资、企业和人员，已经遍布世界各地，所以我们经常会在有关新闻报告中看到，世界上很多地方一旦出现动荡，都会涉及我国的企业和人员。在可以预见的将来，我国会在世界各地拥有规模更加庞大的石油天然气等能源资产，我国各种类型的企业和越来越多的人员，将不可避免地涉入世界各地和更多国家的能源和非能源事务。

按照习近平总书记和党中央的部署，我国各种类型和所有制企业都在积极推进“一带一路”倡议。众所周知的是，“一带一路”倡议与石油天然气等能源事务密切相关，或者可以说，石油天然气等能源事务是“一带一路”倡议的核心内容之一。“一带一路”倡议的实施将从能源供给来源、进口途径和合作深度、广度等多个方面为解决我国能源安全问题提供有力支撑，发挥出重要的能源地缘政治意义。首先，可以实现我国能源供给来源的多元化。“一带一路”倡议所覆盖区域，涵盖了中东、非洲、中亚、俄罗斯和东南亚等油气较为富集国家和地区。推进“一带一路”倡议，能较好地实现我国与“一带一路”沿线国家和地区之间的能源合作，使我国能源进口来源更为广泛、风险更为分散，有效避免对某一国家或者某一地区能源进口的过度依赖，实现能源供给的多元化，极大提高我国的能源进口安全。其次，“一带一路”倡议中的东南亚国家与我南海相邻，海上运输距离较短，可选航道多；俄罗斯和中亚诸国与我国西部、北部接壤，公路、铁路连通，尤其是中亚里海沿岸、俄罗斯远东和西伯利亚地区，油气资源富足，地理位置邻近，具有较强的地缘政治优势。因此在“一带一路”倡议实施过程中，通过加强与中亚、俄罗斯、东南亚等地区的能源合作，建设多线并行的陆路油气管道和海上运输通道，从而打通我国“南下”东南亚海上能源运输通道，构筑“北上”俄罗斯和“西进”中亚的陆路能源进口通道，甚至可以通过逐步连通中亚、南亚国家油气管网，最终实现我国与中东地区的陆路油气管网连接，从而通过陆路管道获取中东油气资源，实现我国能源进口途径的多样化。[128] 正是由于石油天然气等能源事务在“一带一路”倡议中占有重要地位，未来我国将在“一带一路”沿线国家拥有更多的石油天然气等能源资产和与之相配套的港口、管道、储运设施等运输资产。

在本章第二节讨论当前、未来相当长时间我国能源、石油天然气行业所处的历史发展阶段时，我们曾指出，为实现“中国梦”和“两个一百年”的奋斗目标，我国能源、石油天然气行业将基本处于20世纪70年代后美国能源、石油天然气行业所处的阶段，为保障国家石油供应安全，未来相当长时间将持续对海外石油天然气资源进行投资，很多企业将不得不走出国门，参与全球石油天然气和能源行业的竞争。一方面，这是为了保障国家能源安全的需要；另一方面也是我国企业国际化的必修课，是我国日益增强的大国地位的具体表现。世界石油工业的历史已经告诉我们，这是我国能源、石油天然气行业面临的必然选择，也是习近平总书记在“能源生产和消费革命”中要求“全方位加强国际合作，实现开放条件下能源安全”，“在主要立足国内的前提条件下，在能源生产和消费革命所涉及的各个方面加强国际合作，有效利用国际资源”和“一带一路”倡议的内在逻辑。

在多年来“走出去”的实践中，我国石油天然气行业取得了很大的成绩，但是面临很多困难或困惑，非常典型的有我们在第7章和第8章讨论过的苏丹和南苏丹问题、在委内瑞拉的巨额石油投资问题、中缅原油管线建设过程中遇到的很多阻碍，还有如我国在利比亚、叙利亚、也门等国的石油天然气资产因战乱而损失等。随着“一带一路”倡议的深入推进和我国海外石油天然气等能源投资的进一步加大，未来我们将面临更多的问题和困难。因此，如何保证“一带一路”倡议的顺利实现，如何保障我国海外石油天然气等能源资产和人员的安全，如何保障我国海外能源利益，已经迫在眉睫，是外贸、军事、安全和外交各政府部门必须考虑并着手逐渐加以解决的大问题，并且这些事务也将会成为这些政府部门未来的日常经常性事务，从另一侧面看它也将是我国不断提升的大国地位的具体表现。

2017 年 8 月 1 日，我国第一个海外军事基地——吉布提保障基地正式投入使用，并计划修建可以停靠 4 艘以上船只的多功能码头，其中包括可以停靠排水量约 4 万吨的补给舰。[129] 有外媒就直截了当地指出，吉布提基地投入使用是因为“随着中国寻求获取自然资源并进入新的市场，北京在整个非洲进行了广泛的基础设施投资”。[130] 不论外国媒体如何解读这一事件，我们认为，它都是我国军事和外交政策的一大转变，是与时俱进的。2017 年 7—8 月间，在国内热映的电影《战狼II》，其所表演的内容、形式和国内观众空前的热情，都从一个侧面说明和反映了我国社会大众的一种“心态”。在可以预见的将来，我国应该在世界更多的地区建设军用或非军用基地，派驻更多军事和非军事人员，我国远程海空军力量应该投入到世界任何一个需要的地方，所有这些都是保障我国石油天然气或非石油天然气等投资利益，或简单直接地说是保障我国国家利益的需要，也是我国大国地位的具体表现。

2015 年 9 月 28 日，习近平总书记在第 70 届联合国大会一般性辩论上，发表了题为《携手构建合作共赢新伙伴，同心打造人类命运共同体》的重要讲话，指出“和平、发展、公平、正义、民主、自由，是全人类的共同价值”，“当今世界，各国相互依存、休戚与共，我们要继承和弘扬《联合国宪章》宗旨和原则，构建以合作共赢为核心的新型国际关系，打造人类命运共同体”。[131] 2016 年 9 月 5 日，20 国集团领导人杭州峰会公报明确提出，致力于构建运转良好、开放、竞争、高效、稳定和透明的能源市场，建设能更好地反映世界能源版图变化、更有效、更包容的全球能源治理架构。[132] 所有这一切说明，我国经济实力的不断增加和大国地位的不断提升，要求我们与时俱进、不断改变固有的观念，在外交理念和对外经济、军事和安全等领域，树立全新的观念，通过打造人类命运共同体并使用全球能源治理的手段，来保护我国海外石油天然气等能源利益，保证我国能源安全，使实现“中国梦”和“两个一百年”的奋斗目标有坚实的能源、石油天然气保障基础。

5. 从“马六甲之困”式的杞人之忧，看客观冷静地分析我国石油安全形势的必要性

近年来，随着我国进口石油数量的不断增加和对进口石油的依存程度不断提升，石油安全问题成为全社会普遍关注的热点问题，由此引出了很多社会热点话题，在这其中最有代表性的是关于进口通道安全问题的“马六甲之困”，并进而产生了中缅原油管道和瓜德尔港这些立足于解决我国能源进口通道安全的重大工程建设。事实上，如果能冷静并客观地进行分析，我国的石油安全形势并没有媒体渲染的那么严重，有关项目建设应该立足于自身的经济技术评价而不要赋予其不可承受的作用及意义，否则即使项目建成，也不可能发挥“想象”的作用，更谈不上发挥什么战略性的作用。

不知从什么时候开始，“马六甲之困”在社会上和部分能源问题的研究专家中非常流行。简单地说，所谓“马六甲之困”指的是我国进口石油的很大一部分要经过马六甲海峡。以 2016 年为例，我国进口石油的来源国和地区中，中东占 48%，非洲占 17.8%，英国、挪威占 1.5%，合计为 67.3%，这一部分进口石油是通过海路运输，要经过马六甲海峡。2016 年，我国进口石油十大来源国中，通过马六甲海峡运输的，占 7 个。正是基于这一客观的数据和现实，

社会大众、大量的媒体和部分国际问题及能源问题的研究专家们产生了关于安全问题的焦虑，认为一旦某大国或某些国家封锁马六甲海峡，我国就将产生严重的经济社会问题和石油进口安全问题，由此呼吁要建设绕开马六甲海峡的进口石油通道。正是在这样的背景下，中缅原油管道、克拉运河和最新的通过巴基斯坦瓜德尔港建设输油管线等众多工程项目，或建成运营或正在呼吁建设之中。

我国所处的地理位置决定了我国的石油进口运输方式90%是通过海上油轮运输的，陆上管道和铁路运输占10%左右，海上运输是我国石油进口最主要的方式。有关我国进口石油海上运输航道、路线和距离的基本情况，参见图15–12和表15–9。

我们知道，对于石油进口国来说，稳定的来源地、合理的价格和安全的运输是石油安全三个重要的组成方面，其中，石油运输通道的安全是影响石油进口安全的重要因素。当前，世界上通行的石油运输方式主要有三种：海运运输、管道运输和陆上运输。我们所处的地球地理位置现实和石油贸易的数量庞大等因素，决定了海运运输是目前世界上石油贸易的最主要方式，世界各国为此建设并运营了规模庞大的海上油轮运输船队。目前，世界存在着以下主要海运通道，其中，三大主要贸易运输通道是：波斯湾—苏伊士运河—地中海—西欧、北美通道；波斯湾—龙目海峡—望加锡海峡（马六甲海峡、新加坡海峡）—中国、日本、韩国通道；拉美—加勒比海—大西洋—北美、西欧通道和拉美—巴拿马运河—太平洋—亚洲通道。三个中型贸易运输通道是：西北非—西欧、北美、拉美通道，东南亚—中国、日本、韩国、新加坡、澳大利亚通道，波斯湾—印度、澳大利亚、新加坡通道。三大战略性贸易咽喉是：马六甲海峡——连接印度洋与太平洋的通道，苏伊士运河——连接红海与地中海的通道，巴拿马运河——连接太平洋与大西洋的通道。

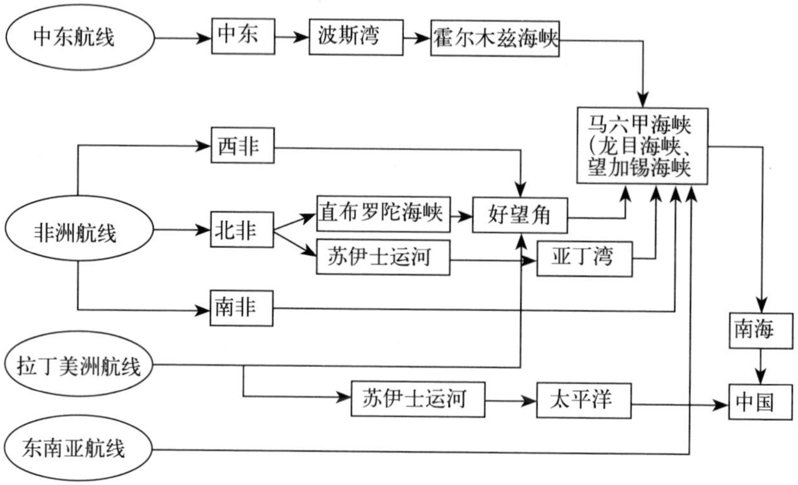

图 15–12　我国石油进口海上运输路线示意图

资料来源：汪玲玲、赵媛. 中国石油进口运输通道安全态势分析及对策研究. 世界地理研究，2014，23（3）.

表 15–9　我国进口石油主要航线运输距离

航线	运输距离
中东航线	10 000 千米左右
西非航线	13 000 千米左右
非洲航线	
北非航线	18 000 千米（苏伊士运河支线）或 24000 千米（好望角支线）
南非航线	12 000 千米左右
拉丁美洲航线	18 000~24 000 千米
东南亚航线	3 000 千米左右

资料来源：周晓波. 石油安全视角下中国原油进口地空间格局研究. 南京师范大学，2012 年，转引自：汪玲玲，赵媛. 中国石油进口运输通道安全态势分析及对策研究. 世界地理研究，2014，23（3）.

马六甲海峡位于马来西亚半岛和印度尼西亚苏门答腊岛之间，全长260英里（约418公里），连接安达曼海与南海，沟通太平洋和印度洋，是仅次于英吉利海峡的全球第二条最繁忙海道，是欧洲船只和中东油轮通往东亚的必经之路，最窄处1.5英里（2.4公里）。从波斯湾通过马六甲海峡到远东的日本、韩国海上距离约6 300英里（约10 000公里）。从过去5年的统计数据看，超大型游轮（VLLCC，25.8万吨级）运费约每桶1美元，阿芙拉型游轮（AFRAMAX，8万吨级）油轮的运费为每桶2美元。仅仅从技术上看，当前马六甲海峡存在的主要问题包括：水深限制在19.5米，20世纪70年代建造的VLCC必须减载通过，但最近10年建造的大部分VLCC不受影响，运载量达200万桶；海峡比较拥挤，每年通过船只超过8万艘，每天通过石油超过1 000万桶，近年来先进技术的使用促使航行安全问题大大改善，据估计，即使通过的船只增加3~4倍，海峡仍处于安全航行的范围之内；海盗袭击，这一直是舆论比较担心的话题，但是至今为止，尚未在马六甲海峡有海盗袭击油轮的报道。从军事和战略上，美国和印度军事力量已经渗透到海峡。马六甲海峡是美国必须控制的世界16大咽喉水道之一，美国已取得了新加坡海、空军基地的部分使用权，并援建马六甲沿岸的一些军事设施。同时，印度拥有孟加拉湾的安达曼尼科巴群岛，在马六甲海峡的西部入口处修建了海军基地，并部署重兵扼守海峡西口。但是，作为国际水道，马六甲海峡航行自由和安全有国际法保障，和平时期美国控制海峡切断对我国石油运输通道的可能性不大，即使台海出现重大事端，美国也不大可能切断对我国的石油供应，因为从国际法来说，控制海峡切断对我国的石油运输通道，意味着美国对我国宣战，这样的情况只能在中美全面战争的情况下才能出现。因此，马六甲海峡目前存在的主要问题是非传统安全，即海盗活动和可能的恐怖袭击，加上技术方面可能的船舶碰撞。如2017年8月21日5时24分，美国“约翰·麦凯恩”号导弹驱逐舰在马六甲海峡的入口处，与装载了1.2万吨石油的3万吨级“阿尔尼克”号海轮相撞，造成了10名水兵失踪，5人受伤。[133] 事实上，除马六甲海峡外，从中东、西非经印度洋到我国和韩国、日本的油轮还可以通过巽他海峡、龙目海峡和望加锡海峡，这两个海峡均可通过VLCC，且航道条件好于马六甲海峡。我国很多石油进口企业的油轮走西非—中国的航线曾经通过巽他海峡，比走马六甲海峡大约近80海里，但大部分时间油轮还是走马六甲海峡，主要原因是在马六甲海峡附近安排船加油很方便。此外，中国海军的远航训练，有时就选择通过巽他海峡与龙目海峡，而不走马六甲海峡。[134]

如何避开马六甲海峡，开辟通向远东的新航道，是泰国及有关国家多年来议论的话题，主要方案有开凿克拉运河和修建战略性能源大陆桥（SELB项目）。开凿克拉运河的议论已有三百多年的历史。第一次世界大战前，泰国曼谷王朝五世王朱拉隆功正式提出设想。运河设计全长102公里，宽400米，水深25米，双向航道。初步测算需耗时10年，耗资280亿美元。如动用核能或其他非常规方式施工，需7年时间，耗资360亿美元。SELB项目是在设想中的克拉运河线路上修建一条输油管道。最初起源于1989年3月，设计输油量每年约为5 000万吨，长度约为284公里，管线西端建设一个30万吨级码头，东端建设一个30万吨级和8万吨级码头，东西各建一个80万立储罐群。项目建设投资7.2亿美元。项目建设不存在技术障碍，建成后比马六甲路线缩短440公里，但在运行中需要增加装卸和管道运输环节。但是，克拉运河巨额建设成本如何回收？建设管道项目只能节省运输距离约440公里，经多方测算，项目建设不具经济性，克拉运河不是必经之路，不能类比苏伊士运河与巴拿马运河，没有议价之力，商业上克拉运河的价值为零。泰国多届政府更关注的是泰南问题。军事上，只要一看地图就可以知道，一支能够封锁马六甲海峡的舰队，连挪窝都不用，就地便可封锁克拉运河，甚至由于克拉运河的西口更靠北，对着的是孟加拉湾方向，以印度为基地的舰艇飞机可以更容易地在安达曼群岛组织封锁。因此，克拉运河或管道项目既没有经济价值也没有战略价值。

令人瞩目的中缅油气管道项目，一直被视为我国解决“马六甲之困”的战略通道，事实上，如仅从其中的原油管道项目看，其根本无法承担这样的战略目标。第一，中缅原油管道的设计运输能力为每年2 000万吨，这样，即使该管道能满负荷运行，只能占2016年我国石油净进口量5%的比例，而按其一期投运时的每年1 000万吨规模计算，仅占2.5%；而从2016年我国通过马六甲海峡进口石油的数量来看，满负荷运行情况下占7.86%，一期投运规模仅占3.93%。第二，从解决云南和西南地区的油品供应角度看，实属没有多大的必要，早在2005年中国石化就投资35亿元建成了总长1 691公里的西南成品油管道工程，东起广东茂名，西至云南昆明，跨越广东、广西、贵州、云南4个省区37个市县，设计年输送成品油1 000万吨，西南地区的成品油供应是有保证的。[135]第三，昆明属典型的高山内陆地区，环境容量非常有限，在这样的地区建设炼油石化项目，会面临很大的环境挑战，这个项目在建设过程中产生的诸多社会问题，也说明了这一点。第四，无论是中缅原油管道项目还是昆明炼油石化项目，由于多方面的原因，其建设周期一再延长，投运时间一拖再拖，从一个正常的项目建设看已不堪重负，其经济价值受到严重质疑。因此，有评论感叹，这是“一条承载了过多战略期许与压力的线路”，国内舆论“将其战略意义无限拔高”，事实上，“从全局看，该管道只是中石油众多商业活动中的一部分”。[136]

一段时间以来，国内媒体又在炒作巴基斯坦的瓜德尔港项目，并且再一次赋予了其解决我国进口石油通道安全的“战略意义”，认为我国要通过该项目“突出马六甲海峡重围”，瓜德尔港要为中国国运腾飞而生，是一个里程碑式的大事，是一个华丽的战略性突围，它的伟大意义，将在未来历史中日益凸显！有媒体已经在畅想，有了瓜德尔港，中国通往中东这个能源根据地的运输航线，可完全不绕道马六甲海峡，直接从瓜德尔港上岸通过管道或高铁，进入喀什。建设从瓜德尔港管道延伸到伊朗的管道，就可以让中东到中国的油气，全程管道运输，无需油轮。这相当于给中国平添了一个大动脉，而且这条大动脉可以绕过海盗猖獗的马六甲海峡，以及局势不稳的南海、东海和黄海水域，中国的能源安全与稳定将进一步得到加强！[137]每当看到这一类的新闻和报道时，只能用无语来表达自己的心情，它形象地说明了我们常听到的一句话“无知者无畏”！我们不知道写这些口号的作者们，有无考虑其工程可行性，有无经济技术价值，严峻的安全问题如何解决，进入喀什后怎么办?

无论我国进口石油要不要绕开马六甲，但根本无法绕开的是霍尔木兹海峡、苏伊士运河、好望角和印度洋，因为无论源于中东或是非洲的进口石油，都要经过这些地区。更为重要的是，我国从中东、非洲进口的石油，都要经过印度洋。不讨论美国在上述地区的驻军，仅其在印度洋拥有的迪戈加西亚海空军基地，就足以控制我国通过印度洋从中东、非洲进口的全部石油运输。无论是1990—1991年的波斯湾战争，还是2001年的阿富汗战争和2003年的伊拉克战争，美军都经常从迪戈加西亚发动空中作战。迪戈加西亚海空军基地，被称为美军印度洋上不沉的“航空母舰”。我们知道，中美两个世界性大国之间不可能发生直接的、大规模的军事冲突。我们认为，在未来相当长的时间内，至少到2050年我国建设成为社会主义现代化强国之前，我国的外交政策都不会、也不应该将中美两个大国的直接对抗，尤其是大规模军事对抗作为目标，更不能因为石油资源及其运输问题，而将中美两个大国牵引到大规模军事对抗的地步。

一般来说，比较公认的观点是，除非具有地理位置方面的竞争优势和便利，否则，海运还是目前世界上最通用、最便宜也是最安全的大宗货物贸易运输方式，在和平时期几乎不存在封锁的可能性，大国之间也不存在这样的先例。冷静客观地分析，就运输通道而言，中哈原油管道、中亚天然气管道和中俄东西线原油天然气管道，具有较大的战略意义。中哈等原油和天然气管道，充分利用了与有关石油天然气资源国地理位置之间的关系和便利，解决了我国原油、天然气资源的进口运输问题。一方面，这些管道实现了我国原油、天然气的多渠道进口来源；另一方面，这些管道真正解决了我国规模庞大的油气资源长距离海上运输的安全问题，使我国进口油气资源的安全系数大幅度提升。正是得益于这些管道，一段时间以来，俄罗斯取代沙特阿拉伯成为我国最大的原油进口来源国，而且在可以预见的将来，俄罗斯也有可能成为我国最大的天然气进口来源国之一。

通过以上所列举的有关例子，我们非常能够理解社会大众和媒体对我国进口石油安全和经济安全的关心和担忧。但我们认为，我们更多要做的，还是要加强对当前世界政治经济规则的学习、理解和运用，将我们有限的国力投入到真正解决我国能源安全的工作和项目中去，而不被社会热点舆论所左右。从我国当前和未来能源、石油天然气行业所面临的现状和形势看，国家战略层面要解决的，应该是能源、石油天然气资源的获得和稳定供应，更多的应该是立足国内，建立更加开放的市场，通过我们自身的努力去解决我国能源安全问题，实现我国的能源独立，这样“中国梦”和“两个一百年”宏伟目标的实现才有更加坚实的保障。

6. 简化立法程序，尝试建立快速通道，解决能源和石油天然气行业急需的法制建设问题

党的十八大以来，为坚持和发展中国特色社会主义，实现国家治理体系和治理能力现代化，全面推进依法治国，习近平总书记先后多次就为什么要依法治国、要走什么样的法治之路以及怎样建设法治中国等重大问题做了系统阐述。在“四个全面”的论述中，全面依法治国是其中的重要组成部分。在党的十九大报告中，习近平总书记再次强调并明确:“全面依法治国是国家治理的一场深刻革命，必须坚持厉行法治，推进科学立法、严格执法、公正司法、全民守法”。在有关“能源生产和消费革命”的讲话中，习近平总书记强调，建立健全能源法治体系，启动能源领域法律法规立改废工作。

毋庸置疑，在改革开放近 40 年的发展进程中，能源行业同我国经济社会其他各行业一样，面临着行业内外的很多难题和困难，需要国家通过立法方式加以规范和解决，多年来国家有关政府部门和行业本身，也在持续努力开展立法工作。但是，时至今日，与我国社会总体的法制化进程和其他行业相比，能源行业的立法相对滞后，不少急需颁行的法律法规长期议而不决，处于缺位的状态，一定程度上影响了能源和石油天然气行业的发展。如讨论了近30年的能源法、石油天然气法等，就连国家石油储备条例这样非法律性质的文件也经近15年的讨论而不决。

应该说，我国已经建立了一套严格的立法程序，有关法律法规需经过较长时间的讨论并征求多方意见，以求尽可能全面地反映民意，使颁行的法律法规更加客观、公正和全面并在较长的时间内能符合社会实际。这一套严格的立法程序，有它好的一面，但不利的一面是，对于一些行业性的、不涉及全社会的、具有一定时效性，尤其是在一定时期解决某些行业急需解决问题的立法事项，如讨论时间过长，可能会不利于行业的发展，可能会给经济社会带来一定的负面影响，如上面提到的某些能源行业的立法问题等。在讨论40多年来多届美国政府一直追求的“能源独立”战略时，我们可以看出，事实上，这40多年间美国政府并没有整体的能源战略，只是在追求“能源独立”总体目标的前提下，每一届政府根据自己的需要，出台自己认为急需的政策。相关的法律法规也比较简单，更多的是针对性强的专项法律，解决某些急需解决的具体问题，只要参众两院批准或某一项通过总统签署即可，就连某一年度的预算法案也可能成为某些专门的法律法规。有些所谓政策法规更是临时性增加的，比如补贴可再生燃料生产，强制要求提高能源效率等。从实际效果看，我们认为，美国的这一套立法程序无论其过程或是结果都是实用的、有效的。当然，美国的这一套立法程序与其社会制度直接相关。为此，我们建议，在我国目前立法程序的框架下，针对一些经济行业急需的立法建设工作，能否简化立法程序，尝试建立快速通道，不追求有关法律法规的完备性、长期性，而更多地立足于解决实际问题，加快立法进程。这一点对能源和石油天然气行业具有特别重大的意义，可为能源和石油天然气行业的健康发展，为解决我国能源安全问题，实现“能源独立”，提供良好的法制条件和环境。此外，在加快我国相关能源、石油天然气行业立法进程的同时，对于一些行业急需解决的普遍性问题，也可通过国务院条例、部门政府规章等形式加以解决，在条件成熟时再上升到国家法律法规的层面。

后记

历时约半年时间的写作并经三个月的沉寂再思考和两次较大范围的修订完善，拙作《石油的时代》终于全部完稿。敲完最后一个字，看着电脑统计出来的超过80万字的书稿总字数，揉着酸痛的手腕，心中的一块大石头终于落地。

本书的基本架构和核心内容，源于我在云南大学西南亚研究所攻读硕士学位时所写的论文。1985年9月，我考入该所师从浦莱先生和左文华先生，攻读世界石油问题硕士学位，经过约两年半时间的学习和努力，于1987年6月30日完成了近8万字的《国际石油市场结构与油价波动》一文，这篇文章的重点是试图根据经济学基本理论，分析和解释20世纪70年代以来国际石油市场为什么会发生大幅波动，并根据得出的有关结论，分析和探讨未来国际石油形势可能的走向。当时原计划将此文作为我的硕士学位论文，但由于学校对硕士论文字数的限制，我只好选择其中的最后一部分作为我的硕士学位论文，题为“未来国际石油形势蠡测”。研究生毕业后，1988年8月，我到中国现代国际关系研究所工作。由于工作的需要，我集中精力对世界石油问题的理论、历史和20世纪90年代世界石油及能源形势，分总论和地区进行了较为系统的研究，并对我国的能源问题进行了较为深入的探讨。在这两段时期工作成果的基础上，结合当时的国际石油形势，在我的领导和同事们的鼓励下，1992 年 8 月底，我完成了《石油与当代国际经济政治》的写作并于 1993 年 1 月由时事出版社出版发行。

1993 年 1 月—1994 年 1 月，由单位派遣作为访问学者，我到美国加州大学洛杉矶分校政治学系和非洲研究中心，进行为期一年的访问交流活动，重点研究政治学理论和世界、非洲能源问题。其间，我访问了哈佛大学、斯坦福大学、加州大学伯克利分校、伊利诺伊大学厄巴纳–香槟分校、麻省理工学院和美国国会图书馆，并向哈佛大学、美国国会图书馆赠送了拙作《石油与当代国际经济政治》。在美国为期一年的访问交流，是我第一次出国，不但使我的专业水平进一步提升，更有价值的是开阔了我的眼界。

从 1994 年 8 月开始，我到中国化工进出口总公司工作，在 24 年的工作期间，我经历了多次岗位的变化，并参与了国家发改委等政府部门各阶段的能源、石油问题研究和政策制定等工作，同时作为中国国际工程咨询公司的外聘专家，参加了大量国家重大能源、石油化工工程的咨询和评估工作。这 24 年宝贵的工作经历，使我能从不同的角度，分别以企业、政府和专家的身份，去亲身实践、体验和观察世界及我国的能源、石油天然气问题，其价值是巨大且非常珍贵的。在 24 年的工作期间，很多领导、同事和朋友都希望我能再写一本国际石油问题的书籍。一方面，能补充上 1992 年下半年以来国际石油形势的变化，使大家在工作中对国际石油市场的了解更加完整，给大家的实际工作提供参考；另一方面，更希望能将我多年来对国际石油问题的观察和理解写出来，因为经历了 20 世纪末和 21 世纪初 20 多年国际石油形势的大动荡，无论是企业、政府还是社会大众，都迫切希望能较为客观地了解国际石油市场的真实情况，能对社会上一些热点问题进行解惑。虽然多次下决心要静下心来写作，但是由于担负了非常繁重的企业日常经营管理工作，我实在没有办法沉下心来写作，我完成大家的期望和自己的心愿。2017年年初，本人不再分管业务工作，终于有机会也有可能下决心，开始拙作的写作工作。因此，从2017年1月10日开始着手制订写作计划，在春节假期结束后正式开始写作，其间除推不掉的出差、会议和相关日常工作外，基本上全身心地投入写作中。这样，实际用时约半年时间终于完成了拙作第一稿的写作工作。

从1985年9月开始学习、研究世界石油问题，已历时33年。本书是33年来我对国际石油市场的观察、思考和理解，本书之所以能够形成、出版，离不开33年来我得到的无数师长、领导、同事和朋友的教诲、支持与帮助，因此，没有他们本书也不可能完成和出版。

第一，应该感谢的是我的导师，云南大学西南亚研究所浦莱先生和左文华先生，正是他们在我攻读硕士学位期间给我的孜孜不倦的教诲，为我在石油和能源问题方面的研究打下了坚实的基础，才使得我有可能从事这一问题的研究。这里还应感谢该所的其他先生和学友，三年远离家乡在昆明求学期间，正是他们无私的帮助让我圆满地完成了学业。

第二，感谢中国现代国际关系研究所、西亚非洲研究室和时事出版社的领导及同事们。在中国现代国际关系研究所工作的6年时间里，众多领导和同事在业务上的帮助，使我的工作不断取得成绩；他们在生活上对我的照顾，让我备感温暖。这6年时间，是我结束学生生涯、踏入工作岗位并结婚生子的重要时期，也是生活非常艰难的时期，北京市海淀区万寿寺甲2号大院的众多长辈给我提供无私的帮助，至今我仍然历历在目，并深怀感激。更为重要的是，在这6年间，我受到了严格的学术训练，中国现代国际关系研究所有非常多国内外知名的专家学者，他们广博的学识和严谨的学风及其对我的教诲，让我受益终身。一是特别感谢孙鲲先生，他作为当时中国现代国际关系研究所西亚非洲研究室的主任，是我到研究所工作后的直接领导，孙鲲先生在业务工作上给了我事无巨细的指导和关怀，使我的业务工作不断取得成果，是他的大力支持让《石油与当代国际经济政治》得以出版。孙鲲先生还为拙作撰写了序言。二是要感谢白汉香女士，作为《石油与当代国际经济政治》的责任编辑，白汉香女士从立项、写作计划到详细内容提供了大量具体的、有益的建议。三是感谢中国现代国际关系研究所的侯若石先生，他在《石油与当代国际经济政治》一书动笔前就写作大纲多次提出大量有益的建议，写作过程中我经常就相关问题向他讨教。当然，在中国现代国际关系研究所工作的6年时间里，应该感谢的远不止上面提到的三位，由于篇幅的原因，在此不能一一说明，6年期间大家给我的教诲、帮助和支持，我深藏于心，永怀感激。

第三，自1994年8月开始在中化公司工作的24年间，来自公司内外、政府部门的众多行业先辈、领导和同事给我提供过教诲、帮助和支持。一是要感谢多年来在中化公司与我共事过的领导和同事，如刘崭、刘建平、韩根生、李辉、张志银、王宗尚、张爱荣等，还有在具体工作岗位上工作的很多同事们，他们有的是我的领导，更多的是我工作中的同事和朋友，24年来大家相互支持、相互配合，我们的共同努力和汗水使中化石油业务不断发展壮大。24年来，无论是日常企业经营管理、学术研究还是生活上，众多领导和同事都给我提供了无私的帮助和支持。这里，特别要感谢中化集团公司原董事长刘德树先生。刘德树先生在担任中化集团总裁和董事长期间，给了我大量工作方面和专业研究上的支持及帮助。二是要感谢宋红旭、裴建军、张开旗、张斌、江冰、徐锭明、白荣春、吴贵辉、周大地、张玉清、李冶、胡卫平、杨雷、王祥进、刘红、何建宇、王晶、韩保军等众多政府部门的领导和朋友，正是在他们的支持和帮助下，我有机会参与国家能源主管部门的工作，让我对国家能源政策的研究、制定和具体管理有了亲身的了解。三是要感谢陈宗皋、王树林、张其伟、袁维心、张薇、杨上明、李胜辉、许晓光、郭琛等中国国际工程咨询公司的多位领导和朋友，及大量国内能源、石油天然气行业资深专家，多年来同他们一起参与国家重大能源工程项目的咨询、评估工作，使我的专业能力和水平不断提升。24 年间，有无数的领导和朋友给我提供过帮助与支持，他们的姓名无法在此一一列举，只能一并表示感谢了。

第四，感谢众多国内外从事国际石油问题研究的先辈和朋友，正是他们丰硕的研究成果使我在这一领域的知识不断增加，应该说没有他们本书就无法成文。33 年来，张焱、陈悠久、江红、于民、周凤起等先辈曾对我耳提面命，使我受益匪浅。我的导师浦莱先生、于民先生等几位先辈已经仙逝，但在拙作中引用他们的著作时先生们的音容笑貌还历历在目。此外，同吴康、刘克雨、杨朝红、金菁等朋友经常研讨石油问题，使我不断取得进步。

第五，感谢多年来与我一起长期从事石油问题研究团队的同事们，如姜霖、王珂、王海滨、王淳、张溢、王冰等。我们的研究团队虽然人数不多，但大家的研究水平都非常高，多年来我们的研究成果获得了中化公司尤其是政府部门的高度肯定和认可，为国家能源政策的研究和制定做出了贡献。因此，本书的内容，包含了这些同事多年研究的成果。尤其需要在此指出的是，近半年来我在写作过程中，得到了王珂、李建华、王淳、夏宗和、李博、王冰、姜霖、王海滨等人的大力支持和帮助，他们为本书的写作收集资料、编制图表、进行数字的统计计算。感谢姜霖、王海滨和王珂同志，他们认真通读了全书初稿，指出了书稿中存在的错误和问题，帮助补充了部分最新资料。姜霖、王海滨同志还协助通读了书稿的清样。在此，还要感谢多年来与我共同工作的原中化石油中心战略管理部孙黎明、晏永、赵正、杨科辉、柳海兵等同事，在多年来的日常工作中他们认真负责，保证了我们团队工作的高质量，特别是在这半年写作过程中，他们更是主动承担了大量繁重的日常工作，能让我专心写作。这里，还要感谢众多其他的同事，在过去的近30年时间里，中化石油中心多个部门和岗位上众多同事，每天都在收集、整理大量国内外经济政治、能源和石油行业的资料，形成了较为丰富的资料，这些资料多年来为中化石油中心研究团队、业务团队和我本人的研究工作提供了非常有价值的参考，这其中的很多同事或已退休或已离职，无法在此一一说出姓名，在此也只能一并表示感谢了。

第六，感谢中信出版前沿社的蒋永军社长和刘丹妮等编辑。2008年6月，中信出版社出版丹尼尔·耶金的《石油大博弈》[1]，应蒋永军先生之邀，我有幸为其写专家导读。自拙作第一稿完成以来，蒋永军先生和本书策划编辑刘丹妮女士多次就拙作的进一步修改完善，提出了很多非常有益的意见和建议，因此，拙作能以现在的形式和内容出版发行，得益于蒋永军先生、刘丹妮女士和中信出版社众多位编辑的心血及辛劳。

第七，感谢我的家人。在 1992 年至 1993 年 1 月《石油与当代国际经济政治》的写作和出版过程中，孩子幼小，我的妻子贺双荣担负了几乎全部繁重的家务和看护幼女工作，从而使我有充足的时间从事写作并使拙作得以出版。本次《石油的时代》写作近半年时间里，我的妻子又一次如 25 年前一样承担了全部家务，使我能心无旁骛地专心写作。28 年来，我们相濡以沫，从结婚、育女、持家到赡养双方父母，一路相扶走过，如今孩子已长大成人，各自的工作也都取得了较好的成就，让我深感幸运和幸福。

与 1993 年 1 月出版的《石油与当代国际经济政治》相比，《石油的时代》书稿的内容和篇幅是其近三倍。现在全书虽已完稿，但其过程是非常艰辛和困难的，因为本书的内容除国际石油形势和价格外，还涉及国内外经济政治等诸多方面的内容，其重点涵盖的时间长约 50 年，所需资料众多且繁杂，虽然多年来个人一直保留了在研究单位的工作习惯，注意随时收集和保存行业资料，但所在单位是经营性质的企业而非专业研究机构，基本上没有专业的图书资料，以一己之力完成这么复杂的问题著述确实非常艰难。现在回过头去看，拙作的写作是一个浩大的工程，其工作量和困难程度远远超出最初的预期和计划。在专心写作的半年工作时间里，基本上从早晨 6 点半到晚上 6 点半的 12 个小时，我都在公司办公室，一天三餐都在公司餐厅解决，手腕经常疼痛难忍。这半年间，每天写作疲惫不堪，只能靠晚上回家后在小区散步来消除，不过正是这几乎每天雷打不动约 5 公里的快走，不但使我消除了一天的疲惫，还能让我回顾当天写作中可能存在的问题，厘清第二天的写作思路和计划，有关章节的思想火花和逻辑关系也是在这种快速走路中形成的。正是在这样的努力和坚持下，可喜的是，通过半年时间我终于完成了这一看似不可能完成的任务，现在翻看书稿，真为自己能坐得住冷板凳而备感自豪。

需要说明的是，拙作在写作过程中，本人力图严格按照学术著作的要求进行，所引用的资料都尽可能地注明出处和来源，在此对所引用的共约 1 500 条资料的著作者一并表示衷心的感谢。但是，由于多方面的原因，再加上部分资料已无法查到详细的来源，个别资料出处的准确性和完整性还有待改进，在此衷心地希望能够得到原作者的理解和谅解。虽然本人对国际石油问题的学习、研究和观察已历时 33 年，但对于国际石油市场的复杂性时至今日仍无法真正理解并把握，本书的写作只能看作将 25 年心中所思一吐为快。33 年写一书虽为时不短，但是，本书的问题和谬误仍在所难免，恳请国内外研究界，尤其是国际石油问题研究领域的先辈和同仁批评指正。最后，本书的观点、看法和有关建议，仅源于个人 33 年来对国际石油市场和我国能源、石油天然气行业的观察和思考，仅是我个人的观点和看法，不代表中化公司和其他任何的单位、组织，文责自负。

王能全

2017 年 8 月 8 日晚 10 时第一稿

2017 年 9 月 30 日晚 10 时第二稿

2017 年 11 月 8 日晚 10 时第三稿

2018 年 5 月 28 日下午 5 时第四稿

于北京市海淀区西三旗宽 House 乐知斋

注　释

自　序

1 ［美］威廉·恩道尔. 石油战争：石油政治决定世界新秩序（增订版）. 赵刚等，译. 北京：中国民主法制出版社，2016：2.

2 ［美］艾伦·艾伯斯坦. 哈耶克传. 秋风，译. 北京：中信出版社，2014：322–323.

第1章　吸引眼球的伤心话题

1 埃里克·佩斯，亚历山德拉·斯坦利. 许多美国知名人士说，海湾关系到美国的利益……反对明自张胆的侵略，主张保卫盟国，首先是保卫石油. 纽约时报，1990年8月13日.

2 兹比格涅夫·布热津斯基. 美国在海湾的真正利益. 华盛顿邮报，1990年8月16日.

3 合众国际社华盛顿1990年8月8日英文电.

4 为石油派兵伊拉克？美国国防部长马蒂斯否认. 新华网，2017年2月22日.

5 发动伊拉克战争不是为石油？美防长把自己打扮成活雷锋. 见识网，2017年2月21日.

6 习近平同沙特国王萨勒曼举行会谈. 央广网，2017年3月17日.

7 外媒：沙特国王访华签650亿美元大单，看重中国姿态鲜明. 参考消息网，2017年3月18日.

8 法媒称亚洲成沙特“后石油时代”重心：中日助其经济转型. 参考消息网，2017年3月15日.

9 An America First Energy Plan. https://www.whitehouse.gov/america–first–energy.

10 特朗普签署Keystone和Dakota管线的行政命令. 新浪财经，2017年1月25日.

11 林小春. 特朗普签署行政命令推翻奥巴马政府气候政策. 新华社华盛顿 2017 年 3 月 28 日电.

12 美国要和俄罗斯打能源战，欲主导全球能源市场. 波通社，2017 年 7 月 6 日，转引自东方头条；能源地缘：特朗普游说“三海”一箭双雕. 北京青年报，2017 年 7 月 8 日.

13 中美签订 2 535 亿美元创纪录大单，能源项目超千亿美元. 21 世纪经济报道，转引自新浪财经.

14 叙利亚政府军证实美军对叙空袭，称造成一定伤亡. 中国新闻网，2017 年 4 月 7 日.

15 美国空袭叙利亚，点燃国际原油价格，直线飙升 2%. FX168 财经网，2017 年 4 月 10 日.

16 路透社 2017 年 4 月 7 日纽约电.

17 只占全球产量 0.04% 的叙利亚，为何能引发今日原油市场巨震？中国化工产品网，2017 年 4 月 7 日.

18 倪红梅，史霄萌. 联合国安理会再次通过涉朝鲜决议. 新华社联合国 2016 年 11 月 30 日电.

19 商务部海关总署公告 2016 年第 81 号. 商务部网站，2016 年 12 月 23 日.

20 商务部海关总署公告 2017 年第 12 号. 商务部网站，2017 年 2 月 18 日.

21 海关总署：一季度自朝鲜进口煤炭 267.8 万吨，同比减 51.6%. 新浪财经，2017 年 4 月 13 日.

22 中国自 2 月份首次从朝鲜进口煤炭. 彭博新闻社，2017 年 9 月 26 日.

23 中国为何 8 月从朝鲜进口 163 万吨无烟煤？商务部回应. 环球网，2017 年 9 月 28 日，转引自新浪新闻.

24 王建刚，马建国. 安理会通过决议对朝鲜实施新的制裁. 新华社联合国 2017 年 8 月 5 日电.

25 商务部海关总署公告 2017 年第 40 号，关于执行联合国安理会第 2371 号决议的公告. 商务部网站，2017 年 8 月 14 日.

26 美国之音电台网站，2017 年 9 月 12 日.

27 商务部海关总署公告 2017 年第 52 号，商务部海关总署关于执行联合国安理会 2375 号决议的公告. 商务部网站，2017 年 9 月 22 日.

28 日媒：美国提议禁止向朝鲜提供石油，中方反对. 网易新闻，2016 年 1 月 25 日.

29 美通过对朝新制裁法案，切断资金链以防朝鲜开发核与导弹. 参考消息网，2017 年 5 月 6 日.

30 路透：若切断石油供应，将对朝鲜带来极大的打击，路透社 2017 年 4 月 13 日电，转引自环球外汇网，2017 年 4 月 14 日.

31 美联社 2017 年 9 月 23 日电.

32 中国或将中断对朝鲜的原油供应？中财网，2017 年 4 月 14 日.

33 朝鲜平壤汽油限供，油价大涨七成. 央视新闻，2017 年 4 月 26 日.

34 《明镜》周刊网站，2017 年 9 月 12 日.

35 M. A. Adelman. Is the Oil Shortage Real? Oil Companies As OPEC Tax-Collectors. *Foreign Policy*, 1972-1973 Winter.

36 Fereidun Fesharaki, David T. Isaak. *OPEC, the Gulf, and the World Petroleum Market: A Study in Government Policy and Downstream Operations*. Westview Press, 1983: 247.

37 美国中央情报局重新估计石油的地缘政治学. 石油情报周刊，1980 年 5 月 19 日增刊.

38 牛津能源研究所说，世界面临严重的石油危机. 中东经济概览，1990 年 8 月 27 日;［英］史蒂文 · 巴特勒. 必须迅速采取行动来避免这场危机. 金融时报，1990 年 8 月 23 日.

39 高盛预测油价或将达到每桶 200 美元. MarketWatch纽约 2008 年 3 月 7 日讯，转引自新浪财经，2008 年 3 月 8 日.

40 原先预计油价达到 200 美元，高盛“出尔反尔”. 搜狐理财，2008 年 12 月 15 日.

41 ［法］托马斯 · 皮凯蒂. 21 世纪资本论. 巴曙松，陈剑等，译. 北京：中信出版社，2014：474.

42 王能全. 专家导读//［美］丹尼尔 · 耶金. 石油大博弈（上）. 艾平等，译. 北京：中信出版社，2008. 中信出版社正式出版这本书时所采用的专家导读并不是我所写的全文，从互联网上可查询到很多媒体刊出的我所写的或长或短的专家导读，如《卓越理财》2008 年第 11 期、《当代经理人》2008 年第 10 期、《中国经济周刊》2008 年第 35 期（2008 年 9 月 15 日）、《中国民航报》2008 年 9 月 15 日、《证券时报》2008 年 10 月 11 日等，只有少数如《卓越理财》2008 年第 11 期、《证券时报》2008 年 10 月 11 日等刊出的才是我所写的专家导读全文。有的杂志在刊用时连文章标题都给改掉了，如《中国经济周刊》2008 年第 35 期将导读的标题改为《高油价下的中国对策》。当然，这些出版物在刊用我的文章时，既没有通知我，也没有征求我的意见，更不见一分钱的稿费。

43 ［美］丹尼尔 · 耶金. 能源重塑世界. 朱玉犇，阎志敏，译. 北京：石油工业出版社，2012：662.

44 股神巴菲特瞄上加拿大油砂. 中国电力新闻网，2013 年 8 月 26 日.

45 巴菲特抢购石油股，加拿大石油业危中有机? 中投在线，2015 年 3 月 18 日.

46 沃伦 · 巴菲特押注矿物燃料公路.《华尔街日报》网站，2017 年 10 月 6 日.

47 陈明华. 基于金融因素的国际石油价格波动研究. 北京：经济科技出版社，2015.

48 鞠可一，周德群. 石油价格波动对经济的影响及其预警知识库系统研究. 北京：科学出版社，2016.

49 马登科，张昕. 国际石油价格动荡之谜：理论与实证. 北京：经济科学出版社，2010：目录 2，188.

50 1987 年 5 月 4—10 日，原石油部科技情报研究所在河北涿州原石油部物探局举办“国际石油贸易和油价预测技术讲座”，三位美国东西方研究中心专家主讲，国内有关单位有 50 多位人员参加，费萨拉基先生主讲的课程为“石油贸易”，他当时的身份为美国东西方中心资源研究所能源项目负责人，笔者当时是云南大学西南亚研究所的硕士研究生，这是笔者同费萨拉基先生的第一次见面。

51 Dermot Gately. A Ten-Year Retrospective: OPEC and the World Oil Market. *Journal of Economic Literature*, Vol. 22, No. 3 (Sept., 1984) .

第 2 章　从洛克菲勒到“七姊妹”

1 ［瑞典］博·黑恩贝克. 石油与安全：斯德哥尔摩国际和平研究所专题论文. 北京：商务印书馆，1976：9.

2 Daniel Yergin. *The Prize: The Epic Quest for Oil, Money and Power.* First Edition. New York: Simon & Schuster, 1991: 37.

3 ［美］迈克尔·伊科诺米迪斯，罗纳德·奥里戈尼. 石油的颜色：世界上最庞大产业的历史、金钱和政治. 苏晓宁，彭静宁，译. 北京：华夏出版社，2010：62.

4 同上.

5 ［美］安东尼·桑普森. 七姊妹：大石油公司及其创造的世界. 上海：上海译文出版社，1979：7.

6 John Evans. *OPEC,Its Member States and the World Energy Market.* New York: Longman, 1986: 45.

7 同上：98，102.

8 同上：113.

9 同上：158.

10 同上：175.

11 Daniel Yergin. *The Prize: The Epic Quest for Oil, Money and Power.* First Edition. New York: Simon & Schuster, 1991: 249.

12 同上：250.

13 所谓“热油”，首先是在美国东得克萨斯油田出现的。据说一个寒冷的夜晚，一名该州国民卫队的士兵查到了一个违法生产者，由于天气太冷，这个生产者告诉士兵靠到装着违法生产的石油的油槽上，称“这个油槽热得使你感到温暖”。Daniel Yergin. *The Prize: The Epic Quest for Oil, Money and Power.* First Edition. New York: Simon & Schuster, 1991: 251.

14 Daniel Yergin. *The Prize: The Epic Quest for Oil, Money and Power.* First Edition. New York: Simon & Schuster, 1991: 252.

15 同上：178.

16 同上：183.

17 ［美］威廉·恩道尔. 石油战争：石油政治决定世界新秩序（增订版）. 赵刚等，译. 北京：中国民主法制出版社，2016：41–42.

18 Daniel Yergin. *The Prize: The Epic Quest for Oil, Money and Power.* First Edition.

New York: Simon & Schuster, 1991: 178.

19 同上：179.

20 同上：373.

21 同上：373.

22 同上：37，379.

23 ［俄］B. 阿列克佩罗夫. 俄罗斯石油：过去、现在与未来. 北京：人民出版社，2012：285–287.

24 余海. 中印油管：胜利命脉. 中国石油报，2015 年 9 月 1 日.

25 Franklin Delano Roosevelt: 16-Address to Congress on the Yalta Conference, March 1, 1945. http://www.presidency.ucsb.edu/ws/?pid=16591.

26 Bruce Riedel: US-Saudi mark 70 years of rocky alliance. http://www.al-monitor.com/pulse/originals/2015/02/american-saudi-arabia-alliance-anniversary.html.

27 Daniel Yergin. *The Prize: The Epic Quest for Oil, Money and Power.* First Edition. New York: Simon & Schuster, 1991: 386.

28 Ibn Saud. https://en.wikipedia.org/wiki/Ibn_Saud.

第 3 章　石油输出国组织登上国际石油舞台

1 Daniel Yergin. *The Prize: The Epic Quest for Oil, Money and Power.* First Edition. New York: Simon & Schuster, 1991: 413.

2 同上：413.

3 ［英］安东尼 · 桑普森. 七姊妹：大石油公司及其创造的世界. 上海：上海译文出版社，1979：40.

4 同上：204–205.

5 Daniel Yergin. *The Prize: The Epic Quest for Oil, Money and Power.* First Edition. New York: Simon & Schuster, 1991: 518.

6 日本海外能源调查团调查报告，1971 年 11 月.

7 石油输出国组织决议和新闻公报 1960—1980. 石油工业部情报研究所、云南省东南亚研究所，1985：2.

8 ［英］安东尼 · 桑普森. 七姊妹：大石油公司及其创造的世界. 上海：上海译文出版社，1979：210.

9 石油输出国组织决议和新闻公报 1960—1980. 石油工业部情报研究所、云南省东南亚研究所，1985：1–2.

10 同上：214.

11 同上：26.

12 同上：26–27.

13 同上：43.

14 同上：48.

15 同上：1–2，77.

16 同上：106.

17 ［英］安东尼·桑普森.七姊妹：大石油公司及其创造的世界.上海：上海译文出版社，1979：209.

18 石油输出国组织决议和新闻公报 1960—1980.石油工业部情报研究所、云南省东南亚研究所，1985：27.

19 同上：27–28.

20 ［英］安东尼·桑普森.七姊妹：大石油公司及其创造的世界.上海：上海译文出版社，1979：225.

第 4 章　20 世纪 70 年代的两次石油危机

1 ［瑞典］博·黑恩贝克.石油与安全：斯德哥尔摩国际和平研究所专题论文.北京：商务印书馆，1976：580.

2 同上：580.

3 石油输出国组织决议和新闻公报 1960—1980. 石油工业部情报研究所、云南省研究所，1985：132–134.

4 同上：141.

5 Daniel Yergin. *The Prize: The Epic Quest for Oil, Money and Power.* First Edition. New York: Simon & Schuster, 1991: 582.

6 同上：193.

7 同上：201.

8 同上：203.

9 同上：233.

10 同上：242.

11 同上：585.

12 石油输出国组织决议和新闻公报 1960—1980.石油工业部情报研究所、云南省东南亚研究所，1985：147.

13 同上：152.

14 同上：175.

15 新华社德黑兰 1973 年 1 月 24 日电.

16 Joe Stork. *Middle East Oil and the Energy Crisis*. New York: Monthly Review Press, 1975: 212.

17 Daniel Yergin. *The Prize: The Epic Quest for Oil, Money and Power.* First Edition. New York: Simon & Schuster, 1991: 596.

18 根据 1973 年阿拉伯决定利用石油作为一种政治武器而通过的决议，1973 年 10 月 17 日（原文）//［瑞典］博·黑恩贝克.石油与安全.北京：商务印书馆，1976：166–167.

19 Daniel Yergin. *The Prize: The Epic Quest for Oil, Money and Power.* First Edition. New York: Simon & Schuster, 1991: 607.

20 石油输出国组织决议和新闻公报 1960—1980.石油工业部情报研究所、云南省东南亚研究所，1985：203–204.

21 Daniel Yergin. *The Prize: The Epic Quest for Oil, Money and Power.* First Edition. New York: Simon & Schuster, 1991: 604.

22 同上：604.

23 同上：609.

24 同上：636.

25 Jerry Robinson. The Rise of the Petrodollar System,"Dollars for Oil". https://www.financialsense.com/contributors/jerry-robinson/the-rise-of-the-petrodollar-system-dollars-for-oil.

26 Report by the Comptroller General of the United States, the U.S.-Saudi Arabian Joint Commission on Economic Cooperation, 108904, March 22, 1979.

27 冯保国．建立天然气人民币可行性研究．国际石油经济，2017（8）.我们非常赞成作者这篇文章的观点，即石油美元不是设计出来的。

28 Daniel Yergin. *The Prize: The Epic Quest for Oil, Money and Power.* First Edition. New York: Simon & Schuster, 1991: 617.

29 同上：620.

30 Peter Ellis Jones. *Oil: A Practical Guide to the Economics of World Petroleum.* Cambridge: Woodhead-Falkener, 1988: 232.

31 法新社 1992 年 7 月 28 日电．

32 Daniel Yergin. *The Prize: The Epic Quest for Oil, Money and Power.* First Edition. New York: Simon & Schuster, 1991: 647.

33 同上：651.

34 石油输出国组织决议和新闻公报 1960—1980. 石油工业部情报研究所、云南省东南亚研究所，1985：296.

35 石油输出国组织部长级会议有关石油长期战略问题报告书．经济学家，1980 年 7 月 29 日，转引自云南大学西南亚研究所《中东石油问题》第 20 期，1981 年 6 月 5 日：29.

36 同上：62.

37 同上：35.

38 同上：36.

39 同上：29.

40 同上：52，65–66.

41 *Middle East Economic Survey*, 7 Dec. 1981.

第5章 1986年的油价暴跌和20世纪90年代的低油价

1 道琼斯新闻社1982年11月17日电，转引自：江红. 八十年代的国际石油风云. 北京：华夏出版社，1989：69.

2 转引自：浦莱. 论沙特阿拉伯在世界历次石油价格剧变中的决定性作用与今后石油价格的走向. 世界石油问题，1986（2）：60.

3 Daniel Yergin. *The Prize: The Epic Quest for Oil, Money and Power.* First Edition. New York: Simon & Schuster, 1991: 748.

4 乔治·迪皮. 沙特阿拉伯的危险阶段. 经济论坛报，1985年10月18日.

5 合众国际社日内瓦1985年12月9日英文电.

6 Daniel Yergin. *The Prize: The Epic Quest for Oil, Money and Power.* First Edition. New York: Simon & Schuster, 1991: 750.

7 Jeffrey Robinson. *Yamani: The Inside Story. London*: Simon & Schuster, 1988: 279.

8 *Times*, 10 Nov. 1986.

9 *Middle East Economic Survey*, 3 Nov. 1986.

10 同上.

11 同上.

12 Daniel Yergin. *The Prize: The Epic Quest for Oil, Money and Power.* First Edition. New York: Simon & Schuster, 1991: 715.

13 *Petroleum Intelligence Weekly*, 17 Jan. 1991.

14 *The Economist,* 10 Dec. 1988.

15 同上.

16 同上.

17 Downstream Trends, Arab Press Service, 10-17 Oct. 1988.

18 F. 费萨拉基. 石油贸易 // 国际石油贸易和油价预测技术讲座. 北京，1987年5月4—10日：1.

19 国际石油经济资料之六，国际石油市场最近的变化及其原因. 石油工业部科学技术研究所，1986年3月：9.

20 *The International Crude Oil Market Handbook*. Fifth Edition. December 2005, 2006: 36.

21 同上：16.

22 同上：2.

23 *Middle East Economic Survey*, 23 Oct. 1989.

24 长谷川. 日本的繁荣不会动摇. 呼声，1990（12）.

25 单卫国. 90年代世界石油市场的特点. 国际石油经济，1995（9）.

26 史蒂文·埃里拉，斯蒂沃特·布朗. 能源期货与期权交易基础. 北京：石油工业出版社，2009：129，131.

27 参见1990年3月18日石油输出国组织阿尔及利亚、伊拉克和伊朗石油部长同

《中东经济概览》主编伊恩·西摩的谈话：OPEC Interviews. *Middle East Economic Survey*, 26 March 1990, No. 25, Vol. XXXIII.

28 *Middle East Economic Survey*, 23 Apr. 1990.

29 *Middle East Economic Survey*, 25 Jun. 1990.

30 *Middle East Economic Survey*, 2 Jul. 1990；中东社科威特 1991 年 6 月 26 日阿文电.

31 *Middle East Economic Survey*, 2 Jul. 1990.

32 *Middle East Economic Survey*, 16 Jul. 1990.

33 *Middle East Economic Survey*, 23 Jul. 1990.

34 同上；美联社巴格达 1990 年 7 月 17 日电.

35 ［法］韦罗尼克·莫吕斯.石油输出国组织达成一项“历史性”协议：巴格达和德黑兰强迫各国提高油价.世界报，1990 年 7 月 29—30 日。

36 *Middle East Economic Survey*, 4 Dec. 1989.

37 *Middle East Economic Survey*, 27 Jun. 1988.

38 *Middle East Economic Survey*, 22 Jun. 1988.

39 *Middle East Economic Survey,* 27 Mar. 1989.

40 *Middle East Economic Survey*, 2 Apr. 1989.

41 *Middle East Economic Survey*, 12 Jun. 1989.

42 美联社联合国 1990 年 8 月 2 日英文电.

43 美联社联合国 1990 年 8 月 6 日英文电.

44 合众国际社华盛顿 1990 年 8 月 8 日英文电.

45 新华社联合国 1990 年 8 月 9 日电.

46 新华社联合国 1990 年 11 月 29 日电.

47 路透社华盛顿 1991 年 1 月 16 日英文电.

48 新华社华盛顿 1991 年 1 月 16 日英文电.

49 合众国际社开罗 1991 年 2 月 26 日英文电.

50 科威特油井大火全被扑灭（1991 年）. 农历网，1991 年 11 月 6 日.

51 法新社华盛顿 1991 年 2 月 28 日英文电.

52 合众国际社联合国 1991 年 3 月 3 日电.

53 法新社科威特 1990 年 8 月 2 日英文电.

54 法新社尼科西亚 1990 年 8 月 6 日英文电.

55 合众国际社伦敦 1990 年 8 月 6 日英文电.

56 路透社 1990 年 2 月 27 日电.

57 史蒂文·巴特勒.必须迅速采取行动来避免石油供应危机.金融时报，1991 年 8 月 23 日.

58 埃菲社 1990 年 8 月 25 日电.

59 路透社维也纳 1990 年 8 月 29 日英文电.

60 *Middle East Economic Survey*, 12 Nov. 1990, 14 Jan. 1991.

61 *Middle East Economic Survey*, 26 Nov. 1990.

62 *Middle East Economic Survey*, 8 Oct. 1990, 5 Nov. 1990, 10 Dec. 1990, 14 Jan. 1991.

63 王伟.美空袭伊拉克与油市反响//石油市场动态汇编 1988—1990.中国化工进出口总公司国际石油化工贸易研究所，1991 年 10 月。

64 *Middle East Economic Survey*, 11 Feb. 1991, 11 Mar. 1991.

65 国际能源署.石油供应安全：2000 年国际能源署成员国应急潜力.北京：石油工业出版社，2006：229–230.

66 *Middle East Economic Survey*, 30 Sept. 1991.

67 同上.

68 *Middle East Economic Survey*, 2 Dec. 1991.

69 *Middle East Economic Survey*, 17 Feb. 1992.

70 *Middle East Economic Survey*, 11 May 1992.

71 *Middle East Economic Survey*, 3 Jun. 1991.

72 *Middle East Economic Survey*, 8 Jul. 1991.

73 *Middle East Economic Survey*, 1 Jul. 1991.

74 *Middle East Economic Survey*, 11 Nov. 1991.

75 *Middle East Economic Survey*, 16 Mar. 1992.

76 *Middle East Economic Survey*, 8 May 1992.

77 东方时空.伊拉克风云 20 年（2）：制裁伊拉克.

78 审查和评估按照安全理事会第 986（1995）号决议设立的人道主义方案的执行情况.联合国，1999 年 4 月 28 日.

79 1996 年 12 月 10 日，联合国对伊拉克实施“石油换食品”协议.《历史上的今天》官网.

80 周建新.背景资料：“石油换食品”计划.新华网北京 3 月 29 日电.

81 “石油换食品计划”腐败案最终调查报告曝光.中国经济网，2005 年 10 月 28 日.

82 庞昌伟.国际油价波动与苏联解体.俄罗斯研究，2011（6）.

83 ［美］丹尼尔·耶金.能源重塑世界.北京：石油工业出版社，2012：14.

84 石油：苏联解体的推手.大河网，2015 年 3 月 23 日；兰台说史：油价暴跌拖垮苏联是美国的“阴谋”吗？凤凰网，2014 年 12 月 18 日.

85 沈剑锋，吴冬梅.俄罗斯石油工业发展趋势多维透视.欧亚经济，2005（3）.

86 吕岩松.石油，俄罗斯的外交武器.环球时报，2003 年 12 月 17 日.

87 1996 年 12 月 10 日，联合国对伊拉克实施“石油换食品”协议.《历史上的今天》官网.

88 苏联—俄罗斯石油工业的跌宕“人生”.石油观察家，2016 年 5 月 14 日.

89 陈挺.俄罗斯能源国资目标，通过一系列手法从 7% 到 50%. 21 世纪经济，2014 年 12 月 25 日.

90 俄罗斯天然气工业股份公司.百度百科.

91　Ken Koyama. *Crude Oil Prices after the OPEC Meeting*. Japan: The Institute of Energy Economics, April 12, 2000.

92　周向彤.国际原油价格走势.1998年1月—1999年1月和1999年2—3月，国际石油经济，1999年3月和6月；Oil prices slip further. CNNMoney, December 7, 1998.

93　石油输出国组织产量限额的变化，参见“石油价格大事记，1970—2009”，美国能源情报署网站有关资料。这一期间有关年度国际石油价格的变化，分别参见：单卫国.90年代世界石油市场的特点.国际石油经济，1995（9）；王磊.1998年国际石油市场分析及近期市场形势展望.国际石油经济，1991（1）；田春荣.国际石油市场回顾和展望.中国石化，2000（1）.

94　Ken Koyama. *Crude Oil Prices after the OPEC Meeting*. Japan: The Institute of Energy Economics, April 12, 2000.

95　具体参见石油输出国组织网站：http://www.opec.org/opec_web/en/about_us/25.htm.

96　[美]丹尼尔·耶金.能源重塑世界.北京：石油工业出版社，2012：73.

97　关于国际能源署成员国承担的储备义务，参见国际能源署网站有关成员国部分：http://www.iea.org/countries/membercountries/.

98　国际能源署.石油供应安全：2000年国际能源署成员国应急潜力.北京：石油工业出版社，2006：4.

99　外媒：美国能源部计划购买原油作为战略性储备.中国财经新闻网，2015年3月17日.

100　有关美国战略石油储备收储的方式，参见美国能源部化石能源办公室有关战略石油储备收储的网页，具体参见：Filling the Strategic Petroleum Reserve. https://www.energy.gov/fe/services/petroleum-reserves/strategic-petroleum-reserve/filling-strategic-petroleum–reserve.

101　陈柳钦.市场化背后的美国战略石油储备. 2013年11月21日，转引自石油观察网站.

102　关于美国战略石油储备的动用情况，参见美国能源部化石能源办公室有关战略石油储备动用的网页，具体参见https://www.energy.gov/fe/services/petroleum-reserves/strategic-petroleum-reserve/releasing-oil-spr。本节中有关20世纪80—90年代美国战略石油储备动用历史的资料均来源于此。

103　文钧.从技术变革展望加拿大油砂产业发展前景.全球科技经济瞭望，2013（6）

第6章　2001—2017年国际石油价格的轮回

1　“9·11”恐怖袭击事件后油价缘何升而复降.东方网，2001年9月27日.

2　国际石油价格24日跌至两年来最低点.东方网，2001年9月25日.

3　欧佩克油价跌至每桶不足21美元.东方网，2001年9月26日.

4　国际油品市场近期将回升.中经BP社，2002年11月14日. http://chem.icxo.com/

htmlnews/2002/11/14/112413.htm.

5 美攻打伊世界原油价格会涨到每桶 40 美元. 中经BP社，2002 年 11 月 20 日.

6 如美对伊开战国际原油市价将达 80 美元/桶. 中经BP社，2002 年 11 月 15 日.

7 2003 年石油价格. 金投网，2015 年 4 月 10 日.

8 2001 年石油输出国组织历次会议和减产情况，参见 *OPEC Annual Report 2001*。

9 2002 年石油输出国组织历次会议情况，参见 *OPEC Annual Report 2002*。

10 2003 年石油输出国组织历次会议情况，参见 *OPEC Annual Report 2003*。

11 贝瑟尼 · 麦克莱恩：安然为何破产？财富中文网，2002 年 3 月 1 日. 这是一篇非常有价值的文章，作者回顾了当初对安然公司的质疑、安然公司高层的反应，深刻剖析了安然公司的文化，解释了安然公司的交易秘密和利润的来源。近 15 年后再来看这一篇文章，加之对当世的联想，只能掩卷深思。

12 ［美］安东尼娅 · 朱哈斯. 石油黑幕. 李晓春，译. 北京：中国人民大学出版社，2009：123–124.

13 2004 年国际原油价格. 金投网，2015 年 1 月 26 日.

14 "卡特里娜"带来了什么？学习时报. http://www.china.com.cn/chinese/zhuanti/xxsb/969338.htm.

15 童媛春. 卡特里娜飓风将油价吹破"70". 和讯读书. http://data.book.hexun.com/chapter-4113-1-7.shtml.

16 新奥尔良飓风为什么会影响美国油价. 百度知道. https://zhidao.baidu.com/question/1957996278220114140.html.

17 卢怀谦. 国际能源署动用石油储备油价应声大幅下跌. 新华网纽约 2005 年 9 月 2 日电.

18 阎月凡. 2005 国际油价持续震荡的一年. 新华网北京 2005 年 12 月 5 日电.

19 范英、梁强等. 2007 年国际原油市场价格趋势预测报告，转引自商务部网站，2007 年 1 月 19 日.

20 国家信息中心经济预测部课题组. 2007—2008 年国际油价走势回顾与展望. 搜狐财经，2007 年 12 月 28 日.

21 路透社纽约 2008 年 7 月 11 日电.

22 乔继红. 2008 年油价变动回顾. 新华网北京电 2009 年 1 月 5 日.

23 高盛预测油价或将达到每桶 200 美元. MarketWatch纽约 2008 年 3 月 7 日讯，转引自新浪财经，2008 年 3 月 8 日.

24 原先预计油价达到 200 美元，高盛"出尔反尔". 搜狐理财，2008 年 12 月 15 日.

25 2004 年石油输出国组织历次会议情况，参见 *OPEC Annual Report 2004*。

26 2005 年石油输出国组织历次会议情况，参见 *OPEC Annual Report 2005*。

27 2006 年石油输出国组织历次会议情况，参见 *OPEC Annual Report 2006*。

28 陈韩晖. 欧佩克首脑峰会"吵"高油价. 搜狐新闻，2007 年 11 月 19 日.

29 2007 年石油输出国组织历次会议情况，参见 *OPEC Annual Report 2007*。

30 2008 年石油输出国组织历次会议情况，参见 *OPEC Annual Report 2008*。

31　有关2004—2008年石油输出国组织石油出口收入数据，参见2005—2009年的*OPEC Annual Report*。

32　有关2004—2008年非石油输出国组织产油国的石油出口收入数据，参见2005—2009年的*OPEC Annual Report*。

33　中国国家统计局，2007—2012年部分国家GDP增长率。

34　2008年金融危机的影响分析.百度文库，2015年4月21日；2008年国际金融危机的产生和影响.百度文库，2015年4月21日.

35　美重拳出击调查原油期货价格操纵.搜狐财经，2008年5月31日.

36　陈蕊.2009年国际石油价格走势及市场特点分析.中国石油油品信息，2010年2月3日.

37　中国石油集团经济技术研究院.2010年国内外油气行业发展报告.2011：34–36.

38　2011年原油价格.金投网，2015年1月27日.

39　2012年国际原油价格走势回顾.中商情报网，2013年1月14日.

40　陈蕊.2013年国际油价回顾与2014年展望.中国石油新闻中心网站，2013年12月31日.

41　左其龙.2013年上半年原油市场回顾与预判.中国建设银行网站，2013年8月21日.http://ebank.ccb.com/cn/ccbtoday/jhbkhb/20130820_1376973298.html.

42　2013年10国际原油价格走势.中国报告网，2014年4月30日.

43　商务部研究院吕东明.2014年原油价格走势分析商务部网站,2015年2月15日.http://www.mofcom.gov.cn/article/fyqr/maoyi/201502/20150200888895.shtml.

44　国际油价2014年累跌近50%，创六年最大年度跌幅.腾讯财经，2015年1月1日.

45　2015年原油回顾及布局逻辑浅析.2015年12月23日.https://www.jisilu.cn/question/52522.

46　孙贤胜，钱兴坤等.2015年国内外油气行业发展报告.北京：石油工业出版社，2016：71.

47　原油价格2015年累计暴跌30.5%.国际石油网，2016年1月2日.

48　石油输出国组织2009年有关会议情况，参见该组织会议公报，http://www.opec.org/opec_web/en/31.htm。

49　G20伦敦峰会公报全文.新浪财经，2009年4月2日.

50　资料：二十国集团匹兹堡峰会领导人声明.人民网国际频道，2016年8月16日.http://world.people.com.cn/n1/2016/0816/c1002-28640411.html.

51　二十国集团峰会取得积极成果.人民网，2008年11月17日.

52　石油输出国组织2010年有关会议情况，参见该组织会议公报，http://www.opec.org/opec_web/en/194.htm。

53　同上.

54　*OPEC Annual Report 2011*: 16.

55　2011 IEA Coordinated Release, History of SPR Releases. https://www.energy.gov/fe/

services/petroleum-reserves/strategic-petroleum-reserve/releasing-oil-spr#2011IEARelease.

56 2011 年G20 集团戛纳峰会公报. 2011 年 11 月 4 日，新浪财经。

57 石油输出国组织 2012 年有关会议情况，参见该组织会议公报，http://www.opec.org/opec_web/en/2307.htm。

58 二十国集团洛斯卡沃斯峰会领导人宣言（2012 年 6 月 18—19 日，墨西哥洛斯卡沃斯）. 鲁网新闻中心，2016 年 8 月 3 日.

59 石油输出国组织 2013 年有关会议情况，参见该组织会议公报，http://www.opec.org/opec_web/en/2523.htm。

60 二十国集团圣彼得堡峰会领导人声明，中国新闻网，2013 年 9 月 11 日。

61 马思佳.G20 峰会的隐身议题，大宗商品价格波动. 第一财经日报，2013 年 10 月 16 日.

62 石油输出国组织 2014 年有关会议情况，参见该组织会议公报，http://www.opec.org/opec_web/en/2772.htm。

63 二十国集团领导人布里斯班峰会公报.新华网，2014 年 11 月 17 日.

64 二十国集团能源合作原则.中国页岩气网新闻中心，2016 年 9 月 7 日.

65 石油输出国组织 2015 年有关会议情况，参见该组织会议公报，http://www.opec.org/opec_web/en/2962.htm。

66 二十国集团领导人安塔利亚峰会公报.新华网，2015 年 11 月 17 日.

67 2007—2009 年石油输出国组织成员国和非石油输出国组织产油国的石油出口收入数据，参见 2008—2010 年的 *OPEC Annual Report*。

68 2010—2014 年石油输出国组织成员国和非石油输出国组织产油国的石油出口收入数据，参见 2011—2015 年的 *OPEC Annual Report*。

69 ［法］托马斯 · 皮凯蒂. 21 世纪资本论.巴曙松、陈剑等，译.北京：中信出版社，2014：473.

70 同上：474–475.

71 *OPEC Annual Report 2015.*

72 2015 年OPEC原油出口收入跌至 10 年低位，近 20 年首现经常账户赤字.新浪财经，2016 年 6 月 23 日.

73 2016 年石油输出国组织收入预计同比下降 34%.中国石油百科，2016 年 10 月 8 日.

74 OPEC Revenues Fact Sheet，May 15, 2017，EIA. https://www.eia.gov/beta/international/regions-topics.cfm?RegionTopicID=OPEC&src=home–b4.

75 OPEC明年石油收入 4 270 亿美元.中国石油新闻中心，2016 年 9 月 13 日.

76 *OPEC Annual Statistical Bulletin 2016.*

77 2009 年来第一次，沙特经济负增长.华尔街见闻，2017 年 7 月 2 日.

78 油价虽涨但缺口难填，沙特削减财政赤字仍任重道远.新浪财经，2017 年 11 月 3 日.

79 打烂一手好牌，这个国家穷的要饭不能赖油价. http://www.myzaker.com/article/5

90681321bc8e0576300000e/.

80 油价下跌对俄罗斯经济的影响.中华财税网，2001 年 12 月 11 日.

81 国际油价对俄罗斯经济的影响有多大.搜狐公众平台，2016 年 3 月 5 日.

82 ［俄］弗拉基斯拉夫·伊诺泽姆采夫.什么是与俄罗斯有效的能源谈判策略.财经，2017 年 4 月 23 日.

83 油价大跌对俄罗斯影响有多严重？卢布暴降.华尔街见闻，2016 年 2 月 10 日，转引自快科技网. http://news.mydrivers.com/1/469/469351.htm.

84 油价下跌或致俄罗斯崩盘，美联储被指为幕后推手.网易财经，2014 年 11 月 14 日.同类的新闻可以从网上查到很多。

85 详讯：巴黎气候变化大会通过全球气候新协定.新华社巴黎电 2015 年 12 月 12 日.

86 中美同步批准巴黎气候协定，G20 峰会收获“大礼”.搜狐财经，2016 年 9 月 4 日.

87 朱旌，汪璐.《巴黎气候变化协定》将于今年 11 月 4 日生效.中国经济网纽约讯，2016 年 10 月 7 日.

88 俞岚，李晓喻. 110 国批准《巴黎协定》，中国重申气候政策不变.中新社马拉喀什电 2016 年 11 月 16 日.

89 美国退出《京都议定书》，国际社会一片哗然.搜狐新闻，2001 年 3 月 30 日.

90 世界能源理事会.未来能源充满不确定性.世界石油工业. 2017（1）：16.

91 能源变革：应对气候变化的唯一选项.中国采购与招标网，2016 年 4 月 15 日.

92 能源巨头看《巴黎协定》前景，能源结构转型是应对气候变化的根本.财经新闻，2017 年 3 月 21 日.

93 社评：谁来阻止华盛顿公然推卸气候责任.环球网，2017 年 3 月 29 日.

94 新华社华盛顿 2017 年 6 月 1 日电.

95 美宣布退《巴黎协定》1 小时，德法意发联合声明谴责.新浪新闻，2017 年 6 月 2 日.

96 联合国秘书长：美国退出《巴黎协定》令人失望.新浪新闻，2017 年 6 月 2 日.

97 美国正式通知联合国退出《巴黎协定》.网易新闻，2017 年 8 月 7 日.

98 2016 年 2 月原油价格走势分析.商务部网站，2016 年 3 月 14 日.

99 刘朝全，姜学峰等. 2016 年国内外油气行业发展报告.北京：石油工业出版社，2017：57.

100 沙特《愿景 2030》的雄心与障碍.新浪财经，2016 年 5 月 5 日.

101 沙特政府推出“2020 年国家转型计划”.商务部网站，2016 年 6 月 12 日.

102 沙特阿美加速推进上市计划，估值两万亿.新华报业网，2017 年 5 月 3 日.

103 中石油及中石化拟入股沙特阿美石油公司.路透社 2017 年 10 月 16 日电.

104 沙特阿美拿下全美最大原油精炼工厂 100%控制权.凤凰网财经，2017 年 5 月 3 日.

105 Press Releases 2016. http://www.opec.org/opec_web/en/3449.htm.

106　170th (Extraordinary) Meeting of the OPEC Conference. http://www.opec.org/opec_web/en/press_room/3706.htm.

107　欧佩克时隔 8 年达成减产协议，国际原油价格开涨.第一石油网，2016 年 9 月 30 日.

108　OPEC 171st Meeting concludes. http://www.opec.org/opec_web/en/press_room/3912.htm.

109　OPEC and non-OPEC Ministerial Meeting. http://www.opec.org/opec_web/en/press_room/3944.htm.

110　张奥.欧佩克与非欧佩克达成减产协议，国际油价继续攀升.中国财经，2016 年 12 月 13 日.

111　欧佩克与非欧佩克合作减产，国际油价飙升.隆众资讯，2016 年 12 月 13 日.

112　新华社维也纳 2017 年 5 月 25 日电.

113　OPEC Secretary General meets with Russian Prime Minister and other officials in Moscow. http://www.opec.org/opec_web/en/press_room/4343.htm.

114　美国页岩油产量或再创新高，油价继续走低.东方财富网，2017 年 4 月 19 日.

115　美国与OPEC之间产量大战，增加油价遭遇重创的风险.金饰之家，2017 年 4 月 29 日.

116　专家：今年美国页岩油产量将增加超过 50 万桶/天.石油投资网，2017 年 4 月 27 日.

117　美银美林：未来 5 年美页岩油产量飙升，增幅超OPEC.网易财经，2017 年 2 月 21 日.

118　美国空袭叙利亚，点燃国际原油价格，直线飙升 2% .FX168 财经网，2017 年 4 月 10 日.

119　路透社纽约 2017 年 1 月 10 日电.

120　路透社纽约 2017 年 5 月 1 日和 5 月 4 日电.

121　路透社北京和纽约 2017 年 5 月 15 电.

122　路透社纽约 2017 年 6 月 21 日电.

123　委内瑞拉或遭美国制裁，双重因素能否推升油价？和讯外汇，2017 年 8 月 7 日.

124　路透社纽约 2017 年 7 月 31 日电.

125　路透社纽约 2017 年 8 月 3 日和 8 月 4 日电.

126　路透社纽约 2017 年 8 月 31 日电.

127　路透社纽约 2017 年 9 月 30 日电.

128　路透社纽约 2017 年 10 月 31 日电.

129　路透社纽约 2017 年 11 月 6 日电.

130　油价升至两年来最高，全球经济增长提振需求.美国《华尔街日报》网站，2017 年 11 月 6 日.

第7章　2001—2017年的石油与国际重大事件

1　到2000年时，对俄罗斯政府在油气工业的控制比例，有不同的说法。一种说法是俄罗斯政府只控制资源量的7%，具体参见：陈挺．俄罗斯能源国资目标，通过一系列手法从7%到50%．21世纪经济报道，2004年12月25日。另一说是国有资本占石油生产部门的比重为12%，具体参见：熊伊眉．俄罗斯石油工业规范市场竞争．新华网莫斯科2001年8月2日电．

2　俄罗斯：尤科斯石油帝国运转情况．独立报，2013年10月29日，转引自新华网，2003年10月31日．

3　尤科斯宣布破产，俄石油巨头面临“大洗牌”．搜狐公众平台，2014年1月14日．

4　刘怡然，曹妍．常设仲裁法院裁定俄赔尤科斯前股东500亿美元．新华社莫斯科2014年7月28日电．

5　国际法庭称尤科斯石油公司向俄索赔失败，不在仲裁范围．环球时报–环球网，2016年4月21日．

6　刘恺．俄石油公司完成收购秋明–英国石油公司．新华网莫斯科2013年3月21日电．

7　施晓慧．俄石油收购秋明英国石油，打造全球最大石油公司．人民网，2012年10月24日；刘乾．俄油收购秋明BP背后．能源，2012年11月9日．

8　田吉兹油田368亿美元扩建项目获批．路透社2016年7月5日电．

9　田吉兹油田第一笔超百亿的石油投资诞生．大金网，2016年7月6日．

10　阿斯塔纳公布卡沙干石油项目耗资．路透社阿斯塔纳2014年10月10日电．

11　周良．哈萨克斯坦卡沙甘油田开采量明年将大幅提升．新华社阿斯塔纳2016年12月8日电．

12　哈萨克斯坦北里海卡沙甘油田项目投资回收期不确定．哈萨克斯坦通讯社阿特劳讯，2017年2月22日．

13　阿塞拜疆成欧盟新油气后台．国家石油和化工网，2013年3月26日．

14　迄今阿塞拜疆“阿泽居”油田原油产量接近4亿吨．阿国际文传电讯报道，2016年6月6日．

15　阿国油与AIOC协议进一步开发ACG油田群．中国石化新闻网，2016年12月27日．

16　阿塞拜疆SOFAZ迄今从最大石油项目收入1 200亿美元．中国石化新闻网，2016年7月17日．

17　库普丽娅诺娃·安娜．俄罗斯石油出口量增将受制于管道运力．国际石油经济，2003年11月号．

18　梁萌，柯翔，陈欢等．俄罗斯石油管道体系及出口现状．油气储运，2017，36（10）．

19　里海管道国际财团去年出口近3 500万吨石油．七禾网，2010年1月12日．

20 里海石油管道将扩大输油能力. 中国管道商务网，2009 年 12 月 17 日.

21 雪佛龙计划把里海管道输油能力提高一倍. 中国石化新闻网，2011 年 7 月 4 日.

22 俄罗斯建成新石油出口管线. 新华社莫斯科 2006 年 4 月 7 日电.

23 俄罗斯、印度计划修建造价 300 亿美元史上最贵输油管道. 华尔街见闻，2014 年 4 月 26 日.

24 中哈原油管道 2015 年输油量达 1 080.5 万吨. 第一黄金网，2016 年 1 月 12 日.

25 中哈原油管道将延至格尔木. 柴达木日报，2016 年 11 月 18 日.

26 俄罗斯真够意思：又修一条管道向中国输油. 铁血网，2016 年 1 月 29 日.

27 中哈原油管道：累计输油一亿吨，构筑一带一路合作典范. 新华网，2017 年 3 月 29 日.

28 关于中俄原油管道谈判的曲折、过程的艰难和众多的故事，参见：中俄原油管道谈判亲历记. 瞭望东方周刊，2011（17）.

29 中俄签署石油“大单”，总价 2 700 亿美元，俄远东石油滚滚来. 浙江日报，2013 年 7 月 1 日.

30 俄又一条向中国输油重要管道开工两年后运行. 新华网，2016 年 8 月 17 日.

31 中俄原油管道进口俄罗斯原油 9 592 万吨. 中新社哈尔滨 2017 年 2 月 4 日电.

32 2015 年中俄原油管道进口俄罗斯原油共计 1 600 万吨. 中国管道商务网，2016 年 1 月 11 日.

33 金浙. 日俄将修建安纳线事实上写入 2 国首脑共同声明. 北京青年报，2003 年 12 月 19 日.

34 姚强. 安大线、安纳线双双下马，俄基本认定泰纳线. 经济日报，2004 年 7 月 6 日.

35 梅德韦杰夫：南溪天然气管道项目不经过乌克兰. 共青团真理报，2014 年 5 月 20 日.

36 “南溪”线天然气管道奥地利段将于 2016 年年底投入使用. 商务部网站，2014 年 6 月 25 日.

37 俄罗斯宣布放弃“南溪”天然气管道项目，南欧不死心. 新华网，2014 年 12 月 11 日.

38 欧委会收到“南溪”天然气管道项目被取消正式确认. 俄罗斯塔斯社 2014 年 12 月 12 日布鲁塞尔电.

39 保加利亚证实未与俄恢复“南溪”项目谈判. 报纸报，2016 年 1 月 11 日.

40 纳布科天然气管道项目融资取得进展. 新华网，2010 年 9 月 7 日.

41 纳布科天然气管道项目最终流产. 人民日报，2013 年 6 月 28 日.

42 俄土签署建设“土耳其流”天然气管道协议，减少过境乌克兰. 观察者网，2016 年 10 月 12 日.

43 俄土天然气管道项目搁置多年，近日开工建设. 央视网，转引自新浪新闻，2017 年 5 月 8 日.

44 2015 年中国通过中亚天然气管道输入天然气 305.7 亿标方. 中商情报网，2016

年 1 月 15 日；中亚天然气管道 2016 年向中国输气 341 亿标方. 经济参考报，2017 年 1 月 9 日.

45 中亚天然气管道累计输气突破一千亿方. 中国石油新闻中心.

46 庞昌伟，张萌. 纳布科天然气管道与欧俄能源博弈. 世界经济与政治，2010（3）.

47 关于中国–中亚天然气管网工程的建设过程，参见国家发改委原副主任、国家能源局原局长张国宝于 2016 年 1 月接受《中国经济周刊》的长篇采访：张国宝：我亲历的中亚天然气管道谈判及决策过程. 中国经济周刊，2016 年 1 月 5 日.

48 中哈原油管道：累计输油一亿吨，构筑一带一路合作典范. 新华网，2017 年 3 月 29 日.

49 俄方要价太高，中石油搁置中俄西线天然气管道项目. 腾讯财经，2015 年 7 月 28 日.

50 中俄商定推进西线天然气管道项目. 中国证券网，2015 年 11 月 17 日.

51 张高丽会见俄罗斯天然气工业公司总裁. 人民网北京 2017 年 2 月 15 日电.

52 中国石油与俄油、俄气公司签署合作协议——中俄东线天然气项目进入关键阶段. 人民网，2017 年 7 月 6 日.

53 杨舒. 俄乌天然气争端大事记. 国际商报，2014 年 10 月 12 日.

54 俄乌与欧盟达成天然气协议，标志俄乌紧张关系迎来转机. 汇通网，2014 年 10 月 31 日.

55 俄乌再“斗气”折射诸多困境. 人民日报，2015 年 11 月 28 日.

56 俄罗斯反击乌克兰“斗气”. 新华网，2013 年 10 月 12 日.

57 俄罗斯出兵克里米亚，乌克兰向美国与联合国求助. 腾讯新闻，2014 年 3 月 1 日.

58 深度：俄罗斯为何不惜一切代价为克里米亚而战. 新浪军事，2014 年 3 月 5 日. 关于俄罗斯出兵克里米亚的内幕和过程，一年后的 2015 年 3 月，俄罗斯总统普京在《回归祖国之路》的影片中，向外界做了详细的说明，具体参见《俄罗斯报》网站 2015 年 3 月 8 日援引国际文传电讯社的报道。2014 年 4 月 2 日，在俄罗斯罗斯托夫，乌克兰前总统亚努科维奇接受美联社采访时表示，是他请求俄罗斯出兵克里米亚的，现在来看是一个错误，称自己根本没有想到局势的发展会导致俄罗斯吞并克里米亚的结局，如果再给他一次机会，他将会尽全力阻止俄方的企图。据说，在接受采访时，亚努科维奇“眼眶湿润，难掩悲伤”。具体参见：亚努科维奇含泪称后悔请求俄罗斯出兵克里米亚. 中国新闻网，2014 年 4 月 3 日.

59 埃菲社华盛顿 2017 年 2 月 18 日电.

60 埃菲社莫斯科 2017 年 9 月 27 日电.

61 2017 年 2 月 7 日，乌克兰前总理阿扎罗夫在俄罗斯首都莫斯科举行新书发布会，发布了名为《基辅广场的教训：政变之后的乌克兰》的新书，记录并分析了乌克兰危机爆发以来的各种事件及其对乌克兰经济社会的影响。具体参见：乌克兰前总理新书谈乌危机：乌失去了实行对外对内政策的权力. 新浪财经，2017 年 2 月 8 日.

62 联合国安理会对乌克兰东部局势恶化深表关切. 新华社联合国 2017 年 1 月 31

日电.

63 特朗普与乌克兰总统首次通电话讨论乌东部局势. 中国新闻网，2017 年 2 月 5 日.

64 克里姆林宫：俄罗斯总统普京与德国总理默克尔通话，讨论乌克兰东部地区局势恶化问题. 汇通网，2017 年 2 月 7 日.

65 塔斯社明斯克 2017 年 2 月 15 日电.

66 塔斯社慕尼黑 2017 年 2 月 18 日电. 俄罗斯《报纸报》网站，2017 年 2 月 18 日.

67 在俄格战争结束 4 年后，重又担任总统的普京，向媒体披露了 2008 年 8 月 8 日事件的细节，据称他当时在北京，是通过媒体了解有关俄格战争过程的。参见 2012 年 8 月 8 日俄新社消息；另参见：胥文琦. 普京谈 2008 年俄格冲突，称从媒体获知战争局势. 环球网，2012 年 8 月 9 日.

68 *BP Statistical Review of World Energy June 2017.*

69 管彦忠. 委内瑞拉正式确认成为世界最大石油储备国. 人民网，2011 年 2 月 18 日.

70 江濡山. 委内瑞拉被国有化和腐败毁了. 新浪财经意见领袖专栏，2016 年 5 月 26 日.

71 王海霞. 委内瑞拉石油国有化引发赔偿大战. 中国能源报，2012 年 1 月 9 日.

72 委内瑞拉因石油国有化或赔埃克森美孚 16 亿美元. 英国广播公司新闻网，2014 年 10 月 9 日.

73 委内瑞拉石油业罢工已造成 13 亿美元的损失. 人民网 2002 年 12 月 26 日讯.

74 Venezuelan general strike of 2002-03. https://en.wikipedia.org/wiki/Venezuelan_general_strike_of_2002%E2%80%9303.

75 委内瑞拉石油业罢工已造成 13 亿美元的损失. 人民网 2002 年 12 月 26 日讯.

76 汪巍. 委内瑞拉大力开展石油外交，中委石油合作过去与未来. 环球财经，2012 年 6 月 18 日.

77 张芯瑜. 谁在玩弄委内瑞拉的“石油遗产”. 新加坡《联合早报》网，2014 年 3 月 14 日.

78 委内瑞拉人看见食物都哭了！该国已到最终审判日. 搜狐财经，2016 年 7 月 22 日.

79 美委两国关系紧密，新一轮制裁或“杀敌一千自损八百”. 中国新闻网，2017 年 8 月 28 日，转引自凤凰财经.

80 曹长亮. 委内瑞拉经济有多惨？已拿不出造纸钱了！搜狐公众平台，2016 年 4 月 30 日.

81 委内瑞拉经济社会究竟崩溃到了什么程度，我们生活在中国的百姓肯定无法想象。具体参见中国社科院拉丁美洲研究所副主任、博士郑景昕的文章：委内瑞拉梦碎记. 东方早报，2015 年 3 月 24 日. 读了这篇文章，我们这些出生在 20 世纪 60 年代的人，仿佛看到了我们过去从书本上读到的中国的万恶的旧社会。另参见：美联社记者直击：委内瑞拉中产阶级的崩溃. 新浪综合，2017 年 10 月 11 日. 这篇文章是美联社记者 Hannah

Dreier在2017年离开委内瑞拉之际写的一篇报道，她以悲凉的笔触描摹了一个崩溃中的国家以及其民众的凄惨境遇。

82　委内瑞拉一半纸币将作废，委内瑞拉总统废除最大面值纸币. 网易新闻，2016年12月12日.

83　外媒：委内瑞拉因拖欠联合国会费，暂失联大投票权. 2017年2月24日埃菲社报道.

84　杨宁，张小丁. 委内瑞拉持续动荡. 人民日报海外版，2017年4月25日；委内瑞拉动乱频发，石油巨头撤离驻扎人员. 搜狐网，2017年4月26日.

85　委内瑞拉闹饥荒，总统提出“兔计划”：养兔子吃兔肉. 网易新闻，2017年9月15日.

86　经济崩溃有多惨！委内瑞拉石油工人为食物连工作服都卖了. 界面新闻，2016年10月6日.

87　美委两国关系紧密，新一轮制裁或“杀敌一千自损八百”. 中国新闻网，2017年8月28日，转引自凤凰财经.

88　委内瑞拉国家石油公司内部文件揭示暗淡前景. 国际石油网，2017年1月14日.

89　欧盟不承认委制宪大会合法性. 埃菲社布鲁塞尔2017年8月2日电.

90　制宪大会选举招致美国制裁，委内瑞拉政坛走向何方？央广网，2017年8月2日.

91　委内瑞拉：强烈谴责美国武力威胁. 新浪新闻，2018年8月13日.

92　美拟禁止以美元结算进口委石油. 欧洲新闻社马德里2017年7月22日电.

93　委原油减产或扰动全球市场.《华尔街日报》网站，2017年8月18日.

94　美国宣布对委内瑞拉施加新制. 人民网，2017年8月26日；美委两国关系紧密，新一轮制裁或“杀敌一千自损八百”. 中国新闻网，2017年8月28日，转引自凤凰财经.

95　委宣布国际支付弃用美元. 埃菲社加拉加斯2017年9月7日电.

96　马杜罗称委开始用人民币计油价. 俄罗斯卫星网2017年9月16日报道.

97　委内瑞拉召集债权方开会引猜测. 路透社加拉加斯2017年11月3日电；IMF促委提供经济数据. 法新社华盛顿2017年11月3日电.

98　伊朗核问题达成全面协议，开启与西方关系新篇章. 中国新闻网，2015年7月15日.

99　联合国安理会一致通过伊朗核协议. 新华社快讯，2015年7月20日.

100　美国参议院全票批准对伊朗制裁再延长10年. 观察者网，2016年12月2日.

101　奥巴马拒签对伊朗制裁延长法案，法案自动生效. 美国广播公司，2016年12月15日.

102　美对伊导弹试射反应强烈，有退出伊朗核协议可能. 央广网北京消息，2017年2月4日.

103　伊朗解除制裁2016年年底前该国石油收入或暴增五倍. FX168网站，2016年1月18日.

104　伊朗正式解除制裁，国际油价开盘暴跌4%刷近13年低位. FX168网站，2016

年 1 月 18 日 .

105　伊朗已卖光海上石油储备，难以增加出口 . 新浪财经，2017 年 4 月 6 日 .

106　中兴出口伊朗北韩，被美判最重罚款 8.92 亿美元！新浪财经，2017 年 3 月 8 日 .

107　中兴与美国方面达成和解，股价上涨 6.07%. 新京报，2017 年 3 月 9 日 .

108　刘平 . 美国再因伊朗导弹问题制裁中国公司和个人 . 中青在线华盛顿电，2017 年 3 月 25 日 .

109　《新闻报》网站 2017 年 9 月 20 日报道；法新社联合国 2017 年 9 月 20 日电 .

110　特朗普放“大招”，伊朗核协议何去何从？新华社北京 2017 年 10 月 14 日电 .

111　国际社会公认，美国政府在南苏丹独立问题上发挥了重要的作用。在这个过程中，美国一些民间机构和知名人士在推动美国政府积极介入苏丹事务中，起了积极的推动作用，这些人在美国被称为“苏丹先生”，如著名的演员乔治 · 克鲁尼，他在华盛顿领导一个集会，并于 2006 年在联合国发表了一次关于苏丹的演讲。2003 年，电影《苏丹的迷途男孩》在美国上映，使苏丹人的悲惨命运为众人所知。具体参见：Leslie Goffe. 好莱坞为南苏丹独立做了什么？青年参考，2011 年 8 月 3 日 .

112　*BP Statistical Review of World Energy 2016 – workbook.*

113　倪红梅 . 中国呼吁实现达尔富尔问题全面政治解决 . 新华社联合国 2016 年 6 月 29 日电 .

114　达尔富尔问题的实质是什么？中国为何因此屡遭非议？南方网，2007 年 6 月 18 日 .

115　英国前首相承认 IS 崛起与伊战有关但拒绝负全责 . 环球时报，2015 年 10 月 26 日 . 2015 年 10 月 25 日，在第二次海湾战争爆发 12 年后，被称为这场战争“第二导演”的英国首相布莱尔在接受 CNN 主持人扎卡里亚采访时，一方面为没有找到伊拉克大规模杀伤性武器而发动战争道歉，另一方面也承认正是这场战争导致了 ISIS 的崛起。

116　中国在叙利亚油田落入 IS 手中，沦为空袭目标 . 环球时报，2014 年 12 月 5 日，转引自网易军事 .

117　3 年积累 20 亿美元，ISIS 把石油卖给了谁？香港万得通讯社，2014 年 10 月 15 日；昭杨 . 揭秘 ISIS 石油业：用驴马走私最大买家是土耳其 . 搜狐新闻，2015 年 11 月 27 日；张伟 . 揭秘 ISIS 石油黑金链：每年走私获利 5 亿美元 . 搜狐军事，2015 年 12 月 7 日 .

118　俄苏–24 被土耳其击落画面曝光：尾部冒火 . 搜狐军事，2015 年 11 月 25 日 .

119　昭杨 . 揭秘 ISIS 石油业：用驴马走私最大买家是土耳其 . 搜狐新闻，2015 年 11 月 27 日 .

120　美军空袭 IS 所占领的 12 座炼油厂 . 美国《时代》周刊，2014 年 9 月 25 日 .

121　IS 组织声称击落俄罗斯航班，飞机坠毁于交战区 . 环球时报，2015 年 11 月 1 日 .

122　俄出动 25 架战略轰炸机空袭 IS　普京复仇话音刚落 . 新华网，2015 年 11 月 18 日 .

123　俄媒称俄军战机摧毁了500辆恐怖分子运油汽车．新浪军事，2015年11月19日；俄图160载最新导弹轰炸IS：炼油厂陷入火海．新华网，2015年11月20日．

124　美国有线电视新闻网网站2017年2月15日报道．

125　打击IS历史性胜利：伊摩苏尔沦陷3年后全城解放．中新网2017年7月10日电．

126　“民主军”说完全收复拉卡．新华社大马士革2017年10月17日电．

127　美军评估认为“伊斯兰国”已接近“彻底失败”．中新社华盛顿2017年10月17日电．

128　宁采臣．解秘，全球恐怖组织ISIS与石油那些事．石油圈，2016年9月27日．

129　外媒揭秘IS石油走私买卖：一度月入5 000万美元．美国福克斯新闻频道网站2017年9月11日报道，转引自新浪新闻，2017年9月19日．

130　Cost of Operations, Operation Inherent Resolve, Targeted Operations Against ISIS Terrorists. U.S. Department Of Defense.

131　俄罗斯卫星网2月6日报道；腾讯新闻，2017年2月8日．

132　周晓梦．巴西盐下层石油开采困难重重．中国矿业报，2014年1月21日．

133　王帆．巴西盐下层石油日产量达历史峰值．新华网里约热内卢电，2012年9月4日．

134　巴西国油盐下地层石油产量突破10亿桶大关．*Global Petroleum News*，2016年12月21日．

135　巴西盐下油田产量创历史新高．国土资源部网站，2017年3月6日．

136　巴西原油产量大幅上涨14.6%. 国际石油网，2017年4月21日．

137　Brazil’s Pre–Salt Extraction Costs Fall To $8 Per Barrel. http://oilprice.com/Energy/Crude-Oil/Brazils-Pre-Salt-Extraction-Costs-Fall-To-8-Per-Barrel.html.

138　巴西盐下层油田招标，全球石油巨头纷纷出手．法国《回声报》2017年10月30日报道．

139　IEA. *World energy Outlook 2013*, EXECUTIVE SUMMARY. France: Corlet, 2013: 6.

140　伊拉克拟增产原油救经济．美联社巴格达2017年4月2日电．

141　英国石油公司．世界能源统计评论，2016年版，历史数据．

142　中石化被伊拉克政府列入黑名单，中石油在伊独大．每日经济新闻，2013年10月17日．

143　石头．中国油企在伊拉克投资概况．网易评论，2014年8月12日．

144　中石油与伊石油“握手”，将给中国带来什么？搜狐公众平台，2016年1月4日．

145　伊拉克库区公投超92%选民赞成，伊朗土耳其怕效仿加强军事应对．新浪新闻，2017年9月28日．

146　库尔德公投或引爆全球油市，布油刷新逾两年来新高．新浪财经头条，2017年9月26日．

147　蒂勒森：美国不承认伊拉克库区公投．新浪新闻中心，2017 年 9 月 30 日．

148　库尔德独立公投如期来袭，全球油市会受到何种冲击？新浪财经，2017 年 9 月 24 日；库尔德公投引发地区局势连锁动荡，布油涨至两年新高．新浪财经，2017 年 9 月 27 日．

149　伊拉克北部地区公投在即，新石油战争一触即发？新浪新闻，2017 年 9 月 16 日．

150　伊军攻势让库尔德人独立“梦碎”．法新社 2017 年 10 月 18 日电．

151　2016 年中国世界天然气储量和供需情况及行业发展概况分析．中国产业信息，2016 年 6 月 12 日．

152　2011 年 11 月，国际能源署发布《2011 年世界能源展望》，提出从 2011—2035 年，天然气将迎来黄金发展时代。2012 年 5 月底，国际能源署发布了《天然气黄金时代的黄金规则》，作为《世界能源展望》的特别报告，对 2035 年前全球非常规天然气的开发前景进行了分析和预测。这应该是天然气的“黄金时代”这个词首次出现。

153　2012 年 6 月 4—8 日，第 25 届世界天然气大会在马来西亚吉隆坡举行，来自世界各地的 5 000 余名代表参会。据记者描述，会议的奢华，足以让人完全忘却世界经济仍处于普遍低迷之中，会上宣称唯有天然气行业仍一枝独秀，为所谓的“天然气时代”镀了一层金色迷梦。大会上的与会人士们，无论是上游天然气生产公司，还是下游的电力、化工公司，都认为这早就不再是一个疑问，天然气的“黄金时代”已经真实降临，天然气黄金时代的“问号”正在变成“感叹号”。具体参见：张萌．天然气迎来黄金时代．第一财经日报，2012 年 06 月 27 日．

154　布赖恩·沃尔什．黄金时代．美国《时代》周刊，2012 年 5 月 21 日．

155　2013 年 4 月，由于金价暴跌，高盛于 2013 年 4 月中旬提出，天然气可取代黄金作为新的避险工具，将之形容为“避风港”和“新的安全天堂”，声称“一个和黄金十年类似的（天然气）时代即将到来”。具体参见：天然气受高盛热捧或迎黄金时代．新浪财经，2013 年 4 月 18 日．

156　陈健．国际能源署：天然气将进入黄金发展期．2015 年 4 月 10 日新华网成都专电．

157　全球LNG产量如此惊人，市场在哪里？前瞻产业研究院，2016 年 11 月 15 日．

158　目前LNG市场在全球发展前景惊人．国际燃气网，2016 年 8 月 18 日．

159　全球LNG供应过剩将持续到 2020 年代初．中国化工报，2017 年 2 月 24 日．

160　王军善．世界能源发展正加速进入天然气时代——第 25 届世界天然气大会综述．能源发展网，2012 年 6 月 25 日，转引自中国改革报．

161　王海霞．天然气处于黄金时代将成全球能源支撑．新华网，2012 年 6 月 16 日，转引自中国能源报．

162　世界天然气大会：天然气是 21 世纪能源主角．江汉社区，2016 年 9 月 10 日．

163　普京：天然气输出国不应拒绝长期供应天然气的合同．2015 年 11 月 23 日俄新社消息．

164　中韩日联手反抗美国市场，低价能源为何高价出售？新浪财经头条，2017 年 4

月 11 日.

165 原竟格，周问雪. 世界天然气大会给中国带来什么？第 26 届世界天然气大会采访后思考. 中国石油新闻中心，2015 年 6 月 23 日，原载于《中国石油报》.

166 2016 年美国天然气产量呈负增长. 银行信息港，2017 年 1 月 6 日，转引自美国能源信息署《年度天然气报告》.

167 张抗. 美国启示，从页岩气到页岩油. 石油观察，2013 年 12 月 9 日.

168 美国页岩油革命遍布全球，传统能源感受压力. 中研网，2014 年 11 月 25 日.

169 朱旌. 美国成为天然气净出口国. 经济日报纽约电讯，2016 年 12 月 6 日.

170 美国天然气的总体情况分析. 中国报告网，2015 年 7 月 23 日.

171 刘朝晖. 历经坎坷，美国本土 LNG 出口终成行. 卓创资讯，2016 年 2 月 25 日.

172 美或成液化天然气出口大国. 合众国际社华盛顿 2017 年 8 月 9 日电.

173 美要与俄争夺欧洲天然气市场. 法新社纽约 2017 年 8 月 7 日电；美俄争夺欧洲天然气市场. 华尔街日报，2018 年 8 月 19 日.

174 Tight oil expected to make up most of U.S. oil production increase through 2040. February 13, 2017. https://www.eia.gov/todayinenergy/detail.php?id=29932.

175 页岩油革命致美能源格局生变. 国际商报，2014 年 12 月 5 日.

176 一文读懂美国原油出口禁令的过去和未来. 搜狐公众平台，2015 年 12 月 25 日.

177 石惠. 长达 40 年出口禁令正式宣告结束，美国首批出口海外原油离港. 华尔街见闻，2016 年 1 月 4 日.

178 Despite growth late in the year, U.S. crude oil production decreased in 2016. March 20, 2017. https://www.eia.gov/todayinenergy/detail.php?id=30412.

179 减产：美国一二月原油出口创历史新高. 南方财富网，2017 年 3 月 10 日.

180 美原油出口连续第二周超 100 万桶或为压低油价因素. 新浪财经，2017 年 2 月 24 日.

181 金十财经. 美国原油出口频创新高，中国才是背后的疯狂买家？新浪财经头条，2017 年 4 月 5 日.

182 WTI 的壮大之路：美国轻质原油列入中国地炼采购单. 搜狐公众平台，2017 年 3 月 24 日.

183 金十财经. 美国原油出口频创新高，中国才是背后的疯狂买家？新浪财经头条，2017 年 4 月 5 日.

184 能源地缘：特朗普游说“三海”一箭双雕. 北京青年报，2017 年 7 月 8 日.

185 原油市场剧变：沙特阿拉伯向美国屈膝.《经济学家报》网站，2017 年 8 月 1 日.

第 8 章　中国成为国际石油市场至关重要的力量

1 我国国内生产总值数据采用国家统计局网站国家数据栏目公布的数据，具体参见 http://data.stats.gov.cn/easyquery.htm?cn=C01&zb=A0201&sj=2000。

2　中华人民共和国2016年国民经济和社会发展统计公报. 国家统计局，2017年2月28日.

3　刘朝全，姜学峰. 2016年国内外油气行业发展报告. 北京：石油工业出版社，2017：9.

4　中国月净进口石油首超美国. 新华新闻，2013年3月12日，转引自南方日报.

5　中国单月石油净进口量超过美国尚不能代表全年趋势. 新华网财经，2013年10月15日.

6　中国超越美国成世界最大石油进口国. 搜狐财经，2015年5月11日. 同类的新闻，通过百度可以搜索到很多。

7　2016年中国天然气的表观消费量、进口量和对外依存度数字，参见国家能源局油气司、国务院发展研究中心资源与环境政策研究所和国土资源部油气资源战略研究中心联合发布的《中国天然气发展报告2017》。

8　前瞻产业研究院. 2020年我国天然气消费量将达到4 200立方米. 2015年7月2日.

9　童莉霞. 关于中国石油行业发展海外投资的研究. 商务部贸研报告，2008年8月8日，转引自陕经网.

10　抓住低油价机遇加快中国战略石油储备. 中国网，2009年9月9日.

11　优化海外石油投资战略. 中国石油新闻中心，2015年4月13日.

12　中国“石油换贷款”发威：吞下非洲最大产油国全年产量. 搜狐财经，2016年5月25日.

13　中国企业海外油气合作成绩单. 中国石油·百科，2016年4月14日.

14　刘朝全，姜学峰. 2016年国内外油气行业发展报告. 北京：石油工业出版社，2017：217–219；俄最大石油公司或向北京燃气出售公司旗下20%股权. 搜狐公众平台，2016年6月27日.

15　俄媒：北京燃气完成收购俄石油下属油气田公司20%股权交易. 参考消息网，2017年7月3日.

16　北京燃气两名代表进入俄上乔纳斯科董事会. 俄罗斯卫星通讯社莫斯科2017年10月9日报道.

17　俄媒：俄石油欲向华信出售零售业务股份. 俄罗斯卫星通讯社莫斯科报道，2017年7月5日.

18　《华尔街日报》网站，2017年9月8日.

19　中国华信拿下俄油供油协议，有望跻身全球顶尖贸易商行列. 路透社2017年10月17日报道.

20　亲身实探亚马尔：让中国用上北极气的超级工程. 一财网，2017年1月12日，转引自新浪财经；解密全球最大液化天然气项目——亚马尔LNG项目. 环球网，2015年6月16日，转引自中国电力新闻网；为感谢中国，俄亚马尔项目计划将首批船货发给中石油. 凤凰网财经，2017年10月27日.

21　俄罗斯诺瓦泰克与中国石油集团1日签署战略合作协议. 路透社北京2017年11

月 1 日报道；美国《华尔街日报》网站 2017 年 11 月 1 日报道.

22 戚华. 南苏丹是一个什么样的国家，中国企业大有可为. 环球网财经，2011 年 3 月 17 日.

23 刘文昭. 两名中国维和人员牺牲的南苏丹，为何内乱不断? 腾讯评论，2016 年 7 月 15 日.

24 同上.

25 委内瑞拉对华贷款违约：不还钱，也不给油. 参考消息网，2016 年 10 月 24 日.

26 已借 600 亿美元? 外媒：中国停止向委内瑞拉提供贷款. 凤凰网资讯，2016 年 10 月 1 日.

27 刘植荣. 委内瑞拉经济崩溃的原因. 新金融观察，2016 年 5 月 2 日.

28 贺双荣，谌园庭. 中国与拉丁美洲和加勒比国家关系史. 北京：中国社会科学出版社，2016：320–321.

29 委内瑞拉获中国 50 亿美元贷款，尚有 200 亿未还. 参考消息网，2015 年 4 月 21 日.

30 中国企业承建委内瑞拉首条高铁停摆，项目烂尾. 美联社 2016 年 5 月 14 日报道，转引自新浪军事，2016 年 5 月 16 日.

31 陆达心. 委内瑞拉会不会赖账中国贷款. 人民日报海外版，2016 年 6 月 11 日.

32 欠中国 500 亿美元，委内瑞拉想用小岛还. 华尔街见闻，2014 年 12 月 3 日.

33 安蓓，朱诸. 中海油 151 亿美元完成收购尼克森，创中企海外收购纪录. 新华网，2013 年 2 月 26 日.

34 马芸菲. 重金收购尼克森，中海油的买卖是否划算? 凤凰网财经，2012 年 7 月 28 日.

35 侯睿之. 中海油蛰伏 7 年后再度出手，为何千亿收购尼克森? 凤凰网财经，2012 年 7 月 27 日.

36 邓雅蔓. 中海油迎上市 16 年来最差业绩，去年净利下降约 97%. 界面新闻，2017 年 3 月 24 日.

37 海外收购后遗症终浮现，中海油资产减值 104 亿. 新浪财经，2016 年 8 月 25 日，转引自《中国企业家》.

38 中海油加拿大一个油砂项目因山火停产. 阿思达克财经网，2016 年 5 月 26 日，转引自和讯网.

39 姚冬琴. 走出去获取“权益油”. 中国新闻网，2015 年 5 月 11 日，转引自《中国经济周刊》.

40 张国宝. 中国海外投资帮助增加世界油气总产量. 在 2011 年 1 月 15 日《经济观察报》主办的 2010 年度观察家年会上的讲话，转引自和讯网，2011 年 01 月 15 日.

41 IEA. Update on Overseas Investments by China’s National Oil Companies, Achievements and Challenges since 2011, June 2014.

42 刘辰瑶. 中哈油气合作 20 周年，生产原油近 3 亿吨. 中国新闻网，2017 年 6 月 7 日.

43 广东大鹏LNG项目情况，参见该公司官网：http://www.gdlng.com/。

44 中海油气电集团广东大鹏LNG接卸首船美国LNG. 华电加拿大，2016年8月28日.

45 中国向LNG第一进口大国迈进. 前瞻网，2014年11月20日，《经济学人》研究员专栏文章.

46 2016年中国进口LNG合计2 700万吨. 中国石油·百科，2017年3月23日.

47 同45.

48 白桦. 中国LNG发展十年，接收能力年均增长44%. 油气经纬，2017年8月12日.

49 中国海油进口LNG累计总量突破1亿吨. 中国海洋石油总公司，2016年12月21日.

50 中国地质大学（北京）地球科学与资源学院. LNG国际贸易新格局及中国的挑战. 液市，2014年12月26日.

51 江旋. LNG从17美元跌至7美元，中国长协进口合同赢利堪忧. 第一财经日报，2015年5月25日.

52 徐沛宇. 中石油上半年炼化和进口气亏损逾500亿元. 第一财经日报，2012年8月24日.

53 郁红. 三桶油签订的“照付不议”长期LNG进口合同现在如何办? 中国化工报，转引自：洹水泛舟的博客，2016年5月16日. http://blog.sina.com.cn/s/blog_52f526870102wpkp.html.

54 白桦. 中国LNG发展十年，接收能力年均增长44%. 油气经纬，2017年8月12日.

55 同51.

56 中海油LNG夹缝求生：国内难找买家，进口LNG到岸便亏损. 新浪财经，2015年7月21日.

57 中国完成四大油气通道战略拼图. 中国新闻网，2015年7月6日，转引自经济参考报. 在本书中，鉴于通过海上进口的方式自中国进出口石油开始就一直存在，只是港口规模随石油进口量的增加而不断扩大，基本上不存在严格意义上的全新建设。因此，个人不认为通过海上进口是一条需要新建的进口通道，本书中只提三条油气进口通道这一提法。

58 彭金美. 中缅原油管道1月底启用，中东原油不再经马六甲海峡. 中国经济网，2015年1月20日，转引自人民网.

59 安蓓，张艺. 中石油签署中缅原油管道权利义务协议. 新华网，2009年12月21日.

60 翟瑞民. 中缅天然气管道市场开发缓慢，输气仅40亿方. 网易财经，2015年2月9日.

61 王瑞景. 中缅油气管道贯通近三年，中石油护航东盟能源大通道. 人民网，2016年5月17日，人民日报海外版.

62　中缅石油管道取得大突破，缅甸政府决定签署全部协议. 缅甸中文网，2016 年 1 月 21 日，转引自金融界网.

63　安迅思：中缅输油管道的启用将推迟到明年. 汇金网，2016 年 8 月 10 日.

64　蒋天. 缅甸总统执政满一周年访华，多方面问题亟待解决. 中青在线金边电，2017 年 4 月 4 日.

65　中国石油与缅方签署中缅原油管道运输协议. 中国石油网站，2017 年 4 月 11 日；中缅原油管道工程投入运营，成两国建交 60 周年重要成果. 新浪新闻，2017 年 4 月 11 日.

66　中缅原油管道原油抵达云南石化. 新华社昆明 2017 年 6 月 7 日电.

67　外媒：中信拟牵头收购缅甸皎漂港，中方以放弃密松水电站做交换. 路透社 2017 年 5 月 5 日电，转引自观察者网.

68　中蒙最大陆路口岸原油进口增三倍. 中国经济新闻网，2016 年 3 月 9 日.

69　俄罗斯原油从二连口岸进口我国. 塞北新闻网，2015 年 12 月 28 日，转引自新华网内蒙古频道.

70　胡明，袁永华. 我国沿海港口建设发展历程回顾. 水运工程，2006（9）.

71　8 000 万吨原油进口引发油码头建设热潮. 商务部网站，2004 年 2 月 4 日.

72　同 70.

73　截至 2016 年年中中国的原油进口通过能力和 20 万吨级及以上泊位数量，系根据各地港口数据自行统计得出，可能存在一定的误差。

74　我国原油码头接卸能力已过剩. 厦门节能公共服务网，2008 年 2 月 26 日.

75　甘琛，贺洋. 山东五年新建 13 座原油码头，新增年接卸能力 1.13 亿吨. 中国水运报，2016 年 11 月 30 日.

76　宁波舟山港 45 万吨原油码头首靠全球最大船. 航运界，2017 年 2 月 13 日.

77　舟山口岸进口原油品种、数量位居全国口岸前列，种类多达 88 种. 舟山检验检疫局，2016 年 8 月 10 日.

78　目前，仍未有宁波舟山港区 2016 年原油进口数量的官方统计数据，但是据以下两条新闻的数据，2016 年该港区的原油进口数量应超过 7 000 万吨，可能会高于或最低与 2015 年持平。陈怡，鲁吉波，吴宗涛. 2016 年宁波口岸进口原油超 4 700 万吨，货值下降逾三成. 人民网，2016 年 12 月 22 日，转引自凤凰资讯；2016 年前 3 季度浙江口岸进口原油突破 2 000 万吨. 央广网，2016 年 10 月 10 日，转引自生意社.

79　青岛成国内最大原油进口口岸. 新浪财经，2017 年 3 月 9 日，转引自青岛日报.

80　习近平 G20 峰会上宣布：将定期发布石油库存数据. 新浪网，2014 年 11 月 17 日.

81　金三林. 建立符合国情的国家石油储备体系. 中国信息报社，2007 年 10 月 10 日，转引自国家统计局网站. 另外在石油工业出版社 2006 年 3 月出版的《石油供应安全——2000 年国际能源署成员国应急潜力》一书中，标明的编译者中第一位为“国家发展和改革委员会石油储备办公室”。

82　具体参见国家能源局官方网站。

83 国家石油储备一期工程建成投用. 国家统计局网站，2014 年 11 月 20 日.

84 国家石油储备建设取得重要进展. 国家统计局网站，2015 年 12 月 11 日.

85 国家石油储备建设取得重要进展. 国家统计局网站，2016 年 9 月 2 日.

86 国家统计局. 国家石油储备建设取得重要进展.

87 国家发改委副主任张国宝：中国的石油储备没有亏本. 中国新闻网，2008 年 3 月 10 日.

88 张国宝：中国石油储备一期完成，未影响国际油价. 中国新闻网，2009 年 3 月 16 日.

89 张国宝：中国战略石油储备水平将向发达国家靠拢. 新华网，2009 年 9 月 25 日.

90 巢新蕊. 张国宝这一年. 能源，2009 年 7 月 15 日，转引自新浪财经.

91 国家物储局：我国石油储量已达 30 天. 东南早报，2011 年 3 月 10 日，转引自网易新闻.

92 张国宝. 国家战略石油储备：一个英明且及时的决策. 中国经济周刊，2017（15，16）.

93 外媒：中国原油储备接近满仓. 观察者网，2015 年 3 月 26 日.

94 中国明年料将加大战略石油储备采购量. 中国石油新闻中心，2015 年 11 月 11 日.

95 中国原油储备采购明年翻番？环球时报，2015 年 12 月 5 日.

96 原油过剩？ 俄媒：中国将像海绵一样吸收石油. 参考消息网，2016 年 2 月 4 日.

97 美媒：中国以惊人低价储备石油，83 艘油轮开往中国. 参考消息网，2016 年 5 月 1 日.

98 召金财道. 中国今年为储备目的进行的石油采购量增加了一倍. FX外汇联盟，2016 年 7 月 5 日.

99 趁低油价大量买进，中国战略原油储备库接近装满. 中国水运网，2016 年 7 月 2 日.

100 中国——原油市场最想解开的一个“世界之谜”. 易汇网，2016 年 8 月 31 日.

101 油价目前最大的不确定因素：中国的战略石油储备. 中金网，2016 年 9 月 2 日.

102 交易者紧张关注中国的战略石油进口.《金融时报》网站，2017 年 8 月 8 日.

103 忘了欧佩克吧，中国控制着石油价格.《今日美国报》网站，2017 年 8 月 24 日.

104 国家物资储备局局长：石油储备可用一个月. 财经网，2011 年 3 月 9 日.

105 中国镇海战略石油储备基地首次接待媒体采访. 新华社宁波电，2009 年 6 月 3 日.

106 习近平到舟山考察. 新华网，2015 年 5 月 25 日.

107 中国石油储备情况调查. 黄金网，2016 年 8 月 16 日.

108 《国家石油储备条例（征求意见稿）》公开征求意见. 国家能源局网站，2016 年 5 月 31 日.

109 财政部，国家能源局. 关于出台页岩气开发利用补贴政策的通知. 中央政府门户网站，2012 年 11 月 5 日.

110 2015年中国页岩气开发最新进展. 国家能源网，2015年5月5日.

111 国土资源部公布第二轮页岩气探矿权招标结果. 中央政府门户网站，2013年1月21日.

112 国土部第三轮页岩气探矿权招标方案初定. 国土资源部网站，2014年9月18日.

113 页岩气是骗局？两桶油深耕12年，终于破了此谣言. 石油Link，百度百家，2017年4月19日.

114 2015年中国页岩气开发最新进展. 国家能源网，2015年5月5日.

115 贺泓源. 国土部、能源局发文力挺页岩气发展，业内称或为第三轮招标铺路. 每日经济新闻，2016年10月8日；页岩气探矿权第三轮招标难产，投资普遍完不成. 能源，2016年1月20日，转引自中商情报网.

116 《中国页岩气资源调查报告（2014）》发布. 国土资源部网站，2015年6月1日.

117 中国页岩气储量全球第一，全部开采或是灾难. 华尔街见闻，2014年9月3日.

118 我国页岩气资源储量情况研究分析. 中国行业研究网，2013年1月21日.

119 杨漾，王灿，韩声江. 结束煤炭生涯，55岁神华集团董事长张玉卓出任天津市委常委. 澎湃新闻，转引自新浪综合，2017年3月28日.

120 习近平再访神华集团，详细了解煤制油项目建设进展. 新浪财经，2016年7月21日.

121 习近平对神华宁煤煤制油示范项目建成投产做出重要指示. 中国共产党新闻网，2016年12月29日.

122 煤制油示范项目将免征消费税. 国家石油和化工网，2017年2月16日. 但是，我们没有从公开资料查询到国务院是否最终批准同意对神华宁东煤制油项目免除消费税的消息。

123 亚化咨询. 中国十大煤制油项目积极推进，2018年煤制油总产能1 878万吨. 亚化咨询–ASIACHEM的博客，2014年7月30日.

124 煤制油示范项目免5年消费税，春天来了？国家煤化工网，2017年2月14日.

125 国土资源部：我国查明煤炭资源储量1.48万亿吨. 国土资源部网站，2014年11月3日.

126 张书平. 中国成品油价格机制的历史演进. 中国能源报，2010年11月1日.

127 国家发展改革委关于进一步完善成品油价格形成机制有关问题的通知. 国家发改委网站，2016年1月13日.

128 中石化说的"市场化"其实是争夺定价权. 凤凰网，2011年8月17日.

129 夏青. 成品油改革年内可能推出，定价权下放争议多. 证券日报，2011年6月14日，转引自腾讯财经.

130 成品油定价权：放与不放的博弈？中国能源网. http://www.china5e.com/html/old_special_html/special_438.html.

131 中石油董事长：不赞成下放成品油定价权. 中国网，2011年10月21日.

132 发改委下放油价定价权已喊三年，涉及多方利益. 新华网，2013年11月13日.

133　缪超，宋爱萍等. 2014 年中国炼油业现状及发展趋势分析. 能源情报，转引自 2015 年 8 月 12 日洹水泛舟的博客. http://blog.sina.com.cn/s/blog_52f526870102vxdv.html.

134　李春莲. 29 家民营炼厂获进口原油使用权，宝塔石化失信遭处罚. 证券日报，2017 年 10 月 25 日，转引自新浪财经.

135　国家发展改革委关于有关原油加工企业申报使用进口原油问题的通知（发改运行〔2017〕791 号），2017 年 4 月 27 日.

136　16 家地炼企业抱团建山东炼化集团，第五桶油呼之欲出. 新浪财经，2017 年 10 月 13 日.

137　国务院：研究石油天然气体制改革方案. 中国新闻网，2015 年 5 月 18 日.

138　石油天然气体制改革方案已在论证. 经济参考网，2015 年 11 月 13 日.

139　今年能源改革清单出炉，出台深化油气体制改革若干意见. 人民网，2016 年 4 月 1 日.

140　吴启华. 推动年底前出台《关于深化石油天然气体制改革的若干意见》. 中国矿业报，2016 年 8 月 26 日.

141　2017 年政府工作报告. 新华社北京 2017 年 3 月 16 日电.

142　油气体制改革方案. 第一财经日报，2016 年 4 月 20 日，转引自国际石油网.

143　朱彤. 对“石油天然气总体改革方案”的思考与建议. 经济参考报，2015 年 7 月 5 日.

144　新华社北京 2017 年 5 月 21 日电.

145　［俄］瓦连京 · 卡塔索诺夫. 中国三角：石油—人民币—黄金，中国早已在低调谋划用人民币替代美元. 俄罗斯战略文化基金会网站，2017 年 9 月 12 日.

146　［俄］奥列格 · 楚瓦金. “俄中伙伴”如何埋葬美元. 俄罗斯军事观察网，2017 年 9 月 26 日.

147　龚雯. “中国石油威胁论”站不住脚. 环球时报，2005 年 11 月 23 日. 博鳌亚洲论坛秘书长龙永图说，中国的经济增长并不会对全球的能源供应造成威胁，制造“中国能源威胁论”是源于西方一些人对中国崛起的恐惧。具体参见：“中国能源威胁论”不存在. 新华社北京电，2006 年 10 月 7 日. 2006 年 9 月 10 日至 12 日，在杭州举行的第 7 届中美石油天然气工业论坛上，笔者就从统计数据的角度，说明了进入 21 世纪以来国际石油价格不断上涨的原因。具体参见：为“中国能源威胁论”正名. 中国网，2006 年 9 月 14 日；IEA：中国将推动 2013 年全球石油需求上涨. 财新网，2013 年 1 月 19 日.

148　Gal Luft. U.S., China Are on Collision Course Over Oil. *Los Angeles Times*, February 02, 2004.

149　马凯. 驳“中国能源威胁论”. 求是，2006（21）.

150　中企要坦然面对威胁论. 国家石油和化工网，2012 年 11 月 14 日；盛玮. “中国掠夺非洲资源论”毫无根据. 求是网，2015 年 4 月 22 日；连线：西方恶意挑拨中非关系，给中国扣上“四顶帽子”. 新华网，2010 年 2 月 26 日.

151　《中石油在苏丹》责任报告发布，“苏丹开采掠夺说”. 中国经济网，2010 年 5 月 19 日.

152 王毅：中国斡旋南苏丹问题，完全是出于国际责任和义务. 新华网，2015 年 1 月 12 日.

153 周文重重提中海油收购优尼科事件，透露撤标内幕. 网易财经，2014 年 4 月 10 日.

154 ［英］埃德·克鲁克斯. 中国石油进口的全球重要性. 英国《金融时报》网站，2017 年 9 月 25 日.

155 “石油人民币”对于我国的石油产业会带来怎样的优势？ https://www.zhihu.com/question/20482171/answer/18717608；挑战美元，人民币正在酝酿一个历史性动作！新浪财经头条，2017 年 10 月 10 日.

156 中国黄金储备报 5924 万盎司. 中国经济网，转引自新浪财经，2017 年 4 月 8 日.

157 挑战美元，人民币正在酝酿一个历史性动作！新浪财经头条，2017 年 10 月 10 日.

158 人民币买原油等于黄金 10 000 美元？新浪财经头条，2017 年 9 月 29 日.

159 韩和元：石油黄金人民币，一个彻底愚蠢的构想. 金融界网，2017 年 9 月 11 日.

160 布赖恩·麦克唐纳. 普京的报复可能让石油人民币代替石油美元. 今日俄罗斯电视台网站，2017 年 10 月 28 日.

第 9 章　两次油价轮回是国际石油形势大动荡的突出表现

1 Kenneth F. Weaver. A Special Report in the Public Interest, Energy, Facing up to the Problem, Getting Down to Solutions. *National Geographic*, February 1981.

2 Robert J. Lieber. Europe and America in the World Energy Crisis. *International Affairs*, 1979, 4 (55).

3 同上.

4 2004 年油价上涨给中国带来直接成本代价 136 亿. 新浪网，2005 年 8 月 24 日.

5 同上.

6 牛犁. 油价上涨对经济及行业的影响. 2006 年 2 月 23 日. http://www.china.com.cn/market/baogao/431277.htm.

7 石油降价对经济的影响. 商业周刊，1983 年 3 月 7 日.

8 Daniel Yergin. *The Prize: The Epci Quest for Oil, Money and Power.* First Edition. New York: Simon & Schuster, 1991: 671.

9 ［美］亨利·基辛格. 动乱年代——基辛格回忆录（第三册）. 北京：世界知识出版社，1983：2.

10 同 8：670.

11 ［日］石井翔太. 原油价格决定机制的解说. 石油经济杂志，1982 年 4 月 5 日.

12 同 8：464.

13 世界能源会议.能源术语词汇集（第二版）.北京：能源出版社，1989：1.

14 刘德辉，彭志平.英汉能源辞典.北京能源出版社，1989：162.

15 哈维·奥康诺.石油帝国.北京：世界知识出版社，1958：256.

16 ［俄］涅韦罗夫，伊格尔金.从石油消耗量看经济综合发展状况.经济与生活周报，1992（8）.

17 同上.

18 同上.

19 中原申之.油断.日本经济新闻1975年，转引自:［英］R.贝尔格雷夫，等编.2000年的能源安全.北京：时事出版社，1990：84.

20 ［俄］涅韦罗夫，伊格尔金.从石油消耗量看经济综合发展状况.经济与生活周报，1992（8）.

21 *Middle East Economic Survey*, 16 Dec. 1991.

22 石油输出国组织的海外资产有4000亿美元.石油经济学家，1985（6）.

23 2004—2014年石油输出国组织成员国的石油出口收入数据，参见*OPEC Annual Report 2005–2015*.

24 ［瑞典］博·黑恩贝克.石油与安全：斯德哥尔摩国际和平研究所专题论文.北京：商务印书馆，1976：75.

25 汤姆·科特里.军事用石油需求.石油经济学家，1985（8）.

26 同24：77.

27 同25.

28 同24：78.

29 同25.

30 同25.

31 同24：78，237.

32 同上.

33 同25.

34 有关石油与第二次世界大战问题，美国著名石油问题专家沃尔特·J.莱维在第二次世界大战正在进行时就做过详细的论述。具体参见其论文集《石油战略与政治1941—1981》(美国西方观点出版社1982年版）第一部分“石油与第二次世界大战”：Walter J. Levy. *Oil Strategy and Politics, 1941–1981*. Colorado: Westview Press, 1982.

35 同8：334，343.

36 同上.

37 同上.

38 同24：206.

39 同8：362–363.

40 同8：359.

41 同9：57.

42 ［英］安东尼·桑普森.七姊妹：大石油公司及其所创造的世界.上海：上海译文

出版社，1979：71.

43　同 8：330.

44　同上.

45　石油、原料和发展——阿尔及利亚提交联合国大会特别会议的备忘录. 生活 · 读书 · 新知三联书店，1974.

46　同 24：168–169.

47　M. A.阿德尔曼. 东半球燃料供应的保证. 麻省理工学院暂定稿第 6 号，经济系，1967 年 12 月，转引自：[美] 沃尔特 · 拉克尔. 争夺中东. 上海：上海人民出版社，1972：164.

48　同上：172–173.

第 10 章　供需结构主导了国际石油价格的波动

1　[日] 濑木耿太郎. 原油价格大变动的时代揭幕了. 经济学家周刊，1982 年 3 月 20 日.

2　中国能源年鉴，2005/2006. 北京：科学出版社，2007：713，714. 在此需要特别说明的是，由于统计口径的不同，特别是对库存数量的统计方法不一致，各种统计材料有关世界石油产量和消费量的数据差异较大，如英国石油公司的《BP 世界能源统计年鉴》、国际能源署和石油输出国组织的统计数据都不相同。考虑到国际石油市场油价变动主要涉及到的是世界原油产量和消费量，因此本文在此选择了《中国能源年鉴》的世界原油产量和消费量的数据，以便较为准确地反映国际石油市场的供需变化。

3　Edward N. Krapels. *Oil Crisis Management—Strategic Stockpiling for International Security*. Baltimore: The Johns Hopkins University Press, 1980: 25.

4　James E. Akins. The Oil Crisis: This Time the Wolf is Here. *Foreign Affairs*, April 1973.

5　[英] 安东尼 · 桑普森. 七姊妹：大石油公司及其所创造的世界. 上海：上海译文出版社，1979：313.

6　Ali D. Johany. *The Myth of the OPEC Cartel—The Role of Saudi Arabia*. New York: John Wiley & Sons, 1982: 42. Corrected reprint of the 1980 original.

7　Raymand Rernon (ed.). *The Oil Crisis*. New York: W.W. Norton & Company, 1976: 30.

8　同 5：197.

9　Ragaei El Mallakh. *OPEC: Twenty Years and Beyond*. Westview Press, 1982: 87.

10　同 7：31

11　A. Kubbah. *OPEC: Past and Present*. Vienna: Petro-Economic Research Center. 1974: 61.

12　Robert J. Lieber. Europe and America in the World Energy Crisis. *International Affairs*, 1979, 4 (55).

13　苏丹《天天报》1980 年 1 月 14 日发表的前沙特阿拉伯石油和矿产资源大臣亚

马尼和该报副主编哈桑·萨提的电视谈话。

14 ［英］《经济季评》1974 年第 15 号特刊《石油与经济增长》.

15 美新署华盛顿 1982 年 12 月 8 日电.

16 ［日］安井诚一. 中东石油：从政治时期转向经济时期——石油输出国组织价格机制的转变. 国际问题，1982（2）.

17 同 13.

18 关于 2001—2004 年石油输出国组织的有关会议情况，参见本书第 6 章的有关内容和 *OPEC Annual Report 2001–2004*。

19 IEA. *Oil Market Report,* 18 January 2005.

20 EIA. What drives crude oil prices? February 7, 2017. https://www.eia.gov/finance/markets/crudeoil/supply–opec.php. 在这份资料中，美国能源信息署用大量资料讨论了可能影响国际石油价格走势的 7 个因素及其背后的统计数据支撑。

21 2009—2014 年世界石油需求、供给的数字，参见 *OPEC Annual Report 2012* 和 *OPEC Annual Report 2014*。

22 *OPEC Annual Report 2008*: 9–11.

23 *OPEC Annual Report 2015*: 26.

24 J. Darmstader, P. D. Teitelbaum, J. G. Polach. *Energy in the World Economy: A Statistical Review of Trends in Output, Trade, and Consumption since 1925*. Baltimore: The Johns Hopkins Press, 1971:13.

25 John Evans. *OPEC, Its Member States and the World Energy Market*. New York: Longman, 1986: 389, 338, 387.

26 同上.

27 Lester A. Sobel（ed.）. *Energy Crisis*, Volume 1, 1969–1973. Facts on File. Inc., 1974:148.

28 同上：132.

29 同上：202.

30 同 24：506，508.

31 *BP Statistical Review of World Energy June* 1986.

32 同上.

33 冯春萍. 能源节约对石油需求及国际油价的影响 // 中国石油天然气总公司情报所和石油大学管理工程系编. 影响国际石油价格的十个因素. 1991：130.

34 同上.

35 美国能源安全问题——美国能源部向里根总统提交的一份研究报告. 石油工业部科学技术情报研究所. 1987：73.

36 同上：133.

37 侯若石. 战略选择与资源配置. 北京：时事出版社，1990：314.

38 OECD. *Structural adjustment and economic performance*. Paris, 1987: 254.

39 同上：254.

40 同 33：128–129.

41 同 37：6.

42 *BP Statistical Review of World Energy June 2016.*

43 同上.

44 根据中石油经研院能源数据统计 2017 年版相关数字计算得出，其中，2000 年和 2015 年世界国内生产总值数据见该材料第 17 页，2000 年和 2015 年世界一次能源消费量数据见该材料第 19 页。

45 改革开放以来中国取得那些成就. 爱国知识网，2016 年 1 月 13 日.

46 投资者应当接受中国的崛起.《美国新闻与世界报道》网站，2013 年 2 月 14 日，转引自参考消息网，2013 年 2 月 17 日.

47 万相昱. 中国经济增长对世界经济的影响与贡献. 中国日报中文网，2016 年 3 月 29 日.

48 *BP Statistical Review of World Energy June 2016 – workbook.*

49 EIA. India, Last Updated: June 14, 2016. https://www.eia.gov/beta/international/analysis.cfm?iso=IND.

第 11 章 市场参与结构制导了国际石油价格的波动

1 克沃特·拉斯扎，约翰·马格诺. 石油输出国组织. 北京：中国财政经济出版社，1980：17.

2 ［瑞典］博·墨恩贝克. 石油与安全. 北京：商务印书馆，1976：210.

3 法迪勒·艾·查拉比. 石油输出国组织的石油价格抉择问题. 中东经济概览（增刊），1981 年 12 月 7 日.

4 石油输出国组织部长级会议有关石油长期战略报告书. 经济学家，1987（7）.

5 石油输出国组织会议决议和新闻公报 1960—1980. 石油工业部情报研究所、云南省东南亚研究所，1985：51.

6 同上：48，2.

7 同上.

8 同上.

9 ［英］安东尼·桑普森. 七姊妹：大石油公司及其所创造的世界. 上海：上海译文出版社，1979：206–207.

10 ［沙特阿拉伯］艾哈迈德·扎基·亚马尼. 80 年代的石油和货币. 中东经济概览（增刊），1981 年 10 月 5 日.

11 ［英］朱利安·巴里尔. 1906—1970 年伊朗经济发展（第八章），转引自西南亚资料，1976（1）：30，33.

12 同上.

13 同上.

14 ［日］平井文子. 伊朗的土地改革和经济发展计划. 亚非研究，1977（10）.

15 同上.

16 同 9：226.

17 同 9：374.

18 Nazli Choucri. *International Politics of Energy Interdependence—The Case of Petroleum*. Lexington, Mass.: Lexington Books, 1976: 103.

19 沙特阿拉伯经济概况. 经济季评，1975 年沙特阿拉伯、约旦专号附刊。

20 ［英］罗伯特 · 哈维. 沙特阿拉伯内幕. 经济学家，1982 年 2 月 13 日.

21 Edmund O'Sullivan. Saudi Arabia, *Middle East Economic Digest Special Report*. August 1987.

22 同上.

23 2009 年来第一次，沙特阿拉伯经济负增长. 华尔街见闻，2017 年 7 月 2 日.

24 同 20.

25 石油、原料和发展——阿尔及利亚提交联合国大会特别会议的备忘录. 北京：生活 · 读书 · 新知三联书店，1975：31.

26 ［日］小川和男. 苏联能源供需关系的现状及展望. 海外市场，1980（7）.

27 ［日］小川和男. 苏联的能源情况和能源出口战略. 海外市场，1983 年 1 月号世界能源问题专辑.

28 苏联能源资源概览. 石油经济学家，1985（4）.

29 ［俄］B. 阿列克佩罗夫. 俄罗斯石油：过去、现在和未来. 石泽等，译. 北京：人民出版社，2012：334.

30 同上：336.

31 魏然. 80 年代石油危机期间的苏联社会经济，转引自洹水泛舟的博客. http://blog.sina.com.cn/s/blog_52f526870102vafq.html.

32 同 29：400.

33 俄媒称俄持续扩大对中国石油出口：增速显著快于对欧洲出口. 俄罗斯《消息报》网站 2017 年 10 月 18 日报道。

34 墨西哥的石油政策（下）. 石油开发时报，1979（11）.

35 日本外务省经济局资源第一课：墨西哥的金融危机和国际石油形势. 石油政策，旬刊，1983 年 2 月 15 日.

36 同上.

37 同上.

38 同上.

39 墨西哥的石油政策（上）. 石油开发时报，1978（42）.

40 挪威石油基金：保险柜里的摇钱树. 经济参考报，2011 年 7 月 12 日，转引自新浪财经.

41 挪威主权基金市值超万亿美元. 美联社赫尔辛基 2017 年 9 月 19 日电；《金融时报》网站 2017 年 9 月 19 日报道.

42 2017 年 5 月 25 日，10 个非石油输出国组织产油国同意与石油输出国组织再次将减产180万桶/天延长9个月，这10个非石油输出国组织产油国包括俄罗斯、哈萨克斯坦、阿塞拜疆、墨西哥、马来西亚、阿曼、文莱、巴林、苏丹和南苏丹。具体参见：2nd OPEC and non–OPEC Ministerial Meeting concludes. http://www.opec.org/opec_web/en/press_room/4306.htm.

43 马登科，张昕. 国际石油价格动荡之迷：理论与实证. 北京：经济科学出版社，2010：125–126.

44 同上：126.

45 孙海泳. 中小企业在美国页岩气革命中的作用与启示. 中国走出去网.

46 同上.

47 OPEC石油出口不降反升，自毁减产救油价大计. 中财网，2017年7月5日.

48 《石油输出国组织公会议决议和新闻公报》，第2页。

49 同9：209，272.

50 同上.

51 同上.

52 同48：132.

53 同上.

54 同9：279.

55 同48：141.

56 同9：290.

57 同48：201.

58 同9：325–326.

59 同48：296.

60 同48：314.

61 *Petroleum Intelligence Weekly*，22 Dec. 1980.

62 克沃特·拉斯扎，约翰·马格诺. 石油输出国组织. 北京：中国财政经济出版社，1980：3.

63 挪威的石油工业. 中国石油网，2011年12月12日.

64 ［日］安井诚一. 中东石油：从政治时期转向经济时期——石油输出国组织石油价格体制的转变. 国际问题，1987（2）.

65 同29：316，321.

66 Japan Petroleum Consultants Ltd. *Japan Petroleum Weekly*, August 9, 1976.

67 Edward N. Krapels. *Oil Crisis Management—Strategic Stockpiling for International Security.* Baltimore: The Johns Hopkins University Press, 1980: 25.

68 同上：31.

69 石油输出国组织前途未卜和石油怎样从我们手中的武器变成对准我们自己胸膛的武器. 火炬报，1981年8月13日.

70 石油输出国组织面临创建以来最严重的挑战：减产，不然就是崩溃. 火炬报，1981年8月19日.

71 同67：5.

72 浦莱. 论沙特阿拉伯在世界历次石油价格剧变中的决定性作用与今后石油价格的走向. 世界石油问题，1986（2）：82.

73 同上：86.

74 IEA. *Annual Oil Market Report 1982*, Paris, 1985: 3.

75《中东石油：从政治时期转向经济时期》。

76 同上.

77 同上.

78 印度成品油提价10%. 21世纪经济报道，2008年6月5日，转引自网易财经.

79 印度上调成品油价格. 21CN财经综合，2008年6月5日.

80 高油价受害者，前三季中国进口石油多付百亿美元. 南方网，2005年11月11日.

81 标普称中国刺激国际油价飞涨，助推全球油市紧张. 东方早报，2005年10月14日.

82 林玉. 我国局部地方供油吃紧凸显石油体制之痛. 经济参考报，2014年10月25日；发改委称我国成品油供应紧张缓解，新华社北京2005年10月26日电；疯狂油价热灼中国经济. 人民网，2005年8月16日. 查询2003—2008年新闻媒体，我们可以发现，这一段时间关于国内油品供应紧张的新闻比比皆是，尤其是2008年到了最高峰的时期，甚至当时的国家领导人都出面说明和解释其中的原因。

83 有关俄罗斯和苏联地区国家石油产量的数据，参见 *BP Statistical Review of World Energy June 2016 – workbook*。

84 安哥拉石油日产非洲第一. 中国石油新闻中心，2009年9月8日.

85 我国石油进口第一大国：安哥拉. zhaosy1988的博客，2012年1月25日.

86 同上.

87 赤道几内亚概况. 商务部网站，2014年8月.

88 王林. 文莱、赤道几内亚经济受低油价重创. 中国能源报，2017年5月22日.

89 非洲石油资源概况. 2010年1月27日. http://www.kms88.com/news/html/2010/0127/201001270015005136.shtml.

90 一张图看懂：美国页岩油如何在“原油战争”中横扫OPEC？华尔街见闻，2017年3月21日.

91 王丽颖. 2008年的石油有多黑？国际金融报，2014年2月10日.

92 关于美国“油神”皮肯斯炒油的故事，在2004—2008年国际石油价格大涨期间比比皆是，国内外众多的新闻媒体都刊登过这方面的报道和资料。具体可参见：走近高油价元凶皮肯斯，油价飚升背后的国际炒家. 网易新闻，2004年12月4日；知道谁才是高油价的“元凶”吗？中国经济网，2006年3月31日；皮肯斯：80岁的石油逆子. 2008年9月17日. http://finance.jrj.com.cn/people/2008/09/1711342069972.shtml.

93 有关期货炒作与国际石油价格波动，可以从媒体中检索到大量的资料，尤其是在国际石油价格大涨的2004—2008年间。具体可参见：社评：正视第三次石油危机，打击恶炒. 中评社北京 2008 年 7 月 12 日电；谁在幕后制造高油价？ 800 支基金豪赌原油期货. 北方网，2008 年 7 月 3 日.

94 同上.

95 2005 年油价上涨的压力将缓解，投机力量左右油价. 亚太经济时报，2005 年 1 月 10 日；高油价受害者，前三季中国进口石油多付百亿美元. 南方日报，2005 年 11 月 11 日. 检索这一时期的媒体，有关这方面的资料非常多，可以说这一话题是这一时期的热点新闻。

96 钟文倩. CFTC调查悬而不决，国际油价操纵三路径隐现. 21 世纪经济报道，2008 年 6 月 5 日.

97 应八国集团财长会议要求，IMF 拟调查原油炒家. 第一财经日报，2008 年 6 月 16 日.

98 国际清算银行：期货投机也是油价暴跌推手华尔街见闻，转引自和讯期货.

99 原油价格暴跌的原因. 中金在线，2015 年 2 月 3 日.

100 ［美］安东尼娅 · 朱哈斯. 石油黑幕. 李晓春，译. 北京：中国人民大学出版社，2009：4.

101 同 96.

102 应八国集团财长会议要求，IMF 拟调查原油炒家. 第一财经日报，2008 年 6 月 16 日.

第 12 章　交易方式结构引导了国际石油价格的波动

1 石油输出国组织会议决议和新闻公报 1960—1980. 石油工业部情报研究所，云南省东南亚研究所，1985：285–286.

2 石油输出国组织会议决议和新闻公报 1960—1980. 石油工业部情报研究所，云南省东南亚研究所，1985：292.

3 石油输出国组织会议决议和新闻公报 1960—1980. 石油工业部情报研究所，云南省东南亚研究所，1985：295.

4 同上：313.

5 同上：330.

6 *Petroleum Intelligence Weekly*，22 Dec. 1980.

7 《天天报》，1980 年 1 月 14 日.

8 *Petroleum Intelligence Weekly*，6 Jan. 1986.

9 同上.

10 *Petroleum Intelligence Weekly*，22 Sept. 1986.

11 同上.

12 *Middle East Economic Survey*, 8 Jun. 1992. 有关这一问题，《中东经济概览》不定期会有刊登。

13 有关这方面的情况，可参考历年石油输出国组织年度报告中有关一揽子“参考价”构成原油的月度价格走势的说明，或石油输出国组织有关会议新闻公报。

14 *International Petroleum Encyclopedia 1988*.

15 参见*International Petroleum Encyclopedia 1988*，或参见美国德士古石油公司石油经济专家梅乐 1986 年 9 月在京给中国海洋石油总公司讲课的讲稿《石油经济与预测》（中国海洋石油总公司计划部译，1987 年 3 月，北京）第二册：6–20.

16 《石油经济与预测》，第二册：6–23.

17 关于石油期货价格对现货价格的主导作用，国内外学术界进行了广泛的研究，成果非常丰富。本书在此参考了马登科、张昕的研究思路和方法，具体参见：马登科，张昕．国际石油价格动荡之谜：理论与实证．北京：经济科学出版社，2010：78–81.

18 《石油经济与预测》，第二册：6–18.

19 特朗普提议出售美国一半战略石油储备．人民网，2017 年 5 月 24 日．

第 13 章　石油市场是一个近乎完全竞争的市场

1 本节引用的有关石油输出国组织市场份额和剩余石油生产能力等数据，分别源于*BP Statistical Review of World Energy June 2017 – underpinning-data* 和 EIA. *Short-Term Energy Outlook*, June 2017，为节省篇幅不再一一注明出处。

2 How many years of recoverable oil do we really have? http://oilpro.com/q/3821/many-years-recoverable-oil-do-we-really-have.

3 石油峰值论．http://baike.baidu.com/item/%E7%9F%B3%E6%B2%B9%E5%B3%B0%E5%80%BC%E8%AE%BA.

4 *BP Energy Outlook 2017*: 51.

5 IEA *World Energy Outlook 2013*. France: Corlet, 2013: 423, 426.

6 *BP Energy Outlook 2017*: 51.

7 *Petroleum Intelligence Weekly*, 24 Apr. 1989.

8 *Petroleum Intelligence Weekly*, 22 May 1989.

9 同上．

10 中国常规能源构成：石油资源．凤凰财经网，2011 年 3 月 20 日．

11 ［美］朱利安·林肯·西蒙．没有极限的增长．四川：四川人民出版社，1985：60.

12 增长的极限——罗马俱乐部关于人类困境的研究报告．四川：四川人民出版社，1984：61.

13 页岩油．互动百科．http://www.baike.com/wiki/%E9%A1%B5%E5%B2%A9%E6%B2%B9.

14 U.S. EIA. Technically Recoverable Shale Oil and Shale Gas Resources: An Assessment of 137 Shale Formations in 41 countries outside the United States. 2013，转引自中国地质调查局网站，2016 年 7 月 8 日．

15 长期油市压力巨大：二叠纪盆地页岩油储量竟为预估的 8 倍．金融界网，2017

年 5 月 22 日.

16 页岩油技术神！美二叠纪热区可开采产出激增 8 倍. 原油指数官网，2017 年 5 月 22 日.

17 美国发现巨型油田引关注. 人民网，2016 年 11 月 22 日.

18 同上.

19 开采费用仅 2 美元/桶的页岩油诞生. 中投在线，2016 年 8 月 9 日.

20 “黑科技”来了！美国最逆天油田成“香饽饽”. 黄金网原油频道，2017 年 6 月 27 日.

21 全中国油田产量之和都不敌它？揭秘世界最逆天油田. 石油 Link 网，2017 年 5 月 2 日.

22 北美页岩油产商将预算增至 840 亿美元，OPEC 或哭晕在厕所. 华尔街头条，2017 年 5 月 10 日.

23 OPEC 思考如何与美国页岩油和平共存. 中国煤炭网，2017 年 6 月 5 日.

24 Lon C. Ruedisili, Morris W. Firebaugh (eds.). *Perspectives on Energy: Issues, Ideas, and Environmental Dilemmas*. Oxford University Press, 1982: 247.

25 同上：240.

26 *Petroleum Intelligence Weekly*, 19 Sept. 1988.

27 浅析原油的生产成本. 新华网，2014 年 11 月 5 日.

28 *Petroleum Intelligence Weekly*，19 Sept. 1988.

29 李若平. 非常规石油资源及开发前景. 当代化工，2006（3）.

30 非常规油气资源. 百度百科. http://baike.baidu.com/link?url=ILqqN2Elw1l07hVnEkSS5AOh81VNLou–QUtCQ8tGGyD5BPitwK1Z_yCBWiBtw_QyWWNnJO1h3Csvr2a–04dMj76LaV3NPnwofDeThInpT8Ps–rbyO1H3iMMDz2Tw4Ey4b6gOIduW0mLcTk260JoJjzLEqSkdwx1KowlFILFXBRy.

31 煤炭资源的全球总量. 百度知道. https://zhidao.baidu.com/question/ 939845191210873332.html.

32 *BP Statistical Review of World Energy June 2017–underpinning–data.*

33 ［美］迈克尔 · J. 格鲁克曼:《21 世纪的煤炭利用技术》，“煤炭与环境国际会议”资料.

34 美国《煤与合成燃料技术》，1991 年 8 月 5 日号.

35 美国《煤与合成燃料技术》，1991 年第 47 期.

36 同 33.

37 同 33.

38 《日本工业新闻》，1988 年 10 月 7 日.

39 报告显示，世界对煤炭的依赖还将持续数十年.《澳大利亚人报》网站，2017 年 9 月 19 日.

40 王竖. 持续高速发展的世界天然气工业. 世界石油经济，1991（3）.

41 美国世界观察研究所. 1992 年世界状况——通向可持续社会的发展.

42 石油工业部科学技术情报研究所. 美国能源安全问题——美国能源部向里根总统提交的一份研究报告. 1987 : 87.

43 *Petroleum Intelligence Weekly*，19 Sept. 1988.

44 同上.

45 法国《发展论坛报》，1992 年 5 月 26 日.

46 钱梦弼，何江川. 用压缩天然气开汽车. 中国能源，1992（1）；美国世界观察研究所. 1992 年世界状况——通向可持续社会的进展.

47 同上.

48 世界各国天然气汽车发展状况. 中国LNG汽车网，2015 年 6 月 29 日.

49 *Petroleum Intelligence Weekly*，19 Sept. 1988.

50 世界燃料乙醇主要生产国生产状况. 中国农业外经外贸信息网，2017 年 7 月 12 日.

51 巴西：世界最大的燃料乙醇生产国. 中国石油 · 百科，2009 年 4 月 30 日.

52 世界燃料乙醇主要生产国生产状况. 中国农业外经外贸信息网，2017 年 7 月 12 日.

53 世界电动汽车产业前景可期. 人民网，2017 年 4 月 12 日.

54 去年电动汽车市场增长 60%，2040 年全球将达 6 亿辆. 腾讯科技，2017 年 6 月 8 日.

55 内燃机之死.《经济学人》周刊网站，2017 年 8 月 12 日.

56 高价石油的终结.《经济学家报》，2017 年 8 月 5 日.

57 壳牌为石油需求下降做准备. 美联社伦敦 2017 年 7 月 27 日电.

58 多措并举推动全球电动汽车增长. 中国经济时报，2017 年 2 月 7 日. 有关世界电动汽车的现状和未来发展趋势，参见 2017 年 6 月 7 日国际能源署发布的《2017 年全球电动车展望报告》。

59 太惊人了！一张图告诉你全球电动汽车前景有多广阔. 环球网汽车，2015 年 4 月 9 日。

60 去年电动汽车市场增长 60%，2040 年全球将达 6 亿辆. 腾讯科技，2017 年 6 月 8 日.

61 德媒：中国电动车发展快，被誉汽车世界“电动机”. 德国《明镜》周刊网站 2017 年 1 月 24 报道.

62 彭博预计至 2040 年全球电动汽车保有量占比三分之一. 中新社上海 2017 年 7 月 10 日电.

63 *BP Energy Outlook 2017*: 49, 73.

64 IEA. *Oil Market Report 2017*: 22.

65 打造新能源车“零”成本用车平台. 中国网，2017 年 7 月 11 日.

66 宫本夏实. 振动日本经济的EV时代地壳变动. 日本《东洋经济周刊》，2017 年 10月 18 日.

67 中石油市值蒸发 5.6 万亿创世界之最，整个行业都将被吞噬. 品途商业评论，转引自 2017 年 11 月 6 日凤凰网财经.

68 亚洲城市共享单车出行蔚为风潮，汽油需求增长放缓. 路透社 2017 年 9 月 26 日报道，转引自参考消息网，2017 年 10 月 3 日.

69 石油业衰败速度或远超预期，将比煤炭行业还要快. 中华网，2017 年 7 月 4 日；陈卫东. 石油已迈向夕阳. 三联生活周刊，2016 年 2 月 25 日.

70 中石油市值蒸发 5.6 万亿创世界之最，整个行业都将被吞噬. 品途商业评论，转引自凤凰网财经，2017 年 11 月 6 日.

71 坐拥世界最大油田，沙特阿美寻找油气新机会. 中国经济网，2010 年 4 月 15 日.

72 布伦特的终结：一个传奇油田将退出历史舞台. 和讯网，2017 年 2 月 17 日.

73 在报道美国页岩油成本，媒体都犯了哪些错误？知乎网. https://www.zhihu.com/question/54924123. 本处引用的有关观点，源于世界著名的美国能源与矿业咨询公司伍德麦肯兹（Wood Mackenzie）专家 Jack Skywalker。

74 油价又一阴影扩散，美国产油商疯狂对冲或限制油价. 新浪财经，2017 年 9 月 26 日.

75 美国石油天然气会计准则的发展历史及启示. 中华会计网校网，2002 年 7 月 5 日.

76 孙泽生. 美国页岩油气生产成本估计——以 Bakken 和 Marcellus 为例. 国际石油经济，2015（4）.

77 国际油价还得跌？高盛给出了 11 条理由. 凤凰网，2015 年 8 月 8 日.

78 墨西哥湾浅海发现大量原油，预估可开采储量高至 20 亿桶. 中新社休斯敦 2017 年 7 月 12 日电.

79 美将拍卖墨西哥湾石油开采权，区块面积为美国史上最大. 埃菲社华盛顿 2017 年 10 月 24 日电.

80 [美] 丹尼尔·耶金. 石油大博弈（下册）. 艾平等，译. 北京：中信出版社，2008：156.

81 马来西亚万余人抗议政府应对高油价不力. 新华网吉隆坡 2008 年 7 月 7 日电.

82 美政府面对油价飙升束手无策引市民强烈不满. 中国新闻网，2008 年 6 月 24 日.

83 美调查发现油价飙升致上班族愈发粗鲁. 华龙网–重庆晨报，2008 年 7 月 14 日.

84 丹尼尔·耶金：油价大跌对世界经济刺激没想象的那么大. 一财网，2016 年 1 月 11 日.

85 关于低油价对世界经济政治的影响，可以从互联网上查询到很多资料。代表性的观点可参考：西媒称廉价石油对世界未必是好事：造成产油国政治不稳定. 参考消息网，2017 年 7 月 6 日；低油价时代：全球经济的正能量？中国外汇，2015 年 3 月 6 日，转引自新浪财经.

86 低油价对世界经济的影响. 中国石油新闻中心，2015 年 5 月 26 日.

87 低油价或利好中国经济：有助于提升 A 股估值水平. 上海证券报，2015 年 1 月 28 日.

88 低油价是把双刃剑. 国土资源部网站，2016 年 3 月 17 日.

89 我国石油新增探明地质储量降至10年新低. 中国经济网2017年7月11日北京讯.

90 P. H. Frankel. *Essentials of Petroleum: a Key to Oil Economics*. Chapman & Hall, 1946: 77.

91 普京欢迎沙特阿拉伯国王“标志性”访问. 俄罗斯卫星通讯社莫斯科2017年10月5日电.

92 二十国集团领导人布里斯班峰会公报. 新华网澳大利亚布里斯班2014年11月16日电.

93 习近平：根据G20共识，中国将定期发布石油库存数据. 证券时报网2014年11月16日讯，转引自新浪财经.

94 浦莱. 论沙特阿拉伯在世界历次石油价格剧变中的决定性作用与今后石油价格的去向. 世界石油问题，1986（2）：23.

95 William B. Quandt. *Saudi Arabia's Oil Policy: A Staff Paper*. Washington: The Brookings Institute, 1982: 8.

96 路透社1981年5月27日电.

97 江红. 八十年代国际石油风云. 北京：华夏出版社，1989：210.

98 将全球油价推升至120美元的黑天鹅事件是什么？快讯通财经网，2017年7月17日.

99 张溢，王珂，姜霖. 美元汇率与国际油价走势相关性分析. 国际石油经济，2014（5）.

100 戴家权，周向彤. 美元汇率、通货膨胀与油价. 国际石油经济，2005（2）.

101 沙特阿拉伯发布2015年预算，暗示油价重回80美元. 华尔街见闻，2014年12月26日.

102 伊朗油企高管：60美元/桶油价或吸引石油投资重返. 新浪财经，2017年9月26日.

103 沙特阿拉伯石油大臣阿里·纳伊米卸任，呼风唤雨20年. 中国新闻网，2016年5月12日.

104 ［美］朱利安·林肯·西蒙. 没有极限的增长. 四川：四川人民出版社，1985：34.

第14章 周期性波动是未来国际石油市场的常态

1 IEA. *Oil Market Report*, 16 May 2017.

2 刘朝全，姜学峰. 2016年国内外油气行业发展概述及2017年展望. 国际石油经济，2017（1）；2017年全球石油需求将再次面临过剩问题困扰，油价或再次下跌. FX联盟号，2016年8月22日.

3 EIA. *Short–Term Energy Outlook*, June 2017.

4 IEA. *Oil Market Report*, 19 January 2017: 18.

5　刘朝全，姜学峰. 2016年国内外油气行业发展报告. 北京：石油工业出版社，2017：60–61.

6　同4：19.

7　国际油市2016年回顾与2017年展望. 中国石油新闻中心，2017年1月12日.

8　同4：19.

9　三问2017年世界石油市场. 中国石油·百科，2017年1月6日.

10　IEA. *Oil Market Report*, 16 May 2017: 35, 62–63.

11　同上：35.

12　石油贸易商海上存储2 500万桶原油，应对油价崩跌. 搜狐证券，2015年1月15日.

13　油价困在50美元出头附近，全球油满为患. 金融界，2017年5月22日.

14　新加坡港口停大量油轮，减产限油恐成为泡影. 国际海事信息网，2016年5月23日.

15　东南亚海域突现大量装满石油的超级油轮！听说都在等中国来买？时代中文网，2017年6月19日.

16　OPEC“放风”：海上储油已减少1/3. 黄金头条，2017年5月17日.

17　油价下跌逾，50艘VLCC“改行”海上储油. 国际海事网，2017年6月15日.

18　新加坡外海正在上演一场原油市场“奇观”. 华尔街见闻，2016年5月23日.

19　油价大崩盘前兆：全球2亿桶石油在海上漂流；上海、青岛到处都是. 华尔街情报，2016年6月3日.

20　OPEC“放风”：海上储油已减少1/3. 黄金头条，2017年5月17日.

21　未来3年油价会怎样？市场分歧巨大. 黄金头条，2017年6月1日.

22　高油价时代已经结束：未来3—5年油价难再回到2013—2014年高价水平. 中国煤炭新闻网，2015年3月25日.

23　高盛称未来15年油价将持续低迷. 钢企网，2015年9月18日；高盛：未来5年原油将跌至50美元. 环球外汇，2015年8月1日.

24　摩根士丹利：未来三年原油价格变化趋势预测. 国际石油网，2015年9月14日.

25　陈蕊. 新常态下的国际石油市场特征与趋势. 2015年11月3日，转引自洹水泛舟的博客. http://blog.sina.com.cn/s/blog_52f526870102walq.html.

26　OPEC. *Annual Report 2016*: 17, 21.

27　IEA. *Oil Market Report*, 16 May 2017: 56.

28　*BP Statistical Review of World Energy June 2017*.

29　*BP Statistical Review of World Energy June 2017, underpinning–data*.

30　伊朗欲吸引海外企业投资石油资源. 中国财经网，2014年2月10日.

31　余海舰：伊朗石油大会与新石油合同（IPC）解读. 石油观察微信公众号，2016年2月25日，转引自国际石油网.

32　伊朗邀请29家国际公司参与阿扎德甘油田投标. 商务部网站，2017年6月5日，转引自中国经济网.

33　穆东. 中石油、道达尔与伊朗石油公司合作开发气田项目. 新华社德黑兰 2017 年 7 月 3 日电.

34　德国商业银行：如果伊朗现任总统鲁哈尼实现连任，料将鼓励西方投资和提振伊朗石油产量. 环球外汇，2017 年 5 月 20 日.

35　伊朗总统鲁哈尼赢得连任，国际油市处变不惊. 东方头条，2017 年 5 月 22 日.

36　张礼貌. 鲁哈尼政府继续推进油气改革. 中国石油新闻中心，2017 年 6 月 6 日.

37　OPEC. *World Oil Outlook 2016*: 149.

38　OPEC. *World Oil Outlook 2017*: 2.

39　EIA. *International Energy Outlook 2016*, May 11, 2016. 有关数据参见该报告中的 Figure ES-3. Petroleum and other liquid fuels production by region and type in the Reference case, 2000-2040 (million barrels per day)。

40　卡沙甘油田石油产量将达 37 万桶 / 日. 哈萨克国际通讯社，2017 年 4 月 22 日.

41　这块超级油田将于下月再度上线，连欧佩克都不得不忌惮. 金融界网，2016 年 9 月 13 日. 卡沙甘油田要恢复生产了，油价准备跑底 45 美元. FX联盟号，2016 年 6 月 16 日.

42　OPEC. *World Oil Outlook 2016*: 174.

43　未来几年巴西将影响国际油价. 中国财经网，2013 年 11 月 3 日.

44　警惕OPEC减产背后的敌人——加拿大和巴西. 新浪财经，2017 年 5 月 22 日.

45　U.S. exports of crude oil and petroleum products rising, but trends vary across products. *This Week in Petroleum*, June 21, 2017. https://www.eia.gov/petroleum/weekly/.

46　美国能源信息署 2017 年 5 月 15 日月度钻探产能报告. 转引自：EIA ：美国 6 月页岩油产量预计将创下 2015 年以来最高. 国际石油网，2017 年 5 月 16 日.

47　EIA ：美国 6 月页岩油产量预计将创下 2015 年以来最高. 国际石油网，2017 年 5 月 16 日.

48　页岩油生产如火如荼，美油会遭遇滑铁卢？特牛外汇网，2017 年 6 月 21 日.

49　贝克休斯：美国石油钻井数增加 11 座，再创 2015 年 4 月来新高. 十环网资讯，2017 年 6 月 26 日.

50　页岩油生产如火如荼，美油会遭遇滑铁卢？特牛外汇网，2017 年 6 月 21 日.

51　页岩油 5 年内仍有 350 万桶增产空间，美国产量将超沙特阿拉伯. 汇通网，2017 年 2 月 21 日.

52　全球石油行业盈亏平衡价普遍下降，低成本生产渐成市场主流. 中国润滑油网，2017 年 4 月 19 日.

53　若油价 40 美元全球一半石油生产将亏损. 新浪财经，2017 年 6 月 27 日.

54　页岩油生产如火如荼，美油会遭遇滑铁卢？特牛外汇网，2017 年 6 月 21 日.

55　美国原油全解析：为何页岩油决定油价天花板？汇通网，2017 年 3 月 22 日，转引自新浪财经。

56　美国：沙特阿拉伯已经从石油定价者沦为库存管理员！新浪财经头条，2017 年 3 月 22 日.

57 章念生.世界经济保持温和增长势头.人民日报，2017年5月2日.

58 如何战胜全球寡头政治并形成新世界秩序.俄新社莫斯科2017年9月7日电.

59 断交危机一个月，卡塔尔已损失300亿美元.第一财经网，2017年7月7日.

60 卡塔尔称无法满足断交国要求，将增产天然气破解封锁.参考消息网，2017年7月6日.

61 ［美］凯蒂·兰格.一战是如何让中东成为今天这种状况的？美国国防部新闻网站，2017年8月11日.

62 产油大国尼日利亚面临冲突，油市恐有新一轮动荡.新浪财经，2017年9月28日.

63 李绍先：当前中东正是百年构架坍塌之时.凤凰资讯，2017年6月28日.

64 沙特阿拉伯11位王子被抓，"中东巴菲特"损失惨重！2万亿美元的大事悬了.21世纪经济报道，2017年11月6日，转引自新浪新闻中心；王波：沙特阿拉伯直升机坠毁，包括一名王子在内的全部7人遇难.新华社利雅得2017年11月5日电.

65 即将到来的2017，我们不知道的12种危机已悄然而至.新浪新闻，2016年12月29日.

66 丹尼尔·博费.北约秘书长：世界正处于30年来最危机的时刻.《卫报》网站，2017年9月8日.

67 2016—2017年世界经济形势分析与展望.搜狐财经，2016年12月23日.

68 德意志银行预言，下一场金融危机即将到来.石英财经网站，2017年10月6日.

69 "7"年金融危机魔咒即将来临？当心2017年债务危机！搜狐财经，2016年10月25日.

70 罗杰斯：我们即将经历一生未见的最可怕危机.新闻财经，2017年2月13日.

71 为何投资大佬都在大喊"危机"即将到来？新融街网，2017年6月19日.

72 飓风异常眷顾美国，油气行业全面恢复正常尚待时日.新浪财经，2017年10月8日.

73 "艾尔玛"和"哈维"可能会让美国损失2900亿美元.《论坛报》网站，2017年9月11日.

74 极端天气连年重创美国经济.路透社奥斯陆2017年9月27日电；法新社华盛顿2017年9月27日电.

75 2016年全球极端天气刷新纪录.美联社华盛顿2017年8月10日电.

76 德国之声电台网站2017年9月8日报道.

77 极端天气肆虐，人类末日即将来临？百度知道，2015年10月22日.https://zhidao.baidu.com/daily/view?id=6008&fr=daily–index–banner.

78 极端天气对全球经济影响不容低估.中国经济网，2016年1月7日.

79 路透社美国休斯敦2017年8月27日电;《金融时报》网站2017年9月2日报道.

80 国家能源局介绍前三季度能源经济形势和全年走势.国家能源局网站，2010年10月25日.

81 世界能源理事会. 未来能源充满不确定性——领导者今天作出的决策对行业未来发展至关重要. 世界石油工业，2017（1）：17.

82 国际原油最新消息：或遭灭顶之灾？欧佩克这次摊上大事儿了！第一白银网，2016 年 10 月 18 日.

83 IEA 发布《2017 石油市场报告》：投资低迷将导致 2020 年后全球原油“供不应求”. 人民网，2017 年 5 月 18 日.

84 EIA. *International Energy Outlook 2016*, May 2016.

85 *BP Energy Outlook 2017*, Jan. 2017.

86 OPEC. *World Oil Outlook 2017*: 2; OPEC's *World Oil Outlook 2017* launched in Vienna. http://www.opec.org/opec_web/en/press_room/4606.htm.

87 有关世界著名机构和企业对到 2030 年全球能源、石油消费的分析和预测情况，参见：曹斌，李文涛. 2030 年后世界能源将走向何方？——全球主要能源展望报告分析. 国际石油经济，2016（11）.

88 沙特阿拉伯油长预测全球需求将剧增，OPEC 减产仍悬而不决. 汇通网，2017 年 10 月 26 日，转引自新浪财经.

89 中国工程院：预计中国在 2040 年左右达能源消费峰值. 网易财经，2017 年 6 月 10 日.

90 *BP Statistical Review of World Energy June 2017.*

91 IEA 发布《2017 石油市场报告》：投资低迷将导致 2020 年后全球原油“供不应求”. 人民网，2017 年 5 月 18 日.

92 中国工业到 2030 年将主宰世界的四条理由. 美国《福布斯》杂志网，2017 年 6 月 26 日，转引自新浪新闻，2017 年 6 月 29 日.

93 OPEC. *World Enegry Outlook 2016*: 72; OPEC. *World Oil Outlook 2017*: 109.

94 废钞始末：印度废钞令将带来何种影响？网易新闻，2017 年 2 月 4 日.

95 印度石油需求快速增长，未来或赶超中美. 证券时报，2017 年 3 月 7 日.

96 产油国的好消息：印度石油需求正以创纪录速度赶超中美. 界面新闻，2017 年 3 月 7 日.

97 印度原油高达 80%，石油消费未来或将超越中国. 搜狐财经，2016 年 4 月 8 日.

98 石油——印度经济发展之痛. 中国石油网站，2015 年 12 月 2 日.

99 国际能源署：印度对原油需求量增速 2022 年将超中国. 腾讯财经，2017 年 3 月 12 日.

100 OPEC. *World Enegry Outlook 2016*: 72.

101 OPEC. *World Oil Outlook 2017*: 109.

102 IEA. *Oil Market Report 2017*: 31.

103 印度将推动全球石油需求增长. 中国石油 · 百科，2016 年 6 月 2 日.

104 姚桂梅：非洲经济发展态势及面临的主要问题. 人民网，2007 年 2 月 2 日.

105 近几年非洲国家经济发展迅速的原因是什么？2016 年 4 月 24 日. https://zhidao.baidu.com/question/650020555846703205.html.

106 李志伟. 非洲经济2016挑战与机遇并存. 人民网约翰内斯堡2016年1月15日电.

107 2016非洲经济发展的主要特征评述. 2015年4月22日. http://www.kanzhun.com/lunwen/557129.html.

108 黄炎光. 非洲亟需增加能源投入，地区石油出口量未来将大减. 人民网，2015年1月15日.

109 非洲2025年石油消费量将比目前增加60%. 新华网，2013年4月24日.

110 黄炎光. 非洲石油需求将加快增长. 经济日报达喀尔2014年12月5日讯.

111 易爱军. 世界石油大会聚焦未来能源发展之路. 新华社伊斯坦布尔2017年7月10日电.

112 世界人口2050年增至百亿. 法新社巴黎2017年9月19日电.

113 特朗普上台，美国与全球能源市场产生哪些影响？搜狐财经，2016年11月18日；王震、赵林、张宇擎. 特朗普时代美国能源政策展望. 国际石油经济，2017（2）.

114 EIA. *Annual Energy Outlook 2017, with Projections to 2050*, January 5, 2017: 6, 15, 41.

115 开工. 参考消息网，2017年7月5日.

116 美国能源产业能否进入“黄金时代”. 人民日报，2017年7月13日.

117 2015世界排名一览表. 南方财富网，2016年4月12日.

118 低油价对世界经济的影响. 中国石油新闻中心，2015年5月26日.

119 BP *Statistical Review of World Energy June 2017, underpinning–data.*

120 IEA. *Oil 2017, Analysis and Forecasts to 2002*, 中文版执行概要，第2页。

121 石油再成世界第一大能源，全球消费量出现加速增长. 界面网，2017年7月7日.

122 有关长周期低油价对世界石油需求的影响，参见*BP Statistical Review of World Energy June 2017, underpinning–data.* 上述有关数据源于这一份报告。

123 2030年或将结束石油时代. 搜狐财经，2016年4月29日.

124 EIA. *International Energy Outlook 2016*, May 2016.

125 BP *Energy Outlook 2030*, January 2012: 45.

126 梁冶：美国油案调查真相.《环球财经》杂志，2006年7月，转引自新浪财经.

127 董颜，刘陆明. 美报分析布什政府操纵油价四大阴谋论. 新浪新闻中心，2006年10月10日.

128 伊朗油企高管：60美元/桶油价或吸引石油投资重返. 新浪财经，2017年9月26日.

129 BP：油价跌破40美元照样赢利，页岩油休想独霸市场. 汇通网，2017年8月2日.

130 新技术让美国老油田重现商机.《华尔街日报》网站，2017年8月20日.

131 低油价下全球油气勘探开发新动向. 中国石油新闻中心，2017年2月21日.

132 低油价下全球油气上游投资变化趋势. 石油手机报，2016年1月21日.

133 低油价对世界经济的影响. 中国石油新闻中心，2015 年 5 月 26 日.

134 低油价下全球油气勘探开发新动向. 中国石油新闻中心，2017 年 2 月 21 日.

135 全球油气勘探开发投资上升期结束. 中国燃气网，2016 年 3 月 23 日.

136 IEA. *Oil 2017, Analysis and Forecasts to 2022*, 具体参见该报告有关供给部分的内容，第 39—82 页。

137 三年后石油或价格飙涨、供不应求，国际能源署发出预警. 界面，2017 年 5 月 21 日.

138 IEA. *World Energy Outlook 2013, Executive Summary,* France: Corlet, 2013: 6.

139 国际能源署就未来油气供应安全性发出警告. 中国石油化工网，2014 年 11 月 28 日.

140 OPEC有恃无恐的秘密，美国页岩油生产可能即将“崩溃”！ FX168 财经报社（香港）讯，2017 年 6 月 28 日，转引自新浪财经。

141 同上.

142 低油价下全球油气勘探开发新动向. 中国石油新闻中心，2017 年 2 月 21 日.

143 原油价格对勘探开发投资及操作成本的传导机制分析. 一览A的博客，2016 年 8 月 23 日，新浪博客.

144 潘继平. 石油工业面临低油价“大考”. 中国石油新闻中心，2015 年 2 月 3 日.

145 ［美］世界观察研究所. 1992 年世界状况——通向可持续社会的进展.

146 ［苏］瓦西里 · 纳里夫金. 石油、天然气和未来的能源.《苏联科学》杂志，转引自：中国能源，1991（2）.

147 最新研究：英国须为迎接“第四次工业革命”做准备. 英国广播公司网站 2017 年 11 月 2 日报道.

148 ［美］阿尔温 · 托夫勒. 第三次浪潮. 北京：生活 · 读书 · 新知三联书店，1984：201，206.《第三次浪潮》于 2018 年 7 月由中信出版社再版。

149 如何有效的利用能源是第四次工业革命的中心？中国测控网，2016 年 3 月 2 日.

150 2030 年的全球制造业. 财经无间道百家号，2017 年 7 月 9 日.

151 《国际商报》1992 年 5 月.

152 美联社华盛顿 1991 年 10 月 26 日英文电.

153 美联社华盛顿 1992 年 6 月 28 日英文电.

154 有关具体内容，参见 1992 年 5 月号的《石油输出国组织公报》。

155 *Middle East Economic Survey*, 21 Oct. 1991.

156 前者参见 *Middle East Economic Survey*, 27 Jan. 1992；后者参见美联社里约热内卢 1992 年 6 月 14 日英文电.

157 努尔 · 白克力. 坚定不移推动能源革命向纵深发展——深入学习贯彻习近平同志关于能源革命的重要论述. 国家能源局网站，2017 年 6 月 13 日.

158 美新署华盛顿 1991 年 2 月 20 日英文电.

159 日本《通产省能源供应展望》，1990 年 10 月.

160 解读日本能源政策. 学习时报. http://www.china.com.cn/chinese/zhuanti/xxsb/607790.htm.

161 李秉芮：日本能源政策的精髓=3E+S. 金融界网，2016 年 3 月 25 日.

162 英国《能源经济学家》1991 年 9 月.

163 陈婧. 欧盟：2030 年气候与能源政策框架. 国际能源网，2014 年 11 月 21 日.

164 同上.

165 欧盟提出 2030 年气候和能源政策. 中国财经网，2014 年 6 月 5 日.

166《国际能源署简报》1992 年 1—2 期;《日刊工业新闻》1991 年 9 月 16 日.

167《日刊工业新闻》，1991 年 9 月 16 日.

168 当今世界各国核电发展情况介绍. 中国电力网，2016 年 7 月 1 日.

169 2015 世界核工业现状报告. 中国核电信息网，2015 年 10 月 27 日.

170 欧洲能源转型在路上：核电老大、煤电第二！北极星电力网，2017 年 2 月 7 日.

171 建造更安全的核反应堆. 洛杉矶时报，1991 年 6 月 17 日.

172 核能进入一个新时代. 基督教科学箴言报，1991 年 3 月 6 日.

173 日本《日经产业新闻》，1991 年 1 月 14 日.

174 日本《日经产业新闻》，1991 年 3 月 8 日.

175 日本《日经产业新闻》，1991 年 5 月 18 日.

176 2015 世界核工业现状报告. 中国核电信息网，2015 年 10 月 27 日.

177 美欲在核电领域对抗中俄？日媒：推动力恐不足. 参考消费网，2017 年 6 月 30 日.

178 核能的未来——美国《先进堆开发与部署愿景和战略》（草案）. 核工程师的博客，2017 年 1 月 25 日. http://blog.sina.com.cn/s/blog_943286980102wso8.html.

179 IAEA 发布报告预测未来全球核电行业发展趋势. 电缆网，2015 年 9 月 22 日.

180 张映红，等. 世界能源趋势预测及能源技术革命特征分析. 石油观察，2015 年 10 月 27 日.

181 核能的未来发展怎么样？国际青年核能大会告诉你. 新蓝网，2016 年 7 月 26 日.

182 美联社英格兰卡勒姆 1991 年 11 月 10 日英文电.

183 日本《科学新闻》，1991 年 5 月 24 日.

184 英国《独立报》，1991 年 2 月 11 日.

185 我国受控核聚变研究取得重大进展. 新华网，2003 年 12 月 22 日.

186 日本受控核聚变研究取得新进展. 新华网东京 2006 年 5 月 15 日电.

187 受控核聚变研究有新进展. 新华网，2014 年 2 月 13 日.

188 托卡马克聚变反应堆破世界纪录：向受控核聚变实现又近一步. 新浪科技，2016 年 10 月 19 日.

189 中国团队取得聚变技术突破，向未来新能源迈进一步. 中国香港《南华早报》网站 2017 年 7 月 6 日报道.

190 美国三阿尔法能源公司核聚变取得巨大进展. 北极星电力网，2017 年 7 月 12 日.

191 M. A. 林格. 21 世纪的可再生能源技术——光伏器件、太阳池和其他可再生能源. 1991 年 12 月北京“煤炭与环境国际会议”材料。

192 新型能源知多少？中国科学院地球物理与资源研究所网，2006 年 6 月 30 日.

193 时家林. 新能源时代将加速到来. 财经杂志，2017（14）：130–131.

194 2015 世界核工业现状报告. 中国核电信息网，2015 年 10 月 27 日.

195 全球可再生能源使用地图发布. 北极星电力网，2017 年 7 月 5 日.

196 *BP Statistical Review of World Energy June 2017*: 2, 6.

197 全球光热发展现状及特点. 中国新能源网，2017 年 2 月 7 日.

198 预计到 2021 年全球太阳能发电总装机容量将达到 1 太瓦. 云南低碳经济网，2017 年 6 月 20 日.

199 全球太阳能光伏行业的发展现状及前景分析. 中国投资咨询网，2016 年 11 月 11 日.

200 高峰. 世界太阳能开发利用现状及我国太阳能产业发展的思考. 百度文库，2016 年 7 月 8 日.

201 全球太阳能热发电产业现状与前景展望. 中国电力网，2016 年 9 月 27 日.

202 全球太阳能产业现状分析. 人民日报，2015 年 5 月 15 日，转引自中国采购与招标网.

203 美国可再生能源技术发展趋势. 中国科学院电子学研究所，2016 年 3 月 30 日.

204 全球太阳能产业现状分析. 人民日报，2015 年 5 月 15 日，转引自中国采购与招标网.

205 2025 年全球太阳能发电成本将下降 60%. 北极星电力网，2017 年 4 月 6 日.

206 2016 年世界风电行业发展现状及未来发展趋势分析. 中国产业信息网，2016 年 3 月 16 日.

207 美国可再生能源技术发展趋势. 中国科学院电子学研究所，2016 年 3 月 30 日.

208 同上.

209 日本《日经产业新闻》，1991 年 11 月 30 日.

210 风电成本已经相当低 未来 30 年还能降低多少？北极星电力网，2017 年 5 月 16 日.

211 风电光伏取代化石能源的两个临界点. 北极星电力网，2017 年 7 月 3 日.

212 “可燃冰”研究现状和我国研究历程. 新华网，2009 年 10 月 20 日.

213 2030 年有望实现商业化开发 中国领跑可燃冰开采. 人民网，2017 年 6 月 12 日.

214 李刚，常钦. 我国可燃冰试采圆满结束. 人民日报，2017 年 7 月 30 日.

215 氢能：值得期待的未来清洁能源. 全球新能源网，2015 年 9 月 1 日.

216 莫恭佑. 氢气动力车的研制动态. 世界经济科技，1991（38）.

217 世界各国氢能源汽车发展现状分析. 中国产业洞察网，2014 年 7 月 4 日.

218 莫恭佑. 氢气动力车的研制动态. 世界经济科技，1991（38）.

219 世界各国氢能源汽车发展现状分析．中国产业洞察网，2014 年 7 月 4 日．

220 莫恭佑．氢气动力车的研制动态．世界经济科技，1991（38）．

221 氢能：日本能源新趋势．人民网，2015 年 4 月 7 日．

222 时家林．新能源时代将加速到来．财经杂志，2017（14）：132.

223 绿色引领未来，氢能驱动发展“2017 前海绿色能源暨氢能发展论坛”深圳举行．央广网，2017 年 4 月 14 日．

224 未来人类的清洁能源——氢能．人教网，2011 年 11 月 14 日．

225 美国《发现》月刊，1991 年 7 月号．

226 Alphabet成立新公司专门投资开发地热能源．BI中文网，2017 年 7 月 8 日，转引自东方科技．

227 21 世纪将以电池为动力吗？商业周刊，1990 年 12 月 24 日；路透社悉尼 1991 年 12 月 20 日英文电．

228 张松林．日本燃料电池发电技术．世界经济科技，1991 年 9 月 3 日．

229 ［英］尼克·纳托尔．木材：21 世纪的能源．独立报，1991 年 10 月 24 日．

230 同上．

231 ［苏］A.库列利科．硅酸盐可作为能源．科学与生活，1991（8）；塔斯社 1991 年 9 月 12 日．

232 太阳能转化为燃料的系统回收利用二氧化碳来制造乙醇和乙烯．每日科学网站 2017 年 9 月 18 日报道．

233 研究称水蒸发可产生电能．法新社巴黎 2017 年 9 月 26 电．

234 源自细菌的生物燃料．美国每日科学网站，2017 年 8 月 21 日．美国有研究机构的专家认为，藻类是一种理想的生物燃料来源，其成本节约在与石油的竞争中具有优势。

235 可更新能源将在三年内成为最廉价的能源．环球网，2017 年 7 月 10 日．

236 《世界能源导报》，1992 年 4 月 30 日．

237 *BP Statistical Review of World Energy June 2017*.

238 中国一省实现“全清洁”供电一周，俄媒：绿色能源不再遥远．俄罗斯报纸网，2017 年 7 月 5 日，转引自参考消息网，2017 年 7 月 7 日．

239 这条新闻不一定刷爆朋友圈，但必将改变你我的生活．参考消息网，2017 年 7 月 1 日．

240 “绿证”撬动可再生能源消费大市场．搜狐新闻，2017 年 7 月 5 日．

241 谷歌要买下荷兰最大太阳能发电厂全部电能，为数据中心供电．新浪科技，2017 年 7 月 8 日．

242 陈敏曦．全球绿色能源交易市场发展趋势解读．中国电力企业管理，2017（16），转引自北极星电力网，2017 年 7 月 5 日．

243 国家电投：清洁能源占比逾 4 成．21 世纪经济报道，2017 年 7 月 6 日．

244 石油巨头更多资本将从上游转移至可再生能源．电缆网，2017 年 7 月 3 日．

245 美国能源信息署严重低估风电光伏：2017 年装机已超 2035 年的预测值！搜狐财经，2017 年 7 月 6 日．

246 法国告别280年采煤史，最后一座煤矿被关闭. 中国煤炭新闻网，2004年4月29日.

247 靠煤起家的英国，为啥要关闭所有煤矿？环球网国际新闻，2015年12月23日.

248 英国10年后彻底与煤炭说再见. 环球网国内新闻，2015年12月21日.

249 在放弃核电后，德国又打算在2050年停运全部燃煤发电站了. 界面网，2016年5月9日.

250 德国可再生能源发电比例创纪录达35%. 电缆网，2017年7月8日.

251 法国将在2022年终止燃煤发电，2040年不卖燃油车. 钛媒体网，2017年7月7日；法国能源部长：法国将在2040年停止销售化学燃料汽车. 同花顺财经，2017年7月6日；法国将不再发放新的石油开采勘探许可. 搜狐财经，2017年7月6日；张琪：马克龙主张延续法国清洁能源政策. 中国能源报，2017年5月15日；法国立法将终结碳氢燃料生产. 法新社巴黎2017年10月4日电.

252 乘用车企业平均燃料消耗量与新能源汽车积分并行管理办法. 新华网，2017年9月28日.

253 *Renewables Global Status Report*，2005–2017，转引自：庞名立. 全面解读REN21《2017全球可再生能源现状报告》！无所不能网，2017年7月23日.

254 专访国际能源署署长比罗尔：将与中国等国合力推动清洁能源发展. 央视新闻，2017年7月9日.

255 埃菲社伦敦2017年10月4日电.

256 石油巨头更多资本将从上游转移至可再生能源. 电缆网，2017年7月3日.

257 最迟到2030年可再生能源将成G20最廉价电力. OFweek中国高科技行业门户，2017年7月6日.

258 全球风电太阳能成本或加速下降. 北极星电力网，2017年6月19日；未来二十年，全球新增发电投资七成用于可再生能源. 搜狐财经，2017年7月27日.

259 高峰. 世界太阳能开发利用现状及我国太阳能产业发展的思考. 百度文库，2016年7月8日.

260 科学家制定全球绿色能源“路线图”，到2050年超七成国家实现零排放.《独立报》网站，2017年8月23日。

第15章 石油与我国的经济、安全和外交

1 *BP Statistical Review of World Energy June 2017, underpinning–data.*

2 国家统计局. 中华人民共和国2016年国民经济和社会发展统计公报. 国家统计局网站，2017年2月28日.

3 中国为何不愿戴最大能源消费国帽子？邱林的博客，2010年7月21日. http://blog.sina.com.cn/s/blog_4c2e041f0100jr9q.html.

4 华尔街日报：中国成为世界最大能源消费国. 21世纪经济报道，2010年7月20

日，转引自网易财经.

5　外媒：中国成为世界第一大能源消费国. 商务部网站，2010 年 7 月 21 日.

6　两部门澄清“中国成最大能源消费国”. 新闻财经，2010 年 8 月 12 日.

7　2017 年 7 月 25 日，查询国家统计局官方网站中“国家数据”中的有关能源栏目，2009 年我国的能源消费总量为 33.612 6 亿吨标准煤，具体参见 http://data.stats.gov.cn/easyquery.htm?cn=C01&zb=A070E&sj=2010。

8　周大地，初明. 中国能源的潜在危机. 中国能源，1992（2）.

9　我国人口占世界人口的比重，有关机构和组织有不同的说法和数据，本文在此按比较通行的说法 18.82%。具体参见：世界人口排名 2017. 阳光网，2017 年 7 月 21 日. http://www.sundxs.com/phb/11625.html.

10　中国已经成为世界第一大能源生产国. 中国新闻网，2009 年 9 月 25 日. 在此之后，张国宝先生又多次谈到了中国是世界第一大能源生产国的问题。如同年 9 月 28 日在青岛举行的第 9 届中美油气工业论坛上，张国宝先生指出，2008 年中国是世界第一大能源生产国和第二大能源消费国。具体参见：国家能源局：我国成世界第一大能源生产国. 新华网，转引自中国经济网，2009 年 9 月 29 日.

11　我国已成为世界第一大能源生产国. 国家能源局网站，2012 年 11 月 5 日.

12　雷敏. 中国已成为世界第一能源生产大国. 新华社北京 2013 年 1 月 9 日电. 新华社发布的这条消息源于当年全国能源工作会议，这条消息后被多家媒体转载，一时成为社会上的热点话题，如 2013 年 1 月 10 日《中国青年报》就以《我国已成世界第一能源生产大国》为标题转载了这条消息。

13　美国一次能源生产总量的资料来源为：EIA. *Monthly Energy Review*, June 2017, Table 1.2 Primary Energy Production by Source. 换算公式为 1 吨煤=2.406 × 107 英热单位（Btu）。我国一次能源生产总量的数据，取自国家统计局历史统计公报。

14　国家统计局. 中华人民共和国 2016 年国民经济和社会发展统计公报. 国家统计局网站，2017 年 2 月 28 日.

15　国家统计局. 2016 年能源生产情况. 国家统计局网站，2017 年 2 月 28 日.

16　2016—2017 年中国煤炭去产能继续在路上. 中国产业信息网，2016 年 11 月 28 日.

17　煤炭行业：艰难的去产能之路，“关于煤炭行业化解过剩产能实现脱困发展的意见”点评. 腾讯财经，2016 年 2 月 16 日.

18　有关中国和美国煤炭产量的数据，参见 *BP Statistical Review of World Energy June 2017, underpinning–data*。

19　国务院关于煤炭行业化解过剩产能实现脱困发展的意见. 中华人民共和国中央政府网，2016 年 2 月 5 日.

20　2016~2017 年中国煤炭去产能继续在路上. 中国产业信息网，2016 年 11 月 28 日.

21　2016 年中国电力装机容量图. 中国火力发电网，2017 年 1 月 22 日.

22　*BP Statistical Review of World Energy June 2017.*

23 中国电力新闻网：2013 电力十大新闻. 南方网，2014 年 1 月 6 日.

24 通过十年数据分析我国电力发展与改革形势. 中国新能源网，2017 年 2 月 21 日.

25 《中国电力发展报告 2016》发布：电力工业进入清洁发展新阶段. 经济日报北京 2017 年 7 月 6 日讯.

26 杜芳. 中国建成世界最大能源供应体系. 中国经济网，2017 年 6 月 12 日；曾培炎："十五"时期我国能源发展六成绩. 中国网，2005 年 12 月 28 日；国家能源局. 60 年能源非凡成就 支撑经济快速发展. 中国网，2009 年 9 月 25 日.

27 《世界能源导报》，1992 年 4 月 30 日.

28 同上.

29 王轶辰. 上半年全国能源消费总体回暖，能源结构持续向好. 经济日报，2017 年 7 月 24 日.

30 国家统计局. 2016 年能源生产情况. 国家统计局网站，2017 年 2 月 28 日.

31 本部分有关我国石油进出口的数据，主要取自历年国家海关总署的统计，其中部分参考了：田春荣. 2016 年中国石油进出口状况分析. 国际石油经济，2017（3）.

32 我国天然气对外依存度首次突破 30%. 中国网财经 2014 年 2 月 8 日讯.

33 国家统计局. 2016 年能源生产情况. 国家统计局网站，2017 年 2 月 28 日.

34 *BP Statistical Review of World Energy June 2017.*

35 《亚太评论》1990 年版.

36 United Nations. *Statistical Yearbook for Asia And the Pacific 1989.*

37 United Nations. *Energy Statistics Yearbook 1988.*

38 *Oil and Gas Journal* , 1990 年年终号.

39 同 35.

40 从"龙象之争"说起. 经济参考报，2010 年 11 月 18 日；千亿美元发力能源外交，"龙象之争"试图破局. 财经时报，2005 年 3 月 14 日.

41 美国孤立主义复活. 新华网，2016 年 2 月 22 日；Charles L. Glaser , Rosemary A. Kelanic. Getting Out of the Gulf—Oil and U.S. Military Strategy, *Foreign Affairs*, January/February 2017.

42 俄罗斯第一届东方经济论坛召开. 中国石油新闻中心，2015 年 9 月 7 日.

43 新华国际时评：美国莫在南海问题上屡发错误信号. 新华社北京 2012 年 8 月 5 日电；美国搅局无益亚太地区和平稳定. 新华网，2016 年 3 月 26 日.

44 菲利普 · 安德鲁斯–斯皮德，罗兰德 · 丹罗伊特. 中国、石油与全球政治. 张素芳，何永秀，译. 北京：社会科学文献出版社，2014 ：176.

45 六、提高能源普遍服务水平. 中华人民共和国国务院新闻办公室网站，2012 年 10 月 25 日.

46 刘羊旸，王林园. 着力提高能源普遍服务水平——我国能源惠民利民综述. 新华社北京 2017 年 5 月 25 日电；朱怡. 能源普遍服务，助推全面小康. 中国电力报，2017 年 3 月 4 日.

47 国家发展和改革委员会. 国家能源局. 能源发展"十三五"规划. 国家发展和改

革委员会网站，2016 年 12 月 26 日 .

48　媒体称中央高层对当前电力体制格局非常不满 . 新浪财经，2014 年 9 月 15 日 .

49　电改十年来全国平均电价累计上涨 30% 至 40%. 财经杂志，2012 年 12 月 3 日，转引自新浪财经 .

50　电力行业形象调查发布，三成人不满其利益垄断 . 法制日报，2006 年 11 月 27 日 .

51　评论：成品油灵活定价才能消涨跌不满 . 长江日报，2011 年 10 月 9 日 .

52　八成人民不满油价现状，为啥比美国高出一半？东方网，2016 年 7 月 28 日 .

53　为何那么多人不满意当前油价？新民网，2009 年 9 月 28 日 .

54　叶晓楠 . 习近平治国理政关键词：两个一百年，引领前行的时代号召 . 人民日报海外版，2016 年 1 月 18 日，转引自中国共产党新闻网 .

55　习近平 : 关于《中共中央关于制定国民经济和社会发展第十三个五年规划的建议》的说明 . 新华网，2015 年 11 月 3 日 .

56　李克强 . 全面建成小康社会新的目标要求 . 人民日报，2015 年 11 月 6 日 .

57　中国 2050 年 GDP 将超 100 万亿美元，李克强称中国经济向好 . 环球日报，2015 年 6 月 25 日 .

58　普华永道：2050 年中国将达到中等平均收入水平 . 每日经济新闻，2017 年 2 月 10 日，转引自网易财经 .

59　国务院办公厅关于印发能源发展战略行动计划（2014—2020 年）的通知 . 中国政府网，2014 年 6 月 7 日 .

60　国家发展和改革委员会，国家能源局 . 能源发展“十三五”规划 . 国家发展和改革委员会网站，2016 年 12 月 26 日 .

61　有关“十三五”期间我国石油天然气行业规划的具体发展数据，参见“国家发展改革委关于印发石油天然气发展‘十三五’规划的通知”中有关石油、天然气“十三五”规划的两个附件，国家发展和改革委员会网站，2016 年 12 月 24 日。

62　IEA 发布《2017 石油市场报告》：投资低迷将导致 2020 年后全球原油“供不应求”. 人民网，2017 年 5 月 18 日 .

63　中国工程院：预计中国在 2040 年左右达能源消费峰值 . 21 世纪经济报道，2017 年 6 月 10 日 .

64　中国能源需求已达峰值 . 经济参考报，2017 年 7 月 3 日，转引自人民网 .

65　中石油智库看世界能源，到 2050 年将会怎么变化？搜狐财经，2017 年 8 月 16 日 .

66　*BP Energy Outlook 2017* , Jan. 2017.

67　世界能源理事会 . 未来能源充满不确定性——领导者今天作出的决策对行业未来发展至关重要 . 世界石油工业，2017（1）.

68　未来二十年，全球新增发电投资七成用于可再生能源 . 搜狐财经，2017 年 7 月 27 日 .

69　俄媒称中国将成为头号天然气大国，环保愿望促使需求大增 . 俄罗斯《专家》

周刊网站 2017 年 10 月 24 日报道.

70 习近平：积极推动我国能源生产和消费革命. 新华网，2014 年 6 月 13 日.

71 中美气候变化联合声明. 人民网 2014 年 11 月 12 日电.

72 中美元首气候变化联合声明. 新华网 2015 年 9 月 25 日电.

73 习近平在气候变化巴黎大会开幕式上的讲话. 新华网，2015 年 12 月 1 日.

74 解读中国减排目标. 人民日报海外版，2009 年 12 月 3 日.

75 强化应对气候变化行动 ——中国国家自主贡献（全文）. 国务院新闻办公室网站，2015 年 11 月 18 日.

76 日媒：中国二氧化碳累计排放量 2016 年将超美国. 凤凰财经，2015 年 5 月 22 日.

77 持续增长的二氧化碳排放总量对达成气候造成影响. 自然–地球科学杂志，2014 年 9 月 21 日，转引自澎湃新闻网，2014 年 9 月 23 日.

78 *BP Statistical Review of World Energy June 2017*.

79 中国能源与环境中长期三阶段研判：从 2015 到 2050. 绿观察，2016 年 8 月 8 日，转引自北极星电力网.

80 “巴黎归来谈气变”中外媒体见面会. 新华网，2015 年 12 月 25 日.

81 绘制 2050 能源系统蓝图，完成我国二氧化碳排放量不超过 35 亿吨目标. 回收商网，2017 年 6 月 21 日.

82 乘用车企业平均燃料消耗量与新能源汽车积分并行管理办法. 新华网，2017 年 9 月 28 日.

83 揭秘，替代燃油汽车又是一个世纪骗局？能源杂志，2017 年 9 月 18 日，转引自新浪财经；林春挺. 电动汽车取代燃油车势不可挡 争论石油可再生已不再时髦. 第一财经日报，2017 年 9 月 28 日，转引自新浪财经.

84 中国或将启动全球最大碳交易机制. 英国《金融时报》网站 2017 年 11 月 5 日报道；中国将启动世界最大碳交易市场，或为全球树立典范. 美国《科学美国人》网站 2017 年 8 月 14 日报道.

85 未来二十年，全球新增发电投资七成用于可再生能源. 搜狐财经，2017 年 7 月 27 日.

86 中国超越美国领导可再生能源的发展. 西班牙环球网站 2017 年 10 月 30 日报道；中国的新能源布局，让外媒对美国前途“忧心忡忡”. 凤凰网财经，2017 年 10 月 17 日.

87 中国的新能源布局，让外媒对美国前途“忧心忡忡”. 凤凰网财经，2017 年 10 月 17 日.

88 煤价高企令火电企业成本大幅攀升，下半年仍难脱困. 证券日报，2017 年 7 月 21 日.

89 国家发改委：当前煤炭、电力总供给能力充裕. 央视网，2017 年 7 月 18 日.

90 王轶辰. 上半年全国能源消费总体回暖，能源结构持续向好. 经济日报，2017 年 7 月 24 日.

91　国家统计局关于2005年重要数据和部分历史数据修订的公告. 国家统计局网站，2006年5月17日.

92　定军.“十二五”能源消费“红线”或改写. 21世纪经济报道，2015年3月18日.

93　我国能源消费弹性系数剧烈波动成因复杂. 上海证券报，2005年3月10日.

94　孙祥栋：解读2014年以来我国电力弹性系数. 中国能源报，2015年5月11日.

95　华泰证券李超团队. 中国相当于发达国家的哪个阶段？——华泰宏观国际比较系列研究（四）. 新浪综合，2017年10月10日.

96　习近平：高举中国特色社会主义伟大旗帜，为决胜全面小康社会实现中国梦而奋斗. 新华社北京2017年7月27日电.

97　李克强：积极发展清洁能源，推动改善环境质量. 中国政府网，2014年4月20日.

98　从对比的角度来说，我们认为1950年以来美国能源强度的持续下降对我国的参考意义很大。在本书中，我们没有讨论节约能源问题，事实上节约能源与能源开发同样重要，它是多年来我国能源政策两个重要的组成部分。有关研究认为，由于第一次石油危机导致油价暴涨，美国大力强调节约能源。从1973—2013年的40年间，美国的能源强度年均下降2%，而且预计到2040年仍将保持这一下降的速度。具体参见：EIA. U.S. energy intensity projected to continue its steady decline through 2040. https://www.eia.gov/todayinenergy/detail.php?id=10191.

99　李克强：积极发展清洁能源，推动改善环境质量. 中国政府网，2014年4月20日.

100　国家发展和改革委员会，国家能源局：推动丝绸之路经济带和21世纪海上丝绸之路能源合作愿景与行动. 国家能源局网站，2017年5月12日.

101　倪洋军. 习近平提“能源生产和消费革命”的深意. 中国共产党新闻网，2014年6月17日.

102　港媒：习近平推能源革命，首提四大“革命”并行. 中国新闻网，2014年6月17日.

103　努尔·白克力：坚定不移推动能源革命向纵深发展——深入学习贯彻习近平同志关于能源革命的重要论述. 人民日报，2017年6月13日.

104　为“萧规曹随”叫好（感慨美国能源独立政策）. 志伟读与思的博客，2013年12月5日. http://blog.sina.com.cn/s/blog_e8b3b5b10101nckh.html.

105　American Energy Independence. http：//www.american energy independence.com/security.aspx.

106　美国发布《能源安全未来蓝图》，全面勾画国家能源政策. 科学时报，2011年4月19日.

107　Obama Announces Plans to Achieve Energy Independence. *Washington Post,* Jan. 26th, 2009. http://articles.washingtonpost.com/2009–01–26/politics/36897771_1_prices–nation–energy–urgent–action.

108　里夫金：什么才是一个充满想象力的经济和能源模式．界面网，2016年3月16日．

109　2012年7月，我在《博鳌观察》创刊号上发表“培养中国能源市场的多元化主体”的文章，较为全面和深入地探讨了我国如何通过市场化改革，培育多元化的市场主体，解决能源安全和普遍服务的问题。

110　有关“兰格模式”的解释，请查询有关经济学著作中的内容和网上的资源。2013年6月30日，《财经》杂志发表了“价格改革应警惕‘模拟市场化’”，讨论了我国石油天然气价格改革的问题，对于理解为什么要建立我国的能源多元市场主体具有参考意义。

111　关于美国捂着自己的石油资源不开采而用别国石油资源这一类的观点，可以通过互联网查询到大量的内容，我们这里仅列举了有代表性的几类。如：美国消费别国的资源封存自己的资源．地理教学，2009（9）；美国在利用全球资源养活自己的人民．2014年1月14日．http://www.360doc.com/content/14/0114/19/14106735_345285980.shtml；美国不开采自家石油谣言可休．腾讯评论，2014年11月15日；美国不开采本土石油资源的战略意图何在．太阳灵魂的博客，2009年4月11日．http://blog.ifeng.com/article/2550387.html；美国通过国防授权法案，意在用武力夺取石油资源．新浪军事，2004年11月29日．

112　王昊．美国石油矿产地储备今何在？中国国土资源报，2017年6月19日．

113　美国发布《能源安全未来蓝图》，全面勾画国家能源政策．科学时报，2011年4月19日．

114　美将拍卖墨西哥湾石油开采权，区块面积为美国史上最大．埃菲社华盛顿2017年10月24日电．

115　姜大明．全面节约和高效利用资源．人民日报，2015年12月8日．

116　中国油气资源潜力大，稳油增气有基础．国土资源部网站，2016年6月13日．

117　半年报，国内三大石油公司谁比谁更惨？和讯新闻，2016年8月30日．

118　上游勘探开发投资大减，石化油服2016年巨亏161亿．第一财经，2017年3月28日．

119　金玲女神．惊呆！国内成品油上下游利润差别竟有这么大？南方财富网，2016年4月16日．

120　我国石油新增探明地质储量降至10年新低．中国经济网2017年7月11日北京讯．

121　我国炼油产能结构性过剩2020年过剩将超亿吨．新浪财经，2017年4月26日．

122　未来十年全球炼油能力将出现过剩．中国石油新闻中心，2015年10月13日．

123　每日车讯：知道中国目前汽车保有量多大吗？你绝对想不到．行家网，2017年4月20日．

124　吴佳怡．国际油价剧烈波动，世界各国如何应对低油价．中国网，2016年1月14日．

125　“税”决定了全球成品油零售价格差异？搜狐财经，2017年7月25日．

126　税改之余特朗普又放大招，欲提高汽油税用于基建. 新浪财经，2017 年 10 月 27 日.

127　张勇. 可以走“利国利民的高油价”之路. 惠州日报，2009 年 9 月 4 日.

128　一带一路战略与国家能源安全. 百度文库，2016 年 1 月 7 日. https://wenku.baidu.com/view/f031c736fab069dc5122012e.html.

129　中国计划在吉布提修建设施以便海军舰队在其首个海外基地停靠. 香港《南华早报》网站 2017 年 9 月 27 日报道.

130　我驻吉布提保障基地投入使用. 法新社北京 2018 年 8 月 1 日电.

131　“人类命运共同体”：习主席如何阐释对文明走向的中国判断. 央视网新闻，2015 年 10 月 1 日.

132　二十国集团领导人杭州峰会公报. 新华社杭州 2016 年 9 月 5 日电.

133　美军舰马六甲海峡与油轮相撞.《华盛顿邮报》网站 2017 年 8 月 21 日报道.

134　中国军舰穿越三大海峡有效管控南海. 湖北日报，2014 年 2 月 20 日，转引自华夏经纬网；中国海军南海舰队训练，至少穿 3 条世界重要海峡. 环球网军事，2014 年 2 月 19 日.

135　李建永. 西南成品油管道基本建成并开始投油试运. 中国石化新闻网，2005 年 5 月 12 日.

136　樊诗芸. 揭秘中缅原油管道：一条承载了过多战略期许与压力的线路. 澎湃国际，2015 年 2 月 7 日.

137　瓜达尔港正式开航：新加坡哭了！美国傻眼了！同花顺财经，2016 年 11 月 29 日.

后　记

1 《石油大博弈》一书再版书名为《奖赏》，由中信出版社于 2016 年出版。